JN435681

부동산공법

배영길 저

PUKYONG NATIONAL UNIVERSITY PRESS
부경대학교 출판부

Public Law of Real Estate

by Yeong-Gil BAE

Pukyong National University

머 리 말

제2차 대전 이후 구미제국이나 우리나라에 있어서, 고도경제성장이 가져온 도시의 발전과 팽창은 그 이전의 시기와 비교할 때 상상하기 어려운 量的·質的인 변화를 초래하고 있다. 특히 급속한 경제성장은 단기간에 거의 전국적 규모의 都市化·工業化의 진전을 가져왔으며, 그 延長線 상에서 각 나라마다 심각한 社會生態學的인 문제(ecological problems)를 야기 시키고 있다.

都市는 우리들 모두의 일상생활의 場이요 동시에 생산 및 경제활동의 場이다. 아울러 그것은 끊임없이 형성·창조되어 나가야 할, 미래의 우리들 공동의 資産인 것이다. 그러나 이처럼 目的·意識的으로 形成·創造의 대상이 되어야 할 도시공간이, 법제도적으로는 모자이크적인 무수한 시가지 토지 소유권의 집합체 위에 존립하고 있다는 사실에 문제가 존재한다.

대학에 처음으로 '土地公法'이라는 법과목이 등장한 것은, 주로 1970년대 중반 이후 발생하기 시작했던 부동산 투기현상 및 이에 상응한 土地公槪念의 등장과 그 궤를 같이 한다고 말할 수 있다. 처음에는 공인중개사, 공인감정사, 토지평가사 시험 등 국가자격시험의 과목으로 채택되기 시작하였고, 곧 이어 대학의 교과과정에 편입되면서 본격적인 학문적 연구의 대상이 되었다. 그러니 다른 법 과목에 비하여 상대적으로 그 학문적 역사가 짧기 때문에, 그동안 대학교재로서의 면모를 갖춘 체계적 理論書를 구하기가 어렵다는 불만의 소리가 있어 왔던 것이 사실이다. 이러한 수요에 부응하기 위해 1998년 저자의 토지공법 제1판이 처음으로 만들어졌으며, 2003년 제3판까지 출간되었다.

이번에 출간된 부동산공법 역시 궁극적으로 현대도시가 안고 있는 문제를 해결하는데 그 주안점을 둔 것으로, 旣 출간된 토지공법을 그 모태로 하고 있는 점에서는 차이가 없다. 다만, 그동안 다소 이론에 치우치고 있다는 지적이 있었던 추상적 법리해석의 부분을 상당부분 지양하고, 그 이후 새로 제·개정된 실정법령의 요점적 해설 부문에 많은 지면을 할애하고 있는 점이 서로 다른 차이점이라고 말할 수 있다. 아울러 '부동산공법'이라는 제목에 걸맞게 종전 '토지공법'에서는 빠져있었던 주택법 및 농지법 분야를 새로 편입하였다.

이 책은 크게 두 편으로 이루어져 있는 바, 제1편은 總論에 해당하는 것으로, 전 7장으로 구성되었다. 제1장은 부동산공법이 현대 토지법에서 현대 「도시법」으로 그 법적 성격이 전환되는 과정에 있어서, 그 이념의 변화, 특히 토지공개념의 등장과 소유권에 대한 법적 인식의 변화, 부동산공법의 원리와 그 헌법적 한계 등을 중점적으로 다루고 있는 것으로, 이른바 부동산공법의 서설에 해당하는 부분이라 할 수 있다.

제2장은 부동산공법의 행위형식을 다루고 있다. 행정주체인 국가가 부동산공법의 목적을 달성하기 위해 동원하는 각종 수단, 그 중에서도 부동산공법에서 특히 중요하게 다루어지는 행정계획과 행정행위, 행정지도, 행정절차, 행정강제 등 문제를 중점적으로 다루고 있다.

제3장과 제4장은 토지공개념의 핵심적 내용이라고 할 수 있는, "토지이용계획과 소유권제한의 법리" 및 "개발이익의 환수제도"를 다루고 있다. 그리고 제5장에서는 토지의 입체적 이용이라고 할 수 있는 "공중 및 지하의 이용"을, 또 제6장에서는 토지 이용의 수평적 연장이라고도 할 수 있는 "하천 및 바다의 이용"을 다루고 있다. 그리고 제7장에서는 국토계획법제와 손실보상의 법리를 다루고 있다.

제2편은 各論에 해당하는 것으로 전 7장으로 구성되었다. 제1장 국토기본법을 비롯하여 제2장 국토의 계획 및 이용에 관한 법률, 제3장 도시개발법, 제4장 도시 및 주거환경정비법, 제5장 건축법, 제6장 주택법, 제7장 농지법 등, 부동산공법에 있어서 가장 핵심적인 7개 실정법령을 체계적으로 이해하는 데 도움이 되고자 노력하였다.

특히 **공인중개사 및 감정평가사** 등 전문자격시험을 준비하는 분들의 깊이 있는 이해에 도움이 될 수 있도록 실정법령의 내용을 논리 · 체계적으로 또 알기 쉽게 정리 · 배열하기 위해 애를 썼다. 이 분들에게 실질적인 도움을 줄 수 있는 좋은 참고자료가 될 수 있기를 바란다.

끝으로 이 책이 햇빛을 보기까지, 특히 많은 도움을 주신 박사과정의 이우도, 김연정 선생을 비롯하여 그밖에도 도움을 주신 많은 분들의 노고에 고마움을 표하며, 부경대학교 출판부 및 세종출판사의 편집부 여러분에게도 깊은 감사의 뜻을 전한다.

2010년 1월
대연 캠퍼스 연구실에서
저 자

목 차

제1편 | 總 論

제2편 | 各 論

제 1 편

總 論

제1장 부동산공법 서설

Ⅰ. 부동산공법의 의의와 성격

1. 부동산공법의 의의

부동산공법은 국가 등 행정주체가 공공복리를 목적으로 부동산의 소유·이용·개발·보전·거래 등을 적극적으로 규제·관리하는 법규의 집합체로서, 그 규율의 대상과 법체계의 성격에 따라 개념 정의를 하면, "부동산에 관한 공법적 규율의 총체"라고 말할 수 있다.[1] 다만, 토지를 중심으로 부동산공법의 체계를 구성하는 견해에 의하면, '토지공법' 또는 '토지법제'라는 용어를 사용하기도 한다[2]. 이 경우 '토지공법'은 "토지에 관한 공법적 규율의 총체"라고 정의할 수 있을 것이다[3].

(1) 규율대상

민법 제99조 제1항은 토지와 그 定着物을 부동산으로 규정하고 있으며, 따라서 토지는 부동산의 한 종류에 속한다. 주지하는 바와 같이 서양에서는 토지만을 부동산으로 하고, 건물 기타 지상물은 토지의 일부로 보아 독립한 부동산으로 취급하지 아니한다(superficies solo cedit, 즉, 地上物은 土地에 따른다).

토지는 자본, 노동과 함께 기초적인 생산요소 중 하나이며, 가장 중요한 재산권(소유권)의 객체로서 과거에는 절대적 소유권의 법리에 따라 소유자의 임의의 사용, 수익, 처분에 맡겨져 왔다. 그러나 토지는 다른 재산권의 객체와는 달리 '단순한 상품'이 아닌 면(限定性, 公益性 등)이 강조되어, 비교적 오래 전부터 상린관계, 권리남용금지

---

1) 서원우, 부동산공법, 박영사, 1991, 3면 참조.
2) 토지법의 기초이론, 김해룡, 토지공법연구 제20집, 한국토지공법학회, 2003. 12, 2면 ; 류해웅, 토지법제론, 부연사, 2005, 12면 ; 부동산법제의 새로운 체계구성과 최근의 입법동향", 성소미, 토지공법연구 제38집, 2007. 11, 5면 참조.
3) 졸저, 토지공법(제3판), 세종출판사, 2003, 4면 이하.

및 임대차보호 등 사회정책적 배려에 기초한 각종 특별법에 의한 제약을 받기 시작하였다. 그러나 이러한 제약은 어디까지나 私法的 制約 내지 토지소유권의 內在的 制約으로서, 공법적 규율의 수준에까지 이른 것은 아니었다.

(2) 규율의 성질 -공법적 규율 -

과거에도 특수한 형태의 토지, 예컨대 도로 · 하천 · 항만 · 광물 등에 대해서는 私所有權을 제한하는 등 공법적 규율을 해왔으나, 그러나 이 정도의 개별적 필요 때문에 토지공법 내지 부동산공법이라는 새로운 법 분야가 탄생한 것은 물론 아니다.

선진 공업사회는 물론이고 우리나라와 같은 후발 개발도상국에 있어서도 고도자본주의 사회에 진입하면서, 급속한 공업화(industralization)와, 도시화(urbanization)가 진행되었고, 그 결과 필연적으로 도시에는 過密, 농촌에는 過疎의 문제가 발생하였다. 먼저 도시의 경우, 한정된 면적에 인구의 초과 수용으로 말미암아 해결하기 어려운 주거, 교통, 교육, 공해문제 등이 발생하였고, 농촌의 경우에도 인구의 도시 유입에 따른 노동력의 감소와 생산의 정체 나아가 생존의 기초가 허물어지는 취락의 空洞化 현상이 나타나고 있으며, 나아가 都 · 農 共히 투기가 만연함으로써, 國土利用의 無秩序가 바야흐로 경제적 무질서에까지 파급되고 있는 실정인 것이다.

이러한 사회생태학적 제문제(ecological problems)의 발생을 근원적으로 해결하기 위하여는 보다 계획적 · 체계적이고 장기적인 법적 대응이 필요할 것이며, 이러한 필요에 대응할 목적으로 발생한 새로운 법 체계가 바로 부동산公法이라고 할 수 있을 것이다.

2. 부동산공법의 성격 -부동산행정법 내지 특별행정작용법-

전통적인 행정법 이론에 의하면 부동산공법은 규제행정작용의 일환으로서의 생활공간 규제 행정법의 내용으로 다루어지고 있다.[4] 확실히 부동산공법은 행정법의 한 형태이고 헌법의 하위법 임에 틀림없다. 따라서 부동산공법도 일반행정법과 같은 특성 예컨대 형식상으로는 성문성, 다양성, 성질상으로는 집단성 · 획일평등성 · 强行

4) 김도창, 일반행정법론(下), 1989, 569면; 이상규, 신행정법론(下), 1995, 568면.

性・技術性 또 내용상으로는 합목적성・재량성 등의 특성을 가지고 있다.[5] 그러나 일반행정법의 특성과 구별되는 부동산공법 고유의 특성에 대해서는 아직 확립된 定說이 없는 실정이다. 다만 부동산공법을 부동산행정과 관련된 특별행정작용법의 하나로 파악한다면, 토지행정의 특성으로 지적되고 있는 장기성, 계획성, 종합성은 부동산공법의 특성과도 결코 무관하지 않을 것으로 생각된다.[6]

예컨대 국토건설종합계획・국토이용계획・수도권정비계획・도시(기본)계획 등은 10년 내지 20년을 주기로 하여 유관기관 상호간의 종합조정을 거쳐 수립되는 장기계획일 뿐만 아니라 재개발계획이나 구획정리사업계획 등 국지계획은 이들 계획과의 유기적・입체적인 연관 하에서만 그 執行이 가능하게 되는 것이다.

Ⅱ. 부동산공법의 등장 배경

토지의 소유・이용・거래 등에 대한 개별적이고 산발적인 규제의 수준을 뛰어 넘어, 이들 공법 법규 들이 부동산공법이라는 하나의 통일적, 체계적인 법 분야로서 새로이 등장하게 된 데에는 다음과 같은 역사적 배경이 존재한다.

1. 행정국가의 등장

중세의 신정국가적 질곡의 체제에서 벗어난 근대법치국가는 현실적 능력에 차이가 있는 "具體的 人間(Menschen)"을 直視하지 못하고 이들을 하나의 "抽象的인 人格體(Person)"로서만 파악하였다. 아울러 국가는 이들 人格의 자유와 창의를 최대한 존중함과 동시에 국가권력의 最小化를 最高의 덕목으로 삼았다(이른바 값 싼 정부 이론, Cheap Government theory). 그리고 토지를 포함한 재산권의 사용・수익・처분은 소유자의 절대적 자유에 속하며 공권력은 이에 간섭하지 아니하는 것이 최선인 것으로 생각되었다. 또 국가의 임무는 이들의 자유를 최대한 보장하는 것이며 정치・경

5) 서원우, 전게서, 12면 참조.
6) 석종현, 신토지공법론, 경진사, 1994, 70-72면..

제 · 사회 · 문화 등 각 분야의 질서는 神의 "보이지 않는 손(invisible hand)"을 통하여 조화롭게 예정되어 있다는 낙관적인 세계관이 지배하였다(이른바 예정조화설). 그러나 1930년대의 공황과 양차 세계대전을 겪으면서 이러한 낙관적 사고는 하나의 허구임이 폭로되고야 말았다.

즉, 사회적으로는 계급대립이 격화되었으며 경제적으로는 실업, 독점, 공황의 악순환이 되풀이 되었을 뿐만 아니라 국제적으로는 제국주의 전쟁이 발발하였던 것이다. 국가는 국민의 생존을 보장하고 공공의 복리를 증진하기 위하여 신의 손에 대신하여 정치 · 경제 · 사회 · 문화의 제영역에 적극적으로 개입하지 않을 수 없게 되었다. 종래 私法만에 의해 규율되고, 국가의 권력이 개입할 수 없었던 많은 영역이 공법적 규율의 대상이 되었다. 흔히 사회법 내지 사회경제법이라고 부르는 새로운 法 分野(노동법, 경제법, 사회보장법, 환경법 등)의 탄생이 그것이다. 부동산공법도 이러한 새로운 법 분야의 하나라 할 수 있을 것이다.

2. 토지공개념의 발전

부동산공법의 성립을 촉진시킨 또 하나의 역사적 배경으로 들 수 있는 것은 토지에 대한 인식의 변화 즉, 토지 公概念의 발전이라 할 수 있다.

즉, 20세기 후반에 들어서면서 급격한 都市化 · 産業化가 초래한 사회생태학적 제문제의 발생은 토지에 대한 인식의 변화를 불가피하게 만들었다. 개개의 토지는 단순한 재산권의 객체로서가 아닌 전국토의 일부로서 서로 유기적으로 결합되어 최고의 효율을 발휘할 수 있도록 이용되어져야 한다는 것이다. 토지라는 재화는 그 특성상 형질과 용도의 변경이 어려울 뿐만 아니라 再生産이 불가한 有限한 존재인 동시에 전국민의 주거와 생산을 위한 필수적인 기반이므로 우리들 뿐 만 아니라 우리들 자손의 이익을 위해서도 대대로 傳承 · 保存되어져야 할 존재인 것이다. 토지에 대한 이러한 인식의 전환 내지 토지관의 변화야 말로 토지공법을 탄생시킨 주요한 한 요인으로 지적될 수 있을 것이다.

Ⅲ. 부동산공법의 원리와 헌법적 한계

1. 토지공개념

(1) 의의 및 연혁

전국토면적 22만 평방킬로, 남한면적 9만 9천 평방킬로 가운데 山地와 임야, 농경지를 제외한 건축 가능 면적은 전체면적의 4.3%인 4,300평방킬로에 불과하고, 이 중에서도 垈地는 1,900평방킬로 남짓하여, 국민 1인당 垈地 면적이 14평 정도(일본은 17평)이다. 그나마 토지소유의 실태는 극도로 偏重되어 있어, 1평의 땅이라도 가지고 있는 사람은 (1988년 기준) 1,090만명으로 국민 네 사람당 한 사람정도에 불과하고, 나아가 토지소유자의 상위 5% (54만명)가 전국 私有地의 65% 정도를 점하고 있다는 사실은 이미 公知의 事實로 되고 있다.

더구나 地價는 세계 최고수준이어서, 1991년 1월1일 공시지가를 기준으로 할 때 1,614조원[7], 時價로 기준한다면 최소한 2,000조를 넘어 91년의 GNP 168조원의 10배를 상회한다. 한국보다 면적대비 94배가 큰 미국의 지가총액이 (88년 기준) 2,050조원 수준임을 감안한다면 우리나라가 당면하고 있는 토지문제의 심각성을 어느 정도 짐작할 수 있을 것이다.

부동산공법의 기본원리와 관련하여 근자에 활발히 논의되었던 문제가 토지공개념이다. 먼저 이 개념이 등장하게 된 배경은 다음과 같다.

1960년대 비롯된 산업화 · 도시화는 1970년대 고도산업사회에 접어들면서, 과거 역사에서 볼 수 없었던 부동산투기를 만연시켰다. 이러한 현상은 지난 20년간 세 차례에 걸쳐 나타났던 바, 첫 번째는 1978-79년, 두 번째는 1982-83년의 고도경제성장과 더불어 再燃된 지가상승, 세 번째는 1988-89년의 가장 심각했던 지가상승이라 할 수 있다. 일본의 경우에도 우리 보다 2-4년 앞서, 1974년 및 1987년 두 차례에 걸친 지가

---

7) 1997년 8월20일 건설교통부는 전국 3천4백18만 필지 중 개별공시지가가 매겨지는 2천6백 39만 필지의 96년 1월1일 기준 공시지가 총액을 전산집계한 결과, 지가총액은 1,217조 7천9백억원, ㎡당 평균지가는 13,970원이라고 밝혔다. 1998년 국토개발연구원은 표준지 45만 필지의 공시지가만을 토대로 전체 3천4백여만 필지의 95년도 지가총액을 1,638조원으로 추정한 바 있다.

폭등을 경험하였고 그들은 이러한 地價上昇의 異常 現象을 "土地神話"라는 말로 표현할 정도이다.[8)]

이러한 상황 하에서 최초로 등장한 개념이 토지 공개념이다. 즉, 처음에는 投機抑制를 위한 도구개념으로 정부의 발표문에 등장하였으나 그 의미 내용이 반드시 명확한 것은 아니었다.[9)] 대체적으로 토지 공개념은 정부의 정책지표이자 토지공법 전체를 貫流하는 지도원리 로서 "토지소유권의 公共性"을 의미한다고 말할 수 있을 것이다.

물론 토지 공개념을 실현하기 위한 가장 완전한 방법은 국가의 모든 토지를 정부가 매입하여 국유로 하고 개인에게는 임대차의 형식으로 利用權만을 부여하는 방법을 생각할 수 있다. 그러나 이러한 방법은 국가의 재정능력에 비추어 볼 때 현실적으로 불가능할 뿐만 아니라, 法理上으로도 헌법상 사유재산제의 보장(제23조 제1항) 및 경제질서의 기본원칙(제119조 제1항)에 비추어 불가능하다고 볼 수밖에 없다. 따라서 토지에 대한 개인의 소유권을 인정하면서도 공공의 복리를 위해서는 그 내용과 한계가 법정되어질 수밖에 없는 상대적인 권리로 이해하는 것이 바로 토지 공개념인 것이다.

따라서 이러한 의미의 토지 공개념이란 사유재산제를 부정하는 혁명적 개념은 아니며 헌법의 테두리 내에서 토지소유권에 대한 사회적 제약의 정도와 한계를 특히 강조하는 하나의 정책적 개념으로 받아들여야 할 것이다.

그러나 토지공개념은 학술적 개념이 아니라 신문용어라는 지적[10)]이 있고, 또 학계 일각에서는 이 말 대신에 '公益概念', '土地의 公共的 概念'[11)], '토지재산권의 사회기속성'[12)]이라는 보다 부드러운 표현을 사용하는 것이 바람직하다는 주장도 있다. 그러나 이 개념이 비록 학문적으로 확립된 개념이 아니라 하더라도 그 사회나 시대의 요구를 반영하는 의미로 이미 폭넓게 수용되고 있는 이상, 개념 그 자체에 대한 거부 반

---

8) 本間義人, 「土地問題總點檢」, 有斐閣選書, 32면 이하.
9) 건설부장관의 1977년 8월3일 경제인 연합회 연설 및 1978년 11월11일 중앙대학교 부설 한국지역사회개발연구소 주최 토지문제 세미나에서의 致辭에서 이 용어가 사용되었다고 보고되고 있다. 석종현, 전게서, 77면; 류해웅, 전게서, 95면.
10) 김남진, "土地의 公概念", 月刊考試, 1988.12, 193면
11) 이태재, "土地所有權의 特性과 公概念", 토지개발, 1989.4, 12면
12) 허영, "土地公概念 有感", 법률신문, 1989.5. 18, 3면.

응을 보이는 것보다는 그 진정한 의미와 내용의 추구에 보다 관심을 기울여 나가야 할 것이다.

(2) 근거

1) 이론적 근거

토지 공개념의 이론적 토대는 토지의 公共性, 有限性, 自然性 등 토지의 特性과 사회적 약자의 생존권을 보장하기 위하여 토지소유자의 경제적 자유를 제한할 수 밖에 없다는 사회국가원리에 기초하고 있다. 사회국가(Sozial Staat)는 사회적 정의의 이념에 따라 사회적 통합(die soziale integration)을 지향하는 국가이다. 그러나 사회국가는 개인생활의 전면적 계획·통제·간섭을 의도하는 전체주의 국가나 개인의 사적 소유와 경제적 자율성을 부정하고 개인의 생존을 전면적으로 사회에 의존하게 하는 사회주의국가(Sozialistisch Staat)와는 구별해야 한다. 따라서 사회국가의 구체적 실현은 민주주의원리에 따라 국회의 입법을 통한 법치주의 원리에 따라야 할 것이다. 이것은 토지 공개념의 이론적 근거이자 동시에 한계이기도 한 것이다.

사회국가의 원리는 현대사회가 안고 있는 모순을 혁명적 방법이 아닌 점진적 사회개혁을 통하여 해결함으로써 사회정의와 공공의 복리를 실현하려는 원리를 말한다. 따라서 재산의 질서는 이미 주어진 것이 아니라 국가의 형성과 계획의 대상이 되며, 또 현재의 재산질서는 不動의 것으로 보장되는 것이 아니라 자율적 존재인 사회의 민주적 원리를 통한 처분에 맡겨지게 되는 것이다.

2) 실정법적 근거

토지 공개념에 대한 실정법 상의 근거로서는, 재산권 행사의 공공복리적합의무를 규정한 헌법 제23조 제2항과 경제에 관한 규제와 조정을 규정한 헌법 제119조 제2항, 국토의 균형 있는 개발·이용을 위한 계획의 수립을 규정한 헌법 제120조 2항, 국토의 이용·개발·보전을 위한 제한과 의무를 규정한 제122조 및 법률로서는, 국토관리의 기본이념을 정하고 있는 국토기본법 제2조(구국토이용관리법 제1조의 2)와 토지공개념 관련입법으로서 開發利益還收에 관한 법률 등에서 찾을 수 있을 것이다. 특히 국토기본법 제2조는 부동산공법 전체를 貫流하는 지도원리이며, 실정법이 토지공

개념을 선언한 명시적인 예라 할 수 있을 것이다.[13)]

(3) 내용

토지공개념의 가장 핵심적인 내용은 토지의 "효율적 이용"에서 발견된다. 즉 토지가 가지는 기능·적성·위치 등에 따라 전국토를 가장 효율적으로 이용하기 위한 공권적 규제의 논리가 토지 공개념인 것이다.

토지공개념의 긍정론자들은, 토지에 대한 소유와 이용의 분리를 전제로 하여 "토지이용권" 중심의 법체계의 정립을 강조하고 있다.

또 이용권 중심의 법체계의 정립에 있어서도, ① 국민의 생존권 보장을 위해 필수·불가결한 "생존권적 토지소유" ② 자산으로 소유하는 "자산적 토지소유" ③ 원래의 기업활동에 필요한 "기업적 토지소유" ④ 투기적 이익의 확보를 목적으로 하는 "투기적 토지소유" ⑤ 공공의 이익을 위한 또는 공공시설을 수용하기 위한 "공공적 토지소유" 등으로 구분하고, 이 중에서도 생존적 토지소유가 가장 우선적으로 보장되어야 한다고 한다.[14)] 그러나 이러한 類型의 구분이 현실적으로 가능한지도 의문일 뿐만 아니라 설사 그러한 구분이 가능하다고 하더라도 특정 유형의 이용 형태가 반드시 다른 형태의 토지 이용에 대하여 항상 우선된다고 보기도 어렵다. 현실적으로 토지공개념의 구체적 내용은 아직 확립되어져 있지 않으며 앞으로 국회의 입법과정을 통하여 점진적으로 형성해 나가야 할 것이다.

다만 이미 제도화되고 있는 토지공개념의 구체적 내용으로서는 1989년 12월 30일 제정된 "토지공개념 관련 3법" 즉, 宅地所有上限에 관한 법률, 개발이익환수에 관한 법률, 토지초과이득세법을 들 수 있을 것이다.

택지소유상한제는 택지의 편중 소유현상을 완화하여 경제사회의 불평등 요인을 제거하고, 택지의 원활한 공급을 유도하여, 투기적 이익의 私有化를 방지하기 위하여 제도화한 것이며, 후 2자는 개발이익의 환수를 목적으로 제정된 법이라 할 수 있다. 개발부담금제는 투기적 불로소득을 방지하기 위하여 개발사업자에게 부과하는 것이

13) 서원우, 전게서, 11면.
14) 서원우, 현대토지법의 구조와 논리, 월간조선, 1983.7, 72면; 同人, 토지공개념의 논리와 현실, 신동아, 1983.6, 226면.

며, 토지초과이득세제도는 유휴토지・기업의 비업무용토지 등 遊休地의 소유자에 대하여 그 가치의 증가를 환수의 대상으로 하고 있다. 讓渡所得稅制가 실현된 개발이익만을 과세대상으로 함에 따라 개발이익의 환수제도로서의 한계성을 지니고 있음을 보완하여, 지가안정 및 토지의 효율적 이용의 제고에 이바지하려는 제도라 할 수 있다. 그러나 외환위기를 거치면서 부동산경제의 회복을 위해, 상기 법률 중 택지소유상한에 관한 법률[15] 및 토지초과이득세법[16]은 폐지되고 말았다.

(4) 한계

토지라는 재화의 특성상 토지 재산권은 다른 재산권 보다 상대적으로 강한 공법적 규제를 받아 왔고 그 타당성에 대하여는 대체로 의견의 합치를 보여 왔다. 그러나 토지에 대한 공법적 규제가 무제한적으로 인정되는 것은 물론 아니며, 토지 공개념을 실현하기 위한 구체적 입법의 내용도 최소한 헌법적 질서와 조화를 이룰 때에만 가능하다는 점에 대해서도 異論은 없다. 예컨대 사회국가원리에서 오는 한계로서, 토지에 대한 全面的 國・公有制는 不可하다든지, 또 헌법상 재산권 보장의 원칙에서 오는 한계로서, 재산권의 本質的內容의 침해가 금지된다는 점 등에 대하여는 異論의 여지가 없다. 그러나 구체적으로 소유자는 어느 범위의 침해까지를 受忍해야 할 것인지 또 국가는 어느 범위까지의 침해에 대하여 손실보상의 의무를 지는지, 또 구체적으로 어느 범위까지의 침해가 본질적 내용의 침해에 해당하는지 등에 대하여는 반드시 견해가 일치되지 아니한다. 이 문제에 대하여는 항목을 바꾸어 살펴보기로 한다.

---

15) 1998. 9. 19 택지소유상한에 관한 법률의 폐지이유는 다음과 같다. 즉, 택지소유상한에 관한 법률은 택지의 원활한 공급과 국민의 공평한 택지소유를 유도할 목적으로 일정 규모 이상의 택지소유제한과 택지초과소유자에 대한 부담금의 부과 등을 주요내용으로하여 1989년 12월에 제정되어 1990년 3월부터 시행되었으나, 그동안 시장경제원리의 제한과 경제주체의 自律性 저해 등의 문제가 제기되어 왔으며, 특히 최근의 어려운 경제여건 하에서 택지의 초과소유부담금은 개인・기업 등 택지소유자의 경제적 부담을 가중시키고 있는 성질인 바, 이러한 문제점을 해소하고, 택지거래를 활성화시킴으로써 경제적 어려움의 극복에 도움이 될 수 있도록 하기 위하여 이 법률을 폐지하되, 택지의 초과소유부담금은 개인・기업 등의 부담완화를 위하여 그 부과기준일이 1998년 1월 1일 이후인 부담금부터 이를 면제하려는 것이다. 관보 제14011호, 1998. 9. 19.

16) 1998. 12. 28 토지초과이득세법의 폐지이유는 다음과 같다. 즉, 이 법은 부동산투기의 억제를 위하여 1989년 12월 31일 제정되어 1990년 1월 1일부터 시행되었는 바, 그 동안 부동산실명제의 실시, 토지종합전산망의 가동 등 부동산투기를 방지하기 위한 제도적 장치가 마련되었고, 또한 전국의 토지가격도 계속 하향・안정세를 유지하고 있어서 이 법을 존치시킬 필요가 없어졌으므로 이 법을 폐지하려는 것이다. 관보 제14092호 1998. 12. 28.

2. 헌법상 재산권의 보장과 그 한계

(1) 헌법의 규정 및 법적 성격

우리 헌법 제23조는, 제1항 모든 국민의 재산권은 보장된다. 그 내용과 한계는 법률로 정한다. 제2항 재산권의 행사는 공공복리에 적합하도록 하여야 한다. 제3항 공공필요에 의한 재산권의 수용·사용 또는 제한 및 그에 대한 보상은 법률로써 하되, 정당한 보상을 지급하여야 한다고 규정하고 있다.

한편, 토지소유권에 대하여는 이와는 별도로 제122조(국토의 이용·개발과 보전)에서, "국가는 국민 모두의 생산 및 생활의 기반이 되는 국토의 효율적이고 균형 있는 이용·개발과 보전을 위하여 법률이 정하는 바에 의하여 그에 관한 필요한 제한과 의무를 과할 수 있다"고 규정하고, 특히 농지에 대하여는 제121조(농지의 소작금지·임대차·위탁경영)에서, 제1항 국가는 농지에 관하여 耕者有田의 원칙이 달성될 수 있도록 노력하여야 하며, 농지의 소작제도는 금지된다. 제2항 농업생산성의 제고와 농지의 합리적인 이용을 위하거나 불가피한 사정으로 발생하는 농지의 임대차와 위탁경영은 법률이 정하는 바에 의하여 인정된다고 규정하고 있다.

우리 헌법의 재산권 보장 규정도, 바이마르헌법의 경우에 있어서와 같이 제23조1항 前文과 後文은 서로 모순되는 관계에 서 있다.

주지하는 바와 같이, Carl Schmitt에 의하면 바이마르헌법 제153조의 "재산권은 헌법에 의하여 보장되며, 그 내용과 한계는 법률로 정한다"라는 규정에 있어서 그 전단과 후단의 규정은 서로 모순되는 것임을 지적하고 있다[17]. 왜냐하면 전단의 규정에 있어서는 재산권을 전국가적인 자연적 권리로서의 절대적 기본권(absolute Grundrechte)으로 규정하고 있는데 대하여, 후단에 있어서는 그 내용과 한계를 법률로써 정하는 바와 같은, 이른바 상대적 기본권으로 규정하고 있기 때문이다.

환언하면, 전자가 재산권보장에 있어서의 19세기적 개념을 의미한다면, 후자는 20세기적 개념의 형태로 규정하고 있기 때문이다. Carl Schmitt에 의하면 동조 전단의 재산권 보장에 관한 규정은 아무런 내용도 없는 명목상의 헌법적 보장이 아니라, 바이마르헌법에 있어서의 시민적·법치국가적 원리의 확인을 의미한다. 왜냐하면 사유

---

17) Carl Schmitt, Verfassungslehre, S.166 이하

재산제가 없는 시민적 법치국가는 있을 수 없으며, 그리고 바이마르헌법은 바로 시민적 · 법치국가적 헌법을 의미하기 때문이라는 것이다.[18]

G.Anschütz도, 바이마르 헌법 제153조의 재산권은 "인간의 권리"로서, 동조 후단의 규정은 입법권에 의한 재산권의 무제한적 제약을 의미하는 것이 아니라, 그 반대로 재산권에 대한 입법권의 한계를 의미한다고 한다.[19]

우리나라 헌법에 있어서의 재산권보장에 관한 규정도 조문의 형식과 내용에 있어서 바이마르 헌법과 흡사할 뿐만 아니라, 재산권에 관한 제23조의 규정은 헌법 제9장 경제에 관한 규정과 함께 우리나라 경제질서의 형성에 있어서의 헌법적 기초임과 동시에 국민주권의 원리와 함께 정치적 체제의 동일성을 결정하는 하나의 요소로 간주되고 있다.

그리고 일견 서로 모순되는 것과 같은 이들 규정이, 상호간 어떠한 논리관계에 서 있는가에 대해서는, 후술하는 바와 같이 다양한 견해가 주장되고 있다.

우선 헌법 제23조 제1항 전문에 중점을 두는 경우에는, 재산권은 전국가적 · 초국가적인 자유권으로서의 인간의 권리(Menschenrecht)를 의미한다.[20]

그러나, 아울러 그 내용과 한계가 법률로 정하여지고 그 행사가 공공복리에 적합하여야 하는 재산권 보장의 법적 성격에 관해서, 우리나라의 다수설은 법제도로서의 사유재산제가 보장되지 않는 곳에서 개인의 재산권만이 보장될 수 없으며, 또한 개인의 재산권이 전면적으로 부인되는 곳에 사유재산제만이 독립한 법제도로서 존재할 수 없다는 이유로, 권리 · 제도동시보장설을 지지하고 있다.[21]

따라서 헌법 제23조 제1항 전문의 재산권의 "보장"에는 다음 두 가지 의미가 내포되어 있다고 할 수 있다. 즉, 그 하나는 사유재산제 (Privateigentum)의 제도적 보장이며, 또 하나는 사유재산제 보장의 결과로서 재산을 가진 개인에게 국가적 침해를 배제할 수 있는 주관적 공권(subjektive öffentliche Rechte)으로서의 보장이다. 이처럼 재산권의 보장을 자유권과 분리하여 제도적 보장으로 보는 견해는 M.Wolff, C.Schmitt

---

18) Carl Schmitt, a.a.O., S. 171-172.

19) Gerhard Anschütz, Die Verfassung des deutschen Reichs, 14. Aufl., SS. 704, 705

20) 문홍주, 한국헌법, 1987, 293면

21) 권영성, 헌법학원론, 1992, 456면; 김철수, 헌법학개론, 1992, 414면; 허영, 한국헌법론, 1991, 457면 참조.

등에 의해, 바이마르 헌법 하의 통설로 통용되어 왔으나, 그러나 이들이 주장하는 제도적 보장에 있어서의 재산은, 원래 모든 재산을 의미하는 것이 아니라 물권적 재산권만을 의미하고 있음을 주의할 필요가 있다.[22)]

따라서 우리헌법상 재산권 보장에 대한 제도적 보장의 의의는, 민법상 물권적 재산권의 범위를 넘는 모든 재산적 가치를 포함하는 사유재산제도의 보장이라는 데에서 발견된다.

그리고 이러한 재산권보장 대상의 확대는 특히 바이마르 헌법시대에 재산권의 반대개념인 공용수용 (Enteignung)개념의 확대를 통하여 이루어진 것이라 할 수 있다. 즉, 바이마르 시대의 학설과 판례는 공용수용의 대상을 토지소유권 이외의 다른 재산권에게까지 확대하는 이른바, "기술적 의미의 공용수용 개념(Begriff der Enteignung im technischen Sinne)"을 채택[23)]함으로써 결과적으로 재산권 보장 대상의 확대를 이룩하게 된 것이다.[24)]

상술한 바와 같이 다수설에 의하면, 재산권의 보장은 사유재산제라는 제도의 보장과 함께 개인의 주관적 공권(subjektiven Öffentlichen Rechte) 즉, Werner Weber의 이른바 개인의 법적 지위적 보장을 의미하고, 그것은 국가에 대한 개인의 소극적 지위에 해당하는 소극적・방어적 권리를 의미한다.

제도적 보장으로서의 재산권의 보장이 주로 입법에 대한 보장을 의미하는데 대하여, 주관적 공권으로서의 재산권의 보장은 입법 뿐만 아니라 행정・사법까지도 그 보장의 대상으로 한다.[25)]

이처럼, 제도적 보장의 의미는 특히 입법자에 대한 관계에서 나타나게 되는 바, 헌

---

22) Carl Schmitt에 의하면 재산권의 보장을 모든 경제적 재산권보장으로 확대하는 이른바 "확대된 재산권의 개념(erweiternter Eigentumsbegriff)"은 이미 "하나의 법제도(ein Rechtsinstitut)"로서의 재산권과 관계가 없으며, 따라서 모든 헌법적 영역에 있어서의 재산권이나 그 전체는 아무런 법제도가 아니라고 한다.

C.Schmitt, Freiheitsrechte und institutionelle Garantie, in, Verfassungsrechtliche Aufsätze, S. 163.

23) 이에 대하여, "古典的 公用收用槪念(klassische Enteignungsbegriff)"이란, 완전보상을 조건으로 토지소유권(공용수용의 대상)에 대하여, 소유권의 이전(행위의 태양)을 목적으로 하는 행정처분(행위의 형식)이며, 이 점에서 재산권에 대한 사회적 제약과 구별된다고 한다. Walter Leisner, Sozialbindung des Eigentums, 1972, S. 27.

24) Fritz Fleiner, Institution des Deutschen Verwaltungsrechts, 8. Aufl., 1928, S. 293.

25) W. Weber, Eigentum und Enteignung,in, Die Grundrecht, Bd. Ⅱ, 1954, S. 363.

법 제23조 1항 전문과의 관계 때문에, 입법자가 재산권의 내용과 한계를 법률로 정하는 경우 그 입법에는 다음과 같은 두 가지 한계가 설정된다.

즉, 그 하나는 헌법 제37조 2항이 정하는 본질적 내용의 침해 금지이고 다른 하나는 사유재산제도 그 자체라 할 수 있다.

사유재산제도에 대한 부정적 입법이 "자유와 권리의 본질적 침해"를 의미하는 것으로서 허용되지 아니함[26]은 명백하다. 그러나 사유재산제도의 부정을 제외한 구체적 재산권의 본질적 내용의 침해 금지에 대해서는 후술하는 바와 같이 구체적으로 무엇이 이에 해당하는 지에 대하여 반드시 그 한계가 명확한 것은 아니다.

헌법이 재산권의 내용과 한계를 법률에 위임하고 있는 이상, 재산권에 있어서의 내용과 한계의 설정은 그 사회에 있어서의 역사적 상황이나 일반적인 관념의 변화에 의하여 영향을 받지 않을 수 없다. 특히 토지소유권에 있어서는 다른 재산권에 비하여 그 사회성이 상대적으로 강조되고 있기 때문에 그 내용과 한계는 사회의 일반적인 인식과 결코 무관할 수 없을 것이다. 이것은 결국 토지소유권의 내용의 부단한 가변성과 상대성을 의미한다.

만일 재산권에 대한 헌법적 보장이 사유재산제에 대한 헌법의 기본적인 가치결단(Wertentscheidung)을 의미하는 것이라고 한다면, 재산권의 내용의 가변성과 상대성은 궁극적으로 가치에 의한 가치의 상대화를 초래하는 것이라 말할 수 있을 것이다.[27]

결국, 재산권의 내용과 한계를 법률로 정하는 문제는 특정 재산권에 대한 그 사회의 역사적 인식과 결코 무관할 수 없다는 것으로 연결되고, 동시에 이 문제는 현대 토지법의 전개에 있어서 결코 피할 수 없는 하나의 과제라 할 수 밖에 없다. 이 문제에 관하여는 항목을 바꾸어 다시 설명하기로 한다.

(2) 재산권의 내재적 제약과 사회적 제약

19세기 서구형의 이른바 근대적 재산권의 보장에 있어서도 거기에서 말하는 재산권의 절대성은 반드시 절대무제약의 권리를 의미하는 것은 아니었다.

---

26) 한태연, "한국헌법에 있어서의 재산권의 보장", 고시연구, 1990.3, 190면.
27) Ibid.

예컨대 역사상 가장 radical한 형태로 소유권의 신성불가침을 구가했던 1789년의 프랑스 인권선언 제17조 및 1804년 나폴레옹 법전 제545조에 있어서도 공공의 필요가 있는 경우, 손실보상을 조건으로 하는 재산권의 수용이 인정되었고, 또 미국 수정헌법 제5조도 또한 같다.

일본 헌법의 해석에 있어서도 "권리의 남용이 금지되고 국민이 납세의 의무를 부담하고 또 범죄자에게 벌금이나 몰수의 형이 부과되는 것은, 오히려 사물자연의 제약으로서, 재산권의 불가침에 의해 보장되는 범위 밖의 문제"[28]라고 한다. 이처럼 사물자연의 성질에서 당연히 재산권(소유권)에 부착하는 제약은 통상 "재산권의 내재적 제약"이라고 부르며, 여기에는 상술한 국민의 납세의무, 형벌권에의 복종의무 이외에도, 군사권에의 복종의무 또 일반적으로 재산권은 공공의 이익을 위해 공용수용의 대상으로 될 수 있다는 사실 그 자체도 근대적 재산권(소유권)제도의 당연한 내재적 제약이라 할 수 있을 것이다.

이러한 의미에서 재산권의 내재적 제약은 이른바 근대적 재산권의 성립 당초부터 존재하고 있었던 것으로, 이와는 별도로 우리 헌법 제23조 제1항 후문, 동 제2항이 "사회적" 견지에서 새로이 "정책적 고려"에 기초하여 과하고 있는 재산권에 대한 제약은 내재적 제약과 구별하여 "재산권의 사회적 제약"이라고 부르는 것이 가능할 것이다. 그러나 이 양자의 구별은 후술하는 바와 같이 그리 간단한 문제는 아니다.

한편 이러한 의미에 있어서의 재산권의 내재적 제약은 그 역사적 현실에 비추어 보건대, 반드시 보편적 시민의 천부인권으로서 절대적 소유권 개념을 그 전제로, 그 개념의 형성 이후부터 주장된 것은 아니라는 사실을 유의해야 한다.

하물며 절대적 소유권 개념의 형성 자체도 서구제국에 있어서 같은 시기에 일률적으로 확립된 것이 아님은 말할 필요조차 없다. 예컨대 영국에 있어서는 17세기의 권리청원(Petetion of Right, 1627), 권리장전(Bill of Rights, 1689) 등을 통하여 국민의 권리로서 정착된 것이나, 기본적으로는 "영국국민의 조상 전래의 권리" 내지 "구래의 권리 및 자유"로부터 점차 발전되어 왔으며, 독일에 있어서도 19세기의 입헌주의적 제헌법에 의한 기본권의 도입은 결코 구래의 사회질서의 근본적 해체를 의미하는 것이 결코 아니었다.[29]

---

28) 『주해일본국헌법』 上卷(2) 567면 참조.

각국의 재산권 보장제도의 내용과 성질은 각국의 법제도와 전통을 반영하여 극히 다양하고 복잡하게 발전해 왔던 것이라 할 수 있다. 따라서 "19세기적 유럽형 近代的 재산권"과 "20세기적 현대적 재산권"이라는 단순한 도식은 나름대로의 유용성이 있기는 하나, 이러한 모델에서 바로 구체적 법해석론을 도출하는 것은 상술한 바와 같은 역사적 다양성을 무시함으로써 부당한 결과를 초래할 위험성이 있는 것이다.

그런데 근대적 재산권 개념의 속성으로서의 "절대적 자유성"을 제한하는 요소로서, 각국에 있어서 재산권 제도의 성립과 함께 당연히 내포되고 있었던 의미에서의 내재적 제약과, 새로이 20세기의 사회적 요청에 수반하는 법률이 정하는 바에 따라 과하여지는 사회적(현대적)제약을 관념적으로 구별하게 되면, 양자의 관계를 구체적으로 어떻게 파악할 것인가 하는 것이 문제로 대두된다.

양자의 구별에 관하여 학자에 따라서는, 전자는 근대적 재산권 보장제도의 대상으로 되지 않는 부분이기 때문에 따라서 이러한 재산권의 제약에 대해서는 손실보상은 필요 없을 뿐 아니라 반드시 법률이 아닌 조례에 의한 제약도 가능한 것인데 비하여, 後者의 제한에 대해서는 그 제약의 요건이나 방법 등은 헌법의 조항이 명시하는 바에 따라서만 가능하게 된다는 주장[30]도 있으나, 현실적으로 특정 재산권에 대한 제약을 양자의 범주로 명확히 구별하는 것이 가능할 것인가에 대해서는 의문이 있다. 특히 경제・사회의 발달은 근대적 재산권 제도가 성립할 당시에 있어서는 거의 상상할 수 없었던 문제를 끊임없이 발생시키고 있으며, 따라서 재산권의 내재적 제약을 "인간사회에 있어서 공동생활을 영위하기 위하여 권리를 가진 자가 당연히 受忍하지 않으면 안될 제약"이라고 한다면, 이러한 제약의 내용 그 자체도 사회의 발전과 함께 당연히 변화・발전하는 것이라고 생각하지 않을 수 없다.

그렇다면 이 양자의 구별도 결국 상대화 할 수밖에 없는 것임은 자명한 사실이라 할 것이다. 그리고 이러한 사정이 가장 명확하게 나타나는 재산권이 바로 토지 및 지하자원에 대한 소유권의 경우이다.

---

29) 1933년 R.Smend는, "초기 입헌주의는 실제로 프랑스에 있어서와 같이 혁명적 기반의 위에 급진적인 새 질서의 창립을 의미한 것이 아니고, 정치적 협동을 임무로 하기에 이른 臣民의, 기존의 사회윤리체계에의 새로운 편입을 의미한 것일 뿐이다"고 지적하고 있다. Rudolf Smend, "Bürger und Bourgeois im deutschen Staatrecht", in Smend, "Staatsrechtliche Abhandlungen", 2. Aufl., S. 316.
30) 藤田, 西ドイツの土地法と日本の土地法, 創文社, 1988, 140면 참조.

토지 및 지하자원은 인간의 생활에 불가결한 것임과 동시에 재생산이 어려운 유한한 자원이기 때문에 그 권리행사의 존재방식이 타인에게 미치는 영향은 다른 재산권과는 비교가 되지 않을 정도로 지대한 것이라 할 수 있다. 따라서 토지에 대하여서만은 다른 재산에 비하여 특별한 제약을 과하는 입법례는 역사상 결코 드물지 않으며, 그 가장 유명한 예로서 들 수 있는 것이 바이마르 헌법 제155조가 정하는 토지조항이라 할 수 있다.[31)]

또 2차대전 후 독일의 본기본법도 "생산수단"과 함께 토지 및 천연자원에 관하여 補償을 전제로 하고는 있으나 공동소유(Gemeineigentum)에로의 이행 등 사회화(Sozialisierung)에의 진전 가능성을 인정하였던 것이다(기본법 제15조).

물론 이 사회화 조항 자체는 현실적으로 그 기능이 정지되고 있다고 말할 수 있다. 그러나 독일의 연방헌법재판소는 1967년, 무릇 토지소유권은 토지라는 재산권의 특수성 때문에 다른 재산권보다 강한 사회적 제약을 받는 것이 당연하다는 견해를 분명히 하였고, 이러한 사고는 이후의 연방 제립법 예컨대, 1971년 도시건설촉진법(Städtebauförderungsgesetz), 1976년 연방건설법의 개정(Novellierung des Bundesbaugesetzes)에 의한 토지소유권의 제한의 근거로 작용되기도 하였다.

우리나라에 있어서도 이른바 토지 투기의 근절을 위해 1978년 개정된 국토이용관리법 제1조의 2는, 국토이용의 기본이념으로서, "국토는 모든 국민의 복리증진을 위한 유한한 자원이며, 공통기반임에 비추어 그 이용에 있어서는 공공복리를 우선시키고 자연환경을 보전함과 아울러 지역적 제조건을 충분히 고려하여 토지가 합리적으로 이용되고 적정하게 거래되도록 함으로써 양호한 생활환경의 확보와 국토의 균형있는 발전을 도모함을 그 기본이념으로 한다"고 규정함으로써, 토지의 특수성을 이유로 그 이용에 있어서는 공공의 복지가 우선되지 않으면 안 된다는 사상을 분명히 하고 있는 것이다.

이들 제 입법은 절대적 경제적인 자유를 구가하던 근대적 재산권 개념에 대하여 20세기적 사회적 견지에서의 수정을 가하려는 목적을 가진 입법이라고 말할 수는 있으나, 주의를 요하는 점은 재산권보장의 상대성 특히 토지소유권의 특수성이라는 사고

31) 그 상세에 관해서는 甲斐道太朗・稲本洋之助・戒能通厚・田山輝明, 『所有權思想の歷史』, 有斐閣, 149면 참조

자체는 반드시 20세기 사회화 사상에 의해 처음으로 등장한 것은 아니라는 사실이다.

예컨대 동산과 부동산의 구별에 있어서 그 속에 내포된 의무는 결코 동등한 것이 아니라는 사고는 독일의 경우 일찍이 19세기부터 주장되고 있었고[32], 또 일반적으로 "근대적 소유권개념"의 모델로 받아들여지고 있는 나폴레옹 법전조차도 토지는 동산과는 달리 하나의 상품으로서 취급되어져서는 안 된다는 思考를 전제로 하고 있었다.[33]

결국, 특정 재산권에 대한 제약이, 내재적 제약인지 아니면 20세기의 사회적 요청에 부응한 사회적 제약인지를 엄밀히 구별한다는 것은 법해석론상 결정적 의미를 가진 것이라 할 수 없고, 특히 토지소유권에 관한 한 이러한 구별은 더욱 곤란한 경우가 적지 아니하다. 따라서, 오늘날의 사회에 있어서, 특히 공공의 복리를 위한 토지소유권에 대한 최소한의 입법적 제약은 재산권의 내재적 제약으로 보더라도 무리가 없을 것으로 생각된다. 그리고 이 문제는 특히 損失補償의 문제와 관련이 깊은 것으로서 헌법상 재산권 보장의 다양한 측면과 관련하여 보다 섬세한 고찰을 필요로 한다.

(3) 재산권 보장의 핵

1) 본질적 내용의 보장

우리나라 헌법 제23조 1항의 재산권 보장 속에는 상술한 바와 같이 사유재산제의 제도적 보장이 포함되고 있다는 데 대해서는 거의 다툼이 없고, 아울러 1항 後文의 존재에도 불구하고 개인이 가지는 개별적 재산권의 "본질적 내용"도 동조 1항에 의해 보장되고 있다는 것이 다수설의 견해이다. 그러나 공공의 복리를 위해서도 또 민주적 입법에 의해서도 제한할 수 없는 재산권의 "본질적 내용"이 구체적으로 무엇을 가리키는가 하는 문제는 후술[34]하는 바와 같이 대단히 어려운 문제라 할 수 있다. 뿐만 아니라 재산권의 내용과 한계는 법률로 정한다는 제1항 후문과의 관계 및 손실보상의무를 규정한

---

32) O.v. Gierke의 이러한 주장에 대해서는 甲斐 外 3人 공저, 전게서, 133면 참조

33) A.a.O. 104면 以下 參照. 즉, 토지는 여러가지 이유 때문에 그 자체로서 바로 상품으로 될 수 없고, 법률상 다양한 제한 내지 조건이 부여됨으로써 비로소 상품으로서 동산에 준하여 거래의 대상이 될 수 있고, 또 토지소유권이 소유권 일반에 포섭되어 동산과 동일한 법리에 복종하기 위해서는, 법률상 일정한 처리가 전제될 것이 필요하다고 한다(105면 참조).

34) 후술 (4) 및 (5) 참조.

제3항과는 어떠한 관계에 서는가 하는 문제도 그리 간단한 문제가 아니다.

우리와 비슷한 재산권 보장 규정을 두고 있는 일본 헌법에 있어서는 예컨대, 『주해 일본국헌법』에 의하면, 일본헌법 제29조 2항(한국헌법 제23조 1항 후문 및 2항에 해당)이 정하는 법률에 의한 재산권의 내용 결정은 손실보상의무를 수반하지 않는 것으로 전제하고, "보상 없이 행하여지는 제2항에 의해서는 권리를 박탈 또는 박탈하는 것과 같은 정도의 제한을 가하는 것은 허용되지 아니 한다"고 하고, 이것이야 말로 제1항의 재산권 보장의 의의라고 한다. 그리고 제1항과 제3항과의 관계에 대하여는, "그 예외에 해당하는 것이 동조 3항이다"고 하여 공공의 이익을 위해서는 사유재산을 사용하는 것이 가능하도록 제1항에 대한 예외를 인정하면서도, "재산권 보장의 의의는 적어도 경제적 가치로 나타나기 때문에 정당한 보상이 이루어지지 않으면 안 된다고 규정하고 있다"고 한다.[35)]

이와 같은 견해에 의하면, 일본헌법 제29조 1항(한국헌법 제23조 1항 전문)에 있어서의 개별적 재산권의 본질적 내용의 보장은 궁극적으로는 제3항의 손실보상의 문제에 귀착하고 따라서 정당한 보상이 주어지는 한 제1항의 고유한 의미는 상실되고 만다.

2) 두 가지 사고 유형 - 결정적 사고와 개방적 사고 -

독일의 본 기본법(이하 GG라 약칭함)은, 적어도 문언 상으로는 바이마르 헌법보다 더욱 두텁게 사적 소유권을 보호하고 있는 것처럼 보인다. 즉, 기본법 제14조는 바이마르 헌법 제153조보다 다음의 점에서 사유재산권의 보호에 더욱 충실한 것으로 나타난다.[36)] 예컨대 바이마르 헌법 하에서 인정되었던 법률에 의한 수용의 가능성이

---

35) 『註解日本國憲法』 상권(2), 568면.

36) 바이마르 헌법 제153조 제1항 소유권은 헌법에 의해 보장된다. 그 내용과 한계는 법률로 정한다. 제2항 공용수용은 공공의 복지를 위하여 법률에 의해서만 할 수 있다. 수용은 법률에 다른 정함이 없는 한 상당한 보상을 지급하여야 한다. 제3항 소유권은 의무를 수반한다. 그 행사는 동시에 공공의 복지에 적합하여야 한다.
GG 제14조 제1항 소유권 및 상속권은 보장된다. 그 내용과 한계는 법률로 정한다. 제2항 소유권은 의무를 수반한다. 그 행사는 동시에 공공의 복지에 적합하여야 한다. 제3항 공용수용은 공공의 복지를 위해서만 허용된다. 수용은 보상의 방법 및 정도를 정하는 법률에 의해 또 법률의 근거에 기초하여서만 이루어진다.
제15조 토지, 천연자원 및 생산수단은 사회화의 목적을 위하여, 보상의 방법 및 종류를 정하는 법률에 의해 公有 또는 다른 공공경제의 형태로 이행하는 것이 가능하다.

GG에도 인정되고 있으나 동시에 그 요건이 강화되어 손실보상의 형태와 정도를 정하는 법률의 존재가 요구[37]되고 따라서 입법자가 보상 없는 수용을 인정할 가능성은 사라지게 된 것이다. 또 GG 제15조에는 이른바 사회화 조항이 규정되고 있으나, 사회화의 대상은 한정되어져 있고 여기에는 수용의 경우와 동일한 손실보상이 요구되고 있다. 따라서 이러한 규정을 중시하게 되면, GG의 재산권 보장의 태도는 바이마르 헌법을 뛰어 넘어, 19세기의 시민적 법치국가형의 재산권 보장 즉, 재산권은 국가권력에 의한 침해에 대하여 개개의 시민이 가지는 선천적 자유영역을 보호・방위하고 국가권력의 한계 형성을 위한 것으로 인정될 수 있다는 해석론의 대두가 가능하게 된다. 아울러 사회적인 제 요청 때문에 재산권 보장의 최종적 형태는 입법자가 정하는 것으로 하고 있으나 이 입법권도 사유재산권의 핵심・본질적 내용은 침해할 수 없는 부수적 권한에 불과한 존재로 되고 만다. 그리고 이러한 해석이 독일 헌법상 재산권 보장에 대한 해석의 主流를 형성해 왔음은 물론이다.

그러나 다른 한편, GG에는 "사회적 법치국가 (Sozial Rechtsstaat)"라는 연방공화국의 성격 규정이 존재 한다[38]. 이 사회국가 조항이 상술한 고전적 재산권관에 대항하여 이른바 재산권 질서의 사회적 변경 (soziale Umschichtung der Eigentumsordnung)을 추진하기 위한 하나의 중요한 해석적 지침을 제공하게 된 것이다. 특히 GG가 중시하는 국민주권원리와 결부하여 재산권보장의 존재방식은 오히려, 장래의 민주적 입법에 의한 자유로운 형성의 대상이 된다는 사고가, 제14조 제1항 후문(한국헌법 제23조 제1항 후문과 같다) "재산권의 내용과 한계의 법정"을 통하여 등장하게 되었던 것이다.

상호 모순되는 듯한 이러한 두 가지 사고유형[39]은 1951년 및 1953년 독일 국법학자대회의 보고에서 E. Forsthoff 와 H. P. Ipsen에 의해 각기 주장[40]되었고 그 후 많은

---

37) 이른바, Junktimklausel, 불가분조항 또는 부대(결부)조항이라고 부르는 GG 제14조 제3항 2문에 의하면, 공용수용은 반드시 보상의 방법과 범위를 규정한 법률 및 법률에 근거하여 행하도록 의무화하고 있다.

38) Art.20 Abs.1 u.Art.28 Abs.1 GG.

39) 재산권의 내용과 한계는 장래의 민주적 입법에 의한 자유로운 형성의 대상이 된다는 의미에서 이러한 사고유형을 "開放的 思考"라 부르고, 이에 대하여 GG에는 입법권에 의해서도 침해될 수 없는 사유재산권의 핵・본질적 내용이 결정(보장)되어 있다는 사고유형을 "決定的 思考"라 부르는 견해가 있다. 藤田, 前揭書, 109면; 栗城壽夫, "西ドイツ公法理論の變遷", 公法研究38號, 76면이하 참조.

지지자를 얻게 되었다. 민주적 입법에 의한 재산권 내용의 자유로운 형성의 가능성을 지지하는 Ipsen 보고의 골자는 대체로 다음과 같다.

즉, "GG 14조 1항 후문은 다른 기본권에 있어서의 단순한 법률유보와는 다른 보다 근본적인 의미를 가지고 있다. 즉 다른 기본권의 경우의 법률유보는 이미 존재하는 무언가를 법률이 외재적으로 제한·규제하는데 불과하나 재산권의 경우에는 기본권의 내용을 결정하는 것 자체가 법률에 위임되고 있다"[41]

그에 의하면 재산권이란 법률이 그 내용을 결정하는 것 이상이 아니다.

Ipsen의 견해에 서게 되면, 기본법 제19조 제2항이 정하는 재산권의 "본질적 내용"의 보장 한계를 어떻게 해석할 것인가 하는 것이 가장 중대한 문제로 남게 된다.

이 문제에 관하여 그는 "제19조 제2항의 본질적 내용이란 전체 헌법질서에 비추어 보호할 가치(schutzwürdig)가 있다고 생각되어지는 것 이상의 것이 아니다"[42]고 하고, 그렇다면 논리적으로는 이러한 제약도 역시 상대화할 가능성이 있는 것이라고 말할 수 있을 것이다. 특히 토지소유권과 관련하여서는 "재산권의 내용·사회적 구속의 강도 등은 재산권의 대상의 차이, 전체 재산권 질서 내에 있어서의 각각의 지위의 차이 등을 고려하지 않으면 안 된다. 토지소유권에 대한 사회적 구속의 정도와 차이는 그것이 존재하는 장소와 이용의 종류에 따라 발생하는 것으로 이러한 대상의 차이에 따른 상세화가 필요하다"고 주장하였다[43].

Ipsen의 이러한 사고를 지지하는 학자로서는, GG의 사회적 법치국가의 의미를 민주적 입법절차에 의한 경제의 민주화를 지상의 과제로 삼는 것으로 보는 W. Abendroth 등의 견해[44], 또 이들 좌익 진영과의 명백한 단절을 표명하면서 Smend의 통합이론의 계보를 좇아 헌법제제도의 동태적·유동적 파악을 그 사고의 기초로 삼는 K. Hesse와 그 제자들의 견해[45]가 대표적인 예라 할 수 있다.

---

40) H. P. Ipsen, "Enteigung und Sozialisierung", VVDStRL,Heft 10; E.Forsthoff, "Begriff und Wesen des sozialen Rechtsstaates", VVDStRL Heft 12,jetzt in Forsthoffs(hrsg.) "Rechtsstaatslichkeit und Sozialstaatlichkeit", 1968, S. 165 ff.

41) Ipsen, a.a.O., S. 85.

42) A.a.O., S. 95.

43) Ibid.

44) Vgl., W. Abendroth, "Zum Begriff des demokratischen und sozialen Rechtsstaaten im GG der BRD", 1954, in; Forsthoffs(hrsg.) "Rechtsstaatlichkeit und Sozialstaatlichkeit", S. 114 ff.

45) Vgl., Konrad Hesse, "Der Rechtsstaat im Verfassungssystem des Grundgesetzes", 1962, in

그리고 Ipsen의 이러한 사고는, 적어도 토지소유권에 대한 사회적 구속이라는 문제에 관한 한, 그 후의 학설・판례에 상당한 영향을 미쳤다고 할 수 있다.

예컨대, 연방헌법재판소는 1967년, 토지소유권은 토지라는 객체의 특수성 때문에 다른 재산권에 비하여 강한 사회적 구속을 받는 것은 당연하다는 사고를 명확히 표명하기에 이르렀고[46], 또 연방최고재판소(BGH)와 연방행정재판소(BVerwG)는 비교적 일찍부터 이른바 "상황구속성이론(Situationsgebundenheitstheorie)", "목적위배이론(Zweckentfremdungstheorie)" 즉, 토지의 사회적 구속의 내용・정도는 당해 토지가 놓여진 상황, 종래의 이용방법 등에 따라 다르다는 견해를 전개해 왔던 것이다[47].

뿐만 아니라 1967년 연방최고재판소는 "재산권의 사회적 구속의 내용과 정도는 시간의 추이에 따라 변천할 수 있는 것"이라는 생각을 명시적으로 승인함[48]으로써 토지의 이용은 당해토지에 가장 적합하다고 인정되는 기능에 부응하는 利用만이 보장된다는 의미에서, "토지소유권 보장의 상대화"를 보편화시켰던 것이다.

한편 Ipsen의 견해와는 정반대의 입장에 서는 Forsthoff에 의하면, Ipsen의 보고는 오직 "GG의 사회국가에의 결정"을 설명한 것이라 비판하고, 오히려 "GG의 법치국가에의 決定"이 명백한 사실이라고 강조한다. Forsthoff에 의하면, 사회국가의 개념은

"Rechtsstaatlichkeit und Sozialstaatlichkeit", S. 557 ff.

46) Beschl.d. BVerfG vom 12.1.1967, EBVerfG, Bd. 21, S. 73, u.a. S. 82-83. 이 사건에 관하여는 廣渡淸吾, "西ドイツの土地政策と土地法制" 法律時報 47巻 7號, 64면에 소개되고 있다.

47) Urt.d. BGH vom 20. 12. 1956, EBGHZ Bd.23, S. 30ff (Grüneflächenentscheidung).
이른바 녹지대사건판결이라고 부르는 것으로, 사안은 종래 농지로 이용되어왔던 토지가 주변지역의 심각한 도시화의 진행으로 말미암아 새로이 도시계획에 의하여 綠地帶로 지정되었기 때문에 장래 건축행위가 금지된 사례이다. 법원은 첫째, 목적위배이론에 입각하여 토지의 종래대로의 이용이 반드시 금지된 것은 아니라는 점, 둘째, 상황구속성이론을 적용하여 주변이 도시화한 상황 속에 당해 토지가 놓여졌기 때문에 녹지대의 존재는 불가결한 것으로 되고 따라서 손실보상은 필요하지 아니하다고 판시하였다. Urt.e.BGH vom 10.12.1957, NJW 1958, S.380. 사안은, 종전까지 주거 및 영업지구이었던 토지가 그 후 계획변경으로 순수 주거지구로 편입되었기 때문에 전쟁 때 파괴되었던 영업시설을 재건할 수 없게 된 사례이다. 판결은 Grüneflächenentscheidung의 사고를 원용하되, 본건은 사정이 정반대의 경우로서, 이른바 Zweckentfremdungstheorie를 전개하여 보상의 필요를 인정하였다.
Urt.d. BVerwG vom 27.6.1957, EBVerwG Bd.5, S. 143 ff. 종전의 건축허용지(Bauland)가 경관보호지구로 변경 지정된 사례에서 역시 보상을 필요로 하는 "수용"이라고 판결하였다.

48) Urt.d. BGH vom 13.7. 1967, EBGHZ Bd. 48, S. 193 ff. 전쟁 전 허용되었던 가옥이 전쟁 후, 도시에 있어서의 재건축 허가가 거부된 사례. 판결은 "가옥의 건축은 그 동안 완전히 변천한 일반적 건축감각에 비추어, 이미 상황적합적인 것이라고 할 수 없는 것으로서, 허가의 거부는 보상을 필요로 하는 수용에 해당하지 아니 한다"고 판시하였던 것이다.

법치국가의 개념과는 兩立할 수 없는 것이고 따라서 GG의 사회적 법치국의 조항은 단지 실정법상의 社會的 色彩(財의 分配機能)를 가진 諸制度·規定을 記述·描寫하는 기능 내지 기본권에 대한 극단적·개인적 해석을 禁한다는 의미를 가진 것에 불과하고, 理論的으로 어떠한 권리·의무나 법제도를 도출할 수 있는 법 개념이 아니라고 한다.[49] 그리고 기본법 제14조 내지 15조는 그 자체 社會的 留保의 의미를 가지고 있기 때문에, 이들 조항은 제20조 제1항의 사회국가조항에 대하여는 특별법으로서의 지위를 가지게 된다. 따라서 제20조 제1항을 제14조 내지 15조의 해석의 근거로 이용하는 것은 논리적으로 불가능하게 된다.[50]

그리고 이러한 견해는 Forsthoff 이외에, W. Weber[51], W. Leisner[52] 등에 의해서도 지지되었다.

결국 이들의 주장에 의하면, 민주적 입법에 의해서도 자유롭게 형성될 수 없는 구체적 재산권 보장의 核, 이른바 개별적 재산권의 본질적 내용이 존재하게 된다. 그러나 오늘날 독일의 공법학에 있어서, Forsthoff 적인 決定思考가 학설의 주류를 형성하고 있다고 하나 그것은 반드시 일체의 상대화·변천을 허용하지 않는 고정화된 소유권 개념의 유지를 의도하는 것은 물론 아니다.

예컨대, 補償을 필요로 하는 收用과 필요로 하지 않는 社會的 拘束과의 구별에 관하여, 현재 독일에 있어서 통설적 지위를 점하고 있는 "私的效用理論(Privatnützigkeitstheorie)"을 주장한 Reinhardt에 의하면, GG는 제2조 및 14조에 의해 "경제과정의 起動 및 形成을 위한 결정적 역할을, 私人의 이니시아티브 즉, 私的 利益·關心에 맡긴다"는 결정을 내린 것이라는 사고[53]를 취하면서도, 소유권의 본질적인 核인 "私的 效用 (Privatnützigkeit)"을 보장하고, 참으로 이 원리를 유지·발전시키기 위해서는 바로 개개의 재산의 機能 適合的인 利用을 보장·실현해야 할 것이라는

49) E.Forsthoff, "Begriff und Wesen der sozialen Rechtsstaates" in Forsthoffs "Rechtsstaat im Wandel", S. 47.

50) A.a.O., S. 48-49.

51) Vgl., Werner Weber, "Die verfassungsrechtlichen Grenzen soziakstaatlicher Forderungen" in; Die staatliche Einwirkung auf die Wirtschaft, S. 521 ff.

52) Vgl., Walter Leisner, "Sozialbindung des Eigentum", 1972.

53) Vgl.,R. Reinhardt,"Wo liegen fÜr den Gesetzgeber die Grenzen,gemäß Art.14 des Bonner Grundgesetzes Über inhalt und Schranken des Eigentums zu bestimmen?" in; Reinhardt Scheuner, "Verfassungsschutz des Eigentums" 1954, S. 14.

견해에 서서, 토지에 대한 특정한 이용제한이 收用인가 社會的 拘束인가의 구별은, 그 토지의 종래의 이용의 態樣에 따라 결정되어져야 할 것이라는, 이른바 目的違背說(Zweckentfremdungstheorie)과 同旨의 해석론[54]을 취하게 되었던 것이다.

또, 收用과 社會的 拘束의 구별에 관한 Ipsen의 개방적 사고를 엄격히 비판하면서 GG의 "민법상 소유권 개념에로의 결정"을 주장한 W.Leisner에 있어서도, 그것은 역사상 특정 시기에 있어서의 민법상의 이론 상태에로의 복귀를 주장하는 것은 아니었고, 소유권 개념의 전통적 구속성(Traditionsgebundenheit)을 강조하는 것으로, 이 "傳統"이란 말 속에는 다분히 "발전"이라는 계기(moment)가 이미 내포되어 있는 것이다.[55]

결국, Leisner의 主張의 意義는 비약이 없는 一步一步의 前進을 통한 전통의 계속을 주장한 것이며, 따라서 GG의 재산권 보장의 의미는 재산권에 관한 혁명적 실험과 같은 것을 명백히 거부한 것이라는 점을 분명히 한 것에 지나지 아니한 것이다.[56] 그리고 재산권 개념의 "점진적 변천"의 중요성을 지적한 論者로서는 Leisner 이외에도, Herbert Kröner[57], P.Lerche[58], K.Hesse[59] 등을 들 수 있다.

요컨대 독일에 있어서 각종 입법이나 학설・판례를 통한 토지소유권에 대한 제한의 문제는 이미 하나의 不可逆的인 현상이 되고 있는 것이며, 비록 Forsthoff 적인 決定論의 시각에서 보더라도, 보다 완만한 변화의 추구 내지 변화의 속도의 조절에서 재산권 보장의 의의를 찾고 있다는 사실을 결코 부인할 수는 없을 것이다.

---

54) A.a.O., S. 47, S. 50 ff

55) W. Leisner, a.a.O., S. 212.

56) Leisner에 의하면, 예컨대 토지에 있어서 건축제한은 "사회적 구속"이지만, 타인에게 건축을 허용하는 "Zwangserbbaurecht"는 이미 "사회적 구속"이 아닌 것으로 된다. (A.a.O., S. 213). 그에 의하면, 일반적으로 이러한 민법상의 Tradition에서 오는 "사회적 구속"의 기반에 있는 사고는 "상린관계"라고 한다.(A.a.O., S. 232).

57) Vgl., H. Kröner, "Zur Bedeutung der Eigentumsgarantie", Festschrift fÜr Wille Geiger zum 65. Geburtstag, 1974, S. 150-151.

58) Vgl., P. Lerche, "Stille Verfassungswandel als aktuelles Politikum", Festgabe für T.Maunz, 1971, S. 285 ff.

59) Vgl., K. Hesse, "Grenzen der Verfassungswandlung" Festschrift fÜr Urlich Scheuner zum 70. Geburtstag, 1972, S. 123 ff.

(4) 학설 및 판례의 태도

상술한 바와 같이 우리헌법 제23조 제1항의 재산권의 보장 속에는 사유재산제도의 보장이 포함되고 있다는 점에 대해서는 異論이 없다. 아울러 다수설은 헌법 제23조 1항 재산권의 보장 속에는 사유재산제도의 보장과 함께 구체적인 사유재산권도 보장되고 있다고 한다. 다수설에 의하면 사유재산제도는 객관적 가치질서로서의 제도적 보장의 성격을 가지는 것으로서 그 전면적인 폐지는 민주적 입법절차에 의해서도 불가한, 재산권의 "본질적 내용"의 침해라고 한다.[60]

동시에 헌법 제23조 제1항 前文은 원칙적인 재산권의 존속보호를 천명한 것이며, 따라서 개인의 구체적 재산권에 대한 위법한 침해가 있을 시, 이에 대한 방어적 권리를 개인에게 부여한 것이다(자유권적 기본권). 아울러 동조 3항은 1항 前文의 원칙적인 방어적 권리에 대하여, 보상을 조건으로 하는 예외적인 수인의무를 부과하고 있는 것이라 할 수 있고, 이러한 의미에서 동조 3항은 재산권의 가치보호를 목적으로 하고 있다고 말할 수 있을 것이다. 그리고 재산권의 고권적 침해에 대한 헌법상 예외적인 수인의무는 특수한 경우, 즉 오직 적법한 침해에 대해서만 허용된다.

그리고 이렇게 해석함으로써 비로소 헌법 제23조 제1항 前文의 존재의의가 인정되게 될 것이다.

확실히 헌법 제23조 제1항 전문의 존재는, 개괄주의 행정소송제도를 채택하는 현대 법치국가에 있어서, 위법한 재산권의 침해에 대하여는 의미 있는 규정임에 틀림없다.

그러나 공익목적을 위한, 적법한 침해에 대하여도 그 존속의 보호를 주장하여 침해를 배제할 수 있는 재산권 보장의 核으로서의 "본질적 내용"이 과연 존재하는지, 그리고 그것이 존재한다면 구체적으로 무엇이 이에 해당하는지에 대하여는 견해가 반드시 일치하고 있지 아니하다.

독일연방행정재판소의 판례[61] 중에는, 기본권의 본질적 내용은 기본권에 대한 침해 시 개별적으로 서로 경합하는 이익과 가치의 비교에 의하여 결정되어져야 한다는 것이 있고, 이에 의하면 경합하는 이익에 비하여 침해되는 권리가 큰 비중을 차지하지 못할 경우에는 이미 본질적 내용의 침해가 아니라는 것으로 연결된다. 이러한 견

---

60) 권영성, 전게서, 458면; 허영, 전게서, 471면.
61) BVerwGE 47, 330(358).

해에 의하면 기본법 제19조 제2항은 선언적 규정[62] 내지 기본권 일반의 침해에 있어 통용되는 비례원칙을 규정한 것과 마찬가지의 결과로 연결되게 될 것이다.[63] 그러나 기본권의 본질적 내용을 이와 같이 상대화시키는 것은, 절대적으로 보호되어야 할 영역을 규정한 기본법 제19조 2항의 취지에 반하기 때문에 타당하지 아니하다는 비판[64]이 있는 것도 사실이다.

일반적으로 본질적 내용은 기본권의 확고한 핵심(Kern)을 의미하며 재산권의 근본적 실체(Grundsubstanz)를 결정짓는 하나의 특성으로 보고 있다. 따라서 그 내용이 무엇으로 구성되어 있는가는 기본권 전체의 체계 내에서 가지는 개별 기본권의 특별한 의의에 의해 확정되어야 한다고 한다.[65] Hesse에 의하면 기본권의 본질적 내용은 허용된 제한가능성에 해당되는 부분 이외의 것[66]이라 하고, 또 판례 중에는 기본법 제79조 3항에 규정된 인간존엄의 보장이라는 요청에 해당되는 모든 것을 포함한다고도 한다[67]. 그러나 이들 견해는 결국 본질적 내용의 특성 내지 범위를 어떻게 결정해야 할 것인가를 밝힌 것에 불과하고 그 구체적 내용에 대하여는 아무런 언급이 없다.

이 문제에 대한 국내 학설 및 판례의 태도는 다음과 같다.

권영성 교수는 토지재산권에 대한 규제의 유형으로서, ① 토지의 국 · 공유화 ② 토지소유의 상한 제한 ③ 토지재산권의 권능 제한 등을 예로 들면서 요컨대 토지소유권에 대한 전면적 국유제를 제외한 기타의 제한에 대하여는 토지소유권에 대한 본질적 내용의 침해로 되지 않는다는 상당히 진보적인 태도를 보이고 있다[68].

허영 교수는 "구체적인 사유재산권은 그것이 일종의 '재산가치의 보장'이라고 볼 수 있기 때문에 재산권의 수용 · 사용 · 제한 시에 행해지는 보상은 말하자면 재산가치를 회복시켜 주는 기능을 갖는다. 따라서 재산가치의 회복(보상)이 없는 사유재산권의 제한은 재산권의 본질적 내용의 침해가 된다. 재산권의 사회기속성과 국가의 재

---

62) K. Hesse, Verfassungsrecht, 15.Aufl., 1985, Rdnr. 332; Stein, Staatsrecht, 1971, S.257
63) Ingo von Münch, Grundgesetz Kommentar, Bd.I, 3. Aufl., 1985, S.783.
64) Ingo von Münch, a.a.O., S. 782.
65) Ingo von Münch, a.a.O. S. 782; B. Schmidt-Bleibten/F.Klein, Kommentar zum Grundgesetz für die Bundesrepublik Deutschland, 6. Aufl., 1983, S. 393.
66) B. Schmidt-Bleibten/F. Klein, a.a.O., S. 393.
67) BVerwGE 47, 331(357).
68) 권영성, 전게서, 558면 이하.

산권 형성적 법률유보를 지나치게 확대 적용함으로써 재산권이 갖는 사회기속성의 한계를 너무 넓게 잡는 것은 결과적으로 재산권의 무 보상 침해를 허용하는 것이기 때문에 그 자체가 재산권의 본질적 내용의 침해가 된다고 할 것이다."[69]고 한다. 요컨대 '정당한 보상'이 따르지 아니하는 재산권의 침해가 본질적 내용의 침해로 된다는 것으로, 결과적으로 본질적 내용의 침해의 문제를 궁극적으로 손실보상의 문제에 귀착시키고 있다. 김철수 교수는, 개인 소유의 구체적 재산권이 가지는 효력은 행정권 및 사법권을 구속하는 것이며, 입법권에 의해서는 제한될 수 있으나 입법권에 의한 제한도 절대적인 것은 아니며 헌법상 상당한 제약을 받고 있다고 전제한 뒤, 헌법상의 중요한 제약으로서, 국유화 · 공유화의 경우의 긴절한 필요성을 규정한 헌법 제126조, 천연자원의 특허를 규정한 헌법 제120조, 공용수용 등에서 보상의 기준과 방법을 규정한 제23조 3항을 들고 있다.[70]

상기 견해에 나타난 분명한 사실은 요컨대 구체적 재산권의 보장에 관한 한, 사유재산제도를 전면적으로 부정하는 경우를 제외하고는, 재산적 가치의 보장을 초월하는, 그 누구도 침해할 수 없는 재산권의 본질적 내용을 구체적으로 명시하고 있지 않다는 점이다.

헌법재판소의 결정[71]에 의하면, "토지재산권의 본질적 내용이라는 것은 토지재산권의 核이 되는 실질적 요소 내지 근본요소를 뜻하며, 따라서 재산권의 본질적인 내용을 침해하는 경우라고 하는 것은 그 침해로 사유재산권이 유명무실해지고 사유재산제도가 형해화 되어 헌법이 재산권을 보장하는 궁극적인 목적을 달성할 수 없게 되는 지경에 이르는 경우"라고 하고, 그 구체적 예로서 "사유재산제도의 전면적 부정, 재산권의 무상몰수, 소급입법에 의한 재산권의 박탈 등이 본질적인 침해가 된다는 데 대하여는 이론의 여지가 없으나 본건 심판대상인 토지거래허가제는 헌법의 해석이나 국가, 사회공동체에 대한 철학과 가치관의 여하에 따라 결론이 달라질 수 있는 것이다"고 한다. 그리고 "재산권행사의 사회적 의무성은 헌법 또는 법률에 의하여 일정한 행위를 제한하거나 금지하는 형태로 구체화될 이치이나 이는 (토지)재산의 종류, 성

69) 허영, 전게서, 471-472면.
70) 김철수, 전게서, 414-5면.
71) 舊국토이용관리법 제21조의3 제1항, 제31조의2의 위헌심판, 1989.12.22.88 헌가 13, 전원재판부.

질, 형태, 조건, 상황, 위치 등에 따라 달라질 것이다. 그런데 토지는 수요가 늘어난다고 해서 공급을 늘릴 수 없기 때문에 시장경제의 원리를 그대로 적용할 수 없고, 고정성, 인접성, 본원적 생산성, 환경성, 상린성, 사회성, 공공성, 영토성 등 여러 가지 특징을 지닌 것으로서 자손만대로 향유하고 함께 살아가야 할 터전이기 때문에 그 이용을 자유로운 힘에 맡겨서도 아니 되며, 개인의 자의에 맡기는 것도 적당하지 않은 것이다. 토지의 자의적인 사용이나 처분은 국토의 효율적이고 균형 있는 발전을 저해하고 특히 도시와 농촌의 택지와 경지, 녹지 등의 합리적인 배치나 개발을 어렵게 하기 때문에 올바른 법과 조화 있는 공동체 질서를 추구하는 사회는 토지에 대하여 다른 재산권의 경우보다 더욱 강하게 사회공동체 전체의 이익을 관철할 것을 요구하는 것이다"고 하고, 따라서 "그렇기 때문에 토지재산권에 대하여서는 입법부가 다른 재산권보다 더 엄격하게 규제를 할 필요가 있다고 하겠는데 이에 관한 입법부의 입법재량의 여지는 다른 정신적 기본권에 비하여 넓다고 보아야 하는 것이다"고 함으로써 토지거래허가제도는 위헌이 아니라고 판시하였다.

이 결정에서 헌법재판소는, 여하한 경우에도 침해할 수 없는 고정불변의 본질적 내용이 존재하는 것이 아니라 그것은 사회공동체의 가치관이나 헌법의 해석에 따라 가변적일 수밖에 없는 존재임을 명백히 하고 있는 것이다.

그러나 헌법재판소의 결정 중에는 실제로 법률의 규정이 재산권의 "본질적 내용"을 침해하였다는 이유로 위헌이라는 결정을 내리는 경우도 발생하고 있다. 즉, 헌법재판소는 전세권 · 질권 · 저당권에 의해 담보된 채권보다 그 담보 설정 후 1년 이내에 성립된 조세채권이 우선 징수된다고 규정한 국세기본법 제35조 1항 3호의 규정은 후에 성립된 조세채권을 앞서 성립된 담보물권 보다 우선시킴으로써, 조세의 성립과 체납에 귀책사유가 없고 또한 이를 예측할 수도 없었던 담보물권자에게 불합리하게 희생을 강요한 것으로서, 재산권의 본질적 내용을 침해한 것이라고 선언한 바 있다.[72)]

즉, "이는 자금 대출 당시 믿고 의지하였던 근저당권이 유명무실하게 되어 결국 담보물권의 존재의의가 상실되고 있음을 보여주는 사례로서, 담보물권이 합리적인 사유 없이 담보기능을 수행하지 못하여 담보채권의 실현에 전혀 기여하지 못하고 있다

72) 헌재 1990.9.3.(89헌가95), 국세기본법 제35조 제1항 제3호의 위헌심판. 同旨 헌재 1991.11.25 (91헌가 6), 지방세법 제31조에 대한 위헌심판결정.

면 그것은 담보물권은 물론, 나아가 사유재산제도의 본질적 내용의 침해가 있는 것이라고 보지 않을 수 없다"는 것이다[73]. 이 결정에서도 헌법재판소는 결과적으로 담보물권에 대한 "財産的 價値"의 부정이 사유재산제도의 본질적 내용의 침해로 연결될 수 있음을 명시한 것이라 볼 수 있다.

(5) 결

재산권의 본질적 내용에 대한 상기 학설 및 판례의 특징을 종합하면, "본질적 내용"의 구체화를 회피하고 그 대신 추상적으로 본질적 내용의 특성과 범위 등을 기술하고 있다는 점이다. 일부 학설 및 헌법재판소 결정에 나타난 본질적 내용의 구체적 침해사례로서는, 사유재산제 및 상속제의 부인, 소급입법에 의한 재산권 제한, 정당한 보상 없는 재산권의 침해 등이 지적되고 있는 정도이다.

그러나 사유재산제 및 상속제는 재산권 보장의 본질적 내용을 이루는 것임에 틀림없으나 헌법상 제도보장으로서 구체적 재산권의 보장과는 직접 관련이 없다. 또 소급입법에 의한 재산권 침해금지는 기본권 침해에 대한 방법적 제한을 규정한 개별적 헌법유보 조항(제13조 제2항)으로서, 본질적 내용의 침해금지를 규정한 헌법 제37조 제2항과는 직접적인 관계가 없다.

허영 교수의 지적[74]과 마찬가지로, 궁극적으로 구체적 재산권의 보장은 "재산적 가치"의 보장으로 나타나며, 따라서 "보상 없는 재산권의 침해"가 본질적 내용의 침해에 해당하게 될 것이다. 그렇다면, 헌법 제23조 제3항이 규정하는 손실보상이 이루어진다는 전제 하에서는, 또 기본권의 제한에 관한 헌법 제37조 제2항의 요건을 갖추고 있다는 전제 하에서는, 재산권에 대한 여하한 침해도 이미 그 본질적 내용의 침해로는 되지 않는다는 결론에 도달하게 된다. 그런 의미에서 헌법 제23조 제1항과 3항의 직접적인 관계를 부정하고, 제1항은 오직 사유재산제의 제도적 보장만을 규정하

---

73) 다만 이 결정에 대한 재판관 조규광 및 한병채의 반대의견은 다음과 같다. 즉, "국세의 납부기한으로부터 1년 내에 설정된 저당권 등에 의하여 담보된 채권이 국세보다 劣後關係에 서는 관계로 그 한도 내에서 저당권 등 채권자가 입게되는 손해는 국세의 우선원칙이 합헌적인 것으로 평가되는 이상 국세와 저당권 등과의 우선순위 시점조정에서 결과하는, 부득이 수인하여야 할 불이익이며 재산권의 본질적인 내용 침해로는 볼 수 없다. 국세의 우선징수로서 무담보채권자가 받게 될 손해를 고려한다면 이 이치는 자명하다"고 한다.

74) 허영, 전게서, 474면.

고 있다는 해석[75)]의 여지도 가능하게 되는 것이다.

요컨대 이상의 학설 및 판례에서 알 수 있는 것은 재산권의 보장은 궁극적으로 재산적 가치의 보장으로서, 재산권에 대한 "본질적 내용의 침해" 금지란 결국, 여하한 경우에도 침해할 수 없도록 미리 결정되어져 있는 "특별한 실체"의 존재를 인정하는 것이 아니라, 재산권에 대한 다양한 침해 중에서 그 시대와 사회의 역사적 환경에 비추어 결코 受忍할 수 없는 "재산적 가치"의 침해로 나타나고 있다는 것이며, 결과적으로 그것은 사유재산제도의 보장 및 손실보상의 문제와도 결코 무관할 수 없다는 사실이다.

따라서 헌법 제23조 제1항 前文이 재산권에 대한 존속을 보장하는 의의는 기본적으로 위법한 침해에 대하여 나타나는 것이며, 적법한 침해에 관한 한, 손실보상의 문제 이외에 사유재산에 대한 制限 可能性 그 자체는 특별히 문제될 것이 없다. 보다 중요한 문제는 토지소유권에 대한 "制限 可能性" 그 자체의 문제라고 하기 보다는, 오히려 다양한 형태의 여러 제한 중에서 과연 어느 범위까지의 제한을 재산권에 대한 "내재적 제약" 또는 "사회적 제약"으로 보아, 이른바 무보상의 제한이 가능할 것인가 하는 문제로 귀착하게 된다. 결과적으로 본질적 내용의 침해 여부와 손실보상 요부의 문제는 일종의 순환론에 빠진 셈이 되고 말았다.

이 문제에 대해서는 주로 독일을 중심으로 상황구속성이론, 사적 효용이론, 목적위배설 등 다양한 이론이 제기되고 있으나 항목을 바꾸어 설명하기로 한다.

근자에 이르러, 특히 토지소유권에 관한 헌법상 재산권 보장의 내용을, 실체법적으로 확정하는 것을 포기[76)]하고, 이에 대신하여 토지이용계획에 의한 "권리내용의 창조"를 인정하면서, 계획결정에의 참가의 절차적 권리를 보장하는 것으로, 실체적 재산권 보장에 대신하려는 사고가 등장하고 있다. 이러한 사고는 재산권의 "본질적 내

---

75) 강병두, 신헌법, 176면; 柳瀨良幹「人權の歷史」57면 이하.

76) Forsthoff는 이러한 경향을 단적으로 표현하는 판결례로서, "Bärenbaude" 사건(Urt.d. BGH vom 30.4. 1964, MDR 1964, S. 656) 및 "Buschkrugbrücke"사건(Urt. d. BGH vom 5.7.1965, NJW 1965, S. 1907)을 들고 있다.
이들 사건은 도로공사에 수반되는 沿道住民의 손해와 관련된 사건으로, 법원은 비례원칙에 따라 수용과 사회적 구속을 구별하였으나, 이때 구별의 한계는 실체적인 재산권 개념에서 도출되어진 것이 아니라 국가가 지켜야 할 의무(예컨대, 지체없는 공사, 신중한 계획 등) 위반의 단순한 반사에서 비롯되어졌음을 지적하고 있다. E. Forsthoff, "Zur Lage des verfassungsrechtlichen Eigentumschutzes", Festgabe für T.Maunz, 1971, S. 94-96.

용"을 오로지 "절차적 보장"으로서 파악하려는 가능성을 나타낸 것이라고 할 수 있다.77)

최근, 우리 헌법재판소도 재산권 침해에 대한 법률의 위헌 여부에 대한 결정에 있어서, 본질적 내용의 침해 여부보다 오히려 비례원칙이나 과잉금지의 원칙 등을 더욱 뚜렷하게 부각시키는 경향을 보이고 있다.78)

우리 헌법재판소가, "기본권의 본질적인 내용의 침해가 설사 없다고 하더라도 과잉금지의 원칙에 위반되면 역시 위헌임을 면하지 못 한다"고 하고, "과잉금지의 원칙은 국가 작용의 한계를 명시하는 것인데 목적의 정당성, 방법의 적정성, 피해의 최소성, 법익의 균형성(보호하려는 공익이 침해되는 사익보다 더 커야 한다는 것으로서 그래야만 受忍의 가능성이 있다는 것)을 의미하는 것으로서 그 어느 하나에라도 저촉되면 위헌이 된다"고 결정79)한 것도 같은 취지에서 이해될 수 있을 것이다.

---

77) 雄川一郎, "公用負擔法理の動向と土地利用計劃", 公法研究29號, 154면 以下; 遠藤博也"土地所有權の社會的制約", ジュリスト特輯・土地問題467號, 103면; 또 독일의 경우 기본권 보장 일반에 있어서 이러한 동태적 사고를 취한 것으로서, Peter Häberle, "Grunderechte im Leistungsstaat," VVDStRL, Bd.30, 1972, S.7 ff. 참조.

78) 국유재산법 제5조 제2항의 위헌심판, 1991.5.13. 89헌가97 전원재판부, "국유재산 중 잡종재산에 대해서까지 시효취득의 대상이 되지 아니한다고 한 것은, - - 입법상의 비례의 원칙과 과잉제한금지의 원칙에 반하는 자의적인 입법이라 아니할 수 없다"
특히, GG 제19조 2항에는 우리헌법 제37조 2항과 마찬가지로 기본권의 본질적 내용의 침해금지원칙이 명문화되어 있지만, 과잉금지의 원칙에 대해서는 명문의 규정이 없는 반면, 우리헌법 제37조 2항에는 과잉금지의 원칙까지 분명히 규정되고 있다는 점에 주목할 필요가 있을 것이다.

79) supra note 71) 참조. 또 헌법재판소는 "비례원칙" 위반을 이유로 구도시계획법 제21조에 대한 헌법불합치 결정을 내린 바 있다. 즉, "토지재산권은 강한 사회성, 공공성을 지니고 있어 이에 대하여는 다른 재산권에 비하여 보다 강한 제한과 의무를 부과할 수 있으나, 그렇다고 하더라도 다른 기본권을 제한하는 입법과 마찬가지로 비례성원칙을 준수"해야 함을 전제한 다음 "도시계획법 제21조에 의한 재산권의 제한은 개발제한구역으로 지정된 토지를 원칙적으로 지정 당시의 지목과 토지현황에 의한 이용방법에 따라 사용할 수 있는 한, 재산권에 내재하는 사회적 제약을 비례의 원칙에 합치하게 합헌적으로 구체화한 것이라고 할 것이나, 종래의 지목과 토지현황에 의한 이용방법에 따른 토지의 사용도 할 수 없거나 실질적으로 사용・수익을 전혀 할 수 없는 예외적인 경우에도 아무런 보상없이 이를 감수하도록 하고 있는 한, 비례의 원칙에 위반되어 당해 토지소유자의 재산권을 과도하게 침해하는 것으로서 헌법에 위반된다". 1998. 12. 24. 89헌마214, 90헌바16, 97헌바78(병합) 전원재판부.

Ⅳ. 부동산공법의 범위

1. 현행법제의 개요

사유재산제도를 보장하고 있는 대한민국 헌법 하에서, 토지와 건물 등 부동산은 원칙적으로 私的 소유의 대상인 사유재산이기 때문에 私人 間에 있어서 부동산의 사용·수익·처분 등의 법률관계가 원칙적으로 민법 등 사법적 규율의 대상이 되는 것은 당연하다. 그러나 이러한 私法的 규율은 부동산법제에 있어서 오히려 일부에 불과하고, 이들 사법적 규율 이외에 토지의 개발·보전·이용관계의 조정 및 고도화, 주택지 기타 공공용지의 확보 등을 목적으로 하는, 훨씬 더 많은 공법적 규율이 이루어지고 있는 것이 현실이다. 그리고 이러한 公·私法的 규율의 총체가 우리나라의 부동산법제를 형성하고 있다고 말할 수 있다. 부동산에 관한 공법적 규율이란 일반적으로 말하면 公行政의 주체가 각종 행정수단을 동원하여 부동산의 이용 등에 관한 일정한 질서를 유도하고 형성하기 위한 일련의 법적 규율이라고 말할 수 있겠으나, 해가 거듭될수록 그 규제의 범위와 정도는 점차 강화되는 추세에 있는 것으로 보인다. 부동산공법의 범위와 내용을 명확하게 결정하고 이를 체계적으로 분류하기는 결코 쉬운 일이 아니나, 본서에서는 이들 법률을 다음과 같이 분류해보기로 한다.

가· 全國土의 利用과 開發을 규율하는 법 - 국토기본법, 국토의 계획 및 이용에 관한 법률, 토지이용규제기본법 등.

나· 특정지역의 정비·개발을 위한 법 - 수도권정비계획법, 산업입지 및 개발에 관한 법률, 농어촌정비법, 농어촌주택개량촉진법, 농어촌발전특별조치법 등.

다· 토지자원의 보전·이용·개발을 위한 법 - 농지법, 산림기본법, 산지관리법, 산림자원의 조성 및 관리에 관한 법률, 초지법, 자연공원법, 산업입지 및 개발에 관한 법률 등

라· 도시계획관계법 - 국토기본법, 국토의 계획 및 이용에 관한 법률, 도시개발법, 도시 및 주거환경정비법, 건축법, 주차장법, 도시공원 및 녹지 등에 관한 법률, 주택법, 택지개발촉진법, 임대주택법 등.

마・공물관계법 - 도로법, 하천법, 공유수면관리법, 공유수면매립법, 항만법, 고속국도법, 유료도로법

바・ 토지수용관계법 - 공익사업을 위한 토지 등의 취득 및 보상에 관한 법률, 지가공시 및 토지 등의 평가에 관한 법률, 개발이익환수에 관한 법률, 재건축초과이익환수에 관한 법률 등.

2. 현행법제의 문제점

현행 부동산법제에 대해서는 그동안 많은 결함과 문제점이 지적되어왔던 것이 사실이다. 이를테면, 규제입법의 무질서한 난립으로 전체로서 綜合性, 一貫性이 결여되어 있으며, 그 결과 주관부처가 난립하게 되고 토지 이용자에게 불필요한 부담을 가중시킬 뿐 아니라 결과적으로 규제의 實效性을 떨어뜨리게 된다는 점 등이 그것이다.

예컨대 도시주변의 임야나 농지의 일부를 공장부지로 轉用하기 위해서는 국토의 계획 및 이용에 관한 법률, 산업집적활성화 및 공장설립에 관한 법률, 군사기지 및 군사시설보호법, 산지관리법, 초지법, 농지법 등 많은 법률이 규정하는 절차를 거쳐야 할 뿐만 아니라 또 이들 법률마다 그 업무를 관장하는 부처가 상이하기 때문에, 다른 경쟁국가에 비하여 시간 및 비용의 낭비가 심하다는 지적이 있었던 것이 사실이다. 이러한 문제를 해결하기 위해 2005년 토지이용규제기본법이 제정되었으나, 그것만으로 문제가 완전히 해소된 것으로 기대하기는 어려울 것이다. 왜냐하면, 각 부처의 이해관계 때문에 기존의 지역・지구는 여전히 존치될 것이고, 새로운 지역・지구가 생겨날 개연성은 여전히 존재하기 때문이다[80).

토지이용규제기본법 (제5조 제1호) 별표(2010. 1.27 기준)에 규정된 바에 의하면, 국토의 계획 및 이용에 관한 법률을 제외하더라도, 현재 무려 90여개 법률에 의한 239개 지역・지구 등이 토지이용규제를 받고 있으며, 그 내용이 매우 복잡하고 중복되기도 해서 비록 전문가라 하더라도 그 내용을 제대로 파악하기 어렵고, 나아가 이들이 모든 지역・지구를 망라하고 있지도 아니하다는 점 또한 문제인 것이다.

또 다른 문제로서는 私權과의 調整에 있어서의 一貫性의 缺如이다. 헌법 제23조 제

80) 정태용, 국토계획법제의 정비, 공법연구 제37집 제1호, 2008. 10, 275 면.

3항에 의하면 공공의 이익을 위한 재산권의 수용, 사용, 제한에 대해서는 정당한 보상을 지급하도록 규정하고 있다. 특히 공용제한에 대한 보상과 관련하여 현행법은 개발제한구역 등 用途地域의 지정으로 인한 건축 제한 등 각종 행위제한에 대해 일반적으로 보상규정을 두고 있지 않으나, 한편 규제의 정도에 있어서 이들 행위제한과 별반 차이가 없는 하천예정지나 접도구역 내에서의 행위제한(舊하천법 제9조, 제74조, 舊도로법 제50조 제4항, 제79조), 보안림 구역 내에서의 일정한 행위제한(구산림법 제63조, 산림자원의 조성 및 관리에 관한 법률 제45조 제4항) 등에 대해서는 손실보상을 청구할 수 있다는 규정을 두고 있어, 입법 상호간에 균형감을 상실하고 있을 뿐만 아니라 보상의 기준과 범위도 명확하게 규정하고 있지 아니하기 때문에 그 실효성에 대해 의심을 받아 왔던 것이 사실이다. 현 하천법 및 도로법은 손실보상규정을 폐지하는 대신 하천구역이나 접도구역의 결정·변경 등에 대해 토지소유자의 매수청구를 인정하고 있으나, 같은 비판을 면하기 어렵다(하천법 제79조, 도로법 제53조).

이외에도 행정절차와 관련된 문제가 존재한다. 외국의 경우, 토지이용규제와 관련하여 행정절차를 대단히 중시하고 있다. 왜냐하면 토지이용 규제는 공익과의 연관은 물론, 당해 지역의 주민이나 토지소유자와의 관계에도 중대한 영향을 미치고 있기 때문이다. 그러나 현행 토지이용법제에 있어서는 관계인의 의사를 반영하는 사전절차가 흠결된 경우가 많고, 계획의 수립 및 지역·지구의 지정에 있어서도 행정청의 일방적 결정으로 이루어지는 경우가 많다. 향후 행정절차의 중요성을 새로이 인식하고 소유자 및 관계인의 납득과 협력의 기초 위에 서서 부동산 규제의 목적과 수단을 정당화시켜 나가야 할 것이다.

V. 부동산공법의 과제 - 토지법에서 현대 도시법으로 -

1. 토지소유권에 대한 법적 인식의 변화

역사적으로 부동산공법의 발전과 관련하여 깊은 관련을 가진 것은 특히 시가지의 토지 소유에 관한 법적 인식의 변화라 할 수 있다. 실제로 부동산공법의 발전은 토지

소유권에 대한 규제와 개입에 의해 구조화된 형태로 진화해 왔으며 전통적인 '토지소유의 자유'라는 관념은 이에 따라 당연히 변용되지 않을 수 없었다. 전후 영국에서 등장하였던 "개발권의 국유화"라든지, 독일이나 프랑스에서의 "건축부자유의 원칙"의 현대적 승인은 그 상징이며, 학설 상으로도 토지소유권 관념의 전환 내지 재구성을 둘러싸고 새로운 논의가 등장하고 있다.[81] 이러한 변화와 발전의 양상을 단계론적인 가설의 설정을 통해서 도식적으로 정리해 보면 다음과 같다.

① 먼저 근대적 소유권관념을 전제로 하면서도 토지소유권을 제한하는 최초의 시도로서는 일정한 국면에서의 내재적 제약(이른바 상린관계)과 공익사유에 의한 외재적 제약으로서의 개별적 개입(예컨대 토지수용 등)이 허용되는 것이 고작이었다. 그러나 1차 대전 이후, 토지소유권에는 Weimar헌법에서 상징되는 사회적 의무가 내재한다는 사고가 등장하게 된다.

이른바 "토지소유권의 내재적 제약"이라고 일반적으로 설명되는 법사상이 그것이다. 이 사상은 그 후 급속히 증대한 토지소유권에 대한 공법상, 사법상의 제제한을 정당화하는 중요한 역할을 담당하였으나, 그 제한의 대상이 되는 토지소유권을 어디까지나 개별적으로 포착하고 있다는 점에서 ② 이하의 단계의 사고와는 성격상 차이가 있다.

② 제2차 대전 후가 되면, 토지소유권과 개발권 내지 건축권을 분리하여 관념하고 후자, 즉 토지의 이용권은 보다 일반적이고 직접적인 공공적 규제에 복종해야 한다는 사고가 등장하였다. 상세한 토지이용계획에 의한 규제의 일반화와 그 지역부담 (이른바 행위제한도 포함)에 대한 무보상원칙의 확립이 제1단계라 한다면 그 연장선 상에서 다시, "계획 없으면 개발 없다"는 사고에 입각하여 이른바 "건축부자유의 원칙" 또는 그 논리적 귀결(corollary)로서 "開發權의 公有化"라는 법사상이 형성된다. 상술한 개발이익의 환원이라는 문제도 결국 같은 맥락에서 인정된 것이라 말할 수 있을 것이다.

③ 나아가 市街地의 토지 그 자체의 公有化를 추진하는 사고도 나타나고 있다. 여기에는 一時的 또는 先行的인 公有化에 불과한 경우도 있으나 "개발권의 공유화"에

81) 우리나라의 경우에 있어서는 이른바 "토지의 공개념"으로 나타나고 있으며, 일찌기 프랑스의 현대토지법제와 관련하여 이러한 관점에서 분석을 시도한 것으로, Jean Paul Gilli, Redéfinir le droit de propriété, C.R.U., 1975; Edgard Pisani, Utopie foncière, Gallimard, 1977 등이 있고 그 후의 정책의 전개에 많은 영향을 미쳤다.

유사한 형태로 토지소유권의 권능의 일부를 공유화 하는 것, 나아가 장기적 영속적인 공유화의 촉진・확대를 목적으로 하는 것 등(북유럽 등의 도시에서는 비교적 일찍부터 이러한 경향이 존재하고 있었다) 다양한 형태와 단계가 있으나 이들도 ②의 법사상의 경우와 마찬가지로 결국 "도시공간의 공공적 지배"를 목적으로 하는 하나의 수단이라 할 수 있다.

그리하여 ②나 ③과 같은 사고방식 하에서는 토지소유권에 대한 규제가 일반화・항구화하고 있음에 수반하여, 토지는 私的 所有權의 대상으로서의 자유로운 자산 즉 토지상품인 성격이 점점 감축되어 드디어 "도시에 거주하는 인간의 생활과 활동에 있어 불가결한 이용 대상물로서의 토지"로서의 법적 인식이 강하게 나타나게 되었다. 이러한 법적 인식이 없이는 충분한 규제력을 수반하는 상세토지이용계획의 결정이나 그 실현을 위한 공적 토지개입의 발전은 불가능하다.

이것은, 말하자면 "공동의 도시공간의 물리적 기반으로서의 토지"라는 새로운 토지 관념의 형성이며, 이러한 관념 하에서는 토지의 가장 바람직한 이용 상태를 어떻게 계획적으로 실현해 나갈 것인가 하는 것이 가장 중요한 과제로 인식되고 있다. 요컨대 전체로서의 도시공간의 형성권 내지 개발권은 개개의 私的 토지소유자에게 인정되는 諸 권능과는 별개의 것이고 본래적으로 공동적인 성격을 가진 권리로서 편성되어져야 할 것이라는 발상이라 할 수 있다.

단지 이 경우에 있어서 해결해야할 하나의 문제는 이러한 토지소유권 관념의 전환의 정통성을 어떻게 확보할 것인가 하는 것이다. 이 문제는 결국 도시의 형성을, 누구를 위하여 누가 어떻게 진행할 것인가의 문제에 귀착하는 것은 아닐까 하는 생각이 든다. 이를 법제도적으로 표현하면, 도시형성의 이념・목적의 정당성이 인정되기 때문에 그 실현을 위한 토지소유권에 과해진 새로운 質의 制約을, 도시형성의 주체가 정당한 절차를 거쳐 사회공동적으로 승인하고 있다는 것으로 연결된다.

2. 현대 도시법의 생성과 발전

제2차 대전 후의 구미제국이나 우리나라에 있어서 고도경제성장이 가져온 도시의 발전과 팽창은 그 이전의 시기와 비교할 때, 양적 질적으로 전혀 새로운 구분을 劃하는 변화를 맞이하고 있다. 현대자본주의의 기본적 특질이라고도 말할 수 있는 급속한 경제성장은 단기간에 전국적 규모의 도시화 · 공업화의 급진전을 가져왔고 그 연장선상에서 각 나라마다 심각한 도시 · 주택문제와 토지문제를 발생시켰다.

이러한 사태에 대응하여 제2차 대전 후의 구미 선진제국에서는 도시공간의 형성과 그 이용을 목적 · 의식적으로 제어하고 방향설정이 가능하게 하는 도시정책을 등장시켰고, 그 밑에서 도시계획 기타 관계 제제도의 정비가 진행되었다. 그 시기는 나라에 따라 다소 차이는 있으나 구미제국의 경우에는 전후 부흥기를 지나 고도경제성장이 본격적으로 진행되었던 1960년대까지 일응 체계성을 갖춘 관계 제제도가 정비되었다고 생각된다.[82] 이들 제도의 목적은 경제성장과 복지국가의 달성이 가장 중요한 국가목표의 하나로 되었던 1960년대에는 도시의 발전과 팽창을 경제성장에 적합한 형태로 보다 계획적으로 진행시키는 데 두어졌으나, 석유위기 후의 경제혼란에 의해 "경제성장과 복지국가와의 행복한 결합"이 종언된 70년대 중반부터는 도시정책과 도시법제의 새로운 방향이 여러 가지 형태로 등장하고 있다. 그 변화의 예로서는 舊서독이나 프랑스의 경우에는 이 시기부터 거주 · 생활 · 도시환경 등을 보다 중시하는 정책지향이 강화된 점, 80년대에 들어서서는 특히 영국과 미국에서는 "민간주도 · 규제완화형"내지 "관민협조형"의 도시개발정책이 현저한 진전을 보이고 있는 점, 그리고 독일이나 프랑스에서도 유사한 정책동향이 등장하고 있는 점을 들 수 있다.

'도시법' 내지 '도시법학'이란 용어의 사용은 아직 우리나라에 있어서는 새로운 것이라 할 수 있고, 개념의 정확한 내용도 아직 확립된 단계라 할 수는 없다. 그러나 1960년대 이후 지금까지 고도로 도시화한 오늘의 사회에 있어서, 넓은 의미의 都市의 형성(유지 · 보전과 개발 · 정비를 포함)을 둘러싸고 복잡다기하게 전개되고 있는 법현상을 "현대도시법의 생성과 전개"라는 시각에서 종합적으로 분석 · 파악하고 거기에 내재하는 고유한 법 논리의 해명을 시도하는 연구 작업이 필요하게 되었다고 생각된다.

특히 이러한 연구의 한 중요한 계기를 만든 것은 1970년대 후반부터 밀어 닥친 지가의 급등과 급격한 산업화 · 도시화에 따른 사회생태학적인 제문제의 발생이라 할

---

82) 原田純孝 · 廣渡清吾 · 吉田克己 · 戒能通厚 · 渡邊俊一編, 現代の 都市法, 東京大學出版會, 1994, 6면 참조.

수 있다.

흔히 '土地神話'라고 부르기도 하는 지가급등의 원인은 도심부 토지에 대한 민간 부동산 자본의 투기적 획득경쟁, 그것을 지원하는 금융기관의 과잉 자금공급을 비롯한 여러 가지 원인이 복합적으로 작용하고 있다고 하겠으나 여기에 민간 부동산자본의 유입을 촉진시킨 도시개발 추진시책은 오히려 지가상승을 부채질한 한 요인이 되었음을 부인할 수 없다. 이러한 사정은 우리와 비슷한 토지제도와 정책을 채택하고 있는 일본의 경우에 있어서 먼저 나타나고 있다[83]. 여기에서 한 가지 특기할 사실은, 1980년대 이후 최근에 이르기까지 주로 일본의 토지법학자를 중심으로 「도시법」이라는 용어의 사용이 광범위하게 이루어지고 있다는 점이다.[84] 다만 이들이 사용하는

83) 일본에서도 1974년, 1987년 두 차례에 걸친 지가폭등을 경험하였다. 1988년5월 臨時行政改革推進審議會의 土地對策檢討委員會(土地臨調)의 最終答申인 "地價等土地對策について"에 의하면, 그 冒頭에서 85년 이래의 지가폭등에 관하여 "(그 결과) 東京圈의 지가는 이 3년의 단기간에 상업지 평균 약2.7배, 주택지 평균 약 2.1배로 되었다. 이 기간의 지가상승은 異常이라고 할 수 밖에 없다"고 보고하고 있다. 한편 일본의 1988년의 地價公示에 있어서는 동년 1월1일 현재 全用途平均 公示價格의 對前年 上昇率은 21.7%로 73년, 74년 이래의 최고를 기록하고 있으나 특히 東京圈에서는 상승율 65.3%로 전년을 크게 상회하고 있을 뿐 아니라 用途 관계없이 상승한 점이 특히 주목된다. 本間義人, 「土地問題總點檢」, 有斐閣選書, 32면 以下.

84) 80년대의 것으로, 五十風敬喜, 「現代都市法의 生成」(三省堂, 1980년), 同 「現代都市法의 狀況」(三省堂, 1983년), 同 「都市法」(ぎょうせい, 1987년) 등이 있고 저자는 「都市法」(1987)에서, "도시법은 도시에 관한 일체의 법현상을 대상으로 도시의 공간가치와 구조에 관한 룰의 해명을 행하는 학문이다"(5면, 2면)고 함과 동시에 "도시정책을 실시하기 위한 일종의 도구"이기도 하다는 二重의 의미로 사용하고 있다(6면). 또 그는 "건축의 사유와 부자유라는 관념"에 의해 근대도시법과 현대도시법을 이원적으로 구분하는 도식을 취함과 동시에, 1960년대에 출현한 일본의 도시관계법을 "근대적 토지소유권"에 대응한 "近代都市法"이라 부르고(86면 이하), 다른 한편 指導要綱이나 이에 기초한 任意協定 등으로 대표되는 새로운 법현상을 "現代都市法"의 범주에 소속시키고 있다.

80년대 후반에서 90년대 초의 것으로서는, 磯部力의 일련의 저작 중, "都市法學の課題"(法律時報 61卷1號, 1989년), "都市の土地利用と都市法の役割"(石田頼房編 「大都市の土地問題と政策」, 日本評論社,1990년), "都市法學への試み"(成田頼明他編 「行政法の諸問題」 下, 有斐閣, 1990년), "都市の環境管理計劃と行政法の現代的條件"(高柳信一先生古稀記念論集 「行政法學の現狀分析」, 勁草書房, 1991년) 등이 있고, 그의 주요관심은 종래의 행정법 이론의 개념으로서는 충분히 설명할 수 없는, 指導要綱이나 建築協定 等으로 대표되는 "現代의 都市法現象"을 포괄적·체계적으로 설명하기 위하여 "都市法學"이라는 법학이론상 의 새로운 틀을 구상하는데 집중되었던 것이다.

특히 最近의 것으로서는 東京大學 社會科學研究所를 중심으로 한 "都市法 研究會"가 편찬한 五人 共著, 原田純孝·廣渡淸吾·吉田克己·戒能通厚·渡邊俊一編, 「現代の都市法」, (東京大學出版會, 1993)을 들 수 있다. 이들은, 上記 著作들이 이른바 規範論的인 分別의 觀點을 내세워 일본의 도시법제의 문제점과 한계를 실천적으로 극복하는 것을 기도하고 있는데 비해서, 한 단계 더 나아가 선진 구미제국에 현존하는 현대 도시법제의 實證的 分析作業을 통하여 "있어야 할 도

「도시법」의 개념은 아직 학문적인 체계를 갖추었다고 말할 수 있는 단계는 아니며 그 주장내용도 아직은 검증되지 않은 하나의 가설에 불과하다. 그러나 이들의 주장 속에는, 현대의 도시문제에 시달리고 있는 우리로서도 결코 간과할 수 없는 주요한 몇 가지 원리가 내포되어 있다고 생각된다. 특히, 이들의 토지관 및 도시관, 공익과 사익의 조정 문제, 계획제한과 보상의 요부 등에 대한 이들의 주장은 경청할 만한 가치가 있는 것으로 평가된다.

현대도시를 둘러 싼 다양한 법 현상을 단순한 토지법 레벨의 문제로서 수렴하여 분석하는 것은 시야가 협소하여 자칫 해결해야 할 문제나 과제를 부분화・축소화시켜 버릴 위험이 있다. 그리고 우리나라의 지가문제를 둘러 싼 정책적 대응 속에는 이러한 경향이 실제로 노출되기도 하였던 것을 부인하기 어렵다. 따라서 "현대도시법의 형성과 전개"라는 보다 넓은 시각에서 사태를 총체적으로 포착하려는 노력이 필요하며, 물론 이 경우에도 현대토지법이 현대도시법의 불가결한 한 요소로 되고 있음은 말할 필요조차 없다.

이와 같이 '도시법'이라는 보다 넓은 개념을 그 분석의 틀로서 도입하게 되면 그 연구의 범위도 단순한 토지법의 연구범위보다 광범하게 된다. 우선 현대토지빕의 연구에서는 근대토지법의 발전과정의 역사 인식을 당연한 전제로 하면서도, 특히 1960년대 이래의 새로운 법현상의 등장에 착안한 분석작업을 행하는 것으로 만족하였으나, 현대도시법의 연구에 있어서는 그 역사적 기초를 새로운 관점에서 파악하게 된다. 각국의 사정에 따른 약간의 차이는 있으나 일반적으로 서구제국에 있어서는 도시법 형성의 역사적 단서를 대략 19세기 중엽 이래의 근대적 산업도시의 형성・성장에서 구한다. 그리고 현대도시법으로서 본격적인 형성・발전은 현대자본주의에로의 이행이 개시된 양차대전 사이에 시작되었고, 전후 고도경제성장이 진행되었던 1960년대에 이르러 체계적인 확립을 보게 되었다. 이러한 의미에서 본서의 도시법은 현대자본주의의 발전에 수반하여 발생한 많은 다른 현대법의 등장과 그 궤를 같이하고 있는 것이다.

시법의 이념형과 그 법논리"를 탐구하고 그것을 하나의 중요한 단서로 하여 일본의 도시법제(이것도 그들의 논리에 의하면 구체적인 "현대도시법"의 한 유형에 불과하다)의 개선 및 개혁의 방향을 제시하려고 시도한 것이다.

3. 한국의 도시법

"도시공간의 공공적 규제를 목적으로 하는 법제도"로서 도시법을 정의하였으나 이것은 어디까지나 실정법상의 개념이 아닌 하나의 이념 모델로 제시된 것에 불과하다. 만일, 현대도시법의 체계에 상응하여 한국 도시법의 체계화가 可能하다면, 그 생성과정을 어떤 기준 및 방법으로 구성할 수 있을 것인지의 문제를 검토해 보았다.

(1) 제1기

우리나라 최초의 "근대적 토지법"은 1934년 6월 20일 制令 제18호 '조선시가지계획령'으로 이 속에는 도시계획, 재개발, 건축, 토지구획정리사업 등 관계조항을 포괄하고 있었다. 일제 식민지 통치 하에서 만들어졌던 이 법은 해방 이후에도 상당 기간 시행되어 오다가 1962년 구법정리 시 폐지되고, 그 대신 1962년 1월 20일 도시계획법이 제정되면서 건축법(1962. 1. 20)은 별도로 분리 독립되었으나 토지구획정리사업 분야는 계속하여 이 법 중에 남아 있었다. 1963년 10월 14일에는 5. 16 군사정권에 의해 국토건설종합계획법이 제정되었는데, 이 법은 국토건설종합계획과 그 기초가 될 국토조사에 관한 사항을 규제함으로써 국토의 경제적 · 사회적 · 문화적 발전을 이룩하여 국민의 복리향상에 기여함을 목적으로 한다고 규정하였다(동법 제1조). 1966년 8월 3일 법률 제1822호로 토지구획정리사업법이 공포 · 시행되게 되었으며 이에 따라 1967년 3월 14일 도시계획법 중 토지구획정리사업에 관한 부분이 삭제되었다. 대체로, 이 시기는 근대 도시법에로 나아가기 위한 준비기로서 근대적인 토지관련 법제가 형성된 시기라 할 수 있다. 그러나 일본의 경우에는 대체로 이 시기에 근대적 토지소유권에 대응하는 근대도시법의 형성이 이루어진 것으로 보고 있다.

(2) 제2기

1971년 1월 19일 도시계획법이 전면 개정되면서 재개발사업 관련조항이 처음으로 입법화되어 도시계획법 제3장 제2절에서, 재개발사업의 시행요건, 시행자, 재개발계획, 사업시행절차, 관리처분 및 관련 사항이 새로이 규정되었다. 1972년 12월 30일에 제정된 국토이용관리법은 "국토건설종합계획의 효율적 추진과 국토이용질서를 확립하기 위하여 필요한 사항을 정함을 목적으로"하고(동법 제1조), 그 기본이념으로서는 "국토는 모든 국민의 복리증진을 위한 유한한 자원이며 공통기반임에 비추어 그 이용에 있어서는 공공복리를 우선시키고 자연환경을 보전함과 아울러 지역적 제조건을 충분히 고려하여 토지가 합리적으로 이용되고 적정하게 거래되도록 함으로써 양호한 생활환경의 확보와 국토의 균형 있는 발전을 도모함"에 있음을 명시하고 있다(동법 제1조의 2 참조).

그리고 이 법의 시행과 비슷한 시점에 시작된 제1차 국토건설종합계획(1972년 - 81년)은 고도성장을 목표로 하는 거점개발 전략을 채택하였고 그 결과 서울과 부산을 축으로 하는 양극화 현상을 초래하였던 것이다. 1976년 12월 31일 법률 제2968호로 도시재개발법이 단일법으로 독립 제정되었다. 대체로, 성장주의형 도시건설이 강조되었던 이 시기를 한국의 근대 도시법의 형성기라 부를 수 있을 것이다[85]. 그러나 일본의 경우에는 대체로 이 시기(1970년대 이후)에 나타난 '새로운 법 현상'(예컨대 지도요강이나 이에 기초한 임의협정 등)에 주목하여 이른바 건축 不自由를 전제로 하는 현대도시법이 형성된 것으로 받아들이고 있다[86].

제2차 국토건설종합계획(1982년 - 91년)은 복지사회건설을 목적으로 내세우고 균형개발전략을 채택하였다. 그리고 이 시기를 전후하여 우리사회는 미증유의 지가폭등을 경험하였다. 즉, 1960년대에 시작된 산업화・도시화는 70년대 고도산업사회와 80년대의 복지사회를 지향하면서 과거 역사에서 볼 수 없었던 지가의 수직적 상승을 초래하였던 것이다. 이러한 지가의 폭등은 과거 20년 간 세 차례 나타 난 바 첫 번째는 1978-79년, 두 번째 82-83년의 고도경제성장과 더불어 재연된 지가상승, 세 번째는 88-89년의 가장 심각했던 지가상승이라 할 수 있다[87].

---

85) 독일의 경우에는 1870년대 이후 바이마르시대에 도시법의 태동이 있었고 "계획"의 요소와 불가분의 관계를 맺는 나치스기의 국토정비법제에서 도시법의 形成이 있었다고 하나, 나치스 이데올로기를 이유로 하여 나치스 법 전체를 독일의 법 發展史에서 제외시키는 경향이 1960년대 전반까지는 유력하였다. 그러나 나치스 이데올로기에 기초한 특유한 정책목적때문에 전후 독일에 계승되지 못한 부분이 있는 반면(단절의 측면), 근대자본주의 사회의 변화에 따른 필연적인 산물로 생성되어 전후 독일에 발전적으로 계승된 부분(연속의 측면)의 존재를 부정할 수 없으며, 도시법은 후자의 대표적인 예라 할 수 있다. 廣渡淸吾, "나치즘에 있어서 법과 법학", 村上・石部編『도이치 近代法辭典』, 東京大學出版會, 1993.

86) 五十嵐敬喜, 「都市法」, ぎょうせい, 1987, 86면 이하 참조.

87) 일본의 경우도 우리와 비슷한 양상을 보이는 바, 비슷한 시기에 두 차례의 지가폭등과 한 차례

이와 같은 지가급등의 원인은 대체로 다음과 같이 분석되고 있다. 즉, 첫째, 경제구조의 변화, 국제화 · 정보화의 진전에 수반하는 제기능의 수도권에의 집중의 격화와 이에 대응하는 토지수급의 불균형, 둘째, 그러나 지방에까지 그 효과가 파급되고 또 지가가 수직상승을 보인 것은 금융규제완화에 따른 풍부한 자금을 바탕으로 하는 토지에 대한 투자 및 투기의 집중, 셋째, 투기의 첨병이었던 부동산업자와 일부 금융기관 및 대기업도 그 사회적 책무를 다하지 못했다는 점 등이 지석되고 있다.

다만 이 기간을 통하여 토지공개념 관련 3법의 제정과 국토이용관리법상의 토지거래규제제도 및 유휴지제도, 이를 뒷받침하기 위한 공시지가체계의 정비, 그리고 상세계획구역제와 도시설계제도의 신설과 이른바 공영개발 방식에 의한 사업법제의 채택은 단순한 토지소유권의 법리로서는 설명하기 어려운 새로운 영역을 개척한 것이며, 아울러 이 시기에 등장한 농지 및 산지 전용부담금제, 임야매매증명제도, 미등기 전매 및 부동산 명의신탁을 금지하는 부동산실명제(부동산 실권리자명의 등기에 관한 법률, 1995. 3) 등은, 바야흐로 한국의 토지법 체계가 현대도시법제에로 이행하기 위한 확고한 기반을 형성한 시기라고 평가할 수 있을 것이다.

(3) 제3기

제2차 계획의 종료 후 2년이 넘도록 제3차 계획의 수립이 미루어져 오던 중, 1994년 9월 5일 정부는 제3차 국토건설종합계획(1992년 - 2001년)을 확정 · 발표하였다. 이 계획은 지역균형개발을 위하여 지방분산형 국토골격의 구축, 국민복지 향상과 국토환경의 보전에 목표를 두었다. 그 핵심적 내용은 7개 광역권(大田 제외 모두 항만을 포함)을 거점으로 지역 균형개발을 도모하고(동 · 서 · 남해에 걸쳐 U자형 산업벨트와 개발축의 형성), 이를 통해 環황해경제권, 環동해경제권 등 동아시아 각국의 광역경제권에 맞서는 개방적이고 대외 지향적인 국토공간구조를 구축한다는 것이다.

종전의 행정권을 단위로 하는 국토계획과 달리 경제권을 단위로 하여, WTO 체제 하에서의 무한경쟁의 시대를 대비한 국제경쟁력 제고에 초점을 맞춘 것으로, 7개권

의 소폭 상승이 있었다. 첫번째는 1973-74(東京圈 50%, 全國平均 40%정도), 두번째는 79-80년의 소폭상승(東京圈 10%,全國 6%선), 세번째는 86년-88년에 이르는 이른바 土地神話로 불리우는 地價暴騰이 그것이다. 本間義人, 前揭書, 33면 이하 참조.

역은 아산만권, 부산 광역권, 군산 · 장항 광역권, 대구 · 포항 광역권, 광주 · 목포 광역권, 광양만 광역권, 대전 광역권이며, 이 중 아산만권은 국제항개발 및 수도권기능 분담, 부산권은 국제무역중심지, 군 · 장권은 중국진출의 교두보, 광주 · 목포는 서남 경제권의 중심지, 대전권은 중앙행정기능의 분산 및 국제관광기지화를 그 목표로 설정하고 있다.

그러나 제2차 국토종합계획에서 "수도권 집중억제"를, 제3차 국토종합계획에서는 "지방분산형 개발추진"을 계획목표로 수립했지만, 이 기간 중 수도권 집중 문제는 더욱 심각해졌고 지방자치단체별 중복투자가 초래되었으며, 나아가 기형적인 국토개발로 연결되었다는 점을 외면하여서는 안 될 것이다. 실제로 전국토 면적의 11.8%에 불과한 수도권에 전국 인구의 45.3%, 제조업체 수의 55.1%가 집중되고 있다.

그리고 무엇보다도 안타까운 사실은 이 기간 중 외환위기를 거치면서, 토지공개념 관련 3법 중 택지소유상한에 관한 법률 및 토지초과이득세법이 폐지되고, 또 그동안 성역시 되어왔던 개발제한구역이 일부 해제되는 등 토지공개념 제도들이 후퇴하고, 현대도시법의 형성과정에 있어서 마치 과거로 회귀하는 듯한 일부 조정적인 제도의 변화의 움직임이 있었던 사실이다. 이러한 현상은 이 기간 중 헌법재판소의 일련의 토지공개념 관련, 위헌 또는 헌법불합치 결정이 이를 뒷받침하고 있다.

1999년 7월 27일 국토연구원이 발표한 제4차 국토종합계획안(2000년 - 2020년)은, 보다 장기적인 구상을 위하여 2020년까지를 내다보는 계획으로 수립되었고, 1. 더불어 잘사는 균형국토 2. 자연 속의 녹색국토 3. 경쟁력 있는 개방국토 4. 역동적인 통일국토의 건설을 목표로 하고 있으며 이를 달성하기 위해 7가지 전략을 제시하고 있다.
그리고 이 계획안은 향후 20년 간 우리가 나아가야 할 총체적인 국토정책의 가이드라인을 제시하고 있으나 그 내용이 지나치게 나열적이고 과거 실패한 3차례의 국토종합계획을 그대로 답습하고 있다는 지적이 있는 것도 사실이다. 특히 지역안배 차원에서 지역마다 거점항만 · 공항을 건설하는 등 중복투자가 심하고 나아가 5차 이후의 국토계획이 형성해야 할 여지를 거의 남기고 있지 아니하다는 것도 문제라 할 수 있다.

그러나 이 기간 중 부동산 공법의 발전에 있어서, 획기적인 사실은 종래의 국토건설종합계획법, 국토이용관리법. 도시계획법, 토지구획정리사업법, 도시재개발법, 토지수용법을 폐지하는 대신 "국토기본법"의 제정을 비롯하여 "국토의 계획 및 이용에 관한 법률", "도시개발법", "도시 및 주거환경 정비법", "공익사업을 위한 토지 등의 취득 및 보상에 관한 법률"의 제정 등 대대적인 국토관리입법의 정비가 이루어졌다는 사실이다. 즉 종전의 국토이용관리법과 도시계획법의 체제로 운용되던 국토계획의 체계가 특히 비도시지역의 난개발의 문제로 국토의 계획 및 이용에 관한 법률로 통합되었고, 토지구획정리사업법이 환지방식, 수용방식, 양자를 혼합한 혼용방식을 도입하여 새로이 도시개발법으로, 또 종전 주택건설촉진법, 도시재개발법, 도시저소득 주민의 주거환경개선을 위한 임시조치법 등으로 나뉘어져 운영되던 재건축·재개발 사업 등이 도시 및 주거환경정비법의 체제로 통합·운영되게 되었으며, 아울러 토지수용법과 공공용지의 취득 및 손실보상에 관한 특례법으로 이원화되어 있던 손실보상제도를 하나의 법률로 통합함으로써 손실보상에 관한 절차와 기준이 체계화되고, 이를 통해 공익사업의 효율적인 추진에 박차를 가하게 되었다는 점이다. 그리고, 최근의 입법동향 중 한 가지 특기할 사실은 아파트 분양권 전매금지를 비롯하여 주택거래신고제, 분양가 상한제 실시, 아파트 재건축 규제 등, 과거 토지공개념의 중심 테마였던 '토지' 대신, '주택'이 핵심적인 규제대상이 되고 있다는 점이다. 여기에 초점을 맞추어 종전의 토지 중심의 부동산법 체제에서, 주택 중심의 부동산 법제 체계 구성의 필요성을 주장하는 견해까지 등장하고 있음은 주목할 만한 현상이라고 하겠다[88].

우리나라 도시법의 발전단계에 있어서 제2기를, 현대도시법에로의 출발점을 형성한 것이라고 평가한다면, 제3기는 관련입법의 정비를 통하여 현대도시법으로서의 그 內實을 공고히 다짐으로써 향후 도약을 위한 안정적 계기를 이룩했다고 평가할 수 있을 것이다.

다만 독일 등 선진제국이 채택하고 있는 보전조례와 도시계획명령제도, 건축부자유를 전제로 하면서 二段階計劃으로 이루어지는 지구상세계획제도 등 諸제도는 향후 우리나라의 도시법제의 운용에 많은 참고가 될 것으로 생각된다.

---

88) 부동산 법제의 새로운 체계 구성과 최근의 입법동향, 성소미, 토지공법연구 제38집, 2007. 11.

제2장 부동산공법의 행위형식
- 부동산 규제를 위한 각종 행정수단 -

Ⅰ. 개설

부동산공법도 넓게는 행정법의 한 영역으로서 일반행정법이 보유한 모든 행위형식을 총동원하여, 바람직한 부동산 법질서의 형성이라는 행정목적을 달성하고자 한다. 그 결과 부동산 공법에 특유한, 일반행정작용에서 분리·독립한 부동산 공법 고유의 행위형식은 별도로 존재하지 아니한다.

행정주체가 행정목적 달성을 위해 동원하는 각종 행정작용(수단)으로서는, 행정주체의 일방적인 결정에 의존하는 "권력적 수단(행정입법, 행정행위, 행정강제, 행정벌 등)"과 계약(공법상계약, 사법상 계약)이나 행정지도 등 행정객체와의 협의를 통해 이루어지는 "비권력적 수단"이 존재하고, 또 이들 각종 행정수단은 그 내용을 표준으로 하여 "침익적·부과적 행정작용"과 "수익적 행정작용"으로, 또 법적 성질을 표준으로 하여, "법적 작용(행정입법, 행정행위 등)"과 "사실적 행정작용(행정지도)"으로, 또 적극적·소극적 행정작용으로 구분하는 것이 가능하다. 부동산공법은 그 추구하는 행정목적 달성을 위해 상기 모든 수단을 동원하고 있으나, 특히 그 중에서도 행정계획, 행정행위 등 권력적 수단과 계약 및 행정지도 등 비권력적 수단이 중요하게 부각되고 있다.

Ⅱ. 행정계획[1)]

1) 행정계획에 대한 상세는 拙著, 토지공법 (제3판),세종출판사, 2003, 62면 이하 참조

1. 의의 및 종류

원래 계획(Plan, Planning)[2)]이란 개념 그 자체는 법적 개념으로 출발한 것이 아니다. 그리고 행정계획의 관념은 계획 일반의 개념에 대하여, 행정주체 내지 행정목표라는 행정적 요소를 첨가한 것이라 할 수 있다. 따라서 행정계획이라는 개념도 그 자체에서 직접적인 법적 효과를 유도하는 구체적인 법개념(예컨대 행정행위, 행정계약 등)으로 정의되기는 어렵다. 행정계획에 대한 정의는 다양하다.

행정계획은 일반적으로 계획의 대상, 성질, 기간, 구속력의 유무 등에 따라 다양한 분류가 가능하다. 예컨대, 국토계획・경제계획・사회계획, 또 상위계획・하위계획, 장기계획・중기계획・단기계획, 그리고 종합계획・부문별계획, 구속적계획과 비구속적계획, 기타 준비계획・실행계획 등 다양한 구별이 존재한다. 그러나 이들 모든 類型의 행정계획을 고찰하는 것은 현실적으로 불가능할 뿐만 아니라, 국토계획은 행정계획의 大宗을 이루고 있기 때문에, 이하에서는 주로 국토계획을 중심으로 살펴보기로 한다.

국토계획은 전국토, 권역, 지방행정구역 기타 공간의 산업입지적・생활환경적 未來像에 관한 綜合的・包括的인 목표를 설정하여, 그 목표를 향하여 여러 행정기관 또는 행정주체의 공간적 의미를 가진 계획이나 사업을 조정・유도하며, 그 공간 내의 각종 토지이용개발을 규제하는 데 기본적 지침이 되는 계획이나. 환경정서계획・공간형성계획이자 광의의 지역개발계획이며, 독일의 Raumplanung이 여기에 해당한다[3)]. 협의로는 국토건설종합계획 등 종합계획으로서의 국토계획만을 지칭하기도 한다.

---

2) Planning(Planung)과 Plan(Programme, Programm)은 물론 동의어는 아니다. 전자는 후자의 작성을 목적으로 하는 作用・過程으로서의 계획을 의미하고, 후자는 Planning의 결과 내지 産物이다. 그러나 양자는 서로 밀접한 연관을 맺고 있기 때문에 혼용되어 쓰이는 경우도 많다.

3) 독일의 Raumplaung은 광의로는 건설기본계획(Bauleitplan)・州計劃(Landesplanung)・권역계획(Regionalplanung) 뿐만 아니라 각종 행정주체・행정기관의 사업계획・시설계획 등도 포함하여, 공간적 의미를 가진 모든 계획을 포괄하는 상위개념으로 사용되고, 협의로는 상위의 광역적・기본적 계획만을 의미할 때도 있다.

(1) 종합계획과 부문계획

종합계획과 특정부문계획의 구별은 원래 Forsthoff 등에 의해, 계획확정재결(Planfeststellungsbeschluß)과 국토계획(Raumplanung) 또는 건설관리계획(Bauleitplanung) 등과의 충돌을 해결하기 위하여 사용된 개념이다.[4] 즉, 그는 특정부문계획이 원칙적으로 종합계획의 하위에 있음을 확인하였으나, 연방건설법 제38조 및 연방원거리도로법 第16條 2項 3文은 연방의 특정부문계획과 란트 또는 자치체의 종합계획과의 충돌이 있는 경우, 전자의 우위를 규정함으로써, 계획법의 체계적인 지위의 문제가 논의되기 시작하였던 것이다. 현재 계획의 충돌의 문제는 과거보다 더욱 복잡한 양상으로 전개되고 있는 실정이다. 왜냐하면 복수의 종합계획이 경합할 뿐 아니라 제3의 類型의 계획(예컨대 대기청정계획 등)이 등장하고 있기 때문이다. 현재 독일에서는 계획 상호간의 충돌의 경우, 특정 계획이 우위 내지 상위라는 일반원칙은 이미 존재하지 않고, 그 때 그 때의 구체적 관계에 따라 결정되어져야 한다는 것이 일반적으로 승인되고 있다.[5] 따라서 종합계획과 부문계획의 구별은 법이론적 · 체계적인 의의는 상실하였다. 그럼에도 불구하고 이 구별은 복잡하고 다양한 계획의 법률학적 인식에 많은 도움을 주는 유용한 개념으로 받아들여지고 있다.[6]

한편 전후 우리나라 및 일본에서는 양자의 구별에 앞서, 각기 "개발계획" 또는 "국토개발계획"으로서 일괄적으로 분류되어 발전되어 왔다는 점이 특색이라 할 수 있다. 특히 개발계획은 "행정계획 중에서도 大宗을 이루며 행정계획에 관한 중요한 법률문제는 개발계획의 제문제 중에서 발견되는 것이 많다"[7]

우리나라의 計劃行政은 이러한 국토개발계획을 기축으로 하여 전개되었으며, 일반적으로 개발계획의 특징으로서는 ① 소극적인 현상유지적 계획이 아니고 적극적인 社會形成的 計劃이라는 점, ② 단순한 준비적계획이 아닌 실행계획인 점 ③ 추상적 목표설정에 그치지 않고 行 · 財政的 措置를 포괄하는 구체적 투자 · 조치계획인 점 등이 지적되고 있다.[8] 결국, 해방 이후 우리나라의 국토계획은 縱的으로 개발계획을

---

4) E.Forsthoff/Blümel, Raumordnungsrecht und Fachplanungsrecht, 1970, S. 17 ff.
5) R. Wahl, Rechtsfragen der Landesplanung und Landesentwicklung, I Band, 1978, S. 275 f.
6) 西谷剛, 都市計劃決定の法的性質, 成田賴明編 · 行政法の爭點, 1980, 277면.
7) 西谷剛, 行政計劃論(一), 自治研究 47卷5號, 1971, 165면.
8) 宮田三浪, 前揭書, 38면.

기축으로 하여, 횡적으로 각종 종합계획(국토건설종합계획, 국토이용관리계획, 도시계획 등) 및 특정 부문계획(도로・철도정비계획, 전원개발사업계획, 상・하수도정비계획, 항만정비계획 등)의 형태로 전개되어 왔다고 말할 수 있을 것이다.

(2) 구속적 계획과 비구속적 계획

행정계획의 종류 중 특히 이론적으로 중요한 의미를 가지는 것은 계획의 법적 구속력 有無에 의한 구별이라 할 수 있다. 왜냐하면 구속력의 유무는 행정계획의 법적 성질의 究明 및 私人의 권리 보호의 문제와도 밀접한 관련이 있기 때문이다. 원래 행정계획은 법적 구속력이 없는 행정내부적 지침으로서 성립・발전되었으나, 각종 법률에 기초한 행정계획의 수립이 증가하면서 법적 구속력이 부여되는 경향도 늘어 가는 추세에 있다.

1) 구속적 계획

구속적 계획도 그 구속력이 미치는 상대방이 누구인가에 따라, 對內的 구속적 계획과 對外的 구속적 계획으로 大別할 수 있다. 전자는 다른 행정기관이나 지방자치단체에 대하여 당해 계획에 따라야 할 법적 의무를 부과하는 경우이다. 주로 상위계획으로서의 종합계획・기본계획과 중・장기계획이 여기에 해당한다. 예컨대, 국토기본법 제9조에 의한 국토종합계획, 국토의 계획 및 이용에 관한 법률에 의한 광역도시계획과 도시기본계획, 수도권정비계획법 제4조에 의한 수도권정비계획, 항만법 제5조에 의한 항만기본계획, 주택법 제7조에 의한 주택종합계획 등이 이에 속한다. 후자는 직접 국민의 권리와 자유를 제한하는 행정계획이며, 이러한 대외적 구속력은 직접 법률에 의해서만 인정될 수 있음은 말할 필요조차 없다. 그리고 대외 구속적 계획은 동시에 대내적 구속력도 인정된다고 생각된다. 예컨대 국토의 계획 및 이용에 관한 법률에 의한 도시관리계획, 도시 및 주거환경 정비법에 의한 관리처분계획, 기타 용도지역제나 각종 개발계획 에 의한 제한 등이 여기에 해당한다.

2) 비구속적 계획

비구속적 계획이란 문자 그대로 법적 구속력이 없는 행정계획이다. 그러나 非拘束的・指導計劃이라 하여 일률적으로 그 지위를 낮게 평가하여서는 아니 된다. 왜냐하면 각종 비구속적·지도계획도 직접적·법적인 효과는 없더라도, 각종 행정지도를 통한 간접적·사실적 효과는 존재하기 때문이다. 數的으로 보아 비구속적 계획은 구속적 계획에 비추어, 비교할 수 없을 정도로 많으나, 학자들의 관심은 여전히 구속적 계획에 쏠리고 있는 실정이다.

2. 행정계획의 법적 성질

(1) 서

행정계획의 법적 행위형식 내지 성질에 관하여는 특히 독일을 중심으로, 그것은 法規範인가, 個別 行政行爲인가 아니면 제3종의 별개의 存在(aliud, 別物)인가에 대하여 오래 전부터 격론이 벌어져 왔고, 일본 및 우리나라에서도 사정은 비슷하다.[9] 독일 연방행정재판소의 판례에 의하면, 행정계획이 입법행위냐 행정처분이냐에 관하여는, 일반적 기준은 없고 구체적 사안에 따라서 앞의 것으로 보는 경우[10]도 있고, 또 뒤의 것으로 본 경우[11]도 있었다. 이러한 논의의 실익은 무엇보다도 계획에 대한 私人의 권리보호와 관련이 깊은 것으로 생각된다.

즉, 특별한 법률의 규정이 없는 경우에 있어서의 계획의 적법성의 요건, 근거와 권한, 절차·형식 등이 문제로 되고 있으며, 특히 항고쟁송제도와 관련하여 처분성 및 訴의 利益의 문제와도 관련이 있기 때문이다. 그러나 문제는 계획이라는 현상형태의 多樣性에 존재한다. 계획을 하나의 法制度 내지 法的 形式으로 파악하기는 곤란하다는 점에 대하여는 거의 견해가 일치하고 있다고 할 수 있다. Wolff 및 Bachof은 "계획이라는 集合槪念의 밑에 나타나는 현상의 다양성과 異種性에 직면하게 되면, 계획의 법적 성질을 규정하거나 하나의 법제도로서 전개하는 것은 처음부터 희망이 없는 冒險이다"[12]고 하고, Imboden도 "계획에 있어서는 다른 행정법상의 제도와는 달리, 변칙성(Regelwidrigkeit)이 중첩되고 있다"는 것을 확인하고 있다. 요컨대 계획의 多樣

9) 석종현, 전게서, 117면 이하; 成田=荒=南=近藤=外間, 現代行政法, 1968, 169면.
10) BVerwGE3, 258(1957); Id.6, 149(1958); Id.11, 14(1961).
11) Id.1, 263(1955); Id.4, 68(1957); Id.18, 318(1964).
12) H.J.Wolff/O.Bachof, Verwaltungsrecht I, 9 Aufl., 1974,§47 Ⅸa, S. 397.

性 내지 異質性은 통일적인 계획의 행위형식이나 성질에 대립하는 것이라 할 수 있으며, 계획의 성질에 관한 학설의 대립도 사실은 서로 다른 對象에 대한 法的 評價의 차이라는 점을 간과해서는 안 될 것이다.

(2) 계획의 행위형식

특정 계획이 어떠한 행위형식으로 결정되어져야 하는가에 대해서는 多樣한 可能性이 존재하고 있으며, 반드시 특별한 행위형식으로 결정되지 않으면 안될 必然性은 존재하지 않는다.

독일에 있어서, 행정계획의 행위형식은 법률 등에 의해 명시적으로 규정되는 경우가 많다. 예컨대,

1) 法律의 형식 - 기본법 제110조 제2항 1문에 의한 연방예산계획, 노르드 라인 · 붸스트 팔렌의 란트 계획법 제12조에 의한 란트 개발계획
2) 法規命令의 형식 - 바이에른 란트 개발계획법 제14조 3항에 의한 개발계획
3) 條例 형식 - 연방건설법 제10조에 의한 지구상세계획(Bebauungsplan), 자치체의 예산계획
4) 行政規則의 형식 - 학교증설계획, 水法(Wasserhaushaltsgesetz) 제36조 3항에 의한 기본계획
5) 行政行爲의 형식 - 그러나 많은 계획은 행정행위의 형식을 취하고 있다. 예컨대 도로, 공항, 연방수로의 건설에 관한 계획확정재결(Planfeststellungsbeschluß), 란트 收用法에 의한 收用計劃 등.
6) 政治의 方針 내지 行政指針으로서 결정되는 것 - 1975년 4월23일의 연방국토정비프로그램(Bundesraumordnungsprogramm), 란트개발프로그램의 대다수가 여기에 속함.

그리고 Ossenbühl에 의하면, 입법자가 특정의 계획에 대하여 일정한 법형식을 선택하는 것은 전적으로 그 계획에 대하여 입법자가 기대하는 법적 효과(구속력)가 무엇인가 하는 문제에 달려있다고 한다.[13)]

한편 우리나라의 경우, 입법자는 수많은 행정계획에 대하여 특별한 법적 형식을 부

13) F.Ossenbühl, Welche normativen Anforderungen, B. 47.

여하지 않고 있는 것이 특색이라 할 수 있다. 법률이 계획의 행위형식을 명시적으로 지정하는 예는 거의 全無한 실정이다. 국토건설종합계획을 위시하여 국토이용관리계획이나 도시계획 등 관련 법률에서는 계획에 대한 근거 규정을 두고 있는 것이 일반화되고 있으나, 계획에 대한 일반적인 인식은 대다수 계획에 대하여 특별한 입법적 근거가 없어도 행정의 자유로운 결정권을 기본적으로 전제하고 있는 것처럼 보인다. 일본의 경우에도 사정은 비슷하다.[14)]

계획에 대하여 특정한 행위형식을 부여하지 않는 이러한 입법의 태도는 특정계획에 대하여, 입법이 어떤 행위형식을 부여함으로써 어떤 법적 효과와 결부시켜야 할 것인지에 대한 決定의 어려움 때문이거나, 아니면 의도적으로 특정 행위형식과의 결부를 외면하고 법적 통제를 받지 아니하는 고권적 행위로 구성함으로써, 권리보호 문제와의 갈등에서 행정계획을 해방시키려는 목적이 있었던 것이 아닌가 판단된다.

(3) 학설

행정계획의 법적 성질에 대하여는, 1) 입법행위설(규범설) 2) 행정행위설(처분설)[15)] 3) 복수행위설[16)] 4) 독자성설[17)] 등의 대립이 있다.

1) 입법행위설은 행정계획이 국민의 자유·권리에 관계되는 법규범을 정립하는 행위로서, 일반적 구속력을 가질 수 있다고 한다.

2) 행정행위설은 행정계획 중에는 법관계의 변동이라는 고유한 법효과를 가지는 행정행위로서의 구속력을 가지는 것이 있다는 주장이다. 대법원의 판례 중에는 도시계획의 처분성을 인정한 것이 있다.[18)]

---

14) 宮田三郎, 前揭書, 23면.

15) 김동희, 행정법 Ⅰ, 2008, 190면.

16) 김철용, 행정법 I, 2009, 335면; 홍정선, 행정법특강, 2009, 172면.

17) 박균성, 행정법(상), 2009, 241면

18) 大判 1982.3.9, 80 누 105, "도시계획법 제12조 소정의 도시계획결정이 고시되면 도시계획구역안의 토지나 건물소유자의 토지형질변경, 건축물의 신축·개축 또는 증축 등 권리행사가 일정한 제한을 받게 되는 바, 이런 점에서 볼 때 고시된 도시계획결정은 특정 개인의 권리 내지 법률상의 이익을 개별적이고 구체적으로 규제하는 효과를 가져오게 하는 행정청의 處分이라 할 것이고 이는 행정소송의 대상이 되는 것이라 할 것이다." 또, 大判 1988.5.24,87 누 388, 法公 제827호, 988면에서는 도시계획시설 변경결정을 행정처분으로 보고 있다.
한편 대법원은 舊국토이용관리법 제29조에 근거한 건설부장관의 基準地價告示와 관련해서는 그 처분성을 부인하고 있다. 大判 1979.4.24,78 누 242 참조.

3) 복수행위설은 행정계획 중 특히 도시계획 가운데에는 법규명령적인 것도 있고, 행정행위적인 것도 있을 수 있다고 하며, 특히 여기서 행정행위의 성질을 가지는 도시계획은 개별적·구체적 규율을 행하는 통설적 의미의 행정행위가 아니라, 일반적·구체적 규율을 행하는 一般處分 내지 物的 行政行爲를 의미하는 것이라 한다.[19]

4) 독자성설은 행정계획은 행정상 입법도 아니고 행정행위도 아닌 독자적인 법적 성질을 가진 하나의 "異物(Aliud)"이지만, 구속력을 가진 점에서 행정행위에 준하여 행정소송의 대상이 된다고 한다.

Forsthoff에 의하면, "계획은 규범과 행정행위의 혼합형태가 아니고 하나의 異物(ein Aliud)이다. 그것은 추상적이 아니고 '구체적'인 것이기 때문에 규범이 아니다. 그것은 본질적으로 지역과 관련하여 개인의 권리를 '개별적으로' 결정하는 것이 아니기 때문에 행정행위도 아니다. 따라서 계획을 법치국가적 행위의 전형적인 형태에 편입시키는 것은 불가능"[20]한 것이다.

(4) 평가

계획의 행위형식이나 법적 성질에 관한 상기 독일 행정법학에서의 논의는 그다지 실익 있는 개념으로는 보이지 않는다. 1950년대에 있어서의 이러한 법형식 논쟁에 있어서 가장 문제가 된 것은 對象의 不明瞭性이라 할 수 있다.

獨自性說을 주장하는 견해가 주로 全國計劃을 대상으로 한 것이었다면, 규범설 및 처분설의 주된 對象이 된 것은 지구상세계획(Bebauungsplan)이었다. 1950년대 독일의 주된 판례는 지구상세계획을 법규범이라고 판단하였고, 1960년 6월23일의 연방건설법 제10조는 "게마인데는 지구상세계획을 조례로 의결한다"고 규정하였다. 그 결과 지구상세계획에 대한 취소소송(=권리보호)은 배제되는 결과로 되고 말았다. 그 후 바덴, 뷔르덴부르그, 바이에른, 브루멘, 헷센, 홀슈타인 등의 란트가 규범통제소송(Normenkontrolle)을 도입하고, 1976년 8월24일 개정된 행정재판소법 제47조도, 지구상세계획 및 건축법상의 조례에 대한 규범통제소송의 길을 열었던 것이다.

---

19) 김남진, 行政法 I, 법문사, 1992, 359면; 석종현, 전게서, 119면.

20) E. Forsthoff, Lehrbuch der Verwaltungsrechts, Band I, Allgemeiner Teil, 10 Aufl., S. 310.

한편 직접적 집행행위를 수반하지 아니하는 보다 복합적인, 全域을 대상으로하는 國土計劃이 보급되면서, Aliud 테제가 설득력을 갖기 시작하였다.

그러나 이 주장의 약점은 다음과 같다.[21] 첫째, 현행 권리보호제도와의 兩立이 어렵다는 점이다. 즉 현행의 권리보호제도는 法技術的으로 행정행위나 법규범 등 전통적인 행위형식에 기초하여 구성되고 있으며, 계획에 대한 법적 권리보호를 위해서는 계획에 대하여 둘 중의 어느 한 쪽의 법적 성질을 부여하는 것이 필요하다. 이 경우 동일 계획에 대하여 서로 상반되게, 예컨대 권리보호에 관하여는 행정행위이고 그 취소 변경의 가능성의 문제에 대하여는 규범으로 취급하는 것은 원칙적으로 불가능하다.

둘째, Aliud 그 자체의 법적 속성에 대한 프로필이 결여되고 있다는 점이다. Ossenbühl에 의하면, "국가행위의 새로운 행위형식 즉, Aliud를 전개하려는 자는 이러한 행위 범주의 확대가 유익하거나 필요하다는 所見을 피력하는 것만으로 解放될 수는 없다"[22]는 것이다. 즉, "최소한 새로운 카테고리의 법적 속성 예컨대 구속의 정도, 절차, 취소의 가능성 등을 示唆的으로 설명하지 않으면 안 된다"[23]는 것이다. 그러나 다른 한편, Aliud 테제에 대하여는 問題 發見的인 중요한 의의가 있음을 강조하는 견해가 있어 주목된다. 즉, "계획에 있어서 다른 문제에 신경을 쓰게 됨으로써, 그로 인해 계획 영역에 있어서의 전통적 Dogmatik의 환원력(Reduktionsleistungen)을 조사해 보지도 않고 신뢰해 버리는 것에 대한 경계신호로 될 수 있기 때문"이라고 한다.[24] 그리하여, 전국계획은 지방자치권을 침해하지 않도록 기본계획의 성격을 가져야 한다는 사실, 계획간의 조정・충돌의 문제는 기본적으로 규범 충돌의 경우와는 다르다는 사실, 또 권리보호 문제도 계획에 있어서는 결정적인 문제로 되는 것이 아니고, 오히려 이러한 사후적 권리보호보다도 절차법상 주민・이해관계인 등의 참가절차가 더욱 중요하다는 사실 등으로 시야를 확대시킬 수 있는 의미를 가지게 된다[25]는 것이다.

---

21) Vgl., R. Wahl, Rechtsfragen der Landesplanung und Landesentwicklung, I Band, 1978, S. 23 f.
22) F. Ossenbühl, Die Handlungsformen der Verwaltung, Jus, 1979, S. 684.
23) derselbe, Welche Normativen Anforderungen, B. 48.
24) R. Wahl, a.a.O., S. 109.
25) 宮田, 前揭書, 25면.

3. 계획의 결정 절차와 주민참가

(1) 계획의 결정 절차

계획의 결정절차는 기본적으로 다음 3가지 모델로 유형화하는 것이 가능하다.[26) 첫째, 계획결정이 복수의 행정기관의 協同에 의해 이루어지는 경우이다. 주로 종합계획의 결정절차에 채택되어지는 경우가 많다. 계획은 복수의 관계행정기관의 협의, 동의, 의견청취 등에 의한 조정 내지 상급기관의 인·허가를 거쳐 결정된다. 이 경우 관계행정기관 및 심의회 등의 동의, 협의, 의견청취 등 협력행위는 직접 국민에 대한 외부적 효력을 가지지 못한 내부행위로서, 독립적으로 공격이 가능한 행정행위로서의 성격을 가지지 못한다(처분성의 결여). 또 주관청의 계획결정 그 자체도, 우리나라의 경우 대부분의 종합계획은 통설에 의하면, 行政 內部的 指針의 성격을 가진 것에 불과하고, 對外的 法的 拘束力은 없는 것으로 해석하고 있다.

둘째, 광범위한 계획결정을 복수의 부분행위로 분할하여 절차를 진행하는 경우이다. 여기에는 다시 두 가지 유형이 존재한다. 하나는 계획결정을 계획의 진행에 대응하여 복수의 부분허가로 분할하여(예컨대, 예비결정- 제1차 부분허가 - 제2차 부분허가 등), 각기 별개의 행정행위로서 단계적으로 절차를 진행하는 경우이다. 독일의 원자력발전소 설치허가절차에서 채택하고 있으나 우리나라에서는 이를 채택하고 있지 아니하다. 또 하나는 계획 그 자체는 첫째 유형에 따라 결정되지만, 계획결정을 특정사업에 대한 면허로 간주하여 이를 기초로 이후 사업의 실시에 필요한 인·허가 절차(또는 토지수용절차)를 개별법의 규정에 따라 진행해 나가는 방법이다. 주로 공유수면매립 등 특정부문계획의 결정 시 채택하고 있는 방법이라 할 수 있다.

셋째, 계획결정에 관계되는 모든 認·許可, 承認·同意 등에 대신하여 계획안 전체를 하나의 독자적인 계획확정절차로 형성하는 경우이다. 독일의 계획확정절차(Planfestellungsverfahren)[27)가 여기에 해당한다. 그리고 계획확정절차는 행정행위인 계획확정재결(Planfestellungsbeschluß)로 종료한다. 계획확정재결은 다른 법률이 규정

26) F. Wilting, Das gestufte atomrechtliche Genehmigungsverfahren, TA Übungsblätter, 1981, S. 114.
27) C.H. Ule/H.W. Laubinger, Verwaltungsverfahren, 1977, S. 151. 詳細는 成田頼明, "西ドツの計劃確定節次について", 時の法令 1024·1025號, 1979, 66면 이하.

하는 인 · 허가 및 동의에 대신하여, 계획주체와 이해관계인 사이의 모든 공법상 관계를 集中的 · 形成的 · 代替的으로 확정하는 효과(Kontentrations · Gestaltungs · Ersetzungswirkung)를 가진다. 이 제도는 독일 계획법의 독특한 제도로 19세기 성립된 이래 모범적으로 운영되고 있으나 아직 우리나라에 도입될 전망은 보이지 않는다.

(2) 주민참가

1) 참가의 개념과 기능

參加(Partizipation)라는 개념은 원래 미국의 사회학 및 정치학에서 법률학에 도입된 개념이라 할 수 있다. 따라서 법적인 의미에서의 참가 개념의 外延은 아직 확정된 상태라 말할 수 없는 실정이다. 그럼에도 불구하고 참가는 근자에 들어 하나의 流行語로 되고 있다. 예컨대 대학의 민주화 -학생의 참가라든가 기업체에 있어서 노동자의 경영참가 등이 그것이라 할 수 있다. 법적 의미에 있어서의 參加에 대하여, 비교적 명료하게 정의를 내리고 있는 柳瀨 敎授의 견해를 소개한다. 그에 의하면, 참가는 다음 세 가지 요소를 포함한다.[28] ① 적극적 · 능동적인 행위이다 ② 상대방이 이를 受忍해야 할 법적 의무 있는 행위이다 ③ 상대방에게 참가의 내용에 대한 법적 구속력은 없다. 그러나 상기 세 가지 개념요소는 어디까지나 개념의 常素에 대한 설명에 불과한 것이라는 점을 주의할 필요가 있다. 참가의 다양한 형태 중에는 이와 배치되는 경우가 있을 수 있기 때문이다.

한편 행정법학에 있어서의 참가는 주로 住民參加의 형태로 논의되어지는 바, 지방자치법 분야에서는 직접청구, 주민감사청구, 주민투표, 주민소송 등 직접민주주의 방식에 의한 주민참가가, 또 환경행정 · 소비자행정 · 계획법 등 분야에서는 공청회, 공고 · 공람, 의견서의 제출 기타 주민대표로서의 각종 심의회 등에의 참가가 문제로 되고 있다. 대체로 주민참가의 현대적 의의는 고도산업사회에 있어서의 인간소외 및 의회의 기능 상실에 따른 대표민주제의 결함을 보완하는 논리로 기능하고 있다는 것이 일반적인 견해로 되고 있다. 또 주민참가의 기능으로서는 民意의 反映-결정과정의 투명성 및 콘센서스의 형성 -이라는 上記 민주적 요청 이외에도, 법치국가적 권리보호

---

28) 柳瀨良幹, “住民參加の定義”, 自治研究50卷2號, 1974, 52면.

기능을 간과하여서는 안 된다. 특히 早期의 참가에 의한 권리보호의 內實化를 도모하는 것이야말로, 행정법학에 있어서 주민참가에 관한 매우 중요한 과제 중 하나라 할 수 있을 것이다.

2) 참가의 형태

참가는 그 구별의 표준에 따라 다양한 형태로 구분하는 것이 가능하다. 예컨대, 참가의 주체를 표준으로 주민참가와 기관참가, 직접적 참가와 간접적 참가(예컨대 여론형성에 참가, 선거 등), 능동적 참가와 수동적 참가(예컨대 공시, 공람 등), 제도화된 참가와 비제도적 참가(예컨대 자발적인 주민운동) 등으로 구분할 수 있으나, 법적으로 의미 있는 참가는 역시 주민의 직접적·능동적·제도화된 참가임은 상술한 바와 같다. 한편 Hartisch는 가장 중요한 구분으로서, 참가 형식을 표준으로 하여 청문, 토의 및 공동결정의 셋을 들고 있다.[29] 청문은 가장 기본적인 참가의 형식으로, 결정의 대상에 관하여 자기의 의견을 表明하는 방식이며, 결정자의 정보수집 기능 및 참가자의 권리보호 기능이 직접적인 목적이라 할 수 있다. 토의는 사실 및 법적 문제에 대하여 토론의 방법으로 정보를 처리하는 과정이며, 실제 문제로서 청문과 구별하기 어려운 경우가 많다. 왜냐하면 각종 공청회에서와 같이 단지 의견청취만을 예정하고 있는 경우에도 실제로는 토론으로 발전할 가능성이 높기 때문이다. 물론 법적인 결정권은 행정기관에게 있지만, 토의 진행과정에서의 제안이나, 토의 결과 내려진 결정이 가지는 사실상 강제의 효과는 중요한 의미를 가진다. 共同決定은 가장 강력한 참가 형식이다. 특히 기관참가의 경우에 이 형식을 취하는 경우가 많고, 이 때에는 관계기관 상호간의 협의방식으로 결정된다. 특히 각종 자문위원회에 있어서 전문가나 이익대표자의 참가는 私人에 의한 행정권한의 행사라고 말할 수 있을 것이다.

3) 주민참가의 한계

주민참가의 필요성은 상술한 바와 같이, 민의의 반영이라는 민주적 요청과 실효적인 권리보호라는 법치국가적 요청에서 비롯된 것이나 동시에 여기에는 일정한 한계가 있음을 인정하지 않으며 안 된다.

---

29) A. Hartisch, Verfassungsrechtliches Leistungsprinzip und Partizipationsverbot im Verwaltungsverfahren, 1975, S. 82 f.

가. 사실상의 한계

첫째, 거시적, 광역적 영역에서의 주민의 직접참가는 실현가능성이 없고, 결국 단체 또는 이익집단에의 참가의 문제로 변형되고 만다.[30] 즉, 국토계획의 경우에 있어서는 지역적으로 한정되어진 도시계획 또는 특수부문계획에서만 그 적용영역을 발견할 수 있다. 특정부문계획이 광역적 범위를 대상으로 하는 경우에도, 실시계획 이전의 계획결정 단계에 있어서는 주민의 절차 참가는 고려되지 않는 경우가 많다. 또 청문 및 공청회 主宰者의 중립성과 참가자의 참가능력[31]이 전제되지 않으면 참가의 實效를 거둘 수 없음은 말할 필요조차 없다.

나. 법적 한계

현행법상 인정되고 있는 주민참가의 방식에는, 참가 주체를 표준으로 이해관계인이 참가하는 경우와 널리 주민 또는 일반인이 참가하는 경우가 있고, 보장의 강도에 따라서는 권리로서 보장되는 것과 행정재량에 위임되어진 것이 있다. 또 참가의 시기와 관련하여서는, 계획의 입안 단계에서 참가를 인정하는 경우와 계획안의 결정 단계에서 비로소 인정하는 경우가 있다. 上記 주민참가의 기능 중 實效的인 권리보호 요청과 관련하여 특히 문제로 되는 것은 행정소송에 있어서 참가권자의 원고적격의 인정 여부 및 참가의 시기와 관련된 문제이다. 특히 早期의 참가가 보장되지 않으면, 권리보호의 실효성은 반감되고 만다. 입법자는 행정절차를 규정함에 있어서 早期의 권리보호라는 법치국가적 요청을 무시하여서는 안 될 것이다. 아울러, 계획의 주체도 불충분한 절차규정만을 탓할 것이 아니라 합리적인 재량의 범위 내에서 최대한 운영의 妙를 발휘해 나가야 할 것이다.

---

30) W. Brohm, Die Dogmatik des Verwaltungsrechts vor den Gegenwartsaufgaben der Verwaltung, VVDStRL 30, 1972, S. 280 f und 310 (Leitsatz 12).

31) F. Ossenbühl, Welche normativen Anforderungen, B 130. 주민의 관심과 능력이 전제되지 않은 주민참가제도는 자칫 "직업적 활동가를 위한 外見的 正當制度에 불과한 존재로 전락할 위험"이 잠재하고 있음을 지적한다.

Ⅲ. 행정행위(Verwaltungsakt)

1. 서

행정행위의 개념은 행정재판제도를 보유한 프랑스에서 혁명 직후 행정재판의 대상이 되는 특수한 행정작용의 형태로서 출발하였고, 19세기 중엽 독일에 도입되었으며, 19세기 말경 O. Mayer(1846-1924)에 의해 이론적으로 체계화 되었다. 행정행위란 개념은 강학상 개념이며 실정법 상으로는 처분, 행정처분, 허가, 면허, 특허, 결정, 재정, 면제 등 다양한 개념으로 나타난다. 그리고 행정재판제도가 없는 영미법에서는 처음부터 이러한 개념을 인정하지 아니한다.

私法상 법률행위 이론(법률행위 자유의 원칙)에 있어서는 內心의 (효과)의사의 존재가 중시되고, 그 결과 '표시된 의사'에 상응하는 '내심의 의사'의 흠결 내지 '의사와 표시와의 불일치' 또는 '의사결정에 흠'이 있으면 정상적인 법적 효과가 발생하지 아니하고, 그 대신 무효 또는 취소라는 법적 효과가 주어진다.

그러나 행정행위는 '법 집행행위'로서 여기에 있어서 가장 중시되는 것은 '법률과의 관계' 즉 '법치행정의 원리'라 할 수 있다. 그 결과, 예컨대 착오가 있는 경우에도 공무원의 내심의 효과의사와는 상관없이 착오의 결과 내려진 행위가 결과적으로 법령에 적합한 지 여부의 문제가 더욱 중시된다. 또 사기 · 강박에 의한 행위는 민법에서와 마찬가지로 '취소할 수 있는 행위'로 되나, 그 이유는 의사결정에 흠이 있었다는 이유보다도, 부정한 수단에 의해 국가행위를 취득한 것에 대한 제재적 의미가 더욱 강하게 부각 된다[32]. 그 결과 다음과 같은 특성이 인정된다.

가) 전형적인 '권력적 행위'로서 여기에는 엄격한 법치행정의 원리(특히 법률유보의 원칙)가 적용된다.

나) 私法행위에는 인정되지 아니하는 특별한 효력(공정력, 불가쟁력, 불가변력 등)이 인정된다.

다) 행정절차법은 특별히 처분의 절차를 규정하고 있고, 또 행정심판법과 행정소송

---

32) 물론 민법상 법률행위에 있어서도 법률행위와 법률의 규정(강행규정)은 다 같이 법률요건이 되지만, 양자가 충돌하는 경우에 있어서는 법률의 규정이 우선하게 된다.

법에서도 처분에 대해 행정쟁송을 제기할 수 있도록 규정하고 있는 등 사법행위와 구별되는 특별한 법적 취급을 하고 있다.

2. 개념 요소

1) 행정주체의 행위이다.

국가, 공공단체(지방자치단체, 공공조합, 공사, 공단) 등 행정주체의 행위이다. 따라서 입법부, 사법부 등 비행정기관의 행위는 제외된다.

2) (법적 효과를 발생시키는) 법적 행위이다.

법적 효과(권리 · 의무의 발생 · 변경 · 소멸)를 발생시키는 행위이며, 단순한 통지, 보고, 교시, 조사 등 사실행위는 제외된다.

3) 공법적 행위이다.

공법적 행위라는 의미는 그 행위로 인하여 발생하는 법적 효과가 공법적인 효과를 발생한다는 의미가 아니고, 그 행위 속에 들어 있는 행정주체의 의사표시가 일방성을 가진 것인지 여부를 의미한다. 따라서 일방성을 결한 法的 행위는 설사 행정처분의 형식으로 행해지더라도 행정행위로 보기는 어렵다(예컨대 국 · 공유재산의 불하 · 대부 · 양여 등).

4) 구체적 사실에 관한 법집행행위이다.

즉 공법적 행위 중에서도 '실질적 입법'에 해당하는 행정입법행위는 제외된다. 다만 일반인을 대상으로 하는 처분이더라도 '구체적 사실'에 관한 법집행에 해당하는 '일반처분'(도로 공용개시 · 폐지, 도시계획 고시 등)은 여기에 포함된다. 구체적 사실에 관한 법집행행위인지의 여부는 그 '대상'을 표준으로 하지 아니하고, 그 법적 '효과'를 기준으로 하여 구체적인 법적 효과가 발생하는지 여부에 따라 결정된다. 행정입법행위는 추상적인 법적 효과를 발생시키는 것이다. 요컨대 행정행위란 "행정청이 법 아래에서 구체적 사실에 관한 법집행으로 행하는 공권력적 단독행위"이다.

3. 종류

(1) 법적효과 기준

1) 수익적(행정) 행위

상대방에 대하여 권리 또는 법률상 이익을 부여하거나 또는 이를 확인하는 행정행위이다. 예컨대 허가, 특허, 인가, 대리 등이 여기에 속한다.

2) 침익적(행정) 행위

상대방의 권리 · 이익을 침해하거나 또는 의무를 부과하는 등 불리한 효과를 발생시키는 행정행위이다. 예컨대, 하명, 금지, 수익적처분의 취소 등이 여기에 해당한다.

3) 복효적(행정) 행위

행정행위 상대방에 대해, 이익 또는 불이익이라는 복합적 효과(중복효)를 동시에 발생시키는 행위이다. 그 효과가 동일인에게 발생하는 혼합효 행정행위(Verwaltungsakt mit Mischwirkung)와 서로 다른 사람에게 발생하는 제3자효 행정행위(Verwaltungsakt mit Drittwirkung)로 구분하기도 하나 일반적으로는 후자를 의미한다. 예컨대 복수 경합자 중 1인에게 행한 허가, 건축법상 이웃을 보호하기 위한 규정(높이 제한, 건폐율 위반 등)에 위반하여 행한 허가처분이 여기에 해당한다.

(2) 내용 (구성요소 및 법적 효과) 표준

1) 하명 · 금지

작위의무(건축물 철거의무), 부작위의무(건축, 영업 등 금지의무), 수인의무(토지출입허용의무), 급부의무(개발부담금 납부의무)를 명하는 행정행위이다. 특히 그 의무의 내용이 부작위일 경우, 이를 禁止라 부르며, 이것도 하명의 일종임에 틀림없다. 이러한 작위 또는 부작위 의무 등이 직접 법률이나 법규명령에 이해 부과되는 경우, 이를 법규하명이라 하며, 이것은 행정행위인 하명과는 구별되나 그 효과에 있어서는 하명과 차이가 없다.

하명 · 금지는 국민적 자유를 제한하여 일정한 의무를 명하거나 해제시키는 행위로서 원칙적으로 명령적 행위에 속한다.

2) 허가

일반적 금지를 특정한 경우에 해제하여 적법하게 일정한 행위를 할 수 있도록 허용하는 행정행위이며, 실정법상 용어와 반드시 일치하지 아니한다. 부동산공법에 있어서는 가장 빈번하게 등장하는 행정작용 중 하나이다 (건축허가를 비롯하여 각종 행위허가). 허가는 특허와는 달리 항상 행정처분의 형식을 취하고, 또 인간의 자연적 자유의 회복으로서 금지의 반대행위라는 의미로, 명령적 행위에 포함시킨다(통설). 허가를 요하는 행위를 무허가로 행했을 경우에는 일반적으로 강제집행이나 처벌의 대상이 되지만(행위의 적법요건), 당해 행위의 효력 그 자체에는 특별한 영향이 없음이 원칙이다. 이 점에 있어서 행위의 유효요건인 인가와 구별된다. 후술하는 토지거래허가제의 허가는 강학상 허가와 인가의 성질을 동시에 가지는 행위로 볼 수 있다.

3) 면제

이미 과해진 작위의무, 수인의무, 급부의무의 전부 또는 일부를 특정한 경우 해제하는 행정행위로서, 그 성질 및 법적 효과 등은 허가에 준해 생각하면 된다.

4) 특허

특정인에 대하여 새로운 권리(광업허가, 하천점용허가 등), 능력(공법인의 설립허가), 법률상 지위(공무원임명, 공기업특허 등)를 부여하는 행정행위로서 설권행위라고도 한다. 허가에 있어서와 같이 원래 행위자의 자연적 자유에 속하는 것을 그 대상으로 하는 것이 아니라, 특허의 상대방은 특허에 의해 비로소 어떤 행위를 할 수 있는 권리를 취득하게 된다는 점에서 허가와 구별된다. 즉, 국민이 원래 가지고 있지 아니하던 새로운 법률상 지위를 부여하는 행위로서 형성적 행위에 속하고[33], 또 법규에 의한 특허도 가능하다는 점에서 항상 행정처분의 형식을 취하는 허가와는 구별된다.

---

33) 허가는 명령적 행위에 속함

5) 인가

제3자의 행위를 보충하여 그 법률상 효력을 완성시키는 행위이다. 일명 보충행위라고도 한다. 이처럼 인가의 대상인 행위는 법적 행위로서 인가로 말미암아 그 법적 효력을 완성시킨다는 점에서, 사실행위를 대상으로 하는 허가와는 구별된다. 예컨대 농지이전허가나 하천점용권 양도허가 등이 여기에 속한다. 인가는 행위의 유효요건으로서 형성적 행위에 속하고, 요인가행위를 무인가로 행하면, 원칙적으로 처벌의 대상인 아니나 그 법적 효력이 무효라는 점에서 행위의 적법요건인 허가와 구별된다.

(3) 상대방의 협력 요부

1) 독립적 행정행위(단독적 행정행위)

상대방의 협력(동의, 신청 등)을 필요로 하지 않는 행정행위이다.

2) 쌍방적 행정행위

상대방의 협력을 필요로 하는 행정행위이다. 특히 쌍방적 행정행위와 공법상계약은 혼동하면 아니 된다. 전자는 비록 상대방의 신청 또는 동의가 있다고는 하나 행정행위의 내용이 행정주체의 일방적 의사에 의해 결정된다는 점에서 공법상계약과 구별되고, 특히 전자의 경우 상대방의 동의 또는 신청이 없으면 무효 또는 취소의 대상이 되지만, 후자의 경우에는 공법상계약의 불성립 내지 부존재로 보아야 할 것이다.

(4) 형식 요부

서면이나 기명날인 등 특별한 형식을 요하느냐 여부에 따라 요식행위와 불요식 행위로 나누이며, 일반적으로 법률행위적 행정행위는 불요식 행위이나 준법률행위적 행정행위는 요식행위에 속한다.

(5) 수령 요부

1) 수령을 요하는 행정행위

특정인에 대한 행정행위가 여기에 속한다. 수령은 송달의 방법에 의하되,
송달은 우편・교부 또는 정보통신망 이용(상대방이 동의하는 경우에 한함) 등 방법

에 의하고, 송달받을 자가 동의하는 경우에는 그를 만나는 장소에서 교부할 수도 있다(행정절차법 제14조 제1항).

2) 수령을 요하지 아니하는 행정행위

일반인(불특정다수인)에 대한 행정행위가 여기에 속한다. 다만 수령을 요하는 행위라도 상대방의 주소 불명, 송달이 불가능한 경우(수령거절 등)에는 관보, 공보, 게시판, 일간신문 중 하나 이상에 공고하고 인터넷에도 공고해야 한다(행정절차법 제14조 제4항)

(6) 재량성 유무

법률의 엄격한 기속 하에 행하여지는 행정행위를 '기속행위(기속처분)'라 하고, 반대로 법률의 수권 하에 행정기관의 정책적·행정적 판단에 위임되어져 행하여지는 행위를 일반적으로 '재량행위'라 부른다.

기속행위와 재량행위는 법에 대한 관계에 있어서 결코 質的 차이가 있는 것은 아니고 量的 차이가 있음에 불과하다. 즉, 모든 행정행위는 정도의 차이는 있을지라도, 상위규범에 의한 기속을 받고 있다는 의미에서 기속행위라 할 수 있는 동시에, 또 구체화의 여지가 있다는 의미에서 裁量行爲라고도 할 수 있다. 특히 '빈'학파의 이론대로 모든 행정행위를 법질서의 단계적 구조에서, 상위법 단계인 일반적 규범에 의거한 하위법 단계로서의 개별적·구체적 규범의 정립이라고 이해할 때에는 이 점은 더욱 명백해진다[34].

(7) 기타

1) 심사대상 표준으로 대인적 행정행위, 대물적 행정행위, 혼합적 행정행위

2) 현존상태 변경여부를 표준으로, 적극적 행정행위와 소극적 행정행위로 구분하는 것도 가능하지만 학문적으로 특별한 의미가 있는 것은 아니다.

---

34) 졸저, 재량이론의 현대적 정리, 공법연구 제26지 제1호, 1998. 5

Ⅳ. 행정지도

1. 의의

행정지도란 행정기관이 직접 상대방의 협력을 구하기 위해 행사하는 비권력적 행정활동이며, ①비권력적 행정활동 ②사실행위 ③(직접 상대방의 동조, 협력을 구하는) 적극적 · 능동적 행정활동임을 그 개념요소로 하고 있으나, 행정주체의 단순 사실행위(예컨대 공사의 시공, 홍보활동, 위탁에 의한 시험연구 등)와는 구별된다.

행정지도활동의 실효성을 확보하기 위해 다음과 같은 수단이 강구되고 있다.

(1) 公表

행정지도를 행한 사실 및 그에 불복종한 사실을 일반에 알림으로써 여론을 통한 압력을 행사하는 수단이나, 행정지도의 내용이 부적절한 경우 부당한 압력수단이 될 위험이 존재한다.

(2) 권한 행사의 유보

행정지도를 행하는 기간 중에만 가능하며, 상대방이 비협력의 자세를 분명히 할 경우에도 권한행사의 유보를 지속하는 것은 행정지도의 한계를 조월하는 위험을 발생시킨다.

(3) 다른 행정 목적을 위해 정해진 권한의 행사

이를테면, 건축법규를 준수하지 않는 경우 수도공급 거부 내지 하수도 사용금지조치를 강구하는 것 등이며, 다만 이 경우에도 행정지도의 내용이 부적절한 경우 부당결부금지 원칙에 위배될 위험이 있음은 물론이다.

2. 법적 근거 및 한계

행정지도는 비권력적 행위이지만 관청의 권위를 배경으로 그 실질에 있어서는 권력행위의 성질을 가지고 있기 때문에 그 법적 통제의 필요성이 尙存한다. 다만 작용법적 수권의 필요에 대해서는 견해의 대립이 있다.

첫째 전통적 침해유보설의 입장에서는 행정지도의 경우 법률의 근거를 요하지 않는다고 하고, 둘째 전부유보설의 입장에서는 행정지도의 경우에도 원칙적으로 법률의 근거는 요하되, 다만 개개의 경우 행정지도의 이유 · 기능 및 행정영역의 성질 등을 감안하여 예외를 인정한다.

셋째, 법률유보원칙과 결부시키지 아니하고 행정지도의 본질상 법률의 근거는 불필요하다는 주장 등이 있으나, 대체로 작용법적 근거는 불필요하지만 행정지도의 현실적 기능을 고려하여 특히 규제적 행정지도에는 법률의 근거를 요한다는 주장이 유력한 견해이다(통설).

Ⅴ. 공용부담

1. 개념

공용부담이란 국가, 공공단체 등 공익사업의 주체가 특정 공익목적을 위하여 개인에게 강제적으로 부담시키는 공법상의 부담을 말한다.

전통적으로 도로, 철도의 건설과 같은 특정 공익사업 목적을 위한 수요에서 그 이론이 성립 · 발전되어 왔으나, 오늘날에는 널리 용도지역 · 지구 등 각종 국토계획에 의한 부담까지도 포괄하는 개념으로 확장 사용되고 있는 추세이다. 공용부담을 과할 수 있는 권한을 '공용부담특권'이라고 하고, 이 특권의 부여에는 법률의 근거가 있어야 함은 물론이다. 예컨대 공익사업을 위한 토지 등의 취득 및 보상에 관한 법률, 지방자치법, 국토의 계획 및 이용에 관한 법률, 도시 및 주거환경정비법, 도시개발법, 하천법, 도로법, 철도법 등이 그 실정법적 근거에 해당한다.

공용부담은 앞 서 나온 행정행위, 행정지도, 행정계획 등과 같이 법적 성질이나 행위 형식의 차원에서 행정작용을 분류한 것은 아니고, 그 법적 '효과' 내지 '내용'을 기준으로 분류한 것으로서, 공용부담은 법규 또는 행정계획의 형식으로 부과되는 수도 있고, 또 행정행위의 형식으로 부과되는 경우도 있다.

그리고, 공용부담은 그 부과의 대상이 특정인이냐 또는 특정재산이냐에 따라, 인적 공용부담과 물적 공용부담으로 나누어지며, 또 후자는 그 법적 효과에 따라 공용제한 · 공용수용 및 공용환지로 구분되는 바, 부동산공법에 있어서는 특히 물적 공용부담이 중요한 역할을 하고 있다.

2. 인적 공용부담

(1) 부담금

전통적으로, 부담금은 특정 공익사업에 충당하기 위해 그 사업과 특별한 관계에 있는 자에 대하여 부과하는 공법상 금전급부의무이다(개발부담금, 수익자부담금, 원인자 부담금 등). 그러나 현재에는 이들 이외에도 일정한 행정목적 달성을 위해 부과대상자의 행위를 일정한 방향으로 유도하기 위해 과하는 부담금도 있다 (수도권정비계획법상 과밀부담금, 환경법상 배출부과금 등)

(2) 부역, 현품부담

특정 공익사업의 수요를 충족시키기 위해 부과되는 것으로서, 노역 또는 물품과 금전의 선택적 급부의무이다.

(3) 노역, 물품부담

재해 등 급박한 상황 하에서 특정 공익사업의 수요를 충족시키기 위해 부과하는 노역 또는 물품 그 자체의 급부의무이다(도로법 제49조, 수도법 제26조).

(4) 시설부담

특정 공익사업의 수요를 충족시키기 위해 부과하는 일정한 시설 또는 공사를 해야 할 공법상 의무이다(도로법 제29조, 제31조)

(5) 부작위부담

특정 공익사업을 위해 부작위의무를 과하는 것으로 직접 법령에 의해 부과됨이 보통이나 행정처분으로 과하는 경우도 있다(우편법 제7조, 제48조)

3. 물적 공용부담

특정 공익목적을 위해 국민의 특정 재산(권)에 대하여 과하는 특별한 부담으로서 대물적 성질의 부담이기 때문에 이전성이 있다. 물적 공용부담에는 공용제한, 공용사용, 공용수용, 공용환지 · 공용환권이 있다.

(1) 공용제한

특정 공익사업 등 공익목적을 위해 특정 재산권에 대하여 과하여지는 공법상의 제한으로서 부동산공법에 있어서 가장 원칙적이고 일반적인 규제수단이라 할 수 있다. 도시계획을 비롯한 각종 국토계획에 의한 계획제한, 유휴지 개발의무, 일정지구 내 토지소유자의 건축의무 등이 여기에 해당한다. 또 공익사업의 주체가 타인 소유의 토지 위에 사용권을 취득하고 소유자는 그 사용을 수인해야 할 의무를 부담하는 공용사용은 넓은 의미의 공용제한의 일종으로 볼 수도 있을 것이다. 공용제한은 그 제한을 필요로 하는 공익상 필요의 내용에 따라 계획제한, 보전제한, 사업제한, 공물제한 등으로 나눌 수 있다.

(2) 공용수용

공익사업을 위해 법률에 의거하여 타인의 토지 등 특정재산권을 강제적으로 취득하는 것으로서 가장 강력한 물적 공용부담 수단이다. 일명 공용징수라고 부르기도 한다. 공익사업을 위해 타인의 토지 등이 필요한 경우에도 민사상 계약에 의해 이를 취득하는 것이 원칙이지만, 그 소유자가 이를 원하지 않는 경우에는 부득이 강제적으로 이를 취득할 수밖에 없고, 이를 위한 수단이 공용수용이라 할 수 있다. 공익사업을 위한 토지 등의 취득 및 보상에 관한 법률이 대표적인 근거법률이라 할 수 있으나, 그 외에도 부동산공법에 속하는 많은 법률이 개별 규정을 두고 있다.

(3) 공용환지 · 공용환권

토지의 이용가치를 전반적으로 증진하기 위해 일정한 지역 내 토지소유권 기타 권리를 교환 · 분합하는 것을 내용으로 하는 공용부담제도이다. 이 중에서 평면적인 토지와 토지와의 교환 · 분합에 그치는 것이 공용환지이고, 교환 · 분합의 대상이 토지에 그치지 아니하고 지상시설물에 까지 확대되는 입체적인 환지의 수단을 공용환권이라 부른다. 도시개발법에 의한 도시개발사업, 농어촌정비법에 의한 농어촌정비사업은 공용환지 방식에 의하고, 도시 및 주거환경 정비법에 의한 도시환경정비사업 · 주택재개발사업 및 주택재건축사업은 공용환권의 방식에 의해 시행되고 있다.

Ⅵ. 행정절차

협의의 행정절차는 제1차 처분절차 (사전절차)를 의미하나, 광의로는 입법절차 및 사법절차에 대응하는 개념으로서 협의의 행정절차 개념을 포함하여 집행절차 및 사후구제절차(행정심판절차)를 포함하는 넓은 의미로 사용된다.

행정절차의 필요성은 일반적으로, ① 행정작용의 민주화 (이해관계인의 참여), ② 행정작용의 적정화 (공정 · 신중한 행정), ③ 행정작용의 능률화 (신뢰 제고), ④ 사법기능의 보완 (예방적, 사선적 구제기능)에서 찾고 있다.

행정절차에 관한 일반법으로서, '행정절차법'은 총칙, 처분절차, 신고절차, 행정상입법예고절차, 행정예고절차, 행정지도절차 및 보칙 등 전 7장 54개조로 구성되어 있다(규율대상의 확대). 독일의 행정절차법과는 달리, 행정행위나 공법상계약에 관한 실체법적 규정을 포함하지 아니하고, 원칙적으로 절차법적 규정만으로 이루어 진 점이 특색이라 할 수 있다(다만 처분의 정정, 행정지도에 관한 일부규정은 예외).

또 의견청취방식은 의견제출, 청문, 공청회의 셋으로 나누고 있으나, 원칙적으로 약식절차인 의견제출을 기본절차로 하고 있으며(약식절차 중심의 원칙), 처분절차의 공통원칙으로서 행정절차법은 ① 직권주의 ② 문서주의 (제24조 제1항) ③ 처분기준의 설정 및 공표(제20조) ④ 처분의 이유 제시(제23조) ⑤ 처분내용의 정정(제25조) 등 규정을 두고 있다.

Ⅶ. 행정강제

1. 의의 및 수단

행정목적의 달성을 위하여 강제력을 행사함으로써 행정상 필요한 상태를 실현하는 권력적 사실작용이다. 직접 물리력을 행사함으로써 행정목적을 달성하는 '직접적 강제수단'으로서 ① 행정상 강제집행(집행벌은 제외) ② 행정상 즉시강제 등이 있고, 심리적 압박을 통해 간접적으로 행정목적을 달성하는 '간접적 강제수단'으로서, ① 행정벌 ② 과징금, 범칙금(행정벌과는 부과・징수 절차 등에서 차이가 있다) ③ 공급거부 ④ 公表 등이 있다.

2. 행정상 강제집행

행정상 의무의 불이행에 대하여 행정권이 실력으로 의무를 이행시키거나 이행된 것과 동일한 상태를 실현하는 작용이다. 예컨대 건축법 위반 건축물에 대한 철거명령의 불이행이나 과세처분에 대한 체납사실이 있는 경우, 이론상으로는 민사상 강제집행제도를 이용하는 것도 가능할 것이나 민사상 강제집행제도는 원래 민법과 일체로서 형성된 제도이며 행정목적의 신속한 달성이라는 공익의 목적과 부합되지 아니한다. 따라서 양자의 관계는 다음과 같이 정립하는 것이 필요하다. 즉 행정상 강제집행 규정이 명시적으로 인정되고 있는 경우에는 민사상 강제집행은 불허된다고 해석해야 하는 반면, 행정상 강제집행에 관한 규정이 없는 경우에는 민사상 강제집행방법의 이용이 가능하다고 해석해야 한다. 그러나 현실적으로 행정청이 민사상 강제집행의 방법으로 의무이행을 확보하는 경우란 드물고, 그 대신 다양한 수단을 동원하여 행정목적을 달성하는 경우가 대종을 이룬다고 말할 수 있다.

행정상강제집행에는 대집행, 집행벌, 직접강제, 행정상 강제징수 등 4가지 수단이 존재한다.

3. 행정상 즉시강제(Sofortiger Zwang)

긴급한 사정이 있는 경우에 의무부과 없이 직접 국민의 신체·재산에 대하여 실력을 가하여 행정상 필요한 상태를 실현하는 권력적 사실작용이다. '즉시'라는 용어의 사용과 관련하여 시간적 개념으로 이해할 수도 있으나 방법적 개념으로 이해함이 타당할 것으로 생각된다. 상술한 직접강제와의 차이는 선행적인 구체적의무의 존재 및 그 불이행을 전제로 하고 있는지의 여부에서 발견된다. 그러나 실제상 양자를 구별하는 것은 그리 쉬운 일은 아니다.

독일에서는 즉시강제의 이론적 근거를 국가의 일반긴급권(Allgemeines Notrecht) 즉, 정당방위나 긴급피난처럼 공안을 유지하기 위한 국가의 자연법적인 자기보전의 원리에서 구한다. 한편 영미법에서는 보통법 상의 불법방해(public nuisance) 및 자력구제(abatement)의 법리에서 그 근거를 구한다. 즉 공적인 불법방해가 있는 때에는 공공의 안녕질서에 대한 급박한 장애를 제거하기 위하여 행정청에 대하여 자력구제로서의 약식집행을 인정하지 않을 수 없다는 것이다. 그러나 법치행정의 원리 하에서는 인권에 대한 중대한 침해를 가져오는 즉시강제를 자연법적 근거만으로는 인정하기 곤란하고 실정법의 수권이 있어야만 가능할 것으로 생각된다.

즉시강제 전반에 관한 일반법은 없으나 경찰의 임무와 관련하여서는 경찰관직무집행법이 일반법으로의 지위를 가지고, 그 밖에 많은 단행법률에 근거 규정을 두고 있다.

Ⅷ. 행정벌

행정상의 의무위반에 대하여 일반통치권에 기초하여 제재로서 과하여지는 처벌이다. 행정상 의무위반에 대한 것이라는 점에서 형벌(일반적으로 피침해규범을 표준으로 법정범과 자연범으로 구별하나, 양자의 구별은 유동적이며 이른바, '法定犯의 自然犯化'가 인정된다)과 구별되고 일반통치권에 기초한 것이라는 점에서 징계벌(특별권력관계의 내부질서유지 목적을 유지하기 위한 것이며, 우리나라에서는 필요적 형사소추선행주의를 채택하지 않고 있다)과 또 制裁로서의 처벌이라는 점에서 집행벌

(장래의 이행확보를 목적으로 하나 다만 본질적인 차이는 없다) 등과 구별된다. 그리고 행정상 강제집행이나 즉시강제 등 행정강제와는 행정목적의 달성을 위한 간접적 강제수단이라는 점에서 구별된다. 그리고 행정벌이 과해질 非行을 행정범이라고 한다.

행정벌 중 특히 행정형벌은 형벌이 과해지는 것이므로 죄형법정주의가 엄격히 적용되고 헌법 및 형사소송법이 정하는 절차에 따라 행정벌이 부과된다. 다만 우리나라에서는 행정범에 관한 총칙의 규정은 없고 각 단행법이 정하는 바에 따라 개별적 특칙을 두고 있을 뿐이므로 법령의 종류에 따라 행정범의 종류, 처벌절차 등이 구구한 실정이다. 한편 법률은 벌칙의 제정을 행정입법에 위임할 수 있으나 처벌의 대상인 행위의 기준(구성요건 해당성) 및 벌칙의 최고한도는 구체적으로 범위를 정하여 위임하여야 한다.

행정벌은 형벌이 과해지는 행정형벌과 과태료를 부과하는 행정질서벌로 구분된다. 또 이들과 유사한 성질을 가지는 것으로 최근에 발달하고 있는 課徵金과 犯則金 등 제도가 있으나 행정벌과는 부과·징수의 주체 및 절차를 달리하는 별개의 제도로 보아야 할 것이다.

Ⅸ. 행정계약

1. 서

(1) 행정계약의 의의

행정주체 상호간 또는 행정주체와 사인 사이에 행정목적을 달성하기 위해 체결되는 계약이다[35]. 여기에는 공법적 효과의 발생을 목적으로 하는 공법상 계약과 사법적 효과의 발생을 목적으로 하는 사법상 계약이 있다. 이익설적 전통이 강한 프랑스의 판례를 통해 성립·발전되었다. 반면 권력설적인 전통에 젖어있는 독일의 경우 그 인

35) 김동희, 221면. 한편 행정계약을 순수한 사법상 계약까지를 포함하여 행정주체가 체결하는 일체의 계약으로 이해하는 견해가 있다. 박윤흔, 554면.

정범위는 극히 제한되어 있다.

(2) 행정계약과 공법상계약(협의의 행정계약)

행정주체가 체결하는 계약에는 '공법상 계약'과 '사법상 계약'이 있는 바, 행정법의 고찰 대상을 이 중, 공법상 계약에 한정할 것인가 하는 문제가 제기된다.

현재 학설상 공법상 계약은 매우 한정된 범위에서 인정되고 있으나, 사법상 계약으로 인정되는 계약유형에 대해서도 실정법상 특수한 규율이 행해지는 경우가 많기 때문에 향후 행정주체가 체결하는 공법상 계약과 '행정사법상 계약'(영조물 주체와 그 이용자 사이의 합의)을 모두 포함하여 "행정계약"이라고 부르고 그 공통되는 특징을 규명하려는 경향이 강하게 나타나고 있다.

2. 공법상 계약

공법적 효과의 발생을 목적으로 하는 복수 당사자 사이의 반대방향의 의사합치로 성립되는 공법행위이다.

1) 공법적 효과의 발생을 목적으로 하는 점에서 사법상 계약과 구별된다.
2) 복수 당사자 사이의 의사합치로 성립한다는 점에서 공권력적 단독행위인 행정행위와 구별된다.
3) 복수 당사자 사이의 서로 반대방향의 의사합치로 성립되는 점에서 동일 방향의 의사표시의 합치로 성립하는 공법상 합동행위(지방자치단체조합설립행위, 지역조합・전문조합의 합의로 산림조합중앙회를 설립하는 행위)와 구별된다.

과거 권력관계를 바탕으로 하는 전통적 행정법 이론에서는 공법상 계약의 성립가능성을 부정하는 견해가 있었으나, 현재 공법상계약의 성립 가능성 문제에 관한 한 성립가능성을 인정하는 데 이견이 없는 실정이다.

3. 행정사법계약

이를테면, 각종 납품계약이나 건축도급계약 등 정부계약은 사법상 계약 형식으로 되어 있으나, 관련 법률에 의하면 계약체결방법(공개입찰원칙), 하자보증, 계약내용의 이행보증조치 등 특별규정을 둠으로써 사법상의 계약원리가 수정・제한되고 있는 바 이들 계약이 행정사법계약이다.

예컨대, 국가를 당사자로 하는 계약에 관한 법률 제7조, 제27조, 지방자치단체를 당사자로 하는 계약에 관한 법률 제9조, 제31조는 계약 방법, 부정한 업자의 입찰참가제한 등을 규정하고 있다. 판례는 이러한 법률에 의거하여 체결되는 행정계약을 사법상 계약으로 보고 있다.[36]

X. 기타 간접적 강제수단

1. 부담금

특정 공익사업과 특별한 관계에 있는 자에 대하여 그 사업에 필요한 경비의 전부 또는 일부를 부담시키기 위해 부과하는 공법상 금전급부의무로서, 분담금, 부과금, 예치금, 기여금 등 그 명칭 여하는 불문하고 법률이 정하는 바에 의해 부과된다. 예컨대 개발부담금, 택지소유부담금, 과밀부담금, 농지조성비, 학교용지 부담금 등이 여기에 속한다. 2001년 12월 31일 부담금관리기본법이 제정되어 징수주체, 부과요건, 산정기준 및 절차 등은 법정되어 있다. 그러나 헌법재판소는 舊학교용지확보에 관한 특례법 제2조 2호 위헌제청사건에서 학교용지부담금에 대한 위헌결정을 내린 바 있다.[37]

2. 수익적 행위(인・허가)의 정지・철회

행정상 의무의 위반에 대하여 행정청이 기왕에 주어진 인・허가 등 수익적 행정행위를 철회・정지하는 것이다. 가장 무거운 제재수단의 일종이라 할 수 있다. 인허가

36) 대판 2001. 12. 11, 2001 다 33604.
37) 2005. 3. 31, 2003헌가20.

의 철회나 정지는 일반적으로 그것을 정하고 있는 당해 법령상의 의무위반과 관련이 있는 것이 보통이나(산지관리법 제31조, 하천법 제69조) 양자 간에 아무런 연관관계가 없는 경우도 있다. 특히 국세징수법 제7조에서는 국세를 3회 이상 체납한 때에는 세무서장은 주무관서에 대하여 사업의 정지 또는 허가의 취소를 요구할 수 있고(동 제2항), 주무관서는 정당한 사유가 없는 한 이에 응하도록 규정하고 있고(동 제4항) 지방세법 제40조도 유사한 규정을 두고 있는 바 이 경우는 철회되는 인허가와 의무위반 사이에 아무런 연관관계가 없는 경우라 할 수 있다.

3. 공표

행정법상의 의무위반에 대하여 그 의무위반사항을 불특정다수인이 알 수 있도록 공시하는 행위이며 그 법적성질은 단순한 사실행위에 불과한 것이다. 예컨대 고액 세금체납자의 명단(국세기본법 제85조의 5)이나 위반 건축물에 대한 표지 설치 등(건축법 제79조 제4항, 제5항), 사회적 비난을 매개로 하여 간접적으로 의무의 이행을 확보하려는 수단이라 할 수 있다.

공표 그 자체는 사실행위에 불과한 것으로서 아무런 법적 근거를 요하지 않는 것으로 해석될 수도 있으나 공표는 사실상 강제력을 가지고 있을 뿐만 아니라 개인의 기본적 인권인 프라이버시권을 침해할 우려가 있다는 점에서 원칙적으로 법적 근거를 요한다고 해석해야 할 것이다.

4. 공급거부 · 정지

행정법상 의무의 위반자에 대하여 일정한 행정상의 役務나 재화의 공급을 거부 · 정지하는 행정조치이다. 현대행정에 있어서 공급행정이 차지하는 비중을 고려할 때 이 수단은 매우 강력한 의무이행확보수단이라 할 수 있을 것이다. 공급거부는 매우 강력한 부담적 행정작용이므로 법률의 근거를 요함은 당연하다. 현대사회생활에 있어서 공급행정의 중요성에 비추어 법률은 행정주체의 공급의무를 규정하고 있는 것이 보통이다. 구건축법 제69조 제2항에서는 위법 건축물에 대한 수도 및 전기 등 공급

거부를 규정하고 있었으나 위헌성이 있다는 지적이 있어 삭제되었다.

5. 부동산 稅制

그 밖에 종합토지세, 양도소득세 등 부동산 세제도 부동산 투기방지라는 행정목적을 달성하기 위한 간접적인 이행강제 수단이라 할 수 있을 것이다.

제3장 토지이용계획과 소유권 제한의 법리

Ⅰ. 소유권과 건축권의 분리

1. 토지소유권에 대한 인식의 변화

독일에 있어서는 "토지 소유자에게 건축의 자유(Baufreiheit)는 없다"는 말이 있고, 이 말은 연방건설법을 중심으로 하는 여러 立法의 결과, 토지 소유자는 원칙적으로 스스로의 토지 위에 자유롭게 건축하는 것이 금지되고, 단지 전국토적 · 종합적 견지에서 세워지는 도시건설계획에 합치하는 한도 내에서만 건축이 허용된다는 것을 의미한다.

뿐만 아니라 건축의 자유를 제한하는 여러 입법은 독일 헌법상의 재산권 보장 규정 하에서도 당연히 허용된다는 의미에서 말하자면, 건축의 자유는 헌법상 보장된 재산권의 자유 속에는 당연히 포함되지 않는다는 견해도 주장되고 있는 바, 이러한 토지 소유권관이 어떻게 주장될 수 있을 것인가 하는 점이 특히 주목된다.

독일연방헌법재판소 재판관이었던 W. Geiger는 1971년 그의 논문에서, "법적인 의미에서의 토지소유권의 내용은 결코 배타적, 완결적으로 그 성질 상 당연히 도출되어지는 것이라고는 할 수 없다. 예컨대 오늘날 地下水 · 地表水 등은 토지소유권의 내용에 속하는 것이라고는 생각되지 않으며, 또 매장광물의 채굴권 즉 광물권은 본래 토지소유권과는 별개의 것으로 생각되고 있다. 또 정도는 다르지만 어업권, 수렵권이라는 권리도 토지소유권의 내용으로부터는 독립되고 있다. 따라서 만일 어떤 입법자가, 국민의 승인 하에, 토지상에 건축하는 권리는 토지소유권의 내용과는 별개의 것으로 결정하더라도 그것은 결코 이상한 것이 아니다"고 말하고 있다.[1] 이처럼 건축의 자유는 토지소유권에 내재하는 것이 아니고 "일종의 특권으로서 특별히 주어진 권능"이

---

1) Willi Geiger, "Zur Abgrenzung der Eigentumsbeschränkung vom Enteignungstatbestand" im "Grundeigentum - Inhalt und Schranken", Deutsche Gesellschaft für Agrarrecht, 1971, S. 28 ff.

라는 사고방식은 그 후 극히 급진적으로 주장되고 있다.[2)] 이러한 사고방식을 지탱하는 실질적 이유는, 말할 필요도 없이 다른 재산과 비교하여 토지라는 객체가 가지는 특수성에서 비롯된다.

1967년 연방헌법재판소는 토지거래법상 농지・삼림 등의 양도허가제도의 합헌성을 인정한 결정에서 다음과 같이 명언하고 있다.[3)] 즉, "토지가 양적으로 한정되어 있고 동시에 불가결한 것이라는 사실에서 보면, 토지의 이용을, 예견할 수 없는 자유로운 諸力과 개인의 임의에 완전히 맡겨 버리는 것은 허용되지 아니한다. 오히려 공정한 법적・사회적 질서의 요청에 의하면, 토지에 있어서는 다른 재화에 있어서 보다도 한층 강하게 공공의 이익에 적합할 것을 필요로 한다. 토지는 국민 경제적인 또 사회적인 의의에서 보더라도 다른 재화와 동일시할 성질의 것이 아니다. 토지는 법적 거래에 있어서 동산적 상품과 같이 취급되어져서는 안 된다"[4)]

이 결정은 토지소유권의 社會的 性格을 헌법적으로 시인한 것으로서 이후의 입법의 강화 및 토지소유권의 규제에 대한 각종의 재판에서 종종 인용되었고, 이러한 동향에 대하여 1971년 독일의 대표적인 보수・자유주의파 공법학자였던 E. Forsthoff는 "이미 토지소유권이란 개념은 개인의 자유를 보호하고 방위한다는 기능을 담당하고 있지 아니하다"고 지적하고 이를 개탄하였던 것이다.[5)] 그에 의하면, 토지소유권에 대한 규제에 대하여 법원이 그 규제를 재산권 침해로서 인정할 것인가 아닌가, 환언하면 토지소유권의 내용으로서 일정한 권능을 인정할 것인가 아닌가 하는 문제에 있어서 결정적인 요소는 결국 국가나 행정 측의 사정에 따라 결정된다는 것이다. 즉, 헌법상 재산권 보장의 의미가 실체적인 특정의 권리내용의 보장이 아닌, 그 규제가 행정

---

2) 이 점에 관하여는 藤田宙靖, "財産權の保障とその限界 - 西ドイツ公法學におけるその一斷面", 公法研究 第38號, 132면 이하 참조.

3) Beschl.d. BVerfG vom 12.1967, EBVerfG, Bd.21, S. 73. 이 사건 및 결정의 내용에 관하여는, 廣渡淸吾, "西ドイツの土地政策と土地法制", 法律時報四七卷七號, 64면 참조.

4) 토지의 이러한 성격은 우리나라에서도 비교적 일찍부터 지적되어져 왔던 것이라 말할 수 있다. 즉, 1978년에 개정된 국토이용관리법에서는 국토이용의 기본이념을 다음과 같이 정하고 있다. "국토는 모든 국민의 복리증진을 위한 유한한 자원이며, 공통기반임에 비추어 그 이용에 있어서는 공공복리를 우선시키고 자연환경을 보전함과 아울러 지역적 제조건을 충분히 고려하여 토지가 합리적으로 이용되고 적정하게 거래되도록 함으로써 양호한 생활환경의 확보와 국토의 균형있는 발전을 도모함을 그 기본이념으로 한다"(구국토이용관리법 제1조의 2).

5) Ernst Forsthoff, "Zur Lage des verfassungsrechtlichen Eigentumsschutzes", Festgabe fÜr T. Maunz, 1971, S. 89 ff.

측이 목적으로 하는 바에 비하여 불필요하게 소유자에게 고통을 주는 것인가 아닌가 또, 그 규제가 행정 측에 의한 신중한 계획 · 절차에 기초하여 이루어진 것인가 아닌가 하는 이른바, 비례원칙의 준수, 절차적 보장이라는 형식적 의미의 것으로 변화하고 있다는 것을 의미한다.

독일의 토지이용규제입법을 둘러싼 이러한 제도적 · 이론적 동향에 대하여는 강력한 지지[6]가 있는 반면, 다른 한편에 있어서는 강한 반대와 저항이 있음도 부인할 수 없는 사실이다. 우선 상술한 바와 같은 "헌법상 보장된 토지소유권은 건축의 자유를 포함하지 아니 한다"는 사고는 중대한 문제제기로서 받아들여지고 있음은 사실이라 하더라도 본 기본법의 해석상 반드시 통설적 지위를 점하고 있는 것은 아니다. 즉 이러한 동향에 대하여 "서독의 공산주의화", "서독의 東化"라고 하는 감정적 반박은 별론으로 하더라도, 계획만능주의와 전문가의 완전주의는 시민의 개성을 압살하고 개인을 관리사회의 가운데에서 소외시켜 버릴 위험이 있다는 비판이 있고 나아가 헌법의 동태적 해석에 대해서는 "발전은 연속적이고 점진적인 것이어야 하고 대담한 이론적 · 제도적 실험이나 혁명적 비약이 시도되어서는 아니 된다. 이러한 것을 억제하는 것이야 말로 헌법에 기본권규정이 존재하는 의미이다"[7]고 하는 강한 반박이 1970년대의 규제입법의 강화시대에 이미 존재하였던 것이다.

반면, 이와는 전혀 반대의 입장에서 문제의 근본적 해결을 위해서 토지의 公有化를 진행해야 할 것이라는 비판도 존재한다.

예컨대 1972년 제49회 독일 법조대회에서 公法部會는 "도시건설의 영역에 있어서 다시 토지입법을 진행하는 것이 바람직한가?"라는 테마를 가지고 진행되었으며 여기에서는 위와 같은 견지에서 도시영역에 있어서의 토지의 공유화에 관한 다양한 견해가 제기되었던 것이다.[8]

---

6) 이 점에 관하여는 다양한 헌법해석론이 존재하지만 특히 주목되는 것은 戰前 R.Smend에 의해 대표되는 통합이론(Integrationslehre)이다. 요약하면 헌법은 그 본질상 동태적인 것으로서, 사회의 동태에 적합한 헌법해석을 행하는 것이야 말로 헌법의 본질에 합치한다는 것이다.

7) 藤田宙靖, "財産權の保障とその限界 - 西ドイツ公法學におけるその一斷面", 公法硏究 38號, 125면 이하 참조.

8) Verhandlungen der 49.Deutschen Juristentages, 1972, Band 2, Teil L, S. 287

2. 이른바 "건축의 자유"와 "건축의 부자유"

토지의 건축적 이용에 대한 규제의 기본법인 독일의 연방건설법전(Baugesetzbuch)[9]은 토지이용규제의 기본적 방법으로서 전국의 토지를 건축허용지(Bauland, 일명 내부지역)와 건축억제지(Außenbereich, 일명 외부지역)의 둘로 二分하는 데서 출발하고 있다는 점이 특징이라 할 수 있다.

건축허용지는 다시 여러 가지 건축용도에 따라 다양하게 구분되고 있으나 이 중 어느 지역도 지정된 용도에 따른 건축만이 허용되는데 비해서, 건축억제지에서는 일체의 개발행위나 건축행위는 금지되고, 오로지 농업, 임업, 목축업 등을 위한 토지이용만 허용된다. 따라서 독일의 건설법제 하에서는 전체 국토가 결과적으로 두 지역 중 하나에 소속됨으로써, 우리나라 도시계획법제 하에서와 같은 이른바 백지지역이 발생할 여지는 없다.

독일의 경우에는 시가화구역 외의 토지는 총체적으로 시가화조정구역(건축억제지역)으로 편입되는 바, 이러한 구별의 기능을 담당하는 것이 이른바 건설기본계획(Bauleitplan)이라고 부르는 이단계 계획이다.[10] 즉, 시 · 군 · 구(Gemeinde)는 전 영역에 걸쳐 토지이용계획(Flächennutzungsplan)을 결정하고 그 다음 이에 기초하여 개별적, 부분적인 街區에 관하여 지구상세계획(Bebauungsplan)을 결정한다. 그리고 지구상세계획의 대상으로 된 지역 외의 총체적 토지가 이른바 건축억제지역으로서 건축행위의 원칙적 금지를 받게 되는 것이다.

二段階의 건설기본계획 중 토지이용계획은 국민에 대하여 직접 법적 구속력을 가지는 것은 아니고 일반적 형태로 토지의 용도를 나타내는 것에 불과하나 지구상세계획은 어느 토지의 어느 부분에 어떤 건물을 건축하는 것이 좋은가를 지극히 상세하게 정하는 것으로 시 · 군 · 구의 조례로 정하는 것이 보통이다. 그리고 지구상세계획의

---

9) 이 건설법전은 우리나라의 구도시계획법, 건축법의 일부, 구토지수용법 및 구토지구획정리사업법의 일부, 지가공시 및 토지 등의 평가에 관한 법률 등 몇 개 법률의 규정을 총합한 것으로서 개발 및 건축규제의 기본법이며 1987년에 제정되었다.

10) 독일의 건설기본계획(Bauleitplan, 이하 BL플랜)인 BL 플랜은 토지이용계획(Flächennutzungsplan, F 플랜) 및 지구상세계획(Bebauungsplan, B 플랜)의 두 단계의 계획으로 이루어지는데, 원칙적으로 후자는 전자를 전제로 하여 결정되어져야 할 구속을 받는다. 이를 "전개원칙"이라고 부른다. 그리고 F plan은 준비적 BL plan, B plan은 구속적 BL plan이라고 부르기도 한다.(건설법전 BauGB 제1조 제2항)

내용은 직접 법적 구속력을 가지고 토지소유자를 구속한다. 결국 지구상세계획에 의한 계획구역 내의 토지에 대한 조례에 의한 상세한 규제 및 계획구역 밖의 토지에 대한 법률상의 엄격한 규제에 의해 독일의 전 국토는 건축이용규제의 그물이 쳐진 셈이다.

보통 조례의 형식으로 정해지는 지구상세계획의 규제내용은 지극히 상세한 부분까지 규정하고 있으며 이 계획은 보통 100분의 1에서 500분의 1의 축척에 의한 도면으로 작성되어져, 어느 곳에 공원, 가스・수도공급시설, 공용주차장 등을 설치할 것인가는 물론 각 지구 내 토지의 어느 부분에 몇 층의 건물을 어떤 방향으로 건축할 것인가 등이 약간의 선택범위를 남기면서도 총체적으로 상세히 정해지게 된다[11].

그리고 중요한 것은 이와 같은 규제의 기본이 되는 건설기본계획은 各州의 주계획으로 시작되는 국토정비계획에 적합하도록 의무화 되고 있다는 점이다.[12] 독일의 토지이용규제 특히 건축규제의 기초를 이루는 사고 방식은 1976년 개정 전의 연방건설법 제1조가 명시적으로 규정하고 있는 것과 같이, 건축이용 기타의 토지이용은 건설기본계획에 의해 준비되고 또 도출되지 않으면 안 된다는 것이다. 즉, 여기에는 토지를 이용하는 것 특히 그 형질을 변경하고 거기에 건축을 한다는 것은 본래부터 토지소유자의 자유에 맡겨질 수 없고, 국토의 이용에 관한 종합적이고 전체적인 계획에서 도출될 때에만 가능하다는 사고가 존재한다. 독일의 경우 이러한 사고 방식은 2차대전 전부터의 전통을 이어 받아 이미 1960년대의 시점, 즉 우리나라에서는 경제 성장의 기치 하에 자연환경의 파괴와 국토의 무실서한 확산(sprawl)이 대대적으로 시작되던 시기에, 연방전역에 걸쳐 통일적인 입법화를 통하여 진행되고 있었다는 사실에 주목해야 할 것이다.

그리고 1970년대에 접어들면서 독일에 있어서는 두 가지 방면에서 토지소유권에 대한 규제가 한층 더 강화되기에 이르렀다. 즉, 하나는 상기 계획에 의한 의무를 강제적으로 실현하는 수단의 정비・강화이고, 다른 하나는 계획에 기초하여 행하여진 도시건설의 결과 발생한 토지의 가치증가분 (불노소득 즉, 개발이익)을 흡수하는 제도

---

11) 지구상세계획에 정해진 규제내용의 詳細에 관하여는 藤田宙靖譯, “西ドイツ都市建設法制とりわけ建築利用令による土地の建築利用規制” 自治研究52卷8號 3면 이하. 1978년 개정 후의 것으로는, 同, “建築利用令改正後の西ドイツ都市建設法制における土地の建築利用規制” 自治研究54卷4號 3면 이하, 또 17면 이하에 게재된 建築利用令 各 條文 參照.

12) 연방건설법 BBauG 1조4항(건설법전 BauGB에서도 같다)

의 확충이라 할 수 있다.

우리나라의 경우에도 경제의 고도성장에 수반하는 도시문제・주거문제의 해결과 자연환경의 보전이라는 관점에서 1970년대 이래 토지소유권에 대한 다양한 규제입법이 등장하고 있다.

특히 1971년의 新도시계획법의 제정과 연이은 국토이용관리법의 제정 및 여러 차례의 개정을 통하여 이루어진 건축법 등 일련의 법률에 있어서 그 立法의 態樣은 과거보다 현저히 진전되고 있다고 말할 수 있을 것이다. 그러나 독일의 경우와의 기본적인 차이는 전 국토를 대상으로 토지이용계획을 수립하고 그것에 기초하여 부분적 영역을 규제한다고 하기보다는 오히려 기본적으로는 일정한 관점에서 특히 규제가 필요하다고 인정되는 곳을 개별적으로 선별하여 규제한다는 구조를 취하고 있다는 점이다. 따라서 개별적인 선택에서 제외된 부분은, 상술한 바와 같이 독일의 경우에 있어서처럼 장래의 계획적 개발에 장애가 되지 않도록 개발・건축행위를 억제하는 것이 아니라, 이른바 백지지역으로서 토지소유자의 자유에 맡겨 버리게 되는 것이다. 즉, 우리나라 국토이용계획의 현실은 종래 도시계획법, 농어촌발전특별조치법 (농업진흥지역의 지정), 산림법 (보전림지), 자연공원법, 자연환경보전법 등 개별적 토지이용규세법이 규징하고 있는 지역을 있는 그대로 사실상 추인한 것에 불과한 경우가 많고, 또 이들 개별입법은 우리나라의 할거행정의 현실을 반영하여 상호 체계적 관련 없이 성립한 것이기 때문에, 결과적으로 단지 형식적인 상위계획이라는 틀에 묶여진 상호 관련성이 희박한 모자이크 적 계획체계라는 사실을 부정하기 어렵다[13].

만일 국토이용계획이 기존의 지역을 사실상 추인할 뿐인 경우에 있어서는 일응 형식적으로는 국토이용계획이 설정되어 있다 하더라도 결과적으로 아무런 규제도 받지 않는다는 의미에서의 백지지역의 존재가능성은 상존하게 될 것이다[14].

그러나 독일의 법제 하에서는 외부지역(Außenbereich) 즉 지구상세계획에 의해 상

13) 이러한 사정은 1993년 8월 5일 개정된 국토이용관리법 제13조의3(유사한 구획 등의 지정에 관한 제한)에서, 개별규제법에 의한 지역・구역을 그대로 추인하면서 단지 국토이용관리법상의 용도지역의 종류를 10개에서 5개로 축소한 데에서도 찾아 볼 수 있다.

14) 실제로 우리나라의 시・도 단위의 국토이용계획의 결정 상황을 살펴보면 이러한 의미에서의 백지지역은 예외적이기는 하지만 주로 도서 해안 등 한정된 토지에 대하여 발생하는 것으로 추정된다.

세한 이용방법이 정해지지 않은 구역에 있어서는 법률상 일률적으로 개발・건축행위가 금지되고 있기 때문에 이러한 의미에서 건축 부자유의 원칙은 확실히 지켜지고 있는 것이다.

결국, 건설법전을 주축으로 하는 독일의 토지이용규제제도와 우리나라 토지이용규제제도와의 이러한 차이는, 궁극적으로 토지 및 토지소유권에 대한 기본적 시각의 차이에서 비롯된 것이 아닌가 생각된다.

Ⅱ. 용도지역제(Zoning)

1. 서

(1) 의의와 목적

용도지역제는 토지의 기능과 적성에 따라 적합하게 토지를 이용하기 위하여 토지의 이용형태를 규제하는 토지이용계획의 한 유형이며 그 법적 성질은 공용제한에 해당한다. 미국 각 州의 용도지역제에 관한 조례의 근거법이라 할 수 있는 A Standard State Zoning Enabling Act(용도지정 수권법, 1922)에 의하면, Zoning은 "지역사회(community)의 건강, 안전, 도덕 기타 일반적 복지 향상을 위해 지방자치단체의 全域을 地區로 細分하고 각 지구에 대하여 부지 단위로 토지・건축물 등의 위치・규모・형태・용도 등을 無償으로 규제하는 것이다. 地區가 다르면 규제의 내용이 다를 수 있지만 같은 지구 내의 동종, 동급의 건물에 대하여는 규제의 내용이 균등하지 않으면 안 된다(제1조, 제2조)"고 규정하고 있다.[15]

이 제도는 토지의 적성에 맞는 용도를 미리 지정하여 합리적이고 능률적인 토지이용 및 개발을 유도하여 쾌적한 환경을 유지시켜주는 데 그 목적이 있다. 아울러 토지에 있어서 허용되는 행위와 금지되는 행위를 법령에서 상세하게 규정함으로써 토지소유자는 토지이용에 대한 의사결정이 용이하고 장래의 계획도 수립할 수 있다. 또

15) 金澤良雄 外 三人 編, 住宅關係法 I, 有斐閣, 1969, 117면.

정부로서도 큰 비용을 들이지 않고 계획적인 토지이용을 도모할 수 있는 장점이 있는 제도이다.

반면에, 부적절한 용도의 구분으로 일상생활의 불편을 초래하는 경우가 많고, 토지에 대한 재산가치와의 밀접한 관련 때문에 부당한 외부의 압력을 받는 등 사회적 형평의 문제가 발생할 소지가 있고, 토지이용에 대한 규정의 내용이나 기준이 자세하지 못하여 담당공무원이 자의적인 해석을 내리거나 인허가를 회피하는 경우가 종종 발생하며, 현상유지적인 규제조치에 불과할 뿐 적극적인 개발을 유도할 수 있는 강제력을 지니지 못한다는 비판도 있다.

따라서 용도지역제를 채택하고 있는 나라는 보다 적극적이고 구체적인 이용을 유도할 수 있는 지구상세계획제도, 도시설계제도 등을 부수적으로 도입 실시하고 있다.

(2) 제도의 연혁

용도지역제는 일반적으로 고대 그리스의 용도분리에서 그 기원을 찾고 있으나 법제도로서의 근대적 용도지역제는 산업혁명 이후에 나타나기 시작하였다.[16)]

1810년 나폴레옹은 유해하거나 불쾌한 악취가 발생하는 토지이용은 특별허가를 받도록 하는 데크레(decree, 칙령)를 발령하였다. 이를 기초로 독일에서는 1845년 프러시아 공업법(Industrial Law)이 제정되고, 1869년에는 북독일연방(North German Confederation)의 공업법으로 확장되었다. 이 법은 특정 용도로부터 지역을 방어하기 위한 보호지구의 지정으로 연결되었으며, 도시계획사 상 유명한 프랑크푸르트 암 마인 市域에서 地域制가 실시되었다. 그러나 가장 현대적인 용도지역제는 19세기 미국에서 비롯된 것이다. 미국에서의 용도지역제는 공해법의 개념을 개정・확대시킨 형태로 도입되어 주거환경보호와 私的 재산가치의 하락을 방지하기 위한 법적 도구로 사용되었다. 미국의 용도지역제의 발전과정은 그 시기 별로 구분할 때, 19세기 후반부터 20세기 초에 걸치는 제1기, 유크리드(Euclid) 판결에서부터 1960년대 초에 이르는 제2기, 1960년대 후반에서 현재에 이르는 제3기로 나누어 볼 수 있다.[17)] 제1기는

---

16) 국토개발연구원, 토지이용 효율화를 위한 용도지역지구제의 개선방향에 관한 연구, 1980, 260면 이하.

17) 渡邊卓美, “外國の土地(4) - ゾ-ニングの理論と展開-”, 不動産研究 第30巻 2號, 1988. 4, 67면.

재산권 존중의 이념 하에 경찰권에 의한 토지이용규제는 예외적이고 개별적으로 인정됨에 불과하였다.

제2기는 1926년 유크리드 마을의 소송사건을 계기로 연방최고법원이 용도지역제를 규정한 이 마을의 조례가 합헌이라는 것을 확정함으로써 비롯된 것이다.[18)]

이 당시의 용도지역제는 주거지역, 특히 단독주거지역의 재산가치보호가 주된 목적이었으므로, 주거지역에는 주거용도를 최우선으로 하여, 주거용도만 허용하고 상업지역에는 주거와 상업용도를 모두 허용하며, 공업지역에는 모든 용도가 허용되는 이른바 누적적 용도지역제가 채택되었다. 소위 유크리드 용도지역제(Euclidean Zoning)에 있어서는 下位用途(예컨대 공업지역)는 上位用途(예컨대 주거지역)에서 배제되지만, 반대로 상위용도는 하위용도에 배제되지 않는다는 특징을 지닌다.[19)] 그리고 1960년대 이후 심각하게 제기된 도시문제 · 환경문제에 보다 적극적으로 대응하기 위하여 보다 강화된 공적규제의 필요성이 대두되었고 그 결과 용도지역으로 인해 뜻밖의 이익(Windfall)을 얻은 자와 손실(Wipeout)을 입은 자 사이의 이익의 조정 및 특히 손실의 정도가 클 경우 이에 대한 정당한 보상의 문제와 아울러 재원의 문제가 대두되었다(이른바, Non-Cumulative Zoning, 비유크리드 용도지역제). 이 기간에는 보다 적극적인 용도지역제로서, 유크리드식의 누적적 용도지역제에서 비누적적 용도지역제로, 또 유연용도지역제(Flexible Zoning), 개발권의 이전(TDR), 혼합 용도지역제(mixed land use zoning) 등 다양한 발전을 보이고 있다.

---

18) Village of Euclid v. Ambler Realty Co. 272 U.S.365, 1926. Euclid 마을 조례는 포괄적 용도지역제를 제정하여 6개의 용도별 지구, 3개의 고도별 지구, 4개의 부지면적별 지구를 설정하였고, 이에 따라 일부 토지는 그 용도 제한 때문에 가격이 1/4 정도로 하락하였다. 연방지방법원은 이 조례를 위헌이라고 판시하였으나, 연방대법원은 지역제의 내용이 공공의 안녕 · 건강을 유지하기 위하여, 주택지구로부터 공장을 배제하려는 결정이기 때문에 명백히 자의적이거나 불합리하지 않는 한 법원은 그 결정을 존중해야 한다고 판단하였다.

19) 서원우, "美國法에 있어서의 土地利用規制(1)", 법학 제50호, 서울대학교 법학연구소, 1982, 63면: 유경춘, "土地利用規制에 관한 미국의 法制- 用途地域地區制를 중심으로 -", 尤堂 尹世昌博士 停年記念 現代 公法의 諸問題, 博英社, 1983, 340면.

2. 법적 지위

원래 용도지역제는 토지이용계획의 중핵을 이루는 제도로서 민법상 상린관계의 연장으로 파악되고 있었다.[20] 그리고 용도지역제는 토지의 "이용규제"라는 한계를 가지고 있음도 사실이다. 그러나 오늘날의 용도지역제는 단순한 상린관계의 연장으로만 볼 수 없는 특질을 가지고 있다. 즉, nuisance법은 직접 私人 상호간의 관계에 있어서 일방 당사자를 보호하려는 것이며, 공동사회에 어떤 직접적인 이익을 가져오기 위한 목적으로 만들어 진 것은 아니기 때문이다.

초기 용도지역제는 재산가치이론에 기초하여, 인접지역의 재산가치를 손상시키게 되는 토지이용행위는 일종의 公害로 간주하였다. 예컨대 주거환경보호를 위하여 공해성 건축물을 금지함으로써 사인의 재산가치 보호 및 이의 극대화를 추구하는 수단이라 할 수 있고 그런 의미에서 상린관계의 연장으로 설명하는 것도 가능할 것이다. 그러나 오늘날의 용도지역제는 공공의 계획을 수행하는 수단으로 보는 것이 타당하다. 즉, 합리적인 토지의 이용과 효율화를 도모하려는 행정계획으로서 그 법적 성질은 공용제한이며, 그 핵심적 성격은 "토지이용의 규제"에 초점이 맞추어지고 있는 것이다.

미국에 있어서 토지이용의 규제는 주로 경찰권(police power)에 기초하고 있다. 경찰권은 各州의 주권에 기초한 것이나 州는 죠닝 수권법(Zoning Enabling Act)을 제정하여 각 지방자치단체에 이를 수권하고, 각 지방자치단체는 개별적으로 조례를 제정하여 용도지역제를 실시하고 있다. 한편 합중국 헌법과 주헌법은 주민의 재산권을 보호하기 위하여 이러한 경찰권의 행사에 대하여, 수정헌법 제14조 1항의 적법절차조항(due process clause)과 동 제5조 수용조항(taking clause)에 의한 제약을 가하고 있음은 물론이다.[21]

그리고 각 지방자치단체의 용도지역에 관한 조례(zoning ordinance, zoning resolution)

---

20) 金澤良雄 外, 전게서, 117면.

21) 수정헌법 제14조 1항, "州는 누구로부터도 적법절차(due process of law)에 의하지 아니하고는 생명, 자유 또는 재산을 박탈하여서는 안된다. 州는 그 관할(jurisdiction)내의 자로부터 법의 평등한 보호를 박탈하여서는 아니된다".
동 제5조, "누구도 정당한 보상(just compensation)없이는 사유재산을 공공용으로 收用(taking) 할 수 없다"고 규정하고 있다.

는 합헌성 및 합법성을 갖추어야 한다.

합헌성을 갖기 위해서는 규제의 목적과 수단이 정당성을 가져야 한다. Rathkopf에 의하면, 목적이 정당하기 위해서는 경찰권의 개입에 대한 공익적 필요(interest of the public)가 있어야 하고, 둘째, 그 수단이 목적의 실현을 위해 합리적 필요성(reasonably necessary)을 가지고 있고 또 비례성이 유지되어야 한다.[22] 특히 수단이 합리적이라는 것은 규제가 자의적이지 않을 뿐만 아니라 몰수적(confiscatory)이지 않아야 하고, 또 차별적(discriminatory)이지 않아야 한다는 것을 의미한다.[23] 뉴욕 주 최고법원의 판결에 의하면, 죠닝의 조례는 토지가치가 조례에서 허용되지 않는 용도에 제공된 것이 허용되는 용도에 제공된 경우보다 크다고 하는 이유만으로 몰수적이고 불합리하다고는 할 수 없다고 한다. 즉, 죠닝의 조례에 의하여 토지가 가장 수익이 좋은 용도로 지정되지 않았다는 이유만으로는, 적법절차조항에 위반하는 "몰수로서" 위헌으로 되지는 않는다는 것이다.

한편 토지이용규제에 의한 제한이 너무 엄격하여 마치 수용권의 행사와 동일한 정도의 재산권 침해가 나타나게 되면, 정당한 보상(just compensation)의 문제가 발생한다. 물론 경찰권과 수용권을 본질적으로 서로 다른 종류의 권능으로 보는 견해에 의하면, 토지이용규제는 적법절차조항에 위배된 것으로서 위헌 무효가 되는 경우는 있어도 직접 보상의 유무와는 상관이 없다. 그러나 양자의 차이를 단지 정도의 문제로 보게 되면, 엄격한 규제에 대하여는 위헌무효의 문제 이외에 수용조항의 적용도 있게 되고, 따라서 손실보상의 의무가 발생하게 될 것이다. 후자의 견해에 서게 되면 아울러 逆收用의 청구(개인이 요구하는 수용절차)도 긍정하게 될 것이다. 1887년 연방최고재판소는 Mugler판결[24]에서, "수용권은 공적으로 유익한 것을 창조하기 위한 권리이고 경찰권은 공적으로 유해한 것을 배제하기 위한 권리이므로 경찰권의 행사에는 보상이 요구되지 않는다"고 판시하였다.

즉, 19세기 미국에서는 수용조항을 엄격히 해석하여 개인의 재산이 물리적으로 제공되는 경우에만 적용되고 토지이용규제에는 적용되지 않음을 판례로 확립하였던 것

---

22) Rathkopf, The Zoning and Planning vol.1, Clark Boardman Co., Ltd., 1982,§2.01
23) Ibid.,§4.02.
24) Mugler v. Kansas, 123 U.S.623, 1887.

이다. 그리고 이 논리는 원칙적 · 일반적인 토지이용규제인 용도지역제를 대상으로 하는 유크리드 판결에 많은 영향을 미쳤다.

그러나 그 후 정부권한의 확대에 따라 토지이용규제에도 수용조항이 확장 적용되게 되었다. 1922년 Pennsylvania 석탄회사 사건[25]에서, 연방최고재판소는 "재산권은 어느 정도까지 규제되지만 규제가 지나치게 행해지면 수용으로 간주되고, 정당한 보상을 필요로 한다"고 판시하였다.

토지이용규제에 의한 收用(regulatory taking)이 문제될 수 있는 예로서는, 특정공공사업을 위한 제한(공항건설을 위한 인접지의 고도제한 등), 역사적 건조물이나 公共空地의 확보를 위한 과도한 제한, 개발제한구역의 지정 등을 지적할 수 있다.

3. 내용

(1) 제도화

용도지역제는 미국, 일본, 한국에 있어서는 토지이용제도의 핵심을 이루고 있는 반면 독일, 영국, 프랑스 등에 있어서는 지구상세계획(detailed plan, Bebauungsplan)에 이르기 위한 준비과정으로 받아들여지고 있다. 용도지역제는 미국의 제도에서 그 연원을 갖는 것으로 이해되고 있으며 최근 다양한 기능을 갖는 제도로 발전을 보이고 있음은 상술한 바와 같다.

일본은 유럽과 미국의 제도를 아울러 본받고 있으나 제도의 기본골격은 어디까지나 용도지역제에 의거하고 있으며, 특히 미국의 영향을 많이 받았다고 할 수 있다. 그러나 미국과 같이 용도지역제가 다양화되지 못하여 제도가 고정적이고 경직적인 특성을 지닌다. 그리고 일본의 용도지역제는, 1962년 우리나라 최초의 도시계획법이 제정될 때까지 우리나라의 토지이용규제제도로서 기능하였다. 그러나 도시계획법의 제정 이후 현실적으로 지역, 지구, 구역의 지정이 있음으로써 비로소 용도지역제의 모습을 갖추게 되었으며 1972년 국토이용관리법의 제정이후 전국토 공간에 용도지역을 지정하게 됨으로써 비로소 현대적인 토지이용계획제도로서의 체계를 갖추게 되었

---

25) Pennsylvania Coal Co. v. Mahon, 260 U.S.393, 1922.

다고 할 수 있을 것이다. 특히 개발제한구역을 중심으로 하는 구역제의 발전은 우리나라 고유제도로서 괄목할 만한 성과를 거둔 것이라 평가할 수 있다.

(2) 지역 · 지구 · 구역제

우리나라의 용도지역제(국토의 계획 및 이용에 관한 법률 제4장 제2절 참조)는 지역, 지구, 구역제로 나누어지며 지역 · 지구제와 구역제는 그 성격이 상당히 다르다. 구역제는 도시주변지역을 그 대상으로 하고 있을 뿐 아니라 방법에 있어서도 단순한 토지이용규제의 차원을 뛰어 넘어 도시개발을 유도하는 등 보다 적극적이다. 지역, 지구, 구역제의 상세한 설명은 제2편 제2절 국토의 계획 및 이용에 관한 법률의 설명에 미룬다.

Ⅲ. 지구상세계획제도

1. 서

(1) 의의

토지이용의 계획적 규제를 위해 (지구)상세계획(detailed plan, Bebauungs plan)이라는 용어가 사용되고 있으나 반드시 그 의미 내용이 명확한 것은 아니다.[26] 그러나 독일, 영국, 프랑스 등 구미제국에서 채택하고 있는 이 제도의 핵심적 요소는 요컨대, 地區 단위에서의 접근이며, 미시적인 토지의 이용이나 지구의 환경 등 공간요소들을 하나의 시스템으로 파악하고 구속력 있는 계획으로 종합적으로 다루는 것이라 할 수 있다. 즉, 계획적 규제(planning control)의 전형으로서, 도시설계(Urban Design)에 의거 지구의 공간적 이용의 구체적 내용을 정하고, 각 지구별 구체적인 공간상은 주민참여하에 지구상세계획으로 형성되어지지만 계획에 의한 규제의 내용은 용도지역제와는 달리 결코 일률적 · 획일적인 것이 아니다.

---

26) 日端康雄, ミクロの都市計劃と土地利用, 學藝出版社, 1988, 33면.

이 제도의 필요성은 다음 두 가지에서 발견된다. 첫째, 시가지의 계획적 변화는 소극적 건축규제의 기능으로만은 대응할 수 없으므로, 미시적·구체적 계획으로 나타나야 한다. 둘째, 변화를 억제하는 측면에서도 일반적인 기준에 의한 통제로서는 保全 目的을 충분히 달성할 수 없다. 즉, 역사적 건조물군의 보전, 경관 및 공지나 녹지 등의 保全도 주변의 토지이용과 밀접한 연관을 가져야 하므로 지역의 실정에 맞는 미시적·구체적인 상세계획의 형태로 나타나야 하기 때문이다.

(2) 용도지역제와의 비교

용도지역제와의 근본적 차이는 지구상세계획제도는 계획이 수립되지 않은 지역의 개발이 사실상 금지되므로 토지의 건축적 이용의 부자유를 전제로 하고 있는 반면, 용도지역제는 건축자유의 제도적 풍토 아래 운용되고 있다는 점이다. 따라서 지구상세계획은 건축의 자유를 확대하는 반면 용도지역제에 의한 토지이용계획의 확대는 건축의 부자유를 확대하는 것이다. 아울러 용도지역제는 엄밀한 의미에서 토지이용계획제도라기보다는 토지이용규제 제도에 해당하나 후자는 전형적 토지이용계획제도로서 기본계획(structure plan)과 시행계획(local plan)의 연계로 이루어지는 것이다.

2. 각국의 제도화 -비교법적 고찰-

모든 나라는 각국의 역사적 환경에 따라 서로 다른 토지이용계획제도를 가지고 있다. 지구상세계획제도를 토지이용계획의 기본으로 삼는 나라에는 대표적으로 독일과 영국, 프랑스 등을 들 수 있고, 우리나라와 일본은 용도지역제를 토지이용계획제도의 기본적인 틀로 하면서 이를 보완하기 위하여 지구계획제도를 도입하고 있다.

즉, 일본의 지구계획제와 우리나라의 지구단위계획제도(舊국토의 계획 및 이용에 관한 법률 제4장 제4절)가 그것이다.

독일의 토지이용계획제도는 거시적 계획으로서의 토지이용계획(F Plan)과 미시적 계획으로서의 지구상세계획(B Plan)의 二段階 計劃으로 이루어지고 있음은 이미 상술한 바 있다. 이와 유사한 지구상세계획으로서는 오스트리아의 지구건설계획(Bebauungs-Verbauungsplane), 스웨덴의 건축계획(Building plan) 등이 있고, 또 독일처럼 시·군·구 내의 일정 地區만을 대상으로 하지 않고, 시·군·구 全域을 대상으로 하는 상세계획으로서는 영국의 local plan, 프랑스의 토지점용계획(plan d'occupation des sols)이 있다. 또 이와 같은 취지의 제도는 덴마크, 이탈리아, 핀란드, 네델란드에도 존재한다.[27] 영국의 토지이용계획제도는 광역적이고 방침적인 기본계획(Structure Plan)과 구체적 토지이용계획으로서 지방실시계획(Local Plan)의 체계를 이루고 있으며, 특히 지방실시계획은 기본계획에서 제시된 내용을 특정지역에 구체화하는 지구상세계획의 한 유형으로서, 이는 다시 지구계획(district plan), 사업지역계획(action area plan), 특정실시계획(subject plan) 등으로 세분된다.

일본의 지구계획 제도는 1980년 5월 1일, 도시계획법 및 건축법의 일부 개정에 의한 지구계획 및 연도정비계획(간선도로 연도의 정비에 관한 法律)으로서 신설되었고, 그 뒤 다시 재개발지구계획(도시재개발법), 집락지구계획(집락지역정비법)으로 확충되었다.

요컨대 구미제국에서 채택하고 있는 지구상세계획제도의 핵심적 요소는 지구 단위에서의 접근이며 미시적인 토지의 이용이나 지구의 환경 등 공간 요소들을 하나의 시스템으로 파악하여, 도시설계(Urban Design)에 의거 지구의 공간적 이용의 구체적 내용을 구속력 있는 계획의 형식으로 정하되, 규제의 내용은 용도지역제와는 달리 결코 일률적·획일적인 것이 아니다.

3. 우리나라의 지구계획제도

우리나라의 경우 지구단위계획제도의 도입에 앞서 먼저, 상세계획구역제(도시계획법 제20조의 3 제1항, 91. 12. 14 도입)와 도시설계제도(건축법 제60조)로 二元化하여 규정하고 있었으나 이러한 구성에 대하여는, 계획법의 체계화를 위해 과도기적으로 채용할 수는 있어도 장기적으로는 지구상세계획제도로 일원화하여야 할 것이라는 비판이 제기된 바 있었다.[28] 그 결과 2000. 1. 28 도시계획법의 전면개정을 통하여 두

---

27) 이들 제국의 도시계획제도에 대해서는, Edited by J.F. Garner, Planning Law in Western Europe, 1975에 상세히 記述되고 있다.

28) 류해웅, 전게서, 350면.

개의 제도를 하나의 제도로 통합하고 그 명칭도 지구단위계획으로 전환하게 된 것이다(국토의 계획 및 이용에 관한 법률 제4장 제4절).

독일 등 서구유럽의 지구상세계획제도는 계획 미수립 지구에 대한 건축의 부자유를 전제로 하는 반면, 일본 및 우리나라의 지구단위계획제도 하에서는 건축의 자유가 전제되고 있다. 건축의 부자유가 전제되는 상황에서는 지구계획의 결정이 건축의 가능성을 확대하는 반면, 건축자유를 전제로 하는 상황에서는 그 가능성을 축소시킨다. 따라서 일본 및 우리나라의 지구계획제도는 자치단체의 의무로 규정된 것이 아니라 선택적으로 행할 수 있는 자유스런 제도이며 그 내용도 용도지역제의 일반적인 규제에 덧붙여진 부가적 규제의 수준에 머물고 있을 뿐 아니라, 규제의 방법에 있어서도 건축허가나 개발허가 등을 제외하고는 대부분 강제성이 없는 신고나 권고 등 행정지도의 수단에 맡겨지고 있는 실정이다.

이 제도의 장점으로는 첫째, 특정 지구 내의 부지 및 지상물을 일체로서 파악하여, 민간의 건축행위・개발행위를 규제・유도함으로써 종래 방임형의 건축의 자유에서, "계획 없으면 개발 없다"는 원칙에로 전환할 수 있는 단서가 열렸다는 점이다. 물론 현재 이 제도의 규제력은 행정지도의 수준에 머물고 있으나 점차 외국의 拘束的인 토지이용규제에로 발전할 수 있는 가능성은 충분히 존재한다. 둘째, 거시적인 용도지역제와 미시적인 건축허가제도 사이에 이 제도가 신설됨으로써, 이른바 "미니 개발(일정규모 미만의 개발)"에 대한 법적 대응 방안이 제도화되었다고 말할 수 있다. 종래 소규모 개발행위에 대하여는 개발허가를 요하지 않았고 또 지가의 상승과 맞물려 택지의 규모가 협소화 되어 시가지의 환경이 악화되었으나 건축법에 근거한 개별 부지에 대한 규제만으로서는 계획적 통제가 불가능하였던 것이다. 셋째, 무엇보다도 지방화 시대에 부응하는 제도라는 점이다. 즉, 지구 건설계획은 전국 획일적으로 그 작성이 의무화되는 것이 아니고, 그 계획의 작성 여부, 내용, 규제력의 정도 등에 있어서 시・군・구 등 지방자치단체가 자주적으로 결정하는 것이 가능하다는 것이다. 즉, 행정의 통일성・획일성보다도 직접 주민의 손으로 지역적 다양성을 살린 쾌적하고 아름다운 거주환경을 형성함으로써, 안정적인 도시화 사회를 구축하는 데 기여할 수 있다는 것이다.[29] 한편 제도의 도입과 관련하여 유의해야할 몇 가지 사항을 지적하면

29) 成田 頼明, 前掲書, 198면 이하.

다음과 같다. 첫째, 무엇보다도 제도의 실효성에 관한 문제이다. 상술한 바와 같이 이 제도는 계획의 내용을 적극적으로 실현할 수 있는 수단을 확보하고 있지 못하다. 독일 연방건설법이 채택하고 있는 수용, 구획정리, 법정선매권, 건축명령, 제각명령, 근대화명령, 토지이용명령, 보전명령 등 다양한 수단을 참고로 하여 필요한 수단을 개발해 나가야 할 것이다. 둘째, 법기술적인 관점에서, 개발허가 및 건축허가와 상세계획에 기초한 규제와를 어떻게 연결시킬 것인가 하는 문제가 남아 있다. 즉, 상세계획에 고유한 새로운 허가제를 신설할 것인지 아니면 상세계획에 정해진 내용을 기존의 개발허가 및 건축허가의 기준에 부가할 것인지의 문제이다. 셋째로 주민참가의 구체적 방법을 어떻게 결정할 것인가의 문제이다. 법문은 이 점에 대하여 특별한 규정을 두고 있지 않으나, 상술한 바와 같이 주민참가야말로 이 제도의 핵심이 되고 있는 만큼 각 지방자치단체의 실정에 맞는 자주적 방법을 모색해야 할 것이다.[30)]

---

30) Ibid.

제4장 개발이익의 환수제도

Ⅰ. 서

1. 개발이익의 의의

도시에 있어서 토지의 가치는 도시공간 내의 위치, 용도 및 주변상황 등에 의해 결정되고 이를 의도적으로 결정하는 것이 도시계획을 비롯한 각종 토지이용계획이다. 그리고 도시계획에 의해 개발이 허용되는 토지에는 이익이 발생하고, 반대로 개발이 동결된 경우에는 불이익이 발생하게 될 것이다. 도시계획 및 각종 토지이용계획을 둘러싼 이러한 이해의 조정을 위해서는 그동안 각국에서 다양한 제도가 전개되었고, 그 방향은 크게 다음 두 가지 방향으로 전개되었다. 그 중 하나가 개발이익의 공공환원이요, 또 다른 하나는 손실보상제도라 할 수 있을 것이다. 그리고 이 양자는 결과적으로 토지이용규제의 비용을 국가 등 公的 주체와 토지소유자 등 私的 주체에게 어떤 방법으로 배분할 것인가 하는 문제와도 연결 된다[1]. 그리고 이 문제의 해결방향은 각국의 개발권에 대한 사고방식과 도시계획관 등에 따라 상당한 차이를 나타내게 될 것이다.

'개발이익'이란, 개발사업의 시행 또는 토지이용계획의 변경 기타 사회·경제적 요인에 의하여 정상지가상승분을 초과하여 개발사업을 시행하는 자(이하에서는 '사업시행자'라 함) 또는 토지소유자에게 귀속되는 토지가액의 증가분을 말한다(개발이익 환수에 관한 법률 제2조 1호).

독일에서는 개발이익에 상응하는 전문 용어는 존재하지 않는 반면[2], 일본에서는 보통 다음 4가지의 뜻으로 정리되고 있다.

---

1) M. Grant, Urban Planning Law, Sweet & Maxwell, 1982, p. 645 이하.

2) 그러나 開發利益에 상당하는 地價上昇을 公的으로 吸收하는 제도는 후술하는 바와 같이 엄연히 존재한다.

① 도시의 전체적 발전 · 도시활동의 활성화에 수반하는 지가상승
② 도시계획의 전망 · 결정 · 변경에 의해 발생하는 지가상승
③ 간선적 공공시설의 정비 내지 면적 개발에 의해 발생하는 지가상승
④ 특정 공공시설의 정비에 의해 한정된 지구 내의 토지에 대하여 발생하는 지가상승

이들 중 ②③④의 경우가 주로 개발이익에 해당하게 될 것이나 신도시개발이나 대규모 프로젝트의 경우에 있어서는 ①의 지가상승도 당연히 개발이익의 범주에 포함시켜야 할 것이다.

2. 개발이익 환수의 필요성 및 근거

개발이익은 토지소유자 자신의 노력과는 아무런 상관도 없이, 토지가 우연히 개발사업의 시행지 내에 있었다는 이유만으로 특정 토지소유자 등이 독점하는 결과로 되고, 따라서 그것은 공평부담의 원칙과 형평의 원리에 배치됨은 말할 필요조차 없을 것이다. 특히 현대 복리행정국가에 있어서 행정주체는 공공복리의 증진과 사회정의의 실현을 그 책무로 하고 있으며 따라서 보다 적극적 · 형성적으로 대규모 개발사업을 시행하지 않을 수 없고 이에 따른 개발이익의 사회 환원의 필요성은 점차 증대되고 있다고 말할 수 있을 것이다. 일본에서는 개발이익의 공공환원의 논거로서 보통 다음 3 가지 점이 지적되고 있다[3]. 첫째, 개발이익은 토지소유자에게 있어서는 항상 不勞所得이고 따라서 다른 토지소유자나 비소유자와의 공평 · 공정한 관계를 유지하기 위한 관점에서 필요하다. 둘째, 공공시설의 정비에는 많은 경비가 소요되며 따라서 사업비의 회수를 위해 개발이익의 흡수가 필요하다. 셋째, 개발이익의 공공환원이 이루어짐으로써 투기적 토지취득 및 지가상승이 억제될 수 있다는 것이다. 그러나 역시 첫째의 논거가 개발이익의 환수를 위한 가장 중요하고 또 근본적인 이유로 부각되고 있음은 말할 필요조차 없다.

이처럼 개발이익 환수의 필요성은 긍정하면서도 그동안 우리 정부는 매우 수동적

3) 石田頼房, 開發利益の還元の歴史と政策, 石田編著 「大都市の土地問題と政策」, 日本評論社, 1990, 161 -3 면.

이고 소극적인 대응을 해왔던 것이 사실이다. 그 최초의 노력은 舊토지수용법 제163조의 2, 舊도시계획법 제55조, 舊국토이용관리법 제29조 등이 채택한 기준지가고시제도라 할 수 있다. 이 제도의 핵심은 각종 개발사업에 있어서 收用의 대상이 된 토지의 손실보상액을 산정함에 있어서, 일정한 기준시점(사업인정고시일 기준) 이후의 지가 상승분(개발이익)을 보상액의 산정에서 제외시킴으로써 결과적으로 개발이익을 환수하는 제도이나, 토지를 수용 당하는 자와 수용 당하지 아니하는 자 사이의 형평의 문제가 제기될 수 있고 또 각종 개발사업자 등에게 발생한 개발이익의 환수에 대하여는 전혀 대응할 수 없는 제도라 할 수 있었다. 이러한 문제점 등을 고려하여 실질적인 개발이익의 환수제도가 최초로 법제화된 것은 1978년 12월 5일 개정된 국토이용관리법(법률 제3139호) 제3조의 2 제2항이라 할 수 있다. 즉 동조 제2항은 "국가·지방자치단체 또는 정부투자기관의 개발사업이나 정비사업 등에 의하여 토지소유자가 자신의 노력에 관계없이 지가가 상승되어 현저한 이익을 받은 때에는 국가는 그 이익을 환수할 수 있다"고 규정하여 개발이익환수의 원칙을 천명하게 된 것이다. 그러나 개발이익금의 산정과 환수기준, 개발기금의 설치 및 운영 등에 관하여 필요한 사항은 따로 법률로 정하도록 하였으나(동법 동조 제3항), 그동안 새로운 법률의 제정이 늦어지면서 개발이익의 환수제도는 제대로 시행되지 못하였다. 그러던 중 1989년 토지공개념 관련 3법으로서 개발이익환수에 관한 법률(1989. 12. 30, 법률 제4175호) 및 토지초과이득세법(1989. 12. 30, 법률 제4177호)이 제정되면서 비로소 개발이익환수를 위한 실정법 제도상의 보장책이 마련되게 된 것이다. 개발이익환수에 관한 법률에 의하면, 개발이익을 사업시행자에게 귀속되는 것과 토지소유자에게 귀속되는 것으로 구분하고, 전자에 대하여는 개발부담금을 부과하는 방법으로, 또 후자에 대하여는 토지초과이득세법이 정하는 바에 따라 토지초과이득세로서 징수하도록 규정하고 있었으나 토지초과이득세법이 폐지되면서 관련규정도 삭제되었다(동법 제3조 2항 참조).

Ⅱ. 비교법적 고찰

1. 독 일

독일에 있어서 개발이익의 공공환원의 문제는 우선 기본적으로 도시계획 · 토지이용계획과의 밀접한 연관 속에서 전개되어져 왔고, 거기에는 항상 엄격하고 상세한 토지이용계획의 존재가 전제되고 있었다는 점에서 그 특징이 발견된다. 환언하면 독일에 있어서 개발이익의 공공환원은 토지이용계획을 실현하기 위한 한 수단으로서 또는 토지이용계획의 결정에 수반하여 발생하는 사회적 불공평의 문제를 시정하기 위한 한 수단으로서 활용되고 형성되었다는 것을 의미한다.

독일에서는 개발이익이란 전문용어는 없으나 개발이익에 상당하는 지가상승분을 公的으로 흡수하는 법적 제도로서, ① 부담금 (Beitrag) ② 토지구획정리에 있어서의 감보 및 청산금 제도(후술함) ③ 토지세제 특히 토지증가세 구상 ④ 신 · 재개발사업에 있어서 지가상승분의 흡수를 목적으로 하는 제도로서 토지거래의 규제(연방건설법 제 144조 2항, 제145조 2항 및 제153조 2항), 손실보상 산정시 개발이익의 공제(제153조 1항), 조정금 (Ausgleichsbetrag)의 징수 제도(제154조) 등이 존재한다.

① 부담금 (Beitrag)은 공공시설의 설치 등에 의해 특별한 이익을 향수하는 자가 있는 경우에 그 수익의 범위 내에서 사업비용의 회수[4]를 목적으로 징수되어지는 금전적 급부이다. 여기에도 연방건설법에 의한 지구시설정비부담금 (Erschließungsbeitrag: 약칭 ES 부담금)과 州法인 지방세법 (Kommunalabgabengesetz)상의 부담금(약칭 KAG 부담금이라고도 함)이 있으며, 양자는 설치되어지는 공공시설의 종류에 따라 구별된다[5].

이 제도의 특징은 첫째, 부담금제도는 토지소유자 사이의 '불공평의 是正' 보다는

---

4) 당해 공공시설의 유지비용은 利用料(Gebühr)로 회수되어지나 그것은 개발이익의 공공환원과는 직접 관계가 없다.

5) ES 부담금을 징수할 수 있는 시설은 地區施設 중에서도 법으로 정하는 ⅰ. 沿道의 건축이 가능한 공공의 도로 ⅱ. 건축지구 내의 集散道路 ⅲ. 공원용지 및 녹지(단 상기 ⅰ과 ⅱ의 구성부분이거나 당해 건축지구 내에 있어서 지구시설정비에 필요한 것에 한함)에 한정되고 있다(제127조, 단, 86년 법에서는 步道,, 住居道가 새로이 추가되었다).

오히려 '사업비용의 회수'에 그 목적이 있다는 점이다. 둘째, 특별한 이익의 개념 속에는 토지의 교환가치의 상승 뿐만 아니라 사용가치의 상승도 포함하고 있다는 점이다. 사업비용의 회수를 용이하게 하기 위해서는 수익의 범위를 비교적 넓게 포착할 필요가 있는 것이다. 따라서 부담금제도는 원래의 개발이익의 공공환원과는 그 취지를 약간 달리한다고 말할 수도 있으나, 결과적으로 부담금의 징수가 지가상승분의 전부 또는 일부를 회수하는 기능을 현실적으로 행사하고 있음을 결코 부인할 수는 없을 것이다[6].

③ 한편 독일에 있어서 토지세제의 토지정책 수행기능은 의외로 약화되고 있고 따라서 독일에서는 다른 재화보다도 토지를 소유하는 것이 세제상 훨씬 유리하다고 말할 정도이다[7]. 그 이유는 무엇보다도 도시계획 및 각종 토지이용규제가 상세하고 엄격하게 규정되어 있기 때문이라는 점은 재론할 필요가 없을 것이다.

먼저 토지보유세로서의 부동산세 (Grundsteuer)는 당해 부동산이 가지는 잠재적 수익력에 대하여 과세되어지는 대물세이나, 과세표준이 되는 통일가격 (Einheitswert)의 평가가 현실의 거래가격에 비하여 고작 몇 % 내지 20 % 정도에 불과하기 때문에 부동산세가 가지는 개발이익의 공공환원 수단으로서의 기능은 미약하다고 평가할 수밖에 없다. 그리고 부동산의 양도소득은 우리나라의 경우와는 달리 독립한 소득유형으로 파악되지 못하고, 사업자의 경우에는 영업소득으로서 과세의 대상이 되고, 비사업자인 개인 재산으로서의 부동산의 양도소득은 원칙적으로 과세의 대상이 아니나 다만 그 양도가 투기행위인 경우에만 과세의 대상이 된다. 여기서 투기행위란 양도자의 주관적 의도와는 무관하고 단지 취득에서 양도까지의 기간이 2년 이내의 양도행위를 말한다. 이와 같이 개인의 경우는 물론 사업자의 경우에도 몇 가지 우대조치(소득세법 6b, 同제16조 4항 등)가 있는 점 등을 고려해 볼 때, 양도소득 과세를 통하여 개발이익의 환원 등 토지정책에 이바지하겠다는 발상에는 역시 한계가 있는 것이라 생각된다. 한편 토지법 개혁기인 1970년대 초 SPD(사회민주당)에 의해 개발이익의 흡수를 목적으로 토지증가세 구상이 부상되었다.

---

6) W. Ernst / W. Zinkahn/ W.Bielenberg, Baugesetzbuch, Rdn. 6 zu Vorb §§123- 135.

7) 이런 類의 記述은 세제에 관한 실무서에 많이 등장하고 있으나, 특히 상속세와 관련된 것으로, H. L. Dornbusch/ L. Jasper/D. Piltz, Steuervorteile durch Haus-und Wohnsitz, 4. Aufl., 1990, Rdn. 318.

그 내용은 소규모 택지 및 농지를 제외한 모든 토지의 지가상승분(경기변동 등 일반적 요인에 기초한 경우는 제외)에 대하여, 가치증가분의 실현여부를 묻지 아니하고 20~60%의 누진세율로 과세한다는 것으로 우리나라의 토지초과이득세와 유사한 내용을 가진 것이라 할 수 있다. 이러한 구상에 대하여는 토지법 개혁의 시기에 토지소유자 간의 공평을 실현하기 위한 필수 불가결한 법으로 평가되기도 하였으나[8] 정부 여당인 FDP (자유민주당)의 반대에 부딪쳐 결국 SPD는 그 입법화를 포기하였다.

끝으로 ④ 조정금 (Ausgleichsbetrag)의 징수제도는 재개발 내지 신개발사업에 있어서 개발이익의 공적 환원을 위한 모든 수단을 보완하는 수단으로서 이들 제반 수단에 의해서도 흡수될 수 없었던 개발이익을 포괄적으로 흡수하기 위한 제도라 할 수 있다. 즉 시・군・구에 의해 취득・정비・양도되어진 토지에 관하여 흡수되지 않았던 개발이익이 잔존하는 경우 또는 公的 취득의 대상이 되지 않았던 토지로서 기반정비 내지 시설정비 등에 의해 개발이익이 발생한 경우에는 그 개발이익은 최종적으로 조정금으로서 흡수되어지는 것이다. 따라서 재개발지구 내 토지소유자는 재개발에 의한 토지의 당초가격과 최종가격의 차액에 상당하는 조정금을 시・군・구에 대하여 금전으로 납부해야 하고 그 성질은 부담금 유사의 금전 급부로 평가되고 있다[9].

개발이익의 공공환원에 관한 최근의 동향으로서는 우선 부담금 제도와 관련하여 ES 부담금과 KAG 부담금이라는 복잡한 이원적 구조를 지양하고 연방법 또는 주법의 어느 한 쪽으로의 일원화를 요구하는 주장이 상하게 나타나고 있고, 또 특히 1980년대 말 이후 독일에서는, 구동독으로부터의 주민 유입에 의한 주택용지의 부족으로 택지 및 주택문제가 심각하게 대두되고 있다. 따라서 이러한 사회적 불평등의 문제를 해결하기 위한 재원 확보의 관점에서 조정금 제도의 적극적 활용에 의한 지가 상승분의 흡수가 강조되고 있다. 아울러 토지투기를 억제하고 주택공급을 촉진하기 위하여 미이용의 건축가능용지에 대한 부동산세의 세율을 인상해야한다는 주장이 SPD를 비롯한 독일 도시회의 등에 의해 강하게 나타나고 있다. 특히 SPD는 부동산세의 과세기

---

8) Bielenberg, Bodenrecht und Bodenrechtspolitik, 1975, S. 18ff.

9) 즉, 조정금은 사업비용의 조달이라는 성격도 아울러 가진다. 한편 86년 법 제154조 1항은 조정금의 징수목적으로서 '재개발의 사업비 조달'을 명시적으로 규정하고 있었다. 그러나 이 점 때문에 조정금의 법적 성격이 달라지는 것은 물론 아니라고 평가하고 있다. Bielenberg / M. Krautzberger/ W. Söfker, Baugesetzbuch, 1987, Rdn. 375.

준을 통일가격이 아닌 실제 거래가격을 기초로 산정해야 할 것임을 주장하고 있다.

2. 프랑스

(1) 서

프랑스에 있어서도 개발이익의 공적 흡수 내지 프랑스 식의 토지증가의 회수(récupérationdesplus-valuesfoncières)의 문제는 전통적인 토지소유권의 개념과 충돌할 가능성이 있었음에도 불구하고 일관하여 도시법의 중요한 정책과제로 되어왔고 그 방향은 대체로 다음 몇 가지로 요약하는 것이 가능하다.

첫째, 개발이익이 발생한 경우에 직접적으로 그 전부 또는 일부를 공공단체에 흡수하는 제도로서 부동산증가세나 토지보유세 등 토지세제가 존재한다.

둘째, 수익자부담의 제도로서 건축용지에 대한 도로, 상하수도 등 공공설비의 정비에 필요한 비용의 전부 또는 일부를 수익자인 토지소유자로부터 회수하는 제도이다.

셋째, 이른바 계획이득의 사회 환원의 문제이다. 계획이득이란 토지이용계획에 의해 건축가능성이 인정됨으로써 발생하는 이익이며, 이를 사회에 환원하는 것을 인정하기 위하여는 먼저, 건축권과 토지소유권의 분리가 전제되어야 한다. 현재 프랑스에서 현실적으로 제도화된 것은 일정한 용적률 이상의 건축에 대하여 금전적 부담을 과한다는 이른바 개발이익의 부분적 환원의 제도라 할 수 있다.

넷째, 상기 수단 이외에도 ZAC(공공단체 등 공적 주체가 일정구역 내의 토지를 취득하고 공공시설 등을 정비한 후 양도하는 공적인 토지의 정비・공급수단, 일종의 공영개발방식에 해당한다. 후술함) 등 공적 토지취득에 의한 개발이익의 흡수나 그 전제로서 공적 토지 취득 시 손실보상에서 개발이익을 공제하는 방법 등도 있으나 이하에서는 주로 위의 3 가지 수단을 중심으로 설명하기로 한다.

(2) 토지세제

1) 부동산증가세

프랑스 혁명을 경과하면서 확립되어진 프랑스의 근대적 조세제도 하에서, 4종의 직접세(국세) 중, 가장 중심이 되었던 地租 (contribution foncière)는 그 임대가액을 과세표준으로 삼았고 가령 부동산의 양도차익이나 개발이익이 발생하더라도 이를 포착할 수 있는 구조를 갖추지 못하였다. 이러한 체계는 19세기를 통하여 유지되었으나 20세기에 들면서 소득세를 중심으로 하는 새로운 직접세 체계가 창출되면서, 그 속에서 부동산의 양도차익도 과세대상으로 편입되었으나, 다만 그 이익이 우발적으로 실현된 경우에는 과세의 대상에서 제외되고, 계속적 · 반복적으로 실현된 경우에 한하여 그 이익을 실현한 자의 年次의 소득에 편입되어 소득세의 과세대상이 되었다. 이와 같이 프랑스의 전통적 세금 체계 하에서는 자본소득 (capital gain) 중 상당부분은 소득세의 과세대상에서 제외된다는 제한적 소득개념이 채택되었고, 이러한 전통 하에서 개발이익의 私的 소유자에게의 귀속이 전통적으로 보장되었던 것이다.

그러나 부동산 양도차익에의 과세를 통한 개발이익의 흡수가 정책의 과제로 등장한 것은 급속한 도시화의 진행과 이에 수반하는 토지투기현상이 심각한 사회문제로 나타나기 시작한 제5공화국에 들어선 이후였다[10]. 그리고 그 최초의 시도는 1961년 12월 31일의 법률 제1396호이며, 이 법은 건축용지가 유상취득으로부터 7년 이내에 有償으로 양도된 경우에 한하여 분리과세방식으로 그 차익의 25%를 징수하는 것을 내용으로 히였다. 그 후 1963년 12월 19일의 법률 제1241호와 1976년 7월 19일 법률 제660호에 의한 토지증가세제의 재편을 거치면서 대폭 강화되기도 하였으나, 1983년 이래 현행제도 하에서는 다소 이를 완화하면서 다음 두 가지의 토지증가를 구별하고 있다(조세일반법전 제150조 J 이하). ① 취득으로부터 2년 내의 단기증가에 대하여는 취득가액과 양도가액의 차이에서 취득비용만을 제외한 금액이 그대로 소득에 산입이 된다. 한편 ② 취득으로부터 2년을 초과하는 장기증가에 대하여도 ①에서와 같이 소득에 산입하되, 다음 두 가지의 우대조치가 강구되고 있다. 먼저 인플레 대책으로서 소비자물가지수에 기초한 취득비용의 개정을 인정하고 또 2년을 초과하는 보유기간에 비례하는 일정비율의 감축[11]을 인정한다. 종전과 비교하여 다소 완화된 태도를 보

---

10) 吉田克己, "都市における土地取引規制", 渡辺洋三 · 稲本洋之助編 「現代土地法の研究(下)」, 岩波書店, 1983, 103면 이하.

이게 된 것은 오일 쇽크 이래 저성장 경제 하에서의 저지가 현상 때문인 것으로 평가되나, 최근 파리 등 대도시 주변의 지가 급등 현상 속에서 부동산증가세의 강화가 다시 요청되고 있다.

2) 토지보유세

부동산증가세가 실현된 증가에 대한 공적 흡수라 한다면 토지보유세는 미실현의 잠재적 증가에 대한 회수라 할 수 있다. 부동산보유세로서 오래 전부터 프랑스에서 인정되어 온 것은 지방세로서 기건축지세 (taxe foncière sur les propriétés bâties)와 비건축지세 (taxe foncière sur les propriétés non bâties)이다. 이들 稅는 프랑스 혁명기의 地租(국세)의 계보에 연결되어진 오래된 稅로서 국세가 소득세를 중심으로 하는 새로운 체계로 이행된 뒤 지방세로 남게된 것이다. 地租와 마찬가지로 임대가액을 기초로 하여 부동산의 수익을 포착하려는 세제로서 개발이익의 환원이나 또는 다른 토지정책 상의 과제와 직접 연결된 것은 아니다. 나아가 과세의 현실에서도 과세표준인 임대가액의 개정이 지체되면서 현실 지가와의 관계에서 실효세율이 지나치게 낮아 현실성이 없다는 문제점이 지적되었다[12].

이러한 상황 하에서 1960년대 이후 새로운 토지보유세제에 대한 구상이 여러 차례 제시되고 있는 바, 이들 구상의 목적은 임대가액 대신 토지소유자가 신고한 매매가액으로서 과세표준을 정하고(이를 당해 토지에 대한 수용보상과 연결함으로써, 부당한 신고를 방지하는 효과를 기대할 수 있다), 또 세율을 인상함으로써 토지의 유효이용과 공급을 촉진한다는 것 등을 공통과제로 삼고 있다.

그러나 이러한 새로운 구상은, 정치적으로 토지소유자 층의 강한 반발과 정부 측으로서도 업무량이 폭증한다는 이유, 또 도시근교나 관광지 등 고지가 지역에서의 이농촉진의 가능성이 있다는 이유 등으로 결국 법제화에는 성공하지 못하였다. 다만 현행의 부동산 보유세 제도의 범위 내에서 약간의 부분적 개혁이 이루어졌다. 우선 1980

---

11) 건축용지에 대하여는 매년 3.3%, 기타 부동산에 대하여는 5%의 감축을 인정한 결과, 건축용지는 32년 기타 부동산은 22년을 경과하면 증가과세를 면하는 결과로 된다.

12) 1980년 초의 한 조사에 의하면 실효세율은 비건축지의 경우 0.43 %, 기건축지의 경우에는 0.24%로 보고되고 있다. Jean-Marc Legrand, Les impôts fonciers et immobiliers en France, in ADEF, Les enjeux de la fiscalité foncière, Economica, 1983, p.137.

년에는 POS 상의 도시구역에 속하는 비건축지(특히 도시내부의 농지 등)에 대하여 시・군・구가 그 임대가액을 200 % 증액하는 것이 인정되었다(조세일반법전 제1396조 2항). 세 부담의 증가에 의한 토지공급촉진을 도모한 것이나 당초의 세 부담이 지나치게 낮았기 때문에 그 실효성은 의심스럽다[13].

또 1990년에는 임대가액의 개정을 촉진하기 위하여 임대가액 평가절차가 간이화되었다(1990년 7월 30일 법률 제669호)

그리고 1988년에는 1981년의 대자산세 (impôt sur les grandes fortunes)를 부활시킨 자산연대세 (impôt de solidalité sur la fortune)가 신설되었다(1988년 12월 23일 법률 제1149호). 이 개혁의 직접 목적은 사회적 공평의 실현 내지 사회적 약자의 구제에 있는 것이며 이른바 신보유세 구상과 직접 연결되는 것은 물론 아니다.

그러나 이 세는 대자산 일반을 대상으로 하고 있고, 그 상당부분이 부동산이기 때문에 부동산보유세로서의 성격을 가진다. 과세표준은 토지소유자의 신고에 기초한 매매가액이고 이것에 의해 대자산에 대한 잠재적 증가과세가 실현되었다고 볼 수 있을 것이다.

(3) 수익자부담금

프랑스의 전국토를 대상으로 하는 수익자부담의 제도가 본격적으로 시행된 것은 제2차 세계대전 이후 심각한 택지문제를 해결하기 위한 토지정비사업에서 비롯된 것이라 할 수 있다. 그리고 그 비용의 분담방식에 따라 다음 두 가지 형태의 제도로 발전되었다.

첫째, 사인에 대하여 공공시설 설치비용의 일부를 부담시키는 방식이다(부담금, participations). 즉 私人이 건축 및 획지분양사업을 실시하는 경우에는 행정청의 허가가 필요하고, 이 허가에 즈음하여 금전 또는 현물(토지)로써 그 비용을 분담하는 관행이 1950년대부터 자연발생적으로 싹트기 시작했고 1958년에는 실정법 제도화되었다(동년 12월 31일의 건축허가에 관한 데크레 제1467호 및 획지분양에 관한 데크레 제1466호).

둘째, 1961년에 제정된 설비부과금(redevance d'équipement) 제도이다(동년 7월 3일

13) Voy., Joseph Comby et Vincent Renard, L'impõt foncier, PUF, coll. Que sais-je, 1985, pp. 106-107.

의 법률 제691호). 도시화의 대상이 된 일정지구를 정하여, 도시화에 필요한 공공시설 비용의 70 %를, 건축이 가능한 容積에 대하여 지구 내 토지소유자에게 분담시키는 권능을 시 · 군 · 구에게 인정하는 것이다.

이처럼 양자는 공통의 목적을 가진 제도이나 그러나 시 · 군 · 구 등 행정청은 주로 절차가 간이하고 내용이 유연한 부담금제도를 선호했기 때문에 설비부과금 제도는 제대로 활용되지 못하였다. 1963년에는 설비부과금의 요건을 완화한 "토지가액 적정화세(taxe de régularisation des valeurs foncières)"가 창설되었으나(1963. 12. 19, 법률 제1241호) 제대로 적용되지 못하고 1975년에 폐지되고 말았다.

그러나 부담금 제도의 장점인 유연성에는, 결국 부담금액 결정의 자의성으로 연결될 위험이 尙存하였고 실제로 그 부담비율의 고율성[14]에 반발한 민간 개발업자 등의 반대에 부딪쳐 1967년의 "토지이용의 방향을 정하는 법률"에 의해, 부담금의 원칙적 금지와 설비지방세(taxe locale d'équipement)의 신설이라는 국면으로 전개되었다.

그 후 설비지방세는 1971년과 1985년 대폭 개정을 거치면서 현재에 이르기까지 수익자부담의 기본적 제도로 운영되고 있다. 설비지방세는 1984년 기준으로 12,603의 시 · 군 · 구(프랑스 전체의 약 1/3)에서 설정되고 약 13억 프랑의 세수를 올리는 등 정착된 제도로서의 기능을 다하고 있으나 현실성이 없는 과세표준산정 등 많은 문제점이 지적되고 있는 것도 사실이다[15]. 설비지방세에 대한 이러한 문제점의 제기는 다시 부담금 제도의 부활을 요구하는 계기를 형성하게 되었다.

1971년의 법 개정[16]에서는 이러한 요구를 반영하여 설비지방세가 강제적으로 적용되는 것은 POS 상의 도시구역(이미 토지정비가 완료된 구역)에 한정되고, 장래의 시가화가 예상되는 구역인 NA구역(자연구역)에 대하여는 시 · 군 · 구가 부담금의 수단을 채택하는 것이 인정되었다. 이처럼 부담금제도가 부활하면서 이에 수반하여 다시 과거 부담금 전성기의 문제점이 나타나기 시작하였고 이를 피하기 위하여 만들어

---

14) 1967년 파리 지역 민간주택건설업자의 원가의 4-7%, 경우에 따라서는 10%에도 달한다고 한다. Fernand Bouyssou, La fiscalité de l'urbanisme en droit français, LGDJ, 1972, p. 69.

15) 특히 이 정도 稅收로서는 신축건물에 수반하여 필요로 하는 정비비용의 1/3 내지 1/4 을 커버하는 데 불과하다고 한다. Thierry Vilmin, PAE: Un outil de régulation foncière, Ětudes foncières, n 46, 1990, p.13. 原田純孝外編, 前揭書, 275면 註)10 참조.

16) 1971. 7. 16 법률 제581호.

진 것이 1985년의 정비법에 의해 설정되어진 전체정비프로그램 (Programme d'aménagement d'ensemble ; 이하 PAE라 함)과 정비지구부담금 제도이다(도시계획법 전법 제332-9조 이하).

PAE는 종래의 부담금제도와는 달리 부담과 수익의 관계를 계획의 결정이라는 형태로 제도적으로 명확히 할 수 있다는 장점 때문에 수익자부담을 보다 순수화시킨 것이라는 평가를 받고 있으며, 비교적 단기간에 널리 보급되었다 (1988년 末에는 430건, 1989년 말에는 배로 늘었다).[17] 동시에 지구마다 건축자에게 요구되어지는 부담금이 사전에 결정되고 공개되어, 종전이라면 토지소유자에게 귀속될 수도 있었던 정비비용분의 증가를 사회에 환원시키는 역할을 수행하게 된 것이다.

(4) 초과분담금 제도

1) 입법취지

토지이용계획에 의해 특정 토지의 건축가능성을 어느 정도 인정할 것인가 하는 문제는 당해 토지의 地價의 수준과 직결되는 문제로서 자칫하면 토지소유자 사이에 불평등을 초래하기 쉽다. 따라서 이를 방치하는 것은 사회적 공정성의 확보에 대한 중대한 위험을 초래할 가능성이 있고 따라서 각국은 이 문제에 대한 어떤 조정장치를 강구하게 되는 것이다. 그 조정의 방향은 대체로 다음 두 가지 방향에서 고찰할 수 있을 것이다.

먼저 ① 토지이용계획의 결정권을 가지는 공권력과 토지소유자 사이의 조정이다. 여기에도 다음 두 가지 방식이 고려될 수 있을 것이다. 첫째, 토지이용계획에 의해 건축권이 제한된 토지소유자에게 손실보상을 하는 방식이며, 그 배후에는 토지소유권 속에는 무제한의 건축권이 존재한다는 절대적 소유권 개념이 존재한다. 둘째, 토지이용계획에 의해 건축가능성이 부여된 경우에 그 이익을 공공단체에 납부(계획이득의 공적 흡수)하는 방식이며 여기에서는 건축권과 소유권의 분리가 전제되고 있다.

② 토지소유자 상호간의 사적 조정을 도모하는 방식이다. 즉 건축가능성을 인정받은 토지소유자가 건축가능성을 부인당하거나 상대적으로 적게 인정받은 토지소유자

17) PAE의 실적 및 평가에 관하여는, Jaques Monnet, A Voreppe: d'un PAE, l'autre, Études foncières, n 46, 1990; Thierry Vilmin, Comment gérer un PAE, Études foncières, n 50, 1991 등 참조.

에게 금전으로 보상하는 방식으로, 토지소유권과 건축권의 분리를 전제하면서 건축권의 사적 거래 내지 사적 귀속을 인정하는 방식이라 할 수 있다.

프랑스에서는 전통적으로 토지이용계획에 기초한 토지소유권의 제한에 대하여는 보상을 인정하지 아니하였고(도시계획법전법 제160-5), 또 행정상 허가에 대하여도 금전급부와의 결부를 금지하였다. 뿐만 아니라 건축권의 사적 거래도 인정하지 아니하였다. 요컨대 프랑스에서는 토지이용계획에 수반되는 불평등을 시정하기 위한 상기의 어떤 조치도 강구되지 않았고, 따라서 1960년대 이후 도시법의 전개에 있어서 이 문제의 해결이 중요한 테마로 부각되게 된 것이다.

2) 토지점용계수(COS)와 법정상한밀도(PLD) 초과분담금

토지점용계수(COS)는 프랑스의 토지이용계획인 POS에 있어서 건축가능성을 정하는 중요한 제도이다. 마치 우리나라에 있어서의 용적률과 유사한 개념이라 할 수 있고 원칙적으로 이를 초과하는 건축은 인정되지 아니한다.

다만 COS를 초과하여 건축을 하는 경우에는 건축자는 원칙적으로 초과분담금을 지불할 의무를 지게된다. COS의 구체적 수치는 집단적 설비의 용량에 따라 결정되고, COS의 초과는 집단설비의 추가적 정비를 필요로 하기 때문에 그것은 수익자부담적 성격을 가진 것으로 이해할 수 있을 것이다.

한편 초과분담금의 額은 추가 용적부분을 건축하는 데 소요되는 부지의 가액(지가)에 대응하는 것으로 파악하게 되면 이 제도는 건축권을 공공단체에 귀속시키고 사인이 이를 사용하는 경우 그 대가를 공공단체에 지급한다는 사고와도 연결이 가능하게 된다. 한편 COS 초과분담금은 이웃의 소유자가 COS의 이전에 동의하면 그 지불이 면제될 수 있는 경우를 인정한다.

1976년 12월 31일의 법률(→도시계획법전법 제123-2조)에 의하면, 자연보호구역에 있어서는 상대적으로 낮은 COS를 규정하여 건축을 규제함과 동시에 건축이 허용되기 위해서는 COS의 이전을 받도록 규정함으로써, 실질적인 COS의 거래를 인정하였다. 이를 통하여 건축규제에 따른 토지소유자의 저항을 완화하고 구역의 설정을 용이하게 할 수 있는 것이다. 다만 이 제도는 개발이익의 공공환원이라는 이념과는 다소 거리가 있다.

한편 1975년 12월 31일 법률 제1328호에 의해 창설된 법정상한밀도 (Plafond légal de densité; 이하에서는 PLD라 함) 제도는 건축권의 부분적 公有化 思想에 기초하고 있다. 여기에서는 일정한 용적(원칙은 1, 파리에서는 예외적으로 1. 5)을 초과하는 건축권의 행사는 공공단체에 귀속되는 것을 전제로 하여, 토지소유자가 이를 초과하여 건축하는 경우에는 그 초과분에 대응하는 토지가액을 초과분담금으로 지급하지 않으면 안된다. 그러나 이 조치의 전제로서 토지소유자에의 보상은 규정되지 않고 있으며, 분담금 수입은 시・군・구의 토지정비사업을 목적으로 하는 토지취득비용 등으로 충당되고 있다.

PLD 는 파리 등 대도시 도심부의 Open Space의 확보에 크게 기여했을 뿐만 아니라 시・군・구에 있어서는 무시할 수 없는 분담금 수입을 가져다 주었다[18]. 그러나 그 후 이 제도는 몇 차례 법개정에 의해 현저히 약화되고 있다. 그 주된 이유는 도시계획 영역에 있어서의 지방분권의 추진이라 할 수 있다. 그 외에도 PLD를 도시재개발의 저해요인으로 간주하는 민간개발업자의 반발 및 전통적 소유권 옹호론의 주장도 만만치 않았다. 그리하여 1982년 12월 28일의 법률에서는, 시・군・구의 판단에 의해 PLD 의 비율을 법정 한도 내에서 변경하는 것이 가능하게 되었고(원칙은 1-2, 파리 市는 1. 5 -3, 파리 市는 법정한도인 3으로 바로 인상하였다), 1986년에는 PLD의 설정 자체 및 그 비율도 시・군・구의 결정에 위임되었다. 그러나 이러한 사태가 PLD의 사실상의 폐지로 연결된 것은 물론 아니며 지역에 따라서 그 활용의 가치는 여전히 남아 있다고 평가할 수 있을 것이다[19].

---

18) 1976년 및 1977년의 2년간 그 지급대상이 되었던 건축허가건수는 2,917, 금액은 3억 2,768만 프랑이다. Yves Jégouzo et Yves Pittard, Le droit de l'urbanisme, Masson, 1979, p.144. 또 1984년도의 수치는 각각 2,738건, 5억6,678만 프랑이다. Receuil d'informations statistiques sur l'urbanisme, 1986, pp. 182-183.

19) 현재 파리, 리용, 마르세이유 등 大都市에서는 PLD는 설정되어 있지 않고, 인구 10만 이상의 도시로서 이를 설정하고 있는 것은 1991년 기준으로, 디죵, 루아블 등 11 개에 불과하다. 그러나 여기에는 상당한 지역차가 존재한다. 특히 파리 주변의 시・군・구에서는 PLD는 지금도 그 활용 가치가 매우 높고(1992년 1월 현재, 123 개 시・군・구 중 98 개에서 이를 설정), 징수되는 초과분담금액도 이전보다 증가하고 있다. Jean-Jacques Granelle, Bilan des PLD communaux, Études foncières, n 55, 1992.

3. 영국

개발이익의 공공환원의 제도로서 이하에서는 특히 영국에서 발생한 "개발권의 국유화"제도에 대하여 간단히 설명하고자 한다. 영국에서도 개발이익의 공공환원을 위한 가장 중심적 제도로서, 직접부담금의 제도가 오래전부터(15, 6세기 경) 존재하였다. 이를테면 제방의 건설, 배수사업에 의한 위험의 제거, 도로의 건설 및 확충 등에 부과금을 과하거나 특별지방세인 下水 및 배수시설세 (sewers and drainage)를 거두어, 그 비용의 일부에 충당하였다. 그러나 이들 제도는 그 이익의 산정 및 징수에 많은 문제점이 있어 얼마 가지 못하여 폐지되고 말았다. 20세기에 들어, 1909년의 "주택 · 도시계획 등 법 (Housing, Town Planning, etc. Act)"은 도시계획에 의한 가치 증가분의 50%를 흡수하는 규정을 두었다. 또 1932년 "도시 · 농촌계획법(Town and Country Planning Act)"은 도시계획 및 사업의 시행으로 발생한 증가의 75%를 청구할 수 있도록 정하였다. 이들 법률의 배후에는 계획이 토지의 가치의 형성에 중대한 역할을 한다는 전제 하에서 개발이익의 흡수와 보상의 문제는 표리의 관계를 이루고 있다는 사고가 지배하고 있었다.

그러나 이들 법률에 의한 개발이익의 공공환원은 실제로는 제대로 작동되지 못하였던 바, 그 이유는 계획에 의한 가치증가분의 존재의 증명 및 액수 산정의 어려움 때문이었다. 이러한 어려움을 극복하기 위하여 제정된 것이 1947년의 도시 · 농촌계획법에 의한 이른바 "개발권의 국유화" 조치인 것이다.

이 법에 의해, 전국토의 1948. 7. 1 현재의 '장래의 개발가치'에 대하여 3억 파운드의 기금으로부터 일시불의 보상이 지급되도록 결정된 것이다. 이에 의해 개발권은 국가에 귀속하게 되었고 전 국토에 대한 개발허가제도를 실시하게 되었다. 그 결과 개발허가가 내려진 경우에 신청자는 개발부과금으로서, 허가 및 불허가시의 토지가액상 차액의 100%를 납부하게 되나, 개발허가의 신청이 거절되더라도 보상을 받는 것은 아니다. 나아가 토지수용시의 손실보상액의 산정에 있어서도, 개발권의 가치를 제외한 현재의 이용가치가 그 기준이 된다[20]. 이 법률이 전제하고 있는 사고에 의하면, 계획은 개발가치의 총액에 영향을 미치는 것이 아니고 그 장소적 배분에 영향을 준다

---

20) 安本典夫, "イギリスにおける開發利益の公共還元制度の生成", 立命館法學, 1990年 3號 참조.

는 것으로, 보상과 개발이익의 불균형을 시정하기 위해서는 전국토의 국유화가 필요하나 그것은 사실상 불가능하기 때문에 개발권의 국유화가 선행되어야 한다는 것이다[21].

그러나 이 법에 의한 일시불의 보상금은 지급되지 아니한 채, 보수당 정권의 1953년 도시·농촌계획법에 의해 개발부과금 제도는 폐지되고 말았다. 그 다음 해인 1954년의 도시·농촌계획법은 일괄불에 의한 보상제도를 폐지하고 그대신 불허가시 보상금의 지급이라는 개별불의 형태로 변경하였다. 결국 개발이 허용된 자와 불허된 자를 개발이익의 환원과 보상이라는 동일원리로 연계시킨다는 사고는 붕괴되고 말았으나, 개발권의 국유화 논리와 이에 기초한 개발허가 제도 및 엄격한 개발규제 제도는 여전히 남아 있게 된 셈이다.

Ⅲ. 개발부담금제도

1. 서

(1) 개발부담금의 의의 및 성질

개발사업의 시행 또는 토지이용계획의 변경 기타 사회·경제적 요인에 의하여 정상지가상승분을 초과하여 개발사업을 시행하는 자 또는 토지소유자에게 귀속되는 토지가액의 증가분 즉 개발이익 중에서, 개발이익환수에 관한 법률에 의하여 국가가 부과·징수하는 금액을 개발부담금이라 하고(동법 제2조 제4호), 국가는 개발부담금대상사업이 시행되는 지역에서 발생되는 개발이익을 개발부담금으로 징수하여야 한다(동법 제3조).

개발부담금은 개발사업의 수혜자라 할 수 있는 사업시행자에게 그가 받은 이익의 범위 내에서 개발이익을 공적으로 흡수하는 수익자부담금 제도 중 하나이다. 그 법적 성질은 공법상 금전급부의무로서 인적 공용부담으로 이해할 수 있을 것이다.

---

21) Expert Committee on Compensation and Betterment : Final Report (이른바 아스왓트 보고서) (Cmd . 6386, 1942) 참조. 安本典夫, 開發利益과 補償, 原田 外編, 前揭書, 364 면 이하.

(2) 개정 경과

이 법은 토지공개념 관련 3법 중 하나로서, 1989년 12월 30일 법률 제4175호로 제정・공포되고 1990년 1월 1일부터 시행되었으나, 1997년 후반기에 들어 심각한 외환위기를 맞아, 향후 택지거래의 활성화를 도모하고 개인과 기업의 경제적 부담을 줄인다는 취지에서, 1998년 9월 19일 택지소유상한에 관한 법률이 폐지되면서 이 법도 제정 당시에 비해 그 입법정신이 크게 후퇴하는 방향으로 개정되었다(법률 제5,572호). 즉, 경제의 어려움으로 기업의 자금난이 심화되고 개발사업이 위축되고 있으므로 모든 개발사업에 대하여 1999년 12월 31일까지 한시적으로 개발부담금을 면제하고, 아울러 負擔率을 인하함과 동시에 그 납부를 연기할 수 있는 기간을 연장하여 줌으로써 기업의 경제적 부담을 완화하기 위한 것이다. 고 기타 제도운영상 나타난 일부 미비점을 보완하려는 것이다. 그 주요내용은 다음과 같다. ① 개발부담금을 산정함에 있어서 개별공시지가에 의하지 아니하고 실제의 매입가액으로 부과개시시점의 지가를 산정할 수 있는 경우를 종전에는 경매・수용 등에 의한 경우로 대통령령에 위임하여 규정하였으나, 앞으로는 그 구체적인 기준을 법률에서 규정하여 운영하도록 한다(제10조 3항)[22]. ② 1999년 12월 31일까지 인가 등을 받아 시행하는 모든 개발사업에 대하여 개발부담금을 면제하고, 2000년 1월 1일부터는 그 부담률을 개발이익의 50/100에서 25/100로 인하하였다(제13조, 부칙 제1조 및 제3조). ③ 개발부담금의 납부의무자가 개발부담금을 납부하기가 곤란하다고 인정되는 경우 종전에는 1년의 범위 내에서 납부기일을 연기할 수 있었으나, 앞으로는 3년의 범위 내에서 연기할 수 있도록 하였다(제17조 1항). 그리고 2000년 1월 21일 개정(법률 제6202호)에서는, 개발부담금의 기준이 되는 정상지가상승분을 산정함에 있어 종전에는 전국의 평균지가변동률에

---

22) 개정 이전의 구법 제10조 3항 단서는 "다만, 납부의무자가 대통령령이 정하는 매입가액을 건설교통부령이 정하는 기간 내에 신고하는 경우에는 그 가액에 매입일부터 부과개시시점까지의 정상지가상승분을 가감한 가액으로 할 수 있다"고 규정하고 있었고, 이 단서 조항에 대하여는 헌법재판소는 다음과 같은 위헌결정을 내린 바 있다(1998. 6. 25. 95헌바35, 97헌바81, 98헌바5・10[병합] 전원재판부). 즉, "과연 어떠한 경우에 실제 매입가액에 의하여 개시시점의 지가를 산정할 수 있을지 법률규정에 의하여 예측할 수 없도록 하면서 실제 매입가액에 의하여 개시시점 지가를 산정할 수 있는 경우를 행정청의 자의에 의하여 한정적・열거적으로 정할 수 있도록 규정한 것은, 국민의 재산권을 제약하는 개발부담금 납부의무의 존부와 범위를 결정하는 요소가 되는 개시시점 지가의 산정방법을 구체적인 기준이나 원칙을 정함이 없이 포괄적으로 대통령령에 위임한 것으로서, 헌법 제75조가 규정하는 위임입법의 한계를 일탈하였다".

의하도록 하였으나, 앞으로는 개발사업을 시행한 당해시 · 군 · 구의 평균지가변동률에 의하도록 함으로써 보다 정확한 개발부담금이 산정될 수 있도록 하는 한편, 개발사업의 시행자가 조합인 경우 종전에는 조합이 해산한 경우에 한하여 그 조합원에게 부담금을 부과 · 징수하도록 되어 있는 것을 앞으로는 조합이 해산되지 아니하더라도 조합의 재산이 부족한 경우에는 조합원에게 개발부담금을 부과 · 징수할 수 있도록 하였다.

그리고, 2002년 12월 26일 (법률 제6832호) 개정에서는 개발부담금 부과 개시시점지가를 산정하는 경우 종전에는 당해연도의 1월 1일을 기준으로 하였으나, 앞으로는 7월 1일을 기준으로도 개시시점지가를 산정할 수 있도록 하고, 개발부담금을 징수할 수 있는 권리와 개발부담금의 과오납금을 환급받을 수 있는 권리에 대한 시효(5년)를 정함으로써 결손처분이 가능하게 되었다.

2005년 12월 7일 개정(법률 제7709호)은 토지투기를 방지할 목적으로, 현재 「부담금관리기본법」에 의하여 비수도권은 2002년 1월 1일부터, 수도권은 2004년 1월 1일부터 개발부담금의 부과를 중지하고 있는바, 2006년 1월 1일 이후 인가 등을 받은 사업에 대하여는 개발부담금을 다시 부과 징수할 수 있도록 하였다.

한편 2008년 3월 28일, 이법에 대한 전부개정(법률 제9045호)이 단행된 바, 그 주요 내용은 개발부담금의 50퍼센트를 감면하는 대상에, 중소기업이 시행하는 공장용지조성사업 이에 물류시설용지조성사업과 관광단지조성사업을 추가하여 산업 간 차별을 개선하고, 법 문장을 원칙적으로 한글로 적고, 길고 복잡한 문장은 체계 등을 정비하여 간결하게 함으로써 국민이 법 문장을 이해하기 쉽게 정비하였다.

전부개정 이후, 2009년 3월 25일 또 한 차례의 일부 개정이 있었던 바, 그 주요 내용은 관광산업 및 물류업에 대한 제조업 수준의 지원을 위하여 관광단지 조성사업 및 물류단지개발사업의 개발부담금을 면제하도록 하고, 지역에 대한 민간투자 활성화 등을 위하여 개발부담금이 귀속되는 지방자치단체의 요청에 따라 개발부담금을 추가로 경감하도록 하는 것 등이다(법 제7조제3항제3호 및 제4호 및 제4항 신설).

(3) 납부의무자

개발부담금 부과대상사업의 시행자는 개발부담금을 납부할 의무를 진다.

다만 다음 각 호의 경우에는 그에 해당하는 자가 개발부담금을 납부할 의무를 진다(제6조 제1항).

가) 개발사업을 위탁 또는 도급한 경우에는 그 위탁이나 도급을 한 자

나) 타인 소유의 토지를 임차하여 개발사업을 시행한 경우에는 토지소유자

다) 개발사업을 완료하기 전에 사업시행자의 지위나 위 가)호 또는 나)호에 해당하는 자의 지위를 승계하는 경우에는 그 지위를 승계한 자

한편 개발부담금을 납부하여야 할 자가 주택법 제32조의 규정에 의한 주택조합, 도시개발법 제11조 제1항 제6호의 규정에 따른 조합, 도시 및 주거환경정비법 제16조의 규정에 의한 도시환경정비사업조합인 등인 경우로서 당해 조합이 해산된 경우에는 그 조합원이 개발부담금을 납부하여야 한다(동법 제6조 제2항, 동시행령 제5조 제1항, 제2항).

(4) 징수금의 배분

개발부담금 부과대상사업이 시행되는 지역에서 발생되는 개발이익을 개발부담금으로 징수한 때에는 그 징수된 개발부담금의 50/100에 상당하는 금액은 개발이익이 발생한 토지가 속하는 지방자치단체에 귀속되고, 이를 제외한 나머지 개발부담금은 따로 법률이 정하는 토지관리 및 지역균형개발 특별회계에 귀속된다(제4조 제1항, 제2항).

2. 부과대상사업의 종류 및 범위

(1) 대상사업의 종류

개발부담금의 부과대상인 개발사업은 다음과 같다(제5조 제1항).

① 택지개발사업(주택단지 조성 사업을 포함한다. 이하 같다)

② 산업단지개발사업

③ 관광단지조성사업

④ 도시환경정비사업(공장을 건설하는 경우는 제외한다)

⑤ 물류시설용지조성사업

⑥ 온천 개발사업

⑦ 여객자동차터미널사업

⑧ 골프장 건설사업

⑨ 지목변경이 수반되는 사업으로서 대통령령으로 정하는 사업

⑩ 제1호부터 제8호까지의 사업과 유사한 사업으로서 대통령령으로 정하는 사업 등

(2) 대상사업의 규모

개발부담금 부과대상사업의 규모는 관계 법률의 규정에 의하여 국가 또는 지방자치단체로부터 인가・허가・면허・신고 등(이하에서는 인가 등이라 함)을 받은 사업대상 토지의 면적이 다음 각호에 해당하는 경우로 한다(令 제4조 제1항). 이 경우 연접한 토지에 2 이상의 동일한 개발사업을 각각 다른 시기에 인가 등을 받아 사실상 분할하여 시행하는 경우에는 각 사업의 대상토지면적을 합한 토지에 하나의 개발사업이 시행되는 것으로 본다.

1. 서울특별시 또는 광역시 지역에서 시행하는 사업의 경우 660 제곱미터 이상
2. 서울특별시 또는 광역시 외의 도시계획구역인 지역에서 시행하는 사업인 경우 990 제곱미터 이상
3. 위 1 및 2 호 외의 지역에서 시행하는 사업인 경우 1, 650 제곱미터 이상

개발사업이 위의 지역 중 2 이상의 지역에 걸쳐 시행되는 경우에는 부과대상이 되는 토지면적을 다음의 기준에 의하여 산정한다(令 제4조 제2항)

1. 서울특별시 또는 광역시 지역의 1제곱미터는 다른 도시계획구역인 지역의 1. 5 제곱미터, 상기 3 호 지역의 2. 5 제곱미터에 해당하는 것으로 본다.
2. 서울특별시 또는 광역시 외의 도시계획구역인 지역의 1 제곱미터는 위 3호 지역의 5/3 제곱미터로 본다.

3. 부과기준 및 기준시점

(1) 부과기준

개발부담금은 부과종료시점의 부과대상토지의 가액(이하에서 “종료시점 지가”라 한다)에서 ① 부과개시시점의 부과대상토지의 가액(이하에서 “개시시점 지가”라 한다) ② 부과기간 동안의 正常地價上昇分 ③ 개발사업의 시행과 관련하여 지출된 개발비용(제11조)의 합산금액을 뺀 금액을 기준으로 부과한다(제8조). 여기서 개발비용은 개발사업의 시행과 관련하여 지출된 다음 각 호의 금액을 합하여 산출한다. 1. 제세공과금을 포함한 순공사비 · 조사비 · 설계비 · 일반관리비 및 기타 경비 2. 관계법령의 규정 또는 인가 등의 조건에 의하여 납부의무자가 공공시설 또는 토지 등을 국가 또는 지방자치단체에 제공하거나 기부한 경우에는 그 가액 3. 당해 토지의 개발비용. 다만 구체적인 산정방법 등에 관하여는 대통령령으로 정한다(제11조 제1항, 令 제12조 제1항 내지 제5항).

그리고 헌법재판소의 결정[23]에 의하면 개발부담금의 부과기준이 되는 개발비용은 부과대상토지에 소요된 개발비용만을 말하므로 토지매입 관련경비(취득세 · 등록세 · 방위세), 사업구역에 진입하기 위한 도로 개설비용 및 사업구역 밖의 주민들에게 지급한 민원보상비용 등은 개발부담금 산정시 공제되는 개발비용에 포함되지 아니한다. 즉, “개발부담금의 부과기준은 부과대상 토지에 소요된 개발비용만을 말하므로, 청구인이 주장하는 바와 같은 비용(사업구역에 진입하기 위한 도로개설비용 및 사업구역 밖의 주민들에게 지급한 민원보상비용 등)을 개발비용에 포함시켜 공제할 것인지 여부는 입법재량에 속하는 문제이고, 입법자의 입법목적에 비추어 개발사업과 직접 관련이 없는 것으로 보아 개발비용의 범위에서 제외한 것에 재량의 범위를 벗어난 위법이 있다고 할 수 없고, 나아가 - 중략- 헌법상의 평등원칙에 위배되거나 헌법상의 재산권보장에 관한 규정을 침해한다고 볼 수 없다”

(2) 기준시점

부과개시시점은 사업시행자가 지방자치단체로부터 개발사업의 인가 등을 받은 날

---

23) 헌재 1998. 5. 28. 95헌바37 전원재판부.

을, 또 부과종료시점은 관계법령에 의하여 국가 또는 지방자치단체로부터 개발사업의 준공인가 등을 받은 날로 하는 것이 원칙이나 법령에 다른 규정이 있는 때에는 그러하지 아니하다(제9조 제1항 내지 제3항, 令 제8조 내지 제10조).

(3) 지가의 산정기준

종료시점지가는 부과종료시점 당시의 부과대상토지의 이용 상황이 가장 유사한 표준지의 공시지가를 기준으로 「부동산 가격공시 및 감정 평가에 관한 법률」 제9조 제2항의 규정에 의한 비교표에 따라 산정한 가액에 해당 연도 1월 1일부터 부과 종료 시점까지의 정상지가상승분을 합한 가액으로 한다(제10조 제1항).

개시시점지가는 부과개시시점이 속한 연도의 1월 1일을 기준으로 한 부과대상토지의 개별공시지가에 그 공시지가의 기준일부터 부과개시 시점까지의 정상지가 상승분을 합한 가액으로 한다. 다만 다음 각 호의 1에 해당하는 경우에는 그 실제의 매입가격 또는 취득가격에 그 매입일 또는 취득일부터 부과개시시점까지의 정상지가상승분을 가감한 증액을 개시시점지가로 할 수 있다. 1. 국가 · 지방자치단체 또는 국토해양부령이 정하는 기관으로부터 매입한 경우 2. 경매 · 입찰에 의하여 매입한 경우 3. 지방자치단체 또는 제7조 2항 2호의 규정에 의한 공공기관이 매입한 경우 4. 공익사업을 위한 토지 등의 취득 및 보상에 관한 법률의 규정에 의한 협의 또는 수용에 의하여 취득한 경우 5. 실제의 매입가액이 정상적인 거래가격이라고 객관적으로 인정되는 경우로서 첫째, 부과개시시점 이전에 매입한 경우에는 그 매입가격이 취득세 또는 등록세의 과세표준이 된 경우 둘째, 사업시행자가 지방세법 제286조 내지 제288조의 규정에 의한 법인인 경우에는 그 매입가격이 법인장부에 기재된 매입가격인 경우(제10조 제3항, 令 제11 제5항).

상술한 바와 같이 98. 9. 19 개정 이전에는 실제의 매입가격으로 부과개시시점의 지가로 할 수 있는 경우를, 대통령령으로 규정하는 경매 · 입찰 · 국가나 지방자치단체 등으로부터 매입한 경우(구시행령 제9조 5항) 기타 매우 한정적인 경우로 제한하였으나, 이 점에 대하여도 헌법재판소는 다음과 같은 위헌결정을 내린 바 있다(1998. 6. 25. 95헌바35, 97헌바81, 98헌바5 · 10 [병합] 전원재판부). 즉, "개발부담금 납부의무자가 신고한 실제 매입가액에 의하여 부과개시시점의 지가를 산정한다고 하는 경우에 있어서, 부과대상토지를 私人으로부터 개별적으로 매입한 경우, 공공기관으로부터 매입한 경우 또는 공매방식을 통하여 매입한 경우 등과 같이 거래의 주체 및 형식에 따라 신고한 매입가액의 신빙성에 차이가 있을 수 있음은 사실이나, 이러한 신빙성의 차이는 결국 거래당사자가 행정청에 제출하는 소명자료에 의하여 진위를 판가름하거나 나아가 부담금부과처분의 취소를 구하는 행정소송 과정에서의 주장·입증을 통하여 진실을 밝힘으로써 극복될 수 있는 문제라 할 것이다. 그럼에도 불구하고 대통령령이 한정적으로 정하는 경우에만 실제 매입가액에 기초하여 개시시점지가를 산정하면서도 나머지 경우에는 실제 매입가액에 의한 산정방식을 일체 부정하고 개별공시지가에 기초하여서만 개발이익을 산정하도록 하는 것은 납부의무자가 진실에 부합하는 매입가액을 정직하게 신고한 경우에도 대통령령에 열거되지 않았다는 이유만으로 다른 납부의무자들과는 달리 실제 매입가액을 공제 받을 수 있는 기회를 원천적으로 봉쇄당하는 것이어서 차별취급의 합리성을 인정할 수 없다". 1998. 12. 31. 시행령의 개정에서는 헌법재판소 결정의 취지를 이어 받아 사인으로부터 매입한 경우에도 실제 거래가격으로 인정할 만한 객관성이 있는 두 가지 경우(上記 제5호, 令 제9조 5항)를 추가하게 된 것이다.

그리고 개시시점지가에 관하여 제3항 단서의 규정을 적용 받고자 하는 자는 3항 각호의 1에 해당함을 증명하는 자료를 갖추어 국토해양부령이 정하는 기간 내에 국토해양부장관에게 이를 제출하여야 한다(제10조 제6항, 98. 9. 19 신설).

개발비용의 산정기준은 개발사업의 시행과 관련하여 지출된 ① 순공사비(제세공과금을 포함한다)·조사비·설계비·일반관리비 및 기타 경비, ② 관계법령의 규정 또는 인가 등의 조건에 의하여 납부의무자가 공공시설 또는 토지 등을 국가 또는 지방자치단체에 제공하거나 기부한 경우에는 그 가액, ③ 당해 토지의 개량비 등을 합하여 산출한다(제11조 제1항).

4. 부담률

사업시행자가 납부해야 할 개발부담금은 상기 부과기준(제8조)에 따라 산정된 개발이익의 25/100로 한다. 다만 국토의 계획 및 이용에 관한 법률 제38조의 규정에 의한 개발제한구역에서 개발사업을 시행하는 경우로서 납부의무자가 동 구역의 지정 당시부터의 토지소유자인 경우에는 20/100으로 한다(제13조).

5. 개발부담금의 부과 및 징수절차

(1) 부과

개발부담금은 부과종료시점부터 3월 이내에 국토해양부장관이 결정·부과하는 것이 원칙이다. 다만 부과대상토지가 관계법령에 의해 일부가 준공된 경우 등 당해 사업이 대규모사업의 일부에 해당되어 제11조의 규정에 의한 개발비용의 내역을 제출할 수 없는 경우에는 전체개발사업이 완료된 후에 부담금을 결정·부과할 수 있다(제14조 제1항, 令 제15조 제3항).

국토해양부장관이 개발부담금을 결정·부과하고자 하는 경우에는, 비용내역서가 제출된 날로부터 25일 이내에 미리 납부의무자에게 부과기준 및 개발부담금을 통지하여야 한다(제14조 제2항, 令 제15조 제1항, 제2항). 그리고 국토해양부장관이 통지한 개발부담금의 부과기준 및 부담금에 대하여 이의가 있는 사업자는 그 예정통지를 받은 날로부터 15일 이내에 심사(이하, 고지전 심사라 한다)를 청구할 수 있다(令 제16조 제1항 내지 제4항 참조). 국토해양부장관은 부과기준 및 개발부담금의 예정통지에 이의가 없는 경우 또는 고지전 심사청구에 대한 심사결과를 통지한 경우에는 그 통지한 금액에 의하여 개발부담금을 결정한다(令 제18조).

(2) 징수절차

국토해양부장관이 개발부담금을 부과·결정한 때에는 납부의무자에게 납부금액 및 그 산출근거·납부기한과 납부장소를 명시한 납부고지서를 발부하여야 한다(제15조, 令 제19조).

개발부담금의 납부의무자는 부과일로부터 6월 이내에 현금으로 이를 납부하는 것이 원칙이나, 예외적으로 당해 부과대상토지 및 이와 유사한 토지에 의한 납부(이하, 물납이라 함)가 가능하다(제18조 제1항, 제2항). 物納을 신청하고자 하는 자는 부담금의 금액, 물납 하고자 하는 토지의 소재지, 물납 대상면적·위치·가격 등을 기재한 물납 신청서를 국토해양부장관에게 제출하여야 한다(슈 제22조 제1항). 물납을 청구할 수 있는 토지의 가액은 당해 부담금 부과액을 초과할 수 없으며, 납부의무자는 부과된 부담금과 물납 토지의 가액과의 차액을 현금으로 납부하여야 한다(슈 동조 제3항).

국토해양부장관은 납부의무자가 다음 각 호의 1에 해당하는 사유가 있을 때에는 납부기일 전이라도 이미 부과된 개발금을 징수할 수 있다(제19조 제1항).

1. 국세 · 지방세 기타 공과금에 대하여 체납처분을 받은 경우
2. 강제집행을 받은 경우
3. 파산의 선고를 받은 경우
4. 경매가 개시된 경우
5. 법인이 해산한 경우
6. 개발부담금을 포탈하고자 하는 행위가 있다고 인정되는 경우
7. 개발부담금에 대한 납부관리인을 두지 아니하고 국내에 주소 또는 거소를 두지 아니하게 된 경우.

국토해양부장관이 개발부담금을 납부기일 전에 징수하고자 하는 때에는 그 납부기일을 부담금 고지일로부터 5일 이상이 경과된 날로 정하여야 하고, 그 고지서에는 납부기일 전에 징수한다는 뜻과 납부기일의 변경의 뜻을 기재하여야 한다(동조 제2항, 슈 제23조)

국토해양부장관은 개발부담금의 납부의무자가 다음 각 호의 1에 해당하는 사유로 개발부담금을 납부할 수 없다고 인정되는 때에는 당해 개발사업목적에 따른 이용상황 등을 고려하여 3년의 범위 내에서 납부기일을 연기하거나 5년의 범위 내에서 분할납부를 인정할 수 있다(제20조 제1항).

1. 재해 또는 도난으로 재산에 심한 손실을 받은 때
2. 사업에 현저한 손실을 받은 때
3. 사업이 중대한 위기에 처한 때
4. 납부의무자 또는 그 동거가족의 질병이나 중상해로 장기치료를 요하는 때
5. 기타 대통령령이 정하는 경우

납부의무자가 개발부담금의 납부기일의 연기 또는 분할납부를 인정받고자 할 때에는 국토해양부장관에게 신청하여야 한다(동조 제2항).

국토해양부장관은 개발부담금의 납부를 연기한 기간 또는 분할납부로 납부가 유예된 기간에 대하여는 연 6/100의 비율로 산정한 금액을 가산하여 징수하여야 한다(동조 제3항, 슈 제24조 제4항).

국토해양부장관은 납부의무자가 그 부과일로부터 6월 이내에 개발부담금을 완납하지 아니한 때에는 납부기한 경과 후 10일 이내에 독촉장을 발부하여야 한다(제21조 제1항).

개발부담금의 납부의무자가 납부독촉장을 받고 지정된 기한까지 개발부담금 및 가산금 등을 완납하지 아니한 때에는 국토해양부장관은 국세체납처분의 예에 의하여 강제징수한다(제21조 제2항). 분할납부가 인정된 개발부담금을 징수함에 있어서는 1회의 분할납부가 체납된 때에는 그 납부기간 이후 분할납부 하여야 할 개발부담금 및 가산금 등의 전액을 체납처분 시에 일괄 징수한다(제22조 제3항).

(3) 부과 및 징수에 대한 불복

국토해양부장관의 개발부담금의 부과・징수처분에 대하여 이의가 있는 자는 '공익사업을 위한 토지 등의 취득 및 보상에 관한 법률'에 의한 중앙토지수용위원회에 행정심판을 청구할 수 있다(제26조 제1항). 그리고 이상의 행정심판청구에 대하여는 행정심판법 제5조 및 제6조의 규정에 불구하고 공익사업을 위한 토지 등의 취득 및 보상에 관한 법률에 의한 중앙토지수용위원회가 심리・의결하여 재결한다(동조 제2항).

6. 기타

(1) 부과제외 및 감면

국가가 시행하는 개발사업과 지방자치단체가 공공목적을 위하여 시행하는 개발사업으로서, 택지개발사업(주택단지조성사업을 포함한다), 산업단지개발사업, 관광단지조성사업, 도시환경정비사업(공장을 건설하는 경우는 제외한다), 물류시설용지조성사업 등에 대하여는 개발부담금을 부과하지 아니한다(제7조 제1항, 슈 6조 제1항).

그리고 다음 각호의 1에 해당하는 개발사업에 대하여는 개발부담금의 50/100을 경감한다. 이 경우 각호의 규정은 중복하여 적용하지 아니한다(동조 제2항, 슈 동조 제2

항, 제3항)

1. 지방자치단체가 시행하는 개발사업으로서 부과제외대상에 해당하지 않는 사업
2. 공공기관의 운영에 관한 법률에 따른 공공기관, 지방공기업법에 의한 지방공기업, 특별법에 의한 공기업 중 시행령(제6조 제2항 및 3항)이 정하는 사업
3. 중소기업기본법 제2조 제1항의 규정에 의한 중소기업이 시행하는 공업용지 조성사업과 시행령(제6조 제4항)이 정하는 물류시설용지조성사업 및 관광단지 조성사업. 다만 수도권정비계획법 제2조 제1호의 규정에 의한 수도권에서 시행하는 사업을 제외한다.
4. 주택법 제2조 제3호의 규정에 의한 국민주택을 건설하기 위하여 시행하는 택지개발사업

(2) 추징

법 제7조 2항 및 3항의 규정에 의한 개발부담금 감면대상사업을 시행한 후, 특별한 사유 없이 부과종료시점 후 5년 이내에 토지를 당해 개발사업의 목적용도로 이용하지 아니하거나, 당초 개발사업의 목적용도와 다른 용도로 이용하는 경우, 또 당초 개발사업의 목적용도 외의 용도로 토지를 이용하고자 하는 자에게 당해 토지를 양도한 경우에는 감면한 개발부담금을 징수한다(제16조 제1항, 令 제21조 제2항 , 제3항).

국토해양부장관이 개발부담금을 추징하고자 할 때에는 그 사유가 발생한 날로부터 15일 이내에 납부의무자에게 납부고지서를 송부하여야 하고, 그 납부기한은 고지일로부터 30일로 한다 (제16조 제2항, 令 동조 제4항, 제5항).

제5장 공중과 지하의 이용법리

- 토지의 입체적 이용 -

Ⅰ. 序

근대적 토지소유권개념에 의하면 토지소유권은 지상 및 지하의 무한대까지 미치므로 소유권이 없는 자가 특정 토지의 지하 및 공중을 이용하기 위해서는 용익물권이나 임차권의 설정이라는 법리구성을 취할 수밖에 없었다.

그러나 토지소유권의 범위가 지상 및 지하의 무한대까지 미치는 것을 전제로 하더라도 지하에 매장되어 있는 광물, 석유, 가스 또는 지하수에 관해서는 토지소유권의 범위에서 제외하는 방법을 강구할 수 없는 것은 아니며, 실제로 광업법은 지하의 일정한 광물에 대하여는 토지소유권의 효력이 미치지 않는 것으로 규정하고 있다(광업법 제9조, 석유에 관한 광업권에 대한 특례). 그러나 한정된 토지자원의 효율적 이용을 위해서는 토지소유권의 범위를 지표면과 일정한 높이까지의 공중 및 일정한 깊이까지의 지하에 한정하고, 이를 초과하는 공중 및 지하에 대해서는 당해 토지소유권과는 구분되어지는 독립한 소유권을 인정하는 방법을 강구할 수도 있을 것이다.

현재 우리 민법은 제212조에서 토지소유권이 미치는 범위를 '정당한 이익이 있는 범위 내에서 토지의 상하에 미친다'고 규정하고 있다. 그리고 토지소유권의 효력이 미치는 범위와 중복되는 공중 및 지하의 독립적 이용을 위하여 우리 민법은 구분지상권에 관한 규정을 신설함으로써 토지의 입체적 이용을 도모하고 있다(동법 제289조의 2). 즉, 지하 또는 지상의 공간은 상하의 범위를 정하여 건물 기타 공작물을 소유하기 위한 지상권의 목적으로 할 수 있고 이 경우 설정행위로써 지상권의 행사를 위하여 토지의 사용을 제한할 수 있다고 하고(동조 제1항), 또 구분지상권은 제3자가 토지를 사용・수익할 권리를 가진 때에도 그 권리자 및 그 권리를 목적으로 하는 권리를 가진 자 전원의 승낙이 있으면 이를 설정할 수 있고 이 경우 토지를 사용・수익할 권리를 가진 제3자는 그 지상권의 행사를 방해할 수 없도록 규정하고 있다(동조 제2항).

또 도시철도법에서는 지하철도의 건설을 위해 타인 토지의 지하 부분에 한하여 구분지상권을 설정할 때에는 경우에 따라 보상을 지급하지 아니할 수도 있도록 하여 토지 소유권의 효력을 상대적으로 약화시키고 있으며(동법 제4조의 6, 지하보상 등) 실제로 일정 깊이 이하의 지하만의 이용에 대하여는 지료를 지급하지 아니하였다. 그러나 일정 깊이 이하의 지하만의 이용에 대하여 지료를 지급하지 아니한다는 사실이 곧 토지소유권의 미치는 범위가 일정 깊이 이하까지에만 한정된다는 사실과 직결되는 것이 아님은 물론이다.

지하 또는 공중만을 이용하기 위한 법리로서는 상기의 구분지상권 제도 이외에도 임차권의 설정도 물론 가능할 것이다. 특히 외국의 경우에는 공중권을 인정하여 공중만에 대한 독립한 소유권 내지 용익물권의 설정을 인정하기도 하며, 또 지하에 대하여도 토지소유권과는 독립된 구분소유권 내지 용익물권의 설정을 인정하고 있다.

Ⅱ. 공중의 이용

1. 서

우리나라의 도시문제의 해결에 있어서 가장 심각하고 어려운 문제 중 하나가 바로 비좁은 도시 토지문제라는 점은 아무도 부인할 수 없는 사실이며, 이러한 배경 아래 현대도시의 토지문제를 해결하는 유효한 방법 중 하나로 등장하고 있는 것이 공중권의 개념이라 할 수 있다. 특히 21세기 정보화 시대에 부응하는 도시기능의 고도화를 위한 도시기반의 정비, 防災型 도시의 건설을 위해서 긴급한 과제로 등장한 것이 대도시 재개발 문제이며 도시재개발 및 신도시개발의 핵심적 사항은 토지의 입체적, 집약적 이용에 초점이 맞추어지고 있는 것이다.

英國의 보통법(Common Law) 상 인정되었던 공중권의 법리가 최초로 실정법화 된 것은 1927년 미국 일리노이 주 입법으로, 철도회사가 통상위원회(Commerce Commission)의 승인을 받아 철도의 상부 공간을 매각·임대 가능하게 한 것이었으며 그 후 뉴저지 주에서도 비슷한 입법이 행하여 졌고, 또 다른 몇 개 주에서도 空中權의 개념을 인정하는 입법이 행하여졌다.

1958년 미연방의회는 주간고속도로(Interstate Highway)의 상・하부공간을 주차용 공간으로 이용하는 것을 인정하였고 그 뒤 그 이용목적은 주차공간 이외로도 확대되었다. 또 공중권의 개념은 널리 공공용지 및 사유지의 상공이용에도 활용될 수 있는 일반적인 용어로 발전되었다.

일반적으로 공중권(air rights)의 개념은 그 의미와 내용에 있어 상당히 다의적인 것이라 할 수 있다. 즉, 공중권이란 어떤 토지의 구획 내의 上空의 범위를 정하여 정해진 공간을 배타적으로 지배하는 권리로 정의되고 있으나, 그 법적 성질에 관하여는 지역권(easement), 타인의 토지 위에 취득되는 비점유적 권리(non possessing right), 점유권(possessing right) 등으로 다양하게 이해되고 있다.[1] 여기에는 구분지상권(민법 제289조의 2 참조)적인 것으로, 타인 소유의 토지・건물・공작물 등의 상공에 건물을 건축하는 형태로 상공을 이용하는 경우(철도・역사・도로 등 上空에 빌딩을 건축하거나 타인 소유의 토지・건물 위에 접속하여 또는 피로티 방식으로 건축 하는 등)와 부작위 지역권의 일종으로서 일조・통풍을 확보하기 위하여 인접부지 上空을 확보하는 것이 있고, 그 밖에 비행기의 이착륙을 위하여 타인 소유 토지의 상공을 이용할 수 있는 지역권을 공중권이라고 부르는 경우도 있다.[2] 또 광의로는 후술하는 바와 같이 이전가능한 개발권(Transferable Development Rights)을 공중권이라 부르는 경우도 있다.

2. 공중 이용의 법리 구성

(1) 공중권(Air rights, Air space rights)의 인정

그러나 미국에서는 지표면의 일정 높이 이상의 공중에 대한 권리를 공중권(air rights)으로 인정하여 토지소유권과는 분리, 독립된 권리로 인정하고 있으며, 따라서 공중권만을 매매하는 것도 가능하게 된다 (이전가능한 개발권 -TDR - 참조).

1) 高田壽史, "空中權と都市開發 - アメリカの事例から見た問題點と所見", 不動産研究 25卷1號 34면 이하.

2) Ibid 35면 이하.

한편 프랑스에서는 공중의 일정 높이 이상으로 건축할 수 있는 권리를 토지소유권에서 분리하여 이를 公有化하였다. 즉 1975년 파리시의 경우 연건축면적이 대지면적의 1.5배를 초과하는 공중에 대한 건축권을 분리, 公有化하였고 파리시 이외의 지역에서는 연건축면적이 대지면적의 1배를 초과하는 건축권을 분리, 공유화하였다. 그리고 상기 법정건축밀도를 초과하여 건축하고자 하는 경우에는 초과건축면적에 대해 법정상한밀도 초과부담금을 부과 한다[3].

(2) 구분지상권의 설정

지표면과 분리 독립하여 공중을 이용하기 위한 법리로서는 공중에 구분지상권을 설정하는 방법을 생각할 수 있다. 구분지상권은 공간의 상ㆍ하 범위를 정하여 공작물을 소유하는 권리이고, 공작물에는 건물은 물론 도로, 주차장 등을 위한 인공지반이나 송전시설 등도 포함될 수 있을 것이다. 이 권리는 물권으로서 토지소유자의 승낙유무에 관계없이 양도 (및 공간의 임대)가 가능할 것이다. 다만 등기와 관련하여 형식주의 법제 하에서는 물권으로서 등기되지 아니하면 권리보호를 받을 수 없게 될 것이나, 기존의 등기법은 토지의 2차원적 평면적 이용을 전제로 한 것으로서 3차원적인 입체적 이용을 공시함에 있어서는 많은 입법 기술적 문제점이 존재하는 것이 사실이다. 따라서 향후 이 문제에 대한 새로운 입법적 대응이 필요할 것이다.

(3) 지역권의 설정

일종의 편법적 수단이기는 하나, 인공지반의 支柱의 연결점을 요역지로 하고 인공지반 아래의 토지를 승역지로 하여, 인공지반 아래의 토지소유자가 인공지반의 존립을 위험하게 하는 구축물을 건설하지 않을 것을 내용으로 하는 지역권을 설정함으로써 인공지반에 의한 상부공간의 이용이 가능할 것이다[4]. 지역권을 공중이용권으로서 활용하기 위해서는 대가의 지급은 물론 또 물권으로서 등기함으로써 제3자에 대한 대항력이 당연히 전제되어야 할 것이다. 미국에서는 철도노선 위의 상공에 상업용 건물을 건축하기 위하여 공중에 대한 권리를 매입하고, 지표이용을 위한 지표지역권

3) 제4장 개발이익환수제도 Ⅱ. 비교법적 고찰 2. 프랑스 참조.
4) 水本 浩外 2人編, 不動産法制槪說, 青林書院, 1993, 71면 참조.

(surface easement)을 설정하는 사례가 적지 아니한 것으로 알려지고 있다[5].

(4) (구분)임차권

空中의 이용을 위해서는 상기 수단 이외에도 계약자유의 원칙상 채권으로서의 임차권을 활용하는 것도 가능할 것이다. 다만 임대차계약은 그 대상이 물건일 것을 요하지만 이 계약의 대상은 공간이고 유체물이 아니기 때문에 물건이라고 말할 수 없고 따라서 이 계약은 임대차 유사의 계약으로서 민법상 임대차에 관한 규정이 유추적용되는 것에 불과할 것이라는 지적도 있다[6]. 임차권은 등기함으로써 제3자에게 대항할 수는 있으나 임차인은 독립한 등기청구권을 갖지 않으므로 실제 등기를 하는 경우는 드물 것이고 따라서 토지소유자가 토지를 제3자에게 양도한 경우에는 임차권자가 양수인에게 대항할 수 없다는 문제가 발생하게 된다. 또 임차권의 讓渡 및 轉貸에 대하여는 토지소유자의 승낙이 필요하기 때문에 공중이용권으로서 임차권의 활용에는 한계가 존재 한다[7].

3. 이전가능한 개발권(TDR, Transferable Development Rights)

이전 가능한 개발권 내지 개발권(Development rights)의 이전이란 용도지역제에 의해 허용되어진 용적률 중 미실현부분을 타인에게 양도하는 것에 의해 매수인이 인접지 또는 기타 지역의 토지 상에 할증된 용적률을 행사할 수 있도록 인정함으로써 토지 상공의 고도이용을 가능하게 하는 제도이다.

즉 TDR은 개별토지에서 실행 가능한 개발총량을 다른 토지로 이전하는 것을 인정함으로써, 이전이 행해지지 않을 경우의 가능한 개발과 비교하여 보다 집약적인 토지의 개발을 인정하는 제도라 할 수 있다[8]. 이 제도는 일반적으로 이전가능한 개발권(TDR)이라 부르나 넓은 의미로 空中權이라고 부르는 경우도 있다.[9] 이 제도의 목적

---

5) Frank Gibson, James Karp, Elliot Klayman, Real Estate Law, 1983, pp.34-35.
6) 伊藤 浩, 空中權, 제7회 韓日土地法學術大會 主題發表論文, 1997. 11. 4, 53면.
7) Ibid. 72 면.
8) R. M. Anderson, American Law of Zoning, The Lawyer Co-operative Publishing Company, 1976, p.322 이하 참조.

은 주로 농지・자연환경・역사적 건조물 등의 보전 및 公共空地(Open Space)의 확보를 위해 이들 토지・건물 등의 소유자에 과하여진 권리행사의 제한 즉 公用制限의 代償으로 인정된 것이라 할 수 있다. 이 제도는 미국 전역에서 실시되는 것은 물론 아니며 뉴욕, 샌프란시스코 등을 포함한 몇 개 주에서 실시되고 있다.

미국의 경우 각 지방자치단체가 환경보전 등을 목적으로 발동할 수 있는 토지이용규제수단에는 수용권의 발동 및 경찰권에 기초한 죠닝을 실행하는 것이 가능하도록 되어있으나, 전자에는 정당한 보상(just compensation)이 따라야 하고, 후자의 경우에는 일반적으로 보상을 요하지는 않으나 과다한 토지이용규제는 법원에 의해 적법절차 위반으로서 또는 위헌적 收用[10]에 해당하는 것으로서 무효의 판결이 내려질 가능성이 있기 때문에 이 두가지 제도의 중간적 기능을 갖는 제도로 등장하게 된 것이다. 즉 지방자치단체는 토지이용을 규제하는 대가로 개발권을 인정함으로써 수용 및 적법절차조항 위반의 가능성을 회피할 수 있게 된 것이다. 이 제도의 생성요인은 1960년 내지 1970년대 전반에 걸친 도시성장에 기인하는 것으로서 성장을 위한 개발압력이 환경파괴의 가능성을 초래하였기 때문에, TDR 제도는 보전해야 할 환경을 위협하는 개발압력을 역으로 이용하기 위한 제도로 등장한 것이라 할 수 있다[11].

---

9) ジェロ-ム・G.ロ-ズ(青木蔚譯), "アメリカの開發權について ― オ-プンスペ-スを保持する方法としての開發權の分離と市場性についての提案", 不動産研究 17卷1號 84면 이하.

10) 1975. Fred F. French Investing Co. v. City of New York. 1975년 뉴욕시와 프래드 프랜취 투자회사 사이의 분쟁으로 사안은 다음과 같다. 뉴욕시내 고급아파트 지역 내에 있는 私有의 공원인 Tudor City Park의 소유자가 이곳에 새로운 아파트 건축을 계획하였던 바, 아파트 주민을 비롯한 시민들의 반대운동이 일어나자 市가 이 지역을 새로이 특별공원지구로 지정하고 이 지구의 개발을 원칙적으로 금지함과 동시에 TDR을 부여하는 조례의 개정을 행하였던 것으로 조례개정의 합헌성이 다투어진 사례이다. 뉴욕주 법원은 다음 두 가지 이유로 이 조례의 개정을 부당한 경찰권(police power)의 행사로서 위헌이라 결정하였다. 첫째, 개발제한이 너무 엄격하여 경제적 관점에서의 모든 합리적 이용을 당해 토지로부터 박탈하는 것에 해당하고, 둘째, 당해 토지로부터 분리된 개발권이 이 프로그램 아래에서 어딘가의 토지에 이전되고 그 재산적 가치를 현실화할 수 있을 것인가에 대한 예측이 매우 애매하며 또 개발권의 이전에는 도시계획위원회의 허가를 필요로 하고 있는 점에서 볼 때 그 재산적 가치는 매우 불확실하다는 점이다.

11) P.J. Pizor, "A Review of Transfer of Development Right", The Appraisal Journal, July 1978, American Institute of Real Estate appraisal.

4. 제도의 평가 -도입의 가능성-

TDR에 대하여는 특히 그것이 적법절차 조항에 위배되는 것이 아닌가 하는 문제와 관련하여 미국 내에서도 다음과 같은 비판이 제기되고 있는 것이 사실이다. 즉 용적률 규제는 원래 과밀방지를 목적으로 하는 것으로 역사보전이나 자연보전 등과는 거리가 멀고, 따라서 TDR 프로그램이 실제 시도하고 있는 것은 이 제도의 원래 목적인 역사 보전 등과는 명백히 다른 목적을 위해 정부에게 주어져 있는 (용적률 규제)권한을 이용하여 당연히 행하여야 할 손실보상의무를 회피하는 것이고 따라서 그것은 권한남용에 해당 한다[12]. 둘째 TDR의 양수지구에서 기존의 죠닝 규제가 적절한 것이라면 개발권의 이전으로 말미암아 과밀화가 초래될 것이며 반대로 이러한 문제가 발생하지 않는다고 하면 기존의 규제가 필요 이상으로 재산권을 제한하고 있는 셈이 된다는 것이다. 그러나 Costonis는 토지이용계획의 유연성・창조성으로 인해 적절한 규제는 통상 어느 정도의 재량의 폭을 지니고 있으므로 그 범위 내에서 프로그램을 작성하면 이러한 문제는 발생하지 아니한다고 한다[13]. TDR 제도의 합헌성은 Berger에 의해서도 지적되고 있다[14].

한편 상기 공중권의 법리와 개발권의 이전제도를 국내에 도입하는 것이 가능할 것인가 특히 재개발 등의 촉진책으로서 이 제도를 활용하는 것이 가능한가의 문제가 제기된다.

주지하는 바와 같이 우리나라를 비롯한 구주 대륙법계와 영미법계 사이에는 토지이용법제에 있어서도 공법과 사법의 이원적 구별을 포함하여 기본적 조건의 차이가 존재한다. 특히 미국법 상으로는 물권법정주의(민법 제185조)의 관념이 없고 따라서 각종의 물권적 권리가 필요에 따라 판례 및 각 주의 제정법에 의해 자유롭게 형성되어질 수 있다. 뿐만 아니라 우리나라의 실정법 질서에 의해서도 공중의 유효한 이용을 도모할 수 있는 방법이 없는 것은 아니다. 예컨대 민법상의 구분소유, 구분지상권의

---

12) Costonis, Development Rights Transfer : An Exploratory Essay, 83 Yale L.J.75, 1973, pp. 108 - 110.

13) Costonis, The Chicago Plan : Incentive Zoning and Preservation of Urban Landmark, 85 Harv. L. Rev. 574, 1972, pp. 629 - 631.

14) C. Berger, " The Accomodation Power in Land Use Controversies : A Reply to Professor Costonis" 76 Columbia L. Rev. 799, 1976, p. 811.

제도 및 건축법 상 공공공지 주변의 용적률 할증제도(동법 제48조 3항 참조), 특정가구제도 등이 그것이다. 이하에서 문제를 유형별로 나누어 고찰해 보기로 한다.

먼저, 타인 소유의 건물 위나 인공지반의 위에 건물을 건축하는 경우에는 특별히 공중권의 개념을 도입하지 않더라도 민법상 건물의 구분소유나 구분지상권의 제도를 이용하는 것이 가능할 것이라고 생각된다. 다만 우리나라와 일본의 경우, 구분지상권의 제도는 지하이용의 문제는 별 문제로 하고 토지・건물의 상공을 이용하기 위하여 활용되는 경우는 거의 전무한 실정이다.[15)]

둘째, 행정재산인 토지・건물의 상공을 이용하는 경우에는 특히 국유재산법 및 지방재정법 상의 엄격한 제한이 있음을 유의할 필요가 있다. 예컨대 철도・역사・도로・하천 등의 상공을 이용하여 주택 기타 용도의 건축물을 건축하는 경우 그 지반 부분의 토지가 행정재산인 경우에는, 국유재산법에 의하면 행정재산에는 원칙적으로 사권의 설정이 인정되지 않기 때문에(동법 제20조) 지상권의 설정은 인정되지 아니한다. 다만 행정재산은 그 용도 또는 목적에 장애가 되지 않는 범위 내에서 그 사용 또는 수익을 허가할 수 있되(동법 제24조1항, 시행령 제24조 제1항, 2항 참조), 사용・수익의 허가를 받은 자는 그 허가받은 재산상에 건물 기타 영구시설물을 설치할 수 없고 예외적으로 시설물의 기부를 전제로 하는 축조만을 허용하고 있다(동법 동조 제3항).

한편 도로법은 "도로를 구성하는 부지, 옹벽 기타의 물건에 대하여는 사권을 행사할 수 없다. 다만 소유권을 이전하거나 저당권을 설정함은 그러하지 아니하다. "(동법 제5조)고 규정하여, 도로 부지 등에 대한 사권설정을 제한하고 있다. 이 규정은 도로 부지 등에 대하여는 사소유권의 대상이 될 수 있음을 전제로 하면서도 도로의 효용을 방해할 우려가 있는 사권의 설정・행사를 제한하는 것이라고 해석된다. 뿐만 아니라 공용개시 후의 도로에 대하여는 국유재산법 상의 제한도 적용되기 때문에, 민간에 의한 도로 上空의 이용은 결국 사용허가의 방법에 의존할 수밖에 없고 그것도 기부채납의 방법에 의하지 않는 한 건물 기타 영구시설물의 설치는 불가능하다. 도로 이외의 하천・공원 등의 공물에 관하여서도 사정은 비슷하다. 결국 공물의 상공 이용은 점용허가 등 방법에 의존할 수밖에 없고 구분지상권 등 사권의 설정에 의한 이용은 입법의 개정이 없는 한 불가능한 것이라고 해석된다.

---

15) 高田壽史, 前揭書, 40면.

셋째, 개발권의 이전과 관련하여 우리나라에는 미국법상 개발권에 상응하는 민법상 물권 제도가 없기 때문에 원칙적으로 개발권의 매매나 등기 등 제도를 인정하는 것은 어려울 것으로 판단된다. 뿐만 아니라 만일 도시계획법 상 서로 다른 용도지역 간에 개발권의 이전을 인정하게 되면 용도지역제를 인정한 기본취지에 반할 우려가 있고 또 동일 용도지역 내라 하더라도 최대한 Open Space의 확보를 목적으로 하고 있는 건축법이나 도시계획법 등의 입법취지와는 서로 맞지 아니한다. 특히 미국법 상 이 제도의 취지가 보호 및 보전의 목적을 위한 보상제도로서 기능하고 있다는 점을 감안하면 명백히 다른 목적을 위해 이 제도를 援用하는 것[16]은 타당하지 못하다는 지적이 많다.

5. 공중통행권 및 일조권, 난시청 등의 문제

항공기의 공중 통행에 대하여는 비교적 오래 전부터 "공중은 公道이다(The air is a public highway)"라는 전제 아래에서 항공기의 공중통행은 소유자의 합리적 토지이용에 방해가 되지 않는 것으로 이해되어 왔다. 같은 논리로 인공위성이나 기타의 비행물체 등에 대하여도 토지의 합리적 이용에 방해가 되지 않는 것으로 인정될 것이다. 한편 공중의 이용과 관련하여 가장 심각한 문제로 대두되고 있는 것이 일조권 및 조망권 내지 난시청 등의 문제라 할 수 있다. 또 미국의 광대한 목장지역에서는 人工降雨로 인한 다른 토지소유자의 구름에 관한 권리의 침해가 법적인 권리의 침해 문제로 야기되고 있다.

그러나 이들 문제에 관하여는 아직 실정법 제도상 확립된 定說은 없는 실정이며, 학설 및 판례에 의한 이론 형성의 과정에 있다고 말할 수밖에 없을 것이다.

다만 일조권의 침해와 관련하여 우리 건축법 시행령 제86조 제2호 나目에서는 공동주택에 있어서 동일 대지 안에서 2동 이상의 건축물이 서로 마주보고 있는 경우, 당해 대지 안의 모든 세대가 동지일을 기준으로 9시에서 15시 사이에 건축조례가 정하는

---

16) 예컨대 일본 등지에서는 민간주도에 의한 각종 재개발 사업에 대한 촉진책의 일환으로 미국법 상 이 제도의 도입을 추진하려는 움직임이 발견되고 있으며 여기에 대하여는 비판적 견해도 만만치 않은 실정이다. 成田 頼明, 土地政策と法, 23면 이하.

시간 이상을 연속하여 일조를 확보할 수 있는 높이 이하로 건축하는 경우에는 높이 제한을 받지 아니한다고 규정하고 있다.

한편 하급심의 판례[17] 중에는 구체적인 일조권 침해의 기준과 관련하여, 즉 경인지역에 있어서 아파트와 같은 공동주택의 경우에는 동지일을 기준으로 9시부터 15시까지 사이의 6시간 중 일조시간이 연속하여 2시간 이상 확보되는 경우, 또는 동지일을 기준으로 8시에서 16시까지 사이의 8시간 중 일조시간이 최소한 4시간 정도 확보되는 경우에는 수인하여야 하고, 위 2가지 요건 중 어느 것에도 속하지 아니하는 일조 침해의 경우에는 수인한도를 넘은 것이라고 봄이 상당하다고 판시한 것이 있다.

Ⅲ. 지하의 이용

1. 序

(1) 지하공간의 이용 및 규제의 필요성

경제의 고도성장과 토목기술의 발전에 수반하여 지하의 입체이용은 다양한 형태로 발전되고 있다. 예컨대 오늘날 대도시에서는 각종 지하철을 비롯하여 지하상가, 지하주차장, 공동구 등 다양한 형태의 지하이용이 일상화되고 있는 실정이다. 앞으로도 지하이용은 보다 중층적인 고도이용이 불가피하게 될 것으로 예상할 수 있으며 따라서 지하 이용의 확산 현상(sprawl)의 방지를 위해서는 현재 지표면에 대해서만 인정하고 있는 용도지역제의 실시범위를 지하공간에 대해서 까지 확장되어야 한다는 주장도 나타나고 있다. 즉 지반이 연약한 장소, 지하수맥이 절단될 위험이 있는 장소, 지상건축물의 안전성이나 환경에 악영향을 미칠 수 있는 장소 등에는 일정 종류의 지하이용을 제한·금지한다든가 일정 종류의 공작물에 대하여는 일정 깊이 이하에서만 설치를 허가하는 등 규제가 필요하다는 주장[18]이 그것이다.

17) 서울고법, 1996. 3. 29, 94 나 11806.
18) 成田 頼明, 前揭書, 26면.

(2) 지하공간의 개념 및 토지소유권과의 관계

1) 토지소유권의 범위

우리 민법은 제212조에서 "토지의 소유권은 정당한 이익이 있는 범위 내에서 토지의 상하에 미친다"고 규정함으로써 토지소유권이 미치는 효력의 범위를 입체적으로 규정하고 있다. 이 규정은 1907년에 제정된 스위스 민법을 본받은 규정으로서 독일민법의 규정과는 달리 토지소유권이 먼저 존재하고 그것이 제약되는 것이 아니라 처음부터 토지소유권의 효력을 이익이 존재하는 한도 내로 제한하여 인정한 것이다. 그리고 이 규정의 존재의의는 첫째, 토지소유권은 정당한 이익이 있는 범위 내에서만 인정되는 것이기 때문에 소유권의 제한을 명시하는 법률의 존재여하를 불문하고 토지소유권자는 자신의 정당한 이익을 침해하지 않는 토지 상하에 대한 타인의 이용을 금지할 수 없다는 데에서 발견된다는 것이며[19] 둘째, 토지의 완전한 이용을 위해서는 지표뿐만 아니라 지상의 공간이나 지하 부분에 대하여도 소유권의 효력이 미친다는 사실이 당연히 전제되어야 함을 확인한 것이라 할 수 있다[20].

그러나 민법 제212조의 규정이 구체적인 토지소유권의 효력범위를 규정하고 있지 않기 때문에 지하공간의 이용과 관련하여 과연 지하의 어느 부분까지 토지소유권의 효력이 미칠 것인가 하는 것은 여전히 문제로 남게 된다.

학설에 의하면 "정당한 리익이 있는 범위"는 일률적이고 추상적인 기준에 의해 배타석이고 획일적으로 결정될 수는 없고, 당해 토지의 위치 및 性狀, 방해의 정도 및 거래관념 등을 고려하여 구체적 · 개별적으로 결정되어져야 한다고 하고, 또 이 때 고려되어져야 할 이익은 재산적 이익에 국한되지 아니하고 학술적 · 심미적 리익 등 보호할 가치가 있는 모든 이익을 포함하나 토지소유자의 특수한 개인적 이용에 따른 주관적 이익은 제외되며, 그리고 그 리익의 존부는 사회의 일반통상인을 기준으로 하여 현재의 사정뿐만 아니라 장래의 예측 가능한 이용가능성도 고려하여 결정해야 한다고 한다[21].

---

19) 곽윤직, 물권법, 1991, 276면.
20) 김용한, 물권법론, 1993, 237-8 면.
21) 金祥沅, 지하에 대한 토지소유권의 범위, 한국토지법학회 주제발표논문, 제7회 한일토지법학술대회, 1997.11.4, 60면.

2) 지하공간의 개념

일반적으로 지하공간이란 지표면을 경계로 하여 지상공간과 대칭을 이루는 地中공간을 의미하며 특히 대심도 또는 한계심도 지하공간에 대하여는 물리적인 특정의 깊이로 정의되는 대신 주로 소유자의 통상적인 이용행위의 可否를 기준으로 정의되고 있는 실정이다. 예컨대, 대심도란 "토지소유자의 통상적 이용행위가 예상되지 않는 지하의 일정 깊이 아래에 위치하는 심도 공간"이라든가[22], "토지소유자의 통상적 이용행위가 예상되지 않으며, 지하시설물의 설치로 인하여 일반적인 토지이용에 지장이 없는 것으로 판단되는 깊이"[23]로 정의되고 있다. 이를테면 형식적으로는 소유권이 미치더라도 실질적으로는 거의 이용가능성이 없는 지하공간이라 할 수 있고, 구체적으로는 대도시의 지하실 등 지상건축물과 하나로 이용되는 지하공작물이 존재하는 깊이보다 아래이고, 건축물 등의 기초가 도달하는 지지층보다 아래의 공간에 해당한다[24].

대심도 지하부분에 대한 이러한 정의 방식은 소유권의 범위를 의도적으로 축소함으로써 결국 대심도 지하공간의 公的인 이용을 보상 없이 가능하게 하는 입법론에 대하여 그 입론의 기초를 제공하기 위한 것이라 할 수 있을 것이다[25].

한편, 「서울특별시 지하부분 토지사용에 따른 보상기준에 대한 조례(1992. 5. 15, 조례 제2931호)」 및 「부산직할시 지하부분 토지사용 보상기준에 관한 조례(1993. 2. 18, 조례 제2977호)에 의하면, '한계심도'로서, 16층 이상의 고층건물이 최유효 이용으로 예상되는 중심상업지역과 일반상업지역 등의 고층시가지는 40 미터, 11-15층 건물이 최유효 이용으로 판단되는 고층시가지로 변화되고 있는 일반상업, 근린상업, 준주거지역 등의 중층시가지는 35 미터, 4-10층 건물이 최유효 이용으로 판단되는 저층시가지 및 주택지는 30 미터, 농지 · 임지가 최유효 이용인 녹지지역 등으로 가까운 장래에 택지화가 어려운 農地와 林地는 20 미터를 최대한의 깊이로 규정하고 있다(동 조례 제8조 참조). 또 상기 조례 제9조 2항에서는 한계심도를 초과하여 지하시설물을

---

22) 교통개발연구원, "地上 및 地下權 土地利用補償研究", 1990. 60면.

23) 서울특별시 지하부분 토지사용에 따른 보상기준에 대한 조례 제2조 제4호 참조.

24) 日本 建設省, 大深度地下利用法制懇談會報告書, 1988 참조.

25) 小高 剛, "大深度地下利用の法的問題點" 法律のひろば, 1990. 4, 44면; 소위 運輸報告, "大深度地下鐵道の整備に關する調査研究について", 1988. 3.11 참조

설치하는 경우에 있어서의 보상기준을 규정하고 있는 바, 한계심도의 설정으로 입체이용저해율이 산정되지 않으므로 사유재산권에 대한 직접적인 손실규모가 산출되지 않음에도 불구하고 일정범위의 보상을 실시하는 점에 비추어 볼 때, 한계심도까지만 소유권의 효력이 미치는 것으로 전제하고 있음은 아니라고 보아야 할 것이다. 그리고 오늘날의 고도화된 건축기술의 수준에 비추어 볼 때, 한계심도를 지하 40 미터로 한정하여 규정한 것은 다소 문제가 있는 것이 아닌가 생각된다[26].

2. 지하 이용의 법적 방식

도심, 시가지 등 지하에서 지하철 및 상·하수도용 터널 등을 건설하기 위하여 사업자가 확보해야 할 권원의 취득방법은 다음과 같이 두 가지 경우로 나누어 살펴보아야 한다.

(1) 도로 등 공공용지의 지하를 이용하는 경우

지하철 및 상하수도 등 사업자(起業者)는 사전에 도로 등 공공시설을 관리하는 자로부터 도로 등 공공시설의 점용허가를 받아야 한다. 그리고 이 점용허가의 법적 성질은 점용기간이 거의 영구적인 점 등을 고려할 때, 강학상 특허에 해당한다고 보아야 할 것이다. 한편 국가 등 행정주체가 행하는 사업에 관하여서는 점용허가 대신 공물관리자와의 협의로 대신하는 경우도 있을 것이다.

26) 일본의 臨時大深度地下利用調査會의 중간보고에 의하면, 대심도란 "건축물의 지하실이 있는 깊이 + 격리거리, 또는 고층빌딩에 상당하는 荷重을 지지할 수 있는 지층상면의 깊이 + 격리거리 중 깊은 쪽보다 아래에 있는 공간"으로 정의되고 있으며, 따라서 東京都區 내의 경우 서부 시가지에서는 東京礫層은 지하 약 20m 전후이기 때문에 대심도 지하는 지하실과 관련된 지하 약 30m에 격리거리 약 10 m를 더한 40m보다 깊은 지하로 되고, 동부시가지에서는 東京礫層의 상면은 지하 약 60m 전후이기 때문에 대심도지하는 여기에 약 10m를 더한 70m보다 깊은 지하를 뜻하는 것이 된다. 平松弘光, 日本の都市における地下利用の權利構造, 1997. 11. 4, 제7회 韓日土地法 學術大會 主題發表論文, 89-90 면 참조.

(2) 사유지의 지하를 이용하는 경우

1) 임차권 등

사유지의 지하에 터널, 지하철, 地下街, 도로, 放水路 등을 건설해야 할 경우, 사업자는 당해 토지소유자와의 계약을 통하여 상부의 토지소유권을 전부 취득하거나 아니면 임차권(민법 제618조), 사용차권(민법 제609조) 또는 지상권(민법 제279조) 등을 취득함으로써 그 목적을 달성하는 것이 물론 가능하다. 그러나 상기 어느 방법도 목적에 비해 당해 토지에 대한 과잉의 지배를 하는 결과로 연결될 것이다.

2) (지하)구분지상권

이 경우 사업자는 토지소유자와의 관계에서 공작물의 소유를 위한 지하의 상하범위를 정하여(보통의 경우 그 상하의 범위는 평균 해수면을 기준으로 그 상 또는 하 ○○ 미터부터 ○○ 미터까지로 표기될 것이다) 구분지상권의 설정계약을 체결하는 것도 가능할 것이다(민법 제289조의 2). 구분지상권은 한 개의 토지에 중첩적으로 설정되어지는 것도 가능하다. 구분지상권자는 설정행위에서 정해진 범위 내에서는 토지를 사용하는 권리를 가지며 아울러 그 공간을 물권으로서 실효적으로 지배할 수 있는 점 등은 보통의 지상권과 다를 바가 없다.

3) 강제적 지하사용권

사업자가 사유지의 소유자 등과 상기의 민법상 권리를 취득하는 계약을 체결할 수 없는 경우에는 관련법에 기초하여 사업인정을 받은 후, 목적물에 대한 사용재결을 신청하고 그 사용재결이 내려지면, 토지소유권의 행사를 제한하고(공용제한), 공공의 목적을 위하여 당해 토지를 강제적으로 사용하게 될 것이다(공용사용). 토지수용법상 재결에 의한 지하사용권은 일종의 공용제한으로서 사업자에게 부여된 공법상의 권리이며 사법상의 권리의 공시를 목적으로 하는 등기제도와는 어울리지 아니하고, 따라서 등기 없이도 제3자에 대항할 수 있는 권리이다.

그러나 사용재결의 효과로서 토지소유자의 소유권의 행사에 어느 정도의 제한이 발생할 것인가 하는 문제(동시에 起業者의 사용권이 미치는 대상 범위의 문제이기도

하다)에 대하여는 견해가 대립하고 있다. 즉 대상토지의 전체적 사용이 제한된다고 하는 지상권적 지하사용설(즉 기업자의 사용권의 범위는 대상지의 전체적 사용을 전제로 함)과 대상지의 지하 일부의 사용만이 제한된다고 하는 구분지상권적 지하사용설(기업자의 사용권의 범위는 지하 일정부분의 사용으로 국한됨)의 두 가지 견해의 대립이 그것이다[27].

이 문제는 결국 수용 또는 사용의 효과에 대한 관련법규의 해석에 관한 문제로 귀결될 것이나, 공익사업을 위한 토지 등의 취득 및 보상에 관한 법률은 평면적 토지이용을 염두에 둔 것으로서 공공사업을 위한 지하의 장기적・계속적 토지 이용에 대하여는 적절한 대응이 불가능할 것으로 생각된다. 그동안 토목기술의 발전에 따라 지하에 있어서의 공공사업 시행의 필요성이 제고되고 있는 현시점에서, 특히 우리 민법이 구분지상권제도를 규정하고 있는 이상 구분지상권적 지하사용설이 타당하다고 생각된다. 다만 현행 공익사업을 위한 토지 등의 취득 및 보상에 관한 법률은 상술한 바와 같이 어디까지나 토지의 평면적 이용을 전제로 한 것으로서 해석론 상 무리가 있는 것이 사실이며 따라서 새로운 입법적 대응이 필요한 것임은 말할 필요조차 없다.

한편 우리 대법원은 지하사용권이 토지소유권과 독립하여 收用의 대상이 되는가의 여부 및 지하사용권은 그 사용이 일시적인 경우에만 인정되는가의 문제와 관련하여 다음과 같이 판시하고 있다[28]. 즉, 서울고법의 원심판결[29]에 의하면, 지하부분의

27) 平松弘光, 都市の地下利用と土地收用, 法令解説資料總覽 76호, 89면.

28) 大判, 1990. 3. 13 선고, 88누 8296 판결.

29) 서울高法 1988. 6. 2 선고, 87구 1296 판결.
이 사건은 부산지하철 1호선 3단계 1구간 동대신동역에서 서대신동 로타리간 사유지 485 미터 구간의 건설사업에서 나타난 분쟁이다. 지하철도의 건설 및 운영에 관한 법률 제7조의 규정에 의하면 지하철도의 건설이나 개량공사를 시행함에 있어서 지장이 되는 장애물의 이전, 기타 공사의 시행으로 인하여 생기는 손실의 보상에 대하여 관할 토지수용위원회의 재결이 있을 때에는 지하철도 건설의 인가를 받은 자는 그 토지 등의 예정보상금을 공탁하고 공사시행에 필요한 토지를 사용할 수 있도록 규정하고 있다. 이에 기초하여 사업자는 예정보상금을 공탁하고 지하사용을 하였던 바, 토지소유자들이 토지수용재결처분취소의 소를 제기하였던 것이다. 원심판결은 지하철도의 건설 및 운영에 관한 법률 제7조 2항 소정의 손실보상재결처분을 내린 피고의 처분은 정당하다고 판결하면서 그 이유로서, 토지의 지하부분을 사용할 권리는 소유권의 한 내용에 불과하여 토지수용법상의 수용대상이 되는 독립한 권리가 되지 못할 뿐 아니라, 舊地下鐵道建設促進法 제7조 1항 단서에서 지하부분의 사용에 대한 손실보상액의 下限을 설정하고 그 上限은 토지보상가격에 까지 이를 수 있도록 규정한 것에 비추어, 토지의 지하부분 사용은 그 사용이 일시적인 경우에 그치거나(예컨대 인접토지에 지하선로를 시설하기 위하여 토지의 지하부분을 굴착하고 공사완료 후 원상회복을 시키는 경우), 영구적인 사용을 하는 경우(예컨대 지

사용권이 독립하여 수용의 대상이 안 된다는 이유로, 지하부분에 대한 별도의 사용권원 취득이 불가능한 것처럼 판시 하고 있으나 이를 수용할 수 없고, 또 지하철도의 건설 및 운영에 관한 법률 제7조에 규정된 지하부분 사용은 지하철도 공사에 지장이 되는 장애물의 이전, 기타 공사의 시행을 위하여 일시적으로 사용할 경우만을 가리키는 것이고 지하철도 용지로 사용할 경우와 같이 계속적으로 사용할 경우에는 위 법률 제7조의 지하부분 사용규정을 적용할 수 없는 것이므로 일시사용의 경우와 같이 예정보상금의 공탁만으로 바로 사용할 수는 없는 것으로 해석하고 있다.

한편 토지수용재결처분에 대한 서울고법의 취소판결[30)]이 내려진 후 부산직할시장이 지하철 1호선 연장구간 중 지하터널 공사를 강행하자 토지소유자들은 불법행위를 이유로 부산지방법원에 손해배상을 청구하기에 이르렀다[31)].

즉 사업시행자가 토지소유자들과의 사전협의는 물론 토지수용법이 규정하고 있는 수용 또는 사용절차를 거치지 아니하고 터널공사를 강행함으로써 불법적으로 소유권을 침해하였다고 주장하면서 첫째, 지하철도용지로 편입된 토지부분에 대한 소유권 침해에 따른 손해 둘째, 지상건축물의 손괴에 따른 손해 셋째, 위자료지급의무가 있다고 주장하면서 먼저 이 중에서 위자료 상당 부분에 대하여 각 500만원씩의 지급을 청구하는 소를 제기하였으나, 심리 도중 쌍방 2회의 불출석으로 소 취하로 간주되고 말았다[32)].

하선로 설치토지의 경우)를 가릴 것 없이 동법 제7조 2항에 규정하는 재결신청의 대상이 된다는 것을 주장하고 있다.

30) 서울高法, 1990. 6. 21 선고, 90구 5391 판결. 대법원으로부터 원심파기환송판결을 받은 서울고법은 대법원과 같은 취지의 판결을 내렸다. 즉 피고가 동법 제7조 소정의 일시사용으로 인한 손실보상재결처분을 내린 것은 위법이라하여 동재결처분을 취소하는 판결을 내렸다.

31) 91가합 6873 손해배상(기)

32) 그 후, 토지소유자 등에 의한 地下鐵列車運行停止 假處分申請(釜山地法 1992. 10. 13 선고, 90카 24988)과 부산직할시의 起業者로서의 지위를 승계한 釜山交通公團 등을 상대로 한 토지수용재결처분 취소청구의 소(釜山高法 1994. 5. 11 선고, 92구 336)에 있어서, 원고들의 청구는 거의 대부분 이유 없는 것으로 기각되었으나, 無斷使用料 請求部分만은 認容되었다.

3. 손실보상의 요부 및 범위

(1) 토지의 이용제한

지하에 건설하는 터널 등의 안전성을 지키기 위하여 상부 토지 소유자 등이 준수해야 하는 토지의 이용제한 즉 토지소유권행사의 제한은 다음 두 가지 모습으로 나누어 고찰할 수 있다. 첫째, 직접침해금지로서 우선 지하사용권의 설정 범위 내를 굴삭하는 등 행위를 하여 지하사용권의 행사를 직접적으로 방해하여서는 아니 된다. 둘째, 간접침해금지로서, 지표에 대중량의 건물을 세워 그 하중침해로 터널을 붕괴시키거나 주변토지의 형질을 변경하는 등 방법으로 토압의 균형에 변화를 초래함으로써 지하구조물을 위험하게 하는 등, 간접적으로 지하이용권의 행사를 방해하는 경우이다.

직접침해금지는 어떠한 지역의 지하이용에도 공통적으로 문제가 되는 것인데 반하여, 간접침해금지는 그 지역의 지질상황에 따라 문제가 되지 않을 수도 있음은 물론이다. 예컨대 암반지대에서는 하중침해에 의한 간접침해금지가 문제로 되지 않을 수도 있을 것이다. 일반적으로 입체적 이용이 고도화된 시가지에서는 주로 하중제한에 의한 침해금지가, 반면에 도시근교의 구릉지대 등에서는 택지조성을 위한 대규모 토지형질변경 등에 의한 직접침해가 주요문제로 부각되고 있다.

(2) 손실보상의 요부 및 범위 문제

지하공간의 사용에 따른 손실보상의 요부는 헌법상 재산권 보장과 공적 부담 앞의 평등을 규정한 손실보상제도의 취지에 맞추어 판단되어져야 할 것이며, 아울러 현실적으로 손실의 보상이 이루어지기 위해서는 실정법률의 근거가 있어야 함은 물론이다.

공익사업을 위한 토지 등의 취득 및 보상에 관한 법률상 지하사용의 재결에서 사업자가 부담해야할 손실보상의 금액은 지대 및 차임 등을 고려하여 산정한 토지사용권의 가격에 준해 결정하게 될 것이나, 현실적으로 지하의 지대 및 차임이나 지하사용권의 거래가격이라고 하는 것은 존재하지 아니하기 때문에 이들과 비교형량 하여 보상액을 평가하기는 어렵다.

우리나라에 있어서는 도시지하철 공사의 진전과 함께 토지수용법과는 별도로 지하공간의 이용과 그에 따른 손실보상에 대한 규정을 두기에 이르렀다. 즉, 1979년에 제정된 지하철도건설촉진법(법률 제3167호)이 1986년 지하철도의 건설 및 운영에 관한 법률(법률 제3846호, 보통 이를 舊法이라 함)로 개정되면서 비로소 지하의 사용에 대한 보상제도가 입법화되었으며, 그 내용의 일부를 수정 보완한 것이 1990년 12월 31일 제정된 도시철도법이라 할 수 있다.

그리고 도시철도법 제4조의 6 "지하보상 등" 규정(구법 제7조 1항 단서[33])에 해당)에서는 도시철도 건설자가 도시철도의 건설을 위하여 타인 토지의 지하부분을 사용하고자 할 때에는 당해 토지의 이용가치, 지하의 깊이 및 토지이용이 방해되는 정도 등을 참작하여야 하며(동조 제1항), 지하부분의 보상의 대상, 기준 및 방법에 관한 사항은 대통령령으로 정하도록 규정하고 있다(동 제2항).

2009년 6월 전문 개정된 동시행령에 의하면, 토지의 지하부분 사용에 대한 보상금액은 해당 토지(지하부분의 면적과 수직으로 대응하는 지표의 토지를 말한다)의 적정가격에 도시철도 시설물의 설치로 인하여 해당 토지의 이용을 방해하는 정도에 따른 건물의 이용저해율, 지하부분의 이용저해율 및 그 밖의 이용저해율(이하 "입체이용저해율"이라 한다)을 곱하여 산정한 금액으로 하고 (영 제5조 제2항), 입체이용저해율의 산정에 필요한 입체이용가치 · 이용률 등의 구체적인 산정기준은 해당 토지 및 인근 토지의 이용실태, 입지조건 및 그 밖의 지역적 특성을 고려하여 특별시 · 광역시 · 도 및 특별자치도(이하 "시 · 도"라 한다)의 조례로 정한다(동조 제4항).[전문개정 2009.6.30]

이 규정은 지하철도용지로 사용되는 지하부분에도 당연히 토지소유권이 미친다는 것을 전제로 하여 도시철도 건설자가 지하철도용지로서 지하공간을 사용하기 위해서는 관련법의 규정에 따른 수용절차를 밟거나 최소한 민법상 區分地上權 등을 설정해야 할 것임을 밝힌 것이라 할 수 있을 것이다.

---

33) 지하 사용의 보상과 관련하여 "당해 토지의 이용실태, 입지조건, 토지의 이용제한 등을 고려하여 당해 시 · 도지사가 정하는 기준에 의하되 지표면으로부터 10m 까지의 부분에 대하여는 당해 토지보상가격의 100분의 1 이상으로 한다"(동법 제7조 1항 단서, 동법 시행령 제5조 제1항). 그리고 손실보상에 대하여는 "토지소유자 및 관계인과 협의를 할 수 없거나 협의가 성립되지 아니할 경우에는 토지수용법을 준용하여 재결을 신청할 수 있다"(동법 제7조 제2항)고 규정하고 있었다.

4. 대심도 지하 이용의 문제

(1) 대심도 지하 이용의 필요성

대도시 중심부에 있어서 地表로부터 30 내지 60 m 以下의 지하공간(이른바 대심도 지하공간)을 토지소유권으로부터 분리하여 보상 없이 각종 공공사업 예컨대 지하철도의 부설, 통신시설, 방재시설, 지하저수지, 석유비축시설 나아가 고성능 방사성물질의 최종처리장 등으로 사용할 수 없을 것인가 하는 논의가 이미 10여 년 전부터 계속되어지고 있다. 이러한 론의가 제기될 수밖에 없었던 주요한 이유로서는 무엇보다도 거품경제 하에서의 지가급등과 이에 따른 용지취득의 어려움, 나아가 소유자 등과의 교섭에 소요되는 다대한 시간과 노력의 필요 등을 지적할 수 있을 것이다.

특히 이러한 논의 중에는 대심도 지하공간에 대하여 특별법의 제정을 통하여 공기업특권의 일종으로서의 "터널부설권"을 인정함으로써, 행정청의 설권적 행정처분에 기초하여 소유자의 승낙 및 보상 없이 지하공간을 사용할 수 있는 새로운 공법상의 권리를 설정하려는 시도가 엿보이나 여기에는 또한 해결해야 할 많은 문제점이 존재한다(후술).

(2) 대심도 지하 이용의 법적 수단

大深度 또는 한계심도 지하공간은 물리적인 특정의 깊이로 정의되는 대신 주로 소유자의 통상적인 이용행위의 可否를 기준으로 정의되고 있으며, 대심도 지하부분에 대한 이러한 정의 방식은 소유권의 범위를 의도적으로 축소함으로써 결국 대심도 지하공간의 公的인 이용을 보상 없이 가능하게 하는 입법론에 대하여 그 입론의 기초를 제공하기 위한 것이라는 점은 이미 지적한 바와 같다.

대심도 지하공간의 이용을 위한 권원의 취득방법으로서는, 상기 (2. 지하이용의 법적 방식 참조)의 방식도 물론 가능하지만, 이하에서는 새로운 입법을 통하여, 소유자의 승낙 없이 무 보상 내지는 명목적인 정형화된 보상만으로 지하공간을 사용할 수 있는 경우를 중심으로 고찰해 보고자 한다.

첫째, 공기업특권의 일종으로서의 터널부설권의 설정 방식이다. 철도사업자나 전력사업자 등 특허사업자에 의한 지하사용에 유용한 방식이나 국가, 공공단체에 의한 각종 공공사업(상하수도, 도로 · 하천의 관리, 지하댐 건설 등)에 반드시 적절한지는 의문이다. 그밖에도 제3자에의 이전성 유무, 등기와의 관계, 가처분의 가부 등 해결해야할 문제가 많다.

둘째, 대심도 지하공간에 대한 구분소유권을 인정하는 방식이다. 그러나 우리 민법상 건물의 구분소유는 인정되고 있으나 아직 토지의 구분소유는 인정되지 않으며, 따라서 대심도 지하공간에 대한 구분소유를 인정하기 위해서는 민법의 개정이 선행되어야 할 것이다. 이 방법에 의하면 중층적인 지하의 이용을 비롯하여, 등기관계 등 법률관계를 명확히 할 수 있는 장점이 인정되나 이 방법에 의하게 되면, 토지소유자와의 관계에 있어서 전혀 보상을 하지 않는다거나 또는 명목상의 정형적인 보상만을 하기에는 어려움이 존재한다. 왜냐하면 헌법은 사유재산제를 보장하고 아울러 사유재산의 침해에 대하여는 정당한 보상의 지급을 요구하고 있기 때문이다.

셋째, 사업자의 출원에 기초하여 광업권 · 어업권 등 물권에 준하는 지하이용권을 설정하는 방식이다. 광업법은 국가가 미채굴 광물 등에 대하여 이를 채굴하고 취득할 권리를 부여할 권능이 있음을 전제로 하고 있기 때문에 이러한 기본사상을 대심도지하공간의 이용에도 도입하자는 것이다. 이 경우에도 신청인의 자격, 신청 및 허가의 요건, 토지소유자와의 의견의 조정 및 관계행정청과의 협의 등 절차가 명확히 규정되어야 할 것이다.

(3) 입법 방향

최근 민간 개발업자 등에 의한 지하도시구상 등이 기획되는 사례가 있으나 아직 지하의 입체적 이용에 대한 공적인 계획조차 마련되지 못한 상황에서 이를 인정하는 것은 무질서한 지하 "확산(sprawl) 현상"을 초래할 우려가 있음을 지적하는 견해가 있다[34]. 경청할만한 주장이라 생각된다. 대심도지하공간의 이용은 公共性이 높은 公共公益事業에 최우선권이 주어져야 할 것이다. 또 대심도 지하공간의 이용을 위한 각종 工事 및 시설물의 설치로 말미암아 기존의 권리와의 조정문제 특히 지하수 이용이나 광업권 등과의 마찰이 예상되고 따라서 이들 권리와의 조정 및 손해배상 등 문제에 대하여도 미리 검토가 이루어져야 할 것이다. 대심도 지하이용의 법제와 관련하여 참

34) 成田, 前揭書, 286면.

고로 일본의 경우를 소개하면 1988년 가을이래 무려 7개의 성청(厚生省, 農水省, 通産省, 運輸省, 郵政省, 建設省, 自治省)이 각기 상이한 소관사무 · 사업과의 관계에서 각각 다른 법적 수단, 절차를 내용으로 하는 법안을 모색하고 있으나 이들 7개 법안의 통일성의 결여야말로 오히려 통일법안의 제정을 어렵게 하고 있다는 사실을 참고로 할 필요가 있을 것이다. 특히 대심도 지하이용의 법제도화는 대심도 지하개발을 위한 토목 · 환경기술적 가능성과 방재 및 안전성의 확보와 아울러 경제성 등의 검토를 통하여 단계적 · 점진적으로 추진되어 나가야 할 것이다.

제6장 하천과 바다의 이용

Ⅰ. 하천의 이용

1. 序

(1) 하천법의 연혁

하천에 관한 우리나라 최초의 근대적 법적 규율은, 1927년 1월 22일 制令 제2호 "조선하천령"이며, 이 令은 해방 이후에도 구헌법 제100조에 의해 그 효력이 지속되었다. 그 후 5.16 직후인 1961년 12월 30일 법률 제892호로, 비로소 대한민국 헌법체제 하에서의 최초의 하천법이 제정되었고, 1962년 1월 1일부로 시행되었다.

1963년 12월 5일에는 법률 세1,475호로 제1차 개정이 있었던 바, 그 주요 내용은 정부조직 개편으로 하천관리청을 건설부장관(종전 경제기획원장관 및 국토건설청장)으로 하고, 또 하천구역에 대한 도면 정비 시까지 하천구역은 관리청이 인정하는 바에 따르도록 한 것이다.

1971년 1월 19일 법률 제2,292호로 하천법은 전면 개정되었고 그 주요내용은 다음과 같다.

① 하천구역 결정고시제도를 하천구역의 법정제도로 하고[1],

② 하천관리청에 하천정비기본계획의 수립・시행제도를 신설하고,

③ 하천점용허가대상을 명시하고 하천에 인접된 일정 범위 내의 토지에서 지하수 채취행위를 유수점용으로 간주하였다.

④ 기득수리권의 보호규정을 두고 하천관리청이 수리권자 상호간의 분쟁조정을

---

1) 종래 하천구역은 하천관리청이 일일이 이를 결정・고시하고 관계 도면을 일반에게 열람토록 하고 있었으나, 하천은 완전한 改修가 수반되지 않는 한 유동적인 것이며, 도로구역과 같이 一定・固定的인 것이 아니고 매년 조금씩 변모되어가는 것이 보통이므로 하천구역결정고시제도 대신에 하천구역의 요건을 법정하고 그 요건에 해당하게 되면 결정・고시 등 별도의 조치 없이 당연히 하천구역이 되도록 한 것이다.

행하도록 하고,

⑤ 댐 설치자에 대한 공의무를 규정하였으며

⑥ 하천감시원을 두어 하천관리에 임하도록 하였다.

그리고 전면개정 후의 제1차 개정인 1981년 3월 31일 법률 제3,406호에 의한 하천법 개정의 주요내용은 다음과 같다.

① 하천예정지의 지정근거를 신설하였고,

② 각급 하천관리위원회의 설치근거를 마련하였으며,

③ 하천사용허가를 점용허가로 통합 정비하였다.

④ 하천점용허가의 제한규정을 두어 하천점용허가를 받지 아니하고 土石·砂礫 등을 채취하여 처벌을 받은 자에 대하여는 일정한 기간 내에는 그 채취허가 등을 할 수 없도록 하고, 또 허가 없이 불법채취한 土石·砂礫 등을 운반한 차량 등의 운전자에 대하여는 운전면허 등의 취소 또는 정지처분을 주무관청에 요구할 수 있도록 하였으며,

⑤ 하천의 불법 점용자에 대하여는 당해 점용료 상당액을 부당이득금으로 징수할 수 있도록 하였고

⑥ 하천관리청이 하천공사허가나 하천점용허가를 할 때, 허가수수료를 징수할 수 있는 법적 근거를 마련하였다.

전문개정 후 2차 개정인 1984년 12월 31일 법률 제3,782호에 의한 개정에서는 자연발생적으로 하천구역에 편입된 토지 및 1971년 개정으로 국유화 된 제외지 안의 토지에 대하여 손실보상을 청구할 수 있는 법적 근거를 마련하였다. 그러나 손실보상청구가 관계서류의 미비, 홍보부족 등으로 늦어지면서, 토지소유자 등을 구제하기 위하여 보상청구권의 시효기간을 1년간 연장하고 또 하천관리청의 이에 관한 통지 및 공고를 의무화하는 규정을 신설하는 등, 보상업무를 적극적으로 추진하기 위한 개정이 있었다(1989년 12월 30일 법률 제4,161호).

한편 정부는 1999. 2. 8 하천법에 대한 또 한 차례의 전면 개정을 단행하였다. 그 개정 이유는, 1971년 전문개정 이후 변화된 여건에 맞게 법체계를 정비하고, 하천에서의 각종 행위제한 등 규제를 완화하여 국민의 불편을 덜어주는 한편, 河川流水의 사용과 관련된 분쟁을 하천관리위원회에서 조정할 수 있도록 하고, 하천공사의 시행절

차를 간소화하기 위한 목적이었다.

2001. 1. 16 하천법은, 건설교통부장관으로 하여금 하천유역 종합치수계획을 수립하도록 하여 하천유역의 홍수 피해를 사전에 방지하도록 하고, 하천의 인근에서 지하수를 개발·이용하는 경우에는 유수사용료를 징수할 수 있게 함으로써 하천의 수량이 적정하게 유지·관리될 수 있도록 하기 위한 목적으로 일부 개정되었다.

2002년 12월 11일 하천법은 보상청구권의 범위를 확대할 목적으로, 또 2004년 1월 20일에는 범정부적 수해방지대책의 일환으로 하천구역의 지정범위를 확대하고, 하천부속물의 비상대처계획의 수립 및 하천범람상황조사의 근거를 마련하기 위해 개정되었다.

그리고, 2005년 7월 13일 하천법은 하천의 자연친화적인 정비·보전을 목적규정에 명시하고, 하천관리에 관한 중요사항을 관장하는 하천관리위원회의 심의사항에 하천의 자연친화적 정비·보전에 관한 사항을 추가하기 위한 목적으로 또 한 차례 개정되었다.

한편, 2007년 4월 6일, 전면 개정된 하천법 (법률 제8338호)의 개정 이유는 하천으로 편입되는 토지의 국유화에 따라 발생하는 사유재산권 침해의 논란을 해소하고 국가의 재정 부담을 완화하기 위하여 하천의 국유제를 폐지하되, 국가하천으로 편입되는 토지에 대하여는 매수청구제를 도입하고, 국가하천의 지정기준을 법률에 명시함으로써 다양한 이해관계에 따른 등급조정의 차질을 방지하며, 하천유지유량을 고시하는 경우 생활·공업·농업·환경개선·발전·주운(舟運) 등의 유수사용을 고려하도록 하고, 하천구역 및 하천 주변지역의 관리를 강화하여 홍수를 예방함과 동시에 그간의 하천환경 및 사회여건의 변화를 반영하기 위한 것으로 요약할 수 있다.

전면개정 이후에도, 하천법은 2009년 4월 1일, 「질서위반행위규제법」이 제정(법률 제8725호, 2007. 12. 21. 공포, 2008. 6. 22. 시행)됨에 따라 관련 규정을 정비하려는 목적으로 일부 개정된 바 있다.

(2) 河川의 의의 및 종류

1999년 2월 8일 개정 전의 하천법에서는 하천에 대한 정의 규정을 두지 아니하고, 단지 하천법의 적용대상이 되는 하천의 범위만을 규정하고 있었다. 즉, 河川이라함은

"공공의 이해에 밀접한 관계가 있는 하천으로서 대통령령으로 그 명칭과 구간이 지정된 것"을 말한다(舊하천법 제2조 제1항 제1호). 따라서 하천법의 적용대상이 되는 것은 대통령령에 의해 지정되어진 지정하천에 국한되고 또 그 중요한 기준은 "공공의 이해에 밀접한 관계가 있는 것"이다. 그리고 지정하천은 그 관리청에 따라 건설교통부장관이 관리청이 되는 "직할하천"과 시 · 도지사가 관리청이 되는 "지방하천"으로 구분되고(舊法 제11조, 令 제9조의 2), 또 지정하천 이외에 시 · 도지사가 지정하여 그 명칭과 구간을 공고한 하천 및 그곳에 유입하거나 그로부터 분기되는 수류를 "준용하천"이라고 하고, 준용하천에는 하천법 규정 중 일부규정이 준용되었다(동법 제10조, 시행령 제9조 제1항).

현 하천법에서는 하천에 대한 정의 규정을 다음과 같이 정비하였다. 즉, 하천이라 함은 "지표면에 내린 빗물 등이 모여 흐르는 물길로서 공공의 이해에 밀접한 관계가 있어 국가하천(제7조 제2항) 또는 지방하천(동조 제3항)으로 지정된 것"을 말하며, 하천구역과 하천시설을 포함한다(제2조 제1호). 여기서 "하천구역"이라 함은 제10조 제1항에 따라 결정된 토지의 구역을 말하고(동조 제2호), 그 대상이 되는 지역은 다음 각목의 구역을 말한다. 즉, 1. 하천기본계획에 완성제방이 있는 곳은 그 완성제방의 부지 및 그 완성제방으로부터 河心側 의 토지 2.하천기본계획에 계획제방이 있는 곳은 그 계획제방의 부지 및 그 제방으로부터 하심측의 토지 3.하천기본계획에 제방의 설치계획이 없는 구간에서는 계획하폭에 해당하는 토지 4. 댐 · 하구둑 · 홍수조절지 · 저류지의 계획홍수위 아래에 해당하는 토지 5. 철도 · 도로 등 선형 공작물이 제방의 역할을 하는 곳에 있어서는 선형 공작물의 하천측 비탈머리를 제방의 비탈머리로 보아 그로부터 하심측에 해당하는 토지 6. 하천기본계획이 수립되지 아니한 하천에 있어서는 하천에 물이 계속하여 흐르고 있는 토지 및 지형, 그 토지 주변에서 풀과 나무가 자라는 지형의 상황, 홍수흔적, 기타 상황을 기초로, 10년 동안 매년 최대유량을 산술평균하는 방법에 의해, 매년 1회 이상 물이 흐를 것으로 판단되는 수면 아래에 있는 토지. 다만 대홍수나 기타 자연현상에 의해 일시적으로 그 상황을 나타내고 있거나 유로가 변경된 토지는 제외한다(제10조 제1항, 시행령 제6조 제1항, 2항).

또 "하천시설"이라 함은 하천의 기능을 보전하고 효용을 증진하며 홍수피해를 줄이기 위하여 설치하는 ① 제방 · 호안 · 水制 등 물길의 안정을 위한 시설, ② 댐 · 하구둑 · 홍수조절지 · 저류지 · 지하하천 · 방수로 · 배수펌프장 · 수문 등 하천수위의 조절을 위한 시설, ③ 운하 · 안벽 · 물양장 · 선착장 · 갑문 등 선박의 운항과 관련된 시설 ④ 하천관리에 필요한 보 · 수로터널 · 수문조사시설 · 하천실험장, 기타 국토해양부장관이 고시하는 시설 등으로서 하천관리청이 아닌 자가 설치한 시설은 설치자의 동의를 얻은 것에 한한다 (제2조 제3호, 시행령 제2조).

하천은 국가하천과 지방하천으로 구분하고, 국가하천은 국토 보전상 또는 국민경제상 중요한 하천으로서 다음 중 하나에 해당되어 국토해양부장관이 그 명칭과 구간을 지정하는 하천이다(제7조 제1항, 제2항)

① 유역면적 합계가 200제곱킬로미터 이상인 하천

② 다목적댐의 하류 및 댐 저수지로 인한 배수영향이 미치는 상류의 하천

③ 유역면적 합계가 50 이상 200제곱킬로미터 미만인 하천으로서 다음 중 하나에 해당하는 하천 즉, 1. 인구 20만 명 이상의 도시를 관류하거나 범람구역안의 인구가 1만 명 이상인 지역을 지나는 하천 2. 다목적댐, 하구둑 등 저수량 500만 세제곱미터 이상의 저류지를 갖추고 국가적 물 이용이 이루어지는 하천 3. 상수원보호구역, 국립공원, 유네스코 생물권보전지역, 문화재보호구역, 생태 · 습지보호지역을 관류하는 하천 4. 기타 범람으로 피해가 일어나는 지역으로서 대통령령이 정하는 하천.

그리고 지방하천은 지방의 공공이해와 밀접한 관계가 있는 하천으로서 시 · 도지사가 그 명칭과 구간을 지정하는 하천을 말한다(제7조 제3항).

또 하천법상의 하천 이외에 소하천정비법은 "소하천"에 대하여 다음과 같이 정의하고 있다. 즉, 소하천이란 "하천법의 적용 또는 준용을 받지 아니하는 하천으로서 시 · 군 · 구청장에 의하여 그 명칭과 구간이 지정 · 고시된 것"을 말한다(소하천정비법 제2조 제1호). 그리고 소하천의 정비와 유지 · 관리는 다른 특별한 법률의 규정이 있는 경우를 제외하고는 소하천을 지정한 시 · 군 · 자치구청장이 이를 관장한다(동법 제3조 3항).

하천법 상의 하천 및 소하천은 실정법의 규율 대상이 되는 '법정공물'이지만, 하천에는 이들 세 가지 이외에도 '법정외공물'로서의 "보통하천"이 존재한다. 보통하천은 주로 법정하천의 상류에 위치하는 계류의 경우가 대부분일 것이나, 보통하천도 "공공

의 이해에 밀접한 관련이 있는 것"이기 때문에 단순한 私物은 아니며, 법정외 "공물"에 속하는 것으로 이해해야 할 것이다.

2. 법적 성질 -소유권과 이용권-

공물의 개념에 대한 국내의 전통적 견해에 의하면 공물을 "사권의 목적인 공물"과 "사권의 목적이 될 수 없는 공물"로 나누고, 후자는 해면, 하천, 공유수면 등 자연공물의 범위와 또 전자는 관공청사, 교량, 항만 등 인공공물의 범위와 대체로 일치한다고 한다[2]. 그리고 이들 견해에 의하면 하천이나 바다 등에 대하여 국가가 가지는 권리는 사법상 소유권과는 구별되는 공법상 관리권으로서 허가 등에 의해 사인의 사용・매립・점유 등을 가능케 할 수도 있다고 한다.

이러한 주장은 公産에 대한 소유권의 존재를 부정했던 19세기 전반의 프랑스의 공물이론과 흡사한 측면이 있는 것으로 인정된다. 그러나 Hauriou나 Fleiner 이후의 오늘날의 프랑스에서는 공소유권설이, 또 현재 독일과 일본에서는 사소유권설이 지배적인 견해로 되고 있음을 상기할 필요가 있다. 그렇다면 하천 및 해면 등에 대한 국가의 지배권의 성질을 어떻게 이해해야 할 것인가. 그것을 국가의 공법상 관리권 내지 공소유권의 대상으로 볼 것인가 아니면 사소유권의 대상으로 볼 것인가.

생각건대, 일본의 田中 박사의 주장처럼 이 문제는 무엇을 대상으로 할 것인가 즉 이념형 내지 하나의 유형으로서의 공물을 대상으로 하는 경우와 실정법상 공물을 대상으로 하는 경우에 따라 그 결론이 달라질 수 있을 것이다[3]. 즉 하나의 유형으로 파악하는 경우에는 그것은 각자의 기호에 따라 결론이 달라질 수 있을 것이고 실제로 公所有權說이 통설인 프랑스에서도 私所有權이라는 소수설의 주장이 있고[4] 또 사소유권설이 지배적인 독일에서도 O.Mayer는 공소유권설을 주장하였던 것이다.

---

2) 김도창, 일반행정법론(下), 1989, 442면; 박윤흔, 최신행정법강의(下), 1998, 429면; 김동희, 行政法 II, 2008, 257면 참조.

3) 廣岡隆, 公物法の理論, ミネルヴァ書房, 1991, 46면.

4) 公産에 대한 국가의 소유권은 통상의 私的 소유권과 다르지 않고 다만 公의 목적에의 供用(affectation)에 의해, 밖으로부터 "公益을 위한 用役權(servitude d'intèrêt général)"이 과하여지고 있는 것에 불과하다는 카피탄, 마로지에 등 소수설의 주장이 있다. 廣岡隆, 전게서, 47면 참조.

그러나 실정법상 공물을 대상으로 하는 경우에는 각국의 실정법의 규정을 전제로 문제를 해결하여야 할 것이다. 현재 우리나라의 공물관리법의 규정 중에는 공물이 소유권의 대상이 될 수 없다고 규정하고 있는 조항은 찾기 어렵고, 또 공물에 대한 국가의 지배권을 공소유권으로 해석하지 않으면 안 될 규정도 존재하지 아니한다.

일본의 구하천법 제3조에서는 하천 및 그 부지, 유수는 사권의 목적으로 할 수 없다는 명문의 규정을 두고 있었다. 그러나 그 후 하천법을 개정하여, "하천의 유수는 사권의 목적이 될 수 없다"고 규정함으로써, 하천부지는 소유권의 대상이 될 수 있게 되었고(하천법 제2조 제2항), 그 결과 민유지인 하천부지의 존재를 인정하였으나, 하천법 시행법 제4조에 의해 민유지 이외의 부지는 국유지로 되었다. 한편 우리나라의 하천법은 "하천은 이를 국유로 한다"고 규정하고 있었고(구법 제3조), 또 공유수면관리법(및 공유수면매립법)에서는 "하천·호소·구거 기타 공공용으로 사용되는 수면 또는 水流로서 국유인 것"이라고 규정하고 있었을 뿐 (동법 제2조 1호), 소유권의 대상이 될 수 있는지 여부에 대하여는 아무런 규정이 없다[5]. 나아가 2007년 하천법 개정에서는 하천의 국유제 조항 자체를 폐지하고, 그 대신 하천을 구성하는 토지와 하천시설에 대하여는 일정한 사권을 행사할 수 없도록 규정하고 있기 때문에(하천법 제4조 제2항), 하천이 사소유권의 대상이 될 수 없다는 주장은 타당성이 없다.

이처럼 정당성이 결여된 우리나라의 전통적 견해는 일본의 구하천법의 규정을 전제로 한 일본의 해석론이 여과 없이 우리나라에 수입된 결과에서 비롯된 것으로 보인다. 한편 이 문제는 공물에 대한 각국의 실정법상의 소송제도와도 밀접한 연관을 맺고 있다. 프랑스의 소송제도 하에서는 公産의 점용허가나 임대차는 행정재판권의 관할에 속하므로 사소유권설의 주장은 논리적 일관성을 유지하기가 어려울 것이다. 그러나 우리나라의 소송제도 하에서는 프랑스의 경우와는 달리 사소유권설을 지지한다고 하여 특별히 문제될 것이 없다.

즉 사법상 소유권에 기초한 사법적 관리권능과 공물관리법에 기초한 공법적 관리

---

5) 바다·바닷가의 경우, 종전에는 하천과 같은 레벨에서 규정되었으나(즉, 海·河·湖·沼 기타 공공용으로 공용되는 국유의 수류 또는 수면과 濱地, 구법 제2조 1항), 개정된 공유수면관리법 등에서는 소유주체가 누구인지 여부와 관계없이 당연히 공유수면에 포함되는 것으로 규정하고 있다(동법 제2조 1호 가목). 그러나 이러한 법 규정의 변화가 바다 및 하천에 대한 법적 성질의 차이에서 비롯된 것으로 생각되지는 아니한다.

권능은 양립이 가능하고 그 결과, 예컨대 공물에 대한 불법점거의 경우 행정주체는 민법상 소유권이나 점유권을 권원으로 하는 방해배제청구나 손해배상청구 등 민사소송을 제기할 수 있는 반면 또 공물관리법에 기초한 행정대집행 등 다양한 권리의 행사도 가능할 것이기 때문이다.

결론적으로 우리나라의 실정법 구조 하에서는 하천 및 해면 등에 대한 행정주체의 지배권을, 국가의 '사소유권'으로 해석해서는 안 될 법리적 이유나 실정법적 필요성은 존재하지 아니한다. 따라서 하천이나 해면 등에 대해 국가 등이 가지는 지배권의 법적 성질을 논함에 있어서, 국가 등의 소유권이 아닌, 그 내포가 특정되지 않은 '공물관리권' 내지 '공소유권설'을 주장하는 견해는 옳지 아니하다.

3. 하천의 이용 및 관리

(1) 이용관계의 법적 성질

전통적으로 공물의 사용관계는 자유사용, 허가사용, 특허사용, 관습상 사용 및 사법상 사용 등 5가지 유형으로 분류하여 설명해 왔고 이 중 자유사용을 일반사용(또는 보통사용), 나머지 넷을 특별사용이라고 하고, 또 전 2자를 권리 아닌 사용, 후 3자를 권리로서의 사용이라고 부르기도 하였다[6].

상기 분류는 공물의 사용에 있어서 그 사용자의 법적 지위 내지 향수 이익의 성질을 중심으로 분류한 것이나, 오늘날 모든 공물의 사용관계를 상기 분류에 편입하여 설명할 수 있을지는 의문이다. 왜냐하면 과거에는 전혀 상상하기 어려웠던 새로운 이용형태가 발생하고 있기 때문이다.

원래 하천은 자연공물로서 당연히 일반 공중의 자유사용에 맡겨진 것이나 허가 및 특허사용도 가능하고, 또 현대사회의 새로운 이용형태에 부응하여 이와는 다른 새로운 이용형태의 규제방법도 하나의 입법론으로서 모색해볼 수는 있을 것이다.

최근에 하천은 각종 레져나 스포츠 등에 이용되는 경우가 많다. 이를테면 하천부지는 야영장이나 계류장, 각종 구기장, 무선조종 등에 이용되고 또 경비행기·헬리콥

---

6) 김도창, 전게서, 460면; 김철용 행정법 II, 2009, 382면 이하; 김동희, 전게서, 275면 이하 참조.

터의 발착, 글라이더의 활주 등에도 이용된다. 또 하천의 수면은 카누, 보트레이스, 윈드서핑 등에 이용되는 경우도 많다. 아직까지 이러한 이용의 형태는 점용허가의 대상이 아닌 자유사용의 형태로 이루어지고 있으나 앞으로는 하천의 공공성에 비추어 일반인의 자유사용이 방해되지 않도록 조정적 규제가 필요할 것으로 생각된다.

(2) 하천의 관리

하천법 상 하천관리의 내용을 요약 정리하면 다음과 같다.

1) 수자원장기종합계획 및 하천유역종합치수계획의 수립

가. 수자원장기종합계획의 수립(제23조, 슈 제19조)

국토해양부장관은 수자원의 안정적인 확보와 효율적인 관리를 위한 20년 단위의 수자원장기종합계획(이하 "수자원계획"이라 함)을 수립하여야 한다. 이 계획에는 다음 각 호의 사항이 포함되어야 한다. 1. 수자원에 영향을 미치는 자연환경 및 사회·경제적 여건 2. 물 수급의 현황 및 전망 3. 수자원의 개발·공급 및 관리계획 4. 홍수재해방지계획 5. 하천의 환경보전 및 다목적이용계획 6. 수자원에 관한 조사·연구 및 기술개발 7. 기후변화에 따른 국가의 물 확보 방안 8. 기타 수자원의 관리 및 보전에 관한 사항.(제23조 제1항, 제3항, 슈 제19조 제1항).

국토해양부장관은 관계중앙행정기관의 장 또는 시·도지사에게 수자원장기종합계획의 수립에 필요한 자료의 제출을 요청할 수 있다(슈 제19조 제2항). 또 국토해양부장관은 수자원계획이 수립된 날부터 5년마다 그 타당성 여부를 검토하여 필요한 경우에는 이를 변경하여야 하고(동조 제2항), 수자원계획을 수립 또는 변경하고자 하는 경우에는 관계 중앙행정기관의 장과 협의한 후 중앙하천관리위원회의 심의를 거쳐야 하며, 수자원계획이 수립 또는 변경된 경우에는 이를 관계 중앙행정기관의 장에게 통지하여야 한다(제23조 제4항)

나. 유역종합치수계획의 수립(제24조, 슈 제20조)

국토해양부장관은 하천유역의 홍수예방과 홍수발생 시 피해의 최소화를 위하여 필요한 사항 등을 내용으로 하는 10년 단위의 하천유역종합치수계획(이하 "유역치수계획"이라 함)을 수립하여야 한다(제24조). 유역치수계획의 수립대상 하천유역은 한강(임진강 유역 제외)·임진강·안성천·삽교천·금강·만경강·동진강·영산강·탐진강·섬진강·낙동강·태화강 및 형산강 유역이며(令 제20조 제1항), 유역치수계획에는 다음 각 호의 사항이 포함되어야 한다. 1. 국토계획 등 각종 개발계획과의 연관성에 관한 사항 2. 도로·철도 등 사회기반시설과의 연관성에 관한 사항 3. 하천유역의 주요 지점별 홍수량 할당에 관한 사항 4. 기타 유역종합치수계획의 수립에 관한 사항(令 동조 제2항).

또 국토해양부장관은 유역치수계획이 수립된 날부터 5년마다 그 타당성 여부를 검토하여 필요한 경우에는 이를 변경하여야 하며(제24조 제2항), 유역치수계획을 수립하거나 변경하고자 하는 때에는 방재업무 관련 기관 등 관계 행정기관의 장과 협의한 후 지방하천관리위원회(하천유역이 2 이상의 시·도에 걸치는 경우에는 각각 해당 지방하천관리위원회)의 자문 및 중앙하천관리위원회의 심의를 거쳐야 하고(동조 제4항), 유역치수계획을 수립·변경한 때에는 국토해양부령이 정하는 바에 의하여 이를 고시하여야 한다(동조 제6항)

다. 계획 상호간의 관계

유역치수계획은 수자원계획의 범위 안에서 수립되어야 하며, 제25조의 규정에 의한 하천기본계획의 기본이 된다(제24조 제7항).

2) 하천기본계획의 수립과 시행(제25조)

하천관리청은 그가 관리하는 하천에 대하여 하천의 이용 및 자연친화적 관리에 필요한 기본적 사항 등을 내용으로 하는 10년 단위의 하천기본계획을 수립하여야 하고, 이 계획을 수립함에 있어서는 하천유역의 국토개발계획 및 도시계획 등에 대한 변동상황을 고려하여 공통유역도(국토해양부장관이 이수·치수·환경을 고려하여 전국을 권역별로 구분한 유역도)를 기본으로 권역별로 수립하여야 한다(제25조 제1항, 令 제24조 제1항). 관리청은 하천기본계획이 수립된 날부터 5년마다 그 타당성 여부를 검토하여 필요한 경우에는 그 계획을 변경해야 한다(동조 제3항). 또 관리청이 하천기본계획을 수립 또는 변경하기 위해서는 미리 관계 행정기관의 장과 협의하고 하천관리위원회의 심의를 거쳐야 하나, 다만 시행령이 정하는 경미한 사항(1.계획홍수량을 10/100 이하에서 증가시키는 경우 2. 계획하폭의 10/100 이하의 범위에서 확대하거나

1/100 이하의 범위에서 축소하는 것)을 변경하는 경우에는 그러하지 아니하다(동조 제5항, 令 제24조 제3항). 관리청이 하천기본계획을 수립・변경한 경우에는 국토해양부령이 정하는 바에 의해 이를 고시하여야 한다(동조 제7항).

3) 유역조사・홍수예방 등

가. 유역조사

국토해양부장관은 하천관리와 국토개발계획의 수립 등에 필요한 하천유역의 기본현황에 대한 조사와 利水・治水 및 하천환경 등 수자원의 이용 및 관리에 조사(이하 '유역조사'라 함)를 실시하여야 한다(제16조 제1항). 수문조사를 실시하는 국토해양부장관 또는 법 제17조 제2항에 의한 기관의 장은 국토해양부장관의 유역조사와 중복되지 아니하도록 이와 협의하여야 하며, 수문조사시설을 설치・교체・이전 또는 폐지하려 할 때에는 국토해양부장관에게 서면으로 그 내용을 통지하여야 한다(제17조 제3항). 국토해양부장관은 제16조에 따른 유역조사의 자료, 제17조에 따른 수문조사의 자료, 그 밖에 하천관리에 필요한 자료의 효율적인 활용을 위하여 수자원 정보체계를 구축・운영하여야 한다.(제22조 제1항).

국토해양부장관은 수자원정보체계의 구축을 위하여 관계 중앙행정기관의 장, 지방자치단체, 정부투자기관 또는 정부출연기관 등 관계기관의 장에게 필요한 자료의 제출을 요청할 수 있으며, 이 경우 관계기관의 장은 특별한 사유가 없는 한 이에 응하여야 한다(제22조 제2항).

나. 홍수 예방을 위한 조치

가) 댐 등의 설치자는 홍수에 대비하여 댐의 저수를 방류하려는 때에는 방류량, 방류 시작 시각, 방류기간에 관하여 국토해양부장관의 승인을 얻어야 하고(제41조 제1항, 영 제48조), 하천관리청은 홍수로 인한 재해의 발생을 방지하거나 줄이기 위하여 긴급한 조치가 필요한 때에는 그 수계에 관한 하천의 상황을 종합적으로 고려하여 댐 등의 설치자에 대하여 필요한 조치를 명할 수 있다. 다만, 국토해양부장관은 미리 하천관리청인 시・도지사와 협의한 경우에는 시・도지사가 할 조치명령을 직접 할 수 있다(동조 제2항). 국토해양부장관은 홍수로 인하여 인명과 재산에 대한 피해가 예상되는 때에는 그 피해를 예방하거나 경감하기 위하여 홍수예보를 실시하여야 하고, 그

세부적인 사항은 국토해양부령으로 정한다(제42조 제1항, 2항).

나) 홍수관리구역의 지정

하천관리청은 하천 및 하천부속물을 보전하고 하천으로 인한 피해를 예방하기 위하여 필요하다고 인정되는 경우에는 하천관리위원회의 심의를 거쳐 다음 지역 중 하나를 홍수관리구역으로 지정할 수 있다.(제12조 제1항, 제2항) ① 하천기본계획이 수립된 하천에 있어서는 계획홍수위 아래에 있는 토지로서 하천관리청이 하천구역으로 결정한 토지를 제외한 지역 ② 하천기본계획이 수립되지 아니한 하천에서 홍수범람의 우려가 있는 지역 중 하천관리청이 하천구역으로 결정한 경우(제10조 제1항 제6호에 의거)에 있어서, 그 경계선으로부터 첫째, 직선거리 500미터를 초과하지 아니하는 지역으로서 통상의 홍수가 미치는 지역 및 하천과 하천시설물을 보전하기 위하여 필요한 최소한도의 지역 둘째, 유역종합치수계획에 저류지가 포한된 경우에는 500미터를 초과하는 지역으로서 통상의 홍수가 미치는 지역이 그 대상이 된다(동조 제1항, 영 제7조 제1항).

홍수관리구역이 지정된 경우에는 그 구역 안에서 다음의 행위를 하고자 하는 자는 하천관리청의 허가를 받아야 한다(제38조 제1항)

1. 공작물의 신축・개축 2. 토지의 굴착・盛土・切土 기타 토지의 형질변경 3. 竹木의 식재 다만 수해 등으로 손괴된 공작물의 원상복구, 이식이 용이한 관상용 식물의 재식이나 농지개량 및 경작행위 기타 이에 순하는 경미한 행위는 그러하지 아니하다(영 제45조 제3항).

4) 하천공사 절차의 간소화

관리청이 하천공사(신설・개축・보수 등)를 시행하고자 하는 때에는 미리 하천기본계획의 범위 내에서 하천공사시행계획을 수립해야 하고 이를 수립・변경한 때에는 시행령이 정하는 바에 의해 고시해야 한다(제27조 제2항, 3항). 하천工事와 그 유지・관리는 다른 특별한 규정이 있는 경우를 제외하고는 원칙적으로 하천관리청이 이를 시행하되, 국가하천의 유지・보수는 시・도지사가 행한다(동조 제5항). 다만 하천법은 1. 工事의 代行(제28조) 2. 공사원인자의 공사 시행(제29조) 3. 비관리청의 하천공사(제30조) 등 몇 가지 예외 규정을 두고 있다.

1999년 2월 8일 개정에서는 다른 법률에 의한 인·허가 등 의제조항을 신설하고(제32조), 공사시행 시 토지수용권을 부여하는 등(제78조), 하천공사의 시행절차를 간소화함과 동시에 사업추진 상 애로점을 해소하였다.

5) 하천점용허가제도

하천구역 안에서 토지 및 하천시설물의 점용, 공작물의 신축·개축·변경(단 허가를 받아 하천공사를 하는 경우를 제외), 토지의 굴착·성토 또는 절토 기타 토지의 형질변경, 토석·모래·자갈의 채취, 기타 하천의 보전·관리에 장애가 될 수 있는 행위로서 1. 죽목·갈대·목초 또는 수초 등을 채취하는 행위 2. 식물을 식재하는 행위 3. 선박을 운항하는 행위 4. 스케이트장·유선장 또는 도선장을 설치하는 행위 5. 수상레저안전법에 따른 수상레저기구를 이용한 수상레저사업 목적의 물놀이 행위 6. 하천관리청이 아닌 자가 하천을 점용하는 물건에 새로 하천의 보전에 영향을 미칠 수 있는 물건을 추가하는 행위를 하려는 자는 하천관리청의 허가를 받아야 한다.(제33조 제1항, 영 제35조 제1항). 또 하천관리청이 점용허가를 할 때에는 하천의 오염으로 인한 공해, 기타 보건위생상 위해를 방지함에 필요한 부관을 붙일 수 있다(제33조 제2항).

하천점용허가의 법적 성질은 강학상 특허에 해당한다[7]. 허가신청에 대한 하천관리청의 허가 여부는 하천관리청의 자유재량[8]에 속하기 때문에 점용허가신청이 있고 점용허가신청 내용이 점용요건에 해당된다고 하여도 하천관리상 지장이 있거나 다른 공익사업과의 관계 및 기점용권자와의 관계 등을 감안하여 허가여부를 결정할 수 있다[9].

---

7) 大判 90. 2. 13, 89 다카 23022, 하천의 占用許可權은 特許에 의한 公物使用權의 일종으로서 하천의 관리주체에 대하여 일정한 特別使用을 청구할 수 있는 債權에 지나지 아니하고 對世的 效力이 있는 物權이라 할 수는 없다.

8) 大判 91. 10. 11, 90 누 8688. 河川敷地占用許可 여부는 관리청의 自由裁量에 속하고, 재량행위에 있어서는 법령상의 근거가 없다고 하더라도 附款을 붙일 것인가의 여부는 당해 행정청의 재량에 속한다 할 것이고, 또한 같은 법 제25조 단서가 하천의 오염방지에 필요한 부관을 붙이도록 규정하고 있으므로 하천부지점용허가의 성질의 면으로 보나 법규정으로 보나 부관을 붙일 수 있는 것이다.

9) 大判 91. 11. 22, 91 누 2755. 야적장으로 사용한다는 당초의 하천부지 점용허가조건에 위반하여 하천부지를 타에 임대하여 무허가건물을 축조하게 하였으나, 일정기한 내에 건물을 철거하겠다고 다짐하므로 관리청이 이를 특별히 부관으로 명시하여 다시 점용허가를 하여 주었는데, 위 철거기한 경과 후 수차의 이행촉구에도 불구하고 건물을 철거하지 아니한 경우, 허가조건불이행을 이유로 한 占用許可取消處分은 정당하고 裁量權의 逸脫·濫用에 해당하지 아니한다.

그리고 관리청이 하천점용허가를 함에 있어서, 당해 허가로 인하여 손실을 받게 됨이 명백한 권리자(제33조의 허가로 인하여 발생한 권리를 가진 자를 말함. 이하 "기득하천사용자"라 함)[10]가 있을 때에는 다음 ①과 ② 경우를 제외하고는 이들의 동의를 얻어야 허가를 할 수 있다(제34조). ① 당해 流水占用을 위한 사업이 기득하천사용자의 하천사용에 관한 사업에 비하여 공익성이 뚜렷하게 큰 경우 ② 손실을 방지하기 위한 시설을 설치하여 기득하천사용자 의 하천사용에 관한 사업의 시행에 지장이 없다고 인정될 때이다.

한편 하천관리청은 하천점용허가를 받은 자로부터 토지의 점용료, 그 밖의 하천사용료(이하 "점용료 등"이라 함)를 징수할 수 있다(제37조 제1항). 그러나 점용 또는 사용이 공용 · 공공용 기타 공익을 목적으로 하는 비영리사업인 경우, 국민경제에 중대한 영향을 미치는 공익사업, 재해 기타 특별한 사정으로 본래의 하천점용목적을 달성할 수 없는 경우에는 점용료 등을 감면할 수 있다(동조 제5항).

6) 하천환경의 보전 · 관리

2005년 7월 13일 하천법 개정 시, '자연친화적 정비 · 보전'이 하천법의 목적 규정에 명시되었으며, 또 하천관리위원회의 심의사항으로 자연친화적 정비 · 보전에 관한 사항이 추가되었고, 2007년 4월 6일 하천법 전부개정 시에는 '하천환경의 보전 · 관리'가 새로운 장(제6장)으로 신설되었다.

가. 자연친화적인 공법의 사용(제43조)

하천관리청 또는 비관리청이 하천공사를 시행하는 경우에는 자연친화적인 공법을 사용해야 하고, 국토해양부장관은 자연친화적 공법에 관하여 필요한 기법을 관계 중

---

10) ① 大判 91. 10. 11, 90 누 8688, 하천법 제25조에 의한 하천점용허가를 함에 있어 동의를 얻어야 할 같은 법 제28조 소정의 "기득하천사용자 등 이해관계인"에는 같은 법 제25조의 허가로 인하여 발생한 권리를 가진 자인 "기득하천사용자"는 물론 그 밖의 법률상 이해관계를 가진 자도 포함되나, 하천부지점용허가를 받은 자로부터 이를 임차하여 사실상 점용하고 있었던 자는 포함될 수 없다.
② 大判 90. 12. 21, 90 누 1250, 광업권자가 채광계획의 인가를 받지 못하였다고 할지라도 광업권자로서의 권리는 법률상 보호되어야 할 것이므로, 하천관리청이 광업권이 설정된 鑛區와 중복된 하천구역 안에서 골재를 채취하도록 하천법 제25조 제1항 제6호의 규정에 의한 河川占用許可를 함에 있어서 동의를 얻어야 할 같은 법 제28조 소정의 "旣得河川使用者 등 이해관계인"에는 채광계획의 인가를 받지 아니한 광업권자도 포함된다.

앙행정기관의 장과 협의하여 개발・보급해야 한다(동조 제1항, 제2항)

나. 보전지구 등의 지정 및 관리 (제44조, 제45조)

하천관리청은 하천기본계획을 수립하는 경우 하천구역 안에서 하천환경 등의 보전 또는 복원이나 하천공간의 활용 등을 위하여 필요한 경우, 보전지구・복원지구・친수지구를 지정할 수 있다(동조 제1항). 보전지구 지정 대상인 하천구역은 하천의 자연생태계 유지를 위하여 보전가치가 큰 하천구역, 수량이 풍부하고 수질이 양호하며 용수공급, 주민의 건강에 미치는 영향이 큰 하천구역, 특이한 경관・지형 또는 지질을 가진 하천구역, 고유한 역사적・문화적 가치가 있는 하천구역 등이며(영 제49조 제1항), 친수지구 지정의 대상인 구역은 직간접적인 친수활동을 목적으로 하천점용허가를 받아 상거래행위를 하는 하천구역이나 전통적으로 친수활동이 활발하게 이루어지고 있는 하천구역, 기타 하천관리청이 친수지구로 인정할 필요가 있다고 인정하는 구역이며, 친수지구의 지정범위는 하천의 자연생태환경의 보전을 위해 최소범위로 지정해야 한다(영 제49조 제3항).

하천관리청은 보전지구와 복원지구 안에서 국토해양부령이 정하는 바에 따라 하천환경을 보전하거나 복원하는 사업을 시행할 수 있고(제45조), 보전지구・복원지구 및 친수지구의 지정기준 등에 관한 세부적인 사항은 관계 중앙행정기관의 장과 협의하여 국토해양부장관이 정한다(영 동조 제4항)

다. 하천 안에서의 금지행위 (제46조)

누구든지 정당한 사유 없이 다음 행위를 할 수 없다. 1. 하천수의 흐름을 막거나 방향을 변경하는 행위 2. 하천시설을 파괴하는 행위 3. 토석이나 벌목된 나무토막 등을 버리는 행위 4. 흐름을 방해하는 부유물이나 장애물을 버리는 행위 5. 하천을 복개하는 행위(하천기본계획이 정하는 교량 설치 제외) 6. 시・도지사가 지정・고시하는 지역에서 행하는 야영・취사・낚시 등 행위 7. 기타 물의 흐름에 지장을 주거나 하천을 오염시키는 행위로서 시행령이 정하는 행위.

라. 하천의 사용금지 등 (제47조)

하천관리청은 하천공사, 하천의 보전 및 하천환경 등을 고려하여 필요하다고 인정되는 때에는 구간을 정하여 하천의 사용을 금지하거나 제한할 수 있으며, 이 경우 그 대상・구간・기간 및 이유를 명시한 표지를 대상구간의 양측과 중간지점에 설치하고 이를 해당지역에서 발간되는 일간신문에 공고해야 한다. 이를 변경・취소하는 경우도 같다 (동조 제1항, 제2항, 영 제52조 제1항). 하천관리청이 공고를 한 경우에는 지체 없이 당해구간 내에서 하천점용허가 또는 하천수사용허가를 받은 자에게 그 내용을 통지해야 한다(영 동조 제2항)

마. 원상회복의무 (제48조)

하천을 점용 또는 사용하는 자 및 하천수를 사용하는 자는 허가의 실효, 점용 또는 사용을 폐지한 때, 하천을 원상으로 회복시켜야 한다. 다만 관리청은 그 필요가 없거나 원상회복이 불가능한 경우 원상회복의무를 면제할 수 있다. (동조 제1항). 면제 신청에 대해서는 15일 이내에 면제 여부를 통지해야 하고(동조 제2항), 원상회복의무를 면제한 경우에는 당해 공작물 기타 물건을 무상으로 국・공유화할 수 있다(제3항). 그리고, 하천관리청은 원상회복의무를 보증하기 위해 필요한 원상회복비용(공작물의 신・개축 등의 경우에는 실제 소요비용, 하천점용 경우에는 점용료의 30/100 정도)을 하천관리청에 예치하게 할 수 있다(영 제53조)

7) 하천대장의 작성과 관리[11)]

하천관리청은 그가 관리하는 하천시설에 대한 관리대장을 작성하여 이를 보관하여야 한다. 국토해양부장관은 그가 관리하는 수문조사시설에 대한 관리대장을 작성하여 보관하여야 한다. 상기 관리대장의 작성 및 보관 등에 필요한 사항은 국토해양부령으로 정한다(제15조 제1항 내지 제3항).

---

11) ① 大判 1991. 10. 22, 90 누 9896, 하천법상 하천구역은 하천과 일체를 이루고 있는 자연적인 토지의 형태에 따라 결정되는 것이 원칙이고, 하천대장은 하천관리청이 하천에 관한 행정사무집행의 원활을 기하기 위하여 그 현황 및 관리사항을 기재하는 것으로서 이 하천대장에 어떤 특정 토지를 기재한다 하여 그 토지에 관한 권리의 창설이나 설정・취득・변경 및 소멸의 효력이 발생하는 것이 아니므로 설사 하천관리청이 특정 토지를 하천대장에 등재한 행위에 절차상의 하자가 있다 하더라도 그 토지가 하천구역으로 되는지의 여부에 어떠한 영향을 미치는 것은 아니다.
② 大判 1982. 7. 13, 81 누 129, 하천대장은 하천에 관한 행정사무집행의 원활을 기하기 위하여 하천관리청이 그 현황과 관리사항을 기재하여 작성・보관하는 것이나 특정 토지를 하천대장에 기재한다 하여 그 토지에 관한 권리의 창설이나 설정, 취득, 변경 및 소멸의 효력이 발생한다 할 수 없으므로, 하천대장에의 기재는 하천구역의 지정처분이라 할 수 없다.

(3) 하천수 사용 및 분쟁조정

1) 사용 및 배분의 원칙(제49조, 영 제54조)

하천수는 타인의 권리와 공공의 이익을 침해하지 아니하고 물 관리에 지장이 없는 범위 안에서 사용되어야 하며, 모든 국민이 그 혜택을 골고루 향유할 수 있도록 배분되어야 한다(제49조 제1항). 특히 가뭄의 장기화 등으로 사용허가수량을 조정하지 않으면 공공의 이익에 해를 끼칠 우려가 있는 경우의 용수배분의 순위는 생활용수, 공업용수, 농업용수, 기타 용수 순서대로 하되, 기타 용수 간의 우선순위는 하천수조정협의회(제53조 제3항)에서 조정하는 바에 따른다(동조 제2항, 영 제54조)

2) 하천수의 사용허가(제50조, 영 제55조, 제56조)

생활 · 공업 · 농업 · 환경개선 · 발전 · 舟運 등의 용도로 하천수를 사용하려는 자는 국토해양부장관의 허가를 받아야 한다. 또 허가받은 사항 중, 사용목적, 사용기간, 취수지점 및 취수시설, 취수허가 사용량, 허가 시 별도로 붙인 사항을 변경하는 경우에도 같다(제50조 제1항, 영 제55조 제2항). 국토해양부장관이 허가를 한 때에는 그 내용을 관할 시 · 도지사에게 통보해야 한다(동조 제2항). 국토해양부장관은 하천수의 보전을 위해 다음 각 호의 사유가 있는 경우에는 허가를 거부하거나 취수량을 제한할 수 있다. 1. 하천수를 오염시키거나 유량감소를 유발하여 자연생태계를 해칠 우려가 있는 경우 2. 공공사업에 지장을 주는 등 공익을 해할 우려가 있는 경우 3. 인근지역의 시설물의 안전을 해칠 우려가 있는 경우 4. 사용허가 신청량이 취수목적 등에 비추어 지나치게 많은 경우 5. 대상하천의 유량이 기준 유량 이하이거나 하천유지유량이 부족한 경우 6. 기득 하천사용자의 동의를 받지 못한 경우 7. 용수의 재활용 등으로 하천수의 현저한 감소가 예상되는 경우(동조 제3항, 영 제56조)

3) 하천수의 사용 및 관리

1일 1000세제곱미터 이상의 공업용수, 5000세제곱미터 이상의 생활용수, 8000세제곱미터 이상의 농업용수를 사용하는 자는 그 사용량을 확인할 수 있는 계측시설을 설치하고 국토해양부령이 정하는 사항을 기록하여 보관해야 하고, 그 사용계획 및 사용실적을 국토해양부장관에게 통보하여야 한다.(제52조 제1항 내지 3항, 영 제60조).

4) 분쟁조정

99년 2월 8일 하천법 개정에서는 河川水의 사용과 관련된 분쟁을 하천관리위원회에서 조정할 수 있도록 하기 위하여 하나의 章(제3장 유수사용의 분쟁조정, 현 제7장 하천수의 사용 및 분쟁조정)을 신설하였다.

가. 조정의 신청

댐 등의 설치자(제39조), 하천수의 사용허가를 받고자 하는 자(제50조), 旣得 하천사용자, 유수사용에 이해관계가 있는 지방자치단체는 하천수 사용에 관하여 분쟁이 있는 경우 중앙하천관리위원회에 조정을 신청할 수 있다(제54조 1항). 조정신청을 받은 중앙하천관리위원회는 지체 없이 그 신청내용을 상대방에게 통지하고(동조 제3항), 통지를 받은 상대방은 특별한 사정이 없는 한, 하천관리위원회의 회의에 참석해야 하고 부득이한 경우 서면으로 의견을 제출할 수 있다(동조 제3항, 제4항).

나. 조정의 처리, 거부 및 중지

중앙하천관리위원회는 조정신청을 받은 날부터 원칙적으로 90일 이내에 이를 심사하여 조정안을 작성하여야 하나, 부득이한 사정이 있는 경우에는 하천관리위원회의 의결로써 60일 이내의 범위에서 그 기간을 연장할 수 있다. 그리고 기간을 연장한 경우에는 그 내용 및 사유 등을 당사자에게 통지하여야 한다(동조 제5항, 제6항). 중앙하천관리위원회는 분쟁조정 상 필요하다고 인정하는 때에는 국토해양부 또는 시・도 소속 공무원으로 하여금 관계서류를 열람하게 하거나 관계 사업장에 출입하여 조사하게 할 수 있으며 당사자 또는 관계전문가로 하여금 하천관리위원회의 회의에 출석하게 하여 그 의견을 진술하게 할 수 있다(동조 제7항). 이 경우 열람 또는 조사를 하는 공무원은 그 권한을 나타내는 증표를 지니고 이를 관계인에게 제시하여야 한다(동조 제8항).

그러나 분쟁의 성질상 하천관리위원회에서 조정하는 것이 적합하지 아니하다고 인정되거나 부정한 목적으로 조정을 신청한 것으로 인정되는 때에는 조정을 거부할 수 있고, 이 경우에는 그 사유 등을 신청인에게 통지하여야 한다(제55조 제1항). 분쟁당사자 중 일방이 조정을 거부한 때에는 하천관리위원회는 조정 경위 및 조정거부 이유 등을 상대방에게 서면으로 통지해야 하고(동조 제2항), 또 분쟁조정 중 일방 당사자가 소를 제기한 경우 그 당사자는 하천관리위원회에 분쟁조정의 중지를 요청할 수 있고, 중앙하천관리위원회는 지체없이 분쟁조정을 중지하여야 한다(동조 제3항).

다. 조정의 효력

중앙하천관리위원회가 조정안을 작성한 때에는 지체 없이 각 당사자에게 이를 제시해야 하고, 조정안을 제시받은 당사자는 15일 이내에 그 수락 여부를 통지해야 한다(제56조 제1항, 제2항). 그리고 각 당사자가 조정안을 수락한 때에는 하천관리위원회는 즉시 조정조서를 작성하여야 하며, 위원장 및 각 당사자가 이에 기명·날인하여야 한다(동조 제3항) 또, 각 당사자가 중앙하천관리위원회의 조정안을 수락한 때에는 당사자 간에 조정조서와 동일한 내용의 합의가 성립한 것으로 간주한다(제56조 제4항).

라. 비용의 부담

분쟁조정을 위한 조사·용역 등에 소요된 비용은 원칙적으로 신청인이 부담한다. 다만, 조정이 성립된 경우로서 특약이 없는 경우에는 각 당사자가 균등하게 이를 부담한다. 그리고 필요한 경우 중앙하천관리위원회는 시행령이 정하는 바에 의하여, 그 비용을 미리 예치하게 할 수 있다(제57조 1항, 2항).

(4) 보통하천(법정외공물)의 이용관계

보통하천 등 法定外 공물은 소유권의 대상이 되는지, 또 소유권의 대상이 된다면 그것은 사소유권인지 공소유권인지 등 문제에 대하여는 직접 이들을 규율하는 법률의 규정이 없기 때문에 논의의 여지가 있을 수 있으나, 法定外公物도 公物인 이상, 원칙적으로 법정공물에 준하여 판단하면 될 것이라고 생각된다.

보통하천은 구거(溝渠) 등 도시의 배수로를 제외한 국가하천과 지방1급·지방2급 하천 및 소하천 등의 상류에 위치하여 산간을 흐르는 계류의 경우가 대부분이다. 이들 계류가 사유지 내를 흐르는 경우에는 비록 공공물이라 하더라도 사권의 대상에서 제외시키기는 어려울 것이다. 이를테면 산림 속에 별장을 소유하고, 정원 안에 자연용수가 존재한다면, 그것은 사물로서 사유지 밖으로 흘러가기까지는 개인적 지배권의 대상이 될 것이다. 같은 논리로 국유임야 내를 흐르는 계류는 당연히 국유이고 그 관리는 다른 법률에 특별한 규정이 없는 이상 국유재산법의 규정에 따라 임야를 관리하는 행정청이 관리하게 될 것이다. 그러나 용수이든 계류이든 흐르는 물 그 자체는

公共物이기 때문에 임야관리청은 그것을 私物化할 수는 없을 것이다. 이를테면 국유림을 보행하는 등산객이 음용할 목적으로 계류수 또는 용출수를 일시 채취하더라도 국유재산의 절취로 취급할 수는 없다. 즉 그것은 국유임야 내에서 생육하고 있는 초목류에 대한 무권한자의 채취와 동일시 할 수는 없는 것이다. 일정한 범위 내에서 溪流나 湧水를 이용하는 것은 국민 일반에게, 자연적 자유로 개방되어 있고 그 관계는 법률해석상 無主物 先占의 法理로 해석하는 것도 가능할 것이다. 그러나 물의 채취방법이나 채취량이 무제한 내지 기업적 이용의 규모로 확장되는 자유사용은 물론 허용되지 아니한다.

이 경우 국유임야 관리청은 계류의 채취량과 방법을 결정할 수 있는 권한을 가지나, 下流의 하천에 미칠 수 있는 영향을 고려하여 그 권한을 행사해야 할 것이고, 경우에 따라서는 하천관리청과의 협의가 전제되어야 할 경우도 있을 것이다. 이 문제는, 향후 조속한 시일 내에 보통하천을 비롯한 法定外公物에 대한 새로운 입법이 마련됨으로써 비로소 해결이 가능할 수 있을 것으로 생각된다.

Ⅱ. 바다의 이용

1. 서

(1) 해역의 구분

바다의 개념과 관련하여 종래 내해, 연안해, 영해, 공해 등 개념의 구분이 행해져 왔던 것이 사실이다. 그러나 현재에는 영해(내해・연안해)와 공해의 이분법에 의한 구별과 국제법과의 연관 하에서(특히 유엔해양법 조약에 의해), 내수・영해 (국제해협[12], 군도수역[13])), 접속수역[14]), 배타적 경제수역[15]) 등의 개념 구분이 일반적으로 행

12) 국제해협은 해협의 양안이 단일 국가 영토이거나 복수 국가 영토이거나를 불문하고 통항이 자유로운 두 개의 바다를 연결하는 해협으로서 국제통항에 이용되는 해협이다. 즉, 공해(또는 경제수역)의 일부분과 공해의 다른 부분 사이의 국제항행에 이용되는 해협을 말한다(제37조). 국제해협은 영해의 일부이면서도 국제항행의 요로로서 일반의 영해와는 달리 국제법의 규제에 복종한다. 국제해협에서의 무조건적인 자유통항을 주장하던 선진 해양국가들은 제3차 유엔 해

해지고 있다.

유엔해양법 조약에서는 이러한 해역의 구분에 대응하여 연안국 등의 권능으로서 "관할권(jurisdiction)"이라는 표현을 쓰고 있으나, 그것은 단순한 재판관할권 만을 지칭하는 개념은 물론 아니며, 입법권 및 집행권 등 3권을 포함하는 것으로 해석이 되지만 구체적으로 이 개념이 국내법과의 관계에서 특히 지방자치단체의 조례제정권 등 자치권과의 관계에서 어떻게 그 내용이 정해질 것인가 하는 것은 그리 간단한 문제가 아닌 것으로 판단된다. 이 점에 대하여는 후술하기로 한다.

(2) 영해의 국법상 지위

1) 의의 및 범위

우리나라의 「영해 및 접속수역법」에서는 영해에 관한 특별한 정의를 내리지 않는 대신 다만, 그 범위를 기선 외측 12 해리 선까지로 한다고 규정하고 있을 뿐이다(동법 제1조). 그러나 일반적으로 국제법상으로는 "內水에 접하여 근해에 펼쳐진 帶狀의 연안해역으로 그 상공・해저・지하와 함께 연안국의 주권이 미치는 수역"으로 정의되고 있는 것이 보통이다[16]. 그리고 다른 특별한 규정이 없는 이상 이러한 정의는 국내법적으로도 통용이 가능할 것으로 생각된다.

상술한 바와 같이 영해에 대하여는 연안국의 관할권(jurisdiction)이 미치나, 일반적으로 영해에 대한 국가의 지배권은 국내의 하천・운하・호소 등에 대한 국가의 지배권과 동일한 것은 아니고, 국가는 무해통항 등 국제법상의 제약[17]을 제외한, 어업・

양법회의를 통하여 12해리의 영해를 인정하는 대신 기존의 무해통항권보다 훨씬 강력한 통항권을 보장하는 통과통항제도(transit passage regime)를 성립시켰다. 崔宗和, 국제해양법강의, 太和出版社, 1998, 66면.

13) 군도수역(archipelagic waters)이란 外洋 群島國家에 대하여 인정되는 특수수역으로서, 내수의 외측으로부터 영해의 내측 사이에 위치한다. 일반적으로 영해기선 안쪽의 수역은 모두 內水이지만 군도국가의 경우에는 영해기선 안쪽에 군도수역과 내수가 공존한다. Ibid., 76면.

14) 접속수역(contiguous zone)은 연안국이 설정한 영해 범위 밖의 일정한 水域으로서, 연안국이 자국의 영토 또는 영해 내에서의 관세・재정・출입국・보건 위생에 관한 법규 위반을 예방하거나 처벌할 목적으로 제한적인 국가관할권을 행사하는 수역이다(제33조)

15) 배타적 경제수역(exclusive economic zone; EEZ)은 연안국의 영해기선으로부터 200해리 범위까지의 수역으로서 연안국에 대하여 해양자원의 배타적・경제적 이용권을 부여하기 위하여 제3차 유엔해양법조약에 의해 창설된 것이다. 상세는 Ibid., 84면 이하 참조.

16) UN 해양법조약 제2조, 영해・접속수역조약 제1조 및 제2조 참조.

경찰 · 관세 · 안전 등 포괄적 지배권 (영토고권)을 가지게 된다. 한편 영해의 폭을 측정하는 육지 쪽 기준점의 궤적을 영해기선이라 하고 여기에는 통상기선(normal baseline)과 직선기선(straight baseline)의 두 종류가 있으며, 해양법상 영해기선은 영해 범위의 기준선이 될 뿐만 아니라, 접속수역 · 경제수역 · 대륙붕 등 연안국의 모든 관할해역의 범위를 정하는 기준이 되기 때문에 그 중요성은 절대적이라 할 수 있다. 그 결과 어떤 기선을 채택하느냐 하는 것은 연안국의 이익에 중대한 영향을 미치게 되고 이로 말미암아 이해당사국 간에 분쟁의 원인이 되는 경우가 많다.

그리고 영해기선을 기준으로 하여 그 육지쪽 수역은 內水[18]이고 바다 쪽으로 12해리까지를 領海, 24해리까지[19]를 접속수역, 200해리[20]까지를 배타적 경제수역(Exclusive Economic Zone, EEZ)으로 하고 있다.

2) 法的 性質 - 소유권 및 이용권 -

바다에 대한 국가의 지배권의 성질을 어떻게 파악해야 할 것인가에 대하여는 상기 하천에 대한 지배권의 성질과 마찬가지로 이해하면 될 것이다.

그러나 비록 바다가 國有의 행정재산이라 하더라도 국유재산법 상의 행정재산 (공공용재산)으로서 소관부처에 의해 적정히 관리되고 있다고 말하기는 어렵다. 예컨대 어업면허, 공유수면매립면허 등에 즈음하여 국유재산으로서의 사용료는 징수되고 있지 아니하며 또 국유재산으로서 매각이나 대부의 대상이 되는 것도 아니다. 뿐만 아니라 국유재산법은 원래 그 재산적 가치의 측면에서 국유재산을 관리하는 것을 주목적으로 하고 있고 따라서 공물의 이용조정 및 분쟁처리 기준의 제공이라는 측면에서는 그 역할을 기대하기가 어려운 것이 사실이다.

바다는 입체적인 구조를 갖춘 것으로, 海面 · 海水 · 海床으로 이루어지고 있으며, 국유의 대상은 이 중 어느 부분을 지칭하고 있는 지도 반드시 명확한 것은 아니다. 그러나 특별한 규정이 없는 한, 대체로 이들 모두가 국유의 대상인 것으로 생각된다.

---

17) 국제법상 제약에 관하여는 山本草二「海洋法と國內法制」, (財)海洋協會, 1988 참조.

18) 영해의 폭을 측정하기 위한 기선으로부터 육지측에 있는 수역을 內水로 한다. 영해 및 접속수역법 제3조 참조.

19) 영해 및 접속수역법 제3조의 2. 접속수역의 실질적인 범위는 영해 외측에서 12 해리까지이다.

20) 배타적 경제수역법 제2조. 실질적인 배타적경제수역의 범위는 영해 외측 경계선 밖 188 해리까지이다.

이 문제와 관련하여, 특히 미준공의 매립지의 귀속에 관련된 문제로서, 그것은 지반인 해저에 부합한다는 견해가 있는 반면 일본의 최고재판소 판례[21]는 지반인 해저에의 附合을 인정하지 아니하고, 투입되어진 土砂를 동산으로 보고 있다. 한편 海面이나 해수・해저 등이 사적 소유권의 대상이 될 수 있는가의 문제가 제기될 수 있으나, 이 문제는 이미 하천의 경우에서 살펴 본 바와 같고, 결론적으로 구획어업・정치어업의 면허나 공유수면매립면허 등이 바로 이러한 사권의 대상이 되는 경우라 말할 수 있을 것이다.

입법정책상의 문제이기는 하지만 관련 법규의 정비에 따라서는 해양구축물의 설치를 위한 해저부분에 대한 점용권의 설정이나 나아가 私有의 해변・해면(private beach)의 존재도 결코 불가능한 것은 아니다.

그리고 海水의 이용과 관련된 日本의 판례 중에는 "누구나 자유로이 사용할 수 있는 것으로 그 법적 지위는 권리는 아니나, 염전 및 양어를 위한 해수의 引用은, -------- 생활상 필수의 이익을 얻기 위한 경우에는, 관습에 의해 발생한 공수사용권으로 볼 수 있다"[22]고 하고, 또 "海水를 사용하여 재목의 유입에 의해 상당한 이익을 향수하고 있는 사실이 있더라도 그 사용연한이 3-10년에 불과할 때에는 해수의 자유사용의 범위를 넘는 것이 아니고 자유사용의 반사적 이익이 있음에 불과하다"[23]고 하여, 관습법상 해수이용권의 성립을 부정하고 있다.

해면・해저의 이용은 향후 과학기술의 발전에 수반하여 더욱 증가할 추세이며 현재에도 각종 해양구축물, 육지에서 해상으로 연결된 테라스(주차장, 골프연습장 등), 송유관이나 광섬유 등을 통과시키는 공동구의 설치, 송전 케이블의 부설 등으로 활발히 이용되고 있는 실정이다. 그럼에도 불구하고 각종 허가・면허어업 등의 실태에 있어서는 권리자 등이 아직도 바다에 대한 자신만의 독점적・배타적인 권리의식을 가지고 있는 것이 현실이다. 따라서 향후 이들 상호간의 이용조정의 문제가 중요한 법률적 문제로 부각될 것으로 보인다. 바다에 대한 多元的 利用의 필요성은 특히 국제사회에서도 새로운 해양법 질서로서 강하게 요청되고 있으며, 이에 부응하기 위해서

21) 最裁判 1956. 6.17, 民集36卷5號 824
22) 大阪高裁 1962. 10.19, 下級民集13卷10號 2102면.
23) Ibid.

는 바다를 원래의 공공용물의 상태로 되돌리려는 우리들 모두의 노력이 절실하게 필요할 것이다.

3) 관할권의 경합

해변 및 해양의 관리에 있어서는 정부 각 부처 상호간은 물론이고 관련 지방자치단체와의 사이에서도 관할권의 경합이 발생할 수 있다. 이를테면 정부 각 부처 중에서도 특히 해양수산부, 건설교통부, 농림부, 환경부 등은 각기 소관업무의 특성상 나름대로의 관할권을 주장하고 있으며, 관련 지방자치단체 역시 항만구역이나 어항구역 등 특별법에 의한 관할지역을 제외한 일반 연안역의 이용 및 개발에 대하여는 나름대로의 관할권을 주장하고 있는 실정이다. 그 결과 경우에 따라서는 먼저 이용·개발하는 쪽에게 선점의 이익이 돌아가고 마는 불합리한 결과를 초래하는 경우도 적지 아니하다.

이러한 현상은 일본에서 잘 나타나고 있다. 즉 일반적으로 바다의 관리는 항만법, 어항법, 해안법 등 공물관리법의 적용이 있는 것을 제외하고, 보통하천이나 里道, 溝渠 등과 함께 "法定外公共物"로서 「건설성 소관 국유재산 취급규칙(1955 建設省 訓令 제1호)」에 기초하여 도도부현지사가 건설성의 기관위임사무로 처리하고 있으나 自治省에서는 이와는 별도로 연안역에 대하여는 지방자치단체가 일반적인 해역관리권을 가지고 있는 것으로 해석하고 있다. 그 결과 일본의 부현 레벨에서는 知事가 건설성장관의 기관위임사무로서 건설성의 공공용재산 관리규칙에 기초하여 관리하는 경우와 지방자치단체가 法定外公物의 관리조례를 제정하여 자치사무로서 관리하는 경우 및 특별한 조례나 규칙을 제정하고 있지 않은 경우 등 연안역의 관리에 관하여 전국적으로 불통일의 상태에 있다고 말할 수 있다[24].

지방자치법 상 지방공공단체의 관할구역 안에는 다른 특별한 법률의 규정이 없는 이상, 접속하는 해면도 당연히 포함되고 여기에 대하여는 특별한 異見은 존재하지 아니하는 것으로 생각된다. 그 결과 영해법 상 영해의 범위가 확대되면 지방자치단체의 관할구역도 특별한 절차 없이 확대될 것은 자명한 이치이다. 그러나 지금까지 지방자치단체의 구역을 영해의 범위까지로 표시한 사례는 보이지 아니하며 그 필요성도 없

24) 成田頼明, 土地政策と法, 28면.

었던 것으로 생각된다. 그러나 앞으로는 사정이 다를 것으로 판단된다. 왜냐하면 지금까지 해상은 거의 무인지대였으나 향후 과학기술의 발전에 따라서는 해상 및 해저구조물에서의 거주가 반드시 불가능한 것으로는 보이지 아니하기 때문이다.

따라서 해상에서의 국가법과 자치법 사이의 경합의 양상은 충분히 예상할 수 있고 특히 과세권 및 계획권 등 행사에 있어서는 양자의 조정이 필요할 것이다. 다만 법률이 존재하지 않는 경우에 있어서 지방공공단체가 조례 제정을 통하여 우선적으로 입법관할권을 행사하는 것은 특별히 문제될 것이 없다고 생각된다.

2. 연안역의 관리법제

(1) 序

바다는 공물법상 자연공물의 일종이다. 과연 누가 이를 어떻게 관리할 것인가 하는 문제는 결국, 해양개발기본법을 비롯하여 항만법, 어항법, 공유수면관리법 등 관련법률의 규정에 따라 결정할 수밖에 없을 것이다. 다만 이들 법률의 적용을 받지 아니하는 해안이나 해역에 대하여는 국유재산법이나 몇 몇 지방자치단체의 조례를 제외하고는 사실상 법률의 공백상태라 할 수 있다. 이러한 문제를 해결하기 위해서 "법정외공공물 관리법"의 제정의 필요성을 강하게 주장하는 견해도 발견 된다[25].

정보화 · 국제화 시대가 도래 하면서, 특히 3면이 바다로 둘러싸인 우리로서는 21세기 해양국가에로의 발전을 결코 외면할 수 없을 것이다.

UN 해양법조약의 비준과 더불어 이에 상응한 국내법의 정비가 시급히 요망된다. 바다의 이용을 위한 기본적 법질서의 확립과 다원적인 이용의 조정, 영해 및 배타적 경제수역에 대한 규제의 명확화, 국가 및 지방자치단체의 관할의 조정 등이 그 어느 때보다 강하게 요청되어지고 있다.

한편 이러한 해양의 개발과 보전 및 이용을 목적으로 하여 단일 법률로서의 연안역관리법을 제정하는 것이 하나의 추세가 되고 있다. 그 대표적 예가 미국의 연안역관리법(Coastal Zone Management Act)이다. 한편 프랑스에서도 해안(le domain public

25) Ibid.

maritime)에 대하여는 국가의 공소유권의 대상으로서 통일적 관리체제를 갖추면서 그 범위를 영해 내의 해저 및 지하에까지 확대하고 있다.

(2) 외국법제

1) 프랑스

프랑스는 5500 km의 해안선을 가지고 있으며 그 중 50 %는 도시화되어 있고, 바캉스 기간 중에는 약 1,850만의 인구가 그곳에 체재한다. 따라서 각종 레져 용도와 자연환경 보호와의 조화가 요청되어 산악법(loi de montagne)의 제정에 이어, 1986년 1월 3일 全文 42조의 「연안역의 관리・보호・보전에 관한 법률」이 제정되었다. 그 주된 내용은 제1편 연안역의 보호・관리(수질규제 포함), 제2편 바다 및 하천공물의 관리(제25조 내지 제29조)와 海岸 및 河岸의 규제(제30조 내지 제34조)라 할 수 있다.

이 법 제3조에서는 도시계획법전에 연안역에 관한 특별규정(제146조 내지 제146조의 9)을 삽입하였고, 이 중 제146조의 1의 규정은 이들 규정이 도시계획법전 제111조의 1의 1이 규정하는 도시계획 지방규칙의 효력을 가지고 있으며 SD(장기・광역적 정비계획을 내용으로 하는 지도계획, 1983년 이전에는 SDAU라 하여 인구 1만인 이상의 시가화구역에서는 결정이 의무화되고 있었으나 1983년 1월7일 법률의 개정 이후 SD는 임의적인 것으로 되었다)와 POS(중단기 정비계획과 구체적 토지이용을 내용으로 하는 토지점용계획)를 구속하는 상위규범으로서의 효력을 가진다고 선언하고 있다.

시가화된 연안역 이외의 연안역에 대하여는 수륙 경계로부터 육지측 100 미터 이내(환경영향이나 해양침식을 이유로 POS에 의해 그 거리를 확대하는 것은 가능함)에서의 시설의 설치는 원칙적으로 금지된다. 예외적으로 공공역무 및 수면에 접속하여 행하여지는 경제활동을 위한 시설은 설치 가능하나, 그 예외를 인정받기 위해서는 청문조사(enquete publique) 절차를 거치지 않으면 안 된다.

이 법의 前身인 1979년의 directive(행정규칙)에서도 연안역 100 미터의 구역은 中立地域으로 되어 있었으나 그것은 POS의 NA(자연구역 중 POS의 변경이나 ZAC - 협의정비구역- 의 실현으로 장래 시가화 될 수 있는 구역)구역으로 한정되고 있었다. 그러나 이 법에서는 기존의 다양한 도시계획구역의 설정에 의해, 연안역 마다 서로 다른 도시계획제한이 적용되는 것을 탈피하기 위하여, 연안역에 대하여는 SD나 POS에 의한 구역지정에도 영향을 받지 아니하는 독자적인 임해지구로 지정된 것이다.

제146조의 4에서는 환경에 적합하지 않은 형태로서의 무질서한 시가화의 확대를 금지하고 있다. 즉 연안에 접속하여 시가화의 확대가 이루어지기 위해서는 그것이 당해 토지의 지형에 적합하다는 것 및 수면에 접하여 이루어지는 경제활동에 포함되는 것이라는 사실이 POS에 의해 나타나지 않으면 안 된다.

또 제146조의 5에 의하면, 市街化된 연안구역 이외에서의 켐프場 역시 POS에 의해 구역화 되어진 지역에서만 立地가 가능하다.

제146조의 6에 의하면, 도시계획문서에 있어서는 "연안역의 자연적 · 문화적 재산으로서의 공간 · 경승 · 경관, 생물학적 균형의 유지에 필요한 공간"이 확보되지 않으면 안 된다(연안보호지구). 이 지구 내에서는 당해 지역의 관리, 경제적 개발, 공중에의 개방을 위하여 필요한 "경미한 시설"은 설치 가능하고 또 이들 공간을 유지 · 보호하기 위한 사업은 청문조사 절차를 거쳐서 행하여진다. 이와 같이 연안역은 개개의 연안역이 가진 자연적 특성에 따라 기존의 지역지구제인 ND, NB[26], NA 등 구역의 구분에 구애됨이 없이 관리되고 있다. 또 이들 지역(연안 100미터 이내 지역과 연안보호지구)에서는 설치할 수 있는 시설과 설치할 수 없는 시설을 구체적으로 규정하고 있는 점에서, 도시계획법의 자연지구인 ND에 비하여 더욱 엄격하고 정밀하게 관리되고 있다고 말할 수 있고, 연안역 자치체인 코뮨은 POS를 결정함에 있어서 이러한 규제에 구속당하게 된다. 1982년 3월 2일의 지방분권화에 관한 기본법을 이어 받아 1983년 1월 7일 법률은 지방분권화를 위한 조치로서 SD나 POS의 결정권을 지방자치단체에 이양하였고, 그 결과 시 · 군 · 구 등은 그 관할 구역 내에 있는 연안역이 제146조의 6에서 규정하는 보호지구로 지정할 가치가 있는지 여부를 스스로 결정하지 않으면 안 된다. 이 결정에는 상당한 재량권이 주어지기 때문에 이를 전복할 수 있는 것은 "평가의 명백한 오류(erreur manifest d'appreciation)"가 있는 경우로 한정된다.

---

26) POS의 대상구역은 크게 도시구역과 자연구역으로 구분되며 후자는 다시 NA 내지 ND의 4 구역으로 나누어진다. NA는 POS 의 변경이나 ZAC의 설정 등에 의해 개발될 수 있는 장래의 시가화구역이며, NB는 부분적으로 공공설비가 있고 건축물이 존재하고 있으나 그 확충은 예정되고 있지 않은 지역, NC는 우량농지 기타 보호해야 할 자연자원이 있는 구역, ND는 景勝地, 자연환경, 景觀, 역사적 · 생태적 가치, 재해나 공해방지 등의 이유로 보전해야 할 구역이다. 여기에서는 農林業 관계 이외의 일체의 건축행위가 금지된다.

제146조의 7에 의하면, 새로운 통과도로(route de transite)는 연안으로부터 적어도 2,000 미터 이상 떨어져 설치되지 않으면 안 된다. 따라서 해변이나 모래사장, 간사지, 해안절벽 밑으로의 도로 개설은 원칙적으로 금지된다. 다만 이 규정은 섬 및 지형의 특수성에 따라서는 적용되지 않는 경우가 있고, 또 시가화구역 내이거나 공공시설이나 친수적 경제활동에 필요한 경우에는 100 미터 이내 연안지대에서도 도로의 유지・관리가 가능하다.

2) 미국

해안 및 하천은 종래 우리나라에서는 오직 방재, 치수, 수리 등 목적으로만 관리되었고, 생태계로서는 그다지 주목을 받지 못하였던 것이 사실이다. 그러나 앞으로 하천과 해안은 생태적, 경관적, 문화적 나아가 과학적, 나아가 레크리에이션을 위해서도 보호하고 관리할 필요가 있다[27]. 미국에서는 지금까지 습지, 하구역, 간사, 사구 등이 가지고 있는 이들 제가치에 착안하여 다양한 보호와 규제를 실시해 왔다. 그러나 미국에서도 기업이나 자치단체에 의한 각종 공장용지 및 택지로서의 개발압력은 꾸준히 증가되어 왔으며 이에 따라 환경보전을 위한 주민과의 마찰이 적지 아니하였다. 특히 연안지역에서는 석유 및 천연가스의 개발을 중시하는 연방정부와 환경보전을 이유로 개발을 규제하려는 주정부의 대립이 계속되고 있다.

이러한 과정 속에서 1987년의 상원, 상무・과학・운수위원회 공청회에서는 "연안 및 해양오염, 토지 및 수리용을 통제하는 현행의 연방법・주법・자치체법 및 규칙에도 불구하고 근접해안의 수질은 보다 악화하고 있으며, 근접해수의 수질은 이들에 영향을 미치는 토지 및 물의 이용이 관리 가능한 방향으로 변화되지 않는 한, 지속적으로 악화될 것이다"고 지적하고 있다[28]. 하천과 해안역에 대한 개발규제는 지금까지 미국에서는 경찰권(police power)에 기초한 토지이용규제권한에 근거하여 진행되어 왔으며, 그 규제권한은 기본적으로 州가 보유하고 있으나 실제로는 그 권한이 자치체에 위임되고 있으며, 전통적으로 연방은 주나 자치체의 권한행사에 관여하지 않았던

---

27) R. Mason & M. Mattson, Atlas of the United States Environmental Issues 57, 1990.

28) Malone, The Coastal Zone Management Act and the Taking Clause in the 1990's : Making the Case for Federal Land Use to Preserve Coastal Areas, 62 U. Colo. L. Rev. 711, 713, 1991. 成田頼明 編, 전게서, 128면.

것이 사실이다. 그러나 자치체가 효과적인 토지이용규제를 태만히 함으로써 州의 관여가 요구되어지거나 또 환경의 악화가 지역 레벨을 초과하면서 이를 방지하기 위하여 유해물 규제법, 청정대기법, 수질오탁방지법 등 연방의 권한행사를 인정하는 입법이 증가하고 있다.

그러나 연방에 의한 토지이용규제에 대하여는 州나 자치체에 의한 반발이 너무 강하기 때문에, 하천에 대하여는 전통적인 죠닝 규제에 따라 자치체가 규제권한을 거의 독점하고 있는 실정이다. 그러나 해안지역은 상대적으로 인구밀도가 높고, 특히 해저석유・천연가스 등 에너지 개발, 어업자원 보호 등과 관련하여 지방적 利害를 초월한 조정이 필요하기 때문에 연방, 주, 자치체의 권한이 서로 교차하고 있는 상태라 말할 수 있다. 이하에서는 특히 연방에 의한 연안역의 관리에 대하여 살펴보기로 한다.

해양을 포함하여 연안역에 적용되는 연방법에는 청정수질법, 하천항만법, 해양투기방지법, 항만・항로안전법, 대륙붕법, 심해저법 등 수많은 법률이 존재하고 또 연방의 연안관리 프로그램도 20여 개 이상 존재한다. 이하에서는 그 중에서도 해안관리법제의 중심에 위치하는 1972년의 연안역관리법(Coastal Zone Management Act ; CZMA로 약칭함)을 중심으로 그 개요를 살펴보기로 한다.

이 법은 국가적 利害를 가지는 연안역의 관리에 있어서 연방・州・자치체의 협동관계의 확립을 목적으로 하는 연방법이다. 그 기본적인 구조는 州가 연방이 정하는 기준에 기초하여 관리계획(Management Program)을 작성하고 연방정부(상무부 전국해양대기국 연안자원관리부, Office of Ocean and Coastal Resources Management, OCRM)의 승인을 얻으면 실시사업에 관한 연방보조금과 약간의 개발심사권한이 주어진다는 방식이다.

이 법의 존재의의는 첫째, 토지이용규제를 둘러싼 연방・州・자치체 사이의 권한배분의 문제와 관련하여 처음으로 연방법에 의한 규제가 시도되었다는 점이고 둘째, 특히 주와 연방의 관계를 강화하였다는 점이다[29]. 종래 州의 독점적 권능으로 유보되었던 토지이용권한에 관하여 주와 연방을 포함하는 많은 행정기관의 이해를 조정하고 그 관계를 강화하였던 것이다.

이 법 제306조는 연안역관리계획이 갖추어야 할 9가지 요건을 다음과 같이 열기하

29) Malone, ibid.

고 있다.

즉, ① 연안역 경계의 확정 ② 연안의 수역에 직접적이고 중대한 영향을 미치는 토지 및 물 이용행위의 결정 ③ 중요한 연안지역의 조사와 지정 ④ 토지 및 물이용의 규제에 사용되는 수단 ⑤ 특히 우선순위가 낮은 지역에 있어서 이용형태에 대한 광범위한 가이드 라인 ⑥ 계획의 집행을 위한 조직의 구조(지역적 및 州際的인 행정기관의 책임 및 상호관계를 포함) ⑦ 해변(beach)의 정의, 기타 환경적, 역사적, 생태적, 문화적 가치가 있는 공공연안지역의 보호 및 접근을 위한 계획결정 과정 ⑧ 연안지역에 영향을 미치는 에너지 시설의 계획결정절차 ⑨ 해안선 침식을 사전 평가하고 그 통제 방법을 연구・평가하기 위한 계획결정절차이다[30].

이상 열거된 항목에서 알 수 있는 것은 이들 요건이 연방의 승인을 얻기 위한 실체적 요건이라고 하기보다는 단지 계획 작성에 관한 절차적 요건만을 州에 과한 것이라고 해석된다는 점이다. 즉 실제로 관리계획을 작성할 것인지의 여부와 또 어떤 내용의 관리계획을 작성할 것인지의 여부는 전적으로 주정부의 자유에 위임되고 있는 것이다. CZMA는 연방에 의한 규제라고 하기보다는 연방의 정책집행을 州에 요청한 것이고 따라서 州가 목적달성을 위해 토지 및 물 이용의 방법을 선택할 수 있다는 것이 이 법의 원칙이고 또한 한계인 것이다.

이 법률은 한시법이고 지금까지 1978년, 1986년, 1990년의 3회에 걸친 기한경신과 예산의 재수권이 있었고 한때 레이건 정권 하에서는 연방부담의 감소를 목적으로 CZMA 예산 및 인원의 대폭적 축소가 추진되기도 하였다. 그러나 1990년에는 州, 연안역 관리자, 환경보호단체 등의 요청에 의해 새로이 보조금을 신설하는 등 이 법을 보다 개선・강화하기 위한 조치가 시행되기도 하였다.

이 법이 제정된 지도 어언 20년이 경과하였으나 그 실적과 평가는 반드시 긍정적이라고 말할 수는 없다. 논자에 따라서는 불충분한 자금보조, 일관성 없는 결정, 주와 연방의 충돌, 조정되지 않은 계획, 개발이나 에너지를 위한 압력 등 때문에 CZMA는 제대로 운용되지 못하고 있다고 비판하는 견해도 적지 아니하다[31]. 그 원인으로서는 여

30) 이 중 ⑦⑧⑨는 1978년 법에 의해 추가된 것이고, 또 상무성 규칙은 이상의 요건 이외에 州管理計劃의 작성에 관하여 국가환경정책법에 기초한 환경영향평가를 요구하고 있다. Citizens of Goleta Valley v. Santa Barbara, 52 Cal. 3d 553, 801 P.2d 1161, 276 Cal. Rptr. 410, 1990 참조.

31) Malone, ibid. 714.

러 가지가 주장되고 있으나 무엇보다도 중요한 것은 CZMA가 주 · 자치체와 연방의 협조를 중시하면서도 다른 환경법규에 비하여 주 · 자치체의 임의성과 재량을 대폭적으로 인정하고 있다는 점이다[32].

그러나 이 점은 반드시 단점으로만 작용하는 것이라 단정하기는 어렵다. 연방이 직접 토지이용규제에 관여하는 것을 회피하고 주나 자치체에 계획결정권한을 위임함으로써 계획의 다양성과 유연성을 살릴 수 있기 때문이다. 향후 해양오염, 해저개발, 어업관리, 나아가 배타적 경제수역의 관리 등에 있어서는 연방과 주 및 자치체의 협동의 문제가 더욱 중요한 문제로 부각될 것으로 판단되며 따라서 이 점에 대한 지속적 연구와 검토가 따라야 할 것이다.

3) 일본

일본에서는 아직 연안역의 관리에 관한 통일적 입법이 마련되지 못하고, 그 대신 건설성 소관 국유재산취급규칙이나 각 지방자치단체 별 조례 · 규칙 등에 의해 불통일적으로 관리되고 있음은 상술한 바와 같다. 그러나 국유재산법에 기초한 관리는 그 중점이 어디까지나 재산적 가치의 관리에 치우치고 있는 것임을 부인할 수 없다. 沿岸域을 대상으로 하는 일반행정적인 관리법제로서는 현재 하천법, 해안법, 공유수면관리법, 항만법, 어항법, 수산자원보호법 등 무수한 단행법률이 존재한다. 이 중 특히 일본의 해안법은 일정 범위의 해안을 재해로부터 방호하기 위하여 제정된 것이다. 건설성이 중심이 되어, 1950년과 53년, 두 차례에 걸쳐 입안되었으나 농림 · 운수성 등과의 권한조정이 이루어지지 않아 국회를 통과하지 못하였으나, 국회를 비롯한 사회 각 방면으로부터의 강한 요청에 밀려, 결국 관련 3省 사이에 조정이 이루어졌고, 1956년 5월 국회를 통과하였다. 이 법에 의하면, 해안보전지역은 해안제방의 통상의 폭인 30미터에다 그 유지관리를 위하여 필요한 최소한의 공간인 20미터를 추가하여, (만조시 水際線으로부터) 50미터 이내로 규정하고 있다.

한편 해면 및 해안법 상 해안의 범위를 벗어난 일반해안 등 法定外公物의 관리에

32) 무엇보다도 관리계획의 결정 여부가 주의 임의의 결정에 맡겨지고 있는 점 둘째, 다른 법률에서는 州의 규제가 불충분한 경우에 연방이 직접 기준을 설정하여 인 · 허가를 실시할 수 있으나 CZMA에서는 그것이 인정되지 않는 다는 점 셋째, 清淨水質法 등 다른 법률에서는 州計劃의 평가기준을 수치로 명시하고 있으나 CZMA에서는 연안역관리계획의 평가기준에 관한 규정이 없다는 것 등이 지적되고 있다. 成田 編, 전게서, 152면 참조.

관하여는 그 관리권의 소재, 규제의 내용 등을 둘러싸고 오래 전부터 관련부처 사이에 다툼이 있어 왔고 통일법의 제정의 문제는 戰後 지금까지 하나의 숙제로 남아있다. 1963년 일본의 건설성은 전문 41개조로 이루어진 "공공물관리법안"을 입안하였으나 농림・운수성 등과의 이해조정이 이루어지지 않아 결국 빛을 보지 못하였다.

1977년에는 전국지사회가 14개조로 이루어진 "공물재산관리법안요강"을 작성하고 정부에 건의하였으나 실패로 끝나고 말았으며, 그 이외에도 자치체 관계자들에 의한 입법요구가 강하게 주장되어, 동년 대장・건설・자치의 3省에 의한 "공공용재산관리제도조사회"가 설치되기도 하였다.

일본에 있어서, "연안역"의 개념이 국가계획으로서 처음 등장한 것은 1977년 11월의 제3차 전국종합개발계획이라 할 수 있다.

1987년 6월의 제4차 전국종합개발계획에서는 보다 일보 전진한 형태로 연안역의 관리에 대하여 다음과 같이 기술하고 있다[33].

"연안역의 환경의 보전과 안전의 확보를 도모함과 동시에 다면적인 이용의 가능성을 적극적으로 유도하고, 그 종합적・광역적 이용을 통한 매력 있는 지역진흥을 도모하기 위하여, 지방공공단체가 주체로 되어 지역계획 등과의 조정을 도모하면서 연안역의 종합적인 이용계획을 수립한다. 국가는 기본이념, 연안역의 구분, 계획사항 등을 내용으로 하는 계획결정을 위한 지침을 명백히 하고, 국가 제 사업의 활용, 민간활력의 유도 등으로 지방공공단체를 지원한다"

이와 보조를 맞추어 1988년 3월 건설기술개발회의 해양개발부회는 "연안역의 종합적 이용방법에 관하여"라는 제언 속에서, 연안역의 보전과 이용을 적절히 유도함과 함께 이용과 보전의 조정을 원활히 하기 위하여 장기적이고 광역적인 관점에서의 연안역의 保存・防災・利用에 관한 기본방침으로서, 各 沿岸域別 "綜合保全利用指針" 제정의 필요성을 주장하였고, 이 제안에 따라 1989년 3월, 仙臺灣 연안역종합이용지침을 비롯하여 연이어 島根(1989. 3), 日向灘 (1990. 3), 東京灣(1990. 4), 駿河灣(1990. 9), 高知縣(1991. 3), 新瀉(91. 3), 京都府(92. 3), 長門(92. 3), 陸奧灣(92. 3) 연안역보전이용지침 등이 제정되었다.

---

33) 同 開發計劃의 제VI장 계획실현을 위한 주요시책, 제1절 安全하고 情感있는 국토의 형성, (4) 海洋・沿岸域의 利用과 保全 참조.

(3) 연안관리법의 제정

1) 제정 경과

1992년 브라질 리우에서 개최된 유엔환경회의에서는 지구환경보전과 지속 가능한 개발을 위한 기본원칙으로서, "리우선언"을 천명하였고, 그 구체적 실천방안으로서(제17장 Ocean Chapter 참조), 해양 및 연안자원의 지속 가능한 개발을 위해 "연안통합관리"라는 혁신적인 페러다임을 제시하고 이를 위해 연안통합관리정책 및 법제도 정비, 연안 이용실태 파악 및 주요 연안관리 사안에 대한 대책 마련, 연안관리계획 및 실행 시 사전 예방대책의 수립, 연안자원 및 환경에 대한 적절한 경제적 평가방법 사용, 계획수립 및 정책결정과정에 이해당사자의 참여 장치 마련 등을 권고하였다. 현재 전 세계의 151개 연안국 중 71개국이 연안통합관리제도를 도입하고 있다.

현재 우리나라의 연안은 50 개 항만, 25개 도시와 22개 임해공단이 위치하며 전체 인구의 1/3이 거주하고 있는 국토공간임에도 불구하고, 그 이용에 대한 종합계획도 없이 9개 부처, 50여 개의 단행 법률에 의해 분산 이용・개발이 진행됨으로써, 이용행위 상호간에 상충과 경합을 초래하고 있을 뿐만 아니라 "지속 가능한 개발"을 고려하지 않은 간척・매립, 공단 조성 등으로 연안환경은 날로 황폐되어 가는 실정에 있다[34]. 따라서 종합적이고 미래지향적인 관점에서 바람직한 연안의 모습을 제시하고 연안지역 내에서의 상충되는 각종 이용행위를 조정하고 지속 가능한 개발을 도모함으로써 연안생태계를 포함한 연안거주환경의 질을 향상시키고 연안자원의 합리적인 분배를 실현할 수 있는 새로운 입법의 필요가 존재하게 된 것이다.

우리나라에서도 연안역 관리법제에 대한 필요성을 인정하고, 92년 1월 제3차 국토종합개발계획에서 연안관리법의 제정 의지를 천명한 바 있으며, 95년 12월 건설교통부, 96년 3월에는 환경부가 주축이 되어 연안통합관리체제의 구축을 위한 계획을 수립하기도 하였으나, 관계부처 사이의 조정이 이루어지지 않아 성공을 거두지 못하였다. 97년 3월 연안관리업무가 건설교통부에서 해양수산부로 이관되면서 해양수산부 해양정책국(연안역 관리과)이 중심이 되어, 관계부처 협의와 공청회 등을 거쳐 연안역 관리에 대한 기초입법작업이 진행되었고, 1998년 6월 22일 "연안관리법(안) "을 입

34) 해양수산부 해양정책국, *沿岸管理法 制定 資料集*, 1998. 8, 15면 이하 참조.

법예고 하였으며, 1998년 12월 24일 국회를 통과하였다.

2) 주요내용

① 연안을 연안해역과 연안육역으로 구분하되, 연안해역은 만조 수위선으로부터 12해리 이내의 水域과 바닷가로 하고, 연안육역은 무인도서와 해안선으로부터 500 내지 1,000 미터 범위 안에서 지형의 특성에 따라 통합관리계획 및 지역관리계획으로 정한다(제2조 제1호 내지 제4호).

② 해양수산부장관은 시・도지사, 관계전문가 및 중앙행정기관과 협의한 후 중앙연안관리심의회와 환경보전위원회의 심의를 거쳐 통합관리계획을 수립한다(제5조 내지 제7조).

③ 시장・군수・구청장은 지역주민, 관계전문가 및 관계행정기관과 협의하여 연안관리지역계획을 수립한다(제8조).

④ 관계행정기관의 장은 연안에서 연안의 보전・이용 및 개발에 관한 행위를 하고자 하는 경우에는 통합계획 및 지역계획에 적합하게 하여야 한다(제12조).

⑤ 해양수산부장관은 효율적인 연안정비사업을 위하여 10년 단위로 연안정비계획을 수립한다(제13조 내지 제15조).

⑥ 연안정비사업의 시행자가 연안정비사업을 시행하고자 하는 때에는 연안정비계획의 범위 안에서 정비실시계획을 수립하여야 한다(제17조).

⑦ 연안정비사업에 소요되는 경비는 연안정비사업시행자가 부담하는 것을 원칙으로 하되, 정부는 예산의 범위 안에서 시・도지사 또는 시장・군수・구청장이 부담하는 비용의 전부 또는 일부를 보조 또는 융자할 수 있다(제20조).

⑧ 명예연안관리인을 두어 연안환경보전을 위한 계도를 할 수 있도록 하고, 해양수산부장관은 주기적으로 연안실태를 조사하여 개선조치가 필요한 경우에는 시・도지사로 하여금 이를 시정조치 하도록 하였다(제24조, 제25조)

3) 개정이유 및 내용

2009년 3월 25일 이 법은 전부 개정(법률 제9552호)되었으며 ,1년 후인 2010년 3월 26일 시행예정으로 있는 바, 연안을 그 특성에 따라 관리하는 연안용도해역제 및 자연해안관리목표제를 도입하고, 지방자치단체의 장이 수립하는 연안정비사업실시계획에 대한 국토해양부장관의 승인 제도를 폐지하여 절차를 간소화 한 것이 주된 개정 이유이며, 그 주요내용은 다음과 같다.

가. 연안통합관리계획의 수립 체계 보완(법 제6조 및 제12조)

① 현재 연안통합관리계획은 수립 주기가 명확하지 않고, 수립 이후 주기적으로 연안통합관리계획의 타당성을 판단할 수 있는 법적 근거가 미비하여 연안환경의 변화에 따라 時宜適切하게 연안통합관리계획을 수립・변경하기 곤란함.

② 연안통합관리계획을 10년마다 수립하도록 하고, 5년마다 그 타당성을 검토하여 연안통합관리계획의 변경 등 필요한 조치를 할 수 있도록 함.

③ 연안통합관리계획의 실효성을 제고할 수 있을 것으로 기대됨.

나. 연안용도해역 및 연안해역기능구의 지정 및 관리(법 제15조부터 제20조까지)

① 연안해역은 그 이용 실태 및 자연환경적 특성 등에 따른 통일적인 관리 방향이 구체화되어 있지 않아 무분별한 개발과 그에 따른 이용공간의 부족 문제가 발생하고 있어 연안해역의 효율적 활용을 위해서는 계획적인 연안해역 관리제도가 필요함.

② 연안해역을 이용 실태, 자연환경적 특성 및 장래의 이용 방향 등을 고려하여 4개의 연안용도해역으로 구분하고, 연안용도해역의 기능을 증진・보완하여 연안해역을 합리적으로 보전・이용 및 개발하기 위하여 연안해역기능구를 지정할 수 있도록 하며, 관계 행정기관의 장은 다른 법률에서 연안용도해역의 지정 또는 변경에 대한 지역계획의 결정을 의제하는 내용이 포함되어 있는 계획 등을 허가・인가・승인 또는 결정하려는 경우에는 국토해양부장관, 시・도지사 또는 시장・군수・구청장과 협의하도록 함.

③ 연안해역의 계획적 이용을 통하여 연안해역의 이용과 관련된 갈등을 사전에 조정하고 행정비용을 절감하며, 연안환경・해양생태계의 보존 및 연안해역의 효율적 활용의 기반이 조성될 것으로 기대됨.

다. 연안정비사업실시계획 수립 절차의 간소화 및 연안정비사업에 따른 시설물의 관리 강화(법 제25조 및 제29조)

① 지방자치단체의 연안정비사업실시계획에 대하여 국토해양부장관의 승인을 받

도록 함으로써 지방자치단체가 연안정비사업을 추진하기 위한 행정절차가 복잡하고, 연안정비사업으로 설치한 시설물에 대한 사후관리 규정이 미비하여 시설물의 사후관리가 부실함.

② 지방자치단체에서 수립하는 연안정비사업실시계획에 대한 국토해양부장관의 승인 절차를 폐지하고 관계 행정기관의 장과 협의하도록 하며, 연안정비사업으로 설치한 시설물에 대해서는 연안정비사업시행자가 사후관리를 하도록 함.

③ 국토해양부장관의 승인 절차를 폐지함으로써 연안정비사업실시계획 수립 절차가 간소화되고 연안정비사업 시행의 자율성이 증대되며, 연안정비사업으로 설치한 시설물에 대한 사후관리를 통하여 연안정비사업의 효과가 높아질 것으로 기대됨.

라. 자연해안관리목표제 도입(법 제32조)

① 자연적인 해수면 상승 현상과 부적절한 개발로 인한 침식 현상 등으로 자연상태의 해안이 급속히 훼손되고 있어 이에 대한 체계적인 보전・관리 대책이 필요함.

② 인위적으로 조성된 구조물이 없이 자연상태의 해안선이 유지되고 있는 해안인 자연해안의 효과적인 보전과 연안환경의 기능 증진 등을 위하여 자연해안선의 길이 등 자연해안에 대한 관리목표를 설정하고, 관리목표를 달성하기 위하여 연안정비사업의 일환으로 자연해안 복원사업을 할 수 있도록 함.

③ 자연해안을 체계적으로 보전・관리하고 연안 침식 등의 자연재해에 효율적으로 대응함으로써 해양생물자원의 생산성 유지와 해양경관 보전에 따른 해양관광 가치창출 등의 효과가 기대됨.

마. 연안정보체계의 구축 및 관리(법 제37조)

① 연안의 효율적인 보전・이용 및 지속가능한 개발을 위해서 연안에 대한 지리정보 등을 체계적으로 관리할 필요가 있음.

② 국토해양부장관이 연안의 지형・지물 등의 위치 및 속성, 연안 이용 현황, 해안선 등에 대한 지리정보와 항만・산업・도시・해양자원 등에 대한 인문・사회정보가 포함된 연안정보체계를 구축하여 관리하도록 함.

③ 연안정보체계를 통하여 연안에 대한 효율적인 정책수립이 가능해지고, 친수공

간(親水空間) 및 어장 현황 등 연안정보를 국민에게 제공함으로써 연안을 쾌적하고 풍요로운 삶의 터전으로 조성하는 데 기여할 수 있을 것임.

4) 평가

이 법의 존재의의는 무엇보다도 그 자연적 · 문화적 · 경제적 가치의 중요성에도 불구하고 지금까지 거의 방치하여 왔던 연안역에 대한 통합적 관리체제를, 처음으로 구축하였다는 점에서 발견할 수 있고, 나아가 지금까지 해양수산부가 주관해왔던 單線的 연안이용계획에서 탈피하여, 국토해양부를 중심으로 하는 연안관리질서가 새로이 구축됨으로써, 바야흐로 해륙 양면에 걸친 균형 잡힌 전국토를 대상으로 하는 이용질서의 구축이 비로소 가능하게 되었다는 점이 더욱 고무적인 일로 평가된다.

구법(제3조)에서는 이 법의 규율 대상인 연안역을 연안해역과 연안육역으로 구분하면서, 해륙양면에 걸친 통합관리계획의 수립 · 시행을 목적으로 하고 있었으나, 특히 연안역 중 陸域 부분에 대해서는 기존의 다른 법령에 의한 용도지역 및 기본계획의 범위 안에서 금지 또는 지원 사항을 결정하기 때문에, 해륙 양면에 걸친 종합적인 관리체제를 모색한 입법으로서는 다소 미흡한 점이 존재한다는 비판이 있었던 것이 사실이다.

또 공유수면관리법과 공유수면매립법은 그대로 두고, 다만 연안관리와 관련된 규정만을 규율하기 때문에, 동일한 공유수면에 대한 관리체계가 다원화되고 있는 문제점도 발견된다. 따라서 이 법은 연안역에 대한 종합적 관리법이라고 하기보다는 오히려 공유수면을 제외한 해안법으로서의 성격이 더욱 강하게 부각되고 있는 점도 향후 해결해야 할 문제라 하겠다.

이 법의 중심 테마인 연안역 관리의 성패는 궁극적으로 실효성 있는 연안통합관리계획과 지역관리계획의 작성 및 집행에 맡겨지고 있는 셈이나, 이들 계획의 실효성을 담보할 수 있는 제도적 장치(특히 권한조정의 문제)가 마련되지 않으면 소기의 입법목적을 달성하기가 어려울 것이다.

이번 개정입법은 연안통합관리계획을 10년마다 수립하도록 하고, 5년마다 그 타당성을 검토하게 하는 등 보다 구체적으로 계획의 실효성 제고를 위한 조치를 하고 있으며, 또 연안용도해역 및 연안해역기능구를 지정하고 관리하는 등(법 제15조부터 제20

조까지), 계획적인 연안해역 관리제도를 모색하고 있는 점, 또 연안정비사업실시계획 수립 절차를 간소화하고 연안정비사업에 따라 설치한 시설물을 사업시행자가 관리하도록 하는 등 정비사업의 실효성을 제고하기 위한 조치를 하고 있는 점 등은 분명 구법에 비해 진일보한 것으로 평가할 수 있을 것이다. 다만, 사업실시에 대한 자치단체의 자율성을 제고하고 절차를 간소화한다는 명분으로, 사업실시계획에 대한 국토해양부장관의 승인절차를 완전히 폐지한 점은 의문이다. 지방분권 강화 이후 경향 각지에서 나타나고 있는 무분별한 난개발의 현상을 투영해 보면, 이러한 의문은 충분히 납득될 수 있을 것이다. 향후, 연안통합관리계획과 실시계획의 타당성 및 실효성 제고를 위한 국토해양부 차원의 보다 세심한 노력이 요망된다.

따라서 다소 시간이 걸리더라도 외국의 연안관리법제와의 비교검토를 통하여 해륙 양면에 걸친 보다 실효성 있는 입법이 될 수 있도록 향후 문제점을 보완해 나아가야 할 것이다.

제7장 국토계획법제와 손실보상의 법리

Ⅰ. 서

1. 헌법상 재산권 보장의 구조

우리 헌법 제23조는, 제1항 모든 국민의 재산권은 보장된다. 그 내용과 한계는 법률로 정한다. 제2항 재산권의 행사는 공공복리에 적합하도록 하여야 한다. 제3항 공공필요에 의한 재산권의 수용·사용 또는 제한 및 그에 대한 보상은 법률로써 하되, 정당한 보상을 지급하여야 한다고 규정하고 있다. 또 토지소유권에 대하여는 이와는 별도로 제122조(국토의 이용·개발과 보전), 제121조(농지의 소작금지·임대차·위탁경영) 등 규정을 두고 있다.

우리나라 헌법에 있어서의 재산권보장에 관한 규정도 조문의 형식과 내용에 있어서 바이마르 헌법과 흡사할 뿐만 아니라, 재산권에 관한 제23조의 규정은 헌법 제9장 경제에 관한 규정과 함께 우리나라 경제질서의 형성에 있어서의 헌법적 기초임과 동시에 국민주권의 원리와 함께 정치적 체제의 동일성을 결정하는 하나의 중요한 요소로 간주되고 있다.

그리고 一見 서로 모순되는 것과 같은 이들 규정이, 상호간 어떠한 논리관계에 서 있는가에 대하여서는 다양한 견해가 주장되고 있다.

우선 헌법 제23조 제1항 전문에 중점을 두는 경우에는, 재산권은 전국가적·초국가적인 자유권으로서의 인간의 권리(Menschenrecht)를 의미한다.

그러나, 아울러 그 내용과 한계가 법률로 정하여지고 그 행사가 공공복리에 적합하여야 하는 재산권 보장의 법적 성격에 관해서, 우리나라의 다수설은 법제도로서의 사유재산제가 보장되지 않는 곳에서 개인의 재산권만이 보장될 수 없으며, 또한 개인의 재산권이 전면적으로 부인되는 곳에 사유재산제만이 따로이 법제도로서 존재할 수 없다는 이유로, 권리·제도동시보장설을 지지하고 있다.[1)]

따라서 헌법 제23조 제1항 전문의 재산권의 "보장"에는 다음 두 가지 의미가 내포되어 있다고 말할 수 있다. 즉, 그 하나는 사유재산제(Privateigentum)의 제도적 보장이며, 또 하나는 주관적 공권(subjektive öffentliche Rechte)으로서의 보장이다. 이처럼 재산권의 보장을 자유권과 분리하여 제도적 보장으로 보는 견해는 M. Wolff, C. Schmitt 등에 의해 바이마르 헌법 하의 통설로 통용되어 왔으나, 그러나 이들이 주장하는 제도적 보장에 있어서의 재산은, 원래 모든 재산을 의미하는 것이 아니라 물권적 재산권만을 의미하고 있음을 주의할 필요가 있다.2)

현재 우리나라 헌법 제23조 제1항의 재산권 보장 속에는 사유재산제의 제도적 보장이 포함되고 있다는 데 대해서는 거의 다툼이 없고, 아울러 제1항 後文의 존재에도 불구하고 개인이 가지는 개별적 재산권의 "본질적 내용"도 동조 제1항에 의해 보장되고 있다는 것이 다수설의 견해이다.

동시에 헌법 제23조 제1항 전문은 재산권의 원칙적인 존속보호를 천명한 것으로, 개인의 구체적 재산권에 대한 위법한 침해가 있을 시, 이에 대한 방어적 권리를 개인에게 부여한 것이다(자유권적 기본권). 아울러 동조 제3항은 제1항 전문의 방어적 권리에 대하여, 보상을 조건으로 하는 예외적인 수인의무를 부과하고 있는 것이라 할 수 있고, 이러한 의미에서 동조 제3항은 재산권의 가치보호를 목적으로 하고 있다고 말할 수 있을 것이다. 그리고 재산권의 고권적 침해에 대한 헌법상 예외적인 受忍義務는 특수한 경우, 즉 오직 적법한 침해에 대해서만 발생한다. 그리고 이렇게 해석함으로써 비로소 헌법 제23조 제1항 前文의 존재의의가 인정된다고 볼 수 있다. 확실히 헌법 제23조 제1항 前文의 존재는, 개괄주의 행정소송제도를 채택하는 현대 법치국가에 있어서, 위법한 재산권의 침해에 대하여는 의미 있는 규정임에 틀림없다. 그러나 공익목적을 위한, 적법한 침해에 대하여도 그 존속의 보호를 주장하여 침해를 배제할 수 있는 재산권 보장의 核으로서의 "본질적 내용"이 과연 존재하는지, 그리고 그

---

1) 권영성, 헌법학원론, 1992, 456면; 김철수, 헌법학개론, 1992, 414면; 허영, 한국헌법론, 1991, 457면 참조.

2) Carl Schmitt에 의하면 재산권의 보장을 모든 경제적 재산권보장으로 확대하는 이른바 "확대된 재산권의 개념(erweiternter Eigentumsbegriff)"은 이미 "하나의 법제도(ein Rechtsinstitut)"로서의 재산권과 관계가 없으며, 따라서 모든 헌법적 영역에 있어서의 재산권이나 그 전체는 아무런 법제도가 아니라고 한다. C.Schmitt, Freiheitsrechte und institutionelle Garantie, in, Verfassungsrechtliche Aufsätze, S. 163.

것이 존재한다면 구체적으로 무엇이 여기에 해당하는지에 대하여는 반드시 견해가 일치하고 있지 아니하다.

궁극적으로 구체적 재산권의 보장은 "재산적 가치"의 보장으로 나타나며, 따라서 "보상 없는 재산권의 침해"가 본질적 내용의 침해에 해당하게 된다[3].

요컨대, 재산권에 대한 "본질적 내용"의 침해 금지란 결국, 여하한 경우에도 침해할 수 없도록 미리 결정되어져 있는 "특별한 실체"의 존재를 인정하는 것이 아니라, 재산권에 대한 다양한 침해 중에서 그 시대와 사회의 역사적 환경에 비추어 결코 수인할 수 없는 "재산적 가치"의 침해로 나타나고 있다는 것이며, 결과적으로 그것은 사유재산제도의 보장 및 손실보상의 문제와도 결코 무관할 수 없다는 사실이다.

따라서 헌법 제23조 제1항 前文이 재산권에 대한 존속을 보장하는 의의는 기본적으로 위법한 침해에 대하여 나타나는 것이며, 적법한 침해에 관한 한 재산에 대한 제한 가능성 그 자체는 특별히 문제될 것이 없다. 보다 중요한 문제는 토지소유권에 대한 "제한 가능성" 그 자체의 문제라고 하기보다는, 오히려 다양한 형태의 여러 제한 중에서 과연 어느 범위까지의 제한을 재산권에 대한 "내재적 제약" 또는 "사회적 제약"으로 보아, 이른바 무보상의 제한이 가능할 것인가 하는 문제로 귀착하게 된다. 결과적으로 본질적 내용의 침해 여부와 손실보상 요부의 문제는 일종의 순환론에 빠진 셈이 되었다고 말할 수 있을 것이다.

근자에 이르러, 히 토지소유권에 관한 헌법상 재산권 보장의 내용을, 실체법적으로 확정하는 것을 포기하고, 이에 대신하여 토지이용계획에 의한 "권리내용의 창조"를 인정하면서, 계획결정에의 참가의 절차적 권리를 보장하는 것으로, 실체적 재산권 보장에 대신하려는 사고가 등장하고 있다[4]. 이러한 사고는 재산권의 "본질적 내용"을 오직 "절차적 보장"으로서 파악하려는 가능성을 나타낸 것이라고 할 수 있다.[5] 우리

---

3) 同旨, 허영, 전게서, 474면.

4) Forsthoff는 이러한 경향을 단적으로 표현하는 판결례로서, "Bärenbaude" 사건(Urt.d. BGH vom 30.4. 1964, MDR 1964, S. 656) 및 "Buschkrugbrücke"사건(Urt. d. BGH vom 5.7.1965, NJW 1965, S. 1907)을 들고 있다.
이들 사건은 도로공사에 수반되는 沿道住民의 손해와 관련된 사건으로, 법원은 비례원칙에 따라 수용과 사회적 구속을 구별하였으나, 이때 구별의 한계는 실체적인 재산권 개념에서 도출되어진 것이 아니라 국가가 지켜야 할 의무(예컨대, 지체없는 공사, 신중한 계획 등) 위반의 단순한 반사에서 비롯되어졌음을 지적하고 있다. E. Forsthoff, "Zur Lage des verfassungsrechtlichen Eigentumschutzes", Festgabe für T.Maunz, 1971, S. 94-96.

헌법재판소가, “기본권의 본질적인 내용의 침해가 설사 없다고 하더라도 과잉금지의 원칙에 위반되면 역시 위헌임을 면하지 못한다”고 하고, “과잉금지의 원칙은 국가 작용의 한계를 명시하는 것인데 목적의 정당성, 방법의 적정성, 피해의 최소성, 법익의 균형성(보호하려는 공익이 침해되는 사익보다 더 커야 한다는 것으로서 그래야만 수인의 가능성이 있다는 것)을 의미하는 것으로서 그 어느 하나에라도 저촉되면 위헌이 된다”고 결정[6]한 것도 같은 취지로 이해할 수 있을 것이다.

2. “공익사업을 위한 토지 등의 취득 및 보상에 관한 법률”의 제정

주지하는 바와 같이 2002년 2월 4일, “공익사업을 위한 토지 등의 취득 및 보상에 관한 법률”(이하 통합법이라 함)이 법률 제6656호로 제정되었다. 이 법률은 기존의 토지수용법과 공공용지의 취득 및 손실보상에 관한 특례법(이하 공특법이라 함)에 존재하는 문제점을 해결하기 위한 목적으로 이 양법을 통합하여 제정한 것으로, 공특법이 규율하는 협의취득절차와 토지수용법이 규정하는 강제수용절차라는 二元的인 토지취득법제를 하나의 법률에 통합하여 규정함으로써, 그동안 지적되어져 왔던 토지취득절차의 중복문제를 피하고 아울러 법절차의 명확성을 기할 수 있다는 목적으로 제정된 것이다[7]. 아울러 손실보상에 관한 절차와 기준을 체계화하고 각종 불합리한 제도를 개선하여 국민의 재산권을 충실히 보호함과 아울러 공익사업의 효율적인 추진을 도모하려는 것이라고 설명하고 있다[8].

통합법의 주요골자를 요약하면 대체로 다음과 같다.

---

5) 雄川一郎, “公用負擔法理の動向と土地利用計劃”, 公法硏究29號, 154면 以下; 遠藤博也“土地所有權の社會的制約”, ジュリスト特輯・土地問題467號, 103면; 또 독일의 경우 기본권 보장 일반에 있어서 이러한 동태적 사고를 취한 것으로서, Peter Häberle, "Grundrechte im Leistungsstaat," VVDStRL, Bd.30, 1972, S.7 ff. 참조.

6) 헌재 1989. 12. 22, 88헌가 13 전원재판부, 국토이용관리법 제21조의 3 제1항, 제31조의 2의 위헌심판. 또 헌법재판소는 “비례원칙” 위반을 이유로 도시계획법 제21조에 대한 헌법불합치 결정을 내린 바 있다. 1998. 12. 24. 89헌마214, 90헌바16, 97헌바78(병합) 전원재판부.

7) 류지태, 공익사업을 위한 토지 등의 취득 및 보상법제의 개편에 관한 검토, 제31회 학술대회 제2주제 발제논문, 22면 이하 참조.

8) 손성태, 토지등 보상관련법제의 통합・정비에 관한 연구, 토지연구 제12권 제4호, 34면 이하, 관보 제15019호 (2002. 2. 4) 참조.

① 토지를 취득 또는 사용할 수 있는 공익사업의 범위를 새로이 조정함으로써 국민의 재산권 보장을 강화하였다(법 제4조). 즉, 종전에 공익사업으로 규정되어 있던 제철·비료 등 중화학 공업의 경우를 제외하고, 공영차고지·화물터미널·하수종말처리장·폐수처리시설 등을 새로이 추가하였다.

② 공익사업의 준비를 위하여 필요한 때 사업시행자가 타인이 점유하는 토지에 출입하여 측량·조사 등 행위를 할 수 있도록 하되, 이로 인한 손실에 대하여 보상하도록 하였다(법제9조 내지 13조). 즉, 종전의 경우 토지수용법에서만 사업준비절차가 규정되고 공특법상 협의취득의 경우에는 타인 토지 출입에 관한 규정이 없어, 과연 토지·물건조서의 작성 등 사업의 준비를 위한 토지출입권한이 있는지 여부에 관하여 논란이 있던 것을 입법적으로 해결한 것이다.

③ 국민의 재산권에 대한 절차적인 보호를 강화하되, 토지 등을 수용·사용함에 있어서 건설교통부장관으로부터 사업인정을 받기 전에 이러한 절차를 거친 경우에는 이를 생략할 수 있도록 하여 공익사업이 원활하게 추진될 수 있도록 하였다(제14조 내지 제16조, 제26조). 즉, 공특법상의 협의취득절차를 거쳤으나 협의가 성립되지 아니한 경우, 토지수용법상의 사업인정절차를 다시 거치게 되는 바, 이 경우 절차의 중복을 방지하기 위해 사업인정 이전에 작성된 토지·물건조서의 내용에 변동이 없는 때에는 토지·물건조서의 작성, 보상계획의 열람, 보상협의회에 관한 절차규정들을 생략할 수 있도록 규정한 것이다.

④ 중앙토지수용위원회의 위원의 수를 종전 8인 이내에서 20인 이내로 확대하고, 회의는 위원장이 회의마다 지정하는 위원 7인을 포함한 9인으로 구성하도록 함으로써 위원회의 효율적인 운영을 도모하였다(제52조). 즉, 중앙토지수용위원회의 수용재결 건수는 증대하고 있으나 위원의 수가 부족하여 수용재결의 지연 및 공익사업의 신속한 추진이 곤란하였기 때문이다.

⑤ 보상액 산정의 공정을 기하기 위하여 특히 토지소유자의 요청이 있는 때에는 토지소유자가 추천하는 감정평가업자 1인을 추가로 선정할 수 있도록 하였다(제68조).

⑥ 보상의 전문화를 통하여 보상에 따른 분쟁의 소지를 줄이고 공익사업을 원활하게 수행할 수 있도록 보상에 관한 업무를 보상전문기관에 위탁할 수 있도록 하

였다(제81조). 이 제도는 현재 일본에서 시행되고 있는 보상업무관리사 제도를 수용한 것으로, 사업시행자는 지방자치단체 또는 보상실적이 있거나 보상업무에 관한 전문성이 있는 정부투자기관 또는 정부출자기관으로서 대통령령이 정하는 기관에게 보상업무를 위탁하여 보상업무를 수행할 수 있도록 한 것이다.

⑦ 재결에 불복이 있는 경우 이의신청을 거치지 아니하고 행정소송을 제기할 수 있도록 함으로써 국민의 권리구제기간을 단축하고, 보상금증감소송의 당사자로 되어 있던 재결청을 소송당사자에서 제외하여 사업시행자와 피보상자 간의 당사자주의에 충실하도록 하였다(제85조). 토지수용법의 규정에 의하면 재결절차는 2단계로 이루어져 있고, 지방토지수용위원회의 결정에 대하여 불복이 있는 자는 재결서 정본 송달일부터 1월 이내에 중앙토지수용위원회에 이의신청을 하도록 규정하고 있으며(동법 제25조의 3), 특히 기업자가 국가·특별시·광역시·도인 경우에는 중앙토지수용위원회의 재결을 거친 후 1월 이내에 다시 중앙토지수용위원회에 이의신청을 하도록 규정하고 있었던 바, 통합법에서는 무리하게 절차를 지연시킨다는 비판을 받았던 이 조항을 삭제하고 이의신청을 거치지 아니하고 바로 행정소송을 제기할 수 있는 길을 열어주게 된 것이다.

또, 토지수용법 제75조의 2 제2항(1990년 4월 7일 개정)에 의거, 이의신청의 재결에 대하여 행정소송을 제기하고자 하는 경우, 특히 그것이 보상금의 증감에 관한 소송인 때에는, "당해 소송을 제기하는 자가 토지소유자 또는 관계인인 경우에는 재결청 외에 기업자를, 기업자인 경우에는 재결청 외에 토지소유자 또는 관계인을 각각 피고로 한다"고 규정함으로써, 그 결과 당해소송의 법적 성격과 관련하여 논란이 있었으나[9], 통합법에서는 재결청을 소송의 상대방에서 제외함으로써 이 소송을 형식적 당사자소송으로서 이해하는 데 발생할 수 있는 문제의 소지를 입법적으로 해소한 셈이다.

⑧ 환매금액에 관하여 당사자 사이에 다툼이 있는 경우, 종전에는 토지수용위원회와 법원에 그 증감을 청구할 수 있도록 되어 있었으나 이를 법원에서 처리하도

9) 즉, 학설상으로는 실질적 관점에서 형식적 당사자소송으로 보는 견해도 없지 아니하나(김동희, 행정법 I, 2002, 718면), 항고소송과 당사자소송이 병합되어 있는 특수한 소송형태로 보는 견해도 있으며(박윤흔, 최신행정법강의 上, 2001, 1057면), 대법원은 당사자소송과 항고소송이 결합된 독특한 형태의 소송으로 보고 있다.(대판 1996. 2. 23, 95누 8867). 아울러 동소송은 필요적 공동소송이라고 한다 (대판 1997. 11. 28, 96누2255 ; 대판 1993. 5. 25, 92누15772 ; 대판 1992. 4. 14, 91누1615).

록 단일화하였다(제91조). 아울러 협의취득 및 수용의 경우에 동일하게 환매권을 취급할 수 있도록 별도의 장으로 구성하면서(제8장), 환매금액에 관하여 다툼이 있는 경우에는 법원에 제소하기 이전에 반드시 협의절차를 거치도록 제도화하였다.

⑨ 벌칙을 강화하여 정당한 권리자가 보호될 수 있는 가능성을 제고하였다(제94조).

그러나 상기 통합법의 규정 내용 등은 주로 제도 운영상 절차 과정에서 그동안 지적되었던 문제를 해소하는 데 그친 면이 농후하고, 보다 이론적 · 법리적인 문제의 해결에는 다소 미흡했던 점이 발견된다. 이하에서는 우리나라 손실보상법제에 있어서, 그동안 법리적인 문제점으로 지적되어져 왔던 몇 가지 논점을 중심으로 하여, 비교법적 분석을 진행함으로써 현행 통합법제의 문제점을 조감하고, 아울러 그 해결책을 강구해 보기로 한다.

Ⅱ. 침해의 유형과 손실보상의 요부

우리나라의 현행 손실보상법제에 나타난 재산권에 대한 침해의 유형은 대략 다음 세 가지 형태로 구분하는 것이 가능하다.

첫째로 지역 · 지구 및 구역의 지정에 따른 토지이용방법의 제한(일반적 행위제한), 둘째 도시계획시설의 설치 · 관리에 따른 권리의 제한(도시계획시설제한, 개별적 계획제한), 셋째 도시(재)개발사업 등 "도시계획사업"의 실효성을 확보하기 위하여 이들 사업의 구역이 결정됨과 동시에 시행구역 내 토지에 대하여 건축행위 등 일정한 행위를 제한하는 경우가 여기에 해당한다(사업제한). 이하에서 차례대로 살펴보기로 한다.

1. 지역 · 지구 및 구역의 지정에 따른 토지이용방법의 제한

먼저 제1 類型의 침해와 관련하여 이른바 용도지역제에 의한 토지이용방법의 제한 그 자체에 대하여 원칙적으로 손실보상을 요하지 아니한다는 점에 대하여는 일반적으로 다툼이 없다. 다만 용도지역 지정 이후의 전개 과정에 있어서는 후술하는 바와 같이 전혀 문제가 없는 것은 아니다.

우리 대법원도 도시계획법에 의한 일반적 행위제한의 경우에는 공공복리에 적합한 합리적 제한으로서 당연히 손실보상을 요하지 않는 것으로 판단하고 있다. 즉, "도시계획법 제21조 제1항, 제2항의 규정에 의한 개발제한구역 안에 있는 토지의 소유자는 재산상의 권리행사에 많은 제한을 받게 되고 그 한도 내에서 일반 토지소유자에 비하여 불이익을 받게 되었음은 명백하지만 '도시의 무질서한 확산을 방지하고 도시 주변의 자연환경을 보전하여 건전한 생활환경을 확보하기 위하여, 또는 국방부장관의 요청이 있어 보안상 도시의 개발을 제한할 필요가 있다고 인정되는 때'에 한하여 가하여지는 위와 같은 제한은 공공복리에 적합한 합리적인 제한이라 볼 것이고, 그 제한으로 인한 토지소유자의 불이익은 공공의 복리를 위하여 감수하지 아니하면 안 될 정도의 것이라고 인정되므로 이에 대하여 손실보상의 규정을 하지 아니하였다 하여 도시계획법 제21조 제1항, 제2항의 규정을 헌법 제23조 제3항이나 제37조 제2항에 위배되는 것이라고 할 수 없다[10]"고 하고, "토지의 수용보상액을 산정함에 있어서는 --------- 당해 공공사업의 시행 이전에 이미 당해 공공사업과 관계없이 도시계획법에 의한 고시 등으로 일반적 계획제한이 가하여진 상태인 경우에는 그러한 제한을 받는 상태 그대로 평가하여야 한다고 할 것이며, 도시계획법에 의한 개발제한구역의 지정은 위와 같은 일반적 계획제한에 해당한다 할 것이어서 당해 공공사업의 시행 이전에 개발제한구역의 지정이 있었을 경우에는 그러한 제한이 있는 상태 그대로 평가함이 상당하다"고 판시하였다[11]. 개발제한구역의 지정과 손실보상의 문제에 관하여는 항목을 바꾸어 다시 설명하기로 한다.

한편 독일의 경우에는 지역·지구제의 채택 그 자체에 대하여 보상을 요하지 아니한다는 점에 대하여는 당연한 전제로 하면서도, 地域·地區 指定의 변경은 헌법상 보상을 필요로 하는 수용(Enteignung)이라고 판시한 사례[12]가 있고 또 독일의 건설법전

---

10) 大判 1990. 5. 8, 89부2.

11) 大判 1993. 10. (구도시계획법 제21조)12, 93누12527.

12) Urt.d.BGH vom10.12.1957, NJW 1958, S. 380. 事案은 종전에 주거 및 영업지구이었던 토지로 주택 및 영업시설을 건축하고 있었던 토지소유자가 그후 그 지역이 순수 주거지역으로 편입되

에 의하면, B 플랜에 의한 당초의 용도지정으로부터 7년 이내에 지정의 변경이 있는 경우에는 널리 손실보상을 인정하는 규정을 두고 있다.[13)]

그러나 우리나라의 경우 대다수 입법에서는 이러한 경우 손실보상 규정을 두지 않는 대신 약간의 경과규정을 두어, 즉 침해에 대한 대상조치로서 일정 기간 종전의 법적 지위를 유지함으로써, 손실보상의무와의 충돌을 피하고 있는 실정이며(국토의 계획 및 이용에 관한 법률 부칙 제18조, 제19조, 도시계획법 부칙 제6조, 제7조 등 참조), 판례상으로도 도시계획결정 그 자체의 위법성을 다투거나 그 취소 또는 무효확인을 구하는 소송이 제기된 바는 있으나 손실보상의 요부가 직접 재판상 다투어진 사례는 드물다.

2. 도시계획시설의 설치 · 관리에 따른 제한

도시계획시설의 설치 · 관리에 따른 권리제한의 문제로서, 특히 논란이 많은 것은 도로, 공원 기타 도시계획시설의 부지로 지정한 후, 당해 시설의 건설에 착수하지 않고 장기간 방치함으로써 그 동안 토지소유자 등이 건축행위제한 등 각종 불이익을 받게 됨으로써 발생하는 손실보상의 문제이다(구도시계획법 제50조 참조).

우리나라 및 일본의 판례는 이 유형의 재산권 침해에 대하여서도, 그것은 당연히 재산권의 사회적 구속의 범위 내의 것으로, 보상을 요하지 아니한다는 사고를 견지하고 있는 것으로 보인다.

다만 일본의 최고재판소 판례에 의하면, 도로 예정지로서 16년에 걸친 도시계획 제한 후 계획도로로서 수용되기에 이른 토지에 대하여, 소유자가 보상액의 증액을 구하여 제기한 소송에서 최고재판소는 이 경우 도시계획제한의 존재 때문에 현저히 낮게 책정된 토지가격은 보상의 기준이 될 수 없음을 분명히 하고 있다.[14)]

었기 때문에 전쟁으로 파괴된 영업시설의 재건이 법적으로 금지된 사례이다. 판결은 목적위배설(Zweckentfremdungstheorie)의 思考를 원용하여 보상의 필요를 인정하였다. Urt.d. BVerwG vom 27.6.1957, EBVerwG Bd.5, S.143 ff. 종전의 건축허용지(Bauland)가 경관보호지구로 지정변경된 사례에서 보상을 필요로하는 收用이라고 판시하였다.

13) §42, BauGB.

14) 最裁判, 1973.10.18, 民集二七卷九號, 1210면. 중요한 사실은 事案이 1967년 일본 토지수용법의 개정 이전의 것이었음에도 불구하고, 최고재판소가 채택한 이 원칙(수용에 의해 토지를 상실한

이와 유사한 사례에서 우리 대법원도 "수용대상토지에 대하여 당해 공공사업의 시행 이전에 이미 도로의 설치에 관한 도시계획 결정이 고시되어 이용제한이 가하여진 경우, 이러한 공법상의 제한은 그 목적달성을 위하여 구체적인 사업의 시행을 위하여 필요로 하는, 이른바 개별적 계획제한에 해당하는 것이므로, 그 토지의 소유에 따른 보상액을 산정함에 있어서는 위와 같은 공법상의 제한이 당해 공공사업의 시행을 직접목적으로 하여 가하여진 경우는 물론이고, 위 토지가 당초의 목적사업과 다른 목적의 공공사업에 편입 수용된 경우에도 모두 그러한 제한을 받지 아니하는 상태대로 이를 평가하여야 할 것이다."[15]고 판시함으로써 상기 일본의 판례와 그 궤를 같이 하고 있는 한편, 일반적 행위제한에 대한 상기 대법원 판결의 경우[16]와는 대조적인 판결을 내리고 있다.

한편 독일의 경우에는 공공시설 예정지로서 건축행위제한 등이 장기간에 걸쳐 이루어지고 나아가 收用에 이르게 된 경우에는, 권리제한의 단계에서 이미 "부분적 수용 (Teilenteignung)"이 이루어진 것으로서 보상을 청구할 수 있다는 思考가 일찍부터 학설·판례상 전개되어 오고 있다. 이 경우 건축제한은 당해 토지가 특정의 도시계획시설용지로서 收用되기 위한 선행효과 (Vorwirkung)이며, 보상청구권은 이러한 권리제한이 部分的 收用의 의미를 가지게 되었음이 '감지되는(spürbar)' 시점에서 발생하나, 이 시점에서 바로 청구하지 않으면 안 되는 것은 아니며, 궁극적으로 수용의 시기에 포괄적으로 청구해도 무방하다.[17] 다만 수용의 시기에 일괄 청구하는 경우에는 권리제한에 대한 보상의무가 발생한 시점 이후의 이자까지도 청구하는 권리를 가지게 된다는 점에 차이가 있다. 또 건설법전에 의하면 공공시설의 설치를 위한 권리제한과 관련하여, 일반적으로 토지소유자에게 토지매수청구권을 인정하고 있고 또 금전보상의 길도 열어 놓고 있다.[18]

우리나라에 있어서도 2000년 1월 28일 도시계획법의 개정을 통하여, 일정한 조건

자는 인근의 유사토지를 구입할 수 있는 보상을 받지 않으면 안 된다는 것)은 토지수용법 개정 후의 하급심의 재판에도 많은 영향을 미치고 있다는 사실이다. 藤田,「西ドイツの土地法と日本の土地法」, 創文社, 1988.

15) 大判 1998. 9. 18, 98두4498 ; 1993.11.12, 93누7570 ; 1992. 3. 13, 91누4324.

16) supra note 11) 참조.

17) Zinkahn-Bielenberg, "Bundesbaugesetz" Kommentar, §18, Rdnr.37 ff.u.Vorb. §40-44 Rdnr.37.

18) §40ff., BauGB.

하에 토지소유자에 대하여 도시계획시설부지의 매수청구권을 인정하고 있고 또 일정 기간의 경과로 인한 도시계획시설결정에 대한 당연실효절차 (이른바 규제일몰제)를 규정하고 있으며(동법 제40조, 제41조), 나아가 2002년 2월 새로 제정된 '국토의 계획 및 이용에 관한 법률'에서도 같은 내용의 규정을 그대로 존치하고 있으나(동법 제47조 제1항, 제48조 제1항), 손실보상의 청구에 대하여는 아무런 규정을 두고 있지 아니하다.

3. 도시계획사업의 실효성을 확보하기 위한 제한

도시개발사업 등 일정한 도시계획사업의 실효성을 확보하기 위하여, 이들 사업 구역이 결정됨과 동시에 그 구역 내에서 건축행위 등 일정한 행위제한이 발생하게 되는 바(도시개발법 제9조 제3항, 구도시계획법 제46조 제1항, 구도시재개발법 제4조), 이러한 경우에도 토지소유권에 대한 제한 그 자체는 당연한 '사회적 제약'의 범위 내에 포함되는 것으로서 특별히 문제가 될 것이 없다. 다만 사업의 집행이 현저하게 지연됨으로써 제한이 너무 장기간 계속되는 경우에 있어서는 재산권의 침해로 될 가능성이 없는 것은 아니다.

그러나 우리나라의 경우, 제한의 장기화를 직접 이유로 하여 손실보상의 요부가 문제로 된 사건은 찾아보기 힘들다. 일본의 판례에서는 이러한 경우 사업계획 자체에 대한 폐지의 확인을 구하는 소가 제기된 사례[19]가 있으나 독일의 경우에 있어서는 이 점에 관하여도 비교적 일찍부터 판례・학설상 논란이 있었고, 입법에서도 그 영향이 나타나고 있다. 즉, 시・군・구 내의 특정지구에 대하여 지구상세계획(Bebauungsplan)의 수립이 결정된 때에는, 현실로 이 계획이 결정될 때까지 해당지구 내의 현상상태의 변경이 금지될 수 있으나, 이 금지가 장기간에 걸칠 때에는 "수용유사의 침해"로 된다는 思考가 판례 상 확립되기에 이르렀고, 1960년의 연방건설법에서는 현상변경금지기간이 4년을 초과할 때에는 토지소유자가 그 손실에 대하여 금전보상을 청구할 수 있다는 규정이 명시되었다.[20] 또 토지구획정리사업의 결정, 도시재개발사업의 결정에

19) 最高裁判所, 1966.2.23, 民集20卷2號 271면.
20) §18 BBauG.또 BauGB §18에도 같은 규정을 두고 있다.

대하여도 현상변경금지의 규정[21]을 두고 있었으나, 이 경우 이로 인한 제한을 무 보상으로 수인해야 할 기간에 대한 명시적 규정은 없고, 다만 연방최고재판소의 확립된 판결에 의하면 상당한 기간 내 사업의 착수가 있는 경우에만 보상 없는 재산권의 사회적 구속이 가능하다.[22]

일본의 경우에는 1974년의 도시계획법의 개정에 의해 시행 예정자가 정하여져 있는 시가지개발사업 및 도시계획시설에 관하여는 도시계획결정의 고시일로부터 2년 내에 그 실행으로서의 도시계획사업의 인가 또는 승인 (동법 제59조)의 신청을 하지 않으면 안 되고(동법 제60조의 2), 신청이 없는 경우에는 이들 권리제한에 기초한 손실에 관하여 보상의무가 규정되기에 이르렀다(동법 제60조의 3).

우리나라의 경우, 2000년 1월 28일 전문 개정된 도시계획법에서는 지구단위계획구역의 지정과 관련하여 도시계획결정 고시일부터 3년 이내에 지구단위계획이 결정·고시되지 아니한 경우 당해 도시계획의 당연 실효를 규정하였고(동법 제44조 제1항), 같은 시기에 제정된 도시개발법에서도 도시개발구역이 지정·고시된 날부터 3년이 되는 날까지 도시개발사업에 관한 실시계획의 인가를 신청하지 아니하는 경우에는 당해 구역의 지정은 당연 실효되는 것으로 규정하고 있었으나(동법 제10조 제1항), 이로 인한 손실보상의 문제에 대하여는 역시 특별한 규정을 두고 있지 아니하다.

Ⅲ. 수용과 사회적 제약의 한계

바이마르 시대부터 본 기본법에 이르는 과정에서 재산권보장 체계에 있어서 주목할 만한 변화는 헌법상 수용보상제도(Enteignungsentschädigung)의 확대과정과 이에 상응한 관습법상 희생보상제도(Aufopferungsentschädigung)의 축소과정이라 할 수 있다. 즉, 중세 이래 관습법적 효력을 가지고 있던 희생보상제도는 점차 헌법상 재산권보장조항에 의한 수용보상제도로 흡수되어 갔으며 그 과정은 첫째, 재산권 및 그 반

21) §51 BauGB, §144 BauGB.
22) 그 詳細에 관하여는 다음을 참조. Walter Bielenberg, "Städtebauförderungsgesetz, Kommentar", C §15, Rdnr.75.

대개념인 수용의 대상의 확대 둘째, 침해의 형식의 변화 셋째, 침해의 태양의 변화를 통하여 이루어졌다.

첫째, 재산권 및 그 반대개념인 수용의 대상은 19세기까지 부동산 및 동산 등 물권적 재산권에 한정되었으나 그 후 채권, 유가증권, 특허권 등 "모든 재산적 가치 있는 권리(alle vermögenswerten Rechte)"로 확대되었다. 그 결과 대상의 여하에 따른 공용수용과 재산권의 사회적 제약의 구별은 그 의미를 상실하게 된다.[23]

둘째, 고전적 공용수용개념에 있어서는, 그것은 법률에 근거한 행정행위로서 법률 그 자체에 의한 재산권의 일반적 제한을 의미하는 재산권의 사회적 제약과 구별되었다(이른바 개별적 행위설).

그러나 19세기를 넘어 서면서 전쟁이나 위기의 극복을 위한 특별입법에 있어서는 공용수용적 내용이 규정됨으로써, 이른바 "법률에 의한 공용수용 (Enteignung durch Gesetz)"이 가능하게 되었다.[24] 이러한 법률은 일반적・추상적 규범이 아닌 개별적 처분을 그 내용으로 하는, 이른바 Forsthoff의 "처분적 법률(Maßnamegesetz)"을 의미하게 된다. 셋째로, 고전적 공용수용의 개념에 있어서는 수용의 대상에 대한 소유권의 이전을 통한 권리주체의 변동과 이에 대한 보상을 그 징표로 함으로써, 권리의 이진 및 보상이 따르지 아니하는 재산권의 사회적 제약과 구별하였으나 바이마르 시대에 들어 와서는 이른바 "재산권의 이전 없는 공용수용 (Enteignung ohne Eigentumsübertragung)"이 인정되었다.[25] 뿐만 아니라 본 기본법 하에서도, 1950년대 중반까지 의식적이고 의도적인 침해 (bewußter und gewollter Eingriff)만이 제14조 제3항의 수용의 요건을 충족시키고 아울러 보상청구권을 발생시킨다는 것이 연방통상법원의 일관된 태도였으나, 1950년대 후반부터는 비의도적인, 행위의 부수적 결과로 발생한 개인의 재산상의 희생에 대하여도 수용보상이 지급되었다.[26]

어떻든 공용수용과 재산권의 사회적 제약에 관한 구별의 기준이 상기와 같은 이유

---

23) W.Weber, Eigentum und Enteignug, in, Die Grundrechte, Bd.Ⅱ, S. 371.

24) F.Fleiner, "Institutionen des Deutschen Verwaltungsrechts, 8. Aufl.1928, S. 295, 302.

25) 제국재판소는 보존가치 있는 개인 소유의 건축물 및 자연기념물을 公簿에 등록시킴으로써, 처분의 자유를 제한한 행정처분을 공용수용이라고 判示하였다. RGZ 116, 268.

26) 독일에서는 이러한 경우를 收用(Enteignung)과 구별하여 "收用的 侵害" (Enteignender Eingriff)라 부른다.

로 하나씩 무너짐에 따라 양자의 구별은 더욱 어려워지게 되었고, 그 결과 바이마르 시대에 있어서는 양자의 구별기준으로서 대체로 다음 두 가지 방법이 사용되게 되었다. 즉, 그 하나는 침해의 정도와 그 법적 효과의 여하에 의한 구별이며, 다른 하나는 침해 대상자의 범위 여하에 의한 구별이 그것이었다.[27)]

특히 후자의 견해에 의하면, 한정된 인적 범위의 재산에 대한 개별적 침해는 공용수용이 된다는 것으로, 한정된 범위의 사람에게 "특별한 희생 (ein besonderes Opfer)"을 지운다는 의미에서 이른바 "특별희생설 (Sonderopfertheorie)"로 발전하고 있다. 이 견해는 결국, 불평등한 부담에 대해서는 보상이 이루어져야 한다는 견해를 취하고 있는 점에서 평등원칙을 그 근거로 하고 있으나, 상술한 개별적 행위설을 전제로 하고 있는 한, 그 입론의 기초를 상실하고 있다고 하겠다.

바이마르 말기에 있어서는 양자의 구별기준으로, 이 밖에도 제한의 强度, 당사자의 수, 침해의 목적, 대응가치(Gegenwert) 등 종합주의에 입각한 복수기준을 내세우는 W. Jellinek의 보호가치성설(Schutzwürdigkeitstheorie)이 주장되었다[28)]. 어느 하나의 구별기준만으로는 공용수용과 사회적 제약의 구별이 완전치 않은 까닭이라 하겠으나, 어떻든 이 설이나 특별희생설에 있어서는 양자의 구별을 침해의 강도 (Tiefe des Eingriffs)에 따른 양적 구별에 입각하여 찾고 있다는 점에서, 질적 구별을 시도하고 있는 목적위배설 (Zweckentfremdungslehre)과 구별된다.

목적위배설에 의하면, 재산권에 대한 제한이 종전대로의 사용을 인정하면서 새로운 제한을 가하는 것일 경우에는 보상이 불필요한 사회적 제약이지만, 그 제한이 종래의 사용목적을 부정하는 것일 때에는 보상을 요하는 공용수용이 된다고 한다[29)]. 그리고 여기서 강조되는 재산권의 기능에 적합한 사용이란 바로 사유재산제의 본질인 "사적 효용 (Privatnützigkeit)"을 의미한다는 점에서, 이 학설은 다른 한편 사적 효용설 (Privatnützigkeitstheorie)로 발전하고 있다.

사적 효용설에 의하면, 어떤 재산권에 대한 제한이 종래의 사적 효용을 유지하는 제한일 경우에는 사회적 제약에 해당하지만, 재산권의 사용목적을 사적 이용에서 공

27) W. Leisner, "Sozialbindung des Eigentums", 1972, S.27.
28) W. Jellinek, Verwaltungsrecht, 3.Aufl.1931, S. 413.
29) E.R.Huber, Wirtschaftverwaltungsrecht, 2.Aufl., Bd.2, 1954, S.17ff.

적 이용으로 그 목적을 변경하는 경우에는 공용수용에 해당한다고 한다. 그러나 재산권의 궁극적 목적은 가치로서 파악되는 것일 뿐만 아니라 재산권에 대한 사회적 제약의 문제도 항상 공익을 위한 사회적 유보(Sozialvorbehalte)로 나타나기 때문에, 목적의 公私에 따라서 양자를 구별하는 것은 문제가 있고, 또 헌법 제23조 제2항이 규정하는 재산권행사의 공공복리적합의무와도 兩立되기 어렵다[30].

결국 양자의 구별로서는 "침해의 중대성(Schwere des Eingriffs)"이라는 양적 구별에 의존하는 수밖에 없다. 프랑스에 있어서도 공용수용은 "재산권에 대한 중대한 침해"로 규정되고 있다[31].

우리헌법 제23조 제3항은 "공공필요에 의한 재산권의 수용・사용 또는 제한 및 그에 대한 보상은 법률로써 하되, 정당한 보상을 지급하여야 한다"고 규정하고 있다.
그러나 이 조항은 공공필요에 의한 사유재산의 제한이 이루어지는 일체의 경우에 보상을 요구하고 있는 것이 아니고, 손실보상이 주어지기 위해서는 그 손실이 공공의 필요에 따라 과해진 "특별・우연한 희생"으로서의 성질을 가지는 것이 불가결한 것이라고 일반적으로 설명되어지고 있다.[32]

그리고 어떤 손실이 특별한 희생에 해당 하는가 아닌가 하는 문제는, 통상 재산권에 대한 제약이, 인간의 사회생활을 영위함에 있어서의 필요한 최소한도의 제약 이른바 "재산권의 내재적 제약"의 범위 내에 머무는 제약인지 아니면 그것을 초월한 것인지에 따라 구별하는 방식이 채택되어지고 있다.[33]

그러나 과연 어떠한 제한이 재산권의 사회적 제약에 속하고 어떠한 제한이 특별한 희생에 해당할 것인가 하는 문제는 일의적으로 명확한 기준을 설정하기가 매우 어렵다. 즉, 특별희생설을 비롯한 이들 주장의 실제적 유용성은 매우 의심스럽다. 따라서 보다 명확하고 구체적인 기준을 설정하기 위한 이론 형성이 필요할 것으로 생각된다. 이하에서는 이 문제와 관련하여 보다 구체적이고 미시적인 접근을 시도해보기로 한다.

---

30) Leisner, a.a.O., S.178.
31) Marcel Waline, Droit administratif, 8.éd.1959, 833면.
32) 김철수, 전게서, 419면; 권영성, 전게서, 463면.
33) Ibid.

Ⅳ. 수용과 손실보상

1. 개발이익의 보상 문제

1989년 4월 1일 개정되기 전의 토지수용법 제46조 제2항과 국토이용관리법 제29조[34]는, 토지 수용 시의 손실보상액의 산정과 관련하여, 그 산정의 시기를 재결시에서 기준지가 고시일로 조정함으로써, 이른바 개발이익을 손실보상의 대상에서 제외시키려는 의도로 만들어졌던 것으로 설명되어지고 있다.

먼저 개발이익이 손실보상의 대상이 되는 특별한 희생에 포함될 것인가의 문제와 관련하여 다음의 판결을 소개한다.

헌법재판소는 1990년 및 1991년, 연이은 헌법소원에서 다음과 같이 판시하여 국토이용관리법 제29조 제5항 및 토지수용법 제46조 제2항의 합헌성을 인정하였다.[35] 즉,

---

34) 1989년 4월 1일 법률 제4120호로 개정되기 전의 토지수용법과 국토이용관리법의 관계조문은 다음과 같다.

舊 土地收用法 제46조 제1항 손실액의 산정은 수용 또는 사용의 재결당시의 가격을 기준으로 하되 수용할 토지에 대하여는 인근토지의 거래가격을, 사용할 토지에 대하여는 그 토지 및 인근토지의 지료, 차임 등을 고려한 적정가격으로 하여야 한다. 제2항 국토이용관리법 제29조 제1항의 규정에 의하여 기준지가가 고시된 지역에서의 토지에 대한 보상은 고시된 기준지가를 기준으로 하되, 기준지가 대상지역 公告日부터 재결 시까지의 관계법령에 이한 당해 토지의 이용계획 또는 당해 지역과 관계없는 인근토지의 지가변동률 · 도매물가상승률 기타 사항을 참작하여 평가한 금액으로 행한다.

舊 國土利用管理法 제29조(기준지가) 1항 건설부장관은 지가의 적정한 유지와 토지이용의 증진을 도모하기 위하여 지가를 조사 · 평가하여 중앙토지수용위원회의 확인을 받아 이를 기준지가로 고시하고, 대통령령이 정하는 바에 따라 조제 · 공급하여야 한다. 이 법에 의하여 지정된 도시지역과 이미 고시된 기준지가가 현실의 토지거래가격과 현저히 차이가 나는 지역으로서 대통령령으로 정하는 지역에서는 고시 후 3년을 경과하지 아니하는 범위 안에서 대통령령이 정하는 기간이 경과될 때마다 기준지가를 다시 조사하여 고시한다.

동 제5항 제1항의 규정에 의한 기준지가는 일반토지거래의 지표가 되고 공공시설용지를 매수하거나 토지를 수용하는 경우에는 그 지가 또는 보상액의 기준으로 하되 기준지가 대상지역 公告日부터 매수 또는 보상액의 재결 시까지의 당해 국토이용계획 또는 당해 지역과 관계없는 인근토지의 지가변동률 · 도매물가상승률 · 인근 유사토지의 정상거래가격 및 기타 사항을 대통령령이 정하는 바에 따라 참작하여야 하며, 국가 · 지방자치단체와 대통령령이 정하는 정부투자기관이 기준지가가 고시된 지역 안에서 지가를 산정하거나 평가자가 조사 · 평가할 때에는 기준지가를 기준으로 하되 대통령령이 정하는 바에 따라 지가산정 및 조사 · 평가의 목적별로 이를 가감하여 적용할 수 있다.

35) 1990.6.25. 89헌마107 全員裁判部, 1991.2.11. 90헌바17, 18(병합) 全員裁判部

"헌법 제23조 제3항에서 규정한 정당한 보상이란 원칙적으로 피수용재산의 객관적인 재산가치를 완전하게 보상하여야 한다는 완전보상을 뜻하는 것이다. 그러나 공익사업의 시행으로 지가가 상승하여 발생하는 개발이익은 궁극적으로는 국민 모두에게 귀속되어야 할 성질의 것이며, 완전보상의 범위에 포함되는 피수용토지의 객관적 가치 내지 피수용자의 손실이라고는 볼 수 없다. 국토이용관리법 제29조 제5항을 포함하여 제29조 내지 제29조의 6에 의하여 평가된 기준지가는 그 평가의 기준이나 절차로 미루어 대상 토지가 대상지역 공고일 당시 갖는 객관적 가치를 평가하기 위한 것으로서 부적절한 것으로 볼 수 없고, 토지수용법 제46조 제2항이 들고 있는 시점보정의 방법(기준지가고시일 이후의 인근 토지의 지가변동률 내지 도매물가상승률에 의한 보정)은 보정결과의 적정성에 흠을 남길 만큼 중요한 기준이 누락되었다거나 적절치 아니한 기준을 적용한 것으로 판단되지는 않는다. 따라서 토지수용법 제 46조 2항이 보상액을 산정함에 있어 개발이익을 배제하고, 기준지가의 고시일 이후 시점보정을 인근토지의 가격변동률과 도매물가상승률 등에 의하여 행하도록 규정한 것은 헌법 제23조 제3항에 규정한 정당보상의 원리에 위배되는 것은 아니다". 또 기준지가고시지역과 미고시지역 내 토지소유자 간의 불평등 문제의 지적에 대해서는, "우리의 법제 하에서 특정한 토지소유자에게 개발이익이 귀속되는 것을 모든 경우에 배제하고 공익으로 완전히 환수시킬 수 있는 제도를 일시에 실시한다는 것은 사실상 불가능하고 지가의 공시지역을 확대하는 등 점진적인 개선방안을 모색하는 수밖에 없으며, 그 점진적 개선에 평등의 원칙이 어떤 장애가 될 수는 없는 것이다. 따라서 비록 수용되지 아니한 토지소유자가 보유하게 되는 개발이익을 포함하여 일체의 개발이익을 환수할 수 있는 제도적 장치가 마련되지 아니한 제도적 상황에서, 기준지가가 고시된 지역 내에 피수용토지를 둔 토지소유자로부터만 이를 환수한다고 하여 합리적 이유 없이 수용 여부에 따라 토지소유자를 차별한 것이라고는 인정되지 아니하므로 헌법 제11조 제1항이 규정하는 평등의 원칙에도 위반되지 아니한다"고 판시하여, 소위 단계적 제도개선과 평등원칙과의 관계를 분명하게 처리하였던 것이다. 이 결정 이후에도 헌법재판소는 연이은 결정으로 상기 결정과 동일한 취지의 결정을 내리고 있다.[36)]

토지라는 재화는 "불가결성"과 "유한성"이라는 특성을 가지고 있고 이러한 이유로

36) 1995. 4. 20. 93헌바 20 · 66, 94헌바4 · 9, 95헌바6(병합)

토지소유권은 다른 재산권에 비하여 보다 엄격한 사회적 제약을 받는 것이 당연하다는 사고는 1967년 독일의 연방헌법재판소가 명백히 표명한 바 있고, 이 판결은 토지소유권의 사회적 성격을 헌법적으로 승인한 것으로서 그 이후 독일의 토지규제입법과 재판에 많은 영향을 미쳤던 것이다.[37] 그리고 손실보상을 요하는 토지의 사용제한[38]과 그것을 요하지 아니하는 사회적 구속(Sozialbindung)과의 구별에 관해서는 상황구속성이론이나 목적위배이론 (Zweckentfremdungstheorie) 등이 비교적 일찍부터 주장되어져 오고 있었다.[39] 요컨대 이들 판례의 동향은, 토지소유권의 경우 헌법상 재산권보장의 규정은 당해 토지가 놓여진 객관적 상황 속에서, 당해 토지에 가장 적당하다고 기대되는 기능에 적합한 이용 방법만을 보장한다는 것을 의미한다. 또 1968년 연방헌법재판소는 소위 “Hamburg 堤防法 판결”에서, 헌법상 재산권 보장은 토지의 수용에 관한 한 반드시 시장거래가격으로 보상할 것을 요청하는 것은 아니라는 판결을 내려 주목을 받기도 하였다.[40]

일본의 경우에 있어서도 1966년 일본공법학회 총회에서 雄川一郎 博士는 “개별적 · 우연적 공용부담”에서 “객관적 · 체계적 공용부담에로”라는 테마를 제기하여, 무릇 공용부담제도의 존재방식에 있어서는 시장거래원칙이 아닌 객관적 · 종합적인 토지이용계획에 적합한 원칙이 적용되지 않으면 안 된다는 것을 강조하였다.

즉, “원래, 전통적인 공용부담법제도는 특정한 사회적 경제적 전제 위에 성립한 것이라고 생각된다. 토지수용제도의 예를 들면, 이러한 특징을 가진 수용제도가 제대로 작동하기 위한 전제로서는, 어떤 사업을 위하여 필요한 토지는 보통의 경우, 통상 거래가격으로 취득할 수 있다는 것, 또 토지의 소유자 등은 그 토지의 대체지를 역시 통상의 가격으로 취득할 수 있다는 것이 전제되지 않으면 안 된다. 좀 과장하여 말하면, 토지를 무한으로 취득할 수 있다는 것은 이러한 제도를 지지하는 기초로서 전제되고

37) 甲斐 外 3人 共著, 『所有權思想の歷史』 有斐閣, 1979, 104면 이하 참조.

38) 기본법 제14조 제3항의 Enteignung(收用)에는 손실보상이 필요하다는 것이 규정되고 있다. 원래 Enteignung이라는 말은 소유권의 변동이 있는 경우 만을 의미하고, 단지 권리제한에 그치는 경우에는 Aufopferung(특별희생)이라는 말이 사용되어졌으나, 오늘날 Enteignung의 개념에는 재산권의 박탈의 경우 뿐 아니라 제한의 경우도 포함되고 있다는 것이 일반적으로 인정되고 있다.

39) 제1장 Ⅲ.부동산공법의 원리와 헌법적 한계 2.헌법상 재산권의 보장과 그 한계, 註 47) 참조 (39면).

40) Urt.d.BVerfG vom 18.12.1968, BVerfGE 24, 367 ff.

있다고 생각된다. 그러나 적어도 오늘의 일본에 있어서는 이러한 기초가 사실로서 존재하고 있지 않다는 것은 명백하다. 그렇다면 전통적인 수용제도가 충분히 기능할 수 없다는 것은 명백한 것이라고 말하지 않을 수 없는 것이다". 결국 그는, 토지가 가지는 有限性이라는 속성 때문에 토지소유권은 종합적·객관적 토지이용계획에 부응할 수 밖에 없다는 사고를 표명한 것이라고 말할 수 있을 것이다.

또 일본에서는 우리보다 앞서, 1967년 토지수용법을 개정하여, 손실보상액 산정의 기준시기가 裁決 시에서 사업인정고시의 시로 조정되었고(동법 제71조), 또 1974년의 국토이용계획법 제2조는 "국토의 이용은 국토가 현재 및 장래에 있어서 국민을 위한 한정된 자원임과 동시에 생활 및 생산활동의 공통의 기반임을 감안하여 공공의 복지를 우선시키고 ------ 건강하고 문화적인 생활환경의 확보와 국토의 균형 있는 발전을 도모함을 기본이념으로 한다."고 규정함으로써, 국토전체를 객관적인 토지이용계획의 대상으로 포섭하여 종합적인 국토이용의 실현을 도모하고 있는 것이다.

다만 개발이익을 공제하는 법의 개정에도 불구하고 우리 대법원 및 일본의 최고재판소는 토지수용에 관한 한, 여전히 수용 당하는 자의 주관적 시각에서 수용보상제도를 바라보고 있다는 점이 특히 주목된다. 이하에서 한국과 일본 및 독일의 판례를 비교 검토해 보기로 한다.

2. 수용절차상 문제 -협의매수와 강제수용의 연결-

공공용지의 취득을 위하여 기업자에게는 임의매수와 강제매수(토지수용)의 두 가지 수단이 주어지고 있으며, 임의매수는 강제매수 즉 토지수용의 전치절차의 기능을 담당하고 있음에도 불구하고, 문제는 이 두 제도가 전혀 관계 없는 독립한 법제도로 운용되고 있다는 점에서 나타나고 있다. 즉 이 양자를 어떤 요건 하에 어떤 기준에 따라 선택할 것인가에 대하여는 아무런 법적 규율도 존재하지 않으며 따라서 두 가지 수단 중 어떤 것을 선택하며 또 어떤 시기에 수용절차로 移行할 것인가 하는 문제는 전적으로 기업자의 재량에 맡겨지고 있다. 그 결과 토지소유자 또는 기업자가 고의적으로 협의절차를 지연시킴으로써 발생하게 된 토지가격의 上昇分을 궁극적으로 누구의 부담으로 할 것인가에 대한 또 다른 문제에 봉착하게 되는 것이다. 이와 관련하여 우리나라와 비슷한 토지수용제도를 유지하고 있는 일본의 판례를 소개한다.

사안은 大阪万博을 준비하기 위한 용지취득 및 손실보상을 둘러싸고 토지소유자와 起業者인 大阪府知事 사이에 벌어졌던 다툼이다.[41] 이 사건의 개요는 다음과 같다. 즉, 大阪府는 万博會場 용지로서 1965년 말부터 1966년 4월까지, 원고 2명이 소유하는 토지를 제외한 거의 대부분의 토지에 대하여 1평방미터 당 2, 980엔의 가격으로 임의매수를 완료하였으나 원고 2명은 임의매수에 응하지 않았기 때문에 수용절차가 진행되었다. 大阪府 收用委員會는 보상액을 1평방미터 당 3,500엔으로 재결하였으나 원고는 이에 불복하고 1평방미터 당 7,260엔의 증액을 구하여 출소하였고, 大阪地裁는 다음의 이유로 기본적으로 원고의 주장을 인정하였다. "1968년 2월 28일 현재의 본건 토지의 가격은 1평방미터 당 7,000엔으로 인정되고 이 금액은 --- 前記의 임의 매수가격을 상회하는 것은 명백하다. 그러나 수용토지에 대한 보상은 사업인정고시 시점에 있어서 완전한 보상이 되지 않으면 아니 되고, 이 보상금액은 이 시점에 있어서 근방에 동등의 대체지를 취득할 수 있는 금액이 되지 않으면 아니 된다는 것은 ---- 판시한 바 그대로 이며, 시간의 경과에 의해 근방의 동등 토지의 가격이 상승한 경우에는 보상금액도 상승할 수 밖에 없는 것은 당연하고, 그 상승이 수용목적인 사업의 시행에 기인하는 경우에 있어서도 동일하다. 피수용자가 보다 고액의 보상금을 받더라도 그것은 인근에 동등의 代替地를 취득함에 족한 것에 불과하고 따라서 부당한 이익을 취했다고는 할 수 없다. 이러한 경우, 起業者로서는 보다 신속하게 사업인정 또는 도시계획결정인가를 받음으로써 보상금액의 상승을 막을 수 있는 것이다."

이 판결의 특징은 수용제도와 보상제도를 오직 수용을 당하는 자의 입장에서만 개별적 주관적으로 고찰한 것이라 할 수 있다. 즉, 전국토의 체계적 이용계획 속에 놓여진 토지라는 관점, 有限性과 不可缺性을 특징으로 하는 토지라는 재화를 어떻게 전체로서 이용할 것인가 하는 객관적 관점은 이 판결에서는 찾기 힘들다. 특히 大阪地裁 判決의 경우 보상금액 상승의 책임을 전적으로 기업자에게 돌리고 있고 그것은 결국 세금이나 공공시설 이용료 형태로 일반국민 내지 공공시설 이용자의 부담으로 귀착된다. 결과적으로 기업자의 과실에서 비롯된 손실의 증가를 특별한 이유 없이 일반국민이 부담하는 셈이 되고 말았다. 이러한 결과를 막기 위해서는 기업자로서는 가능한

41) 大阪地裁, 1977.4.26, 判例時報八五三號 39면 以下.

한 임의매수절차를 회피하고 권력적인 토지수용절차에로 이행하는 것이 득책이라는 사고로 연결되나, 과연 이러한 결과가 타당할 것인가는 의문이다.

생각건대 이러한 문제는 우리나라 및 일본의 토지수용 관련법제의 불완전성에서 비롯된 것으로 생각된다.

독일의 경우 BauGB 제5장[42]이 정하는 바에 의하면, 우선 수용이 인정되기 위한 전제요건으로서 “수용의 신청자가 적절한 조건에 의한 임의취득을 위한 진지한 노력을 할 것”이 필요하다(BauGB 제87조 제2항). 또 보상액은 재결시의 거래가격에 따라 산정되나(동 제95조 제1항) 단, 수용의 결과 발생한 재산상의 이익・가치의 증가분(이른바 개발이익)은 보상액의 산정에서 제외되는 바(제93조 제3항, 제95조 제2항), 특히 주목되는 것은 “적정한 조건을 제시한 기업자의 임의매수의 신청을 토지소유자가 응락할 수 있었던 시점 이후에 발생한 가치증가분”에 대해서도 개발이익의 경우와 마찬가지로 손실보상액의 산정에서 제외하고 있다는 점이다(동 제95조 제2항). 토지소유자가 고의로 매수협의절차를 지연시킴으로써 발생한 지가상승분은 재결시의 보상액의 산정에서 제외되고 따라서 기업자도 이러한 법적 보장이 있기 때문에 안심하고 임의매수절차에 차분하게 대응할 수 있게 될 것이다.

가령, 상기 大阪地裁判決을 BauGB에 따라 처리하게 된다면, 최소한 문제해결의 책임을 전적으로 기업자에게 돌리는 결과보다는 오히려 토지소유자 및 기업자의 쌍방에 분배하는 결과로 나타나게 될 것으로 생각된다.

Ⅴ. 계획제한과 손실보상

계획제한은 도시관리계획 등 국토이용계획의 결정으로 말미암아 토지소유권의 일부 권능이 제한되는 경우로서, 소유권은 여전히 권리자에게 유보된다는 점에서 土地收用의 경우와는 구별된다.

---

42) 독일에는 연방통일법으로서의 수용법은 존재하지 않고, 각 주마다의 규율에 위임하고 있으나 1960년 이래 각주의 토지수용법은 대부분 연방통일법인 연방건설법(Bundesbaugesetz) 제5장 {1987년 7월1일 이후는 건설법전 (Baugesetzbuch - 이하 BauGB라 함) 제5장}이 정하는 수용제도를 모방한 규정을 두고 있다.

토지수용의 경우와는 달리, 토지소유권에 대한 제한과 손실보상의 요부의 문제에 관한 한, 우리나라 및 일본의 판례는 토지소유자에 대하여 상당히 냉정한 태도를 보이고 있다. 즉, 독일의 경우와 비교할 때 토지소유권의 수용이라는 문제에 대하여는 오히려 과중한 보호를 하고 있는 반면, 사용권의 제한 등에 대하여는 지나치게 이를 경시하는 듯한 인상을 주고 있는 점을 부인할 수 없다.

상기 대법원 판결[43]은 결과적으로 도시계획제한이 과하여진 부분에 대하여서도 손실보상이 이루어져야 한다는 취지의 판결을 하고 있으나 그것은 어디까지나 최종적인 收用이 있고 난 후의 문제이며, 적어도 수용의 前 단계인 건축제한의 상태에서 그것 자체에 대한 손실보상의 필요를 인정한 것이 아니라는 사실을 특히 유의해야 할 것이다. 대법원의 시각은 오직 토지소유권의 보호에 맞추어지고 있으며, 이용권의 보호라는 발상은 아직 찾아보기 힘들다.

일본판례[44]의 예에서 보는 바와 같이, 저수지의 제방에 죽목 등 식재를 금지한 조례에 관하여 최고재판소는, 이러한 재산권 제한은 제방의 결괴를 방지하기 위한 것이기 때문에 보상은 필요하지 아니하다고 판시한 것이다. 조례의 목적이 진실로 재해의 방지라는 소극적 목적을 위한 것인가 아닌가 하는, 이른바 소극목적 · 적극목적이라는 Merkmal에 의해서만 특히 本件을 처리할 수 있을 것인가 하는 것은 다소 어려움이 따르는 문제[45]일 뿐만 아니라, 이러한 이유만으로 보상은 불필요하다는 최고재판소의 판결은 적어도 독일의 학설 · 판례와는 상당히 차이가 있을 것으로 생각된다.

즉, 독일의 경우에는 상술한 "목적위배이론(Zweckentfremdungstheorie)"이 판례 · 학설상 확립되어져 있고, 따라서 종래의 토지의 용법과 다른 용법이 장래에 향하여 금지된 경우와는 달리 종래 행하여져 왔던 용법이 장래에 향하여 금지된 경우에는 원칙적으로 보상이 필요하다는 사고가 일반적으로 승인되어 왔었기 때문이다. 이 사건 판결에 대하여는 당시의 일본학계에서도 이러한 관점에서 비판적 의견이 제시되기도 하였다.

또 한 가지 주목되는 일본의 판결은 平城京事件 抗訴審 判決[46]이다. 이 사건은 史

---

43) supra note 11) 참조.

44) 最裁判, 1963.6.26, 刑集一七卷五號, 521면. 유명한 奈良縣 貯水池 조례사건 判決이다.

45) 雄川一郎, "財産權の規制と條例 - 奈良縣ため池保全條例に關する最高裁判決について - ", ジュリスト 280號, 12면 이하.

蹟名勝인 平城宮址로 지정된 토지의 소유자가, 그 결과 건축물의 신·개축이 금지되었기 때문에 보상 없는 이러한 규제는 위헌이라는 것을 주장한 사건이나, 그 주된 논점은 보상을 구하는 것이 아니었고 판결의 요지도 傍論에 나타난 것이다. 여하튼 이 사건의 항소심인 大阪高裁는 토지소유자에 대한 부작위의무를 과하는 규범(문화재보호법)의 설정은 문화재를 구성하는 재산권 자체에 대한 사회적 제약이라 해야 할 것이고, 이 정도의 사회적 제한이 있더라도 손실보상이 따라야 하는 것은 아니라고 판시하였던 것이다. 그리고 원래 토지는 국토를 형성하는 것으로서 이것을 대상으로 하는 권리는 공공의 복지에 적합하도록 법률에 의해 그 내용이 결정되어야 할 것이고, 따라서 문화재보호법이 이러한 목적을 가지고 문화재의 현상변경을 금지하더라도 그것 때문에 바로 위헌의 법률이 되는 것은 아니라는 것이다. 일반론으로서 이러한 주장은 별로 문제될 것이 없는 것처럼 보인다.

그러나 본건 토지의 경우는 주택 밀집지구에 인접한 지구로서, 그 주위는 이미 상당히 개발이 진행되어 상기 제한만 없다면 택지로서의 이용이 가능한 토지라는 점을 간과하여서는 안될 것이다. 따라서 당해 토지만이 보상 없이 이러한 제한을 받게 된다면 그것은 헌법상 평등의 원칙과 관련하여 불공평한 제한이 되지 않겠는가 하는 의문이 발생하게 되는 것이다.

만일 독일연방최고재판소의 녹지대사건판결(Grüneflächenentscheidung)[47]을 이 사건에 투영하면 결과는 어떻게 될 것인가. 독일의 이 판결은 이른바 목적위배이론, 상황구속성이론을 표명한 것으로서 그 후의 판례·학설의 지배적 경향이 된 이론임은 상술한 바와 같다. 우선 本件의 토지의 경우는 녹지대 사건의 경우와는 달리 종래 농지로서 이용되어져 왔던 것이 아니라 택지로 이용되어져 왔다는 점이다. 따라서 목적위배이론을 적용하더라도 손실보상이 불필요하다는 결론을 도출하기는 어렵다. 또 本件의 경우 녹지대 사건의 경우와는 달리 녹지라는, 도시주민을 위한 도시계획시설

46) 이 사건의 최고재판소 판결도 있으나 손실보상의 문제가 등장하는 것은 항소심판결까지이다.

47) Urt.d.BGH vom 20.12.1956,EBGHZ Bd.23.S.30ff (Grünflächenentscheidung). 事案은 종래 농지로 이용되어져 왔던 토지가 주변지역의 심각한 도시화의 진행으로 말미암아 도시계획으로 새로이 녹지대로 지정되었기 때문에 향후 건축행위가 금지된 사례이다. 법원은 첫째, 목적위배이론에 입각하여 토지의 종래대로의 이용이 반드시 금지된 것은 아니라는 점, 둘째, 상황구속성이론을 적용하여 주변이 도시화한 상황 속에 당해 토지가 놓여졌기 때문에 녹지대의 존재는 불가결한 것으로 되고 따라서 손실보상은 필요하지 아니하다고 판시하였던 것이다.

로서의 제한이라고 하기 보다는 特別史蹟으로서, 전체국민의 이익을 위한 시설이기 때문에 상황구속성이론을 적용하더라도 보상 없는 제한을 도출하는 것이 역시 어렵지 않았겠는가 하는 생각이 든다.

Ⅵ. 개발제한구역의 지정과 손실보상

토지이용권의 규제의 문제와 관련하여, 우리나라에 있어서 가장 심각한 문제로 대두되고 있는 것이 이른바 개발제한구역의 지정에 관한 문제라 할 수 있다. 이 구역은 도시의 무질서한 확산을 방지하기 위하여 도시 주변에 설치하는 環狀의 녹지대로서 도시적 개발이 엄격히 제한되는 구역이다(국토의 계획 및 이용에 관한 법률 제38조). 이 구역은 도시계획법상 녹지지역과도 엄격히 구별되는 바, 녹지지역은 자연녹지, 생산녹지, 보전녹지로 구분되고 일반적으로 개발이 유보되는 지역으로서의 성격을 가지지만, 개발제한구역은 도시지역의 내외를 묻지 않고 반영구적・현상동결적인 토지이용만을 허용하는 보전녹지의 성격을 가진 것이라 할 수 있다. 일단 개발제한구역으로 지정되게 되면 토지소유자의 건축적 이용은 사실상 불가능하게 되는 반면, 공공적 이용은 제한적이긴 하나 허용되고 있으며 그 범위의 확대도 예상할 수 있다.[48] 따라서 구역 내 토지소유자의 재산권에 대한 본질적 내용의 침해 여부의 문제를 제기할 소지를 충분히 내포하고 있었던 것이라 할 수 있다.

개발제한구역의 지정과 관련하여 1989년 4건[49]의 헌법소원이 제기된 바 있고, 이들 헌법소원의 내용은 주로 ① 개발제한구역의 지정이 재산권에 대한 본질적 침해임에도 불구하고 보상을 결여하고 있다는 점, ② 헌법 제11조 평등원칙의 위배라는 점 ③ 헌법 제14조 거주이전의 자유를 침해한 것이라는 점 등을 주장하고 있으나, 헌법재판소는 이에 대하여 다음 두 가지 이유를 들어 본안심리를 거부하였다.

---

48) 예컨대 공익시설 등의 설치와 관련하여 "토지수용법 제3조 1호 및 제2호의 공익사업을 위한 시설과 그 부대시설 및 관리용 건축물"의 설치를 허용하는 규정(구도시계획법 시행규칙 제7조1항 3호 가목)은 이를 단적으로 나타내는 것이라 할 수 있다.

49) 1989.3.20, 89헌마46, 재산권침해에 대한 헌법소원; 1989.7.11, 89헌마152, 재산권침해에 대한 헌법소원; 1989.8.7, 89헌마174, 도시계획법 제21조 및 동법 시행령 제20조에 대한 헌법소원; 1989.9.19, 89헌마214, 도시계획법 제21조의 위헌여부에 대한 헌법소원.

즉, "우선, 입법작용이 공권력의 행사인 이상 법률에 대한 헌법소원도 가능한 것이나 모든 법률이 다 헌법소원의 대상이 되는 것이 아니고 그 법률이 별도의 구체적 집행행위를 기다리지 않고 직접적으로 그리고 현재적으로 심판청구인의 기본권을 침해하는 경우에 한정됨을 원칙으로 한다. 둘째, 건설부장관의 개발제한구역의 지정・고시는 공권력의 행사로서 헌법소원의 대상이 됨은 물론이나 헌법소원은 다른 법률에 구제절차가 있는 경우에는 그 절차를 모두 거친 후에 비로소 제기할 수 있는 것인 바, 개발제한구역 지정행위(도시계획결정)에 대하여는 행정심판 및 행정소송 등을 제기할 수 있으므로 청구인으로서는 우선 그러한 구제절차를 거친 후에 헌법소원심판을 청구하여야 한다"[50]

또, 헌법재판소는 도시계획법 제21조 및 동법 시행령 제20조에 관한 헌법소원에서도 똑 같은 이유로 심판청구를 각하하였다.[51] 즉, "도시계획법 제21조 및 동법 시행령 제20조의 경우는 건설부장관의 개발제한구역의 지정・고시라는 별도의 구체적인 집행행위에 의하여 비로소 재산권 침해 여부의 문제가 발생할 수 있는 것이므로 위 법령의 조항에 대한 헌법소원심판청구는 직접성을 갖추지 못하여 부적법 하다. 또, 건설부장관의 개발제한구역의 지정・고시가 공권력의 행사로서 헌법소원심판의 대상이 됨은 물론이나 헌법소원심판은 다른 법률에 구제절차가 있는 경우에는 그 절차를 모두 거친 후가 아니면 청구할 수 없으므로 건설부장관의 개발제한구역의 지정・고시에 대한 헌법소원심판청구는 행정쟁송절차를 모두 거친 후가 아니면 부적법하다."

그러나 지루할 정도로 본안심리를 거부해 오던 헌법재판소는 드디어 1998년 12월 24일, "도시계획법 제21조는 헌법에 합치되지 아니 한다"는 결정을 내리기에 이르렀다[52]. 그 결정의 이유를 요약하면 다음과 같다. 먼저 ① 헌법상의 재산권은 토지소유자가 이용 가능한 모든 용도로 토지를 자유로이 최대한 사용할 권리나 가장 경제적 또는 효율적으로 사용할 수 있는 권리를 보장하는 것을 의미하지는 않는다고 전제한 다음, 따라서 토지재산권의 강한 사회성 내지는 공공성으로 말미암아 이에 대하여는 다른 재산권에 비하여 보다 강한 제한과 의무가 부과될 수 있다고 하고 ② 개발제한

---

50) 1991.6.3, 89헌마46, 全員裁判部.

51) 1991.7.22.89헌마174, 全員裁判部.

52) 1998. 12. 24. 89헌마214, 90헌바16, 97헌바78 (병합) 전원재판부, 도시계획법 제21조에 대한 위헌소원.

구역의 지정으로 인한 개발가능성의 소멸과 그에 따른 지가의 하락이나 지가상승률의 상대적 감소는 토지소유자가 감수해야 하는 사회적 제약의 범주에 속하는 것으로 보아야 하고, 구역지정 당시의 상태대로 토지를 사용·수익·처분할 수 있는 이상, 구역지정에 따른 단순한 토지이용의 제한은 원칙적으로 재산권에 내재하는 사회적 제약의 범주를 넘지 않는다. ③ 그러나 토지재산권의 제한에 대하여도 다른 기본권을 제한하는 입법과 마찬가지로 비례성 원칙(과잉금지 원칙)은 준수되어야 하고 또 재산권의 본질적 내용인 사용·수익·처분권을 부인할 수 없으므로 개발제한구역의 지정으로 토지를 종래의 목적으로도 사용할 수 없거나 더 이상 법적으로 허용된 토지이용의 방법이 없기 때문에 실질적으로 토지의 사용·수익의 길이 없는 경우에는 비례의 원칙에 위반되어 당해 토지소유자의 재산권을 과도하게 침해하는 것으로서 헌법에 위반된다. ④ 실질적으로 토지에 대한 사용·수익을 전혀 할 수 없는 예외적 경우로서는 나대지의 경우와 사정변경으로 인한 용도의 폐지(종래 농지로 사용되었으나 구역 지정 후 주변지역의 과밀화로 수로가 차단되거나 오염 등 사유로 농사가 불능으로 된 경우)를 들 수 있고, 이러한 경우에 보상규정을 두지 않은 것은 위헌성이 있는 것이다. 보상의 방법은 재산권의 침해와 공익 간의 비례성을 다시 회복하기 위한 것이고 반드시 금전보상에 한정되는 것은 아니며 지정의 해제 또는 토지매수청구권제도와 같이 금전보상에 갈음하거나 기타 손실을 완화할 수 있는 제도를 보완하는 등 여러 가지 방법을 사용할 수 있다. ⑤ 보상의 기준과 방법은 입법형성권을 가진 입법자가 입법정책적으로 결정할 사항이므로, 그때까지 상기 조항을 형식적으로 존속케 하기 위하여 헌법불합치결정을 하는 것인 바, 입법자는 되도록 빠른 시일 내에 보상입법을 하여 위헌적 상태를 제거할 의무가 있고, 행정청은 보상입법이 마련되기 전에는 새로 개발제한구역을 지정하여서는 아니 되며, 토지소유자는 보상입법을 기다려 그에 따른 권리행사를 할 수 있을 뿐 개발제한구역의 지정이나 그에 따른 토지재산권의 제한 그 자체의 효력을 다투거나 위 조항에 위반하여 행한 자신들의 행위의 정당성을 주장할 수는 없다[53].

---

53) 이 결정에 대한 두 가지 반대의견은 다음과 같다. 먼저 하나의 반대의견은 결정형식에 관한 것으로 단순위헌결정 대신 헌법불합치 결정을 내린 것이 헌법 제111조 제1항 제1호 및 제5호, 헌법재판소법 제45조, 제47조 제2항의 명문규정에 반한다는 것이고, 또 하나의 반대의견은 헌법이 보장하는 환경권(제35조)이 경제적 자유인 토지재산권 보다 우선하는 지위에 있다는 전제 하에

일단 결정 형식의 문제를 제외하면, 이 결정은 대체적으로 종래 학설의 주장과 일치하는 것으로 평가된다. 다만 그 결정의 시기가 유독 이 시점에 맞추어진 이유는 정치권을 비롯하여 저간의 사회적 여건을 지나치게 의식한 때문이 아닌가 생각된다. 여기서 가장 핵심적인 문제는 역시 개발제한구역 내에서 아무런 보상 없이, 건축 · 토지 형질변경 등 행위를 제한하고 있는 규정이 재산권의 본질적 내용에 대한 침해로 연결될 수 있을 것인가 하는 문제이다. 개발제한구역 내 토지의 경우 심각한 이용규제가 따르고 있는 것은 사실이지만 현재의 이용 상태에 따른 사용 · 수익 · 처분권능이 유지되고 또 상속권이 보장되고 있는 이상, 사유재산제도를 형해화 시키는 정도의 토지재산권의 본질적 내용을 침해한 것이라고는 볼 수 없다는 점이며, 대법원도 이 점을 분명히 밝히고 있다[54].

그러나 개별적 재산권의 본질적 내용에 대한 침해 여부는 상기 헌법재판소의 결정과 같이 손실보상의 문제와 관련하여 파악해야 할 것이고, 또 손실보상의 문제는 헌법상 평등의 원칙과 결코 무관하지 아니하다. 상기 독일의 판례이론인 상황구속성이론이나 목적위배설 등에 비추어 판단하면, 동일한 개발제한구역 내의 토지라 하더라도 농지 · 임야 등에 대한 제한의 경우와는 달리, 垈地나 垈地로 조성될 잡종지 등에 대한 무차별적인 제한은 토지소유자에 대하여 특별한 희생으로 작용할 가능성이 커진다는 점을 상기할 필요가 있다. 따라서 최소한 垈地나 건축적 이용이 가능한 잡종지 등에 대해서는 구역의 지정에 따라 발생한 地價의 하락에 상응하는 손실의 보상이 따라야 할 것이다. 그리고 이렇게 해석함으로써, 구역 밖의 대지 등 소유자와의 형평을 유지할 수 있을 것으로 생각된다.

그러나 장기적으로는 전 국토를 개발제한구역으로 간주하는 토지이용계획제도에로의 개편 즉, 이를테면 F Plan과 B Plan으로 이루어지는 二段階 計劃制度를 도입함으로써 문제의 근원적 해결을 도모해 나아가야 할 것이다.

서, 개발제한구역의 지정으로 말미암아 나대지의 이용이 제한되고 사정변경으로 인하여 토지를 사용하는 데 지장이 생겼다고 할지라도 입법목적에 어긋나지 않는 범위 안에서 이를 이용할 수 있는 방법이 있고 또 소유권자의 처분권을 제한하는 것도 아니므로, 이와 같은 규제는 성질상 재산권에 내재하는 사회적 제약에 불과하다는 것이고, 따라서 헌법 제37조 제2항 소정의 기본권 제한 한계요건을 벗어나는 것도 아니며 손실보상을 하지 아니하더라도 합리성이 없는 차별취급으로 인정되지도 아니한다는 것이다.

54) supra note 10) 참조.

Ⅶ. 보상규정의 흠결과 수용유사적 침해이론

한편 도시계획법이 각종 계획제한 등에 대한 손실보상 규정을 두지 않음으로써 발생하는 간극을 해소하기 위하여 학계 一角에서는 독일의 연방통상법원에 의하여 발전된 수용유사적 침해(Enteignungsgleicher Eingriff)[55] 또는 수용적 침해(Enteignender Eingriff)[56]제도를 도입하자는 견해가 주장되고 있다.[57] 이를 최초로 인정한 독일연방통상법원의 판결[58]에 의하면, "보상청구권의 승인에 대한 기본사상은 위법한 국가적 침해행위의 경우에도 적법한 공용수용의 경우와 같은 정도로 존재한다"고 판시하였으며, 이는 결국 손실보상청구요건으로서의 적법성의 포기를 통한 손실보상 개념의 확장이라 할 수 있다. 이 이론을 국내에 도입하자는 학계의 일부 견해는 그 근거로서 헌법 제23조 제3항을 유추적용하여 또는 제23조 제1항 및 제11조 평등권에 근거한 보상청구가 가능하다고 하고, 또 그렇게 함으로써 국가배상법의 과실책임주의의 탈피가 가능하게 된다고 한다.

그러나 헌법 제23조 제1항 前文은 상술한 바와 같이 재산권의 존속을 보호하고 있는 규정이며 이로부터 어떠한 보상청구권이 발생한다는 주장에는 무리가 있다.[59] 즉, 제23조 제1항 前文 재산권 보장의 의미는 위법한 침해에 대하여 그것을 감수하고 손실보상의 청구를 통하여 문제를 해결하려는 것이 아니라, 침해의 단계에서부터 행정소송을 통하여 그 취소를 소구함으로써 그 배제를 구할 수 있다는 의미로 해석해야

---

55) 수용유사적 침해란 국가보상법의 결함을 시정하기 위하여 연방통상법원에 의해 제안된 이론이다. 즉 적법한 침해는 GG 제14조 제3항에 의해 補償되어지고 違法有責의 침해에 대하여는 GG 제34조와 BGB 제839조에 의해 賠償이 행하여지지만, 그 사이에 위치하는 違法無責의 침해에 대하여는 보상청구가 불가능하기 때문에 이러한 공백을 메우기 위하여 창출된 재판상 책임제도라 할 수 있다. K.Nüßgens/K. Boujong, Eigentum, Sozialbindung, Enteignung, 1987, S. 182.

56) 적법한 행정작용의 부수적 결과로 개인에게 뜻하지 않은 재산상의 희생이 가하여질 때, 즉 非定型的(atypisch)이고 非意圖的(ungewollt)인 침해가 이루어지는 경우(예컨대 공사장 주변의 영업손실 등), 독일에서는 수용(Enteignung)과 구별하여 수용적 침해(Enteignender Eingriff)라는 표현을 사용하고 있다. H. Maurer, Allgemeines Verwaltungsrecht, 4.Auflage, 1985, 26 Rdnr.50, S. 558.

57) 김남진, 행정법 I, 549면 이하: 석종현, 일반행정법(상), 575면 이하.

58) 제2차대전 후 주택난 해소를 위한, 공권력에 의한 주택할당으로 인하여 그 소유자에게 발생한 家賃의 缺損을 둘러싸고 다투어진 사건이다. BGHZ 6, 270(290).

59) 同旨; 정하중, "독일 Bonn 기본법 14조 상의 부대조항(Junktimklausel)의 의미와 한국헌법 23조 3항의 해석(下)", 사법행정 92.10, 36면.

할 것이다. 왜냐하면 재산권의 가치를 보호하는 동조 제3항과의 중복을 피할 수 있도록 해석해야 할 것이기 때문이다.

독일의 연방헌법재판소도 이점을 분명히 하고 있다[60]. 즉, "개인은 자기에 대한 처분 가운데 공용수용에 대하여는 법률상 청구권의 기초가 존재할 때에만 보상을 청구할 수 있다. 보상에 대한 규정이 없을 때에는 그 법률은 위헌이 되며 이에 기초한 침해행위는 위법하게 된다. 이 경우 개인은 행정소송을 통하여 침해행위의 취소에 노력해야 하고 법률이 정하고 있지 아니한 보상을 청구할 수 없다. 법원도 보상에 대한 근거없이 어떠한 보상을 명할 수 없다. 처분의 상대방에게는, 행정소송을 제기할 것인지 또는 위법한 행위를 수인하고 보상청구를 위한 민사소송을 제기할 것인지에 대한 선택권이 주어지지 아니 한다."

또 상기 학설은 헌법 제11조 평등의 원칙을 그 근거로 들고 있으나, 평등의 원칙이 손실보상의 근거로 될 수 있다고 하는 것은 어디까지나, 평등의 원칙이 손실보상의 이론적 발생 근거가 될 수 있다는 것이지, 보상청구를 하기 위한 실정법적 근거로 될 수 있다는 의미는 아니라는 사실을 간과하고 있다.

또, 상기학설은 이 제도가 과실책임주의에 입각하고 있는 국가배상법의 결함을 보충하여 이른바 무과실책임주의에 의한 권리구제의 확대가 가능하다는 것을 지적하고 있으나, 독일의 경우에 있어서도 이러한 방법이 결과적으로 不運한 해결방법[61]이었음이 인정되고 있을 뿐 아니라, 법치행정의 원리를 감안하더라도, 손해전보체계의 兩大支柱인 손해배상과 손실보상의 구분은 존치시킬 필요가 있을 것이다. 그리고 국가배상법 상 과실책임주의의 폐해는 재판을 통한 과실의 객관화 내지 새로운 입법을 통하여 해결하는 것이 正道라 할 것이다.

한편 독일연방통상법원은 1984년 1월 26일 판결[62]에서, 수용유사적 침해에 대한 보

60) BVerfGE 58,300; NJW 1982, S. 745. 자갈 채취업을 하고 있던 자의 허가신청에 대하여, 채취장소가 상수보호지구이며 또 시의 지하수 급수시설로부터 근거리에 있다는 이유로 신청이 거부되었고, 이에 대하여 손실보상을 청구한 사건이다.

61) 그 동안 독일의 국가배상법 체계에서 가장 어려운 문제로 지적되어져 왔던 것은, 행위의 근본적 성질이 다른 손실보상제도를 위법한 침해에 적용함으로써 전체 손해전보체계의 혼란을 초래하였다는 점이다. 독일에 있어서 새 국가배상법 제정의 가장 큰 동기는 무리하게 확장되어 왔던 손실보상제도를 다시 적법한 高權的 침해행위에 대한 보상으로 축소시키고, 반면 대위책임구조, 과실책임주의 등 약점을 내포하고 있는 국가배상법의 질적・구조적 개선에 있었던 점을 유의할 필요가 있다. Stern, Staatsrecht, Bd.III/I, S. 1478. 정하중, 전게논문, 39면.

상근거는 이제 기본법 제14조 3항이 아니고 판례법으로 발전되어 온 희생보상제도임을 분명히 밝히고 있으며, 1984년 3월 29일 판결[63]에서는 수용적 침해에 대해서도 자신의 입장을 다음과 같이 정리하고 있다.

즉, 수용적 침해는 수용유사적 침해와 같이 비록 재산권에서 도출된 것이기는 하나, 적법한 행정조치에 의하여 야기된 비정형적, 비의도적인 侵害라는 점에서, 제14조 3항의 기술적 의미의 수용(의도적이고 정형적인 재산권의 박탈)과는 구별되고 따라서 여기에는 제14조 제3항 2문의 불가분 조항의 적용이 없으며, 이에 대한 보상청구는 수용유사적 침해와 마찬가지로 희생보상제도[64]에 근거를 둔다는 견해를 분명히 밝히고 있다. 하물며, 희생보상제도라는 관습법적 제도가 없는 우리나라에서, 상기 학설처럼 수용적 침해이론을 도입 적용하겠다는 시도에도 의문이 제기되는 것이다. 뿐만 아니라 우리헌법 제23조 제3항은, 기본법 제14조 제3항이 재산권 침해의 태양을 공용수용에 국한시키고 있는 것과는 달리, 收用이외에 使用 및 制限까지 규정하고 있기 때문에 굳이 독일식의 二元化된 보상체계를 구축할 필요는 없을 것으로 생각된다.

---

62) BGHZ90,17.

63) 시의 하수종말처리시설 운영과정에서 발생한 악취로 인한 생활침해와 관련된 보상청구사건이다. BGHZ 91,20ff.

64) 상기 1981년 연방헌법재판소의 자갈채취사건판결이 있기 전까지 연방통상법원의 판례에 의하면, 개인이 국가로부터 강요당한 특별한 법익의 희생에 대하여 상당한 보상이 이루어져야 한다는 원칙 즉, 희생보상원칙은 독일전역에 걸쳐 관습법적 효력을 가지는 일반법원칙이라 하고, 헌법상의 수용보상청구권은 일반적 희생보상청구권의 특별한 형태라고 하였다. 그리고 양자의 구별에 관하여는, 주로 재산권영역에 대한 공권력의 침해에 대하여는 그 침해가 의도적이든 비의도적이든 묻지 않고 수용보상청구권의 배타적 적용이 있게 되고, 생명·신체·자유 등 비재산적 법익의 침해에 대하여는 희생보상청구권의 적용이 있게 된다고 한다. 즉 침해대상인 법익의 종류에 따라 수용보상청구권과 희생보상청구권으로 구분되었던 것이다. BGHZ6, 270;7,96; 9,83; 16,366.

제 2 편

各 論

제1장 국토기본법

Ⅰ. 개설

1. 제 · 개정 경과

(1) 제정 경과

2002년 2월, '국토기본법'과 '국토의 계획 및 이용에 관한 법률'이 새로이 제정 · 공포되었다. 기존의 국토건설종합계획법 - 국토이용관리법 - 도시계획법으로 연결되어지는 계획 및 개발법 체계 하에서, 그동안 무분별하게 야기되었던 도시계획구역 밖에서의 심각한 난개발 등을 방지하기 위해 이른바「先計劃 - 후개발」제도의 정착 및 국토 전역에 걸친 개발행위허가제의 채택으로 연결되어지는 국토계획 및 개발법제의 기본적인 틀을 바꾸기 위한 시도에서 비롯된 것으로 짐작된다. 즉 90년대 이후 준농림지역 도입 등 과감한 토지이용규제의 완화를 통하여 200만 호 주택건설 등 토지공급에는 상당한 기여를 하였으나 그 부수적 결과 난개발 등 부작용이 발생하였으며, 아직도 다른 선진국에 비하여 도시적 용지가 크게 부족한 실정이므로[1] 난개발을 방지하면서 지속적으로 국토개발을 추진해야할 필요성은 여전히 남아있다고 보아야 한다.

'국토기본법'은 새로운 국토계획제도의 도입에 부응하여 내용상 국토건설종합계획법과 국토이용관리법 및 도시계획법의 일부를 수정 통합한 것이며, '국토의 계획 및 이용에 관한 법률'은 기존의 국토이용관리법과 도시계획법을 통합하여 제정한 것이다. 제정 이유 및 주요내용은 다음과 같다.

---

1) 주거, 상업, 공업, 공공용지 등 도시적 용지의 전국토면적에 대한 비율을 都市的 用地比率이라 할 때, 일본 7%, 영국 13%에 해당한다. 우리나라의 경우 도시적 용지비율을 현재 5.3%에서 2020년 9.1%로 조정하기 위해서는, 2000 - 2020년 기간 중 都市的 用地로 3,848㎢를 추가로 확보해야 하고, 이 중 85%가 준농림지역에 분포하고 있다.

(2) 제정이유 및 내용

1) 제정이유

국토에 관한 계획 및 정책을 수립·시행함에 있어서 지향하여야 할 이념과 기본방향을 명시하고, 국토계획의 수립과 이의 체계적인 실천을 위한 제도적 장치를 마련하여 국토의 지속가능한 발전을 도모하고자 2003년 1월 1일부터는 국토건설종합계획법을 폐지하고 이를 보완·발전시킨 국토기본법을 시행하려는 것임.

2) 내용

가. 국토관리의 기본이념이 국토의 지속가능한 발전에 있음을 명시하고, 이를 실천하기 위하여 국토계획 및 정책을 수립·집행하는 때에는 국토의 균형발전, 경쟁력 있는 국토여건의 조성, 환경친화적 국토관리를 지향하도록 함(법 제2조 내지 제5조).

나. 국토계획을 국토종합계획·도종합계획·시군종합계획·지역계획 및 부문별계획으로 구분하고, 상호간의 관계를 명확히 하는 등 계획 간의 조화와 일관성을 도모함(법 제6조 내지 제8조).

다. 국토전역을 대상으로 국토의 장기적인 발전방향을 제시하기 위하여 건설교통부장관은 국토공간구조의 정비, 지역별 기능분담, 국토기간시설의 확충, 지하공간의 합리적 이용 및 관리, 국토환경의 보전 및 개선 등에 관한 장기적인 정책방향이 포함된 국토종합계획을 수립하고, 국토정책위원회 및 국무회의의 심의를 거친 후 대통령의 승인을 얻어 이를 확정하도록 함(법 제9조 내지 제12조).

라. 도의 장기적인 발전목표 및 전략을 제시하기 위하여 도지사는 지역공간구조의 정비, 지역내 기능분담, 토지의 용도별 이용 및 계획적 관리에 관한 사항 등을 포함한 도종합계획을 수립하도록 함(법 제13조 내지 제15조).

마. 중앙행정기관의 장 또는 지방자치단체의 장은 지역특성에 맞는 정비나 개발을 위하여 수도권발전계획·광역권개발계획·특정지역개발계획·개발촉진지구개발계획 등 지역계획을 수립할 수 있도록 함(법 제16조).

바. 중앙행정기관의 장은 국토전역을 대상으로 하여 소관업무에 관한 부문별계획을 수립할 수 있도록 하고, 부문별계획을 수립한 때에는 지체없이 건설교통부장관에게 통보하도록 함(법 제17조).

사. 국토종합계획의 실천성과와 사회경제적 여건변화를 고려하여 5년마다 이를 재검토·정비하도록 하고, 도종합계획·시군종합계획·지역계획 및 부문별계획이 서로 상충되거나 국토종합계획에 부합되지 아니하는 경우에는 국토정책위원회의 심의를 거쳐 이를 조정할 수 있도록 하는 등 국토계획의 효율적인 추진을 도모함(법 제18조 내지 제22조).

아. 국토정보체계의 구축, 국토의 계획 및 이용에 관한 연차보고서, 국토조사에 관한 사항을 정함으로써 국토계획과 정책이 합리적으로 수립·집행되도록 함(법 제23조 내지 제25조).

자. 국토의 계획 및 이용·관리에 관한 중요정책을 심의하기 위하여 대통령 소속하에 국무총리를 위원장으로 하는 국토정책위원회를 둠(법 제26조 및 제27조).

(3) 개정이유 및 내용

2006.12.28. 국토기본법을 일부 개정[시행 2007.12.29]하여 국토의 지속가능하고 균형 있는 발전을 위하여 국토해양부장관은 국토관리의 지속가능성을 측정·평가하기 위한 지표 및 기준을 설정·공고하도록 하고, 지방자치단체의 장은 지역 특수성을 고려하여 필요한 경우 지속가능성 지표 및 기준을 설정·공고할 수 있도록 하여 관계 행정기관의 장이 국토에 관한 계획 및 정책을 수립할 때 지속가능성 지표 및 기준을 고려하도록 제1장에 제5조의2를 신설하였다.

또한 2009.2.6, 국가공간정보에 관한 법률이 개정[시행 2009.8.7] 되어 중앙부처 및 지방자치단체에서 구축해 온 국가지리정보체계와 국토공간에서 생산된 정보체계를 공공기관과 민간기업이 서로 활용할 수 있도록 표준화하고, 이를 연계·통합하여 국가공간정보 인프라를 구축함으로써 미래의 공간정보환경 변화에 대비하고, 국가와 지방자치단체의 정책 및 행정자료로 활용하며, 관련 산업을 미래 성장동력 산업으로 육성·발전시키기 위한 제도적 기반을 조성하고자 국토기본법 제23조를 삭제하였다.

2. 입법 목적

이 법은 국토에 관한 계획 및 정책의 수립·시행에 관한 기본적인 사항을 정함으로써 국토의 건전한 발전과 국민의 복리향상에 이바지함을 목적으로 한다(동법 제1조). 국토이용체계 개편의 기본방향은 대체로 다음 세 가지로 요약 가능한 바, 첫째, 국토의 계획적 관리를 위한 기반을 구축하는 것이며 둘째 先計劃- 後開發의 국토이용체계를 확립하고, 셋째 국토관리의 일관성 및 투명성을 확보하기 위한 것이다.

3. 국토관리의 기본 이념

국토는 모든 국민의 삶의 터전이며 후세에 물려줄 민족의 자산이므로, 국토에 관한 계획 및 정책은 개발과 환경의 조화를 바탕으로, 국토를 균형있게 발전시키고 국가의 경쟁력을 높이며, 국민의 삶의 질을 개선함으로써 국토의 지속가능한 발전을 도모할 수 있도록 이를 수립 · 집행하여야 한다(동법 제2조).

첫째, 국토의 균형 있는 발전을 도모하기 위해 국가 및 지방자치단체는 각 지역이 특성에 따라 개성 있게 발전하고, 자립적인 경쟁력을 갖추도록 함으로써 국민 모두가 안정되고 편리한 삶을 누릴 수 있는 국토여건을 조성하여야 한다(제 제3조 제1항). 아울러 수도권과 비수도권, 도시와 농촌 · 산촌 · 어촌, 대도시와 중소도시간의 균형있는 발전을 이룩하고, 생활여건이 현저히 뒤떨어진 지역이 발전할 수 있는 기반을 구축하여야 한다(동조 제2항). 나아가 지역 간의 교류협력을 촉진시키고 이를 체계적으로 지원함으로써 지역 간의 화합과 공동번영을 도모하여야 한다(동조 제3항).

둘째. 경쟁력 있는 국토여건을 조성하기 위해, 국가 및 지방자치단체는 도로 · 철도 · 항만 · 공항 · 용수시설 · 물류시설 · 정보통신시설 등 국토의 기간시설을 체계적으로 확충하여 국가경쟁력을 강화하고 국민생활의 질적 향상을 도모하여야 한다(제 제4조 제1항). 아울러 농지 · 수자원 · 산림자원 · 식량자원 · 광물자원 · 생태자원 · 해양자원 등 국토자원의 효율적인 이용과 체계적인 보전 · 관리에 노력하고(동조 제2항), 나아가 국제교류가 활발히 이루어질 수 있는 국토여건을 조성함으로써 대륙과 해양을 잇는 국토의 지리적 특성이 최대한 발휘되도록 하여야 한다(동조 제3항).

셋째, 환경친화적 국토관리를 위해, 국가 및 지방자치단체는 국토에 관한 계획이나 사업을 수립 · 집행함에 있어서 자연환경과 생활환경에 미치는 영향을 사전에 고려하여야 하며, 환경에 미치는 부정적인 영향이 최소화될 수 있도록 하여야 한다(제5조 제

1항). 그리고 국토의 무질서한 개발을 방지하고 국민생활에 필요한 토지를 원활하게 공급하기 위하여 토지이용에 관한 종합적인 계획을 수립하고 이에 따라 국토공간을 체계적으로 관리하여야 한다(동조 제2항). 나아가 산·하천·호소·연안·해양으로 이어지는 자연생태계를 통합적으로 관리·보전하고 훼손된 자연생태계를 복원하기 위한 종합적인 시책을 추진함으로써 인간이 자연과 더불어 살 수 있는 쾌적한 국토환경을 조성하여야 한다(동조 제3항).

특히, 국토해양부장관 및 지방자치단체의 장은 국토관리의 지속가능성을 측정·평가하는 때에는 위 법 제5조 제1항 및 제2항에 따른 지표 및 기준에 따라 실시하여야 하고(슈 제1항), 필요한 경우 제1항의 지속가능성 측정·평가를 전문기관에 의뢰할 수 있으며(슈 동조 제2항), 관계 행정기관의 장에게 지속가능성 측정·평가에 필요한 관련 자료의 제출을 요구할 수 있다(슈 동조 제3항). 그리고 국토해양부장관 및 지방자치단체의 장은 국토관리의 지속가능성을 측정·평가한 경우 그 결과를 공표하여야 한다[슈 제1조의2 신설 2007.12.28]

넷째, 국토해양부장관은 국토의 지속가능하고 균형 있는 발전을 위하여 국토관리의 지속가능성을 측정·평가하기 위한 지표 및 기준을 설정(변경하는 경우를 포함함)하여 공고하여야 한다. 이 경우 국토해양부장관은 미리 관계중앙행정기관의 장과 협의하여야 한다(제5조의2 제1항). 또한 지방자치단체의 장은 지역의 특수성을 고려하여 필요하다고 인정하는 때에는 제1항의 규정에 따른 지표 및 기준을 충분히 고려하여 별도의 지표 및 기준을 설정하여 공고할 수 있다. 이 경우 지방자치단체의 장은 미리 관계행정기관의 장과 협의한 후 「국토의 계획 및 이용에 관한 법률」 제113조의 규정에 따라 당해 지방자치단체에 설치된 지방도시계획위원회의 심의를 거쳐야 하며(동조 제2항), 지방자치단체의 장은 제2항의 규정에 따라 지표 및 기준을 설정·공고한 때에는 이를 지체 없이 국토해양부장관에게 보고하여야 한다(동조 제3항). 관계행정기관의 장은 국토에 관한 계획 및 정책을 수립하는 때에는 제1항 및 제2항의 규정에 따라 설정·공고한 지표 및 기준을 고려하여야 한다(동조 제4항). 국토해양부장관 및 지방자치단체의 장은 제1항 및 제2항의 규정에 따른 지표 및 기준을 활용하여 대통령령이 정하는 바에 따라 국토관리의 지속가능성을 측정·평가할 수 있다(동조 제5항).[본조신설 2006.12.28].

Ⅱ. 국토계획의 수립 등

1. 국토계획의 의의

헌법(제120조 제2항) 및 국토기본법에 의해 수립되는 국토의 利用・開發・保全에 관한 최고의 종합적・장기적 기본계획이다. 헌법은 "국토와 자원은 국가의 보호를 받으며, 국가는 그 균형 있는 개발과 이용을 위하여 필요한 계획을 수립한다"고 규정하고 있으며(제120조 제2항), 또 舊국토건설종합계획법(1963.10.14, 법률 제1415호)에 의하면, "국토건설종합계획이라 함은 국가 또는 지방자치단체가 실시할 사업의 입지와 시설규모에 관한 목표 및 지침이 될 종합적이며 기본적인 장기계획을 말한다"고 규정하고 있었다(동법 제2조). 한편 국토기본법에 의하면, "국토계획"이라 함은 국토를 이용・개발 및 보전함에 있어서 미래의 경제적・사회적 변동에 대응하여 국토가 지향하여야 할 발전방향을 설정하고 이를 달성하기 위한 계획을 말한다(동법 제6조 제1항).

요컨대, 국토계획은 국토와 관련된 미래의 경제적・사회적 변동에 대응하여 국토공간의 바람직한 미래상과 이를 달성하기 위한 장기적인 정책방향을 종합적으로 제시하는 것으로서, 인구와 산업의 배치, 기반시설의 공급, 국민생활환경의 개선, 국토자원의 관리 및 환경보전에 관한 정책방향을 제시하는 기능을 담당하고 있다. 그리고 국토건설종합계획은 국토의 이용・개발・보전에 관한 장기적・종합적인 정책방향을 설정하는 계획으로서 국가의 최상위 종합계획으로서의 성격을 가지고 있다.

2. 국토계획의 종류 및 상호관계

(1) 종류

국토건설종합계획은 그 대상으로 하는 지역의 범위에 따라 전국계획(국가가 국토전체를 대상으로 수립)・특정지역계획(국가가 특정한 지역을 대상으로 수립)・도계획(도가 그 전역 또는 2개 시・군 이상의 지역을 대상으로 수립)・도농통합시계획(시가 도농통합시 행정구역을 대상으로 수립)・군계획(군이 관할지역을 대상으로 수립) 등으로 나누이며, 전국계획은 특정지역계획과 도계획의 기본이 되고, 도계획은 군계획의 기본이 된다.

국토건설종합계획의 하위계획으로서는 수도권정비계획법에 의한 수도권정비계획, 지역균형개발법에 의한 광역권개발계획(시 · 도지사가 지방대도시, 신산업지대, 연담도시권 등 성장거점과 배후지역을 광역권으로 지정하여 종합개발계획을 수립하고 건설교통부장관이 이를 확정하는 계획), 개발촉진지구개발계획(시 · 도지사가 낙후지역을 개발촉진지구로 지정하고 개발계획을 수립) 등이 있다.

국토기본법에 의하면 국토계획은 국토종합계획, 도종합계획, 시군종합계획, 지역계획, 부문별계획으로 구분한다(동법 제6조 제2항).

1) 국토종합계획 : 국토전역을 대상으로 하여 국토의 장기적인 발전방향을 제시하는 종합계획 (동조 동항 제1호)
2) 도종합계획 : 도의 관할구역을 대상으로 하여 당해 지역의 장기적인 발전방향을 제시하는 종합계획 (동 제2호)
3) 시군종합계획 : 특별시 · 광역시 · 시 또는 군(광역시의 군을 제외한다)의 관할구역을 대상으로 하여 당해 지역의 기본적인 공간구조와 장기발전방향을 제시하고, 토지이용 · 교통 · 환경 · 안전 · 산업 · 정보통신 · 보건 · 후생 · 문화 등에 관하여 수립하는 계획으로서 국토의계획및이용에관한법률에 의하여 수립되는 도시계획 (동 제3호)
4) 지역계획 : 특정한 지역을 대상으로 특별한 정책목적을 달성하기 위하여 수립하는 계획 (동 제4호)
5) 부문별계획 : 국토전역을 대상으로 하여 특정부문에 대한 장기적인 발전방향을 제시하는 계획 (동 제5호)

(2) 상호관계

1) 국토기본법 상 계획의 상호관계

국토종합계획은 도종합계획 및 시군종합계획의 기본이 되며, 부문별계획과 지역계획은 국토종합계획과 조화를 이루어야 한다(제7조 제1항). 국토종합계획은 20년을 단위로 하여 수립하며, 도종합계획 · 시군종합계획 · 지역계획 및 부문별계획의 수립권자는 국토종합계획의 수립주기를 감안하여 그 수립주기를 정하여야 한다(동조 제3

항). 그리고 도종합계획은 당해 도의 관할구역안에서 수립되는 시군종합계획의 기본이 된다(동조 제2항).

2) 다른 법령에 의한 계획과의 관계

국토종합계획은 다른 법령에 의하여 수립되는 국토에 관한 계획에 우선하며 그 기본이 된다. 다만, 군사에 관한 계획에 대하여는 그러하지 아니하다(제8조).

3. 국토계획의 추진경위 및 성과

(1) 제1차 국토건설종합계획 (1972년- 1981년)

제1차 국토계획은 고도경제성장을 위한 기반시설 조성을 목표로 하였고 수도권과 동남해안 공업벨트를 중심으로 하는 거점개발전략을 채택하였으며 그 결과 국토의 양극화 현상이 두드러졌다. 즉, 고도경제성장을 뒷받침하기 위한 생산기반의 구축을 주요목표로하여 서울과 부산을 잇는 경부축 중심의 거점개발이 추진되었으며, 그 결과 공업단지, 고속도로의 건설 등 사회간집자본시설이 확충되었다. 정부는 이 기간 동안 集積이익을 통한 투자효율의 극대화에 치중함으로써 포항・구미・여천・창원 등의 산업기지와 지방공단이 조성되었고 소양강・안동 등지의 다목적댐과 남해고속도로의 건설이 이루어지게 되었다.

(2) 제2차 국토건설종합계획 (1982년 - 1991년)

제2차 국토건설종합계획(1982년-1991년)은 복지사회 건설을 목표로 하고, 균형개발 전략을 채택하였다. 즉 안정성장과 복지향상을 도모하기 위하여 인구의 지방정착과 생활환경의 개선을 목표로 하여 권역개발을 추진함과 동시에 수도권의 개발을 억제하였다. 아울러 맑은 물 공급, 주택 200만 호 건설 등 국민의 생활여건 향상에 역점을 두었다. 그러나 구체적 집행수단의 결여로 국토의 불균형은 지속되었으며 또 이 기간 중에 토지공개념 관련법을 비롯한 수도권정비계획법, 환경보전법 등의 제도 정비와 88 올림픽 개최 등 새로운 여건 변화에 대응하기 위하여 1987년 계획을 수정하기도 하였다.

(3) 제3차 국토건설종합계획 (1992년 – 2001년)

제2차 계획의 종료 후 2년이 넘도록 제3차 계획의 수립이 미루어져 오던 중, 1994년 9월 5일 정부는 제3차 국토건설종합계획을 확정·발표하였다. 이 계획은 지역균형개발을 위하여 지방분산형 국토골격의 구축, 국민복지 향상과 국토환경의 보전에 목표를 두었다. 그 핵심적 내용은 7개 광역권(大田 제외 모두 항만을 포함)을 거점으로 지역 균형개발을 도모하고(동·서·남해에 걸쳐 U자형 산업벨트와 개발축의 형성), 이를 통해 環황해경제권, 環동해경제권 등 동아시아 각국의 광역 경제권에 맞서는 개방적이고 대외 지향적인 국토공간구조를 구축한다는 것이다.

종전의 행정권을 단위로 하는 국토계획과 달리 경제권을 단위로 하여, WTO 체제하에서의 무한경쟁의 시대를 대비한 국제경쟁력 제고에 초점을 맞춘 것으로, 7개권역은 아산만권, 부산 광역권, 군산·장항 광역권, 대구·포항 광역권, 광주·목포 광역권, 광양만 광역권, 대전 광역권이며, 이 중 아산만권은 국제항개발 및 수도권기능 분담, 부산권은 국제무역중심지, 군·장권은 중국진출의 교두보, 광주·목포는 서남경제권의 중심지, 대전권은 중앙행정기능의 분산 및 국제관광기지화를 그 목표로 설정하고 있다.

(4) 주요 성과

예측력의 부족과 구체적 집행력의 결여 등으로 기간 중에 계획이 수정되는 등 상당한 우여곡절을 겪었음에도 불구하고, 국토계획의 추진을 통하여 수도권, 영남지역의 공업벨트가 형성되고 고속도로, 항만, 다목적댐 등이 건설되어 산업국가로서의 국토개발 기반이 조성된 것은 부인할 수 없는 사실이다. 아울러 토지공개념 및 환경관련 법률의 제정을 비롯하여, 국토이용관리법, 지역균형개발법의 제정 등 국토의 합리적 이용·관리를 위한 제도가 대폭 정비되었다. 건설교통부가 발표한 국토개발의 주요 성과를 요약하면 다음 표와 같다.

그러나 제2차 국토종합계획에서 "수도권 집중억제"를, 제3차 국토종합계획에서는 "지방분산형 개발추진"을 계획목표로 수립했지만, 이 기간 중 수도권 집중 문제는 더욱 심각해졌고 지방자치단체별 중복투자가 초래되었으며, 나아가 기형적인 국토개발로 연결되었다는 점을 외면하여서는 안될 것이다. 실제로 전국면적의 11.8%에 불과한 수도권에 전국 인구의 45.3%, 제조업체수의 55.1%가 집중되고 있다.

부문	주요성과
생산기반 구축	동남해안공업벨트, 지방공단 등 조성 · 개발 공업용지 확대 : 102㎢('71) → 549㎢('96)
교류망 정비 · 확충	도로확충 : 40,244㎞('71) → 82,432㎞('96) - 고속도로 :656㎞('71) → 1,885㎞('96) - 포장율 : 14.2%('71) → 72.7%('96) 대도시지하철망 구축 : 66.8㎞('78) → 251.0㎞('96) 항만하역능력 증대 : 19백만톤('71) → 312백만톤('96) 전화가입자수(100인당) : 1.8명('70) → 43명('96)
수자원 종합개발	4대강 유역의 종합개발 추진 용수공급 확대 : 100억㎥('71) → 301억㎥('96)
국민생활 환경개선	상수보급율제고 : 35.5%('71) → 82.9%('96) 하수처리율제고 : 0%('71) → 71.7%('96) 주택수 증대 : 434만호('71) → 1,011만호('96) 주택평균규모 : 68.4㎡('70) → 80.7㎡('90) 국립공원의 확대지정. 관리 : 8개소('71) → 20개소('96)
국토이용 관리체계 확립	국토이용관리법, 수도권정비계획법, 지역균형개발법, 공업입지관련법, 환경보전법 등 국토이용 및 지역개발관련법령 정비. 개발제한구역의 지정 · 관리 : 5,397㎢(국토의 5.5%), 종합토지세제, 개발부담금제, 택지소유상한제, 토지초과이득세제, 토지거래허가제 등 토지공개념 확대도입.

건설교통부 국토계획국 제공

(5) 제4차 국토건설종합계획 (2000년-2020년)

1999년 7월 27일 국토연구원이 발표한 제4차 국토종합계획안(1999.12 건설교통부에 의해 확정)은, 보다 장기적인 구상을 위하여 2020년까지를 내다보는 계획으로 수립되었고, 1. 더불어 잘사는 균형국토 2. 자연 속의 녹색국토 3. 경쟁력 있는 개방국토 4. 역동적인 통일국토의 건설을 목표로 하고 있으며 이를 달성하기 위해 7가지 전략을 제시하고 있다. 7대전략 및 그 주요내용은 다음과 같다. ① 차세대 국토골격의 형성 - 한반도를 동북아의 교류중심지로 육성하기 위하여 3개의 연안축(환남해축, 환동해축, 환황해축)과 3개의 동서내륙축(중부내륙축, 남부내륙축, 통일 후의 북부내륙축)

을 중심으로 개발한다. 환남해축은 국제물류와 관광산업 특화지대, 환황해축은 중국의 경제성장에 대응하는 신산업벨트, 환동해축은 국제관광과 기간산업지대로, 중부내륙축은 산악과 연안이 연계된 관광산업을, 남부내륙축은 영호남의 균형과 지역간 연계를 강화하고 기존의 서울 - 부산 축은 산업구조개편을 위한 기반으로 삼는다. ② 지역별 경쟁력의 강화 - 지방중심도시와 인근지역을 묶어 부산・경남권, 광양만・진주권, 아산만권, 전주・군장권, 광주・목포권, 대구・포항권, 강원・동해안권, 대전・청주권, 제주권 등 9개 광역권을 개발한다. ③ 친환경적 국토관리 강화 - 전국토를 대상으로 토지적성평가를 실시하여 보전지역은 개발에서 제외시키고 개발가능지역은 "선계획-후개발"의 원칙을 적용한다. 산・하천・연안을 연계하는 "국토생태 통합네트워크"를 구축하여 하천과 연안으로부터 일정거리 내에서는 개발을 억제하는 "수변역 관리제도"를 도입한다. 아울러 맑은 물을 안정적으로 공급하기 위하여 댐, 광역상수도, 수질, 홍수관리 등을 유역권별로 관리하는 통합물관리체계를 세우고 유역별 하천관리청을 설치한다 ④ 고속교통・정보통신망 구축 - 격자형 고속도로망을 건설해 전국 어디서나 30분 안에 고속도로에 진입할 수 있도록 하고, 김포・김해・대구・무안・양양・청주・제주 공항을 권역별 거점공항으로 만든다. 광케이블과 디지털 전화망, 무선통신망 등으로 정보인프라를 구축하고 낙후 지역민을 위해 원격교육・의료 서비스를 확충한다 ⑤ 선진생활공간 확립 - 주택정책을 "내 집 마련"에서 "살기 좋은 우리동네" 정책으로 전환하고 신규주택 중 아파트 비율을 현재 90%에서 2020년 50% 수준으로 낮춘다 ⑥ 문화・관광국토 기반 조성 - 부산과 목포를 연계한 남해안 국제관광벨트를 구축하고 제주도를 아시아・태평양지역의 국제관광자유지역으로 육성하며, 백제・신라・가야, 중원, 강화, 안동 유교지역 등 역사문화권을 조성하는 한편, 금강산과 설악산을 연계한 국제관광지역을 개발하고 비무장지대는 평화생태공원으로 관리한다. ⑦ 남북한 교류협력 기반 조성 - "접경지역 관리에 관한 특별법"을 제정하여, 생태계보전과 주민생활의 기반을 확충하며, 통일국토 구상을 수립할 것을 북한 측에 제안한다.

이 계획안은 향후 20년 간 우리가 나아가야 할 총체적인 국토정책의 가이드라인을 제시하고 있으나 그 내용이 지나치게 나열적이고 과거 실패한 3차례의 국토종합계획을 그대로 답습하고 있다는 지적이 있는 것도 사실이다. 특히 지역안배 차원에서 지역마다 거점항만 · 공항을 건설하는 등 중복투자가 심하고 나아가 5차 이후의 국토계획이 형성해야 할 여지를 거의 남기고 있지 아니하다는 것도 문제라 아니할 수 없다. 향후 치밀한 검증의 과정을 거쳐 보다 과학적이고 현실성 있는 실천방안이 도출되어야 할 것으로 생각된다.

4. 국토계획의 수립 절차 및 내용

(1) 국토종합계획

1) 수립 절차 (제9조)

국토해양부장관은 국토종합계획을 수립하여야 한다(동조 제1항). 국토해양부장관은 국토종합계획을 수립하고자 하는 때에는 중앙행정기관의 장 및 특별시장 · 광역시장 · 도지사(이하 "시 · 도지사"라 한다)에게 대통령령이 정하는 바에 의하여 국토종합계획에 반영되어야 할 정책 및 사업에 관한 소관별 계획안의 제출을 요청할 수 있다. 이 경우 중앙행정기관의 장 및 시 · 도지사는 특별한 사유가 없는 한 이에 따라야 한다(동조 제2항). 국토해양부장관이 시 · 도지사에게 소관별 계획안의 제출을 요청할 때에는 소관별 계획안 수립지침을 작성하여 송부하여야 하고, 이 경우 국토해양부장관은 수립지침을 확정 · 송부하기 전에 미리 관계 중앙행정기관의 장과 협의하여야 한다(令 제2조 제1항). 그리고 소관별 계획안 수립지침에는 다음 각 호의 사항이 포함되어야 한다. 1. 국토종합계획의 수립 배경 및 목적 2. 국토종합계획 수립의 기본방향 3. 국토종합계획에 반영이 필요한 정책 및 사업의 개요 4. 소관별 계획안 수립시의 고려사항 및 주요항목 5. 그밖에 소관별 계획안 수립과 관련하여 필요한 사항(令 제2조 제2항).

국토해양부장관은 제출받은 소관별 계획안을 기초로 대통령령이 정하는 바에 의하여 이를 조정 · 총괄하여 국토종합계획안을 작성하며, 제출된 소관별 계획안의 내용 외에 국토종합계획에 포함되는 것이 타당하다고 인정되는 사항에 대하여는 관계행정기관의 장과 협의하여 국토종합계획안에 이를 반영할 수 있다(동조 제3항). 국토해양부장관이 소관별 계획안을 조정 · 총괄하는 경우에는 다음 각 호의 사항을 검토하여야 한다. 1. 정책 또는 사업의 국토종합계획의 목적 및 기본방향과의 부합여부 2.

정책 또는 사업간의 상충여부 3. 정책 또는 사업의 타당성 4. 정책 또는 사업의 우선순위와 중요도 5. 정책 또는 사업의 기대효과 6. 소요재원의 확보가능성(令 제3조).

그리고 법 제9조 제2항과 제3항의 규정은 이미 수립된 국토종합계획을 변경하는 경우에 이를 준용한다(동조 제4항).

2) 내용 (제10조)

국토종합계획은 다음 각 호의 사항에 대한 기본적이고 장기적인 정책방향이 포함되어야 한다.

1. 국토의 현황 및 여건변화 전망에 관한 사항
2. 국토발전의 기본이념 및 바람직한 국토 미래상의 정립에 관한 사항
3. 국토의 공간구조의 정비 및 지역별 기능분담방향에 관한 사항
4. 국토의 균형발전을 위한 시책 및 지역산업육성에 관한 사항
5. 국가경쟁력 제고 및 국민생활의 기반이 되는 국토기간시설의 확충에 관한 사항
6. 토지・수자원・산림자원・해양자원 등 국토자원의 효율적 이용 및 관리에 관한 사항
7. 주택・상하수도 등 생활여건의 조성 및 삶의 질 개선에 관한 사항
8. 수해・풍해 그 밖의 재해의 방제에 관한 사항
9. 지하공간의 합리적 이용 및 관리에 관한 사항
10. 지속가능한 국토발전을 위한 국토환경의 보전 및 개선에 관한 사항
11. 그밖에 제1호 내지 제10호에 부수되는 사항

3) 공청회의 개최 (제11조)

국토해양부장관은 국토종합계획안을 작성한 때에는 공청회를 열어 국민 및 관계전문가 등으로부터 의견을 청취하여야 하며, 공청회에서 제시된 의견이 타당하다고 인정되는 때에는 이를 국토종합계획의 수립에 반영하여야 한다. 다만, 국방상 기밀을 요하는 사항으로서 국방부장관이 요청한 사항은 그러하지 아니하다(동조 제1항). 국토해양부장관은 공청회를 개최하고자 하는 때에는 공청회 개최 14일전까지 다음 각 호의 사항을 전국을 보급지역으로 하는 일간신문에 1회 이상 공고하여야 한다. 1. 공청회의 개최 목적 2. 공청회의 개최 예정일시 및 장소 3. 국토종합계획안의 개요 4. 의견

발표에 관한 사항 5. 그밖에 공청회 개최에 필요한 사항(동조 제2항, 令 제4조 제1항).

그리고 국토종합계획안의 내용에 대하여 의견이 있는 국민 또는 관계 전문가 등은 공청회에 참석하여 직접 의견을 진술하거나 국토해양부장관에게 서면 또는 컴퓨터통신으로 의견의 요지를 제출할 수 있다(令 동조 제2항).

4) 계획의 승인 (제12조)

국토해양부장관은 국토종합계획을 수립하거나 확정된 계획을 변경하고자 하는 때에는 국무회의의 심의를 거친 후 대통령의 승인을 얻어야 한다(동조 제1항). 국토해양부장관은 국무회의의 심의를 받고자 하는 때에는 심의안에 대하여 관계 중앙행정기관의 장과 협의하여야 하며 시・도지사의 의견을 들어야 한다(동조 제2항). 심의안을 송부받은 관계 중앙행정기관의 장 및 시・도지사는 특별한 사유가 없는 한 송부받은 날부터 30일 이내에 국토해양부장관에게 의견을 제시하여야 한다(동조 제3항). 국토해양부장관은 국토종합계획의 승인을 얻은 때에는 지체없이 그 주요내용을 관보에 공고하고, 관계 중앙행정기관의 장, 시・도지사, 시장 및 군수(광역시의 군수를 제외한다. 이하 이 장에서 같나)에게 국토종합계획을 송부하여야 한다.

(2) 도종합계획

1) 수립 절차 및 내용 (제13조)

도지사는 다음 각호의 사항에 대한 도종합계획을 수립하여야 한다. 다만, 다른 법률에 의하여 따로 계획이 수립된 道로서 대통령령이 정하는 도의 경우에는 이를 수립하지 아니할 수 있다(동조 제1항). 여기서 "대통령령이 정하는 도"란 「수도권정비계획법」 제4조에 따른 수도권정비계획이 수립되는 경기도와 「제주특별자치도 설치 및 국제자유도시 조성을 위한 특별법」 제222조제1항에 따른 종합계획이 수립되는 제주특별자치도를 말한다(令 제5조 제1항).

1. 지역현황・특성의 분석 및 대내외적 여건변화에 대한 전망에 관한 사항
2. 지역발전의 목표와 전략에 관한 사항
3. 지역공간구조의 정비 및 지역 안 기능분담 방향에 관한 사항
4. 교통・물류・정보통신망 등 기반시설의 구축에 관한 사항

5. 지역 안 자원 및 환경의 개발과 보전·관리에 관한 사항
6. 토지의 용도별 이용 및 계획적 관리에 관한 사항
7. 그 밖에 도의 지속가능한 발전에 필요한 사항으로서 대통령령이 정하는 사항. 여기서 "대통령령이 정하는 사항"이라 함은 다음 각 호의 사항을 말한다. 1. 주택·상하수도·공원·노약자 편의시설 등 생활환경 개선에 관한 사항 2. 문화·관광기반의 조성에 관한 사항 3. 재해의 방지와 시설물의 안전관리에 관한 사항 4. 지역산업의 발전 및 육성에 관한 사항 5. 재원조달방안 등 계획의 집행 및 관리에 관한 사항

도지사는 道종합계획을 수립하는 때에는 국토의계획및이용에관한법률에 의하여 도에 설치된 도시계획위원회의 심의를 거쳐야 한다(동조 제2항). 국토해양부장관은 도종합계획이 지역주민의 복리향상과 지역발전에 관한 장단기 정책방향과 지침을 제시하고 법 제12조의 규정에 의하여 승인된 국토종합계획에 부합되도록 도종합계획의 수립기준 및 작성방법 등을 포함하는 도종합계획 수립지침을 작성하여 관계 중앙행정기관의 장과 협의한 후 도지사에게 송부하여야 하며, 도종합계획 수립지침에는 다음 각 호의 사항이 포함되어야 한다(동조 제3항, 령 제6조 제1항, 제2항). 1. 국토종합계획과 도종합계획과의 관계 2. 도종합계획의 기본사항과 수립절차 3. 도종합계획 수립시의 고려사항 및 주요 항목 4. 그밖에 도종합계획 수립과 관련하여 필요한 사항

2) 도종합계획의 수립을 위한 공청회 (제14조)

도종합계획을 수립하는 경우에는 공청회에 관한 제11조의 규정을 준용한다(제14조).

3) 계획의 승인 (제15조)

도지사는 도종합계획을 수립한 때에는 국토해양부장관의 승인을 얻어야 한다. 승인을 얻은 도종합계획을 변경하고자 하는 때에도 또한 같다(동조 제1항). 국토해양부장관은 도종합계획을 승인하고자 하는 때에는 관계 중앙행정기관의 장과 협의하여야 한다(동조 제2항). 협의의 요청을 받은 관계 중앙행정기관의 장은 특별한 사유가 없는 한 그 요청을 받은 날부터 30일 이내에 국토해양부장관에게 의견을 제시하여야 한다(동조 제3항). 도지사는 승인을 얻은 때에는 지체 없이 그 주요내용을 공보에 공고하

고, 관할구역에 있는 시장 및 군수에게 도종합계획을 송부하여야 한다(동조 제4항).

(3) 지역계획 (제16조)

중앙행정기관의 장 또는 지방자치단체의 장은 지역특성에 맞는 정비나 개발을 위하여 필요하다고 인정하는 경우에는 관계 중앙행정기관의 장과 협의하여 관계 법률이 정하는 바에 따라 다음 각 호의 지역계획을 수립할 수 있다.

1. 수도권발전계획 : 수도권에 과도하게 집중된 인구와 산업의 분산 및 적정배치를 유도하기 위하여 수립하는 계획
2. 광역권개발계획 : 광역시와 그 주변지역, 산업단지와 그 배후지역 또는 여러 도시가 상호 인접하여 동일한 생활권을 이루고 있는 지역 등을 광역적 · 체계적으로 개발하기 위한 계획
3. 특정지역개발계획 : 특정한 지역을 대상으로 경제 · 사회 · 문화 · 관광 등을 전략적으로 발전시키기 위하여 수립하는 개발계획
4. 개발촉진지구개발계획 : 다른 지역에 비하여 개발수준이나 소득기반이 현저히 열악한 낙후지역을 대상으로 이의 개발을 촉진하기 위하여 수립하는 계획
5. 그 밖에 다른 법률에 의하여 수립하는 지역계획

(4) 부문별계획 (제17조)

중앙행정기관의 장은 국토전역을 대상으로 하여 소관업무에 관한 부문별계획을 수립할 수 있다(동조 제1항). 중앙행정기관의 장이 부문별계획을 수립하고자 하는 경우에는 국토종합계획의 내용을 반영하여야 하며, 이와 상충되지 아니하도록 하여야 한다(동조 제2항). 중앙행정기관의 장이 부문별계획을 수립한 때에는 이를 지체없이 국토해양부장관에게 통보하여야 한다(동조 제3항).

Ⅲ. 국토계획의 효율적 추진

1. 실천계획의 수립 · 평가 및 정비

(1) 수립 및 평가 (제18조)

중앙행정기관의 장 및 시 · 도지사는 국토종합계획의 내용을 소관업무와 관련된 정책 및 계획에 반영하여야 하며, 국토종합계획을 실행하기 위한 소관별 실천계획을 수립하여 국토해양부장관에게 제출하여야 한다(제18조 제1항). 소관별 실천계획은 5년 단위로 작성하고, 다음 각 호의 사항을 포함하여야 한다(令 제7조 제1항). 1. 현황 및 문제점 2. 목표 및 추진전략 3. 실천과제 및 세부추진계획 4. 추진기간 및 투자계획 5. 그밖에 계획의 효율적인 집행을 위하여 필요한 사항

중앙행정기관의 장 및 시 · 도지사는 소관별 실천계획의 추진실적서를 작성하여 매년 12월 31일을 기준으로 작성하여 다음해 5월 말일까지 국토해양부장관에게 제출하여야 한다(동조 제2항, 令. 동조 제2항). 국토해양부장관은 제출받은 추진실적을 종합하여 국토종합계획의 성과를 정기적으로 평가하고 그 결과를 국토정책의 수립 · 집행에 반영하여야 하며, 소관별 실천계획의 추진실적서를 토대로 국토종합계획의 성과를 정기적으로 평가하여 관계 중앙행정기관의 장 및 시 · 도지사에게 통보하여야 한다(동조 제3항, 令. 동조 제3항). 국토해양부장관은 제3항의 규정에 의한 평가를 효율적으로 시행하기 위하여 이에 필요한 조사 · 분석 등을 전문기관에 의뢰할 수 있다(동조 제4항).

(2) 계획의 재검토 및 정비 (제19조)

국토해양부장관은 제18조제3항의 규정에 의한 평가결과와 사회적 · 경제적 여건변화를 고려하여 5년마다 국토종합계획을 전반적으로 재검토하고 필요한 경우 이를 정비하여야 한다.

2. 계획 상호간의 조정 (제20조)

국토해양부장관은 도종합계획·시군종합계획·지역계획 및 부문별계획이 서로 상충되거나 국토종합계획에 부합하지 아니하다고 판단되는 경우에는 중앙행정기관의 장 또는 지방자치단체의 장에게 당해 계획을 조정할 것을 요청할 수 있다(동조 제1항). 계획을 조정할 것을 요청받은 중앙행정기관의 장 또는 지방자치단체의 장이 특별한 사유 없이 이를 반영하지 아니하는 경우에는 국토해양부장관은 이를 조정할 수 있다(동조 제2항). 국토해양부장관은 제2항의 규정에 의한 조정을 하고자 하는 경우에는 미리 관계중앙행정기관의 장 또는 당해 지방자치단체의 장의 의견을 들어야 한다(동조 제3항).

3. 국토계획에 관한 처분 등의 조정, 재정상의 조치 (제21조, 제22조)

국토해양부장관은 중앙행정기관의 장 또는 지방자치단체의 장이 행하는 국토계획의 시행을 위한 처분이나 사업이 서로 상충되어 국토계획의 원활한 실시에 지장을 초래할 우려가 있다고 인정하는 때에는 그 처분이나 사업을 조정할 수 있다(제21조 제1항). 관계중앙행정기관의 장 또는 지방자치단체의 장은 국토해양부장관에게 제1항의 규정에 의한 처분이나 사업의 조정을 요청할 수 있다(동조 제2항). 국토해양부장관은 제1항의 규정에 의한 조정을 하고자 할 경우에는 미리 관계 중앙행정기관의 장 또는 당해 지방자치단체의 장의 의견을 들어야 한다(동조 제3항).

중앙행정기관의 장 및 지방자치단체의 장은 국토계획이 실효성 있게 추진될 수 있도록 필요한 재정상의 조치를 강구하여야 한다(제22조).

Ⅳ. 국토정보체계의 구축 등

1. 국가의 국토정보체계의 구축 및 활용 의무 (제23조) : 삭제[2)]

2) '국가공간정보에 관한 법률' 제정[시행 2009.8.7] [법률 제9440호, 2009.2.6,] 으로 국토기본법 제

2. 연차보고서 작성 · 보고의무 (제24조)

정부(국토해양부장관)는 국토의 계획 및 이용의 주요시책에 관한 보고서(이하 "연차보고서"라 한다)를 작성하여 매년 정기국회의 개회 전까지 국회에 제출하여야 한다(동조 제1항, 슈 제9조 제1항). 보고서에는 다음 각 호의 내용이 포함되어야 한다(동조 제2항). 1. 국토계획의 수립 및 관리 2. 국토의 계획 및 이용에 관하여 추진된 시책과 추진하고자 하는 시책 3. 지역개발현황 및 주요시책 4. 사회간접자본의 현황 5. 국토자원의 이용현황 6. 국토환경현황 및 주요시책 7. 용도지역별 토지이용현황 및 토지거래동향 8. 그 밖에 국토계획 및 국토이용에 관한 중요사항

국토해양부장관은 연차보고서를 작성하기 위하여 필요할 경우 관계 중앙행정기관의 장에게 국토의 계획 또는 이용에 관한 자료의 제출을 요청할 수 있다. 이 경우 관계 중앙행정기관의 장은 특별한 사유가 없는 한 이에 응하여야 한다(슈 동조 제2항). 국토해양부장관은 제24조 제2항의 규정에 의하여 제출된 자료, 슈 제7조 제2항의 규정에 의한 소관별 실천계획의 추진실적서 및 법 제25조의 규정에 의한 국토조사 결과 등을 활용하여 연차보고서를 작성하여야 한다(슈 동조 제3항).

3. 국토조사 (제25조)

국토해양부장관은 국토에 관한 계획 또는 정책의 수립, 국토정보체계의 구축, 연차보고서의 작성 등을 위하여 필요한 때에는 미리 인구 · 경제 · 사회 · 문화 · 교통 · 환경 · 토지이용 그 밖에 다음 각 호에 정하는 사항에 대하여 조사할 수 있다(동조 제1항, 슈 제10조 제1항). 1. 지형 · 지물 등 지리정보에 관한 사항 2. 농림 · 해양 · 수산에 관한 사항 3. 방재 및 안전에 관한 사항 4. 그밖에 국토해양부장관이 필요하다고 인정하는 사항

국토해양부장관은 중앙행정기관의 장 또는 지방자치단체의 장에게 조사에 필요한

23조는 삭제되었다. 이 법률은 중앙부처 및 지방자치단체에서 구축해 온 국가지리정보체계와 국토공간에서 생산된 정보체계를 공공기관과 민간기업이 서로 활용할 수 있도록 표준화하고, 이를 연계 · 통합하여 국가공간정보 인프라를 구축하기 위한 목적으로 제정되었다(법제처 법령연혁 2009.2.6).

자료의 제출을 요청하거나 제1항의 조사사항 중 일부에 대하여 이를 직접 조사하도록 요청할 수 있다. 이 경우 요청을 받은 중앙행정기관의 장 또는 지방자치단체의 장은 특별한 사유가 없는 한 이에 따라야 한다(동조 제2항). 국토해양부장관은 국토조사의 효율적인 시행을 위하여 필요한 경우에는 조사를 전문기관에 의뢰할 수 있다(동조 제3항). 그리고 국토조사는 다음의 구분에 따라 실시하며, 국토해양부장관은 국토조사를 효율적으로 실시하기 위하여 국토조사 항목 및 조사주체 등 필요한 사항에 대하여 관계 중앙행정기관의 장 및 시·도지사와 사전협의를 거쳐 국토조사계획을 수립할 수 있으며(동조 제4항, 슈 동조 제2항),규정한 사항 외에 국토조사의 실시에 필요한 사항은 국토해양부장관이 정한다(슈 동조 제3항).

1. 정기조사 : 국토에 관한 계획 및 정책의 수립과 집행에 활용하기 위하여 매년 실시하는 조사
2. 수시조사 : 국토해양부장관이 필요하다고 인정하는 경우 특정지역 또는 부문 등을 대상으로 실시하는 조사

Ⅴ. 국토정책위원회 : 삭제[3)]

제26조 내지 제30조 삭제 <2008.2.29>

Ⅵ. 보칙

1. 비용부담의 원칙 (제31조)

국토계획의 수립, 국토조사 등에 관한 비용은 이 법 또는 다른 법률에 특별한 규정

3) 개정(삭제)이유: 국토의 계획 및 이용·관리에 관한 중요정책 결정의 신속성을 제고하고 부처 중심의 책임행정을 구현하기 위하여 대통령 소속의 국토정책위원회를 폐지하고 국토계획에 관한 정책 조정 등 위원회 기능을 국토해양부장관이 수행하도록 하고, 「정부조직법」의 개정에 따른 중앙행정기관의 명칭 변경 및 기능 조정 등을 반영하여 관련 규정을 정비하려는 것임.(법제처 법령연혁 2008.2.28,)

이 있는 경우를 제외하고는 이를 행하는 자의 부담으로 함을 원칙으로 한다. 다만, 제25조제2항의 규정에 의하여 지방자치단체가 국토조사를 시행하는 경우에는 국고에서 그 비용의 일부를 보조할 수 있다.

2. 권한의 위임 및 위탁 (제33조)

국토해양부장관의 권한은 그 일부를 대통령령이 정하는 바에 의하여 소속기관의 장 또는 시 · 도지사에게 위임할 수 있다(동조 제1항).

국토해양부장관, 시 · 도지사, 시장 또는 군수의 권한은 그 일부를 대통령령 또는 당해 지방자치단체의 조례가 정하는 바에 의하여 다른 행정청이나 행정청이 아닌 자에게 위탁할 수 있다(동조 제2항). 위탁을 받은 자로서 행정청이 아닌 자나 그에 소속된 직원은 형법 제129조 내지 제132조의 적용에 있어서는 이를 각각 공무원으로 본다(동조 제3항).

3. 측량법의 준용 (제32조)

국토계획의 수립 등을 위한 국토조사에 필요한 자료의 제출, 국토조사의 실시통지 · 공고, 토시 등에의 출입, 장애불 등의 변경 · 제거, 토지 등의 일시사용, 국토조사로 인한 손실보상, 표지의 설치 · 관리 · 보호에 관하여는 측량법 제8조 내지 제12조 · 제14조 내지 제16조 · 제18조의 규정을 각각 준용한다(동조 제1항).

또한 표지의 보호 및 토지 등에의 출입과 그 일시사용에 관한 사항의 위반에 대한 벌칙에 관하여는 측량법 제64조제3호 및 제68조제1항제4호 · 제5호의 규정을 각각 준용한다(동조 제2항).

4. 자문기구 (令 제11조)

국토해양부장관은 국토계획의 수립 등에 필요한 사항의 자문을 위하여 자문기구를 둘 수 있다.

제2장 국토의 계획 및 이용에 관한 법률

Ⅰ. 개설

1. 제정 및 개정경과

(1) 제정

우리나라 최초의 근대적 도시계획법은 1934. 6. 20 制令 제18호(1962년 舊法 정리시 폐지) '조선 시가지 계획령'으로, 이 令 속에는 도시계획, 도시재개발, 건축, 토지구획정리사업 등 관계조항을 포괄하고 있었다. 이 令은 해방 후에도 구법령으로 계속하여 시행되다가, 1962년 1월 20일, 법률 제983호 도시설계법(1971년 1월 19일 법률 제2291호 도시계획법으로 개칭됨)이 제정되면서 폐지되었고, 건축법은 별도로 분리되었다.

그리고 1966년 8월 3일 토지구획정리사업법이 제정되면서, 1967년 3월 14일 개정을 통하여 도시계획법 중 토지구획정리사업 관련 조항은 전면 삭제되었고, 1976. 12. 31 도시재개발 조항을 삭제함으로써 비로소 단일법으로서 면모를 갖추게 되었으며 그 이후에도 십 수 차례의 개정이 더 있었다.

이 법의 전신인 국토이용관리법은 1972년 12월 30일 법률 제2408호로 제정 공포된 이래 20여 차례 개정된 바 있고, 특히 1989년 7월1일부터 시행된「지가공시 및 토지 등의 평가에 관한 법률」의 제정에 따라, 이 法의 규정 中 기준지가와 토지평가사에 관한 사항이 폐지되었으며(부칙 3조), 또 「개발이익환수에 관한 법률 (89. 12. 30)」이 제정・시행되면서 개발이익환수제도에 관한 부분도 삭제되었다. 그 결과 국토이용관리법의 주요 내용은 ① 총칙 ② 국토이용계획 ③ 토지의 利用과 管理(국토이용계획의 효과) ④ 토지거래 규제제도 ⑤ 유휴지제도 ⑥ 국토이용계획심의회에 관한 규정 등으로 구성되어 있었다. 그 후에도 제199회 국회(임시회) 제3차 건설교통위원회(1998. 12. 29)에서는 행정절차 간소화 및 국민부담 경감을 목적으로 하여 행정규제를 완화하는 차원에서 토지거래신고제 및 유휴지 제도를 폐지하는 등 국토이용관리법 중 상당부분에 대한 개정을 단행한 바 있었다.

특히 김대중 정부는 대통령 공약사항이었던 개발제한구역제도의 개선을 추진하면서 당시 도시계획법에 규정된 개발제한구역 내 행위제한 등 관리에 관한 사항을 별도 입법으로 분리하여 제정함과 동시에 주민불편을 해소하고 광역도시계획제도를 활성화하는 등 지방화·광역화 등 요청에 부응하여 도시계획제도의 전면적 개편을 추진하기도 하였다. (1999. 5. 26, 건설교통부 공고 1999- 182호). 구도시계획법은 全 7章 및 附則으로 이루어져 있었으며, 그 주요 내용은 도시계획, 용도지역제, 도시계획사업, 비용의 부담, 도시계획위원회 및 감독에 관한 규정 등으로 구성되었다.

그러나 정부는 국토의 난개발을 근본적으로 방지하고 환경친화적으로 국토이용체계를 개편하기 위하여 기존의 국토건설종합계획법, 국토이용관리법, 도시계획법을 통합하여 토지이용체계를 일원화할 목적으로 2000년 하반기부터 새로운 통합입법의 제정을 추진하기 위해, 2000년 8월 18일 "21세기 국토이용체계 개편방안" 공청회를 개최하고 관련 전문가 등의 의견을 수렴하였으며, 2001년 11월 법제처 심사를 거쳐 2002년 2월 4일 "국토의 계획 및 이용에 관한 법률"을 제정·공포하기에 이르렀다.
즉 지금까지 국토를 도시지역과 비도시지역으로 구분하여 도시지역에는 도시계획법, 비도시지역에는 국토이용관리법으로 이원화하여 운용해오던 입법체계를 전면적으로 개편함으로써, 2003년 1월 1일부터는 도시계획법과 국노이용관리법을 통합하여 비도시지역에도 도시계획법에 의한 도시계획기법의 도입이 가능하도록 그 입법적 토대를 구축한 것이라고 말할 수 있다.

(2) 개정경과

1) [2005. 3.31, 법률 제7470호, 일부개정]

특별시장·광역시장·시장 또는 군수는 도시기본계획을 수립하거나 변경하고자 하는 때에는 건설교통부장관의 승인을 얻도록 되어있는 바, 앞으로는 시장·군수가 수립하는 도시기본계획의 경우 최초로 수립하는 것에 한하여 건설교통부장관의 승인을 얻도록 하고 그 후의 도시기본계획에 대한 승인사무는 건설교통부장관으로부터 도지사에게로 이양하고, 도시의 자연환경 및 경관을 보호함과 아울러 도시민에게 건전한 여가와 휴식공간을 제공하기 위하여 도시관리계획으로 도시자연공원구역을 지정·관리할 수 있도록 하고, 그 지정 또는 변경 등에 관하여 필요한 사항은 따로 법률로 정하려는 것임.

2) [2005. 7.13, 법률 제7594호, 일부개정]

토지거래계약허가를 받아 취득한 토지는 이를 허가받은 목적대로 이용하도록 되어 있는바, 이용의무기간은 국민의 재산권을 제한하는 사항이므로 법률에 구체적인 위임근거를 마련하려는 것임.

3) [2005.12. 7, 법률 제7707호, 일부개정]

지방도시계획위원회의 경우 국민의 재산권 제한과 관련된 사항을 결정하는 중요한 기능을 담당하고 있으므로 해당 심의안건과 직 간접적으로 관련되어 있는 경우에는 지방도시계획위원회의 위원을 해당 안건심의에서 제척하도록 하고, 회의록은 대통령령이 정하는 바에 따라 공개하도록 하여 심의절차의 객관성과 공정성을 확보하는 한편, 비도시지역의 토지분할 행위도 개발행위허가를 받도록 하고, 토지거래계약 허가 신청시 토지취득자금 조달계획을 제출하도록 하며, 토지거래계약 허가제도 위반사항에 대한 신고포상제를 도입하고, 토지이용의무 위반자에 대한 이행강제금을 부과할 수 있도록 하여 투기 심리를 억제하는 등 부동산 시장 안정을 도모하려는 것임.

4) [2006.12.28, 법률 제8123호, 일부개정]

상대적으로 좁은 국토를 효율적이고 균형적으로 이용·개발해야 하는 우리나라의 경우 국토의 계획, 특히 도시계획에 있어서 지속가능성은 우선적으로 달성되어야 할 중요한 명제이므로 도시계획에 도시의 지속가능성에 대한 평가결과를 반영하도록 하는 한편, 2003년 1월 1일 이전에 「자연공원법」에 따른 공원계획이 고시된 경우 해당 자연공원구역 안에서의 용적률은 해당공원계획이 정하는 바에 따르도록 그 근거규정을 법률에 직접 규정하여 법률간 해석의 논란을 없애려는 것임.

5) [2007. 1.19, 법률 제8250호, 일부개정]

국가의 주요정책사업을 신속하게 추진할 필요성이 있는 경우에는 당해 사업이 도시기본계획에 반영되기 전이라도 이를 추진할 수 있도록 국가계획의 수립근거를 마련하고, 국민의 재산권 행사에 대한 제한을 완화하기 위하여 도시계획시설부지의 매수청구가 있는 경우 매수의무자의 매수여부 결정기간을 종전의 2년에서 6월로 단축하는 한편, 현행 제도의 운영상 나타난 일부 미비점을 개선・보완하려는 것임.

6) [2007.10.17, 법률 제8664호, 일부개정]

강도 높은 규제 때문에 재산권의 행사에 많은 제약을 받아 온 개발제한구역에서 해제된 주민들의 권익을 보전하고, 해당 지역의 계획적이고 유기적인 개발이 이루어질 수 있도록 하기 위하여 개발제한구역이 해제된 집단취락지구 내에 도로, 주차장, 공공시설 용지 등 도시계획시설을 설치하는 경우에는 국가가 이를 우선 지원할 수 있도록 하는 한편, 이행강제금제도의 실효성을 확보하기 위하여 체납처분의 근거규정을 마련하려는 것임.

7) [2008. 3.28, 법률 제9043호, 일부개정]

도시관리계획 수립절차의 간소화 및 대도시의 자율성 제고를 위해 50만 이상 대도시인 경우에는 해당 시장이 직접 도시관리계획을 결정하도록 하고, 수익자 부담 실현 및 기반시설의 원활한 설치를 위해 특별시장・광역시장・시장 또는 군수가 기반시설부담구역을 지정한 지역에 대하여는 개발행위자가 기반시설설치비용을 부담하도록 하며, 도시계획시설설치와 관련하여 개발제한구역에서 해제된 집단취락에 대하여는 국가 및 지방자치단체에서 우선 지원할 수 있도록 하려는 것으로 그 주요내용은 다음과 같다. .

가. 대도시 시장의 도시관리계획 결정(법 제29조제1항 단서 및 제138조제3항신설)

나. 기반시설부담구역의 지정(법 제67조제1항 및 제4항)

다. 기반시설설치비용의 부과대상 및 산정기준 법정(법 제68조 신설)

라. 기반시설설치비용의 납부 및 체납처분(법 제69조 신설)

마. 기반시설설치비용의 관리 및 사용 등(법 제70조 신설)

바. 도시계획시설사업비용의 보조 또는 융자(법 제104조제2항 후단)

8) [2009.2.6, 법률 제9442호, 일부개정]

특별시·광역시 도시기본계획에 대한 국토해양부장관의 승인권을 폐지하고, 같은 도의 관할구역에 속한 시·군의 광역계획권 지정권자 및 광역도시계획 승인권자를 국토해양부장관에서 도지사로 변경하며, 어려운 용어와 표현 등을 이해하기 쉽게 고치고, 복잡한 문장 등은 체계를 정리하여 쉽고 간결하게 하는 등 국민이 법 문장을 이해하기 쉽게 정비하는 한편, 그 밖에 현행 제도의 운영상 나타난 일부 미비점을 개선·보완하려는 것으로 그 주요내용은 다음과 같다.

가. 다른 법률에 따른 구역 등의 지정 등 제한 완화(법 제8조제2항 제1호 및 제9조 단서)

나. 광역계획권 지정권한 및 광역도시계획 수립권한의 조정(법 제10조부터 제17조까지)

다. 특별시·광역시 도시기본계획에 대한 국토해양부장관의 승인권한 폐지(법 제22조)

라. 국토해양부장관의 도시관리계획 결정권한의 조정(법 제29조제2항)

9) [2009.12.29, 법률 제9861호, 일부개정]

도시가 산업화됨에 따라 국민의 일상생활에 필수적인 전기선, 통신선 등이 증가되어 도시 미관을 저해하고 대형차량의 통행을 방해하여 지중화가 이루어지고 있으며, 수도 및 가스 등의 지하매설물 또한 도로에 매설되고 있어 이들을 설치 및 관리하는 데에 도로의 반복굴착으로 인한 도로구조의 훼손, 공사시의 환경·안전문제, 교통사고의 위험 등의 어려움이 야기되고 있으므로 일정규모 이상의 개발사업 지역 등에 공동구 설치를 의무화하고, 공동구 설치 및 관리에 관한 필요한 사항을 보완함으로써 장기적으로 지하시설물의 체계적 유지관리를 가능하도록 하는 한편, 도시관리계획 결정권한을 갖고 있는 대도시 시장에 대하여 인구 50만 이상의 시장으로 확대 조정함으로써 도시계획에 대한 자율성을 부여하고 계획절차를 간소화하려는 것으로 그 주요내용은 다음과 같다..

가. 도시관리계획 결정권한을 갖고 있는 대도시 시장에 대하여 “자치구가 아닌 구가 설치된 시의 시장”으로 정한 현행 규정을 “서울특별시와 광역시를 제외한

인구 50만 이상의 시장"으로 변경함(법 제29조제1항).

나. 도시개발구역, 택지개발예정지구 등의 지역에서 대통령령으로 정하는 규모를 초과하는 개발사업을 시행하는 경우 해당 사업시행자가 공동구를 설치하도록 함(법 제44조제1항).

다. 도로관리청은 지하매설물의 빈번한 설치 등으로 인하여 도로구조의 보전과 안전하고 원활한 도로교통의 확보에 현저한 지장을 초래할 것으로 예상되는 경우에는 기존도로에 대해서도 타당성을 검토하도록 하되, 이 경우 재정여건 및 설치 우선순위 등을 감안하여 단계적으로 공동구가 설치되도록 함(법 제44조제2항).

라. 공동구 설치에 필요한 비용은 사업시행자와 공동구 점용예정자가 공동부담하도록 하되, 공동구 점용예정자는 해당시설의 개별적 매설비용의 범위 안에서 대통령령으로 정하는 바에 따라 부담하도록 하고, 국가 또는 지방자치단체가 이를 보조 또는 융자할 수 있도록 함(법 제44조제5항 및 제6항).

마. 공동구는 원칙적으로 특별시장・광역시장・시장 또는 군수가 관리하되, 해당 공동구의 효율적 관리를 위하여 위탁 관리할 수 있도록 하고, 공동구관리자는 매 5년마다 공동구의 안전 및 유지관리계획을 수립・시행하도록 함(법 제44조의2제1항 및 제2항 신설).

바. 공동구 설치・관리의 주요사항 심의를 위해 설치된 공동구관리협의회에 관한 규정을 법률에 직접 규정하고, 공동구협의회로 명칭을 변경함(법 제44조의2제4항 신설).

사. 공동구 관리에 소요되는 비용은 해당 공동구를 점용하는 자가 함께 부담하되, 부담비율은 점용면적에 따라 산정하고, 세부적인 사항에 대해서는 조례로 규정할 수 있도록 함(법 제44조의3 신설).

2. 주요 특징

(1) 법체계 및 계획체계의 통합・일원화

이 법의 주요특징으로서 첫 번째에 해당하는 것은 무엇보다도 국토이용관련계획의 상호연계성 및 일관성을 유지하기 위한 노력이라 할 수 있다. 즉, 국토종합계획 -

시 · 도 종합계획 - 도시기본기본계획 - 도시관리계획으로 연결되어지는 수직적 연계 및 시 · 도종합계획의 레벨에서 수평적으로 연결되어지는 지역계획(광역권개발계획, 수도권정비계획, 특정지역개발계획, 다른 법률에 의한 지역개발계획 등) 및 부문별(국가기간망, 주택 · 수자원, 환경, 문화 · 관광, 정보통신, 공업배치 등) 계획 사이의 수평적 연계가 그것이다.

(2) 전 국토에 시 · 군별로 도시계획을 수립

두 번째 특징은 종전의 도시계획구역과 국토이용계획을 통합하여 모든 시 · 군이 관할행정구역 전역에 걸쳐 도시계획(도시기본계획, 도시관리계획, 광역도시계획)을 수립하게 함으로써, 수직적으로 일원화된 계획체계 속에 도시계획을 포함시키고 나아가 전국토에 대하여 도시계획기법을 적용 가능하게 하였다는 점이다.

(3) 용도지역 · 지구의 개편

종전의 5개 용도지역(도시, 준도시, 농림, 준농림, 자연환경보전지역)을 4개 용도, 9개 지역으로 개편하였다. 즉 종전의 도시지역, 농림지역 및 자연환경보전지역은 그대로 유지하면서 준도시지역과 준농림지역은 관리지역으로 지정하되 자연환경, 농업적성, 이용실태, 인구규모, 도시지역과의 인접정도를 고려한 토지적성평가를 실시하여 3개지역(보전관리, 생산관리, 계획관리지역)으로 구분하여 지정하며 특히 고밀도 개발지역은 도시지역으로 편입하여 관리하도록 하였다. 뿐만 아니라 국토이용관리법에 의한 산업촉진지구, 시설용지지구 및 도시계획법에 의한 개발촉진지구를 개발진흥지구로 통합하고, 경관지구, 미관지구 등 종전의 도시지역에만 적용되던 지구를 전국토에 적용하는 등 용도지구의 통폐합 및 확대적용을 들 수 있고, 나아가 용도지역 · 지구 또는 구역의 변경을 의제하는 개발계획은 반드시 도시계획위원회의 심의를 거치게 하고 토지이용에 관한 지역 · 지구 또는 구역을 새로이 획정 또는 설치하려는 자는 건설교통부장관과 협의 또는 승인을 받도록 하고 이 경우 건설교통부장관은 반드시 도시계획위원회의 심의를 거쳐 협의 또는 승인을 하도록 하는 등 개별법률에 의한 지역 · 지구 또는 구역의 신설 · 변경 등 남발을 방지하도록 노력하였다.

(4) 용도지역별 행위제한 및 개발밀도의 조정

기존의 도시지역과 보전지역은 종전 수준을 유지하되, 관리지역의 행위제한은 종전의 소극적(Negative) 방식에서 적극적(Positive) 방식으로 전환하고 개발밀도는 종전의 도시 녹지지역의 수준으로 유지하였다. 또 도시계획을 원활하게 수립하기 위하여 계획수립 전까지 준농림지에 대하여 잠정적으로 행위제한을 강화하여 운영하도록 하였다. 즉, 수도권, 광역시와 인근 시 · 군 등 개발압력이 높은 지역은 법 시행후 3년 이내 계획의 수립을 의무화하고, 기타 시 · 군은 단계적으로 이를 수립하도록 한다.

(5) 제2종 지구단위계획제도의 도입

종전의 준농림지역에 소규모 개발이 산발적으로 진행되면서 환경훼손 및 기반시설이 부족하게 되는 부작용이 발생함에 따라 이를 집단화하여 계획 속에서 개발이 이루어지도록 하려는 조치라 할 수 있다. 즉 개발압력의 진행정도, 개발방향에 따라 계획관리지역과 개발진흥지구에 대하여 단계적으로 제2종 지구단위계획구역을 지정하고, 계획적 개발이 가능하도록 기반시설의 설치, 가구 또는 획지 규모, 건축물의 높이, 건폐율 · 용적률을 계획 속에 반드시 포함시키도록 한다.

그리고 계획구역의 대상규모를 10만㎡ 이상으로 하여 규모성과 계획성을 아울러 갖추도록 함과 동시에 행위제한과 허용개발밀도를 당해 용도지역보다 완화함으로써 제2종 지구단위계획의 수립을 위한 인센티브를 제공하고 있다.

(6) 개발행위허가제의 도입

개발행위와 관련하여 종전에는 상위계획에 부합되지 않거나 환경 · 경관 측면에서 문제가 있는 사업도 법령 위반의 사실만 없으면 개발을 허가하는 건축자유원칙이 적용되었으며 그 결과 亂開發이 이루어졌던 사실을 부인하기 어렵다. 이러한 문제를 해결하기 위하여 전국토를 대상으로 하여 개발행위허가제를 도입하였으며, 그 결과 건축물의 건축을 수반하는 토지형질변경, 토석채취 등 행위에 대하여 경미한 사항을 제외하고는 계획(건축 또는 개발계획)의 적정성, 기반시설 확보여부, 주변환경과의 조화 등을 고려하여 허가, 불허가, 조건부 허가를 결정하도록 하였다.

(7) 기반시설연동제의 도입

주거·상업·공업지역에서는 추가 기반시설의 설치가 어렵기 때문에 기존의 기반시설 용량을 고려하여 개발밀도를 제한할 수 있도록 하였다. 즉 지방자치단체에서 개발밀도를 제한할 수 있는 대상지역을 위원회의 심의를 거쳐 "개발밀도관리구역"으로 고시하고, 이 구역에서는 대통령령이 정하는 범위 안에서 건폐율과 용적률 규제를 강화할 수 있게 하였다. 또 녹지지역, 관리지역 등 미개발지역은 "기반시설부담구역"으로 지정하고, 이 구역을 대상으로 지방자치단체가 기반시설부담계획을 수립하도록 한 바, 이 계획에서는 기반시설을 설치하거나 설치비용을 부담하는 개발행위, 부담하여야 할 기반시설의 종류, 비용의 분담방법 및 시기, 국가 또는 지방자치단체가 지원할 사항 등을 정하도록 하고 있다.

그밖에도 지방자치단체가 기반시설 설치를 선투자할 수 있도록 지방채를 발행하거나 또 다른 법률에 의해 기반시설비용을 부담하는 경우 그 부담액만큼 감면할 수 있는 법적 근거를 마련하였다.

(8) 위원회의 통합 및 운영방안

기존의 도시계획위원회와 국토이용계획심의회를 도시계획위원회(특별시·광역시·도 도시계획위원회, 시·군·구 도시계획위원회)로 통합 운영하도록 하였으며, 개발허가제 도입 등 위원회의 권한 강화에 따른 심의의 공정성 및 투명성 확보에 주력하였다. 예컨대 위원 위촉 대상을 도시계획·토지이용·교통·환경뿐 아니라 지역계획·방재·문화 분야 등으로 확대하고, 특히 시민단체나 주민대표 등을 참여시킬 수 있도록 하였고, 위원장은 민간위원으로 임명하고 분과위원회를 두어 그 심의를 본위원회 심의로 가름할 수 있도록 하였으며, 심의결과 및 주요내용을 홈페이지에 실어 주민의견을 청취할 수 있도록 하였다.

(9) 규제완화 및 지원방안

개발허가에 따르는 개발사업자의 부담을 경감하기 위해 개발허가 시 관련 18개 법률에 의한 인허가 사항을 의제하고, 개발허가기간을 1개월로 명시하였으며, 각급 계획의 수립 부담을 완화하기 위해 광역도시계획, 도시기본계획 및 관리계획을 동시에 수립할 수 있도록 함과 동시에 부담구역의 설정, 제2종 지구단위계획구역의 지정, 특정지역에 필요한 지구지정이나 계획수립을 동시에 할 수 있도록 하였다. 또 법 개정으로 인한 주민생활의 불편을 해소하기 위해 행위제한 및 허용개발밀도를 완화하고, 국가나 지방자치단체에서 취락지구 내 주민 생활편익과 복지증진을 위한 지원사업을 실시할 수 있는 근거를 신설하는 등 취락지구에 대한 특례를 인정하고, 나아가 개발행위 허가제 도입에 따른 중복심의를 면제하였다(환경・교통 및 재해 등에 관한 영향평가를 받는 개발행위, 지구단위계획에 따른 개발행위, 주거・상업・공업지역에서의 개발행위 등).

Ⅱ. 총칙

1. 입법목적

이 법은 국토의 이용・개발 및 보전을 위한 계획의 수립 및 집행 등에 관하여 필요한 사항을 정함으로써 공공복리의 증진과 국민의 삶의 질을 향상하게 함을 목적으로 한다(제1조). 국토이용체계 개편의 기본 방향은 대체로 다음 세 가지로 요약할 수 있다. 첫째, 국토의 계획적 관리를 위한 기반을 구축하는 것이다. 즉 국토계획의 실효성을 확보하고 토지계획제도를 정비함과 동시에 전 국토에 대하여 도시계획적 관리기법을 적용하는 것을 목적으로 하고 있다. 둘째 「先計劃 - 後開發」의 국토이용체계를 확립하는 데 있다. 즉 "계획 없이는 개발 없다"는 원칙에 입각하여 용도지역을 개편하고 개발허가제를 도입하는 것을 목적으로 하고 있다. 셋째, 국토관리의 일관성 및 투명성을 확보하는 데 있다. 즉 특별법에 의한 개발사업과 국토계획과의 연계를 강화하고 나아가 투명하고 공정한 절차를 거쳐 사회적 합의를 통한 개발허가제도를 운영하는 것을 목적으로 하고 있다[1].

---

1) 국토해양부, 국토이용 및 계획에 관한 법률안 주요내용, 2001. 10.

2. 구성 및 내용

(1) 구성

이 법은 전12장 전문 144조 및 부칙으로 되어 있다.

제1장 총칙

제2장 광역도시계획

제3장 도시기본계획

제4장 도시관리계획

제5장 개발행위의 허가 등

제6장 용도지역・용도지구 및 용도구역에서의 행위 제한

제7장 도시계획시설사업의 시행

제8장 비용

제9장 도시계획위원회

제10장 토지거래의 허가 등

제11장 보칙

제12장 벌칙

(2) 주요 내용

1) 전국토의 용도구분 및 용도지정제도의 변경 : 전국토를 이전의 5개 용도지역(도시・준도시・농림・준농림・자연환경보전지역)에서 2003년 1월 1일부터 4개 용도지역(도시・관리・농림・자연환경보전지역)으로 축소하고, 종전에 난개발 문제가 제기되었던 준농림지역이 편입되는 관리지역을 보전관리지역・생산관리지역・계획관리지역으로 세분하여 관리하도록 함으로써 난개발 문제의 해소를 도모함(법 제6조 및 제36조).

2) 국토해양부장관과의 협의와 승인 사항 : 토지를 합리적으로 이용하고 토지에 대한 중복규제를 최소화하기 위하여 다른 법률에 의하여 일정면적(원칙 : $1km^2$) 이상의 지역・지구・구역 등을 지정하고자 하는 경우에는 국토해양부장관과 미리 협의하거나 승인을 얻도록 함(법 제8조).

3) 전국의 「선계획 후개발」의 국토이용체계를 구축 : 종전의 국토이용관리법의 적용대상이었던 비도시지역에 대하여도 종합적인 계획인 도시기본계획 및 도시관리계획을 수립하도록 함으로써 계획에 따라 개발이 이루어지도록 함(법 제18조 및 제24조).

4) 도시관리계획의 차등화 입안 : 도시관리계획은 광역도시계획 및 도시기본계획에 부합되게 입안하도록 하고, 도시와 농촌·산촌·어촌 지역의 도시관리계획은 해당 지역의 인구밀도, 토지이용의 특성, 주변환경 등을 종합적으로 고려하여 차등화 되게 입안하도록 함(법 제25조).

5) 공동심의제도 도입 : 시·도지사가 도시관리계획을 결정하고자 하는 때에는 도시계획위원회의 심의를 거치도록 하되, 건축물의 높이에 관한 사항, 건축물의 배치·형태·색채에 관한 사항, 경관계획에 관한 사항에 대하여는 「건축위원회」와 「도시계획위원회」의 공동심의를 거치도록 함(법 제30조).

6) 제2종지구단위계획구역의 완화적용 : 계획관리지역 또는 개발진흥지구로서 개발수요가 많은 지역에 대하여는 건폐율·용적률 등을 다른 지역보다 완화(대통령령에서 용적률의 50% 완화 적용)하여 적용할 수 있도록 제2종지구단위계획구역으로 지정하여 토지의 효율적 이용을 도모하고 고밀도개발에 따른 기반시설 부족, 환경 훼손 등을 방지할 수 있도록 함(법 제51조 제3항 및 제52조 제3항).

7) 개발행위허가제도의 실시지역을 전국토로 확대 : 건축물의 건축, 토지의 형질변경 등의 경우에 허가를 받도록 하는 개발행위허가제도가 종전에는 도시지역에 한정되어 실시되었으나, 앞으로는 개발행위허가제도의 실시지역을 전국토로 확대하는 한편, 허가권자가 일정한 규모이상의 개발행위에 대하여 개발행위허가를 하고자 하는 경우에는 미리 도시계획위원회의 심의를 거치도록 함(법 제56조 및 제59조).

8) 「개발밀도관리구역제도」를 도입 : 기반시설을 더 이상 설치할 수 없을 정도로 개발이 완료된 지역(주거지역·상업지역·공업지역)에서는 추가적인 개발행위로 인하여 기반시설의 용량이 부족하지 아니 하도록 건폐율·용적률을 강화(대통령령에서 용적률을 50%로 강화)하는 「개발밀도관리구역제도」를 도입함(법 제66조).

9) 「기반시설부담구역제도」를 도입 : 개발행위가 집중되어 도로·하수도 등 기반시설의 설치가 새로이 필요한 지역에서 개발행위를 하는 자는 기반시설을 직접 설치

하거나 설치에 필요한 비용을 특별시장・광역시장・시장・군수에게 납부하도록 하는 「기반시설부담구역제도」를 도입하고, 설치하여야 할 기반시설의 종류, 비용의 부담기준, 기반시설부담계획의 수립에 관한 사항 등을 정함(법 제67조).

10) 건폐율・용적률의 강화 : 농림지역과 자연환경보전지역의 훼손을 방지하기 위하여 농림지역의 건폐율을 60% 이하에서 20% 이하로, 용적률을 400% 이하에서 80% 이하로, 자연환경보전지역의 건폐율을 40% 이하에서 20% 이하로 각각 강화함(법 제77조 및 제78조).

3. 국토이용 및 관리의 기본원칙과 도시의 지속가능성 평가

(1) 국토이용 및 관리의 기본원칙 (제3조)

국토는 자연환경의 보전과 자원의 효율적 활용을 통하여 환경적으로 건전하고 지속가능한 발전을 이루기 위하여 다음 각 호의 목적을 이룰 수 있도록 이용되고 관리되어야 한다.

1. 국민생활과 경제활동에 필요한 토지 및 각종 시설물의 효율적 이용과 원활한 공급
2. 자연환경 및 경관의 보전과 훼손된 자연환경 및 경관의 개선 및 복원
3. 교통・수자원・에너지 등 국민생활에 필요한 각종 기초 서비스 제공
4. 주거 등 생활환경 개선을 통한 국민의 삶의 질 향상
5. 지역의 정체성과 문화유산의 보전
6. 지역 간 협력 및 균형발전을 통한 공동번영의 추구
7. 지역경제의 발전과 지역 및 지역 내 적절한 기능 배분을 통한 사회적 비용의 최소화

(2) 도시의 지속가능성 평가 (제3조의2)

국토해양부장관은 도시의 지속가능하고 균형 있는 발전을 위하여 도시의 지속가능성을 평가할 수 있으며(제1항) 도시의 지속가능성을 평가하기 위한 절차 및 기준 등에 관하여 필요한 사항은 대통령령으로 정한다(제2항). 국가와 지방자치단체는 평가결과를 도시계획의 수립 및 집행에 반영하여야 한다(제3항).

4. 국토의 용도구분

국토는 토지의 이용실태 및 특성, 장래의 토지이용방향 등을 고려하여 다음과 같은 용도지역으로 구분한다(법 제6조).

⑴ 도시지역

인구와 산업이 밀집되어 있거나 밀집이 예상되어 당해 지역에 대하여 체계적인 개발・정비・관리・보전 등이 필요한 지역

⑵ 관리지역

도시지역의 인구와 산업을 수용하기 위하여 도시지역에 준하여 체계적으로 관리하거나 농림업의 진흥, 자연환경 또는 산림의 보전을 위하여 농림지역 또는 자연환경보전지역에 준하여 관리가 필요한 지역

⑶ 농림지역

도시지역에 속하지 아니하는 「농지법」에 따른 농업진흥지역 또는 「산지관리법」에 따른 보전산지 등으로서 농림업을 진흥시키고 산림을 보전하기 위하여 필요한 지역

⑷ 자연환경보전지역

자연환경・수자원・해안・생태계・상수원 및 문화재의 보전과 수산자원의 보호・육성 등을 위하여 필요한 지역

5. 국가 등의 의무

⑴ 용도지역별 관리의무

국가나 지방자치단체는 제6조에 따라 정하여진 용도지역의 효율적인 이용 및 관리를 위하여 다음 각 호에서 정하는 바에 따라 그 용도지역에 관한 개발・정비 및 보전에 필요한 조치를 마련하여야 한다(법 제7조).

1) 도시지역

이 법 또는 관계 법률에서 정하는 바에 따라 그 지역이 체계적이고 효율적으로 개발・정비・보전될 수 있도록 미리 계획을 수립하고 그 계획을 시행하여야 한다.

2) 관리지역

이 법 또는 관계 법률에서 정하는 바에 따라 필요한 보전조치를 취하고 개발이 필요한 지역에 대하여는 계획적인 이용과 개발을 도모하여야 한다.

3) 농림지역

이 법 또는 관계 법률에서 정하는 바에 따라 농림업의 진흥과 산림의 보전・육성에 필요한 조사와 대책을 마련하여야 한다.

4) 자연환경보전지역

이 법 또는 관계 법률에서 정하는 바에 따라 환경오염 방지, 자연환경・수질・수자원・해안・생태계 및 문화재의 보전과 수산자원의 보호・육성을 위하여 필요한 조사와 대책을 마련하여야 한다.

⑵ 타 법률에 의한 구역 등 지정 및 변경 등의 제한 (법 제8조 제1항, 제9조)

중앙행정기관의 장이나 지방자치단체의 장은 다른 법률에 따라 토지 이용에 관한 지역・지구・구역 또는 구획 등(이하 이 조에서 "구역 등"이라 한다)을 지정하려면 그 구역 등의 지정목적이 이 법에 따른 용도지역・용도지구 및 용도구역의 지정목적에 부합되도록 하여야 한다(제8조 제1항). 또 다른 법률에서 이 법에 따른 용도지역・용도지구 또는 용도구역의 지정 또는 변경에 대한 도시관리계획의 결정을 의제(擬制)하는 내용이 포함되어 있는 계획을 허가・인가・승인 또는 결정하려면 대통령령으로 정하는 바에 따라 중앙도시계획위원회 또는 제113조에 따른 지방도시계획위원회(이하 "지방도시계획위원회"라 한다)의 심의를 받아야 한다. 다만, 제8조제2항에 따라 국토해양부장관의 협의 또는 승인을 받거나 같은 항 제1호에 해당하는 경우에는 그러하지 아니하다(제9조)

(3) 협의·승인 등 의무

1) 중앙행정기관의 장이나 지방자치단체의 장은 다른 법률에 따라 지정되는 구역 등 중 대통령령으로 정하는 면적 이상의 구역 등을 지정하거나 변경하려면 중앙행정기관의 장은 국토해양부장관과 협의하여야 하며 지방자치단체의 장은 국토해양부장관의 승인을 받아야 한다. 다만, 다음 각 호의 어느 하나에 해당하는 경우에는 그러하지 아니하다(법 제8조 제2항, 슈 제5조 제1항).

가. 다른 법률에 따라 지정하거나 변경하려는 구역 등이 도시기본계획에 반영된 경우
나. 제36조에 따른 보전관리지역·생산관리지역·농림지역 또는 자연환경보전지역에서 다음 각 목의 지역을 지정하려는 경우
  가) 「농지법」 제28조에 따른 농업진흥지역
  나) 「한강수계 상수원수질개선 및 주민지원 등에 관한 법률」 등에 따른 수변구역
  다) 「수도법」 제7조에 따른 상수원보호구역
  라) 「자연환경보전법」 제12조에 따른 생태·경관보전지역
  마) 「야생동·식물보호법」 제27조에 따른 야생동·식물특별보호구역
  바) 「해양생태계의 보전 및 관리에 관한 법률」 제25조에 따른 해양보호구역
다. 군사상 기밀을 지켜야 할 필요가 있는 구역 등을 지정하려는 경우
라. 협의 또는 승인을 받은 구역 등을 대통령령으로 정하는 범위에서 변경하려는 경우

2) 국토해양부장관은 제2항에 따라 협의 또는 승인을 하려면 제106조에 따른 중앙도시계획위원회(이하 "중앙도시계획위원회"라 한다)의 심의를 거쳐야 한다. 다만, 다음 각 호의 경우에는 그러하지 아니하다(제8조 제3항).

가. 보전관리지역이나 생산관리지역에서 다음 각 목의 구역 등을 지정하는 경우
  가) 「산지관리법」 제4조제1항 제1호에 따른 보전산지
  나) 「야생동·식물보호법」 제33조에 따른 시·도야생동·식물보호구역
  다) 「습지보전법」 제8조에 따른 습지보호지역
  라) 「토양환경보전법」 제17조에 따른 토양보전대책지역
나. 농림지역이나 자연환경보전지역에서 다음 각 목의 구역 등을 지정하는 경우
  가) 제1호 각 목의 어느 하나에 해당하는 구역 등

나) 「자연공원법」 제4조에 따른 자연공원

다) 「자연환경보전법」 제34조제1항제1호에 따른 생태・자연도 1등급 권역

라) 「독도 등 도서지역의 생태계보전에 관한 특별법」 제4조에 따른 특정도서

마) 「문화재보호법」 제7조 및 제9조에 따른 명승 및 천연기념물과 그 보호구역

바) 「해양생태계의 보전 및 관리에 관한 법률」 제12조 제1항 제1호에 따른 해양생태도 1등급 권역

Ⅲ. 도시계획의 의의, 종류 및 내용

1. 도시계획의 의의

도시계획이란 특별시・광역시・시 또는 군(광역시의 관할 구역에 있는 군은 제외한다. 이하 같다)의 관할 구역에 대하여 수립하는 공간구조와 발전방향에 대한 계획으로서 도시기본계획과 도시관리계획으로 구분한다(법제2조 제2호). 그리고 도시계획은 특별시・광역시・시 또는 군의 관할 구역에서 수립되는 다른 법률에 따른 토지의 이용・개발 및 보전에 관한 계획의 기본이 된다.(법 제4조 제1항). 따라서 특별시장・광역시장・시장 또는 군수가 관할 구역에 대하여 다른 법률에 따른 환경・교통・수도・하수도・주택 등에 관한 부문별 계획을 수립할 때에는 도시기본계획의 내용에 부합되게 하여야 한다(동조 제2항).

2. 광역도시계획

(1) 의의 및 성질

광역도시계획이라 함은 광역계획권의 장기발전방향을 제시하는 계획을 말한다(법 제2조 제1호). 그리고 광역계획권이란 2 이상의 특별시・광역시・시 또는 군의 공간구조 및 기능을 상호 연계시키고 환경을 보전하며 광역시설을 체계적으로 정비하기 위하여 국토해양부장관 또는 도지사가 필요한 경우에 인접한 둘 이상의 특별시・광역시・

시 또는 군의 관할 구역 전부 또는 일부를 대통령령으로 정하는 바에 따라 지정할 수 있는 구역이다(제10조 제1항). 즉, 광역행정의 일반적 추세에 맞추어 연접하고 있는 지방자치단체상호간의 조정역할을 담당하는 제도로서, 구도시계획법 제11조 등이 규정하던 광역도시권 제도나 광역계획구역제도(동법 제20조의4)의 취지를 승계한 것이라 할 수 있다. 광역도시계획의 법적 성질은 다음의 도시기본계획과 마찬가지로 대내구속적 계획(행정구속적 계획)에 속하고 일반적으로 행정소송에 있어서의 처분성은 부정된다.

(2) 내용 및 수립기준

1) 내용

광역도시계획에는 다음의 사항 중 당해 광역계획권의 지정목적을 달성하는 데 필요한 사항에 대한 정책방향이 포함되어야 한다(제12조 제1항, 슈 제9조) ① 광역계획권의 공간구조와 기능분담에 관한 사항 ② 광역계획권의 녹지관리체계와 환경보전에 관한 사항 ③ 광역시설의 배치・규모・설치에 관한 사항 ④ 경관계획에 관한 사항 ⑤ 기타 광역계획권에 속하는 특별시・광역시・시 또는 군 상호간의 기능연계에 관한 사항으로서 광역계획권의 교통 및 물류유통체계에 관한 사항 및 광역계획권의 문화・여가공간 및 방재에 관한 사항

2) 수립기준

국토해양부장관이 광역도시계획의 수립기준을 정할 때에는 다음 각호의 사항을 종합적으로 고려하여야 한다(동조 제2항, 슈 제10조). 1. 광역계획권의 미래상과 이를 실현할 수 있는 체계화된 전략을 제시하고 국토종합계획 등과 서로 연계되도록 할 것 2. 특별시・광역시・시 또는 군간의 기능분담, 도시의 무질서한 확산방지, 환경보전, 광역시설의 합리적 배치 그 밖에 광역계획권안에서 현안사항이 되고 있는 특정부문 위주로 수립할 수 있도록 할 것 3. 여건변화에 탄력적으로 대응할 수 있도록 포괄적이고 개략적으로 수립하도록 하되, 특정부문 위주로 수립하는 경우에는 도시기본계획이나 도시관리계획에 명확한 지침을 제시할 수 있도록 구체적으로 수립하도록 할 것 4. 녹지축・생태계・산림・경관 등 양호한 자연환경과 우량농지, 보전목적의 용도지역 등을 충분히 고려하여 수립하도록 할 것 5. 부문별 계획은 서로 연계되도록 할 것.

(3) 수립의 주체 및 절차

1) 광역계획권의 지정 (제10조)

국토해양부장관 또는 도지사는 둘 이상의 특별시·광역시·시 또는 군의 공간구조 및 기능을 상호 연계시키고 환경을 보전하며 광역시설을 체계적으로 정비하기 위하여 필요한 경우에는 다음 각 호의 구분에 따라 인접한 둘 이상의 특별시·광역시·시 또는 군의 관할 구역 전부 또는 일부를 대통령령으로 정하는 바에 따라 광역계획권으로 지정할 수 있다(동조 제1항). 광역계획권은 인접한 2 이상의 특별시·광역시·시 또는 군의 관할구역 단위로 지정한다(슈 제7조 제1항)

국토해양부장관은 그러나 제1항의 규정에 불구하고 인접한 2 이상의 특별시·광역시·시 또는 군의 관할구역의 일부를 광역계획권에 포함시키고자 하는 때에는 구·군(광역시의 관할구역안에 있는 군을 말함)·읍 또는 면의 관할구역 단위로 하여야 한다(슈 동조 제2항).

중앙행정기관의 장, 특별시장·광역시장·도지사·특별자치도지사(이하 "시·도지사"라 한다), 시장 또는 군수는 국토해양부장관이나 도지사에게 광역계획권의 지정 또는 변경을 요청할 수 있다(동조 제2항). 국토해양부장관은 광역계획권을 지정하거나 변경하려면 관계 시·도지사, 시장 또는 군수의 의견을 들은 후 중앙도시계획위원회의 심의를 거쳐야 한다(동조 제3항). 도지사가 광역계획권을 지정하거나 변경하려면 국토해양부장관과의 협의와 관계 시·도지사, 시장 또는 군수의 의견을 들은 후 지방도시계획위원회의 심의를 거쳐야 한다(동조 제4항).국토해양부장관 또는 도지사는 광역계획권을 지정하거나 변경하면 지체 없이 관계 시·도지사, 시장 또는 군수에게 그 사실을 통보하여야 한다(동조 제5항).

2) 기초조사 (제13조)

국토해양부장관, 시·도지사, 시장 또는 군수는 광역도시계획을 수립하거나 변경하려면 미리 인구, 경제, 사회, 문화, 토지 이용, 환경, 교통, 주택, 그 밖에 대통령령으로 정하는 사항 중 그 광역도시계획의 수립 또는 변경에 필요한 사항을 대통령령으로 정하는 바에 따라 조사하거나 측량하여야 한다(동조 제1항). 국토해양부장관, 시·도지사, 시장 또는 군수는 관계 행정기관의 장에게 제1항에 따른 조사 또는 측량에 필요한 자료를 제출하도록 요청할 수 있다. 이 경우 요청을 받은 관계 행정기관의 장은 특별한 사유가 없으면 그 요청에 따라야 한다(동조 제2항). 국토해양부장관, 시·도지사, 시장 또는 군수는 효율적인 조사 또는 측량을 위하여 필요하면 제1항이나 제2항에 따른 조사 또는 측량을 전문기관에 의뢰할 수 있다(동조 제3항).

3) 수립권자 (제11조)

국토해양부장관, 시·도지사, 시장 또는 군수는 다음 각 호의 구분에 따라 광역도시계획을 수립하여야 한다(동조 제1항).

1. 광역계획권이 같은 도의 관할 구역에 속하여 있는 경우: 관할 시장 또는 군수가 공동으로 수립
2. 광역계획권이 둘 이상의 시·도의 관할 구역에 걸쳐 있는 경우: 관할 시·도지사가 공동으로 수립
3. 광역계획권을 지정한 날부터 3년이 지날 때까지 관할 시장 또는 군수로부터 제16조제1항에 따른 광역도시계획의 승인 신청이 없는 경우: 관할 도지사가 수립
4. 국가계획과 관련된 광역도시계획의 수립이 필요한 경우나 광역계획권을 지정한 날부터 3년이 지날 때까지 관할 시·도지사로부터 제16조제1항에 따른 광역도시계획의 승인 신청이 없는 경우: 국토해양부장관이 수립

국토해양부장관은 시·도지사가 요청하는 경우와 그 밖에 필요하다고 인정되는 경우에는 제1항에도 불구하고 관할 시·도지사와 공동으로 광역도시계획을 수립할 수 있다(동조 제2항). 도지사는 시장 또는 군수가 요청하는 경우와 그 밖에 필요하다고 인정하는 경우에는 제1항에도 불구하고 관할 시장 또는 군수와 공동으로 광역도시계획을 수립할 수 있으며, 시장 또는 군수가 협의를 거쳐 요청하는 경우에는 단독으로 광역도시계획을 수립할 수 있다(동조 제3항). 국토해양부장관, 시·도지사는 공동으로 광역도시계획을 수립하고자 하는 때에는 광역도시계획의 수립에 관한 협의·자문 등을 위하여 광역도시계획협의회를 구성·운영할 수 있고, 광역도시계획협의회는 관계 공무원, 광역도시계획에 관하여 학식과 경험이 있는 자 등으로 구성하며, 광역도시계획협의회의 구성 및 운영에 관하여 필요한 사항은 광역도시계획을 공동으로 수립하는 자가 서로 협의하여 정한다(令 제8조 제1항 내지 제3항).

4) 공청회의 개최 (제14조)

국토해양부장관, 시・도지사, 시장 또는 군수는 광역도시계획을 수립하거나 변경하려면 미리 공청회를 열어 주민과 관계 전문가 등으로부터 의견을 들어야 하며, 공청회에서 제시된 의견이 타당하다고 인정하면 광역도시계획에 반영하여야 한다(동조 제1항). 국토해양부장관 또는 시・도지사는 공청회를 개최하고자 하는 때에는 다음 각 호의 사항을 당해 광역계획권에 속하는 특별시・광역시・시 또는 군의 지역을 주된 보급지역으로 하는 일간신문에 공청회개최예정일 14일전까지 1회 이상 공고하여야 한다. 1. 공청회의 개최목적 2. 공청회의 개최예정일시 및 장소 3. 수립 또는 변경하고자 하는 광역도시계획의 개요 4. 그 밖에 필요한 사항(令 제12조 제1항).

공청회는 광역계획권 단위로 개최하되, 필요한 경우에는 광역계획권을 수개의 지역으로 구분하여 개최할 수 있으며, 국토해양부장관 또는 시・도지사가 지명하는 자가 주재한다(令 동조 제2항, 제3항). 기타 공청회의 개최에 관하여 필요한 사항은 그 공청회를 개최하는 주체에 따라 국토해양부장관이 정하거나 특별시・광역시 또는 도(이하 "시・도"라 함)의 도시계획에 관한 조례(이하 "도시계획조례"라 함)로 정할 수 있다(令 동조 제4항).

5) 지방자치단체의 의견청취 (제15조)

시・도지사, 시장 또는 군수는 광역도시계획을 수립하거나 변경하려면 미리 관계 시・도, 시 또는 군의 의회와 관계 시장 또는 군수의 의견을 들어야 한다(동조 제1항). 국토해양부장관은 광역도시계획을 수립하거나 변경하려면 관계 시・도지사에게 광역도시계획안을 송부하여야 하며, 관계 시・도지사는 그 광역도시계획안에 대하여 그 시・도의 의회와 관계 시장 또는 군수의 의견을 들은 후 그 결과를 국토해양부장관에게 제출하여야 한다(동조 제2항). 시・도, 시 또는 군의 의회와 관계 시장 또는 군수는 특별한 사유가 없으면 30일 이내에 시・도지사, 시장 또는 군수에게 의견을 제시하여야 한다(동조 제3항).

6) 계획의 승인(제16조)

시・도지사는 광역도시계획을 수립하거나 변경하려면 국토해양부장관의 승인을 받아야 한다. 다만, 제11조제3항에 따라 시장 또는 군수가 요청하거나 그 밖에 필요하다고 인정하여 관할 시장 또는 군수와 공동으로 수립하거나, 시장 또는 군수가 협의를 거쳐 요청하여 광역도시계획을 도지사가 단독으로 수립하는 광역도시계획은 그러하지 아니하다(동조 제1항).

시・도지사는 법 제16조제1항에 따라 광역도시계획의 승인을 얻고자 하는 때에는 광역도시계획안에 다음 각 호의 서류를 첨부하여 국토해양부장관에게 제출하여야 한다(令 제13조 제1항). 1. 기초조사 결과 2. 공청회개최 결과 3. 법 제15조제1항에 따른 관계 시・도의 의회와 관계 시장 또는 군수(광역시의 관할구역 안에 있는 군의 군수를 제외한다. 이하 같다. 다만, 제110조・제112조・제117조・제122조 내지 제124조의3・제127조・제128조 및 제130조에서는 광역시의 관할구역 안에 있는 군의 군수를 포함한다)의 의견청취 결과 4. 법 제113조제1항의 규정에 의한 시・도도시계획위원회(이하 "시・도도시계획위원회"라 한다)의 자문을 거친 경우에는 그 결과 5. 법 제16조제2항의 규정에 의한 관계 중앙행정기관의 장과의 협의 및 중앙도시계획위원회의 심의에 필요한 서류.

국토해양부장관은 제출된 광역도시계획안이 법 제12조제2항의 규정에 의한 수립기준 등에 적합하지 아니한 때에는 시・도지사에게 광역도시계획안의 보완을 요청할 수 있다(令 동조 제2항).

국토해양부장관은 광역도시계획을 승인하거나 직접 광역도시계획을 수립 또는 변경(시・도지사와 공동으로 수립하거나 변경하는 경우를 포함한다)하려면 관계 중앙행정기관과 협의한 후 중앙도시계획위원회의 심의를 거쳐야 한다(동조 제2항). 협의 요청을 받은 관계 중앙행정기관의 장은 특별한 사유가 없는 한 그 요청을 받은 날부터 30일 이내에 국토해양부장관에게 의견을 제시하여야 한다(동조 제3항). 국토해양부장관은 직접 광역도시계획을 수립 또는 변경하거나 승인하였을 때에는 관계 중앙행정기관의 장과 시・도지사에게 관계 서류를 송부하여야 하며, 관계 서류를 받은 시・도지사는 당해 시・도의 공보에 게재하는 방법에 의하여 그 내용을 공고하고, 일반이 관계 서류를 30일 이상 열람할 수 있도록 하여야 한다(동조 제4항, 令 제13조 제3항).

시장 또는 군수는 광역도시계획을 수립하거나 변경하려면 도지사의 승인을 받아야 한다(동조 제5항). 도지사가 제5항에 따라 광역도시계획을 승인하거나 제11조제3

항에 따라 직접 광역도시계획을 수립 또는 변경(시장·군수와 공동으로 수립하거나 변경하는 경우를 포함한다)하려면 협의, 승인, 송부, 공고, 열람 등 제2항부터 제4항까지의 규정을 준용한다. 이 경우 "국토해양부장관"은 "도지사"로, "중앙행정기관의 장"은 "행정기관의 장(국토해양부장관을 포함한다)"으로, "중앙도시계획위원회"는 "지방도시계획위원회"로 "시·도지사"는 "시장 또는 군수"로 본다.

(4) 광역도시계획의 조정 (제17조)

광역도시계획을 공동으로 수립하는 시·도지사는 그 내용에 관하여 서로 협의가 되지 아니하면 공동이나 단독으로 국토해양부장관에게 조정을 신청할 수 있다(동조 제1항). 국토해양부장관은 제1항에 따라 단독으로 조정신청을 받은 경우에는 기한을 정하여 당사자 간에 다시 협의를 하도록 권고할 수 있으며, 기한 내에 협의가 이루어지지 아니하는 경우에는 직접 조정할 수 있다(동조 제2항). 국토해양부장관은 조정의 신청을 받거나 직접 조정하려는 경우에는 중앙도시계획위원회의 심의를 거쳐 광역도시계획의 내용을 조정하여야 한다. 이 경우 이해관계를 가진 지방자치단체의 장은 중앙도시계획위원회의 회의에 출석하여 의견을 진술할 수 있다(동조 제3항). 광역도시계획을 수립하는 자는 제3항에 따른 조정 결과를 광역도시계획에 반영하여야 한다(동조 제4항). 광역도시계획을 공동으로 수립하는 시장 또는 군수는 그 내용에 관하여 서로 협의가 되지 아니하면 공동이나 단독으로 도지사에게 조정을 신청할 수 있다(동조 제4항). 도지사가 광역도시계획을 조정하는 경우에는 제2항부터 제4항까지의 규정을 준용한다. 이 경우 "국토해양부장관"은 "도지사"로, "중앙도시계획위원회"는 "도의 지방도시계획위원회"로 본다(제6항).

(5) 광역도시계획협의회의 구성 및 운영 (제17조의2)

국토해양부장관, 시·도지사, 시장 또는 군수는 광역도시계획을 공동으로 수립할 때에는 광역도시계획의 수립에 관한 협의 및 조정이나 자문 등을 위하여 광역도시계획협의회를 구성하여 운영할 수 있다(동조 제1항). 광역도시계획협의회에서 광역도시계획의 수립에 관하여 협의·조정을 한 경우에는 그 조정 내용을 광역도시계획에 반영하여야 하며, 해당 시·도지사, 시장 또는 군수는 이에 따라야 한다.

광역도시계획협의회의 위원은 관계 공무원, 광역도시계획에 관하여 학식과 경험이 있는 사람으로 구성하며(令 제13조의2 제1항), 광역도시계획협의회의 구성 및 운영에 관한 구체적인 사항은 법 제11조에 따른 광역도시계획 수립권자가 협의하여 정한다(동 令 제2항).

3. 도시기본계획 (제3장)

(1) 의의 및 성질

도시기본계획이라 함은 특별시・광역시・시 또는 군의 관할 구역에 대하여 기본적인 공간구조와 장기발전방향을 제시하는 종합계획으로서 도시관리계획 수립의 지침이 되는 계획을 말한다(제2조 제3호). 도시기본계획은 직접 일반국민을 구속하는 효력이 없는 대신 행정기관이 도시관리계획을 수립함에 있어 이에 기초하여 작성하여야 한다는 의미에서 행정구속적 계획에 속한다. 따라서 도시기본계획 그 자체로서는 행정소송의 대상으로서의 처분성을 인정받기 어렵다.

(2) 수립권자와 대상지역 (제18조)

특별시장・광역시장・시장 또는 군수는 관할 구역에 대하여 도시기본계획을 수립하여야 한다. 다만, 시 또는 군의 위치, 인구의 규모, 인구감소율 등을 고려하여 다음 각호의 1에 해당하는 시 또는 군은 도시기본계획을 수립하지 아니할 수 있다(동조 제1항, 令 제14조). 1.「수도권정비계획법」 제2조제1호의 규정에 의한 수도권(이하 "수도권"이라 한다)에 속하지 아니하고 광역시와 경계를 같이하지 아니한 시 또는 군으로서 인구 10만명 이하인 시 또는 군 2. 관할구역 전부에 대하여 광역도시계획이 수립되어 있는 시 또는 군으로서 당해 광역도시계획에 법 제19조제1항 각호의 사항이 모두 포함되어 있는 시 또는 군.

특별시장・광역시장・시장 또는 군수는 지역여건상 필요하다고 인정되면 인접한 특별시・광역시・시 또는 군의 관할 구역 전부 또는 일부를 포함하여 도시기본계획을 수립할 수 있다(동조 제2항). 특별시장・광역시장・시장 또는 군수는 제2항에 따라 인접한 특별시・광역시・시 또는 군의 관할 구역을 포함하여 도시기본계획을 수립하려면 미리 그 특별시장・광역시장・시장 또는 군수와 협의하여야 한다(동조 제3항).

(3) 내용 (제19조)

도시기본계획에는 1. 지역적 특성 및 계획의 방향・목표에 관한 사항 2. 공간구조, 생활권의 설정 및 인구의 배분에 관한 사항 3. 토지의 이용 및 개발에 관한 사항 4. 토지의 용도별 수요 및 공급에 관한 사항 5. 환경의 보전 및 관리에 관한 사항 6. 기반시설에 관한 사항 7. 공원・녹지에 관한 사항 8. 경관에 관한 사항 9. 제2호부터 제8호까지에 규정된 사항의 단계별 추진에 관한 사항 10. 기타 대통령령으로 정하는 사항에 대한 정책 방향이 포함되어야 한다(동조 제1항).

광역도시계획이 수립되어 있는 지역에 대하여 수립하는 도시기본계획은 그 광역도시계획에 부합되어야 하며, 도시기본계획의 내용이 광역도시계획의 내용과 다를 때에는 광역도시계획의 내용이 우선한다(동조 제2항). 도시기본계획의 수립기준 등은 대통령령으로 정하는 바에 따라 국토해양부장관이 정한다(동조 제3항). 기타 대통령령이 정하는 사항이라 함은 다음 각 호의 사항으로서 도시기본계획의 방향 및 목표 달성과 관련된 사항을 말한다. 1. 도심 및 주거환경의 정비・보전에 관한 사항 2. 경제・산업・사회・문화의 개발 및 진흥에 관한 사항 3. 교통・물류체계의 개선과 정보통신의 발전에 관한 사항 4. 미관의 관리에 관한 사항 5. 방재 및 안전에 관한 사항 6. 재정확충 및 도시기본계획의 시행을 위하여 필요한 재원조달에 관한 사항 7. 제1호 내지 제6호에 규정된 사항의 단계별 추진에 관한 사항(令 제15조).

(4) 결정절차

1) 기초조사 및 공청회 (제20조)

도시기본계획을 수립하거나 변경하는 경우에는 제13조와 제14조를 준용한다. 이 경우 "국토해양부장관, 시・도지사, 시장 또는 군수"는 "특별시장・광역시장・시장 또는 군수"로, "광역도시계획"은 "도시기본계획"으로 본다.

2) 지방의회의 의견 청취 (제21조)

특별시장・광역시장・시장 또는 군수는 도시기본계획을 수립하거나 변경하려면 미리 그 특별시·광역시·시 또는 군 의회의 의견을 들어야 한다(동조 제1항). 특별시·광역시·시 또는 군의 의회는 특별한 사유가 없으면 30일 이내에 특별시장·광역시장·시장 또는 군수에게 의견을 제시하여야 한다(동조 제2항).

3) 계획의 확정 및 승인 (제22조 및 제22조의2)

특별시장 또는 광역시장은 도시기본계획을 수립하거나 변경하려면 관계 행정기관의 장(국토해양부장관을 포함한다. 이하 이 조 및 제22조의2에서 같다)과 협의한 후 지방도시계획위원회의 심의를 거쳐야 한다(제22조 제1항). 협의 요청을 받은 관계 행정기관의 장은 특별한 사유가 없으면 그 요청을 받은 날부터 30일 이내에 특별시장 또는 광역시장에게 의견을 제시하여야 한다(동조 제2항). 특별시장 또는 광역시장은 도시기본계획을 수립하거나 변경한 경우에는 관계 행정기관의 장에게 관계 서류를 송부하여야 하며, 해당 특별시·광역시의 공보에 게재하는 방법으로 그 계획을 공고하고 관계 서류를 일반인이 30일 이상 열람할 수 있도록 하여야 한다(동조 제3항, 令 제16조의2 제3항).

시장 또는 군수는 도시기본계획을 수립하거나 변경하려면 도지사의 승인을 받아야 한다(제22조의2 제1항).

도지사는 도시기본계획을 승인하려면 관계 행정기관의 장과 협의한 후 지방도시계획위원회의 심의를 거쳐야 한다(동조 제2항). 이 경우 협의에 관하여는 제22조제2항을 준용하며 "특별시장 또는 광역시장"은 "도지사"로 본다(동조 제3항). 도지사는 도시기본계획을 승인하면 관계 행정기관의 장과 시장 또는 군수에게 관계 서류를 송부하여야 하며, 관계 서류를 받은 시장 또는 군수는 그 계획을 시·군의 공보에 게재하는 방법으로 공고하고 일반인이 30일 이상 열람할 수 있도록 하여야 한다(동조 제4항, 令 동조 제3항).

4) 도시기본계획과 국가계획의 관계 (제22조의3)

국토해양부장관은 국가의 정책적 목적을 이루기 위한 사업 중 「국토기본법」 제6조 제2항 제1호에 따른 국토종합계획 또는 광역도시계획에 포함된 내용으로서 330만 제곱미터 이상인 사업을 추진하기 위하여 제19조 제1항 제1호부터 제9호까지의 사항을 모두 포함한 국가계획을 수립할 수 있다(동조 제1항, 令 제17조의2). 국토해양부장관은 국가계획을 수립하려면 미리 시장·군수 등의 의견을 듣고 시·도지사와 충분히 협의하여야 한다(동조 제2항). 국가계획은 국무회의의 심의를 거쳐 확정하며(동조 제3항), 국가계획을 변경하는 경우에는 제2항과 제3항을 준용한다(동조 제4항). 특히, 확정된 국가계획의 내용이 도시기본계획의 내용과 다른 경우에는 국가계획의 내용이 우선한다(동조 제5항).

5) 도시기본계획의 정비 (제23조)

특별시장·광역시장·시장 또는 군수는 5년마다 관할 구역의 도시기본계획에 대하여 그 타당성 여부를 전반적으로 재검토하여 정비하여야 한다(동조 제1항). 특별시장·광역시장·시장 또는 군수는 도시기본계획의 내용에 우선하는 광역도시계획의 내용 및 도시기본계획에 우선하는 국가계획의 내용을 도시기본계획에 반영하여야 한다(동조 제2항).

4. 도시관리계획 (제4장)

(1) 의의 및 성질

도시관리계획이라 함은 특별시·광역시·시 또는 군의 개발·정비 및 보전을 위하여 수립하는 토지 이용, 교통, 환경, 경관, 안전, 산업, 정보통신, 보건, 후생, 안보, 문화 등에 관한 다음 각 목의 계획을 말한다(제2조 제4호). ① 용도지역·용도지구의 지정 또는 변경에 관한 계획 ② 개발제한구역, 도시자연공원구역, 시가화조정구역(市街化調整區域), 수산자원보호구역의 지정 또는 변경에 관한 계획 ③ 기반시설의 설치·정비 또는 개량에 관한 계획 ④ 도시개발사업이나 정비사업에 관한 계획 ⑤ 지구단위계획구역의 지정 또는 변경에 관한 계획과 지구단위계획.

부연하면 도시관리계획은 법 제1조의 목적을 실현하기 위해 결정되어지는 도시계획으로서, 그 내용은 토지의 이용, 도시시설의 정비 및 시가지 개발사업 등에 관한 계획이라 할 수 있다.

그리고 도시관리계획의 결정은 특정 개인의 권리 내지 법률상 이익을 개별적·구체적으로 규제하는 효과를 가져오게 하는 대외구속적 행정계획으로서 행정소송의 대상이 될 수 있는 '행정처분'이라는 점에 대해서는 대체로 견해가 일치하고 있다.

(2) 대상구역 (제24조)

특별시장 · 광역시장 · 시장 또는 군수는 원칙적으로 관할 구역에 대하여 도시관리계획을 입안하여야 하나, 다음 각 호의 어느 하나에 해당하면 인접한 특별시 · 광역시 · 시 또는 군의 관할 구역 전부 또는 일부를 포함하여 도시관리계획을 입안할 수 있다(동조 제1항, 제2항). 1. 지역여건상 필요하다고 인정하여 미리 인접한 특별시장 · 광역시장 · 시장 또는 군수와 협의한 경우 2. 제18조제2항에 따라 인접한 특별시 · 광역시 · 시 또는 군의 관할 구역을 포함하여 도시기본계획을 수립한 경우.

이 경우 도시관리계획은 관계 특별시장 · 광역시장 · 시장 또는 군수가 협의하여 공동으로 입안하거나 입안할 자를 정할 수 있으나, 협의가 성립되지 아니하는 경우에는 도시관리계획을 입안하려는 구역이 같은 도의 관할 구역에 속할 때에는 관할 도지사가, 둘 이상의 시 · 도의 관할 구역에 걸쳐 있을 때에는 국토해양부장관(제40조에 따른 수산자원보호구역의 경우 농림수산식품부장관을 말한다.)이 입안할 자를 지정하고 그 사실을 고시하여야 한다(동조 제3항, 제4항).

그리고 국토해양부장관은 다음 각 호의 어느 하나에 해당하는 경우에는 직접 또는 관계 중앙행정기관의 장의 요청에 의하여 도시관리계획을 입안할 수 있다. 이 경우 국토해양부장관은 관할 시 · 도지사 및 시장 · 군수의 의견을 들어야 한다(동조 제5항). 1. 국가계획과 관련된 경우 2. 둘 이상의 시 · 도에 걸쳐 지정되는 용도지역 · 용도지구 또는 용도구역과 둘 이상의 시 · 도에 걸쳐 이루어지는 사업의 계획 중 도시관리계획으로 결정하여야 할 사항이 있는 경우 3. 특별시장 · 광역시장 · 시장 또는 군수가 제138조에 따른 기한까지 국토해양부장관의 도시관리계획 조정 요구에 따라 도시관리계획을 정비하지 아니하는 경우.

한편 도지사는 다음 각 호의 어느 하나의 경우에는 직접 또는 시장이나 군수의 요청에 의하여 도시관리계획을 입안할 수 있다. 이 경우 도지사는 관계 시장 또는 군수의 의견을 들어야 한다(동조 제6항). 1. 둘 이상의 시 · 군에 걸쳐 지정되는 용도지역 · 용도지구 또는 용도구역과 둘 이상의 시 · 군에 걸쳐 이루어지는 사업의 계획 중 도시관리계획으로 결정하여야 할 사항이 포함되어 있는 경우 2. 도지사가 직접 수립하는 사업의 계획

으로서 도시관리계획으로 결정하여야 할 사항이 포함되어 있는 경우

(3) 도시관리계획의 입안 및 결정

1) 입안

가. 입안기준 및 절차 (제25조)

도시관리계획은 광역도시계획과 도시기본계획에 부합되어야 한다(동조 제1항). 국토해양부장관(제40조에 따른 수산자원보호구역의 경우 농림수산식품부장관을 말한다.), 시 · 도지사, 시장 또는 군수는 도시관리계획을 입안할 때에는 대통령령으로 정하는 바에 따라 도시관리계획도서(계획도와 계획조서를 말한다. 이하 같음)와 이를 보조하는 계획설명서(기초조사결과 · 재원조달방안 및 경관계획 등을 포함한다. 이하 같음)를 작성하여야 한다(동조 제2항). 도시관리계획도서 중 계획도는 축척 1천분의 1 또는 축척 5천분의 1(축척 1천분의 1 또는 축척 5천분의 1의 지형도가 간행되어 있지 아니한 경우에는 축척 2만5천분의 1)의 지형도(수치지형도를 포함한다. 이하 같다)에 도시관리계획사항을 명시한 도면으로 작성하여야 한다. 다만, 지형도가 간행되어 있지 아니한 경우에는 해도 · 해저지형도 등의 도면으로 지형도에 갈음할 수 있고, 계획도가 2매 이상인 경우에는 법 제25조제2항의 규정에 의한 계획설명서에 도시관리계획총괄도(축척 5만분의 1 이상의 지형도에 주요 도시관리계획사항을 명시한 도면을 말한다)를 포함시킬 수 있다(令 제18조 제1항, 제2항).

또 도시관리계획은 계획의 상세 정도, 도시관리계획으로 결정하여야 하는 기반시설의 종류 등에 대하여 도시 및 농 · 산 · 어촌 지역의 인구밀도, 토지 이용의 특성 및 주변 환경 등을 종합적으로 고려하여 차등을 두어 입안하여야 한다(동조 제3항).

도시관리계획의 수립기준, 도시관리계획도서 및 계획설명서의 작성기준 · 작성방법 등은 대통령령으로 정하는 바에 따라 국토해양부장관이 정한다(동조 제4항, 令 제19조).

나. 입안의 제안 (제26조)

주민(이해관계자를 포함한다. 이하 같다)은 다음 각 호의 사항에 대하여 제24조에 따라 도시관리계획을 입안할 수 있는 자에게 도시관리계획의 입안을 제안할 수 있다.

이 경우 제안서에는 도시관리계획도서와 계획설명서를 첨부하여야 한다(동조 제1항). 1. 기반시설의 설치 · 정비 또는 개량에 관한 사항 2. 지구단위계획구역의 지정 및 변경과 지구단위계획의 수립 및 변경에 관한 사항.

도시관리계획입안의 제안을 받은 국토해양부장관, 시 · 도지사, 시장 또는 군수는 제안일부터 60일 이내에 도시관리계획입안에의 반영여부를 제안자에게 통보하여야 한다. 다만, 부득이한 사정이 있는 경우에는 1회에 한하여 30일을 연장할 수 있다. 국토해양부장관, 시 · 도지사, 시장 또는 군수는 제안을 도시관리계획입안에 반영할 것인지 여부를 결정함에 있어서 필요한 경우에는 중앙도시계획위원회 또는 당해 지방자치단체에 설치된 지방도시계획위원회의 자문을 거칠 수 있으며, 제안을 도시관리계획입안에 반영하는 경우에는 제안서에 첨부된 도시관리계획도서와 계획설명서를 도시관리계획의 입안에 활용할 수 있다(동조 제2항, 令 제20조 제1항 내지 제3항). 그리고 도시관리계획의 입안을 제안 받은 자는 제안자와 협의하여 제안된 도시관리계획의 입안 및 결정에 필요한 비용의 전부 또는 일부를 제안자에게 부담시킬 수 있다(동조 제3항).

다. 입안을 위한 기초조사 등 (제27조)

도시관리계획을 입안하는 경우에는 제13조를 준용한다. 다만, 令 제25조제3항 각호 및 동조 제4항 각호의 사항으로 정하는 경미한 사항을 입안하는 경우에는 그러하지 아니하다(동조 제1항, 令 제21조 제1항). 국토해양부장관(제40조에 따른 수산자원보호구역의 경우 농림수산식품부장관을 말한다. 이하 이 조에서 같다), 시 · 도지사, 시장 또는 군수는 기초조사의 내용에 도시관리계획이 환경에 미치는 영향 등에 대한 환경성 검토를 포함하여야 한다(동조 제2항).

국토해양부장관, 시 · 도지사, 시장 또는 군수는 제1항에 따른 기초조사의 내용에 국토해양부장관이 정하는 바에 따라 실시하는 토지의 토양, 입지, 활용가능성 등 토지의 적성에 대한 평가를 포함하여야 한다(동조 제3항).

라. 주민과 지방의회의 의견 청취 (제28조)

국토해양부장관(제40조에 따른 수산자원보호구역의 경우 농림수산식품부장관을 말한다. 이하 이 조에서 같다), 시 · 도지사, 시장 또는 군수는 제25조에 따라 도시관리계획을 입안할 때에는 주민의 의견을 들어야 하며, 그 의견이 타당하다고 인정되면 도시관리계획안에 반영하여야 한다. 다만, 국방상 또는 국가안전보장상 기밀을 지켜야 할 필요가 있는 사항(관계 중앙행정기관의 장이 요청하는 것만 해당한다)이거나 대통령령으로 정하는 경미한 사항(令 제25조제3항 각호 및 동조 제4항 각호의 사항으로 정하는 사항)인 경우에는 그러하지 아니하다(동조 제1항, 令 제22조 제1항).

국토해양부장관이나 도지사가 제5항에 따라 지방의회의 의견을 듣는 경우에는 제2항과 제3항을 준용한다. 이 경우 "주민"은 "지방의회"로 본다(동조 제6항).

특별시장·광역시장·시장 또는 군수가 제5항에 따라 지방의회의 의견을 들으려면 의견 제시 기한을 밝혀 도시관리계획안을 송부하여야 한다. 이 경우 해당 지방의회는 명시된 기한까지 특별시장·광역시장·시장 또는 군수에게 의견을 제시하여야 한다(동조 제7항).

마. 입안의 특례 (제35조)

국토해양부장관, 시·도지사, 시장 또는 군수는 도시관리계획을 조속히 입안하여야 할 필요가 있다고 인정되면 광역도시계획이나 도시기본계획을 수립할 때에 도시관리계획을 함께 입안할 수 있고(동조 제1항), 또 국토해양부장관(제40조에 따른 수산자원보호구역의 경우 농림수산식품부장관을 말한다), 시·도지사, 시장 또는 군수는 필요하다고 인정되면 도시관리계획을 입안할 때에 제30조제1항에 따라 협의하여야 할 사항에 관하여 관계 중앙행정기관의 장이나 관계 행정기관의 장과 협의할 수 있다. 이 경우 시장이나 군수는 도지사에게 그 도시관리계획의 결정을 신청할 때에 관계 행정기관의 장과의 협의 결과를 첨부하여야 한다(동조 제2항). 그리고 미리 협의한 사항에 대하여는 제30조제1항에 따른 협의를 생략할 수 있다(동조 제3항).

2) 결정

가. 결정권자 (제29조)

도시관리계획은 시·도지사가 직접 또는 시장·군수의 신청에 따라 결정하지만, 다만,「지방자치법」제175조에 따른 서울특별시와 광역시를 제외한 인구 50만 이상의 대도시(이하 "대도시"라 한다)의 경우에는 해당 시장(이하 "대도시 시장"이라 한다)이 직접 결정한다(동조 제1항)<전문개정 2009. 12.29>. 특히, 다음 각 호의 도시관리계획은 국토해양부장관이 결정한다. 다만, 제4호의 도시관리계획은 농림수산식품부장관이 결정한다(동조 제2항). 1. 제24조제5항에 따라 국토해양부장관이 입안한 도시관리계획 2. 제38조에 따른 개발제한구역의 지정 및 변경에 관한 도시관리계획 3. 제39조에 따른 시가화조정구역의 지정 및 변경에 관한 도시관리계획 4. 제40조에 따른 수산자원보호구역의 지정 및 변경에 관한 도시관리계획

나. 결정절차(제30조)

가) 관계 행정기관의 장과의 사전 협의 (동조 제1항, 제2항)

시・도지사는 도시관리계획을 결정하려면 관계 행정기관의 장과 미리 협의하여야 하며, 국토해양부장관(제40조에 따른 수산자원보호구역의 경우 농림수산식품부장관을 말한다. 이하 이 조에서 같다)이 도시관리계획을 결정하려면 관계 중앙행정기관의 장과 미리 협의하여야 한다. 이 경우 협의 요청을 받은 기관의 장은 특별한 사유가 없으면 그 요청을 받은 날부터 30일 이내에 의견을 제시하여야 한다(동조 제1항). 시・도지사는 제24조제5항에 따라 국토해양부장관이 입안하여 결정한 도시관리계획을 변경하거나 기타 다음 각 호에 정하는 중요한 사항에 관한 도시관리계획을 결정하려면 미리 국토해양부장관과 협의하여야 한다. 다만, 제3항 각호 및 제4항 각호의 사항과 관계 법령에 의하여 국토해양부장관(법 제40조에 따른 수산자원보호구역의 경우 농림수산식품부장관을 말한다. 이하 이 조에서 같다)과 미리 협의한 사항을 제외한다(동조 제2항, 令 제25조 제1항). 1. 광역도시계획과 관련하여 시・도지사가 입안한 도시관리계획 2. 개발제한구역이 해제되는 지역에 대하여 해제 이후 최초로 결정되는 도시관리계획 3. 2 이상의 시・도에 걸치는 기반시설의 설치・정비 또는 개량에 관한 도시관리계획중 국토해양부령이 정하는 도시관리계획

나) 도시계획위원회의 심의

국토해양부장관은 도시관리계획을 결정하려면 중앙도시계획위원회의 심의를 거쳐야 하며, 시・도지사가 도시관리계획을 결정하려면 제113조제1항에 따른 시・도도시계획위원회의 심의를 거쳐야 한다.

그리고 건축위원회와 도시계획위원회가 공동으로 지구단위계획을 심의하고자 하는 경우에는 공동위원회를 구성한다(令 제25조 제2항).

다) 절차의 생략

국토해양부장관이나 시·도지사는 국방상 또는 국가안전보장상 기밀을 지켜야 할 필요가 있다고 인정되면(관계 중앙행정기관의 장이 요청할 때만 해당된다) 그 도시관리계획의 전부 또는 일부에 대하여 제1항부터 제3항까지의 규정에 따른 절차를 생략할 수 있다(동조 제4항).

라) 고시 및 열람

국토해양부장관이나 시·도지사는 도시관리계획을 결정하면 대통령령으로 정하는 바에 따라 그 결정을 고시하고, 국토해양부장관이나 도지사는 관계 서류를 관계 특별시장·광역시장·시장 또는 군수에게 송부하여 일반이 열람할 수 있도록 하여야 하며, 특별시장·광역시장은 관계 서류를 일반이 열람할 수 있도록 하여야 한다(동조 제6항).

그리고 특별시장 또는 광역시장은 다른 특별시·광역시·시 또는 군의 관할구역이 포함된 도시관리계획 결정을 고시하는 때에는 당해 특별시장·광역시장·시장 또는 군수에게 관계 서류를 송부하여야 한다(令 동조 제6항).

3) 도시관리계획의 변경

결정된 도시관리계획을 변경하려는 경우에는 제1항부터 제4항까지의 규정을 준용한다. 다만, 시행령이 정하는 일정한 경우에는 관계 행정기관의 장과의 협의, 국토해양부장관과의 협의 및 중앙도시계획위원회 또는 지방도시계획위원회의 심의를 거치지 아니하고 도시관리계획(지구단위계획은 제외한다)을 변경할 수 있다. (제30조 제5항, 令 제25조 제3항).

그리고 지구단위계획 중 시행령이 정하는 일정한 경우에도 관계 행정기관의 장과의 협의, 국토해양부장관과의 협의 및 중앙도시계획위원회 또는 지방도시계획위원회의 심의를 거치지 아니하고 지구단위계획을 변경할 수 있다. 이 경우 특별시·광역시·시 또는 군의 도시계획조례가 정하는 사항에 대하여는 건축위원회와 도시계획위원회의 공동심의를 거치지 아니하고 변경할 수 있다.(令 제25조 제4항)

4) 후속절차

가. 지형도면의 고시 (제32조)

특별시장 · 광역시장 · 시장 또는 군수는 제30조 제6항에 따른 도시관리계획 결정이 고시되면 대통령령으로 정하는 바에 따라 지적(地籍)이 표시된 지형도에 도시관리계획 사항을 자세히 밝힌 도면을 작성하여야 한다. 다만, 도시지역 외의 지역으로서 해당 토지에 도시계획시설이 결정되지 아니한 경우 등 대통령령으로 정하는 경우에는 지적이 표시되지 아니한 지형도에 도시관리계획 사항을 자세히 밝힌 도면을 작성할 수 있다(제1항). 시장(대도시 시장은 제외한다)이나 군수는 제1항에 따른 지형도에 도시관리계획 사항을 자세히 밝힌 도면(이하 "지형도면"이라 함)을 작성하면 도지사의 승인을 받아야 한다. 이 경우 지형도면의 승인 신청을 받은 도지사는 그 지형도면과 결정 · 고시된 도시관리계획을 대조하여 착오가 없다고 인정되면 대통령령으로 정하는 기간에 그 지형도면을 승인하여야 한다(제2항). 국토해양부장관(제40조에 따른 수산자원보호구역의 경우 농림수산식품부장관을 말한다.)이나 도지사는 도시관리계획을 직접 입안한 경우에는 관계 특별시장 · 광역시장 · 시장 또는 군수의 의견을 들어 직접 지형도면을 작성할 수 있다(제3항). 국토해양부장관, 시 · 도지사 또는 대도시 시장은 직접 지형도면을 작성하거나 지형도면을 승인한 경우에는 대통령령으로 정하는 바에 따라 그 사실을 고시하고, 국토해양부장관이나 도지사는 관계 서류를 관계 특별시장 · 광역시장 · 시장 또는 군수에게 송부하여 일반이 열람할 수 있도록 하여야 하며, 특별시장 · 광역시장 또는 대도시 시장은 관계 서류를 일반이 열람할 수 있도록 하여야 한다(제4항). 대통령령으로 정하는 축척 이상의 지형도를 사용하여 도시관리계획 결정을 고시한 경우에는 지형도면을 따로 작성하지 아니하고 그 도시관리계획 결정의 고시로써 제4항에 따른 고시를 갈음할 수 있다. 이 경우 도시관리계획 결정의 고시 내용에는 지형도면을 따로 작성하여 고시하지 아니한다는 것을 분명하게 기록하여야 한다.

나. 도시관리계획 결정의 실효 (제33조)

도시관리계획 결정의 고시일부터 2년이 되는 날까지 제32조제4항에 따른 지형도면의 고시가 없는 경우(같은 조 제5항에 따라 지형도면의 고시를 갈음하는 경우는 제외한다)에는 그 2년이 되는 날의 다음날에 그 도시관리계획 결정은 효력을 잃는다(제1항). 국토해양부장관(수산자원보호구역의 경우 농림수산식품부장관을 말한다), 시

·도지사 또는 대도시 시장은 제1항에 따라 도시관리계획 결정이 효력을 잃게 된 때에는 지체 없이 그 사실을 고시하여야 하는 바, 국토해양부장관(수산자원보호구역의 경우 농림수산식품부장관을 말한다)이 하는 경우에는 관보에, 시·도지사 또는 대도시 시장이 하는 경우에는 해당 시·도 또는 대도시의 공보에 실효일자 및 실효사유와 실효된 도시관리계획의 내용을 게재하는 방법에 의한다(令 제28조).

다. 도시관리계획의 정비 (제34조)

특별시장·광역시장·시장 또는 군수는 5년마다 관할 구역의 도시관리계획에 대하여 대통령령으로 정하는 바에 따라 그 타당성 여부를 전반적으로 재검토하여 정비하여야 한다(제34조). 즉, 특별시장·광역시장·시장 또는 군수는 도시관리계획을 정비함에 있어서 도시계획시설에 대한 도시관리계획결정의 고시일부터 10년 이내에 당해 도시계획시설의 설치에 관한 도시계획시설사업이 시행되지 아니한 때에는 당해 도시계획시설결정의 타당성을 검토하여 그 결과를 도시관리계획입안에 반영하여야 한다(令 제29조 제1항). 그리고 도시기본계획을 수립하지 아니하는 시·군의 시장·군수가 도시관리계획을 정비하는 때에는 법 제25조 제2항의 규정에 의한 계획설명서에 당해 시·군의 장기발전구상을 포함시켜야 하며, 공청회를 개최하여 이에 관한 주민의 의견을 들어야 한다(令 동조 제2항).

(4) 지구단위계획 (제4장 제4절)

1) 의의

상술한 바와 같이 모든 나라는 각국의 역사적 환경에 따라 서로 다른 토지이용제도를 가지고 있는 바, 독일과 영국, 프랑스 등은 지구상세계획제도를 토지이용계획의 기본으로 삼고 있는 반면 우리나라와 일본은 용도지역제를 토지이용계획제도의 기본적인 틀로 하면서 이를 보완하기 위해 지구계획제도를 도입하고 있다. 구미제국에서 채택하고 있는 지구상세계획제도의 핵심적 요소는 요컨대 지구 단위에서의 접근이며 미시적인 토지의 이용이나 지구의 환경 등 공간 요소들을 하나의 시스템으로 파악하여, 都市設計(Urban Design)에 의거 지구의 공간적 이용의 구체적 내용을 구속력 있는 계획의 형식으로 정하되, 규제의 내용은 용도지역제와는 달리 결코 일률적·획일적인 것이 아니다. 다만 우리나라의 지구계획제도는 그동안 도시계획법상 상세계획구역 제도와 건축법상 도시설계제도로 이원화되어 규정되고 있었으며, 양자는 모두 상세계획의 변형이라 할 수 있고, 그 실질에 있어서 큰 차이를 보이지 않았다. 또 수립대상지역이 한정되어 있고, 규제의 내용이 획일적이어서 지역의 특성에 따른 탄력적 대처가 곤란하였다. 그 결과 2000. 1. 28 도시계획법의 전면개정을 통하여 두 개의 제도를 하나의 제도로 통합하고 그 명칭도 지구단위계획으로 전환하게 된 것이다. 다만 아직도 우리나라의 지구계획제도는 독일 등 서유럽의 지구상세계획제도와는 상당한 차이를 보이고 있는 것이 사실이다. 왜냐하면 우리나라의 지구단위계획은 기본적으로 자치단체의 의무로 규정된 것이 아니라 선택적으로 행할 수 있는 자유로운 제도로 출발하고 있으며, 그 내용도 용도지역제의 일반적인 규제에 덧붙여진 부가적 규제의 수준에 머물고 있을 뿐 아니라 규제의 방법에 있어서도 상당부분 강제성이 없는 행정지도의 수단에 맡겨져 있는 실정이기 때문이다.

2) **지구단위계획의 구분** (제49조) - **지구단위계획은 다음과 같이 구분한다.**

제1종 지구단위계획: 토지 이용을 합리화・구체화하고, 도시 또는 농・산・어촌의 기능을 증진하며, 미관을 개선하고 양호한 환경을 확보하기 위하여 수립하는 계획

제2종 지구단위계획: 계획관리지역이나 개발진흥지구를 체계적・계획적으로 개발하거나 관리하기 위하여 용도지역의 건축물, 그 밖의 시설의 용도・종류 및 규모 등에 대한 제한을 완화하거나 건폐율 또는 용적률을 완화하여 수립하는 계획

3) **결정의 형식** (제50조)

지구단위계획구역 및 지구단위계획은 도시관리계획으로 결정한다.

4) **지구단위계획의 내용** (제52조)

지구단위계획구역의 지정목적을 이루기 위하여 제1종 지구단위계획과 제2종 지구단위계획에는 다음 각 호의 사항 중 제2호부터 제4호까지 및 제7호의 사항을 포함한 넷 이상의 사항이 포함되어야 한다. 다만, 산업 및 유통개발 진흥 등 대통령령으로 정하는 목적으로 수립하는 제2종 지구단위계획에는 제2호와 제4호의 사항을 포함한 둘 이상의 사항이 포함되어야 한다(제1항).

1. 용도지역이나 용도지구를 시행령이 정하는 범위에서 세분·변경하는 사항(令 제45조 제2항)
2. 시행령이 정하는 시설로서 당해 지구단위계획구역의 지정목적 달성을 위하여 필요한 기반시설의 배치와 규모(令 제45조 제3항)
3. 도로로 둘러싸인 일단의 지역 또는 계획적인 개발·정비를 위하여 구획된 일단의 토지의 규모와 조성계획
4. 건축물의 용도제한, 건축물의 건폐율 또는 용적률, 건축물 높이의 최고한도 또는 최저한도
5. 건축물의 배치·형태·색채 또는 건축선에 관한 계획
6. 환경관리계획 또는 경관계획
7. 교통처리계획
8. 그 밖에 토지 이용의 합리화, 도시나 농·산·어촌의 기능 증진 등에 필요한 사항으로서 시행령이 정하는 사항(令 제45조 제4항)

지구단위계획은 도로, 상하수도, 주차장·공원·녹지·공공공지, 수도·전기·가스·열 공급설비, 학교(초등학교 및 중학교에 한한다)·하수도 및 폐기물처리시설 등 도시계획시설의 처리·공급 및 수용능력이 지구단위계획구역에 있는 건축물의 연면적, 수용인구 등 개발밀도와 적절한 조화를 이룰 수 있도록 하여야 한다(제2항, 令 제45조 제5항).

지구단위계획구역에서는 제76조부터 제78조까지의 규정과 「건축법」 제42조·제43조·제44조·제60조 및 제61조, 「주차장법」 제19조 및 제19조의2를 대통령령으로 정하는 범위에서 지구단위계획으로 정하는 바에 따라 완화하여 적용할 수 있다(제3항, 令 제46조 제1항 내지 제9항).

특별시장·광역시장·시장 또는 군수는 제1종지구단위계획구역 안에 있는 토지를 공공시설부지로 제공하고 보상을 받은 자 또는 그 포괄승계인이 그 보상금액에 국토해양부령이 정하는 이자를 더한 금액(이하 "반환금"이라 함)을 반환하는 경우에는 당해 지방자치단체의 도시계획조례가 정하는 바에 따라 제1항 각 호의 규정을 적용하여 당해 건축물에 대한 건폐율·용적률 및 높이제한을 완화할 수 있다. 이 경우 그 반환금은 기반시설의 확보에 사용하여야 한다(令 제46조 제2항).

5) 지구단위계획의 수립기준(제52조 제4항)

그 수립기준 등은 대통령령으로 정하는 바에 따라 국토해양부장관이 정하게 되어 있다(제4항). 국토해양부장관은 지구단위계획의 수립기준을 정할 때에는 지구지정의 목적이나 관련 법령 등을 종합적으로 고려하여 이를 결정하여야 한다(令 제48조).

(5) 효과

1) 효력의 발생 (제31조)

도시관리계획 결정은 제30조 제6항에 따른 고시가 된 날부터 5일 후에 그 효력이 발생한다(제1항). 그러나 도시관리계획 결정 당시 이미 사업이나 공사에 착수한 자(이 법 또는 다른 법률에 따라 허가 · 인가 · 승인 등을 받아야 하는 경우에는 그 허가 · 인가 · 승인 등을 받아 사업이나 공사에 착수한 자를 말한다)는 그 도시관리계획 결정에 관계없이 그 사업이나 공사를 계속할 수 있다. 다만, 시가화조정구역이나 수산자원보호구역의 지정에 관한 도시관리계획 결정이 있는 경우에는 대통령령으로 정하는 바에 따라 특별시장 · 광역시장 · 시장 또는 군수에게 신고하고 그 사업이나 공사를 계속할 수 있다(동조 제2항).

2) 용도지역제의 실시 (후술 Ⅴ참조)

3) 도시계획시설의 설치 및 도시계획시설사업의 시행 (후술 Ⅵ 참조)

Ⅳ. 개발행위의 허가 등 (제5장)

1. 개설

우리나라의 경우 '건축자유의 원칙'이 폭넓게 자리하고 있어, 특정 개발행위와 관련하여 비록 그것이 상위계획이나 환경 · 경관 등의 측면에서 비추어 비록 부합하지 못하는 문제점이 발견되어도 달리 법령 위반의 사실만 없으면 관련 행정기관으로서는 허가를 할 수밖에 없어, 결과적으로 난개발을 부추겨 왔던 사실을 부인하기 어렵다. 이러한 문제를 해소하기 위하여 새 법률에서는 전 국토를 대상으로 하여 개발행위허가제를 도입함으로써 건축물의 건축, 토지형질변경이나 토석채취 등 행위를 대상으로 하여, 계획의 적정성 여부, 기반시설의 확보 여부, 주변환경과의 조화 등 문제를 고려하여 최종적으로 허가, 불허가 또는 조건부 허가를 결정할 수 있도록 하였다. 구체적 운영방안으로서는, 후술하는 바와 같이 개발사업의 규모에 따라 소규모 개발사업에 있어서는 시장·군수가 직접 허가 여부를 결정하도록 하였으나 일정 규모 이상의 개발사업에 대하여는 그 규모에 상응하여 시·군·구위원회, 시·도위원회, 중앙위원회의 심의를 거치도록 하되, 수도권과 지방, 용도지역별(도시/비도시)로 기준을 차등화하고 있는 점을 유의할 필요가 있다.

2. 개발행위의 허가

(1) 허가권자 (제56조)

다음 각 호의 어느 하나에 해당하는 행위(이하 "개발행위"라 한다)를 하려는 자는 특별시장·광역시장·시장 또는 군수의 허가(이하 "개발행위허가"라 한다)를 받아야 한다. 다만, 도시계획사업에 의한 행위는 그러하지 아니하다(동조 제1항, 令 제51조).

1. 건축물의 건축 : 「건축법」 제2조제1항 제2호에 따른 건축물의 건축
2. 공작물의 설치 : 인공을 가하여 제작한 시설물(「건축법」 제2조 제1항 제2호에 따른 건축물을 제외한다)의 설치
3. 토지의 형질변경 : 절토·성토·정지·포장 등의 방법으로 토지의 형상을 변경하는 행위와 공유수면의 매립(경작을 위한 토지의 형질변경을 제외한다)
4. 토석채취 : 흙·모래·자갈·바위 등의 토석을 채취하는 행위. 다만, 토지의 형질변경을 목적으로 하는 것을 제외한다.
5. 토지분할 : 다음 각 목의 어느 하나에 해당하는 토지의 분할(「건축법」 제57조에 따른 건축물이 있는 대지는 제외한다)
   가. 녹지지역·관리지역·농림지역 및 자연환경보전지역 안에서 관계법령에 따른 허가·인가 등을 받지 아니하고 행하는 토지의 분할

나. 「건축법」 제57조제1항에 따른 분할제한면적 미만으로의 토지의 분할
다. 관계 법령에 의한 허가 · 인가 등을 받지 아니하고 행하는 너비 5미터 이하로 의 토지의 분할

6. 물건을 쌓아놓는 행위 : 녹지지역 · 관리지역 또는 자연환경보전지역 안에서 건축물의 울타리 안(적법한 절차에 의하여 조성된 대지에 한한다)에 위치하지 아니한 토지에 물건을 1월 이상 쌓아놓는 행위.

개발행위허가를 받은 사항을 변경하는 경우에는 제1항을 준용한다. 다만, 다음 각 호의 1에 해당하는 경미한 사항을 변경하는 경우에는 그러하지 아니하다(동조 제2항, 令 제52조). 1. 사업기간을 단축하는 경우 2. 사업면적을 5퍼센트 범위 안에서 축소하는 경우 3. 관계 법령의 개정 또는 도시관리계획의 변경에 따라 허가받은 사항을 불가피하게 변경하는 경우.

그리고 개발행위허가를 받은 자는 상기 경미한 사항을 변경한 때에는 지체 없이 그 사실을 특별시장 · 광역시장 · 시장 또는 군수에게 통지하여야 한다(令 동조 제2항).

(2) 허가의 기준 (제58조)

특별시장 · 광역시장 · 시장 또는 군수는 개발행위허가의 신청 내용이 다음 각 호의 기준에 맞는 경우에만 개발행위허가를 하여야 한다(동조 제1항).

1. 용도지역별 특성을 고려하여 대통령령으로 정하는 개발행위의 규모에 적합할 것
2. 도시관리계획의 내용에 어긋나지 아니할 것
3. 도시계획사업의 시행에 지장이 없을 것
4. 주변지역의 토지이용실태 또는 토지이용계획, 건축물의 높이, 토지의 경사도, 수목의 상태, 물의 배수, 하천 · 호소 · 습지의 배수 등 주변환경이나 경관과 조화를 이룰 것
5. 해당 개발행위에 따른 기반시설의 설치나 그에 필요한 용지의 확보계획이 적절할 것

상기 제1호에서 "대통령령이 정하는 개발행위의 규모"라 함은 다음 각 호에 해당하는 토지의 형질변경면적을 말한다. 다만, 관리지역 및 농림지역에 대하여는 제2호 및 제3호의 규정에 의한 면적의 범위 안에서 당해 특별시 · 광역시 · 시 또는 군의 도시

계획조례로 따로 정할 수 있다(令 제55조 제1항).

1. 도시지역

가. 주거지역 · 상업지역 · 자연녹지지역 · 생산녹지지역 : 1만 제곱미터 미만

나. 공업지역 : 3만 제곱미터 미만

다. 보전녹지지역 : 5천 제곱미터 미만

2. 관리지역 : 3만 제곱미터 미만

3. 농림지역 : 3만 제곱미터 미만

4. 자연환경보전지역 : 5천 제곱미터 미만.

令 제55조 제1항의 규정을 적용함에 있어서 개발행위허가의 대상인 토지가 둘 이상의 용도지역에 걸치는 경우에는 각각의 용도지역에 위치하는 토지부분에 대하여 각각의 용도지역의 개발행위의 규모에 관한 규정을 적용한다. 다만, 개발행위허가의 대상인 토지의 총면적이 당해 토지가 걸쳐 있는 용도지역 중 개발행위의 규모가 가장 큰 용도지역의 개발행위의 규모를 초과하여서는 아니 된다(令 동조 제2항). 그리고 시행령 및 국토해양부령이 정하는 일정한 경우에는 제1항에 따른 면적제한을 적용하지 아니한다(令 동조 제3항).

허가권자가 개발행위허가를 하고자 하는 때에는 개발행위가 도시계획사업의 시행에 지장을 주는지 여부에 관하여 그 사업시행자의 의견을 들어야 한다(동조 제2항).

(3) 허가의 절차 (제57조, 제59조)

개발행위를 하려는 자는 그 개발행위에 따른 기반시설의 설치나 그에 필요한 용지의 확보, 위해(危害) 방지, 환경오염 방지, 경관, 조경 등에 관한 계획서를 첨부한 신청서를 개발행위허가권자에게 제출하여야 한다. 이 경우 개발밀도관리구역 안에서는 기반시설의 설치나 그에 필요한 용지의 확보에 관한 계획서를 제출하지 아니한다(제57조 제1항).

특별시장 · 광역시장 · 시장 또는 군수는 제1항에 따른 개발행위허가의 신청에 대하여 특별한 사유가 없으면 15일(도시계획위원회의 심의를 거쳐야 하거나 관계 행정기관의 장과 협의를 하여야 하는 경우에는 심의 또는 협의기간을 제외한다) 이내에 허가 또는 불허가의 처분을 하여야 한다(제57조 제2항, 令 제54조 제1항).

특별시장・광역시장・시장 또는 군수는 제2항에 따라 허가 또는 불허가의 처분을 할 때에는 지체 없이 그 신청인에게 허가증을 발급하거나 불허가처분의 사유를 서면으로 알려야 한다(동조 제3항).

관계 행정기관의 장은 제56조의 개발행위 중 건축물의 건축 또는 공작물의 설치를 목적으로 하는 토지의 형질변경으로서 그 면적이 제55조제1항 각호의 1에 해당하는 규모(동항 각호외의 부분 단서의 규정에 의하여 도시계획조례로 규모를 따로 정하는 경우에는 그 규모를 말한다. 이하 이 조에서 같다) 이상인 경우, 부피 3만세제곱미터 이상의 토석채취 등에 해당하는 행위를 이 법에 따라 허가하거나 다른 법률에 따라 인가・허가・승인 또는 협의를 하려면 중앙도시계획위원회나 지방도시계획위원회의 심의를 거쳐야 한다. 다만, 도시계획사업(「택지개발촉진법」 등 다른 법률에서 도시계획사업을 의제하는 사업을 제외한다)에 의하는 경우를 제외한다(제59조 제1항, 슈 제57조 제1항, 제2항).

상기 규정에도 불구하고 다음 각 호의 어느 하나에 해당하는 개발행위는 중앙도시계획위원회와 지방도시계획위원회의 심의를 거치지 아니한다(동조 제2항).

1. 제8조, 제9조 또는 다른 법률에 따라 도시계획위원회의 심의를 받는 구역에서 하는 개발행위 2. 지구단위계획을 수립한 지역에서 하는 개발행위 3. 주거지역・상업지역・공업지역에서 시행하는 개발행위 중 특별시・광역시・시 또는 군의 조례로 정하는 규모・위치 등에 해당하지 아니하는 개발행위 4. 「환경영향평가법」에 따라 환경영향평가를 받은 개발행위 5. 「도시교통정비 촉진법」에 따라 교통영향분석・개선대책에 대한 검토를 받은 개발행위 6.「농어촌정비법」 제2조제4호에 규정된 사업전부를 위한 개발행위(슈 제57조 제5항) 7. 「산림자원의 조성 및 관리에 관한 법률」에 따른 산림사업 및 「사방사업법」에 따른 사방사업을 위한 개발행위.

슈 제57조 제2항의 규정에 불구하고 중앙행정기관의 장이 동항 제2호 각목의 1 또는 제3호 각목의 1에 해당하는 사항을 법에 의하여 허가하거나 다른 법률에 의하여 허가・인가・승인 또는 협의를 하고자 하는 경우에는 중앙도시계획위원회의 심의를 거쳐야 하며, 시・도지사가 동항 제3호 각목의 1에 해당하는 사항을 법에 의하여 허가하거나 다른 법률에 의하여 허가・인가・승인 또는 협의를 하고자 하는 경우에는 시・도 도시계획위원회의 심의를 거쳐야 한다.

국토해양부장관이나 지방자치단체의 장은 「환경영향평가법」에 따라 환경영향평가를 받은 개발행위(동조 제2항 제4호)가 도시계획에 포함되지 아니한 경우에는 관계 행정기관의 장에게 대통령령으로 정하는 바에 따라 중앙도시계획위원회나 지방도시계획위원회의 심의를 받도록 요청할 수 있다. 이 경우 관계 행정기관의 장은 특별한 사유가 없으면 요청에 따라야 한다(동조 제3항).

(4) 허가의 제한 (제63조, 제64조)

국토해양부장관, 시 · 도지사, 시장 또는 군수는 다음 각 호의 어느 하나에 해당되는 지역으로서 도시관리계획상 특히 필요하다고 인정되는 지역에 대하여는 대통령령으로 정하는 바에 따라 중앙도시계획위원회나 지방도시계획위원회의 심의를 거쳐 1회에 한하여 3년 이내의 기간 동안 개발행위허가를 제한할 수 있다. 다만, 제3호부터 제5호까지에 해당하는 지역에 대하여는 1회에 한하여 2년 이내의 기간 동안 개발행위허가의 제한을 연장할 수 있다 (제63조 제1항). 이 경우 개발행위허가를 제한하고자 하는 자가 국토해양부장관인 경우에는 중앙도시계획위원회의 심의를 거쳐야 하며, 시 · 도지사 또는 시장 · 군수인 경우에는 당해 지방자치단체에 설치된 지방도시계획위원회의 심의를 거쳐야 하고, 특히 개발행위허가를 제한하고자 하는 자가 국토해양부장관 또는 시 · 도지사인 경우에는 제1항의 규정에 의한 중앙도시계획위원회 또는 시 · 도도시계획위원회의 심의 전에 미리 제한하고자 하는 지역을 관할하는 시장 또는 군수의 의견을 들어야 한다(令 제60조 제1항, 제2항)

1. 녹지지역이나 계획관리지역으로서 수목이 집단적으로 자라고 있거나 조수류 등이 집단적으로 서식하고 있는 지역 또는 우량 농지 등으로 보전할 필요가 있는 지역
2. 개발행위로 인하여 주변의 환경 · 경관 · 미관 · 문화재 등이 크게 오염되거나 손상될 우려가 있는 지역
3. 도시기본계획이나 도시관리계획을 수립하고 있는 지역으로서 그 도시기본계획이나 도시관리계획이 결정될 경우 용도지역 · 용도지구 또는 용도구역의 변경이 예상되고 그에 따라 개발행위허가의 기준이 크게 달라질 것으로 예상되는 지역
4. 지구단위계획구역으로 지정된 지역

5. 기반시설부담구역으로 지정된 지역

국토해양부장관, 시・도지사, 시장 또는 군수는 제1항에 따라 개발행위허가를 제한하려면 대통령령으로 정하는 바에 따라 제한지역・제한사유・제한대상행위 및 제한기간을 미리 고시하여야 하는 바(동조 제2항), 그 고시는 국토해양부장관이 하는 경우에는 관보에, 시・도지사 또는 시장・군수가 하는 경우에는 당해 지방자치단체의 공보에 게재하는 방법에 의한다(令 제60조 제3항).

특별시장・광역시장・시장 또는 군수는 도시계획시설의 설치 장소로 결정된 지상・수상・공중・수중 또는 지하는 그 도시계획시설이 아닌 건축물의 건축이나 공작물의 설치를 허가하여서는 아니 된다. 다만, 시행령이 정하는 일정한 경우에는 그러하지 아니하다(제64조 제1항, 令 제61조).

특별시장・광역시장・시장 또는 군수는 도시계획시설 결정의 고시일부터 2년이 지날 때까지 그 시설의 설치에 관한 사업이 시행되지 아니한 도시계획시설 중 제85조에 따라 단계별 집행계획이 수립되지 아니하거나 단계별 집행계획에서 제1단계 집행계획(단계별 집행계획을 변경한 경우에는 최초의 단계별 집행계획을 말한다)에 포함되지 아니한 도시계획시설의 부지에 대하여는 제1항에도 불구하고 다음 각 호의 개발행위를 허가할 수 있다(동조 제2항).

1. 가설건축물의 건축과 이에 필요한 범위에서의 토지의 형질 변경
2. 도시계획시설의 설치에 지장이 없는 공작물의 설치와 이에 필요한 범위에서의 토지의 형질 변경
3. 건축물의 개축 또는 재축과 이에 필요한 범위에서의 토지의 형질 변경(제56조제4항제2호에 해당하는 경우는 제외한다)

특별시장・광역시장・시장 또는 군수는 제2항 제1호 또는 제2호에 따라 가설건축물의 건축이나 공작물의 설치를 허가한 토지에서 도시계획시설사업이 시행되는 경우에는 그 시행예정일 3개월 전까지 가설건축물이나 공작물 소유자의 부담으로 그 가설건축물이나 공작물의 철거 등 원상회복에 필요한 조치를 명하여야 한다. 다만, 원상회복이 필요하지 아니하다고 인정되는 경우에는 그러하지 아니하다(동조 제3항). 특별시장・광역시장・시장 또는 군수는 제3항에 따른 원상회복의 명령을 받은 자가 원상회복을 하지 아니하면 「행정대집행법」에 따른 행정대집행에 따라 원상회복을 할

수 있다(동조 제4항).

(5) 감독 및 보호조치 (제60조, 제61조)

1) 개발행위허가의 이행보증 등 (제60조)

특별시장・광역시장・시장 또는 군수는 기반시설의 설치나 그에 필요한 용지의 확보, 위해 방지, 환경오염 방지, 경관, 조경 등을 위하여 필요하다고 인정되는 일정한 경우에는 이의 이행을 보증하기 위하여 개발행위허가를 받는 자로 하여금 이행보증금을 예치하게 할 수 있다.(동조 제1항, 슈 제59조 제1항). 다만, 다음 각 호의 어느 하나에 해당하는 경우에는 그러하지 아니하다.

1. 국가나 지방자치단체가 시행하는 개발행위
2. 「공공기관의 운영에 관한 법률」 제5조 제3항 제1호 또는 제2호 나목에 해당하는 공공기관(이하 "공공기관"이라 한다) 이 시행하는 개발행위(슈 동조 제5항)
3. 그 밖에 해당 지방자치단체의 조례로 정하는 공공단체가 시행하는 개발행위

제60조 제1항에 따른 이행보증금(이하 "이행보증금"이라 한다)의 예치금액은 기반시설의 설치, 위해의 방지, 환경오염의 방지, 경관 및 조경에 필요한 비용의 범위 안에서 산정하되 총공사비의 20퍼센트 이내가 되도록 하고, 그 산정에 관한 구체적인 사항 및 예치방법은 특별시・광역시・시 또는 군의 도시계획조례로 정한다. (동조 제2항, 슈 동조 제2항).

특별시장・광역시장・시장 또는 군수는 개발행위허가를 받지 아니하고 개발행위를 하거나 허가내용과 다르게 개발행위를 하는 자에게는 그 토지의 원상회복을 명할 수 있다(동조 제3항). 특별시장・광역시장・시장 또는 군수는 제60조 제3항에 따른 원상회복의 명령을 받은 자가 원상회복을 하지 아니하면 「행정대집행법」에 따른 행정대집행에 따라 원상회복을 할 수 있다. 이 경우 행정대집행에 필요한 비용은 제1항에 따라 개발행위허가를 받은 자가 예치한 이행보증금을 사용할 수 있다(동조 제4항). 특별시장・광역시장・시장 또는 군수는 이행보증금을 사용하여 대집행에 의하여 원상회복을 한 경우 잔액이 있는 때에는 즉시 이를 이행보증금의 예치자에게 반환하여야 한다(슈 동조 제6항).

2) 관련 인・허가 등의 의제 (제61조)

개발행위허가를 할 때에 특별시장・광역시장・시장 또는 군수가 그 개발행위에 대한 인가・허가・승인・면허・협의・해제・신고 또는 심사 등(이하 "인・허가 등"이라 한다)에 관하여 제3항에 따라 미리 관계 행정기관의 장과 협의한 사항에 대하여는 그 인・허가 등을 받은 것으로 본다(동조 제1항).

인・허가 등의 의제를 받으려는 자는 개발행위허가를 신청할 때에 해당 법률에서 정하는 관련 서류를 함께 제출하여야 한다(동조 제2항). 특별시장・광역시장・시장 또는 군수는 개발행위허가를 할 때에 그 내용에 제1항 각 호의 어느 하나에 해당하는 사항이 있으면 미리 관계 행정기관의 장과 협의하여야 한다(동조 제3항). 국토해양부장관은 의제되는 인・허가등의 처리기준을 관계 중앙행정기관으로부터 제출받아 통합하여 고시하여야 한다(동조 제4항).

(6) 사후조치 (제62조, 제65조)

제56조제1항 제1호부터 제3호까지의 행위에 대한 개발행위허가를 받은 자는 그 개발행위를 마치면 국토해양부령으로 정하는 바에 따라 특별시장・광역시장・시장 또는 군수의 준공검사를 받아야 한다. 다만, 같은 항 제1호의 행위에 대하여 「건축법」 제22조에 따른 건축물의 사용승인을 받은 경우에는 그러하지 아니하다(동조 제1항). 준공검사를 받은 경우에는 특별시장・광역시장・시장 또는 군수가 제61조에 따라 의제되는 인・허가 등에 따른 준공검사・준공인가 등에 관하여 제4항에 따라 관계 행정기관의 장과 협의한 사항에 대하여는 그 준공검사・준공인가 등을 받은 것으로 본다(동조 제2항). 준공검사・준공인가 등의 의제를 받으려는 자는 제1항에 따른 준공검사를 신청할 때에 해당 법률에서 정하는 관련 서류를 함께 제출하여야 한다(동조 제3항). 특별시장・광역시장・시장 또는 군수는 제1항에 따른 준공검사를 할 때에 그 내용에 제61조에 따라 의제되는 인・허가 등에 따른 준공검사・준공인가 등에 해당하는 사항이 있으면 미리 관계 행정기관의 장과 협의하여야 한다(동조 제4항). 국토해양부장관은 제2항에 따라 의제되는 준공검사・준공인가 등의 처리기준을 관계 중앙행정기관으로부터 제출받아 통합하여 고시하여야 한다(동조 제5항).

개발행위허가를 받은 자가 행정청인 경우 개발행위허가를 받은 자가 새로 공공시설을 설치하거나 기존의 공공시설에 대체되는 공공시설을 설치한 경우에는 「국유재산법」과 「공유재산 및 물품 관리법」에도 불구하고 새로 설치된 공공시설은 그 시설을 관리할 관리청에 무상으로 귀속되고, 종래의 공공시설은 개발행위허가를 받은 자에게 무상으로 귀속된다(동조 제1항). 개발행위허가를 받은 자가 행정청이 아닌 경우 개발행위허가를 받은 자가 새로 설치한 공공시설은 그 시설을 관리할 관리청에 무상으로 귀속되고, 개발행위로 용도가 폐지되는 공공시설은 「국유재산법」과 「공유재산 및 물품 관리법」에도 불구하고 새로 설치한 공공시설의 설치비용에 상당하는 범위에서 개발행위허가를 받은 자에게 무상으로 양도할 수 있다(동조 제2항).

특별시장 · 광역시장 · 시장 또는 군수는 제1항과 제2항에 따른 공공시설의 귀속에 관한 사항이 포함된 개발행위허가를 하려면 미리 해당 공공시설이 속한 관리청의 의견을 들어야 한다. 다만, 관리청이 지정되지 아니한 경우에는 관리청이 지정된 후 준공되기 전에 관리청의 의견을 들어야 하며, 관리청이 불분명한 경우에는 도로 · 하천 등에 대하여는 국토해양부장관을 관리청으로 보고, 그 외의 재산에 대하여는 기획재정부장관을 관리청으로 본다(동조 제3항). 특별시장 · 광역시장 · 시장 또는 군수가 제3항에 따라 관리청의 의견을 듣고 개발행위허가를 한 경우 개발행위허가를 받은 자는 그 허가에 포함된 공공시설의 점용 및 사용에 관하여 관계 법률에 따른 승인 · 허가 등을 받은 것으로 보아 개발행위를 할 수 있다. 이 경우 해당 공공시설의 점용 또는 사용에 따른 점용료 또는 사용료는 면제된 것으로 본다(동조 제4항).

개발행위허가를 받은 자가 행정청인 경우 개발행위허가를 받은 자는 개발행위가 끝나 준공검사를 마친 때에는 해당 시설의 관리청에 공공시설의 종류와 토지의 세목(細目)을 통지하여야 한다. 이 경우 공공시설은 그 통지한 날에 해당 시설을 관리할 관리청과 개발행위허가를 받은 자에게 각각 귀속된 것으로 본다(동조 제5항). 개발행위허가를 받은 자가 행정청이 아닌 경우 개발행위허가를 받은 자는 제2항에 따라 관리청에 귀속되거나 그에게 양도될 공공시설에 관하여 개발행위가 끝나기 전에 그 시설의 관리청에 그 종류와 토지의 세목을 통지하여야 하고, 준공검사를 한 특별시장 · 광역시장 · 시장 또는 군수는 그 내용을 해당 시설의 관리청에 통보하여야 한다. 이 경우 공공시설은 준공검사를 받음으로써 그 시설을 관리할 관리청과 개발행위허가를 받은 자에게 각각 귀속되거나 양도된 것으로 본다(동조 제6항).

3. 개발행위에 따른 기반시설의 설치

(1) 기반시설연동제의 도입

주거지역·상업지역·공업지역 등 개발밀도가 상대적으로 높은 지역에서는 추가적인 기반시설의 설치가 매우 어렵다는 제약 때문에 기존의 기반시설 용량을 고려하여 개발밀도를 제한할 필요가 있다. 따라서 각 지방자치단체 별로 개발밀도를 제한할 수 있는 대상지역을 위원회의 심의를 거쳐 "개발밀도관리구역"으로 지정·고시하고, 이 구역에서는 대통령령이 정하는 범위 안에서 건폐율과 용적률 규제를 강화할 수 있도록 하였다. 한편 녹지지역이나 관리지역 등 개발밀도가 낮은 미개발지역을 대상으로 각 지방자치단체는 "기반시설부담구역"을 지정하고, 기반시설 부담금의 원활한 부과를 위해 동 구역을 대상으로 기반시설부담계획(기반시설을 설치하거나 설치비용을 부담하는 개발행위, 부담하여야 할 기반시설의 종류, 비용의 분담방법 및 시기, 국가 또는 지방자치단체가 지원할 사항 등)을 수립하도록 하고 있다.

(2) 개발밀도관리구역

1) 의의

개발밀도관리구역이란 개발로 인하여 기반시설이 부족할 것으로 예상되나 기반시설을 설치하기 곤란한 지역을 대상으로 건폐율이나 용적률을 강화하여 적용하기 위하여 제66조에 따라 지정하는 구역을 말한다(제2조 제18호).

2) 개발밀도관리구역의 지정 (제66조)

특별시장·광역시장·시장 또는 군수는 주거·상업 또는 공업지역에서의 개발행위로 기반시설(도시계획시설을 포함한다)의 처리·공급 또는 수용능력이 부족할 것으로 예상되는 지역 중 기반시설의 설치가 곤란한 지역을 개발밀도관리구역으로 지정할 수 있다(동조 제1항).

특별시장·광역시장·시장 또는 군수는 개발밀도관리구역에서는 용적률의 최대한도의 50퍼센트 범위 안에서 제77조나 제78조에 따른 건폐율 또는 용적률을 강화하여 적용한다(동조 제2항, 令 제62조 제1항).

특별시장 · 광역시장 · 시장 또는 군수는 제1항에 따라 개발밀도관리구역을 지정하거나 변경하려면 다음 각 호의 사항을 포함하여 해당 지방자치단체에 설치된 지방도시계획위원회의 심의를 거쳐야 한다(동조 제3항).

1. 개발밀도관리구역의 명칭
2. 개발밀도관리구역의 범위
3. 제77조나 제78조에 따른 건폐율 또는 용적률의 강화 범위

특별시장 · 광역시장 · 시장 또는 군수는 제1항에 따라 개발밀도관리구역을 지정하거나 변경한 경우에는 그 사실을 당해 지방자치단체의 공보에 게재하는 방법에 따라 고시하여야 한다(동조 제4항, 슈 제62조 제2항).

(3) 기반시설부담구역

1) 의의

기반시설부담구역이란 개발밀도관리구역 외의 지역으로서 개발로 인하여 도로, 공원, 녹지 등 대통령령으로 정하는 기반시설의 설치가 필요한 지역을 대상으로 기반시설을 설치하거나 그에 필요한 용지를 확보하게 하기 위하여 제67조에 따라 지정 · 고시하는 구역을 말한다(제2조 제19호).

2) 기반시설부담구역의 지정 (제67조)

가. 지정권자

특별시장 · 광역시장 · 시장 또는 군수는 다음 각 호의 어느 하나에 해당하는 지역에 대하여는 기반시설부담구역으로 지정하여야 한다. 다만, 개발행위가 집중되어 특별시장 · 광역시장 · 시장 또는 군수가 해당 지역의 계획적 관리를 위하여 필요하다고 인정하면 다음 각 호에 해당하지 아니하는 경우라도 기반시설부담구역으로 지정할 수 있다(동조 제1항).

1. 이 법 또는 다른 법령의 제정 · 개정으로 인하여 행위 제한이 완화되거나 해제되는 지역
2. 이 법 또는 다른 법령에 따라 지정된 용도지역 등이 변경되거나 해제되어 행위 제한이 완화되는 지역

3. 개발행위허가 현황 및 인구증가율 등을 고려하여 특별시장・광역시장・시장 또는 군수가 제4조의2에 따른 기반시설의 설치가 필요하다고 인정하는 일정한 지역(슈 제64조 제1항)

특별시장・광역시장・시장 또는 군수는 기반시설부담구역을 지정 또는 변경하려면 주민의 의견을 들어야 하며, 해당 지방자치단체에 설치된 지방도시계획위원회의 심의를 거쳐 기반시설부담구역의 명칭・위치・면적 및 지정일자와 관계 도서의 열람방법을 해당 지방자치단체의 공보와 인터넷 홈페이지에 고시하여야 한다(동조 제2항, 슈 제64조 제2항).

제51조제3항에 따른 제2종 지구단위계획구역의 지정에 대한 결정・고시가 있는 경우 해당 구역은 기반시설부담구역으로 지정・고시된 것으로 본다(동조 제3항).

나. 기반시설부담구역의 지정기준 등

기반시설부담구역의 지정기준 등에 관하여 필요한 사항은 대통령령으로 정하는 바에 따라 국토해양부장관이 정하는 바(동조 제5항), 국토해양부장관은 법 제67조제5항에 따라 기반시설부담구역의 지정기준을 정할 때에는 다음 각 호의 사항을 종합적으로 고려하여야 한다(슈 제66조).

1. 기반시설부담구역은 기반시설이 적절하게 배치될 수 있는 규모로서 최소 10만 제곱미터 이상의 규모가 되도록 지정할 것
2. 소규모 개발행위가 연접하여 시행될 것으로 예상되는 지역의 경우에는 하나의 단위구역으로 묶어서 기반시설부담구역을 지정할 것
3. 기반시설부담구역의 경계는 도로, 하천, 그 밖의 특색 있는 지형지물을 이용하는 등 경계선이 분명하게 구분되도록 할 것

다. 기반시설설치계획의 수립

특별시장・광역시장・시장 또는 군수는 제2항에 따라 기반시설부담구역이 지정되면 다음 각 호의 내용을 포함하여 제67조제4항에 따른 기반시설설치계획(이하 "기반시설설치계획"이라 한다)을 수립하여야 하며, 이를 도시관리계획에 반영하여야 한다(동조 제4항). 1. 설치가 필요한 기반시설(제4조의2 각 호의 기반시설을 말하며, 이하 이 절에서 같다)의 종류, 위치 및 규모 2. 기반시설의 설치 우선순위 및 단계별 설치

계획 3. 그 밖에 기반시설의 설치에 필요한 사항(슈 제65조 제1항, 제2항).

슈 제65조 제1항 및 제2항에도 불구하고 법 제52조제1항에 따라 제2종지구단위계획을 수립한 경우에는 기반시설설치계획을 수립한 것으로 본다(슈 제65조 제3항). 기반시설부담구역의 지정고시일부터 1년이 되는 날까지 기반시설설치계획을 수립하지 아니하면 그 1년이 되는 날의 다음날에 기반시설부담구역의 지정은 해제된 것으로 본다(슈 제65조 제4항).

(4) 기반시설설치비용

1) 의의

기반시설설치비용이란 단독주택 및 숙박시설 등 대통령령으로 정하는 시설의 신·증축 행위로 인하여 유발되는 기반시설을 설치하거나 그에 필요한 용지를 확보하기 위하여 제69조에 따라 부과·징수하는 금액을 말한다(제2조 제20호).

2) 비용의 부과대상 및 산정기준 (제68조)

가. 부과대상

기반시설부담구역에서 기반시설설치비용의 부과대상인 건축행위는「건축법 시행령」별표 1에 따른 용도별 건축물(다만, [별표 1] 기반시설을 유발하는 시설에서 제외되는 건축물(슈 제4조의3 관련)은 제외한다)로서 200제곱미터(기존 건축물의 연면적을 포함한다)를 초과하는 건축물의 신축·증축 행위로 한다. 다만, 기존 건축물을 철거하고 신축하는 경우에는 기존 건축물의 건축연면적을 초과하는 건축행위만 부과대상으로 한다(동조 제1항, 슈 제4조의3).

나. 비용의 산정기준

기반시설설치비용은 기반시설을 설치하는 데 필요한 기반시설 표준시설비용과 용지비용을 합산한 금액에 제1항에 따른 부과대상 건축연면적과 기반시설 설치를 위하여 사용되는 총 비용 중 국가·지방자치단체의 부담분을 제외하고 민간 개발사업자가 부담하는 부담률을 곱한 금액으로 한다. 다만, 특별시장·광역시장·시장 또는 군수가 해당 지역의 기반시설 소요량 등을 고려하여 대통령령으로 정하는 바에 따라 기반시설부담계획을 수립한 경우에는 그 부담계획에 따라야 하는 바(동조 제2항), 특별시장 · 광역시장 · 시장 또는 군수는 제68조제2항 단서에 따른 기반시설부담계획(이하 "기반시설부담계획"이라 한다)을 수립할 때에는 다음 각 호의 내용을 포함하여야 한다(슈 제67조 제1항).

1. 기반시설의 설치 또는 그에 필요한 용지의 확보에 소요되는 총부담비용
2. 제1호에 따른 총부담비용 중 제68조제1항에 따른 건축행위를 하는 자(제70조의2 제1항 각 호에 해당하는 자를 포함, 이하 "납부의무자"라 한다)가 각각 부담하여야 할 부담분으로 당해 부담분은 다음 각 호의 방법으로 산정한다(슈 동조 제2항). 가. 총부담비용을 건축물의 연면적에 따라 배분하되, 건축물의 용도에 따라 가중치를 부여하여 결정하는 방법 나. 가목에도 불구하고 특별시장 · 광역시장 · 시장 또는 군수와 납부의무자가 서로 협의하여 산정방법을 정하는 경우에는 그 방법 다. 제2호에 따른 부담분의 부담시기 4. 재원의 조달 및 관리 · 운영방법.

3) 비용의 납부 및 체납처분 (제69조)

가. 비용의 납부

제68조제1항에 따른 건축행위를 하는 자(건축행위의 위탁자 또는 지위의 승계자 등 다음 각 호의 어느 하나에 해당하는 자를 포함한다. 이하 "납부의무자"라 한다)는 기반시설설치비용을 납부해야 한다(동조 제1항, 슈 제70조의2). 1. 건축행위를 위탁 또는 도급한 경우에는 그 위탁이나 도급을 한 자 2. 타인 소유의 토지를 임차하여 건축행위를 하는 경우에는 그 행위자 3. 건축행위를 완료하기 전에 건축주의 지위나 제1호 또는 제2호에 해당하는 자의 지위를 승계하는 경우에는 그 지위를 승계한 자.

그 밖에 기반시설설치비용의 부과절차, 납부 및 징수방법, 환급사유 등에 관하여 필요한 사항은 대통령령으로 정할 수 있다(동조 제5항).

특별시장 · 광역시장 · 시장 또는 군수는 납부의무자가 국가 또는 지방자치단체로부터 건축허가(다른 법률에 따른 사업승인 등 건축허가가 의제되는 경우에는 그 사업승인)를 받은 날부터 2개월 이내에 기반시설설치비용을 부과하여야 하고, 납부의무자는 사용승인(다른 법률에 따라 준공검사 등 사용승인이 의제되는 경우에는 그 준공검사) 신청 시까지 이를 납부하여야 한다(동조 제2항).

나. 체납처분

특별시장・광역시장・시장 또는 군수는 납부의무자가 제2항에서 정한 때까지 기반시설설치비용을 내지 아니하는 경우에는 지방세 체납처분의 예에 따라 징수할 수 있다(동조 제3항).

다. 환급

특별시장・광역시장・시장 또는 군수는 기반시설설치비용을 납부한 자가 사용승인 신청 후 해당 건축행위와 관련된 기반시설의 추가 설치 등 기반시설설치비용을 환급하여야 하는 사유가 발생하는 경우에는 그 사유에 상당하는 기반시설설치비용을 환급하여야 한다(동조 제4항).

4) 비용의 관리 및 사용 등 (제70조)

특별시장・광역시장・시장 또는 군수는 기반시설설치비용의 관리 및 운용을 위하여 기반시설부담구역별로 특별회계를 설치하여야 하며, 그에 필요한 사항은 지방자치단체의 조례로 정한다(동조 제1항).

기반시설설치비용의 관리, 사용 등에 필요한 사항은 대통령령으로 정하는 바에 따라 국토해양부장관이 정한다(동조 제3항).

V. 용도지역・용도지구 및 용도구역 안에서의 행위제한

1. 서

국토의 계획 및 이용에 관한 법률의 제정으로 용도지역제에 관한 입법체계 및 내용에 있어서는 중대한 변화가 초래되었다. 즉, 종전의 경우 용도지역・지구 및 구역의 지정은 국토이용관리법이나 도시계획법에 의해, 또 그 효과에 해당하는 행위제한의 내용 및 건폐율・용적률 등의 제한에 대해서는 건축법이 이를 규정하는 등 입법체계상 문제가 있는 것으로 지적되었으나, 새 법률에서는 이들을 하나의 법률에 통일적으로 규정함으로써 그 문제를 입법적으로 해결하였다. 그리고 종전의 경우 국토이용관리법에 의한 5개 용도지역(도시, 준도시, 농림, 준농림, 자연환경보전지역)을 도시지역, 관리지역, 농림지역, 자연환경보전지역 등 4개 용도지역으로 축소 지정하되, 종전의 준농림·준도시지역 중 고밀도 개발의 필요가 인정되는 지역은 도시지역으로 편입·관리하고 나머지 부분은 관리지역으로 편입하면서, 자연환경·농업적성·이용실태·인구규모·도시지역과의 인접정도를 고려한 토지적성평가를 실시하여 이를 다시 3개 용도지역(보전관리, 생산관리, 계획관리지역)으로 세분 지정하기로 하였다. 또 국토이용관리법에 의한 산업촉진지구, 시설용지지구 및 도시계획법에 의한 개발촉진지구를 개발진흥지구로 통합하고, 경관지구, 미관지구 등 현행 도시지역에만 적용하고 있는 지구를 전국토에 적용하는 등 용도지구의 통폐합 및 확대적용을 지적할 수 있고 그밖에도 개별법률에 의한 용도지역·지구 또는 구역의 신설·변경 등의 남발을 방지하기 위하여 용도지역·지구 또는 구역의 변경을 의제하는 개발계획은 반드시 도시계획위원회의 심의를 거치도록 하였다. 그리고 토지이용에 관한 지역·지구 또는 구역을 새로이 획정·설치하려는 자는 건설교통부장관과의 협의 또는 승인을 받도록 하였으며 건설교통부장관은 반드시 도시계획위원회의 심의를 거쳐 협의 또는 승인을 하도록 하는 등 조치를 강구하였다.

2. 용도지역·용도지구 및 용도구역의 지정

(1) 용도지역의 지정 (제36조)

1) 용도지역 및 용도지역제의 의의

용도지역이란 토지의 이용 및 건축물의 용도, 건폐율(「건축법」 제55조의 건폐율을 말한다. 이하 같다), 용적률(「건축법」 제56조의 용적률을 말한다. 이하 같다), 높이 등을 제한함으로써 토지를 경제적·효율적으로 이용하고 공공복리의 증진을 도모하기 위하여 서로 중복되지 아니하게 도시관리계획으로 결정하는 지역을 말한다(제2조 제15호).

용도지역제란 도시계획구역 내의 전 토지를 중복 없이 用途 중심으로 구분하는 평면적 이용규제 제도이다. 지역은 一時에 一律的으로 지정될 필요는 없고 順次的 지정도 무관하며, 그 결과 지역의 지정이 없는 지역(이른바 白地地域)의 존재도 가능하게 된다.

2) 종류

국토해양부장관, 시・도지사 또는 대도시 시장은 다음 각 호의 어느 하나에 해당하는 용도지역의 지정 또는 변경을 도시관리계획으로 결정한다(제36조 제1항).

가. 도시지역: 다음 각 목의 어느 하나로 구분하여 지정한다.

가) 주거지역: 거주의 안녕과 건전한 생활환경의 보호를 위하여 필요한 지역

나) 상업지역: 상업이나 그 밖의 업무의 편익을 증진하기 위하여 필요한 지역

다) 공업지역: 공업의 편익을 증진하기 위하여 필요한 지역

라) 녹지지역: 자연환경・농지 및 산림의 보호, 보건위생, 보안과 도시의 무질서한 확산을 방지하기 위하여 녹지의 보전이 필요한 지역

나. 관리지역: 다음 각 목의 어느 하나로 구분하여 지정한다.

가) 보전관리지역: 자연환경 보호, 산림 보호, 수질오염 방지, 녹지공간 확보 및 생태계 보전 등을 위하여 보전이 필요하나, 주변 용도지역과의 관계 등을 고려할 때 자연환경보전지역으로 지정하여 관리하기가 곤란한 지역

나) 생산관리지역: 농업・임업・어업 생산 등을 위하여 관리가 필요하나, 주변 용도지역과의 관계 등을 고려할 때 농림지역으로 지정하여 관리하기가 곤란한 지역

다) 계획관리지역: 도시지역으로의 편입이 예상되는 지역이나 자연환경을 고려하여 제한적인 이용・개발을 하려는 지역으로서 계획적・체계적인 관리가 필요한 지역

다. 농림지역

라. 자연환경보전지역

3) 용도지역의 세분

국토해양부장관, 시・도지사 또는 대도시 시장은 대통령령으로 정하는 바에 따라 도시관리계획 결정으로 주거지역・상업지역・공업지역 및 녹지지역을 다음 각 호와 같이 세분하여 지정할 수 있다(동조 제2항, 令 제30조).

가. 주거지역

가) 전용주거지역 : 양호한 주거환경을 보호하기 위하여 필요한 지역

① 제1종전용주거지역 : 단독주택 중심의 양호한 주거환경을 보호하기 위하여 필요한 지역

② 제2종전용주거지역 : 공동주택 중심의 양호한 주거환경을 보호하기 위하여 필요한 지역

나) 일반주거지역 : 편리한 주거환경을 조성하기 위하여 필요한 지역

① 제1종일반주거지역 : 저층주택을 중심으로 편리한 주거환경을 조성하기 위하여 필요한 지역

② 제2종일반주거지역 : 중층주택을 중심으로 편리한 주거환경을 조성하기 위하여 필요한 지역

③ 제3종일반주거지역 : 중고층주택을 중심으로 편리한 주거환경을 조성하기 위하여 필요한 지역

다) 준주거지역 : 주거기능을 위주로 이를 지원하는 일부 상업기능 및 업무기능을 보완하기 위하여 필요한 지역

나. 상업지역

가) 중심상업지역 : 도심・부도심의 상업기능 및 업무기능의 확충을 위하여 필요한 지역

나) 일반상업지역 : 일반적인 상업기능 및 업무기능을 담당하게 하기 위하여 필요한 지역

다) 근린상업지역 : 근린지역에서의 일용품 및 서비스의 공급을 위하여 필요한 지역

라) 유통상업지역 : 도시내 및 지역간 유통기능의 증진을 위하여 필요한 지역

다. 공업지역

가) 전용공업지역 : 주로 중화학공업, 공해성 공업 등을 수용하기 위하여 필요한 지역

나) 일반공업지역 : 환경을 저해하지 아니하는 공업의 배치를 위하여 필요한 지역

다) 준공업지역 : 경공업 그 밖의 공업을 수용하되, 주거기능 · 상업기능 및 업무기능의 보완이 필요한 지역

라. 녹지지역

가) 보전녹지지역 : 도시의 자연환경 · 경관 · 산림 및 녹지공간을 보전할 필요가 있는 지역

나) 생산녹지지역 : 주로 농업적 생산을 위하여 개발을 유보할 필요가 있는 지역

다) 자연녹지지역 : 도시의 녹지공간의 확보, 도시확산의 방지, 장래 도시용지의 공급 등을 위하여 보전할 필요가 있는 지역으로서 불가피한 경우에 한하여 제한적인 개발이 허용되는 지역

4) 지정의 효과

용도지역별 행위제한의 구체적 내용은 후술함.

(2) 용도지구의 지정 (제37조)

1) 용도지구 및 용도지구제의 의의

용도지구란 토지의 이용 및 건축물의 용도 · 건폐율 · 용적률 · 높이 등에 대한 용도지역의 제한을 강화하거나 완화하여 적용함으로써 용도지역의 기능을 증진시키고 미관 · 경관 · 안전 등을 도모하기 위하여 도시관리계획으로 결정하는 지역을 말한다(제2조 제16호).

용도지구제란, 도시기능의 증진을 위하여 용도지역과 병행하여 지정되는 부가적 · 국지적인 토지이용규제제도이다. 상술한 바와 같이 지정의 목적, 지정의 방법, 형식 등에서 지역제와 차이가 있다. 지역제와 지구제를 비교하면 다음 표와 같다.

	지역제	지구제
목적 대상구역 지정방법 규제 형식	용도 규제 중복 지정 불가 전국적 제한 (법령)	용도, 형태, 구조 규제 중복 지정이 가능 지방적 특성 (조례)

2) 용도지구의 종류 (제37조)

국토해양부장관, 시・도지사 또는 대도시 시장은 다음 각 호의 어느 하나에 해당하는 용도지구의 지정 또는 변경을 도시관리계획으로 결정한다(동조 제1항).

가. 경관지구 : 경관을 보호・형성하기 위하여 필요한 지구

나. 미관지구 : 미관을 유지하기 위하여 필요한 지구

다. 고도지구 : 쾌적한 환경 조성 및 토지의 효율적 이용을 위하여 건축물 높이의 최저한도 또는 최고한도를 규제할 필요가 있는 지구

라. 방화지구 : 화재의 위험을 예방하기 위하여 필요한 지구

마. 방재지구 : 풍수해, 산사태, 지반의 붕괴, 그 밖의 재해를 예방하기 위하여 필요한 지구

바. 보존지구 : 문화재, 중요 시설물 및 문화적・생태적으로 보존가치가 큰 지역의 보호와 보존을 위하여 필요한 지구

사. 시설보호지구 : 학교시설・공용시설・항만 또는 공항의 보호, 업무기능의 효율화, 항공기의 안전운항 등을 위하여 필요한 지구

아. 취락지구 : 녹지지역・관리지역・농림지역・자연환경보전지역・개발제한구역 또는 도시자연공원구역의 취락을 정비하기 위한 지구

자. 개발진흥지구 : 주거기능・상업기능・공업기능・유통물류기능・관광기능・휴양기능 등을 집중적으로 개발・정비할 필요가 있는 지구

차. 특정용도제한지구 : 주거기능 보호나 청소년 보호 등의 목적으로 청소년 유해시설 등 특정시설의 입지를 제한할 필요가 있는 지구

카. 그 밖에 대통령령으로 정하는 지구

그리고 시・도지사 또는 대도시 시장은 지역여건상 필요하면 다음 각호의 기준에 따라 그 시・도 또는 대도시의 조례로 용도지구의 명칭 및 지정목적, 건축이나 그 밖의 행위의 금지 및 제한에 관한 사항 등을 정하여 제1항 각 호의 용도지구 외의 용도지구의 지정 또는 변경을 도시관리계획으로 결정할 수 있다(동조 제3항, 令 제31조 제4항). 가) 용도지구의 신설은 법에서 정하고 있는 용도지역・용도지구 또는 용도구역만으로는 효율적인 토지이용을 달성할 수 없는 부득이한 사유가 있는 경우에 한할 것 나) 용도지구 안에서의 행위제한은 그 용도지구의 지정목적 달성에 필요한 최소한도

에 그치도록 할 것 다) 당해 용도지역 또는 용도구역의 행위제한을 완화하는 용도지구를 신설하지 아니할 것

3) 용도지구의 세분

국토해양부장관, 시・도지사 또는 대도시 시장은 필요하다고 인정되면 도시관리계획 결정으로 다음의 용도지구를 다음 각 호와 같이 다시 세분하여 지정하거나 변경할 수 있다(동조 제2항, 令 제31조 제2항).

가. 경관지구

가) 자연경관지구 : 산지・구릉지 등 자연경관의 보호 또는 도시의 자연풍치를 유지하기 위하여 필요한 지구

나) 수변경관지구 : 지역내 주요 수계의 수변 자연경관을 보호・유지하기 위하여 필요한 지구

다) 시가지경관지구 : 주거지역의 양호한 환경조성과 시가지의 도시경관을 보호하기 위하여 필요한 지구

나. 미관지구

가) 중심지미관지구 : 토지의 이용도가 높은 지역의 미관을 유지・관리하기 위하여 필요한 지구

나) 역사문화미관지구 : 문화재와 문화적으로 보존가치가 큰 건축물 등의 미관을 유지・관리하기 위하여 필요한 지구

다) 일반미관지구 : 중심지미관지구 및 역사문화미관지구외의 지역으로서 미관을 유지・관리하기 위하여 필요한 지구

다. 고도지구

가) 최고고도지구 : 환경과 경관을 보호하고 과밀을 방지하기 위하여 건축물높이의 최고한도를 정할 필요가 있는 지구

나) 최저고도지구 : 토지이용을 고도화하고 경관을 보호하기 위하여 건축물높이의 최저한도를 정할 필요가 있는 지구

라. 보존지구

가) 문화자원보존지구 : 문화재・전통사찰 등 역사・문화적으로 보존가치가 큰

시설 및 지역의 보호와 보존을 위하여 필요한 지구

나) 중요시설물보존지구 : 국방상 또는 안보상 중요한 시설물의 보호와 보존을 위하여 필요한 지구

다) 생태계보존지구 : 야생동식물서식처 등 생태적으로 보존가치가 큰 지역의 보호와 보존을 위하여 필요한 지구

마. 시설보호지구

가) 학교시설보호지구 : 학교의 교육환경을 보호・유지하기 위하여 필요한 지구

나) 공용시설보호지구 : 공용시설을 보호하고 공공업무기능을 효율화하기 위하여 필요한 지구

다) 항만시설보호지구 : 항만기능을 효율화하고 항만시설을 관리・운영하기 위하여 필요한 지구

라) 공항시설보호지구 : 공항시설의 보호와 항공기의 안전운항을 위하여 필요한 지구

바. 취락지구

가) 자연취락지구 : 녹지지역・관리지역・농림지역 또는 자연환경보전지역안의 취락을 정비하기 위하여 필요한 지구

나) 집단취락지구 : 개발제한구역안의 취락을 정비하기 위하여 필요한 지구

사. 개발진흥지구

가) 주거개발진흥지구 : 주거기능을 중심으로 개발・정비할 필요가 있는 지구

나) 산업개발진흥지구 : 공업기능을 중심으로 개발・정비할 필요가 있는 지구

다) 유통개발진흥지구 : 유통・물류기능을 중심으로 개발・정비할 필요가 있는 지구

라) 관광・휴양개발진흥지구 : 관광・휴양기능을 중심으로 개발・정비할 필요가 있는 지구

마) 복합개발진흥지구 : 주거기능, 공업기능, 유통・물류기능 및 관광・휴양기능 중 2 이상의 기능을 중심으로 개발・정비할 필요가 있는 지구

바) 특정개발진흥지구 : 주거기능, 공업기능, 유통・물류기능 및 관광・휴양기능

외의 기능을 중심으로 특정한 목적을 위하여 개발・정비할 필요가 있는 지구.

또한 시・도지사 또는 대도시 시장은 지역여건상 필요한 때에는 해당 시・도 또는 대도시의 도시계획조례로 정하는 바에 따라 경관지구 및 미관지구를 추가적으로 세분하거나 제37조제1항 제10호에 따라 특정용도제한지구를 세분하여 지정할 수 있다(슈 제31조 제3항).

4) 지정의 효과

용도지구 지정의 효과로서 용도지구별 행위제한의 구체적 내용은 후술함.(3. 행위제한의 내용 참조)

(3) 용도구역의 지정

1) 용도구역 및 용도구역제의 의의

용도구역이란 토지의 이용 및 건축물의 용도・건폐율・용적률・높이 등에 대한 용도지역 및 용도지구의 제한을 강화하거나 완화하여 따로 정함으로써 시가지의 무질서한 확산방지, 계획적이고 단계적인 토지이용의 도모, 토지이용의 종합적 조정・관리 등을 위하여 도시관리계획으로 결정하는 지역을 말한다(제2조 제17호).

용도구역제란 무계획적인 도시의 평면확산(sprawl)에 대비하여, 계획적이고 균형있는 도시발전을 위해 용도지역・용도지구제와는 별도로 기성의 시가지 또는 도시주변의 일정한 지역에 실시하는, 보다 적극적인 토지이용규제 제도이다. 지역제, 지구제와는 ① 도시계획구역에 국한되지 않는다는 점, ② 계획적 도시개발을 추진하는 보다 적극적인 조치라는 점 ③ 양자는 상호 독자적으로 지정된다는 점 등에서 구별된다.

구역제는 1971. 1. 19 전면 개정된 도시계획법에 의해 특정시설제한구역, 개발제한구역, 도시개발예정구역을 인정함으로써 도입되었으며, 1981년에는 시가화조정지구를 시가화조정구역으로 개칭하였고, 또 1991년에는 상세계획구역과 광역계획구역제도를 도입하였다. 그러나 1999. 2. 8 도시계획법의 개정에 의해 특정시설제한구역 및 도시개발예정구역제도는 폐지되었다[2]. 그리고 2000. 1.28 전면 개정된 도시계획법에

---

2) 폐지의 이유는 특정구역에 특정시설을 제한하는 것은 과도한 규제일 뿐만 아니라 실효성도 의심

서는 지구상세계획구역과 광역계획구역을 폐지하고 그 대신 상세계획구역과 건축법상 도시설계제도를 통합하여 지구단위계획제도로 전환함과 동시에 연접하고 있는 둘 이상의 도시를 광역도시권으로 지정하여 광역도시계획을 수립할 수 있도록 하였다.

2) 개발제한구역 (제38조)

가. 의의

도시의 무질서한 확산을 방지하고 도시주변의 자연환경을 보전하여 도시민의 건전한 생활환경을 확보하기 위하여 도시의 개발을 제한할 필요가 있거나 국방부장관의 요청이 있어 보안상 도시의 개발을 제한할 필요가 있다고 인정될 때 국토해양부장관이 도시관리계획으로 지정 또는 변경하는 구역이다(동조 제1항).

시가화조정구역과의 차이는 첫째, 기간의 예정이 없고 둘째, 도시주변의 미개발지를 대상으로 한다는 점이 다르다.

나. 지정의 효과

가) 일반적 행위제한이 실시된다. 즉 개발제한구역 안에서는 그 구역 지정의 목적에 위배되는 건축물의 건축, 공작물의 설치, 토지형질 변경, 토지면적 분할, 도시계획사업의 시행 등이 금지된다(동조 2항, 개발제한구역의 지정 및 관리에 관한 특별조치법 제12조).

나) 허가 및 신고 후 할 수 있는 행위 (동법 제12조 제1항 단서, 제2항, 동시행령 제13조 내지 제19조)

다) 위반의 효과

개발제한구역 내에서 허가를 받지 아니하고 건축물의 건축, 공작물의 설치 또는 토지의 형질을 변경한 자에 대하여는 3년 이하 징역 또는 3,000만원 이하 벌금에 처한다(개발제한구역의 지정 및 관리에 관한 특별조치법 제31조). 아울러 동법 제29조에 의한 감독처분을 받아 동법에 의한 허가·인가 또는 승인을 취소하거나 공사의 중지, 공작물의 개축 또는 이전 기타 필요한 처분을 하거나 조치(원상회복 등)를 명할 수 있

스럽다는 점, 그리고 도시개발예정구역의 경우, 택지개발촉진법이나 산업입지 및 개발에 관한 법률 등 특별법에 의해서도 일부 도시개발사업의 추진이 가능할 뿐만 아니라 도시계획구역 밖에서 도시계획으로 동 구역을 지정하는 것은 논리상 모순이라는 이유 등이 지적되었다.

고, 이러한 명령 또는 처분을 이행하지 아니한 자는 1년 이하의 징역 또는 1천만원 이하의 벌금에 처한다(동법 제32조).

다. 개발제한구역의 지정 및 관리에 관한 특별조치법(2000. 1. 28, 법률 제6241호)

개발제한구역이 지정된 후 30여 년이 경과하면서, 그동안 도시여건의 변화와 각종 행위제한에 대한 보상규정의 미비와 이에 따른 헌법재판소의 헌법불합치결정[3] 등으로 그 보완의 필요성이 제기됨에 따라 정부는 제도에 대한 위헌의 소지를 없애고, 구역 내 주민의 생활환경 개선 및 소득증대사업을 지원하기 위한 근거를 마련하기 위하여 도시계획법과 분리하여 독립법으로서 "개발제한구역의 지정 및 관리에 관한 특별조치법"을 제정하기에 이르렀다. 그 주요골자를 요약하면 다음과 같다.

가) 개발제한구역을 장기적·종합적인 관점에서 체계적으로 관리하기 위하여 시·도지사로 하여금 주민의견을 수렴하여 5년 단위의 개발제한구역관리계획을 수립하도록 하고, 시장·군수는 그 관리계획에 따라 개발제한구역을 관리하도록 함(제11조).

나) 개발제한구역을 도시민의 휴식공간으로 적극 이용할 수 있도록 그 안에 잔디운동장 등 실외체육시설 및 녹지형 여가시설을 허용하고, 기타 도시계획법에 규정된 개발제한구역 내 행위제한 관련규정을 정비하여 이 법에 수용함.

다) 중복규제로 인한 주민불편을 해소하기 위하여 개발제한구역과 중복되는 상수원보호구역, 문화재보호구역, 국·공립공원, 도시공원 등에 대해서는 개발제한구역 행위제한 규정의 적용을 배제함(제14조).

라) 주민의 주거환경을 개선하기 위하여 지방자치단체는 개발제한구역 안에서 주민이 집단적으로 거주하는 마을에 대하여는 자연취락지구로 지정하여 건폐율 제한 등 건축규제를 완화할 수 있도록 함(제15조).

마) 주민지원사업의 일환으로 국가 및 지방자치단체는 개발제한구역 내 주민의 소득증대 및 복지증진을 위한 사업을 시행하고, 자연취락지구 안에 주택을 건축할 때에는 국민주택기금에서 소요자금을 우선 지원하도록 함(제16조).

바) 개발제한구역제도에 대한 위헌의 소지를 없애기 위하여 재산권침해가 큰 토

---

3) 1998. 12. 24. 89헌마214, 90헌바16, 97헌바78(병합) 전원재판부.

지에 대하여는 당해 토지의 소유자가 희망하는 경우 건설교통부장관이 매수하도록 하고, 또 건설교통부장관이 구역관리상 필요하다고 인정하는 경우에도 구역 내 토지를 매수할 수 있도록 함(제17조).

사) 개발제한구역의 훼손을 억제하기 위하여 건설교통부장관은 구역안에 건축물・공작물 등을 설치하는 자에 대하여 개발제한구역 훼손부담금을 부과할 수 있도록 하는 것 등이다(제21조).

3) 도시자연공원구역 (제38조의 2)

시・도지사 또는 대도시 시장은 도시의 자연환경 및 경관을 보호하고 도시민에게 건전한 여가・휴식공간을 제공하기 위하여 도시지역 안에서 식생(植生)이 양호한 산지(山地)의 개발을 제한할 필요가 있다고 인정하면 도시자연공원구역의 지정 또는 변경을 도시관리계획으로 결정할 수 있다(제1항). 도시자연공원구역의 지정 또는 변경에 필요한 사항은 따로 법률로 정한다(제2항).

4) 시가화조정구역 (제39조)

가. 의의

도시지역과 그 주변지역의 무질서한 시가화를 방지하고 계획적・단계적인 개발을 도모하기 위하여 국토해양부장관이 직접 또는 관계 행정기관의 장의 요청을 받아 일정기간(市街化留保期間) 동안 시가화를 유보할 필요가 있다고 인정되면 지정 또는 변경을 도시관리계획으로 결정할 수 있는 구역이다(동조 제1항, 令 제32조 제1항).

고도경제성장과 더불어 인구 및 산업의 급격한 도시집중은 도시의 과밀화를 초래함과 동시에 도시 교외에로의 무질서한 확산을 초래함으로써, 도로・하수도와 같은 필요 최소한도의 시설조차 갖추지 못한, 열악한 시가지를 형성하고 공공시설에 대한 비효율적인 투자 내지 중복적 투자를 불가피하게 만들게 된다. 이와 같은 확산(sprawl)의 폐해를 제거하고 도시의 건전하고 질서있는 발전을 도모하기 위해서는 당해 도시의 발전의 동향을 감안하여, 시가지로서 적극적으로 정비할 구역과 당분간 시가화를 억제할 구역으로 구분하여 무질서한 시가화를 방지하는 것이 필요하다.

일본에서는 도시계획의 일환으로서 도시계획구역 중 이미 시가지를 형성하고 있는 구역(기성 시가지)과 약 10년 이내에 우선적으로 시가화를 도모해야할 구역을 시가화구역으로 하고, 시가화를 억제해야할 구역을 시가화조정구역으로 정하여 제반의 도시계획을 정하고 개발허가제도를 병용함으로써 계획적인 시가화를 도모하고 있다. 그리고 대상이 되는 지역은 주로 무질서한 시가화의 경향이 현저한 대도시 등을 포함하는 도시계획구역에만 이 제도를 적용하고 있다(일본 도시계획법 제7조, 부칙 제3조 참조).

이 지역은 개발될 가능성은 있으나 개발의 구상도, 시가화를 위한 공공투자의 계획도 아직은 미정인 지역으로서 개발은 당분간 접어둔 상태의 지역이라고 말할 수 있다. 따라서 그 자체로써 필요한 공공시설의 정비도 동시에 행하는 계획적인 개발이면 허용되어도 무방할 것이다.

나. 시가화유보기간 및 지정의 효력상실

국토해양부장관은 시가화조정구역을 지정 또는 변경하고자 하는 때에는 당해 도시지역과 그 주변지역의 인구의 동태, 토지의 이용상황, 산업발전상황 등을 고려하여 5년 이상 20년 이내의 기간 도시관리계획으로 시가화유보기간을 정하여야 한다(동조 제2항, 令 제32조 제1항 및 제2항). 또 동 구역의 지정에 관한 도시관리계획의 결정은 시가화 유보기간이 끝난 날의 다음날부터 그 효력이 상실되도록 규정하고 있으며, 이 경우 국토해양부장관은 실효일자 및 실효사유와 실효된 도시관리계획의 내용을 관보에 게재하는 방법에 따라 그 사실을 고시하여야 한다(동조 제2항, 令 동조 제3항).

5) **수산자원보호구역** (제40조)

농림수산식품부장관은 직접 또는 관계 행정기관의 장의 요청을 받아 수산자원을 보호・육성하기 위하여 필요한 공유수면이나 그에 인접한 토지에 대한 수산자원보호구역의 지정 또는 변경을 도시관리계획으로 결정할 수 있다.

6) **지구단위계획구역** (제50조, 제51조, 제53조)

가. 제정 경과

종전의 준농림지역에 소규모 개발이 산발적으로 진행되면서 환경훼손 및 기반시설이 부족하게 되는 부작용이 발생함에 따라 이를 집단화하여 계획 속에서 개발이 이루어질 수 있도록 이 법 제정과 더불어 도입된 조치가 이 제도이다. 즉 개발압력의 진행정도, 개발방향에 따라 계획관리지역과 개발진흥지구에 대하여 단계적으로 제2종 지구단위계획구역을 지정하고, 계획적 개발이 가능하도록 기반시설의 설치, 가구 또는 획지 규모, 건축물의 높이, 건폐율 · 용적률을 반드시 포함시키도록 한다.

그리고 계획구역의 대상규모를 10만㎡ 이상으로 하여 규모성과 계획성을 갖추도록 함과 동시에 행위제한과 허용개발밀도를 당해 용도지역보다 완화함으로써 제2종 지구단위계획의 수립을 위한 인센티브를 제공하고 있다.

나. 대상구역 및 지정 형식

지구단위계획구역 및 지구단위계획은 도시관리계획으로 결정한다(제50조). 국토해양부장관, 시 · 도지사 또는 대도시 시장은 다음 각 호의 어느 하나에 해당하는 지역의 전부 또는 일부에 대하여 제1종 지구단위계획구역을 지정할 수 있다(제51조 제1항).

1. 제37조에 따라 지정된 용도지구
2. 「도시개발법」 제3조에 따라 지정된 도시개발구역
3. 「도시 및 주거환경정비법」 제4조에 따라 지정된 정비구역
4. 「택지개발촉진법」 제3조에 따라 지정된 택지개발예정지구
5. 「주택법」 제16조에 따른 대지조성사업지구
6. 「산업입지 및 개발에 관한 법률」 제2조제5호에 따른 산업단지(같은 법 제2조제6호가목에 해당하는 시설용지는 제외한다)
7. 「관광진흥법」 제70조에 따라 지정된 관광특구
8. 개발제한구역 · 도시자연공원구역 · 시가화조정구역 또는 공원에서 해제되는 구역, 녹지지역에서 주거 · 상업 · 공업지역으로 변경되는 구역과 새로 도시지역으로 편입되는 구역 중 계획적인 개발 또는 관리가 필요한 지역
9. 도시지역의 체계적 · 계획적인 관리 또는 개발이 필요한 지역
10. 그 밖에 양호한 환경의 확보나 기능 및 미관의 증진 등을 위하여 필요한 지역으로서 다음 각 호의 지역(令 제43조 제1항) 1. 법 제127조제1항의 규정에 의하여 지정된 시범도시 2. 법 제63조제2항의 규정에 의하여 고시된 개발행위허가제한지역 3. 지하 및 공중공간을 효율적으로 개발하고자 하는 지역 4. 용도지역의 지정 · 변경에 관한 도시관리계획을 입안하기 위하여 열람공고된 지역 5. 공장 · 학교 · 군부대 · 시장 등 대규모 시설물의 이전 또는 폐지로 인하여 발생하는 부지

와 그 주변지역 6. 주택재건축사업에 의하여 공동주택을 건축하는 지역 7. 제1종 지구단위계획구역으로 지정하고자 하는 토지와 접하여 공공시설을 설치하고자 하는 자연녹지지역 8. 그 밖에 양호한 환경의 확보 또는 기능 및 미관의 증진 등을 위하여 필요한 지역으로서 특별시 · 광역시 · 시 또는 군의 도시계획조례가 정하는 지역

국토해양부장관, 시 · 도지사 또는 대도시 시장은 다음 각 호의 어느 하나에 해당하는 지역은 제1종 지구단위계획구역으로 지정하여야 한다. 다만, 관계 법률에 따라 그 지역에 토지 이용과 건축에 관한 계획이 수립되어 있는 경우에는 그러하지 아니하다(동조 제2항).

1. 제1항 제3호 및 제4호의 지역에서 시행되는 사업이 끝난 후 10년이 지난 지역
2. 제1항 각 호 중 체계적 · 계획적인 개발 또는 관리가 필요한 지역으로서 다음 각 호의 지역으로서 그 면적이 30만 제곱미터 이상인 지역(令 제43조 제2항) 1. 시가화조정구역 또는 공원에서 해제되는 지역. 다만, 녹지지역으로 지정 또는 존치되거나 법 또는 다른 법령에 의하여 도시계획사업 등 개발계획이 수립되지 아니하는 경우를 제외 한다 2. 녹지지역에서 주거지역 · 상업지역 또는 공업지역으로 변경되는 지역

국토해양부장관, 시 · 도지사 또는 대도시 시장은 다음 각 호의 어느 하나에 해당하는 지역에 대하여 제2종 지구단위계획구역을 지정할 수 있다(제3항).

1. 제36조에 따라 지정된 계획관리지역으로서 다음 각 호의 요건에 해당하는 지역(제3항 제1호, 令 제44조 제1항)
   ① 제2종지구단위계획구역으로 지정하고자 하는 토지의 면적이 다음 각목의 어느 하나에 규정된 면적 요건에 해당할 것
   ㉮ 지정하고자 하는 지역에 「건축법 시행령」 별표 1 제2호의 공동주택 중 아파트 또는 연립주택의 건설계획이 포함되는 경우에는 30만 제곱미터 이상일 것. 이 경우 다음 요건에 해당하는 때에는 일단의 토지를 통합하여 하나의 제2종지구단위계획구역으로 지정할 수 있다. ⅰ 아파트 또는 연립주택의 건설계획이 포함되는 각각의 토지의 면적이 10만 제곱미터 이상이고, 그 총면적

이 30만 제곱미터 이상일 것

ii. i 의 각 토지는 국토해양부장관이 정하는 범위 안에 위치하고, 국토해양부장관이 정하는 규모 이상의 도로로 서로 연결되어 있거나 연결도로의 설치가 가능할 것

㈏ 지정하고자 하는 지역에 「건축법시행령」 별표 1 제2호의 공동주택 중 아파트 또는 연립주택의 건설계획이 포함되는 경우로서 다음의 어느 하나에 해당하는 경우에는 10만 제곱미터 이상일 것 (1) 지구단위계획구역이 「수도권정비계획법」 제6조 제1항 제3호의 규정에 의한 자연보전권역인 경우 (2) 지구단위계획구역 안에 초등학교 용지를 확보하여 관할 교육청의 동의를 얻거나 지구단위계획구역 안 또는 지구단위계획구역으로부터 통학이 가능한 거리에 초등학교가 위치하고 학생 수용이 가능한 경우로서 관할 교육청의 동의를 얻은 경우

㈐ 가목 및 나목의 경우를 제외하고는 3만 제곱미터 이상일 것

② 당해 지역에 도로 · 수도공급설비 · 하수도 등 기반시설을 공급할 수 있을 것

③ 자연환경 · 경관 · 미관 등을 해치지 아니하고 문화재의 훼손우려가 없을 것

2. 제37조에 따라 지정된 개발진흥지구로서 다음 각 호의 요건에 해당하는 지역(동조 제3항 제2호, 令 제44조 제2항)

① 제1항 각호의 요건에 해당할 것

② 당해 개발진흥지구가 다음 각 목의 지역에 위치할 것

㉮ 주거개발진흥지구, 복합개발진흥지구(주거기능이 포함된 경우에 한한다) 및 특정개발진흥지구 : 계획관리지역

㈏ 산업개발진흥지구 · 유통개발진흥지구 및 복합개발진흥지구(주거기능이 포함되지 아니한 경우에 한한다) : 계획관리지역 · 생산관리지역 또는 농림지역

㈐ 관광 · 휴양개발진흥지구 : 도시지역외의 지역

3. 국토해양부장관은 제2종지구단위계획구역이 합리적으로 지정될 수 있도록 하기 위하여 필요한 경우에는 제1항 각호 및 제2항 각호의 지정요건을 세부적으로 정할 수 있다(令.제44조 제3항). 제3항에 따라 지정된 제2종 지구단위계획구역이 도시관리계획 결정으로 인하여 도시지역으로 편입되면 도시관리계획 결정이 고시

된 날부터 제1종 지구단위계획구역으로 지정된 것으로 본다. 이 경우 제2종 지구단위계획이 결정되었으면 그 계획은 제1종 지구단위계획으로 본다(제4항).

다. 지정의 실효

지구단위계획구역의 지정에 관한 도시관리계획 결정의 고시일부터 3년 이내에 그 지구단위계획구역에 관한 지구단위계획이 결정・고시되지 아니하면 그 3년이 되는 날의 다음날에 그 지구단위계획구역의 지정에 관한 도시관리계획 결정은 효력을 잃는다. 다만, 다른 법률에서 지구단위계획의 결정(결정된 것으로 보는 경우를 포함한다)에 관하여 따로 정한 경우에는 그 법률에 따라 지구단위계획을 결정할 때까지 지구단위계획구역의 지정은 그 효력을 유지한다(제53조 제1항). 국토해양부장관, 시・도지사 또는 대도시 시장은 지구단위계획구역 지정이 효력을 잃으면 지체 없이 그 사실을 고시하여야 한다(제2항). 지구단위계획구역지정의 실효고시는 실효일자 및 실효사유와 실효된 지구단위계획구역의 내용을 국토해양부장관이 하는 경우에는 관보에, 시・도지사 또는 대도시 시장이 하는 경우에는 해당 시・도 또는 대도시의 공보에 게재하는 방법에 의한다(슈 제50조)

(4) 보칙

1) 공유수면매립지의 경우 (제41조)

공유수면(바다만 해당한다)의 매립 목적이 그 매립구역과 이웃하고 있는 용도지역(제6조 각호의 규정에 의한 용도지역)의 내용과 같으면 제25조와 제30조에도 불구하고 도시관리계획의 입안 및 결정 절차 없이 그 매립준공구역은 그 매립의 준공인가일부터 이와 이웃하고 있는 용도지역으로 지정된 것으로 본다. 이 경우 관계 특별시장・광역시장・시장 또는 군수는 그 사실을 지체 없이 시・도의 공보에 게재하는 방법에 의하여 고시하여야 한다(동조 제1항, 슈 제33조 제1항 및 제2항). 공유수면의 매립 목적이 그 매립구역과 이웃하고 있는 용도지역의 내용과 다른 경우 및 그 매립구역이 둘 이상의 용도지역에 걸쳐 있거나 이웃하고 있는 경우 그 매립구역이 속할 용도지역은 도시관리계획 결정으로 지정하여야 한다(동조 제2항).

관계 행정기관의 장은「공유수면매립법」에 따른 공유수면 매립의 준공검사를 하고 준공인가를 통보하려는 때에는 규칙 별지 제1호서식의 공유수면매립준공인가통보서에 공유수면매립의 준공인가구역의 범위 및 면적을 표시한 축척 2만 5천분의 1 이상의 지형도를 첨부하여 지체 없이 특별시장・광역시장・시장 또는 군수(광역시의 관할구역 안에 있는 군의 군수를 제외한다.)에게 송부하여야 한다(동조 제3항, 규칙 제4조).

2) 용도지역 지정 등의 의제 (제42조)

다음 각 호의 어느 하나의 구역 등으로 지정・고시된 지역은 이 법에 따른 도시지역으로 결정・고시된 것으로 본다(동조 제1항).

1. 「항만법」 제2조제4호에 따른 항만구역으로서 도시지역에 연접한 공유수면
2. 「어촌・어항법」 제17조제1항에 따른 어항구역으로서 도시지역에 연접한 공유수면
3. 「산업입지 및 개발에 관한 법률」 제2조 제5호 가목부터 다목까지의 규정에 따른 국가산업단지, 일반산업단지 및 도시첨단산업단지
4. 「택지개발촉진법」 제3조에 따른 택지개발예정지구
5. 「전원개발촉진법」 제5조 및 같은 법 제11조에 따른 전원개발사업구역 및 예정구역(수력발전소 또는 송・변전설비만을 설치하기 위한 전원개발사업구역 및 예정구역은 제외한다.)

관리지역에서 「농지법」에 따른 농업진흥지역으로 지정・고시된 지역은 이 법에 따른 농림지역으로, 관리지역의 산림 중 「산지관리법」에 따라 보전산지로 지정・고시된 지역은 그 고시에서 구분하는 바에 따라 이 법에 따른 농림지역 또는 자연환경보전지역으로 결정・고시된 것으로 본다(동조 제2항).

관계 행정기관의 장은 제1항과 제2항에 해당하는 항만구역, 어항구역, 산업단지, 택지개발예정지구, 전원개발사업구역 및 예정구역, 농업진흥지역 또는 보전산지를 지정한 경우에는 국토해양부령으로 정하는 바에 따라 제32조에 따라 고시된 지형도면 또는 지형도에 그 지정 사실을 표시하여 그 지역을 관할하는 특별시장・광역시장・시장 또는 군수에게 통보하여야 한다(동조 제3항).

구역・단지・지구・지역 등(이하 "구역 등"이라 한다)이 해제되는 경우(개발사업의 완료로 해제되는 경우는 제외한다) 이 법 또는 다른 법률에서 그 구역 등이 어떤 용도지역에 해당되는지를 따로 정하고 있지 아니한 경우에는 이를 지정하기 이전의 용도

지역으로 환원된 것으로 본다. 이 경우 지정권자는 용도지역이 환원된 사실을 환원일자 및 환원사유와 용도지역이 환원된 도시관리계획의 내용을 당해 시·도의 공보에 게재하는 방법에 따라 고시하고, 그 지역을 관할하는 특별시장·광역시장·시장 또는 군수에게 통보하여야 한다(동조 제4항, 令제34조). 용도지역이 환원되는 당시 이미 사업이나 공사에 착수한 자(이 법 또는 다른 법률에 따라 허가·인가·승인 등을 받아야 하는 경우에는 그 허가·인가·승인 등을 받아 사업이나 공사에 착수한 자를 말한다)는 그 용도지역의 환원에 관계없이 그 사업이나 공사를 계속할 수 있다(동조 제5항).

3. 행위제한의 내용

(1) 경과

용도지역별 행위제한 및 개발밀도에 대해서는 종전에는 건축법(제6장 지역, 지구 및 구역 안에서의 행위제한)에 위임되고 있었으나(구도시계획법 제19조 제1항), 현행법에서는 용도지역 등 지정과 함께 이 법률에서 행위제한의 내용까지 통합 규정하고 있다 (제6장 제76조 내지 제84조). 그리고 행위제한의 내용에 있어서 달라진 점은 첫째, 기존 도시지역과 보전지역은 종전 수준을 유지하되, 주거지역과 녹지지역은 조례에서 정하고 있는 수준을 감안하여 용적률 상한을 다소 강화하였다(예컨대 주거지역 : 700% → 500%, 녹지지역 : 200% → 100%). 둘째, 관리지역의 행위제한방식을 소극적(Negative) 방식에서 적극적(Positive) 방식으로 전환하고 개발밀도에 있어서는 도시 녹지지역 수준을 유지하고 있다. 그리고 수도권, 광역시와 인근 시·군 등 개발압력이 높은 지역은 법 시행 후 3년 이내 계획의 수립을 의무화하고 기타 시·군은 단계적으로 수립하도록 하되, 도시계획을 원활히 수립하도록 하기 위하여 계획 수립 전까지 잠정적으로 준농림지에 대하여는 행위제한을 강화하여 운용하도록 하고 있다.

(2) 용도지역·용도지구 및 용도구역 내에서의 행위 제한 (제6장)

1) 용도지역 내에서의 건축제한 (제76조 내지 제79조)

가. 건축제한의 내용(제76조)

지정된 용도지역에서의 건축물이나 그 밖의 시설의 용도・종류 및 규모 등의 제한은 다음 각 호와 같다(제76조 제1항, 令 71조 제1항).

1. 제1종전용주거지역안에서 건축할 수 있는 건축물 : 별표 2에 규정된 건축물
2. 제2종전용주거지역안에서 건축할 수 있는 건축물 : 별표 3에 규정된 건축물
3. 제1종일반주거지역안에서 건축할 수 있는 건축물 : 별표 4에 규정된 건축물
4. 제2종일반주거지역안에서 건축할 수 있는 건축물 : 별표 5에 규정된 건축물
5. 제3종일반주거지역안에서 건축할 수 있는 건축물 : 별표 6에 규정된 건축물
6. 준주거지역안에서 건축할 수 있는 건축물 : 별표 7에 규정된 건축물
7. 중심상업지역안에서 건축할 수 있는 건축물 : 별표 8에 규정된 건축물
8. 일반상업지역안에서 건축할 수 있는 건축물 : 별표 9에 규정된 건축물
9. 근린상업지역안에서 건축할 수 있는 건축물 : 별표 10에 규정된 건축물
10. 유통상업지역안에서 건축할 수 있는 건축물 : 별표 11에 규정된 건축물
11. 전용공업지역안에서 건축할 수 있는 건축물 : 별표 12에 규정된 건축물
12. 일반공업지역안에서 건축할 수 있는 건축물 : 별표 13에 규정된 건축물
13. 준공업지역안에서 건축할 수 있는 건축물 : 별표 14에 규정된 건축물
14. 보전녹지지역안에서 건축할 수 있는 건축물 : 별표 15에 규정된 건축물
15. 생산녹지지역안에서 건축할 수 있는 건축물 : 별표 16에 규정된 건축물
16. 자연녹지지역안에서 건축할 수 있는 건축물 : 별표 17에 규정된 건축물
17. 보전관리지역안에서 건축할 수 있는 건축물 : 별표 18에 규정된 건축물
18. 생산관리지역안에서 건축할 수 있는 건축물 : 별표 19에 규정된 건축물
19. 계획관리지역안에서 건축할 수 있는 건축물 : 별표 20에 규정된 건축물
20. 농림지역안에서 건축할 수 있는 건축물 : 별표 21에 규정된 건축물
21. 자연환경보전지역안에서 건축할 수 있는 건축물 : 별표 22에 규정된 건축물

그리고 상기 규정에 의한 건축제한을 적용함에 있어서 부속건축물에 대하여는 주된 건축물에 대한 건축제한에 의한다(令 동조 제2항)

나. 적용기준

도시지역, 관리지역, 농림지역 또는 자연환경보전지역으로 용도가 지정되지 아니

한 지역에 대하여는 자연환경보전지역에 관한 규정을 적용한다(제79조 제1항). 또한 도시지역 또는 관리지역이 세부 용도지역으로 지정되지 아니한 경우에는 제76조부터 제78조까지의 규정을 적용할 때에 해당 용도지역이 도시지역인 경우에는 녹지지역 중 보전녹지지역에 관한 규정을 적용하고, 관리지역인 경우에는 보전관리지역에 관한 규정을 적용한다(제79조 제2항, 令 제86조).

한편, 도시지역에 대하여는 다음 각 호의 법률 규정을 적용하지 아니한다(제83조). 1.「도로법」 제49조에 따른 접도구역 2.「고속국도법」 제8조에 따른 접도 구역 3.「농지법」 제8조에 따른 농지취득자격증명. 다만, 녹지지역의 농지로서 도시계획시설사업에 필요하지 아니한 농지에 대하여는 그러하지 아니하다.

2) 용도지구 내에서의 건축제한

지정된 용도지구 내에서의 건축물이나 그 밖의 시설의 용도·종류 및 규모 등의 제한에 관한 사항은 이 법 또는 다른 법률에 특별한 규정이 있는 경우 외에는 다음에서 정하는 기준에 따라 특별시·광역시·시 또는 군의 조례로 정할 수 있다(제76조 제2항, 令 72조 내지 82조).

건축물이나 그 밖의 시설의 용도·종류 및 규모 등의 제한은 해당 용도지역과 용도지구의 지정목적에 적합하여야 하며(동조 제3항), 건축물이나 그 밖의 시설의 용도·종류 및 규모 등을 변경하는 경우 변경 후의 건축물이나 그 밖의 시설의 용도·종류 및 규모 등은 위의 규정에 맞아야 한다(동조 제4항).

가. 경관지구 안에서의 건축제한(令 제72조) : 경관지구 안에서는 그 지구의 경관의 보호·형성에 장애가 된다고 인정하여 도시계획조례가 정하는 건축물을 건축할 수 없다. 다만, 특별시장·광역시장·시장 또는 군수가 지구의 지정목적에 위배되지 아니하는 범위 안에서 도시계획조례가 정하는 기준에 적합하다고 인정하여 당해 지방자치단체에 설치된 도시계획위원회의 심의를 거친 경우에는 그러하지 아니하다(令 동조 제1항). 그리고 경관지구 안에서의 건축물의 건폐율·용적률·높이·최대너비·색채 및 대지안의 조경 등에 관하여는 그 지구의 경관의 보호·형성에 필요한 범위 안에서 도시계획조례로 정한다(令 동조 제2항).

나. 미관지구 안에서의 건축제한(令 제73조) : 미관지구 안에서는 그 지구의 위치·

환경 그 밖의 특성에 따른 미관의 유지에 장애가 된다고 인정하여 도시계획조례가 정하는 건축물을 건축할 수 없다. 다만, 특별시장・광역시장・시장 또는 군수가 지구의 지정목적에 위배되지 아니하는 범위 안에서 도시계획조례가 정하는 기준에 적합하다고 인정하여 당해 지방자치단체에 설치된 도시계획위원회의 심의를 거친 경우에는 그러하지 아니하다(令 동조 제1항). 미관지구 안에서의 건축물의 높이 및 규모(건축물의 앞면길이에 대한 옆면길이 또는 높이의 비율을 포함한다), 부속건축물의 규모, 건축물・담장 및 대문의 형태・색채, 건축물의 바깥쪽으로 돌출하는 건축설비 그 밖의 유사한 것의 형태・색채 또는 그 설치의 제한 및 금지 등에 관하여는 그 지구의 위치・환경 그 밖의 특성에 따른 미관의 유지에 필요한 범위 안에서 도시계획조례로 정한다(令 동조 제2항).

다. 고도지구 안에서의 건축제한(令 제74조) : 고도지구 안에서는 도시관리계획으로 정하는 높이를 초과하거나 미달하는 건축물을 건축할 수 없다.

라. 방재지구 안에서의 건축제한(令 제75조) : 방재지구 안에서는 풍수해・산사태・지반붕괴・지진 그 밖에 재해예방에 장애가 된다고 인정하여 도시계획조례가 정하는 건축물을 건축할 수 없다. 다만, 특별시장・광역시장・시장 또는 군수가 지구의 지정목적에 위배되지 아니하는 범위안에서 도시계획조례가 정하는 기준에 적합하다고 인정하여 당해 지방자치단체에 설치된 도시계획위원회의 심의를 거친 경우에는 그러하지 아니하다.

마. 보존지구 안에서의 건축제한(令 제76조) : 보존지구 안에서는 다음 각 호의 구분에 따른 건축물에 한하여 건축할 수 있다. 다만, 특별시장・광역시장・시장 또는 군수가 지구의 지정목적에 위배되지 아니하는 범위 안에서 도시계획조례가 정하는 기준에 적합하다고 인정하여 관계 행정기관의 장과의 협의 및 당해 지방자치단체에 설치된 도시계획위원회의 심의를 거친 경우에는 그러하지 아니하다.

가) 문화자원보존지구 : 「문화재보호법」의 적용을 받는 문화재를 직접 관리・보호하기 위한 건축물과 문화적으로 보존가치가 큰 지역의 보호 및 보존을 저해하지 아니하는 건축물로서 도시계획조례가 정하는 것

나) 중요시설물보존지구 : 국방상 또는 안보상 중요한 시설물의 보호 및 보존을 저해하지 아니하는 건축물로서 도시계획조례가 정하는 것

다) 생태계보존지구 : 생태적으로 보존가치가 큰 지역의 보호 및 보존을 저해하지 아니하는 건축물로서 도시계획조례가 정하는 것

바. 시설보호지구안에서의 건축제한(令 제77조) : 학교시설보호지구・공용시설보호지구 및 항만시설보호지구 안에서는 학교・공용시설 또는 항만의 기능수행에 장애가 된다고 인정하여 도시계획조례가 정하는 건축물을 건축할 수 없다. 다만, 특별시장・광역시장・시장 또는 군수가 지구의 지정목적에 위배되지 아니하는 범위 안에서 도시계획조례가 정하는 기준에 적합하다고 인정하여 관계 행정기관의 장과의 협의 및 당해 지방자치단체에 설치된 도시계획위원회의 심의를 거친 경우에는 그러하지 아니하다(令 동조 제1항). 공항시설보호지구 안에서의 건축제한에 관하여는 「항공법」이 정하는 바에 의하되, 건축물의 용도 및 형태 등에 관한 그 밖의 제한에 관하여는 공항시설의 보호와 항공기의 이・착륙에 장애가 되지 아니하는 범위 안에서 도시계획조례로 정한다(令 동조 제2항).

사. 취락지구 안에서의 건축제한(제78조) : 법 제76조제5항제1호의 규정에 의하여 자연취락지구 안에서 건축할 수 있는 건축물은 별표 23과 같다(令 동조 제1항). 집단취락지구 안에서의 건축제한에 관하여는 개발제한구역의지정및관리에관한특별조치법령이 정하는 바에 의한다(令 동조 제2항).

아. 개발진흥지구안에서의 건축제한(令 제79조) : 개발진흥지구 안에서는 지구단위계획 또는 관계 법률에 의한 개발계획에 위반하여 건축물을 건축할 수 없으며, 지구단위계획 또는 개발계획이 수립되기 전에는 개발진흥지구의 계획적 개발에 위배되지 아니하는 범위안에서 도시계획조례가 정하는 건축물을 건축할 수 있다.

자. 특정용도제한지구 안에서의 건축제한(令 제80조) : 특정용도제한지구안에서는 주거기능을 훼손하거나 청소년 정서에 유해하다고 인정하여 도시계획조례가 정하는 건축물을 건축할 수 없다.

차. 그 밖의 용도지구 안에서의 건축제한 : 상기 1 내지 9에 규정된 용도지구외의 용도지구 안에서의 건축제한에 관하여는 그 용도지구지정의 목적달성에 필요한 범위 안에서 특별시・광역시・시 또는 군의 도시계획조례로 정한다(令 제82조).

3) 기타 지역 · 지구 내에서의 건축제한

다음 각 호의 어느 하나에 해당하는 경우의 건축물이나 그 밖의 시설의 용도 · 종류 및 규모 등의 제한에 관하여는 제1항부터 제4항까지의 제한 규정에도 불구하고 각 호에서 정하는 바에 따른다(제76조 제5항).

가. 제37조제1항제8호에 따른 취락지구에서는 취락지구의 지정목적 범위에서 대통령령으로 따로 정한다.

나. 「산업입지 및 개발에 관한 법률」 제2조제5호 라목에 따른 농공단지에서는 같은 법에서 정하는 바에 따른다.

다. 농림지역 중 농업진흥지역, 보전산지 또는 초지인 경우에는 각각 「농지법」, 「산지관리법」 또는 「초지법」에서 정하는 바에 따른다.

라. 자연환경보전지역 중 「자연공원법」에 따른 공원구역, 「수도법」에 따른 상수원보호구역, 「문화재보호법」에 따라 지정된 지정문화재 또는 천연기념물과 그 보호구역, 「해양생태계의 보전 및 관리에 관한 법률」에 따른 해양보호구역인 경우에는 각각 「자연공원법」, 「수도법」 또는 「문화재보호법」 또는 「해양생태계의 보전 및 관리에 관한 법률」에서 정하는 바에 따른다.

마. 자연환경보전지역 중 수산자원보호구역인 경우에는 「수산자원관리법」에서 정하는 바에 따른다.

보전관리지역이나 생산관리지역에 대하여 농림수산식품부장관 · 환경부장관 또는 산림청장이 농지 보전, 자연환경 보전, 해양환경 보전 또는 산림 보전에 필요하다고 인정하는 경우에는 「농지법」, 「자연환경보전법」, 「야생동 · 식물보호법」, 「해양생태계의 보전 및 관리에 관한 법률」 또는 「산림자원의 조성 및 관리에 관한 법률」에 따라 건축물이나 그 밖의 시설의 용도 · 종류 및 규모 등을 제한할 수 있다. 이 경우 이 법에 따른 제한의 취지와 형평을 이루도록 하여야 한다 (동조 제6항).

(3) 용도구역에서의 건축물의 건축제한(제80조 내지 제81조)

1) 개발제한구역에서의 행위 제한 (제80조, 令 제83조 제3항)

개발제한구역 안에서의 건축제한 그 밖에 개발제한구역의 관리에 필요한 사항은 개발제한구역의지정및관리에관한특별조치법령이 정하는 의한다.

2) 도시자연공원구역에서의 행위 제한 (제80조의2)

도시자연공원구역에서의 행위 제한 등 도시자연공원구역의 관리에 필요한 사항은 따로 법률로 정한다.

3) 시가화조정구역 내에서의 행위 제한 (제81조, 令 제87조 내지 제89조)

시가화조정구역 안에서의 도시계획사업은 국방상 또는 공익상 시가화조정구역안에서의 사업시행이 불가피한 것으로서 관계 중앙행정기관의 장의 요청에 의하여 국토해양부장관이 시가화조정구역의 지정목적달성에 지장이 없다고 인정하는 도시계획사업에 한하여 이를 시행할 수 있다(제81조 1항, 令 제87조).

시가화조정구역에서는 도시계획사업의 경우 외에는 다음 각 호의 어느 하나에 해당하는 행위에 한정하여 특별시장・광역시장・시장 또는 군수의 허가를 받아 그 행위를 할 수 있다(동조 제2항, 令 제88조).

가. 농업・임업 또는 어업용의 건축물 중 대통령령으로 정하는 종류와 규모의 건축물이나 그 밖의 시설을 건축하는 행위

나. 마을공동시설, 공익시설・공공시설, 광공업 등 주민의 생활을 영위하는 데에 필요한 행위로서 대통령령으로 정하는 행위

다. 입목의 벌채, 조림, 육림, 토석의 채취, 그 밖에 별표 24에서 정하는 경미한 행위

특별시장・광역시장・시장 또는 군수는 제2항에 따른 허가를 하려면 미리 제5항 각 호의 허가에 관한 권한이 있는 자, 허가대상행위와 관련이 있는 공공시설의 관리자, 허가대상행위에 따라 설치되는 공공시설을 관리하게 될 자와 협의 하여야 한다(동조 제3항). 시가화조정구역에서 허가를 받지 아니하고 건축물의 건축, 토지의 형질변경 등의 행위를 하는 자에 관하여는 제60조제3항 및 제4항을 준용한다(동조 제4항). 그리고 제2항에 따른 허가가 있는 경우에는 다음 각 호의 허가 또는 신고가 있는 것으로 본다(제5항).

가. 「산지관리법」 제14조・제15조에 따른 산지전용허가 및 산지전용신고

나. 「조성 및 관리에 관한 법률」 제36조제1항・제4항에 따른 입목벌채 등의 허가・신고

시가화조정구역 안에서의 행위허가의 기준 및 신청절차 등 필요한 사항은 시행령으로 정한다(동조 제6항, 令 제89조).

4) 지구단위계획구역 안에서의 건축 등 (제54조)

지구단위계획구역에서 건축물을 건축하거나 건축물의 용도를 변경하려면 그 지구단위계획에 맞게 건축하거나 용도를 변경하여야 한다. 다만, 지구단위계획이 수립되어 있지 아니한 경우와 지구단위계획의 범위에서 시차를 두어 단계적으로 건축물을 건축하는 경우에는 그러하지 아니하다.

(4) 용도지역·용도지구 및 용도구역 안에서의 건축제한의 예외 등(令 제83조)

1) 용도지역·용도지구 안에서의 도시계획시설에 대하여는 제71조 내지 제82조의 규정(용도지역·용도지구 안에서의 건축제한)을 적용하지 아니한다(동조 제1항).

2) 경관지구·미관지구 또는 고도지구 안에서의 「건축법 시행령」 제6조제1항 제5호의 규정에 의한 리모델링이 필요한 건축물에 대하여는 제72조 내지 제74조의 규정에 불구하고 동시행령 제6조 제1항 제5호의 규정에 의하여 건축물의 높이·규모 등의 제한을 완화하여 제한할 수 있다(동조 제2항).

3) 용도지역·용도지구 또는 용도구역 안에서의 건축물이 아닌 시설의 용도·종류 및 규모 등의 제한에 관하여는 별표 2 내지 별표 27, 제72조 내지 제77조 및 제79조 내지 제82조의 규정에 의한 건축물에 관한 사항을 적용한다(令 제83조 제4항).

4) 용도지역·용도지구 또는 용도구역 안에서 허용되는 건축물 또는 시설을 설치하기 위하여 공사현장에 설치하는 자재야적장, 레미콘·아스콘생산시설 등, 공사용 부대시설은 제4항 및 제55조·제56조의 규정에 불구하고 당해 공사에 필요한 최소한의 면적의 범위 안에서 기간을 정하여 사용 후에 그 시설 등을 설치한 자의 부담으로 원상복구할 것을 조건으로 설치를 허가할 수 있다(令 제83조 제5항).

5) 다음 각 호의 어느 하나에 해당하는 사유로 인하여 기존의 건축물이 令 제71조부터 令 제89조까지, 「수산업법 시행령」제48조의3 및 제48조의4에 따른 건폐율·용적률 및 높이 등의 규모기준에 부적합하게 된 경우에도 재축(「건축법」 제2조 제1항 제8호의 규정에 의한 재축을 말한다)은 이를 할 수 있으며, 증축 또는 개축(「건축법」제2

조 제1항 제8호에 따른 증축 또는 개축을 말한다. 이하 이 조에서 같다)은 증축 또는 개축하고자 하는 부분이 令 제71조부터 제89조까지,「수산업법 시행령」제48조의3 및 제48조의4에 따른 건폐율·용적률 및 높이 등의 규모기준에 적합한 경우에는 이를 할 수 있다(令 동조 제1항).

가. 법령 또는 도시계획조례의 제정·개정

나. 도시관리계획의 결정·변경 또는 행정구역의 변경

다. 도시계획시설의 설치, 도시계획사업의 시행 또는「도로법」에 의한 도로의 설치

기존의 건축물이 제1항 제1호 또는 제2호의 사유로 令 제71조부터 令 제80조까지, 令 제82조, 令 제88조 및「수산업법 시행령」제48조의3제2항에 따른 건축제한 규정에 적합하지 아니하게 된 경우에도 해당 건축물의 기존 용도가 국토해양부령(법 제40조에 따른 수산자원보호구역의 경우에는 농림수산식품부령을 말한다)으로 정하는 바에 따라 확인되는 경우에는 종전의 용도로 계속 사용할 수 있다. 다만, 공장이나 제조업소가 기존 용도의 범위에서 업종을 변경하는 경우에는 특별시·광역시·시 또는 군의 도시계획조례로 정하는 바에 따라 기존 업종보다 오염배출 수준이 같거나 낮은 경우에만 변경할 수 있다(令 동조 제2항). 기존의 건축물이 제1항제1호 또는 제2호의 사유로 제71조부터 제80조까지, 제82조부터 제89조까지 및「수산업법 시행령」제48조의3·제48조의4에 따른 건축제한 규정에 적합하지 아니하게 된 경우에도 해당 건축물이 있는 용도지역·용도지구·용도구역에서 허용되는 용도(건폐율·용적률·높이·면적의 제한을 제외한 용도를 말한다)로 변경할 수 있다(令 동조 제3항).

녹지지역, 관리지역, 농림지역 또는 자연환경보전지역에 있는 기존 공장으로서 관할 특별시장·광역시장·시장 또는 군수가 지방도시계획위원회의 심의를 거쳐 기반시설의 설치 및 그에 필요한 용지의 확보가 충분하고 주변지역의 환경오염 우려가 없다고 인정하는 경우에는 건폐율이 40퍼센트를 초과하지 아니하는 범위에서 기존 부지에 증축할 수 있다(令 동조 제4항). [유효기간 2011.7.8 : 令 제93조 제4항]

(5) 둘 이상의 용도지역·용도지구·용도구역에 걸치는 대지에 대한 적용 기준 (제84조)

하나의 대지가 둘 이상의 용도지역·용도지구 또는 용도구역에 걸치는 경우 그 대지 중 용도지역·용도지구 또는 용도구역에 있는 부분의 규모가 330제곱미터(다만,

도로변에 띠 모양으로 지정된 상업지역에 걸쳐 있는 필지의 경우에는 660제곱미터를 말한다.) 이하인 토지 부분에 대하여는 그 대지 중 가장 넓은 면적이 속하는 용도지역·용도지구 또는 용도구역에 관한 규정을 적용한다. 다만, 건축물이 미관지구나 고도지구에 걸쳐 있는 경우에는 그 건축물 및 대지의 전부에 대하여 미관지구나 고도지구의 건축물 및 대지에 관한 규정을 적용한다(동조 제1항, 令 제94조).

그리고 하나의 건축물이 방화지구와 그 밖의 용도지역·용도지구 또는 용도구역에 걸쳐 있는 경우에는 제1항에도 불구하고 그 전부에 대하여 방화지구의 건축물에 관한 규정을 적용한다. 다만, 그 건축물이 있는 방화지구와 그 밖의 용도지역·용도지구 또는 용도구역의 경계가 「건축법」 제50조 제2항에 따른 방화벽으로 구획되는 경우 그 밖의 용도지역·용도지구 또는 용도구역에 있는 부분에 대하여는 그러하지 아니하다(동조 제2항).

하나의 대지가 녹지지역과 그 밖의 용도지역·용도지구 또는 용도구역에 걸쳐 있는 경우에는 각각의 용도지역·용도지구 또는 용도구역의 건축물 및 토지에 관한 규정을 적용한다. 다만, 녹지지역의 건축물이 미관지구·고도지구 또는 방화지구에 걸쳐 있는 경우에는 제1항 단서나 제2항에 따른다(동조 제3항).

Ⅵ. 도시계획시설사업의 시행

1. 서

(1) 의의

"도시계획시설사업"이란 도시계획시설을 설치·정비 또는 개량하는 사업을 말한다(제2조 제10호). 그리고 도시계획시설사업을 비롯하여 「도시개발법」에 따른 도시개발사업 및 「도시 및 주거환경정비법」에 따른 정비사업을 포함하여 도시관리계획을 시행하기 위한 일체의 사업을 "도시계획사업"이라 한다(제2조 제11호).

(2) 단계별 집행계획의 수립 (제85조)

특별시장・광역시장・시장 또는 군수는 도시계획시설에 대하여 도시계획시설 결정의 고시일부터 2년 이내에 미리 관계 행정기관의 장과 협의하여 재원조달계획, 보상계획 등을 포함하는 단계별 집행계획을 수립하여야 한다(제1항, 令 제95조 제1항). 국토해양부장관이나 도지사가 직접 입안한 도시관리계획인 경우 국토해양부장관이나 도지사는 단계별 집행계획을 수립하여 해당 특별시장・광역시장・시장 또는 군수에게 송부할 수 있다(제2항). 단계별 집행계획은 제1단계 집행계획과 제2단계 집행계획으로 구분하여 수립하되, 3년 이내에 시행하는 도시계획시설사업은 제1단계 집행계획에, 3년 후에 시행하는 도시계획시설사업은 제2단계 집행계획에 포함되도록 하여야 한다(제3항). 특별시장・광역시장・시장 또는 군수는 매년 제2단계집행계획을 검토하여 3년 이내에 도시계획시설사업을 시행할 도시계획시설은 이를 제1단계집행계획에 포함시킬 수 있다(令 동조 제2항). 특별시장・광역시장・시장 또는 군수는 제1항이나 제2항에 따라 단계별 집행계획을 수립하거나 받은 때에는 당해 지방자치단체의 공보에 게재하는 방법에 따라 지체 없이 그 사실을 공고하여야 한다(제4항, 令 동조 제3항). 제1항부터 제4항까지의 규정은 공고된 단계별 집행계획을 변경하는 경우에 이를 준용한다. 다만, 令 제25조 제3항 각호 및 令 동조 제4항 각호의 규정에 의한 도시관리계획의 변경에 따라 단계별집행계획을 변경하는 경우에는 그러하지 아니하다(제5항, 令 동조 제4항).

2. 도시계획시설

(1) 도시계획시설의 설치・관리 (제43조)

지상・수상・공중・수중 또는 지하에 기반시설을 설치하려면 그 시설의 종류・명칭・위치・규모 등을 미리 도시관리계획으로 결정하여야 한다. 다만, 용도지역・기반시설의 특성 등을 고려하여 대통령령으로 정하는 경우에는 그러하지 아니하다(제1항). 도시계획시설의 결정・구조 및 설치의 기준 등에 관하여 필요한 사항은 국토해양부령으로 정한다. 다만, 다른 법률에 특별한 규정이 있는 경우에는 그 법률에 따른다(제2항). 제1항에 따라 설치한 도시계획시설의 관리에 관하여 이 법 또는 다른 법률에 특별한 규정이 있는 경우 외에는 국가가 관리하는 경우에는 「국유재산법」 제8조 제3항에 따른 관리청이 관리하고, 지방자치단체가 관리하는 경우에는 그 지방자치단체의 조례로 도시계획시설의 관리에 관한 사항을 정한다(제3항, 슈 제35조 제2항).

(2) 공동구의 설치 · 관리

1) 공동구의 설치 (제44조) 〈전문개정 2009. 12.29〉

다음 각 호에 해당하는 지역 · 지구 · 구역 등(이하 이 항에서 "지역등"이라 한다)이 대통령령으로 정하는 규모를 초과하는 경우에는 해당 지역 등에서 개발사업을 시행하는 자(이하 이 조에서 "사업시행자"라 한다)는 공동구를 설치하여야 한다(동조 제1항).

1. 「도시개발법」 제2조제1항에 따른 도시개발구역 2. 「택지개발촉진법」 제2조제3호에 따른 택지개발예정지구 3. 「경제자유구역의 지정 및 운영에 관한 특별법」 제2조 제1호에 따른 경제자유구역 4. 「도시 및 주거환경정비법」 제2조제1호에 따른 정비구역 5. 그 밖에 대통령령으로 정하는 지역

「도로법」 제20조에 따른 도로 관리청은 지하매설물의 빈번한 설치 및 유지관리 등의 행위로 인하여 도로구조의 보전과 안전하고 원활한 도로교통의 확보에 지장을 초래하는 경우에는 공동구 설치의 타당성을 검토하여야 하며, 이 경우 재정여건 및 설치 우선순위 등을 감안하여 단계적으로 공동구가 설치될 수 있도록 하여야 한다(동조 제2항).

공동구가 설치된 경우에는 대통령령으로 정하는 바에 따라 공동구에 수용하여야 할 시설이 모두 수용되도록 하여야 하며(동조 제3항), 개발사업의 계획을 수립할 경우에는 공동구 설치에 관한 계획을 포함하여야 한다. 이 경우 제3항에 따라 공동구에 수용되어야 할 시설을 설치하고자 공동구를 점용하려는 자(이하 이 조에서 "공동구 점용예정자"라 한다)와 설치 노선 및 규모 등에 관하여 미리 협의한 후 제44조의2 제4항에 따른 공동구협의회의 심의를 거쳐야 한다(동조 제4항).

공동구 점용예정자와 사업시행자가 공동구 설치비용을 부담하는 경우 국가, 특별시장 · 광역시장 · 특별자치도지사 · 시장 또는 군수는 공동구의 원활한 설치를 위하여 그 비용의 일부를 보조 또는 융자할 수 있다(동조 제6항). 공동구에 수용되어야 하

는 시설물의 설치기준 등은 다른 법률에 특별한 규정이 있는 경우를 제외하고는 국토해양부장관이 정한다(동조 제7항).

2) **공동구의 관리・운영** (제44조의2) 〈본조신설 2009. 12. 29〉

공동구는 특별시장・광역시장・특별자치도지사・시장 또는 군수(이하 이 조 및 제44조의3에서 "공동구관리자"라 한다)가 관리한다. 다만, 공동구의 효율적인 관리・운영을 위하여 필요하다고 인정하는 경우에는 대통령령으로 정하는 기관에 그 관리・운영을 위탁할 수 있다(동조 제1항). 공동구관리자는 5년마다 해당 공동구의 안전 및 유지관리계획을 대통령령으로 정하는 바에 따라 수립・시행하여야 하며(동조 제2항), 공동구관리자는 대통령령으로 정하는 바에 따라 1년에 1회 이상 공동구의 안전점검을 실시하여야 하며, 안전점검결과 이상이 있다고 인정되는 때에는 지체 없이 정밀안전진단・보수・보강 등 필요한 조치를 하여야 한다(동조 제3항). 공동구관리자는 공동구의 설치・관리에 관한 주요 사항의 심의 또는 자문을 하게 하기 위하여 공동구협의회를 둘 수 있다. 이 경우 공동구협의회의 구성・운영 등에 필요한 사항은 대통령령으로 정한다(동조 제4항)

3) **공동구의 관리비용** (제44조의3) 〈본조신설 2009. 12. 29〉

공동구의 관리에 소요되는 비용은 그 공동구를 점용하는 자가 함께 부담하되, 부담비율은 점용면적을 고려하여 공동구관리자가 정한다(동조 제1항). 공동구 설치비용을 부담하지 아니한 자(부담액을 완납하지 아니한 자를 포함한다)가 공동구를 점용하거나 사용하려면 그 공동구를 관리하는 공동구관리자의 허가를 받아야 하며(동조 제2항), 공동구를 점용하거나 사용하는 자는 그 공동구를 관리하는 특별시・광역시・특별자치도・시 또는 군의 조례로 정하는 바에 따라 점용료 또는 사용료를 납부하여야 한다(동조 제3항).

(3) 광역시설의 설치・관리 등(제45조)

광역시설의 설치 및 관리는 제43조에 따른다(제1항). 관계 특별시장・광역시장・시장 또는 군수는 협약을 체결하거나 협의회 등을 구성하여 광역시설을 설치・관리할 수 있다. 다만, 협약의 체결이나 협의회 등의 구성이 이루어지지 아니하는 경우 그 시 또는 군이 같은 도에 속할 때에는 관할 도지사가 광역시설을 설치·관리할 수 있다(제2항).

국가계획으로 설치하는 광역시설은 그 광역시설의 설치·관리를 사업목적 또는 사업종목으로 하여 다른 법률에 따라 설립된 법인이 설치·관리할 수 있다(제3항). 지방자치단체는 환경오염이 심하게 발생하거나 해당 지역의 개발이 현저하게 위축될 우려가 있는 광역시설을 다른 지방자치단체의 관할 구역에 설치할 때에는 다음 각 호의 1에 해당하는 사업을 당해 지방자치단체와 함께 시행하거나 이에 필요한 자금 등을 지원하여야 한다. 다만, 다른 법률에 특별한 규정이 있는 경우에는 그 법률에 따른다. 1. 환경오염의 방지를 위한 사업 : 녹지·하수도 또는 폐기물처리시설의 설치사업과 대기오염·수질오염·악취·소음 및 진동방지사업 등 2. 지역주민의 편익을 위한 사업 : 도로·공원·수도공급설비·문화시설·도서관·사회복지시설·노인정·하수도·종합의료시설 등의 설치사업 등(제4항, 令 제40조).

(4) 도시계획시설의 공중 및 지하 설치기준과 보상 등 (제46조)

도시계획시설을 공중·수중·수상 또는 지하에 설치하는 경우 그 높이나 깊이의 기준과 그 설치로 인하여 토지나 건물의 소유권 행사에 제한을 받는 자에 대한 보상 등에 관하여는 따로 법률로 정한다.

(5) 도시계획시설 부지의 매수 청구 (제47조)

도시계획시설에 대한 도시관리계획의 결정(이하 "도시계획시설결정"이라 한다)의 고시일부터 10년 이내에 그 도시계획시설의 설치에 관한 도시계획시설사업이 시행되지 아니하는 경우(제88조에 따른 실시계획의 인가나 그에 상당하는 절차가 진행된 경우는 제외한다. 이하 같다) 그 도시계획시설의 부지로 되어 있는 토지 중 지목(地目)이 대(垈)인 토지(그 토지에 있는 건축물 및 정착물을 포함한다. 이하 이 조에서 같다)의 소유자는 대통령령으로 정하는 바에 따라 특별시장·광역시장·시장 또는 군수에게 그 토지의 매수를 청구할 수 있다. 다만, 다음 각 호의 어느 하나에 해당하는 경우에는 그에 해당하는 자(특별시장·광역시장·시장 또는 군수를 포함한다. 이하 이 조에서 "매수의무자"라 한다)에게 그 토지의 매수를 청구할 수 있다. 1. 이 법에 따라 해당 도시계획시설사업의 시행자가 정하여진 경우에는 그 시행자 2. 이 법 또는 다른 법률에 따라 도시계획시설을 설치하거나 관리하여야 할 의무가 있는 자가 있으면 그 의무가 있는 자.

이 경우 도시계획시설을 설치하거나 관리하여야 할 의무가 있는 자가 서로 다른 경우에는 설치하여야 할 의무가 있는 자에게 매수 청구하여야 한다(제1항).

매수의무자는 제1항에 따라 매수 청구를 받은 토지를 매수할 때에는 현금으로 그 대금을 지급한다. 다만, 시행령이 정하는 경우로서 매수의무자가 지방자치단체인 경우에는 채권(이하 "도시계획시설채권"이라 한다)을 발행하여 지급할 수 있다(제2항, 令 제41조 제2항 내지 제4항).

도시계획시설채권의 상환기간은 10년 이내로 하며, 그 이율은 채권 발행 당시 「은행법」에 따른 인가를 받은 금융기관 중 전국을 영업으로 하는 금융기관이 적용하는 1년 만기 정기예금금리의 평균 이상이어야 하며, 구체적인 상환기간과 이율은 특별시·광역시·시 또는 군의 조례로 정한다(제3항). 매수 청구된 토지의 매수가격·매수절차 등에 관하여 이 법에 특별한 규정이 있는 경우 외에는 「공익사업을 위한 토지 등의 취득 및 보상에 관한 법률」을 준용한다(제4항). 매수의무자는 제1항에 따른 매수 청구를 받은 날부터 6개월 이내에 매수 여부를 결정하여 토지 소유자와 특별시장·광역시장·시장 또는 군수(매수의무자가 특별시장·광역시장·시장 또는 군수인 경우는 제외한다)에게 알려야 하며, 매수하기로 결정한 토지는 매수 결정을 알린 날부터 2년 이내에 매수하여야 한다(제6항).

제1항에 따라 매수 청구를 한 토지의 소유자는 일정한 경우 제56조에 따른 허가를 받아 대통령령으로 정하는 건축물 또는 공작물을 설치할 수 있다. 이 경우 제58조와 제64조는 적용하지 아니한다(제7항).

(6) 도시계획시설 결정의 실효 (제48조)

도시계획시설결정이 고시된 도시계획시설에 대하여 그 고시일부터 20년이 지날 때까지 그 시설의 설치에 관한 도시계획시설사업이 시행되지 아니하는 경우 그 도시계획시설결정은 그 고시일부터 20년이 되는 날의 다음날에 그 효력을 잃는다(제1항). 시·도지사 또는 대도시 시장은 도시계획시설결정이 효력을 잃으면 지체 없이 그 사실을 고시하여야 하는 바(제2항), 이 경우 실효고시는 국토해양부장관이 하는 경우에는 관보에, 시・도지사 또는 대도시 시장이 하는 경우에는 해당 시・도 또는 대도시의 공보에 실효일자 및 실효사유와 실효된 도시계획의 내용을 게재하는 방법에 따른다(令 제42조).

3. 도시계획시설사업의 시행 (제7장)

(1) 시행자 (제86조)

1) 행정청인 시행자

도시계획사업은 법령에 특별한 규정이 있는 경우를 제외하고는 그 행정구역을 관할하는 특별시장・광역시장・시장 또는 군수가 이를 시행함이 원칙이다. 즉 특별시장・광역시장・시장 또는 군수는 이 법 또는 다른 법률에 특별한 규정이 있는 경우 외에는 관할 구역의 도시계획시설사업을 시행한다(동조 제1항). 다만 도시계획시설사업이 둘 이상의 특별시・광역시・시 또는 군의 관할 구역에 걸쳐 시행되게 되는 경우에는 관계 특별시장・광역시장・시장 또는 군수가 서로 협의하여 시행자를 정하되, 협의가 성립되지 아니하는 경우 도시계획시설사업을 시행하려는 구역이 같은 도의 관할 구역에 속하는 경우에는 관할 도지사가 시행자를 지정하고, 둘 이상의 시・도의 관할 구역에 걸치는 경우에는 국토해양부장관이 시행자를 지정한다(동조 제2항, 제3항). 국토해양부장관은 국가계획과 관련되거나 그 밖에 특히 필요하다고 인정되는 경우에는 관계 특별시장・광역시장・시장 또는 군수의 의견을 들어 직접 도시계획시설사업을 시행할 수 있으며, 도지사는 광역도시계획과 관련되거나 특히 필요하다고 인정되는 경우에는 관계 시장 또는 군수의 의견을 들어 직접 도시계획시설사업을 시행할 수 있다(동조 제4항).

2) 비행정청인 시행자

상기 시행자가 될 수 있는 자 외의 자도 국토해양부장관, 시・도지사, 시장 또는 군수로부터 시행자로 지정을 받아 도시계획시설사업을 시행할 수 있으며, 도시계획시설사업의 시행자로 지정받고자 하는 자는 다음 각 호의 사항을 기재한 신청서를 국토해양부장관, 시·도지사 또는 시장·군수에게 제출하여야 한다. 1. 사업의 종류 및 명칭 2. 사업시행자의 성명 및 주소(법인인 경우에는 법인의 명칭 및 소재지와 대표자의 성명 및 주소) 3. 토지 또는 건물의 소재지·지번·지목 및 면적, 소유권과 소유권외의 권리의 명세 및 그 소유자·권리자의 성명·주소 4. 사업의 착수예정일 및 준공예정일 5. 자금조달계획(동조 제5항, 令 제96조 제1항). 또한 당해 도시계획시설사업이 다른 법령에 의하여 면허·허가·인가 등을 받아야 하는 사업인 경우에는 그 사업시행에 관한 면허·허가·인가 등의 사실을 증명하는 서류의 사본을 제1항의 신청서에 첨부하여야 한다. 다만, 다른 법령에서 도시계획시설사업의 시행자지정을 면허·허가·인가 등의 조건으로 하는 경우에는 관계 행정기관의 장의 의견서로 갈음할 수 있다(令 동조 제5항).

국가·지방자치단체·대통령령으로 정하는 공공기관 그 밖에 대통령령으로 정하는 자에 해당하지 아니하는 자가 제5항에 따라 도시계획시설사업의 시행자로 지정을 받으려면 도시계획시설사업의 대상인 토지(국공유지는 제외한다)면적의 3분의 2 이상에 해당하는 토지를 소유하고, 토지소유자 총수의 2분의 1 이상에 해당하는 자의 동의를 얻어야 한다(제7항). 한편 국토해양부장관, 시·도지사, 시장 또는 군수는 제2항·제3항 또는 제5항에 따라 도시계획시설사업의 시행자를 지정한 경우에는 국토해양부령으로 정하는 바에 따라 그 지정 내용을 고시하여야 한다(제6항).

(2) 실시계획의 작성 및 인가 등 (제88조, 제90조, 제91조)

도시계획시설사업의 시행자는 대통령령으로 정하는 바에 따라 그 도시계획시설사업에 관한 실시계획(이하 "실시계획"이라 한다)을 작성하여야 한다(제1항). 이 경우 실시계획에는 다음 각 호의 사항이 포함되어야 한다. 1. 사업의 종류 및 명칭 2. 사업의 면적 또는 규모 3. 사업시행자의 성명 및 주소(법인인 경우에는 법인의 명칭 및 소재지와 대표자의 성명 및 주소) 4. 사업의 착수예정일 및 준공예정일(令 제97조 제1항).

도시계획시설사업의 시행자는 도시계획시설사업을 효율적으로 추진하기 위하여 필요하다고 인정되면 사업시행대상지역을 둘 이상으로 분할하여 도시계획시설사업을 시행할 수 있다(제87조). 이 경우 분할된 지역별로 실시계획을 작성할 수 있다(令 제97조 제5항).

도시계획시설사업의 시행자(국토해양부장관, 시·도지사와 대도시 시장은 제외한다. 이하 제3항에서 같다)는 실시계획을 작성하면 국토해양부장관, 시·도지사 또는 대도시 시장의 인가를 받아야 하는 바, 국토해양부장관이 지정한 시행자는 국토해양부장관의 인가를 받아야 하며, 그 밖의 시행자는 시·도지사의 인가를 받아야 한다(제2항, 令 동조 제2항). 국토해양부장관, 시·도지사 또는 대도시 시장은 도시계획시설사업의 시행자가 작성한 실시계획이 제43조제2항에 따른 도시계획시설의 결정·구조 및 설치의 기준 등에 맞다고 인정하는 경우에는 실시계획을 인가하여야 하며, 이 경우 국토해양부장관, 시·도지사 또는 대도시 시장은 기반시설의 설치나 그에 필요한 용지의 확보, 위해 방지, 환경오염 방지, 경관 조성, 조경 등의 조치를 할 것을 조건으로 실시계획을 인가할 수 있다(동조 제3항). 제2항의 규정은 인가받은 실시계획을 변경하거나 폐지하는 경우에 이를 준용한다. 다만, 국토해양부령으로 정하는 경미한 사항을 변경하는 경우에는 그러하지 아니하다(동조 제4항).

실시계획에는 사업시행에 필요한 설계도서, 자금계획, 시행기간, 그 밖에 시행령이 정하는 사항을 자세히 밝히거나 첨부하여야 한다(동조 제5항, 令 동조 제6항).

국토해양부장관, 시·도지사 또는 대도시 시장은 실시계획을 인가하려면 미리 그 사실을 공고하고, 관계 서류의 사본을 20일 이상 일반이 열람할 수 있도록 하여야 한다(제90조 제1항). 공고는 국토해양부장관이 하는 경우에는 관보나 전국을 보급지역으로 하는 일간신문에, 시·도지사 또는 대도시 시장이 하는 경우에는 해당 시·도 또는 대도시의 공보나 해당 시·도 또는 대도시를 주된 보급지역으로 하는 일간신문에 다음 각 호의 사항을 게재하는 방법에 따른다. 1. 인가신청의 요지 2. 열람의 일시 및 장소(令 제99조 제1항). 그러나 다음 각 호의 1에 해당하는 경미한 사항의 변경인 경우에는 제1항의 규정에 의한 공고 및 열람을 하지 아니할 수 있다. 1. 사업시행지의 변경이 수반되지 아니하는 범위 안에서의 사업내용변경 2. 사업의 착수예정일 및 준공예정일의 변경(令 동조 제2항). 그리고 공고에 소요되는 비용은 도시계획시설사업의 시행자가 부담한다(令 동조 제3항).

도시계획시설사업의 시행지구의 토지·건축물 등의 소유자 및 이해관계인은 제1항에 따른 열람기간 이내에 국토해양부장관, 시·도지사, 대도시 시장 또는 도시계획시설사업의 시행자에게 의견서를 제출할 수 있으며, 국토해양부장관, 시·도지사, 대도시 시장 또는 도시계획시설사업의 시행자는 제출된 의견이 타당하다고 인정되면 그 의견을 실시계획에 반영하여야 한다(동조 제2항). 국토해양부장관, 시·도지사 또는 대도시 시장이 실시계획을 작성하는 경우에 관하여는 제1항과 제2항을 준용한다(동조 제3항). 국토해양부장관, 시·도지사 또는 대도시 시장은 제88조에 따라 실시계획을 작성하거나 인가한 경우에는 그 내용을 관보 또는 공보에 고시하여야 한다(제91조, 令 제100조 제1항).

그리고 국토해양부장관, 시·도지사 또는 대도시 시장은 실시계획을 고시하였으면 그 내용을 관계 행정기관의 장에게 통보하여야 한다(令 동조 제2항).

(3) 도시계획시설사업의 이행 담보 등 (제89조)

특별시장·광역시장·시장 또는 군수는 기반시설의 설치나 그에 필요한 용지의 확보, 위해 방지, 환경오염 방지, 경관 조성, 조경 등을 위하여 필요하다고 인정되는 경우로서 다음 각 호의 1에 해당하는 경우에는 그 이행을 담보하기 위하여 도시계획시설사업의 시행자에게 이행보증금을 예치하게 할 수 있다. 1. 도시계획시설사업으로 인하여 도로·수도공급설비·하수도 등 기반시설의 설치가 필요한 경우 2. 도시계획시설사업으로 인하여 제59조제1항제2호 내지 제5호의 1에 해당하는 경우. 다만, 다음 각 호의 어느 하나에 해당하는 자에 대하여는 그러하지 아니하다. 1. 국가 또는 지방자치단체 2. 「공공기관의 운영에 관한 법률」제5조제3항제1호 또는 제2호나목에 해당하는 기관 3. 「지방공기업법」에 의한 지방공사 및 지방공단(제1항, 令 동조 제1항, 제2항, 제3항), 그리고 이행보증금의 산정과 예치방법 등에 관하여 필요한 사항은 令 제59조제2항 내지 제4항의 규정을 준용한다(제2항, 令 동조 제4항).

특별시장·광역시장·시장 또는 군수는 제88조제2항에 따른 실시계획의 인가를 받지 아니하고 도시계획시설사업을 하거나 그 인가 내용과 다르게 도시계획시설사업을 하는 자에게 그 토지의 원상회복을 명할 수 있으며(동조 제3항), 특별시장·광역시장·시장 또는 군수는 제3항에 따른 원상회복의 명령을 받은 자가 원상회복을 하지 아니하는 경우에는 「행정대집행법」에 따른 행정대집행에 따라 원상회복을 할 수 있다. 이 경우 행정대집행에 필요한 비용은 제1항에 따라 도시계획시설사업의 시행자가 예치한 이행보증금으로 충당할 수 있다(동조 4항).

(4) 시행자 보호 및 감독

1) 인・허가 등의 의제 (제92조)

국토해양부장관, 시・도지사 또는 대도시 시장이 제88조에 따른 실시계획의 작성 또는 인가를 할 때에 그 실시계획에 대한 다음 각 호의 인・허가등에 관하여 제3항에 따라 관계 행정기관의 장과 협의한 사항에 대하여는 해당 인・허가등을 받은 것으로 보며, 제91조에 따른 실시계획을 고시한 경우에는 관계 법률에 따른 인・허가등의 고시・공고 등이 있은 것으로 본다(제1항).

인・허가 등의 의제를 받으려는 자는 실시계획 인가를 신청할 때에 해당 법률에서 정하는 관련 서류를 함께 제출하여야 한다(동조 제2항).

국토해양부장관, 시・도지사 또는 대도시 시장은 실시계획을 작성하거나 인가할 때에 그 내용에 제1항 각 호의 어느 하나에 해당하는 사항이 있으면 미리 관계 행정기관의 장과 협의하여야 하며(동조 제3항), 국토해양부장관은 제1항에 따라 의제되는 인・허가등의 처리기준을 관계 중앙행정기관으로부터 받아 통합하여 고시하여야 한다(동조 제4항).

2) 관계 서류의 열람, 서류의 송달 (제93조, 제94조)

도시계획시설사업의 시행자는 도시계획시설사업을 시행하기 위하여 필요하면 등기소나 그 밖의 관계 행정기관의 장에게 필요한 서류의 열람 또는 복사나 그 등본 또는 초본의 발급을 무료로 청구할 수 있다(제93조).

도시계획시설사업의 시행자는 이해관계인에게 서류를 송달할 필요가 있으나 이해관계인의 주소 또는 거소(居所)가 불분명하거나 그 밖의 사유로 서류를 송달할 수 없는 경우에는 국토해양부장관, 관할 시・도지사 또는 대도시 시장의 승인을 받아 그 서류의 송달을 갈음하여 그 내용을 공시할 수 있다(제94조 제1항, 슈 제101조). 서류의 공시송달에 관하여는「민사소송법」의 공시송달의 예에 따른다(동조 제2항).

3) 토지 등의 수용 및 사용 (제95조)

도시계획시설사업의 시행자는 도시계획시설사업에 필요한 다음 각 호의 물건 또는 권리를 수용하거나 사용할 수 있다(동조 제1항).

1. 토지・건축물 또는 그 토지에 정착된 물건

2. 토지 · 건축물 또는 그 토지에 정착된 물건에 관한 소유권 외의 권리

도시계획시설사업의 시행자는 사업시행을 위하여 특히 필요하다고 인정되면 도시계획시설에 인접한 토지 · 건축물 또는 그 토지에 정착된 물건이나 토지 · 건축물 또는 그 토지에 정착된 물건에 관한 소유권 외의 권리를 일시 사용할 수 있다(동조 제2항).

(5) 공사의 완료 및 사후처리

1) 공사완료의 공고 등 (제98조)

도시계획시설사업의 시행자(국토해양부장관, 시 · 도지사와 대도시 시장은 제외한다)는 도시계획시설사업의 공사를 마친 때에는 국토해양부령으로 정하는 바에 따라 공사완료보고서를 작성하여 시 · 도지사나 대도시 시장의 준공검사를 받아야 한다(동조 제1항). 시 · 도지사나 대도시 시장은 공사완료보고서를 받으면 지체 없이 준공검사를 하여야 한다. 그러나 도시계획시설사업에 대하여 다른 법령에 따른 준공검사 · 준공인가 등을 받은 경우 그 부분에 대하여는 준공검사를 하지 아니할 수 있으며, 이 경우 시 · 도지사 또는 대도시 시장은 다른 법령에 따른 준공검사 · 준공인가 등을 한 기관의 장에 대하여 그 준공검사 · 준공인가 등의 내용을 통보하여 줄 것을 요청할 수 있다(동조 제2항, 슈 제102조 제1항).

시 · 도지사나 대도시 시장은 준공검사를 한 결과 실시계획대로 완료되었다고 인정되는 경우에는 도시계획시설사업의 시행자에게 준공검사증명서를 발급하고 공사완료 공고를 하여야 한다(동조 제3항). 국토해양부장관, 시 · 도지사 또는 대도시 시장인 도시계획시설사업의 시행자는 도시계획시설사업의 공사를 마친 때에는 공사완료 공고를 하여야 하는 바, 공사완료공고는 국토해양부장관이 하는 경우에는 관보에, 시 · 도지사 또는 대도시 시장이 하는 경우에는 해당 시 · 도 또는 대도시의 공보에 게재하는 방법에 따른다(동조 제4항, 슈 제102조 제2항).

준공검사를 하거나 공사완료 공고를 할 때에 국토해양부장관, 시 · 도지사 또는 대도시 시장이 제92조에 따라 의제되는 인 · 허가 등에 따른 준공검사 · 준공인가 등에 관하여 제7항에 따라 관계 행정기관의 장과 협의한 사항에 대하여는 그 준공검사 · 준공인가 등을 받은 것으로 본다(동조 제5항). 도시계획시설사업의 시행자(국토해양부장관, 시 · 도지사와 대도시 시장은 제외한다)는 제5항에 따른 준공검사 · 준공인가

등의 의제를 받으려면 준공검사를 신청할 때에 해당 법률에서 정하는 관련 서류를 함께 제출하여야 한다(동조 제6항). 국토해양부장관, 시・도지사 또는 대도시 시장은 준공검사를 하거나 공사완료 공고를 할 때에 그 내용에 제92조에 따라 의제되는 인・허가 등에 따른 준공검사・준공인가 등에 해당하는 사항이 있으면 미리 관계 행정기관의 장과 협의하여야 한다(동조 제7항). 국토해양부장관은 제5항에 따라 의제되는 준공검사・준공인가 등의 처리기준을 관계 중앙행정기관으로부터 받아 통합하여 고시하여야 한다(동조 제8항).

2) 공공시설 등의 귀속 (제99조)

제65조의 규정은 도시계획시설사업에 의하여 새로 공공시설을 설치하거나 기존의 공공시설에 대체되는 공공시설을 설치한 경우에 이를 준용한다. 이 경우 제65조제5항 중 "준공검사를 마친 때"는 "준공검사를 마친 때(시행자가 국토해양부장관 , 시・도지사 또는 대도시 시장인 경우에는 제98조제4항에 따른 공사완료 공고를 한 때를 말한다)"로 보고, 같은 조 제7항 중 "제62조제1항에 따른 준공검사를 받았음을 증명하는 서면"은 "제98조제3항에 따른 준공검사증명서(시행자가 국토해양부장관, 시・도지사 또는 대도시 시장인 경우에는 같은 조 제4항에 따른 공사완료 공고를 하였음을 증명하는 서면을 말한다)"로 본다.

3) 다른 법률과의 관계 (제100조, 令 제103조)

도시계획시설사업으로 조성된 대지와 건축물 중 국가나 지방자치단체의 소유에 속하는 재산을 처분하려면 「국유재산법」과 「공유재산 및 물품 관리법」에도 불구하고 대통령령으로 정하는 바에 따라 다음 각 호의 순위에 따라 처분할 수 있다. 1. 해당 도시계획시설사업의 시행으로 수용된 토지 또는 건축물 소유자에의 양도 2. 다른 도시계획시설사업에 필요한 토지와의 교환(제100조).

국가 또는 지방자치단체는 상기 규정에 의하여 도시계획시설사업으로 인하여 조성된 대지 및 건축물중 그 소유에 속하는 재산을 처분하고자 하는 때에는 다음 각 호의 사항을 공고하되, 국가가 하는 경우에는 관보에, 지방자치단체가 하는 경우에는 당해 지방자치단체의 공보에 게재하는 방법에 의한다. 1. 법 제100조 각호의 순위에 의하여 처분한다는 취지 2. 처분하고자 하는 대지 또는 건축물의 위치 및 면적(令 제103조)

Ⅶ. 토지거래의 허가제도 (제10장)

1. 개설

1970년대 초반 이후 3차례에 걸친 부동산 투기의 만연으로 우리사회는 미증유의 혼란과 무질서를 경험하였고, 근로의식은 마비되고 가진 자와 가지지 못한자 사이의 위화감은 극에 달하였다. 급기야 1977년 8월 3일 건설부장관의 토지공개념 도입의 발언과 함께 이듬해인 78년부터 도입된 제도가 토지거래 규제제도로서의 토지거래허가제와 신고제이다.

허가제는 규제구역 내에서, 신고제는 신고구역 내에서 실시되는 바, 이들 구역은 국토이용관리법 상의 용도지역과는 무관하게, 거래규제의 '현실적 필요'에 따라 지정되었다. 한편 1993년 8월 23일에는 금융실명제 실시의 여파로 일시적이나마 허가제가 전국적으로 확대 실시된 바 있었다.

그리고 1993년 8월 5일의 국토이용관리법의 개정에서는 허가제와 관련하여 그 동안 실효성이 없었던 가격심사제를 폐지하고, 허가 후 장기간 방치하거나 전매하는 경우를 대비하여 과태료를 부과하고 우선적으로 유휴지로 지정할 수 있도록 하였으며, 농지나 임야의 경우 농지임대차관리법이나 산림법에 의한 농지, 임야매매증명을 요구하는 등 거래규제가 중복됨으로써 국민의 불편을 해소하는 차원에서, 허가가 있으면 이들 증명을 받은 것으로 간주하였고, 또 위반자에 대한 벌칙이 가격에 비하여 상대적으로 경미하였으므로 이를 강화하는 조치를 취하였다.

그리고 이 제도의 실효성을 확보하기 위한 조치로서, 기준면적 이하로의 토지분할의 제한(동법 제21의16) 및 권리의무의 승계제도(제21조의 17)를 규정하였다.

그동안 토지거래허가구역은 1985년부터 1996년 말까지 31회에 걸쳐 전국토의 35.4%인 35,228㎢가 지정되었다. 토지거래신고구역은 1984년 12월 10,078㎢가 처음 지정된 후 모두 24회에 걸쳐 전국토의 35.1%인 34,921㎢가 지정되었다[4]. 또 정부는 IMF 여파로 인한 경기침체에서 탈피하기 위한 '토지거래 활성화 방안'의 하나로 토지거래 허가구역의 대폭적인 축소조정을 단행하였다. 즉, 1998년 1월 30일부터 허가

4) 건설교통부, 건설교통통계편람, 1998, 84면~91면.

구역의 면적을 전국토면적 대비 32.7% (32,634㎢)에서 3.3% (3,301㎢)로 축소 조정하였고, 1998년 4월 20일을 기하여 건설교통부장관이 지정한 허가구역 (전 국토면적 대비 2.5%, 2,510㎢)을 전면해제하고, 시・도지사가 지정한 허가구역 (전 국토면적 대비 0.8%, 2,510㎢)은 해제를 권고하기도 하였다. 나아가 1999년 2월 8일의 개정에서는 토지거래신고제 및 유휴지제도를 폐지하고 토지거래허가의 기준과 절차를 정비하는 등 토지거래와 관련된 규제를 대폭 완화하였다.

한편 토지거래신고구역은 이보다 앞서 1997년 12월 20일자로 전면 해제되었다. 그러나 이러한 정부의 조치가 과연 적절한 대응이었는지에 대하여는 의문이 제기되고 있다[5)]

2. 토지거래허가제

(1) 의의

일정 규모 이상의 토지거래계약의 체결 시 미리 행정청의 허가를 받도록 하고 허가 없는 계약은 무효로 함과 동시에 행정벌을 과하는 제도이다(제117조, 제118조 제6항, 제141조 제5호).

(2) 법적 성질

허가 위반 시의 효과, 즉 무허가 계약에 대하여는 계약의 무효(제118조 제6항)와 동시에, 행정벌(제141조 제5호, 2년 이하 징역 또는 토지금액의 30/100이하에 해당하는 벌금)을 과하고 있으므로, 토지거래허가는 강학상 인가와 허가의 성질을 동시에 가지는 행정행위로 볼 수 있을 것이다. 즉 토지거래의 허가는 토지거래행위의 유효요건임과 동시에 적법요건이기도 한 것이다.

---

5) 류지태, 토지거래허가제 소고, 고시연구 1998. 3, 87면 이하.
신봉기, 현행 토지거래허가제의 문제점-특히 토지거래허가의 당사자를 중심으로-, 고시연구 1998. 5, 93면 이하.

(3) 허가구역의 지정 (제117조)

1) 대상지역

토지의 투기적인 거래가 성행하거나 지가(地價)가 급격히 상승하는 지역과 그러한 우려가 있는 지역으로서 다음 각 호의 1에 해당하는 지역에 대하여는 5년 이내의 기간을 정하여 제118조제1항에 따른 토지거래계약에 관한 허가구역(이하 "허가구역"이라 한다)으로 지정할 수 있다. 1. 광역도시계획·도시기본계획·도시관리계획 등 토지이용계획이 새로이 수립되거나 변경되는 지역 2. 법령의 제정·개정 또는 폐지나 그에 의한 고시·공고로 인하여 토지이용에 대한 행위제한이 완화되거나 해제되는 지역 3. 법령에 의한 개발사업이 진행 중이거나 예정되어 있는 지역과 그 인근지역 4. 그 밖에 국토해양부장관이 투기우려가 있다고 인정하는 지역 또는 관계 행정기관의 장이 특별히 투기가 성행할 우려가 있다고 인정하여 국토해양부장관에게 요청하는 지역(제117조 제1항, 令 제116조 제1항).

국토해양부장관이나 시·도지사는 토지거래허가 제도를 실시하거나 그 밖에 토지정책을 수행하기 위한 자료를 수집하기 위하여 대통령령으로 정하는 바에 따라 지가의 동향과 토지거래의 상황을 조사하여야 하며, 관계 행정기관이나 그 밖의 필요한 기관에 이에 필요한 자료를 제출하도록 요청할 수 있다. 이 경우 자료 제출을 요청받은 기관은 특별한 사유가 없으면 요청에 따라야 한다(제125조).

2) 지정권자 및 지정절차

국토해양부장관은 중앙도시계획위원회의 심의를 거쳐 지정하며, 다만, 지정기간이 끝나는 허가구역을 계속하여 다시 허가구역으로 지정하려면 중앙도시계획위원회의 심의 전에 미리 시·도지사 및 시장·군수 또는 구청장의 의견을 들어야 한다(동조 제2항). 또 국토해양부장관은 허가구역으로 지정한 때에는 지체 없이 허가구역의 범위·지정기간 및 제118조제1항의 규정에 의한 허가를 요하지 아니하는 토지의 면적을 공고하고, 그 공고 내용을 시·도지사에게 통지하여야 한다(동조 제3항, 令 제116조 제2항). 통지를 받은 시·도지사는 지체 없이 그 공고 내용을 그 허가구역을 관할하는 등기소의 장과 시장·군수 또는 구청장에게 통지하여야 하며, 그 통지를 받은 시장·군수 또는 구청장은 지체 없이 그 사실을 7일 이상 공고하고, 그 공고 내용을

15일간 일반이 열람할 수 있도록 하여야 한다(동조 제4항).

3) 효력의 발생 및 소멸

허가구역의 지정은 상기 제3항에 따라 허가구역의 지정을 공고한 날부터 5일 후에 그 효력이 발생한다(동조 제5항). 단, 해제・축소변경의 경우는 당일부터 효력이 발생한다(제6항 참조). 국토해양부장관은 허가구역의 지정 사유가 없어졌다고 인정되거나 관계 시・도지사, 시장・군수 또는 구청장으로부터 허가구역의 지정 해제 또는 축소 요청이 이유 있다고 인정되면 지체 없이 허가구역의 지정을 해제하거나 지정된 허가구역의 일부를 축소하여야 한다(동조 제6항). 중앙도시계획위원회의 심의, 시・도지사 등에게의 통지 및 공고 등 절차는 허가구역의 해제 또는 축소의 경우에도 그대로 준용한다(동조 제7항). 지정행위의 효력은 효력발생일로부터 5년 이내의 기간 존속한다(동조 제1항).

4) 지정의 효과

가. 토지거래허가제가 실시된다.

나. 시장・군수・구청장은 신속한 계획의 결정 또는 사업의 실시를 강구함으로써, 당해 허가구역의 적정하고 합리적인 토지이용을 도모하여야 한다(제117조 제1항).

(4) 토지거래계약에 관한 허가 (제118조)

1) 허가의 대상

허가구역에 있는 일정면적 초과 토지에 관한 소유권・지상권(소유권・지상권의 취득을 목적으로 하는 권리를 포함한다)을 이전하거나 설정(대가를 받고 이전하거나 설정하는 경우만 해당한다)하는 계약(예약을 포함한다. 이하 "토지거래계약"이라 한다)이다. 또 유상계약에 한정되므로, 유상계약이 아닌 상속・수용・무상계약 등은 허가 대상에서 제외됨은 물론이다. 허가받은 사항을 변경하려는 경우에도 또한 같다(제118조 제1항).

경제 및 지가의 동향과 거래단위면적 등을 종합적으로 고려하여 용도별 면적 이하의 토지에 대한 토지거래계약에 관하여는 허가가 필요하지 아니하며, 토지의 면적 산정방법에 관하여 필요한 사항은 대통령령으로 정한다(동조 제2항, 제7항 참조).

* 허가구역 안에서 토지거래계약의 허가를 요하지 아니하는 토지의 면적은 다음 각 호와 같다. 다만, 국토해양부장관이 허가구역을 지정할 당시 당해 지역에서의 거래실태 등에 비추어 다음 각 호의 면적으로 하는 것이 타당하지 아니하다고 인정하여 당해 기준면적의 10퍼센트 이상 300퍼센트 이하의 범위에서 따로 정하여 공고한 경우에는 그에 의한다(슈 제118조 제1항).

1. 도시지역 내 주거지역 : 180제곱미터 이하
2. 도시지역 내 상업지역 : 200제곱미터 이하
3. 도시지역 내 공업지역 : 660제곱미터 이하
4. 도시지역 내 녹지지역 : 100제곱미터 이하
5. 도시지역 내 용도지역의 지정이 없는 구역 : 90제곱미터 이하
6. 도시지역 외 : 250제곱미터 이하.
   도시지역 외 농지 : 500제곱미터 이하로 하고,
   도시지역 외 임야 : 1천제곱미터 이하로 한다.

* 보완조치(補完措置) - ① 상기 면적을 산정할 때 일단의 토지이용을 위하여 토지거래계약을 체결한 후 1년 이내에 일단의 토지의 전부 또는 일부에 대하여 토지거래계약을 체결한 경우에는 그 일단의 토지 전체에 대한 거래로 본다(슈 동조 제2항).

② 허가구역을 지정할 당시 기준면적을 초과하는 토지는 허가구역의 지정 후 당해 토지가 분할된 경우에도 그 분할된 토지에 대한 토지거래계약을 체결함에 있어서는 분할 후 최초의 거래에 한하여 기준면적을 초과하는 토지거래계약을 체결하는 것으로 본다. 허가구역의 지정 후 당해 토지가 공유지분으로 거래되는 경우에도 또한 같다(슈 동조 제3항). 다만 토지의 분할사유가 도시계획사업의 시행 등 공공목적으로 인한 경우로서 그 면적이 상기 허가를 요하지 아니하는 토지의 면적인 때에는 위 슈 동조 제3항의 규정을 적용하지 아니한다(슈 동조 제4항).

2) 허가의 신청 및 허가절차

토지거래허가를 받으려는 자는 그 허가신청서에 계약내용과 그 토지의 이용계획, 취득자금 조달계획 등을 적어 시장 · 군수 또는 구청장에게 제출하여야 한다. 이 경우 토지이용계획, 취득자금 조달계획 등에 포함되어야 할 사항은 국토해양부령으로 정

한다. 다만, 시장・군수 또는 구청장에게 제출한 취득자금 조달계획이 변경된 경우에는 취득토지에 대한 등기일까지 시장・군수 또는 구청장에게 그 변경 사항을 제출할 수 있다(동조 제3항). 즉, 토지거래계약을 체결하고자 하는 당사자는 공동으로 다음 각 호의 사항을 기재한 허가신청서에 국토해양부령이 정하는 서류를 첨부하여 그 토지를 관할하는 시장・군수 또는 구청장에게 제출하여야 한다. 1. 당사자의 성명 및 주소(법인인 경우에는 법인의 명칭 및 소재지와 대표자의 성명 및 주소) 2. 토지의 지번・지목・면적・이용현황 및 권리설정현황 3. 토지의 정착물인 건축물・공작물 및 입목 등에 관한 사항 4. 이전 또는 설정하고자 하는 권리의 종류 5. 계약예정금액 6. 토지의 이용에 관한 계획 7. 토지취득에 필요한 자금조달계획(令 제117조 제1항). 이 경우 허가신청서를 제출받은 시장・군수 또는 구청장은 지체없이 필요한 조사를 하여야 한다(令 동조 제2항). 그리고 시장・군수 또는 구청장은 허가신청서를 받으면 「민원사무처리에 관한 법률」에 따른 처리기간에 허가 또는 불허가의 처분을 하고, 그 신청인에게 허가증을 발급하거나 불허가처분 사유를 서면으로 알려야 한다. 다만, 제122조에 따라 선매협의(先買協議) 절차가 진행 중인 경우에는 위의 기간 내에 그 사실을 신청인에게 알려야 한다(동조 제4항). 제4항에 따른 기간에 허가증의 발급 또는 불허가처분 사유의 통지가 없거나 선매협의 사실의 통지가 없는 경우에는 그 기간이 끝난 날의 다음날에 허가가 있는 것으로 간주하고, 이 경우 시장・군수 또는 구청장은 지체 없이 신청인에게 허가증을 반급하여야 한다(동조 제5항).

3) 허가의 기준 (제119조)

가. 적극적 요건

토지거래계약을 체결하려는 자의 토지이용목적이 다음 각 목의 어느 하나에 해당하여야 한다(동조 제1호).

가) 자기의 거주용 주택용지로 이용하려는 것인 경우

나) 허가구역을 포함한 지역의 주민을 위한 복지시설 또는 편익시설로서 관할 시장・군수 또는 구청장이 확인한 시설의 설치에 이용하려는 것인 경우

다) 허가구역에 거주하는 농업인・임업인・어업인 또는 다음 각 호의 어느 하나에 해당하는 자가 그 허가구역에서 농업・축산업・임업 또는 어업을 경영하

기 위하여 필요한 것인 경우 1. 「농어촌발전 특별조치법」 제2조제2호의 규정에 의한 농업인·어업인 또는 「임업 및 산촌 진흥촉진에 관한 법률」 제2조제2호의 규정에 의한 임업인("농업인등"이라 한다)으로서 그가 거주하는 특별시·광역시(광역시의 관할구역 안에 있는 군을 제외한다)·시 또는 군(광역시의 관할구역 안에 있는 군을 포함한다)에 소재하는 토지에 관한 소유권·지상권 또는 소유권·지상권의 취득을 목적으로 하는 권리를 이전 또는 설정(이하 이 조 및 令 제124조에서 "토지의 취득"이라 한다)하고자 하는 자 2. 농업인등으로서 그가 거주하는 주소지로부터 20킬로미터 이내에 소재하는 토지를 취득하려는 자. 다만, 다음 각 목의 어느 하나에 해당하는 자로서 협의양도하거나 수용된 날부터 3년 이내에 협의양도 또는 수용된 농지를 대체하기 위하여 농지를 취득하려는 경우에는 그가 거주하는 주소지로부터의 거리가 80킬로미터 안에 소재하는 농지를 취득할 수 있으며, 이 때 행정기관의 장이 관계법령이 정하는 바에 따라 구체적인 대상을 정하여 대체농지의 취득을 알선하는 경우를 제외하고는 새로 취득하는 농지의 가액(공시지가를 기준으로 하는 가액을 말한다)은 종전의 토지가액 이하이어야 한다. 가. 「공익사업을 위한 토지 등의 취득 및 보상에 관한 법률」, 그 밖의 법령에 따라 공익사업용으로 「농지법」 제2조제1호에 따른 농지를 협의양도하거나 농지가 수용된 자(실제의 경작자에 한한다) 나. 가목에 해당하는 농지를 임차 또는 사용차하여 경작하던 자로서 「공익사업을 위한 토지 등의 취득 및 보상에 관한 법률」에 따른 농업의 손실에 대한 보상을 받은 자 3. 제1호 및 제2호에 해당하지 아니하는 자로서 거주지·거주기간 등 국토해양부령이 정하는 요건을 갖춘 자(令 제119조 제1항).

라) 「공익사업을 위한 토지 등의 취득 및 보상에 관한 법률」이나 그 밖의 법률에 따라 토지를 수용하거나 사용할 수 있는 사업을 시행하는 자가 그 사업을 시행하기 위하여 필요한 것인 경우

마) 허가구역을 포함한 지역의 건전한 발전을 위하여 필요하고 관계 법률에 따라 지정된 지역·지구·구역 등의 지정목적에 적합하다고 인정되는 사업을 시행하는 자나 시행하려는 자가 그 사업에 이용하려는 것인 경우

바) 허가구역의 지정 당시 그 구역에서 사업을 시행하고 있는 자가 그 사업에 이용

하려는 것인 경우나 그 자의 사업과 밀접한 관련이 있는 사업을 하는 자가 그 사업에 이용하려는 것인 경우

사) 허가구역에 거주하고 있는 자의 일상생활과 통상적인 경제활동에 필요한 것 등으로서 다음 각 호에 해당하는 용도에 이용하려는 것인 경우 1.「공익사업을 위한 토지 등의 취득 및 보상에 관한 법률」, 그 밖의 법령에 따라「농지법」제2조제1호에 따른 농지 외의 토지를 공익사업용으로 협의양도하거나 수용된 자가 그 협의양도 또는 수용된 날부터 3년 이내에 그 허가구역 안에서 협의양도 또는 수용된 토지에 대체되는 토지를 취득하려는 경우. 이 경우 새로 취득하는 토지의 가액(공시지가를 기준으로 하는 가액을 말한다)은 종전의 토지가액 이하이어야 한다. 2. 관계 법령에 의하여 개발·이용행위가 제한 또는 금지된 토지로서 국토해양부령이 정하는 토지에 대하여 현상보존의 목적으로 토지의 취득을 하고자 하는 경우 3.「임대주택법」제2조제4호의 임대사업자 등 관계 법률에 따라 임대사업을 할 수 있는 자가 임대사업을 위하여 건축물과 그에 딸린 토지를 취득하는 경우(令 제119조 제2항)

나. 소극적 요건

토지거래계약을 체결하려는 자의 토지이용목적이 다음 각 목의 어느 하나에 해당하지 않아야 한다(동조 제2호, 제3호).

가) 도시계획이나 그 밖에 토지의 이용 및 관리에 관한 계획에 맞지 아니한 경우

나) 생태계의 보전과 주민의 건전한 생활환경 보호에 중대한 위해(危害)를 끼칠 우려가 있는 경우

다) 그 면적이 그 토지의 이용목적으로 보아 적합하지 아니하다고 인정되는 경우

다. 허가 및 허가위반의 효과

토지거래허가는 행위의 유효요건임과 동시 적법요건에 해당한다. 즉, 허가를 받게 되면 적법·유효하게 토지거래계약을 체결할 수 있다. 또 토지거래계약을 허가받은 자는 시행령이 정하는 경우 외에는 5년의 범위에서 대통령령으로 정하는 기간에 그 토지를 허가받은 목적대로 이용하여야 한다.(제124조 제1항, 令 제124조 제1항, 제2항).

또 시장·군수 또는 구청장은 토지거래계약을 허가받은 자가 허가받은 목적대로

이용하고 있는지를 국토해양부장관이 정하는 바에 따라 매년 1회 이상 토지의 개발 및 이용 등의 실태를 조사하여야 하며, 시장・군수 또는 구청장은 실태조사를 위하여 「전자정부법」 제21조제1항에 따른 행정정보의 공동이용을 통하여 토지 및 건물등기부를 확인할 수 있다(동조 제2항, 규칙 제29조 제1항, 제2항).

한편 시장・군수 또는 구청장은 시행령이 정하는 바에 따라 위반행위 등을 시장・군수 또는 구청장이나 수사기관에 신고하거나 고발한 자에게 1건당 50만원으로 하여, 예산의 범위 안에서 포상금을 지급할 수 있다. 이 경우 동일한 목적을 위하여 취득한 일단의 토지에 대한 신고 또는 고발은 1건으로 본다(제124조 제3항, 令 제124조의2 제1항).

상기 포상금의 지급에 드는 비용은 시・군이나 구의 재원으로 충당한다(제124조 제4항).

허가 위반의 효과는 다음과 같다.

가) 허가를 받지 아니하고 체결한 토지거래계약은 그 효력이 발생하지 아니한다(제118조 제6항).

나) 벌칙의 적용이 있게 된다. 즉, 허가 또는 변경허가를 받지 아니하고 토지거래계약을 체결하거나, 속임수나 그 밖의 부정한 방법으로 토지거래계약 허가를 받은 자는 2년 이하의 징역 또는 계약체결 당시의 개별공시지가에 의한 해당 토지가격의 100분의 30에 해당하는 금액 이하의 벌금에 처한다(제141조 제5호).

다) 이행강제금이 부과된다(제124조의2).

즉 시장・군수 또는 구청장은 제124조제1항에 따른 토지의 이용 의무를 이행하지 아니한 자에 대하여는 3월 이내의 기간을 정하여 토지의 이용 의무를 이행하도록 명할 수 있다.(동조 제1항, 令 제124조의3 제1항 및 제2항). 시장・군수 또는 구청장은 제1항에 따른 이행명령이 정하여진 기간에 이행되지 아니한 경우에는 토지 취득가액의 100분의 10의 범위에서 이행강제금을 부과한다. (제2항, 令 동조 제3항).

(5) 토지소유자 등의 권리보호 및 선매협의권

허가처분 및 불허가처분에 대한 토지소유자 등의 불이익을 구제하기 위한 조치로서는 이의신청, 매수청구, 선매제도 등이 있다.

1) 이의신청 (제120조)

처분에 이의가 있는 자는 그 처분을 받은 날부터 1개월 이내에 시장・군수 또는 구청장에게 이의를 신청할 수 있고(동조 제1항), 이의신청을 받은 시장・군수 또는 구청장은 시・군・구 도시계획위원회의 심의를 거쳐 그 결과를 이의신청인에게 알려야 한다(동조 제2항).

2) 매수청구 (제123조)

토지거래불허가처분 시 소유자를 보호하기 위하여, 불허가처분을 받은 자는 그 통지를 받은 날부터 1개월 이내에 시장・군수 또는 구청장에게 해당 토지에 관한 권리의 매수를 청구할 수 있는 제도이다(동조 제1항). 즉, 시장・군수 또는 구청장에게 매수청구를 하고자 하는 자는 토지에 관한 권리의 종류 및 내용, 그 토지의 면적 그 밖에 국토해양부령이 정하는 사항을 기재한 토지매수청구서를 시장・군수 또는 구청장에게 제출하여야 한다(슈 제123조).

매수청구를 받은 시장・군수 또는 구청장은 국가, 지방자치단체, 한국토지공사, 그 밖에 시행령이 정하는 공공기관 또는 공공단체 중에서 매수할 자를 지정하여, 매수할 자로 하여금 예산의 범위에서 공시지가를 기준으로 하여 해당 토지를 매수하게 하여야 한다. 다만, 토지거래계약 허가신청서에 적힌 가격이 공시지가보다 낮은 경우에는 허가신청서에 적힌 가격으로 매수할 수 있다(동조 제2항, 슈 제120조 제1항).

매수청구의 법적 성질과 관련하여, 매수청구의 의사표시가 있었다고 하여 바로 계약체결의 효과는 발생치 않기 때문에 매수청구라는 말 그대로 청구권의 행사이지 形成權의 행사로 보기는 어렵다. 다만 이러한 매수청구권이 말 그대로 매수청구가 관철되는 권리인지 아닌지, 또 국가나 공공단체 등이 허가구역 내의 토지에 대하여 의도적으로 불허가처분을 한 후 매수청구한 자에 대하여 낮은 가격으로 매수함으로써, 사실상 공용수용의 한 형태로 남용될 가능성이 없는지에 대하여 의문을 제기하는 견해가 있다[6]. 한편 헌법재판소는 매수청구권 부분에 대한 판단에서 4인의 재판관이 의무적 매수로, 다른 5인의 재판관이 매수알선청구권으로 판단하고 있다.[7]

6) 신봉기, 전게논문, 104-105면 참조.
7) 헌재 1989.12.22. 선고, 88 헌가13 참조.

3) 선매 (제122조)

공공용지의 우선확보 및 토지거래허가제의 보완을 목적으로 하는 제도이다. 즉, 토지거래계약에 관한 허가신청이 있는 경우, 시장・군수 또는 구청장은 국가, 지방자치단체, 한국토지공사, 그 밖에 시행령이 정하는 공공기관 또는 공공단체가 그 매수를 원하는 경우에는 이들 중에서 해당 토지를 매수할 자[이하 "선매자(先買者)"라 한다]를 지정하여 그 토지를 협의 매수하게 할 수 있다(동조 제1항, 令 제120조 제2항 및 제96조 제3항 제1호 내지 제10호)

협의・매수의 대상이 되는 토지는, 「공익사업용 토지」와 「토지거래계약허가를 받아 취득한 토지를 그 이용목적대로 이용하고 있지 아니한 토지」이며, 선매자가 토지를 매수할 때의 가격은 「부동산 가격공시 및 감정평가에 관한 법률」에 따라 감정평가업자가 감정평가 한 감정가격을 기준으로 하되, 토지거래계약 허가신청서에 적힌 가격이 감정가격보다 낮은 경우에는 허가신청서에 적힌 가격으로 할 수 있다(동조 제3항). 시장・군수 또는 구청장은 「공익사업용 토지」나 「토지거래계약허가를 받아 취득한 토지를 그 이용목적대로 이용하고 있지 아니한 토지」의 어느 하나에 해당하는 토지에 대하여 토지거래계약 허가신청이 있는 경우에는 그 신청이 있는 날부터 1개월 이내에 선매자를 지정하여 토지 소유자에게 알려야 하며, 선매자는 지정 통지를 받은 날부터 1개월 이내에 그 토지 소유자와 선매협의를 끝내야 한다(동조 제2항). 또 선매자로 지정된 자는 그 지정일부터 15일 이내에 매수가격 등 선매조건을 기재한 서면을 토지소유자에게 통지하여 선매협의를 하여야 하며, 지정일부터 30일 이내에 국토해양부령이 정하는 바에 따라 선매협의조서를 시장・군수 또는 구청장에게 제출하여야 한다(令 제122조). 이 경우 시장・군수 또는 구청장은 상기 절차에 따른 선매협의가 이루어지지 아니한 경우에는 지체 없이 허가 또는 불허가의 여부를 결정하여 통보하여야 한다(동조 제4항).

(6) 허가제의 특례

1) 국가 등이 하는 토지거래계약 (제121조)

토지거래계약 당사자의 한쪽 또는 양쪽이 국가, 지방자치단체, 한국토지공사, 그 밖에 시행령이 정하는 공공기관 또는 공공단체인 경우에는 그 기관의 장이 시장・군수 또는 구청장과 협의할 수 있고, 그 협의가 성립된 때에는 그 토지거래계약에 관한 허가를 받은 것으로 본다. (동조 제1항, 令 제120조 제1항). 그리고 「국유재산법」 제9조에 따른 국유재산관리계획에 따라 국유재산을 취득 또는 처분하는 경우에 제119조의 규정에 의한 허가기준에 적합하게 취득 또는 처분한 후 시장・군수 또는 구청장에게 그 내용을 통보한 때에는 이 규정에 의한 협의를 한 것으로 본다(令 제120조 제3항).

2) 일정면적 이하의 토지거래계약 - 허가의 대상 참조

3) 「공익사업을 위한 토지 등의 취득 및 보상에 관한 법률」에 따른 토지의 수용, 「민사집행법」에 따른 경매, 기타 시행령이 정하는 경우 (동조 제2항, 令 제121조).

(7) 지가 동향의 조사 (제125조)

국토해양부장관이나 시・도지사는 토지거래허가 제도를 실시하거나 그 밖에 토지 정책을 수행하기 위한 자료를 수집하기 위하여 대통령령으로 정하는 바에 따라 지가의 동향과 토지거래의 상황을 조사하여야 하며, 관계 행정기관이나 그 밖의 필요한 기관에 이에 필요한 자료를 제출하도록 요청할 수 있다. 이 경우 자료 제출을 요청받은 기관은 특별한 사유가 없으면 요청에 따라야 한다(제125조).

즉 국토해양부장관은 연 1회 이상 전국의 지가변동률을 조사하여야 하며, 필요한 경우에는 한국토지공사의 사장에게 매월 1회 이상 지가의 동향 및 토지거래의 상황 그 밖의 필요한 자료를 제출하게 할 수 있다. 이 경우 지가동향・토지거래상황의 조사 및 자료의 작성 등에 소요되는 비용은 실비의 범위 안에서 국가예산으로 지원할 수 있다(令 제125조 제1항).

시・도지사는 관할구역안의 지가의 동향 및 토지거래의 상황을 수시로 조사하여야 하며, 그 결과 제117조제1항의 규정에 의한 허가구역을 지정・축소 또는 해제할 필요가 있다고 인정하는 경우에는 국토해양부장관에게 그 구역의 지정・축소 또는 해제를 요청할 수 있다(令 동조 제2항). 국토해양부장관은 「부동산가격공시 및 감정평가에 관한 법률」 에 의한 공시지가 및 개별공시지가를 입력한 지가전산정보자료를 매년 행정안전부장관에게 제공하여야 한다(令 동조 제3항). 국토해양부장관은 필요

한 경우 행정안전부장관에게「지적법」제42조제1항의 규정에 의한 토지관련 자료의 제공을 요청할 수 있으며, 이 경우 행정안전부장관은 불가피한 사유가 없는 한 이에 응하여야 한다(令 동조 제4항). 국토해양부장관은 토지거래계약허가자료와 「부동산등기 특별조치법」 제3조의 규정에 의한 계약서검인자료를 종합하여 토지거래전산망을 구축하고 이를 수시로 보완하여야 한다(令 동조 제5항).

(8) 다른 법률과의 관계 (제126조)

농지에 대하여 제118조에 따라 토지거래계약 허가를 받은 경우에는「농지법」제8조에 따른 농지취득자격증명을 받은 것으로 본다. 이 경우 시장・군수 또는 구청장은「농업・농촌기본법」제3조제5호에 따른 농촌(도시지역의 경우에는 녹지지역만 해당한다)의 농지에 대하여 토지거래계약을 허가하는 경우에는 농지취득자격증명의 발급요건에 적합한지를 확인하여야 하며, 허가한 내용을 농림수산식품부장관에게 통보하여야 한다(동조 제1항). 또 제118조제4항 및 제5항에 따라 허가증을 발급받은 경우에는「부동산등기 특별조치법」제3조에 따른 검인을 받은 것으로 본다(동조 제2항).

Ⅷ. 도시계획위원회 (제9장)

1. 설치 경과

이 법률에서는 기존의 도시계획위원회와 국토이용계획심의회를 도시계획위원회(특별시・광역시・도 도시계획위원회, 시・군・구 도시계획위원회)로 통합 운영하도록 하였으며, 기존의 도시계획위원회의 기능 이외에 새로운 권한을 추가하였다. 즉, 다른 법률에 의한 토지이용에 관한 구획 등의 지정, 도시계획 결정을 의제하는 사업・계획 등의 승인, 일정규모 이상의 개발행위 허가, 개발밀도관리구역 및 기반시설부담구역의 지정 및 기반시설부담계획의 수립 등 도시계획위원회의 심의대상을 대폭 확대하였으며, 나아가 개발허가제 도입 등 위원회의 권한 강화에 따른 심의의 공정성 및 투명성 확보에 주력하였다. 예컨대 위원 위촉대상을 도시계획・토지이용・교통・

환경뿐 아니라 지역계획 · 방재 · 문화분야 등으로 확대하고, 특히 시민단체나 주민대표 등을 참여시킬 수 있도록 하였고, 위원장은 민간위원으로 임명하도록 하였다. 또 분과위원회제도를 신설하여 개발행위허가 심의 등 반복되는 업무는 분과위원회별로 나누어 심의토록 하고, 분과위원회의 심의를 본위원회 심의로 가름할 수 있도록 하였으며, 심의결과 및 주요내용을 홈페이지에 실어 주민의견을 청취할 수 있도록 하였다.

2. 중앙도시계획위원회

(1) 설치 (제106조)

광역도시계획 · 도시계획 · 토지거래계약허가구역 등 국토해양부장관의 권한에 속하는 사항과 다른 법률에서 중앙도시계획위원회의 심의를 거치도록 한 사항의 심의 업무를 수행하기 위하여 국토해양부에 중앙도시계획위원회를 둔다.

(2) 조직(제107조) 및 운영(令 제108조)

중앙도시계획위원회는 위원장 · 부위원장 각 1명을 포함한 25명 이상 30명 이내의 위원으로 구성한다(동조 제1항). 중앙도시계획위원회의 위원장과 부위원장은 위원 중에서 국토해양부장관이 임명하거나 위촉한다(동조 제2항). 위원은 관계 중앙행정기관의 공무원과 토지 이용, 건축, 주택, 교통, 환경, 방재, 문화, 농림 등 도시계획에 관한 학식과 경험이 풍부한 자 중에서 국토해양부장관이 임명하거나 위촉한다(동조 제3항). 공무원이 아닌 위원의 수는 10명 이상으로 하고, 그 임기는 2년으로 한다(동조 제4항). 보궐위원의 임기는 전임자 임기의 남은 기간으로 한다(동조 제5항). 중앙도시계획위원회는 필요하다고 인정하는 경우에는 관계 행정기관의 장에게 필요한 자료의 제출을 요구할 수 있으며, 도시계획에 관하여 학식이 풍부한 자의 설명을 들을 수 있다(令 제108조 제1항). 시 · 도지사나 시장 또는 군수는 당해 지방자치단체의 도시계획관련사항에 관하여 중앙도시계획위원회에 출석하여 발언할 수 있다(令 동조 제2항). 그리고 중앙도시계획위원회의 간사는 회의시마다 회의록을 작성하여 다음 회의에 보고하고 이를 보관하여야 한다(令 동조 제3항). 중앙도시계획위원회와 분과위원회의 설치 및 운영에 필요한 사항은 대통령령으로 정하는 바, 대통령령 규정에 의거 국토해양부장관이 정한다(제114조 제1항, 슈 제114조 전단).

(3) 직무 (제108조)

위원장은 중앙도시계획위원회의 업무를 총괄하며, 중앙도시계획위원회의 의장이 된다(동조 제1항). 부위원장은 위원장을 보좌하며, 위원장이 부득이한 사유로 그 직무를 수행하지 못할 때에는 그 직무를 대행한다(동조 제2항). 위원장과 부위원장이 모두 부득이한 사유로 그 직무를 수행하지 못할 때에는 위원장이 미리 지명한 위원이 그 직무를 대행한다(동조 제3항).

(4) 회의의 소집 및 의결 정족수 (제109조)

중앙도시계획위원회의 회의는 국토해양부장관이나 위원장이 필요하다고 인정하는 경우에 국토해양부장관이나 위원장이 소집한다(동조 제1항). 중앙도시계획위원회의 회의는 재적위원 과반수의 출석으로 개의(開議)하고, 출석위원 과반수의 찬성으로 의결한다(동조 제2항).

(5) 분과위원회 (제110조)

다음 각 호의 사항을 효율적으로 심의하기 위하여 중앙도시계획위원회에 분과위원회를 둘 수 있다(동조 제1항).

1. 제8조제2항에 따른 토지 이용에 관한 구역등의 지정·변경 및 제9조에 따른 용도지역 등의 변경계획에 관한 사항
2. 제59조에 따른 심의에 관한 사항
3. 제117조에 따른 허가구역의 지정에 관한 사항
4. 중앙도시계획위원회에서 위임하는 사항

중앙도시계획위원회에 두는 분과위원회 및 그 소관업무는 다음 각 호와 같다(슈 제109조 제1항).

1. 제1분과위원회 : 법 제8조제2항의 규정에 의한 토지이용계획에 관한 구역 등의 지정, 법 제9조의 규정에 의한 용도지역 등의 변경계획에 관한 사항의 심의 및 법 제59조의 규정에 의한 개발행위에 관한 사항의 심의

2. 제2분과위원회 : 중앙도시계획위원회에서 위임하는 사항의 심의

각 분과위원회는 위원장 1인을 포함한 5인 이상 17인 이하의 위원으로 구성하고 각 분과위원회의 위원은 중앙도시계획위원회가 그 위원 중에서 선출하며, 중앙도시계획위원회의 위원은 2 이상의 분과위원회의 위원이 될 수 있다(令 동조 제2항, 제3항). 또 각 분과위원회의 위원장은 분과위원회의 위원 중에서 호선하며(令 동조 제4항), 중앙도시계획위원회의 위원장은 효율적인 심사를 위하여 필요한 경우에는 각 분과위원회가 분장하는 업무의 일부를 조정할 수 있다(令 동조 제5항).

분과위원회의 심의는 중앙도시계획위원회의 심의로 본다. 다만, 중앙도시계획위원회에서 위임하는 사항의 경우에는 중앙도시계획위원회가 분과위원회의 심의를 중앙도시계획위원회의 심의로 보도록 하는 경우만 해당한다(동조 제2항).

(6) 전문위원 (제111조)

도시계획 등에 관한 중요 사항을 조사・연구하기 위하여 중앙도시계획위원회에 전문위원을 둘 수 있다(동조 제1항). 전문위원은 위원장 및 중앙도시계획위원회나 분과위원회의 요구가 있을 때에는 회의에 출석하여 발언할 수 있다(동조 제2항). 전문위원은 토지 이용, 교통, 환경 등 도시계획에 관한 학식과 경험이 풍부한 자 중에서 국토해양부장관이 임명한다(동조 제3항).

(7) 간사 및 서기 (제112조)

중앙도시계획위원회에 간사와 서기를 둔다(동조 제1항). 간사와 서기는 국토해양부 소속 공무원 중에서 국토해양부장관이 임명한다(동조 제2항). 간사는 위원장의 명을 받아 중앙도시계획위원회의 서무를 담당하고, 서기는 간사를 보좌한다(동조 제3항).

(8) 수당 및 여비(제115조)

중앙도시계획위원회의 위원이나 전문위원에게는 대통령령이나 조례로 정하는 바에 따라 수당과 여비를 지급할 수 있는 바(제115조), 중앙도시계획위원회의 위원 및 전문위원에게 예산의 범위 안에서 국토해양부령이 정하는 바에 따라 수당 및 여비를 지급할 수 있다(令 제115조).

(9) 회의록의 공개 (제113조의2)

중앙도시계획위원회 및 지방도시계획위원회의 심의 일시 · 장소 · 안건 · 내용 · 결과 등이 기록된 회의록은 1년의 범위에서 대통령령으로 정하는 기간(심의 종결 후 6개월)이 지난 후에는 공개 요청이 있는 경우 대통령령으로 정하는 바(열람의 방법)에 따라 공개하여야 한다. 다만, 공개에 의하여 부동산 투기 유발 등 공익을 현저히 해칠 우려가 있다고 인정하는 경우나 심의 · 의결의 공정성을 침해할 우려가 있다고 인정되는 이름 · 주민등록번호 · 직위 및 주소 등 특정인임을 식별할 수 있는 정보에 관한 부분의 경우에는 그러하지 아니하다(제113조의2, 令 제113조의3).

3. 지방도시계획위원회

(1) 설치 (제113조)

1) 시 · 도 도시계획위원회

다음 각 호의 심의를 하게 하거나 자문에 응하게 하기 위하여 시 · 도에 시 · 도 도시계획위원회를 둔다(동조 제1항).

가. 시 · 도지사가 결정하는 도시관리계획의 심의 등 시 · 도지사의 권한에 속하는 사항과 다른 법률에서 시 · 도 도시계획위원회의 심의를 거치도록 한 사항의 심의

나. 국토해양부장관의 권한에 속하는 사항 중 중앙도시계획위원회의 심의 대상에 해당하는 사항이 시 · 도지사에게 위임된 경우 그 위임된 사항의 심의

다. 도시관리계획과 관련하여 시 · 도지사가 자문하는 사항에 대한 조언

라. 그 밖에 당해 시 · 도의 도시계획조례의 제정 · 개정과 관련된 시 · 도지사에 대한 자문에 관한 심의 또는 조언(令 제110조 제1항).

2) 시 · 군 · 구 도시계획위원회

도시관리계획과 관련된 다음 각 호의 심의를 하게 하거나 자문에 응하게 하기 위하여 시 · 군(광역시의 관할 구역에 있는 군을 포함한다. 이하 이 조에서 같다) 또는 구(자치구를 말한다. 이하 같다)에 각각 시 · 군 · 구 도시계획위원회를 둔다(동조 제2항).

가. 대도시 시장이 결정하는 도시관리계획의 심의와 국토해양부장관이나 시·도지사의 권한에 속하는 사항 중 시·도 도시계획위원회의 심의대상에 해당하는 사항이 시장·군수 또는 구청장(자치구의 구청장을 말한다. 이하 같다)에게 위임되거나 재위임된 경우 그 위임되거나 재위임된 사항의 심의

나. 도시관리계획과 관련하여 시장·군수 또는 구청장이 자문하는 사항에 대한 조언

다. 제59조에 따른 개발행위의 허가 등에 관한 심의

라. 그 밖에 도시계획조례의 제정·개정과 令 제128조제1항에 따른 시범도시사업계획의 수립에 관한 자문의 심의 또는 조언

3) 분과위원회

시·도 도시계획위원회나 시·군·구 도시계획위원회의 심의 사항을 효율적으로 심의하기 위하여 시·도 도시계획위원회나 시·군·구 도시계획위원회에 분과위원회를 둘 수 있다(동조 제3항, 令 제113조).

분과위원회에서 심의하는 사항 중 시·도 도시계획위원회나 시·군·구 도시계획위원회가 지정하는 사항은 분과위원회의 심의를 시·도 도시계획위원회나 시·군·구 도시계획위원회의 심의로 본다(동조 제4항).

4) 제척

지방도시계획위원회의 위원은 나음 각 호의 어느 하나에 해당하는 경우에 심의·자문에서 제척된다(동조 제5항).

가. 자기나 배우자 또는 배우자이었던 자가 당사자이거나 공동권리자 또는 공동의무자인 경우

나. 자기가 당사자와 친족관계이거나 자기 또는 자기가 속한 법인이 당사자의 법률·경영 등에 대한 자문·고문 등으로 있는 경우

다. 자기 또는 자기가 속한 법인이 당사자 등의 대리인으로 관여하거나 관여하였던 경우

라. 그 밖에 해당 안건에 자기가 이해관계인으로 관여한 경우로서 다음 각 호의 어느 하나에 해당하는 경우(令 제113조의2)

가) 자기가 심의하거나 자문에 응한 안건에 관하여 용역을 받거나 그 밖의 방법으

로 직접 관여한 경우

나) 자기가 심의하거나 자문에 응한 안건의 직접적인 이해관계인이 되는 경우

(2) 구성 및 운영 (제114조)

1) 시 · 도 도시계획위원회

시 · 도 도시계획위원회는 위원장 및 부위원장 각 1명을 포함한 25명 이상 30명 이하의 위원으로 구성하며, 시 · 도 도시계획위원회의 위원장은 위원 중에서 해당 시 · 도지사가 임명 또는 위촉하며, 부위원장은 위원 중에서 호선한다(令 제111조 제1항, 제2항). 시 · 도 도시계획위원회의 위원은 다음 각 호의 1에 해당하는 자 중에서 시 · 도지사가 임명 또는 위촉한다. 이 경우 제3호에 해당하는 위원의 수는 전체 위원의 3분의 2 이상이어야 한다. 1. 당해 시 · 도 지방의회의 의원 2. 당해 시 · 도 및 도시계획과 관련 있는 행정기관의 공무원 3. 토지이용 · 건축 · 주택 · 교통 · 환경 · 방재 · 문화 · 농림 · 정보통신 등 도시계획관련분야에 관하여 학식과 경험이 있는 자(令 동조 제3항).

상기 제3호에 해당하는 위원의 임기는 2년으로 하되, 연임할 수 있다. 다만, 보궐위원의 임기는 전임자의 임기 중 남은 기간으로 한다(令 동조 제4항). 시 · 도도시계획위원회의 위원장은 위원회의 업무를 총괄하며, 위원회를 소집하고 그 의장이 된다(令 동조 제5항). 또 회의는 재적위원 과반수의 출석(출석위원의 과반수는 상기 제3호에 해당하는 위원이어야 한다)으로 개의하고, 출석위원 과반수의 찬성으로 의결한다(令 동조 제6항). 그리고 시 · 도 도시계획위원회에 간사 1인과 서기 약간 인을 둘 수 있으며, 간사와 서기는 위원장이 임명하고, 간사는 위원장의 명을 받아 서무를 담당하고, 서기는 간사를 보좌한다(令 동조 제7항, 제8항).

2) 시 · 군 · 구 도시계획위원회

시 · 군 · 구 도시계획위원회는 위원장 및 부위원장 각 1인을 포함한 15인 이상 25인 이하의 위원으로 구성한다. 다만, 2 이상의 시 · 군 또는 구에 공동으로 시 · 군 · 구 도시계획위원회를 설치하는 경우에는 그 위원의 수를 30인까지로 할 수 있다(令 제112조 제1항). 시 · 군 · 구 도시계획위원회의 위원장은 위원 중에서 해당 시장 · 군수 또는 구청장이 임명 또는 위촉하며, 부위원장은 위원 중에서 호선한다. 다만, 2 이상

의 시 · 군 또는 구에 공동으로 설치하는 시 · 군 · 구 도시계획위원회의 위원장은 당해 시장 · 군수 또는 구청장이 협의하여 정한다(令 동조 제2항).

(3) 수당 및 여비 (제115조)

지방도시계획위원회의 위원에게는 대통령령이나 조례로 정하는 바에 따라 수당과 여비를 지급할 수 있다(제115조).

(4) 도시계획상임기획단 (제116조)

지방자치단체의 장이 입안한 광역도시계획 · 도시기본계획 또는 도시관리계획을 검토하거나 지방자치단체의 장이 의뢰하는 광역도시계획 · 도시기본계획 또는 도시관리계획에 관한 기획 · 지도 및 조사 · 연구를 위하여 해당 지방자치단체의 조례로 정하는 바에 따라 지방도시계획위원회에 도시계획상임기획단을 둘 수 있다.

(5) 회의록의 공개 (제113조의2) – 중앙도시계획위원회 참고

Ⅸ. 비용 기타

1. 비용부담 (제101조 내지 제103조)

(1) 원칙 (제101조)

광역도시계획 및 도시계획의 수립과 도시계획시설사업에 관한 비용은 이 법 또는 다른 법률에 특별한 규정이 있는 경우 외에는 국가가 하는 경우에는 국가예산에서, 지방자치단체가 하는 경우에는 해당 지방자치단체가, 행정청이 아닌 자가 하는 경우에는 그 자가 부담함을 원칙으로 한다.

(2) 지방자치단체의 비용 부담 (제102조)

국토해양부장관이나 시 · 도지사는 그가 시행한 도시계획시설사업으로 현저히 이

익을 받는 시 · 도, 시 또는 군이 있으면 대통령령으로 정하는 바에 따라 그 도시계획시설사업에 든 비용의 일부를 그 이익을 받는 시 · 도, 시 또는 군에 부담시킬 수 있다. 이 경우 국토해양부장관은 시 · 도, 시 또는 군에 비용을 부담시키기 전에 행정안전부장관과 협의하여야 한다(제1항). 부담하는 비용의 총액은 당해 도시계획시설사업에 소요된 비용의 50퍼센트를 넘지 못한다. 이 경우 도시계획시설사업에 소요된 비용에는 당해 도시계획시설사업의 조사 · 측량비, 설계비 및 관리비를 포함하지 아니한다(令 제104조 제1항). 국토해양부장관 또는 시 · 도지사는 도시계획시설사업으로 인하여 이익을 받는 시 · 도 또는 시 · 군에 비용을 부담시키고자 하는 때에는 도시계획시설사업에 소요된 비용총액의 명세와 부담액을 명시하여 당해 시 · 도지사 또는 시장 · 군수에게 송부하여야 한다(令 동조 제2항).

시 · 도지사는 제1항에 따라 그 시 · 도에 속하지 아니하는 특별시 · 광역시 · 시 또는 군에 비용을 부담시키려면 해당 지방자치단체의 장과 협의하되, 협의가 성립되지 아니하는 경우에는 행정안전부장관이 결정하는 바에 따른다(동조 제2항).

(3) 공공시설관리자의 비용 부담 (제103조)

도시계획시설사업의 시행자(행정청인 경우만을 말한다)는 공공시설(그 시행자 외의 자가 설치 · 관리하는 공공시설만 해당한다)의 관리자가 도시계획시설사업으로 현저한 이익을 받았을 때에는 대통령령으로 정하는 바에 따라 그 공공시설의 관리자와 협의하여 그 도시계획시설사업에 든 비용의 일부를 그에게 부담시킬 수 있다. 이 경우 협의가 성립되지 아니하는 경우에는 국토해양부장관이 그 공공시설에 관한 중앙행정기관의 장의 의견을 들어 결정하는 바(제103조), 부담하는 비용의 총액은 당해 도시계획시설사업에 소요된 비용의 3분의 1을 넘지 못한다. 다만, 다른 공공시설의 정비가 그 도시계획시설사업의 주된 내용인 경우에는 그 부담비용의 총액을 당해 도시계획시설사업에 소요된 비용의 전부 또는 2분의 1까지로 할 수 있으며(令 제105조 제1항) 도시계획시설사업에 소요된 비용에는 당해 도시계획시설사업의 조사 · 측량비, 설계비 및 관리비를 포함하지 아니한다(令 동조 제2항). 이 규정은 令 제105조 제1항의 규정에 의한 비용부담에 관하여 이를 준용한다(令 동조 제3항).

2. 보조 또는 융자 기타 지원 (제104조, 제105조)

시・도지사, 시장 또는 군수가 수립하는 광역도시계획 또는 도시계획에 관한 기초조사나 제32조에 따른 지형도면의 작성에 드는 비용은 그 비용의 80퍼센트 이하의 범위 안에서 국가예산으로 보조할 수 있다(제1항, 슈 제106조 제1항).

행정청이 시행하는 도시계획시설사업에 대하여는 당해 도시계획시설사업에 소요되는 비용(조사・측량비, 설계비 및 관리비를 제외한 공사비와 감정비를 포함한 보상비를 말한다.)의 50퍼센트 이하의 범위 안에서 국가예산으로 보조 또는 융자할 수 있으며, 행정청이 아닌 자가 시행하는 도시계획시설사업에 대하여는 당해 도시계획시설사업에 소요되는 비용의 3분의 1 이하의 범위 안에서 국가 또는 지방자치단체가 보조 또는 융자할 수 있다(제2항 전단, 슈 동조 제2항). 이 경우 국가 또는 지방자치단체는 도로, 상하수도 등 기반시설이 인근지역에 비하여 부족한 지역, 광역도시계획에 반영된 광역시설이 설치되는 지역이나 개발제한구역(집단취락만 해당한다)에서 해제된 지역을 우선 지원할 수 있다(제2항 후단).

국가나 지방자치단체는 대통령령으로 정하는 바에 따라 취락지구 주민의 생활 편익과 복지 증진 등을 위한 사업을 시행하거나 그 사업을 지원할 수 있다(제105조, 슈 제107조).

3. 시범도시의 지정・지원 (제127조)

국토해양부장관은 도시의 경제・사회・문화적인 특성을 살려 개성 있고 지속가능한 발전을 촉진하기 위하여 필요하면 직접 또는 관계 중앙행정기관의 장이나 시・도지사의 요청에 의하여 경관, 생태, 정보통신, 과학, 문화, 관광, 그 밖에 대통령령으로 정하는 교육・안전・교통・경제활력・도시재생 및 기후변화 분야별로 시범도시(시범지구나 시범단지를 포함한다)를 지정할 수 있다(동조 제1항, 슈 제126조 제1항).

국토해양부장관은 분야별로 시범도시의 지정에 관한 세부기준을 정할 수 있고, 관계 중앙행정기관의 장 또는 시・도지사는 국토해양부장관에게 시범도시의 지정을 요청하고자 하는 때에는 미리 설문조사・열람 등을 통하여 주민의 의견을 들은 후 관계 지방자치단체의 장의 의견을 들어야 한다(令 동조 제3항, 제4항).

국토해양부장관, 관계 중앙행정기관의 장 또는 시・도지사는 제1항에 따라 지정된 시범도시에 대하여 예산・인력 등 필요한 지원을 할 수 있으며(제127조 제2항), 국토해양부장관은 관계 중앙행정기관의 장이나 시・도지사에게 시범도시의 지정과 지원에 필요한 자료를 제출하도록 요청할 수 있다(동조 제3항). 시범도시의 지정 및 지원의 기준・절차 등에 관하여 필요한 사항은 대통령령으로 정한다(동조 제4항).

4. 타인 토지에의 출입, 손실보상 (제130조, 제131조)

국토해양부장관, 시・도지사, 시장 또는 군수나 도시계획시설사업의 시행자는 다음 각 호의 행위를 하기 위하여 필요하면 타인의 토지에 출입하거나 타인의 토지를 재료 적치장 또는 임시통로로 일시 사용할 수 있으며, 특히 필요한 경우에는 나무, 흙, 돌, 그 밖의 장애물을 변경하거나 제거할 수 있다. 1. 도시계획・광역도시계획에 관한 기초조사 2. 개발밀도관리구역, 기반시설부담구역 및 제67조제4항에 따른 기반시설 설치계획에 관한 기초조사 3. 지가의 동향 및 토지거래의 상황에 관한 조사 4. 도시계획시설사업에 관한 조사・측량 또는 시행(제130조 제1항).

토지의 점유자는 정당한 사유 없이 제1항에 따른 행위를 방해하거나 거부하지 못한다(동조 제7항). 출입 등의 행위를 하려는 자는 그 권한을 표시하는 증표와 허가증을 지니고 이를 관계인에게 내보여야 한다(동조 제8항). 증표와 허가증에 관하여 필요한 사항은 국토해양부령으로 정한다(동조 제9항).

타인의 토지에 출입하려는 자는 특별시장・광역시장・시장 또는 군수의 허가를 받아야 하며, 출입하려는 날의 3일 전까지 그 토지의 소유자・점유자 또는 관리인에게 그 일시와 장소를 알려야 한다. 다만, 행정청인 도시계획시설사업의 시행자는 허가를 받지 아니하고 타인의 토지에 출입할 수 있다(동조 제2항).

타인의 토지를 재료 적치장 또는 임시통로로 일시사용하거나 나무, 흙, 돌, 그 밖의 장애물을 변경 또는 제거하려는 자는 토지의 소유자 ・점유자 또는 관리인의 동의를 받아야 한다(동조 제3항). 토지나 장애물의 소유자・점유자 또는 관리인이 현장에 없거나 주소 또는 거소가 불분명하여 그 동의를 받을 수 없는 경우에는 행정청인 도시계획시설사업의 시행자는 관할 특별시장·광역시장·시장 또는 군수에게 그 사실을 통지하여야 하며, 행정청이 아닌 도시계획시설사업의 시행자는 미리 관할 특별시장·광역시장·시장 또는 군수의 허가를 받아야 한다(동조 제4항). 토지를 일시 사용하거나 장애물을 변경 또는 제거하려는 자는 토지를 사용하려는 날이나 장애물을 변경 또는 제거하려는 날의 3일 전까지 그 토지나 장애물의 소유자·점유자 또는 관리인에게 알려야 한다(동조 제5항).

일출 전이나 일몰 후에는 그 토지 점유자의 승낙 없이 택지나 담장 또는 울타리로 둘러싸인 타인의 토지에 출입할 수 없다(동조 제6항).

출입 등의 행위로 인하여 손실을 입은 자가 있으면 그 행위자가 속한 행정청이나 도시계획시설사업의 시행자가 그 손실을 보상하여야 한다(제131조 제1항). 손실 보상에 관하여는 그 손실을 보상할 자와 손실을 입은 자가 협의하여야 한다(동조 제2항). 손실을 보상할 자나 손실을 입은 자는 협의가 성립되지 아니하거나 협의를 할 수 없는 경우에는 관할 토지수용위원회에 재결을 신청할 수 있다(동조 제3항). 관할 토지수용위원회의 재결에 관하여는 「공익사업을 위한 토지 등의 취득 및 보상에 관한 법률」 제83조부터 제87조까지의 규정을 준용한다(동조 제4항).

5. 감독 조치

(1) 법률 등의 위반자에 대한 처분 (제133조)

국토해양부장관, 시·도지사, 장·군수 또는 구청장은 다음 각 호의 어느 하나에 해당하는 자에게 이 법에 따른 허가·인가 등의 취소, 공사의 중지, 공작물 등의 개축 또는 이전, 그 밖에 필요한 처분을 하거나 조치를 명할 수 있다(동조 제1항).<전문개정 2009. 12.29>

1. 제31조제2항 단서에 따른 신고를 하지 아니하고 사업 또는 공사를 한 자
2. 도시계획시설을 제43조제1항에 따른 도시관리계획의 결정 없이 설치한 자
3. 제44조3제2항에 따른 공동구의 점용 또는 사용에 관한 허가를 받지 아니하고 공동구를 점용 또는 사용하거나 같은 조 제3항에 따른 점용료 또는 사용료를 내지 아니한 자

4. 제54조에 따른 지구단위계획구역에서 해당 지구단위계획에 맞지 아니하게 건축물을 건축하거나 용도변경을 한 자
5. 제56조에 따른 개발행위허가 또는 변경허가를 받지 아니하고 개발행위를 한 자
6. 제60조제1항에 따른 이행보증금을 예치하지 아니하거나 같은 조 제3항에 따른 토지의 원상회복명령에 따르지 아니한 자
7. 개발행위를 끝낸 후 제62조에 따른 준공검사를 받지 아니한 자
8. 제76조(같은 조 제5항제2호부터 제4호까지의 규정은 제외한다)에 따른 용도지역 또는 용도지구에서의 건축 제한 등을 위반한 자
9. 제77조에 따른 건폐율을 위반하여 건축한 자
10. 제78조에 따른 용적률을 위반하여 건축한 자
11. 제79조에 따른 용도지역 미지정 또는 미세분 지역에서의 행위 제한 등을 위반한 자
12. 제81조에 따른 시가화조정구역에서의 행위 제한을 위반한 자
13. 제84조에 따른 둘 이상의 용도지역 등에 걸치는 대지의 적용 기준을 위반한 자
14. 제86조제5항에 따른 도시계획시설사업시행자 지정을 받지 아니하고 도시계획시설사업을 시행한 자
15. 제88조에 따른 도시계획시설사업의 실시계획인가 또는 변경인가를 받지 아니하고 사업을 시행한 자
16. 제89조제1항에 따른 이행보증금을 예치하지 아니하거나 같은 조 제3항에 따른 토지의 원상회복명령에 따르지 아니한 자
17. 도시계획시설사업의 공사를 끝낸 후 제98조에 따른 준공검사를 받지 아니한 자
18. 제118조에 따른 토지거래계약에 관한 허가 또는 변경허가를 받지 아니하고 토지거래계약 또는 그 변경계약을 체결한 자
19. 제118조에 따른 토지거래계약에 관한 허가를 받은 자가 그 토지를 허가받은 목적대로 이용하지 아니한 자
20. 제130조를 위반하여 타인의 토지에 출입하거나 그 토지를 일시사용한 자
21. 부정한 방법으로 다음 각 목의 어느 하나에 해당하는 허가·인가·지정 등을 받은 자

    가. 제56조에 따른 개발행위허가 또는 변경허가

나. 제62조에 따른 개발행위의 준공검사

다. 제81조에 따른 시가화조정구역에서의 행위허가

라. 제86조에 따른 도시계획시설사업의 시행자 지정

마. 제88조에 따른 실시계획의 인가 또는 변경인가

바. 제98조에 따른 도시계획시설사업의 준공검사

사. 제118조에 따른 토지거래계약에 관한 허가

22. 사정이 변경되어 개발행위 또는 도시계획시설사업을 계속적으로 시행하면 현저히 공익을 해칠 우려가 있다고 인정되는 경우의 그 개발행위허가를 받은 자 또는 도시계획시설사업의 시행자 국토해양부장관, 시·도지사, 시장·군수 또는 구청장은 제1항 제22호에 따라 필요한 처분을 하거나 조치를 명한 경우에는 이로 인하여 발생한 손실을 보상하여야 하며(동조 제2항), 손실 보상에 관하여는 제131조제2항부터 제4항까지의 규정을 준용한다(동조 제3항).

(2) 보고 및 검사 등 (제137조)

국토해양부장관(제40조에 따른 수산자원보호구역의 경우 농림수산식품부장관을 말한다), 시·도지사, 시장 또는 군수는 필요하다고 인정되는 경우에는 개발행위허가를 받은 자나 도시계획시설사업의 시행자에 대하여 감독상 필요한 보고를 하게 하거나 자료를 제출하도록 명할 수 있으며, 소속 공무원으로 하여금 개발행위에 관한 업무 상황을 검사하게 할 수 있다(동조 제1항). 전항의 규정에 따라 업무를 검사하는 공무원은 그 권한을 표시하는 증표를 지니고 이를 관계인에게 내보여야 하며, 증표에 관하여 필요한 사항은 국토해양부령으로 정한다(동조 제2항, 제3항).

(3) 도시계획의 수립 및 운영에 대한 감독 및 조정 (제138조)

국토해양부장관(제40조에 따른 수산자원보호구역의 경우 농림수산식품부장관을 말한다. 이하 이 조에서 같다)은 필요한 경우에는 시·도지사 또는 시장·군수에게, 시·도지사는 시장·군수에게 도시기본계획과 도시관리계획의 수립 및 운영 실태에 대하여 감독상 필요한 보고를 하게 하거나 자료를 제출하도록 명할 수 있으며, 소속 공무원으로 하여금 도시기본계획과 도시관리계획에 관한 업무 상황을 검사하게 할 수 있다(동조 제1항). 국토해양부장관은 도시기본계획과 도시관리계획이 제22조의 3에 따른 국가계획 및 광역도시계획의 취지에 부합하지 아니하거나 도시관리계획이 도시기본계획의 취지에 부합하지 아니하다고 판단하는 경우에는 특별시장·광역시장·시장 또는 군수에게 기한을 정하여 도시기본계획과 도시관리계획의 조정을 요구할 수 있다. 이 경우 특별시장·광역시장·시장 또는 군수는 도시기본계획과 도시관리계획을 재검토하여 정비하여야 한다(동조 제2항).

도지사는 시·군 도시관리계획이 광역도시계획이나 도시기본계획의 취지에 부합하지 아니하다고 판단되는 경우에는 시장 또는 군수에게 기한을 정하여 그 도시관리계획의 조정을 요구할 수 있다. 이 경우 시장 또는 군수는 그 도시관리계획을 재검토하여 정비하여야 한다(제3항).

6. 청문 및 행정심판 (제134조, 제136조)

이 법에 따른 도시계획시설사업 시행자의 처분에 대하여는 「행정심판법」에 따라 행정심판을 제기할 수 있다. 이 경우 행정청이 아닌 시행자의 처분에 대하여는 제86조제5항에 따라 그 시행자를 지정한 자에게 행정심판을 제기하여야 한다(제134조).

국토해양부장관, 시·도지사, 시장·군수 또는 구청장은 제133조제1항에 따라 다음 각 호의 어느 하나에 해당하는 처분을 하려면 청문을 하여야 한다(제136조).

1. 개발행위허가의 취소
2. 제86조제5항에 따른 도시계획시설사업의 시행자 지정의 취소
3. 실시계획인가의 취소
4. 토지거래계약 허가의 취소

7. 권리·의무의 승계 등 (제135조)

「토지 또는 건축물에 관하여 소유권이나 그 밖의 권리를 가진 자의 도시관리계획에 관한 권리·의무」와 「제117조부터 제124조까지, 제124조의2, 제125조 및 제126조에 따라 토지의 소유권자, 지상권자 등에게 발생되거나 부과된 권리·의무」는 그 토

지 또는 건축물에 관한 소유권이나 그 밖의 권리의 변동과 동시에 그 승계인에게 이전한다(동조 제1항). 이 법 또는 이 법에 따른 명령에 의한 처분, 그 절차 및 그 밖의 행위는 그 행위와 관련된 토지 또는 건축물에 대하여 소유권이나 그 밖의 권리를 가진 자의 승계인에 대하여 효력을 가진다(동조 제2항).

8. 권한의 위임 및 위탁 (제139조)

이 법에 따른 국토해양부장관(제40조에 따른 수산자원보호구역의 경우 농림수산식품부장관을 말한다.)의 권한은 그 일부를 시・도지사에게 위임할 수 있으며, 시・도지사는 국토해양부장관의 승인을 받아 그 위임받은 권한을 시장・군수 또는 구청장에게 재위임할 수 있다(동조 1항, 슈 제133조 제1항).

시・도지사의 권한은 시・도의 조례로 정하는 바에 따라 시장・군수 또는 구청장에게 위임할 수 있다. 이 경우 시・도지사는 권한의 위임사실을 국토해양부장관에게 보고하여야 한다(동조 제2항).

권한이 위임되거나 재위임 된 경우 그 위임되거나 재위임 된 사항 중 다음 각 호의 사항에 대하여는 그 위임 또는 재위임 받은 기관이 속하는 지방자치단체에 설치된 지방도시계획위원회의 심의 또는 시・도의 조례로 정하는 바에 따라 「건축법」 제4조에 의하여 시・군・구에 두는 건축위원회와 도시계획위원회가 공동으로 하는 심의를 거쳐야 하며, 해당 지방의회의 의견을 들어야 하는 사항에 대하여는 그 위임 또는 재위임 받은 기관이 속하는 지방자치단체의 의회의 의견을 들어야 한다(동조 제3항).

1. 중앙도시계획위원회・지방도시계획위원회의 심의를 거쳐야 하는 사항
2. 「건축법」 제4조에 따라 시・도에 두는 건축위원회와 지방도시계획위원회가 공동으로 하는 심의를 거쳐야 하는 사항

이 법에 따른 국토해양부장관, 시・도지사, 시장 또는 군수의 사무는 그 일부를 대통령령이나 해당 지방자치단체의 조례로 정하는 바에 따라 다른 행정청이나 행정청이 아닌 자에게 위탁할 수 있으며(동조 제4항), 위탁받은 사무를 수행하는 자(행정청이 아닌 자로 한정한다)나 그에 소속된 직원은 「형법」 이나 그 밖의 법률에 따른 벌칙을 적용할 때에는 공무원으로 본다(동조 제6항).

9. 벌칙 (제12장)

(1) 다음 각 호의 어느 하나에 해당하는 자는 3년 이하의 징역 또는 3천만 원 이하의 벌금에 처한다(제140조).

1) 제56조제1항 또는 제2항을 위반하여 허가 또는 변경허가를 받지 아니하거나, 속임수나 그 밖의 부정한 방법으로 허가 또는 변경허가를 받아 개발행위를 한 자
2) 시가화조정구역에서 허가를 받지 아니하고 제81조제2항 각 호의 어느 하나에 해당하는 행위를 한 자

(2) 기반시설설치비용을 면탈·경감할 목적 또는 면탈·경감하게 할 목적으로 거짓 계약을 체결하거나 거짓 자료를 제출한 자는 3년 이하의 징역 또는 면탈·경감하였거나 면탈·경감하고자 한 기반시설설치비용의 3배 이하에 상당하는 벌금에 처한다(제140조의 2).

(3) 다음 각 호의 어느 하나에 해당하는 자는 2년 이하의 징역 또는 2천만 원(제5호에 해당하는 자는 계약 체결 당시의 개별공시지가에 의한 해당 토지가격의 100분의 30에 해당하는 금액) 이하의 벌금에 처한다(제141조).<전문개정 2009. 12.29>

1) 제43조제1항을 위반하여 도시관리계획의 결정이 없이 기반시설을 설치한 자
2) 제44조제3항을 위반하여 공동구에 수용하여야 하는 시설을 공동구에 수용하지 아니한 자
3) 제54조를 위반하여 지구단위계획에 맞지 아니하게 건축물을 건축하거나 용도를 변경한 자
4) 제76조(같은 조 제5항 제2호부터 제4호까지의 규정은 제외한다)에 따른 용도지역 또는 용도지구에서의 건축물이나 그 밖의 시설의 용도·종류 및 규모 등의 제한을 위반하여 건축물을 건축하거나 건축물의 용도를 변경한 자
5) 제118조제1항에 따른 허가 또는 변경허가를 받지 아니하고 토지거래계약을 체결하거나, 속임수나 그 밖의 부정한 방법으로 토지거래계약 허가를 받은 자

(4) 제133조제1항에 따른 허가·인가 등의 취소, 공사의 중지, 공작물 등의 개축 또는 이전 등의 처분 또는 조치명령을 위반한 자는 1년 이하의 징역 또는 1천만원 이하

의 벌금에 처한다(제142조).

(5) 양벌규정

법인의 대표자나 법인 또는 개인의 대리인, 사용인, 그 밖의 종업원이 그 법인 또는 개인의 업무에 관하여 제140조부터 제142조까지의 어느 하나에 해당하는 위반행위를 하면 그 행위자를 벌할 뿐만 아니라 그 법인 또는 개인에게도 해당 조문의 벌금형을 과(科)한다. 다만, 법인 또는 개인이 그 위반행위를 방지하기 위하여 해당 업무에 관하여 상당한 주의와 감독을 게을리하지 아니한 경우는 그러하지 아니하다(제143조).

(6) 과태료 (제144조)

1) 다음 각 호의 어느 하나에 해당하는 자에게는 1천만 원 이하의 과태료를 부과한다(동조 제1항).<전문개정 2009. 12.29>

가. 제44조의3제2항에 따른 허가를 받지 아니하고 공동구를 점용하거나 사용한 자

나. 정당한 사유 없이 제130조제1항에 따른 행위를 방해하거나 거부한 자

다. 제130조제2항부터 제4항까지의 규정에 따른 허가 또는 동의를 받지 아니하고 같은 조 제1항에 따른 행위를 한 자

라. 제137조제1항에 따른 검사를 거부・방해하거나 기피한 자

2) 다음 각 호의 어느 하나에 해당하는 자에게는 500만 원 이하의 과태료를 부과한다(제2항).

가. 제56조제4항 단서에 따른 신고를 하지 아니한 자

나. 제137조제1항에 따른 보고 또는 자료 제출을 하지 아니하거나, 거짓된 보고 또는 자료 제출을 한 자

과태료는 대통령령으로 정하는 바에 따라 제1항 제2호・제4호 및 제2항 제2호의 경우에는 국토해양부장관(제40조에 따른 수산자원보호구역의 경우 농림수산식품부장관을 말한다), 시・도지사, 시장 또는 군수 제1항 제1호・제3호 및 제2항 제1호의 경우에는 특별시장・광역시장・시장 또는 군수가 각각 부과・징수한다(동조 제3항).

제3장 도시개발법

Ⅰ. 개설

1. 제정 및 개정 경과

(1) 제정

최초의 계획적인 도시개발사업에 대한 법적 규정은 1962년 제정된 도시계획법이라 할 수 있다. 여기에는 토지구획정리사업에 대해서도 함께 규정되고 있었으나 토지구획정리사업을 보다 활성화시키기 위해 1966년 토지구획정리사업법을 독립법률로 제정하였다. 토지구획정리의 수단은 독일에서 최초로 개발되어(1902년, Adickes 법), 일본을 거쳐 우리나라에 도입되었다.

우리나라 토지구획정리사업의 효시는 1934년 조선시가지계획령의 제정을 계기로, 동년 11월에 계획이 수립된 羅津의 토지구획정리사업과 1937년 서울 돈암지구에 시행된 토지구획정리사업이라 할 수 있다. 특히 1950년대에는 6. 25로 인해 파괴된 시가지 복구사업이 사업의 활성화를 위한 촉진제가 되었고 1960년대에는 도시계획법에서 건축법(1962년)과 토지구획정리사업법(1966년)이 각각 분리 제정되면서, 대규모 토지구획정리사업이 시행되기 시작하였다.

1970년대의 고도산업사회에 들어서면서 도시인구가 급증하게 되고 이에 따라 대규모 토지구획정리사업이 시급하게 요청되어, 전국 185개 사업지구에 18,330 ha가 토지구획정리사업지구로 지정되게 되었다. 1975년 개정된 토지구획정리사업법은 공공시설 중 토지구획정리사업으로 부담해야할 도로의 범위를 지구이용도로로 한정시키고 교육시설도 초중학교로 제한하는 등 감보의 비율을 낮춤으로써, 동사업의 확대실시를 위한 노력을 기울였다. 아울러 대한주택공사에 대하여 지방자치단체에 준하는 권한을 부여하는 등 사업주체의 확대를 통하여 사업의 촉진을 도모하였다. 그러나

1980년대 이후에는 70년대에 발생한, 替費地 매각에 따른 잡음 및 토지의 투기문제 등을 해결하는 것이 가장 주요한 정책과제로 제기되기도 하였다.

한편 1966년 도시계획법은 토지개발사업과 관련하여 일단의 주택지 경영과 일단의 공업용지 조성 사업을 도입하였고, 1971년 도시계획법이 전면 개정되면서 일단의 주택지조성사업과 도시개발예정구역 조성사업을 도입하였으며, 1991년에는 시가지 조성사업을 도입하였다. 그러나 1999년 도시계획법의 개정에서는 그동안 제대로 기능을 발휘하지 못했던 도시개발예정지구조성사업은 폐지되었고, 그 결과 도시계획법에 의한 개발사업은 일단의 주택지조성사업, 일단의 공업용지조성사업, 시가지조성사업의 세 가지로 구성되었다.

그러나 이와는 별도로 1972년에는 서민주택문제 해결을 위한 주택건설촉진법이 제정되었고, 1973년에 대규모 공단조성을 위한 산업기지개발촉진법이, 1976년에는 도시계획법에서 도시재개발법이 분리・독립 제정되었다. 또 1980년에는 도시개발에 큰 영향을 준 택지개발촉진법이 제정되고, 1981년에는 도시계획법의 개정과 더불어 수도권정비계획법의 제정이 있었으며 택지개발사업을 토지구획정리사업에서 공영개발사업으로 전환시켰다. 이처럼 각종 특별법과 개별법규 등에 의해 도시개발사업이 다원적으로 운영되면서 법체계 구성 상의 문제점을 비롯하여 도시계획과 도시개발 사이의 단절, 사업목적과 개발방법의 괴리, 사업주체 결정 및 대상지역 선정의 비합리성 등 여러 가지 문제점이 제기되었던 바, 이들 문제점을 해소하고 기존제도의 한계를 극복하기 위해 도시개발에 대한 통합적이고 독자적인 법률의 제정이 필요하게 되었다. 즉, 원활한 도시개발사업을 추진하기 위해, 도시계획법 상의 도시계획사업(시가지 조성사업, 일단의 주택지 조성사업, 일단의 공업용지 조성사업)과 토지구획정리사업을 통합하여 토지구획정리법상 환지방식과 매수(수용・사용)방식 그리고 이들의 혼용방식을 바탕으로 하는 도시개발법을 제정하면서(2000. 1. 28, 법률 제6242호), 도시계획법에 의한 각종 개발사업과 토지구획정리사업법은 폐지되었다.

(2) 개정 경과

1) [2002.12.30, 법률 제6853호, 일부개정]

현행 도시개발구역의 지정절차 및 이행에 많은 시간이 소요되는 등 문제점이 있어 이를 보완하여 도시개발사업을 효율적으로 추진하기 위하여 도시개발구역의 지정순서, 의견청취방식의 다양화, 개발사업의 비용부담, 도시관리계획상 용도지역결정의 의제 등에 관한 사항을 보완・개선하려는 것임.

2) [2007. 4.11, 법률 제8376호, 일부개정]

민간 도시개발사업의 활성화와 토지의 원활한 공급을 유도하기 위하여 개발계획의 수립・변경시에 토지소유자의 동의절차를 간소화하고, 민간 시행자가 도시개발사업에 필요한 토지 등을 수용 또는 사용하고자 하는 경우 토지소유자의 동의요건을 완화하되 토지소유자 동의요건 산정기준일을 도시개발구역지정 고시일로 법률에 명확히 규정하는 등 도시개발사업 관련 규제를 개선하는 한편, 민간의 도시개발사업에 관한 공사를 감리하도록 하는 법적 근거를 마련하는 등 현행 제도의 운영상 나타난 일부 미비점을 개선・보완하려는 것임.

3) [2008. 3.21, 법률 제8970호, 전부개정]

도시개발사업의 시행자에게도 개발계획의 변경을 요청할 수 있도록 하고, 도시개발구역지정에 관한 주민 등의 의견청취를 위한 공고가 있는 지역에 대하여도 건축물의 건축 등의 행위를 제한하는 등 현행 제도의 운영과정에서 나타난 일부 미비점을 개선・보완하는 한편, 법 문장을 원칙적으로 한글로 적고, 어려운 용어를 쉬운 용어로 바꾸며, 길고 복잡한 문장은 체계 등을 정비하여 간결하게 하는 등 국민이 법 문장을 이해하기 쉽게 정비하려는 것으로 그 주요내용은 다음과 같다.

가. 도시개발사업계획의 변경(법 제4조제2항)

도시개발사업의 시행자도 지정권자에게 개발계획의 변경을 요청할 수 있도록 함.

나. 건축행위 등의 제한시기(법 제9조제5항)

도시개발구역의 지정 전에 행위를 제한하는 규정이 없어서 도시개발구역 지정 대상지역에 투기가 조장됨에 따라 이를 방지하기 위하여 주민 등의 의견청취를 위한 공고가 있는 때부터 행위제한을 하도록 함.

다. 도시개발사업의 시행방식 변경(법 제21조제2항)

도시개발구역지정 이후 지가상승 등 지역개발 여건변화 시 수용・사용 또는 혼용방식에서 전부 환지방식으로 도시개발사업의 시행방식 변경을 허용하여 원활한 도시개발사업이 가능하도록 함.

4) [2008. 3.28, 법률 제9044호, 일부개정]

자치구 아닌 구가 설치된 인구 50만 이상의 대도시 시장에게도 도시개발구역을 지정할 수 있도록 하는 등 지정권자로서의 권한을 부여함으로써 해당 대도시 실정에 맞는 도시개발사업의 시행을 통하여 도시개발사업을 활성화 하도록 하고, 도시개발사업구역에 설치하는 기반시설 중 전기시설의 설치기준과 설치비용 부담기준에 관한 규정을 보완하여 비용부담의 형평성을 도모하고 지자체 · 사업시행자 · 전기공급자 간의 갈등을 해소함으로써 쾌적한 도시환경조성과 효율적인 도시개발사업 수행을 도모하려는 것으로 그 주요내용은 다음과 같다. .

가. 도시개발구역의 지정(법 제3조제1항 및 제4항)

「지방자치법」 제3조제3항에 따라 자치구가 아닌 구가 설치된 대도시 시장도 도시개발구역을 지정할 수 있도록 함.

나. 도시계획위원회의 심의(법 제8조제1항)

대도시 시장이 도시개발구역을 지정하거나 해당 도시개발구역에 대한 도시개발사업의 계획을 수립하는 때에는 도(道)도시계획위원회의 심의를 거치지 아니하고, 해딩 대도시 도시계획위원회의 심의를 거치도록 함.

다. 도시개발구역지정의 고시 등(법 제9조제1항 · 제10조제4항 및 제18조제1항)

도시개발구역을 지정하거나 해당 도시개발구역에 대한 도시개발사업의 계획을 수립한 때, 도시개발구역의 지정이 해제의제되는 경우, 도시개발사업에 관한 실시계획을 작성하거나 인가한 때에는 대도시 시장도 이를 관보 또는 공보에 고시할 수 있도록 함.

라. 기반시설의 설치비용(법 제54조제2항)

도시개발사업구역에 전기를 공급하기 위한 전기시설을 보편적 방법인 가공선(架空線)으로 설치할 경우에는 전기공급자가 부담토록 하고, 사업시행자의 요청에 의해 지중선(地中線)으로 설치할 경우에는 요청자와 전기공급자가 각각

2분의1의 비율로 부담토록 하되, 전부환지방식으로 도시개발사업을 시행하는 경우에는 전기를 공급하는 자가 3분의 2를 부담하도록 함.

5)[2009.12.29, 법률 제9862호, 일부개정]

현행에 따르면 시・도지사 또는 대도시 시장은 도시개발구역을 지정할 수 있으나, 도시개발구역의 면적이 대통령령으로 정하는 규모 이상(100만㎡)인 때에는 국토해양부장관의 승인을 받도록 하거나, 인구 50만 이상이더라도 자치구가 아닌 구를 설치하지 아니한 시의 시장에 대하여는 도시개발구역 지정권한을 부여하지 않는 등 지방자치단체가 자율적으로 도시개발사업을 추진하는데 어려움이 있으므로 도시개발사업 추진절차를 간소화하고, 지방자치단체의 자율성을 강화하여 사업 추진의 효율성을 제고하는 한편, 도시개발사업시행 과정에서 지방자치단체 장이 건축물 이전 또는 제거에 관한 허가를 하는 경우 개별 사업현장의 실정에 따라 동절기 등에 집행하지 못하도록 시기를 제한하거나 세입자의 임시거주시설 마련 등의 조치를 할 것을 조건으로 붙일 수 있도록 함으로써 개발사업과정에서 세입자 보호조치가 충분히 이루어 질 수 있도록 하려는 것으로 그 주요내용은 다음과 같다.

가. 대통령령으로 정하는 면적규모 이상의 도시개발구역을 지정하는 경우 국토해양부장관의 승인권을 폐지하되, 일정규모 이상 또는 국가계획과 관련되는 경우 등에는 국토해양부장관과 협의하도록 함(현행 제3조제1항 각 호 외의 부분 후단 삭제, 법 제8조제3항 신설).

나. 도시개발구역의 지정권한을 갖는 대도시 시장을 「지방자치법」 제175조에 따른 서울특별시와 광역시를 제외한 인구 50만 이상의 시장으로 함(법 제3조제1항제2호 및 제2항).

다. 국토해양부장관이 도시개발구역의 지정권한을 갖는 경우로서 공공기관 등이 도시개발구역 지정을 제안하는 때에는 공공기관 등의 제안이 국가계획과 밀접한 관련이 있는 경우로 한정함(법 제3조제3항제3호).

라. 특별자치도지사・시장・군수 또는 구청장은 장애물 등의 이전과 제거에 관한 허가를 하는 경우에는 동절기 등의 시기에 퇴거가 완료되지 아니한 주거용 건축물을 철거할 수 없도록 그 시기를 제한하거나 임시거주시설 마련 등 점유자

의 보호에 필요한 조치를 할 것을 조건으로 허가를 할 수 있도록 함(법 제38조 제2항 신설).

마. 지방자치단체의 장이 도시개발채권의 발행을 위하여 「지방재정법」에 따라 행정안전부장관의 승인을 받으려고 하는 경우 미리 국토해양부장관과 협의하도록 한 절차를 삭제함(현행 제62조제2항 삭제).

바. 이 법을 위반하여 다른 사람의 토지를 출입한 경우 토지 출입의 허가 취소와 함께 1천만 원 또는 500만 원 이하의 과태료를 부과하고 그 허가 취소처분을 위반한 경우 1년 이하의 징역 또는 1천만 원 이하의 벌금에 처하던 것을 과태료만 부과하도록 함(법 제75조).

사. 현행 법인과 개인으로 각각 구분되어 있던 양벌규정을 통합・단순화하고, 과태료 규정을 정비함(법 제83조 및 제85조).

2. 도시개발사업의 개념과 종류

일반적으로 도시개발은 도시의 오래되고 낡은 부분의 교체나 새로운 시가지의 형성을 위한 일정규모 이상의 도시적 용도에로의 개발이라고 정의할 수 있다[1]. 영국의 도시 및 농촌계획법(Town and Country Planning Act)에 의하면, 지상 및 지하에서의 건축공사, 토목공사 등 형태변경행위 또는 어떤 건물이나 토지의 용도를 변경하는 행위로 정의하고 있는 반면, 일본의 도시계획법에서는 건축물의 건축 또는 특정공작물의 건축용의 목적으로 토지를 구획하거나 형질을 변경하는 행위를 개발로 규정하고 있다[2].

도시개발법에 의하면, "도시개발사업"이라 함은 도시개발구역 안에서 주거・상업・산업・유통・정보통신・생태・문화・보건 및 복지 등의 기능을 가지는 단지 또는 시가지를 조성하기 위하여 시행하는 사업을 말한다(제2조 제1항 제2호). 즉, 협의의 도시개발사업은 도시개발구역 내에서 도시개발법에 기초한 개발사업만을 지칭하는 것이나, 광의로는 도시지역과 도시외 지역(농・어・산촌)에 걸쳐 도시개발법 이외에

1) 국토해양부, 도시개발법 실무해설 4면 참조.
2) 국토연구원, 제4차 국토종합계획시안 제2권, 1999, 236면.

도 다양한 개별법규에 의해 운용 · 집행되고 있는 개발사업의 총체이며, 이들 광의의 개발사업에 대해서도 도시개발법에 의한 도시개발사업 방식은 가능한 한 원용할 수 있을 것이다. 이러한 광의의 개발사업의 종류로서는 도시개발법에 의한 도시개발사업 이외에도 예컨대, 택지개발촉진법에 의한 택지개발사업, 산업입지 및 개발에 관한 법률에 의한 산업단지개발사업이나 특수지역개발사업, 도시 및 주거환경정비법에 의한 주거환경개선사업(이상 도시지역의 개발사업), 물류시설의 개발 및 운영에 관한 법률에 의한 물류단지개발사업, 지역균형개발 및 지방중소기업육성에 관한 법률에 의한 개발촉진지구 · 복합단지 · 대학단지 개발사업(이상 특수지역개발촉진 등의 사업), 농어촌 정비법에 의한 농업 · 수산업생산기반정비사업, 농어촌 생활환경 정비사업, 한계농지 등의 정비사업, 농어촌주택개량촉진법에 의한 농어촌주거환경개선사업, 산림법에 의한 산촌개발사업, 도서개발촉진법에 의한 도서개발사업, 관광진흥법에 의한 관광단지 · 관광지 조성사업(이상 농 · 어 · 산촌 등 개발사업) 등을 들 수 있다[3].

3. 도시개발사업과 관련공간계획

(1) 광역도시계획 및 도시기본계획과의 관계

광역도시계획 또는 도시기본계획이 수립되어 있는 지역에 대하여 개발계획을 수립하고자 하는 때에는 개발계획의 내용이 당해 광역도시계획 또는 도시기본계획에 부합되도록 하여야 한다(제5조 제2항). 따라서 도시개발계획은 광역도시계획 및 도시기본계획의 하위계획에 해당함을 알 수 있다.

(2) 국토종합계획, 수도권 정비계획과의 관계

국토기본법에 의하면, 국토종합계획은 다른 법령에 의하여 수립되는 국토에 관한 계획에 우선하며 그 기본이 된다. 다만 군사에 대한 계획에 대하여는 그러하지 아니하다(동법 제8조). 수도권정비계획은 국토종합계획을 기본으로 하여 수도권의 인구 및 산업의 적정배치를 유도하기 위해 수립하는 계획으로서, 수도권 안에서의 타법령에 의한 토지이용계획에 우선하며, 그 계획의 기본이 된다(다만 군사에 관한 사항은

---

3) 박헌주 · 지대식, 계획에 의한 토지이용체제 확립방안 연구, 국토연구원, 1999, 48면.

제외함) (수도권 정비계획법 제3조). 수도권 정비계획과 도시개발계획과의 관계에 대한 별도의 규정은 없으나 수도권 정비계획의 입안 및 결정권자가 건설교통부장관으로 국무회의 심의와 대통령의 승인을 얻는 반면, 도시개발계획은 시·도지사, 건설교통부장관에 의해 입안·결정하도록 되어 있는 점(도시개발법 제3조 및 제4조)을 감안하면, 도시개발계획이 수도권정비계획의 하위계획임을 유추할 수 있다[4].

(3) 지구단위계획과의 관계

지구단위계획과 도시개발은 상호 중첩이 가능한 매우 밀접한 관계로서, 도시개발구역이 지정·고시된 경우 지구단위계획구역으로 결정·고시된 것으로 보며(제9조 제2항), 또 실시계획 수립 시에는 지구단위계획을 포함하여야 하고(제17조 제1항), 실시계획의 작성·고시가 있는 때에는 지구단위계획의 결정·고시가 있는 것으로 본다(제18조 제2항).

Ⅱ. 총칙

1. 입법목적

도시개발에 필요한 사항을 규정하여 계획적이고 체계적인 도시개발을 도모하고 쾌적한 도시환경의 조성과 공공복리의 증진에 이바지함을 목적으로 한다(제1조).

그 동안의 도시개발은 주택단지개발, 산업단지개발등과 같은 단일목적의 개발방식으로 추진되어 신도시의 개발 등 복합적 기능을 갖는 도시를 종합적·체계적으로 개발하는 데는 한계가 있었던 바, 종전의 도시계획법의 도시계획사업에 관한 부분과 토지구획정리사업법을 통합·보완하여 도시개발에 관한 기본법으로서의 도시개발법을 제정함으로써 종합적·체계적인 도시개발을 위한 법적 기반을 마련하는 한편, 도시개발에 대한 민간부문의 참여를 활성화함으로써 다양한 형태의 도시개발이 가능하도록 하려는 것이라는 점에서 그 의미를 발견할 수 있다.

4) 건설교통부, 도시개발법 실무해설, 7면.

2. 구성 및 내용

(1) 구성

이 법은 아래와 같이 전 6장(제1조 내지 제85조) 및 부칙으로 구성되어 있다.

제1장 총칙

제2장 도시개발구역의 지정 등

제3장 도시개발사업의 시행

제4장 비용 부담 등

제5장 보칙

제6장 벌칙

(2) 내용

그 주요 내용을 살펴보면 다음과 같다.

1) 지방자치단체 주도의 도시개발

도시개발구역은 원칙적으로 시・도지사(특별시장・광역시장・도지사・특별자치도지사)・ 지방자치법에 따른 서울특별시와 광역시를 제외한 인구 50만 이상의 대도시 시장이 직권으로 지정하나 국가가 도시개발사업을 시행하는 경우 등에는 국토해양부장관이 도시개발구역을 지정하도록 함(제3조).

2) 민간의 도시개발사업 참여 확대

도시개발사업에 민간의 자본・기술을 활용하기 위하여 민간도 조합, 순수민간법인 또는 민관합동법인 등의 형태로 도시개발사업의 시행자가 될 수 있도록 함(제11조).

3) 다양한 도시개발수요에 부응하기 위하여 개발대상 토지면적의 3분의 2이상에 해당하는 토지의 소유자(지상권자를 포함한다)의 동의를 받으면 민간시행자(조합 제외)와 공동출자법인도 도시개발구역의 지정을 제안할 수 있도록 함(제11조 제6항)

4) 도시개발수단의 다양화

도시개발사업의 성격에 따라 사업의 시행방식을 수용 또는 사용에 의한 방식, 환지방식 또는 양자 혼용방식으로 자유롭게 선택할 수 있도록 하여 도시개발사업을 탄력적으로 시행할 수 있도록 함(제21조).

5) 재산권 침해의 최소화
도시개발사업이 원활하게 진행되도록 민간사업시행자에게 토지수용권을 부여하되, 사업대상 토지면적의 3분의 2이상을 소유하고 토지소유자 총수의 2분의 1 이상(현재는 2분의 1)의 동의를 받은 경우에 한하여 수용권을 갖게 함으로써 수용권의 행사로 인한 토지소유자의 재산권을 침해할 소지를 최소화하도록 함(제22조 제1항 단서).

6) 도시개발구역을 지정한 후 토지를 수용 또는 사용하는 때까지 장기간이 소요되는 경우에는 개발에 대한 기대이익이 지가에 반영되어 토지소유자는 아무런 노력 없이 개발이익을 갖게 되는 문제점이 있으므로 도시개발구역지정 시점(현재는 수용 또는 사용의 대상이 되는 토지의 세부목록을 고시한 시점)을 '공익사업을 위한 토지등의 취득 및 보상에 관한 법률'상의 사업인정 시점으로 보아 토지의 수용 또는 사용의 시기를 앞당김으로써 개발구역의 지정으로 인한 기대이익이 지가에 반영되기 전의 가격으로 토지를 매수할 수 있도록 함(제22조제3항).

7) 도시개발사업의 시행자는 토지소유자가 원하는 등의 경우에는 토지의 매수대금의 일부를 사업시행으로 조성된 토지로 토지소유자에게 지급하는 토지상환채권을 발행할 수 있도록 함(제23조).

8) 지방자치단체에 도시개발채권의 발행으로 조성된 자금과 개발부담금 등을 재원으로 하는 도시개발특별회계를 설치하여 도시개발사업을 지원할 수 있도록 하고, 수용 또는 사용방식으로 시행하는 도시개발사업의 경우 공사의 도급계약을 체결하는 자, 그 외 도시개발사업을 시행하는 자, 국토의 계획 및 이용에 관한 법률상 토지형질변경 허가를 받은 자는 지방자치단체가 발행하는 도시개발채권을 의무적으로 매입하도록 함(제60조 내지 제63조).

3. 용어의 정의 (제2조)

"도시개발구역"이란 도시개발사업을 시행하기 위하여 이법의 규정(제3조와 제9

조)에 따라 지정・고시된 구역을 말한다(동조 제1항 제1호).

"도시개발사업"이란 도시개발구역에서 주거, 상업, 산업, 유통, 정보통신, 생태, 문화, 보건 및 복지 등의 기능이 있는 단지 또는 시가지를 조성하기 위하여 시행하는 사업을 말한다(동조 제1항 제2호).

Ⅲ. 도시개발구역의 지정 및 도시개발사업계획

1. 도시개발구역의 지정 (제2조, 제3조, 제6-제10조)

(1) 도시개발구역의 의의 및 규모

"도시개발구역"이란 도시개발사업을 시행하기 위하여 지정・고시된 구역을 말한다(제2조 제1항 제1호). 도시개발구역으로 지정할 수 있는 대상 지역 규모(최소한도의 지정제한 규모)는 다음과 같다.

1) 도시지역 안

가. 주거지역 및 상업지역: 1만 제곱미터 이상

나. 공업지역: 3만 제곱미터 이상

다. 자연녹지지역: 1만 제곱미터 이상

라. 생산녹지지역(생산녹지지역이 도시개발구역 지정면적의 100분의 30 이하인 경우만 해당된다): 1만 제곱미터 이상

2) 도시지역 외의 지역: 30만 제곱미터 이상. 다만,「건축법 시행령」별표 1 제2호의 공동주택 중 아파트 또는 연립주택의 건설계획이 포함되는 경우로서 다음 요건을 모두 갖춘 경우에는 20만 제곱미터 이상으로 한다.

가. 도시개발구역에 초등학교용지를 확보하여 관할 교육청의 동의를 받은 경우

나. 도시개발구역에서「도로법」제10조부터 제12조까지의 규정에 해당하는 도로 또는 국토해양부령으로 정하는 도로와 연결되거나 4차로 이상의 도로를 설치하는 경우(令 제2조 제1항).

(2) 지정권자 (제3조)

특별시장 · 광역시장 · 도지사 · 특별자치도지사(이하 "시 · 도지사"라 한다) 또는 「지방자치법」 제175조에 따른 서울특별시와 광역시를 제외한 인구 50만 이상의 대도시의 시장(이하 "대도시 시장"이라 한다)은 계획적인 도시개발이 필요하다고 인정되는 때에는 도시개발구역을 지정할 수 있다(동조 제1항). 도시개발사업이 필요하다고 인정되는 지역이 둘 이상의 특별시 · 광역시 · 도 · 특별자치도(이하 "시 · 도"라 한다) 또는 「지방자치법」 제175조에 따른 서울특별시와 광역시를 제외한 인구 50만 이상의 대도시(이하 이 조 및 제8조에서 "대도시"라 한다)의 행정구역에 걸치는 경우에는 관계 시 · 도지사 또는 대도시 시장이 협의하여 도시개발구역을 지정할 자를 정한다(동조 제2항).

예외적으로 국토해양부장관은 다음 각 호의 어느 하나에 해당하면 도시개발구역을 지정할 수 있다. 1. 국가가 도시개발사업을 실시할 필요가 있는 경우, 2. 관계 중앙행정기관의 장이 요청하는 경우, 3. 제11조제 1항 제2호에 따른 공공기관의 장 또는 같은 항 제3호에 따른 정부출연기관의 장이 30만 제곱미터 이상으로 도시개발구역의 지정을 제안하는 경우, 4. 둘 이상의 시 · 도 또는 대도시의 행정구역에 걸치는 경우에는 관계 시 · 도지사 또는 대도시 시장이 협의가 성립되지 아니하는 경우, 5. 천재지변, 그 밖의 사유로 인하여 도시개발사업을 긴급하게 할 필요가 있는 경우(동조 제3항, 令 제4조).

시장(대도시 시장을 제외한다) · 군수 또는 구청장(자치구의 구청장을 말한다. 이하 같다)은 대통령령으로 정하는 바에 따라 시 · 도지사에게 도시개발구역의 지정을 요청할 수 있는 바, 시 · 군 · 구도시계획위원회에 자문을 한 후 국토해양부령으로 정하는 서류를 특별시장 · 광역시장 · 도지사에게 제출하여야 한다. 다만, 지구단위계획구역에서 이미 결정된 지구단위계획에 따라 도시개발사업을 시행하기 위하여 도시개발구역의 지정을 요청하는 경우에는 시 · 군 · 구도시계획위원회에 자문을 하지 아니할 수 있다(동조 제4항, 令 제5조).

(3) 지정절차

1) 기초조사 (제6조)

도시개발사업의 시행자나 시행자가 되려는 자는 도시개발구역을 지정하거나 도시개발구역의 지정을 요청 또는 제안하려고 할 때에는 도시개발구역으로 지정될 구역의 토지, 건축물, 공작물, 그 밖에 필요한 사항에 관하여 조사하거나 측량할 수 있다. 이 경우 조사·측량할 수 있는 사항은 다음 각 호와 같다. 1. 도시 또는 도시개발구역으로 지정하려는 지역과 생활권이 같은 지역의 인구변동 상황 및 추이, 2. 도시개발구역의 인구, 토지이용, 지장물 및 각종 개발사업 현황, 3. 주변지역의 교통 현황, 4. 풍수해, 산사태, 지반 붕괴, 그 밖의 재해의 발생빈도 및 현황, 5. 도시기본계획·광역도시계획 등 상위계획에 관한 사항, 6. 그 밖에 국토해양부령으로 정하는 사항[문화재 분포 현황, 공원 및 녹지 분포 현황, 환경성검토서 작성에 필요한 환경 현황(녹지지역 안 또는 도시지역 외의 지역에 도시개발구역을 지정하는 경우만 해당한다)](동조 제1항, 슈 제10조 제1항, 규칙 제10조). 이에 따라 조사·측량할 사항에 관하여 다른 법령에 근거하여 이미 조사·측량한 자료가 있으면 그 자료를 활용할 수 있으며, 조사나 측량을 하려는 자는 관계 행정기관, 지방자치단체, 「공공기관의 운영에 관한 법률」에 따른 공공기관(이하 "공공기관"이라 한다), 정부출연기관, 그 밖의 관계 기관의 장에게 필요한 자료의 제출을 요청할 수 있다. 이 경우 자료 제출을 요청받은 기관의 장은 특별한 사유가 없으면 요칭에 따라야 한다(동조 제2항).

2) 주민 등의 의견청취 (제7조)

국토해양부장관, 시·도지사 또는 대도시 시장이 도시개발구역을 지정(대도시 시장이 아닌 시장·군수 또는 구청장의 요청에 의하여 지정하는 경우를 제외한다)하고자 하거나 대도시 시장이 아닌 시장·군수 또는 구청장이 도시개발구역의 지정을 요청하려고 하는 경우에는 공람이나 공청회를 통하여 주민이나 관계 전문가 등으로부터 의견을 들어야 하며, 공람이나 공청회에서 제시된 의견이 타당하다고 인정되면 이를 반영하여야 한다. 도시개발구역을 변경(대통령령으로 정하는 경미한 사항은 제외한다)하려는 경우에도 또한 같다(동조 제1항). 위에 따른 공람의 대상 또는 공청회의 개최 대상 및 주민의 의견청취 방법 등에 필요한 사항은 시행령으로 정한다(동조 제2항, 슈 제11조 제1항, 제2항).

3) 도시계획위원회의 심의 등 (제8조)

지정권자는 도시개발구역을 지정하거나 개발계획을 수립하려면 관계 행정기관의 장과 협의한 후「국토의 계획 및 이용에 관한 법률」 제106조에 따른 중앙도시계획위원회 또는 같은 법 제113조에 따른 시・도도시계획위원회나 대도시에 두는 대도시도시계획위원회의 심의를 거쳐야 한다. 변경하는 경우에도 또한 같다. 다만, 대통령령으로 정하는 경미한 사항을 변경하는 경우에는 그러하지 아니하다(동조 제1항).「국토의 계획 및 이용에 관한 법률」 제49조에 따른 지구단위계획에 따라 도시개발사업을 시행하기 위하여 도시개발구역을 지정하는 경우에는 제1항에 따른 중앙도시계획위원회 또는 시・도도시계획위원회나 대도시에 두는 대도시도시계획위원회의 심의를 거치지 아니한다(동조 제2항).

지정권자는 제1항에 따라 관계 행정기관의 장과 협의하는 경우 지정하려는 도시개발구역이 일정 규모 이상 또는 국가계획과 관련되는 등 대통령령으로 정하는 경우에 해당하면 국토해양부장관과 협의하여야 한다.

4) 지정의 고시 등 (제9조)

지정권자는 도시개발구역을 지정하거나 제4조제1항 단서에 따라 개발계획을 수립한 경우에는 다음 각 호에 규정하는 사항을 14일 이상 관보나 공보에 고시하고, 대도시 시장인 지정권자는 관계 서류를 일반에게 공람시켜야 하며, 대도시 시장이 아닌 지정권자는 해당 도시개발구역을 관할하는 시장(대도시 시장을 제외한다)・군수 또는 구청장에게 관계 서류의 사본을 보내야 하며, 지정권자인 특별자치도지사와 관계 서류를 송부 받은 시장(대도시 시장을 제외한다)・군수 또는 구청장은 해당 관계 서류를 일반인에게 공람시켜야 한다. 다만 제7호에 규정하는 사항은 그 내용이 확정된 후에 고시할 수 있다. 1. 도시개발구역의 명칭 2. 도시개발구역의 위치 및 면적 3. 도시개발구역의 지정목적 4. 시행자(시행자가 지정이 되지 아니한 경우에는 제안자를 말한다)와 그 주된 사무소의 소재지 5. 도시개발사업의 시행기간 및 시행방법 6. 토지이용계획 및 기반시설계획 7. 토지등의 세목과 그 소유자 및「공익사업을 위한 토지 등의 취득 및 보상에 관한 법률」 제2조제5호에 따른 관계인의 성명・주소 8. 도시개발구역의 이용에 제공되는「국토의 계획 및 이용에 관한 법률」 제2조제6호에 따른 기반시설을 도시개발구역 밖에 설치할 필요가 있는 경우 도시개발구역 밖의 기반시설계획에 관한 사항 9. 법 제11조제8항제4호에 따른 실시계획의 인가신청기간 10. 관계

도서의 열람방법 11. 도시관리계획의 수립 또는 변경에 관한 사항 12. 그 밖에 국토해양부령으로 정하는 사항. 변경하는 경우에도 또한 같다(동조 제1항, 슈 제15조 제1항, 제4항).

도시개발구역이 지정·고시된 경우 해당 도시개발구역은 「국토의 계획 및 이용에 관한 법률」에 따른 도시지역과 「국토의 계획 및 이용에 관한 법률」 제49조제1호에 따른 제1종지구단위계획구역으로 결정되어 고시된 것으로 본다. 다만, 「국토의 계획 및 이용에 관한 법률」 제49조 제2호에 따른 제2종지구단위계획구역 및 같은 법 제37조 제1항 제8호에 따른 취락지구로 지정된 지역인 경우에는 그러하지 아니하다(동조 제2항, 슈15조 제2항). 시·도지사 또는 대도시 시장이 도시개발구역을 지정·고시한 경우에는 국토해양부장관에게 그 내용을 통보하여야 한다(동조 제3항). 위에 따라 도시지역과 제1종지구단위계획구역으로 결정·고시된 것으로 보는 사항에 대하여 「국토의 계획 및 이용에 관한 법률」 제32조에 따른 도시관리계획에 관한 지형도면의 고시는 같은 법 제33조에도 불구하고 제5조제1항제2호의 도시개발사업의 시행 기간에 할 수 있다(동조 제4항). 제7조제1항에 따라 도시개발구역지정에 관한 주민 등의 의견청취를 위한 공고가 있는 지역 및 도시개발구역에서 건축물의 건축, 공작물의 설치, 토지의 형질 변경, 토석의 채취, 토지 분할, 물건을 쌓아놓는 행위, 죽목의 벌채 및 식재 등 대통령령으로 정하는 행위를 하려는 자는 특별시장·광역시장·특별자치도지사·시장 또는 군수의 허가를 받아야 한다. 허가받은 사항을 변경하려는 경우에도 또한 같다(동조 제5항).

그러나 다음 각 호의 어느 하나에 해당하는 행위는 허가를 받지 아니하고 할 수 있다. 1. 재해 복구 또는 재난 수습에 필요한 응급조치를 위하여 하는 행위, 2. 그 밖에 대통령령으로 정하는 행위(동조 제6항). 제5항에 따라 허가를 받아야 하는 행위로서 도시개발구역의 지정 및 고시 당시 이미 관계 법령에 따라 행위 허가를 받았거나 허가를 받을 필요가 없는 행위에 관하여 그 공사나 사업에 착수한 자는 대통령령으로 정하는 바에 따라 특별시장·광역시장·특별자치도지사·시장 또는 군수에게 신고한 후 이를 계속 시행할 수 있다(동조 제7항). 특별시장·광역시장·특별자치도지사·시장 또는 군수는 제5항을 위반한 자에게 원상회복을 명할 수 있다. 이 경우 명령을 받은 자가 그 의무를 이행하지 아니하는 경우에는 특별시장·광역시장·특별자치도지사 · 시장 또는 군수는「행정대집행법」에 따라 이를 대집행할 수 있다(동조 제8항). 제5항에 따른 허가에 관하여 이 법으로 규정한 것 외에는「국토의 계획 및 이용에 관한 법률」 제57조부터 제60조까지 및 제62조를 준용한다(동조 제9항). 제5항에 따라 허가를 받으면「국토의 계획 및 이용에 관한 법률」 제56조에 따라 허가를 받은 것으로 본다(동조 제10항).

5) 지정의 해제 (제10조)

도시개발구역의 지정은 다음 각 호의 어느 하나에 규정된 날의 다음 날에 해제된 것으로 본다(동조 제1항).

1. 도시개발구역이 지정 · 고시된 날부터 3년이 되는 날까지 제17조에 따른 실시계획의 인가를 신청하지 아니하는 경우에는 그 3년이 되는 날
2. 도시개발사업의 공사 완료(환지 방식에 따른 사업인 경우에는 그 환지처분)의 공고일.

그러나 도시개발구역을 지정한 후 개발계획을 수립하는 경우에는 다음 각 호의 어느 하나에 규정된 날의 다음 날에 도시개발구역의 지정이 해제된 것으로 본다(동조 제2항, 슈 제17조 제2항).

1. 도시개발구역이 지정 · 고시된 날부터 2년이 되는 날까지 개발계획을 수립 · 고시하지 아니하는 경우에는 그 2년이 되는 날. 다만, 도시개발구역의 면적이 330만 제곱미터 이상인 경우에는 5년으로 한다.
2. 개발계획을 수립 · 고시한 날부터 3년이 되는 날까지 제17조에 따른 실시계획 인가를 신청하지 아니하는 경우에는 그 3년이 되는 날. 다만, 도시개발구역의 면적이 330만 제곱미터를 이상인 경우에는 5년으로 한다.

상기 규정에 따라 도시개발구역의 지정이 해제 의제된 경우에는 그 도시개발구역에 대한「국토의 계획 및 이용에 관한 법률」에 따른 용도지역 및 지구단위계획구역은 해당 도시개발구역 지정 전의 용도지역 및 지구단위계획구역으로 각각 환원되거나 폐지된 것으로 본다. 다만, 도시개발사업의 공사 완료(환지 방식에 따른 사업인 경우에는 그 환지처분)에 따라 도시개발구역의 지정이 해제 의제된 경우에는 그러하지 아니하다.(동조 제3항).

이상과 같이 도시개발구역의 지정이 해제 의제되는 경우 지정권자는 다음 각 호의 사항을 관보나 공보에 고시하고, 대도시 시장인 지정권자는 관계 행정기관의 장에게 통보하여야 하며 관계 서류를 일반에게 공람시켜야 하고, 대도시 시장이 아닌 지정권자는 관계 행정기관의 장과 도시개발구역을 관할하는 시장(대도시 시장을 제외한다)·군수 또는 구청장에게 통보하여야 한다. 1. 도시개발구역의 명칭 2. 도시개발구역의 위치 및 면적 3. 도시개발구역의 해제 사유 4. 「국토의 계획 및 이용에 관한 법률」에 따른 용도지역·용도지구·용도구역 및 도시계획시설의 환원 또는 폐지에 관한 사항 5. 그 밖에 국토해양부령으로 정하는 사항

이 경우 지정권자인 특별자치도지사와 본문에 따라 통보를 받은 시장(대도시 시장을 제외한다)·군수 또는 구청장은 관계 서류를 14일 이상 일반인에게 공람시켜야 한다(동조 제4항 令 제17조 제1항, 제3항).

2. 도시개발사업의 계획 (이하 "개발계획"이라 함)

(1) 수립 및 변경 (제4조)

도시개발구역을 지정하는 자(이하 "지정권자"라 한다)는 도시개발구역을 지정하려면 해당 도시개발구역에 대한 개발계획을 수립하여야 한다. 다만, 대통령령으로 정하는 지역에 도시개발구역을 지정할 때에는 도시개발구역을 지정한 후에 개발계획을 수립할 수 있다(동조 제1항).

지정권자는 직접 또는 관계 중앙행정기관의 장 또는 시장(대도시 시장을 제외한다)·군수·구청장 또는 도시개발사업의 시행자의 요청을 받아 개발계획을 변경할 수 있다(동조 제2항).

지정권자는 환지방식의 도시개발사업에 대한 개발계획을 수립하려면 환지 방식이 적용되는 지역의 토지면적의 3분의 2 이상에 해당하는 토지 소유자와 그 지역의 토지 소유자 총수의 2분의 1 이상의 동의를 받아야 한다. 환지 방식으로 시행하기 위하여 개발계획을 변경하려는 경우에도 또한 같다. 다만 시행령이 정하는 경미한 사항의 변경은 그러하지 아니하다(동조 제3항, 令 제7조, 규칙 제6조).

지정권자는 도시개발사업을 환지 방식으로 시행하려고 개발계획을 수립하거나 변

경할 때에 도시개발사업의 시행자가 제11조 제1항 제1호에 해당하는 자이면 제3항에도 불구하고 토지 소유자의 동의를 받을 필요가 없다(동조 제4항).

지정권자가 도시개발사업의 전부를 환지 방식으로 시행하려고 개발계획을 수립하거나 변경할 때에 도시개발사업의 시행자가 제11조제1항제6호의 조합에 해당하는 경우로서 조합이 성립된 후 총회에서 도시개발구역의 토지면적의 3분의 2 이상에 해당하는 조합원과 그 지역의 조합원 총수의 2분의 1 이상의 찬성으로 수립 또는 변경을 의결한 개발계획을 지정권자에게 제출한 경우에는 제3항에도 불구하고 토지 소유자의 동의를 받은 것으로 본다(동조 제5항).

제3항에 따른 동의자 수의 산정방법, 동의절차, 그 밖에 필요한 사항은 대통령령으로 정한다(동조 제6항).

(2) 개발계획의 내용 (제5조)

개발계획에는 다음 각 호의 사항이 포함되어야 한다. 다만, 제13호와 제14호에 해당하는 사항은 도시개발구역을 지정한 후에 개발계획에 포함시킬 수 있다(제5조 제1항, 슈 제8조).

1. 도시개발구역의 명칭 · 위치 및 면적
2. 도시개발구역의 지정 목적과 도시개발사업의 시행기간
3. 도시개발구역을 둘 이상의 사업시행지구로 분할하여 도시개발사업을 시행하는 경우에는 그 지구 분할에 관한 사항
4. 도시개발사업의 시행자에 관한 사항
5. 도시개발사업의 시행방식
6. 인구 수용계획
7. 토지이용계획
8. 교통처리계획
9. 환경보전계획
10. 보건의료시설 및 복지시설의 설치계획
11. 도로, 상하수도 등 주요 기반시설의 설치계획
12. 재원조달계획

13. 도시개발구역 밖의 지역에 기반시설을 설치하여야 하는 경우에는 그 시설의 설치에 필요한 비용의 부담 계획
14. 수용(수용) 또는 사용의 대상이 되는 토지 · 건축물 또는 토지에 정착한 물건과 이에 관한 소유권 외의 권리, 광업권, 어업권, 물의 사용에 관한 권리(이하 "토지 등"이라 한다)가 있는 경우에는 그 세부목록
15. 기타 다음 각 호에서 정하는 사항(슈 제8조 제1항, 규칙 제9조) 1. 학교시설계획 2. 문화재 보호계획 3. 초고속 정보통신망계획 4. 공동구 등 지하매설물계획 5. 존치하는 기존 건축물 및 공작물 등에 관한 계획 6. 산업의 유치업종 및 배치계획 7. 도시개발구역 밖의 지역에서 도시개발구역의 이용에 제공되는 「국토의 계획 및 이용에 관한 법률」 제2조제6호에 따른 기반시설의 설치가 필요한 경우 도시개발구역 밖의 기반시설계획에 관한 사항 8. 집단에너지 공급계획 9. 전시장 · 공연장 등의 문화시설계획 10. 보육시설계획 11. 「국토의 계획 및 이용에 관한 법률」 에 따른 도시관리계획(이하 "도시관리계획"이라 한다)의 수립 또는 변경에 관한 사항 12. 노인복지시설계획 및 방재계획(규칙 제9조)

「국토의 계획 및 이용에 관한 법률」에 따른 광역도시계획이나 도시기본계획이 수립되어 있는 지역에 대하여 개발계획을 수립하려면 개발계획의 내용이 해당 광역도시계획이나 도시기본계획에 들어맞도록 하여야 한다(동조 제2항). 그리고 제4조제1항 단서에 따라 도시개발구역을 지정한 후에 개발계획을 수립하는 경우에는 도시개발구역을 지정할 때에 지정 목적, 시행 방식 및 인구수용계획 등 대통령령으로 정하는 사항에 관한 계획을 수립하여야 한다(동조 제3항). 330만 제곱미터 이상인 도시개발구역에 관한 개발계획을 수립할 때에는 해당 구역에서 주거, 생산, 교육, 유통, 위락 등의 기능이 서로 조화를 이루도록 노력하여야 한다(동조 제4항, 슈 제9조 제2항). 개발계획의 작성 기준 및 방법은 국토해양부장관이 정한다(동조 제5항).

Ⅳ. 도시개발사업의 시행

1. 시행자

(1) 시행자의 지정(제11조)

도시개발사업의 시행자(이하 "시행자"라 한다)는 다음 각 호의 자 중에서 지정권자가 지정권자가 이를 지정한다. 다만, 도시개발구역의 전부를 환지 방식으로 시행하는 경우에는 제5호의 토지 소유자나 제6호의 조합을 시행자로 지정한다.(동조 제1항, 슈 제18조)

1. 국가나 지방자치단체
2. 「한국토지공사법」에 따른 한국토지공사, 「대한주택공사법」에 따른 대한주택공사, 「한국수자원공사법」에 따른 한국수자원공사, 「한국농촌공사 및 농지관리기금법」에 따른 한국농촌공사, 「한국관광공사법」에 따른 한국관광공사, 「한국철도공사법」에 따른 한국철도공사)
3. 「한국철도시설공단법」에 따른 한국철도시설공단(「철도건설법」 제2조제8호에 따른 역세권개발사업을 시행하는 경우에만 해당한다), 「제주특별자치도 설치 및 국제자유도시 조성을 위한 특별법」에 따른 제주국제자유도시개발센터(제주특별자치도에서 개발사업을 하는 경우에만 해당한다)
4. 「지방공기업법」에 따라 설립된 지방공사
5. 도시개발구역의 토지 소유자(「공유수면매립법」 제9조에 따라 면허를 받은 자를 해당 공유수면을 소유한 자로 보고 그 공유수면을 토지로 보며, 제21조에 따른 수용 또는 사용 방식의 경우에는 도시개발구역의 국공유지를 제외한 토지면적의 3분의 2 이상을 소유한 자를 말한다)
6. 도시개발구역의 토지 소유자(「공유수면매립법」 제9조에 따라 면허를 받은 자를 해당 공유수면을 소유한 자로 보고 그 공유수면을 토지로 본다)가 도시개발을 위하여 설립한 조합(도시개발사업의 전부를 환지 방식으로 시행하는 경우에만 해당하며, 이하 "조합"이라 한다)
7. 「수도권정비계획법」에 따른 과밀억제권역에서 수도권 외의 지역으로 이전하는

법인 중 과밀억제권역의 사업 기간 등 다음 요건에 해당하는 법인 ①「수도권정비계획법」 제6조제1항제1호에 따른 과밀억제권역에 3년 이상 계속하여 공장시설을 갖추고 사업을 하고 있거나 3년 이상 계속하여 본점 또는 주사무소(이하 "본사"라 한다)를 두고 있는 법인으로서 그 공장시설의 전부 또는 본사를 수도권 외의 지역으로 이전하는 법인. 이 경우 공장시설 또는 본사의 이전에 따라 이전하는 종업원의 수(여러 개의 법인이 모여 지방으로 이전하는 경우에는 그 종업원 총수)가 500명 이상이어야 한다. ② 과밀억제권역에서「고등교육법」 제2조제1호에 따른 대학(같은 법 제30조에 따른 대학원대학은 제외한다)을 운영 중인 학교법인으로서 대학시설의 전부를 수도권 외의 지역으로 이전하는 학교법인

8.「주택법」 제9조에 따라 등록한 자 중 도시개발사업을 시행할 능력이 있다고 인정되는 자로서 다음 각 호의 요건을 모두 충족하는 자(「주택법」 제2조제4호에 따른 주택단지와 그에 수반되는 기반시설을 조성하는 경우에만 해당한다). 다만,「채무자 회생 및 파산에 관한 법률」에 따른 회생절차가 진행 중인 법인은 제외한다. ①「주택법」 제15조에 따라 제출된 최근 3년간의 평균 영업실적(대지 조성에 투입된 비용을 말하며, 보상비는 제외한다)이 해당 도시개발사업에 드는 연평균 사업비(보상비는 제외한다) 이상일 것 ② 경영의 건전성이 국토해양부령으로 정하는 기준 이상일 것

9.「건설산업기본법」에 따른 토목공사업 또는 토목건축공사업의 면허를 받는 등 개발계획에 맞게 도시개발사업을 시행할 능력이 있다고 인정되는 자로서 대통령령으로 정하는 요건에 해당하는 자 즉 다음의 어느 하나에 해당하는 자로서 경영의 건전성이 국토해양부령으로 정하여 고시하는 기준 이상인 자. 다만,「채무자 회생 및 파산에 관한 법률」에 따른 회생절차가 진행 중인 법인은 제외한다. ①「건설산업기본법」에 따라 종합공사를 시공하는 업종(토목공사업 및 토목건축공사업에 한한다)에 등록한 자로서 같은 법 제23조에 따라 공시된 시공능력 평가액이 당해 도시개발사업에 드는 연평균 사업비(보상비는 제외한다) 이상인 자 ②「자본시장과 금융투자업에 관한 법률」에 따른 신탁업자 중「주식회사의 외부감사에 관한 법률 시행령」 제2조제1항에 따른 외부감사의 대상이 되는 자

10.「부동산투자회사법」에 따라 설립된 자기관리부동산투자회사 또는 위탁관리부

동산투자회사로서 다음 각 호의 자(제1호부터 제5호까지 또는 제7호부터 제9호까지의 규정에 해당하는 자와 공동으로 시행하는 경우에만 해당한다). ①「부동산투자회사법」에 따른 자기관리부동산투자회사로서 부동산 또는 부동산개발사업에 대한 투자실적이 있는 자기관리부동산투자회사 ②「부동산투자회사법」에 따른 자기관리부동산투자회사로서 자산관리회사와 자산관리위탁계약을 체결한 위탁관리부동산투자회사

11. 제1호부터 제5호까지 또는 제7호부터 제10호까지의 규정에 해당하는 자 중 둘 이상이 도시개발사업을 시행할 목적으로 출자하여 설립한 법인.

지정권자는 제1항 단서에도 불구하고 다음 각 호의 어느 하나에 해당하는 사유가 있으면 지방자치단체나「한국토지공사법」에 따른 한국토지공사,「대한주택공사법」에 따른 대한주택공사,「지방공기업법」에 따른 지방공사와「자본시장과 금융투자업에 관한 법률」에 따른 신탁업자 중「주식회사의 외부감사에 관한 법률 시행령」제2조 제1항에 따른 외부감사의 대상이 되는 자(이하 "지방자치단체 등"이라 한다)를 시행자로 지정할 수 있다. 이 경우 도시개발사업을 시행하는 자가 시·도지사 또는 대도시 시장인 경우 국토해양부장관이 지정한다. (동조 제2항, 슈 제20조제2항)

1. 토지 소유자나 조합이 대통령령으로 정하는 기간(개발계획의 수립·고시일부터 6개월 이내를 말한다. 다만, 지정권자가 시행자 지정 신청기간의 연장이 불가피하다고 인정하여 6개월의 범위에서 연장한 경우에는 그 연장된 기간)에 시행자 지정을 신청하지 아니한 경우 또는 지정권자가 신청된 내용이 위법하거나 부당하다고 인정한 경우
2. 지방자치단체의 장이 집행하는 공공시설에 관한 사업과 병행하여 시행할 필요가 있다고 인정한 경우
3. 도시개발구역의 국공유지를 제외한 토지면적의 2분의 1 이상에 해당하는 토지 소유자 및 토지 소유자 총수의 2분의 1 이상이 지방자치단체 등의 시행에 동의한 경우

지정권자는 제1항 제5호에 따른 토지 소유자 2인 이상이 도시개발사업을 시행하려

고 할 때 또는 같은 호에 따른 토지 소유자가 같은 항 제7호부터 제10호까지의 규정에 해당하는 자와 공동으로 도시개발사업을 시행하려고 할 때에는 다음 각 호의 사항이 포함된 도시개발사업에 관한 규약을 정하게 할 수 있다. 다만, 제12호 · 제14호 · 제16호 및 제18호는 환지방식으로 도시개발사업을 시행하는 경우에만 해당한다.

1. 사업의 명칭 2. 사업의 목적 3. 도시개발구역의 위치 및 면적 4. 사업의 시행기간 5. 사업의 범위 6. 주된 사무소의 소재지 7. 임원을 정할 경우에는 그 자격 · 수 · 임기 · 직무 및 선임방법 8. 회의에 관한 사항 9. 비용부담 10. 회계 및 계약 11. 공고의 방법 12. 토지평가협의회의 구성 및 운영 13. 토지 등의 가액의 평가방법 14. 환지계획 및 환지예정지의 지정 15. 토지등의 관리 및 처분 16. 보류지 및 체비지의 관리 · 처분 17. 공공시설용지의 부담 18. 청산 19. 토지에 대한 소유권의 변동 등 시행자에게 통보하여야 할 사항 20. 그 밖에 국토해양부령으로 정하는 사항(동조 제3항, 令제21조).

그리고 지방자치단체 등이 도시개발사업의 전부를 환지 방식으로 시행하려고 할 때와 제1항 제1호부터 제4호까지 또는 제11호(제1항 제1호부터 제4호까지의 규정에 해당하는 자가 100분의 50을 초과하여 출자한 경우로 한정한다)에 해당하는 자가 도시개발사업의 일부를 환시 방식으로 시행하려고 할 때에는 令 제21조제1호부터 제6호까지 및 제9호부터 제20호까지의 규정에 해당하는 사항이 포함된 시행규정을 작성하여야 한다. 다만. 시행자가 시 · 도지사, 시장 · 군수 또는 구청장인 경우에는 제2항에 따른 시행규정을 조례로 정하여야 한다(동조 제4항, 令 제22조).

토지 소유자 또는 제1항 제7호부터 제11호까지(제1항제1호부터 제4호까지의 규정에 해당하는 자가 100분의 50을 초과하여 출자한 경우는 제외한다)의 규정에 해당하는 자가 제5항에 따라 도시개발구역의 지정을 제안하려는 경우에는 대상 구역 토지면적의 3분의 2 이상에 해당하는 토지 소유자(지상권자를 포함한다)의 동의를 받아야 한다(동조 제6항, 令 제24조).

특별자치도지사 · 시장 · 군수 또는 구청장은 제안자와 협의하여 도시개발구역의 지정을 위하여 필요한 비용의 전부 또는 일부를 제안자에게 부담시킬 수 있다(동조 제7항).

지정권자는 다음 각 호의 어느 하나에 해당하는 경우에는 시행자를 변경할 수 있다(동조 제8항 令 제24조).

1. 도시개발사업에 관한 실시계획의 인가를 받은 후 2년 이내에 사업을 착수하지 아니하는 경우
2. 행정처분으로 시행자의 지정이나 실시계획의 인가가 취소된 경우
3. 시행자의 부도·파산, 그 밖에 이와 유사한 사유로 도시개발사업의 목적을 달성하기 어렵다고 인정되는 경우
4. 제1항 단서에 따라 시행자로 지정된 자가 도시개발구역 지정의 고시일부터 1년(다만, 지정권자가 실시계획의 인가신청기간의 연장이 불가피하다고 인정하여 6개월의 범위에서 연장한 경우에는 그 연장된 기간)이내에 도시개발사업에 관한 실시계획의 인가를 신청하지 아니하는 경우

제5항에 따라 도시개발구역의 지정을 제안하는 경우 도시개발구역의 규모, 제안 절차, 제출 서류, 기초조사 등에 관하여 필요한 사항은 제3조 제5항과 제6조를 준용한다(동조 제9항).

(2) 사업시행의 위탁 등 (제12조)

시행자는 항만·철도, 그 밖에 「국토의 계획 및 이용에 관한 법률」 제2조제6호에 따른 기반시설의 건설과 공유수면의 매립에 관한 업무를 국가, 지방자치단체, 한국토지공사, 대한주택공사, 한국수자원공사. 한국농어촌공사, 한국관광공사, 한국철도공사, 한국철도시설공단, 제주국제자유도시개발센터 또는 지방공사에 위탁하여 시행할 수 있다(동조 제1항, 슈 제26조 제2항). 시행자는 도시개발사업의 일부를 위탁하여 시행하려면 국가·지방자치단체 등 위탁기관과 1. 위탁사업의 사업지 2. 위탁사업의 종류·규모·금액, 그 밖에 공사설계의 기준이 되는 사항 3. 위탁사업의 시행기간(착공 및 준공예정일과 공정계획을 포함한다) 4. 위탁사업에 필요한 비용의 지급방법과 그 자금의 관리에 관한 사항 5. 위탁자가 부동산·기자재 또는 노무자를 제공하는 경우에는 그 관리에 관한 사항 6. 위험부담에 관한 사항 7. 기타 위탁사업의 내용을 명백히 하기 위하여 필요한 사항에 관한 협약을 체결하여야 한다(슈 제26조 제3항).

시행자는 도시개발사업을 위한 기초조사, 토지 매수 업무, 손실보상 업무, 주민 이주대책 사업 등을 슈 제26조 제3항으로 정하는 바에 따라 관할 지방자치단체, 한국토지공사, 대한주택공사, 한국수자원공사, 한국농어촌공사, 한국철도시설공단, 제주국

제자유도시개발센터, 한국감정원 또는 지방공사에 위탁할 수 있다. 다만, 정부출자기관에 주민 이주대책 사업을 위탁하는 경우에는 이주대책의 수립·실시 또는 이주정착금의 지급, 그 밖에 보상과 관련된 부대업무만을 위탁할 수 있다(동조 제2항).

시행자가 제1항과 제2항에 따라 업무를 위탁하여 시행하는 경우에는 국토해양부령으로 정하는 요율의 위탁 수수료를 그 업무를 위탁받아 시행하는 자에게 지급하여야 한다(동조 제3항).

제11조제1항 제5호부터 제9호까지의 규정에 따른 시행자는 국토해양부령으로 정하는 서류를 지정권자에게 제출하여 지정권자의 승인을 받아 「자본시장과 금융투자업에 관한 법률」에 따른 신탁업자와 신탁계약을 체결하여 도시개발사업을 시행할 수 있다. 시행자는 승인을 받아 신탁계약을 체결한 경우에는 그 계약을 체결한 날부터 14일 이내에 그 계약서 사본을 첨부하여 지정권자에게 그 사실을 통보하여야 한다. 시행자가 신탁계약을 체결하는 경우에는 신탁업자 중 외부감사의 대상이 되는 자와 신탁계약을 체결하여야 한다(동조 제4항 令 제28조).

(3) 조합에 의한 시행

1) 조합 설립의 인가 (제13조)

조합을 설립하려면 도시개발구역의 토지 소유자 7명 이상이 정관을 작성하여 지정권자에게 조합 설립의 인가를 받아야 한다(동조 제1항). 조합이 작성하는 정관에는 다음 각 호의 사항이 포함되어야 하고 조합의 정관작성에 관한 세부적인 기준은 특별시·광역시·도 또는 특별자치도의 조례로 정할 수 있다. 1. 도시개발사업의 명칭 2. 조합의 명칭 3. 사업목적 4. 도시개발구역의 면적 5. 사업의 범위 및 사업기간 6. 주된 사무소의 소재지 7. 임원의 자격·수·임기·직무 및 선임방법 8. 회의에 관한 사항 9. 총회의 구성, 기능, 의결권의 행사방법, 그 밖에 회의운영에 관한 사항 10. 대의원회 또는 이사회를 두는 경우에는 그 구성, 기능, 의결권의 행사방법, 그 밖에 회의운영에 관한 사항 11. 비용부담에 관한 사항 12. 회계 및 계약에 관한 사항 13. 공공시설용지의 부담에 관한 사항 14. 공고의 방법 15. 토지평가협의회의 구성 및 운영에 관한 사항 16. 토지 등 가액 평가방법에 관한 사항 17. 환지계획 및 환지예정지의 지정에 관한 사항 18. 보류지 및 체비지의 관리·처분에 관한 사항 19. 청산에 관한 사항 20. 건축물을 설치하는 경우에는 당해 건축물의 관리 및 처분에 관한 사항 21. 토지에 대한 소유권의 변동 등 시행자에게 통보하여야 할 사항 22. 기타 국토해양부령으로 정하는 사항(令 제29조 제1항, 제2항).

조합이 인가를 받은 사항을 변경하려면 지정권자로부터 변경인가를 받아야 한다. 다만, 주된 사무소의 소재지를 변경하려는 경우나 공고방법을 변경하려는 경우에는 신고하여야 한다(동조 제2항, 令 제30조).

제1항에 따라 조합 설립의 인가를 신청하려면 해당 도시개발구역의 토지면적의 3분의 2 이상에 해당하는 토지 소유자와 그 구역의 토지 소유자 총수의 2분의 1 이상의 동의를 받아야 한다(동조 제3항).

제3항에 따른 동의자 수의 산정방법 및 동의절차, 그 밖에 필요한 사항은 국공유지를 제외한 전체 사유 토지면적 및 토지 소유자에 대하여 법 제4조제3항에 따른 동의 요건 이상으로 동의를 받은 후에 그 토지면적 및 토지 소유자의 수가 법적 동의 요건에 미달하게 된 경우에는 국공유지 관리청의 동의를 받아야 한다. 토지 소유자가 동의하거나 동의를 철회할 경우에는 국토해양부령으로 정하는 동의서 또는 동의 철회서를 제출하여야 하며, 공유토지의 대표 소유자는 공유자의 인감을 찍은 대표자지정 동의서와 해당 인감증명서를 첨부하여 함께 제출하여야 한다. 그 외에 동의자 수의 산정 방법・절차 등에 관한 세부적인 사항은 국토해양부장관이 정한다(동조 제4항, 令 제31조).

2) 조합원 등(제14조)

조합의 조합원은 도시개발구역의 토지 소유자로 한다(동조 제1항).

조합의 임원은 그 조합의 다른 임원이나 직원을 겸할 수 없다(동조 제2항).

단, 다음 각 호의 어느 하나에 해당하는 자는 조합의 임원이 될 수 없다(동조 제3항). 1. 금치산자, 한정치산자 또는 미성년자 2. 파산선고를 받은 자로서 복권되지 아니한 자 3. 금고 이상의 형을 선고받고 그 집행이 끝나거나 집행을 받지 아니하기로 확정된 후 2년이 지나지 아니한 자 또는 그 형의 집행유예 기간 중에 있는 자.

조합의 임원으로 선임된 자가 상기 각 호의 어느 하나에 해당하게 된 경우에는 그 다음 날부터 임원의 자격을 상실한다(동조 제4항).

3) 조합의 법인격 등 (제15조)

조합은 법인으로 하며, 그 주된 사무소의 소재지에서 등기를 하면 성립한다(동조 제1항, 제2항). 조합의 설립인가를 받은 조합의 대표자는 설립인가를 받은 날부터 30일 이내에 주된 사무소의 소재지에서 설립등기를 하여야 한다(令 제32조 제1항). 조합원의 권리 및 의무는 다음 각 호와 같다. 1. 보유토지의 면적에 관계없는 평등한 의결권. 이 경우 공유 토지는 공유자의 동의를 받은 대표공유자 1명만 의결권이 있으며, 「집합건물의 소유 및 관리에 관한 법률」 제2조제2호에 따른 구분소유자는 구분소유자별로 의결권이 있다. 다만, 제11조제2항에 따른 공람 · 공고일 후에 「집합건물의 소유 및 관리에 관한 법률」 제2조에 따른 구분소유권을 분할하여 구분소유권을 취득한 자는 의결권이 없다 2. 정관에서 정한 조합의 운영 및 도시개발사업의 시행에 필요한 경비의 부담 3. 기타 정관에서 정하는 권리 및 의무(동조 제3항, 令 제32조 제2항). 조합에 관하여 이 법으로 규정한 것 외에는 「민법」 중 사단법인에 관한 규정을 준용한다(동조 제4항).

4) 조합의 임원 및 총회

가. 조합의 임원

조합에는 다음 각 호의 임원을 둔다. 1. 조합장 1명 2. 이사 3. 감사. 조합의 임원은 조합원이어야 하고, 정관으로 정한 바에 따라 총회에서 선임한다(令 제33조).

나. 조합임원의 직무 등

조합장은 조합을 대표하고 그 사무를 총괄하며, 총회 · 대의원회 또는 이사회의 의장이 된다. 이사는 정관에서 정하는 바에 따라 조합장을 보좌하며, 조합의 사무를 분장(分掌)한다. 감사는 조합의 사무 및 재산상태와 회계에 관한 사항을 감사한다. 조합장 또는 이사의 자기를 위한 조합과의 계약이나 소송에 관하여는 감사가 조합을 대표한다. 조합의 임원은 같은 목적의 사업을 하는 다른 조합의 임원 또는 직원을 겸할 수 없다 (令 제34조).

다. 총회의 의결사항

다음 각 호의 사항은 총회의 의결을 거쳐야 한다. 1. 정관의 변경 2. 개발계획 및 실시계획의 수립 및 변경 3. 자금의 차입과 그 방법・이율 및 상환방법 4. 조합의 수지예산 5. 부과금의 금액 또는 징수방법 6. 환지계획의 작성 7. 환지예정지의 지정 8. 법 제44조에 따른 체비지 등의 처분방법 9. 조합임원의 선임 10. 조합의 합병 또는 해산에 관한 사항. 다만, 법 제46조에 따른 청산금의 징수・교부를 완료한 후에 조합을 해산하는 경우는 제외한다. 11. 기타 정관에서 정하는 사항 (令 제35조).

라. 대의원회

조합원의 수가 100인 이상인 조합은 총회의 권한을 대행하게 하기 위하여 대의원회를 둘 수 있다. 대의원회에 두는 대의원의 수는 조합원 총수의 100분의 10 이상으로 하며, 조합원 중에서 정관에서 정하는 바에 따라 선출한다. 대의원회는 제35조에 따른 총회의 의결사항 중 같은 조 제1호・제2호(개발계획의 수립 및 변경의 경우만 해당된다)・제9호 및 제10호의 사항을 제외한 총회의 권한을 대행할 수 있다 (令 제36조).

5) 조합원의 경비 부담 등 (제16조)

조합은 그 사업에 필요한 비용을 조성하기 위하여 정관으로 정하는 바에 따라 조합원에게 경비를 부과・징수할 수 있다(동조 제1항). 부과금의 금액은 도시개발구역의 토지의 위치, 지목, 면적, 이용 상황, 환경, 그 밖의 사항을 종합적으로 고려하여 정하여야 한다(동조 제2항).

조합은 그 조합원이 부과금의 납부를 게을리 한 경우에는 정관으로 정하는 바에 따라 연체료를 부담시킬 수 있다(동조 제3항).

조합은 부과금이나 연체료를 체납하는 자가 있으면 특별자치도지사・시장・군수 또는 구청장에게 납입의무자의 주소・성명, 납입금액 및 납입기간을 적은 징수위탁서를 제출하여 그 징수를 위탁할 수 있다(동조 제4항, 令 제37조).

특별자치도지사・시장・군수 또는 구청장이 부과금이나 연체료의 징수를 위탁받으면 지방세 체납처분의 예에 따라 징수할 수 있다. 이 경우 조합은 특별자치도지사・시장・군수 또는 구청장이 징수한 금액의 100분의 4에 해당하는 금액을 해당 특별자치도・시・군 또는 자치구의 구에 지급하여야 한다(동조 제5항).

2. 실시계획 (제17조 - 제20조)

(1) 실시계획의 작성 및 인가 등 (제17조)

시행자는 도시개발사업에 관한 실시계획(이하 "실시계획"이라 함)을 개발계획에 맞게 작성하여야 한다. 이 경우 실시계획에는 지구단위계획이 포함되어야 한다. 지구단위계획은 「국토의 계획 및 이용에 관한 법률」 제52조제4항에 따른 지구단위계획의 수립기준에 따라 작성하여야 한다. 기타 실시계획의 작성에 필요한 세부적인 사항은 국토해양부장관이 정한다(동조 제1항, 令 제38조 제1항, 제2항, 제3항).

시행자(지정권자가 시행자인 경우는 제외한다)는 제1항에 따라 작성된 실시계획에 관하여 지정권자의 인가를 받아야 한다. 시행자가 실시계획의 인가를 받으려는 경우에는 실시계획 인가신청서에 국토해양부령으로 정하는 서류를 첨부하여 시장(대도시 시장은 제외한다) · 군수 또는 구청장을 거쳐 지정권자에게 제출하여야 한다. 다만, 국토해양부장관 · 특별자치도지사 또는 대도시 시장이 지정권자인 경우에는 국토해양부장관 · 특별자치도지사 또는 대도시 시장에게 직접 제출할 수 있다(동조 제2항, 令 제39조).

지정권자가 실시계획을 작성하거나 인가하는 경우 국토해양부장관이 지정권자이면 시 · 도지사 또는 대도시 시장의 의견을, 시 · 도지사가 지정권자이면 시장(대도시 시장을 제외한다) · 군수 또는 구청장의 의견을 미리 들어야 한다. 인가를 받은 실시계획을 변경하거나 폐지하는 경우에 준용한다. 다만, 국토해양부령으로 정하는 경미한 사항을 변경하는 경우에는 그러하지 아니하다(동조 제3항, 제4항).

실시계획에는 사업 시행에 필요한 설계도서, 자금 계획, 시행 기간, 그 밖에 대통령령으로 정하는 사항과 서류를 명시하거나 첨부하여야 한다(동조 제5항).

(2) 고시 (제18조)

지정권자가 실시계획을 작성하거나 인가한 경우에는 이를 관보나 공보에 고시하고 시행자에게 관계 서류의 사본을 송부하며, 대도시 시장인 지정권자는 일반에게 관계 서류를 공람시켜야 하고, 대도시 시장이 아닌 지정권자는 해당 도시개발구역을 관할하는 시장(대도시 시장을 제외한다) · 군수 또는 구청장에게 관계 서류의 사본을 보내야 한다. 이 경우 지정권자인 특별자치도지사와 본문에 따라 관계 서류를 받은 시장(대도시 시장을 제외한다)·군수 또는 구청장은 이를 일반인에게 공람시켜야 한다(동조 제1항). 지정권자가 실시계획에 관하여 고시하여야 하는 사항은 다음 각호와 같다. 1. 사업의 명칭 2. 사업의 목적 3. 도시개발구역의 위치 및 면적 4. 시행자 5. 시행기간 6. 시행방식 7. 도시관리계획(지구단위계획을 포함한다)의 결정내용 8. 인가된 실시계획에 관한 도서의 공람기간 및 공람장소 9. 법 제19조에 따라 실시계획의 고시로 의제되는 인·허가 등의 고시 또는 공고사항(令 제40조 제1항). 지정권자는 도시개발사업을 환지방식으로 시행하는 구역에 대하여는 제1항의 고시내용 중 제1호부터 제6호까지의 사항과 토지조서를 관할 등기소에 통보·제출하여야 한다(令 동조 제2항).

실시계획을 고시한 경우 그 고시된 내용 중 「국토의 계획 및 이용에 관한 법률」에 따라 도시관리계획(지구단위계획을 포함한다. 이하 같다)으로 결정하여야 하는 사항은 같은 법에 따른 도시관리계획이 결정되어 고시된 것으로 본다. 이 경우 종전에 도시관리계획으로 결정된 사항 중 고시 내용에 저촉되는 사항은 고시된 내용으로 변경된 것으로 본다(동조 제2항). 제2항에 따라 도시관리계획으로 결정·고시된 사항에 대한 「국토의 계획 및 이용에 관한 법률」 제32조의 도시관리계획에 관한 지형도면의 고시에 관하여는 제9조제4항을 준용한다(동조 제3항).

(3) 관련 인·허가 등의 의제 (제19조)

실시계획을 작성하거나 인가할 때 지정권자가 해당 실시계획에 대한 허가·승인·심사·인가·신고·면허·등록·협의·지정·해제 또는 처분 등(이하 "인·허가 등"이라 한다)에 관하여 관계 행정기관의 장과 협의한 사항에 대하여는 해당 인·허가 등을 받은 것으로 보며, 실시계획을 고시한 경우에는 관계 법률에 따른 인·허가 등의 고시나 공고를 한 것으로 본다(동조 제1항).

지정권자는 실시계획을 작성하거나 인가할 때 그 내용에 제1항 각 호의 어느 하나에 해당하는 사항이 있으면 미리 관계 행정기관의 장과 협의하여야 한다. 이 경우 관계 행정기관의 장은 협의 요청을 받은 날부터 30일 이내에 의견을 제출하여야 한다(동조 제3항, 令 제41조). 도시개발구역의 지정을 제안하는 자가 제1항에도 불구하고 도시개발구역의 지정과 동시에 제1항 제8호에 따른 농지전용 허가의 의제를 받고자 하는 경우에는 제11조제5항에 따라 시장・군수・구청장 또는 국토해양부장관에게 도시개발구역의 지정을 제안할 때에 「농지법」으로 정하는 관계 서류를 함께 제출하여야 한다(동조 제4항).

지정권자가 도시개발구역을 지정할 때 제1항 제8호에 따른 농지전용 허가에 관하여 관계 행정기관의 장과 협의한 경우에는 제4항에 따른 제안자가 제11조제1항에 따라 시행자로 지정된 때에 해당 허가를 받은 것으로 본다(동조 제5항).

(4) 도시개발사업에 관한 공사의 감리 (제20조)

지정권자는 실시계획을 인가하였을 때에는 「건설기술관리법」에 따른 감리전문회사를 도시개발사업의 공사에 대한 책임감리 또는 시공감리를 할 자로 지정하고 지도・감독하여야 한다. 다만, 시행자가 「건설기술관리법」 제2조제5호에 해당하는 자인 경우에는 그러하지 아니하다(동조 제1항).

감리할 자로 지정받은 자(이하 "감리자"라 한다)는 그에게 소속된 자를 대통령령으로 정하는 바에 따라 감리원으로 배치하고 다음 각 호의 업무를 수행하여야 한다(동조 제2항). 1. 시공자가 설계도면과 시방서의 내용에 맞게 시공하는지의 확인 2. 시공자가 사용하는 자재가 관계 법령의 기준에 맞는 자재인지의 확인 3. 「건설기술관리법」 제24조에 따른 품질시험 실시 여부의 확인 4. 그 밖에 도시개발사업의 공사에 관한 감리업무로서 공사의 품질 확보 및 향상을 위하여 대통령령으로 정하는 업무.

감리자는 업무를 수행할 때 위반사항을 발견하면 지체 없이 시공자와 시행자에게 위반사항을 시정할 것을 알리고 7일 이내에 지정권자에게 그 내용을 보고하여야 한다(동조 제3항).

시공자와 시행자는 제3항에 따른 시정통지를 받은 경우 특별한 사유가 없으면 해당 공사를 중지하고 위반사항을 시정한 후 감리자의 확인을 받아야 한다. 이 경우 감리자의 시정통지에 이의가 있으면 즉시 공사를 중지하고 지정권자에게 서면으로 이의신청을 할 수 있으며(동조 제4항), 지정권자는 이의신청을 받은 때에는 이의신청을 받은 날부터 10일 이내에 그 처리결과를 이의신청자 및 감리자에게 통보하여야 한다(令 제42조 제3항).

시행자는 감리자에게 국토해양부령으로 정하는 절차 등에 따라 공사감리비를 지급하여야 한다(동조 제5항).

지정권자는 제1항과 제2항에 따라 지정 · 배치된 감리자나 감리원(다른 법률에 따른 감리자나 그에게 소속된 감리원을 포함한다)이 그 업무를 수행하면서 고의나 중대한 과실로 감리를 부실하게 하거나 관계 법령을 위반하여 감리를 함으로써 해당 시행자 또는 도시개발사업으로 조성된 토지 · 건축물 또는 공작물 등(이하 "조성토지 등"이라 한다)의 공급을 받은 자 등에게 피해를 입히는 등 도시개발사업의 공사가 부실하게 된 경우에는 해당 감리자의 등록 또는 감리원의 면허, 그 밖에 자격인정 등을 한 행정기관의 장에게 등록말소 · 면허취소 · 자격정지 · 영업정지, 그 밖에 필요한 조치를 하도록 요청할 수 있다(동조 제6항).

시행자와 감리자 간의 책임내용과 책임범위는 이 법으로 규정한 것 외에는 당사자 간의 계약으로 정하며(동조 제7항), 책임감리 또는 시공감리를 하여야 하는 도시개발사업에 관한 공사의 대상, 감리방법, 감리절차, 감리계약, 제4항에 따른 이의신청의 처리 등 감리에 관하여 필요한 사항은 대통령령으로 정한다(동조 제8항).

3. 사업의 시행 방식 (제21조 – 제49조)

(1) 원칙 (제21조)

도시개발사업은 시행자가 도시개발구역의 토지 등을 수용 또는 사용하는 방식이나 환지 방식 또는 이를 혼용하는 방식으로 시행할 수 있다(동조 제1항). 전항에 따른 수용 또는 사용의 방식이나 환지 방식 또는 이를 혼용할 수 있는 도시개발구역의 요건, 그 밖에 필요한 사항은 대통령령에 위임되고 있는 바(동조 제3항), 시행령에 의하면 시행자는 도시개발구역으로 지정하려는 지역에 대하여 다음 각 호에서 정하는 바에 따라 도시개발사업의 시행방식을 정함을 원칙으로 하되, 사업의 용이성 · 규모 등을 고려하여 필요하면 국토해양부장관이 정하는 기준에 따라 도시개발사업의 시행방식을 정할 수 있다(令 제43조 제1항).

1) 환지방식 : 다음 각 목의 어느 하나에 해당하는 경우

가. 대지로서의 효용증진과 공공시설의 정비를 위하여 토지의 교환 · 분합, 그 밖

의 구획변경, 지목 또는 형질의 변경이나 공공시설의 설치·변경이 필요한 경우

나. 도시개발사업을 시행하는 지역의 지가가 인근의 다른 지역에 비하여 현저히 높아 수용 또는 사용방식으로 시행하는 것이 어려운 경우

2) 수용 또는 사용방식 : 계획적이고 체계적인 도시개발 등 집단적인 조성과 공급이 필요한 경우

3) 혼용방식 : 도시개발구역으로 지정하려는 지역이 부분적으로 제1호 또는 제2호에 해당하는 경우

시행자는 도시개발사업을 혼용방식으로 시행하려는 경우에는 수용 또는 사용방식이 적용되는 구역과 환지방식이 적용되는 구역을 법 제5조제1항제3호에 따른 사업시행지구로 각각 분할하여 도시개발사업을 시행할 수 있으며(令 동조 제2항), 사업시행지구를 분할하여 시행하는 경우에는 각 사업지구에서 부담하여야 하는 「국토의 계획 및 이용에 관한 법률」 제2조제6호에 따른 기반시설의 설치비용 등을 명확히 구분하여 실시계획에 반영하여야 한다(令 동조 제3항).

사업시행의 방법 등에 관하여 필요한 세부적인 사항은 국토해양부장관이 정한다(令 동조 제4항). 또한, 지정권자는 지가상승 등 지역개발 여건의 변화로 도시개발사업 시행방식 지정 당시의 요건을 충족하지 못하나 제1항 각 호 어느 하나의 요건을 충족하는 경우에는 법 제21조 제2항 각 호에 따라 해당 요건을 충족하는 도시개발사업 시행방식으로 변경할 수 있다(令 동조 제5항).

지정권자는 도시개발구역지정 이후 다음 각 호의 어느 하나에 해당하는 경우에는 도시개발사업의 시행방식을 변경할 수 있다(동조 제2항).

1. 제11조제1항제1호부터 제4호까지의 시행자가 대통령령으로 정하는 기준에 따라 제1항에 따른 도시개발사업의 시행방식을 수용 또는 사용방식에서 전부 환지 방식으로 변경하는 경우
2. 제11조제1항제1호부터 제4호까지의 시행자가 대통령령으로 정하는 기준에 따라 제1항에 따른 도시개발사업의 시행방식을 혼용방식에서 전부 환지 방식으로 변경하는 경우
3. 제11조제1항제1호부터 제5호까지 및 제7호부터 제11호까지의 시행자가 대통령

령으로 정하는 기준에 따라 제1항에 따른 도시개발사업의 시행방식을 수용 또는 사용 방식에서 혼용방식으로 변경하는 경우

(2) 수용 또는 사용의 방식에 따른 사업시행 (제2절)

1) 원칙 (제22조)

매수방식의 개발사업은 일반적으로 개발의 목적에 필요한 토지 등 일단의 용지를 수용 또는 사용하는 방식에 의하여 시행하는 도시개발 방식이다.

시행자는 도시개발사업에 필요한 토지 등을 수용하거나 사용할 수 있다. 다만, 제11조제1항 제5호 및 제7호부터 제11호까지의 규정(같은 항 제1호부터 제4호까지의 규정에 해당하는 자가 100분의 50 비율을 초과하여 출자한 경우는 제외한다)에 해당하는 시행자는 사업대상 토지면적의 3분의 2 이상에 해당하는 토지를 소유하고 토지 소유자 총수의 2분의 1 이상에 해당하는 자의 동의를 받아야 한다. 이 경우 토지 소유자의 동의요건 산정기준일은 도시개발구역지정 고시일을 기준으로 하며, 그 기준일 이후 시행자가 취득한 토지에 대하여는 동의 요건에 필요한 토지 소유자의 총수에 포함하고 이를 동의한 자의 수로 산정한다(동조 제1항). 토지 등의 수용 또는 사용에 관하여 이 법에 특별한 규정이 있는 경우 외에는 「공익사업을 위한 토지 등의 취득 및 보상에 관한 법률」을 준용한다(동조 제2항). 제2항에 따라 「공익사업을 위한 토지 등의 취득 및 보상에 관한 법률」을 준용할 때 제5조 제1항 제14호에 따른 수용 또는 사용의 대상이 되는 토지의 세부목록을 고시한 경우에는 같은 법 제20조제1항과 제22조에 따른 사업인정 및 그 고시가 있었던 것으로 본다. 다만, 재결신청은 같은 법 제23조제1항과 제28조제1항에도 불구하고 개발계획에서 정한 도시개발사업의 시행 기간 종료일까지 하여야 한다(동조 제3항). 그리고 동의자 수의 산정방법 및 동의절차, 그 밖에 필요한 사항은 대통령령으로 정하게 되어 있는 바, 시행령에서는 동의자 수의 산정방법 등에 관하여는 상술한 슈 제6조제2항부터 제5항까지의 규정을 준용한다(동조 제4항, 슈 제44조).

2) 특례규정

가. 토지상환채권의 발행 (제23조)

시행자는 토지 소유자가 원하면 토지 등의 매수 대금의 일부를 지급하기 위하여 사업 시행으로 조성된 토지·건축물로 상환하는 채권(이하 "토지상환채권"이라 한다)을 발행할 수 있는 바, 토지상환채권의 발행규모는 그 토지상환채권으로 상환할 토지·건축물이 해당 도시개발사업으로 조성되는 분양토지 또는 분양건축물 면적의 2분의 1을 초과하지 아니하도록 하여야 한다(동조 제1항 본문, 슈 제45조). 다만, 제11조제1항 제5호부터 제11호까지의 규정에 해당하는 자는 「은행법」 제2조제1항 제2호의 금융기관과 「보험업법」에 따른 보험회사 등으로부터 지급보증을 받은 경우에만 이를 발행할 수 있다(동조 동항 단서, 슈 제46조).

시행자(지정권자가 시행자인 경우는 제외한다)는 제1항에 따라 토지상환채권을 발행하려면 토지상환채권의 발행계획을 작성하여 미리 지정권자의 승인을 얻어야 한다(동조 제2항). 토지상환채권의 발행계획에는 다음 각 호의 사항이 포함되어야 한다. 1. 시행자의 명칭 2. 토지상환채권의 발행총액 3. 토지상환채권의 이율 4. 토지상환채권의 발행가액 및 발행시기 5. 상환대상지역 또는 상환대상토지의 용도 6. 토지가격의 추산방법 7. 보증기관 및 보증의 내용(법 제11조제1항제5호부터 제11호까지의 규정에 해당하는 자가 발행하는 경우에만 해당한다)이 포함된 토지상환채권의 발행계획을 작성하여 미리 지정권자의 승인을 받아야 한다(슈 제47조).

나. 이주대책 등 (제24조)

시행자는 「공익사업을 위한 토지 등의 취득 및 보상에 관한 법률」로 정하는 바에 따라 도시개발사업의 시행에 필요한 토지 등의 제공으로 생활의 근거를 상실하게 되는 자에 관한 이주대책 등을 수립·시행하여야 한다.

다. 선수금 (제25조)

시행자는 조성토지 등을 공급받거나 이용하려는 자로부터 해당 대금의 전부 또는 일부를 미리 받을 수 있다(동조 제1항).

시행자(지정권자가 시행자인 경우는 제외한다)는 해당 대금의 전부 또는 일부를 미리 받으려면 시행령이 정하는 바에 따라 지정권자의 승인을 받아야 한다(동조 제2항, 슈 제55조 제1항).

시행자는 공사완료 공고 전에 미리 토지를 공급하거나 시설물을 이용하게 한 후에는 그 토지를 담보로 제공하여서는 아니 된다(令 동조 제2항).

지정권자는 시행자가 공급계약의 내용대로 사업을 이행하지 아니하거나 시행자의 파산 등(「채무자 회생 및 파산에 관한 법률」에 따른 법원의 결정·인가를 포함한다)으로 사업을 이행할 능력이 없다고 인정하는 경우에는 해당 도시개발사업의 준공 전에 보증서 등을 선수금의 환불을 위하여 사용할 수 있다(令 동조 제3항).

라. 조성토지 등의 공급 계획 (제26조)

시행자(지정권자가 시행자인 경우는 제외한다)는 조성토지 등을 공급하려고 할 때에는 조성토지 등의 공급 계획을 작성하거나 변경하여 지정권자에게 제출하여야 한다. 이 경우 행정청이 아닌 시행자는 시장(대도시 시장을 제외한다)·군수 또는 구청장을 거쳐 제출하여야 한다(동조 제1항). 도시개발사업으로 조성된 토지·건축물 또는 공작물 등(이하 "조성토지 등"이라 한다)의 공급 계획에는 다음 각 호의 사항이 포함되어야 한다. 1. 공급대상 조성토지 등의 위치·면적 및 가격결정방법 2. 공급대상자의 자격요건 및 선정방법 3. 공급의 시기·방법 및 조건 4. 기타 국토해양부령으로 정하는 사항(令 제56조).

조성토지 등의 공급 계획의 내용, 공급의 절차·기준, 조성토지 등의 가격의 평가, 그 밖에 필요한 사항은 대통령령으로 정한다(동조 제2항).

마. 학교 용지 등의 공급 가격 (제27조)

시행자는 학교, 폐기물처리시설, 기타 시행령이 정하는 시설을 설치하기 위한 조성토지등과 이주단지의 조성을 위한 토지를 공급하는 경우에는 해당 토지의 가격을 「부동산 가격공시 및 감정평가에 관한 법률」에 따른 감정평가업자가 감정평가한 가격 이하로 정할 수 있다. (令 제58조 제1항).

상기 규정에 따라 감정가격 이하로 조성토지 등을 공급할 수 있는 시설에 대한 공급가격의 기준 등에 관하여 필요한 사항은 국토해양부장관이 정하여 고시한다(令 동조 제2항).

(3) 환지 방식에 의한 사업 (제3절)

1) 환지방식 개발사업의 의의

가. 환지방식의 의의

토지구획정리사업의 물리적 과정은 공사의 시행을 통하여 이루어지나, 그 법률적 방법은 公用換地를 통하여 이루어진다. 換地란 사업시행 정에 존재하던 권리관계에 원칙적으로 변동을 가하지 않고 각 토지의 위치, 지적, 토지이용상황 및 환경 등을 고려하여 사업시행 후 새로이 조성된 대지에 기존의 권리를 이전하는 행위를 말한다.

환지방식에 의한 도시개발사업(종래의 토지구획정리사업)이란 대지로서의 효용증진과 공공시설의 정비를 위하여 토지의 교환·분합, 그 밖의 구획변경, 지목 또는 형질의 변경이나 공공시설의 설치·변경에 관한 사업을 말한다.

나. 환지의 방법

환지방식에 의한 도시개발사업은 택지이용증진의 범위 내에서 토지소유자로부터 토지를 조금씩 제공받아(이를 減步라고 함) 공공시설용지에 충당함과 동시에 그 일부를 매각하여 사업비에 충당하는 것으로 되어 있다. 개개 토지소유자의 토지는 그 위치·면적·이용 상황 등에 따라 교환·분합되며, 각 토지소유자의 토지가치에 불균형이 발생할 경우에는 청산금의 징수·교부에 의해 해결하도록 하고 있다. 즉, 지구 내 토지소유자의 공평한 수익과 부담 아래 공공시설의 정비와 택지이용의 증진을 도모한다는 것이 이 제도의 특징이라 할 수 있다.

2) 환지계획

가. 의의

환지계획이란 사업시행지구 내의 토지에 관하여 사업완료 시 행할 환지처분의 계획으로서, 시행자(행정청 제외)가 이를 정하고자 할 때에는 특별자치도지사, 시장 군수 또는 구청장의 인가를 받아야 한다. 환지계획은 사업계획에 의해 정해진 공공시설의 배치에 맞추어 개개의 대지를 어떻게 재배치할 것인가를 정하는 청사진임과 동시에 환지처분에 의해 발생하는 관계권리자 상호간의 불균형을 시정하기 위한 청산금의 징수·교부계획이다. 대법원은 이와 같은 의의를 갖는 환지계획은 환지처분의 근거에 불과한 것이라는 이유로 그 처분성을 인정하고 있지 않다.[5]

시행자는 도시개발구역 내의 토지에 관한 환지처분을 행하기 위하여 환지계획을 정하여야 한다. 환지계획은 환지처분 전, 즉 공사완료 전에 작성하면 되나, 실제로는 공사에 착수하기 전에 작성하여야만 그 내용에 따라 공사를 진행할 수 있다.

나. 환지계획의 내용

시행자는 도시개발사업의 전부 또는 일부를 환지 방식으로 시행하려면 1. 축척 1천2백분의 1 이상의 환지예정지도, 환지전후대비도, 과부족면적표시도 및 무상귀속토지표시도가 첨부된 환지설계 2. 필지별로 된 환지 명세 3. 필지별과 권리별로 된 청산대상 토지 명세(환지대상에서 제외하는 토지에 대하여도 환지로 지정하여야 하는 면적을 정하여야 한다) 4. 체비지 또는 보유지의 명세 5. 기타 국토해양부령으로 정하는 사항이 포함된 환지 계획을 작성하여야 한다(제28조 제1항, 규칙 제26조).

다. 환지계획의 기준

환지 계획은 종전의 토지와 환지의 위치・지목・면적・토질・수리(水利)・이용상황・환경, 그 밖의 사항을 종합적으로 고려하여 합리적으로 정하여야 한다(동조 제2항). 그리고 시행자는 환지 방식이 적용되는 도시개발구역에 있는 조성토지 등의 가격을 평가할 때에는 토지평가협의회의 심의를 거쳐 결정하되, 그에 앞서 감정평가업자가 평가하게 하여야 한다(동조 제3항, 슈 제59조).

제3항에 따른 토지평가협의회의 구성 및 운영 등에 필요한 사항은 해당 규약・정관 또는 시행규정으로 정한다(동조 제4항). 환지 계획의 작성에 따른 환지 계획의 기준, 보류지(체비지・공공시설 용지)의 책정 기준 등에 관하여 필요한 사항은 국토해양부령으로 정할 수 있다(동조 제5항).

---

5) 대법원 1999. 8. 20. 97누6889 【환지계획등무효확인및취소】
"항고소송의 대상이 되는 행정청의 처분이라 함은 원칙적으로 행정청의 공법상의 행위로서 특정사항에 대하여 법규에 의한 권리의 설정 또는 의무의 부담을 명하거나 기타 법률상의 효과를 직접 발생하게 하는 등 국민의 권리의무에 직접 관계가 있는 행위를 말하므로, 행정청의 내부적인 의사결정 등과 같이 상대방 또는 관계자들의 법률상 지위에 직접적인 법률적 변동을 일으키지 아니하는 행위는 그에 해당하지 아니한다."하고 "토지구획정리사업법 제57조, 제62조 등의 규정상 환지예정지 지정이나 환지처분은 그에 의하여 직접 토지소유자 등의 권리의무가 변동되므로 이를 항고소송의 대상이 되는 처분이라고 볼 수 있으나, 환지계획은 위와 같은 환지예정지 지정이나 환지처분의 근거가 될 뿐 그 자체가 직접 토지소유자 등의 법률상의 지위를 변동시키거나 또는 환지예정지 지정이나 환지처분과는 다른 고유한 법률효과를 수반하는 것이 아니어서 이를 항고소송의 대상이 되는 처분에 해당한다고 할 수가 없다".

라. 환지 계획의 인가 등 (제29조)

행정청이 아닌 시행자가 환지 계획을 작성한 경우에는 특별자치도지사・시장・군수 또는 구청장의 인가를 받아야 한다(동조 제1항). 인가받은 내용을 변경하려는 경우에 준용한다. 다만, 종전 토지의 합필 또는 분필로 환지계획을 변경하는 경우, 토지 소유자 간의 합의에 따라 환지계획을 변경하는 경우, 공사완료를 위한 확정측량 결과에 따라 환지계획을 변경하는 경우에는 그러하지 아니하다(동조 제2항, 令 제60조).

행정청이 아닌 시행자가 환지계획의 인가를 신청하려고 하거나 행정청인 시행자가 환지계획을 정하려고 하는 경우에는 토지 소유자와 해당 토지에 대하여 임차권, 지상권, 그 밖에 사용하거나 수익할 권리(이하 "임차권 등"이라 한다)를 가진 자(이하 "임차권자등"이라 한다)에게 이를 알리고 다음 각 호에서 정하는 관계 서류의 사본을 일반인에게 공람시켜야 한다. 다만, 위 제2항의 변경 시 인가를 받지 않아도 되는 경미한 사항을 변경하는 경우에는 그러하지 아니하다(동조 제3항, 令 제61조 제2항). 1. 환지계획의 수립기준 2. 사업시행자가 조합인 경우에는 조합원의 명부, 총회 및 대의원회의 회의록(대의원회의 회의록은 대의원회를 둔 경우에만 해당한다), 총회의 승인을 받은 사업보고서 및 수지계산서 또는 조합의 재산목록 3. 사업시행지구의 토지에 관한 권리를 가진 자의 성명 및 그 권리의 내용을 기재한 서류 4. 실시계획 인가도면, 환지계획 도면 및 환지계획 수립 전의 지적도(令 제61조 제1항).

토지 소유자나 임차권자등은 제3항의 공람 기간에 시행자에게 의견서를 제출할 수 있으며, 시행자는 그 의견이 타당하다고 인정하면 환지 계획에 이를 반영하여야 한다(동조 제4항). 행정청이 아닌 시행자가 환지계획 인가를 신청할 때에는 환지계획의 공람 시 제출된 의견서를 첨부하여야 한다(동조 제5항). 시행자는 제4항에 따라 제출된 의견에 대하여 공람 기일이 종료된 날부터 60일 이내에 그 의견을 제출한 자에게 환지 계획에의 반영여부에 관한 검토 결과를 통보하여야 한다(동조 제6항).

마. 기준 및 내용에 대한 특례

가) 환지의 제외 (제30조)

토지 소유자가 신청하거나 동의하면 해당 토지의 전부 또는 일부에 대하여 환지를 정하지 아니할 수 있다. 다만, 해당 토지에 관하여 임차권자등이 있는 경우에는 그 동의를 받아야 한다.

나) 증환지와 감환지 (제31조)

시행자는 토지 면적의 규모를 조정할 특별한 필요가 있으면 면적이 작은 토지는 과소 토지가 되지 아니하도록 면적을 늘려 환지를 정하거나(증환지) 환지대상에서 제외할 수 있고(환지의 부지정), 면적이 넓은 토지는 그 면적을 줄여서 환지를 정할 수 있다(감환지)(동조 제1항). 과소토지의 기준이 되는 면적은 환지계획상 환지의 면적이 「건축법 시행령」 제80조에서 정하는 면적(다만, 기존 건축물이 없는 토지에 대하여는 과소 토지의 기준이 되는 면적을 국토해양부령으로 달리 정할 수 있다)의 범위에서 시행자가 규약・정관 또는 시행규정으로 정한다(동조 제2항, 슈 제62조 제1항). 그러나 다음 각 호의 어느 하나에 해당하는 토지의 경우에는 위 제1항에도 불구하고 과소토지의 기준이 되는 면적을 지방자치단체의 조례로 정할 수 있다. 1. 공공시설의 설치에 사용되는 토지 2. 환지계획상 제1항에 따른 기준면적으로 환지하기 곤란하다고 인정되는 토지(슈 동조 제2항).

다) 입체환지 (제32조)

시행자는 도시개발사업을 원활히 시행하기 위하여 특히 필요한 경우에는 토지 소유자의 동의를 받아 환지의 목적인 토지를 갈음하여 시행자에게 처분할 권한이 있는 건축물의 일부와 그 건축물이 있는 토지의 공유지분을 부여할 수 있다(동조 제1항). 전항에 따라 주택으로 환지하는 경우 그 주택에 대하여는 「주택법」 제38조에 따른 주택의 공급에 관한 기준을 적용하지 아니한다(동조 제2항). 입체 환지 계획의 작성에 관하여 필요한 사항은 국토해양부장관이 정할 수 있다(동조 제3항).

라) 공공시설의 용지 등에 관한 조치 (제33조)

「공익사업을 위한 토지 등의 취득 및 보상에 관한 법률」 제4조 각 호의 어느 하나에 해당하는 공공시설의 용지에 대하여는 환지 계획을 정할 때 그 위치・면적 등에 관하여 제28조제2항에 따른 기준을 적용하지 아니할 수 있다(동조 제1항).시행자가 도시개발사업의 시행으로 국가 또는 지방자치단체가 소유한 공공시설과 대체되는 공공시설을 설치하는 경우 종전의 공공시설의 전부 또는 일부의 용도가 폐지되거나 변경되어 사용하지 못하게 될 토지는 제66조제1항 및 제2항에도 불구하고 환지를 정하지 아니하며, 이를 다른 토지에 대한 환지의 대상으로 하여야 한다(동조 제2항).

마) 체비지 및 보류지의 지정 (제34조)

시행자는 도시개발사업에 필요한 경비에 충당하거나 규약・정관・시행규정 또는 실시계획으로 정하는 목적을 위하여 일정한 토지를 환지로 정하지 아니하고 보류지로 정할 수 있으며, 그 중 일부를 체비지로 정하여 도시개발사업에 필요한 경비에 충당할 수 있다(동조 제1항). 특별자치도지사・시장・군수 또는 구청장은 「주택법」에 따른 공동주택의 건설을 촉진하기 위하여 필요하다고 인정하면 제1항에 따른 체비지 중 일부를 같은 지역에 집단으로 정하게 할 수 있다(동조 제2항).

3) 감보

가. 개념

시행지구 내의 모든 토지소유자는 환지방식 개발사업으로 얻은 각각의 수익에 따라 사업비용의 충당과 공공시설의 설치를 위한 용지(체비지 또는 보류지)를 부담하여야 하는데 이에 따라 종전의 토지면적에 비해 환지의 면적이 다소 감소하게 되는 바. 이와 같은 면적의 감소를 감보라고 한다. 현행 환지방식 개발사업에서는 시행자는 도시개발사업에 필요한 경비를 충당하거나 규약・정관・시행규정 또는 실시계획에 정하는 목적을 위하여 환지계획에서 일정한 토지를 환지로 정하지 아니하고 체비지 또는 보류지로 정할 수 있다고 규정함으로써 감보를 제도적으로 명문화하고 있다.[6]

나. 종류

시행자는 환지방식에 의한 도시개발사업에 의해 신설 또는 확장된 공공시설용지를 제외한 토지를 권리자에게 배분하는 것이다. 따라서 신설 또는 확장된 공공시설용지에 상당하는 지적은 감보하게 되며, 이를 公共減步라고 한다. 감보는 크게 연도감보와 공통감보로 나누어진다. 연도감보(또는 연도부담)란 일반적으로 정리 후 택지의 접면도로 폭원에 따라 받는 이익에 차이가 발생한다는 논리에서 접면도로 면적 일부를 시행규정이 정함(폭원 8m 이하일 때는 반, 그 이상일 때는 적절히 조정하여 규정)에 따라 부담하는 감보를 말한다. 공통감보는 환지기준면적에 비례해서 연도감보에

6) 국토해양부, 도시개발법 실무해설, 77면 이하.

서 제외된 도로면적과 신설 또는 확장되는 공원 · 하천 · 시장 · 학교용지 및 보류지에 추당되어질 면적을 부담하는 것이다.[7)]

다. 감보율(부담율)의 산정방법

감보율의 결정은 환지방식 개발사업구역의 자연적 또는 인문사회적 여건에 따라 달라질 수 있는 성질의 것으로서 모든 경우에 저갑한 일률적인 감보율의 결정은 있을 수 없으나, 우리나라의 경우 보통 50% 내지 70% 정도에 이르고 있으며, 대도시일수록 또 중심지에 가까울수록 감보율이 높아지는 경향이 있다. 토지소유자의 권익을 보호한다는 관점에서 가능한 한 그 비율을 낮추는 방안을 모색할 필요가 있다.

감보율을 결정하는 경우에는 공공시설부지면적을 명확히 파악함과 동시에 환지 전후의 지가변동률 및 인근토지의 가격을 참작하여 적정규모의 체비지를 결정함으로써 토지소유자가 부담하여야 할 토지부담률의 적정을 기하여야 하며 당해 개발구역의 평균 토지부담율의 비율이 60%를 넘지 아니하도록 하여야 한다. 부담률은 다음 산식에 의한 백분율을 말한다(지침 제35조).

(보류지 면적 - 법 제32조에 의한 시행자에게 무상 귀속되는 공공시설면적)

÷ (환지방식적용 사업면적 - 법 제32조에 의한 시행자에게 무상 귀속되는 공공시설면적) × 100

4) 환지예정지의 지정

가. 지정의 목적

환지처분에 따른 사권 제한의 최소화가 그 목적이라 할 수 있다. 즉, 도시개발사업의 시행 후 환지처분이 행하여지기까지는 통상 상당한 기간이 소요되며 이 기간 중 종전 토지에 대한 권리 행사는 많은 제약을 받게 된다. 따라서 공사완료 전이라도 사업의 시행에 지장을 주지 않는 범위 내에서, 마치 환지처분이 행하여진 것과 같이 새로운 토지에 대하여 권리를 행사할 수 있게 함으로써 사권의 제한을 최소화하고 이 사업의 원활한 수행을 촉진하기 위하여 고안한 제도가 바로 환지예정지 제도인 것이다.

환지예정지의 지정처분은 환지처분의 공고일까지만 그 효력을 가지게 되므로(제36조 제1항), 환지처분이 일단 공고되어 효력이 발생되면 환지예정지 지정은 그 효력

---

7) ibid.

이 소멸된다.

나. 법적 성질

환지예정지의 지정행위는, 가령 시행자가 비행정청인 경우에도 국가적 공권을 수여받은 私人의 행위로서, 그 시행자는 행정주체에 해당하고, 따라서 그가 행한 행위는 행정행위로서의 성질을 가진다. 환지계획에서 이미 정해진 환지의 위치・면적 등을 규약・정관에 따라 예정지로 지정하는 행위라는 점에서 일종의 확인적 행위이고, 또 예정지에 대한 새로운 권리(사용・수익권 등)가 창설된다는 점에서 일종의 形成的 行爲로서의 성질을 가진다. 그리고 환지예정지 지정행위는 상대방이 있는 행정행위로서 상대방에 통지함으로써 효력이 발생하고, 이에 대하여는 행정심판의 제기가 가능함은 물론이다. 다만 비행정청인 시행자가 한 처분에 관하여는 다른 법률에 특별한 규정이 있는 경우를 제외하고는 지정권자에게 행정심판을 제기하여야 한다(제77조 참조).

다. 환지예정지의 지정조건 (제35조)

시행자는 도시개발사업의 시행을 위하여 필요하면 도시개발구역의 토지에 대하여 환지 예정지를 지정할 수 있다. 이 경우 종전의 토지에 대한 임차권자 등이 있으면 해당 환지 예정지에 대하여 해당 권리의 목적인 토지 또는 그 부분을 아울러 지정하여야 한다(동조 제1항). 시행자가 환지 예정지를 지정하려면 관계 토지 소유자와 임차권자등에게 환지 예정지의 위치・면적과 환지 예정지 지정의 효력발생 시기를 알려야 한다(동조 제3항). 제11조 제1항 제5호부터 제11호까지의 규정에 따른 시행자가 제1항에 따라 환지 예정지를 지정하려고 할 때에는 토지 소유자와 해당 토지에 대하여 임차권 등(임차권, 지상권, 그 밖에 사용하거나 수익할 권리)를 가진 자에게 이를 알리고 관계 서류의 사본을 일반인에게 공람시켜야 한다. 토지 소유자나 임차권자등은 공람 기간에 시행자에게 의견서를 제출할 수 있으며, 시행자는 그 의견이 타당하다고 인정하면 환지 계획에 이를 반영하여야 한다(동조 제2항).

라. 환지예정지의 지정효과 (제36조)

환지 예정지가 지정되면 종전의 토지의 소유자와 임차권자등은 환지 예정지 지정의 효력발생일부터 환지처분이 공고되는 날까지 환지 예정지나 해당 부분에 대하여 종전과 같은 내용의 권리를 행사할 수 있으며 종전의 토지는 사용하거나 수익할 수 없다(동조 제1항). 시행자는 환지 예정지를 지정한 경우에 해당 토지를 사용하거나 수익하는 데에 장애가 될 물건이 그 토지에 있거나 그 밖에 특별한 사유가 있으면 그 토지의 사용 또는 수익을 시작할 날을 따로 정할 수 있다(동조 제2항). 환지 예정지 지정의 효력이 발생하거나 환지예정지의 사용 또는 수익을 시작하는 경우에 해당 환지 예정지의 종전의 소유자 또는 임차권자등은 제1항 또는 제2항에서 규정하는 기간에 이를 사용하거나 수익할 수 없으며 제1항에 따른 권리의 행사를 방해할 수 없다(동조 제3항). 시행자는 제34조에 따른 체비지의 용도로 환지 예정지가 지정된 경우에는 도시개발사업에 드는 비용을 충당하기 위하여 이를 사용 또는 수익하게 하거나 처분할 수 있다(동조 제4항). 임차권 등의 목적인 토지에 관하여 환지 예정지가 지정된 경우 임대료 · 지료, 그 밖의 사용료 등의 증감을 청구할 수 있고, 지역권 또는 임차권 등을 설정한 목적을 달성할 수 없게 되면 당사자는 해당 권리를 포기하거나 계약을 해지할 수 있다(동조 제5항).

마. 사용 · 수익의 정지 (제37조)

시행자는 환지를 정하지 아니하기로 결정된 토지 소유자나 임차권자등에게 날짜를 정하여 그날부터 해당 토지 또는 해당 부분의 사용 또는 수익을 정지시킬 수 있다(동조 제1항). 시행자가 사용 또는 수익을 정지하게 하려면 30일 이상의 기간을 두고 미리 해당 토지 소유자 또는 임차권자등에게 알려야 한다(동조 제2항).

바. 토지관리 등

가) 장애물 등의 이전과 제거 (제38조)

시행자는 환지 예정지를 지정하거나 종전의 토지에 관한 사용 또는 수익을 정지시키는 경우나 「국토의 계획 및 이용에 관한 법률」 제2조제6호에 따른 기반시설의 변경 · 폐지에 관한 공사를 시행하는 경우 필요하면 도시개발구역에 있는 건축물과 그 밖의 공작물이나 물건(이하 "건축물 등"이라 한다) 및 죽목, 토석, 울타리 등의 장애물(이하 "장애물 등"이라 한다)을 이전하거나 제거할 수 있다. 이 경우 시행자(행정청이 아닌 시행자만 해당한다)는 미리 관할 특별자치도지사 · 시장 · 군수 또는 구청장의 허가를 받아야 한다(동조 제1항, 令 제63조 제1항). 특별자치도지사 · 시장 · 군수 또는 구청장은 제1항 후단에 따른 허가를 하는 경우에는 동절기 등 대통령령으로 정하는 시기에 점유자가 퇴거하지 아니한 주거용 건축물을 철거할 수 없도록 그 시기를 제한하거나 임시거주시설을 마련하는 등 점유자의 보호에 필요한 조치를 할 것을 조건으로 허가를 할 수 있다(동조 제2항)

시행자가 건축물 등과 장애물 등을 이전하거나 제거하려고 하는 경우에는 그 소유자나 점유자에게 미리 알려야 한다. 다만, 소유자나 점유자를 알 수 없으면 관보 또는 해당 도시개발구역이 있는 해당 지방자치단체를 주된 보급지역으로 하는 일간신문에 공고하여야 하며, 시행자는 그 공고의 내용을 시행지구의 적당한 장소에 게시하여야 한다(동조 제3항, 令 동조 제2항). 주거용으로 사용하고 있는 건축물을 이전하거나 철거하려고 하는 경우에는 이전하거나 철거하려는 날부터 늦어도 2개월 전에 통지를 하여야 한다. 다만, 건축물의 일부에 대하여 창고, 차고, 그 밖의 이와 유사한 것의 이전 또는 차양, 옥외계단, 그 밖에 이와 유사한 것의 철거를 하는 경우나 「국토의 계획 및 이용에 관한 법률」 제56조제1항을 위반한 건축물의 경우에는 그러하지 아니하다(동조 제4항, 令 동조 제3항). 시행자는 건축물 등과 장애물 등을 이전 또는 제거하려고 할 경우 「공익사업을 위한 토지 등의 취득 및 보상에 관한 법률」 제50조에 따른 토지수용위원회의 손실보상금에 대한 재결이 있은 후 다음 각 호의 어느 하나에 해당하는 사유가 있으면 이전하거나 제거할 때까지 토지 소재지의 공탁소에 보상금을 공탁할 수 있다. 1. 보상금을 받을 자가 받기를 거부하거나 받을 수 없을 때 2. 시행자의 과실 없이 보상금을 받을 자를 알 수 없을 때 3. 시행자가 관할 토지수용위원회에서 재결한 보상 금액에 불복할 때(동조 제5항).

전항 제3호의 경우 시행자는 보상금을 받을 자에게 자기가 산정한 보상금을 지급하고 그 금액과 토지수용위원회가 재결한 보상 금액과의 차액을 공탁하여야 한다. 이 경우 보상금을 받을 자는 그 불복 절차가 끝날 때까지 공탁된 보상금을 받을 수 없다(동조 제6항).

나) 토지의 관리 등 (제39조)

환지예정지의 지정이나 사용 또는 수익의 정지처분으로 이를 사용하거나 수익할 수 있는 자가 없게 된 토지 또는 해당 부분은 환지 예정지의 지정일이나 사용 또는 수익의 정지처분이 있은 날부터 환지처분을 공고한 날까지 시행자가 관리한다(동조 제1항). 시행자는 환지 예정지 또는 환지의 위치를 나타내려고 하는 경우에는 국토해양부령으로 정하는 표지를 설치할 수 있다(동조 제2항). 누구든지 환지처분이 공고된 날까지는 시행자의 승낙 없이 설치된 표지를 이전하거나 훼손하여서는 아니 된다(동조 제3항).

5) 환지처분

가. 의의

환지처분이란 시행자가 환지계획에 따라 도시개발사업이 완료된 뒤 종전의 토지에 갈음하여 새로운 토지를 교부하고 이에 종전의 권리를 이전시키는 처분을 말한다. 환언하면 시행자가 환지계획에 따라 환지방식 개발사업구역 내의 토지에 대하여 환지방식 개발사업 시행 전 토지의 가 필지(종전 토지) 및 그 토지 상에 존재하는 임차권・지상권・지역권 등 권리의 목적이 되는 부분을 환지방식 개발사업 공사 후의 환지에 대하여 그 위치와 면적을 확보하는 처분이라 할 수 있다. 그리고 협의로 환지처분이라 함은 환지를 지정하는 처분만을 의미하고 여기에는 적응환지처분, 증환지처분(특히 재해의 방지나 위생향상 목적 상 필요한 경우 과소토지에 대한 기준면적 이상의 환지를 지정하는 처분), 감환지처분(특별한 필요가 있는 경우 기준면적 이하의 환지를 지정하는 처분) 등이 포함되나 광의로는 이 밖에도 換地不指定處分(권리자의 동의에 기초한 경우 및 과소토지에 대한 경우), 입체환지 및 보류지・체비지 지정처분 등을 포함한다.

나. 법적 성질

환지처분이 법적 성질이 행정처분이라는 점에 대하여는 이론이 없다. 시행자가 비행정청인 토지소유자나 조합인 경우에도 마찬가지이다. 행정행위 중에서도 환지교부처분은 직접 물권변동의 효과를 발생시키므로 형성적 행정행위에 속하고 환지청산처분은 환지처분의 결과 발생한 과부족분에 대하여 관계자에게 금전급부의무를 명하는 것이므로 명령적 행정행위에 속한다고 할 수 있을 것이다. 환지처분에는 공정력이 있기 때문에 중대하고도 명백한 하자가 있어 무효로 인정되는 경우를 제외하고는, 취소(직권취소 및 쟁송취소) 되지 않는 한 그 효력이 유지된다.

다. 환지처분의 절차

시행자는 환지 방식으로 도시개발사업에 관한 공사를 끝낸 경우에는 지체 없이 이를 공고하고 공사 관계서류를 일반인에게 공람시켜야 한다(법 제40조 제1항).

가) 공사완료의 공고

공사를 끝낸 경우에는 사업의 명칭, 시행자, 시행기간, 개발계획에 따른 공종별 공사시행내역을 관보 또는 공보에 공고하고 공사 관계 서류를 일반인에게 공람시켜야 한다(법 제40조 제1항, 令 제64조 제1,2항).

나) 공람 및 의견제출

시행자는 공사완료를 공고를 한 때에는 사업명칭, 시행자, 시행기간, 개발계획에 따른 공종별 공사시행내역을 기재한 서류, 공사설계서 및 관련 도면을 14일 이상 일반에게 공람시켜야 한다(令 제64조 제3항). 도시개발구역의 토지 소유자나 이해관계인은 공람 기간에 시행자에게 의견서를 제출할 수 있으며, 의견서를 받은 시행자는 공사 결과와 실시계획 내용에 맞는지를 확인하여 필요한 조치를 하여야 한다(법 제40조 제2항).

다) 공사의 완료와 환지처분

시행자는 공람 기간에 의견서의 제출이 없거나 제출된 의견서에 따라 필요한 조치를 한 경우에는 지정권자에 의한 준공검사를 신청하거나 도시개발사업의 공사를 끝내야 한다(동조 제3항). 시행자는 지정권자에 의한 준공검사를 받은 경우(지정권자가 시행자인 경우에는 공사완료공고가 있는 때)에는 60일 이내에 환지처분을 하여야 한다(동조 제4항, 令 제65조).

라) 환지처분의 공고

시행자는 환지처분을 하려는 경우에는 환지 계획에서 정한 사항을 토지 소유자에게 알리고 관보 또는 공보에 사업의 명칭, 시행자, 시행기간, 환지처분일, 사업비 정산내역, 체비지 매각대금과 보조금, 그 밖에 사업비의 재원별 내역을 공고하여야 한다(동조 제5항, 令 제66조).

라. 환지처분의 효과 (제42조)

가) 원칙

환지계획에서 정하여진 환지는 그 환지처분이 공고된 날의 다음 날부터 종전의 토지로 보며, 환지 계획에서 환지를 정하지 아니한 종전의 토지에 있던 권리는 그 환지처분이 공고된 날이 끝나는 때에 소멸한다(동조 제1항). 체비지는 시행자가, 보류지는 환지계획에서 정한 자가 각각 환지처분이 공고된 날의 다음 날에 해당 소유권을 취득한다. 다만, 이미 처분된 체비지는 그 체비지를 매입한 자가 소유권 이전 등기를 마친 때에 소유권을 취득한다(동조 제5항). 청산금은 환지처분이 공고된 날의 다음 날에 확정된다(동조 제6항).

나) 예외

행정상 처분이나 재판상의 처분으로서 종전의 토지에 전속하는 것에 관하여는 영향을 미치지 아니한다(동조 제2항). 도시개발구역의 토지에 대한 지역권은 환지처분의 효과가 발생하더라도 종전의 토지에 존속한다. 다만, 도시개발사업의 시행으로 행사할 이익이 없어진 지역권은 환지처분이 공고된 날이 끝나는 때에 소멸한다(동조 제3항). 환지계획에 따라 입체환지처분을 받은 자는 환지처분이 공고된 날의 다음 날에 환지 계획으로 정하는 바에 따라 건축물의 일부와 해당 건축물이 있는 토지의 공유지분을 취득한다. 이 경우 종전의 토지에 대한 저당권은 환지처분이 공고된 날의 다음 날부터 해당 건축물의 일부와 해당 건축물이 있는 토지의 공유지분에 존재하는 것으로 본다(동조 제4항).

마. 후속조치

가) 등기 (제43조)

환지처분에 의한 물권변동은 법률의 규정에 의한 물권변동으로서, 등기를 요하지 않으나(민법 제187조) 환지처분이 있은 후에 등기부상의 권리관계와 실제의 권리관계가 일치하지 않는 것을 조정하기 위하여 등기를 하게 된다. 이 경우 일시에 많은 토지에 대한 등기절차의 번잡을 피하기 위해 환지처분 공고 후에는 시행자에 의한 등기 완료 전까지 원칙적으로 다른 등기를 할 수 없도록 하되, 다음과 같은 특례를 두고 있다.

즉, 시행자는 환지처분이 공고되면 공고 후 14일 이내에 관할 등기소에 이를 알리고 토지와 건축물에 관한 등기를 촉탁하거나 신청하여야 한다(동조 제1항).등기에 관하여는 대법원규칙으로 정하는 바에 따른다(동조 제2항). 환지처분이 공고된 날부터 시행자에 의한 환지등기가 있는 때까지는 다른 등기를 할 수 없다. 다만, 등기신청인

이 확정일자가 있는 서류로 환지처분의 공고일 전에 등기원인이 생긴 것임을 증명하면 다른 등기를 할 수 있다(동조 제3항).

나) 체비지의 처분 등 (제44조)

시행자는 제34조에 따른 체비지나 보류지를 규약·정관·시행규정 또는 실시계획으로 정하는 목적 및 방법에 따라 합리적으로 처분하거나 관리하여야 한다(동조 제1항). 행정청인 시행자가 체비지 또는 보류지를 관리하거나 처분(체비지의 용도로 환지예정지가 지저된 경우를 포함)하는 경우에는 국가나 지방자치단체의 재산처분에 관한 법률을 적용하지 아니한다. 다만, 신탁계약에 따라 체비지를 처분하려는 경우에는 「공유재산 및 물품 관리법」 제29조 및 제43조를 준용한다(동조 제2항). 학교, 폐기물처리시설 등의 시설을 설치하기 위하여 조성토지 등을 공급하는 경우 그 조성토지 등의 공급 가격에 관하여는 제27조를 준용하여 감정평가한 가격 이하로 정할 수 있다(동조 제3항).

다) 청산금

a. 의의

환지계획에 의해서 관계권리자 사이에는 공평성이 유지되어야 하나, 환지설계기술상 어느 정도의 불균형이 발생하는 것은 부득이하다. 청산이란 종전의 토지에 대하여 환지가 지정되지 않거나 지정되었더라도 증환지 내지는 감환지로 인해 종전의 토지와 가치가 일치하지 않게 된 경우 그 과부족분을 금전으로 정리하는 것을 말한다. 따라서, 이득을 받는 자로부터는 청산금을 징수하고 손실을 받은 자에게는 청산금을 교부하게 된다. 청산금은 그 성격상, 부당이득의 반환청구 내지 손실보상청구의 성질을 가지고 있고, 그 지급의무는 공법상 의무에 해당하는 것으로서, 의무불이행이 있을 시에는 행정상 강제징수의 대상이 되며 또 다툼이 있을 때에는 행정상 쟁송절차에 따라 해결하게 된다. 청산금의 처리는 다음의 절차에 의한다.

b. 청산금의 산정 및 결정 (제41조)

환지를 정하거나 그 대상에서 제외한 경우 그 과부족분은 종전의 토지 및 환지의 위치·지목·면적·토질·수리·이용 상황·환경, 그 밖의 사항을 종합적으로 고려하여 금전으로 청산하여야 한다(동조 제1항). 청산금은 환지처분을 하는 때에 결정하여야 한다. 다만, 제30조나 제31조에 따라 환지 대상에서 제외한 토지등에 대하여는 청산금을 교부하는 때에 청산금을 결정할 수 있다(동조 제2항).

c. 청산금의 징수・교부 등 (제46조)

시행자는 환지처분이 공고된 후에 확정된 청산금을 징수하거나 교부하여야 한다. 다만, 제30조와 제31조에 따라 환지를 정하지 아니하는 토지에 대하여는 환지처분 전이라도 청산금을 교부할 수 있다(동조 제1항). 청산금은 이자를 붙여 분할징수하거나 분할교부할 수 있는 바, 분할징수하거나 분할교부하려는 경우에는 청산금액에 규약・정관 또는 시행규정에서 정하는 이자율을 곱하여 산출된 금액을 이자로 징수하거나 교부할 수 있다(동조 제2항, 令 제68조 제1항). 청산금의 분할징수 또는 분할교부에 관하여 필요한 사항은 규약・정관 또는 시행규정에서 정하는 바에 따른다(令 동조 제2항).

행정청인 시행자는 청산금을 내야 할 자가 이를 내지 아니하면 국세 또는 지방세 체납처분의 예에 따라 징수할 수 있으며, 행정청이 아닌 시행자는 특별자치도지사・시장・군수 또는 구청장에게 청산금의 징수를 위탁할 수 있다. 이 경우 징수한 금액의 100분의 4에 해당하는 금액을 해당 특별자치도・시・군 또는 자치구의 구에 지급하여야 한다(동조 제3항, 제16조 제5항). 청산금을 받을 자가 주소 불분명 등의 이유로 청산금을 받을 수 없거나 받기를 거부하면 그 청산금을 공탁할 수 있다(동조 제4항).

d. 청산금의 소멸시효 (제47조)

청산금을 받을 권리나 징수할 권리를 5년간 행사하지 아니하면 시효로 소멸한다.

라) 감가보상금 (제45조)

행정청이 시행자인 경우 사업의 시행으로 토지가액의 총액이 종전보다 오히려 줄어든 경우에는 그 차액에 해당하는 금액을 시행자가 보상하는 제도이다.

환지방식에 의한 도시개발사업(도시개발법이 시행되기 전에는 이를 '구획정리사업'이라 함)이 시행되면 시행지구 내 토지의 이용가치는 전반적으로 증대되어 전체로서 토지가격은 상승하게 됨은 당연한 이치이다. 그러나 토지구획정리사업은 필연적으로 도로 등 공공시설용지를 확보하지 않을 수 없기 때문에, 그 비율에 따라서는 사업 시행 후 처분할 수 있는 토지의 가격이 사업시행 전과 대비하여 오히려 감소하는 경우도 충분히 상상할 수 있는 것이다. 이 경우 사업의 시행이 토지소유자의 의사와는 무관하게 지방자치단체나 국가 등 행정청에 의하여 이루어진 경우에는 그 차액만큼을 국가 등이 보상해 주도록 한 것이 이 제도의 취지라 할 수 있다. 즉, 행정청인 시행자는 도시개발사업의 시행으로 사업 시행 후의 토지 가액의 총액이 사업 시행 전의 토지 가액의 총액보다 줄어든 경우에는 그 차액에 해당하는 감가보상금을 종전의 토지 소유자나 임차권자등에게 지급하여야 한다(제45조).

마) 권리의 조정

a. 임대료 등의 증감청구 (제48조)

도시개발사업으로 임차권 등의 목적인 토지 또는 지역권에 관한 승역지의 이용이 증진되거나 방해를 받아 종전의 임대료·지료, 그 밖의 사용료 등이 불합리하게 되면 당사자는 계약 조건에도 불구하고 장래에 관하여 그 증감을 청구할 수 있다. 도시개발사업으로 건축물이 이전된 경우 그 임대료에 관하여도 또한 같다(동조 제1항). 당사자는 해당 권리를 포기하거나 계약을 해지하여 그 의무를 지지 아니할 수 있으나(동조 제2항), 환지처분이 공고된 날부터 60일이 지나면 임대료·지료, 그 밖의 사용료 등의 증감을 청구할 수 없다(동조 제3항).

b. 권리의 포기 등 (제49조)

도시개발사업의 시행으로 지역권 또는 임차권 등을 설정한 목적을 달성할 수 없게 되면 당사자는 해당 권리를 포기하거나 계약을 해지할 수 있다. 도시개발사업으로 건축물이 이전되어 그 임대의 목적을 달성할 수 없게 된 경우에도 또한 같다(동조 제1항). 권리를 포기하거나 계약을 해지한 자는 그로 인한 손실을 보상하여 줄 것을 시행자에게 청구할 수 있으며 손실을 보상한 시행자는 해당 토지 또는 건축물의 소유자 또는 그로 인하여 이익을 얻는 자에게 이를 구상할 수 있으나, 환지처분이 공고된 날부터 60일이 지나면 제1항에 따른 권리를 포기하거나 계약을 해지할 수 없다(동조 제2항 내지 제4항). 손실보상에 관하여는 타인 토지의 출입 등에 관한 손실보상의 방법 및 절차 등에 관한 규정을 준용한다(동조 제5항). 손실보상금의 구상에 관하여는 제16조제4항 및 제5항을 준용한다(동조 제5항).

(4) 혼용방식

혼용방식 도시개발사업이란 동일사업시행자가 도시개발사업구역을 분할하여 각

각 매수방식과 환지방식을 적용하여 시행하는 사업방식을 말한다. 혼용방식 도시개발사업의 규모는 매수방식과 환지방식 각각의 규모가 1만㎡ 이상을 원칙으로 하되, 지정권자가 불가피하다고 인정하는 경우에는 1만㎡ 미만의 경우도 가능하다(지침 제12조). 그리고 각각의 사업방식 분할 지구에 대한 사업시행절차 및 기준 등은 앞의 매수방식과 환지방식의 시행절차 및 기준에 따라 시행하면 될 것이다.

4. 준공검사 등

(1) 준공검사 (제50조)

시행자(지정권자가 시행자인 경우는 제외한다)가 도시개발사업의 공사를 끝낸 때에는 국토해양부령으로 정하는 바에 따라 공사완료 보고서를 작성하여 지정권자의 준공검사를 받아야 한다(동조 제1항).

지정권자는 공사완료 보고서를 받으면 지체 없이 준공검사를 하여야 한다. 이 경우 지정권자는 효율적인 준공검사를 위하여 필요하면 관계 행정기관 · 공공기관 · 연구기관, 그 밖의 전문기관 등에 의뢰하여 준공검사를 할 수 있다(동조 제2항). 지정권자는 공사완료 보고서의 내용에 포함된 공공시설을 인수하거나 관리하게 될 국가기관 · 지방자치단체 또는 공공기관의 장 등에게 준공검사에 참여할 것을 요청할 수 있으며, 이를 요청받은 자는 특별한 사유가 없으면 요청에 따라야 한다(동조 제3항). 시행자는 도시개발사업을 효율적으로 시행하기 위하여 필요하면 해당 도시개발사업에 관한 공사가 전부 끝나기 전이라도 공사가 끝난 부분에 관하여 준공검사(지정권자가 시행자인 경우에는 시행자에 의한 공사 완료 공고를 말한다)를 받을 수 있다(동조 제4항).

(2) 공사 완료의 공고 (제51조)

지정권자는 준공검사를 한 결과 도시개발사업이 실시계획대로 끝났다고 인정되면 시행자에게 준공검사 증명서를 내어주고 공사 완료 공고를 하여야 하며, 실시계획대로 끝나지 아니하였으면 지체 없이 보완 시공 등 필요한 조치를 하도록 명하여야 한다(동조 제1항). 공사 완료의 공고는 관보 또는 공보에 하여야 하며, 공고에는 다음 각 호의 사항이 포함되어야 한다. 1. 사업의 명칭 2. 시행자 3. 사업시행지의 위치 4. 사업시행지의 면적 및 용도별 면적 5. 준공일자 6. 주요 시설물의 처분에 관한 사항(令 제69조 제1항 및 제2항).

지정권자가 시행자인 경우 그 시행자는 도시개발사업의 공사를 완료한 때에는 공사 완료 공고를 하여야 한다(동조 제2항).

(3) 공사 완료에 따른 관련 인·허가 등의 의제 (제52조)

준공검사를 하거나 공사 완료 공고를 할 때 지정권자가 의제되는 인·허가 등(「공유수면매립법」에 따른 공유수면매립의 면허, 실시계획의 승인, 매립의 협의 또는 승인은 제외한다.)에 따른 준공검사·준공인가 등에 대하여 관계 행정기관의 장과 협의한 사항에 대하여는 그 준공검사·준공인가 등을 받은 것으로 본다(동조 제1항). 시행자(지정권자인 시행자는 제외한다)가 준공검사·준공인가 등의 의제를 받으려면 준공검사를 신청할 때 해당 법률로 정하는 관계 서류를 함께 제출하여야 한다(동조 제2항). 지정권자는 준공검사를 하거나 공사 완료 공고를 할 때 그 내용에 의제되는 인·허가 등에 따른 준공검사·준공인가 등에 해당하는 사항이 있으면 미리 관계 행정기관의 장과 협의하여야 한다(동조 제3항).

(4) 조성토지 등의 준공 전 사용 (제53조)

준공검사 전 또는 공사 완료 공고 전에는 조성토지 등(체비지는 제외한다)을 사용할 수 없다. 다만, 사업 시행의 지장 여부를 확인받는 등 지정권자로부터 사용허가를 받은 경우에는 사용가능하다(제53조). 시행자는 조성토지 등을 준공 전에 사용하려면 그 범위를 정하여 준공전사용허가신청서에 사업시행상의 지장 여부에 관한 검토서를 첨부하여 지정권자에게 제출하여야 하고, 지정권자는 제1항에 따른 허가신청이 있는 경우 그 사용으로 인하여 앞으로 시행될 사업에 지장이 있는지를 확인한 후 허가 여부를 결정하여야 한다(令 제70조 제1항 및 제2항)

V. 기타

1. 비용 부담 등

(1) 비용 부담의 원칙 (제54조)

1) 도시개발사업에 필요한 비용은 이 법이나 다른 법률에 특별한 규정이 있는 경우 외에는 시행자가 부담한다.

2) 도시개발구역의 시설 설치 및 비용부담 등 (제55조)

가. 도시개발구역의 시설의 설치는 다음의 구분에 따른다(동조 제1항).

구 분	설 치 주 체
1. 도로와 상하수도시설의 설치	지방자치단체
2. 전기시설 · 가스공급시설 또는 지역 난방 시설의 설치	해당 지역에 전기 · 가스 또는 난방을 공급하는 자
3. 통신시설의 설치	해당 지역에 통신서비스를 제공하는 자

시설의 설치비용은 그 설치의무자가 이를 부담한다. 다만, 도시개발구역 안의 전기시설을 사업시행자가 지중선로로 설치할 것을 요청하는 경우에는 전기를 공급하는 자와 지중에 설치할 것을 요청하는 자가 각각 2분의 1의 비율로 그 설치비용을 부담(선부 환지 방식으로 도시개발사업을 시행하는 경우에는 전기시설을 공급하는 자가 3분의 2, 지중에 설치할 것을 요청하는 자가 3분의 1의 비율로 부담한다)한다(동조 제2항). 시설의 설치는 특별한 사유가 없으면 준공검사 신청일(지정권자가 시행자인 경우에는 도시개발사업의 공사를 끝내는 날을 말한다)까지 끝내야 한다(동조 제3항).

나. 시설의 종류별 설치 범위는 다음과 같다(동조 제4항, 슈 제71조)

구 분	설 치 범 위
1. 도로	다음 각 목의 요건에 모두 해당하는 도로 가. 도시개발구역지정 이전부터 「국토의 계획 및 이용에 관한 법률」에 따른 도시계획 도로 또는 「도로법」에 따른 도로구역으로 결정된 도로일 것 나. 지방자치단체가 설치하여야 하는 「도로법」상의 국도 · 지방도 및 국가지원 지방도일 것

2. 상하수도 시설	도시개발구역의 상하수도관로와 연결되지 아니하고 통과하는 상하수도관로
3. 전기시설	도시개발구역 밖의 기간이 되는 시설로부터 도시개발구역의 토지이용계획 또는 환지계획상의 6미터 이상인 도시계획도로에 접하는 개별필지(이하 "개별필지"라 한다)의 경계선까지의 전기시설
4. 가스공급 시설	도시개발구역 밖의 기간이 되는 가스공급시설로부터 개별필지의 경계선까지의 가스공급시설. 다만, 취사 또는 개별난방용(중앙집중식난방용은 제외한다)으로 가스를 공급하기 위하여 도시개발구역의 개별필지에 정압조정실을 설치하는 경우에는 그 정압조정실까지의 가스공급시설
5. 통신시설	관로시설은 도시개발구역 밖의 기간이 되는 시설로부터 도시개발구역의 개별필지의 경계선까지의 관로시설 및 도시개발구역 밖의 기간이 되는 시설로부터 도시개발구역의 개별필지의 최초 단자까지의 케이블시설
6. 지역난방 시설	도시개발구역 밖의 기간이 되는 열수송관의 분기점으로부터 도시개발구역의 개별필지의 각 기계실입구 차단밸브까지의 열수송관

시설의 종류별 설치 범위 중 지방자치단체의 설치 의무 범위에 속하지 아니하는 도로 또는 상하수도시설로서 시행자가 그 설치비용을 부담하려는 경우에는 시행자의 요청에 따라 지방자치단체가 그 도로 설치 사업이나 상하수도 설치 사업을 대행할 수 있다(동조 제5항).

(2) 비용 부담의 특례

1) 지방자치단체의 비용부담 (제56조)

가. 지정권자의 사업시행에 의한 이익을 얻는 시・도, 시・군・구의 비용부담

지정권자가 시행자인 경우 그 시행자는 그가 시행한 도시개발사업으로 이익을 얻는 시・도 또는 시・군・구가 있으면 그 도시개발사업에 든 비용의 일부를 그 이익을 얻는 시・도 또는 시・군・구에 부담시킬 수 있다. 이 경우 국토해양부장관은 행정안전부장관과 협의하여야 하고, 시・도지사 또는 대도시 시장은 관할 외의 시・군・구에 비용을 부담시키려면 그 시・군・구를 관할하는 시・도지사와 협의하여야 하며,

시·도지사간 또는 대도시 시장과 시도지사 간의 협의가 성립되지 아니하는 경우에는 행정안전부장관의 결정에 따른다(동조 제1항).

이 경우 부담금의 총액은 해당 도시개발사업에 소요된 비용의 2분의 1을 넘지 못하며, 도시개발사업에 소요된 비용에는 해당 도시개발사업의 조사비, 측량비, 설계비 및 관리비는 포함하지 아니한다(令 제72조 제1항). 국토해양부장관, 시·도지사 또는 대도시 시장은 도시개발사업으로 이익을 받는 시·도 또는 시·군·구에 부담금을 부담시키려는 경우에는 도시개발사업에 소요된 비용총액의 명세와 부담금의 금액을 명시하여 비용을 부담시키려는 시·도 또는 시·군·구에 송부하여야 한다(令 동조 제2항). 부담금의 산정·배분 등에 필요한 사항은 국토해양부장관이 정한다(令 동조 제3항).

나. 시·군·구의 사업시행에 의한 이익을 얻는 다른 지방자치단체의 비용부담

시장(대도시 시장을 제외한다)·군수 또는 구청장은 그가 시행한 도시개발사업으로 이익을 얻는 다른 지방자치단체가 있으면 그 도시개발사업에 든 비용의 일부를 그 이익을 얻는 다른 지방자치단체와 협의하여 그 지방자치단체에 부담시킬 수 있다. 이 경우 협의가 성립되지 아니하면 관할 시·도지사의 결정에 따르며, 그 시·군·구를 관할하는 시·도지사가 서로 다른 경우에는 행정안전부장관의 결정에 따른다(동조 제2항). 상기 시행령 제72조 제1항부터 제3항까지의 규정은 시장(대도시 시장을 제외한다)·군수 또는 구청장이 다른 지방자치단체에 도시개발사업에 소요된 비용의 일부를 부담시키려는 경우에 이를 준용한다(令 제72조 제4항).

2) 공공시설 관리자의 비용부담 (제57조)

가. 협의에 의한 부담 (동조 제1항)

행정청인 시행자는 그 시행자 외의 자가 설치·관리하는 공공시설이 도시개발사업으로 이익을 얻는 경우에는 그 도시개발사업에 든 비용의 일부를 해당 공공시설의 관리자와 협의하여 그에게 부담시킬 수 있다. 이 경우 협의가 성립되지 아니하면 국토해양부장관이 그 공공시설에 관한 중앙행정기관의 장의 의견을 들어 결정한다(동조 제1항). 그리고 부담금의 총액은 해당 도시개발사업에 소요된 비용의 3분의 1을 넘지 못한다. 다만, 다른 공공시설의 정비가 그 도시개발사업의 주된 내용이 되는 경우

에는 그 부담금의 총액을 해당 도시개발사업에 소요된 비용의 전부 또는 2분의 1까지로 할 수 있다(令 제73조 제1항). 이 경우 도시개발사업에 소요된 비용에는 해당 도시개발사업의 조사비, 측량비, 설계비 및 관리비는 포함하지 아니하는 것으로 한다(令 동조 제2항). 또 법 제11조제1항제1호에 해당하는 자는 그가 시행하는 도시개발사업으로 이익을 받는 국가 또는 지방자치단체에 부담금을 부담시키려는 경우에는 도시개발사업에 소요된 비용총액의 명세와 부담금의 금액을 명시하여 비용을 부담시키려는 소관 중앙행정기관 또는 지방자치단체에 송부하여야 한다(令 동조 제3항). 부담금의 산정・배분 등에 관하여 필요한 사항은 국토해양부장관이 정한다(令 동조 제4항).

나. 공동구(共同溝) 설치의무자의 비용부담(동조 제2항)

시행자는 공동구(共同溝)를 설치하는 경우에는 다른 법률에 따라 그 공동구에 수용될 시설을 설치할 의무가 있는 자에게 공동구의 설치에 드는 비용을 부담시킬 수 있다.

3) 도시개발구역 밖의 기반시설의 설치비용 (제58조)

가. 시행자의 시설 설치 또는 비용부담 (동조 제1항)

도시개발구역의 이용에 제공하기 위하여 「국토의 계획 및 이용에 관한 법률」 제2조제6호에 따른 기반시설을 도시개발구역 밖의 지역에 설치하는 경우 지정권자는 제5조제1항제13호에 따른 비용 부담 계획이 포함된 개발계획에 따라 시행자에게 이를 설치하게 하거나 그 설치비용을 부담하게 할 수 있다(동조 제1항, 令 제74조).

나. 설치비용의 지원 (동조 제2항)

국가나 지방자치단체는 시행자가 부담하는 비용을 제외한 나머지 설치비용을 지원할 수 있다. 이 경우 지원 규모나 지원 방법 등은 국토해양부장관이 관계 중앙행정기관의 장과 협의하여 정한다(동조 제2항).

다. 추가설치비용의 부담 (동조 제3항)

지정권자는 비용부담계획에 포함되지 아니하는 기반시설을 실시계획의 변경 등으로 인하여 도시개발구역 밖에 추가로 설치하여야 하는 경우에는 그 비용을 실시계획의 변경 등 기반시설의 추가 설치를 필요하게 한 자에게 부담시킬 수 있는 바(동조 제

3항), 지정권자는 법 제58조제3항에 따라 추가설치시설의 비용을 부담시키려는 경우에는 이를 부담할 자에게 설계서 또는 비용 산출 근거서류를 첨부하여 그 비용의 납부를 서면으로 통지하여야 하고(令 제75조 제1항), 지정권자는 제1항에 따른 추가설치시설의 비용을 둘 이상이 부담하여야 하는 경우에는 그 분담률과 납부방법 등에 관하여 이를 부담할 자와 미리 협의하여야 한다. 이 경우 협의가 성립되지 아니하는 경우에는 지정권자는 부담금을 부담할 자가 원인을 제공한 정도 등을 고려하여 그 부담금액을 정할 수 있다(令 동조 제2항). 시행자가 기반시설의 추가 설치에 대한 원인을 제공한 경우 시행자에게 부담시킬 수 있는 기반시설의 추가 비용은 최초 실시계획인가 시의 총사업비의 100분의 10을 초과할 수 없다. 다만, 시행자가 스스로 기반시설의 추가 설치를 지정권자에게 요청하거나 시행자의 요청에 따라 개발계획을 변경함에 따라 기반시설의 추가 설치가 필요하게 된 경우에는 100분의 10을 초과할 수 있다(令 동조 제3항). 추가설치시설의 비용의 산정 및 부담에 관하여 필요한 사항은 국토해양부령으로 정한다(令 동조 제4항, 규칙 제36조).

라. 도시개발구역 밖의 기반시설에 대한 비용부담 (동조 제4항)

지정권자는 시행자의 부담으로 도시개발구역 밖의 지역에 설치하는 기반시설로 이익을 얻는 지방자치단체 또는 공공시설의 관리자가 있으면 대통령령으로 정하는 바에 따라 그 기반시설의 설치에 드는 비용의 일부를 이익을 얻는 지방자치단체 또는 공공시설의 관리자에게 부담시킬 수 있다. 이 경우 시정권자는 해당 지방자치단체나 공공시설의 관리자 및 시행자와 협의하여야 한다(동조 제4항).

도시개발구역 밖에 설치하는 기반시설로 이익을 받는 지방자치단체 또는 공공시설관리자에 대한 비용부담에 관하여는 상기 지방자치단체의 비용부담, 공공시설 관리자의 비용부담에 관한 규정을 준용한다(令 제76조).

(3) 보조 또는 융자 (제59조)

도시개발사업의 시행에 드는 비용은 그 비용의 전부 또는 일부를 국고에서 보조하거나 융자할 수 있다. 다만, 시행자가 행정청이면 전부를 보조하거나 융자할 수 있다(동조). 국고에서의 보조 또는 융자는 다음 각 호의 구분에 따른다. 먼저 국가 또는 지방자치단체인 시행자에 대하여는 다음 각 호의 비용 전부의 보조 또는 융자가 가능한 반면,

기타 시행자에 대하여는 각 호의 비용의 융자만이 가능하다. 다만, 법 제11조제1항제7호의 시행자에 대하여는 용수공급시설, 도시개발구역과 연결하기 위한 도로의 설치비용의 전부와 하수도시설 설치비용의 2분의 1을 보조할 수 있다(令 제77조).

1. 항만·도로 및 철도의 공사비
2. 공원·녹지의 조성비
3. 용수공급시설의 공사비
4. 하수도 및 폐기물처리시설의 공사비
5. 도시개발구역 안의 공동구의 공사비
6. 이주단지의 조성비
7. 그 밖에 도시개발을 위하여 특히 필요하다고 국토해양부령으로 정하는 「국토의 계획 및 이용에 관한 법률」 제2호제13호에 따른 공공시설의 공사비

(4) 도시개발특별회계의 설치 등 (제60조)

1) 특별회계의 설치

시·도지사 또는 시장·군수(광역시에 있는 군의 군수는 제외한다)는 도시개발사업을 촉진하고 도시계획시설사업의 설치지원 등을 위하여 지방자치단체에 도시개발특별회계(이하 "특별회계"라 한다)를 설치할 수 있다(동조 제1항). 국가나 지방자치단체등이 도시개발사업을 환지 방식으로 시행하는 경우에는 회계의 구분을 위하여 사업별로 특별회계를 설치하여야 한다(동조 제3항).

2) 특별회계의 재원

특별회계는 다음 각 호의 재원으로 조성된다(동조 제2항).

1. 일반회계에서 전입된 금액
2. 정부의 보조금
3. 제62조에 따른 도시개발채권의 발행으로 조성된 자금
4. 제70조에 따른 수익금 및 집행 잔액
5. 제85조에 따라 부과·징수된 과태료
6. 「수도권정비계획법」 제16조에 따라 시·도에 귀속되는 과밀부담금 중 해당

시 · 도의 조례로 정하는 비율의 금액

7.「개발이익환수에 관한 법률」 제4조제1항에 따라 지방자치단체에 귀속되는 개발부담금 중 해당 지방자치단체의 조례로 정하는 비율의 금액

8.「국토의 계획 및 이용에 관한 법률」 제65조제8항에 따른 수익금

9.「지방세법」 제238조에 따라 부과 · 징수되는 도시계획세의 징수액 중「도시 및 주거환경정비법」에 따른 도시 · 주거환경정비기금,「도시재정비 촉진을 위한 특별법」에 따른 재정비촉진특별회계 및「주차장법」에 따른 주차장특별회계로 전입되는 금액을 제외한 나머지 금액 (令 제78조)

10. 차입금

11. 해당 특별회계자금의 융자회수금 · 이자수입금 및 그 밖의 수익금

3) **특별회계의 운용** (제61조)

가. 특별회계의 용도 (동조 제1항)

특별회계는 다음 각 호의 용도로 사용한다.

1. 도시개발사업의 시행자에 대한 공사비의 보조 및 융자
2. 도시계획시설사업에 관한 보조 및 융자
3. 지방자치단체가 시행하는「국토의 계획 및 이용에 관한 법률」 제2조제7호에 따른 도시계획시설의 설치사업비 (令 제79조)
4. 제62조에 따른 도시개발채권의 원리금 상환
5. 도시개발구역의 지정, 계획수립 및 제도발전을 위한 조사 · 연구비
6. 차입금의 원리금 상환
7. 특별회계의 조성 · 운용 및 관리를 위한 경비
8. 사항지방자치단체의 장이 시행하는 도시개발사업의 사업비 (令 제80조)

나. 특별회계의 운용 및 관리

국토해양부장관은 필요한 경우에는 지방자치단체의 장에게 특별회계의 운용 상황을 보고하게 할 수 있다(동조 제2항). 특별회계의 설치 · 운용 및 관리에 필요한 사항은 대통령령으로 정하는 기준에 따라 해당 지방자치단체의 조례로 정한다(동조 제3항). 도시개발특별회계에서 보조할 수 있는 범위는 다음 각 호와 같다(令 제81조 제1항).

1. 지방자치단체의 장이 시행하는 다음 각 목의 사업비
   ㉮ 도시개발사업의 공사비
   ㉯ 「국토의 계획 및 이용에 관한 법률」 제2조제10호에 따른 도시계획시설사업의 공사비 및 사유(사유)대지의 보상비
2. 제1호 외의 자가 시행하는 다음 각 목의 사업비
   ㉮ 도시개발사업 중 도시계획시설의 설치에 필요한 공사비의 2분의 1 이하
   ㉯ 「국토의 계획 및 이용에 관한 법률」 제2조제10호의 도시계획시설사업의 공사비의 2분의 1 이하
3. 법 제61조제1항 제5호의 조사・연구비
4. 법 제61조제1항 제7호의 경비

한편, 도시개발특별회계에서 융자할 수 있는 범위는 다음 각 호와 같다(令 동조 제2항).

1. 지방자치단체의 장이 시행하는 「국토의 계획 및 이용에 관한 법률」 제2조제10호에 따른 도시계획시설사업의 공사비의 2분의 1 이하
2. 제1호 외의 자가 시행하는 다음 각 목의 사업비의 3분의 1 이하
   ㉮ 도시개발사업 중 「국토의 계획 및 이용에 관한 법률」 제2조제7호에 따른 도시계획시설의 설치에 필요한 공사비
   ㉯ 「국토의 계획 및 이용에 관한 법률」 제2조제10호에 따른 도시계획시설사업의 공사비

(5) 도시개발채권

1) 도시개발채권의 발행 (제62조)

가. 발행의 주체

지방자치단체의 장은 도시개발사업 또는 도시계획시설사업에 필요한 자금을 조달하기 위하여 도시개발채권을 발행할 수 있는 바(동조 제1항), 도시개발채권은 시・도의 조례로 정하는 바에 따라 시・도지사가 이를 발행한다(令 제82조 제1항).

나. 채권발행의 공고

채권의 발행권자(시 · 도지사)는 승인을 받은 후 도시개발채권을 발행하려는 경우에는 채권의 발행총액, 채권의 발행기간, 채권의 이율, 원금상환의 방법 및 시기, 이자지급의 방법 및 시기를 공고하여야 한다(令 동조 제3항).

다. 채권의 발행방법

도시개발채권은 「공사채등록법」 제3조에 따른 등록기관에 등록하여 발행하거나 무기명으로 발행할 수 있으며, 발행방법에 필요한 세부적인 사항은 시 · 도의 조례로 정한다 (令 제83조 제1항).

라. 이율 및 상환기간

도시개발채권의 이율은 채권의 발행 당시의 국채 · 공채 등의 금리와 특별회계의 상황 등을 고려하여 해당 시 · 도의 조례로 정하되, 행정안전부장관의 승인을 받아야 한다(令 동조 제2항). 도시개발채권의 상환은 5년부터 10년까지의 범위에서 지방자치단체의 조례로 정한다(令 동조 제3항).

마. 취급기관

도시개발채권의 매출 및 상환업무의 사무취급기관은 해당 시 · 도지사가 지정하는 금융기관 또는 「자본시장과 금융투자업에 관한 법률」에 따라 설립된 한국예탁결제원으로 한다(令 동조 제4항). 도시개발채권 사무취급기관은 월별 도시개발채권의 매출 및 상환업무에 관한 사항을 다음 달 20일까지 해당 시 · 도지사에게 보고하여야 한다(규칙 제37조 제2항).

바. 소멸시효

도시개발채권의 소멸시효는 상환일부터 기산(起算)하여 원금은 5년, 이자는 2년으로 한다(동조 제3항).

2) 도시개발채권의 매입 (제63조)

가. 매입의무자 (동조 제1항)

다음 각 호의 어느 하나에 해당하는 자는 도시개발채권을 매입하여야 한다.

1. 수용 또는 사용방식으로 시행하는 도시개발사업의 경우 제11조 제1항 제1호부터 제4호까지의 규정에 해당하는 자와 공사의 도급계약을 체결하는 자

2. 제1호에 해당하는 시행자 외에 도시개발사업을 시행하는 자

3.「국토의 계획 및 이용에 관한 법률」 제56조제1항에 따른 허가를 받은 자 중 토지의 형질변경허가를 받은 자(令 제84조 제1항)

한편, 위 매입의무 규정을 적용할 때에는 다른 법률에 따라 제17조의 실시계획 인가 또는「국토의 계획 및 이용에 관한 법률」제56조의 개발행위허가가 의제되는 협의를 거친 자를 포함한다(동조 제2항).

나. 채권의 매입대상별 금액 (동조 제3항, 令 동조 제2항 별표 1)

다. 도시개발채권 매입의무의 면제 (令 동조 제2항 별표 1)

라. 최저매입금액 (令 동조 제2항 별표 1)

2. 보칙 (제64조 - 제79조)

(1) 타인 토지의 출입 (제64조)

1) 출입 및 사용 (동조 제1항)

제11조제1항 각 호의 어느 하나에 해당하는 자는 도시개발구역의 지정, 도시개발사업에 관한 조사·측량 또는 사업의 시행을 위하여 필요하면 타인이 점유하는 토지에 출입하거나 타인의 토지를 재료를 쌓아두는 장소 또는 임시도로로 일시 사용할 수 있으며, 특히 필요하면 장애물 등을 변경하거나 제거할 수 있다.

2) 출입 등의 절차

타인의 토지에 출입하려는 자는 특별자치도지사·시장·군수 또는 구청장의 허가를 받아야 하며(행정청이 아닌 도시개발사업의 시행자만 해당한다), 출입하려는 날의 3일 전에 그 토지의 소유자·점유자 또는 관리인에게 그 일시와 장소를 알려야 한다(동조 제2항).

타인의 토지를 재료를 쌓아두는 장소 또는 임시도로로 일시 사용하거나 장애물 등을 변경하거나 제거하려는 자는 미리 그 토지의 소유자·점유자 또는 관리인의 동의를 받아야 하며(동조 제3항), 이 경우 토지나 장애물 등의 소유자·점유자 또는 관리인이 현장에 없거나 주소 또는 거소(居所)를 알 수 없어 그 동의를 받을 수 없으면 관

할 특별자치도지사 · 시장 · 군수 또는 구청장에게 알려야 한다. 다만, 행정청이 아닌 도시개발사업의 시행자는 관할 특별자치도지사 · 시장 · 군수 또는 구청장의 허가를 받아야 한다(동조 제4항). 이와 같이 토지를 일시 사용하거나 장애물 등을 변경하거나 제거하려는 자는 토지를 사용하려는 날이나 장애물 등을 변경하거나 제거하려는 날의 3일 전까지 해당 토지나 장애물 등의 소유자 · 점유자 또는 관리인에게 토지의 일시 사용이나 장애물 등의 변경 또는 제거에 관한 사항을 알려야 한다 (동조 제5항).

3) 출입 등의 제한

일출 전이나 일몰 후에는 해당 토지의 점유자의 승낙 없이 택지 또는 담장과 울타리로 둘러싸인 타인의 토지에 출입할 수 없다(동조 제6항).

토지의 점유자는 정당한 사유 없이 제1항에 따른 시행자의 행위를 방해하거나 거절하지 못한다(동조 제7항).

출입 등의 행위를 하려는 자는 그 권한을 표시하는 증표와 허가증을 지니고 이를 관계인에게 내보여야 하며, 증표와 허가증에 필요한 사항은 국토해양부령으로 정한다(동조 제8항).

(2) 손실보상 (제65조)

1) 손실보상의 대상 (동조 제1항)

제38조제1항의 장애물 등의 이전과 제거(「국토의 계획 및 이용에 관한 법률」 제56조제1항을 위반한 건축물에 대하여는 그러하지 아니하다)나 제64조제1항에 따른 토지에의 출입 등 행위로 손실을 입은 자가 있으면 시행자가 그 손실을 보상하여야 한다.

2) 보상의 절차

가. 원칙 : 손실보상에 관하여는 그 손실을 보상할 자와 손실을 입은 자가 협의하여야 한다(동조 제2항).

나. 재결신청 : 손실을 보상할 자나 손실을 입은 자는 제2항에 따른 협의가 성립되지 아니하거나 협의를 할 수 없으면 관할 토지수용위원회에 재결을 신청할 수

있다(동조 제3항). 관할 토지수용위원회의 재결에 관하여는 「공익사업을 위한 토지 등의 취득 및 보상에 관한 법률」 제83조부터 제87조까지의 규정을 준용한다(동조 제4항).

다. 보상의 기준 (동조 제5항)

「공익사업을 위한 토지 등의 취득 및 보상에 관한 법률」 제14조, 제18조, 제61조, 제63조부터 제65조까지, 제67조, 제68조, 제71조부터 제73조까지, 제75조, 제75조의2, 제76조, 제77조 및 제78조제5항・제6항・제9항을 준용한다.

(3) 공공시설의 귀속 등 (제66조)

1) 원칙

제11조제1항 제1호부터 제4호까지의 규정에 따른 시행자가 새로 공공시설을 설치하거나 기존의 공공시설에 대체되는 공공시설을 설치한 경우에는 「국유재산법」과 「공유재산 및 물품 관리법」 등에도 불구하고 종전의 공공시설은 시행자에게 무상으로 귀속되고, 새로 설치된 공공시설은 그 시설을 관리할 행정청(이하 "관리청"이라 한다)에 무상으로 귀속된다(동조 제1항). 제11조제1항 제5호부터 제11호까지의 규정에 따른 시행자가 새로 설치한 공공시설은 그 관리청에 무상으로 귀속되며, 도시개발사업의 시행으로 용도가 폐지되는 행정청의 공공시설은 「국유재산법」과 「공유재산 및 물품 관리법」 등에도 불구하고 새로 설치한 공공시설의 설치비용에 상당하는 범위에서 시행자에게 무상으로 귀속시킬 수 있다(동조 제2항).

2) 공공시설 관련 실시계획의 작성・인가 시의 의견청취와 의제

지정권자는 공공시설의 귀속에 관한 사항이 포함된 실시계획을 작성하거나 인가하려면 미리 그 공공시설의 관리청의 의견을 들어야 한다. 다만, 관리청이 지정되지 아니한 경우에는 관리청이 지정된 후 준공검사(지정권자가 시행자인 경우에는 공사완료공고를 말한다)를 마치기 전에 관리청의 의견을 들어야 한다(동조 제3항). 지정권자가 관리청의 의견을 들어 실시계획을 작성하거나 인가한 경우 시행자는 실시계획에 포함된 공공시설의 점용 및 사용에 관하여 관계 법률에 따른 승인・허가 등을 받은 것으로 보아 도시개발사업을 할 수 있다. 이 경우 해당 공공시설의 점용 또는 사용에 따른 점용료 및 사용료는 면제된 것으로 본다(동조 제4항).

3) 관리청에게의 통지와 양도 간주

제11조제1항 제1호부터 제4호까지의 규정에 따른 시행자는 도시개발사업이 끝나 준공검사(지정권자가 시행자인 경우에는 공사완료공고를 말한다)를 마친 경우에는 해당 공공시설의 관리청에 공공시설의 종류와 토지의 세부목록을 알려야 한다. 이 경우 공공시설은 그 통지한 날에 해당 공공시설을 관리할 관리청과 시행자에 각각 귀속된 것으로 본다(동조 제5항).

제11조 제1항 제5호부터 제11호까지의 규정에 따른 시행자는 제2항에 따라 그에게 양도되거나 관리청에 귀속될 공공시설에 대하여 도시개발사업의 준공검사를 마치기 전에 해당 공공시설의 관리청에 그 종류와 토지의 세부목록을 알려야 하고, 준공검사를 한 지정권자는 그 내용을 해당 공공시설의 관리청에 통보하여야 한다. 이 경우 공공시설은 지정권자가 준공검사증명서를 내어준 때에 해당 공공시설을 관리할 관리청과 시행자에게 각각 귀속되거나 양도된 것으로 본다(동조 제6항).

4) 공공시설의 등기

공공시설을 등기할 때 「부동산등기법」 제41조에 따른 등기원인을 증명하는 서면은 준공검사증명서(시행자가 지정권자인 경우에는 공사완료공고문)로 갈음한다(동주 제7항).

5) 공공시설의 관리 (제67조)

도시개발사업으로 도시개발구역에 설치된 공공시설은 준공 후 해당 공공시설의 관리청에 귀속될 때까지 이 법이나 다른 법률에 특별한 규정이 있는 경우 외에는 특별자치도지사 · 시장 · 군수 또는 구청장이 관리한다.

(4) 국공유지의 처분 제한 등 (제68조)

도시개발구역에 있는 국가나 지방자치단체 소유의 토지로서 도시개발사업에 필요한 토지는 해당 개발계획으로 정하여진 목적 외의 목적으로 처분할 수 없다(동조 제1항).

도시개발구역에 있는 국가나 지방자치단체 소유의 재산으로서 도시개발사업에 필요한 재산은 「국유재산법」과 「공유재산 및 물품 관리법」에도 불구하고 시행자에게 수의계약의 방법으로 처분할 수 있다. 이 경우 그 재산의 용도폐지(행정재산인 경우만 해당한다)나 처분에 관하여는 지정권자가 미리 관계 행정기관의 장과 협의하여야 한다(동조 제2항). 관계 행정기관의 장은 협의요청을 받으면 그 요청을 받은 날부터 30일 이내에 협의에 필요한 조치를 하여야 한다(동조 제3항).

(5) 국공유지 등의 임대 (제69조)

1) 임대방법

제11조 제1항 제7호에 해당하는 시행자의 경우 기획재정부장관, 국유재산의 관리청 또는 지방자치단체의 장은 「국유재산법」과 「공유재산 및 물품 관리법」에도 불구하고 도시개발구역에 있는 국가나 지방자치단체의 소유인 토지 · 공장, 그 밖의 국공유지를 수의계약으로 사용 · 수익 또는 대부(이하 "임대"라 한다)할 수 있다(동조 제1항). 국가나 지방자치단체가 소유하는 토지를 임대하는 경우에는 「국유재산법」과 「공유재산 및 물품 관리법」에도 불구하고 그 토지 위에 공장이나 그 밖의 영구시설물을 축조하게 할 수 있다. 이 경우 그 시설물의 종류 등을 고려하여 임대 기간이 끝나는 때에 이를 국가나 지방자치단체에 기부하거나 원상으로 회복하여 반환하는 것을 조건으로 토지를 임대할 수 있다(동조 제3항). 그리고 임대 기간은 「국유재산법」과 「공유재산 및 물품 관리법」에도 불구하고 20년의 범위 이내로 할 수 있고(동조 제2항), 이를 갱신할 수 있으며, 이 경우 갱신 기간은 갱신할 때마다 상기기간을 초과할 수 없다(동조 제5항). 또 임대하는 토지 등의 임대료는 「국유재산법」과 「공유재산 및 물품 관리법」에도 불구하고 다음과 같이 대통령령으로 정하는 바에 따른다(동조 제4항).

2) 국공유지의 임대료 산정 (슈 제85조)

도시개발구역에 있는 국가 또는 지방자치단체의 소유인 토지 · 공장, 그 밖의 국공유지(이하 "토지 · 공장 등"이라 한다)의 임대료는 다음 각 호의 방법에 따라 산정한다.

1. 국가 소유인 토지 · 공장 등의 임대료는 해당 토지 · 공장 등의 가액에 1천분의 50 이상의 요율을 곱하여 산출한 금액으로 할 것. 다만, 「수도권정비계획법」 제6조제1호에 따른 과밀억제권역에서 수도권 외의 지역으로 이전하는 법인으로서

2005년 12월 31일까지 이전한 법인에 대하여는 처음 5년간은 1천분의 10 이상, 다음 5년간은 1천분의 25 이상의 요율을 곱하여 산출한 금액으로 한다.

2. 지방자치단체 소유인 토지 · 공장 등의 임대료는 해당 토지 · 공장 등의 가액에 1천분의 10 이상의 요율을 곱하여 산출한 금액으로 할 것

(6) 수익금 등의 사용 제한 등 (제70조)

1) 토지처분에 의한 수익금의 사용제한

제66조 제1항(공공시설의 귀속)의 규정에 따라 제11조 제1항 제1호부터 제4호까지의 시행자에게 귀속되는 토지로서 용도가 폐지된 토지를 처분하여 생긴 수익금은 해당 개발계획으로 정하여진 목적 외의 목적으로 사용할 수 없다(동조 제1항).

2) 체비지의 매각 대금 등

시행자는 체비지의 매각 대금과 청산금의 징수금, 제56조 · 제57조 및 제59조에 따른 지방자치단체 · 공공시설관리자의 비용부담금과 국고보조금 등을 해당 도시개발사업의 목적이 아닌 다른 목적으로 사용할 수 없다(동조 제2항).

3) 집행 잔액의 귀속

수익금 등을 도시개발사업의 목적으로 사용한 후 집행 잔액이 있으면 그 집행 잔액과, 지방자치단체가 제21조에 따른 수용 또는 사용 방식으로 도시개발사업을 시행하여 발생한 수익금은 해당 지방자치단체에 설치된 특별회계에 귀속된다(동조 제3항).

(7) 조세와 부담금 등의 감면 등 (제71조)

국가나 지방자치단체는 도시개발사업을 원활히 시행하기 위하여「지방세법」,「농지법」,「산지관리법」등으로 정하는 바에 따라 지방세, 농지보전부담금, 대체산림자원조성비 등을 감면할 수 있다.

(8) 관계 서류의 열람 및 보관 등 (제72조)

시행자는 도시개발사업의 시행을 위하여 필요하면 등기소나 그 밖의 관계 행정기관의 장에게 무료로 필요한 서류를 열람 · 복사하거나 그 등본 또는 초본을 교부하여

줄 것을 청구할 수 있으며(동조 제1항), 시행자는 관계 서류나 도면을 도시개발사업이 시행되는 지역에 있는 주된 사무소에 갖추어 두고, 도시개발구역의 토지 등에 대하여 권리를 가진 자가 요구하면 이를 열람시켜야 한다(동조 제2항).

행정청이 아닌 시행자가 도시개발사업을 끝내거나 폐지한 경우에는 국토해양부령으로 정하는 바에 따라 관계 서류나 도면을 특별자치도지사 · 시장 · 군수 또는 구청장에게 넘겨야 한다(동조 제3항).

행정청인 시행자, 제3항에 따라 관계 서류를 넘겨받은 특별자치도지사 · 시장 · 군수 또는 구청장은 그 도시개발사업의 관계 서류를 국토해양부령으로 정하는 기간 동안 보관하여야 한다(동조 제4항).

(9) 권리의무의 승계 (제73조)

시행자나 도시개발구역의 토지 등에 대하여 권리를 가진 자(이하 "이해관계인등"이라 한다)가 변경된 경우에 이 법 또는 이 법에 따른 명령이나 규약 · 정관 또는 시행규정에 따라 종전의 이해관계인등이 행하거나 이해관계인등에 대하여 행한 처분, 절차, 그 밖의 행위는 새로 이해관계인등이 된 자가 행하거나 새로 이해관계인등이 된 자에 대하여 행한 것으로 본다.

(10) 보고 및 검사 등 (제74조)

지정권자나 특별자치도지사 · 시장(대도시 시장을 제외한다) · 군수 또는 구청장은 도시개발사업의 시행과 관련하여 필요하다고 인정하면 시행자(지정권자가 시행자인 경우는 제외한다)에게 필요한 보고를 하게 하거나 자료를 제출하도록 명할 수 있으며, 소속 공무원에게 도시개발사업에 관한 업무와 회계에 관한 사항을 검사하게 할 수 있다(동조 제1항). 업무나 회계를 검사하는 공무원은 그 권한을 표시하는 증표를 지니고 이를 관계인에게 내보여야 한다(동조 제2항). 증표에 필요한 사항은 국토해양부령으로 정한다(동조 제3항).

(11) 행정처분 기타

1) 법률 등의 위반자에 대한 행정처분 (제75조)

지정권자나 시장(대도시 시장을 제외한다) · 군수 또는 구청장은 다음 각 호의 어느 하나에 해당하는 자에 대하여 이 법에 따른 타인 토지 출입의 허가, 시행자 지정 또는 실시계획 인가 등을 취소하거나 공사의 중지, 건축물 등이나 장애물 등의 개축 또는 이전, 그 밖에 필요한 처분을 하거나 조치를 명할 수 있다.

1. 지정권자가 제4조 · 제11조 · 제13조 · 제17조 또는 제29조에 따른 수립 · 지정 · 인가 또는 승인 시 부과한 조건을 지키지 아니하거나 개발계획 · 실시계획대로 도시개발사업을 시행하지 아니한 자
2. 제9조제5항에 따른 허가를 받지 아니하고 행위를 한 자
3. 거짓이나 그 밖의 부정한 방법으로 제11조 · 제13조 · 제17조 · 제22조 · 제23조 또는 제29조에 따른 시행자 지정, 조합 설립 인가, 실시계획 인가, 토지 등의 수용 재결 또는 사용재결, 토지상환채권발행의 승인 또는 환지계획의 인가를 받은 자
4. 제11조 제3항 · 제4항 또는 제13조제1항에 따라 정한 규약 · 시행규정 또는 정관을 위반한 자
5. 제13조제2항 단서, 제35조, 제37조제2항, 제38조제2항, 제40조, 제43조, 제66조 제6항, 제70조제2항 또는 제72조를 위반한 자
6. 제23조에 따른 승인을 받지 아니하고 토지상환채권을 발행한 자
7. 제24조에 따른 이주대책 등을 수립하지 아니하거나 수립된 대책을 시행하지 아니한 자
8. 제25조를 위반하여 선수금을 받은 자
9. 제26조제1항에 따른 조성토지 등의 공급계획을 제출하지 아니하거나 공급계획과 다르게 조성토지 등을 공급한 자
10. 제38조제1항에 따른 허가를 받지 아니하고 장애물을 이전하거나 제거한 자
11. 제50조제1항에 따른 준공검사를 받지 아니한 자
12. 제53조 단서에 따른 사용허가 없이 조성토지 등을 사용한 자

2) 청문 (제76조)

지정권자나 특별자치도지사 · 시장(대도시 시장을 제외한다) · 군수 또는 구청장

은 제75조에 따라 이 법에 따른 허가·지정·인가 또는 승인을 취소하려면 청문을 하여야 한다.

3) 행정심판 (제77조)

이 법에 따라 시행자가 행한 처분에 불복하는 자는 「행정심판법」에 따라 행정심판을 제기할 수 있다. 다만, 행정청이 아닌 시행자가 한 처분에 관하여는 다른 법률에 특별한 규정이 있는 경우 외에는 지정권자에게 행정심판을 제기하여야 한다.

4) 도시개발구역 밖의 시설에 대한 준용 (제78조)

도시개발구역 밖의 지역에서 도시개발구역을 이용하는 데에 제공되는 기반시설을 설치하는 등 도시개발사업에 직접 관련되는 사업의 시행에 필요한 경우에는 제3조부터 제53조까지 및 제64조부터 제77조까지의 규정을 준용한다.

5) 위임 등 (제79조)

이 법에 따른 국토해양부장관의 권한은 그 일부를 대통령령으로 정하는 바에 따라 시·도지사나 그 소속 기관의 장에게 위임할 수 있으며, 시·도지사는 국토해양부장관의 승인을 받아 위임받은 권한의 일부를 시장·군수 또는 구청장에게 재위임할 수 있다(동조 제1항).

이 법에 따른 시·도지사의 권한은 그 일부를 시·도의 조례로 정하는 바에 따라 시장·군수 또는 구청장에게 위임할 수 있다(동조 제2항).

권한이 위임되거나 재위임된 경우에 위임되거나 재위임된 사항 중 「국토의 계획 및 이용에 관한 법률」 제106조에 따른 중앙도시계획위원회 또는 같은 법 제113조제1항에 따른 지방도시계획위원회의 의결을 거쳐야 하는 사항은 그 권한을 위임받거나 재위임받은 지방자치단체에 설치된 지방도시계획위원회의 의결을 거쳐야 한다(동조 제3항).

3. 벌칙 (제80조 - 제85조)

(1) 행정형벌

1) 다음 각 호의 어느 하나에 해당하는 자는 3년 이하의 징역이나 3천만원 이하의 벌금에 처한다 (제80조).

1. 제9조제5항에 따른 허가를 받지 아니하고 행위를 한 자
2. 부정한 방법으로 제11조제1항에 따른 시행자의 지정을 받은 자
3. 부정한 방법으로 제17조제2항에 따른 실시계획의 인가를 받은 자

2) 다음 각 호의 어느 하나에 해당하는 자는 2년 이하의 징역이나 2천만원 이하의 벌금에 처한다 (제81조).

1. 제17조제2항에 따라 실시계획의 인가를 받지 아니하고 사업을 시행한 자
2. 제26조제1항에 따른 조성토지 등의 공급 계획을 제출하지 아니하고 조성토지 등을 공급한 자
3. 제53조 단서에 따른 사용허가 없이 조성토지 등을 사용한 자

3) 다음 각 호의 어느 하나에 해당하는 자는 1년 이하의 징역 또는 1천만 원 이하의 벌금에 처한다 (제82조).

1. 고의나 과실로 제20조제2항에 따른 감리업무를 게을리 하여 위법한 도시개발사업의 공사를 시공함으로써 시행자 또는 조성토지 등을 분양받은 자에게 손해를 입힌 자
2. 제20조제4항을 위반하여 시정통지를 받고도 계속하여 도시개발사업의 공사를 시공한 시공자 및 시행자
3. 제75조에 따른 시행자 지정 또는 실시계획의 인가 등의 취소, 공사의 중지, 건축물 등이나 장애물 등의 개축 또는 이전 등의 처분이나 조치명령을 위반한 자

4) **양벌규정** (제83조)

법인의 대표자나 법인 또는 개인의 대리인, 사용인, 그 밖의 종업원이 그 법인 또는 개인의 업무에 관하여 제80조부터 제82조까지의 어느 하나에 해당하는 위반행위를 하면 그 행위자를 벌하는 외에 그 법인 또는 개인에게도 해당 조문의 벌금형을 과(科)

한다. 다만, 법인 또는 개인이 그 위반행위를 방지하기 위하여 해당 업무에 관하여 상당한 주의와 감독을 게을리 하지 아니한 경우에는 그러하지 아니하다.

5) 벌칙 적용 시 공무원 의제

조합의 임직원, 제20조에 따라 그 업무를 하는 감리원은 「형법」 제129조부터 제132조까지의 규정에 따른 벌칙을 적용할 때 공무원으로 본다 (제84조).

(2) 과태료 (제85조)

1) 다음 각 호의 어느 하나에 해당하는 자에게는 1천만 원 이하의 과태료를 부과 한다 (동조 제1항).

1. 제6조에 따른 조사 또는 측량을 위한 행위를 거부하거나 방해한 자
2. 제64조제2항부터 제4항까지의 규정에 따른 허가 또는 동의를 받지 아니하고 제64조제1항에 따른 행위를 한 자
3. 제74조제1항에 따른 검사를 거부 · 방해 또는 기피한 자

2) 다음 각 호의 어느 하나에 해당하는 자에게는 500만 원 이하의 과태료를 부과 한다 (동조 제2항).

1. 조합이 도시개발사업이 아닌 다른 업무를 한 경우
2. 제39조제3항(환지처분이 공고된 날까지는 시행자의 승낙 없이 설치된 표지를 이전하거나 훼손하여서는 아니 된다)의 규정을 위반한 자
3. 제40조제5항(시행자는 환지처분을 하려는 경우에는 환지 계획에서 정한 사항을 토지 소유자에게 알려야 함)의 규정에 따른 통지를 하지 아니한 자
4. 제64조제6항(일출 전이나 일몰 후에는 해당 토지의 점유자의 승낙 없이 택지 또는 담장과 울타리로 둘러싸인 타인의 토지에 출입할 수 없다)의 규정을 위반하여 타인의 토지에 출입한 자
5. 제72조제3항(행정청이 아닌 시행자가 도시개발사업을 끝내거나 폐지한 경우에는 국토해양부령으로 정하는 바에 따라 관계 서류나 도면을 특별자치도지사 · 시장 · 군수 또는 구청장에게 넘겨야 한다)의 규정에 따른 관계 서류나 도면을 넘기지 아니한 자

6. 제74조제1항(지정권자나 특별자치도지사 · 시장 · 군수 또는 구청장은 도시개발 사업의 시행과 관련하여 필요하다고 인정하면 시행자에게 필요한 보고를 하게 명함)규정에 따른 보고를 하지 아니하거나 거짓된 보고를 한 자
7. 제74조제1항(지정권자나 특별자치도지사 · 시장 · 군수 또는 구청장은 도시개발 사업의 시행과 관련하여 필요하다고 인정하면 시행자에게 필요한 자료를 제출하도록 명함)에 따른 자료의 제출을 하지 아니하거나 거짓된 자료를 제출한 자

3) 과태료의 부과 · 징수

과태료는 국토해양부장관, 시 · 도지사, 시장 · 군수 또는 구청장(이하 이 조에서 "부과권자"라 한다)이 부과 · 징수한다(동조 제3항). 법 제85조제1항제1호 및 같은 조 제2항제1호부터 제3호까지의 규정에 해당하는 자에 대한 과태료는 해당 도시개발구역의 지정권자가 부과 한다 (令 제86조). 다만, 부과권자는 해당 위반행위의 정도, 위반횟수, 위반행위의 동기와 그 결과 등을 고려하여 그 해당 금액의 2분의 1의 범위에서 경감하거나 가중할 수 있되, 법 제85조제1항 및 제2항에 따른 과태료 금액의 상한을 초과할 수 없다.

제4장 도시 및 주거환경정비법

Ⅰ. 개설

1. 관련법제

(1) 도시재개발법

도시 및 주거환경정비법의 前身이라고 할 수 있는 도시재개발법은 도시재개발사업에 관한 독립 법제로서, 1976년 12월 31일 법률 제2986호로 공포되었다. 도시재개발법이 도시계획법에서 분리・독립 제정되면서, 도시재개발사업은 본격적으로 발전할 수 있는 체계가 갖추어 졌다. 도시재개발법은 여러 차례의 개정이 있었는데 주요 개정만을 간단히 살피면 우선 1981년 3월 31일 개정에서 재개발기본계획의 작성대상이 확대되었으며 재개발사업의 분할시행 규정이 신설되었다. 또 토지 등의 소유자 동의조건을 강화했으며 가수용 시설을 설치하여 임시 수용하도록 의무화하였다. 1982년 개정에서는 재개발사업을 도심재개발사업과 주택재개발사업으로 구분 시행하도록 하였다. 그 이유는 원래 불량주택에 대한 재개발사업은 주택개량촉진에 관한 임시조치법에 의해 시행되고 있었으나, 한시법이었던 이 법이 1981년 12월 31일 효력을 상실하게 됨으로써 도시재개발법에 편입되게 된 때문이다. 그리고 이 개정을 통해 공공시행자의 범위가 확대되었고 제3개발자의 시행여건 및 토지수용권이 확대되었다. 1983년에는 재개발의 새로운 기법으로 민간주도형이라 할 수 있는 합동재개발의 방식[1)]이 채택되었다. 그 후 1995년 12월 29일 법률 제5116호로 전문 개정되면서 공장재개발사업이 추가되었다. 또 순환재개발 방식이 처음으로 규정되었으며 재개발기본계

---

1) 1987년 12월 31일 서울특별시 예규 제497호로 제정된 서울특별시 주택개량재개발사업업무지침 제2조는 "합동재개발"이란 용어를 다음과 같이 정의한다.
"합동재개발"이란 사업시행구역내 토지 등의 소유자들이 설립한 재개발조합이 시행자로서 주택건설사업자를 참여조합원으로 가입시켜 시행하는 주택개량재개발 사업방법을 말한다. 그리고 "합동재개발구역"이란 합동재개발방법으로 시행하거나 시행할 구역을 말한다.

획의 수립대상이 확대되었다. 그 외 공공기관의 재개발사업의 참여도 확대되었으며 다른 법률의 인·허가 등의 의제조치로 재개발사업절차의 간소화가 이루어 졌다. 그 후에도 몇 차례의 개정이 있었는데 1999년 3월 31일의 개정은 주로 규제완화의 목적에서 이루어진 것으로, 재개발사업구역 안에서 토지나 건축물 등의 권리 변동이 있을 경우 사업 시행자에게 신고하도록 한 규정을 삭제하고, 분양신청을 철회하고자 할 경우 사업시행자의 동의를 받도록 하던 것을 폐지하는 것을 주요내용으로 하고 있다. 이 법은 도시 및 주거환경 정비법의 제정으로 폐지되었다.

(2) 주택건설촉진법

정부는 종래 국민의 주거생활의 안정을 위하여 공영주택법이 정하는 바에 따라 정부로부터 자금의 대부 또는 보조를 통하여 무주택 국민에게 주택을 공급함과 아울러 그 적정한 관리에 노력하여 왔었다. 이에 무주택 국민에 대한 주택의 공급을 보다 적극적으로 계획성 있게 촉진하고 그 자금을 전국적으로 공모할 수 있는 방도를 강구하며, 아울러 현재 문제되고 있는 부실한 주택건축자재의 생산·공급을 강력히 규제할 수 있도록 하기 위하여 종래의 공영주택법에 근접하는 법으로서 1972년 12월 30일 법률 제2409호로 주택건설촉진법을 제정·공포하였다. 동 법률은 무주택 국민을 위한 계획성 있는 주택의 공급과 이를 위한 자금의 조달·운용 및 건축자재의 생산 공급에 관하여 필요한 사항을 정함으로써 주민생활의 안정과 공공복리의 증진에 기여하고자 함을 그 목적으로 하여 국가, 지방단체, 대한주택공사 및 한국주택은행 등 사업주체로 하여금 주택건설종합계획에 따라 건설사업을 시행토록 하였으며, 소요자금은 국가의 각종 자금 외에 국민주택채권과 복권발행, 외국 차관 도입 등을 통하여 조성하되 한국주택은행과 지방자치단체는 국민주택사업 특별회계를 설치·운용하도록 하는 것을 주요 내용으로 하고 있었다.

주택건설촉진법은 1975년의 1차 개정 이후 수 차례의 개정이 있었는데 그 중 1987년 주택건설촉진법에는 재건축에 대한 규정이 포함되었고, 1984년 집합건물법에 재건축의 결의 등이 규정되기도 하였다.

이후 주택건설촉진법이 열악한 주택보급률을 향상시키는 데는 기여하였으나, 주거생활의 질적 수준을 높이는 데는 한계가 있다는 지적에 따라 주택건설촉진법을 전면 개편해, 2003년 5월, 새로 주택법(법률 제6916호)을 제정, 2003년 11월 30일부터 시행되었다.

(3) 도시저소득주민의 주거환경개선을 위한 임시조치법

도시저소득주민의 주거환경개선을 위한 임시조치법은 노후·불량주거지에 거주하는 도시영세민의 주거환경개선을 위한 목적으로, 1999년 12월 31일까지 한시적으로 시행하기 위해, 1989년 4월 1일 법률 제4115호로 제정되었다. 이 임시조치법은 특히 철거재개발이 곤란한 지역의 경우, 주거환경개선지구로 지정하여 철거를 하지 않고 기존 주택을 보수·개량할 수 있도록 현지보존 개량을 가능하게 한 점이 특색이다.

이 법은 제정 이후 6차례의 개정이 있었는데 1999년의 개정에서는 유효기간을 5년 연장하여 2004년 12월 31일까지로 정하였으나 도시정비법이 제정됨에 따라 정비사업의 일환으로 흡수·통합되었다.

2. 제정 및 개정경과

(1) 제정

1970년대 이후 산업화·도시화 과정에서 대량 공급된 주택들이 노후화됨에 따라 이들을 체계적이고 효율적으로 정비할 필요성이 커지게 되었다. 우리나라의 도시정비는 대상지역의 성격에 따라 주거지를 대상으로 하는 사업과 주거지 이외 지역을 대상으로 하는 사업으로 구분되는데, 먼저 노후·불량주택 및 주거지를 대상으로 하는 주거지 정비사업에는 주택재개발사업, 주거환경개선사업, 그리고 노후한 공동주택을 대상으로 하는 재건축사업 등 세 가지 유형으로 나누어 볼 수 있다. 둘째 주거지 이외 지역을 대상으로 하는 정비사업으로는 도심 및 부도심지역의 기능을 회복·전환하기 위해 이루어지는 도심재개발사업과 노후·불량 공장지역의 공업기능 회복을 위한 공장재개발사업을 들 수 있다. 그런데 도시정비를 위한 이들 사업이 도시재개발법(도심재개발사업, 주택재개발사업, 공장재개발사업), 도시저소득주민의 주거안정을 위한 임시조치법(주거환경개선사업), 주택건설촉진법(재건축사업) 등에 분산 규정되어 있어 여러 문제점이 제기되었다. 특히 주거지정비사업의 경우 유사한 지역을 대상으로 하는 사업임에도 불구하고, 각 법의 입법취지에 따라 전혀 다른 사업목적이 설정되어 있으며, 별도의 법에 의해 운용되기 때문에 인근지역에 위치하더라도 서로 연계하여 사업계획을 수립・시행하는 것이 불가능하였다. 이런 문제점을 해소하고, 도시정비 관련법을 통합하여 보다 일관성 있고 체계적인 입법체계를 구축하기 위해, 2002년 12월 30일 법률 제06852호로 도시 및 주거환경 정비법이 제정되었다.[2)]

(2) 개정 경과

1) [2003.12.31, 법률 제7056호, 일부개정]

투기과열지구 안에서 재건축조합설립인가 후에는 재건축사업 단지안의 주택 또는 토지를 양수하더라도 조합원 자격의 취득을 제한함으로써 재건축주택에 대한 투기수요를 차단하기 위한 목적으로 개정되었다.

2) [2005. 3.18, 법률 제7392호, 일부개정]

주택재건축구역 내 거주하는 무주택 세입자들의 주거안정을 도모하고, 임대주택 수요가 높은 도심지에서의 임대주택 공급을 확대하기 위하여 주택재건축사업 시행시 임대주택을 공급하도록 의무화하는 한편, 주택재개발사업의 활성화를 위하여 주택재개발사업의 시행방식을 개선하는 등 현행 제도의 운영과정에서 나타난 일부 미비점을 개선・보완하기 위하여 개정되었다.

가. 정비계획을 통한 도시계획변경 제도 도입(법 제4조제1항 제7호의3 신설)

나. 도시저소득주민을 위한 주택규모별 공급기준 도입(법 제4조의2 신설)

다. 주택재개발사업조합과 건설업자 등의 공동사업제도 도입(법 제8조제1항)

라. 주택재건축사업의 임대주택 공급의무화(법 제30조의2 신설)

3) [2005. 7.13, 법률 제7597호, 일부개정]

법 시행 당시 종전의 「도시저소득주민의 주거환경개선을 위한 임시조치법」에 의하여 지정・수립된 주거환경개선지구 및 주거환경개선계획에 대하여는 동법 시행 후 2년까지 종전의 「도시저소득주민의 주거환경개선을 위한 임시조치법」에 따라 정비

---

2) 홍인옥, 도시및주거환경정비법 제정과 대응방안, 도시와 빈곤 51, 2001. 8, 101-103면 참조.

사업을 시행할 수 있도록 하였으나, 주거환경개선사업의 연속성을 유지하고, 주거환경개선사업이 완료되지 아니한 지구의 사업추진을 원활하게 하기 위하여 동 기간을 2년의 범위 안에서 연장하기 위하여 부칙 제5조제1항 중 "2년"을 "4년"으로 한 것이다.

4) [2006. 5.24, 법률 제7960호, 일부개정]

주거환경 개선이나 안전확보 보다는 재산증식을 목적으로 행하여지는 무분별한 재건축을 방지하기 위하여 안전진단의 객관성과 신뢰성을 높이고 이와 관련한 행정주체간의 역할체계를 재정립하려는 것임.

가. 시·도지사는 「도시 및 주거환경정비법」에 의한 도시·주거환경정비기본계획 수립 시 건설교통부장관과의 사전협의를 하도록 명시(법 제3조).

나. 주택재개발사업조합 및 도시환경정비사업조합은 조합설립인가를 받은 후 경쟁입찰의 방법으로 시공자를 선정하도록 함(법 제11조).

다. 시장·군수는 안전진단 신청이 있는 경우 한국시설안전기술공단 또는 한국건설기술연구원의 의견 청취를 거쳐 안전진단의 실시 여부를 결정하도록 하고, 시·도지사는 안전진단결과에 대하여 한국시설안전기술공단 또는 한국건설기술연구원에 적정성 여부를 검토 의뢰할 수 있도록 하며, 그 결과에 따라 재건축사업 시행결정의 취소 등 필요한 조치를 요청할 수 있도록 함(법 제12조).

5) [2006.12.28, 법률 제8125호, 일부개정]

국가 또는 지방자치단체가 도시재정비사업에 필요한 비용을 보조, 융자 또는 융자알선하는 경우 도시공동체를 보존할 수 있는 순환정비방식으로 실시하는 도시재정비사업에 우선적으로 지원할 수 있게 하고, 중앙행정기관과 지방자치단체 간의 효율적인 업무분담체제를 구축하기 위하여 현재 건설교통부장관이 시·도지사에게 위임하여 시행하고 있는 정비사업전문관리업의 등록·변경등록·등록취소 및 조사 업무를 시·도지사에게 이양하려는 것임.

6) [2007.12.21, 법률 제8785호, 일부개정]

주민대표회의에 주민의 다양한 의견수렴 및 권익대변이 가능하도록 주민대표회의의 구성원을 확대하고, 정비사업의 투명한 추진과 조합원 등의 알권리 충족을 위하여 추진위원회 및 사업시행자의 정비사업과 관련된 자료의 공개의무를 명확히 하며, 정비사업이 원활히 추진될 수 있도록 토지등소유자의 동의요건을 완화하고, 정비구역 주변의 교육환경 보호를 위한 제도를 도입하는 등 현행 제도의 운영상 나타난 미비점을 개선 보완하려는 것임.

가. 조합의 설립요건 완화(법 제16조)

나. 주민대표회의 구성원 확대(법 제26조제2항)

보다 다양한 주민 의견수렴 및 권익대변이 가능하도록 주민대표회의 구성원을 5인 이상 25인 이하로 확대함.

다. 교육환경의 보호(법 제4조제1항제6호의2, 제28조제3항 및 제30조 제7호의2 신설)

라. 정비사업 관련 정보의 공개(법 제81조제1항 및 법 제86조제6호 신설)

7) [2008.3.28, 법률 제9047호, 일부개정]

주택재개발사업으로 건설되는 임대주택의 경우 이를 공공기관이 인수할 수 있는 법적 근거를 마련함으로써 재개발사업시행자의 부담을 경감하고, 사업지구 내 세입자의 주거안정에 기여하도록 하며, 국토해양부장관이 임대주택의 규모 및 규모별 건설비율을 정하여 고시함에 있어 주택수요 등에 관한 지역별 특성을 고려하여 해당 지역별로 구분하여 이를 정할 수 있도록 규정하고, 인구 50만 이상의 시의 시장은 시·도지사의 승인 없이 독자적으로 정비구역을 지정할 수 있도록 함으로써 지역실정을 고려한 신속한 정비사업 절차가 시행될 수 있도록 하는 등 현행 제도의 운영상 나타난 일부 미비점을 개선·보완하려는 것임.

가. 「지방자치법」 제3조제3항에 따라 자치구가 아닌 구가 설치된 시(이하 "대도시"라 한다)의 시장은 시·도지사에게 정비구역지정을 신청하지 아니하고 직접 정비구역을 지정한다(제4조 제2항).

나. 국토해양부장관은 주택수급의 안정과 저소득 주민의 입주기회를 확대하기 위하여 정비사업으로 건설하는 주택에 대하여 대통령령으로 정하는 범위 안에서 다음 각 호의 사항을 정하여 고시할 수 있으며, 사업시행자는 고시된 내용에 따라 주택을 건설하여야 한다. 이 경우 국토해양부장관은 지역별 특성을 고려하여 지역별로 구분하여 고시할 수 있다(제4조의2 제1항).

다. 국토해양부장관, 시 · 도지사, 시장 · 군수 또는 주택공사 등은 조합이 요청하는 경우 주택재개발사업의 시행으로 건설된 임대주택을 인수할 수 있다(제50조제3항).

8) [2009.2.6, 법률 제9444호, 일부개정]

재개발 · 재건축사업에 대한 복잡한 사업절차와 불합리한 중복규제를 합리적으로 개선함으로써 도심에서의 안정적인 주택공급 확대의 기반이 마련될 수 있도록 하며, 정비구역 지정 · 고시 이전이라도 일정한 시점을 정하여 행위를 제한하고 신축 주택의 분양권을 제한함으로써 부동산 투기세력의 유입을 근본적으로 차단하면서 부동산 가격을 안정시켜 정비사업의 시행을 원활하게 하는 등 현행 제도의 운영상 나타난 미비점을 개선 · 보완하려는 것임.

그 주요 내용은 다음과 같다.

가. 정비계획 수립 시 건축심의 생략 등(법 제3조 및 제4조)

나. 행위제한(법 제5조제7항 신설)

기본계획을 공람 중인 정비예정구역 또는 정비계획을 수립 중인 지역에 대하여는 지방자치단체장으로 하여금 3년 이내의 기간(1회에 한하여 1년의 범위에서 연장)을 정하여 건축물의 건축이나 토지의 분할 행위를 제한할 수 있게 함.

다. 공공기관의 정비사업 시행(법 제8조제4항)

라. 재건축사업의 시공자 선정시기 조정(법 제11조제2항)

마. 주택재건축사업의 안전진단 실시시기 등 조정(법 제12조)

바. 정비사업의 투명성 강화 등(법 제13조, 제14조제2항, 제69조, 제73조제1항, 제84조의2 및 제85조)

사. 토지등소유자의 동의방식 간소화(법 제13조제3항, 제17조, 제20조)

아. 조합의 설립인가 동의 요건 완화(법 제16조제1항 · 제2항)

자. 조합원의 자격 인정(법 제19조제1항)

차. 재건축조합원의 자격이전(법 제19조제2항 및 제3항)

카. 주민대표기구의 투명성 강화(법 23조제1항, 제25조제1항 및 제84조의2)

타. 정비구역의 결합(법 34조)

파. 정비사업에 따른 손실보상(법 40조제1항)
하. 건축물의 분양을 받을 권리의 시기 조정(법 50조의2 신설)
거. 시공보증제도의 보증범위 상한 조정(법 51조제1항)

9) [2009.4.22, 법률 제9632호, 일부개정]

재건축사업은 도심지 내 주택공급이라는 순기능에도 불구하고 과거 주택가격 급등기에 마련된 과도한 규제로 더 이상 추진되지 못하고 있는바, 재건축사업에 대한 임대주택 건설의무를 폐지하고 용적률을 완화함으로써 장기적인 주택 수급 안정을 통해 도심지 내 재건축 소형주택의 공급기반을 구축하고 경기를 활성화하기 위해 주택재건축사업의 주택규모 및 건설비율을 합리적으로 개선・보완하려는 것으로, 정비계획의 내용 중 재건축임대주택 공급의무지역에 한하여 규정되어 있었던 재건축임대주택의 규모 등 재건축임대주택에 관한 사항(제4조 제1항 제7의2)과 시장・군수가 재건축임대주택에 관한 사항에 대하여 재건축임대주택을 공급받을 자("인수자")와 미리 협의하여야 한다(동조 제9항)는 규정을 삭제하면서 제30조의3(주택재건축사업의 용적률 완화 및 소형주택 건설 등)을 신설하였다.

10) [2009.5.27, 법률 제9729호, 일부개정]

세입자보호를 위한 법적 근거를 마련함으로써 재개발・재건축 추진 시 사회적 약자에 대한 적절한 보호가 수반되도록 하고 세입사문세가 사회적인 문제로 확대되는 것을 예방하며, 공공부문에게 주택재개발사업을 통하여 건설되는 임대주택을 인수할 의무를 부여하고, 인수된 임대주택을 토지임대부 분양주택으로 활용할 수 있는 근거를 마련하려는 것으로서 그 주요내용은 다음과 같다.

가. 정비계획을 수립할 때 그 내용을 정비구역 안의 주민에게 서면으로 통보하도록 함(법 제4조제1항).
나. 총회 의결 시 조합원의 의사를 명확하게 반영하고자 일정 비율의 조합원이 총회에 출석한 경우에 한하여 의결을 할 수 있도록 하고, 조합원의 재산에 중대한 영향을 미치는 관리처분계획을 수립하거나 변경하는 경우에 총회의 의결 정족수를 엄격히 함(법 제24조).
다. 세입자의 이주대책을 사업시행계획에 반영하도록 함(법 제30조제4호).

라. 일정한 기준 이상의 세입자 보호대책을 마련한 정비사업의 경우에는 시・도 조례로 용적률을 완화하여 정할 수 있도록 함(법 제40조의2 신설).

마. 감정평가업자를 시장・군수가 선정・계약하도록 하고, 시장・군수가 선정・계약한 감정평가업자의 평가대상에 세입자보상을 명시하도록 함(법 제48조제5항).

바. 조합이 요청하는 경우에는 국토해양부장관 등이 주택재개발사업으로 건설된 임대주택을 의무적으로 인수하도록 하고, 인수 절차 및 방법, 인수 가격 등 필요한 사항은 대통령령으로 정하도록 함(법 제50조제3항).

사. 국토해양부장관 등이 인수한 재개발 임대주택을 정비구역 안의 세입자와 영세주택 소유자를 위한 토지임대부 분양주택으로 활용할 수 있도록 함(법 제50조제7항 신설).

아. 토지임대부 분양주택을 공급받는 세입자와 영세주택 소유자에게 국가 또는 지방자치단체로 하여금 공급비용의 전부 또는 일부를 보조 또는 융자할 수 있도록 함(법 제63조제6항 신설).

Ⅱ. 총칙

1. 입법목적

이 법은 도시기능의 회복이 필요하거나 주거환경이 불량한 지역을 계획적으로 정비하고 노후・불량건축물을 효율적으로 개량하기 위하여 필요한 사항을 규정함으로써 도시환경을 개선하고 주거생활의 질을 높이는데 이바지함을 목적으로 한다(제1조).

2. 구성

이 법은 전 8장 및 부칙으로 되어있다.

제1장 총칙

제2장 기본계획의 수립 및 정비구역의 지정

제3장 정비사업의 시행

제4장 비용의 부담 등

제5장 정비사업 전문관리업

제6장 감독 등

제7장 보칙

제8장 벌칙

그 주요내용을 살펴보면 다음과 같다.

가. 도시 · 주거환경정비기본계획의 수립

특별시장 · 광역시장 또는 시장은 주거환경개선사업 · 주택재개발사업 · 주택재건축사업 및 도시환경정비사업의 기본방향, 계획기간, 개략적인 정비구역의 범위 등의 내용이 포함되어 있는 도시 · 주거환경정비기본계획("기본계획")을 10년 단위로 수립하고, 5년마다 그 타당성 여부를 검토하도록 함. 다만, 「지방자치법」제175조에 따른 서울특별시와 광역시를 제외한 인구 50만 이상 대도시("대도시")가 아닌 경우 도지사가 기본계획의 수립이 필요하다고 인정하는 시를 제외하고 기본계획을 수립하지 아니할 수 있다(법 제3조).

나. 정비구역의 지정

시 · 도지사는 시장 등이 신청에 의하여 도시계획질차에 따라 정비구역을 지정할 수 있도록 하고, 대도시의 시장은 시 · 도지사에게 정비구역지정을 신청하지 아니하고 직접 정비구역을 지정할 수 있도록 함. 정비구역지정 신청 시 건폐율 · 용적률 계획 등 정비계획을 함께 수립하도록 하며, 정비구역의 지정 또는 변경지정에 대한 고시가 있는 경우 당해 정비구역 및 정비계획 중 「국토의 계획 및 이용에 관한 법률」에 해당하는 사항은 동법에 의한 제1종지구단위계획 및 제1종지구단위계획구역으로 결정 · 고시된 것으로 보도록 하며, 국토의 계획 및 이용에 관한 법률」에 의한 지구단위계획구역에 대하여 제1항 각 호의 사항을 모두 포함한 지구단위계획을 결정 · 고시(변경 결정 · 고시하는 경우를 포함한다)하는 경우 당해 지구단위계획구역은 정비구역으로 지정 · 고시된 것으로 본다(법 제4조).

다. 정비계획의 실효성 확보

정비구역으로 지정된 지역에서는 정비계획의 내용에 위배되는 건축물이나 공작물의 설치, 토지의 형질변경, 토석의 채취, 토지분할, 물건을 쌓아놓는 행위 등을 제한하여 시장・군수의 허가를 받도록 함으로써 사업시행 시 건축물의 철거로 인하여 발생할 수 있는 주민의 불이익을 예방하고 정비계획이 실효성을 갖도록 함(법 제5조).

라. 사업시행자 선정

주택재개발사업은 조합 단독으로 시행하거나 시장・군수, 주택공사 등, 건설업자, 등록사업자 또는 요건을 갖춘 자와 공동으로 이를 시행할 수 있으며 주택재건축사업은 조합이 단독 시행하거나 시장・군수 또는 주택공사 등과 공동으로 시행, 도시환경정비사업은 조합 또는 토지등소유자가 시행하거나, 시장・군수, 주택공사 등, 한국토지공사(공장이 포함된 구역에서의 도시환경정비사업의 경우 제외), 건설업자, 등록사업자 또는 요건을 갖춘 자와 공동으로 시행 함. 시공사는 조합설립인가를 받은 후 원칙적으로 조합총회에서 국토해양부장관이 정하는 경쟁입찰의 방법으로 선정하도록 함(법 제8조 및 제11조).

마. 정비사업 추진위원회를 제도화

정비사업의 추진위원회를 제도화하여 조합의 설립 등 사업추진 준비를 하도록 하고, 그 역할을 명확히 규정하여 사업추진과 관련된 분쟁 및 비리요인을 제거함(법 제13조 내지 제15조).

바. 분쟁의 예방

조합의 정관 및 관리처분계획에 정비사업비와 조합의 부담비용 등 사업시행과 관련된 사항을 구체적으로 명시하도록 하고, 관리처분계획 수립시의 재산평가방법을 구체적으로 정함으로써 조합과 시공자간의 분쟁을 예방함(법 제20조 및 제48조).

사. 시공보증의 의무화

정비사업에 참여하는 시장・군수 또는 주택공사 등이 아닌 자인 시공자에게 의무적으로 시공보증을 받도록 하여 시공사가 부도 시 조합원 피해를 최소화함(법 제51조).

아. 국・공유지의 장기임대사용 제도화

지방자치단체 또는 주택공사 등 사업시행자가 주거환경개선구역 및 주택재개발구역에서 세입자 등을 위한 임대주택을 건설하기 위하여 국·공유지를 사용하고자 하는 때에는 국유재산법 또는 지방재정법에 불구하고 장기임대하여 사용할 수 있도록 함(법 제67조).

자. 국·공유지의 무상양여

국가 또는 지방자치단체는 주거환경개선사업의 사업시행자에게 국·공유지를 무상양여하도록 하되, 행정재산 또는 보존재산 등의 경우에는 무상양여에서 제외할 수 있도록 함(법 제68조).

차. 정비사업전문관리제도의 도입

정비사업의 시행을 위하여 필요한 사항을 위탁받거나 자문할 수 있는 정비사업전문관리제도를 도입하여 조합의 비전문성을 보완하고 효율적인 사업추진을 도모함(법 제69조 내지 제74조).

3. 용어의 정의 (제2조)

(1) "정비구역"

"정비구역"이라 함은 정비사업을 계획적으로 시행하기 위하여 제4조의 규정에 의하여 지정·고시된 구역을 말한다(동조 제1호).

(2) "정비사업"

"정비사업"이라 함은 이 법에서 정한 절차에 따라 도시기능을 회복하기 위하여 정비구역 안에서 정비기반시설을 정비하고 주택 등 건축물을 개량하거나 건설하는 주거환경개선사업, 주택재개발사업, 주택재건축사업, 도시환경정비사업을 말한다. 다만, 주택재건축사업의 경우에는 정비구역이 아닌 구역에서 시행하는 주택재건축 사업을 포함한다(동조 제2호).

1) 주거환경개선사업 : 도시저소득주민이 집단으로 거주하는 지역으로서 정비기반시설이 극히 열악하고 노후·불량건축물이 과도하게 밀집한 지역에서 주거환경을 개선하기 위하여 시행하는 사업

2) 주택재개발사업 : 정비기반시설이 열악하고 노후 · 불량건축물이 밀집한 지역에서 주거환경을 개선하기 위하여 시행하는 사업
3) 주택재건축사업 : 정비기반시설은 양호하나 노후 · 불량건축물이 밀집한 지역에서 주거환경을 개선하기 위하여 시행하는 사업
4) 도시환경정비사업 : 상업지역 · 공업지역 등으로서 토지의 효율적 이용과 도심 또는 부도심 등 도시기능의 회복이나 상권 활성화 등이 필요한 지역에서 도시환경을 개선하기 위하여 시행하는 사업

(3) "노후 · 불량건축물"

"노후 · 불량건축물"이라 함은 다음의 어느 하나에 해당하는 건축물을 말한다(동조 제3호, 令. 제2조 제1항)

가. 건축물이 훼손되거나 일부가 멸실되어 붕괴 그 밖의 안전사고의 우려가 있는 건축물

나. 다음의 요건에 해당하는 건축물로서 대통령령으로 정하는 바에 따라 시 · 도 조례로 정하는 건축물

가) 주변 토지의 이용 상황 등에 비추어 주거환경이 불량한 곳에 소재할 것

나) 건축물을 철거하고 새로운 건축물을 건설하는 경우 그에 소요되는 비용에 비하여 효용의 현저한 증가가 예상될 것

다. 도시미관의 저해, 건축물의 기능적 결함, 부실시공 또는 노후화로 인한 구조적 결함 등으로 인하여 철거가 불가피한 건축물로서 시행령으로 정하는 바에 따라 시 · 도 조례로 정하는 건축물(令 제2조 제2항)

(4) "정비기반시설"

"정비기반시설"이라 함은 도로 · 상하수도 · 공원 · 공용주차장 · 공동구(국토의계획 및 이용에 관한 법률 제2조제9호의 규정에 의한 공동구를 말한다. 이하 같다) 그 밖에 주민의 생활에 필요한 가스 등의 공급시설로서 다음 각 호의 시설을 말한다. 1. 녹지 2. 하천 3. 공공공지 4. 광장 5. 소방용수시설 6. 비상대피시설 7. 가스공급시설 8. 주거환경개선사업을 위하여 지정 · 고시된 정비구역 안에 설치하는 공동이용시설로서

사업시행계획서에 당해 시장・군수 또는 자치구의 구청장(이하 "시장・군수"라 한다)이 관리하는 것으로 포함된 것(동조 제4호, 令 제3조)

(5) "공동이용시설"

"공동이용시설"이라 함은 주민이 공동으로 사용하는 놀이터・마을회관・공동작업장 그 밖에 다음 각 호의 시설을 말한다. 1. 공동으로 사용하는 구판장・세탁장・화장실 및 수도 2. 탁아소・어린이집・경로당 등 노유자 시설 3. 그 밖에 주민이 공동으로 사용하는 시설로서 제1호 및 제2호의 시설과 유사한 용도의 시설(동조 제5호, 令 제4조)

(6) "대지"

"대지"라 함은 정비사업에 의하여 조성된 토지를 말한다(동조 제6호).

(7) "주택단지"

"주택단지"라 함은 주택 및 부대・복리시설을 건설하거나 대지로 조성되는 일단의 토지로서 다음 각 목의 어느 하나에 해당하는 일단의 토지를 말한다(동조 제7호).

1) 「주택법」 제16조에 따른 사업계획승인을 받아 주택과 부대・복리시설을 건설한 일단의 토지
2) 가목에 따른 일단의 토지 중 도시계획시설인 도로나 그 밖에 이와 유사한 시설로 분리되어 각각 관리되고 있는 각각의 토지
3) 가목에 따른 일단의 토지 2 이상이 공동으로 관리되고 있는 경우 그 전체 토지
4) 제41조에 따라 분할된 토지 또는 분할되어 나가는 토지
5) 「건축법」 제11조에 따라 건축허가를 얻어 아파트 또는 연립주택을 건설한 일단의 토지

(8) "사업시행자"

"사업시행자"라 함은 정비사업을 시행하는 자를 말한다(동조 제8호).

(9) "토지 등 소유자"

"토지 등 소유자"라 함은 다음의 자를 말한다(동조 제9호).

1) 주거환경개선사업 · 주택재개발사업 또는 도시환경정비사업의 경우에는 정비구역 안에 소재한 토지 또는 건축물의 소유자 또는 그 지상권자

2) 주택재건축사업의 경우에는 다음에 해당하는 자

가. 정비구역 안에 소재한 건축물 및 그 부속토지의 소유자

나. 정비구역이 아닌 구역 안에 소재한 대통령령이 정하는 주택 및 그 부속토지의 소유자와 부대 · 복리시설 및 그 부속토지의 소유자

(10) "주택공사 등"

"주택공사 등"이라 함은 대한주택공사법에 의하여 설립된 대한주택공사 또는 지방공기업법에 의하여 주택사업을 수행하기 위하여 설립된 지방공사를 말한다(동조 제10호).

(11) "정관 등"

"정관 등"이라 함은 다음 각목의 것을 말한다(동조 제11호).

가. 제20조의 규정에 의한 정관

나. 토지등소유자가 자치적으로 정하여 운영하는 규약

다. 시장 · 군수 또는 자치구의 구청장(이하 "시장 · 군수"라 한다) 또는 주택공사등이 제30조 제8호의 규정에 의하여 작성한 시행규정

4. 정비사업의 방법

정비사업은 물리적으로는 토지형질의 변경, 공공시설의 정비, 건축물의 건축 등 각종 공사에 의해 이루어지지만, 법적으로는 종전의 토지 · 건축물에 대한 권리관계를 새로운 토지 · 건축물에로 이전하는 公權的인 행정처분 즉, 公用換權(실정 법률에서는 分讓處分이라 함)에 의해 이루어진다. 법적인 의미에 있어서의 공용환권은 공용환지와 마찬가지로 物的 公用負擔에 속하는 행정작용이다. 다만 공용환지와 다른 점은

교환 및 분합의 대상이 토지에 한정되지 않고, 토지와 건축 시설물 전체를 대상으로 한다는 점이다. 즉, 종전의 토지소유자나 건축물 소유자 등에 대하여 토지만을 분양할 수도 있고 건축 시설물만을 분양할 수도 있으며 또는 양자를 함께 분양할 수도 있다. 공용환권을 일명 입체환지라 부르는 이유가 여기에 존재한다.

5. 시행의 절차

사업시행의 절차는 크게 나누면, 다음의 4 단계 절차로 이루어진다.

(1) 계획단계 (제2장)

(2) 시행인가단계 (제3장 제1절 내지 제3절)

(3) 시행단계 (제3장 제4절, 제5절)

(4) 사후처리단계 (제3장 제6절)

Ⅲ. 계획단계 (제2장)

1. 도시・주거환경정비기본계획의 수립

기본계획은 재개발사업의 시행을 위한 이른바 마스터・플랜에 해당한다. 지금까지 우리나라 재개발사업의 주요한 정체 요인 중 하나가 된 것이 바로 이러한 마스터플랜의 부재에 있었다고 해도 결코 과언은 아닐 것이다. 물론 각 시・군마다 나름대로의 장기종합발전계획을 세우고 또 그 속에는 재개발에 관한 사항도 포함되어 있기는 하였으나, 그것은 어디까지나 시의 행정 전반에 걸친 일반적・이념적인 계획에 불과하였고, 재개발에 관한 마스터플랜에 해당할 만한 정도의 것은 되지 못하였다. 즉 1매의 圖面 위에 지역・지구의 지정, 도시계획시설, 시가지 개발사업(토지구획정리, 재개발 사업 등)에 관한 사항이 종합적・일체적으로 결정되어지지 못하고, 그 때 그 때의 필요에 따라 단편적으로 결정되어져 왔음을 부정할 수 없다. 그 결과 재개발사업도 진실로 '필요한 장소'에서가 아닌 '가능한 장소'에서부터 시작되었다고 하는 것이 솔직한 현실인 것이다. 따라서 향후 재개발사업을 都市更新의 戰略的 수단으로서 널리 활용하기 위해서는 장래의 도시전체의 발전을 예측할 수 있는 마스터플랜의 존재가 불가결한 것이라고 말할 수 있을 것이다.

구미제국의 경우에는 구체적 재개발사업에 앞서 이러한 기본계획이 항상 미리 준비되고 있다. 독일의 경우 토지이용계획(Flächennutzungsplan)은 지구상세계획(Bebauungsplan)과 함께 도시기본계획(Bauleitplan)을 구성하고 있으나[3] 그것은 시·군·구 전역을 대상으로 하는 토지이용의 종합적 마스터 플랜이라고도 할 수 있는 것이다. 독일의 재개발사업의 기초로 되었던 1971년의 도시건설촉진법(제5조 5항)에서도 토지이용계획에는 재개발구역을 반드시 명시하도록 규정하고 있다.

영국에서는 1968년의 도시농촌계획법에 기초하여 각 카운티나 런던 등이 결정하는 전략적 계획으로서의 기본계획(structure plan)과 district가 작성하는 상세계획으로서의 지역계획(local plan)의 二段階 계획이 작성되나, 향후 10년 이내에 신개발·재개발 등이 행하여지는 사업지구(action area)에 있어서는, 우선 기본계획에서 기본 방침이 정해지고 이를 받아 지역계획에서는 사업지구계획(action area plan)이 결정된다. 또 이와는 별도로 주택법 계열의 재개발로서 撤去地區(clearance area), 綜合改善地區(general improvement area), 주택사업지구(housing action area), 優先近隣地區(priority neighbourhoods) 등이 제도화되고 있다. 미국의 재개발은 상당히 복잡하고 법제도도 변화가 많았으나, 요컨대 지방자치체가 都市更新事業(urban renewal)에 관하여 연방정부의 補助를 받기 위해서는 그 요건으로서 지역개발의 장단기 목표를 나타내는 3개년 계획, 슬럼·황폐지구 등의 제거 및 커뮤니티 시설의 설치계획, 주택원조계획(housing assistance plan-HAP) 등의 제출이 의무화되고 있다[4].

(1) 수립권자 및 기본계획의 내용 (제3조)

특별시장·광역시장 또는 시장은 다음 각 호의 사항이 포함된 도시·주거환경정비기본계획 (이하 "기본계획"이라 한다)을 10년 단위로 수립하여야 한다. 다만, 「지방자치법」제175조에 따른 서울특별시와 광역시를 제외한 인구 50만 이상 대도시(이하

3) 연방건설법 제1조 2항.

4) 日本建設省都市局 都市再開發課 資料, 成田, 前揭書, 182면 註6) 참조.

"대도시"라 한다)가 아닌 경우 도지사가 기본계획의 수립이 필요하다고 인정하는 시를 제외하고 기본계획을 수립하지 아니할 수 있다(동조 제1항).

1. 정비사업의 기본방향
2. 정비사업의 계획기간
3. 인구・건축물・토지이용・정비기반시설・지형 및 환경 등의 현황
4. 주거지 관리계획
5. 토지이용계획・정비기반시설계획・공동이용시설설치계획 및 교통계획
6. 녹지・조경・에너지공급・폐기물처리 등에 관한 환경계획
7. 사회복지시설 및 주민문화시설 등의 설치계획
   7의2. 도시의 광역적 재정비를 위한 기본방향
8. 제4조에 따라 정비구역으로 지정할 예정인 구역(이하 "정비예정구역"이라 한다)의 개략적 범위
9. 단계별 정비사업추진계획(정비예정구역별 정비계획의 수립시기를 포함하여야 한다)
10. 건폐율・용적률 등에 관한 건축물의 밀도계획
11. 세입자에 대한 주거안정대책
12. 그 밖에 주거환경 등을 개선하기 위하여 필요한 사항으로서 다음 각 호의 사항(令 제8조)

가) 도시관리・주택・교통정책 등 도시계획과 연계된 도시정비의 기본방향

나) 도시정비의 목표

다) 도심기능의 활성화 및 도심공동화 방지 방안

라) 역사적 유물 및 전통건축물의 보존계획

마) 법 제2조제2호의 규정에 의한 정비사업(이하 "정비사업"이라 한다)의 유형별 공공 및 민간부문의 역할

바) 정비사업의 시행을 위하여 필요한 재원조달에 관한 사항

특별시장・광역시장 또는 시장은 이러한 기본계획에 대하여 5년마다 그 타당성 여부를 검토하여 그 결과를 기본계획에 반영하여야 한다(동조 제2항).

(2) 수립절차 (제3조)

특별시장·광역시장 또는 시장은 기본계획을 수립 또는 변경하고자 하는 때에는 14일 이상 주민에게 미리 공람의 요지 및 장소를 당해 지방자치단체의 공보 및 인터넷(이하 "공보 등"이라 한다)에 공고하고, 공람장소에 관계서류를 갖추어 공람하는 방법으로 지방의회의 의견을 들은 후(이 경우 지방의회는 특별시장·광역시장 또는 시장이 기본계획을 통지한 날부터 60일 이내에 의견을 제시하여야 하며, 의견제시 없이 60일이 도과한 경우 이의가 없는 것으로 본다) 「국토의 계획 및 이용에 관한 법률」 제113조제1항 및 제2항에 따른 지방도시계획위원회의 심의(대도시의 시장이 아닌 시장이 기본계획을 수립 또는 변경하는 경우에는 제외한다)를 거쳐야 한다.

다만, 다음 각 호로 정하는 경미한 사항을 변경하는 경우에는 그러하지 아니하다. 1. 정비기반시설(주거환경개선사업을 위하여 지정·고시된 정비구역 안에 설치하는 공동이용시설로서 사업시행계획서에 당해 시장·군수가 관리하는 것으로 포함된 것을 제외한다.)의 규모를 확대하거나 그 면적의 10퍼센트 미만을 축소하는 경우 2. 정비사업의 계획기간을 단축하는 경우 3. 공동이용시설에 대한 설치계획의 변경인 경우 4. 사회복지시설 및 주민문화시설 등의 설치계획의 변경인 경우 5. 정비구역으로 지정할 예정인 구역의 면적을 구체적으로 명시한 경우 당해 구역 면적의 20퍼센트 미만의 변경인 경우 6. 단계별 정비사업추진계획의 변경인 경우 7. 건폐율(「건축법」제55조에 따른 건폐율을 말한다. 이하 같다) 및 용적률(「건축법」제56조에 따른 용적률을 말한다. 이하 같다)의 각 20퍼센트 미만의 변경인 경우 8. 정비사업의 시행을 위하여 필요한 재원조달에 관한 사항의 변경인 경우 9. 「국토의 계획 및 이용에 관한 법률」 제2조제3호의 규정에 의한 도시기본계획의 변경에 따른 변경인 경우(동조 제3항, 슈 제9조 제1항 및 제3항)

대도시의 시장이 아닌 시장은 기본계획을 수립 또는 변경한 때에는 도지사의 승인을 얻어야 하며, 도지사가 이를 승인함에 있어서는 지방도시계획위원회의 심의를 거쳐야 한다. 다만, 위 규정에 의한 경미한 사항을 변경하는 경우에는 그러하지 아니하다(동조 제4항).

특별시장·광역시장·도지사(이하 "시·도지사"라 한다) 또는 대도시의 시장은 지방도시계획위원회의 심의를 거치기 전에 관계 행정기관의 장과 협의하여야 하며

(동조 제5항), 특별시장 · 광역시장 또는 시장은 기본계획이 수립 또는 변경된 때에는 이를 지체 없이 당해 지방자치단체의 공보에 고시하여야 한다. 이 경우 기본계획의 수립 또는 변경을 고시하는 때에는 기본계획의 요지와 기본계획서의 열람장소를 고시하여야 한다(동조 제6항, 규칙 제3조 제1항).

특별시장 · 광역시장 또는 시장은 기본계획을 수립하거나 변경한 때에는 국토해양부령이 정하는 방법 및 절차에 따라 국토해양부장관에게 보고하여야 한다. 특별시장 · 광역시장 또는 시장은 국토해양부장관에게 기본계획의 수립 · 변경사실을 보고하는 때에는 고시내용에 기본계획서를 첨부하여 보고(전자문서에 의한 보고를 포함한다)하여야 한다. 이 경우 시장(대도시의 시장은 제외한다)은 도지사를 거쳐 보고(전자문서에 의한 보고를 포함한다)하여야 한다(동조 제7항, 규칙 제3조 제2항). 기본계획의 작성기준 및 작성방법은 국토해양부장관이 이를 정한다(동조 제8항).

2. 정비계획의 수립 및 정비구역의 지정

(1) 정비구역과 정비계획의 의의

"정비구역"이라 함은 정비사업을 계획적으로 시행하기 위하여 이 법 제4조의 규정에 의하여 지정 · 고시된 구역을 말한다(제2조 제1호). 이러한 정비구역의 지정은 장차 진행될 사업의 구체적인 사항을 포함하지 않고 단순히 대상지역의 면적만을 확정하므로 건폐율 · 용적율 · 사업예정시기 등 세부 계획내용을 담은 구속적 행정계획인 정비계획이 필요하게 된다. 따라서 정비구역의 지정은 정비계획과 함께 이루어지게 된다.

(2) 정비계획의 수립 (제4조)

구법에서는 재개발구역의 지정과 재개발사업계획의 결정 절차를 분리하여, 재개발구역지정의 효과로서 시장 · 군수 등에게 재개발사업계획의 입안 및 결정 신청의무가 발생하는 것으로 전제하여, 재개발구역의 지정 · 고시 후 2년 이내에 시장 · 군수의 재개발사업계획 결정신청이 없으면 그 기간이 만료함으로써 재개발구역지정의 효력이 상실되는 것으로 규정하고 있었다(舊法 제5조 1항, 3항) 그러나 이 제도는 구체적 사업시행계획의 인가제도와 중복되는 문제점이 있어, 현행법에서는 재개발구역 지정 시 정비계획을 동시에 결정하도록 규정하게 된 것이다.

시장・군수는 기본계획에 적합한 범위 안에서 노후・불량건축물이 밀집하는 등 대통령령이 정하는 요건에 해당하는 구역에 대하여 정비계획을 수립하여 이를 주민에게 서면으로 통보한 후 주민설명회를 하고 30일 이상 주민에게 공람하며 지방의회의 의견을 들은 후(이 경우 지방의회는 시장・군수가 정비계획을 통지한 날부터 60일 이내에 의견을 제시하여야 하며, 의견제시 없이 60일이 도과한 경우 이의가 없는 것으로 본다), 이를 첨부하여 시・도지사에게 정비구역지정을 신청하여야 한다(동조 제1항 본문).

시・도지사가 정비구역을 지정할 수 있는 원칙적인 규정에도 불구하고 대도시의 시장은 시・도지사에게 정비구역지정을 신청하지 아니하고 직접 정비구역을 지정한다(동조 제2항).

토지등소유자는 다음 각 호의 어느 하나에 해당하는 경우에 시장・군수에게 정비계획의 입안을 제안할 수 있다(제4조 제3항 전단).

1. 제3조세1항 제9호에 따른 단계별 정비사업 추진계획상 정비계획의 수립시기가 1년(시・도 조례가 그 이상의 연수로 정하는 경우에는 그 연수로 한다) 이상 경과하였음에도 불구하고 정비계획이 수립되지 아니한 경우
2. 토지등소유자가 제8조제4항에 따라 주택공사 등을 사업시행자로 요청하고자 하는 경우 3. 대도시가 아닌 시 또는 군으로서 시・도 조례로 정하는 경우

정비계획의 제안을 위한 토지등소유자의 동의, 제안서의 처리 등에 관하여 필요한 사항은 시장・군수에게 정비계획의 입안을 제안하려는 때에는 시・도 조례로 정하는 바에 따라 토지등소유자의 동의를 받은 후 제안서에 정비계획도서, 계획설명서, 그 밖의 필요한 서류를 첨부하여 시장・군수에게 제출하여야 하며, 시장・군수는 정비계획 입안의 제안이 있는 경우에는 제안일부터 60일 이내에 정비계획에의 반영 여부를 제안자에게 통보하여야 한다. 다만, 부득이한 사정이 있는 경우에는 한 차례만 30일을 연장할 수 있다. 시장・군수는 제1항에 따른 제안을 정비계획에 반영하는 경우에는 제안서에 첨부된 정비계획도서와 계획설명서를 정비계획의 입안에 활용할 수 있다. 위에서 규정된 사항 외에 정비계획 입안의 제안을 위하여 필요한 사항은 시・

도 조례로 정할 수 있다(동조 제3항 후단, 令 제13조의2).

시・도지사 또는 대도시의 시장은 정비구역을 지정 또는 변경지정하고자 하는 경우에는 대통령령이 정하는 바에 따라 지방도시계획위원회의 심의를 거쳐 지정 또는 변경지정하여야 한다. 다만, 제1항 단서에 따른 경미한 사항을 변경하고자 하는 경우에는 지방도시계획위원회의 심의를 거치지 아니할 수 있다(동조 제4항).

시・도지사 또는 대도시의 시장은 정비구역을 지정 또는 변경지정한 경우에는 당해 정비계획을 포함한 지정 또는 변경지정 내용을 당해 지방자치단체의 공보에 고시하고 국토해양부령이 정하는 방법 및 절차에 따라 국토해양부장관에게 그 지정내용 또는 변경지정내용을 다음 각 호의 사항을 포함하여 보고(전자문서에 의한 보고를 포함한다)하여야 하며, 관계 서류를 일반인이 열람할 수 있도록 하여야 한다(동조 제5항, 규칙 제4조). 1. 당해 정비구역과 관련된 도시계획(국토의계획및이용에관한법률에 의한 도시기본계획 및 도시관리계획을 말한다) 및 기본계획의 주요내용 2. 법 제4조제1항의 규정에 의한 정비계획의 요약 3. 도시관리계획결정 조서

정비구역의 지정 또는 변경지정에 대한 고시가 있는 경우 당해 정비구역 및 정비계획 중「국토의 계획 및 이용에 관한 법률」제52조제1항 각호의 지구단위계획의 내용에 해당하는 사항은 동법의 규정에 의한 제1종지구단위계획 및 제1종지구단위계획구역으로 결정・고시된 것으로 보며(동조 제6항),「국토의 계획 및 이용에 관한 법률」에 의한 지구단위계획구역에 대하여 제1항 각 호의 사항을 모두 포함한 지구단위계획을 결정・고시(변경 결정・고시하는 경우를 포함한다)하는 경우 당해 지구단위계획구역은 정비구역으로 지정・고시된 것으로 본다(동조 제7항).

정비계획을 통한 토지의 효율적인 활용을 도모하기 위하여「국토의 계획 및 이용에 관한 법률」제52조제3항의 규정에 의한 지구단위계획구역 안에서의 건폐율 등의 완화규정은 정비계획에 관하여 이를 준용한다. 이 경우 "지구단위계획구역"은 "정비구역"으로, "지구단위계획"은 "정비계획"으로 본다(동조 제8항).

그리고 시장・군수는 정비기반시설 및 국・공유재산의 귀속 및 처분에 관한 사항이 포함된 정비계획을 수립하고자 하는 때에는 미리 해당 정비기반시설 및 국・공유재산의 관리청의 의견을 들어야 한다(제4조 제10항). 한편, 시장・군수는 위 규정에 의하여 정비계획을 주민에게 공람하고자 하는 때에는 미리 공람의 요지 및 공람장소

를 당해 지방자치단체의 공보 등에 공고하고, 공람장소에 관계서류를 비치하여야 한다(令 제11조 제1항). 정비계획의 작성기준 및 작성방법은 국토해양부장관이 이를 정한다(동조 제11항).

시장・군수는 정비사업의 효율적인 추진 또는 도시의 경관보호를 위하여 필요하다고 인정하는 경우에는 정비구역을 2 이상의 구역으로 분할하거나, 서로 떨어진 2 이상의 구역(제4조제1항에 따라 대통령령으로 정하는 요건에 해당하는 구역에 한한다) 또는 정비구역을 제4조제1항에 따라 하나의 정비구역으로 지정 신청할 수 있다(제34조 제1항). 정비구역을 분할하거나 서로 떨어진 지역을 하나의 정비구역으로 지정하여 정비사업을 시행하고자 하는 경우 시행 방법과 절차에 관한 세부사항은 시・도 조례로 정한다(동조 제2항).

(3) 정비계획의 내용 및 정비계획의 수립대상지역

1) 정비계획의 내용 (제4조)

시장・군수는 기본계획에 적합한 범위 안에서 노후・불량건축물이 밀집하는 등 대통령령이 정하는 요건에 해당하는 구역에 대하여 다음 각 호의 사항이 포함된 정비계획을 수립하여 시・도지사에게 정비구역지정을 신청하여야 한다(제4조 제1항 본문).

1. 정비사업의 명칭
2. 정비구역 및 그 면적
3. 국토의계획및이용에관한법률 제2조제7호의 규정에 의한 도시계획시설(이하 "도시계획시설"이라 한다)의 설치에 관한 계획
4. 공동이용시설 설치계획
5. 건축물의 주용도・건폐율・용적률・높이에 관한 계획
6. 환경보전 및 재난방지에 관한 계획

   6의2. 정비구역 주변의 교육환경 보호에 관한 계획
7. 정비사업시행 예정시기

   7의2. 삭제<개정 2009.4.22>

   7의3. 「국토의 계획 및 이용에 관한 법률」 제52조제1항 각 호의 사항에 관한 계획(필요한 경우에 한한다)

8. 그 밖에 정비사업의 시행을 위하여 필요한 사항(슈 제13조)

정비계획의 내용을 변경할 필요가 있을 때에는 같은 절차를 거쳐 변경지정을 신청하여야 하나(제4조 제1항 본문), 다만 시행령이 정하는 경미한 사항을 변경하는 경우에는 주민에 대한 서면통보, 주민설명회, 주민공람 및 지방의회의 의견청취절차를 거치지 아니할 수 있다(동조 제1항 단서, 슈 제12조).

2) 정비계획의 수립대상지역 (슈 제10조)

시장·군수는 시행령이 정하는 요건에 해당하는 지역에 대하여 법 제4조제1항의 규정에 의한 정비계획(이하 "정비계획"이라 한다)을 수립할 수 있다(동조 제1항). 정비계획을 수립하는 경우에는 다음 각 호의 사항을 조사하여 위의 요건에 적합한지 여부를 확인하여야 하며, 정비계획을 변경하고자 하는 경우에는 변경내용에 해당하는 사항을 조사·확인하여야 한다(슈 동조 제2항). 1. 주민 또는 산업의 현황 2. 토지 및 건축물의 이용과 소유현황 3. 도시계획시설 및 법 제2조제4호의 규정에 의한 정비기반시설(이하 "정비기반시설"이라 한다)의 설치현황 4. 정비구역 및 주변지역의 교통상황 5. 토지 및 건축물의 가격과 임대차 현황 6. 정비사업의 시행계획 및 시행방법 등에 대한 주민의 의견 7. 그 밖에 시·도 조례로 정하는 사항

(4) 행위제한 등 (제5조)

1) 정비구역 안에서의 행위제한

정비구역 안에서 건축물의 건축, 공작물의 설치, 토지의 형질변경, 토석의 채취, 토지분할, 물건을 쌓아놓는 행위 등 시행령이 정하는 행위를 하고자 하는 자는 시장·군수의 허가를 받아야 한다. 허가받은 사항을 변경하고자 하는 때에도 또한 같다(동조 제1항, 슈 제13조의4) .

2) 원상회복명령

시장·군수는 제1항의 규정을 위반한 자에 대하여 원상회복을 명할 수 있다. 이 경우 명령을 받은 자가 그 의무를 이행하지 아니하는 때에는 시장·군수는 「행정대집행법」에 따라 이를 대집행할 수 있다(동조 제4항).

3) 다른 법률의 준용

허가에 관하여 이 법에 규정한 것을 제외하고는 「국토의 계획 및 이용에 관한 법률」 제57조 내지 제60조 및 제62조의 규정을 준용하며(동조 제5항), 허가를 받은 경우에는 「국토의 계획 및 이용에 관한 법률」 제56조의 규정에 따라 허가를 받은 것으로 본다(동조 제6항).

국토해양부장관, 시ㆍ도지사 또는 시장ㆍ군수는 비경제적인 건축행위 및 투기 수요의 유입 방지를 위하여 기본계획을 공람 중인 정비예정구역 또는 정비계획을 수립 중인 지역에 대하여 3년 이내의 기간(1회에 한하여 1년의 범위 안에서 연장할 수 있다)을 정하여 건축물의 건축, 토지의 분할을 제한할 수 있다.(동조 제7항)

Ⅳ. 시행자 -시행인가 단계- (제3장)

1. 사업시행계획의 작성 및 인가 등 (제3장 제3절)

사업시행자가 정비사업을 시행하기 위해서는 원칙적으로 사업계획서를 작성하여 시장ㆍ군수 등의 인가를 받아야 한다.

(1) 사업시행계획의 작성 등

1) 사업시행계획서 (제30조)

사업시행자는 고시된 정비계획에 따라 다음 각 호의 사항을 포함하여 사업시행계획서를 작성하여야 한다.

1. 토지이용계획(건축물배치계획을 포함한다)
2. 정비기반시설 및 공동이용시설의 설치계획
3. 임시수용시설을 포함한 주민이주대책
4. 세입자의 주거 및 이주 대책
5. 임대주택의 건설계획(주택재건축사업의 경우 제30조의3제2항에 따른 재건축소

형주택의 건설계획을 말한다)

6. 건축물의 높이 및 용적률 등에 관한 건축계획
7. 정비사업의 시행과정에서 발생하는 폐기물의 처리계획

   7의2. 교육시설의 교육환경 보호에 관한 계획(정비구역으로부터 200미터 이내에 교육시설이 설치되어 있는 경우에 한한다)

8. 시행규정(시장·군수 또는 주택공사 등이 단독으로 시행하는 정비 사업에 한한다).
9. 그 밖에 사업시행을 위하여 필요한 사항(令 제41조 제2항).

2) 지정개발자의 정비사업비 예치 등 (제29조)

시장·군수는 도시환경정비사업의 사업시행인가를 하고자 하는 경우 당해 정비사업의 사업시행자가 지정개발자인 때에는 정비사업비의 100분의 20의 범위 이내에서 특별시·광역시 또는 도의 조례(이하 "시·도조례"라 한다)가 정하는 금액을 예치하게 할 수 있다(동조 제1항). 이 예치금은 제57조제1항의 규정에 의한 청산금의 지급이 완료된 때에 이를 반환한다(동조 제2항). 위 규정에 의한 예치 및 반환 등에 관하여 필요한 사항은 시·도조례로 정한다(동조 제3항).

(2) 사업시행인가 등

1) 사업시행의 인가 (제28조)

시행인가의 법적 성질은 강학상 특허 내지 인가의 성질을 가지는 형성적 행정행위로서, 시행인가의 법적 효과로서는 사업의 시행권 기타 사업자로서의 부수적 권리가 발생하는 것을 들 수 있을 것이다.

가. 절차

사업시행자(제8조제1항 내지 제3항의 규정에 의한 공동시행의 경우를 포함하되, 사업시행자가 시장·군수인 경우를 제외한다)는 정비사업을 시행하고자 하는 경우에는 사업시행계획서에 정관 등과 그 밖에 국토해양부령(규칙 제9조)이 정하는 서류를 첨부하여 시장·군수에게 제출하고 사업시행인가를 받아야 한다(동조 제1항). 인가받은 내용을 변경하거나 정비사업을 중지 또는 폐지하고자 하는 경우에도 또한 같다. (제28조 제1항, 令 제38조).

사업시행자(시장 · 군수 또는 주택공사 등을 제외한다)는 사업시행인가를 신청(인가받은 내용을 변경하거나 정비사업을 중지 또는 폐지하고자 하는 경우를 포함한다)하기 전에 미리 총회를 개최하여 조합원 과반수의 동의를 얻어야 한다. 다만, 사업시행자가 지정개발자인 경우에는 정비구역 안의 토지면적 50퍼센트 이상 토지소유자의 동의와 토지등소유자 과반수의 동의를 각각 얻어야 하며, 제1항 단서에 따른 경미한 변경인 경우에는 총회 의결을 필요로 하지 아니한다(제28조 제5항).

도시환경정비사업을 토지등소유자가 시행하고자 하는 경우에는 사업시행인가를 신청하기 전에 사업시행계획서에 대하여 토지등소유자의 4분의 3 이상의 동의를 얻어야 한다. 다만, 인가받은 사항을 변경하고자 하는 경우에는 규약이 정하는 바에 따라 토지등소유자의 과반수의 동의를 얻어야 하며, 제1항 단서에 따른 경미한 변경인 경우에는 토지등소유자의 동의를 필요로 하지 아니한다(동조 제7항).

시장 · 군수는 정비구역이 아닌 구역에서 시행하는 주택재건축사업의 사업시행인가를 하고자 하는 경우에는 건축물의 높이 · 층수 · 용적률 등 대통령령이 정하는 사항에 대하여 건축법 제4조의 규정에 의하여 시 · 군 · 구(자치구를 말한다)에 설치하는 건축위원회(이하 "건축위원회"라 한다)의 심의를 거쳐야 한다(제28조 제2항).

시장 · 군수는 제1항에 따른 사업시행인가(시장 · 군수가 사업시행계획서를 작성한 경우를 포함한다)를 하고자 하는 경우(인가받은 내용을 변경하는 경우를 포함한다) 정비구역으로부터 200미터 이내에 교육시설이 설치되어 있는 때에는 해당 지방자치단체의 교육감 또는 교육장과 협의하여야 한다(제28조 제3항).

시장 · 군수는 사업시행인가를 하고자 하거나 사업시행계획서를 작성하고자 하는 경우에는 대통령령이 정하는 방법 및 절차에 따라 관계서류의 사본을 14일 이상 일반인이 공람하게 하여야 하는 바, 관계된 서류를 일반인에게 공람하게 하고자 하는 때에는 그 요지와 공람장소를 당해 지방자치단체의 공보등에 공고하여야 한다. 이 경우 주택재개발사업 · 주거환경개선사업 및 도시환경정비사업의 경우에는 토지등소유자에게 공고내용을 통지하여야 한다. 다만, 제28조제1항 단서의 규정에 의한 경미한 사항을 변경하고자 하는 경우에는 그러하지 아니하다(제31조 제1항, 令 제42조).

토지등소유자 또는 조합원 그 밖에 정비사업과 관련하여 이해관계를 가지는 자는 제1항의 공람기간 이내에 시장 · 군수에게 서면으로 의견을 제출할 수 있으며(동조

제2항), 시장・군수는 제2항의 규정에 의하여 제출된 의견을 심사하여 채택할 필요가 있다고 인정하는 때에는 이를 채택하고, 그러하지 아니한 경우에는 의견을 제출한 자에게 그 사유를 알려주어야 한다(동조 제3항).

시장・군수는 제1항의 규정에 의한 사업시행인가(시장・군수가 사업시행계획서를 작성한 경우를 포함한다)를 하거나 그 정비사업을 변경・중지 또는 폐지하는 경우에는 국토해양부령이 정하는 방법 및 절차에 의하여 그 내용을 당해 지방자치단체의 공보에 고시하여야 한다. 다만, 제1항 단서의 규정에 의한 경미한 사항을 변경하고자 하는 경우에는 그러하지 아니하다(제28조 제4항).

나. 다른 법률의 인・허가 등의 의제 (제32조)

가) 인・허가 의제

사업시행자가 사업시행인가를 받은 때(시장・군수가 직접 정비사업을 시행하는 경우에는 사업시행계획서를 작성한 때를 말한다.)에는 관계법률에 의한 인가・허가・승인・신고・등록・협의・동의・심사 또는 해제(이하 "인・허가등"이라 한다)가 있은 것으로 보며, 사업시행인가의 고시가 있은 때에는 관계 법률에 의한 인・허가등의 고시・공고 등이 있은 것으로 본다(동조 제1항).

나) 공장이 포함된 구역에 대한 인・허가의 의제

사업시행자가 공장이 포함된 구역에 대한 도시환경 정비사업에 대하여 사업시행인가를 받은 때에는 인・허가 등이 있은 것으로 보는 것 외에 다음 각 호의 인・허가 등이 있은 것으로 보며, 사업시행인가의 고시가 있은 때에는 관계 법률에 의한 인・허가 등의 고시・공고 등이 있은 것으로 본다(제32조 제2항).

다) 인・허가 관계서류 제출

사업시행자는 정비사업에 대하여 위 규정에 의한 인・허가 등의 의제를 받고자 하는 경우에는 사업시행인가를 신청하는 때에 해당 법률이 정하는 관계서류를 함께 제출하여야 한다. 다만, 사업시행인가를 신청한 때에 시공자가 선정되어 있지 아니하여 관계서류를 제출할 수 없는 경우이거나 사업시행인가를 하는 때에는 시장・군수가 정하는 기한까지 이를 제출할 수 있다(제32조 제3항).

라) 관계 행정기관장과의 협의

시장・군수는 사업시행인가를 하거나 사업시행계획서를 작성하고자 함에 있어서 의제되는 인・허가 등에 해당하는 사항이 있는 경우에는 미리 관계 행정기관의 장과 협의하여야 하며, 협의를 요청받은 관계행정기관의 장은 요청받은 날(제3항 단서의 경우에는 서류가 관계행정기관의 장에게 도달된 날을 말한다)부터 20일 이내에 의견을 제출하여야 한다. 이 경우 관계행정기관의 장은 당해 법률에서 규정한 인・허가 등의 기준을 위반하여 협의에 응하여서는 아니 된다(제32조 제4항).

천재지변이나 그 밖의 불가피한 사유로 인하여 긴급히 정비사업을 시행할 필요가 있다고 시장・군수가 인정하는 때에는 관계 행정기관의 장과 협의를 마치기 전에 사업시행인가를 할 수 있다. 이 경우 협의를 마칠 때까지는 인・허가 등을 받은 것으로 보지 아니한다(동조 제5항).

마) 수수료 등의 면제

정비사업에 대하여 다른 법률에 의한 인・허가 등이 있은 것으로 보는 경우에는 관계 법률 또는 시・도 조례에 의하여 당해 인・허가 등의 대가로 부과되는 수수료 등은 이를 면제한다(동조 제6항).

2) 사업시행인가의 특례 - 존치 또는 리모델링 특례 (제33조)

사업시행자는 일부 건축물의 존치 또는 리모델링(건축물의 노후화 억제 또는 기능향상 등을 위하여 증축・개축 또는 대수선을 하는 행위를 말한다.)에 관한 내용이 포함된 사업시행계획서를 작성하여 사업시행인가의 신청을 할 수 있다. 이 경우 시장・군수는 존치 또는 리모델링되는 건축물 및 건축물이 있는 토지가 주택법 및 건축법상의 건축 관련 기준에 적합하지 아니하더라도 대통령령이 정하는 기준[5]에 따라 사업시행인가를 할 수 있다(동조 제1항).

---

5) "대통령령이 정하는 기준"이라 함은 다음 각 호의 기준을 말한다. 1.「주택법」제2조제4호의 규정에 불구하고 존치 또는 리모델링(건축물의 노후화 억제 또는 기능향상 등을 위하여 증축・개축 또는 대수선을 하는 행위를 말한다. 이하 같다)되는 건축물도 하나의 주택단지 안에 있는 것으로 본다. 2.「주택법」 제21조제1항의 규정에 의한 부대시설・복리시설의 설치기준은 존치 또는 리모델링되는 건축물을 포함하여 적용할 수 있다. 3.「건축법」 제44조에 따른 대지와 도로의 관계는 존치 또는 리모델링되는 건축물의 출입에 지장이 없다고 인정되는 경우 이를 적용하지 아니할 수 있다. 4.「건축법」 제46조에 따른 건축선의 지정은 존치 또는 리모델링되는 건축물에 대하여는 이를 적용하지 아니할 수 있다. 5.「건축법」 제61조에 따른 일조등의 확보를 위한 건축물의 높이제한은 리모델링되는 건축물에 대하여는 이를 적용하지 아니할 수 있다(슈 제43조).

2. 사업의 시행자 (제3장 제1절, 제2절)

(1) 원칙적인 시행자

1) 주거환경개선사업 (제7조)

주거환경개선사업은 제4조제1항에 따른 공람공고일 현재 해당 정비예정구역 안의 토지 또는 건축물의 소유자 또는 지상권자의 3분의 2 이상(제6조제1항 제1호의 경우에는 과반수를 말한다)의 동의와 세입자(제4조제1항의 규정에 의한 공람공고일 3월 전부터 당해 정비예정구역 안에 3월 이상 거주하고 있는 자를 말한다)세대수 과반수의 동의를 각각 얻어 시장・군수가 직접 시행하거나 주택공사 등을 사업시행자로 지정하여 이를 시행하게 할 수 있다. 다만, 세입자의 세대수가 토지등소유자의 2분의 1 이하인 경우 등 다음 각 호의 어느 하나에 해당하는 사유가 있는 경우에는 세입자의 동의절차를 거치지 아니할 수 있다(동조 제1항, 令 제13조의6). 1. 세입자의 세대수가 토지등소유자의 2분의 1 이하인 경우 2. 정비구역 지정고시일 현재 당해 지역이 속한 시・군・구에 「보금자리주택건설 등에 관한 특별법」 제2조제1호에 따른 보금자리주택(임대주택만 해당한다) 등 세입자가 입주가능 한 임대주택이 충분하여 임대주택을 건설할 필요가 없다고 시・도지사가 인정하는 경우 3. 법 제6조제1항 제1호 또는 제3호의 규정에 의한 방법으로 사업을 시행하는 경우 시장・군수는 천재・지변 그 밖의 불가피한 사유로 인하여 건축물의 붕괴우려가 있어 긴급히 정비사업을 시행할 필요가 있다고 인정하는 경우에는 제1항의 규정에 불구하고 토지등소유자 및 세입자의 동의 없이 자신이 직접 시행하거나 주택공사 등을 사업시행자로 지정하여 시행하게 할 수 있다. 이 경우 시장・군수는 지체없이 토지등소유자에게 긴급한 정비사업의 시행사유・시행방법 및 시행시기 등을 통보하여야 한다(동조 제2항).

2) 주택재개발사업 (제8조)

주택재개발사업은 조합이 이를 시행하거나 조합이 조합원 과반수의 동의를 얻어 시장・군수, 주택공사 등, 「건설산업기본법」 제9조의 규정에 의한 건설업자, 「주택법」제12조제1항의 규정에 의하여 건설업자로 보는 등록사업자 또는 「자본시장과 금융투자업에 관한 법률」 제8조제7항에 따른 신탁업자와 「국유재산법 시행령」 별표 1

에 따른 주식회사 한국감정원과 공동으로 이를 시행할 수 있다(제8조 제1항, 제14조).

3) 주택재건축사업 (제8조)

주택재건축사업은 조합이 이를 시행하거나 조합이 조합원 과반수의 동의를 얻어 시장·군수 또는 주택공사 등과 공동으로 이를 시행할 수 있다(동조 제2항).

4) 도시환경정비사업 (제8조)

도시환경정비사업은 조합 또는 토지등소유자가 시행하거나, 조합 또는 토지등소유자가 조합원 또는 토지등소유자의 과반수의 동의를 얻어 시장·군수, 주택공사 등, 「한국토지공사법」에 의한 한국토지공사(공장이 포함된 구역에서의 도시환경정비사업의 경우를 제외한다), 건설업자, 등록사업자 또는 대통령령이 정하는 요건을 갖춘 자와 공동으로 이를 시행할 수 있다(동조 제3항).

(2) 예외적인 시행자 (제8조)

시장·군수는 정비사업이 다음 각 호의 1에 해당하는 때에는 위 1)의 나, 다. 라의 규정에 불구하고 직접 정비사업(주거환경개선사업을 제외한다. 이하 이 조 및 제9조에서 같다)을 시행하거나, 시장·군수가 토지등소유자·「사회기반시설에 대한 민간투자법」 제2조제12호에 따른 민관합동법인 또는 「자본시장과 금융투자업에 관한 법률」 제8조제7항에 따른 신탁업자로서 대통령령으로 정하는 요건 을 갖춘 자(제1호 및 제2호의 경우에 한하며, 이하 "지정개발자"라 한다)또는 주택공사 등을 사업시행자로 지정하여 정비사업을 시행하게 할 수 있다.

1. 천재·지변 그 밖의 불가피한 사유로 인하여 긴급히 정비사업을 시행할 필요가 있다고 인정되는 때
2. 고시된 정비계획에서 정한 정비사업시행 예정일부터 2년 이내에 제28조의 규정에 의한 사업시행인가(이하 "사업시행인가"라 한다)를 신청하지 아니하거나 사업시행인가를 신청한 내용이 위법 또는 부당하다고 인정되는 때(주택재건축사업의 경우를 제외한다) 2의2. 제13조에 따른 조합설립추진위원회(이하 "추진위원회"라 한다)가 시장·군수의 구성 승인을 얻은 날부터 3년 이내에 조합의 설립인가를 신청하지 아니하거나, 조합이 조합의 설립인가를 얻은 날부터 3년 이내

에 제28조에 따른 사업시행인가를 신청하지 아니하는 경우(이 경우 시장・군수는 제5항에 따른 사업시행자 지정 고시일 다음날에 추진위원회의 구성 승인 또는 조합의 설립인가는 취소된 것으로 본다)

3. 지방자치단체의 장이 시행하는 국토의계획및이용에관한법률 제2조제11호의 규정에 의한 도시계획사업과 병행하여 정비사업을 시행할 필요가 있다고 인정되는 때
4. 순환정비방식에 의하여 정비사업을 시행할 필요가 있다고 인정되는 때
5. 사업시행인가가 취소된 때
6. 당해 정비구역안의 국・공유지면적 또는 국・공유지와 주택공사 등이 소유한 토지를 합한 면적이 전체 토지면적의 2분의 1 이상으로서 토지등소유자의 과반수가 시장・군수 또는 주택공사 등을 사업시행자로 지정하는 것에 동의하는 때
7. 당해 정비구역안의 토지면적 2분의 1 이상의 토지소유자와 토지등소유자의 3분의 2 이상에 해당하는 자가 시장・군수 또는 주택공사 등을 사업시행자로 지정할 것을 요청하는 때. 이 경우 제4조 제3항 제2호에 따라 토지등소유자가 정비계획의 수립에 대한 입안을 제안한 경우 입안제안에 동의한 토지등소유자는 주택공사 등의 사업시행자 지정에 동의한 것으로 본다. 다만, 사업시행자의 지정 요청 전에 시장・군수 및 제26조에 따른 주민대표회의에 사업시행자의 지정에 대한 반대의 의사표시를 한 토지등소유자의 경우에는 그러하지 아니하다(동조 제4항).

시장・군수는 직접 정비사업을 시행하거나 지정개발자 또는 주택공사 등을 사업시행자로 지정하는 때에는 정비사업 시행구역 등 토지등소유자에게 알릴 필요가 있는 사항으로서 다음 각 호의 사항을 당해 지방자치단체의 공보에 고시하여야 한다(동조 제5항, 令 제15조 제1항). 1. 정비사업의 종류 및 명칭 2. 사업시행자의 성명 및 주소(법인인 경우에는 법인의 명칭 및 주된 사무소의 소재지와 대표자의 성명 및 주소를 말한다. 이하 같다) 3. 정비구역(법 제34조의 규정에 의하여 정비구역을 2 이상의 구역으로 분할하는 경우에는 분할된 각각의 구역을 말한다. 이하 같다)의 위치 및 면적 4. 정비사업의 착수예정일 및 준공예정일 또한 시장・군수는 토지등소유자에게 제1항 각호의 고시내용을 통지하여야 한다(令 동조 제2항).

(3) 사업대행자의 지정 등 (제9조)

1) 시장·군수는 장기간 정비사업이 지연되거나 권리관계에 대한 분쟁 등으로 인하여 해당 조합 또는 토지등소유자가 시행하는 정비사업을 계속 추진하기 어렵다고 인정하는 때에는 해당 조합 또는 토지등소유자를 대신하여 직접 정비사업을 시행하거나 지정개발자 또는 주택공사 등으로 하여금 당해 조합 또는 토지등소유자를 대신하여 정비사업을 시행하게 할 수 있으며(제9조 제1항), 이 경우 다음 각 호의 사항에 관한 사업대행개시결정을 하여 당해 지방자치단체의 공보등에 고시하여야 한다(令 제16조 제1항). 1. 제15조제1항 각호의 사항 2. 대행개시결정일 3. 사업대행자 4. 대행사항

시장·군수는 토지등소유자 및 사업시행자에게 제1항 각호의 고시내용을 통지하여야 한다(令 동조 제2항).

2) 사업대행개시결정의 효과 (令 제17조)

위 규정에 의한 고시가 있은 때에는 사업대행자는 그 고시일의 다음 날부터 사업대행완료의 고시일까지 자기의 이름 및 사업시행자의 계산으로 사업시행자의 업무를 집행하고 재산을 관리한다. 이 경우 법 또는 법에 의한 명령이나 정관등이 정하는 바에 의하여 사업시행자가 행하거나 사업시행자에 대하여 행하여진 처분·절차 그 밖의 행위는 사업대행자가 행하거나 사업대행자에 대하여 행하여진 것으로 본다.
시장·군수가 아닌 사업대행자는 재산의 처분, 자금의 차입 그 밖에 사업시행자에게 재산상 부담을 가하는 행위를 하고자 하는 때에는 미리 시장·군수의 승인을 얻어야 한다.

3) 정비사업을 대행하는 시장·군수, 지정개발자 또는 주택공사 등(이하 "사업대행자"라 한다)은 사업시행자에게 청구할 수 있는 보수 또는 비용의 상환에 대한 권리로써 사업시행자에게 귀속될 대지 또는 건축물을 압류할 수 있다(제9조 제2항).

4) 사업대행의 완료 (令 제18조)

사업대행자가 사업시행자에게 보수 또는 비용의 상환을 청구함에 있어서는 그 보수 또는 비용을 지출한 날 이후의 이자를 청구할 수 있다(令 동조 제1항).

사업대행자는 사업대행의 원인이 된 사유가 없어지거나 등기를 완료한 때에는 사

업대행을 완료하여야 한다. 이 경우 시장·군수가 아닌 사업대행자는 미리 시장·군수에게 사업대행을 완료할 뜻을 보고하여야 한다(슈 동조 제2항).

시장·군수는 사업대행이 완료된 때에는 제9조제3항의 규정에 의하여 슈 제16조제1항 각호의 사항과 사업대행완료일을 당해 지방자치단체의 공보 등에 고시하고, 토지등소유자 및 사업시행자에게 각각 통지하여야 한다(슈 동조 제3항).

사업대행자는 위 규정에 의한 사업대행완료의 고시가 있은 때에는 지체없이 사업시행자에게 업무를 인계하여야 하며, 사업시행자는 정당한 사유가 없는 한 이를 인수하여야 하며(슈 동조 제4항), 인계·인수가 완료된 때에는 사업대행자가 정비사업을 대행함에 있어서 취득하거나 부담한 권리와 의무는 사업시행자에게 승계된다(슈 동조 제5항).

5) 사업대행자의 주의의무 등 (슈 제19조)

사업대행자는 업무를 행함에 있어서는 선량한 관리자로서의 주의의무를 다하여야 하며(슈 동조 제1항), 사업대행자는 위 업무를 행함에 있어서 필요한 때에는 사업시행자에게 협조를 요청할 수 있으며, 사업시행자는 특별한 사유가 없는 한 이에 응하여야 한다(슈 동조 제2항).

(4) 사업시행자 등의 권리·의무의 승계 (제10조)

사업시행자와 정비사업과 관련하여 권리를 갖는 자(이하 "권리자"라 한다)의 변동이 있은 때에는 종전의 사업시행자와 권리자의 권리·의무는 새로이 사업시행자와 권리자로 된 자가 이를 승계한다.

3. 조합의 설립 등

(1) 조합설립추진위원회

1) 조합설립추진위원회의 의의 (제13조)

조합을 설립하고자 하는 경우에는 정비구역지정 고시(정비구역이 아닌 구역에서의 주택재건축사업의 경우에는 주택재건축사업의 시행결정을 말한다) 후 위원장을 포함한 5인 이상의 위원 및 운영규정에 대한 토지등소유자 과반수의 동의를 얻어 조합설립을 위한 추진위원회를 구성하여 국토해양부령으로 정하는 방법과 절차에 따라 시장 · 군수의 승인을 얻어야 한다(제13조 제2항). 추진위원회란 정비사업을 추진하고자 하는 토지등소유자들이 초기단계의 제반업무를 준비하기 위해 결성하는 단체를 말하는 것으로 시장 · 군수의 승인을 얻어 구성되나 법인격이 없는 비사단법인이다.[6)]

추진위원회의 구성에 동의한 토지등소유자(이하 "추진위원회 동의자"라 한다)는 조합의 설립에 동의한 것으로 본다. 다만, 조합설립인가 신청 전에 시장 · 군수 및 추진위원회에 조합설립에 대한 반대의 의사표시를 한 추진위원회 동의자의 경우에는 그러하지 아니하다(동조 제3항). 시장 · 군수는 승인을 함에 있어 주택재건축사업이 재건축임대주택 공급의무가 있는 것으로서 정비구역이 아닌 구역에서 시행되는 경우에는 재건축임대주택의 규모 등 재건축임대주택에 관한 사항을 인수자와 미리 협의하여 추진위원회에 통보하여야 한다(동조 제4항).

2) **추진위원회 기능** (제14조)

추진위원회는 다음 각 호의 업무를 수행할 수 있다.

1. 제69조의 규정에 의한 정비사업전문관리업자(이하 "정비사업전문관리업자"라 한다)의 선정
2. 개략적인 정비사업 시행계획서의 작성
3. 조합의 설립인가를 받기 위한 준비업무
4. 그 밖에 조합설립의 추진을 위하여 필요한 업무(동조 제1항, 令 제22조).

추진위원회가 정비사업전문관리업자를 선정하고자 하는 경우에는 제13조에 따라 시장 · 군수의 추진위원회 승인을 얻은 후 국토해양부장관이 정하는 경쟁입찰의 방법으로 선정하여야 하며(동조 제2항), 추진위원회는 조합설립인가를 신청하기 전에 다음에 정하는 방법 및 절차에 따라 조합설립을 위한 창립총회를 개최하여야 한다(동조 제3항, 令제 22조의2).

---

6) 서울고법 2002. 7. 3 선고 2001나27793

3) 추진위원회 조직 및 운영 (제15조)

가. 조직

추진위원회는 추진위원회를 대표하는 위원장 1인과 감사를 두어야 하며, 그 운영에 필요한 사항은 대통령령으로 정한다(동조 제1항).

국토해양부장관은 추진위원회의 공정한 운영을 위하여 다음 각 호의 내용을 포함한 추진위원회의 운영규정을 정하여 관보에 고시하여야 한다(동조 제2항).

1. 추진위원회 위원의 선임방법 및 변경에 관한 사항
2. 추진위원회 위원의 권리・의무에 관한 사항
3. 추진위원회의 업무범위에 관한 사항
4. 추진위원회의 운영방법에 관한 사항
5. 토지등소유자의 운영경비 납부에 관한 사항

5의2. 추진위원회 운영자금의 차입에 관한 사항

6. 그 밖에 추진위원회의 운영에 필요한 사항으로서 다음 각 호의 사항(令 제25조)
   1. 추진위원회 운영경비의 회계에 관한 사항 2. 정비사업전문관리업자의 선정에 관한 사항 3. 그 밖에 정비사업의 원활한 추진을 위하여 추진위원회가 운영규정에 포함하여 정하여야 하는 사항

나. 운영

추진위원회는 운영규정에 따라 운영하여야 하며, 토지등소유자는 운영에 필요한 경비를 운영규정이 정하는 바에 따라 납부하여야 한다(동조 제3항).

추진위원회는 추진위원회가 행한 업무를 총회에 보고하여야 하며, 추진위원회가 행한 업무와 관련된 권리와 의무는 조합이 포괄 승계하며(제15조 제4항), 추진위원회는 사용경비를 기재한 회계장부 및 관련서류를 조합 설립의 인가일부터 30일 이내에 조합에 인계하여야 한다(동조 제5항).

토지등소유자는 추진위원회의 운영규정이 정하는 바에 따라 추진위원회에 추진위원회 위원의 교체 및 해임을 요구할 수 있으며(동조 제6항), 추진위원회 위원의 교체・해임절차 등에 관한 구체적인 사항은 운영규정이 정하는 바에 의한다(동조 제7항).

(2) 정비사업조합

1) 정비사업조합의 의의

시장·군수 또는 주택공사 등이 아닌 자가 정비사업을 시행하고자 하는 경우에는 토지 등 소유자로 구성된 조합을 설립하여야 한다. 다만, 법 제8조 제3항(공동시행)에 따라 도시환경정비사업을 토지 등 소유자가 시행하고자 하는 경우에는 그러하지 아니하다(제13조 제1항). 즉 조합이란 정비사업의 시행을 목적으로 토지 등 소유자들이 설립한 단체로서, 도시정비법의 시행 이전에는 주택재건축사업에서의 주택소유자들로 이루어진 재건축조합과 주택재개발사업에서의 토지등소유자 들이 결성한 법인으로 구분이 되었으나, 도시정비법의 시행으로 조합의 명칭도 정비사업조합으로 통일되었고 이에 따른 법적 성격도 공법상 법인으로서 차이가 없게 되었다.

2) 조합의 설립인가(제16조)

주택재개발사업 및 도시환경정비사업의 추진위원회가 조합을 설립하고자 하는 때에는 토지등소유자의 4분의 3 이상 및 토지면적의 2분의 1 이상의 토지소유자의 동의를 얻어 정관 및 국토해양부령이 정하는 서류를 첨부하여 시장·군수의 인가를 받아야 한다. 인가받은 사항을 변경하고자 하는 때에도 또한 같다. 다만, 시행령이 정하는 경미한 사항을 변경하고자 하는 때에는 조합원의 동의 없이 시장·군수에게 신고하고 변경할 수 있다(동조 제1항, 令 제27조).

이에 비해 주택재건축사업의 추진위원회가 조합을 설립하고자 하는 때에는 집합건물의소유및관리에관한법률 제47조제1항 및 제2항의 규정에 불구하고 주택단지안의 공동주택의 각 동(복리시설의 경우에는 주택단지안의 복리시설 전체를 하나의 동으로 본다)별 구분소유자의 3분의 2 이상 및 토지면적의 2분의 1 이상의 토지소유자의 동의(공동주택의 각 동별 구분소유자가 5 이하인 경우는 제외한다)와 주택단지안의 전체 구분소유자의 4분의 3 이상 및 토지면적의 4분의 3 이상의 토지소유자의 동의를 얻어, 정관 및 국토해양부령이 정하는 서류를 첨부하여 시장·군수의 인가를 받아야 한다. 인가받은 사항을 변경하고자 하는 때에도 또한 같다. 다만, 제1항 단서의 규정에 의한 경미한 사항을 변경하고자 하는 때에는 조합원의 동의 없이 시장·군수에게 신고하고 변경할 수 있다(동조 제2항).

주택단지가 아닌 지역이 정비구역에 포함된 때에는 주택단지가 아닌 지역안의 토지 또는 건축물 소유자의 4분의 3 이상 및 토지면적의 3분의 2 이상의 토지소유자의 동의를 얻어야 한다(동조 제3항).

조합이 정비사업을 시행하는 경우 주택법 제38조의 규정을 적용함에 있어서는 조합을 동법 제2조제5호의 규정에 의한 사업주체로 보며, 조합설립인가일부터 동법 제9조의 규정에 의한 주택건설사업 등의 등록을 한 것으로 본다(동조 제4항).

제1항부터 제3항까지에 따른 토지등소유자에 대한 동의의 대상 및 절차, 조합 설립 신청 및 인가절차 등에 관하여 필요한 사항은 대통령령으로 정하는 바(동조 제5항), 토지등소유자의 동의는 국토해양부령으로 정하는 동의서에 동의를 받는 방법에 따르며, 동의서에는 다음 각 호의 사항이 포함되어야 한다(슈 제26조 제1항, 제2항). 1. 건설되는 건축물의 설계의 개요 2. 건축물의 철거 및 신축에 소요되는 비용의 개략적인 금액 3. 제2호에 따른 비용의 분담기준 4. 사업 완료 후 소유권의 귀속에 관한 사항 5. 조합정관.

그리고 조합은 조합설립의 인가를 받은 때에는 정관이 정하는 바에 따라 토지등소유자에게 그 내용을 통지하고, 이해관계인이 열람할 수 있도록 하여야 한다(슈 동조 제3항).

3) 토지 등 소유자의 동의 방법 등 (제17조)

제7조제1항, 제8조제1항부터 제4항까지, 제13조제2항, 제14조제4항, 제16조제1항부터 제3항까지, 제26조제3항, 제28조제7항, 제33조제2항에 따른 동의(동의한 사항의 철회 또는 제8조제4항 제7호・제13조제3항 및 제26조제3항에 따른 반대의 의사표시를 포함한다)는 인감도장을 사용한 서면동의의 방법에 의하며, 인감증명서를 첨부하여야 한다. 이 경우 인감증명서를 종전에 제출한 경우에는 이를 첨부하지 아니할 수 있으나, 인감도장의 변경 등으로 인하여 인감증명서의 첨부가 필요하다고 인정하는 경우에는 그러하지 아니하다(동조 제1항).

제1항 및 제12조에 따른 토지등소유자의 동의자 수 산정방법 및 절차 등에 관하여 필요한 사항은 시행령으로 정한다(동조 제2항, 슈 제28조)

4) 조합의 법인격 등 (제18조)

조합은 법인으로 하며(동조 제1항), 조합은 비영리 공법상 사단법인에 속한다. 조합은 조합 설립의 인가를 받은 날부터 30일 이내에 주된 사무소의 소재지에서 다음 각 호의 사항을 등기함으로써 성립한다(동조 제2항, 令 제29조). 법 제18조제2항에서 "대통령령이 정하는 사항"이라 함은 을 말한다. 1. 설립목적 2. 조합의 명칭 3. 주된 사무소의 소재지 4. 설립인가일 5. 임원의 성명 및 주소 6. 임원의 대표권을 제한하는 경우에는 그 내용

조합은 그 명칭 중에 "정비사업조합"이라는 문자를 사용하여야 하며(동조 제3항), 조합에 관하여는 이 법에 규정된 것을 제외하고는 민법 중 사단법인에 관한 규정을 준용한다(제27조).

5) 조합원의 자격 등 (제19조)

정비사업(시장・군수 또는 주택공사 등이 시행하는 정비사업을 제외한다)의 조합원은 토지등소유자[7](주택재건축사업의 경우에는 주택재건축사업에 동의한 자에 한한다)로 하되, 다음 각 호의 이느 하나에 해당하는 때에는 그 수인을 대표하는 1인을 조합원으로 본다. 1. 토지 또는 건축물의 소유권과 지상권이 수인의 공유에 속하는 때 2. 수인의 토지등소유자가 1세대에 속하는 때(이 경우 동일한 세대별 주민등록표 상에 등재되어 있지 아니한 배우자 및 미혼인 20세 미만의 직계비속은 1세대로 보며, 1세대로 구성된 수인의 토지등소유자가 조합설립인가 후 세대를 분리하여 동일한 세대에 속하지 아니하는 때에도 이혼 및 20세 이상 자녀의 분가를 제외하고는 1세대로 본다) 3. 조합설립인가 후 1인의 토지등소유자로부터 토지 또는 건축물의 소유권이나 지상권을 양수하여 수인이 소유하게 된 때(동조 제1항). 그리고 조합의 설립인가 후 양도・증여・판결 등으로 인하여 조합원의 권리가 이전된 때에는 조합원의 권리를 취득한 자를 조합원으로 본다(令 제30조 제2항).

주택법 제41조제1항의 규정에 의한 투기과열지구로 지정된 지역 안에서의 주택재건축사업의 경우 제16조의 규정에 의한 조합설립인가 후 당해 정비사업의 건축물 또

---

7) 대법원 1999. 7. 27. 선고97누4975, 무허가 건축물소유자에게 조합원의 자격은 부인되나, 정관으로 조합원자격을 부여 할 수는 있다.

는 토지를 양수(매매 · 증여 그 밖의 권리의 변동을 수반하는 일체의 행위를 포함하되, 상속 · 이혼으로 인한 양도 · 양수의 경우를 제외한다.)한 자는 제1항의 규정에 불구하고 조합원이 될 수 없다. 다만, 시행령이 정하는 일정한 경우에는 그러하지 아니하다.(동조 제2항, 令 제30조 제3항).

6) 정관의 작성 및 변경 (제20조)

조합은 법령이 정하는 사항이 포함된 정관을 작성하여야 한다(동조 제1항).

국토해양부장관은 제1항 각호의 내용이 포함된 표준정관을 작성하여 보급할 수 있으며(동조 제2항), 조합이 정관을 변경하고자 하는 경우에는 제16조제1항부터 제3항까지에도 불구하고 총회를 개최하여 조합원 과반수(제1항제2호 내지 제4호 · 제8호 · 제12호 또는 제15호의 경우에는 3분의 2이상을 말한다)의 동의를 얻어 시장 · 군수의 인가를 받아야 한다. 다만, 1. 법 제20조제1항제1호 · 제5호 · 제6호 및 제10호의 사항 2. 제31조제2호 · 제3호 · 제5호 · 제8호 · 제13호 · 제14호 및 제16호의 사항 3. 그 밖에 시 · 도 조례로 정하는 사항을 변경하고자 하는 때에는 이 법 또는 정관으로 정하는 방법에 따라 변경하고 시장 · 군수에게 신고하여야 한다(동조 제3항, 令 제32조).

7) 조합의 임원

가. 임원의 구성(제21조)

조합은 다음 각 호의 임원을 둔다(제1항). 1. 조합장 1인 2. 이사 3. 감사

조합에 두는 이사의 수는 3명 이상으로 하고, 감사의 수는 1명 이상 3명 이하로 한다. 다만, 토지등소유자의 수가 100명을 초과하는 경우에는 이사의 수를 5명 이상으로 한다(제2항, 令 제33조).

나. 임원의 직무 등(제22조)

조합장은 조합을 대표하고, 그 사무를 총괄하며, 총회 또는 제25조의 규정에 의한 대의원회의 의장이 된다(제1항). 조합장 또는 이사의 자기를 위한 조합과의 계약이나 소송에 관하여는 감사가 조합을 대표하며(제2항), 조합임원은 같은 목적의 정비사업을 하는 다른 조합의 임원 또는 직원을 겸할 수 없다(동조 제3항).

다. 조합임원의 결격사유 및 해임(제23조)

다음 각 호의 1에 해당하는 자는 조합의 임원이 될 수 없다(동조 제1항).

1. 미성년자・금치산자 또는 한정치산자 2. 파산선고를 받은 자로서 복권되지 아니한 자 3. 금고 이상의 실형의 선고를 받고 그 집행이 종료(종료된 것으로 보는 경우를 포함한다)되거나 집행이 면제된 날부터 2년이 경과되지 아니한 자 4. 금고 이상의 형의 집행유예를 받고 그 유예기간 중에 있는 자 5. 이 법을 위반하여 벌금 100만원 이상의 형을 선고받고 5년이 지나지 아니한 자

조합임원이 제1항 각호의 1에 해당하게 되거나 선임 당시 그에 해당하는 자이었음이 판명된 때에는 당연 퇴임한다(동조 제2항). 퇴임된 임원이 퇴임 전에 관여한 행위는 그 효력을 잃지 아니한다(동조 제3항).

조합임원의 해임은 아래의 제24조에도 불구하고 조합원 10분의 1 이상의 발의로 소집된 총회에서 조합원 과반수의 출석과 출석 조합원 과반수의 동의를 얻어 할 수 있다. 이 경우 발의자 대표로 선출된 자가 해임 총회의 소집 및 진행에 있어 조합장의 권한을 대행한다(동조 제4항).

8) **총회개최 및 의결사항** (제24조)

조합에 조합원으로 구성되는 총회를 둔다(동조 제항). 총회는 제23조제4항의 경우를 제외하고는 조합장의 직권 또는 조합원 5분의 1 이상 또는 대의원 3분의 2 이상의 요구로 조합장이 소집한다(동조 제2항).

정관의 변경 등 법정 사항은 총회의 의결을 거쳐야 한다(동조 제3항).

총회의결 사항중 이 법 또는 정관의 규정에 의하여 조합원의 동의가 필요한 사항은 총회에 상정하여야 하며(동조 제4항), 총회의 소집절차・시기 및 의결방법 등에 관하여는 정관으로 정한다(동조 제5항).

9) **대의원회** (제25조)

조합원의 수가 100인 이상인 조합은 대의원회를 두어야 한다(동조 제1항). 대의원회는 조합원의 10분의 1 이상으로 하되 조합원의 10분의 1이 100인을 넘는 경우에는 조합원의 10분의 1 범위 안에서 100인 이상으로 구성할 수 있으며, 총회의 의결사항 중 일부 사항에 대해 총회의 권한을 대행할 수 있다(동조 제2항, 슈 제35조).

제21조의 규정에 의한 조합장이 아닌 조합임원은 대의원이 될 수 없으며(동조 제3항), 대의원의 수 · 의결방법 · 선임방법 및 선임절차 등에 관하여는 대통령령이 정하는 범위 안에서 정관으로 정한다(동조 제4항, 슈 제36조).

10) 주민대표회의 (제26조)

정비구역 안[제2조 제9호 나목(2)에 따라 정비구역이 아닌 구역에서 주택재건축사업을 시행하는 경우 그 구역을 포함한다]의 토지등소유자가 시장 · 군수 또는 주택공사 등의 사업시행을 원하는 경우 사업시행을 원활하게 하기 위한 주민대표기구(이하 "주민대표회의"라 한다)를 정비구역지정 고시 후 구성하여야 한다(동조 제1항).

주민대표회의는 5인 이상 25인 이하로 하며(동조 제2항), 토지등소유자의 과반수의 동의를 얻어서(이 경우 주민대표회의 구성에 동의한 자는 제8조제4항제7호에 따른 사업시행자의 지정에 동의한 것으로 본다. 다만, 사업시행자의 지정 요청 전에 시장 · 군수 및 주민대표회의에 사업시행자의 지정에 대한 반대의 의사표시를 한 토지등소유자의 경우에는 그러하지 아니하다) 구성하며, 이를 구성한 때에는 국토해양부령으로 정하는 방법 및 절차에 따라 시장 · 군수의 승인을 얻어야 한다(동조 제3항).

주민대표회의 또는 세입자(상가세입자를 포함한다. 이하 같다)는 사업시행자가 다음 각 호의 사항에 관하여 시행규정을 정하는 때에 의견을 제시할 수 있다. 이 경우 사업시행자는 주민대표회의 또는 세입자의 의견을 반영하기 위하여 노력하여야 한다(동조 제4항). 1. 건축물의 철거에 관한 사항 2. 주민이주에 관한 사항(세입자의 퇴거에 관한 사항을 포함한다) 3. 토지 및 건축물의 보상에 관한 사항(세입자에 대한 주거이전비 등 보상에 관한 사항을 포함한다) 4. 정비사업비의 부담에 관한 사항 4의2. 세입자에 대한 임대주택의 공급 및 입주자격에 관한 사항 5. 그 밖에 정비사업의 시행을 위하여 필요한 사항으로서 대통령령이 정하는 사항[8]

주민대표회의의 운영, 비용부담, 위원 선임방법 및 절차 등에 관하여 필요한 사항은 대통령령으로 정한다(동조 제5항, 슈 제37조).

---

8) 다음 각 호의 사항을 말한다(슈. 제37조 제3항).
  1. 관리처분계획 및 청산에 관한 사항(주거환경개선사업의 경우를 제외한다)
  2. 법 제26조제4항제1호 내지 제4호 및 이 항 제1호의 사항의 변경에 관한 사항
  3. 법 제11조제3항에 따른 시공자의 추천

(3) 주택재건축사업의 안전진단 및 시행여부 결정 등 (제12조)

1) 안전진단 (제12조)

"안전진단"이란 시장 · 군수가 정비계획의 수립 또는 주택재건축사업의 시행여부를 결정하기 위하여 주택의 노후 · 불량 정도에 따라 구조의 안전성 여부, 보수비용 및 주변여건 등을 조사해 주택재건축사업의 가능 여부를 판단하는 행정절차를 말한다.

시장 · 군수는 정비계획의 수립 또는 주택재건축사업의 시행여부를 결정하기 위하여 다음 각 호의 어느 하나에 해당하는 경우 안전진단을 실시하여야 한다. 다만, 제2호 및 제3호의 경우 시장 · 군수는 안전진단에 소요되는 비용을 해당 안전진단 실시를 요청하는 자에게 부담하게 할 수 있다. 1. 제3조제1항 제9호에 따른 주택재건축사업의 정비예정구역별 정비계획의 수립시기가 도래한 때 2. 제4조제3항에 따라 정비계획의 입안을 제안하고자 하는 자가 입안을 제안하기 전에 해당 정비예정구역 안에 소재한 건축물 및 그 부속토지의 소유자 10분의 1 이상의 동의를 얻어 안전진단 실시를 요청하는 때 3. 정비구역이 아닌 구역에서의 주택재건축사업을 시행하고자 하는 자가 추진위원회의 구성 승인을 신청하기 전에 해당 사업예정구역 안에 소재한 건축물 및 그 부속토지의 소유자 10분의 1 이상의 동의를 얻어 안전진단 실시를 요청하는 때(동조 제1항). 또 시장 · 군수는 위 제2호 및 제3호에 따른 안전진단의 요청이 있는 공동주택이 노후 · 불량건축물에 해당하지 아니함이 명백하다고 인정하는 경우에는 그 사유를 명시하여 요청을 반려할 수 있다(슈 제20조 제2항).

제1항에 따른 주택재건축사업의 안전진단은 주택단지내의 건축물을 대상으로 한다. 다만, 시행령이 정하는 주택단지 내 건축물의 경우에는 안전진단 대상에서 제외할 수 있다(동조 제2항, 슈 제20조 제1항).

시장 · 군수는 현지조사 등을 통하여 해당 건축물의 구조안전성, 건축마감, 설비노후도 및 주거환경 적합성 등을 심사하여 안전진단 실시여부를 결정하여야 하며, 안전진단의 실시가 필요하다고 결정한 경우에는 다음 각 호의 안전진단기관에 안전진단을 의뢰하여야 한다(동조 제3항, 슈 제20조 제4항). 1.「시설물의 안전관리에 관한 특별법」 제9조의 규정에 의한 안전진단전문기관 2.「시설물의 안전관리에 관한 특별법」 제25조의 규정에 의한 한국시설안전공단 3.「과학기술분야 정부출연연구기관 등의

설립 · 운영 및 육성에 관한 법률」 제8조의 규정에 의한 한국건설기술연구원

제3항에 따라 시장 · 군수로부터 의뢰 받은 안전진단기관은 국토해양부장관이 정하여 관보에 고시하는 기준에 따라 안전진단을 실시하여야 하며, 국토해양부령이 정하는 방법 및 절차에 따라 안전진단결과보고서를 작성하여 시장 · 군수 및 제1항 단서에 따라 안전진단 실시를 요청한 자에게 제출하여야 한다(동조 제4항).

2) 시행여부의 결정 (제12조)

시장 · 군수는 안전진단의 결과와 도시계획 및 지역여건 등을 종합적으로 검토하여 정비계획의 수립 또는 주택재건축사업의 시행여부를 결정하여야 한다(제12조 제5항). 시장 · 군수는 정비계획의 수립 또는 주택재건축사업의 시행을 결정한 경우에는 지체 없이 시 · 도지사에게 결정내용과 해당안전진단결과보고서를 제출하여야 한다(동조 제6항). 안전진단결과보고서를 제출 받은 시 · 도지사는 필요한 경우 한국시설안전공단 또는 한국건설기술연구원에 안전진단결과의 적정성 여부에 대한 검토를 의뢰할 수 있다(동조 제7항).

국토해양부장관은 시 · 도지사에게 제출받은 자료의 제출을 요청할 수 있으며, 필요한 경우 시 · 도지사로 하여금 안전진단결과의 적정성 여부에 대한 검토를 하도록 요청할 수 있다(동조 제8항). 시 · 도지사는 검토결과에 따라 시장 · 군수에게 정비계획 수립결정 또는 주택재건축사업 시행결정의 취소 등 필요한 조치를 요청할 수 있으며, 시장 · 군수는 특별한 사유가 없는 한 이에 응하여야 한다(동조 제9항).

위 규정에 따른 안전진단의 대상 · 기준 · 실시기관 · 지정절차 · 수수료 · 안전진단결과의 평가 및 주택재건축사업의 시행여부의 결정 등에 관하여 필요한 세부사항은 대통령령으로 정한다(동조 제10항).

(4) 시공자의 선정 (제11조)

조합은 조합설립인가를 받은 후 조합총회에서 국토해양부장관이 정하는 경쟁입찰의 방법으로 건설업자 또는 등록사업자를 시공자로 선정하여야 한다. 다만, 조합원이 100명 이하인 정비사업 이하의 정비사업의 경우에는 조합총회에서 정관으로 정하는 바에 따라 선정할 수 있다(동조 제1항, 令 제19조의2 제1항). 도시환경정비사업을 토

지등소유자가 시행하는 경우에는 사업시행인가를 받은 후 제2조제11호나목에 따른 규약으로 정하는 바에 따라 건설업자 또는 등록사업자를 시공자로 선정하여야 한다(동조 제2항).

시장・군수가 직접 정비사업을 시행하거나 주택공사 등을 사업시행자로 지정한 경우 사업시행자는 제8조제5항에 따른 사업시행자 지정 고시 후 건설업자 또는 등록사업자를 시공자로 선정하여야 한다. 이 경우 제26조에 따른 주민대표회의는 경쟁입찰의 방법에 따라 시공자를 추천할 수 있으며, 주민대표회의가 시공자를 추천한 때에는 시장・군수 또는 주택공사 등은 「지방자치단체를 당사자로 하는 계약에 관한 법률」 제9조 또는 「공공기관의 운영에 관한 법률」 제39조에도 불구하고 추천한 자를 시공자로 선정하여야 한다(동조 제3항)(令 제19조의2 제1항).

Ⅴ. 시행단계

1. 정비사업의 시행 방법 (제6조)

(1) 주거환경개선사업

주거환경개선사업은 다음 각 호의 하나에 해당하는 방법 또는 이를 혼용하는 방법에 따른다(동조 제1항).

1. 제7조의 규정에 의한 주거환경 개선사업의 시행자가 정비구역 안에서 정비기반시설을 새로이 설치하거나 확대하고 토지등소유자가 스스로 주택을 개량하는 방법
2. 제7조의 규정에 의한 주거환경개선사업의 시행자가 제38조의 규정에 의하여 정비구역의 전부 또는 일부를 수용하여 주택을 건설한 후 토지등소유자에게 우선공급하는 방법
3. 제7조의 규정에 의한 주거환경개선사업의 시행자가 제43조제2항의 규정에 의하여 환지로 공급하는 방법

(2) 주택재개발사업

주택재개발사업은 정비구역 안에서 인가받은 관리처분계획에 따라 주택 및 부대·복리시설을 건설하여 공급하거나, 환지로 공급하는 방법에 의한다(동조 제2항).

(3) 주택재건축사업

주택재건축사업은 정비구역 안 또는 정비구역이 아닌 구역에서 인가받은 관리처분계획에 따라 주택 및 부대·복리시설을 건설하여 공급하는 방법에 의한다. 다만, 주택단지 안에 있지 아니하는 건축물의 경우에는 지형여건·주변의 환경으로 보아 사업시행상 불가피한 경우와 정비구역 안에서 시행하는 사업에 한한다(동조 제3항).

(4) 도시환경정비사업

도시환경정비사업은 정비구역 안에서 인가받은 관리처분계획에 따라 건축물을 건설하여 공급하는 방법 또는 환지로 공급하는 방법에 의한다(동조 제4항).

2. 정비사업 시행을 위한 조치 등(제3장 제4절)

(1) 순환정비방식의 정비사업 (제35조)

사업시행자는 제2조제2호 가목 내지 라목의 4가지 정비사업을 원활히 시행하기 위하여 정비구역의 내·외에 새로 건설한 주택 또는 이미 건설되어 있는 주택에 그 정비사업의 시행으로 철거되는 주택의 소유자 또는 세입자(정비구역에서 실제 거주하는 자에 한한다.)가 임시로 거주하게 하는 등의 방식으로 그 정비구역을 순차적으로 정비하는 등 주택의 소유자 또는 세입자의 이주대책을 수립하여야 한다(동조 제1항).

사업시행자는 제1항의 규정에 의한 방식으로 정비사업을 시행하는 경우에는 그 임시로 거주하는 주택(이하 "순환용주택"이라 한다)을 주택법 제38조의 규정에 불구하고 제36조의 규정에 의한 임시수용시설로 사용하거나 임대할 수 있으며, 대통령령으로 정하는 방법과 절차에 따라 주택공사 등이 보유한 공공임대주택을 순환용주택으로 우선 공급할 것을 요청할 수 있다. 순환용주택에 거주하는 자가 정비사업이 완료된 후에도 순환용주택에 계속 거주하기를 희망하는 때에는 대통령령으로 정하는 바에 따라 이를 분양하거나 계속 임대할 수 있다. 이 경우 사업시행자가 소유하는 순환용주택은 인가받은 관리처분계획에 따라 토지등소유자에게 처분된 것으로 본다.

(2) 임시수용시설의 설치 등 (제36조)

사업시행자는 주거환경개선사업 및 주택재개발사업의 시행으로 철거되는 주택의 소유자 또는 세입자(정비구역에서 실제 거주하는 자에 한한다.)에 대하여 당해 정비구역 내 · 외에 소재한 임대주택 등의 시설에 임시로 거주하게 하거나 주택자금의 융자알선 등 임시수용에 상응하는 조치를 하여야 한다. 이 경우 사업시행자는 그 임시수용을 위하여 필요한 때에는 국가 · 지방자치단체 그 밖의 공공단체 또는 개인의 시설이나 토지를 일시 사용할 수 있다(동조 제1항). 국가 또는 지방자치단체는 사업시행자로부터 제1항의 임시수용시설에 필요한 건축물이나 토지의 사용신청을 받은 때에는 다음 각 호의 1 에 해당하는 사유가 없는 한 이를 거절하지 못한다. 이 경우 그 사용료 또는 대부료는 이를 면제한다(동조 제2항, 슈 제44조). 1. 제3자와 이미 매매계약을 체결한 경우 2. 사용신청 이전에 사용계획이 확정된 경우 3. 제3자에게 이미 사용허가를 한 경우

사업시행자는 정비사업의 공사를 완료한 때에는 그 완료한 날부터 30일 이내에 임시수용시설을 철거하고, 그 건축물이나 토지를 원상회복하여야 한다(동조 제3항).

(3) 손실보상 (제37조)

공공단체(지방자치단체를 제외한다) 또는 개인의 시설이나 토지를 일시 사용함으로써 손실을 받은 자가 있는 경우에는 사업시행자는 그 손실을 보상하여야 하며, 손실을 보상함에 있어서는 손실을 받은 자와 협의하여야 한다(동조 제1항). 사업시행자 또는 손실을 받은 자는 제1항의 규정에 의한 손실보상의 협의가 성립되지 아니하거나 협의할 수 없는 경우에는 공익사업을위한토지등의취득및보상에관한법률 제49조의 규정에 의하여 설치되는 관할 토지수용위원회에 재결을 신청할 수 있다(동조 제2항).

손실보상에 관하여는 이 법에 규정된 것을 제외하고는 공익사업을위한토지등의취득및보상에관한법률을 준용한다(동조 제3항).

(4) 토지 등의 수용 또는 사용 (제38조)

사업시행자는 정비구역 안에서 정비사업(주택재건축사업의 경우에는 천재 · 지변 그 밖의 불가피한 사유로 인하여 긴급히 정비사업을 시행할 필요가 있다고 인정되는 때에 해당하는 사업에 한한다.)을 시행하기 위하여 필요한 경우에는 공익사업을위한 토지등의취득및보상에관한법률 제3조의 규정에 의한 토지 · 물건 또는 그 밖의 권리를 수용 또는 사용할 수 있다(제38조).

(5) 매도청구 (제39조)

사업시행자는 주택재건축사업을 시행함에 있어 다음 각 호의 어느 하나에 해당하는 자의 토지 또는 건축물에 대하여는 집합건물의 소유 및 관리에 관한 법률 제48조의 규정을 준용하여 매도청구를 할 수 있다. 이 경우 재건축결의는 조합 설립의 동의(제3호의 경우에는 사업시행자 지정에 대한 동의를 말한다)로 보며, 구분소유권 및 대지사용권은 사업시행구역안의 매도청구의 대상이 되는 토지 또는 건축물의 소유권과 그 밖의 권리로 본다.

1. 제16조제2항 및 제3항에 따른 조합 설립의 동의를 하지 아니한 자
2. 건축물 또는 토지만 소유한 자
3. 제8조제4항에 따라 시장 · 군수 또는 주택공사 등의 사업시행자 지정에 동의를 하지 아니한 자

3. 관리처분계획 등

(1) 관리처분계획의 의의

관리처분계획이란 건물(토지 포함)소유자가 가지는 종전의 토지 및 건축물에 대한 권리를 사업시행 후 조성되는 대지 및 건축물에 대한 권리로 변환시켜주는 계획을 말한다. 도시개발법 상 환지계획에 상응하는 것이라 할 수 있고, 이러한 관리처분계획은 강학상 대외구속적 행정계획으로서 토지 또는 건물의 소유자인 조합원에게 구체적이고 직접적인 법률상의 영향을 미치는 행정처분이다.[9]

---

9) 대법원 2002.12.10.선고 2001두6333

(2) 분양공고 및 분양신청

1) 분양통지 및 분양공고 (제46조)

사업시행자는 사업시행인가의 고시가 있은 날(사업시행인가 이후 시공자를 선정한 경우에는 시공자와 계약을 체결한 날)부터 60일 이내에 개략적인 부담금내역 및 분양신청기간 그 밖에 대통령령이 정하는 사항을 토지등소유자에게 통지하고 분양의 대상이 되는 대지 또는 건축물의 내역 등 대통령령이 정하는 사항을 해당 지역에서 발간되는 일간신문에 공고하여야 한다. 이 경우 분양신청기간은 그 통지한 날부터 30일 이상 60일 이내로 하여야 한다. 다만, 사업시행자는 의한 관리처분계획의 수립에 지장이 없다고 판단하는 경우에는 분양신청기간을 20일의 범위 이내에서 연장할 수 있다(동조 제1항).

2) 분양신청 (제46조)

대지 또는 건축물에 대한 분양을 받고자 하는 토지등소유자는 분양신청기간 이내에 대통령령이 정하는 방법 및 절차에 의하여 사업시행자에게 대지 또는 건축물에 대한 분양신청을 하여야 한다(동조 제2항).

3) 분양신청을 하지 아니한 자 등에 대한 조치 (제47조)

사업시행자는 토지등소유자가 다음 각 호의 1에 해당하는 경우에는 그 해당하게 된 날부터 150일 이내에 대통령령이 정하는 절차에 따라 토지・건축물 또는 그 밖의 권리에 대하여 현금으로 청산하여야 한다. 1. 분양신청을 하지 아니한 자 2. 분양신청을 철회한 자 3. 제48조의 규정에 의하여 인가된 관리처분계획에 의하여 분양대상에서 제외된 자

(3) 관리처분계획의 인가 등 (제48조)

1) 관리처분계획의 내용

사업시행자(주거환경개선사업을 제외한다)는 분양신청기간이 종료된 때에는 분양신청의 현황을 기초로 다음 각 호의 사항이 포함된 관리처분계획을 수립하여 시장・군수의 인가를 받아야 한다.

1. 분양설계
2. 분양대상자의 주소 및 성명
3. 분양대상자별 분양예정인 대지 또는 건축물의 추산액
4. 분양대상자별 종전의 토지 또는 건축물의 명세 및 사업시행인가의 고시가 있은 날을 기준으로 한 가격(사업시행인가 전에 제48조의2제2항에 따라 철거된 건축물의 경우에는 시장・군수에게 허가 받은 날을 기준으로 한 가격)
5. 정비사업비의 추산액(주택재건축사업의 경우에는「재건축 초과이익 환수에 관한 법률」에 따른 재건축부담금에 관한 사항을 포함한다) 및 그에 따른 조합원 부담규모 및 부담시기
6. 분양대상자의 종전의 토지 또는 건축물에 관한 소유권 외의 권리명세
7. 세입자별 손실보상을 위한 권리명세 및 그 평가액
8. 그 밖에 정비사업과 관련한 권리 등에 대하여 대통령령이 정하는 사항

관리처분계획을 변경・중지 또는 폐지하고자 하는 경우에도 같으며, 이 경우 조합은 제24조제3항 제10호의 사항을 의결하기 위한 총회의 개최일부터 1개월 전에 제3호부터 제5호까지에 해당하는 사항을 각 조합원에게 문서로 통지하여야 한다. 다만, 시행령이 정하는 경미한 사항을 변경하고자 하는 때에는 시장・군수에게 신고하여야 한다(제48조 제1항, 令 제50조).

2) 관리처분계획의 기준

가. 공통으로 적용되는 기준

관리처분계획의 내용은 다음 각 호의 기준에 의한다(제48조 제2항).

1. 종전의 토지 또는 건축물의 면적・이용 상황・환경 그 밖의 사항을 종합적으로 고려하여 대지 또는 건축물이 균형 있게 분양신청자에게 배분되고 합리적으로 이용되도록 한다.
2. 지나치게 좁거나 넓은 토지 또는 건축물에 대하여 필요한 경우에는 이를 증가하거나 감소시켜 대지 또는 건축물이 적정 규모가 되도록 한다.
3. 너무 좁은 토지 또는 건축물이나 정비구역 지정 후 분할된 토지를 취득한 자에 대하여는 현금으로 청산할 수 있다.

4. 재해 또는 위생상의 위해를 방지하기 위하여 토지의 규모를 조정할 특별한 필요가 있는 때에는 너무 좁은 토지를 증가시키거나 토지에 갈음하여 보상을 하거나 건축물의 일부와 그 건축물이 있는 대지의 공유지분을 교부할 수 있다.
5. 분양설계에 관한 계획은 제46조의 규정에 의한 분양신청기간이 만료되는 날을 기준으로 하여 수립한다.
6. 1세대 또는 1인이 1 이상의 주택 또는 토지를 소유한 경우 1주택을 공급하고, 같은 세대에 속하지 아니하는 2인 이상이 1주택 또는 1토지를 공유한 경우에는 1주택만 공급한다. 다만, 2인 이상이 1토지를 공유한 경우로서 시・도 조례로 주택공급에 관하여 따로 정하고 있는 경우에는 시・도 조례로 정하는 바에 따라 주택을 공급할 수 있고, 다음 각 목의 어느 하나에 해당하는 토지등소유자에 대하여는 소유한 주택 수만큼 공급할 수 있다.
① 「수도권정비계획법」 제6조 제1항 제1호에 따른 수도권 과밀억제권역 안에 위치하지 아니하는 주택재건축사업의 토지등소유자.
② 근로자(공무원인 근로자를 포함한다)숙소・기숙사 용도로 주택을 소유하고 있는 토지등소유자
③ 국가, 지방자치단체 및 주택공사 등

나. 특히 상기 공통기준에 불구하고, 주택재개발사업 및 도시환경정비사업의 관리처분 기준과 주택재건축사업의 관리처분기준은 시행령 제52조 제1항 및 제2항이 정하는 방법과 기준에 따른다.(동조 제7항)

3) 일반 분양

사업시행자는 분양신청을 받은 후 잔여분이 있는 경우에는 정관 등 또는 사업시행계획이 정하는 목적을 위하여 보류지(건축물을 포함한다)로 정하거나 조합원 외의 자에게 분양할 수 있다. 이 경우 분양공고와 분양신청절차 등 필요한 사항은 시행령으로 정한다(제48조 제3항).

분양처분은 실제로 관리처분계획의 내용을 시행자가 상대방에게 고지하고 통지함으로써 이루어지는 바, 분양처분이란 공사의 완료 후 종전 토지 및 건축물에 갈음하여 새로이 조성된 대지 또는 건축시설을 교부하되 가액상의 과부족이 있을 시 금전으

로 청산을 명하는 행정행위이다. 강학상 換權處分이라고도 하며, 그 법적 성질은 도시재개발법 상의 환지처분과 다를 것이 없다. 분양처분이 있으면, 종전의 토지 또는 건축물에 존재하던 권리는 원칙적으로 동일성을 잃지 않고 새로운 대지 또는 건축시설에 이전되며, 가치의 차이가 있을 때에는 청산에 관한 권리·의무가 발생하게 된다[10].

4) 처분 또는 관리의 기준

정비사업의 시행으로 조성된 대지 및 건축물은 관리처분계획에 의하여 이를 처분 또는 관리하여야 한다(제48조 제4항).

5) 재산 또는 권리의 평가방법

가. 주택재개발사업·도시환경정비사업상 평가방법

주택재개발사업 또는 도시환경정비사업에서 제1항 제3호·제4호 및 제7호에 따라 재산 또는 권리를 평가할 때에는 다음 각 호의 방법에 의한다(제48조 제5항)

1. 「부동산가격 공시 및 감정평가에 관한 법률」에 따른 감정평가업자 중 시장·군수가 선정·계약한 감정평가업자 2인 이상이 평가한 금액을 산술평균하여 산정한다. 다만, 관리처분계획을 변경·중지 또는 폐지하고자 하는 경우에는 분양예정 대상인 대지 또는 건축물의 추산액과 종전의 토지 또는 건축물의 가격은 사업시행자 및 토지등소유자 전원이 합의하여 이를 산정할 수 있다
2. 제1항제4호에 따라 조합원의 종전의 토지 또는 건축물의 가격산정 시 조합원이 둔 세입자로 인하여 손실보상이 필요한 경우 조합의 정관으로 정하는 바에 따라 해당 조합원이 둔 세입자에 대한 손실보상액을 뺀 나머지 가격을 종전의 토지 또는 건축물의 가격으로 산정할 수 있다.
3. 사업시행자는 제1호에 따라 감정평가를 하고자 하는 경우 시장·군수에게 감정평가업자의 선정·계약을 요청하고 감정평가에 필요한 비용을 미리 예치하여야

10) 大判 1995. 6. 30, 95 다 10570. " …분양처분은 재개발구역 안의 종전의 토지 또는 건축물에 대하여 재개발사업에 의하여 조성되거나 축조되는 대지 또는 건축시설의 위치 및 범위 등을 정하고 그 가격의 차액에 상당하는 금액을 청산하거나 대지 또는 건축시설을 정하지 아니하고 금전으로 청산하는 공법상 처분으로서 그 처분으로 인하여 종전의 토지 또는 건축물에 관한 소유권 등의 권리를 강제적으로 변환시키는 이른바 公用換權에 해당하고…".

한다. 시장·군수는 감정평가가 끝난 경우 예치된 금액에서 감정평가 비용을 직접 지불한 후 나머지 비용은 사업시행자와 정산하여야 한다.

나. 주택재건축사업 평가방법

주택재건축사업에서 사업시행자가 제1항제3호 및 제4호의 규정에 의한 재산에 대하여 부동산가격공시및감정평가에관한법률에 의한 감정평가업자의 평가를 받고자 하는 경우에는 위 제5항 각호의 규정을 준용하여 할 수 있다(동조 제6항).

(4) 관리처분계획의 공람 및 인가절차 등 (제49조)

사업시행자는 관리처분계획의 인가를 신청하기 전에 관계서류의 사본을 30일 이상 토지등소유자에게 공람하게 하고 의견을 들어야 한다. 다만, 제48조제1항 단서에 따른 대통령령으로 정하는 경미한 사항을 변경하고자 하는 경우에는 토지등소유자의 공람 및 의견청취절차를 거치지 아니할 수 있다(동조 제1항). 시장·군수는 사업시행자의 관리처분계획의 인가신청이 있은 날부터 30일 이내에 인가여부를 결정하여 사업시행자에게 통보하여야 한다(동조 제2항).

시장·군수는 관리처분계획을 인가하는 때에는 그 내용을 당해 지방자치단체의 공보에 고시하여야 하며(동조 제3항), 사업시행자는 공람을 실시하고자 하거나 시장·군수의 고시가 있은 때에는 대통령령으로 정하는 방법과 절차에 따라 토지등소유자 또는 분양신청을 한 자에게 공람계획 또는 관리처분계획의 인가 내용 등을 통지하여야 한다(동조 제4항).

상술한 바와 같이 분양처분은 실제로 관리처분계획의 내용을 시행자가 상대방에게 고지하고 통지함으로써 이루어지게 된다.

제1항, 제3항 및 제4항의 규정은 시장·군수가 직접 관리처분계획을 수립하는 경우에 이를 준용하며(동조 제5항), 제3항의 고시가 있은 때에는 종전의 토지 또는 건축물의 소유자·지상권자·전세권자·임차권자 등 권리자는 제54조의 규정에 의한 이전의 고시가 있은 날까지 종전의 토지 또는 건축물에 대하여 이를 사용하거나 수익할 수 없다[11]. 다만, 사업시행자의 동의를 받거나 제40조 및 「공익사업을 위한 토지 등의

---

11) 대법원 1999. 1. 11 자 99마3102

"도시재개발법상 토지의 사용수익권이 제한되고 장차 재개발조합에게 토지의 소유권을 이전할

취득 및 보상에 관한 법률」에 따른 손실보상이 완료되지 아니한 권리자의 경우에는 그러하지 아니하다(동조 제6항).

(5) 건축물의 철거 등 (제48조의2)

사업시행자는 관리처분계획의 인가를 받은 후 기존의 건축물을 철거하여야 한다(동조 제1항). 그러나 「재난 및 안전 관리기본법」·「주택법」·「건축법」 등 관계 법령에 따라 기존 건축물의 붕괴 등 안전사고의 우려가 있는 경우에는 사업시행자는 기존 건축물의 소유자의 동의 및 시장·군수의 허가를 얻어 해당 건축물을 철거할 수 있다. 이 경우 건축물의 철거에도 불구하고 토지등소유자로서의 권리·의무에 영향을 주지 아니한다(동조 제2항). 사업시행자는 건축물을 철거하기 전에 관리처분계획의 수립을 위하여 기존 건축물에 대한 물건조서와 사진 또는 영상자료를 만들어 이를 착공 전까지 보관하여야 하며(令 제52조의2 제1항), 물건조서를 작성할 때에는 종전 건축물의 가격산정을 위하여 건축물의 연면적, 그 실측평면도, 주요마감재료 등을 첨부하여야 한다. 다만, 실측한 면적이 건축물대장에 첨부된 건축물현황도와 일치하는 경우에는 건축물현황도로 실측평면도를 갈음할 수 있다(令 동조 제2항).

(6) 주택의 공급 등 (제50조)

사업시행자는 정비사업(주거환경개선사업은 제외한다)의 시행으로 건설된 건축물을 인가된 관리처분계획에 따라 토지등소유자에게 공급하여야 한다(동조 제1항). 사업시행자가 정비구역 안에 주택을 건설하는 경우에는 입주자 모집조건·방법·절차, 입주금(계약금·중도금 및 잔금을 말한다)의 납부방법·시기·절차, 주택공급방법·절차 등에 관하여는 주택법 제38조의 규정에 불구하고 대통령령이 정하는 범위 안에서 시장·군수의 승인을 얻어 사업시행자가 이를 따로 정할 수 있으며(동조 제2항), 국토해양부장관, 시·도지사, 시장·군수 또는 주택공사 등은 조합이 요청하는 경우 주택재개발사업의 시행으로 건설된 임대주택을 인수하여야 한다. 이 경우 재개발임대주

의무가 있는 재개발구역 안의 토지 소유자가 관리처분계획의 인가·고시 이후 재개발사업구역 안의 토지의 소유자라는 이유로 토지의 인도를 구할 수는 없으므로, 그 토지의 인도를 구할 수 있음을 전제로 하여 재개발조합에 대하여 그 토지에서 재개발사업에 따른 공사의 중지를 구하는 것은 허용 될 수 없다"라고 판시하였다.

택의 인수 절차 및 방법, 인수 가격 등에 대하여는 대통령령으로 정한다(동조 제3항).

정비사업의 시행으로 임대주택을 건설하는 경우에 임차인의 자격·선정방법·임대보증금·임대료 등 임대조건에 관한 기준 및 무주택세대주에게 우선 매각하도록 하는 기준 등에 관하여는 임대주택법 제14조 및 제15조의 규정에 불구하고 대통령령이 정하는 범위 안에서 시장·군수의 승인을 얻어 사업시행자가 이를 따로 정할 수 있다. 다만, 재개발임대주택으로서 최초의 임차인 선정이 아닌 경우에는 대통령령이 정하는 범위 안에서 인수자가 이를 따로 정한다(동조 제4항). 사업시행자는 제1항 내지 제3항의 규정에 의한 공급대상자에게 주택을 공급하고 남은 주택에 대하여는 제1항부터 제4항까지에 따른 공급대상자외의 자에게 공급할 수 있다. 이 경우 주택의 공급방법·절차 등에 관하여는 「주택법」 제38조를 준용한다. 다만, 사업시행자가 제39조에 따른 매도청구소송을 통해 법원의 승소판결을 받은 후 입주예정자에게 피해가 없도록 청산금액을 공탁하고 분양예정인 건축물을 담보한 경우에는 법원의 승소판결이 확정되기 전이라도 「주택법」 제38조에도 불구하고 입주자를 모집할 수 있으나, 제52조에 따른 준공인가 신청 전까지 해당 주택건설대지의 소유권을 확보하여야 한다(동조 제5항).

사업시행자는 주택을 공급하는 때에 제48조 제2항 제6호의 규정에 의하며(동조 제6항), 국토해양부장관, 시·도지사, 시장·군수 또는 주택공사 등은 정비구역에 세입자와 대통령령으로 정하는 면적 이하의 토지 또는 주택을 소유한 자의 요청이 있는 경우에는 제3항에 따라 인수한 임대주택의 일부를 「토지임대부 분양주택 공급촉진을 위한 특별조치법」에 따른 토지임대부 분양주택으로 전환하여 공급하여야 한다(동조 제7항)

(7) 주택 등 건축물의 분양 받을 권리산정 기준일 (제50조의2)

정비사업으로 인하여 주택 등 건축물을 공급하는 경우 제4조제4항에 따른 고시가 있은 날 또는 시·도지사가 투기억제를 위하여 기본계획수립 후 정비구역지정·고시 전에 따로 정하는 날(이하 이 조에서 "기준일"이라 한다)의 다음 날부터 다음 각 호의 어느 하나에 해당하는 경우에는 해당 토지 또는 주택 등 건축물의 분양받을 권리는 기준일을 기준으로 산정한다(동조 제1항). 1필지의 토지가 수개의 필지로 분할되는 경우

2. 단독 또는 다가구주택이 다세대주택으로 전환되는 경우 3. 하나의 대지범위 안에 속하는 동일인 소유의 토지와 주택 등 건축물을 토지와 주택 등 건축물로 각각 분리하여 소유하는 경우 4. 나대지에 건축물을 새로이 건축하거나 기존 건축물을 철거하고 다세대주택, 그 밖의 공동주택을 건축하여 토지등소유자가 증가되는 경우 시・도지사는 기준일을 따로 정하는 경우에는 기준일・지정사유・건축물의 분양받을 권리의 산정기준 등을 해당 지방자치단체의 공보에 고시하여야 한다(동조 제2항).

(8) 시공보증 (제51조)

조합이 정비사업의 시행을 위하여 시장・군수 또는 주택공사 등이 아닌 자를 시공자로 선정(제8조제1항 또는 제3항의 규정에 의한 공동사업시행자가 시공하는 경우를 포함한다)한 경우 그 시공자는 공사의 시공보증(시공자가 공사의 계약상 의무를 이행하지 못하거나 의무이행을 하지 아니할 경우 보증기관에서 시공사를 대신하여 계약이행의무를 부담하거나 총 공사금액의 100분의 50 이하 총 공사금액의 100분의 30 이상의 범위 안에서 사업시행자가 정하는 금액을 납부할 것을 보증하는 것을 말한다)을 위하여 국토해양부령이 정하는 기관의 시공보증서를 조합에 제출하여야 한다(동조 제1항 令 제54조의 4). 시장・군수는 「건축법」 제21조의 규정에 의한 착공신고를 받는 경우에는 시공보증서 제출여부를 확인하여야 한다(동조 제2항).

Ⅵ. 사후처리 단계 (제3장 제6절)

(1) 정비사업의 준공인가 (제52조)

시장・군수가 아닌 사업시행자는 정비사업에 관한 공사를 완료한 때에는 대통령령이 정하는 방법 및 절차에 의하여 시장・군수의 준공인가를 받아야 한다(동조 제1항). 준공인가신청을 받은 시장・군수는 지체 없이 준공검사를 실시하여야 한다. 이 경우 시장・군수는 효율적인 준공검사를 위하여 필요한 때에는 관계행정기관・정부투자기관・연구기관 그 밖의 전문기관 또는 단체에 준공검사의 실시를 의뢰할 수 있다(동조 제2항). 시장・군수는 준공검사의 실시결과 정비사업이 인가받은 사업시행계획대로 완료되었다고 인정하는 때에는 준공인가를 하고 공사의 완료를 당해 지방자치단체의 공보에 고시하여야 한다(동조 제3항). 시장・군수는 직접 시행하는 정비사업에 관한 공사가 완료된 때에는 그 공사의 완료를 당해 지방자치단체의 공보에 고시하여야 한다(동조 제4항). 시장・군수는 준공인가를 하기 전이라도 완공된 건축물이 사용에 지장이 없는 등 아래의 기준에 적합한 경우에는 입주예정자가 완공된 건축물을 사용할 것을 사업시행자에 대하여 허가할 수 있다. 다만, 자신이 사업시행자인 경우에는 허가를 받지 아니하고 입주예정자가 완공된 건축물을 사용하게 할 수 있다(동조 제5항).

(2) 공사완료에 따른 관련 인・허가 등의 의제 (제53조)

준공인가를 하거나 공사완료의 고시를 함에 있어 시장・군수가 의제되는 인・허가 등에 따른 준공검사・준공인가・사용검사・사용승인 등(이하 "준공검사・인가 등"이라 한다)에 관하여 제3항의 규정에 의하여 관계행정기관의 장과 협의한 사항에 대하여는 당해 준공검사・인가 등을 받은 것으로 본다(동조 제1항). 시장・군수가 아닌 사업시행자는 제1항의 규정에 의한 준공검사・인가 등의 의제를 받고자 하는 경우에는 준공인가를 신청하는 때에 해당 법률이 정하는 관계서류를 함께 제출하여야 한다(동조 제2항).

시장・군수는 준공인가를 하거나 공사완료의 고시를 함에 있어서 그 내용에 의제되는 인・허가 등에 따른 준공검사・인가 등에 해당하는 사항이 있은 때에는 미리 관계행정기관의 장과 협의하여야 한다(동조 제3항). 제32조제5항의 규정은 제1항의 규정에 의한 준공검사・인가 등의 의제에 관하여 이를 준용한다(동조 제4항).

(3) 이전고시 등 (제54조)

사업시행자는 고시가 있은 때에는 지체 없이 대지확정측량을 하고 토지의 분할절차를 거쳐 관리처분계획에 정한 사항을 분양을 받을 자에게 통지하고 대지 또는 건축물의 소유권을 이전하여야 한다. 다만, 정비사업의 효율적인 추진을 위하여 필요한 경우에는 당해 정비사업에 관한 공사가 전부 완료되기 전에 완공된 부분에 대하여 준공인가를 받아 대지 또는 건축물별로 이를 분양받을 자에게 그 소유권을 이전할 수 있다(동조 제1항). 사업시행자는 대지 및 건축물의 소유권을 이전하고자 하는 때에는 그 내용을 당해 지방자치단체의 공보에 고시한 후 이를 시장·군수에게 보고하여야 한다. 이 경우 대지 또는 건축물을 분양받을 자는 고시가 있은 날의 다음 날에 그 대지 또는 건축물에 대한 소유권을 취득한다(동조 제2항).

(4) 대지 및 건축물에 대한 권리의 확정 (제55조)

대지 또는 건축물을 분양받을 자에게 소유권을 이전한 경우 종전의 토지 또는 건축물에 설정된 지상권·전세권·저당권·임차권·가등기담보권·가압류 등 등기된 권리 및 주택임대차보호법 제3조제1항의 요건을 갖춘 임차권은 소유권을 이전받은 대지 또는 건축물에 설정된 것으로 본다(동조 제1항). 이에 의하여 취득하는 대지 또는 건축물중 토지등소유자에게 분양하는 대지 또는 건축물은「도시개발법」제40조의 규정에 의하여 행하여진 환지로 보며, 보류지와 일반에게 분양하는 대지 또는 건축물은「도시개발법」제34조의 규정에 의한 보류지 또는 체비지로 본다(동조 제2항).

(5) 등기절차 및 권리변동의 제한 (제56조)

사업시행자는 이전의 고시가 있은 때에는 지체 없이 대지 및 건축물에 관한 등기를 지방법원지원 또는 등기소에 촉탁 또는 신청하여야 한다(동조 제1항). 등기에 관하여 필요한 사항은 대법원규칙으로 정하며(동조 제2항), 정비사업에 관하여 이전의 고시가 있은 날부터 등기가 있을 때까지는 저당권 등의 다른 등기를 하지 못한다(동조 제3항).

(6) 청산금 등

1) 청산금의 징수 (제57조)

대지 또는 건축물을 분양받은 자가 종전에 소유하고 있던 토지 또는 건축물의 가격과 분양받은 대지 또는 건축물의 가격사이에 차이가 있는 경우에는 사업시행자는 이전의 고시가 있은 후에 그 차액에 상당하는 금액(이하 "청산금"이라 한다)을 분양받은 자로부터 징수하거나 분양받은 자에게 지급하여야 한다. 다만, 정관 등에서 분할징수 및 분할지급에 대하여 정하고 있거나 총회의 의결을 거쳐 따로 정한 경우에는 관리처분계획인가후부터 제54조제2항의 규정에 의한 이전의 고시일까지 일정기간별로 분할징수하거나 분할 지급할 수 있다(동조 제1항). 제1항의 규정을 적용함에 있어서 종전에 소유하고 있던 토지 또는 건축물의 가격과 분양받은 대지 또는 건축물의 가격은 그 토지 또는 건축물의 규모・위치・용도・이용상황・정비사업비 등을 참작하여 평가하여야 한다(동조 제2항).

가격평가의 방법 및 절차 등에 관하여 필요한 사항은 시행령으로 정한다(동조 제3항, 令 제57조).

2) 청산금의 징수방법 등 (제58조)

청산금을 납부할 자가 이를 납부하지 아니하는 경우에는 시장・군수인 사업시행자는 지방세체납처분의 예에 의하여 이를 징수(분할징수를 포함한다. 이하 이 조에서 같다)할 수 있으며, 시장・군수가 아닌 사업시행자는 시장・군수에게 청산금의 징수를 위탁할 수 있다. 이 경우 제61조제5항을 준용한다(동조 제1항).

청산금을 지급받을 자가 이를 받을 수 없거나 거부한 때에는 사업시행자는 그 청산금을 공탁할 수 있으며(동조 제2항) 청산금을 지급(분할지급을 포함한다)받을 권리 또는 이를 징수할 권리는 이전의 고시일 다음 날부터 5년간 이를 행사하지 아니하면 소멸한다(동조 제3항).

3) 저당권의 물상대위 (제59조)

정비사업을 시행하는 지역 안에 있는 토지 또는 건축물에 저당권을 설정한 권리자는 저당권이 설정된 토지 또는 건축물의 소유자가 지급받을 청산금에 대하여 청산금을 지급하기 전에 압류절차를 거쳐 저당권을 행사할 수 있다.

Ⅶ. 기타

1. 비용의 부담 등 (제4장)

(1) 비용부담의 원칙 (제60조)

정비사업비는 이 법 또는 다른 법령에 특별한 규정이 있는 경우를 제외하고는 사업시행자가 부담한다(동조 제1항). 시장・군수는 시장・군수가 아닌 사업시행자가 시행하는 정비사업의 정비계획에 따라 설치되는 도시계획시설 중 대통령령이 정하는 주요 정비기반시설 및 제36조의 규정에 의한 임시수용시설(이하 "임시수용시설"이라 한다)에 대하여는 그 건설에 소요되는 비용의 전부 또는 일부를 부담할 수 있다(동조 제2항).

(2) 비용의 조달 (제61조)

사업시행자는 토지등소유자로부터 제60조제1항의 규정에 의한 비용과 정비사업의 시행과정에서 발생한 수입의 차액을 부과금으로 부과・징수할 수 있다(동조 제1항). 사업시행자는 토지등소유자가 부과금의 납부를 태만히 한 때에는 연체료를 부과・징수할 수 있으며(동조 제2항), 부과금 및 연체료의 부과・징수에 관하여 필요한 사항은 정관 등으로 정한다(동조 제3항).

시장・군수가 아닌 사업시행자는 부과금 또는 연체료를 체납하는 자가 있는 때에는 시장・군수에게 그 부과・징수를 위탁할 수 있다(동조 제4항). 시장・군수는 부과・징수를 위탁받은 경우에는 지방세체납처분의 예에 의하여 이를 부과・징수할 수 있다. 이 경우 사업시행자는 징수한 금액의 100분의 4에 해당하는 금액을 당해 시장・군수에게 교부하여야 한다(동조 제5항).

(3) 정비기반시설 설치 등 (제62조, 제64조, 제65조)

1) 정비기반시설의 설치 (제64조)

사업시행자는 관할지방자치단체장과의 협의를 거쳐 정비구역 안에 정비기반시설을 설치하여야 한다(동조 제1항). 정비기반시설의 설치를 위하여 토지 또는 건축물이 수용된 자는 당해 정비구역 안에 소재하는 대지 또는 건축물로서 매각대상이 되는 대지 또는 건축물에 대하여 제50조제5항에 불구하고 다른 사람에 우선하여 매수청구할 수 있다. 이 경우 당해 대지 또는 건축물이 국가 또는 지방자치단체의 소유인 때에는 「국유재산법」 제9조 또는 지방재정법 제77조의 규정에 의한 국유재산관리계획 또는 공유재산관리계획과 「국유재산법」 제43조 또는 지방재정법 제61조의 규정에 의한 계약의 방법에 불구하고 수의계약에 의하여 매각할 수 있다(동조 제2항). 시·도지사 또는 대도시의 시장은 정비구역을 지정함에 있어서 정비구역의 진입로 설치를 위하여 필요한 경우에는 진입로 지역과 그 인접지역을 포함하여 정비구역을 지정할 수 있다(동조 제3항). 매각대금의 결정방법·납부기간 및 납부방법 등에 관하여 필요한 사항은 대통령령으로 정한다(동조 제4항).

2) 정비기반시설 관리자의 비용부담 (제62조)

시장·군수는 그가 시행하는 정비사업으로 인하여 현저한 이익을 받는 정비기반시설의 관리자가 있는 경우에는 대통령령이 정하는 방법 및 절차에 따라 당해 정비사업비의 일부를 그 정비기반시설의 관리자와 협의하여 그 관리자에게 이를 부담시킬 수 있다(동조 제1항).

사업시행자는 정비사업을 시행하는 지역에 전기·가스 등의 공급시설을 설치하기 위하여 공동구를 설치하는 경우에는 다른 법령에 의하여 그 공동구에 수용될 시설을 설치할 의무가 있는 자에게 공동구의 설치에 소요되는 비용을 부담시킬 수 있다(동조 제2항). 비용부담의 비율 및 부담방법과 공동구의 관리에 관하여 필요한 사항은 국토해양부령으로 정한다(동조 제3항).

3) 정비기반시설 및 토지 등의 귀속 (제65조)

시장·군수 또는 주택공사 등이 정비사업의 시행으로 새로이 정비기반시설을 설치하거나 기존의 정비기반시설에 대체되는 정비기반시설을 설치한 경우에는 국유재산법 또는 지방재정법의 규정에 불구하고 종래의 정비기반시설은 사업시행자에게 무상으로 귀속되고, 새로이 설치된 정비기반시설은 그 시설을 관리할 국가 또는 지방자치단체에 무상으로 귀속된다(동조 제1항). 시장·군수 또는 주택공사 등이 아닌 사업시행자가 정비사업의 시행으로 새로이 설치한 정비기반시설은 그 시설을 관리할 국가 또는 지방자치단체에 무상으로 귀속되고, 정비사업의 시행으로 인하여 용도가 폐지되는 국가 또는 지방자치단체 소유의 정비기반시설은 그가 새로이 설치한 정비기반시설의 설치비용에 상당하는 범위 안에서 사업시행자에게 무상으로 양도된다(동조 제2항). 시장・군수는 정비기반시설의 귀속 및 양도에 관한 사항이 포함된 정비사업을 시행하고자 하거나 그 시행을 인가하고자 하는 경우에는 미리 그 관리청의 의견을 들어야 한다. 인가받은 사항을 변경하고자 하는 경우에도 또한 같다(동조 제3항).

사업시행자는 관리청에 귀속될 정비기반시설과 사업시행자에게 귀속 또는 양도될 재산의 종류와 세목을 정비사업의 준공 전에 관리청에 통지하여야 하며, 당해 정비기반시설은 그 정비사업이 준공인가되어 관리청에 준공인가통지를 한 때에 국가 또는 지방자치단체에 귀속되거나 사업시행자에게 귀속 또는 양도된 것으로 본다(동조 제4항). 정비기반시설의 등기에 있어서는 정비사업의 시행인가서와 준공인가서(시장・군수가 직접 정비사업을 시행하는 경우에는 사업시행인가의 고시와 공사완료의 고시를 말한다)는 부동산등기법에 의한 등기원인을 증명하는 서류에 갈음한다(동조 제5항).

(4) 보조 및 융자 (제63조)

국가 또는 시・도는 시장・군수 또는 주택공사 등이 시행하는 정비사업에 관한 기초조사 및 정비사업의 시행에 필요한 시설로서 대통령령이 정하는 정비기반시설 및 임시수용시설의 건설에 소요되는 비용의 일부를 보조하거나 융자할 수 있다(동조 제1항). 시장・군수는 사업시행자가 주택공사등인 주거환경개선사업과 관련하여 정비기반시설 및 임시수용시설을 건설하는 경우 건설에 소요되는 비용의 전부 또는 일부를 주택공사 등에게 보조하여야 한다(동조 제2항).

국가 또는 지방자치단체는 시장・군수가 아닌 사업시행자가 시행하는 정비사업에 소요되는 비용의 일부를 보조 또는 융자하거나 융자를 알선할 수 있다(동조 제3항). 국가 또는 지방자치단체는 정비사업에 필요한 비용을 보조 또는 융자하는 경우 순환정비방식의 정비사업에 우선적으로 지원할 수 있다. 이 경우 순환정비방식의 정비사업의 원활한 시행을 위하여 국가 또는 지방자치단체는 순환용 주택의 건설비, 공가관리비의 일부를 보조 또는 융자할 수 있다(동조 제4항).

국가는 다음 각 호의 어느 하나에 해당하는 비용의 전부 또는 일부를 지방자치단체 또는 주택공사 등에 보조 또는 융자할 수 있다(동조 제5항).

1. 제35조제2항에 따라 주택공사 등이 보유한 공공임대주택을 순환용주택으로 조합에게 제공하는 경우 그 건설비 및 공가(空家)관리비 등의 비용
2. 제50조제3항에 따라 시·도지사, 시장·군수 또는 주택공사 등이 재개발임대주택을 인수하는 경우 그 인수 비용

국가 또는 지방자치단체는 토지임대부 분양주택을 공급받는 자에게 해당 공급비용의 전부 또는 일부를 보조 또는 융자할 수 있다(동조 제6항).

(5) 국·공유재산의 임대·처분 등 (제66조, 제67조, 제68조)

1) 처분 등 (제66조)

시장·군수는 인가하고자 하는 사업시행계획 또는 직접 작성하는 사업시행계획서에 국·공유재산의 처분에 관한 내용이 포함되어 있는 때에는 미리 관리청과 협의하여야 한다. 이 경우 관리청이 불분명한 재산중 도로·하천·구거 등에 대하여는 국토해양부장관을, 그 외의 재산에 대하여는 기획재정부장관을 관리청으로 본다(동조 제1항). 협의를 받은 관리청은 20일 이내에 의견을 제시하여야 한다(동조 제2항).

정비구역안의 국·공유재산은 정비사업 외의 목적으로 매각하거나 양도할 수 없으며(동조 제3항), 정비구역안의 국·공유재산은 「국유재산법」 제9조 또는 지방재정법 제77조의 규정에 의한 국유재산관리계획 또는 공유재산관리계획과 「국유재산법」 제43조 및 지방재정법 제61조의 규정에 의한 계약의 방법에 불구하고 사업시행자 또는 점유자 및 사용자에게 다른 사람에 우선하여 수의계약으로 매각 또는 임대할 수 있다(동조 제4항). 다른 사람에 우선하여 매각 또는 임대할 수 있는 국·공유재산은 국유재산법·지방재정법 그 밖에 국·공유지의 관리와 처분에 관하여 규정한 관계법령의 규정에 불구하고 사업시행인가의 고시가 있은 날부터 종전의 용도가 폐지된 것으로 본다(동조 제5항). 정비사업을 목적으로 우선 매각하는 국·공유지의 평가는 사업시행인가의 고시가 있은 날을 기준으로 하여 행하며, 주거환경개선사업의 경우

매각가격은 이 평가금액의 100분의 80으로 한다. 다만, 사업시행인가의 고시가 있은 날부터 3년 이내에 매매계약을 체결하지 아니한 국·공유지는 국유재산법 또는 지방재정법이 정하는 바에 의한다(동조 제6항).

2) 임대 (제67조)

지방자치단체 또는 주택공사 등은 주거환경개선구역 및 주택재개발구역에서 임대주택(임대주택법 제2조제1호의 규정에 의한 임대주택을 말한다. 이하 같다)을 건설하는 경우에는 「국유재산법」 제46조제1항 또는 지방재정법 제83조의 규정에 불구하고 국·공유지 관리청과 협의하여 정한 기간 동안 국·공유지를 임대할 수 있다(동조 제1항).

시장·군수는 임대하는 국·공유지는 「국유재산법」 제47조 또는 지방재정법 제83조의 규정에 불구하고 그 토지위에 공동주택 그 밖의 영구건축물을 축조하게 할 수 있다. 이 경우 당해 시설물의 임대기간이 종료되는 때에는 임대한 국·공유지 관리청에 기부 또는 원상으로 회복시켜서 반환하거나 국·공유지 관리청으로부터 매입하여야 한다(동조 제2항). 임대하는 국·공유지의 임대료는 국유재산법 또는 지방재정법이 정하는 바에 의한다(동조 제3항).

3) 국·공유지의 무상양여 등 (제68조)

주거환경개선구역안에서 국가 또는 지방자치단체가 소유하는 토지는 제28조제4항의 규정에 의한 사업시행인가의 고시가 있은 날부터 종전의 용도가 폐지된 것으로 보며, 국유재산법·지방재정법 그 밖에 국·공유지의 관리 및 처분에 관하여 규정한 관계법령의 규정에 불구하고 당해 사업시행자에게 무상으로 양여된다. 다만, 「국유재산법」 제6조제2항에 따른 행정재산 또는 지방재정법 제72조제2항의 규정에 의한 행정재산 또는 보존재산과 국가 또는 지방자치단체가 양도계약을 체결하여 정비구역지정고시일 현재 대금의 일부를 수령한 토지에 대하여는 그러하지 아니하다(동조 제1항).

주거환경개선구역 안에서 국가 또는 지방자치단체가 소유하는 토지는 정비구역지정의 고시가 있은 날부터 정비사업 외의 목적으로 이를 양도하거나 매각할 수 없다(동조 제2항).

무상양여 된 토지의 사용수익 또는 처분으로 인한 수입은 주거환경개선사업외의 용도로 이를 사용할 수 없다(동조 제3항). 시장・군수는 무상양여의 대상이 되는 국・공유지를 소유 또는 관리하고 있는 국가 또는 지방자치단체와 협의를 하여야 한다(동조 제4항). 사업시행자에게 양여된 토지의 관리처분에 관하여 필요한 사항은 국토해양부장관의 승인을 얻어 당해 시・도조례 또는 주택공사 등의 시행규정으로 정한다(동조 제5항).

2. 정비사업전문관리업 (제5장)

(1) 등록 (제69조)

정비사업의 시행을 위하여 필요한 다음 각 호의 사항을 추진위원회 또는 사업시행자로부터 위탁받거나 이와 관련한 자문을 하고자 하는 자는 대통령령이 정하는 자본・기술인력 등의 기준을 갖춰 시・도지사에게 등록 또는 변경(대통령령이 정하는 경미한 사항의 변경을 제외한다)등록하여야 한다. 다만, 주택의 건설・감정평가 등 정비사업관련 업무를 하는 정부투자기관 등으로 대통령령이 정하는 기관의 경우에는 그러하지 아니하다(동조 제1항).

1. 조합 설립의 동의 및 정비사업의 동의에 관한 업무의 대행
2. 조합 설립인가의 신청에 관한 업무의 대행
3. 사업성 검토 및 정비사업의 시행계획서의 작성
4. 설계자 및 시공자 선정에 관한 업무의 지원
5. 사업시행인가의 신청에 관한 업무의 대행
6. 관리처분계획의 수립에 관한 업무의 대행

등록의 절차 및 방법, 등록수수료 등에 관하여 필요한 사항은 대통령령으로 정하며(동조 제2항), 시・도지사는 제1항 및 제73조제1항의 규정에 따라 정비사업전문관리업의 등록 또는 변경 등록한 현황 및 등록취소 또는 업무정지를 명한 현황을 국토해양부령이 정하는 방법 및 절차에 따라 국토해양부장관에게 보고하여야 한다(동조 제3항).

(2) 업무제한 등 (제70조)

정비사업전문관리업자는 동일한 정비사업에 대하여 다음 각 호의 업무를 병행하여 수행할 수 없다. 1. 건축물의 철거 2. 정비사업의 설계 3. 정비사업의 시공 4. 정비사업의 회계감사 5. 그 밖에 정비사업의 공정한 질서유지에 필요하다고 인정하여 대통령령이 정하는 업무

(3) 위탁자와의 관계 (제71조)

정비사업전문관리업자에게 업무를 위탁하거나 자문을 요청한 자와 정비사업전문관리업자 사이의 관계에 관하여 이 법에 규정이 있는 것을 제외하고는 민법중 위임에 관한 규정을 준용한다.

(4) 결격사유 (제72조)

다음 각 호의 어느 하나에 해당하는 자는 정비사업전문관리업의 등록을 신청할 수 없으며, 정비사업전문관리업자의 업무를 대표 또는 보조하는 임직원이 될 수 없다(동조 제1항).

1. 미성년자(대표 또는 임원이 되는 경우에 한한다) · 금치산자 또는 한정치산자
2. 파산선고를 받은 자로서 복권되지 아니한 자
3. 정비사업의 시행과 관련한 범죄행위로 인하여 금고 이상의 실형의 선고를 받고 그 집행이 종료(종료된 것으로 보는 경우를 포함한다)되거나 집행이 면제된 날부터 2년이 경과되지 아니한 자
4. 정비사업의 시행과 관련한 범죄행위로 인하여 금고 이상의 형의 집행유예를 받고 그 유예기간중에 있는 자
5. 이 법을 위반하여 벌금형 이상의 선고를 받고 2년이 경과되지 아니한 자
6. 제73조에 따른 등록이 취소된 후 2년이 경과되지 아니한 자(법인인 경우 그 대표자를 말한다)
7. 법인의 업무를 대표 또는 보조하는 임직원중 제1호 내지 제6호의 1에 해당하는 자가 있는 법인

정비사업전문관리업자의 업무를 대표 또는 보조하는 임직원이 제1항 각호의 1에

해당하게 되거나 선임 당시 그에 해당하는 자이었음이 판명된 때에는 당연 퇴직하며(동조 제2항), 퇴직된 임직원이 퇴직 전에 관여한 행위는 그 효력을 잃지 아니한다(동조 제3항).

(5) 등록취소 등 (제73조)

시・도지사는 정비사업전문관리업자가 다음 각 호의 어느 하나에 해당하는 때에는 그 등록을 취소하거나 1년 이내의 기간을 정하여 업무의 전부 또는 일부의 정지를 명할 수 있다. 다만, 제1호・제6호 및 제7호에 해당하는 때에는 그 등록을 취소하여야 한다(동조 제1항).

1. 사위 그 밖의 부정한 방법으로 등록을 한 때
2. 제69조제1항의 규정에 의한 등록기준에 미달하게 된 때
3. 고의 또는 과실로 조합에게 계약금액(정비사업전문관리업자가 조합과 체결한 총계약금액을 말한다)의 3분의 1 이상의 재산상 손실을 끼친 때
4. 제74조의 규정에 의한 보고・자료제출을 하지 아니하거나 허위로 한 때 또는 조사・검사를 거부・방해 또는 기피한 때
5. 제75조의 규정에 의한 보고・자료제출을 하지 아니하거나 허위로 한 때 또는 조사를 거부・방해 또는 기피한 때
6. 최근 3년간 2회 이상의 업무정지처분을 받은 자로서 그 정지처분을 받은 기간이 합산하여 12월을 초과한 때
7. 다른 사람에게 자기의 성명 또는 상호를 사용하여 이 법이 정한 업무를 수행하게 하거나 등록증을 대여한 때
8. 이 법을 위반하여 벌금형 이상의 선고를 받은 경우(법인의 경우에는 그 소속 임직원을 포함한다)
9. 그 밖에 이 법 또는 이 법에 의한 명령이나 처분을 위반한 때

등록의 취소 및 업무의 정지처분에 관한 기준은 대통령령으로 정한다(동조 제2항).

정비사업전문관리업자는 등록취소처분 등을 받은 경우에는 당해 내용을 지체 없이 사업시행자에게 통지하여야 하며(동조 제3항), 정비사업전문관리업자는 등록취소처분 등을 받기 전에 계약을 체결한 업무는 이를 계속하여 수행할 수 있다. 이 경우 정

비사업전문관리업자는 당해 업무를 완료할 때까지는 정비사업전문관리업자로 본다(동조 제4항).

정비사업전문관리업자는 다음 각호의 어느 하나에 해당하는 경우에는 업무를 계속하여 수행할 수 없다(동조 제5항).

1. 사업시행자가 제3항의 규정에 의한 통지를 받거나 처분사실을 안 날부터 3월 이내에 총회 또는 대의원회의 의결을 거쳐 당해 업무계약을 해지한 경우
2. 정비사업전문관리업자가 등록취소처분 등을 받은 날부터 3월 이내에 사업시행자로부터 업무의 계속수행에 대하여 동의를 받지 못한 경우. 이 경우 사업시행자가 동의를 하고자 하는 때에는 총회 또는 대의원회의 의결을 거쳐야 한다.
3. 제1항 단서의 규정에 의하여 등록이 취소된 경우

(6) 정비사업전문관리업자에 대한 조사 등 (제74조)

국토해양부장관 또는 시・도지사는 정비사업전문관리업자에 대하여 그 업무의 감독상 필요한 때에는 그 업무에 관한 사항을 보고하게 하거나 자료의 제출 그 밖의 필요한 명령을 할 수 있으며, 소속 공무원으로 하여금 영업소 등에 출입하여 장부・서류 등을 조사 또는 검사하게 할 수 있다(동조 제1항). 출입・검사 등을 하는 공무원은 그 권한을 표시하는 증표를 지니고 이를 관계인에게 내보여야 한다(동조 제2항).

(7) 교육 등 (제74조의2)

국토해양부장관, 시・도지사 또는 시장・군수는 추진위원회의 위원장 및 감사, 조합의 임원, 정비사업전문관리업자의 대표자 및 기술인력 등에 대하여 대통령령으로 정하는 바에 따라 교육을 실시할 수 있다.

3. 감독 등 (제6장)

(1) 자료의 제출 등 (제75조)

시・도지사는 국토해양부령이 정하는 방법 및 절차에 의하여 정비사업추진실적을 분기별로 국토해양부장관에게, 시장・군수는 시・도조례가 정하는 바에 의하여 정비

사업의 추진실적을 시 · 도지사에게 보고하여야 한다(동조 제1항). 국토해양부장관, 시 · 도지사 또는 시장 · 군수는 정비사업의 원활한 시행을 위하여 감독상 필요하다고 인정하는 때에는 추진위원회 · 사업시행자 · 정비사업전문관리업자 · 철거업자 · 설계자 및 시공자 등 이 법에 의한 업무를 하는 자에 대하여 국토해양부령이 정하는 내용에 따라 보고 또는 자료의 제출을 명할 수 있으며 소속 공무원으로 하여금 그 업무에 관한 사항을 조사하게 할 수 있으며(동조 제2항), 업무를 조사하는 공무원은 국토해양부령이 정하는 방법 및 절차에 따라 조사일시 · 조사목적 등을 미리 알려주어야 한다(동조 제3항).

(2) 회계감사 (제76조)

시장 · 군수 또는 주택공사 등이 아닌 사업시행자는 대통령령이 정하는 방법 및 절차에 의하여 각호의 1에 해당하는 시기에 주식회사의 외부감사에 관한 법률 제3조의 규정에 의한 감사인의 회계감사를 받아야 하며, 그 감사결과를 회계감사가 종료된 날부터 15일 이내에 시장 · 군수에게 보고하고 이를 당해 조합에 보고하여 조합원이 공람할 수 있도록 하여야 한다(동조 제1항).

1. 제15조제5항의 규정에 의하여 추진위원회에서 조합으로 인계되기 전 7일 이내
2. 제28조제4항의 규정에 의한 사업시행인가의 고시일부터 20일 이내
3. 제52조제1항의 규정에 의한 준공인가의 신청일부터 7일 이내

제1항에 따라 회계감사가 필요한 경우 사업시행자는 그 시장 · 군수에게 회계감사기관의 선정 · 계약을 요청하여야 하며, 그 요청이 있는 경우 시장 · 군수는 즉시 회계감사기관을 선정하여 회계감사가 이루어지도록 하여야 한다(동조 제2항).

회계감사기관을 선정 · 계약한 경우 시장 · 군수는 공정한 회계감사를 위하여 선정된 회계감사기관을 감독하여야 하며, 필요한 처분이나 조치를 명할 수 있다(동조 제3항). 사업시행자는 회계감사기관의 선정 · 계약을 요청하고자 하는 경우 시장 · 군수에게 회계감사에 필요한 비용을 미리 예치하여야 한다. 시장 · 군수는 회계감사가 끝난 경우 예치된 금액에서 회계감사비용을 직접 지불한 후 나머지 비용은 사업시행자와 정산하여야 한다(동조 제4항).

(3) 감독 (제77조)

정비사업의 시행이 이 법 또는 이 법에 의한 명령・처분이나 사업시행계획서 또는 관리처분계획에 위반되었다고 인정되는 때에는 정비사업의 적정한 시행을 위하여 필요한 범위안에서 국토해양부장관은 시・도지사, 시장・군수, 추진위원회, 주민대표회의, 사업시행자 또는 정비사업전문관리업자에게, 시・도지사는 시장・군수, 추진위원회, 주민대표회의, 사업시행자 또는 정비사업전문관리업자에게, 시장・군수는 추진위원회, 주민대표회의, 사업시행자 또는 정비사업전문관리업자에게 그 처분의 취소・변경 또는 정지, 그 공사의 중지・변경, 임원의 개선 권고 그 밖의 필요한 조치를 취할 수 있다(동조 제1항).

국토해양부장관은 이 법에 의한 정비사업의 원활한 시행을 위하여 관계공무원 및 전문가로 구성된 점검반을 구성하여 정비사업 현장조사를 통하여 분쟁의 조정, 위법사항의 시정요구 등 필요한 조치를 할 수 있다. 이 경우 관할 지방자치단체의 장과 조합 등은 대통령령이 정하는 자료의 제공 등 점검반의 활동에 적극 협조하여야 한다(동조 제3항). 제75조제3항의 규정은 제3항의 정비사업 현장조사를 하는 공무원에 대하여 이를 준용한다(동조 제4항).

(4) 도시분쟁조정위원회의 (제77조의 2, 제77조의 3)

1) 도시분쟁조정위원회의 구성 등 (제77조의 2)

정비사업의 시행으로 인하여 발생된 분쟁의 조정을 위하여 정비구역이 지정된 시・군・구(자치구를 말한다.)에 도시분쟁조정위원회(이하 "조정위원회"라 한다)를 둔다(동조 제1항).

조정위원회는 부시장・부구청장 또는 부군수를 위원장으로 한 10인 이내의 위원으로 구성하며, 위원은 다음 각 호의 어느 하나에 해당하는 자 중에서 시장・군수가 임명 또는 위촉한다. 이 경우 제1호 및 제3호의 어느 하나에 해당하는 자가 각 2인 이상이 포함되어야 한다(동조 제2항).

1. 해당 시・군・구에서 정비사업 관련 업무에 종사하는 5급 이상 공무원
2. 대학이나 연구기관에서 부교수 이상 또는 이에 상당하는 직에 재직하고 있는 자

3. 변호사, 건축사, 감정평가사, 공인회계사

4. 그 밖에 정비사업에 전문적 지식을 갖춘 자로서 시・도조례로 정하는 자

조정위원회는 정비사업의 시행과 관련한 분쟁 사항을 심사・조정하되, 「주택법」, 「공익사업을 위한 토지 등의 취득 및 보상에 관한 법률」, 그 밖의 관계 법률에 따라 설치된 위원회의 심사대상에 포함되는 사항은 제외할 수 있으며(동조 제3항), 조정위원회에는 위원 3인으로 구성된 분과위원회(이하 "분과위원회"라 한다)를 두며, 분과위원회에는 제2항제1호 및 제3호의 어느 하나에 해당하는 자가 각 1인 이상 포함되어야 한다(동조 제4항).

2) 조정위원회의 조정 등 (제77조의3)

정비사업과 관련한 분쟁당사자는 조정위원회에 조정을 신청할 수 있으며, 조정위원회는 조정의 신청을 받은 날부터 60일 이내에 조정절차를 마쳐야 한다. 다만, 기간 내에 조정절차를 마칠 수 없다고 판단되는 경우에는 조정위원회의 의결로 그 기간을 1회에 한하여 연장할 수 있으며 그 기간은 30일 이내로 한다(동조 제1항).

조정위원회의 위원장은 조정위원회의 심사에 앞서 분과위원회에서 사전 심사를 담당하게 할 수 있으며, 분과위원회의 위원 전원이 일치된 의견으로 조정위원회 심사가 필요 없다고 인정하는 경우에는 조정위원회에 회부하지 아니하고 분과위원회의 심사로 조정절차를 끝낼 수 있다(동조 제2항). 조정위원회 또는 분과위원회는 조정절차를 마친 경우 조정안을 작성하여 지체 없이 각 당사자에게 제시하여야 하며, 조정안을 제시받은 각 당사자는 그 제시받은 날부터 15일 이내에 그 수락 여부를 조정위원회 또는 분과위원회에 통보하여야 하며(동조 제3항), 당사자가 조정안을 수락한 경우 조정위원회는 즉시 조정서를 작성하고, 위원장 및 각 당사자는 이에 서명・날인하여야 한다. 이 경우 당사자 간 조정서와 동일한 내용의 합의가 성립된 것으로 본다(동조 제4항). 조정위원회의 구성・운영 및 비용의 부담, 그 밖에 필요한 사항은 시・도조례로 정한다(동조 제항).

(5) 청문 (제78조)

국토해양부장관, 시・도지사 또는 시장・군수는 다음 각 호의 1에 해당하는 처분

을 하고자 하는 경우에는 청문을 실시하여야 한다.

1. 제73조제1항의 규정에 의한 정비사업전문관리업의 등록취소
2. 제77조제1항에 따른 추진위원회 승인의 취소, 조합 설립인가의 취소, 사업시행인가의 취소 또는 관리처분계획인가의 취소

4. 보칙 (제7장)

(1) 정비구역 안에서의 건축물의 유지·관리 (제79조)

시장·군수는 정비사업으로 건축된 건축물에 대하여 기본계획 및 정비계획에 포함된 건축기준에 적합하게 유지·관리하여야 한다(동조 제1항). 시장·군수는 공사완료의 고시가 된 후에 정비기반시설의 설치가 필요한 경우에는 제1항의 규정에 불구하고 국토의 계획 및 이용에 관한 법률 제85조 내지 제100조의 규정에 의한 도시계획시설의 설치에 관한 규정을 적용하여 이를 설치할 수 있다(동조 제2항).

토지등소유자는 자신이 소유하는 정비구역 내 토지 또는 건축물에 대하여 매매·전세·임대차 또는 지상권 설정 등 부동산 거래를 위한 계약 시 다음 각 호의 사항을 거래 상대방에게 설명·고지하고, 거래 계약서에 기재 후 서명·날인하여야 한다(동조 제3항).

1. 해당 정비사업의 추진단계
2. 퇴거예정시기(건축물의 경우 철거예정시기를 포함한다)
3. 제5조, 제19조, 제44조제5항, 제50조의2에 따른 권리제한
4. 그 밖에 거래 상대방의 권리·의무에 중대한 영향을 미치는 사항으로서 대통령령으로 정하는 사항

제3항 각 호의 사항은「공인중개사의 업무 및 부동산 거래신고에 관한 법률」제25조제1항제2호의 "법령의 규정에 의한 거래 또는 이용제한사항"으로 본다(동조 제4항).

(2) 주택재개발사업의 시행방식 전환 (제80조)

시장·군수는 사업대행자를 지정하거나, 토지등소유자의 5분의 4 이상의 요구가 있어 주택재개발사업의 시행방식의 전환이 필요하다고 인정하는 경우에는 정비사업

이 완료되기 전이라도 대통령령이 정하는 범위 안에서 정비구역의 전부 또는 일부에 대하여 시행방식의 전환을 승인할 수 있다(동조 제1항). 사업시행자는 시행방식을 전환하기 위하여 관리처분계획을 변경하고자 하는 경우 토지면적의 3분의 2 이상의 동의와 토지등소유자의 5분의 4 이상의 동의를 얻어야 하며 변경절차에 관하여는 제48조제1항의 관리처분계획 변경에 관한 규정을 준용한다(동조 제2항).

정비구역 일부에 대하여 시행방식을 변경하고자 하는 경우에 주택재개발사업이 완료된 부분에 대하여는 제52조의 규정에 따라 준공인가를 거쳐 당해 지방자치단체의 공보에 공사완료의 고시를 하여야 하며, 변경하고자 하는 부분에 대하여는 이 법에서 정하고 있는 절차에 따라 시행방식을 전환하여야 한다(동조 제3항). 공사완료의 고시를 한 때에는 「측량 · 수로조사 및 지적에 관한 법률」 제86조제3항에도 불구하고 관리처분계획의 내용에 따라 이전이 된 것으로 본다.

(3) 관련자료의 공개와 보존 등 (제81조)

추진위원회위원장 또는 사업시행자(조합의 경우 조합임원, 도시환경정비사업을 토지등소유자가 단독으로 시행하는 경우 그 대표자를 말한다)는 정비사업시행에 관하여 다음 각 호의 서류 및 관련 자료를 조합원 · 토지등소유자 또는 세입자가 알 수 있도록 인터넷과 그 밖의 방법을 병행하여 공개하여야 하며, 조합원 또는 토지등소유자의 열람 · 등사 요청이 있는 경우 즉시 이에 응하여야 한다. 이 경우 등사에 필요한 비용은 실비의 범위 안에서 청구인의 부담으로 한다(동조 제1항).

1. 추진위원회 운영규정 및 정관등
2. 설계자 · 시공자 · 철거업자 및 정비사업전문관리업자 등 용역업체의 선정계약서
3. 추진위원회 · 주민총회 · 조합총회 및 조합의 이사회 · 대의원회의 의사록
4. 사업시행계획서
5. 관리처분계획서
6. 해당 정비사업의 시행에 관한 공문서
7. 회계감사보고서
8. 그 밖에 정비사업시행에 관하여 대통령령으로 정하는 서류 및 관련 자료

추진위원회원회원회위원장 · 정비사업전문관리업자 또는 사업시행자(조합의 경우 조

합임원, 제8조제3항에 따라 도시환경정비사업을 토지등소유자가 시행하는 경우 그 대표자를 말한다)는 제1항에 따른 서류 및 관련 자료와 총회 또는 중요한 회의가 있은 때에는 속기록·녹음 또는 영상자료를 만들어 이를 청산 시까지 보관하여야 하며, 공개의 대상이 되는 서류 및 관련 자료의 경우 분기별로 공개대상의 목록, 개략적인 내용, 공개장소, 열람·복사 방법 등을 대통령령으로 정하는 방법과 절차에 따라 조합원 또는 토지등소유자에게 서면으로 통지하여야 한다(동조 제2항). 공개 및 공람의 적용범위·절차 등에 관하여 필요한 사항은 국토해양부령으로 정한다(동조 제3항).

시장·군수 또는 주택공사등이 아닌 사업시행자는 정비사업을 완료하거나 폐지한 때에는 시·도조례가 정하는 바에 따라 관계서류를 시장·군수에게 인계하여야 하며(동조 제4항), 시장·군수 또는 주택공사등인 사업시행자와 관계서류를 인계받은 시장·군수는 당해 정비사업의 관계서류를 5년간 보관하여야 한다(동조 제5항).

(4) 도시·주거환경정비기금의 설치 등 (제82조)

기본계획을 수립하거나 승인하는 특별시장·광역시장·도지사 또는 시장은 정비사업의 원활한 수행을 위하여 도시·주거환경정비기금(이하 "정비기금"이라 한다)을 설치하여야 한다(동조 제1항).

정비기금은 다음 각호의 1의 금액을 재원으로 조성한다(동조 제2항).

1. 도시계획세 중 대통령령이 정하는 일정률 이상의 금액
2. 부담금 및 정비사업으로 발생한 「개발이익환수에 관한 법률」에 의한 개발부담금중 지방자치단체의 귀속분의 일부

   2의2. 「재건축초과이익 환수에 관한 법률」에 의한 재건축부담금 중 지방자치단체 귀속분
3. 정비구역(주택재건축구역을 제외한다)안의 국·공유지 매각대금 중 대통령령이 정하는 일정률 이상의 금액
4. 시·도지사 또는 시장·군수에게 공급된 재건축소형주택의 임대보증금 및 임대료
5. 그 밖에 시·도조례가 정하는 재원

정비기금은 다음 각 호의 어느 하나의 용도 이외의 목적으로 사용하여서는 아니 된

다(동조 제3항).

1. 이 법에 의한 정비사업으로서 다음 각 목의 어느 하나에 해당하는 사항
   가. 기본계획의 수립 나. 안전진단 및 정비계획의 수립 다. 추진위원회의 운영자금 대여 라. 그 밖에 이 법과 시·도 조례로 정하는 사항
2. 임대주택의 건설·관리
3. 임차인 주거안정 지원
4. 「재건축초과이익 환수에 관한 법률」에 의한 재건축부담금의 부과·징수

정비기금의 관리·운용과 개발부담금의 지방자치단체의 귀속분중 정비기금으로 적립되는 비율 등에 관하여 필요한 사항은 시·도조례로 정한다(동조 제4항).

(5) 노후·불량주거지 개선계획의 수립 (제82조의2)

국토해양부장관은 주택 또는 기반시설이 열악한 주거지의 주거환경개선을 위하여 5년마다 개선대상지역을 조사하고 연차별 재정지원계획 등을 포함한 노후·불량주거지 개선계획을 수립하여야 한다.

(6) 권한의 위임 (제83조)

국토해양부장관은 이 법의 규정에 의한 권한의 일부를 대통령령이 정하는 바에 의하여 시·도지사 또는 시장·군수에게 위임할 수 있다.

5. 벌칙 등 (제8장)

(1) 벌칙적용에 있어서의 공무원 의제 (제84조)

형법 제129조 내지 제132조의 적용에 있어서 추진위원회의 위원장·조합의 임원 및 정비사업전문관리업자의 대표자(법인인 경우에는 임원을 말한다)·직원은 이를 공무원으로 본다.

(2) 제17조에 따른 토지등소유자의 서면동의서를 위조한 자는 5년 이하의 징역 또는 5천만 원 이하의 벌금에 처한다(제84조의2).

(3) 다음 각 호의 1에 해당하는 자는 3년 이하의 징역 또는 3천만 원 이하의 벌금에 처한다(제84조의3).

1. 시공자의 선정(제11조)의 규정을 위반하여 시공자를 선정한 자 및 시공자로 선정된 자
2. 거짓 또는 부정한 방법으로 제19조제2항의 규정을 위반하여 조합원 자격을 취득한 자와 조합원 자격을 취득하게 하여준 토지등소유자 및 조합의 임직원
3. 제19조제2항의 규정을 회피하여 분양주택을 이전 또는 공급받을 목적으로 건축물 또는 토지의 양도・양수사실을 은폐한 자
4. 시장・군수의 추진위원회 승인을 받지 아니하고 정비사업전문관리업자를 선정한 자
5. 경쟁입찰의 방법에 의하지 아니하고 정비사업전문관리업자를 선정한 추진위원장
6. 제17조에 따른 토지등소유자의 서면동의서를 매도하거나 매수한 자

(4) 다음 각 호의 1에 해당하는 자는 2년 이하의 징역 또는 2천만 원 이하의 벌금에 처한다(제85조).

1. 제5조제1항의 규정을 위반하여 허가 또는 변경허가를 받지 아니하거나 거짓 그 밖에 부정한 방법으로 허가 또는 변경허가를 받아 행위를 한 자
2. 제12조제4항의 규정에 의한 안전진단결과보고서를 거짓으로 작성한 자
3. 제13조제2항 또는 제26조제3항을 위반하여 추진위원회 또는 주민대표회의의 승인을 얻지 아니하고 제14조제1항 각 호의 업무를 수행하거나 주민대표회의를 구성・운영한 자
4. 조합이 설립되었는데도 불구하고 추진위원회를 계속 운영하는 자
5. 제24조의 규정에 의한 총회의 의결을 거치지 아니하고 동조 제3항 각호의 사업을 임의로 추진하는 조합의 임원
6. 승인받은 추진위원회 또는 주민대표회의가 구성되어 있음에도 불구하고 임의로 추진위원회 또는 주민대표회의를 구성하여 이 법에 따른 정비사업을 추진하는 자
7. 사업시행인가를 받지 아니하고 정비사업을 시행한 자와 동 사업시행계획서를 위반하여 건축물을 건축한 자
8. 관리처분계획의 인가를 받지 아니하고 제54조의 규정에 의한 이전을 한 자

9. 등록을 하지 아니하고 이 법에 따른 정비사업을 위탁받은 자
10. 사위 그 밖에 부정한 방법으로 등록을 한 정비사업전문관리업자
11. 등록이 취소되었음에도 불구하고 영업을 하는 자
12. 처분의 취소・변경 또는 정지, 그 공사의 중지 및 변경에 관한 명령을 받고도 이에 응하지 아니한 사업시행자 및 정비사업전문관리업자

(5) 다음 각 호의 1에 해당하는 자는 1년 이하의 징역 또는 1천만원 이하의 벌금에 처한다(제86조).

1. 제15조제5항의 규정을 위반하여 추진위원회의 회계장부 및 관계서류를 조합에 인계하지 아니하는 추진위원회 임원
2. 준공인가를 받지 아니하고 건축물 등을 사용한 자와 동조 제5항의 규정에 의하여 시장・군수의 사용허가를 받지 아니하고 건축물을 사용하는 자
3. 다른 사람에게 자기의 성명 또는 상호를 사용하여 이 법이 정한 업무를 수행하게 하거나 등록증을 대여한 정비사업전문관리업자
4. 회계감사를 받지 아니한 자
5. 삭제 <2009.2.6>
6. 제81조제1항을 위반하여 정비사업시행과 관련한 서류 및 자료를 인터넷과 그 밖의 방법을 병행하여 공개하지 아니하거나 조합원 또는 토지등소유자의 열람・등사 요청에 응하지 아니하는 추진위원회위원장 또는 조합임원(도시환경정비사업을 토지등소유자가 단독으로 시행하는 경우 그 대표자)
7. 제81조제2항을 위반하여 속기록 등을 만들지 아니하거나 관련 자료를 청산 시까지 보관하지 아니한 추진위원장 또는 조합임원(제8조제3항에 따라 도시환경정비사업을 토지등소유자가 시행하는 경우에는 그 대표자를 말한다)

(6) 양벌규정 (제87조)

법인의 대표자나 법인 또는 개인의 대리인, 사용인, 그 밖의 종업원이 그 법인 또는 개인의 업무에 관하여 제84조의2, 제85조, 제86조의 어느 하나에 해당하는 위반행위를 하면 그 행위자를 벌하는 외에 그 법인 또는 개인에게도 해당 조문의 벌금형을 과

한다. 다만, 법인 또는 개인이 그 위반행위를 방지하기 위하여 해당 업무에 관하여 상당한 주의와 감독을 게을리하지 아니한 경우에는 그러하지 아니하다.

(7) 과태료 (제88조)

1) 1천만 원의 과태료

점검반의 현장조사를 거부 · 기피 또는 방해한 자에게는 1천만 원의 과태료를 부과한다(제88조 제1항).

2) 500만 원 이하의 과태료

다음 각 호의 어느 하나에 해당하는 자에게는 500만 원 이하의 과태료를 부과한다(동조 제2항).

1. 제49조제4항 또는 제54조제1항에 따른 통지를 태만히 한 자
2. 제74조제1항 및 제75조제2항에 따른 보고 또는 자료의 제출을 태만히 한 자
3. 제81조제4항에 따른 관계 서류의 인계를 태만히 한 자

3) 과태료는 대통령령으로 정하는 방법 및 절차에 따라 국토해양부장관, 시 · 도지사 또는 시장 · 군수가 부과 · 징수한다.

제5장 건축법

Ⅰ. 총설 (제1장)

1. 제정 및 개정경과

(1) 제정

건축에 관한 규제를 목적으로 하는 우리나라 최초의 근대적 법령은 구한말 경무청령으로 시행하여 오던 가로取締규칙, 가로관리규칙, 도로취체규칙 등을 일원화한 시가지건축규칙(1913 ~ 1934)이며, 시가지계획과 건축물규제내용의 복합된 체계를 갖춘 근대적 의미의 건축법의 효시로는 1934년 6월 30일 制令 제18호로 제정된 조선시가지계획령을 들 수 있고, 이 令 속에는 도시계획, 건축, 토지구획정리사업 등절차가 통합적으로 규정되어 있었다. 이 令은 해방 이후에도 미군정법령 제3호와 제헌헌법 제100조에 의해 계속하여 효력이 인정되었고 1961년 국가재건최고회의가 제정한 '구법정리에 관한 임시조치법'에 의해 1962년 1월 20일을 기하여 폐지되고 동년 1월 20일 법률 제984호로 새로이 건축법이 제정되었다.

(2) 개정경과

1) [1995.1.5, 법률 제4919호, 일부개정]

건축법 제정 후 십 수차례 개정을 거쳤으며, 1991년 5월 31일 법률 제4381호로 전면 개정되기도 하였다. 특히 1995년 1월 5일 법률 제4919호로 개정된 제16차 건축법 개정의 취지는 건축에 따른 민원을 해소하기 위하여 건축절차를 대폭 간소화하는 한편 건축물의 품질향상을 위하여 공사감리제도를 보완하고 부실 설계 · 시공 · 감리에 대한 벌칙을 강화하는 데 두고 있었다.[1] 그 주요내용은 다음과 같다.

---

1) 1995.1.5, 관보 제12908호 및 법제처 국가법령정보 개정문 및 개정이유 [법률 제4919호, 1995.1.5,

가. 건축법의 적용이 제외되는 건축물 중, 전통사찰보존법에 의한 전통사찰이 삭제되어 향후 사찰은 문화재나 전통구조물에 해당하지 아니하는 한 건축법에 의해 규율된다(제3조 제1항 제3호 삭제).

나. 지역특성 상 건축법의 적용이 곤란한 대지 및 건축물에 대하여 건축주・설계자・공사시공자 또는 공사감리자(이하 "건축관계자"라 한다)는 그 적용의 완화를 시장・군수・구청장에게 요청할 수 있다(제5조).

다. 실효성이 의문시되었던 건축에 관한 사전결정제도를 폐지하였다(제7조 삭제).

라. 건축허가의 절차를 엄격히 하여 허가신청서에 건축물의 용도・규모 및 형태가 표시된 기본설계도서를 첨부하고 허가권자는 이 법뿐 아니라 다른 관계법령에도 적합한지의 여부를 확인하여 허가를 하여 주도록 하는 한편, 당해 건축물이 대통령령이 정하는 용도・규모・구조의 건축물 및 건축설비를 가진 건축물인 경우에는 미리 대통령령이 정하는 바에 의하여 국토해양부장관 또는 시・도지사의 승인을 얻어야 한다(제8조).

마. 중간검사제도를 폐지하고 그 보완책으로 감리중간보고서를 제출한다(제21조 제1항)

아. 사용검사라는 용어대신 사용승인이라는 용어로 대체하고, 사용승인 신청시 감리자의 감리완료보고서를 첨부하도록 하고 감리자가 없는 경우 검사를 한 후 사용승인토록 한다(제18조).

자. 공사감리자의 권한을 강화하여 위법사항을 발견하거나 공사시공자가 설계도서대로 공사를 하지 아니하는 경우에는 공사시공자로 하여금 이를 시정, 재시공 및 건축공사를 중지하도록 요청할 수 있도록 하고(제21조 제2항) 벌칙조항을 대폭 강화하였다(제79조, 제80조).

2) [1999. 2. 8, 법률 제5895호, 일부개정]

대지면적의 최소한도, 인접대지경계선으로부터의 이격거리, 지하층설치의무 등 국민에게 과도한 부담을 주는 규제를 폐지하고, 건축물의 용도변경을 허가제에서 신고제로 전환하는 등 건축 관련 절차를 간소화하는 한편, 택지개발예정지구・재개발

일부개정] 참조

구역 등에서 건축할 때에는 건축물의 북쪽을 띄우는 대신 남쪽을 띄울 수 있도록 하는 등 각종 건축규제를 국민편의위주로 개선하려는 것이다.

3) [2000. 1.28, 법률 제6247호, 일부개정]

도시계획법의 개정에 따라 관계조문을 정리하는 한편, 연면적 85제곱미터이하인 주거용 건축물로서 대통령령이 정하는 경우에는 이행강제금 부과금액의 2분의 1의 범위 안에서 지방자치단체의 조례가 정하는 금액을 부과할 수 있도록 한 것이다.

4) [2001. 1.16, 법률 제6370호, 일부개정]

1999년도 화성에서 발생한 씨랜드 화재사건 등과 같은 불행한 사고를 미연에 장지하고 건축물에 대한 안전의식을 제고하기 위한 것으로, 생활환경 유해요인으로부터 국민의 주거환경 및 교육환경을 철저히 보호할 수 있도록 하기 위하여 위락시설 및 숙박시설 등의 무분별한 건축을 제한하고, 자연환경 및 수질을 보호하고 난개발을 방지하기 위하여 건축허가 전에 도지사의 승인을 얻어야 하는 건축물의 범위를 확대하고, 건축현장에 대한 조사·검사 및 확인결과를 허위로 보고한 건축사에 대한 처벌을 강화함으로써 건축물에 대한 안전의식을 제고하도록 하는 등 현행 제도의 운영상 나타난 일부 미비점을 개선·보완하려는 것이다.

5) [2002. 2. 4, 법률 제6655호, 타법개정]

국토이용관리법 및 도시계획법이 폐지되고 그 대신 국토의 계획 및 이용에 관한 법률이 제정됨으로써 이에 따른 관련 조문 등의 정리를 위한 개정이라 할 수 있다.

6) [2002. 8.26, 법률 제6733호, 일부개정]

종전에는 건축허가를 행하는 행정청이 해일·수해 등 재해(災害)가 생길 우려가 있어 건축물의 건축을 제한할 필요가 있다고 인정하는 일정한 구역을 재해위험구역(災害危險區域)으로 지정(指定)할 수 있도록 하였으나, 시장·군수·구청장이 상습침수 등의 수해가 반복되는 지역에 대하여 그 지정을 회피하는 등의 문제가 있었으므로, 앞으로는 재해위험구역을 재해관리구역(災害管理區域)으로 그 명칭을 변경하고, 시·도지사가 상습침수구역 등에 대하여 재해관리구역으로 지정할 수 있도록 하려는 것이다(제54조).

7) [2002.12.30, 법률 제6852호, 타법개정]

기존의 도시재개발법 대신 새로이 '도시및주거환경정비법'이 제정됨에 따라 이에 따른 관련 조문을 정비하기 위한 개정이라 할 수 있다.

8) [2003. 5.27, 법률 제6889호, 일부개정]

종전 건축법은 건축물대장의 기재내용 중 지번 또는 행정구역의 명칭 등의 변경이 있는 경우에 시장·군수·구청장이 관할등기소에 등기촉탁을 할 수 있도록 규정하고, 건축물의 면적·구조·용도 등 건축물의 표시변경사항과 건축물 철거·멸실의 경우에는 소유자가 관할등기소에 등기하도록 함으로써 법무사 이용에 따르는 수수료 부담 및 시간소요로 인한 국민의 불편이 있어, 건축물의 표시변경과 철거·멸실에 관련된 사항에 대하여도 시장·군수·구청장이 등기를 촉탁할 수 있도록 하려는 것이다(제29조의2).

9) [2005. 5.26, 법률 제7511호, 일부개정]

쾌적한 주거환경을 원하는 국민의 요구에 부응하기 위하여 건축물의 마감재료 기준에 실내공기질에 관한 부분을 추가하고(제43조), 건축허가의 제한(제12조), 건축사가 아닌 자가 설계할 수 없는 건축물의 종류(제77조의2제1항) 등 하위법령에서 규정하고 있는 국민의 권리제한 또는 의무부과에 관한 사항을 직접 법률에서 규정하는 등 현행 제도의 운영상 나타난 일부 미비점을 개선·보완하려는 것이다.

10) [2005.11. 8, 법률 제7696호, 일부개정]

1995년 1월 5일 폐지하였던 바 있는 사전결정제도를 재도입하여 건축허가를 신청하기 전에 당해 대지에 건축이 허용되는지 여부를 사전에 결정 받을 수 있도록 하여 건축행정의 신뢰성을 높이고, 건축허가대상 건축물 범위 확대, 건축물 출입구 안전기준의 근거마련, 주요공사 시공자의 건축물대장에의 기재, 안전관리예치금제도 도입 등 건축에 관한 기준과 절차를 정비하여 건축물의 안전을 확보하는 한편, 건축분쟁을 보다 신속하고 전문적으로 해결하기 위하여 건축분쟁조정위원회의 기능을 강화하며,

건축설비의 종류에 초고속정보통신 · 지능형 홈 네트워크 설비를 추가하는 등 현행 제도의 운영과정에서 나타난 일부 미비점을 개선 · 보완하려는 것으로서, 그 주요내용은 다음과 같다.

가. 건축허가 사전결정제도 도입(법 제7조 신설)

나. 건축허가 대상 건축물 등의 확대(법 제8조제1항, 제9조제1항 및 법 제14조제2항)

다. 방치건축물의 안전관리예치금 제도 도입(법 제8조의3 신설)

라. 대지안의 공지확보 기준 마련(법 제50조 신설)

마. 친환경건축물 인증제도 도입(법 제58조 신설)

바. 건축분쟁조정위원회 기능 및 운영 개선(법 제76조의2 내지 제76조의8, 법 제76조의9 내지 제76조의18 신설)

11) [2007. 1. 3, 법률 제8219호, 일부개정]

건축절차의 간소화로 국민 편의를 증진하기 위하여 다른 법령에 따라 시행되고 있는 건축물의 건축에 관한 심의를 건축위원회에서 통합하여 심의하도록 하고, 환경오염물질 배출시설 관련 허가 · 신고를 건축허가 시 의제하도록 하며, 건축허가 시 의제받은 인 · 허가 사항은 사용승인 시에도 의제 받을 수 있도록 하고(제18조 제4항), 바닥면적의 합계가 85제곱미터 미만인 소규모의 증축 · 개축 등은 건축사가 반드시 설계하여야 하는 범위에서 제외하며(제19조 제1항), 그 밖에 현행 제도의 운영과정에서 나타난 일부 미비점을 개선 · 보완하려는 것이다.

12) [2007.10.17, 법률 제8662호, 일부개정]

조화롭고 창의적인 건축물의 건축을 통하여 도시경관의 창출, 건설기술 수준을 향상시키기 위하여 특별건축구역 지정제도를 도입하고, 온돌의 부실시공을 방지하기 위한 온돌시공 기준 등을 마련하며, 건축행정절차를 투명화하고 민원인의 편의를 증진하기 위하여 건축물의 사용승인 검사내용을 명확히 하려는 것이다.

13) [2008.3.21, 법률 제8974호, 전부개정]

법 문장을 원칙적으로 한글로 적고, 어려운 용어를 쉬운 용어로 바꾸며, 길고 복잡한 문장은 체계 등을 정비하여 간결하게 하는 등 국민이 법 문장을 이해하기 쉽게 정비하려는 것이다.

14) [2008. 3.28, 법률 제9049호, 일부개정]

건축물의 공사감리를 건축사로 지정하는 때에는 공사시공자 본인 및 계열회사를 공사감리자로 지정하지 못하도록 규정하고 있으나 이를 위반한 자에 대한 처벌규정이 없어 2008년 1월 7일 폭발 · 화재로 40명의 사망자가 발생한 경기도 이천시 냉동창고 건축현장과 같이 설계 · 시공 · 감리를 동일 계열사가 하는 경우가 있음에 따라, 본인 및 계열회사를 공사감리자로 지정한 자에 대하여 2년 이하의 징역 또는 1천만원 이하의 벌금에 처하도록 처벌규정을 신설함으로써 법 집행의 실효성과 부실시공을 미연에 방지하려는 것이다(제110조 제4호).

15) [2008.6.5, 법률 제9103호, 일부개정]

화재에 대비하여 대통령령이 정하는 용도 및 규모의 건축물의 내부 마감재료는 방화(防火)에 지장이 없는 재료를 사용하도록 하고 있음에도 불구하고 실제 건축현장에서 제대로 지켜지지 않아 화재가 발생하는 경우 방화에 취약한 내부 마감재료로 인하여 1999년도 화성에서 발생한 씨랜드 화재사건 등과 같은 대규모 참사가 이어지고 있음에 따라, 방화에 지장이 없는 내부 마감재료를 사용하지 아니한 공사시공자, 설계자 또는 공사감시자에게 2년 이하의 징역 또는 1천만원 이하의 벌금에 처하도록 하는 벌치규정을 두어 내부 마감재료에 관한 규정의 실효성을 담보함으로써 화재발생을 미연에 방지하거나 화재가 발생하더라도 피해정도를 최소화하려는 것이다(제110조 제10호).

16) [2009.2.6, 법률 제9437호, 일부개정]

초고유가 시대와 기후변화협약에 적극 대응할 수 있도록 효율적인 에너지절약형 건축물의 확대 · 보급을 위한 건축물 에너지 효율등급 인증제도의 법적 근거를 마련하고, 주요구조부를 해체하지 않는 대수선은 건축물의 규모와 상관없이 건축신고로 처리토록 하며, 의무위반 행위 정도에 비추어 과도한 행정형벌을 과태료로 전환하여 국민 불편을 최소화하는 등 건축법 운영과정에서 나타난 일부 미비점을 합리적으로 개선 · 보완하려는 것이다.

17) [2009.4.1, 법률 제9594호, 일부개정]

책임행정체제를 확립하고 의사결정의 신속성을 높이기 위하여 이 법에 따른 건축분쟁조정위원회를 정부위원회 정비계획에 따라 폐지하되, 필요한 경우 건축위원회에 건축분쟁전문위원회를 둘 수 있도록 하는 한편, 「행정대집행법」에 따른 대집행 절차를 거치지 아니하고 실행할 수 있는 대집행 특례대상을 명확히 규정하고 대집행 절차를 거치지 아니한 대집행은 필요 최소한도에 그치도록 하여 행정청의 재량남용을 방지하고 국민의 재산권보호에 기여하도록 하려는 것이다(제4조 제1항, 제85조).

18) [2009.12.29, 법률 제9858호, 일부개정]

건축물의 외벽에 가연성 마감재료를 사용할 경우 가볍고 저렴하지만 화재에 취약하고 유독가스로 인한 인명피해의 우려가 있으므로, 대통령령으로 정하는 건축물의 외벽에는 방화에 지장이 없는 마감재료를 사용하도록 하려는 것이다.

2. 구성과 내용

(1) 구성

건축법은 전 10장 113조 및 부칙으로 이루어져 있다.

제1장 총칙

제2장 건축물의 건축

제3장 건축물의 유지와 관리

제4장 건축물의 대지와 도로

제5장 건축물의 구조 및 재료

제6장 지역 및 지구의 건축물

제7장 건축설비

제8장 특별건축구역

제9장 보칙

제10장 벌칙

(2) 내용

건축법의 주요 내용은 건축물의 규모, 구조, 설비, 대지 및 도로 등에 관한 일반적인 기준을 설정하고 이러한 규정을 준수하기 위하여 건축 설계단계에서부터 사용 단계에 이르기까지 일련의 절차를 규정하고 있다. 다른 법률에 비하여 특히 전문성·기술성이 두드러지는 법률이라 할 수 있다.

3. 입법목적

건축물의 대지·구조·설비 기준 및 용도 등을 정하여 건축물의 안전·기능·환경 및 미관을 향상시킴으로써 공공복리의 증진에 이바지하는 것을 목적으로 한다(법 제1조). 부동산공법은 토지의 계획적 이용을 통하여 공공복리의 증진을 도모하는 것을 목적으로 하나 이러한 목적은 궁극적으로 건축물에 대한 구체적인 건축규제를 통하여 실현될 수 있다. 토지소유자가 아무런 제약 없이 원하는 구조, 규모 및 용도의 건축물을 건축할 수 있다면 이웃 토지 및 건축물의 소유자의 생활환경은 저해될 수밖에 없고 나아가 도시미관 내지 전국토의 효율적인 이용도 기대할 수 없게 될 것이다. 국가는 공법적 규제를 통하여 일정지역에서의 일정규모이상의 건축은 허가제로 하고, 건축물과 대지의 규모, 용도, 구조와 설비 등에 관하여 엄격한 기준을 정하고 있는 것이다.

4. 적용 범위

(1) 적용 대상물

1) 대지 (제2조 제1항 제1호)

건축물이 설치되어 있거나 설치될 토지로서 지적법에 따라 각 필지로 나눈 토지를 말한다. 다만, 시행령(제3조)이 정하는 일정한 경우에는 2 이상의 필지를 하나의 대지로 하거나 1 이상의 필지의 일부를 하나의 대지로 할 수 있다. 그러나 지적법에서는 건축 등 사용목적이 분명하지 아니하면 토지분할이나 합필을 제한하고 있기 때문에 건축법에서는 이를 하나의 대지로 볼 수 없어 허가를 할 수 없는 등 양법이 서로 상충하는 문제점이 발견되어 1999.2.8. 건축법 개정에서는, 2이상의 필지를 하나의 대지로 볼 수 있는 경우를 확대하고, 또 1이상의 필지의 일부를 하나의 대지로 볼 수 있도록 규정하였다.

첫째, 2 이상의 필지를 하나의 대지로 할 수 있는 경우(令 제3조 제1항)

가. 하나의 건축물을 두 필지 이상에 걸쳐 건축하는 경우, 그 건축물이 건축되는 각 필지의 토지를 합한 토지

나. 지적법 제20조제3항에 따라 합병이 불가능한 경우 중 다음 어느 하나에 해당하는 경우, 그 합병이 불가능한 필지의 토지를 합한 토지. 다만, 토지의 소유자가 서로 다르거나 소유권 외의 권리관계가 서로 다른 경우는 제외한다.

가) 각 필지의 지번부여지역(地番附與地域)이 서로 다른 경우

나) 각 필지의 도면의 축척이 다른 경우

다) 서로 인접하고 있는 필지로서 각 필지의 지반(지반)이 연속되지 아니한 경우

다. 국토의 계획 및 이용에 관한 법률 제2조제7호에 따른 도시계획시설에 해당하는 건축물을 건축하는 경우: 그 도시계획시설이 설치되는 일단(一團)의 토지

라. 주택법 제16조에 따른 사업계획승인을 받아 주택과 그 부대시설 및 복리시설을 건축하는 경우, 같은 법 제2조제4호에 따른 주택단지

마. 도로의 지표 아래에 건축하는 건축물의 경우, 특별시장・광역시장・특별자치도지사・시장・군수 또는 구청장(자치구의 구청장을 말한다. 이하 같다)이 그 건축물이 건축되는 토지로 정하는 토지

바. 법 제22조에 따른 사용승인을 신청할 때 둘 이상의 필지를 하나의 필지로 합칠 것을 조건으로 건축허가를 하는 경우: 그 필지가 합쳐지는 토지

둘째, 1 이상의 필지를 하나의 대지로 보는 경우(令 제3조 제2항)

가. 하나 이상의 필지의 일부에 대하여 도시계획시설이 결정・고시된 경우, 그 결정・고시된 부분의 토지

나. 하나 이상의 필지의 일부에 대하여 농지법 제34조에 따른 농지전용허가를 받은 경우, 그 허가받은 부분의 토지

다. 하나 이상의 필지의 일부에 대하여 산지관리법 제14조에 따른 산지전용허가를 받은 경우, 그 허가받은 부분의 토지

라. 하나 이상의 필지의 일부에 대하여 국토의 계획 및 이용에 관한 법률 제56조에 따른 개발행위허가를 받은 경우, 그 허가받은 부분의 토지

마. 법 제22조에 따른 사용승인을 신청할 때 필지를 나눌 것을 조건으로 건축허가를 하는 경우, 그 필지가 나누어지는 토지

2) 건축물(제2조 제1항 제2호)

토지에 정착하는 공작물 중 지붕과 기둥 또는 벽이 있는 것과 이에 딸린 시설물, 지하나 고가의 공작물에 설치하는 사무소·공연장·점포·차고·창고, 그 밖에 대통령령으로 정하는 것을 말한다.

가. 토지에 정착하는 공작물 중 다음의 조건이 충족되는 것

㉠ 지붕과 기둥 또는 벽이 있는 것(지붕+기둥 또는 지붕+벽)

㉡ ㉠에 부수되는 시설물(건축물에 부수되는 대문, 담장 등)

나. 지하 또는 고가의 공작물에 설치하는 사무소·공연장·점포·차고·창고

3) 건축설비(제2조 제1항 제3호)

건축물에 설치하는 각종 설비 예컨대 전기·전화 설비, 초고속 정보통신 설비, 지능형 홈·네트워크 설비, 가스·급수·배수(配水)·배수(排水)·환기·난방·소화·배연(排煙) 및 오물처리의 설비, 굴뚝, 승강기, 피뢰침, 국기 게양대, 공동시청 안테나, 유선방송 수신시설, 우편함, 저수조 기타 국토해양부령(건축물의 설비기준 등에 관한 규칙)으로 정하는 설비

4) 적용 제외(제3조 제1항, 令 제4조 제1항)

가. 문화재보호법에 따른 지정·가지정 문화재

나. 철도나 궤도의 선로 부지에 있는 운전보안시설, 철도 선로의 위나 아래를 가로지르는 보행시설(과선교), 플랫폼, 해당 철도 또는 軌道사업용 급수(給水)·급탄(給炭) 및 급유(給油)시설

다. 고속도로 통행료 징수시설

라. 컨테이너를 이용한 간이창고(「산업집적활성화 및 공장설립에 관한 법률」 제2조제1호에 따른 공장의 용도로만 사용되는 건축물의 대지에 설치하는 것으로서 이동이 쉬운 것만 해당된다)

(2) 적용대상행위

1) 건축 (제2조 제1항 제8호)

건축이란 건축물을 신축·증축·개축·재축하거나 건축물을 이전하는 것을 말한다.

가. 신축(新築) - 건축물이 없는 대지(기존 건축물이 철거되거나 멸실된 대지를 포함한다)에 새로 건축물을 축조(築造)하는 것[부속건축물만 있는 대지에 새로 주된 건축물을 축조하는 것을 포함하되, 개축 또는 재축하는 것은 제외한다]을 말한다(令 제2조 제1항 제1호).

나. 증축(增築) - 기존 건축물이 있는 대지에서 건축물의 건축면적, 연면적, 층수 또는 높이를 늘리는 것을 말한다(동조 동항 제2호). 동일 대지 내에서의 別棟建物의 건축도 증축에 해당한다.

다. 개축(改築) - 기존 건축물의 전부 또는 일부(내력벽·기둥·보·지붕틀 중 셋 이상이 포함되는 경우를 말한다)를 철거하고 그 대지에 종전과 같은 규모의 범위에서 건축물을 다시 축조하는 것(동조 동항 제3호). 종전의 건축규모 초과의 개축은 신축에 해당한다.

라. 재축(再築) - 건축물이 천재지변이나 그 밖의 재해로 멸실된 경우 그 대지에 종전과 같은 규모의 범위에서 다시 축조하는 것을 말한다(동조 동항 제4호). 종전의 건축규모 초과의 재축은 신축에 해당한다.

마. 이전(移轉) - 건축물의 주요구조부를 해체하지 아니하고 같은 대지의 다른 위치로 옮기는 것을 말한다(동조 동항 제5호).

2) 대수선 (제2조 제1항 제9호)

건축물의 주요구조부(내력벽, 기둥, 바닥, 보, 지붕틀, 주계단)의 구조나 외부 형태를 수선·변경하거나 증설하는 것 중 시행령이 정하는 것으로서, 증축·개축 또는 재축에 해당하지 아니하는 것을 말한다(令제3조의2).

가. 내력벽 : 증설 또는 해체하거나 그 벽면적을 30제곱미터 이상 수선 또는 변경하는 것

나. 기둥, 보, 지붕틀 : 증설 또는 해체하거나 각각 3개 이상 해체하여 수선 · 변경

다. 방화벽, 방화구획을 위한 바닥 또는 벽, 주계단, 피난계단, 특별피난계단 : 증설 또는 해체하거나 수선 또는 변경하는 것

라. 미관지구에서의 건축물 : 외부형태(담장을 포함한다)를 변경하는 것

마. 다가구주택 및 다세대주택 : 다가구주택의 가구 간 경계벽 또는 다세대주택의 세대 간 경계벽을 증설 또는 해체하거나 수선 또는 변경하는 것(2003 .2. 24. 신설)

3) 용도변경 (제19조)

건축물의 용도라 함은 건축물의 종류를 유사한 구조, 이용 목적 및 형태별로 묶어 분류한 것을 말한다(제2조 제1항 제3호). 건축물의 용도는 다음 각 호와 같이 구분하되, 각 용도에 속하는 건축물의 종류는 시행령(시행령 제3조의4 별표1)으로 정한다. 용도변경은 건축물의 기존용도를 다른 용도로 변경하는 것이다. 1. 단독주택 2. 공동주택 3. 제1종 근린생활시설 4. 제2종 근린생활시설 5. 문화 및 집회시설 6. 종교시설 7. 판매시설 8. 운수시설 9. 의료시설 10. 교육연구시설 11. 노유자(老幼者: 노인 및 어린이)시설 12. 수련시설 13. 운동시설 14. 업무시설 15. 숙박시설 16. 위락(慰樂)시설 17. 공장 18. 창고시설 19. 위험물 저장 및 처리 시설 20. 자동차 관련 시설 21. 동물 및 식물 관련 시설 22. 분뇨 및 쓰레기 처리시설 23. 교정(교정) 및 군사 시설 24. 방송통신시설 25. 발전시설 26. 묘지 관련 시설 27. 관광 휴게시설 28. 기타 대통령령으로 정하는 시설(장례식장)[제2조 제2항, 시행령 제3조의4(용도별 건축물의 종류) 별표1 참조]

(3) 적용대상지역 (제3조 제2항 제3항)

1) 전면적 적용지역

가. 국토의 계획 및 이용에 관한 법률」에 따른 도시지역 및 제2종 지구단위계획구역

나. 국토의 계획 및 이용에 관한 법률에 따른 도시지역 및 제2종 지구단위계획구역 외의 지역으로서 동이나 읍의 지역(단, 섬의 경우 500인 이상의 경우에 한함)

2) 제한적 적용지역

가. 1)이외의 지역에서는 건축물의 밀집에서 오는 재해가 상대적으로 적기 때문에 다음의 규정 즉, 제44조 (대지와 도로의 관계), 제45조 (도로의 지정 · 폐지 또는 변경), 제46조 (건축선의 지정), 제47조 (건축선에 따른 건축제한), 제51조 (방화지구 안의 건축물), 제57조 (대지의 분할 제한)규정의 적용이 배제된다(제3조 제2항).

나. 국토의 계획 및 이용에 관한 법률 제47조제7항에 따른 건축물이나 공작물을 도시계획시설로 결정된 도로의 예정지에 건축하는 경우에는 제45조부터 제47조까지의 규정(도로의 지정 · 폐지 또는 변경, 건축선의 지정, 건축선에 따른 건축제한)을 적용하지 아니한다(제3조 제3항).

(4) 건축기준 적용의 특례 (제5조 내지 제8조)

1) 적용의 완화 (제5조)

건축주 · 설계자 · 공사시공자 또는 공사감리자(이하 건축관계자라 함)는 업무를 수행할 때 이 법을 적용하는 것이 매우 불합리하다고 인정되는 대지나 건축물로서 대통령령으로 정하는 것에 대하여는 이 법의 기준을 완화하여 적용할 것을 특별시장 · 광역시장 · 특별자치도지사 또는 시장 · 군수 · 구청장(이하 "허가권자"라 한다)에게 요청할 수 있다(동조 제1항). 이 경우 요청을 받은 허가권자는 건축위원회의 심의를 거쳐 완화여부와 적용 범위를 결정하고 그 결과를 신청인에게 알려야 한다(제2항). 상기 규정에 의한 요청 및 결정의 절차와 그 밖에 필요한 사항은 해당 지방자치단체의 조례로 정한다(제3항).

2) 기존건축물에 대한 특례(제6조)

허가권자는 법령의 제정 · 개정, 도시관리계획의 결정 · 변경 또는 행정구역의 변경이 있는 경우 및 도시계획시설의 설치, 도시개발사업의 시행 또는 도로법에 따른 도로의 설치가 있는 경우, 기타 이와 비슷한 경우로서 국토해양부령(규칙 제3조)으로 정하는 사유로 인하여 대지나 건축물이 법령 또는 건축조례(이하 "법령등"이라 함)에 부적합하더라도 시행령으로 정하는 범위에서 해당 지방자치단체가 조례로 정하는 바에 따라 건축을 허가할 수 있다.

3) 통일성을 유지하기 위한 시・도의 조례 (제7조)

한편, 道 단위로 통일성을 유지할 필요가 있으면 제5조제3항, 제6조, 제17조제2항, 제20조제1항, 제27조제3항, 제42조, 제57조제1항, 제58조, 제60조제3항 및 제61조에 따라 시・군의 조례로 정하여야 할 사항을 도의 조례로 정할 수 있다(제7조).

4) 리모델링에 대한 특례 (제8조)

리모델링이란 건축물의 노후화를 억제하거나 기능 향상 등을 위하여 대수선하거나 일부 증축하는 행위를 말한다. 건축법에 의하면 리모델링이 쉬운 구조의 공동주택의 건축을 촉진하기 위하여 공동주택을「각 세대는 인접한 세대와 수직 및 수평으로 전체 또는 부분 통합을 할 수 있을 것」,「구조체와 건축설비, 내부 마감재료와 외부 마감재료는 분리할 수 있을 것」과「개별 세대 안에서 구획된 실의 크기에 변화를 줄 수 있어야 하고, 마감재료・창호 등의 구성재는 교체할 수 있을 것」등의 구조로 하여 건축허가를 신청하면 제56조, 제60조 및 제61조에 따른 기준을 100분의 120의 범위(다만, 건축조례에서 지역별 특성 등을 고려하여 그 비율을 강화한 경우에는 건축조례로 정하는 기준에 따른다.)로 완화하여 적용할 수 있다.

(5) 다른 법령의 적용배제 (제9조)

1) 지하시설 등에 대한 제한 배제

건축물의 건축 등을 위하여 지하를 굴착하는 경우에는「민법」제244조제1항을 적용하지 아니한다. 다만, 필요한 안전조치를 하여 위해(危害)를 방지하여야 한다(제1항).

2) 하수도법 적용 배제

건축물에 딸린 개인하수처리시설에 관한 설계의 경우에는 하수도법 제38조를 적용하지 아니한다(제2항).

Ⅱ. 건축물의 건축 (제2장)

1. 건축 관련 입지와 규모의 사전결정 (제10조)

건축허가 대상 건축물을 건축하려는 자는 건축허가를 신청하기 전에 허가권자에게 그 건축물을 해당 대지에 건축하는 것이 이 법이나 다른 법령에서 허용되는지에 대한 사전결정을 신청할 수 있다(제1항). 사전결정을 신청하는 자(이하 "사전결정신청자"라 한다)는 건축위원회 심의와 「도시교통정비 촉진법」에 따른 교통영향분석·개선대책의 검토를 동시에 신청할 수 있다(제2항). 허가권자는 사전결정이 신청된 건축물의 대지면적이 환경정책기본법 제25조의2에 따른 사전환경성검토대상인 경우 환경부장관이나 지방환경관서의 장과 사전환경성검토에 관한 협의를 하여야 한다(제3항). 허가권자는 제1항과 제2항에 따른 신청을 받으면 입지, 건축물의 규모, 용도 등을 사전결정한 후 사전결정 신청자에게 알려야 한다(제4항).

제1항과 제2항에 따른 신청 절차, 신청 서류, 통지 등에 필요한 사항은 국토해양부령으로 정하며(제5항), 사전결정 통지를 받은 경우에는 다음 각 호의 허가를 받거나 신고 또는 협의를 한 것으로 본다. 1. 국토의 계획 및 이용에 관한 법률 제56조에 따른 개발행위허가 2. 산지관리법 제14조와 제15조에 따른 산지전용허가와 산지전용신고. 다만, 보전산지인 경우에는 도시지역만 해당된다. 3. 농지법 제34조, 제35조 및 제43조에 따른 농지전용허가·신고 및 협의 4. 하천법 제33조에 따른 하천점용허가(제6항).

허가권자는 제6항 각 호의 어느 하나에 해당되는 내용이 포함된 사전결정을 하려면 미리 관계 행정기관의 장과 협의하여야 하며, 협의를 요청받은 관계 행정기관의 장은 요청받은 날부터 15일 이내에 의견을 제출하여야 한다(제7항).

사전결정신청자는 사전결정을 통지받은 날부터 2년 이내에 건축허가를 신청하여야 하며, 이 기간에 건축허가를 신청하지 아니하면 사전결정의 효력이 상실된다(제8항).

2. 건축허가 및 신고 (제11조)

(1) 의의 및 성질

건축허가란 요건에 해당하는 건축물의 건축·대수선 또는 용도변경의 신청에 대하여 건축법에 기초하여 그 일반적 금지를 해제하는 대물적 행정행위이다. 그 법적성질은 부작위의무를 해제하는 명령적 행정행위(행위의 적법요건)이며 동시에 허가요건을 갖춘 경우에는 반드시 허가를 해야 하는 기속적 행정행위이다.

(2) 허가 및 신고의 대상

1) 허가사항

가. 허가대상 건축물의 건축 또는 대수선 행위 (제11조)

건축물을 건축하거나 대수선하려는 자는 특별자치도지사 또는 시장·군수·구청장의 허가를 받아야 한다. 다만, 건축물의 건축은 층수가 21층 이상이거나 연면적의 합계가 10만 제곱미터 이상인 건축물(공장, 창고 및 제5조제5항에 따라 지방건축위원회의 심의를 거친 건축물은 제외한다)의 건축(연면적의 10분의 3 이상을 증축하여 층수가 21층 이상으로 되거나 연면적의 합계가 10만 제곱미터 이상으로 되는 경우를 포함한다)을 특별시나 광역시에 건축하려면 특별시장이나 광역시장의 허가를 받아야 한다(동조 제1항, 令 제8조 제1항).

나. 일정한 가설건축물의 건축 (제20조)

특별자치도지사 또는 시장·군수·구청장은 도시계획시설사업의 실시에 지장이 없다고 인정하는 경우에는 도시계획시설 또는 도시계획시설예정지에 있어서 조례로 정하는 바에 따라 국토의 계획 및 이용에 관한 법률 제64조에 적합하고, 3층 이하로서 대통령령으로 정하는 기준의 가설건축물의 건축을 허가할 수 있다(동조 제1항). 대통령령으로 정하는 기준의 가설건축물은 다음과 같다. 1. 철근콘크리트조 또는 철골철근콘크리트조가 아닐 것 2. 존치기간은 3년 이내일 것. 다만, 도시계획사업이 시행될 때까지 그 기간을 연장할 수 있다. 3. 전기·수도·가스 등 새로운 간선 공급설비의 설치를 필요로 하지 아니할 것 4. 공동주택·판매시설·운수시설 등으로서 분양을 목적으로 건축하는 건축물이 아닐 것 등이다(令 제15조 제1항).

가설건축물을 건축하거나 축조할 때에는 대통령령으로 정하는 바에 따라 제25조, 제38조부터 제42조까지, 제44조부터 제64조까지, 제66조부터 제68조까지의 규정과 국토의 계획 및 이용에 관한 법률 제76조 중 일부 규정을 적용하지 아니한다(동조 제3항). 따라서, 가설건축물에 대하여는 법 제38조(건축물대장)를 적용하지 아니한다(令 제15조 제2항). 또 가설건축물 중 시장의 공지 또는 도로에 설치하는 차양시설에 대하여는 법 제46조(건축선의 지정) 및 법 제55조(건폐율)를 적용하지 아니하며(令 동조 제3항), 도시계획 예정 도로에 건축하는 경우에는 법 제45조부터 제47조를 적용하지 아니한다(令 동조 제4항)

특별자치도지사 또는 시장・군수・구청장은 가설건축물의 건축을 허가하거나 축조신고를 받은 경우 국토해양부령으로 정하는 바에 따라 가설건축물대장에 이를 기재하여 관리하여야 한다(동조 제4항).

가설건축물은 한시적인 건축물로서 도시계획 등에 지장이 없는 범위 안에서 건축 내지 축조하여야 하는 것으로 도시계획 등에 지장이 없는 범위 안에서 계속하여 존치기간을 연장할 수 있으며, 도시계획시설 설치 등으로 철거가 불가피한 경우에는 관련법에 의하여 자진 철거하도록 되어 있다.

2) 신고사항 (제14조, 제20조, 令 제11조)

가. 허가 대상 건축물이라 하더라도 다음 각 호의 어느 하나에 해당하는 경우에는 미리 특별자치도지사 또는 시장・군수・구청장에게 국토해양부령으로 정하는 바에 따라 신고를 하면 건축허가를 받은 것으로 본다(제14조 동조 제1항).

1. 바닥면적의 합계가 85제곱미터 이내의 증축・개축 또는 재축
2. 「국토의 계획 및 이용에 관한 법률」에 따른 관리지역, 농림지역 또는 자연환경보전지역에서 연면적이 200제곱미터 미만이고 3층 미만인 건축물의 건축. 다만, 제2종 지구단위계획구역에서의 건축은 제외한다.
3. 연면적이 200제곱미터 미만이고 3층 미만인 건축물의 대수선
4. 주요구조부의 해체가 없는 등 대통령령으로 정하는 대수선
5. 그 밖에 소규모 건축물로서 대통령령으로 정하는 건축물의 건축(시행령 제11

조 제2항)

건축신고에 관하여는 제11조제5항(건축허가시의 타법에 의한 인 · 허가 의제)을 준용하며(동조 제2항), 신고를 한 자가 신고일부터 1년 이내에 공사에 착수하지 아니하면 그 신고의 효력은 없어진다(동조 제3항).

나. 대통령령으로 정하는 용도의 가설건축물의 축조신고

건축허가 대상 가설건축물 외에 재해복구, 흥행, 전람회, 공사용 가설건축물 등 대통령령으로 정하는 용도의 가설건축물을 축조하려는 자는 2년 이내로 정하는 존치기간, 설치 기준 및 절차에 따라 특별자치도지사 또는 시장 · 군수 · 구청장에게 신고한 후 착공하여야 하는 바, 신고대상 가설건축물의 범위는 시행령으로 정한다(令 제15조 제5항 및 제7항).

종전에는 신고대상 가설건축물에 대해서도 일반 건축물을 건축하는 경우와 같이 착공신고와 사용승인 절차를 거치도록 하였으나, 개정 법률에서는 신고대상 가설건축물의 범위를 확대함과 동시에 착공시고와 사용승인 절차를 폐지하고(제21조 제1항, 제22조 제1항) 축조신고만으로 바로 가설건축물대장에 기록 · 관리하도록 하였다(제20조 제4항).

상기 일시적 또는 한시적으로 가설건축물을 축조하려는 자는 대통령령으로 정하는 존치 기간, 설치 기준 및 절차에 따라 특별자치도지사 또는 시장 · 군수 · 구청장에게 신고한 후 착공하여야 한다(제20조 제2항). 그리고 2001.1.16 건축법 개정에서는 일시적 또는 한시적으로 사용하는 가설건축물에 대하여는 용도지역 · 지구 내 건축물의 용도제한 등 행위제한 규정을 적용하지 않도록 함으로써 국민의 편의를 도모하고 있다. 즉, 한시적인 가설건축물을 건축하는 경우에는 제25조, 제38조부터 제42조까지, 제44조부터 제64조까지, 제66조부터 제68조까지의 규정과 국토의 계획 및 이용에 관한 법률 제76조 중 일부 규정을 적용하지 아니한다(제20조 제3항).

3) 공용건축물에 대한 특례(제29조)

국가나 지방자치단체는 건축물을 건축하거나 대수선하려는 경우에는 대통령령으로 정하는 바에 따라 미리 건축물의 소재지를 관할하는 허가권자와 협의하여야 하며(동조 제1항), 이 경우 제11조나 제14조에 따른 건축허가를 받았거나 신고한 것으로 본다(동조 제2항).

또 협의한 건축물에는 제22조제1항부터 제3항(건축물의 사용승인)까지의 규정을 적용하지 아니하고, 다만 건축물의 공사가 끝난 경우에는 지체 없이 국토해양부령으로 정하는 관계 서류를 첨부하여 허가권자에게 통보하여야 한다(동조 제3항).

(3) 허가절차

1) 허가권의 위임 (제82조)

특별자치도지사 또는 시장・군수・구청장이 허가권자이나 법 제82조(권한의 위임과 위탁)에 의해 허가권을 위임하는 것이 가능하다. 즉, 국토해양부장관은 이 법에 따른 권한의 일부를 시행령으로 정하는 바에 따라 시・도지사에게 위임하는 것이 가능하고(제82조 제1항), 또 시・도지사는 시장(행정시의 시장을 포함한다.)・군수・구청장에게 또 시장・군수・구청장은 자치구가 아닌 구의 구청장・동장・읍장 또는 면장에게 위임할 수 있다(동조 제2항, 제3항). 이 경우 자치구가 아닌 구의 구청장에게 위임할 수 있는 권한은 6층 이하로서 연면적 2천㎡ 이하인 건축물의 건축・대수선 및 용도변경에 관한 권한 또는 기존 건축물 연면적의 3/10 미만의 범위에서 하는 증축에 관한 권한이며(슈 제117조 제3항), 또 동장・읍장 또는 면장에게 위임할 수 있는 권한은 건축신고에 관한 권한, 가설건축물의 축조 신고에 관한 권한, 사용승인에 관한 권한(법 제14조에 따른 신고 대상 건축물인 경우만 해당한다), 옹벽 등의 공작물 축조 신고에 관한 권한 등이다(슈 동조 제4항).

2) 허가절차

가. 특히 당해 건축물이 제11조 제1항 단서에 해당하는 대형 건축물인 경우, 자연환경이나 수질을 보호하기 위하여 도지사가 지정・공고한 구역에 건축하는 3층 이상 또는 연면적의 합계가 1천㎡ 이상인 건축물로서 위락시설과 숙박시설 등 대통령령으로 정하는 용도[공동주택, 제2종 근린생활시설(일반음식점만 해당한다), 업무시설(일반업무시설만 해당한다), 숙박시설, 위락시설]에 해당하는 건축물, 또 주거환경이나 교육환경 등 주변 환경을 보호하기 위하여 필요하다고 인정하여 도지사가 지정・공고한 구역에 건축하는 위락시설 및 숙박시설에 해당하는 건축물의 건축을 허가하는

경우에는 미리 건축계획서와 국토해양부령으로 정하는 건축물의 용도, 규모 및 형태가 표시된 기본설계도서를 첨부하여 도지사의 승인을 받아야 한다(제11조 제2항, 令 제8조 제3항).

2001.1.16 건축법 개정에서 생활환경 유해요인으로부터 국민의 주거환경 및 교육환경을 철저히 보호할 수 있도록 하기 위하여 위락시설 및 숙박시설 등의 무분별한 건축을 제한하고, 자연환경 및 수질을 보호하고 난개발을 방지하기 위하여 건축허가 전에 도지사의 승인대상을 종전 대형건축물에서 도지사가 지정・공고한 구역으로 승인을 얻어야 하는 건축물의 범위를 확대하게 된 것이다. 그리고 건축허가를 받으려는 자는 허가신청서에 국토해양부령으로 정하는 설계도서를 첨부하여 허가권자에게 제출하여야 한다(동조 제3항).

나. 1999.2.8 개정 전 건축법에서는 건축허가가 도시미관・주변환경 등에 비추어 불합리하다고 인정되는 경우에는 건축위원회의 심의를 거쳐 건축허가를 거부할 수 있도록 규정하고 있었으나(舊法 제8조 제4항), 허가권자의 자의적인 판단에 따라 건축허가를 거부함에 따른 사유재산권 침해로 인한 민원이 빈발하면서, 개정법률에서는 건축기준에 적합한 경우에 도시미관을 해친다는 등의 이유로 건축허가를 거부할 수 없도록 동 규정을 삭제한 바 있다. 그러나 씨・랜드 화재사건과 같은 불행한 사고가 발생하면서, 생활환경 유해요인으로부터 국민의 주거환경 및 교육환경을 철저히 보호할 수 있도록 하기 위하여 위락시설 및 숙박시설 등의 무분별한 건축을 제한하고, 자연환경 및 수질을 보호하고 난개발을 방지하기 위하여 건축허가 전에 도지사의 승인을 얻어야 하는 건축물의 범위를 확대하기에 이르렀다. 즉, 허가권자는 위락시설 또는 숙박시설에 해당하는 건축물의 건축을 허가하고자 하는 경우 당해 대지에 건축하고자 하는 건축물의 용도・규모・ 또는 형태가 주거환경 또는 교육환경 등 주변환경에 비추어 부적합하다고 인정하는 경우에는 이법 또는 다른 법률의 규정에 불구하고 건축위원회의 심의를 거쳐 건축허가를 하지 아니할 수 있다.

다. 건축복합민원 일괄협의회 개최 (제12조)

허가권자는 허가를 하려면 해당 용도・규모 또는 형태의 건축물을 건축하려는 대지에 건축하는 것이 국토의 계획 및 이용에 관한 법률의 규정과 그 밖에 대통령령으로 정하는 관계 법령의 규정에 맞는지를 확인하고, 사전결정 통지를 받은 경우에는 허가나 신고 또는 협의 의제사항, 협의 요청받은 관계 행정기관의 장의 의견제출과 건축허가에 따른 각종 허가·신고 등 의제사항을 처리하기 위하여 대통령령으로 정하는 바에 따라 건축복합민원 일괄협의회를 개최하여야 한다(동조 제1항). 확인이 요구되는 법령의 관계 행정기관의 장과 사전결정 도는 건축허가와 관련 협의 요청받은 관계 행정기관의 장은 소속 공무원을 건축복합민원 일괄협의회에 참석하게 하여야 한다(동조 제2항).

라. 허가권자는 허가사항이 다른 행정기관의 권한에 속하면 그 행정기관의 장과 미리 협의하여야 하며, 협의 요청을 받은 관계 행정기관의 장은 요청을 받은 날부터 15일 이내에 의견을 제출하여야 한다. 이 경우 관계 행정기관의 장은 관계 법령을 관장하는 중앙행정기관의 장이 국토해양부장관에게 통보한 처리기준이 아닌 사유를 이유로 협의를 거부할 수 없다(동조 제6항, 제8항).

마. 허가의 취소 등

1999.2.8 개정 이전에는 허가일로부터 1년 이내에 공사에 착수하지 아니하거나 공사의 완료가 불가능하다고 인정하는 경우에는 그 허가를 취소하여야 하고, 단, 정당한 이유가 있다고 인정하는 경우에는 3월의 범위 안에서 1회에 한하여 그 공사의 착수기간을 연장할 수 있도록 하였으나, 외환위기 이후 자금여력이 없어 착공이 지연되는 사례가 급증하고 있어 건축허가의 유효기간을 횟수에 관계없이 1년의 범위 내로 연장하였다. 즉 허가권자는 허가를 받은 자가 다음 각 호의 어느 하나에 해당하면 허가를 취소하여야 한다. 다만, 허가를 받은 날부터 1년 이내에 공사에 착수하지 아니한 경우로서 정당한 사유가 있다고 인정되면 1년의 범위에서 공사의 착수기간을 연장할 수 있다(동조 제7항).

(4) 허가기준

1) 법이 정한 형식적·실질적 요건을 갖추고 있으면 허가권자는 반드시 허가해야한다. 다만 국토해양부장관은 국토관리를 위하여 특히 필요하다고 인정하거나 주무부장관이 국방, 문화재보존, 환경보전 또는 국민경제를 위하여 특히 필요하다고 인

정하여 요청하면 허가권자의 건축허가나 허가를 받은 건축물의 착공을 제한할 수 있고, 시·도지사는 지역계획이나 도시계획에 특히 필요하다고 인정하면 시장·군수·구청장의 건축허가나 허가를 받은 건축물의 착공을 2년 이내의 기간(다만, 1회에 한하여 1년 이내의 범위에서 제한기간을 연장할 수 있다.) 제한할 수 있다 (제18조 제1항 내지 제3항). 국토해양부장관이나 시·도지사는 제1항이나 제2항에 따라 건축허가나 건축물의 착공을 제한하는 경우 제한 목적·기간, 대상 건축물의 용도와 대상 구역의 위치·면적·경계 등을 상세하게 정하여 허가권자에게 통보하여야 하며, 통보를 받은 허가권자는 지체 없이 이를 공고하여야 한다(제4항). 그리고, 시·도지사는 제2항에 따라 시장·군수·구청장의 건축허가나 건축물의 착공을 제한한 경우 즉시 국토해양부장관에게 보고하여야 하며, 보고를 받은 국토해양부장관은 제한 내용이 지나치다고 인정하면 해제를 명할 수 있다(제5항).

2) 특례 (제5조, 슈 제6조) - 기준의 완화 -

건축관계자는 업무를 수행할 때 건축법을 적용하는 것이 매우 불합리하다고 인정되는 대지나 건축물에 대하여는 이 법의 기준을 완화하여 적용할 것을 허가권자에게 요청할 수 있다(제5조 제1항).

완화요청을 받은 허가권자는 건축위원회의 심의를 거쳐 완화 여부와 적용 범위를 결정하고 그 결과를 신청인에게 알려야 하며, 완화요청 및 결정의 절차와 그 밖에 필요한 사항은 해당 지방자치단체의 조례로 정한다(동조 제2항, 제3항).

(5) 허가의 효과 (제11조 제5항, 제6항)

1) 건축법상 일반적 금지의 해제 즉 건축법상 건축이 허용된다. 그러나 원칙적으로 건축법이 아닌 다른 법률상 제한은 건축허가의 효과와 무관하다. 또 건축허가를 받지 아니하고 건축공사를 하면 행정상의 강제집행이나 처벌의 대상은 되지만, 행위 자체의 법률적 효력에는 영향이 없다. 즉 건축허가는 건축행위에 대한 「적법요건」이지 효력발생요건은 아니다. 다만 건축허가를 받은 경우에는 다른 법률상 허가 또는 신고가 의제되는 경우가 있다.

2) 건축 공사현장 안전관리 예치금 등 (제13조)

건축허가를 받은 자는 건축물의 건축공사를 중단하고 장기간 공사현장을 방치할 경우 공사현장의 미관 개선과 안전관리 등 필요한 조치를 하여야 한다(제1항).
허가권자는 연면적이 5천㎡ 이상으로서 지방자치단체의 조례로 정하는 건축물에 대하여는 제21조에 따른 착공신고를 하는 건축주에게 장기간 건축물의 공사현장이 방치되는 것에 대비하여 미리 미관 개선과 안전관리에 필요한 비용을 건축공사비의 1%의 범위에서 예치하게 할 수 있다(제2항). . 예치금의 산정・예치 방법, 반환 등에 관하여 필요한 사항은 해당 지방자치단체의 조례로 정한다(제4항).

허가권자는 공사현장이 방치되어 도시미관을 저해하고 안전을 위해한다고 판단되면 건축허가를 받은 자에게 건축물 공사현장의 미관과 안전관리를 위한 개선을 명할 수 있다(제5항). 허가권자는 개선명령을 받은 자가 개선을 하지 아니하면 행정대집행법으로 정하는 바에 따라 대집행을 할 수 있다. 이 경우 건축주가 예치한 예치금을 행정대집행에 필요한 비용에 사용할 수 있으며, 행정대집행에 필요한 비용이 이미 납부한 예치금보다 많을 때에는 행정대집행법 제6조에 따라 그 차액을 추가로 징수할 수 있다(제6항).

3) 다른 법률상 허가 또는 신고의 의제

건축허가를 받은 경우에는 1. 제20조제2항에 따른 공사용 가설건축물의 축조신고 2. 제83조에 따른 공작물의 축조신고 3. 국토의 계획 및 이용에 관한 법률 제56조에 따른 개발행위허가 4. 국토의 계획 및 이용에 관한 법률 제86조제5항에 따른 시행자의 지정과 같은 법 제88조제2항에 따른 실시계획의 인가 5. 산지관리법 제14조와 제15조에 따른 산지전용허가와 산지전용신고. 다만, 보전산지인 경우에는 도시지역만 해당된다. 6. 사도법 제4조에 따른 사도(私道)개설허가 7. 농지법 제34조, 제35조 및 제43조에 따른 농지전용허가・신고 및 협의 8. 도로법 제38조에 따른 도로의 점용허가 9. 도로법 제34조와 제64조제2항에 따른 비관리청 공사시행 허가와 도로의 연결허가 10. 하천법 제33조에 따른 하천점용 등의 허가 11. 하수도법 제27조에 따른 배수(排水)의 설치신고 12. 하수도법 제34조제2항에 따른 개인하수처리시설의 설치신고 13. 수도법 제38조에 따라 수도사업자가 지방자치단체인 경우 그 지방자치단체가 정한 조례에 따른 상수도 공급신청 14. 전기사업법 제62조에 따른 자가용전기설비 공사계획의 인가 또는 신고 15. 수질 및 수생태계 보전에 관한 법률 제33조에 따른 수질오염물질 배출시설 설치의 허가나 신고 16. 대기환경보전법 제23조에 따른 대기오염물질 배출시설설치의 허가나 신고 17. 소음·진동규제법 제8조에 따른 소음·진동 배출시설 설치의 허가나 신고한 것으로 보며, 공장건축물의 경우에는 산업집적활성화 및 공장설립에 관한 법률 제13조의2와 제14조에 따라 관련 법률의 인·허가 등이나 허가 등을 받은 것으로 본다(동조 제5항).

허가권자는 상기 사항이 다른 행정기관의 권한에 속하면 그 행정기관의 장과 미리 협의하여야 하며, 협의 요청을 받은 관계 행정기관의 장은 요청을 받은 날부터 15일 이내에 의견을 제출하여야 한다. 이 경우 관계 행정기관의 장은 제11조 제8항에 따른 처리기준이 아닌 사유를 이유로 협의를 거부할 수 없다(동조 제6항).

4) 위반의 효과

가. 벌칙

허가 없이 건축물을 건축하거나 대수선 또는 용도변경을 한 건축주 및 공사시공자는 도시지역에서는 3년 이하의 징역이나 5천만원 이하의 벌금에 처하고, 징역과 벌금은 병과(竝科)할 수 있으며(제108조), 도시지역 밖에서는 2년 이하의 징역 또는 1천만원 이하의 벌금에 처한다(제110조). 또 신고 위반한 경우에는 200만원 이하의 벌금에 처한다(제111조). 그리고 제112조에서는 양벌규정을 두고 있다. 즉, 법인의 대표자, 법인 또는 개인의 대리인·사용인 기타 종업원이 그 법인 또는 개인의 업무에 관하여 제106조부터 제111조까지의 위반행위를 하면 행위자를 벌할 뿐만 아니라 그 법인 또는 개인에도 각 해당 條의 벌금에 처한다. 다만, 법인 또는 개인이 그 위반행위를 방지하기 위하여 해당 업무에 관하여 상당한 주의와 감독을 게을리하지 아니한 때에는 그러하지 아니하다(제112조 제1항 내지 제4항).

나. 위반건축물에 대한 조치 (제79조)

허가권자는 대지나 건축물이 이 법 또는 이 법에 따른 명령이나 처분에 위반되면 이 법에 따른 허가 또는 승인을 취소하거나 그 건축물의 건축주·공사시공자·현장관리인·소유자·관리자 또는 점유자(이하 "건축주등"이라 한다)에게 공사의 중지를 명하거나 상당한 기간을 정하여 그 건축물의 철거·개축·증축·수선·용도변경·사용금지·사용제한, 그 밖에 필요한 조치를 명할 수 있다(동조 제1항). 허가권자는 허가나 승인이 취소된 건축물 또는 시정명령을 받고 이행하지 아니한 건축물에 대하여는 다른 법령에 따른 영업이나 그 밖의 행위를 허가하지 아니하도록 요청할 수 있다. 다만, 허가권자가 기간을 정하여 그 사용 또는 영업, 그 밖의 행위를 허용한 주택과 바닥면적의 합계가 200제곱미터 미만인 축사와 바닥면적의 합계가 200㎡ 미만인 농업용·임업용·축산업용 및 수산업용 창고의 경우에는 그러하지 아니하다(동조 제2항, 슈 제114조).

제2항에 따른 요청을 받은 자는 특별한 이유가 없으면 요청에 따라야 하며(동조 제3항) 허가권자는 제1항에 따른 시정명령을 하는 경우 국토해양부령으로 정하는 표지를 그 위반 건축물이나 그 대지에 설치하여야 하며, 국토해양부령으로 정하는 바에 따라 건축물대장에 위반내용을 적어야 한다(동조 제4항). 누구든지 제4항의 표지 설치를 거부 또는 방해하거나 훼손하여서는 아니 된다(동조 제5항).

다. 행정대집행법 적용의 특례 (제85조)

허가권자는 제11조, 제14조, 제41조와 제79조제1항에 따라 필요한 조치를 할 때 다음 각 호의 어느 하나에 해당하는 경우로서 행정대집행법 제3조제1항과 제2항에 따른 절차에 의하면 그 목적을 달성하기 곤란한 때에는 해당 절차를 거치지 아니하고 대집행할 수 있다(동조 제1항). 1. 재해가 발생할 위험이 절박한 경우 2. 건축물의 구조 안전상 심각한 문제가 있어 붕괴 등 손괴의 위험이 예상되는 경우 3. 허가권자의 공사중지명령을 받고도 불응하여 공사를 강행하는 경우 4. 도로통행에 현저하게 지장을 주는 불법건축물인 경우 5. 그 밖에 공공의 안전 및 공익에 심히 저해되어 신속하게 실시할 필요가 있다고 인정되는 경우로서 「대기환경보전법」에 따른 대기오염물질 또는 「수질 및 수생태계 보전에 관한 법률」에 따른 수질오염물질을 배출하는 건축물로서 주변 환경을 심각하게 오염시킬 우려가 있는 경우(슈 제119조의2)

대집행은 건축물의 관리를 위하여 필요한 최소한도에 그쳐야 한다(동조 제2항).

3. 용도변경 (제19조, 令 제14조)

(1) 개정 경과

1999.2.8 개정 전의 건축법에서는 건축법의 용도를 11개 시설군으로 분류하여 여기에 해당하는 용도로 변경하고자 하는 경우에는 시장・군구・구청장의 허가를 받도록 하였다가 개정 법률에서는 용도변경허가제를 신고제로 전환하고 시설군의 종류를 6개로 축소하였으며, 신고대상도 건축기준이 약한 시설군에서 강한 시설군으로 변경할 경우로 한정하였다. 또 건축물대장의 기재사항 변경신청을 의무화하면서 그 예외를 확대하였다.

그러나 2005.11. 8, 개정 법률에서는 시설군의 종류를 9개로 다시 확대하였을 뿐 아니라, 상위 시설군으로의 용도변경은 허가를 받도록 함으로써(제19조 제2항), 현행 건축법상 용도변경은 건축, 대수선과 마찬가지로 다음과 같이 허가 또는 신고제로 변경되었다.

현행 건축법상 시설군은 ① 자동차 관련 시설군 ② 산업 등의 시설군 ③ 전기통신시설군 ④ 문화 및 집회시설군 ⑤ 영업시설군 ⑥ 교육 및 복지시설군 ⑦ 근린생활시설군 ⑧ 주거업무시설군 ⑨ 그 밖의 시설군이며, 각 시설군에 속하는 건축물의 세부용도는 대통령령으로 정한다(제19조 제4항, 令 제14조 제4항).

(2) 허가 또는 신고대상인 용도변경 (제19조)

건축물의 용도변경은 변경하려는 용도의 건축기준에 맞게 하여야 한다(제19조 제1항).

사용승인을 받은 건축물의 용도를 변경하려는 자는 다음의 구분에 따라 국토해양부령으로 정하는 바에 따라 특별자치도지사 또는 시장・군수・구청장의 허가를 받거나 신고를 하여야 한다(동조 제2항).

1) 허가 대상 : 변경 전 시설군(施設群)에 속하는 건축물의 용도를 상위군(① 내지 ⑨의 번호가 용도변경하려는 건축물이 속하는 시설군보다 작은 시설군을 말한다)에 해당하는 용도로 변경하는 경우

2) 신고 대상 : 변경 전 시설군에 속하는 건축물의 용도를 하위군(① 내지 ⑨의 번

호가 용도변경하려는 건축물이 속하는 시설군보다 큰 시설군을 말한다)에 해당하는 용도로 변경하는 경우

(3) 건축물대장의 기재내용 변경을 신청해야할 경우

9가지 시설군 중 같은 시설군 안에서 용도를 변경하려는 자는 국토해양부령으로 정하는 바에 따라 특별자치도지사 또는 시장 · 군수 · 구청장에게 건축물대장 기재내용의 변경을 신청하여야 한다(동조 제3항 본문).

(4) 건축물대장의 기재내용 변경 신청이 불필요한 경우

각 호의 어느 하나에 해당하는 건축물 상호 간의 용도변경은 허가 · 신고나 건축물대장의 기재내용 변경 신청조차 불필요하다(동조 제3항 단서).

1. 시행령 별표 1(28가지 건축물의 세부용도)의 같은 호에 속하는 건축물 상호 간의 용도변경이나 2. 국토의 계획 및 이용에 관한 법률이나 그 밖의 관계 법령에서 정하는 용도제한에 적합한 범위에서 제1종 근린생활시설과 제2종 근린생활시설 상호 간의 용도변경. 다만, 제1종 근린생활시설을 시행령 별표 1 제4호차목(단란주점으로서 같은 건축물에 해당 용도로 쓰는 바닥면적의 합계가 150제곱미터 미만인 것) · 타목(안마시술소, 안마원 및 노래연습장) 또는 파목(고시원(「다중이용업소의 안전관리에 관한 특별법」에 따른 다중이용업 중 고시원업의 시설로서 독립된 주거의 형태를 갖추지 아니한 것을 말한다. 이하 같다)으로서 같은 건축물에 해당 용도로 쓰는 바닥면적의 합계가 1천제곱미터 미만인 것)의 용도로 변경하는 경우는 제외한다.

(5) 용도변경 시 건축기준의 적용

허가나 신고 대상인 경우로서 용도변경하려는 부분의 바닥면적의 합계가 100제곱미터 이상인 경우의 사용승인에 관하여는 건축물의 사용승인 규정을 준용하며(동조 제5항), 허가 대상인 경우로서 용도변경하려는 부분의 바닥면적의 합계가 500제곱미터 이상인 용도변경(대통령령으로 정하는 경우는 제외한다)의 설계에 관하여는 건축물의 설계규정을 준용한다(동조 제6항).

건축물의 용도변경에 관하여는 제3조, 제5조, 제6조, 제7조, 제11조제2항부터 제9

항까지, 제12조, 제14조부터 제16조까지, 제18조, 제20조, 제27조, 제29조, 제35조, 제38조, 제42조부터 제44조까지, 제48조부터 제56조까지, 제60조부터 제64조까지, 제66조부터 제68조까지, 제78조부터 제87조까지의 규정과 「국토의 계획 및 이용에 관한 법률」 제54조를 준용한다(동조 제7항).

4. 공사의 시공에 관한 규제

(1) 건축의 과정

설계 → 건축허가 → 착공신고 → 시공 → 사용승인

(2) 건축물의 설계 (제23조)

건축허가를 받아야 하거나 건축신고를 하여야 하는 건축물 또는 사용승인을 받은 후 20년 이상이 지난 건축물로서 주택법 제42조제2항 또는 제3항에 따른 리모델링을 하는 건축물의 건축 등을 위한 설계는 건축사만이 할 수 있다. 다만, 바닥면적의 합계가 85제곱미터 미만인 증축·개축 또는 재축, 연면적이 200제곱미터 미만이고 층수가 3층 미만인 건축물의 대수선, 기타 건축물의 특수성과 용도 등을 고려하여 대통령령으로 정하는 건축물에 해당하는 경우에는 그러하지 아니하다(제23조 제1항, 令 제18조).

설계자는 건축물이 이 법과 이 법에 따른 명령이나 처분, 그 밖의 관계 법령에 맞고 안전·기능 및 미관에 지장이 없도록 설계하여야 하며, 국토해양부장관이 정하여 고시하는 설계도서 작성기준에 따라 설계도서를 작성하여야 한다. 다만, 해당 건축물의 工法 등이 특수한 경우로서 국토해양부령으로 정하는 바에 따라 건축위원회의 심의를 거친 때에는 그러하지 아니하다(동조 제2항).

설계도서를 작성한 설계자는 설계가 이 법과 이 법에 따른 명령이나 처분, 그 밖의 관계 법령에 맞게 작성되었는지를 확인한 후 설계도서에 서명날인하여야 한다(동조 제3항).

국토해양부장관이 국토해양부령으로 정하는 바에 따라 작성하거나 인정하는 표준설계도서나 특수한 공법을 적용한 설계도서에 따라 건축물을 건축하는 경우에는 건축사의 설계의무 대상에서 제외한다(동조 제4항).

(3) 건축물의 工事監理 (제25조, 令 제19조)

과거에는 감리의 대상이 일정규모 이상의 건축물에 국한되었으나 현행법은 감리의 대상을 건축허가 대상의 모든 건축물로 확대하였다.

즉, 건축주는 법 제11조에 따라 건축허가를 받아야 하는 건축물(법 제14조에 따른 건축신고 대상 건축물과 제15조제5항 각 호의 어느 하나에 해당하는 가설건축물은 제외한다)을 건축하는 경우와 건축물을 리모델링을 하는 경우에는 건축사를 공사감리자로 지정하되, 다중이용 건축물을 건축하는 경우에는 건설기술관리법에 따른 건축감리전문회사 또는 종합감리전문회사를 공사감리자로 지정하여야 한다. 다만, 다중이용 건축물을 건축하는 경우로서 건설기술관리법 시행령 제52조에 따라 감리원을 배치하는 경우에는 건축사를 공사감리자로 지정할 수 있다. 이 경우 시공에 관한 감리에 대하여 건축사를 공사감리자로 지정하는 때에는 공사시공자 본인 및 독점규제 및 공정거래에 관한 법률 제2조에 따른 계열회사를 공사감리자로 지정하여서는 아니 된다 (제25조 제1항, 令 제19조 제1항). 이 경우 다중이용 건축물의 공사감리자를 지정하는 경우 감리원의 배치기준 및 감리대가는 「건설기술관리법」에서 정하는 바에 따른다(令 동조 제2항). 공사감리자는 국토해양부령으로 정하는 바에 따라 감리일지를 기록 · 유지하여야 하고, 공사(하나의 대지에 둘 이상의 건축물을 건축하는 경우에는 각각의 건축물에 대한 공사를 말한다)의 공정이

1. 해당 건축물의 구조가 철근콘크리트조 · 철골조 · 철골철근콘크리트조 · 조적조 또는 보강콘크리트블럭조인 경우에는 가. 기초공사 시 철근배치를 완료한 때, 나. 지붕슬래브배근을 완료한 때, 다. 5층 이상 건축물인 경우 지상 5개 층마다 상부 슬래브배근을 완료한 때
2. 해당 건축물의 구조가 제1호 외의 구조인 경우에는 기초공사에서 거푸집 또는 주춧돌의 설치를 완료한 때에는 감리중간보고서를, 공사를 완료한 경우에는 감리완료보고서를 국토해양부령으로 정하는 바에 따라 각각 작성하여 건축주에게 제출하여야 하며, 건축주는 사용승인을 신청할 때 중간감리보고서와 감리완료보고서를 첨부하여 허가권자에게 제출하여야 한다(동조 제5항, 令 동조 제3항).

그리고 공사감리자는 다음과 같은 업무를 수행한다(令 동조 제6항).

1. 공사시공자가 설계도서에 따라 적합하게 시공하는지 여부의 확인
2. 공사시공자가 사용하는 건축자재가 관계 법령에 따른 기준에 적합한 건축자재인지 여부의 확인
3. 그 밖에 공사감리에 관한 사항으로서 국토해양부령으로 정하는 사항 등이다.

공사감리자는 공사감리를 할 때 이 법과 이 법에 따른 명령이나 처분, 그 밖의 관계 법령에 위반된 사항을 발견하거나 공사시공자가 설계도서대로 공사를 하지 아니하면 이를 건축주에게 알린 후 공사시공자에게 시정하거나 재시공하도록 요청하여야 하며, 공사시공자가 시정이나 재시공 요청에 따르지 아니하면 서면으로 그 건축공사를 중지하도록 요청할 수 있다. 이 경우 공사중지를 요청받은 공사시공자는 정당한 사유가 없으면 즉시 공사를 중지하여야 한다(제25조 제2항).

공사감리자는 공사시공자가 시정이나 재시공 요청을 받은 후 이에 따르지 아니하거나 공사중지 요청을 받고도 공사를 계속하면 국토해양부령으로 정하는 바에 따라 이를 허가권자에게 보고하여야 한다(동조 제3항).

(4) 착공

1) 시공자 선정

종전에는 공사시공자의 범위를 건설산업기본법 제2조 제2호의 규정에 의한 건설업자, 주택건설촉진법 제6조의 3 규정에 의한 주택건설등록업자 및 현장관리인으로 한정하였으나(제2조 제16호), 현행법에서는 현장관리인 제도를 폐지하고, 공사시공자의 범위를 "건설산업기본법 제2조제4호[2]에 따른 건설공사를 하는 자"로 확대하였다.

종전에는 건설산업기본법의 적용대상이 아닌 소규모 건축물의 부실시공 등을 방지하기 위하여 현장관리인 제도를 두었으나, 그 운영과정에서 현장관리인의 자격제한으로 실제 당해 공사와는 전혀 관계없이 불법적인 자격증 대여 등 부작용이 초래된

2) 건설공사의 범위(건설산업기본법 제2조 제4호), "건설공사"라함은 토목공사·건축공사·산업설비공사·조경공사 및 환경시설공사 등 시설물을 설치·유지·보수하는 공사(시설물을 설치하기 위한 부지조성 공사를 포함한다), 기계설비 기타 구조물의 설치 및 해체공사 등을 말한다. 따라서 공사시공자 속에는 건설업자, 주택건설등록업자 및 스스로 공사를 행하는 자가 포함된다.

바 있었다. 또 건설산업기본법에서도 부실공사를 방지하기 위하여 특수구조물[3] 등에 대하여 동법 상의 건설업자가 시공하도록 하였으나, 이로 인하여 분할설계 · 건설업 면허대여 등 불법행위가 유발되고 시공능력을 갖춘 발주자가 자기 건축물을 직접 시공하는 경우에도 건설업 면허를 받아야 하는 등의 문제점이 있어 건설산업기본법에서도 특수구조물 등에 대한 시공제한 규정을 폐지하였다. 따라서 자기 건물을 스스로 건축하는 경우에는 건설산업기본법 상 건설업 면허 없이도 시공할 수 있기 때문에 부실 시공 시 행위자의 책임을 명확히 하고 책임의 주체를 객관화하기 위하여 건축법에서 공사시공자의 범위를, 모든 건설공사를 행하는 자로 확대하게 된 것이라 할 수 있다.

2) 착공신고 등 (제21조)

제11조 · 제14조 또는 제20조제1항에 따라 허가를 받거나 신고를 한 건축물의 공사를 착수하려는 건축주는 국토해양부령으로 정하는 바에 따라 허가권자에게 공사계획을 신고하여야 한다. 다만, 제36조에 따라 건축물의 철거를 신고할 때(7일 전) 착공 예정일을 기재한 경우에는 그러하지 아니하다(동조 제1항). 그리고 공사계획을 신고하거나 변경신고를 하는 경우 해당 공사감리자(제25조제1항에 따른 공사감리자를 지정한 경우만 해당된다)와 공사시공자가 신고서에 함께 서명하여야 한다(동조 제2항).

1999.2.8 개정 전에는 모든 건축물에 대하여 허가여부나 규모에 관계없이 착공신고 및 사용승인까지 받도록 하였으나, 규제완화차원에서 허가대상이 아닌 건축물과 신고대상인 가설건축물에 대하여는 착공신고 및 사용승인 절차를 생략한 것이다. 또 종전에는 기존건축물을 철거하고 새로운 건축물을 신축하는 경우, 먼저 철거신고 → 건축허가 → 착공신고의 절차를 거치도록 하였으나, 건축주의 부담을 줄이기 위하여 기존 건축물이 있는 상태에서 허가를 받아 철거와 동시에 착공을 하는 경우에는 건축물의 철거 신고 시에 착공신고를 동시에 할 수 있도록 규정한 것이다.

3) 특수구조물의 범위(건설산업기본법 제41조)- 삭도의 제작과 설치, 주거용 건축물로서 661㎡를 초과하거나 기타 건축물로서 495㎡를 초과하는 건축물, 도로 · 철도 · 항만 등 공중의 이용과 관련이 있는 건설공사 등.

(5) 시공자 등의 의무

1) 시공자의 일반적 의무 (제24조)

공사시공자는 건축주와의 계약에 따른 계약대로 성실하게 공사를 수행하여야 하며, 이 법과 이 법에 따른 명령이나 처분, 그 밖의 관계 법령에 맞게 건축물을 건축하여 건축주에게 인도하여야 허며(동조 제1항), 공사시공자는 건축물(건축허가나 용도변경허가 대상인 것만 해당된다)의 공사현장에 설계도서를 갖추어 두어야 한다(동조 제2항).

공사시공자는 설계도서가 이 법과 이 법에 따른 명령이나 처분, 그 밖의 관계 법령에 맞지 아니하거나 공사의 여건상 불합리하다고 인정되면 건축주와 공사감리자의 동의를 받아 서면으로 설계자에게 설계를 변경하도록 요청할 수 있다. 이 경우 설계자는 정당한 사유가 없으면 요청에 따라야 한다(제3항). 공사시공자는 공사를 하는 데에 필요하다고 인정하거나 연면적의 합계가 5천 제곱미터 이상인 건축공사의 공사의 공사감리자가 필요하다고 인정하여 상세시공도면을 작성하도록 요청하는 경우, 상세시공도면을 작성하여 공사감리자의 확인을 받아야 하며, 이에 따라 공사를 하여야 한다(제4항, 슈 제19조 제4항).

공사시공자는 건축허가나 용도변경허가가 필요한 건축물의 건축공사를 착수한 경우에는 해당 건축공사의 현장에 국토해양부령으로 정하는 바에 따라 건축허가 표지판을 설치하여야 한다(제5항).

건축주나 공사시공자는 위 제2항과 제3항에 따라 위반사항에 대한 시정이나 재시공을 요청하거나 위반사항을 허가권자에게 보고한 공사감리자에게 이를 이유로 공사감리자의 지정을 취소하거나 보수의 지급을 거부하거나 지연시키는 등 불이익을 주어서는 아니 된다(제6항).

공사감리의 방법 및 범위 등은 건축물의 용도 · 규모 등에 따라 대통령령으로 정하되, 이에 따른 세부기준이 필요한 경우에는 국토해양부장관이 정하거나 건축사협회로 하여금 국토해양부장관의 승인을 받아 정하도록 할 수 있으며(제7항), 국토해양부장관은 위에 따라 세부기준을 정하거나 승인을 한 경우 이를 고시하여야 한다(제8항).

2) 시공자의 위해방지 조치의무 (제28조)

건축물의 공사시공자는 대통령령으로 정하는 바에 따라 공사현장의 위해를 방지하기 위하여 필요한 조치를 하여야 한다(동조 제1항). 건축물의 시공 또는 철거에 따른 유해·위험의 방지에 관한 사항은 산업안전보건에 관한 법령에서 정하는 바에 따른다(令 제21조). 허가권자는 건축물의 공사와 관련하여 건축관계자간 분쟁상담 등의 필요한 조치를 하여야 한다(동조 제2항).

3) 허용 오차 (제26조)

대지의 측량(「지적법」에 따른 측량은 제외한다)이나 건축물의 건축 과정에서 부득이하게 발생하는 오차는 이 법을 적용할 때 국토해양부령으로 정하는 범위에서 허용한다.

(6) 현장조사·검사 및 확인업무의 대행 (제27조)

허가권자는 이 법에 따른 현장조사·검사 및 확인업무(신고 대상 건축물에 대한 현장조사·검사 및 확인업무는 제외한다)를 시행령으로 정하는 바에 따라 건축사법에 따라 건축사 업무신고를 한 자에게 대행하게 할 수 있고, 업무를 대행하는 자는 현장조사·검사 또는 확인결과를 국토해양부령으로 정하는 바에 따라 허가권자에게 서면으로 보고하여야 한다(동조 제1항, 제2항). 허가권자는 업무를 대행하게 한 경우 「엔지니어링기술 진흥법」 제10조에 따라 과학기술부장관이 공고하는 엔지니어링사업대가기준의 범위에서 건축조례로 정하는 수수료를 지급하여야 한다(동조 제3항, 규칙 제21조 제3항). 위법건축물의 발생을 방지하기 위하여 허가권자가 건축물의 허가 또는 사용승인 시 당해 건축물의 설계자 또는 공사감리자가 아닌 건축사로 하여금 현장조사·검사 및 확인업무를 대행할 수 있도록 한 것으로, 당해 설계자나 공사감리자가 조사·확인업무를 대행할 경우 자기가 설계하고 공사감리한 건축물이기 때문에 형식적인 검사·확인이 될 가능성이 높기 때문에 해당 건축물의 설계자 또는 공사감리자가 아닐 것과 건축주의 추천을 받지 아니하고 직접 선정한 건축사로 하여금 대행하도록 한 것이다(令 제20조 제1항). 그리고 업무대행자의 업무범위와 업무대행절차 등에 관하여 필요한 사항은 건축조례로 정한다(令 동조 제2항).

(7) 사용승인 (제22조)

1) 건축주가 건축허가(가설건축물의 건축허가 포함)를 받았거나 신고를 한 건축

물로서, 그 건축공사를 완료[하나의 대지에 둘 이상의 건축물을 건축하는 경우 동(棟)별 공사를 완료한 경우를 포함한다]한 후 그 건축물을 사용하려면 공사감리자가 작성한 감리완료보고서(같은 조 제1항에 따른 공사감리자를 지정한 경우만 해당된다)와 국토해양부령으로 정하는 공사완료도서를 첨부하여 허가권자에게 사용승인을 신청하여야 한다(동조 제1항). 허가권자는 그 신청서를 받은 날부터 7일 이내에 사용승인을 신청한 건축물이 이 법에 따라 허가 또는 신고한 설계도서대로 시공되었는지의 여부와 감리완료보고서, 공사완료도서 등의 서류 및 도서가 적합하게 작성되었는지의 여부를 알기 위한 현장검사를 실시하여야 하며, 현장검사에 합격된 건축물에 대하여는 사용승인서를 발급하여야 한다. 다만, 해당 지방자치단체의 조례로 정하는 건축물은 사용승인을 위한 검사를 실시하지 아니하고 사용승인서를 내줄 수 있다.(동조 제2항, 규칙 제16조 2항).

한편, 공용건축물 즉 국가나 자방자치단체가 허가권자와 사전 협의한 건축물에 대하여는 사용승인을 받지 않아도 된다(제29조 제3항 전단).

2) 임시사용승인제도 (동조 제3항 단서)

건축주는 사용승인을 받은 후가 아니면 건축물을 사용하거나 사용하게 할 수 없다. 다만, ㉠ 허가권자가 제2항에 따른 기간 내(사용승인 신청접수 후 7일 내)에 사용승인서를 교부하지 아니한 경우 ㉡ 사용승인서를 교부받기 전에 공사가 완료된 부분이 건폐율, 용적률, 설비, 피난・방화 등 국토해양부령으로 정하는 기준에 적합한 경우로서 기간을 정하여 대통령령으로 정하는 바에 따라 임시로 사용의 승인을 한 경우에는 그러하지 아니하다(제3항).

임시사용승인은 1995.1.5 건축법 개정 전의 부분준공검사에 의한 가사용승인제도에 해당하는 제도이다. 사용승인서를 교부받기 전에 건축주가 이미 공사가 완료된 부분에 대하여 임시사용의 승인을 받으려는 경우에는 국토해양부령으로 정하는 바에 따라 임시사용승인신청서를 허가권자에게 제출(전자문서에 의한 제출을 포함한다)하여야 한다(令 제17조 제2항). 허가권자는 신청서를 접수한 경우에는 공사가 완료된 부분이 건폐율, 용적률, 설비, 피난・방화 등 국토해양부령으로 정하는 기준에 적합한 경우만 임시사용을 승인할 수 있으며, 식수 등 조경에 필요한 조치를 하기에 부적합한 시기에 건축공사가 완료된 건축물은 허가권자가 지정하는 시기까지 식수(植樹) 등 조경에 필요한 조치를 할 것을 조건으로 임시사용을 승인할 수 있다(令 동조 제3항).

임시사용승인의 기간은 원칙적으로 2년 이내로 한다. 다만, 허가권자는 대형 건축물 또는 암반공사 등으로 인하여 공사기간이 긴 건축물에 대하여는 그 기간을 연장할 수 있다(令 동조 제4항).

3) 효과

사용승인이 있으면 당해 건축물에 대한 건축주의 적법한 사용이 가능하고(제22조 제3항), 관련법률에 따른 사용승인·준공검사 또는 등록신청 등을 받거나 한 것으로 보며, 공장건축물의 경우에는 산업집적활성화 및 공장설립에 관한 법률 제14조의2에 따라 관련 법률의 검사 등을 받은 것으로 본다(동조 제4항). 허가권자는 사용승인을 하는 경우 제4항 각 호의 어느 하나에 해당하는 내용이 포함되어 있으면 관계 행정기관의 장과 미리 협의하여야 한다(동조 제5항). 또한, 특별시장 또는 광역시장은 사용승인을 한 경우 지체 없이 그 사실을 군수 또는 구청장에게 알려서 건축물대장에 적게 하여야 한다. 이 경우 건축물대장에는 설계자, 대통령령으로 정하는 주요 공사의 시공자, 공사감리자를 적어야 한다(제6항).

(8) 건축행정 전산화 등 (제31조 내지 제33조)

1) 건축행정전산화 (제31조)

국토해양부장관은 이 법에 따른 건축행정 관련 업무를 전산처리하기 위하여 종합적인 계획을 수립·시행할 수 있으며(제1항), 허가권자는 제10조, 제11조, 제14조, 제16조, 제19조부터 제22조까지, 제25조, 제29조, 제30조, 제35조, 제36조, 제38조, 제83조 및 제92조에 따른 신청서, 신고서, 첨부서류, 통지, 보고 등을 디스켓, 디스크 또는 정보통신망 등으로 제출하게 할 수 있다(제2항). 그동안 건축허가·사용승인·건축물대장 작성 등 업무는 관계 공무원에 의해 일일이 수작업으로 이루어지고 있었으나, 앞으로 건축허가에서 건축물대장 작성에 이르는 일련의 과정 및 각종 통계 작성·건축물대장 발급 등 행정처리를 전산화함으로써, CAD(Computer Aided Design)로 작성된 도면을 디스켓이나 CD 또는 컴퓨터통신을 이용하여 허가신청을 하고 허가기관에서는 허가사항을 컴퓨터통신으로 발송하는 것이 가능하게 된 것이다. 그 결과 도면의 운반 및 민원인의 행정기관 방문횟수도 줄어들게 되고 또 행정처리의 절차가 표준화되고 원격서비스 체제가 구축됨으로써 건축부조리 발생의 소지도 상당부분 줄어들 것으로 예상된다.

2) 건축허가 업무 등의 전산처리 등 (제32조)

허가권자는 건축허가 업무 등의 효율적인 처리를 위하여 국토해양부령으로 정하는 바에 따라 전자정보처리 시스템을 이용하여 이 법에 규정된 업무를 처리할 수 있다(제32조 제1항). 전자정보처리 시스템에 따라 처리된 자료(이하 "전산자료"라 한다)를 이용하려는 자는 대통령령으로 정하는 바에 따라 관계 중앙행정기관의 장의 심사를 거쳐 전국 단위의 전산자료는 국토해양부장관, 시・도・특별자치도 단위의 전산자료는 시・도지사, 시・군 또는 구(자치구를 말한다) 단위의 전산자료는 시장・군수・구청장의 승인을 받아야 한다. 이 경우 신청을 받은 관계 중앙행정기관의 장은 신청받은 날부터 15일 이내에 그 심사결과를 신청인에게 알려야 한다. 다만, 지방자치단체의 장이 승인을 신청하는 경우에는 관계 중앙행정기관의 장의 심사를 받지 아니한다(동조 제2항,令 제22조의2 제1항, 제3항). 또한 국토해양부장관, 시・도지사 또는 시장・군수・구청장이 승인신청을 받은 경우에는 건축허가 업무 등의 효율적인 처리에 지장이 없고 대통령령으로 정하는 건축주 등의 개인정보 보호기준을 위반하지 아니한다고 인정되는 경우에만 승인할 수 있다. 이 경우 용도를 한정하여 승인할 수 있다(동조 제3항, 令 동조 제5항). 승인을 받아 전산자료를 이용하려는 자는 사용료를 내야 한다(동조 제4항).

3) 전산자료의 이용자에 대한 지도・감독 (제33조)

국토해양부장관, 시・도지사 또는 시장・군수・구청장은 필요하다고 인정되면 전산자료의 보유 또는 관리 등에 관한 사항에 관하여 제32조에 따라 전산자료를 이용하는 자를 지도・감독할 수 있다(제1항). 국토해양부장관, 시・도지사 또는 시장・군수・구청장은 지도・감독을 위하여 필요한 경우에는 지도・감독 대상에 해당하는 자에 대하여 자료를 제출하도록 요구할 수 있으며(令 동조 제2항), 자료제출을 요구받은 자는 정당한 사유가 있는 경우를 제외하고는 15일 이내에 관련 자료를 제출하여야 한다. 지도·감독의 대상 및 절차 등에 관해 필요한 사항은 시행령으로 정한다(동조 제2항, 令 동조 제3항).

(9) 건축종합민원실의 설치 (제34조)

특별자치도지사 또는 시장·군수·구청장은 건축허가, 건축신고, 사용승인 등 건축과 관련된 민원을 종합적으로 접수하여 처리할 수 있는 민원실을 설치·운영하여야 하는데(제34조), 특별자치도 또는 시·군·구에 설치하는 민원실은 다음 각 호의 업무를 처리한다(令 제22조의4 제1항). 1. 법 제22조에 따른 사용승인에 관한 업무 2. 법 제27조제1항에 따라 건축사가 현장조사·검사 및 확인업무를 대행하는 건축물의 건축허가와 사용승인 및 임시사용승인에 관한 업무 3. 건축물대장의 작성 및 관리에 관한 업무 4. 복합민원의 처리에 관한 업무 5. 건축허가·건축신고 또는 용도변경에 관한 상담 업무 6. 건축관계자 사이의 분쟁에 대한 상담 7. 그 밖에 특별자치도지사 또는 시장·군수·구청장이 주민의 편익을 위하여 필요하다고 인정하는 업무

민원실은 민원인의 이용에 편리한 곳에 설치하고, 그 조직 및 기능에 관하여는 특별자치도 또는 시·군·구의 규칙으로 정한다(令 동조 제2항).

(10) 건축물의 유지 관리 (제3장 제35조 내지 제39조)

건축물의 소유자나 관리자는 건축물, 대지 및 건축설비 등에 대한 건축법 규정에의 일반적 유지·관리의무(제35조), 건축물의 소유자나 관리자의 특별자치도지사 또는 시장·군수·구청장에게의 건축물의 철거 7일전 신고의무 및 멸실 후 30일 이내 신고의무(제36조, 규칙 제24조 제1항), 건축지도원(제37조), 건축물대장(제38조), 등기촉탁(제39조)에 관한 규정을 두고 있다.

Ⅲ. 건축물의 대지와 도로 (제4장)

1. 대지

(1) 대지의 안전을 위한 조치(제40조 제1항 내지 제4항)

1) 대지는 원칙적으로 인접한 도로면보다 낮아서는 아니 된다. 다만, 대지의 배수에 지장이 없거나 건축물의 용도상 방습(防濕)의 필요가 없는 경우에는 인접한 도로면보다 낮아도 된다(동조 제1항).
2) 습한 토지, 물이 나올 우려가 많은 토지, 쓰레기, 그 밖에 이와 유사한 것으로 매립된 토지에 건축물을 건축하는 경우에는 성토(盛土), 지반 개량 등 필요한 조치를 하여야 한다(동조 제2항).
3) 대지에는 빗물과 오수를 배출하거나 처리하기 위하여 필요한 하수관, 하수구, 저수탱크, 그 밖에 이와 유사한 시설을 하여야 한다(동조 제3항). 그러나 이상 세 가지 의무는 위반하더라도 벌칙규정의 적용이 없는 불완전의무에 해당한다.
4)손궤(損潰: 무너져 내림)의 우려가 있는 토지에 대지를 조성하려면 국토해양부령으로 정하는 바에 따라 옹벽을 설치하거나 그 밖에 필요한 조치를 하여야 한다. 여기에 대하여는 벌칙규정(2년 이하의 징역 또는 1천만원 이하의 벌금)의 적용이 있다(동조 제4항, 제110조 제8호).

(2) 토지굴착부분에 대한 조치 등(제41조 제1항, 2항, 제9조 제1항)

건축물의 건축 등을 위하여 지하를 굴착하는 경우에는 「민법」제244조 제1항을 적용하지 아니한다. 다만, 필요한 안전조치를 하여 위해(危害)를 방지하여야 한다(제9조 제1항).

1) 공사시공자는 대지를 조성하거나 건축공사를 하기 위하여 토지를 굴착하는 경우 그 굴착 부분에는 국토해양부령으로 정하는 바에 따라 위험 발생의 방지, 환경 보존, 그 밖에 필요한 조치를 한 후 해당 공사현장에 그 사실을 게시하여야 한다(제41조 제1항). 조치의 내용은 시행규칙 제26조에 상세히 규정되어 있다. 특히 성토부분・절토부분 또는 되메우기를 하지 아니하는 굴착부분의 비탈면으로서 옹벽을 설치하지

아니하는 부분에 대하여는 다음과 같은 환경의 보전을 위한 조치를 하여야 한다. 즉, 1. 배수를 위한 수로는 돌 또는 콘크리트를 사용하여 토양의 유실을 막을 수 있도록 할 것 2. 높이가 3미터를 넘는 경우에는 높이 3m 이내마다 그 비탈면적의 1/5 이상에 해당하는 면적의 단을 만들 것. 다만, 허가권자가 그 비탈면의 토질・경사도등을 고려하여 붕괴의 우려가 없다고 인정하는 경우에는 그러하지 아니하다. 3. 비탈면에는 토양의 유실방지와 미관의 유지를 위하여 나무 또는 잔디를 심을 것. 다만, 나무 또는 잔디를 심는 것으로는 비탈면의 안전을 유지할 수 없는 경우에는 돌붙이기를 하거나 콘크리트블록격자등의 구조물을 설치하여야 한다(규칙 제26조 제2항).

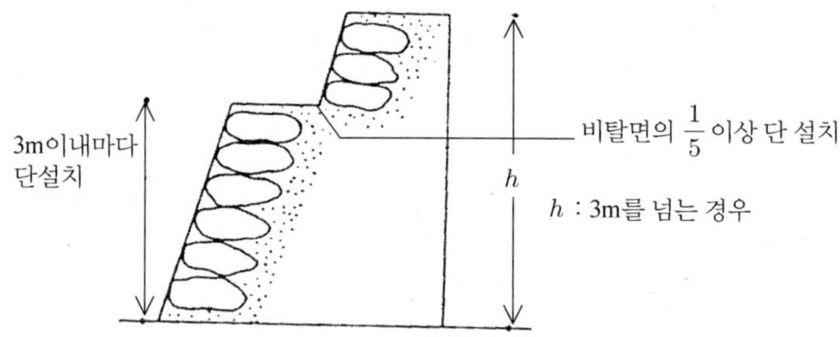

그림 1

2) 허가권자는 제1항을 위반한 자에게 의무이행에 필요한 조치를 명할 수 있고(제41조 제2항), 상기 의무를 위반한 건축주 및 공사시공자에 대하여는 200만원 이하의 벌금에 처한다(제111조 제5호).

(3) 대지안의 造景(제42조, 令 제27조)

면적이 200제곱미터 이상인 대지에 건축을 하는 건축주는 용도지역 및 건축물의 규모에 따라 해당 지방자치단체의 조례로 정하는 기준에 따라 대지에 조경이나 그 밖에 필요한 조치를 하여야 한다(동조 제1항).

다만, 다음 각 호의 어느 하나에 해당하는 건축물에 대하여는 조경 등의 조치를 하지 아니할 수 있다(令 제27조 제1항).

1. 자연녹지지역에 건축하는 건축물 2. 면적 5천 제곱미터 미만인 대지에 건축하는

공장 3. 연면적의 합계가 1천500제곱미터 미만인 공장 4. 「산업집적활성화 및 공장설립에 관한 법률」 제2조제7호에 따른 산업단지의 공장 5. 대지에 염분이 함유되어 있는 경우 또는 건축물 용도의 특성상 조경 등의 조치를 하기가 곤란하거나 조경 등의 조치를 하는 것이 불합리한 경우로서 건축조례로 정하는 건축물 6. 축사 7. 법 제20조 제1항에 따른 가설건축물 8. 연면적의 합계가 1천500제곱미터 미만인 물류시설(주거지역 또는 상업지역에 건축하는 것은 제외한다)로서 국토해양부령으로 정하는 것 9. 「국토의 계획 및 이용에 관한 법률」에 따라 지정된 자연환경보전지역 · 농림지역 또는 관리지역(제2종 지구단위계획구역으로 지정된 지역은 제외한다)의 건축물 10. 기타 건축조례로 정하는 건축물 99. 2. 8 개정에서 규제완화 차원에서 조경기준을 대폭 완화한 것이다.

또 옥상 조경 등 시행령이 따로 기준을 정하는 경우에는 그 기준에 따르는 바, 특히 옥상조경을 활성화하기 위해 종전에 조례로 정하던 것을 시행령에서 직접 규정하면서 법이 정하는 조경의무면적의 50%를 초과하지 않는 범위 내에서 옥상조경면적의 2/3를 조경면적으로 인정한 것이다 (동조 제1항 단서, 슈 동조 제3항).

2. 도로

(1) 의의

보행과 자동차 통행이 가능한 너비 4미터 이상의 것으로서 다음 중 어느 하나에 해당하는 도로나 그 예정도로이다(제2조 제1항 제11호, 슈 제3조의3).

1) 관계 법령(국토의 계획 및 이용에 관한 법률, 도로법, 사도법 등)에 따라 신설 또는 변경에 관한 고시가 된 도로
2) 건축허가 또는 신고 시에 시 · 도지사 또는 시장 · 군수 · 구청장이 위치를 지정하여 공고한 도로

다만 특별자치도지사 또는 시장 · 군수 · 구청장이 지형적 조건으로 인하여 차량 통행을 위한 도로의 설치가 곤란하다고 인정하여 그 위치를 지정 · 공고하는 구간의 너비 3m 이상(길이가 10m 미만인 막다른 도로인 경우에는 너비 2m 이상)인 도로, 또 막다른 도로로서 그 도로의 너비가 그 길이에 따라 10m 미만은 너비 2m, 10m 이상

35m 미만은 너비 3m, 35m 이상은 너비 6m 이상(도시지역이 아닌 읍·면지역에서는 4m이상)인 도로도 여기에 해당한다.

(2) 도로의 지정·폐지 또는 변경 (제45조)

1) 도로의 지정

허가권자는 도로의 위치를 지정·공고하려면 원칙적으로 이해관계인의 동의를 받아야 하나, 다음 각 호의 어느 하나에 해당하면 이해관계인의 동의를 받지 아니하고 건축위원회의 심의를 거쳐 도로를 지정할 수 있다(제45조 제1항). 1. 허가권자가 이해관계인이 해외에 거주하는 등의 사유로 이해관계인의 동의를 받기가 곤란하다고 인정하는 경우 2. 주민이 오랫동안 통행로로 이용하고 있는 사실상의 통로로서 해당 지방자치단체의 조례로 정하는 것인 경우 도로가 없는 곳에서는 건축허가 시 허가권자가 새로 도로를 지정하여 건축허가를 해야 하나, 이해관계인의 해외거주 등 사실상 동의를 받기 어려울 경우에는 건축허가 자체가 불가능하고, 또 경우에 따라서는 도로를 지정하는 것이 오히려 이해관계인에게 이익이 되거나 최소한 손해 발생의 우려가 없는 경우에는 일정한 절차를 거쳐 이해관계인의 동의 없이도 도로로 지정할 수 있도록 그 법적 근거를 신설한 것이다. 아울러 주민이 수십 년 간 도로로 사용하여 왔으나 관계법령이 도로로 결정·고시한 사실이 없거나 또는 그 근거가 문서로 남아 있지 않은 경우에는 조례로써 도로로 결정할 수 있는 가능성을 인정한 것이다.

2) 도로의 폐지·변경

허가권자는 지정한 도로를 폐지하거나 변경하고자 할 때에도 그 도로에 대한 이해관계인의 동의를 받아야 하고, 그 도로에 편입된 토지의 소유자, 건축주 등이 허가권자에게 지정된 도로의 폐지나 변경을 신청하는 경우에도 또한 같다(동조 제2항). 허가권자는 도로를 지정하거나 변경하면 국토해양부령으로 정하는 바에 따라 도로관리대장에 이를 적어서 관하여야 한다(동조 제3항).

(3) 대지와 도로와의 관계 (제44조, 令 제28조)

건축물의 대지는 최소한 2m 이상을 도로(자동차만의 통행에 사용되는 도로는 제외한다)에 접하여야 한다. 다만, 다음 각 호의 어느 하나에 해당하면 그러하지 아니하다. 1. 해당 건축물의 출입에 지장이 없다고 인정되는 경우 2. 건축물의 주변에 광장, 공원, 유원지, 그 밖에 관계 법령에 따라 건축이 금지되고 공중의 통행에 지장이 없는 공지로서 허가권자가 인정한 것이 있는 경우(제44조 제1항, 令 제28조 제1항). 그리고 건축물의 대지가 접하는 도로의 너비, 대지가 도로에 접하는 부분의 길이, 그 밖에 대지와 도로의 관계에 관하여 필요한 사항은 대통령령으로 정하는 바에 따른다(동조 제2항). 시행령에 의하면 연면적의 합계가 2,000㎡(공장인 경우에는 3,000㎡) 이상인 건축물(축사, 작물 재배사, 그 밖에 이와 비슷한 건축물로서 건축조례로 정하는 규모의 건축물은 제외한다)의 대지는 너비 6m 이상의 도로에 4m 이상 접하여야 한다(令 제28조 제2항).

3. 공개공지 등의 확보(제43조)

1999. 2. 8 이전에는 연면적 5000㎡ 이상의 다중이 이용하는 건축물에 대하여는 모든 도시지역에 걸쳐 대지면적의 10% 이내의 공개공지를 확보하도록 하였으나 그 실효성의 확보에 애로가 있었고 아울러 건축주의 부담을 줄이기 위하여 그 대상지역을 일정지역으로 한정하였으며, 또 도매시장·물류센타 등 농산물 유통시설의 건설비용을 줄이기 위하여 동 시설물은 그 설치대상에서 제외하였다. 그리고 조경면적을 공개공지 등의 면적에 포함시킴으로서 건축주의 부담을 경감시켰다.

일반주거지역, 준주거지역, 상업지역, 준공업지역 기타 특별자치도지사 또는 시장·군수·구청장이 도시화의 가능성이 크다고 인정하여 지정·공고하는 지역의 환경을 쾌적하게 조성하기 위하여 다음 각 호의 어느 하나에 해당하는 건축물의 대지에는 일반이 사용할 수 있도록 소규모 휴식시설 등의 공개 공지(空地: 공터) 또는 공개공간을 확보하여야 한다. 1. 연면적의 합계가 5천 제곱미터 이상인 문화 및 집회시설, 종교시설, 판매시설(「농수산물유통 및 가격안정에 관한 법률」 제2조에 따른 농수산물유통시설은 제외한다), 운수시설(여객용 시설만 해당한다), 업무시설 및 숙박시설 2. 그 밖에 다중이 이용하는 시설로서 건축조례로 정하는 건축물(제43조, 令 제27조의2 제1항). 이 경우 법 제42조에 따른 조경면적을 공개공지 등의 면적으로 할 수 있고 그 밖의 경우에 있어서 공개공지 등 면적의 기준은 대지면적의 10% 이하의 범위에서 건축조례로 정한다 (슈 동조 제2항).

또 공개 공지나 공개 공간을 설치하는 경우에는 제55조(건축물의 건폐율), 제56조(건축물의 용적률)와 제60조(건축물의 높이 제한)를 대통령령으로 정하는 바에 따라 완화하여 적용할 수 있는 바(제43조 제2항), 용적률과 높이제한 기준의 1.2배 이하의 범위에서 건축조례로 정하는 바에 따른다(영 제27조의 2 제4항)

4. 건축선 (제46조)

(1) 의의

건축선이란 도로와 접한 부분에 있어서 건축물을 건축할 수 있는 선 즉, 건축의 한계선이며, 도로와 접한 대지의 경우에는 대지의 경우에는 보통의 경우 건축선은 도로와의 경계선으로 결정된다. 다만, 소요 너비에 못 미치는 너비의 도로인 경우에는 그 중심선으로부터 그 소요 너비의 1/2의 수평거리만큼 물러난 선을 건축선으로 하되, 그 도로의 반대쪽에 경사지, 하천, 철도, 선로부지, 그 밖에 이와 유사한 것이 있는 경우에는 그 경사지 등이 있는 쪽의 도로경계선에서 소요 너비에 해당하는 수평거리의 선을 건축선으로 하며, 도로의 모퉁이에서는 대통령령으로 정하는 선을 건축선으로 한다(제46조 제1항). 한편 위 제46조 제1항 단서규정에 따라 대지에 건축선이 정하여진 경우 건축선과 도로 사이의 면적은 대지면적 산정 시 제외한다(슈 제119조 제1항 제1호).

이와는 별도로 특별자치도지사 또는 시장・군수・구청장은 시가지 안에서 건축물의 위치나 환경을 정비하기 위하여 필요하다고 인정하면 대통령령으로 정하는 범위에서 건축선을 따로 지정할 수 있다(동조 제2항). 시행령에 의하면 특별자치도지사 또는 시장・군수・구청장은 국토의 계획 및 이용에 관한 법률에 따른 도시지역에는 4m 이하의 범위에서 건축선을 따로 지정할 수 있다(슈. 제31조 제2항). 특별자치도지사 또는 시장・군수・구청장은 제2항에 따라 건축선을 지정하면 지체 없이 이를 고시하여야 한다.

(2) 결정 (제46조)

1) 건축선 - 대지와 도로의 경계선으로 한다.

2) 소요폭 미달도로 - 도로중심선으로부터 소요폭의 1/2을 후퇴한 선

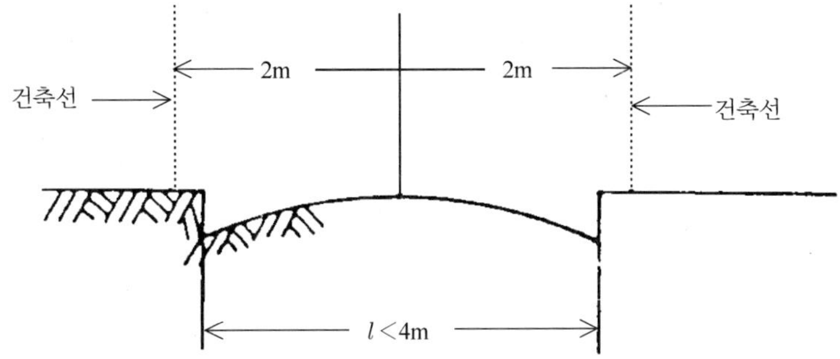

그림 2

* 한 쪽이 경사지, 하천, 철도, 선로부지, 기타 후퇴 불가한 경우

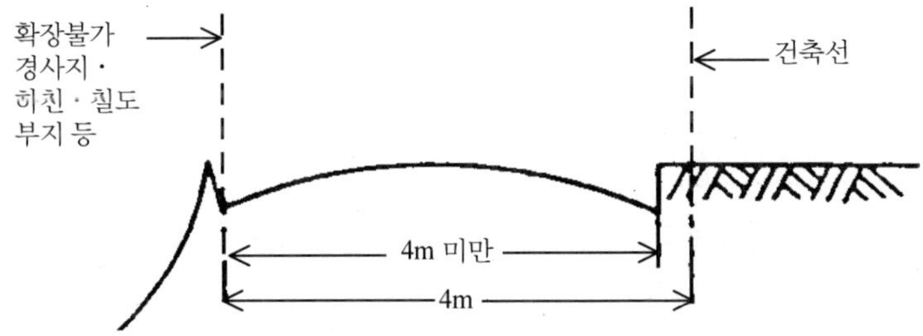

그림 3

3) 가각전제(街角剪除) (제46조 제1항, 令 제31조 제1항) - 너비 8m 미만인 도로의 모퉁이에 위치한 대지의 도로모퉁이 부분의 건축선은 그 대지에 접한 도로경계선의 교차점으로부터 도로경계선에 따라 일정한 거리를 각각 후퇴한 두 점을 연결한 선으로 한다.

도로의 교차각	교차되는 도로의 폭	8m 미만 6m 이상	6m 미만 4m 이상
90° 미만	8m 미만 6m 이상	4m	3m
	6m 미만 4m 이상	3m	2m
90°이상 120°미만	8m 미만 6m 이상	3m	2m
	6m 미만 4m 이상	2m	2m

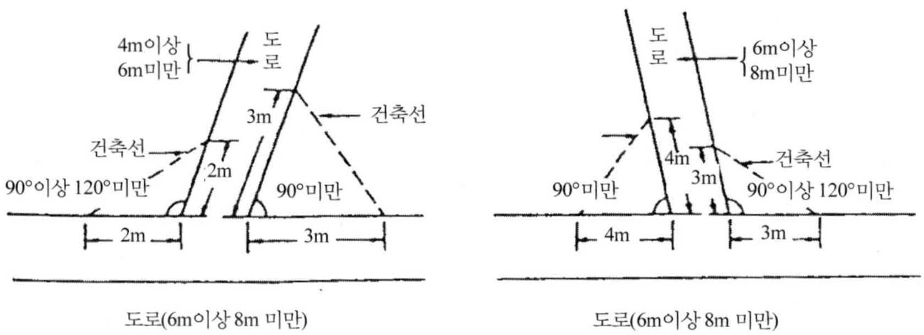

그림 4

(3) 건축선에 따른 건축제한 (제47조)

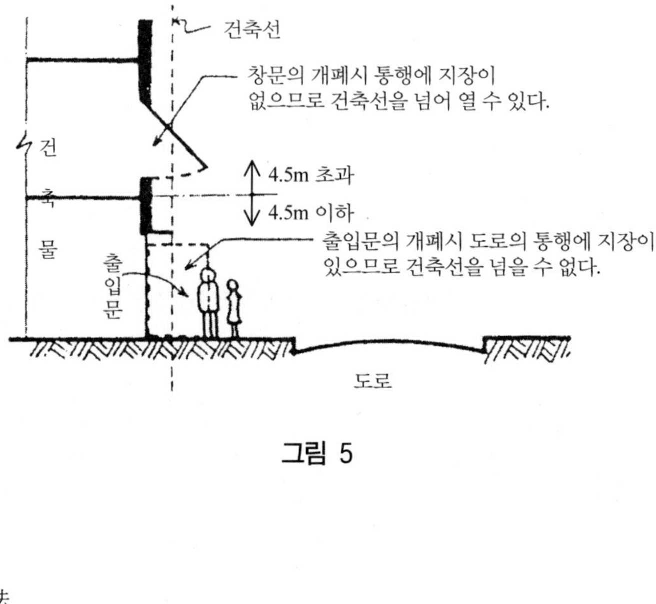

그림 5

1) 건축물, 담장, 옹벽은 건축선의 수직면(垂直面)을 넘어서는 아니 된다. 다만, 지표(地表) 아래 부분은 그러하지 아니하다(동조 제1항).

2) 도로면으로부터 높이 4.5미터 이하에 있는 출입구, 창문, 그 밖에 이와 유사한 구조물은 열고 닫을 때 건축선의 수직면을 넘지 아니하는 구조로 하여야 한다(동조 제2항).

Ⅳ. 건축물의 구조 및 재료 (제5장)

1. 구조

(1) 구조안전의 확인(제48조, 令 제32조 및 제91조의3)

건축물은 고정하중, 적재하중(積載荷重), 적설하중(積雪荷重), 풍압(風壓), 지진, 그 밖의 진동 및 충격 등에 대하여 안전한 구조를 가져야 한다(제48조 제1항). 특히 다음 각 호의 어느 하나에 해당하는 건축물을 건축하거나 대수선하는 경우 해당 건축물의 설계자는 국토해양부령으로 정하는 구조기준 등에 따라 그 구조의 안전을 확인하여야 한다(동조 제2항, 令 제32조 제1항). 1. 층수가 3층 이상인 건축물 2. 연면적이 1천㎡ 이상인 건축물. 다만, 창고, 축사, 작물 재배사 및 표준설계도서에 따라 건축하는 건축물은 제외한다. 3. 높이가 13m 이상인 건축물 4. 처마높이가 9m 이상인 건축물 5. 기둥과 기둥 사이의 거리(기둥이 없는 경우에는 내력벽과 내력벽 사이의 거리를 말한다)가 10m 이상인 건축물 6. 국토해양부령으로 정하는 지진구역의 건축물 7. 국가적 문화유산으로 보존할 가치가 있는 건축물로서 국토해양부령으로 정하는 것

위 각 호의 건축물 중 지진에 대한 안전이 확인된 건축물로서 사용승인서를 받은 후 5년이 지난 건축물을 증축(연면적의 1/10 이내의 증축 또는 1개 층의 증축만 해당한다)하거나 일부 개축하는 경우에는 지진에 대한 안전의 확인을 생략할 수 있다(令 동조 제2항). 구조내력(構造耐力)의 기준과 구조 계산의 방법 등에 관하여 필요한 사항은 국토해양부령으로 정한다(동조 제3항).

(2) 건축물의 피난시설 및 안전 등을 위한 용도 등 제한(제49조, 令 제34조 내지 제53조)

일정한 용도 및 규모의 건축물과 그 대지에는 국토해양부령으로 정하는 바에 따라 복도, 계단, 출입구, 그 밖의 피난시설과 소화전, 저수조, 그 밖의 소화설비 및 대지 안의 피난과 소화에 필요한 통로를 설치하여야 하고, 기타 안전・위생 및 방화(防火) 등을 위하여 필요한 용도 및 구조의 제한, 방화구획, 화장실의 구조, 계단・출입구, 거실의 반자 높이, 거실의 채광・환기와 바닥의 방습 등에 관하여 필요한 사항은 국토해양부령으로 정한다(제49조 제1항, 제2항). 이와 관련하여 시행령에서는 ① 직통계단의 설치(제34조), ② 피난계단의 설치(제35조), ③ 옥외 피난계단의 설치(제36조), ④ 지하층과 피난층 사이의 개방 공간 설치(제37조), ⑤ 관람석 등으로부터의 출구 설치(제38조), ⑥ 건축물 바깥쪽으로의 출구 설치(제39조), ⑦ 옥상광장 등의 설치(제40조), ⑧ 대지 안의 피난 및 소화에 필요한 통로 설치(제41조) ⑨ 피난 규정의 적용례(제44조), ⑩ 방화구획의 설치(제46조), ⑪ 방화에 장애가 되는 용도의 제한(제47조), ⑫ 계단・복도 및 출입구의 설치(제48조), ⑬ 거실반자의 설치(제50조), ⑭ 거실의 채광 등(제51조), ⑮ 거실 등의 방습(제52조), ⑯ 경계벽 및 칸막이벽의 설치(제53조), ⑰ 건축물에 설치하는 굴뚝(제54조) ⑱ 창문 등의 차면시설(제55조)에 관한 상세한 규정을 두고 있다.

(3) 내화구조 및 방화벽의 설치 (제50조, 令 제56조, 제57조)

1) 시행령이 정하는 건축물(제5호에 해당하는 건축물로서 2층 이하인 건축물은 지하층 부분만 해당한다)의 주요구조부[4]는 내화구조[5]로 하여야 한다. 다만, 연면적이 50제곱미터 이하인 단층의 부속건축물로서 외벽 및 처마 밑면을 방화구조로 한 것과 무대의 바닥은 그러하지 아니하다. (令 제56조 제1항). 그러나 제1항 제1호 및 제2호에 해당하는 용도로 쓰지 아니하는 건축물로서 그 지붕틀을 불연재료로 한 경우에는

4) "주요구조부"란 내력벽(내력벽), 기둥, 바닥, 보, 지붕틀 및 주계단(주계단)을 말한다. 다만, 사이기둥, 최하층 바닥, 작은 보, 차양, 옥외 계단, 그 밖에 이와 유사한 것으로 건축물의 구조상 중요하지 아니한 부분은 제외한다(제2조 제1항 제6호).

5) "내화구조(내화구조)"란 화재에 견딜 수 있는 성능을 가진 구조로서 국토해양부령으로 정하는 기준에 적합한 구조를 말한다(제2조 제1항 제7호).

그 지붕틀을 내화구조로 아니할 수 있다(令 동조 제2항).

2) 대규모 건축물의 방화벽 등

연면적 1,000㎡ 이상인 건축물은 방화벽으로 구획하되, 각 구획된 바닥면적의 합계는 1,000㎡ 미만이어야 한다. 다만, 주요구조부가 내화구조이거나 불연재료인 건축물과 다만, 단독주택(다중주택 및 다가구주택은 제외한다), 동물 및 식물 관련 시설, 발전시설(발전소의 부속용도로 쓰는 시설은 제외한다), 교도소・감화원 또는 묘지 관련 시설(화장장은 제외한다)의 용도로 쓰는 건축물과 철강 관련 업종의 공장 중 제어실로 사용하기 위하여 연면적 50제곱미터 이하로 증축하는 부분 또는 내부설비의 구조상 방화벽으로 구획할 수 없는 창고시설의 경우에는 그러하지 아니하다(令 제57조 제1항). 또 연면적 1,000㎡ 이상인 목조 건축물의 구조는 국토해양부령으로 정하는 바에 따라 방화구조[6]로 하거나 불연재료[7]로 하여야 한다(令 동조 제3항).

(4) 방화지구 내 건축물의 구조 제한 (제51조, 令 제58조)

연면적 30㎡ 미만인 단층 부속건축물로서 외벽 및 처마면이 내화구조 또는 불연재료로 된 것과 도매시장의 용도로 쓰는 건축물로서 그 주요구조부가 불연재료로 된 것을 제외하고 방화지구 안에서는 건축물의 주요구조부와 외벽을 내화구조로 하여야 한다(제51조 제1항, 令 제58조).

또 방화지구 안의 공작물로서 간판, 광고탑, 기타 시행령으로 정하는 공작물 중 건축물의 지붕 위에 설치하는 공작물이나 높이 3m 이상의 공작물은 주요부를 불연(不燃)재료로 하여야 한다(동조 제2항). 그리고 방화지구 안의 지붕・방화문 및 인접 대지 경계선에 접하는 외벽은 국토해양부령으로 정하는 구조 및 재료로 하여야 한다(동조 제3항).

---

6) “방화구조”란 화염의 확산을 막을 수 있는 성능을 가진 구조로서 국토해양부령으로 정하는 기준에 적합한 구조를 말한다.(제2조 제1항 제8호).

7) “불연재료”란 불에 타지 아니하는 성질을 가진 재료로서 국토해양부령으로 정하는 기준에 적합한 재료를 말한다.(제2조 제1항 제10호).

2. 마감재료 (제52조, 슈 제61조)

특히 화재 시 질식 우려 등을 고려하여, 시행령이 정하는 건축물의 내부 마감재료는 방화에 지장이 없는 재료로 하되, 「다중이용시설 등의 실내공기질관리법」 제5조 및 제6조에 따른 실내공기질 유지기준 및 권고기준을 고려하고 관계 중앙행정기관의 장과 협의하여 국토해양부령으로 정하는 기준에 따른 것이어야 한다. 다만 주요구조부가 내화구조 또는 불연재료로 되어 있고 그 거실의 바닥면적(스프링클러나 그 밖에 이와 비슷한 자동식 소화설비를 설치한 바닥면적을 뺀 면적으로 함) 200㎡ 이내마다 방화구획이 되어 있는 건축물은 제외한다.(제52조 제1항, 슈 제61조).

건축물의 외벽에 사용하는 마감재료는 방화에 지장이 없는 재료로 하여야 한다. 이 경우 마감재료의 기준은 국토해양부령으로 정한다(동조 제2항)<신설 2009. 12. 29>

3. 건축설비 (제7장)

(1) 설치의 원칙 (제62조, 슈 제87조)

건축설비는 건축물의 안전・방화, 위생, 에너지 및 정보통신의 합리적 이용에 지장이 없도록 설치하여야 하고, 배관피트 및 닥트의 단면적과 수선구의 크기를 해당 설비의 수선에 지장이 없도록 하는 등 설비의 유지・관리가 쉽게 설치하여야 한다(슈 동조 제1항). 건축물에 설치하는 급수・배수・냉방・난방・환기・피뢰 등 건축설비의 설치에 관한 기술적 기준은 국토해양부령으로 정하되, 에너지 이용 합리화와 관련한 건축설비의 기술적 기준에 관하여는 지식경제부장관과 협의하여 정한다(슈 동조 제2항). 그리고 건축물에 설치하여야 하는 장애인 관련 시설 및 설비는 장애인・노인・임산부 등의 편의증진보장에 관한 법률에서 정하는 바에 따른다(슈 동조 제3항).

건축물에는 방송수신에 지장이 없도록 공동시청 안테나, 유선방송 수신시설, 위성방송 수신설비, 에프엠(FM)라디오방송 수신설비 또는 방송 공동수신설비를 설치할 수 있다. 다만, 다음 각 호의 건축물에는 방송 공동수신설비를 설치하여야 한다(슈 동조 제4항). 1. 「주택법」 제16조에 따른 사업계획승인 대상 공동주택 2. 바닥면적의 합계가 5천 제곱미터 이상으로서 업무시설이나 숙박시설의 용도로 쓰는 건축물. 방송 수

신설비의 설치기준은 방송통신위원회가 정하여 고시하는 바에 따른다(令 동조 제5항).

연면적이 500㎡ 이상인 건축물의 대지에는 국토해양부령으로 정하는 바에 따라 전기사업법 제2조제2호에 따른 전기사업자가 전기를 배전(配電)하는 데 필요한 전기설비를 설치할 수 있는 공간을 확보하여야 한다(令 동조 제6항).

(2) 온돌 및 난방설비 등의 시공 (제63조)

건축물에 설치하는 온돌 및 난방설비는 국토해양부령으로 정하는 기준에 따라 안전 및 방화에 지장이 없도록 하여야 한다.

(3) 승강기의 설치 의무 (제64조)

1) 승용승강기

건축주는 6층 이상으로서 연면적이 2,000㎡ 이상인 건축물(층수가 6층인 건축물로서 각 층 거실의 바닥면적 300㎡ 이내마다 1개소 이상의 직통계단을 설치한 건축물을 제외한다)을 건축하려면 승강기를 설치하여야 한다. 이 경우 승강기의 규모 및 구조는 국토해양부령으로 정한다(제64조 제1항, 令 제89조).

2) 비상용 승강기의 설치의무

높이 31m를 초과하는 건축물(1999.2.8 개정 전에는 31m, 개정 후에는 41m이었다가 2005.11.8 다시 개정됨)에는 승용승강기뿐만 아니라 다음 각 호의 기준에 따른 대수 이상의 비상용승강기(비상용 승강기의 승강장 및 승강로를 포함함)를 추가로 설치하여야 한다. 1. 높이 31m를 넘는 각 층의 바닥면적 중 최대 바닥면적이 1500㎡ 이하인 건축물: 1대 이상, 2. 높이 31m를 넘는 각 층의 바닥면적 중 최대 바닥면적이 1500㎡를 넘는 건축물: 1대에 1500㎡를 넘는 3000㎡ 이내마다 1대씩 더한 대수 이상(令 제90조 제1항). 이에 따라 2대 이상의 비상용 승강기를 설치하는 경우에는 화재가 났을 때 소화에 지장이 없도록 일정한 간격을 두고 설치하여야 한다(令 제90조 제2항). 건축물에 설치하는 비상용 승강기의 구조 등에 관하여 필요한 사항은 국토해양부령으로 정한다.

(4) 친환경건축물의 인증 등 (제65조)

국토해양부장관과 환경부장관은 지속가능한 개발의 실현과 자원절약형이고 자연친화적인 건축물의 건축을 유도하기 위하여 공동으로 친환경건축물 인증제도를 실시한다(동조 제1항) 국토해양부장관은 환경부장관과 협의하여 인증기관을 지정하고 친환경건축물의 인증을 하게 할 수 있다(동조 제2항). 친환경건축물의 인증을 받으려는 자는 인증기관에 인증을 신청하여야 하며(동조 제3항) 국토해양부장관과 환경부장관은 다음 각 호의 사항을 포함하여 친환경건축물의 인증 기준을 공동으로 고시한다. 1. 인증 기준 및 절차 2. 표시 활용 방법 3. 유효기간 4. 수수료 5. 인증 등급 등(동조 제4항) 인증기관의 지정 기준, 지정 절차 및 인증 신청 절차 등에 관하여 필요한 사항은 국토해양부와 환경부의 공동부령으로 정한다.

(5) 건축물의 에너지 이용과 폐자재 활용 (제66조, 令 제91조)

국토해양부장관은 지식경제부장관이나 환경부장관과 협의하여 건축물에 관한 효율적인 에너지 이용과 건축 폐자재의 활용을 위한 종합대책을 수립·시행하여야 한다(제1항). 국토해양부장관은 연면적 500㎡ 이상인 건축물로서 공동주택, 제1종 근린생활시설 중 목욕장, 문화 및 집회시설, 종교시설, 판매시설, 운수시설, 의료시설, 교육연구시설 중 학교, 운동시설 중 수영장, 업무시설, 숙박시설, 장례식장에 대한 효율적인 에너지 관리와 건축 폐자재의 활용을 위하여 필요한 설계·시공·감리 및 유지·관리에 관한 기준을 정하여 고시할 수 있다(제2항, 令 제91조 제2항).

허가권자는 에너지절약 설계기준에 맞게 설계된 건축물이나 건축 폐자재를 건축물의 신축공사를 위한 골조공사에 100분의 15 이상 사용한 건축물에 대하여는 제42조, 제56조 및 제60조에 따른 조경설치면적, 용적률 및 건축물의 높이를 100분의 115의 범위에서 완화하여 적용할 수 있다(제3항, 令 동조 제4항).

(6) 건축물의 에너지효율 등급 인증 (제66조의2)

초고유가 및 기후변화협약에 적극 대처하기 위해서는 그간 지침으로 운영해오던 건축물 에너지효율등급 인증제의 법제화가 필요함에 따라 에너지 효율 및 절약이 우수한 건물의 확대 보급을 위한 건축물 에너지효율등급 인증에 관한 근거규정을 마련하여, 에너지절약형 건축물을 확대하고, 건물분야의 에너지를 효율적으로 관리함으로써 고유가 및 기후변화협약에 능동적으로 대처할 수 있도록 2009년 2월 6일, 신설한 조항이다.

국토해양부장관과 지식경제부장관은 에너지성능이 높은 건축물의 건축을 확대하고, 건축물의 효과적인 에너지관리를 위하여 공동으로 건축물 에너지효율등급 인증제를 시행한다(제66조의2 제1항). 국토해양부장관은 지식경제부장관과 협의하여 다음 각 호의 어느 하나에 해당하는 기관 중 건축물의 에너지관리에 관한 전문 인력을 확보하고 있는 기관을 인증기관으로 지정하고, 건축물 에너지효율등급 인증 업무를 위임할 수 있다(동조 제2항, 令 제91조의2 제1항).

1. 「공공기관의 운영에 관한 법률」에 따른 공공기관 중 국토해양부장관 또는 지식경제부장관의 지도・감독을 받는 공기업 또는 준정부기관
2. 「과학기술분야 정부출연연구기관 등의 설립・운영 및 육성에 관한 법률」에 따라 설립된 과학기술분야 정부출연연구기관

건축물 에너지효율등급 인증을 받으려는 자는 인증기관에 인증을 신청하여야 한다(동조 제3항). 국토해양부장관과 지식경제부장관은 다음 각 호의 사항을 포함하여 건축물 에너지효율등급 인증기준을 공동으로 고시한다. 1. 인증 기준 및 절차 2. 효율등급 평가기준 3. 인증서 및 인증마크의 활용 4. 수수료 5. 인증 등급 등(동조 제4항).

건축물 에너지효율등급 인증을 받는 건축물의 경우에는 제66조제2항에 따른 설계기준을 준수하지 아니할 수 있다(동조 제5항).

(7) 관계전문기술자 (제67조)

설계자와 공사감리자는 제40조, 제41조, 제48조부터 제52조까지, 제62조, 제64조 및 제66조에 따른 대지의 안전, 건축물의 구조상 안전, 건축설비의 설치 등을 위한 설계 및 공사감리를 할 때 대통령령으로 정하는 바에 따라 관계전문기술자의 협력을 받아야 한다(제1항). 관계전문기술자는 건축물이 이 법 및 이 법에 따른 명령이나 처분, 그 밖의 관계 법령에 맞고 안전・기능 및 미관에 지장이 없도록 업무를 수행하여야 한다(제2항).

(8) 설비 등의 기술적 기준 (제68조)

제40조, 제41조, 제48조부터 제52조까지, 제62조, 제64조 및 제66조에 따른 대지의 안전, 건축물의 구조상의 안전, 건축설비 등에 관한 기술적 기준은 이 법에서 특별히 규정한 경우 외에는 국토해양부령으로 정하되, 이에 따른 세부기준이 필요하면 국토해양부장관이 세부기준을 정하거나 국토해양부장관이 지정하는 연구기관(시험기관·검사기관을 포함한다), 학술단체, 그 밖의 관련 전문기관 또는 단체가 국토해양부장관의 승인을 받아 정할 수 있다(제1항). 국토해양부장관은 제1항에 따라 세부기준을 정하거나 승인을 하려면 미리 건축위원회의 심의를 거쳐야 하며(제2항), 국토해양부장관은 제1항에 따라 세부기준을 정하거나 승인을 한 경우 이를 고시하여야 한다(제3항).

4. 지하층의 설치 (제53조)

(1) 의의

지하층이란 건축물의 바닥이 지표면 아래에 있는 층으로서 바닥에서 지표면까지 평균높이가 해당 층 높이의 2분의 1 이상인 것을 말한다(제2조 제5호)

99. 2. 8 개정 전에는 지하층의 인정기준이 주택(1/2 이상)과 주택 이외의 용도(2/3 이상)에 따라 각각 다르게 규정되고 있었으나, 개정 후에는 용도와 관계없이 통일적으로 바닥면에서 지표면까지의 높이가 당해 층 높이의 1/2 이상인 층으로 완화되었다. 주된 개정이유는 위법 건축물 중 지하층 설치 기준에 미달된 경우가 무려 10%에 해당할 뿐만 아니라 시정조치가 사실상 불가능하고, 특히 용도에 따라 지하층 기준이 달리 적용되어 단독주택이나 다세대주택의 일부를 근린생활시설로 용도변경하는 것이 어렵게 되어 개정법률에 의한 용도변경 신고제의 취지를 살릴 수 없게 되기 때문이라 할 수 있다. 지하층으로 인정이 되면 그 면적은 용적률과 층수 산정에서 제외되는 이점이 인정된다.

(2) 지하층 설치의무 폐지

건축물에 설치하는 지하층의 구조 및 설비는 국토해양부령으로 정하는 기준에 맞게 하여야 한다(제53조). 즉 지하층 설치의무를 폐지하고 자율적으로 지하층을 설치하는 경우에는 그 설치기준에 적합하게 건축하도록 한 것이다. 종전에는 국토해양부장관이 지정한 지역(서울시 포함 48개 지역)내에서 330㎡ 이상(수도권은 200㎡)의 건축물은 일정규모 이상의 지하층을 의무적으로 설치하도록 하였으나 향후 이를 건축주가 자율적으로 설치하도록 개정한 것이다. 특히 수도권의 경우 지하철의 건설을 비롯하여 지하층의 수요가 어느 정도 충족되었을 뿐만 아니라, 굳이 이를 의무화하지 않더라도 지가상승과 주차장 수요에 따라 지하층을 설치하는 추세이며, 또 대피호로서의 지하층에는 출입구 이외에 창문 등 開口部의 설치를 제한하기 때문에 위법건축물이 발생할 소지가 높고 또 그 활용에도 제약이 많아 그동안 많은 민원이 발생한 바 있었기 때문이다.

Ⅴ. 용도지역제에 따른 건축제한 (제6장)

1. 건축물의 대지가 지역 · 지구 또는 구역에 걸치는 경우의 조치 (제54조)

2001. 1. 16 개정 이전에는 대지가 방화지구를 제외한 2개 이상의 지역 · 지구 또는 구역에 걸치는 경우에는 그 건축물 및 대지의 전부에 대하여 그 대지의 과반이 속하는 지역 · 지구 또는 구역안의 건축물 및 대지 등에 관한 규정을 적용하도록 하였으나(舊法 제46조 제1항), 앞으로는 대지가 녹지지역과 그 밖의 지역 · 지구 또는 구역에 걸치는 경우에는 과반 여부에 관계없이 각 지역 · 지구 또는 구역 안의 건축물과 대지에 관한 이 법의 규정을 적용하도록 함으로써 녹지지역의 훼손을 최소화하였다(제54조 제3항 신설).

즉, 대지가 지역 · 지구(녹지지역과 방화지구는 제외한다.) 또는 구역에 걸치는 경우에는 대통령령으로 정하는 바에 따라 그 건축물과 대지의 전부에 대하여 대지의 과반(過半)이 속하는 지역 · 지구 또는 구역 안의 건축물 및 대지 등에 관한 이 법의 규정을 적용한다. 다만, 건축물이 미관지구(美觀地區)에 걸치는 경우에는 그 건축물과 대지의 전부에 대하여 미관지구 안의 건축물과 대지 등에 관한 이 법의 규정을 적용한다(제54조 제1항). 대지가 지역・지구 또는 구역에 걸치는 경우 그 대지의 과반이 속하는 지역・지구 또는 구역의 건축물 및 대지 등에 관한 규정을 그 대지의 전부에 대하여 적용 받으려는 자는 해당 대지의 지역・지구 또는 구역별 면적과 적용 받으려는 지역・지구 또는 구역에 관한 사항을 허가권자에게 제출(전자문서에 의한 제출을 포함한다)하여야 한다(令 제77조).

또, 하나의 건축물이 방화지구와 그 밖의 구역에 걸치는 경우에는 그 전부에 대하여 방화지구 안의 건축물에 관한 이 법의 규정을 적용한다. 다만, 건축물의 방화지구에 속한 부분과 그 밖의 구역에 속한 부분의 경계가 방화벽으로 구획되는 경우 그 밖의 구역에 있는 부분에 대하여는 그러하지 아니하다(동조 제2항).

대지가 녹지지역과 그 밖의 지역・지구 또는 구역에 걸치는 경우에는 각 지역・지구 또는 구역 안의 건축물과 대지에 관한 이 법의 규정을 적용한다. 다만, 녹지지역 안의 건축물이 미관지구나 방화지구에 걸치는 경우에는 제1항 단서나 제2항에 따른다(동조 제3항 신설).

그러나 해당 대지의 규모와 그 대지가 속한 용도지역・지구 또는 구역의 성격 등 그 대지에 관한 주변여건상 필요하다고 인정하여 해당 지방자치단체의 조례로 적용방법을 따로 정하는 경우에는 그에 따른다(동조 제4항).

2. 지역・지구・구역제에 따른 건축제한 (2000.1.28. 삭제)

구 건축법 제45조 및 시행령 제65조에서 규정하고 있던 용도지역제에 따른 행위제한의 구체적 내용은 도시계획법(현행 국토의 계획 및 이용에 관한 법률 제정 전의 법률)의 개정에 따라 2000.1.28. 건축법 중 관련내용은 삭제되었다.

3. 재해관리구역 (2005.12.7. 삭제)

99. 2. 8 건축법 개정 이전에도 재해위험구역의 지정제도는 있었으나, 일단 재해위

험구역으로 지정되면 건축이 규제되고, 토지가격이 하락하는 등 주민의 불편이 많아 구역의 지정에 어려움이 있었던 것이 사실이다. 따라서 이를 일률적으로 지정하는 것이 아니라 3종류로 세분하여 지정할 수 있도록 하였고, 필요에 따라서는 (지방자치단체의 조례로 정하여) 용적률 등 건축기준을 완화하여 적용할 수 있도록 함으로써 구역지정에 따른 민원을 해소하고자 노력한 것이다.

한편 2002. 8. 26 건축법 개정(법률 제6733호)에서는 시장・군수・구청장이 상습침수 등 수해가 반복하여 발생되는 지역에 대하여 재해위험구역으로의 지정을 회피하는 등 문제가 제기되어 그 명칭을 '재해관리구역'으로 변경함과 동시에 당해 구역의 지정권자를 시장・군수・구청장에서 시・도지사로 변경하였다(제54조 제1항). 다만 이 제도는 2005.12.7. 토지이용규제 기본법의 제정으로 삭제되었다.

Ⅵ. 건축물의 면적 및 높이 (제6장)

도시지역의 쾌적한 환경조성을 위해서는 건축물의 용도규제만으로는 부족하기 때문에 건축물의 密度와 형태까지 제한하게 된 것이 바로 「건축물의 면적 및 높이」를 제한하게 된 입법취지라 할 수 있다.

1. 건폐율 (제55조)

(1) 의의 및 목적

대지면적에 대한 건축면적(대지에 건축물이 둘 이상 있는 경우에는 이들 건축면적의 합계로 함)의 비율이며, 건폐율 규제의 목적은 최소한의 空地의 확보에 있다고 말할 수 있다.

건폐율의 최대한도는 국토의 계획 및 이용에 관한 법률 제77조에 따른 건폐율의 기준에 따른다. 다만, 이 법에서 기준을 완화하거나 강화하여 적용하도록 규정한 경우에는 그에 따른다(제55조).

(2) 용도지역별 건폐율

1) 용도지역에서 건폐율의 최대한도는 관할 구역의 면적과 인구 규모, 용도지역의 특성 등을 고려하여 다음 각 호의 범위에서 대통령령으로 정하는 기준에 따라 특별시・광역시・시 또는 군의 조례로 정한다(국토의 계획 및 이용에 관한 법률 제77조 제1항).

가. 도시지역 : ① 주거지역 70/100 이하 ② 상업지역 90/100 이하 ③ 공업지역 70/100 이하 ④ 녹지지역 20/100 이하

나. 관리지역 : ① 보전관리지역 20/100 이하 ② 생산관리지역 20/100 이하 ③ 계획관리지역 40/100 이하

다. 농림지역 : 20/100 이하

라. 자연환경보전지역 : 20/100 이하

2) 세분된 용도지역 안에서의 건폐율에 관한 기준은 상기 범위 내에서 대통령령으로 따로 정하게 되어 있는 바(동법 동조 제2항), 대통령령에서는 다음 각호의 범위 내에서 특별시・광역시・시 또는 군의 도시계획조례가 정하는 비율을 초과할 수 없다고 규정하고 있다 (동법 시행령 제84조 제1항).

1. 제1종전용주거지역 50/100 이하 2. 제2종전용주거지역 50/100 이하 3. 제1종일반주거지역 60/100 이하 4. 제2종일반주거지역 60/100 이하 5. 제3종일반주거지역 50/100 이하 6. 준주거지역 70/100 이하 7. 중심상업지역 90/100 이하 8. 일반상업지역 80/100 이하 9. 근린상업지역 70/100 이하 10. 유통상업지역 80/100 이하 11. 전용공업지역 70/100 이하 12. 일반공업지역 70/100 이하 13. 준공업지역 70/100 이하 14. 보전녹지지역 20/100 이하 15. 생산녹지지역 20/100 이하 16. 자연녹지지역 20/100 이하 17. 보전관리지역 20/100 이하 18. 생산관리지역 20/100 이하 19. 계획관리지역 40/100 이하 20. 농림지역 20/100 이하 21. 자연환경보전지역 20/100 이하

그리고 도시계획조례로 용도지역별 건폐율을 정함에 있어서 필요한 경우에는 당해 지방자치단체의 관할구역을 세분하여 건폐율을 달리 정할 수 있다(동법 시행령 동조 제2항).

3) 기타 지역의 건폐율

기타 지역 내에서의 건폐율은 80/100 이하의 범위에서 다음 각 호에서 정하는 기준에 따라 특별시·광역시·시 또는 군의 도시계획조례로 정한다(동법 제77조 제3항, 동 시행령 제84조 제3항). 1. 취락지구 60/100 이하(집단취락지구에 대하여는 개발제한구역의 지정 및 관리에 관한 특별조치법령이 정하는 바에 의한다). 2. 도시지역 외의 지역에 지정된 개발진흥지구 40/100 이하 3. 수산자원보호구역 40/100 이하 4. 자연공원법에 의한 자연공원 및 공원보호구역 60/100 이하 5. 산업입지 및 개발에 관한 법률 제2조 제5호 다목의 규정에 의한 농공단지 60/100 이하 6. 공업지역 안에 있는 산업입지 및 개발에 관한 법률 제2조 제5호 가목 및 나목의 규정에 의한 국가산업단지 및 지방산업단지 80/100 이하

(3) 특례

1) 특별시장·광역시장·시장 또는 군수가 도시지역에서 토지이용의 과밀화를 방지하기 위하여 건폐율을 낮추어야(강화) 할 필요가 있다고 인정하여 당해 지방자치단체에 설치된 도시계획위원회의 심의를 거쳐 정한 구역 안에서의 건폐율은 당해 구역에 적용할 건폐율의 최대한도의 40/100 이상의 범위 안에서 특별시·광역시·시 또는 군의 도시계획조례가 정하는 비율을 초과할 수 없다(동법 시행령 제84조 제4항).

2) 토지이용의 과밀화를 방지하기 위하여 건폐율을 강화할 필요가 있는 경우, 주변 여건을 고려하여 토지의 이용도를 높이기 위하여 건폐율을 완화할 필요가 있는 경우, 보전관리지역, 생산관리지역, 농림지역 또는 자연환경보전지역에서 농업·임업·어업용이나 주민생활의 편익을 증진시키기 위한 건축물을 건축하려는 경우에는 특별시·광역시·시 또는 군의 조례로 건폐율을 따로 정할 수 있으며 다음 각 호의 어느 하나에 해당하는 건축물의 경우 건폐율은 다음에서 정하는 비율을 초과하여서는 아니 된다(동법 제77조 제4항, 동법 시행령 제84조 제5항).

1. 준주거지역·일반상업지역·근린상업지역의 방화지구 안의 건축물로서 다음 각 호의 1에 해당하는 건축물의 경우에는 건폐율 80/100 이상 90/100 이하의 범위 안에서 특별시·광역시·시 또는 군의 도시계획조례가 정하는 비율을 초과하여서는 아니 된다. 가. 해당 건축물의 주요 구조부가 내화구조인 것 나. 해당

건축물의 대지가 가로의 모퉁이에 있는 대지로서 다음의 어느 하나에 해당하는 것 ① 서로 교차하는 2개의 도로에 접한 대지로서 그 도로 너비의 합계가 15미터 이상이고, 도로에 접한 대지의 내각이 120도 이하이며, 그 대지 둘레길이의 3분의 1 이상이 도로에 접한 대지 ② 서로 교차하지 아니하는 2개의 도로에 접한 대지로서 그 도로 너비가 각각 8미터 이상이고, 그 도로경계선 상호간의 간격이 35미터 이하이며, 그 대지 둘레길이의 3분의 1 이상이 도로에 접한 대지

2. 자연녹지지역의 기존 공장, 창고시설 또는 연구소(자연녹지지역으로 지정될 당시 이미 준공된 것으로서 기존 부지에서 증축하는 경우만 해당한다): 40퍼센트의 범위에서 최초 건축허가 시 그 건축물에 허용된 건폐율
3. 계획관리지역의 기존 공장 · 창고시설 또는 연구소(2003년 1월 1일 전에 준공되고 기존 부지에 증축하는 경우로서 해당 지방도시계획위원회의 심의를 거쳐 도로 · 상수도 · 하수도 등 특별시 · 광역시 · 시 또는 군의 도시계획조례로 정하는 기반시설이 충분히 확보되었다고 인정되는 경우만 해당한다): 50퍼센트의 범위에서 도시계획조례로 정하는 비율

3) 보전관리지역 · 생산관리지역 · 농림지역 또는 자연환경보전지역에 「농지법」 제32조제1항에 따라 건축할 수 있는 건축물의 경우에는 제1항에도 불구하고 그 건폐율은 60퍼센트 이하의 범위에서 특별시 · 광역시 · 시 또는 군의 도시계획조례로 정하는 비율을 초과하여서는 아니 된다(동법 시행령 동조 제6항).

4) 자연녹지지역에 설치되는 도시계획시설 중 유원지의 건폐율은 30퍼센트의 범위에서 도시계획조례로 정하는 비율을 초과하여서는 아니 되며, 공원의 건폐율은 20퍼센트의 범위에서 도시계획조례로 정하는 비율을 초과하여서는 아니 된다(동법 시행령 동조 제7항)

5) 기존의 건축물에 대한 특례 (동법 시행령 제93조) : 다음 각 호의 1에 해당하는 사유로 인하여 기존의 건축물이 동법 시행령 제71조 내지 제89조의 규정에 의한 건폐율 · 용적률 및 높이 등의 규모기준에 부적합하게 된 경우에도 재축(건축법 제2조 제1항 제9호의 규정에 의한 재축을 말함)은 이를 할 수 있으며, 증축 또는 개축(건축법 제

2조 제1항 제9호의 규정에 의한 증축 또는 개축을 말한다. 이하 이 조에서 같다)은 증축 또는 개축하고자 하는 부분이 제71조 내지 제89조의 규정에 의한 건폐율·용적률 및 높이 등의 규모기준에 적합한 경우에는 이를 할 수 있다. 1. 법령 또는 도시계획조례의 제정·개정 2. 도시관리계획의 결정·변경 또는 행정구역의 변경 3. 도시계획시설의 설치, 도시계획사업의 시행 또는 도로법에 의한 도로의 설치

2. 용적률 (제56조)

(1) 의의 및 목적

건축물 연면적(둘 이상 건축물이 있는 경우에는 이들 연면적의 합계로 함)의 대지면적에 대한 비율을 말한다.

연면적 / 대지면적 × 100

그리고 용적률의 최대한도는 국토의 계획 및 이용에 관한 법률 제78조의 규정에 의한 용적률의 기준에 의한다. 다만 이 법에서 그 기준을 완화 또는 강화하여 적용하도록 규정한 경우에는 그에 의한다(제55조). 용적률을 규제하는 목적은 도시의 입체성장에 대한 규제를 통하여, 채광·통풍 등 도시위생과 화재 기타 재난시 피난목적을 달성할 수 있고, 아울러 도시의 총용적규모를 미리 예측함으로써, 이에 상응하는 간선도로의 폭 등 도시계획시설 규모를 예측할 수 있게 되기 때문이다.

용도지역별 행위제한 및 개발밀도에 대해서는 종전에는 건축법(제6장 지역, 지구 및 구역 안에서의 행위제한)에 위임 규정되고 있었으나(구도시계획법 제19조 제1항), 현행법에서는 용도지역 등 지정과 함께 국토의 계획 및 이용에 관한 법률에서 행위제한의 내용까지 통합 규정하고 있다(동법 제6장 제76조 내지 제84조). 그리고 행위제한의 내용에 있어서 달라진 점은 첫째, 기존 도시지역과 보전지역은 종전 수준을 유지하되, 주거지역과 녹지지역은 조례에서 정하고 있는 수준을 감안하여 용적률 상한을 다소 강화하였다(예컨대 주거지역 : 700% → 500%, 녹지지역 : 200% → 100%). 둘째, 관리지역의 행위제한을 소극적(Negative) 방식에서 적극적(Positive) 방식으로 전

환하고 개발밀도에 있어서는 도시 녹지지역 수준을 유지하고 있다.

(2) 용도지역별 용적률

1) 용도지역 안에서 용적률의 최대한도는 관할구역의 면적 및 인구규모, 용도지역의 특성 등을 감안하여 다음 각 호의 범위 안에서 대통령령이 정하는 기준에 따라 특별시·광역시·시 또는 군의 조례로 정한다(국토의 계획 및 이용에 관한 법률 제78조 제1항).

1. 도시지역 ① 주거지역 : 500% 이하 ② 상업지역 : 1500% 이하 ③ 공업지역 : 400% 이하④ 녹지지역 : 100% 이하
2. 관리지역 ① 보전관리지역 : 80% 이하 ② 생산관리지역 : 80% 이하 ③ 계획관리지역 : 100% 이하
3. 농림지역 : 80% 이하
4. 자연환경보전지역 : 80% 이하

2) 세분된 용도지역 내에서의 용적률에 관한 기준은 상기 기준의 범위 내에서 대통령령으로 따로 정한다(동법 동조 제2항). 즉 세분된 지역 내 용적률은 다음 각호의 범위 내에서 관할구역의 면적, 인구규모 및 용도지역의 특성 등을 감안하여 특별시·광역시·시 또는 군의 도시계획조례가 정하는 비율을 초과하여서는 아니된다 (동법 시행령 제85조 제1항). 1. 제1종전용주거지역 : 50% 이상 100% 이하 2. 제2종전용주거지역 : 100% 이상 150% 이하 3. 제1종일반주거지역 : 100% 이상 200% 이하 4. 제2종일반주거지역 : 150% 이상 250% 이하 5. 제3종일반주거지역 : 200% 이상 300% 이하 6. 준주거지역 : 200% 이상 500 % 이하 7. 중심상업지역 : 400 % 이상 1500% 이하 8. 일반상업지역 : 300 % 이상 1300 % 이하 9. 근린상업지역 : 200% 이상 900% 이하 10. 유통상업지역 : 200% 이상 1100% 이하 11. 전용공업지역 : 150% 이상 300% 12. 일반공업지역 : 200% 이상 350% 이하 13. 준공업지역 : 200% 이상 400% 이하 14. 보전녹지지역 : 50% 이상 80% 이하 15. 생산녹지지역 : 50% 이상 100% 이하 16. 자연녹지지역 : 50% 이상 100% 이하 17. 보전관리지역 : 50% 이상 80% 이하 18. 생산관리지역 : 50% 이상 80% 이하 19. 계획관리지역 : 50% 이상 100% 이하 20. 농림지역 : 50%

이상 80% 이하 21. 자연환경보전지역 : 50% 이상 80% 이하

그리고 도시계획조례로 용도지역별 용적률을 정함에 있어서 필요한 경우에는 당해 지방자치단체의 관할구역을 세분하여 용적률을 달리 정할 수 있다(시행령 동조 제2항).

3) 기타지역 내 용적률

기타지역 안에서의 용적률에 대한 기준은 200% 이하의 범위 안에서 다음 각호에서 정하는 기준에 따라 특별시·광역시·시 또는 군의 조례로 따로 정한다(동법 제78조 제3항, 시행령 제85조 제5항). 1. 도시지역 외의 지역에 지정된 개발진흥지구 : 100% 이하 2. 수산자원보호구역 : 80% 이하 3. 자연공원법에 의한 자연공원 및 공원보호구역 : 100% 이하, 다만 자연공원법에 의한 집단시설지구 및 밀집취락지구의 경우에는 150% 이하로 한다. 4. 산업입지 및 개발에 관한 법률 제2조 제5호 다목의 규정에 의한 농공단지(도시지역 외의 지역에 지정된 농공단지에 한한다) : 150% 이하

(3) 특례

1) 다음 각 호의 지역에서의 건폐율은 각 호에서 정한 범위에서 특별시·광역시·시 또는 군의 도시계획조례로 정하는 비율을 초과하여서는 아니된다(시행령 제85조 제3항). 1. 취락지구 : 60퍼센트 이하(집단취락지구에 대하여는 개발제한구역의지정및관리에관한특별조치법령이 정하는 바에 의한다) 2. 도시지역외의 지역에 지정된 개발진흥지구 : 40퍼센트 이하 3. 수산자원보호구역 : 40퍼센트 이하 4. 「자연공원법」에 의한 자연공원 및 공원보호구역 : 60퍼센트 이하 5. 「산업입지 및 개발에 관한 법률」 제2조제5호 다목의 규정에 의한 농공단지 : 70퍼센트 이하 6. 공업지역에 있는 「산업입지 및 개발에 관한 법률」 제2조제5호가목부터 다목까지의 규정에 따른 국가산업단지·일반산업단지·도시첨단산업단지 및 같은 조 제7호에 따른 준산업단지: 80퍼센트 이하

2) 특별시장·광역시장·시장 또는 군수가 도시지역에서 토지이용의 과밀화를 방지하기 위하여 건폐율을 낮추어야 할 필요가 있다고 인정하여 당해 지방자치단체에 설치된 도시계획위원회의 심의를 거쳐 정한 구역안에서의 건축물의 경우에는 그

건폐율은 그 구역에 적용할 건폐율의 최대한도의 40퍼센트 이상의 범위 안에서 특별시・광역시・시 또는 군의 도시계획조례가 정하는 비율을 초과하여서는 아니된다(시행령 제85조 제4항).

3) 준주거지역・중심상업지역・일반상업지역・근린상업지역・전용공업지역・일반공업지역 또는 준공업지역 안의 건축물로서 다음 각호의 1에 해당하는 건축물에 대한 용적률은 경관・교통・방화 및 위생상 지장이 없다고 인정되는 경우에는 상기 기준 용적률의 120% 이하의 범위 안에서 특별시・광역시・시 또는 군의 도시계획조례가 정하는 비율로 할 수 있다(동법 제78조 제4항, 동 시행령 제85조 제6항). 1. 공원・광장(교통광장을 제외함. 이하 이 조에서 같다)・하천 그밖에 건축이 금지된 공지에 접한 도로를 전면도로로 하는 대지 안의 건축물이나 공원・광장・하천 그밖에 건축이 금지된 공지에 20미터 이상 접한 대지 안의 건축물 2. 너비 25미터 이상인 도로에 20미터 이상 접한 대지 안의 건축면적이 1000제곱미터 이상인 건축물

4) 상업지역, 「도시 및 주거환경정비법」에 의한 주택재개발사업, 도시환경정비사업 및 주택재건축사업을 시행하기 위한 정비구역 안에서 건축물을 건축하고자 하는 자가 그 대지의 일부를 공공시설부지로 제공하는 경우에는 당해 건축물에 대한 용적률은 기준 용적률의 200% 이하의 범위 안에서 대지면적의 제공비율에 따라 도시계획조례가 정하는 비율로 할 수 있다(동법 제78조 제4항, 동 시행령 제85조 제7항)

5) 도시지역(녹지지역만 해당한다), 관리지역에서는 창고 등은 특별시・광역시・시 또는 군의 조례로 정하는 높이로 규모 등을 제한할 수 있다(동법 동조 제5항).

6) 기존의 건축물에 대한 특례 (동법 시행령 제93조) : 다음 각호의 1에 해당하는 사유로 인하여 기존의 건축물이 동법 시행령 제71조 내지 제89조의 규정에 의한 건폐율・용적률 및 높이 등의 규모기준에 부적합하게 된 경우에도 재축(건축법 제2조 제1항 제9호의 규정에 의한 재축을 말함)은 이를 할 수 있으며, 증축 또는 개축(건축법 제2조 제1항 제9호의 규정에 의한 증축 또는 개축을 말한다. 이하 이 조에서 같다)은 증축 또는 개축하고자 하는 부분이 제71조 내지 제89조의 규정에 의한 건폐율・용적률 및 높이 등의 규모기준에 적합한 경우에는 이를 할 수 있다. 1. 법령 또는 도시계획조

례의 제정・개정 2. 도시관리계획의 결정・변경 또는 행정구역의 변경 3. 도시계획시설의 설치, 도시계획사업의 시행 또는 도로법에 의한 도로의 설치

3. 대지의 면적

(1) 대지면적의 최소한도 폐지 (구법 제49조 1999.2.8 삭제)

종전에는 도시미관의 보호를 위하여 대지면적의 최소한도를 규정함으로써 도시 주거환경을 저해하고 나아가 토지의 효율적 이용을 저해하는 과소대지(이른바 자투리땅)에의 건축을 금지하면서 나아가 그 제도적인 보장책으로서 대지분할을 제한해 왔었다(구법 제49조[8]. 구법시행령 제80조).

그러나 대지면적의 최소한도 기준에 미달됨으로써 건축이 금지된 소규모 토지에 포장마차를 비롯하여 가설건축물의 축조, 도시쓰레기의 적치 등 오히려 도시미관을 해치는 결과가 초래되었을 뿐만 아니라 자투리땅 소유자 등의 반발도 있어 다른 건축기준(건폐율・용적률 등)에 적합한 경우에는 건축을 허용하도록 한 것이다. 다만, 대형필지가 소규모 과소토지로 분할되는 것은 도시미관 및 도시발전상으로도 바람직하지 못하기 때문에 대지분할의 제한도 계속 存置하였다.

(2) 대지의 분할 제한 (제57조)

건축물이 있는 대지는 다음 각 호의 어느 하나에 해당하는 규모 이상의 범위에서 해당 지방자치단체의 조례로 정하는 면적에 못 미치게 분할할 수 없다.

1. 주거지역: 60제곱미터 2. 상업지역: 150제곱미터 3. 공업지역: 150제곱미터 4. 녹지지역: 200제곱미터 5. 제1호부터 제4호까지의 규정에 해당하지 아니하는 지역: 60

---

8) 구 건축법 제49조 ①건축물의 대지면적은 대통령령이 정하는 범위 안에서 시・군・구의 조례로 정하는 규모이상이어야 한다. ②건축물이 있는 대지는 제1항・제33조・제47조・제48조・제50조・제51조 및 제53조의 규정에 의한 기준에 미달되게 분할할 수 없다.
구 건축법시행령 제80조(건축물이 있는 대지의 분할제한) 법 제49조제1항에서 "대통령령이 정하는 범위"라 함은 다음 각호의 1에 해당하는 규모이상을 말한다. 1. 주거지역 : 60제곱미터 2. 상업지역 : 150제곱미터 3. 공업지역 : 150제곱미터 4. 녹지지역 : 200제곱미터 5. 제1호 내지 제4호에 해당하지 아니하는 지역 : 60제곱미터

제곱미터(동조 제1항, 슈 제80조)

건축물이 있는 대지는 상기기준뿐만 아니라 제44조(대지와 도로의 관계), 제55조(건축물의 건폐율), 제56조(건축물의 용적률), 제58조(대지 안의 공지), 제60조(건축물의 높이 제한) 및 제61조(일조 등의 확보를 위한 건축물의 높이 제한)에 따른 기준에 못 미치게 분할할 수 없다(동조 제2항).

4. 맞벽 건축과 연결복도 (제59조, 슈 제81조)

(1) 개정 취지

1998. 2.8 건축법의 개정에서는 종전의 "합벽건축"을 "맞벽건축"으로 용어를 변경하고 종전의 합벽건축에 대한 적용배제규정을 명확히 함과 동시에, 이웃 건축물의 건축주와 합의가 있는 경우에는 건축물과 건축물 사이에 연결복도를 설치할 수 있도록 명문화함으로써 건축물의 기능의 향상 및 사용자의 편의를 도모하였다.

(2) 맞벽건축

1) 의의

도시미관 등을 위하여 둘 이상의 건축물 벽을 맞벽(대지경계선으로부터 50cm 이내인 경우를 말함)으로 하여 건축하는 것을 말한다(제59조 제1항 제1호).

2) 대상구역

맞벽은 방화벽이어야 한다(슈 동조 제3항). 맞벽건축이 가능한 대상구역은 1. 상업지역 2. 특별자치도지사 또는 시장・군수・구청장이 도시미관 등을 위하여 건축조례로 정하는 구역으로서(슈 제81조 제1항), 맞벽건축을 할 때 맞벽 대상 건축물의 용도, 맞벽 건축물의 수 및 층수 등 맞벽에 필요한 사항은 건축조례로 정한다(슈 동조 제4항).

3) 절차 (2006.5.8 슈제81조 제2항 삭제)

건축주는 맞벽건축을 하고자 하는 경우에는 합의서를 첨부하여 함께 건축허가를 신청하거나 신고하여야 한다는 규정(슈 동조 제2항)은 2006.5.8 삭제되었다.

(3) 연결복도

1) 설치 기준 등

인근 건축물과 이어지는 연결복도나 연결통로를 설치하는 기준은 다음과 같다.

1. 주요구조부가 내화구조일 것 2. 마감재료가 불연재료일 것 3. 밀폐된 구조인 경우 벽면적의 10분의 1 이상에 해당하는 면적의 창문을 설치할 것. 다만, 지하층으로서 환기설비를 설치하는 경우에는 그러하지 아니하다. 4. 너비 및 높이가 각각 5미터 이하일 것. 다만, 허가권자가 건축물의 용도나 규모 등을 고려할 때 원활한 통행을 위하여 필요하다고 인정하면 지방건축위원회의 심의를 거쳐 그 기준을 완화하여 적용할 수 있다. 5. 건축물과 복도 또는 통로의 연결부분에 방화셔터 또는 방화문을 설치할 것 6. 연결복도가 설치된 대지 면적의 합계가 「국토의 계획 및 이용에 관한 법률 시행령」 제55조에 따른 개발행위의 최대 규모 이하일 것. 다만, 지구단위계획구역에서는 그러하지 아니하다(令제81조 제5항).

2) 맞벽으로 하여 건축하는 경우와 대통령령(令 제81조 제5항)[9]으로 정하는 기준에 따라 인근 건축물과 이어지는 연결복도나 연결통로를 설치하는 경우에는 제58조(대지 안의 공지), 제61조(일조 등의 확보를 위한 건축물의 높이 제한) 및 「민법」 제242조(경계선부근의 건축)[10] 를 적용하지 아니한다(제59조 제1항). 이 경우 연결복도나 연결통로는 건축사 또는 국가기술자격법에 따른 건축구조기술사로부터 안전에 관한 확인을 받아야 한다(令제81조 제6항).

---

9) 건축법 시행령 제81조 제5항으로 정하는 기준 : 1. 주요구조부가 내화구조일 것 2. 마감재료가 불연재료일 것 3. 밀폐된 구조인 경우 벽면적의 10분의 1 이상에 해당하는 면적의 창문을 설치할 것. 다만, 지하층으로서 환기설비를 설치하는 경우에는 그러하지 아니하다. 4. 너비 및 높이가 각각 5미터 이하일 것. 다만, 허가권자가 건축물의 용도나 규모 등을 고려할 때 원활한 통행을 위하여 필요하다고 인정하면 지방건축위원회의 심의를 거쳐 그 기준을 완화하여 적용할 수 있다. 5. 건축물과 복도 또는 통로의 연결부분에 방화셔터 또는 방화문을 설치할 것 6. 연결복도가 설치된 대지 면적의 합계가 「국토의 계획 및 이용에 관한 법률 시행령」 제55조에 따른 개발행위의 최대 규모 이하일 것. 다만, 지구단위계획구역에서는 그러하지 아니하다.

10) 민법 제242조 (경계선부근의 건축) ①건물을 축조함에는 특별한 관습이 없으면 경계로부터 반미터이상의 거리를 두어야 한다. ②인접지소유자는 전항의 규정에 위반한 자에 대하여 건물의 변경이나 철거를 청구할 수 있다. 그러나 건축에 착수한 후 1년을 경과하거나 건물이 완성된 후에는 손해배상만을 청구할 수 있다.

5. 건축물의 높이 제한

(1) 입법의 취지

건축물의 높이를 제한하는 입법의 취지는 도로변 공간(open space)을 최대한 확보함으로써 도시미관을 유지하고, 채광·통풍·위생 및 안전을 도모하기 위한 조치라고 할 수 있다. 1998. 2.8 개정 전의 건축법에서는 건축물의 높이를 대지가 접한 전면도로의 너비를 기준으로 제한해 왔다(이른바 '도로사선제한의 원칙' 즉, 건축물 각 부분의 높이는 그 부분으로부터 전면도로의 반대쪽 경계선까지의 수평거리의 1.5배를 초과할 수 없음).

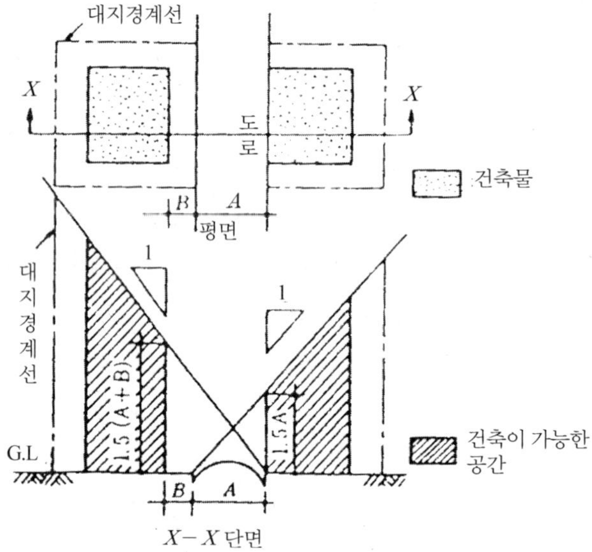

그림 6

그러나 이 방법은 예외적 적용사항(둘 이상의 전면도로에 접한 경우, 공원·광장·하천 및 막다른 도로에 접하는 경우 등)이 많아 산정방법 자체가 복잡할 뿐만 아니라, 또 건축물의 높이가 도로·하천·공공공지 등의 너비에 따라 결정되므로 주변의 자연환경과 무관한 도시의 스카이라인을 형성하게 될 위험이 높다. 따라서 1998. 2.8 개정에서는 이러한 방법을 지양하고 도시간선시설과 도시의 스카이라인 등을 감안하여 원칙적으로 가로구역(도로로 둘러싸인 일단의 지역)별로 건축물의 최고높이를 지정하게 된 것이다.

(2) 가로구역별 건축물의 높이 지정 (제60조 제1항 및 제2항)

허가권자는 가로구역(도로로 둘러싸인 일단의 지역을 말함)을 단위로 하여 대통령령으로 정하는 기준과 절차에 따라 건축물의 최고 높이를 지정 · 공고할 수 있다. 다만, 특별자치도지사 또는 시장 · 군수 · 구청장은 가로구역의 최고 높이를 완화하여 적용할 필요가 있다고 판단되는 대지에 대하여는 대통령령으로 정하는 바에 따라 건축위원회의 심의를 거쳐 최고 높이를 완화하여 적용할 수 있다(동조 제1항). 허가권자는 가로구역별로 건축물의 최고 높이를 지정 · 공고할 때에는 다음 각 호의 사항을 고려하여야 한다. 1. 도시관리계획 등의 토지이용계획 2. 해당 가로구역이 접하는 도로의 너비 3. 해당 가로구역의 상 · 하수도 등 간선시설의 수용능력 4. 도시미관 및 경관계획 5. 해당 도시의 장래 발전계획(令 제82조 제1항).

허가권자는 같은 가로구역에서 건축물의 용도 및 형태에 따라 건축물의 높이를 다르게 정할 수 있고(令 동조 제3항). 또 허가권자는 가로구역별 건축물의 최고 높이를 지정 · 공고하려면 공고안을 작성하여 15일 이상 주민에게 공람한 후 지방건축위원회의 심의를 거쳐야 한다(令 동조 제2항).

한편 특별시장이나 광역시장은 도시의 관리를 위하여 필요하면 가로구역별 건축물의 최고 높이를 특별시나 광역시의 조례로 정할 수 있다(제51조 제2항).

(3) 가로구역별 최고 높이가 정하여지지 아니한 경우의 높이 제한

최고 높이가 정하여지지 아니한 가로구역의 경우 건축물의 각 부분의 높이는 그 부분으로부터 前面도로의 반대쪽 경계선까지의 수평거리의 1.5배를 넘을 수 없다. 다만, 대지가 둘 이상의 도로, 공원, 광장, 하천 등에 접하는 경우에는 건축물의 높이를 해당 지방자치단체의 조례로 따로 정할 수 있다(제60조 제제3항).

(4) 일조(日照) 등의 확보를 위한 건축물의 높이 제한(제61조, 令 제86조)

1) 전용주거지역과 일반주거지역 안에서 건축물을 건축하는 경우

가. 건축물의 각 부분을 정북 방향으로의 인접 대지경계선으로부터 다음 각 호의 범위에서 건축조례로 정하는 거리 이상을 띄어 건축하여야 한다(令 제86조 제1항 본문). 1998.2.8. 개정에서는 층수와 무관하게 건축물의 높이별로 일정거리 이상을 띄우면 가능하도록 완화하였다.

나. 높이제한의 완화

가) 시행령이 정하는 경우에 해당하면 건축물의 높이를 정남(正南)방향의 인접 대지경계선으로부터의 거리에 따라 위 令 제86조 제1항에 따른 높이의 범위에서 특별자치도지사 또는 시장・군수・구청장이 정하여 고시하는 높이 이하로 할 수 있다(제61조 제3항, 令 제86조 제3항).

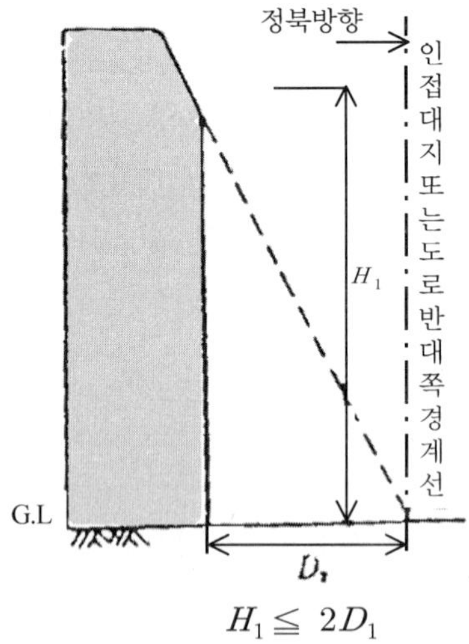

* 기준
1. 높이 4m 이하 부분 - 1m 이상
2. 높이 8m 이하 부분 - 2m 이상
3. 높이 8m 초과 부분 - D>1/2 H

그림 7

정북 방향으로 일조기준을 적용하는 것은 자기 건물로 인하여 정북방향에 있는 대지의 일조피해를 방지하기 위한 것이나, 일률적으로 북쪽에 공간이 발생하게 되어 토지의 효용성을 떨어드리는 문제가 제기되어 왔고, 또 택지개발예정지 등 신개발지에서는 정남방향의 일조기준을 적용하더라도 큰 문제가 없을 뿐만 아니라 기존 시가지

의 경우에도 주민 상호간의 합의가 있는 경우에는 일조방향을 정남으로 할 수 있도록 하여 토지 이용도를 제고한 것이라 할 수 있다. 특별자치도지사 또는 시장・군수・구청장은 정하여 고시하는 건축물의 높이는 정북방향의 항의 일조기준의 범위 안에서 원칙적으로 국토해양부령[11])으로 정하는 바에 따라 미리 해당 지역주민의 의견을 들어야 하나, 특히 신개발지(제61조제3항 제1호부터 제6호까지의 어느 하나에 해당하는 지역)인 경우로서 건축위원회의 심의를 거친 경우에는 주민과의 협의 없이 결정・고시할 수 있다(令 제86조 제4항).

나) 전용주거지역과 일반주거지역 안에서 건축물을 건축하는 경우로서 다만, 건축물의 미관 향상을 위하여 너비 20m 이상의 도로(자동차 전용도로를 포함한다)로서 건축조례로 정하는 도로에 접한 대지(도로와 대지 사이에 도시계획시설인 완충녹지가 있는 경우 그 대지를 포함한다) 상호간에 건축하는 건축물의 경우에는 그러하지 아니하다(令 제86조 제1항 단서).

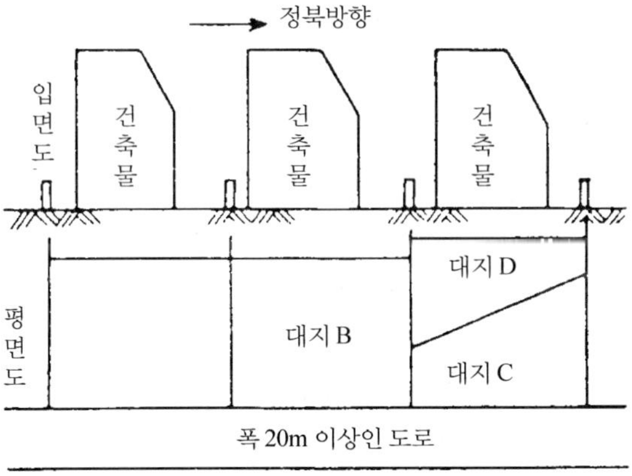

그림 8

11) 건축법 시행규칙 제36조 (일조 등의 확보를 위한 건축물의 높이제한) 시장・군수・구청장은 영 제86조제4항의 규정에 의하여 건축물의 높이를 고시하기 위하여 주민의 의견을 듣고자 할 때에는 그 내용을 30일간 주민에게 공람시켜야 한다.

2) 공동주택의 일조 확보를 위한 높이제한

공동주택(일반상업지역과 중심상업지역에 건축하는 것은 제외한다)의 높이는 1)에 따른 기준에 맞아야 할 뿐만 아니라 대통령령으로 정하는 높이 이하로 하여야 하는 바, 다음 각 호의 기준에 적합하여야 한다(令제86조 제2항).

가. 공동주택의 일반적인 높이제한 - 건축물(기숙사는 제외한다)의 각 부분의 높이는 그 부분으로부터 채광을 위한 창문 등이 있는 벽면에서 직각 방향으로 인접 대지경계선까지의 수평거리의 2배(근린상업지역 또는 준주거지역의 건축물은 4배) 이하로 할 것. 다만, 채광을 위한 창문 등이 있는 벽면에서 직각 방향으로 인접 대지경계선까지의 수평거리가 1미터 이상으로서 건축조례로 정하는 거리 이상인 다세대주택은 적용하지 아니한다 (동조 동항 제1호).

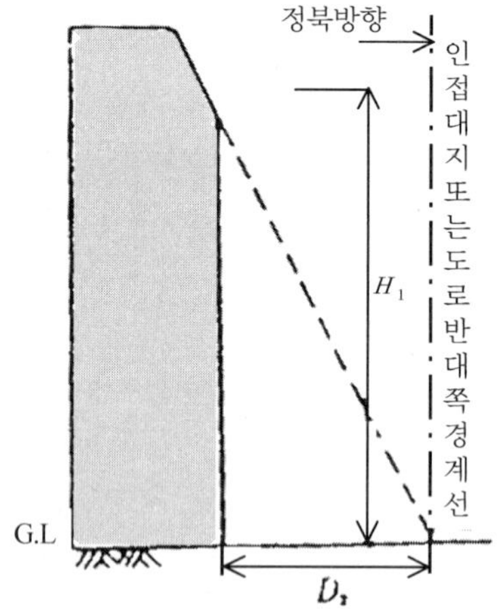

$H_1 \leqq 2D_1$

그림 9

99. 2.8 개정 이전에는 공동주택의 경우 지역에 관계없이 채광을 위한 창문 등이 향하는 방향으로의 인접대지경계선에서 건축물 높이의 1/4 이상을 띄우도록 하고 있던 것을 다세대주택과 기숙사는 제외하였고, 상업지역(일반상업지역과 중심상업지역)에는 적용하지 아니하도록 개정하였다. 상업지역은 상업활동의 목

적을 위하여 지정되는 것이므로 공동주택의 경우에도 호텔・오피스텔 등 상업용 건축물과 동일하게 취급하여 그 적용을 배제한 것이며, 또 다세대주택의 경우에는 용도변경의 신고제 전환의 취지를 살려 다세대 주택의 일조기준을 다가구주택[12]과 통일하기 위하여 창이 있는 벽면의 이격거리 규정을 적용하지 아니한 것으로 볼 수 있다. 다세대주택의 경우 상기 일조규정이 적용되지 않음으로써 다가구주택 또는 근린생활시설 등 용도에서 다세대주택으로의 용도변경이 용이하게 이루어지게 된 셈이다.

나. 인동거리(隣棟距離)에 의한 높이제한 - 같은 대지에서 두 동(棟) 이상의 건축물이 서로 마주보고 있는 경우(한 동의 건축물 각 부분이 서로 마주보고 있는 경우를 포함한다)에 건축물 각 부분 사이의 거리는 다음 각 목의 거리 이상을 띄어 건축할 것. 다만, 그 대지의 모든 세대가 동지(冬至)를 기준으로 9시에서 15시 사이에 2시간 이상을 계속하여 일조(日照)를 확보할 수 있는 거리 이상으로 할 수 있다 (동조 동항 제2호).

가) 채광을 위한 창문 등이 있는 벽면으로부터 직각방향으로 건축물 각 부분 높이의 0.5배(도시형 생활주택의 경우에는 0.25배) 이상의 범위에서 건축조례로 정하는 거리 이상

나) 가)목에도 불구하고 서로 마주보는 건축물 중 남쪽 방향(마주보는 두 동의 축이 남동에서 남서 방향인 경우만 해당한다)의 건축물 높이가 낮고, 주된 개구부(거실과 주된 침실이 있는 부분의 개구부를 말한다)의 방향이 남쪽을 향하는 경우에는 높은 건축물 각 부분의 높이의 0.4배(도시형 생활주택의 경우에는 0.2배) 이상의 범위에서 건축조례로 정하는 거리 이상이고 낮은 건축물 각 부분의 높이의 0.5배(도시형 생활주택의 경우에는 0.25배) 이상의 범위에서 건축조례로 정하는 거리 이상

다) 가)목에도 불구하고 건축물과 부대시설 또는 복리시설이 서로 마주보고 있는

12) 주택으로 쓰이는 층수가 3개 층 이하이고, 주택으로 쓰이는 바닥면적의 합계가 660㎡ 이하이며, 19세대 이하가 거주할 수 있는 주택으로서 공동주택에 해당하지 아니하는 것을 말한다(슈 별표 1, 1호 다목 참조). 또 이와 구별되는 것으로 학생 또는 직장인 등의 다수인이 장기간 거주할 수 있는 구조로 된 주택으로서 연면적이 330㎡ 이하이고 층수가 3층 이하인 것을 "다중주택"이라고 한다(슈 별표 1, 1호 나목 참조).

경우에는 부대시설 또는 복리시설 각 부분 높이의 1배 이상

라) 채광창(창 넓이가 0.5제곱미터 이상인 창을 말한다)이 없는 벽면과 측벽이 마주보는 경우에는 8미터 이상

마) 측벽과 측벽이 마주보는 경우[마주보는 측벽 중 하나의 측벽에 채광을 위한 창문 등이 설치되어 있지 아니한 바닥면적 3제곱미터 이하의 발코니(출입을 위한 개구부를 포함한다)를 설치하는 경우를 포함한다]에는 4미터 이상

주택단지에 두 동 이상의 건축물이 도로를 사이에 두고 서로 마주보고 있는 경우에는 가)목부터 다)목까지의 규정을 적용하지 아니하되, 해당 도로의 중심선을 인접 대지경계선으로 보아 가 호를 적용한다 (동조 제2항 제3호).

99. 2. 8의 개정에서 측벽과 측벽이 마주보는 경우 및 측벽과 채광창이 없는 벽면이 마주보는 경우의 거리제한이 완화되었고, 특히 채광창의 범위를 0.5㎡ 이상의 창으로 정의함으로써 측벽에 위치한 화장실, 목욕탕 등의 환기창을 설치하는 것이 가능하게 되었다.

① 채광창이 있는 벽면으로부터 직각방향 - 건축물 각 부분 높이의 배 이상

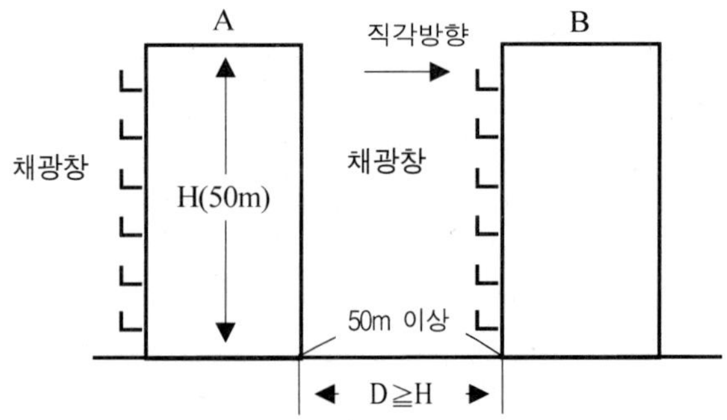

그림 10

② 채광창(창 넓이 0.5 제곱미터 이상의 창)이 없는 벽면과 측벽이 마주보는 경우 - 8m이상

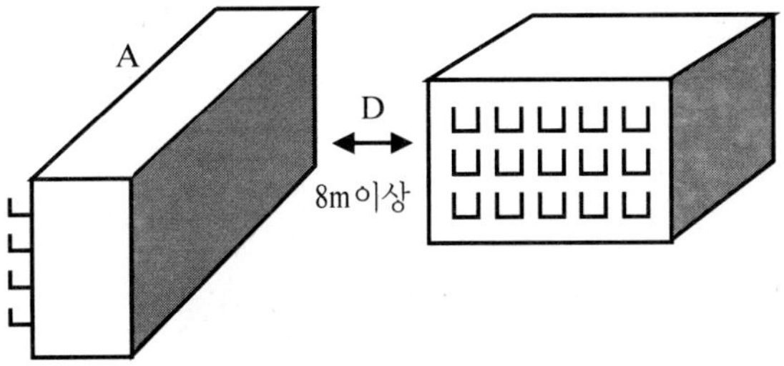

그림 11

③ 측벽과 측벽이 마주보는 경우 - 4m 이상

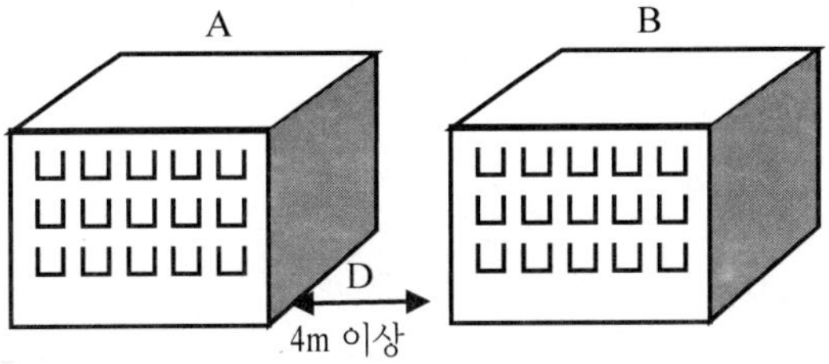

그림 12

3) 높이제한의 완화

이상의 일조 등의 확보를 위한 건축물의 높이 제한 규정을 적용할 때 건축물을 건축하려는 대지와 다른 대지 사이에 공원(「도시공원 및 녹지 등에 관한 법률」 제2조제3호에 따른 도시공원 중 지방건축위원회의 심의를 거쳐 허가권자가 공원의 일조 등을 확보할 필요가 있다고 인정하는 공원은 제외한다), 도로, 철도, 하천, 광장, 공공공지, 녹지, 유수지, 자동차 전용 도로, 유원지, 그 밖에 건축이 허용되지 아니하는 공지가 있는 경우에는 그 반대편의 대지경계선(공동주택은 인접 대지경계선과 그 반대편 대지경계선의 중심선)을 인접 대지경계선으로 한다 (영 제86조 제5항).

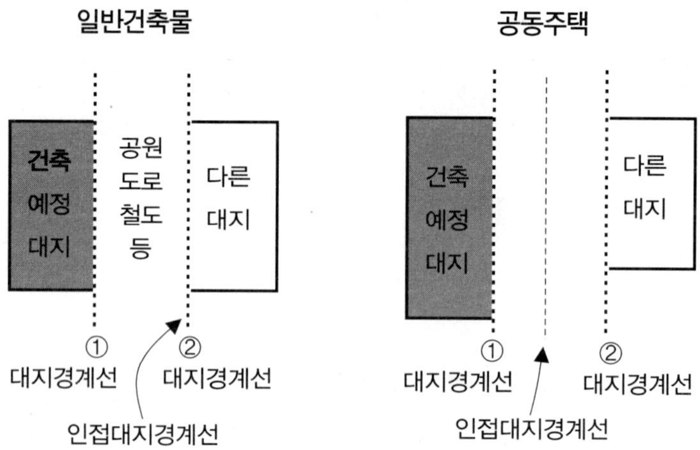

그림 13

4) 높이제한 규정의 적용 제외

2층 이하로서 높이가 8미터 이하인 건축물에는 해당 지방자치단체의 조례로 정하는 바에 따라 공동주택의 일조확보를 위한 높이제한 규정을 적용하지 아니할 수 있다(제61조 제4항).

6. 대지 안의 공지 (제58조)

구법 제50조에서 화재 시의 연소(延燒)방지 및 소음·매연·진동 등 각종 공해 등 인접대지의 위해(危害)를 방지하기 위하여 건축물을 건축하거나 용도변경 하는 경우에는 건축물은 인접 대지경계선 및 건축선에서 용도에 따라 일정거리 이상을 띄어 건축하도록 하였으나, 인접대지 사용자의 용도변경을 지나치게 제약하는 등 기업 활동에 많은 애로 사항이 지적되어 1999.2.8에 폐지하였다가 2005.11.8에 다시 신설하였다.

건축물을 건축하거나 용도변경하는 경우에는 국토의 계획 및 이용에 관한 법률에 따른 용도지역·용도지구, 건축물의 용도 및 규모 등에 따라 건축선 및 인접 대지경계선으로부터 6m 이내의 범위에서 대통령령으로 정하는 바에 따라 해당 지방자치단체의 조례로 정하는 거리 이상을 띄워야 한다(제58조).

Ⅶ. 면적 · 높이 및 층수의 산정 (제84조, 令제119조)

건축물의 대지면적, 연면적, 바닥면적, 높이, 처마, 천장, 바닥 및 층수의 산정방법은 대통령령으로 정한다.

1. 면적의 산정

(1) 대지면적 (令 제119조 제1항 제1호)

1) 원칙 : 대지의 수평투영면적으로 한다.

2) 제외 부분 : 건축선과 도로 사이의 대지면적, 대지에 도시계획시설인 도로 · 공원 등이 있는 경우 그 도시계획시설에 포함되는 대지면적

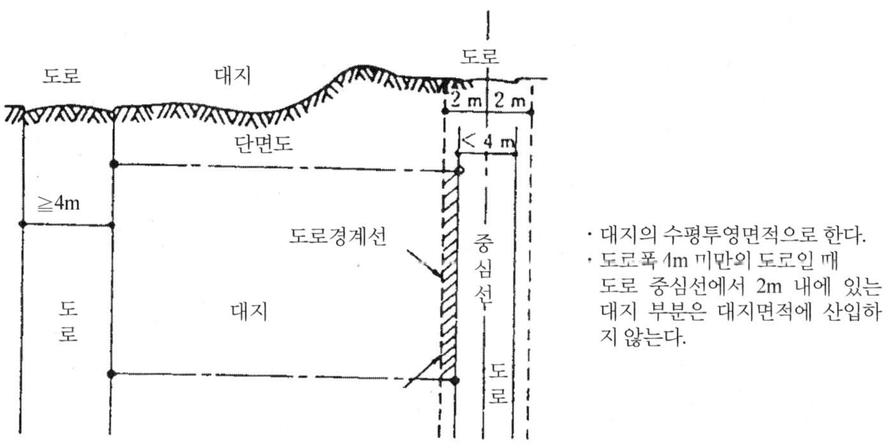

그림 14

(2) 건축면적 (令 동조 제1항 제2호)

1) 원칙 : 건축물의 외벽(외벽이 없는 경우에는 외곽 부분의 기둥을 말함)의 중심선으로 둘러싸인 부분의 수평투영면적.

2) 예외

가. 처마, 차양, 부연(附椽), 그 밖에 이와 비슷한 것으로서 그 외벽의 중심선으로부터 수평거리 1m 이상 돌출된 부분이 있는 건축물의 건축면적 - 그 돌출된 끝부분으로부터 다음의 구분에 따른 수평거리를 후퇴한 선으로 둘러싸인 부분의 수평투영면적(令 동조 제1항 제2호 가목).

가) 전통사찰보존법 제2조제1호에 따른 전통사찰: 4m 이하의 범위에서 외벽의 중심선까지의 거리

나) 가축에게 사료 등을 투여하는 부위의 상부에 한쪽 끝은 고정되고 다른 쪽 끝은 지지되지 아니한 구조로 된 돌출차양이 설치된 축사: 3m 이하의 범위에서 외벽의 중심선까지의 거리

다) 한옥 : 2m 이하의 범위에서 외벽의 중심선까지의 거리

라) 그 밖의 건축물 : 1m

나. 건축면적 산입에서 제외되는 면적(令 동조 제1항 제2호 다목)

가) 지표면으로부터 1m 이하에 있는 부분(창고 중 물품을 입출고하기 위하여 차량을 접안시키는 부분의 경우에는 지표면으로부터 1.5m 이하에 있는 부분)

나) 다중이용업소의 안전관리에 관한 특별법 시행령 제9조에 따라 기존의 다중이용업소(2004년 5월 29일 이전의 것만 해당한다)의 비상구에 연결하여 설치하는 폭 2미터 이하의 옥외 피난계단(기존 건축물에 옥외 피난계단을 설치함으로써 법 제55조에 따른 건폐율의 기준에 적합하지 아니하게 된 경우만 해당한다)

다) 건축물 지상층에 일반인이나 차량이 통행할 수 있도록 설치한 보행통로나 차량통로

라) 지하주차장의 경사로

마) 건축물 지하층의 출입구 상부(출입구 너비에 상당하는 규모의 부분을 말함)

바) 생활폐기물 보관함(음식물쓰레기, 의류 등의 수거함을 말함)

다. 국토해양부령으로 정하는 건축면적(令 동조 제1항 제2호 나목)

가) 태양열을 주된 에너지원으로 이용하는 주택[13]은 건축물의 외벽 중 내측 내

---

13) 태양열주택은 태양으로부터 오는 복사광선을 흡수해서 열에너지로 변환시켜 온수를 생산하여 주택의 온수와 난방의 일부분에 이용하는 주택임, [에너지관리공단 신・재생에너지센터 그린홈 100만호 보급사업(http://www.energy.or.kr/)].

력벽의 중심선을 기준으로 한다(규칙 제43조 제1항)

나) 창고 중 물품을 입출고하는 부위의 상부에 한쪽 끝은 고정되고 다른 쪽 끝은 지지되지 아니한 구조로 설치된 돌출차양의 면적 중 건축면적에 산입하는 면적은 해당 돌출차양을 제외한 창고의 건축면적의 10%를 초과하는 면적과 해당 돌출차양의 끝부분으로부터 수평거리 3m를 후퇴한 선으로 둘러싸인 부분의 수평투영면적 중 작은 값으로 한다(규칙 동조 제2항).

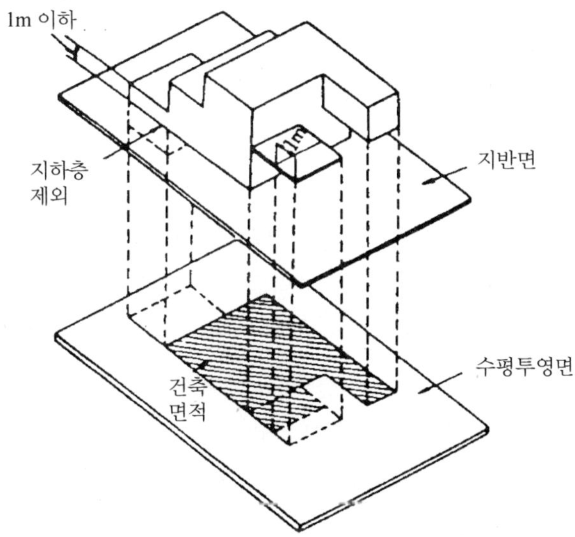

그림 15

(3) 바닥면적 (슈 동조 제1항 제3호)

1) 원칙 : 건축물의 각 층 또는 그 일부로서 벽, 기둥, 그 밖에 이와 비슷한 구획의 중심선으로 둘러싸인 부분의 수평투영면적으로 한다.

2) 예외

가. 벽・기둥의 구획이 없는 건축물은 그 지붕 끝부분으로부터 수평거리 1미터를 후퇴한 선으로 둘러싸인 수평투영면적으로 한다.

나. 주택의 발코니 등 건축물의 노대나 그 밖에 이와 비슷한 것(이하 "노대 등"이라

한다)의 바닥은 난간 등의 설치 여부에 관계없이 노대 등의 면적(외벽의 중심선으로부터 노대 등의 끝부분까지의 면적을 말한다)에서 노대 등이 접한 가장 긴 외벽에 접한 길이에 1.5미터를 곱한 값을 뺀 면적을 바닥면적에 산입한다.

다. 필로티나 그 밖에 이와 비슷한 구조(벽면적의 2분의 1 이상이 그 층의 바닥면에서 위층 바닥 아래면까지 공간으로 된 것만 해당한다)의 부분은 그 부분이 공중의 통행이나 차량의 통행 또는 주차에 전용되는 경우와 공동주택의 경우에는 바닥면적에 산입하지 아니한다.

라. 승강기탑, 계단탑, 장식탑, 다락[층고(層高)가 1.5미터(경사진 형태의 지붕인 경우에는 1.8미터) 이하인 것만 해당한다], 건축물의 외부 또는 내부에 설치하는 굴뚝, 더스트・슈트, 설비덕트, 그 밖에 이와 비슷한 것과 옥상・옥외 또는 지하에 설치하는 물탱크, 기름탱크, 냉각탑, 정화조, 도시가스 정압기, 그 밖에 이와 비슷한 것을 설치하기 위한 구조물은 바닥면적에 산입하지 아니한다.

마. 공동주택으로서 지상층에 설치한 기계실, 전기실, 어린이놀이터, 조경시설 및 생활폐기물 보관함의 면적은 바닥면적에 산입하지 아니한다.

바. 다중이용업소의 안전관리에 관한 특별법 시행령」 제9조에 따라 기존의 다중이용업소(2004년 5월 29일 이전의 것만 해당한다)의 비상구에 연결하여 설치하는 폭 1.5미터 이하의 옥외 피난계단(기존 건축물에 옥외 피난계단을 설치함으로써 법 제56조에 따른 용적률에 적합하지 아니하게 된 경우만 해당한다)은 바닥면적에 산입하지 아니한다.

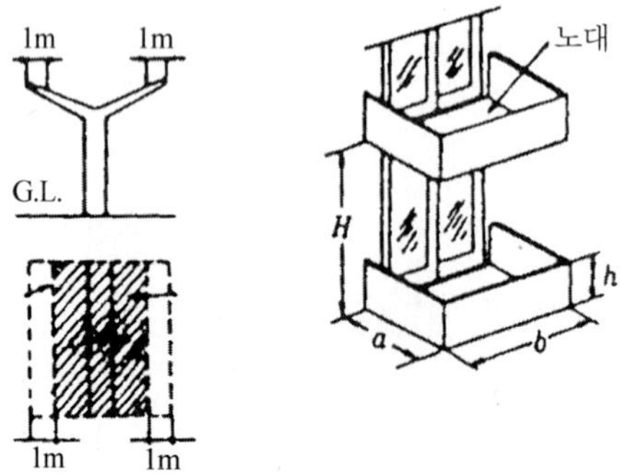

(A) 캔틸레버 (B) 노대(발코니)

그림 16

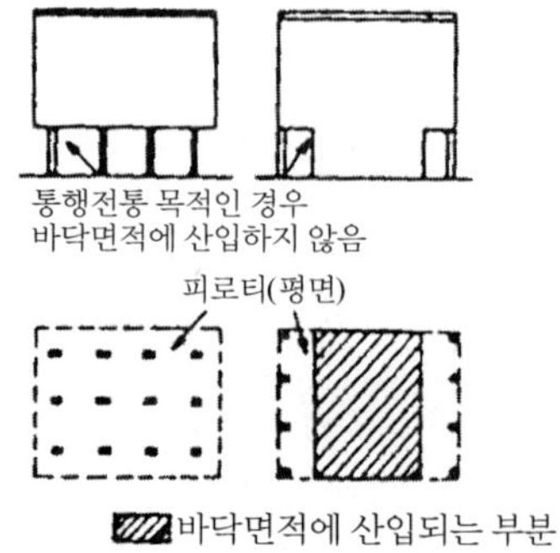

(C) 피로티

그림 17

(4) 연면적 (令 동조 제1항 제4호)

1) 원칙 : 하나의 건축물 각 층의 바닥면적의 합계로 함.

2) 예외 : 용적률을 산정에 있어서는 다음에 해당하는 면적은 제외한다.

가. 지하층의 면적

나. 지상층의 주차용(해당 건축물의 부속용도인 경우만 해당한다)으로 쓰는 면적

다. 주택건설기준 등에 관한 규정 제2조제3호에 따른 주민공동시설의 면적

라. 초고층 건축물의 피난안전구역의 면적

2. 높이 산정방법 (令 동조 제1항 제5호)

(1) 건축물의 높이

1) 원칙 : 지표면(GL)으로부터 그 건축물의 상단까지의 높이[건축물의 1층 전체에 필로티(건축물을 사용하기 위한 경비실, 계단실, 승강기실, 그 밖에 이와 비슷한 것을 포함한다)가 설치되어 있는 경우에는 법 제60조(건축물의 높이 제한) 및 법 제61조(일조 등의 확보를 위한 건 공동주택의 높이제한)을 적용할 때 필로티의 층고를 제외한 높이]로 한다.

2) 예외 (令 동조 제1항 제5호 가목 내지 다목)

가. 법 제60조에 따른 건축물의 높이는 전면도로의 중심선으로부터의 높이로 산정한다. 다만, 전면도로가 다음의 어느 하나에 해당하는 경우에는 그에 따라 산정한다.

가) 건축물의 대지에 접하는 전면도로의 노면에 고저차가 있는 경우에는 그 건축물이 접하는 범위의 전면도로부분의 수평거리에 따라 가중평균한 높이의 수평면을 전면도로면으로 본다.

나) 건축물의 대지의 지표면이 전면도로보다 높은 경우에는 그 고저차의 2분의 1의 높이만큼 올라온 위치에 그 전면도로의 면이 있는 것으로 본다.

나. 법 제61조에 따른 건축물 높이를 산정할 때 건축물 대지의 지표면과 인접 대지

의 지표면 간에 고저차가 있는 경우에는 그 지표면의 평균 수평면을 지표면(법 제61조제2항에 따른 높이를 산정할 때 해당 대지가 인접 대지의 높이보다 낮은 경우에는 그 대지의 지표면을 말한다)으로 본다. 다만, 전용주거지역 및 일반주거지역을 제외한 지역에서 공동주택을 다른 용도와 복합하여 건축하는 경우에는 공동주택의 가장 낮은 부분을 그 건축물의 지표면으로 본다.

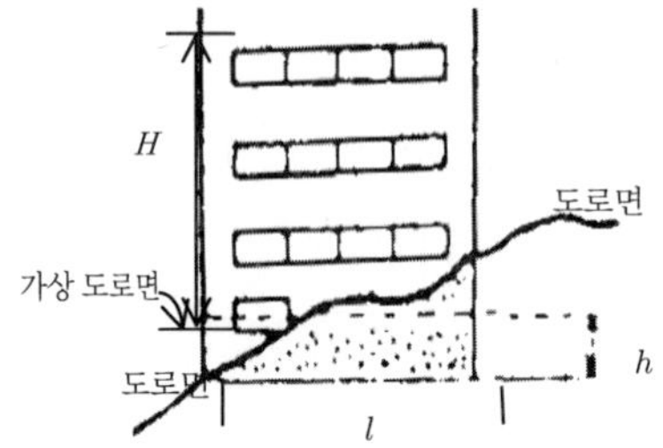

h : 가상 도로면
H : 건축물의 높이
A : 건축물이 전면도로와 접한 면적
l : 도로에 면한 건축물의 수평거리

$$h = \frac{A}{l}$$

그림 18

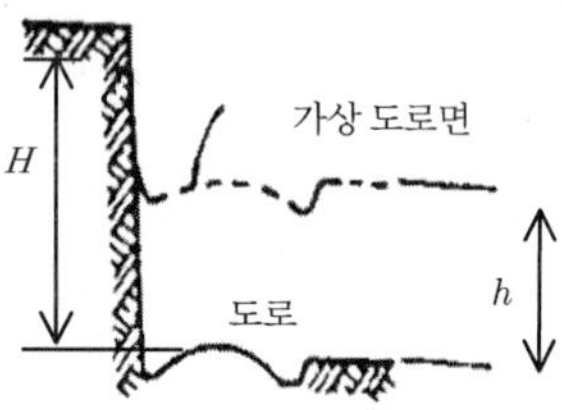

h : 가상 도로면의 높이
H : 대지와 도로면의 고저차
h : 1/2H

그림 19

다. 건축물의 옥상에 설치되는 승강기탑 · 계단탑 · 망루 · 장식탑 · 옥탑 등으로서 그 수평투영면적의 합계가 해당 건축물 건축면적의 8분의 1(「주택법」 제16조제1항에 따른 사업계획승인 대상인 공동주택 중 세대별 전용면적이 85제곱미터 이하인 경우에는 6분의 1) 이하인 경우로서 그 부분의 높이가 12미터를 넘는 경우에는 그 넘는 부분만 해당 건축물의 높이에 산입한다. 이 경우 수평투영면적의 산정은 건축면적의 산정방법에 따른다(슈 동조 제3항).

라. 높이산정에서 제외되는 부분 : 지붕마루장식 · 굴뚝 · 방화벽의 옥상돌출부나 그 밖에 이와 비슷한 옥상돌출물과 난간벽(그 벽면적의 2분의 1 이상이 공간으로 되어 있는 것만 해당한다)은 그 건축물의 높이에 산입하지 아니한다.

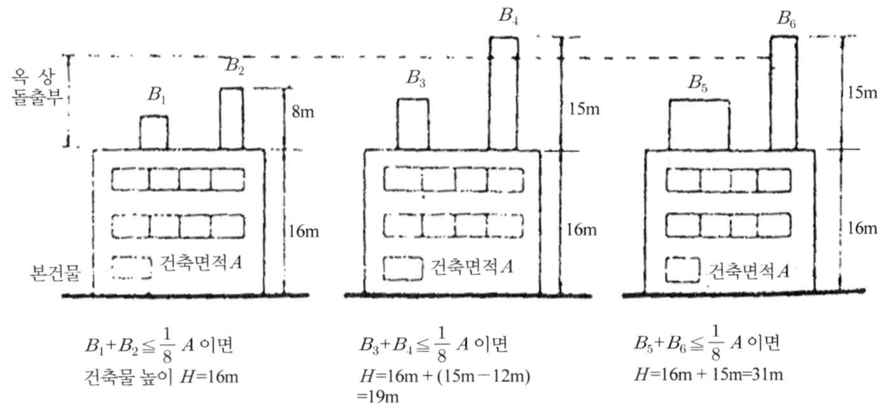

그림 20

(2) 처마높이 (令 동조 제1항 제6호)

지표면으로부터 건축물의 지붕틀 또는 이와 비슷한 수평재를 지지하는 벽 · 깔도리 또는 기둥의 상단까지의 높이로 한다.

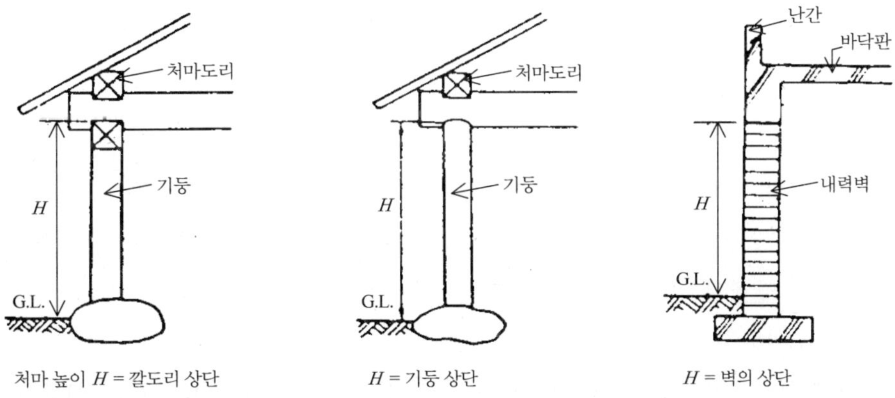

그림 21

(3) 반자높이 (令 동조 제1항 제7호)

방의 바닥면으로부터 반자까지의 높이로 한다. 다만, 한 방에서 반자높이가 다른 부분이 있는 경우에는 그 각 부분의 반자면적에 따라 가중평균한 높이로 한다.

(4) 층고 (令 동조 제1항 제8호)

방의 바닥구조체 윗면으로부터 위층 바닥구조체의 윗면까지의 높이로 한다. 다만, 한 방에서 층의 높이가 다른 부분이 있는 경우에는 그 각 부분 높이에 따른 면적에 따라 가중평균한 높이로 한다.

3. 층수 산정방법 (令 동조 제1항 제9호)

(1) 원칙

1) 지상층만 산입
2) 층의 구분이 불명확한 건축물 - 4m마다 하나의 층으로 산정
3) 부분에 따라 그 층수가 다른 경우 - 그 중 가장 많은 층수

(2) 예외

1) 지하층
2) 승강기탑, 계단탑, 망루, 장식탑, 옥탑, 그 밖에 이와 비슷한 건축물의 옥상 부분으로서 그 수평투영면적의 합계가 해당 건축물 건축면적의 1/8 이하인 것(주택법상 사업계획승인 대상인 공동주택 중 세대별 전용면적이 85㎡ 이하인 경우에는 1/6 이하인 것)

이 경우 수평투영면적의 산정은 건축면적의 산정방법에 따른다(令 동조 제3항)

4. 지표면의 높이 (슈 제119조 제2항)

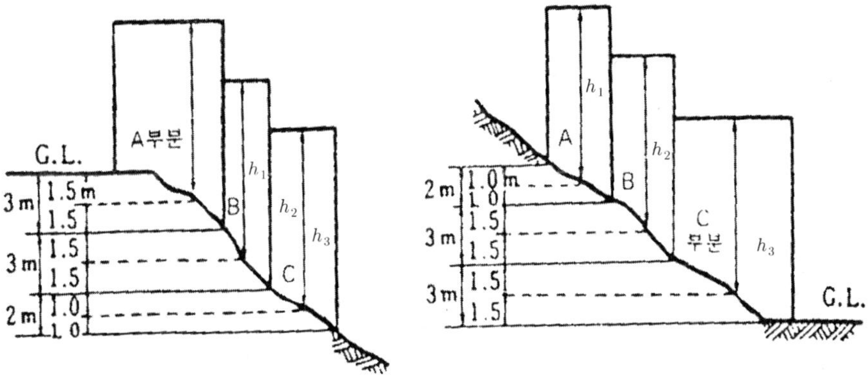

h_1 : A부분의 높이 h_2 : B부분의 높이 h_3 : C부분의 높이

그림 22

* 高低差가 있는 경우 : 슈 동조 제1항 각 호(제10호는 제외한다)에 따른 기준에 따라 건축물의 면적 · 높이 및 층수 등을 산정할 때 지표면에 고저차가 있는 경우에는 건축물의 주위가 접하는 각 지표면 부분의 높이를 그 지표면 부분의 수평거리에 따라 가중평균한 높이의 수평면을 지표면으로 본다.
* 高低差가 3m 초과의 경우 : 고저차 3m 이내의 부분마다 그 지표면을 정한다.

Ⅷ. 특별건축구역 (제8장)

1. 특별건축구역의 지정 (제69조)

국토해양부장관은 다음 각 호의 도시나 지역의 일부로서 특별건축구역으로 특례적용이 필요하다고 인정하는 경우에는 특별건축구역을 지정할 수 있다. 1. 관계법령에 따른 국가정책사업으로서 조화롭고 창의적인 건축을 위하여 시행령으로 정하는 사업구역 2. 기타 시행령으로 정하는 도시 또는 지역의 사업구역 ((동조 제1항, 슈 제

105조 제1항, 제2항).

다음 각 호의 어느 하나에 해당하는 지역·구역 등에 대하여는 특별건축구역으로 지정할 수 없다. 1. 개발제한구역의 지정 및 관리에 관한 특별조치법에 따른 개발제한구역 2. 자연공원법에 따른 자연공원 3. 도로법에 따른 접도구역 4. 산지관리법에 따른 보전산지 5. 군사기지 및 군사시설 보호법에 따른 군사기지 및 군사시설 보호구역(동조 제2항).

2. 지정대상 건축물 (제70조)

특별건축구역에서 제73조에 따라 건축기준 등의 특례사항을 적용하여 건축할 수 있는 건축물은 다음 각 호의 어느 하나에 해당되어야 한다. 1. 국가 또는 지방자치단체가 건축하는 건축물 2. 공공기관의 운영에 관한 법률 제4조에 따른 공공기관 중 시행령이 정하는 공공기관이 건축하는 건축물 3. 그 밖에 도시경관의 창출, 건설기술 수준향상 및 건축 관련 제도개선을 위하여 특례 적용이 필요하다고 허가권자가 인정하는 건축물(제70조, 令 동조 제2항).

3. 지정절차 등 (제71조)

중앙행정기관의 장, 제69조제1항 각 호의 사업구역을 관할하는 시·도지사 또는 시장·군수·구청장("지정신청기관"이라 함)은 특별건축구역의 지정이 필요한 경우에는 국토해양부장관에게 특별건축구역의 지정을 신청할 수 있다(제1항).

국토해양부장관은 지정신청이 접수된 경우에는 특별건축구역 지정의 필요성, 타당성 및 공공성 등과 피난·방재 등의 사항을 검토하고, 지정 여부를 결정하기 위하여 지정신청을 받은 날부터 30일 이내에 국토해양부장관이 설치하는 건축위원회(이하 "중앙건축위원회"라 함)의 심의를 거쳐야 하며(동조 제2항), 심의 결과를 고려하여 필요한 경우 특별건축구역의 범위, 도시관리계획 등에 관한 사항을 조정할 수 있다(동조 제3항). 그리고 국토해양부장관은 지정신청이 없더라도 필요한 경우 직권으로 특별건축구역을 지정할 수 있다. 이 경우 지정절차는 제1항 및 제2항을 준용하되, 국토해양부장관을 지정신청기관으로 본다(동조 제4항).

국토해양부장관은 특별건축구역을 지정하거나 변경・해제하는 경우에는 시행령이 정하는 주요 사항을 즉시 관보에 고시하여야 하고, 지정신청기관에 관계 서류의 사본을 송부하여야 한다(동조 제5항).

관계 서류의 사본을 받은 지정신청기관은 관계 서류에 도시관리계획의 결정사항이 포함되어 있는 경우에는 「국토의 계획 및 이용에 관한 법률」 제32조에 따라 지형도면의 승인신청 등 필요한 조치를 취하여야 한다(동조 제6항).

지정신청기관은 특별건축구역 지정 이후 변경이 있는 경우 변경지정을 받아야 한다. 이 경우 변경지정을 받아야 하는 변경의 범위, 변경지정의 절차 등 필요한 사항은 대통령령으로 정한다(동조 제7항).

국토해양부장관은 다음 각 호의 어느 하나에 해당하는 경우에는 특별건축구역의 전부 또는 일부에 대하여 지정을 해제할 수 있다. 이 경우 국토해양부장관은 지정신청기관의 의견을 청취하여야 한다. 1. 지정신청기관의 요청이 있는 경우 2. 거짓이나 그 밖의 부정한 방법으로 지정을 받은 경우 3. 특별건축구역 지정일부터 5년 이내에 특별건축구역 지정목적에 부합하는 건축물의 착공이 이루어지지 아니하는 경우 4. 특별건축구역 지정요건 등을 위반하였으나 시정이 불가능한 경우(동조 제8항).

특별건축구역을 지정하거나 변경한 경우에는 「국토의 계획 및 이용에 관한 법률」 제30조에 따른 도시관리계획의 결정(용도지역・지구・구역의 지정 및 변경을 제외한다)이 있는 것으로 본다(동조 제9항).

4. 특별건축구역 내 건축물의 심의 등 (제72조)

특별건축구역에서 건축기준 등의 특례사항을 적용하여 건축허가를 신청하고자 하는 자("허가신청자"라 함)는 다음 각 호의 사항이 포함된 특례적용계획서를 첨부하여 제11조에 따라 해당 허가권자에게 건축허가를 신청하여야 한다. 이 경우 특례적용계획서의 작성방법 및 제출서류 등은 국토해양부령으로 정한다. 1. 제5조에 따라 기준을 완화하여 적용할 것을 요청하는 사항 2. 제71조에 따른 특별건축구역의 지정요건에 관한 사항 3. 제73조제1항의 적용배제 특례를 적용한 사유 및 예상효과 등 4. 제73

조제2항의 완화적용 특례의 동등 이상의 성능에 대한 증빙내용 5. 건축물의 공사 및 유지ㆍ관리 등에 관한 계획(동조 제1항).

건축허가는 해당 건축물이 특별건축구역의 지정 목적에 적합한지의 여부와 특례적용계획서 등 해당 사항에 대하여 제4조제1항에 따라 시ㆍ도지사 및 시장ㆍ군수ㆍ구청장이 설치하는 건축위원회(이하 "지방건축위원회"라 함)의 심의를 거쳐야 한다(동조 제2항).

허가신청자는 건축허가 시 도시교통정비 촉진법 제16조에 따른 교통영향분석ㆍ개선대책의 검토를 동시에 진행하고자 하는 경우에는 같은 법 제16조에 따른 교통영향분석ㆍ개선대책에 관한 서류를 첨부하여 허가권자에게 심의를 신청할 수 있으며(동조 제3항), 교통영향분석ㆍ개선대책에 대하여 지방건축위원회에서 통합심의한 경우에는 도시교통정비 촉진법 제17조에 따른 교통영향분석ㆍ개선대책의 심의를 한 것으로 본다(동조 제4항).

심의된 내용에 대하여 변경사항이 발생한 경우에는 지방건축위원회의 변경심의를 받아야 한다. 이 경우 변경심의는 제1항에서 제3항까지의 규정을 준용한다(동조 제5항, 令 제108조 제1항)

국토해양부장관은 허가권자의 의견을 청취하여 제1항 및 제2항에 따라 건축허가를 받은 건축물 중에서 건축제도의 개선 및 건설기술의 향상을 위하여 모니터링(특례를 적용한 건축물에 대하여 해당 건축물의 건축시공, 공사감리, 유지ㆍ관리 등의 과정을 검토하고 실제로 건축물에 구현된 기능ㆍ미관ㆍ환경 등을 분석하여 평가하는 것을 말한다. 이하 이 장에서 같다) 대상 건축물을 지정할 수 있다(동조 제6항).

허가권자는 건축허가를 받은 건축물의 특례적용계획서와 그 밖에 제6항에 따라 모니터링 대상 건축물을 지정하는데 필요한 국토해양부령으로 정하는 자료를 국토해양부장관에게 제출하여야 한다(동조 제7항,).

5. 관계 법령의 적용 특례 (제73조)

특별건축구역에 건축하는 건축물에 대하여는 다음 각 호를 적용하지 아니할 수 있다(동조 제1항). 1. 제42조, 제55조, 제58조, 제60조 및 제61조 2.「주택법」 제21조 중

「주택건설기준 등에 관한 규정」 제10조, 제13조, 제29조, 제35조, 제37조, 제50조, 제52조 및 제53조(令 제109조 제1항).

특별건축구역에 건축하는 건축물이 제49조부터 제53조까지, 제62조, 제64조 및 제66조에 해당하는 때에는 해당 규정에서 요구하는 기준 또는 성능 등을 다른 방법으로 대신할 수 있는 것으로 지방건축위원회가 인정하는 경우에 한하여 해당 규정의 전부 또는 일부를 완화하여 적용할 수 있다(동조 제2항).

6. 통합적용계획의 수립 및 시행 (제74조)

특별건축구역에서는 다음 각 호의 관계 법령의 규정에 대하여는 개별 건축물마다 적용하지 아니하고 특별건축구역 전부 또는 일부를 대상으로 통합하여 적용할 수 있다. 1. 「문화예술진흥법」 제9조에 따른 건축물에 대한 미술장식 2. 「주차장법」 제19조에 따른 부설주차장의 설치 3. 「도시공원 및 녹지 등에 관한 법률」에 따른 공원의 설치(동조 제1항)

지정신청기관은 관계 법령의 규정을 통합 적용하고자 하는 경우에는 특별건축구역 전부 또는 일부에 대하여 미술장식, 부설주차장, 공원 등에 대한 수요를 개별법으로 정한 기준 이상으로 산정하여 파악하고 이용자의 편의성, 쾌적성 및 안전 등을 고려한 통합적용계획을 수립하여야 한다(동조 제2항). 지정신청기관이 통합적용계획을 수립하는 때에는 해당 구역을 관할하는 허가권자와 협의하여야 하며, 협의요청을 받은 허가권자는 요청받은 날부터 20일 이내에 지정신청기관에게 의견을 제출하여야 한다(동조 제3항).

지정신청기관은 도시관리계획의 변경을 수반하는 통합적용계획이 수립된 때에는 관련 서류를 「국토의 계획 및 이용에 관한 법률」 제30조에 따른 도시관리계획 결정권자에게 송부하여야 하며, 이 경우 해당 도시관리계획 결정권자는 특별한 사유가 없는 한 도시관리계획의 변경에 필요한 조치를 취하여야 한다(동조 제4항).

7. 건축주 등의 의무 (제75조)

특별건축구역에서 제73조에 따라 건축기준 등의 적용 특례사항을 적용하여 건축허가를 받은 건축물의 공사감리자, 시공자, 건축주 및 소유자는 시공 중이거나 건축물의 사용승인 이후에도 당초 허가를 받은 건축물의 형태, 재료, 색채 등이 원형을 유지하도록 필요한 조치를 하여야 한다(동조 제1항).

제72조제6항에 따라 모니터링 대상으로 지정된 건축물의 건축주 또는 소유자는 건축물의 설계, 건축시공, 공사감리 등의 과정 및 평가에 대한 모니터링보고서를 사용승인 시 허가권자에게 제출하여야 하며, 사용승인 이후부터는 5년의 범위에서 국토해양부령으로 정하는 기간마다 정기적으로 건축물의 유지・관리에 관한 모니터링보고서를 허가권자에게 제출하여야 한다. 이 경우 모니터링보고서의 내용, 양식 및 작성방법 등은 국토해양부령으로 정한다(동조 제2항,令 제110조).

8. 허가권자 등의 의무 (제76조)

허가권자는 특별건축구역의 건축물에 대하여 설계자의 창의성・심미성 등의 발휘와 제도개선・기술발전 등이 유도될 수 있도록 노력하여야 한다(동조 제1항). 허가권자는 제75조제2항에 따른 특별건축구역 건축물의 모니터링보고서를 국토해양부장관에게 제출하여야 하며, 국토해양부장관은 해당 모니터링보고서와 제77조에 따른 검사 및 모니터링 결과 등을 분석하여 필요한 경우 이 법 또는 관계 법령의 제도개선을 위하여 노력하여야 한다(동조 제2항).

9. 특별건축구역 건축물의 검사 등 (제77조)

국토해양부장관 및 허가권자는 특별건축구역의 건축물에 대하여 제87조에 따라 검사를 실시할 수 있으며, 필요한 경우 제79조에 따라 시정명령 등 필요한 조치를 취할 수 있다(동조 제1항). 국토해양부장관 및 허가권자는 제72조제6항에 따라 모니터링 대상으로 지정된 건축물에 대하여 모니터링을 직접 시행하거나 분야별 전문가 또는 전문기관에 용역을 의뢰할 수 있다. 이 경우 해당 건축물의 건축주, 소유자 또는 관리자는 특별한 사유가 없는 한 모니터링에 필요한 사항에 대하여 협조하여야 한다(동조 제2항).

Ⅸ. 기타 (제9장, 제10장)

1. 감독 (제78조)

국토해양부장관은 시·도지사 또는 시장·군수·구청장이 한 명령이나 처분이 이 법이나 이 법에 따른 명령이나 처분 또는 조례에 위반되거나 부당하다고 인정하면 그 명령 또는 처분의 취소·변경, 그 밖에 필요한 조치를 명할 수 있다(동조 제1항).

시·도지사는 시장·군수·구청장이 한 명령이나 처분이 이 법 또는 이 법에 따른 명령이나 처분 또는 조례에 위반되거나 부당하다고 인정하면 그 명령이나 처분의 취소·변경, 그 밖에 필요한 조치를 명할 수 있으며(동조 제2항), 시·도지사 또는 시장·군수·구청장이 제1항에 따라 필요한 조치명령을 받으면 그 시정 결과를 국토해양부장관에게 지체 없이 보고하여야 하며, 시장·군수·구청장이 제2항에 따라 필요한 조치명령을 받으면 그 시정 결과를 시·도지사에게 지체 없이 보고하여야 한다(동조 제3항).

국토해양부장관 및 시·도지사는 건축허가의 적법한 운영, 위법 건축물의 관리 실태 등 건축행정의 건실한 운영을 지도·점검하기 위하여 국토해양부령으로 정하는 바에 따라 매년 지도·점검 계획을 수립·시행하여야 한다(동조 제4항).

2. 위반건축물 등에 대한 조치 (제79조)

허가권자는 대지나 건축물이 이 법 또는 이 법에 따른 명령이나 처분에 위반되면 이 법에 따른 허가 또는 승인을 취소하거나 건축물의 건축주·시공자·현장관리인·소유자·관리자 또는 점유자에게 공사의 중지를 명하거나 상당한 기간을 정하여 그 건축물의 철거 · 개축 · 증축 · 쉰 · 용도변경 · 사용금지 · 사용제한 기타 필요한 조치를 명할 수 있다(제1항). 허가권자는 제1항에 따른 허가나 승인이 취소된 건축물 또는 시정명령을 받고 이행하지 아니한 건축물에 대하여는 다른 법령에 따른 영업이나 기타 행위를 허가하지 아니하도록 요청할 수 있다. 다만 시행령이 정하는 경우에는 그러하지 아니하다.(동조 제2항). 이 경우 요청을 받은 자는 특별한 이유가 없으면 요청에 따라야 한다(제3항). 허가권자가 제1항의 시정명령을 하는 경우에는 국토해양부령으로 정하는 표지를 위반건축물 등에 설치해야 하고 건축물대장에 그 위반내용을 적어야 한다(제4항). 누구든지 제4항의 표지 설치를 거부 또는 방해하거나 훼손하여서는 아니 된다(제5항).

3. 이행강제금 (제80조)

허가권자는 제79조제1항에 따라 시정명령을 받은 후 시정기간 내에 시정명령을 이행하지 아니한 건축주등에 대하여는 그 시정명령의 이행에 필요한 상당한 이행기한을 정하여 그 기한까지 시정명령을 이행하지 아니하면 다음 각 호의 이행강제금을 부과한다. 다만, 연면적이 85제곱미터 이하인 주거용 건축물과 제2호 중 주거용 건축물로서 대통령령으로 정하는 경우[14]에는 다음 각 호의 어느 하나에 해당하는 금액의 1/2의 범위에서 해당 지방자치단체의 조례로 정하는 금액을 부과한다(동조 제1항).

1. 건축물이 제55조와 제56조에 따른 건폐율이나 용적률을 초과하여 건축된 경우 또는 허가를 받지 아니하거나 신고를 하지 아니하고 건축된 경우에는 「지방세법」에 따라 해당 건축물에 적용되는 1제곱미터의 시가표준액의 100분의 50에 해당하는 금액에 위반면적을 곱한 금액 이하
2. 건축물이 제1호 외의 위반 건축물에 해당하는 경우에는 「지방세법」에 따라 그 건축물에 적용되는 시가표준액에 해당하는 금액의 100분의 10의 범위에서 위반

14) 令 제115조의2 제1항 1. 법 제22조에 따른 사용승인을 받지 아니하고 건축물을 사용한 경우 2. 법 제42조에 따른 대지의 조경에 관한 사항을 위반한 경우 3. 법 제60조에 따른 건축물의 높이 제한을 위반한 경우 4. 법 제61조에 따른 일조 등의 확보를 위한 건축물의 높이 제한을 위반한 경우 5. 그 밖에 법 또는 법에 따른 명령이나 처분을 위반한 경우(별표 15 위반 건축물란의 제1호, 제4호부터 제9호까지 및 제13호에 해당하는 경우는 제외한다)로서 건축조례로 정하는 경우

내용에 따라 대통령령 [별표 15]로 정하는 금액(令 동조 제2항)

허가권자는 이행강제금을 부과하기 전에 이행강제금을 부과·징수한다는 뜻을 미리 문서로써 계고(戒告)하여야 하며(동조 제2항), 이행강제금을 부과하는 경우 금액, 부과 사유, 납부기한, 수납기관, 이의제기 방법 및 이의제기 기관 등을 구체적으로 밝힌 문서로 하여야 한다(동조 제3항).

허가권자는 최초의 시정명령이 있었던 날을 기준으로 하여 1년에 2회 이내의 범위에서 그 시정명령이 이행될 때까지 반복하여 제1항에 따른 이행강제금을 부과·징수할 수 있다. 다만, 제1항 각 호 외의 부분 단서에 해당하면 총 부과 횟수가 5회를 넘지 아니하는 범위에서 해당 지방자치단체의 조례로 부과 횟수를 따로 정할 수 있다(동조 제4항). 허가권자는 시정명령을 받은 자가 이를 이행하면 새로운 이행강제금의 부과를 즉시 중지하되, 이미 부과된 이행강제금은 징수하여야 한다(동조 제5항). 허가권자는 이행강제금 부과처분을 받은 자가 이행강제금을 납부기한까지 내지 아니하면 지방세 체납처분의 예에 따라 징수한다(동조 제6항). 이행강제금의 부과 및 징수 절차는 국토해양부령으로 정한다(令 동조 제3항).

4. 기존의 건축물에 대한 안전점검 및 시정명령 등 (제81조)

특별자치도지사 또는 시장·군수·구청장은 기존 건축물이 국가보안상 이유가 있거나 제4장(제40조부터 제47조까지)을 위반하여 시행령이 정하는 기준에 해당하면 해당 건축물의 철거·개축·증축·수선·용도변경·사용금지·사용제한, 그 밖에 필요한 조치를 명할 수 있다(동조 제1항, 令 제115조의3,).

특별자치도지사 또는 시장·군수·구청장은 미관지구 또는 경관지구 안의 건축물로서 도시미관이나 주거환경상 현저히 장애가 된다고 인정하면 건축위원회의 의견을 들어 개축이나 수선을 하게 할 수 있다(동조 제2항).

특별자치도지사 또는 시장·군수·구청장은 제1항에 따라 필요한 조치를 명하면 제81조제1항에 따른 처분으로 생길 수 있는 손실을 시가(時價)로 정당한 보상을 하여야 한다(동조 제3항, 令 제116조 제1항).

특별자치도지사 또는 시장·군수·구청장이 위해의 우려가 있다고 인정하여 지정하는 건축물의 건축주등은 대통령령으로 정하는 바에 따라 건축사협회나 그 밖에 국토해양부장관이 인정하는 전문 인력을 갖춘 법인 또는 단체로 하여금 건축물의 구조안전 여부를 조사하게 하고, 그 결과를 특별자치도지사 또는 시장 · 군수 · 구청장에게 보고하여야 하며(동조 제4항), 특별자치도지사 또는 시장 · 군수 · 구청장은 제4항에 따른 조사결과에 따라 필요하다고 인정하면 해당 건축물의 철거 · 개축 · 수선 · 용도변경 · 사용금지 · 사용제한, 그 밖에 필요한 조치를 명할 수 있다(동조 제5항).

5. 권한의 위임과 위탁 (제82조)

국토해양부장관은 이 법에 따른 권한의 일부를 시행령이 정하는 바에 따라 시 · 도지사에게, 시 · 도지사는 그 권한의 일부를 시장 · 군수 · 구청장에게, 시장 · 군수 · 구청장은 그 권한의 일부를 구청장(자치구가 아닌 구의 구청장) · 동장 · 읍장 또는 면장에게 위임할 수 있다(동조 제1항 내지 제3항).

국토해양부장관은 제31조제1항과 제32조제1항에 따라 건축허가 업무 등을 효율적으로 처리하기 위하여 구축하는 전자정보처리 시스템의 운영을 다음 각 호의 기관 또는 단체에 위탁할 수 있다(동조 제4항 令 제117조 제5항). 1.공공기관의 운영에 관한 법률」 제5조에 따른 공기업 2. 정부출연연구기관 등의 설립 · 운영 및 육성에 관한 법률」 및 「과학기술분야 정부출연연구기관 등의 설립 · 운영 및 육성에 관한 법률」에 따른 연구기관

6. 옹벽 등의 공작물에의 준용 (제83조)

(1) 대지를 조성하기 위한 옹벽, 굴뚝, 광고탑, 고가수조(高架水槽), 지하 대피호, 그 밖에 이와 유사한 것으로서 다음 각호의 공작물을 축조하려는 자는 특별자치도지사 또는 시장 · 군수 · 구청장에게 신고하여야 하며 축조신고서와 국토해양부령으로 정하는 설계도서를 특별자치도지사 또는 시장 · 군수 · 구청장에게 제출(전자문서에 의한 제출을 포함한다)하여야 한다.

(동조 제1항, 令 제118조 제1항, 제2항).

1. 높이 6미터를 넘는 굴뚝
2. 높이 6미터를 넘는 장식탑, 기념탑, 그 밖에 이와 비슷한 것
3. 높이 4미터를 넘는 광고탑, 광고판, 그 밖에 이와 비슷한 것
4. 높이 8미터를 넘는 고가수조나 그 밖에 이와 비슷한 것
5. 높이 2미터를 넘는 옹벽 또는 담장
6. 바닥면적 30제곱미터를 넘는 지하대피호
7. 높이 6미터를 넘는 골프연습장 등의 운동시설을 위한 철탑, 주거지역 · 상업지역에 설치하는 통신용 철탑, 그 밖에 이와 비슷한 것
8. 높이 8미터(위험을 방지하기 위한 난간의 높이는 제외한다) 이하의 기계식 주차장 및 철골 조립식 주차장(바닥면이 조립식이 아닌 것을 포함한다)으로서 외벽이 없는 것
9. 건축조례로 정하는 제조시설, 저장시설(시멘트사일로를 포함한다), 유희시설, 그 밖에 이와 비슷한 것
10. 건축물의 구조에 심대한 영향을 줄 수 있는 중량물로서 건축조례로 정하는 것

(2) 제14조, 제21조 제3항, 제29조, 제35조제1항, 제40조제4항, 제41조, 제47조, 제48조, 제55조, 제58조, 제60조, 제61조, 제79조, 제81조, 제84조, 제85조, 제87조와 국토의 계획 및 이용에 관한 법률 제76조는 대통령령으로 정하는 바에 따라 제1항의 경우에 준용한다(동조 제2항). 다만, 높이 4미터를 넘는 광고탑, 광고판, 그 밖에 이와 비슷한 공작물로서 옥외광고물 등 관리법에 따라 허가를 받거나 신고를 한 공작물에 대하여는 법 제14조를 준용하지 아니하고, 제1항제8호의 공작물에 대하여는 법 제55조를 준용하지 아니하며, 제1항제3호 · 제8호의 공작물에 대하여만 법 제61조를 준용한다(슈 동조 제3항).

7. 청문 (제86조)

허가권자는 허가나 승인을 취소하려면 청문을 실시하여야 한다 (제86조).

8. 보고와 검사 등 (제87조)

국토해양부장관, 시·도지사, 시장·군수·구청장, 그 소속 공무원, 제27조에 따른 업무대행자 또는 제37조에 따른 건축지도원은 건축물의 건축주등, 공사감리자 또는 공사시공자에게 필요한 자료의 제출이나 보고를 요구할 수 있으며, 건축물·대지 또는 건축공사장에 출입하여 그 건축물, 건축설비, 그 밖에 건축공사에 관련되는 물건을 검사하거나 필요한 시험을 할 수 있다(동조 제1항). 검사나 시험을 하는 자는 그 권한을 표시하는 증표를 지니고 이를 관계인에게 내보여야 한다(동조 제2항).

9. 건축분쟁의 조정 및 재정

(1) 건축분쟁전문위원회 (제88조)

건축물의 건축과 관련된 분쟁의 조정 및 재정을 하기 위하여 국토해양부에 중앙건축분쟁전문위원회를 두고, 특별시·광역시·도·특별자치도에 지방건축분쟁전문위원회를 둔다(동조 제1항).

중앙건축분쟁전문위원회는 특별시장·광역시장 또는 특별자치도지사가 허가권자인 사항을 관할하고, 지방건축분쟁전문위원회는 시장(행정시의 시장을 포함한다)·군수·구청장이 허가권자인 사항을 관할하며(동조 제2항), 중앙건축분쟁전문위원회의 회의·운영, 그 밖에 필요한 사항은 국토해양부령으로 정하고, 지방건축분쟁전문위원회의 회의·운영, 그 밖에 필요한 사항은 특별시·광역시·도·특별자치도(이하 "시·도"라 함)의 조례로 정한다(동조 제3항).

(2) 건축분쟁전문위원회의 구성 (제89조)

중앙건축분쟁전문위원회 및 지방건축분쟁전문위원회(이하 "건축분쟁전문위원회"라 한다)는 각각 위원장과 부위원장 각 1명을 포함한 15명 이내의 위원으로 구성한다(동조 제1항).

중앙건축분쟁전문위원회의 위원은 건축이나 법률에 관한 학식과 경험이 풍부한 자로서 다음 각 호의 어느 하나에 해당하는 자 중에서 국토해양부장관이 임명하거나 위촉한다. 이 경우 제4호에 해당하는 자가 2명 이상 포함되어야 한다(동조 제2항).

지방건축분쟁전문위원회의 위원은 제2항 각 호에 해당하는 자 중에서 시·도지사가 임명하거나 위촉한다. 이 경우 제2항 제4호에 해당하는 자가 2명 이상 포함되어야 한다(동조 제3항).

건축분쟁전문위원회의 위원장과 부위원장은 위원 중에서 호선한다(동조 제4항).

공무원이 아닌 위원의 임기는 3년으로 하되, 연임할 수 있으며, 보궐위원의 임기는 전임자의 남은 임기로 하며(동조 제5항) 건축분쟁전문위원회의 회의는 재적위원 과반수의 출석으로 열고 출석위원 과반수의 찬성으로 의결한다(동조 제6항).

다음 각 호의 어느 하나에 해당하는 자는 건축분쟁전문위원회의 위원이 될 수 없다(동조 제7항). 1. 금치산자, 한정치산자 또는 파산선고를 받고 복권되지 아니한 자 2. 금고 이상의 실형을 선고받고 그 집행이 끝나거나(집행이 끝난 것으로 보는 경우를 포함한다)되거나 집행이 면제된 날부터 2년이 지나지 아니한 자 3. 법원의 판결이나 법률에 따라 자격이 정지된 자

(3) 위원의 제척 등 (제90조)

건축분쟁전문위원회의 위원이 다음 각 호의 어느 하나에 해당하면 그 직무의 집행에서 제외된다(동조 제1항). 1. 위원 또는 그 배우자나 배우자였던 자가 해당 분쟁사건(이하 "사건"이라 함)의 당사자가 되거나 그 사건에 관하여 당사자와 공동권리자 또는 의무자의 관계에 있는 경우 2. 위원이 해당 사건의 당사자와 친족이거나 친족이었던 경우 3. 위원이 해당 사건에 관하여 진술이나 감정을 한 경우 4. 위원이 해당 사건에 당사자의 대리인으로서 관여하였거나 관여한 경우 5. 위원이 해당 사건의 원인이 된 처분이나 부작위에 관여한 경우

건축분쟁전문위원회는 제척 원인이 있는 경우 직권이나 당사자의 신청에 따라 제척의 결정을 하며(동조 제2항) ③ 당사자는 위원에게 공정한 직무집행을 기대하기 어려운 사정이 있으면 건축분쟁전문위원회에 기피신청을 할 수 있으며, 건축분쟁전문위원회는 기피신청이 타당하다고 인정하면 기피의 결정을 하여야 한다(동조 제3항). 위원은 제1항이나 제3항의 사유에 해당하면 스스로 그 사건의 직무집행을 회피할 수 있다(제4항).

(4) 대리인 (제91조)

당사자는 다음 각 호에 해당하는 자를 대리인으로 선임할 수 있다(동조 제1항). 1. 당사자의 배우자, 직계존・비속 또는 형제자매 2. 당사자인 법인의 임직원 3. 변호사

당사자가 제1항 제1호나 제2호에 해당하는 자를 대리인으로 선임하려면 건축분쟁전문위원회위원장의 허가를 받아야 한다(동조 제2항). 대리인의 권한은 서면으로 소명하여야 하며(동조 제3항) 대리인은 다음 각 호의 행위를 하기 위하여는 당사자의 위임을 받아야 한다(동조 제4항). 1. 신청의 철회 2. 조정안의 수락 3. 복대리인의 선임

(5) 조정 등의 신청 (제92조)

건축물의 건축등과 관련된 분쟁의 조정 또는 재정(이하 "조정 등"이라 함)을 신청하려는 자는 제88조제2항에 따른 관할 건축분쟁전문위원회에 조정등의 신청서를 제출하여야 한다(동조 제1항).

조정신청은 해당 사건의 당사자 중 1명 이상이 하며, 재정신청은 해당 사건 당사자 간의 합의로 한다. 다만, 건축분쟁전문위원회는 조정신청을 받으면 해당 사건의 모든 당사자에게 조정신청이 접수된 사실을 알려야 하며(동조 제2항), 건축분쟁전문위원회가 당사자의 조정신청을 받으면 90일 이내에, 재정신청을 받으면 180일 이내에 절차를 마쳐야 한다. 다만, 부득이한 사정이 있으면 건축분쟁전문위원회의 의결로 기간을 연장할 수 있다(동조 제3항).

(6) 조정 등의 거부와 중지 (제93조)

건축분쟁전문위원회는 분쟁의 성질상 건축분쟁전문위원회에서 조정등을 하는 것이 맞지 아니하다고 인정하거나 부정한 목적으로 신청되었다고 인정되면 그 조정 등을 거부할 수 있다. 이 경우 조정 등의 거부 사유를 신청인에게 알려야 하며(동조 제1항), 건축분쟁전문위원회는 신청된 사건의 처리 절차가 진행되는 도중에 한쪽 당사자가 소를 제기한 경우에는 조정 등의 처리를 중지하고 이를 당사자에게 알려야 한다(동조 제2항).

시・도지사 또는 시장・군수・구청장은 위해 방지를 위하여 긴급한 상황이거나 그 밖에 특별한 사유가 없으면 조정 등의 신청이 있다는 이유만으로 해당 공사를 중

지하게 하여서는 아니 된다(동조 제3항).

(7) 조정위원회와 재정위원회 (제94조)

조정은 3명의 위원으로 구성되는 조정위원회에서 하고, 재정은 5명의 위원으로 구성되는 재정위원회에서 한다(동조 제1항). 조정위원회의 위원(이하 "조정위원"이라 함)과 재정위원회의 위원(이하 "재정위원"이라 함)은 사건마다 건축분쟁전문위원회의 위원 중에서 위원장이 지명한다. 이 경우 재정위원회에는 제89조제2항제4호에 해당하는 위원이 1명 이상 포함되어야 한다(동조 제2항). 조정위원회와 재정위원회의 회의는 구성원 전원의 출석으로 열고 과반수의 찬성으로 의결한다(동조 제3항).

(8) 조정을 위한 조사 및 의견 청취 (제95조)

조정위원회는 조정에 필요하다고 인정하면 조정위원 또는 사무국의 소속 공무원에게 관계 서류를 열람하게 하거나 관계 사업장에 출입하여 조사하게 할 수 있으며(동조 제1항), 당사자나 참고인을 조정위원회에 출석하게 하여 의견을 들을 수 있다(동조 제2항).

분쟁의 조정신청을 받은 관할 조정위원회는 조정기간 내에 심사하여 조정안을 작성하여야 한다(동조 제3항).

(9) 조정의 효력 (제96조)

조정위원회는 조정안을 작성하면 지체 없이 각 당사자에게 조정안을 제시하여야 한다(동조 제1항). 이에 따라 조정안을 제시받은 당사자는 제시를 받은 날부터 15일 이내에 수락 여부를 조정위원회에 알려야 한다(동조 제2항). 조정위원회는 당사자가 조정안을 수락하면 즉시 조정서를 작성하여야 하며, 조정위원과 각 당사자는 이에 기명날인하여야 한다(동조 제3항). 조정안을 수락하고 조정서에 기명날인하면 당사자 간에 조정서와 동일한 내용의 합의가 성립된 것으로 본다(동조 제4항).

(10) 분쟁의 재정 (제97조)

재정은 문서로써 하여야 하며, 재정 문서에는 다음 각 호의 사항을 적고 재정위원이 이에 기명날인하여야 한다(동조 제1항). 1. 사건번호와 사건명 2. 당사자, 선정대표자, 대표당사자 및 대리인의 주소 · 성명 3. 주문(主文) 4. 신청 취지 5. 이유 6. 재정 날짜

제1항 제5호에 따른 이유를 적을 때에는 주문의 내용이 정당하다는 것을 인정할 수 있는 한도에서 당사자의 주장 등을 표시하여야 하며(동조 제2항), 재정위원회는 재정을 하면 지체 없이 재정 문서의 정본(正本)을 당사자나 대리인에게 송달하여야 한다(동조 제3항).

(11) 재정을 위한 조사권 등 (제98조)

재정위원회는 분쟁의 재정을 위하여 필요하다고 인정하면 당사자의 신청이나 직권으로 재정위원 또는 소속 공무원에게 다음 각 호의 행위를 하게 할 수 있다(동조 제1항). 1. 당사자나 참고인에 대한 출석 요구, 자문 및 진술 청취 2. 감정인의 출석 및 감정 요구 3. 사건과 관계있는 문서나 물건의 열람 · 복사 · 제출 요구 및 유치 4. 사건과 관계있는 장소의 출입 · 조사

당사자는 제1항에 따른 조사 등에 참여할 수 있으며(동조 제2항), 재정위원회가 직권으로 제1항에 따른 조사 등을 한 경우에는 그 결과에 대하여 당사자의 의견을 들어야 한다(동조 제3항). 재정위원회는 당사자나 참고인에게 진술하게 하거나 감정인에게 감정하게 할 때에는 당사자나 참고인 또는 감정인에게 선서를 하도록 하여야 한다(동조 제4항).

제1항 제4호의 경우에 재정위원 또는 소속 공무원은 그 권한을 나타내는 증표를 지니고 이를 관계인에게 내보여야 한다(동조 제5항).

(12) 재정의 효력 등 (제99조)

재정위원회가 재정을 한 경우 재정 문서의 정본이 당사자에게 송달된 날부터 60일 이내에 당사자 양쪽이나 어느 한쪽으로부터 그 재정의 대상인 건축물의 건축등의 분쟁을 원인으로 하는 소송이 제기되지 아니하거나 그 소송이 철회되면 당사자 간에 재정 내용과 동일한 합의가 성립된 것으로 본다.

(13) 시효의 중단 (제100조)

당사자가 재정에 불복하여 소송을 제기한 경우 시효의 중단과 제소기간의 산정에 있어서는 재정신청을 재판상의 청구로 본다.

(14) 조정 회부 (제101조)

건축분쟁전문위원회는 재정신청이 된 사건을 조정에 회부하는 것이 적합하다고 인정하면 직권으로 직접 조정할 수 있다.

(15) 비용부담 (제102조)

분쟁의 조정등을 위한 감정·진단·시험 등에 드는 비용은 당사자 간의 합의로 정하는 비율에 따라 당사자가 부담하여야 한다. 다만, 당사자 간에 비용부담에 대하여 합의가 되지 아니하면 조정위원회나 재정위원회에서 부담비율을 정한다(동조 제1항).

조정위원회나 재정위원회는 필요하다고 인정하면 대통령령으로 정하는 바에 따라 당사자에게 비용을 예치하게 할 수 있으며(동조 제2항), 비용의 범위에 관하여 중앙건축분쟁전문위원회의 소관 사항은 국토해양부령으로 정하고, 지방건축분쟁전문위원회의 소관 사항은 시·도의 조례로 정한다(동조 제3항).

(16) 사무국 (제103조)

위원회의 사무를 처리하기 위하여 위원회에 사무국을 둘 수 있다(동조 제1항).

(17) 조정 등의 절차 (제104조)

제88조부터 제103조까지의 규정에서 정한 것 외에 분쟁의 조정등의 방법·절차 등에 관하여 필요한 사항은 대통령령으로 정한다.

(18) 벌칙 적용 시 공무원 의제 (제105조)

다음 각 호의 어느 하나에 해당하는 자는 공무원이 아니더라도 「형법」 제129조부터 제132조까지의 규정과 「특정범죄가중처벌 등에 관한 법률」 제2조와 제3조에 따른 벌칙을 적용할 때에는 공무원으로 본다. <개정 2009.4.1>

1. 제27조에 따라 현장조사・검사 및 확인업무를 대행하는 자
2. 제37조에 따른 건축지도원
3. 제65조제2항에 따른 인증기관의 임직원
4. 제82조제4항에 따른 기관 및 단체의 임직원
5. 제89조에 따른 건축분쟁전문위원회의 위원

10. 벌 칙

(1) 벌칙 (제106조 내지 제111조 참조)

(2) 양벌규정 (제112조)

1) 법인의 대표자, 대리인, 사용인, 그 밖의 종업원이 그 법인의 업무에 관하여 제106조, 제107조 내지 제111조의 위반행위를 하면 행위자를 벌할 뿐만 아니라 그 법인에도 10억원 이하 벌금 또는 해당조문의 벌금형에 처한다. 다만, 법인이 그 위반행위를 방지하기 위하여 해당 입무에 관하여 상당한 주의와 감독을 게을리 하지 아니한 때에는 그러하지 아니하다(동조 제1항, 제3항).

2) 개인의 대리인, 사용인, 그 밖의 종업원이 그 개인의 업무에 관하여 제106조, 제107조 내지 제11조의 위반행위를 하면 행위자를 벌할 뿐만 아니라 그 개인에게도 10억원 이하의 벌금 또는 해당조문의 벌금형에 처한다. 다만, 개인이 그 위반행위를 방지하기 위하여 해당 업무에 관하여 상당한 주의와 감독을 게을리 하지 아니한 때에는 그러하지 아니하다(동조 제2항, 제4항).

(3) 과태료 (제113조 참조)

[별표 1] 〈개정 2010.2.18〉

용도별 건축물의 종류(슈제3조의4 관련)

1. 단독주택[단독주택의 형태를 갖춘 가정보육시설 · 공동생활가정 · 지역아동센터 및 노인복지시설을 포함한다]
 가. 단독주택
 나. 다중주택: 다음의 요건을 모두 갖춘 주택을 말한다.
  1) 학생 또는 직장인 등 여러 사람이 장기간 거주할 수 있는 구조로 되어 있는 것
  2) 독립된 주거의 형태를 갖추지 아니한 것(각 실별로 욕실은 설치할 수 있으나, 취사시설은 설치하지 아니한 것을 말한다. 이하 같다)
  3) 연면적이 330제곱미터 이하이고 층수가 3층 이하인 것
 다. 다가구주택: 다음의 요건을 모두 갖춘 주택으로서 공동주택에 해당하지 아니하는 것을 말한다.
  1) 주택으로 쓰는 층수(지하층은 제외한다)가 3개 층 이하일 것. 다만, 1층의 바닥면적 2분의 1 이상을 필로티 구조로 하여 주차장으로 사용하고 나머지 부분을 주택 외의 용도로 쓰는 경우에는 해당 층을 주택의 층수에서 제외한다.
  2) 1개 동의 주택으로 쓰는 바닥면적(지하주차장 면적은 제외한다)의 합계가 660제곱미터 이하일 것
  3) 19세대 이하가 거주할 수 있을 것
 라. 공관(公館)

2. 공동주택(공동주택의 형태를 갖춘 가정보육시설 · 공동생활가정 · 지역아동센터 · 노인복지시설 및 「주택법 시행령」 제3조제1항에 따른 원룸형 주택 · 기숙사형 주택을 포함한다). 다만, 가목이나 나목에서 층수를 산정할 때 1층 전부를 필로티 구조로 하여 주차장으로 사용하는 경우에는 필로티 부분을 층수에서 제외하고, 다목에서 층수를 산정할 때 1층의 바닥면적 2분의 1 이상을 필로티 구조로 하여 주차장으로 사용하고 나머지 부분을 주택 외의 용도로 쓰는 경우에는 해당 층을 주택의 층수에서 제외한다.
 가. 아파트: 주택으로 쓰는 층수가 5개 층 이상인 주택
 나. 연립주택: 주택으로 쓰는 1개 동의 바닥면적(지하주차장 면적은 제외한다) 합계가 660제곱미터를 초과하고, 층수가 4개 층 이하인 주택
 다. 다세대주택: 주택으로 쓰는 1개 동의 바닥면적 합계가 660제곱미터 이하이고, 층수가 4개 층 이하인 주택(2개 이상의 동을 지하주차장으로 연결하는 경우에는 각각의 동으로 보며, 지하주차장 면적은 바닥면적에서 제외한다)
 라. 기숙사: 학교 또는 공장 등의 학생 또는 종업원 등을 위하여 쓰는 것으로서 공동취사 등을 할 수 있는 구조를 갖추되, 독립된 주거의 형태를 갖추지 아니한 것(「교육기본법」 제27조제2항에 따른 학생복지주택을 포함한다)

3. 제1종 근린생활시설

가. 수퍼마켓과 일용품(식품 · 잡화 · 의류 · 완구 · 서적 · 건축자재 · 의약품 · 의료기기 등) 등의 소매점으로서 같은 건축물(하나의 대지에 두 동 이상의 건축물이 있는 경우에는 이를 같은 건축물로 본다. 이하 같다)에 해당 용도로 쓰는 바닥면적의 합계가 1천 제곱미터 미만인 것

나. 휴게음식점 또는 제과점으로서 같은 건축물에 해당 용도로 쓰는 바닥면적의 합계가 300제곱미터 미만인 것

다. 이용원, 미용원, 목욕장 및 세탁소(공장이 부설된 것과 「대기환경보전법」, 「수질 및 수생태계 보전에 관한 법률」 또는 「소음 · 진동규제법」에 따른 배출시설의 설치허가 또는 신고의 대상이 되는 것은 제외한다)

라. 의원 · 치과의원 · 한의원 · 침술원 · 접골원(接骨院), 조산원 및 안마원

마. 탁구장 및 체육도장으로서 같은 건축물에 해당 용도로 쓰는 바닥면적의 합계가 500제곱미터 미만인 것

바. 지역자치센터, 파출소, 지구대, 소방서, 우체국, 방송국, 보건소, 공공도서관, 지역건강보험조합, 그 밖에 이와 비슷한 것으로서 같은 건축물에 해당 용도로 쓰는 바닥면적의 합계가 1천 제곱미터 미만인 것

사. 마을회관, 마을공동작업소, 마을공동구판장, 그 밖에 이와 비슷한 것

아. 변전소, 양수장, 정수장, 대피소, 공중화장실, 그 밖에 이와 비슷한 것

자. 지역아동센터(단독주택과 공동주택에 해당하지 아니한 것을 말한다)

차. 「도시가스사업법」 제2조제5호에 따른 가스배관시설

4. 제2종 근린생활시설

가. 일반음식점, 기원

나. 휴게음식점 또는 제과점으로서 제1종 근린생활시설에 해당하지 아니하는 것

다. 서점으로서 제1종 근린생활시설에 해당하지 아니하는 것

라. 테니스장, 체력단련장, 에어로빅장, 볼링장, 당구장, 실내낚시터, 골프연습장, 물놀이형 시설(「관광진흥법」 제33조에 따른 안전성검사의 대상이 되는 물놀이형 시설을 말한다. 이하 같다), 그 밖에 이와 비슷한 것으로서 같은 건축물에 해당 용도로 쓰이는 바닥면적의 합계가 500제곱미터 미만인 것

마. 공연장(극장, 영화관, 연예장, 음악당, 서커스장, 「영화 및 비디오물의 진흥에 관한 법률」 제2조제16호가목에 따른 비디오물감상실, 같은 호 나목에 따른 비디오물소극장, 그 밖에 이와 비슷한 것을 말한다. 이하 같다) 또는 종교집회장[교회, 성당, 사찰, 기도원, 수도원, 수녀원, 제실(際室), 사당, 그 밖에 이와 비슷한 것을 말한다. 이하 같다]으로서 같은 건축물에 해당 용도로 쓰는 바닥면적의 합계가 300제곱미터 미만인 것

바. 금융업소, 사무소, 부동산중개사무소, 결혼상담소 등 소개업소, 출판사, 그 밖에 이와 비슷한 것으로서 같은 건축물에 해당 용도로 쓰는 바닥면적의 합계가 500제곱미터 미만인 것

사. 제조업소, 수리점, 세탁소, 그 밖에 이와 비슷한 것으로서 같은 건축물에 해당 용도로 쓰는 바닥면적의 합계가 500제곱미터 미만이고, 다음의 요건 중 어느 하나에 해당되는 시설

1) 「대기환경보전법」, 「수질 및 수생태계 보전에 관한 법률」 또는 「소음 · 진동규제법」에 따른 배출시설의 설치허가 또는 신고의 대상이 아닌 것

2) 「대기환경보전법」, 「수질 및 수생태계 보전에 관한 법률」 또는 「소음・진동규제법」에 따른 설치 허가 또는 신고 대상 시설이나 귀금속・장신구 및 관련 제품 제조시설로서 발생되는 폐수를 전량 위탁처리하는 것

아. 「게임산업진흥에 관한 법률」 제2조제6호의2가목에 따른 청소년게임제공업의 시설 및 같은 조 제8호에 따른 복합유통게임제공업의 시설(청소년 이용 불가 게임물을 제공하는 경우는 제외한다)로서 같은 건축물에 그 용도로 쓰는 바닥면적의 합계가 500제곱미터 미만인 것과 같은 조 제7호에 따른 인터넷컴퓨터게임시설제공업의 시설로서 같은 건축물에 그 용도로 쓰는 바닥면적의 합계가 300제곱미터 미만인 것

자. 사진관, 표구점, 학원(같은 건축물에 해당 용도로 쓰는 바닥면적의 합계가 500제곱미터 미만인 것만 해당되며, 자동차학원 및 무도학원을 제외한다), 직업훈련소(같은 건축물에 해당 용도로 쓰는 바닥면적의 합계가 500제곱미터 미만인 것을 말하되, 운전・정비 관련 직업훈련소는 제외한다), 장의사, 동물병원, 독서실, 총포판매사, 그 밖에 이와 비슷한 것

차. 단란주점으로서 같은 건축물에 해당 용도로 쓰는 바닥면적의 합계가 150제곱미터 미만인 것

카. 의약품 판매소, 의료기기 판매소 및 자동차영업소로서 같은 건축물에 해당 용도로 쓰는 바닥면적의 합계가 1천 제곱미터 미만인 것

타. 안마시술소 및 노래연습장

파. 고시원(「다중이용업소의 안전관리에 관한 특별법」에 따른 다중이용업 중 고시원업의 시설로서 독립된 주거의 형태를 갖추지 아니한 것을 말한다. 이하 같다)으로서 같은 건축물에 해당 용도로 쓰는 바닥면적의 합계가 1천제곱미터 미만인 것

5. 문화 및 집회시설

가. 공연장으로서 제2종 근린생활시설에 해당하지 아니하는 것

나. 집회장[예식장, 공회당, 회의장, 마권(馬券) 장외 발매소, 마권 전화투표소, 그 밖에 이와 비슷한 것을 말한다]으로서 제2종 근린생활시설에 해당하지 아니하는 것

다. 관람장(경마장, 경륜장, 경정장, 자동차 경기장, 그 밖에 이와 비슷한 것과 체육관 및 운동장으로서 관람석의 바닥면적의 합계가 1천 제곱미터 이상인 것을 말한다)

라. 전시장(박물관, 미술관, 과학관, 문화관, 체험관, 기념관, 산업전시장, 박람회장, 그 밖에 이와 비슷한 것을 말한다)

마. 동・식물원(동물원, 식물원, 수족관, 그 밖에 이와 비슷한 것을 말한다)

6. 종교시설

가. 종교집회장으로서 제2종 근린생활시설에 해당하지 아니하는 것

나. 종교집회장(제2종 근린생활시설에 해당하지 아니하는 것을 말한다)에 설치하는 봉안당(奉安堂)

7. 판매시설

가. 도매시장(「농수산물유통 및 가격안정에 관한 법률」에 따른 농수산물도매시장, 농수산물공판장, 그 밖에 이와 비슷한 것을 말하며, 그 안에 있는 근린생활시설을 포함한다)

나. 소매시장(「유통산업발전법」 제2조제3호에 따른 대규모 점포, 그 밖에 이와 비슷한 것을 말하며, 그 안에 있는 근린생활시설을 포함한다)

다. 상점(그 안에 있는 근린생활시설을 포함한다)으로서 다음의 요건 중 어느 하나에 해당하는 것

1) 제3호가목에 해당하는 용도(서점은 제외한다)로서 제1종 근린생활시설에 해당하지 아니하는 것
2) 「게임산업진흥에 관한 법률」 제2조제6호의2가목에 따른 청소년게임제공업의 시설, 같은 호 나목에 따른 일반게임제공업의 시설, 같은 조 제7호에 따른 인터넷컴퓨터게임시설제공업의 시설 및 같은 조 제8호에 따른 복합유통게임제공업의 시설로서 제2종 근린생활시설에 해당하지 아니하는 것

8. 운수시설
가. 여객자동차터미널
나. 철도시설
다. 공항시설
라. 항만시설
마. 삭제 <2009.7.16>

9. 의료시설
가. 병원(종합병원, 병원, 치과병원, 한방병원, 정신병원 및 요양병원을 말한다)
나. 격리병원(전염병원, 마약진료소, 그 밖에 이와 비슷한 것을 말한다)

10. 교육연구시설(제2종 근린생활시설에 해당하는 것은 제외한다)
가. 학교(유치원, 초등학교, 중학교, 고등학교, 전문대학, 대학, 대학교, 그 밖에 이에 준하는 각종 학교를 말한다)
나. 교육원(연수원, 그 밖에 이와 비슷한 것을 포함한다)
다. 직업훈련소(운전 및 정비 관련 직업훈련소는 제외한다)
라. 학원(자동차학원 및 무도학원은 제외한다)
마. 연구소(연구소에 준하는 시험소와 계측계량소를 포함한다)
바. 도서관

11. 노유자시설
가. 아동 관련 시설(영유아보육시설, 아동복지시설, 그 밖에 이와 비슷한 것으로서 단독주택, 공동주택 및 제1종 근린생활시설에 해당하지 아니하는 것을 말한다)
나. 노인복지시설(단독주택과 공동주택에 해당하지 아니하는 것을 말한다)
다. 그 밖에 다른 용도로 분류되지 아니한 사회복지시설 및 근로복지시설

12. 수련시설
가. 생활권 수련시설(「청소년활동진흥법」에 따른 청소년수련관, 청소년문화의집, 청소년특화시설, 그 밖에 이와 비슷한 것을 말한다)
나. 자연권 수련시설(「청소년활동진흥법」에 따른 청소년수련원, 청소년야영장, 그 밖에 이와 비슷한 것을 말한다)
다. 「청소년활동진흥법」에 따른 유스호스텔

13. 운동시설
가. 탁구장, 체육도장, 테니스장, 체력단련장, 에어로빅장, 볼링장, 당구장, 실내낚시터, 골프연습장,

물놀이형 시설, 그 밖에 이와 비슷한 것으로서 제1종 근린생활시설 및 제2종 근린생활시설에 해당하지 아니하는 것

나. 체육관으로서 관람석이 없거나 관람석의 바닥면적이 1천제곱미터 미만인 것

다. 운동장(육상장, 구기장, 볼링장, 수영장, 스케이트장, 롤러스케이트장, 승마장, 사격장, 궁도장, 골프장 등과 이에 딸린 건축물을 말한다)으로서 관람석이 없거나 관람석의 바닥면적이 1천 제곱미터 미만인 것

14. 업무시설

가. 공공업무시설: 국가 또는 지방자치단체의 청사와 외국공관의 건축물로서 제1종 근린생활시설에 해당하지 아니하는 것

나. 일반업무시설: 금융업소, 사무소, 신문사, 오피스텔(업무를 주로 하며, 분양하거나 임대하는 구획 중 일부의 구획에서 숙식을 할 수 있도록 한 건축물로서 국토해양부장관이 고시하는 기준에 적합한 것을 말한다), 그 밖에 이와 비슷한 것으로서 제2종 근린생활시설에 해당하지 아니하는 것

15. 숙박시설

가. 일반숙박시설(호텔, 여관 및 여인숙)

나. 관광숙박시설(관광호텔, 수상관광호텔, 한국전통호텔, 가족호텔 및 휴양 콘도미니엄)

다. 고시원(제2종 근린생활시설에 해당하지 아니하는 것을 말한다)

라. 그 밖에 가목부터 다목까지의 시설과 비슷한 것

16. 위락시설

가. 단란주점으로서 제2종 근린생활시설에 해당하지 아니하는 것

나. 유흥주점이나 그 밖에 이와 비슷한 것

다. 「관광진흥법」에 따른 유원시설업의 시설, 그 밖에 이와 비슷한 시설(제2종 근린생활시설과 운동시설에 해당하는 것은 제외한다)

라. 삭제 <2010.2.18>

마. 무도장, 무도학원

바. 카지노영업소

17. 공장

물품의 제조・가공[염색・도장(塗裝)・표백・재봉・건조・인쇄 등을 포함한다] 또는 수리에 계속적으로 이용되는 건축물로서 제1종 근린생활시설, 제2종 근린생활시설, 위험물저장 및 처리시설, 자동차 관련시설, 분뇨 및 쓰레기처리시설 등으로 따로 분류되지 아니한 것

18. 창고시설(위험물 저장 및 처리 시설 또는 그 부속용도에 해당하는 것은 제외한다)

가. 창고(물품저장시설로서 「물류정책기본법」에 따른 일반창고와 냉장 및 냉동 창고를 포함한다)

나. 하역장

다. 「물류시설의 개발 및 운영에 관한 법률」에 따른 물류터미널

라. 집배송 시설

19. 위험물 저장 및 처리 시설

「위험물안전관리법」, 「석유 및 석유대체연료 사업법」, 「도시가스사업법」, 「고압가스 안전관리법」, 「액화석유가스의 안전관리 및 사업법」, 「총포·도검·화약류 등 단속법」, 「유해화학물질 관리법」 등에 따라 설치 또는 영업의 허가를 받아야 하는 건축물로서 다음 각 목의 어느 하나에 해당하는 것. 다만, 자가난방, 자가발전, 그 밖에 이와 비슷한 목적으로 쓰는 저장시설은 제외한다.

가. 주유소(기계식 세차설비를 포함한다) 및 석유 판매소
나. 액화석유가스 충전소·판매소·저장소(기계식 세차설비를 포함한다)
다. 위험물 제조소·저장소·취급소
라. 액화가스 취급소·판매소
마. 유독물 보관·저장·판매시설
바. 고압가스 충전소·판매소·저장소
사. 도료류 판매소
아. 도시가스 제조시설
자. 화약류 저장소
차. 그 밖에 가목부터 자목까지의 시설과 비슷한 것

20. 자동차 관련 시설(건설기계 관련 시설을 포함한다)

가. 주차장
나. 세차장
다. 폐차장
라. 검사장
마. 매매장
바. 정비공장
사. 운전학원 및 정비학원(운전 및 정비 관련 직업훈련시설을 포함한다)
아. 「여객자동차 운수사업법」, 「화물자동차 운수사업법」 및 「건설기계관리법」에 따른 차고 및 주기장(駐機場)

21. 동물 및 식물 관련 시설

가. 축사(양잠·양봉·양어시설 및 부화장 등을 포함한다)
나. 가축시설[가축용 운동시설, 인공수정센터, 관리사(管理舍), 가축용 창고, 가축시장, 동물검역소, 실험동물 사육시설, 그 밖에 이와 비슷한 것을 말한다]
다. 도축장
라. 도계장
마. 작물 재배사
바. 종묘배양시설
사. 화초 및 분재 등의 온실
아. 식물과 관련된 마목부터 사목까지의 시설과 비슷한 것(동·식물원은 제외한다)

22. 분뇨 및 쓰레기 처리시설

가. 분뇨처리시설

나. 고물상
다. 폐기물처리시설 및 폐기물감량화시설

23. 교정 및 군사 시설(제1종 근린생활시설에 해당하는 것은 제외한다)
가. 교정시설(보호감호소, 구치소 및 교도소를 말한다)
나. 보호관찰소, 갱생보호소, 그 밖에 범죄자의 갱생・보육・교육・보건 등의 용도로 쓰는 시설
다. 소년원 및 소년분류심사원
라. 국방・군사시설

24. 방송통신시설(제1종 근린생활시설에 해당하는 것은 제외한다)
가. 방송국(방송프로그램 제작시설 및 송신・수신・중계시설을 포함한다)
나. 전신전화국
다. 촬영소
라. 통신용 시설
마. 그 밖에 가목부터 라목까지의 시설과 비슷한 것

25. 발전시설
발전소(집단에너지 공급시설을 포함한다)로 사용되는 건축물로서 제1종 근린생활시설에 해당하지 아니하는 것

26. 묘지 관련 시설
가. 화장시설
나. 봉안당(종교시설에 해당하는 것은 제외한다)
다. 묘지와 자연장지에 부수되는 건축물

27. 관광 휴게시설
가. 야외음악당
나. 야외극장
다. 어린이회관
라. 관망탑
마. 휴게소
바. 공원・유원지 또는 관광지에 부수되는 시설

28. 장례식장[의료시설의 부수시설(「의료법」 제36조제1호에 따른 의료기관의 종류에 따른 시설을 말한다)에 해당하는 것은 제외한다]

제6장 주택법

Ⅰ. 개설

1. 주택관련 법제

1945년 해방 이후 6.25 사변을 거치면서, 우리나라 주택관련법이 제정된 가장 중요한 입법목적은 우선 양적인 주택문제의 해결, 즉 무주택자 등에게 부족한 주택을 가급적 많이 건설하여 공급함으로써 국민 주거생활의 안정을 도모하는 데 그 초점이 맞추어져 있었다고 할 수 있다[1]. 주택관련 법령으로서 중요한 것을 열거하면, 공영주택법, 주택건설촉진법 (당시 하위법령으로 대통령령인 주택건설촉진법시행령, 주택건설기준 등에 관한 규정, 공동주택관리령과 부령인 주택건설촉진법시행규칙, 주택건설기준 등에 관한 규칙, 주택공급에 관한 규칙, 공동주택관리규칙 등이 있었음), 택지개발촉진법, 임대주택건설촉진법, 집합건물의 소유 및 관리에 관한 법률 등을 들 수 있다. 이 중에서도 특히 주택법의 전신이라고 할 수 있는 주택건설촉진법은 1972년 12월 30일, 주택이 없는 국민에 대한 계획성있는 주택의 공급과 이를 위한 자금의 조달・운용 및 건실한 주택용 건축자재의 생산・공급에 관하여 필요한 사항을 정하기 위해 법률 제2409호로 제정되었으며 그 이후 십 수차례의 개정을 거쳐, 2003년 5월 29일 주택법의 제정으로 이 법에 흡수되었다.

2. 주택법의 제정 및 개정경과

(1) 제정 [법률 제6916호, 2003. 5.29]

주택의 건설을 촉진하고, 주택을 원활하게 공급함으로써 국민주거생활의 안정화를

1) 법제처 법제 50년사 참조.

목적으로 제정·운영되어 온 주택건설촉진법을 변화된 경제적·사회적 여건에 맞추어 주거복지 및 주택관리 등의 부분을 보강하고, 현행 제도의 운영과정에서 나타난 일부 미비점을 전반적으로 개선·보완하려는 것이며, 그 주요내용은 다음과 같다.

가. 국가 등은 변화된 여건에 맞추어 저소득자·무주택자 등 사회적 약자에게 우선적으로 주택공급이 이루어지도록 배려하고, 국민이 사회·경제적 여건변화에 적합하게 쾌적하고 살기 좋은 주거생활이 가능하도록 노력하는 등 국가 및 지방자치단체의 의무를 명시함(법 제3조).

나. 건설교통부장관은 주택건설·주거복지·주거환경 및 주택관리 등의 내용을 포함한 주택종합계획을 수립·시행하도록 함(법 제7조).

다. 리모델링을 추진하기 위한 기준·절차 등을 규정하고, 국민주택의 리모델링에 대하여는 국민주택기금에서 지원할 수 있도록 근거를 마련함(법 제42조 및 제63조).

라. 공동주택의 관리를 강화하기 위하여 대통령령인 공동주택관리령으로 운영중이던 공동주택관리규약·장기수선계획·안전관리계획·안전교육·안전점검 등에 관한 사항 중 중요사항을 법률에서 직접 규정함(법 제44조·제47조·제49조 및 제50조).

마. 주택관리사등은 주택관리에 관한 기술·행정 및 법률문제에 관한 연구와 그 업무의 효율적인 수행을 위하여 주택관리사단체를 설립할 수 있도록 함(법 제81조 및 제82조).

(2) 개정 경과

1) [2003. 7.25, 법률 제6943호, 일부개정]

국민이 쾌적하고 살기 좋은 생활을 영위할 수 있도록 하기 위하여 건설교통부장관으로 하여금 최저주거기준을 설정·공고하도록 하고, 국가·지방자치단체는 최저주거기준 미달가구에 대하여 우선적으로 주택을 공급하거나 국민주택기금을 지원할 수 있도록 하며, 최저주거기준 미달가구가 밀집한 지역에 대하여는 우선적으로 임대주택을 건설할 수 있도록 함으로써 그동안 주택의 양적인 공급 확대에 치중하여 주거수준의 질적 향상은 도외시되어 온 현행 제도의 미비점을 개선하려는 것임.

2) [2004. 1.29, 법률 제7156호, 일부개정]

주상복합건축물의 청약과열 현상 및 투기적 수요를 억제하고, 실제 거래되는 가격으로 주택의 거래내역을 신고하도록 하여 투기수요를 억제하고 투명한 거래관행을 정착시킴으로써 주택시장의 안정을 도모하려는 것임.

3) [2005. 1. 8, 법률 제7334호, 일부개정]

주택분양가 자율화 이후 분양가가 상승하여 부동산 투기가 과열되고 중산・서민층의 주거비 부담이 증가함에 따라 공공택지에서 건설되는 일정규모 이하의 주택은 분양가격을 제한하고 분양가격의 주요항목을 공개토록 의무화하고, 주택의 소음・구조 및 환경 등에 관하여 성능등급을 표시함.

4) [2005.5.26, 법률 제7520호, 일부개정]

국민의 경제활동을 제한하는 투기과열지구의 지정 등에 있어서 주택정책심의위원회의 심의를 거치도록 함으로써 정책결정의 투명성을 제고하는 한편, 공동주택의 하자담보책임기간을 내력구조부별 및 시설공사별로 10년 이내의 범위에서 합리적으로 정하도록 하고, 담보책임기간 내에 발생한 하자의 책임범위에 대하여 사업주체・설계자 또는 감리자 사이에 분쟁이 발생하는 경우 「건축법」에 의한 건축분쟁조정위원회에서 이를 조정하도록 함으로써 사업주체에게 일방적으로 책임이 전가되는 것을 개선하고 감리자 및 설계자의 책임의식을 높여 부실공사를 방지하려는 것임.

5) [2005.7.13, 법률 제7600호, 일부개정]

공동주택 리모델링 시 건축물 구조의 안전을 확보하고 부실공사를 방지하기 위하여 신축주택과 동일한 수준의 상주감리를 의무화하고, 안전진단 결과 건축물 구조의 안전에 위험이 있다고 평가되어 재건축 결정을 받은 공동주택은 증축을 하는 리모델링을 허가할 수 없도록 하는 한편, 증축을 포함하는 공동주택 리모델링을 일정 범위 내에서만 허용하고, 주택건설 사업주체의 간선시설 설치부담 범위를 명확히 설정하는 등 현행 제도의 운영과정에서 나타난 일부 미비점을 개선・보완하려는 것임.

6) [2005.12.23, 법률 제7757호, 일부개정]

국민의 주거생활의 안정을 위하여 분양가상한제 적용대상을 공공택지에서 공급되는 주거전용면적 85제곱미터를 초과하는 주택 등으로 확대하고, 동 분양가상한제 적용주택에 대하여는 택지비 및 택지매입원가를 공시하도록 하며, 분양가격의 공시항목을 현행 5개 항목에서 7개 항목으로 확대하는 한편, 주택에 대한 투기가 우려되거나 공공택지내 주택공급의 공공성을 강화하기 위하여 필요한 경우에는 투기과열지구내 공공택지 중에서 주택공영개발지구를 지정하여 공공기관이 직접 주택을 건설・공급하도록 함.

7) [2007.1.11, 법률 제8239호, 일부개정]

주택건설 예정지에 대한 소위 "알박기" 등으로 인한 사업지연 및 분양원가상승 등의 문제점을 해결하기 위하여 사업주체의 주택건설 대지확보 의무비율을 완화하고 매도청구권의 행사 대상에서 제외되는 대지의 요건을 강화하며, 분양계약을 한 입주예정자의 권익을 보호하기 위하여 견본주택의 건축기준을 정하고 위반 시 벌칙을 부과하도록 함.

8) [2007.4.20, 법률 제8383호, 일부개정]

신규 분양 공동주택의 분양가 인하와 분양가의 투명한 책정을 위하여 기존에 공공택지에서 시행하고 있던 분양가상한제 및 분양가격 공시를 공공택지 외의 택지로 확대하고, 사업자가 「택지개발촉진법」에 따라 조성된 택지를 공급받아 용도대로 사용하지 않고 전매할 경우 영업정지 등을 할 수 있는 근거를 마련하며, 투기과열지구의 지정해제절차를 개선하고, 주택관리사단체가 공제사업을 할 수 있도록 함.

9) [2007.10.17, 법률 제8657호, 일부개정]

주택건설사업자가 주택건설대지 면적의 100분의 95 이상에 대하여 사용권원을 확보한 경우에는 나머지 대지에 대하여 소유기간에 관계없이 매도청구를 할 수 있도록 하여 주택건설사업을 원활히 추진할 수 있도록 하려는 것임.

10) [2008.3.21, 법률 제8968호, 일부개정]

투기과열지구 지정기준의 요건을 법률에 명확히 규정하여 자의적 판단에 따른 투기과열지구 지정을 방지하고, 공동주택의 하자담보책임에 관한 분쟁을 신속하게 해결하기 위하여 국토해양부에 하자심사 · 분쟁조정위원회를 설치할 수 있는 근거를 마련하며, 입주자대표회의 구성원의 전문지식 향상을 위해 시장 · 군수 또는 구청장이 입주자대표회의의 구성원에게 입주자대표회의의 운영과 관련한 교육을 실시할 수 있도록 하는 한편, 그 밖에 현행 제도의 운영상 나타난 일부 미비점을 개선 · 보완하려는 것이며, 그 주요내용은 다음과 같다.

가. 투기과열지구 지정요건의 명확화(법 제41조제1항 후단, 법 제41조제2항부터 제4항까지 신설)

나. 입주자대표회의의 운영교육(법 제43조의2)

다. 하자심사 · 분쟁조정위원회 설치(법 제46조의2부터 제46조의4까지 신설)

라. 관리사무소장에 주택관리사 등 배치의무(법 부칙 제2조)

11) [2008. 3.28, 법률 제9046호, 일부개정]

수도권 이외의 지역으로서 투기과열지구로 지정되지 아니하거나 투기과열지구 지정이 해제된 지역 중 공공택지 외의 택지에서 건설 · 공급되는 분양가상한제 적용주택 및 해당 주택의 입주자로 선정된 지위에 대한 전매행위 제한을 폐지하여 지방주택시장의 활력을 증진시키고, 주택건설사업계획승인 권한 및 감리자 지정권한 등을 시 · 군 등으로 이양하며, 주택건설사업 인 · 허가 절차를 촉진하여 민간주택 건설 활성화에 기여하려는 것임.

12) [2009.2.3, 법률 제9405호, 일부개정]

150세대 미만의 일정규모 이하로 건설되는 도시형 생활주택에 대하여는 이 법에 따른 감리 및 분양가 상한제 등의 적용을 배제하여 쾌적하고 저렴한 주택을 신속하게 공급하게 하고, 주택과 주택 외의 시설을 동일 건축물로 건축하면서 주택건설 물량 중 일정비율을 임대주택으로 공급하는 경우에는 해당 사업의 용적률을 완화하되, 그 완화된 용적률의 일정 범위에서 임대주택을 의무적으로 공급하도록 하여 민영주택건설사업을 통해서도 임대주택이 공급될 수 있도록 하는 한편, 법 문장 중 어려운 용어를 쉬운 용어로 바꾸고, 길고 복잡한 문장은 간결하게 하는 등 국민이 법 문장을 이해하기 쉽게 정비하려는 것이며, 주요내용은 다음과 같다.

가. 도시형 생활주택(법 제2조제4호, 제24조제1항, 제38조의2제1항)

나. 공공택지(법 제2조제5호 사목부터 자목까지 신설)

다. 주택조합 사업계획 승인요건 완화(법 제16조제2항)

라. 주택의 특별공급제도(법 제38조제1항 후단 신설)

법률에 명확한 근거 없이 운영되고 있는 주택의 특별공급제도에 관한 법적 근거를 마련함.

마. 택지비의 산정(법 제38조의2제2항)

분양가 상한제의 적용과 관련하여 토지 실매입가격을 택지비로 산정하는 경우에 택지와 관련하여 발생하는 비용도 택지비로 가산할 수 있도록 개선함으로써 주택공급 위축 등의 부작용을 방지함.

바. 주택건설사업 등에 의한 임대주택의 공급(법 제38조의6 신설)

사. 공동주택 관리비용의 공개(법 제45조제3항 및 제101조제2항제8호)

아. 하자심사·분쟁조정위원회의 위원(법 제46조의3제2항제5호 신설)

자. 주택관리업자 등에 대한 보수교육(법 제58조)

차. 기금수탁자(법 제62조의2 신설, 법 제63조제1항제8호 및 제92조제5항)

13) [2009.4.1, 법률 제9602호, 일부개정]

도시화 정도, 인구규모 등을 고려하여 인구 50만 이상 시에 대해 일반시와 차별화된 권한을 부여하는 대도시 특례를 인정하고 있으나, 대도시 특례 기준을 자치구가 아닌 구를 둔 시로 규정함에 따라 대동제(大洞制) 운영을 통해 인력·예산의 절감을 추진하는 일부 인구 50만 이상 시의 경우 특례가 인정되지 않는 역차별이 발생하고 있음.

따라서 대도시 특례기준을 서울특별시와 광역시를 제외한 인구 50만 이상의 대도시로 정비하여 대도시 특례 인정의 본래 취지를 살리려는 것임.

3. 구성

주택법은 全 11장 102조 및 부칙으로 이루어져 있다.

제1장 총칙
제2장 주택종합계획의 수립 등
제3장 주택의 건설 등
제4장 주택의 공급
제5장 주택의 관리
제6장 주택자금
제7장 주택의 거래
제8장 협회
제9장 주택정책심의위원회
제10장 보칙
제11장 벌칙

또한, 주택법의 하위법령으로는 주택법시행령, 주택법시행규칙, 주택건설기준 등에 관한 규정, 주택건설기준 등에 관한 규칙, 주택공급에 관한 규칙 등이 있다.

4. 입법목적

이 법은 쾌적한 주거생활에 필요한 주택의 건설·공급·관리와 이를 위한 자금의 조달·운용 등에 관한 사항을 정함으로써 국민의 주거안정과 주거수준의 향상에 이바지함을 목적으로 한다(제1조).

5. 주택법의 적용범위

(1) 적용 대상물

1) 주택

가. 의의
"주택"이란 세대(世帶)의 구성원이 장기간 독립된 주거생활을 할 수 있는 구조로 된 건축물의 전부 또는 일부 및 그 부속토지를 말하며, 이를 단독주택과 공동주택으로 구분한다(제2조 제1호).

나. 주택의 분류

가) 구조에 의한 분류

> ① 단독주택 : 건축법에 따른다. 단독주택, 다중주택, 다가구주택, 공관
>
> ② 공동주택
>
> "공동주택"이란 건축물의 벽・복도・계단이나 그 밖의 설비 등의 전부 또는 일부를 공동으로 사용하는 각 세대가 하나의 건축물 안에서 각각 독립된 주거생활을 할 수 있는 구조로 된 주택을 말하며, 그 종류와 범위는 대통령령으로 정하는 바, 그 종류와 범위는 건축법 시행령 별표 1 제2호 가목 내지 다목의 규정이 정하는 바에 의한다(令 제2조 제1항). 공동주택은 그 공급기준 및 건설기준 등을 고려하여 국토해양부령으로 그 종류를 세분할 수 있다(令 동조 제1항).
>
> 가. 아파트 : 주택으로 쓰는 층수가 5개 층 이상인 주택
>
> 나. 연립주택 : 주택으로 쓰는 1개 동의 바닥면적(지하주차장 면적은 제외) 합계가 660㎡ 초과하고, 층수가 4개 층 이하인 주택
>
> 다. 다세대주택: 주택으로 쓰는 1개 동의 바닥면적(지하주차장 면적은 제외한다) 합계 가 660㎡ 이하이고, 층수가 4개 층 이하인 주택

나) 재원에 따른 분류

> ① 국민주택 : "국민주택"이란 국민주택기금으로부터 자금을 지원받아 건설되거나 개량되는 주택으로서 주거의 용도로만 쓰이는 면적("주거전용면적"이라 한다)이 1호(戶) 또는 1세대당 85㎡ 이하인 주택(수도권정비계획법에 따른 수도권을 제외한 도시지역이 아닌 읍 또는 면 지역은 1호 또는 1세대당 주거전용면적이 100㎡ 이하인 주택을 말한다. 이하 "국민주택규모"라 한다)을 말한다. 이 경우 주거전용면적의 산정방법은 국토해양부령으로 정한다(제2조 제3호).
>
> ② 국민주택 등 : "국민주택등"이라 함은 법 제2조제3호의 국민주택과 국가·지방자치단체·대한주택공사 또는 「지방공기업법」 제49조의 규정에 의하여 주택사업을 목적으로 설립된 지방공사(이하 "지방공사"라 한다)가 건설하는 주택 및 「임대주택법 시행령」 제2조제1호 다목의 규정에 의한 공공건설임대주택중 85제곱미터이하의 주택을 말한다(공급규칙 제2조 5의2호).
>
> ③ 민간건설 중형국민주택 : 국민주택 중 국가・지방자치단체・대한주택공사・ 또는 지방공사 외의 사업주체가 건설하는 60㎡ 초과 85㎡ 이하의 주택
>
> ④ 민영주택 : "민영주택"이라 함은 국민주택 등을 제외한 주택을 말한다(공급규칙 제2조 6호).

다. 주택의 규모제한

가) 원칙 : 주택법에 의하여 사업주체가 건설・공급하는 주택은 다음과 같은 세

대 당 규모의 제한을 받는다(令 제21조 제1항).

단독주택	1호당 330m^2 이하
공동주택	1세대당 297m^2 이하
국민주택	1호당 또는 1세대당 85m^2 이하

나) 예외 : 국토해양부장관은 도시의 건전한 발전과 산업 및 관광의 진흥을 위하여 필요하거나 기타 특별한 사유가 있는 경우에는 위의 기준에 의하지 않고 주택의 규모를 따로 정할 수 있다(令 동조 제3항).

다) 국민주택규모 건설비율의 제한

국토해양부장관은 주택수급의 적정을 기하기 위하여 필요하다고 인정하는 때에는 사업주체가 건설하는 주택의 75%(주택조합이나 고용자가 건설하는 주택은 100% 이하의 범위 안에서 일정 비율 이상을 국민주택규모로 건설하게 할 수 있다. 이 경우 국민주택규모 주택의 건설비율은 단위사업계획별로 적용한다(令 동조 제4항, 제5항).

라. 도시형 생활주택

"도시형 생활주택"이란 150세대 미만의 국민주택규모에 해당하는 주택으로서 사업계획승인을 받아 국토의 계획 및 이용에 관한 법률에 따른 도시지역에 건설하는 다음 각 호의 주택을 말한다(제2조 제4호, 令 제3조 제1항).

가) 단지형 다세대주택: 건축법시행령상 다세대주택 중 아래의 원룸형주택 및 기숙사형 주택을 제외한 주택. 다만, 건축법에 따라 건축위원회의 심의를 받은 경우에는 주택으로 쓰는 층수를 5층까지 건축할 수 있다.

나) 원룸형 주택: 건축법시행령상 아파트, 연립주택, 다세대주택 중 어느 하나에 해당하는 주택으로서 다음의 요건을 모두 갖춘 주택

1. 세대별로 독립된 주거가 가능하도록 욕실, 부엌을 설치할 것
2. 욕실을 제외한 부분을 하나의 공간으로 구성할 것
3. 세대별 주거전용면적은 12㎡ 이상 50㎡ 이하일 것[2009.11.5,개정]
4. 각 세대는 지하층에 설치하지 아니할 것

다) 기숙사형 주택: 건축법시행령상 아파트, 연립주택, 다세대주택 중 어느 하나에 해당하는 주택으로서 다음의 요건을 모두 갖춘 주택

1. 취사장, 세탁실, 휴게실을 공동으로 사용할 수 있는 구조를 갖출 것
2. 세대별 주거전용면적은 7㎡ 이상 30㎡ 이하일 것 [2009.11.5,개정]
3. 각 세대는 지하층에 설치하지 아니할 것

2) 주택단지

"주택단지"란 주택건설사업계획 또는 대지조성사업계획의 승인을 받아 주택과 그 부대시설 및 복리시설(福利施設)을 건설하거나 대지를 조성하는 데 사용되는 일단(一團)의 토지를 말한다. 다만, 다음의 시설로 분리된 토지는 각각 별개의 주택단지로 본다.

가. 철도・고속도로・자동차전용도로

나. 폭 20m 이상인 일반도로

다. 폭 8m 이상인 도시계획예정도로

라. 가목부터 다목까지의 시설에 준하는 것으로서 주간선도로 등 대통령령(令 제4조)이 정하는 도로

3) 부대시설 등

가. 부대시설

"부대시설"이란 주택에 딸린 다음의 시설 또는 설비를 말한다.

가). 주차장, 관리사무소, 담장 및 주택단지 안의 도로

나). 「건축법」 제2조제1항 제4호에 따른 건축설비

다) 가목 및 나목의 시설・설비에 준하는 것으로서 대통령령으로 정하는 시설 또는 설비

나. 복리시설

"복리시설"이란 주택단지의 입주자 등의 생활복리를 위한 다음의 공동시설을 말한다.

가) 어린이놀이터, 근린생활시설, 유치원, 주민운동시설 및 경로당

나) 그 밖에 입주자 등의 생활복리를 위하여 대통령령으로 정하는 공동시설

다. 간선시설

"간선시설(幹線施設)"이란 도로・상하수도・전기시설・가스시설・통신시설 및

지역난방시설 등 주택단지(둘 이상의 주택단지를 동시에 개발하는 경우에는 각각의 주택단지를 말한다) 안의 기간시설(基幹施設)을 그 주택단지 밖에 있는 같은 종류의 기간시설에 연결시키는 시설을 말한다. 다만, 가스시설 · 통신시설 및 지역난방시설의 경우에는 주택단지 안의 기간시설을 포함한다.

4) 공공택지

"공공택지"란 다음 각 목의 어느 하나에 해당하는 공공사업에 의하여 개발 · 조성되는 공동주택이 건설되는 용지를 말한다(제2조 제3호의2).

가. 국민주택건설사업 또는 대지조성사업

나. 택지개발촉진법에 따른 택지개발사업, 다만 같은 법에 따른 주택건설등 사업자가 같은 법에 따라 활용하는 택지는 제외한다.

다. 산업입지 및 개발에 관한 법률에 따른 산업단지개발사업

라. 국민임대주택건설 등에 관한 특별조치법에 따른 국민임대주택단지조성사업

마. 도시개발법에 따른 도시개발사업(같은 법 제11조제1항제1호부터 제4호까지의 시행자가 같은 법에 따른 수용 또는 사용의 방식으로 시행하는 사업과 혼용방식 중 수용 또는 사용의 방식이 적용되는 구역에서 시행하는 사업만 해당한다)

바. 경제자유구역의 지정 및 운영에 관한 특별법에 따른 경제자유구역개발사업(수용 또는 사용의 방식으로 시행하는 사업과 혼용방식 중 수용 또는 사용의 방식이 적용되는 구역에서 시행하는 사업만 해당한다)

사. 공공기관 지방이전에 따른 혁신도시 건설 및 지원에 관한 특별법에 따른 혁신도시개발사업

아. 신행정수도 후속대책을 위한 연기 · 공주지역 행정중심복합도시 건설을 위한 특별법에 따른 행정중심복합도시건설사업

자. 공익사업을 위한 토지 등의 취득 및 보상에 관한 법률 제4조에 따른 공익사업으로서 대통령령으로 정하는 사업

5) 대지(垈地)

이 법에 따라 1만 ㎡ 이상의 대지조성사업을 시행하는 경우 주택건설사업과 동일하게 사업계획승인대상이다.

(2) 적용대상 행위

1) 주택 건설 및 대지 조성

이 법에 따라 20호 또는 20세대 이상의 주택건설사업이나 1만㎡ 이상의 대지조성사업을 시행하는 경우 사업계획승인대상이다.

2) 공급

"공급"이라 함은 「주택법」제38조의 적용대상이 되는 주택 및 복리시설을 분양 또는 임대하는 것을 말한다(공급규칙 제2조 4호).

3) 관리

이 법에서 명문화되어 있지 않으나 주택의 공급 이후에 제42조 ~ 제52조에 의거 의무관리대상 관리주체가 하자보수, 장기수선, 리모델링 등 업무를 수행하는 행위와 의무관리대상 아닌 공동주택을 관리단이 하자보수를 요구하고 사후관리하는 행위를 말한다.

4) 리모델링

"리모델링"이란 건축물의 노후화 억제 또는 기능 향상 등을 위하여 대수선(大修繕)을 하거나 건축법에 따른 사용승인일부터 15년{15년 이상 20년 미만의 연수중 특별시·광역시·도 또는 특별자치도(이하 "시·도"라 한다)의 조례로 정하는 경우 그 연수}이 경과된 공동주택을 각 세대의 주거전용면적(건축법에 따른 건축물대장 중 집합건축물대장의 전유부분의 면적을 말한다)의 3/10 이내에서 증축을 하는 행위를 말한다. <개정 2009.4.21>(令 제4조의2)

(3) 적용대상자

1) 사업주체(제2조 제7호)

"사업주체"란 주택건설사업계획 또는 대지조성사업계획의 승인을 받아 그 사업을 시행하는 다음의 자를 말한다.

가. 국가·지방자치단체

나. 한국토지주택공사법에 따른 한국토지주택공사
다. 등록한 주택건설사업자 또는 대지조성사업자
라. 그 밖에 이 법에 따라 주택건설사업 또는 대지조성사업을 시행하는 자

2) 관리주체

"관리주체"란 공동주택을 관리하는 다음의 자를 말한다.
가. 자치관리기구의 대표자인 공동주택의 관리사무소장
나. 관리업무를 인계하기 전의 사업주체
다. 위탁관리에 따른 주택관리업자
라. 임대주택법에 따른 임대사업자

3) 주택조합(제2조 제11호)

"주택조합"이란 많은 수의 구성원이 주택을 마련하거나 리모델링하기 위하여 결성하는 다음 각 목의 조합을 말한다.
가. 지역주택조합: 같은 특별시 · 광역시 · 특별자치도 · 시 또는 군(광역시의 관할 구역에 있는 군은 제외한다)에 거주하는 주민이 주택을 마련하기 위하여 설립한 조합
나. 직장주택조합: 같은 직장의 근로자가 주택을 마련하기 위하여 설립한 조합
다. 리모델링주택조합: 공동주택의 소유자가 그 주택을 리모델링하기 위하여 설립한 조합

4) 입주자(동조 제12호)

"입주자"란 다음 각 목의 구분에 따른 자를 말한다.
가. 주택을 공급받는 자 : 이 법 제13조 · 제38조 · 제86조 · 제89조 및 제98조의 경우
나. 제주택의 소유자 : 이 법 제54조 및 제57조의 경우
다. 주택의 소유자 또는 그 소유자를 대리하는 배우자 및 직계존비속(直系尊卑屬) : 이 법 제42조부터 제45조까지, 제55조 및 제59조의 경우

5) 사용자(동조 제13호)

"사용자"란 주택을 임차하여 사용하는 자 등을 말한다

6. 국가 등의 의무

(1) 근거

우리나라 헌법 제35조에는 제1항과 제2항에서 "① 모든 국민은 건강하고 쾌적한 환경에서 생활할 권리를 가지며, 국가와 국민은 환경보전을 위하여 노력하여야 한다. ②환경권의 내용과 행사에 관하여는 법률로 정한다."라고 하고 있으며, 특히 제3항에서는 "③국가는 주택개발정책 등을 통하여 모든 국민이 쾌적한 주거생활을 할 수 있도록 노력하여야 한다." 고 규정하고 있다. 이를 시행하기 위해 주택법에서는 국가의 주택정책 수립·시행의무를 다음과 같이 규정하고 있다.

(2) 내용

1) 국가 및 지방자치단체는 주택정책을 수립・시행할 때 국민이 쾌적하고 살기 좋은 주거생활을 할 수 있도록 할 것과 특히 국민주택규모의 주택이 저소득자・무주택자 등 계층에게 우선적으로 공급될 수 있도록 노력할 것 등을 주택정책의 수립·시행의무로서 규정하고 있으며(제3조), 중앙행정기관의 장과 시・도지사 등은 주택의 건설・공급 및 관리와 이를 위한 자금의 조달・운용에 관련되는 사항과 관련하여 이 법에 규정된 사항 외에 소관 업무에 관하여 필요한 조치를 하려면 미리 국토해양부장관과 협의하도록 규정하고 있다(제4조).

2) 주거실태조사 등 (제5조)

가. 국토해양부장관, 특별시장・광역시장・특별자치도지사・시장 또는 군수는 주택보급률, 주택의 유형・규모, 주택자금, 그 밖에 주택의 건설・공급 및 관리에 관한 사항으로서 대통령령(令 제6조)으로 정하는 사항에 대하여 주거실태조사를 할 수 있다. 주거실태조사는 정기조사와 수시조사로 구분하여 실시하여야 하며, 국토해양부장관은 국민이 쾌적하고 살기 좋은 생활을 하기 위하여 필요한 최저주거기준을 설정・공고하여야 한다(제5조의 2 제1항).

나. 국가 또는 지방자치단체는 최저주거기준에 미달되는 가구에 대하여 우선적으로 주택을 공급하거나 국민주택기금을 지원하는 등 혜택을 줄 수 있다(제5조의

3 제1항).

다. 국가・지방자치단체거나 사업주체는 최저주거기준에 미달되는 가구를 줄이기 위하여 노력하여야 한다(동조 제2항).

7. 다른 법률과의 관계(제6조)

1) 임대주택의 건설・공급 및 관리에 관하여 「임대주택법」에서 정하지 아니한 사항에 대하여는 이 법을 적용한다.
2) 주거환경의 정비에 관하여 「도시 및 주거환경 정비법」에서 정하지 아니한 사항에 대하여는 이 법을 적용한다.

Ⅱ. 주택종합계획의 수립 등

1. 주택종합계획의 수립(제7조)

(1) 주택종합계획의 수립・시행(제1항)

국토해양부장관은 국민의 주거안정과 주거수준의 향상을 도모하기 위하여 다음의 사항이 포함된 주택종합계획을 수립・시행하여야 한다.

1) 주택정책의 기본목표 및 기본방향에 관한 사항
2) 국민주택・임대주택의 건설 및 공급에 관한 사항
3) 주택・택지의 수요・공급 및 관리에 관한 사항
4) 주택자금의 조달 및 운용에 관한 사항
5) 저소득자・무주택자 등 주거복지 차원에서 지원이 필요한 계층에 대한 주택지원에 관한 사항
6) 건전하고 지속가능한 주거환경의 조성 및 정비에 관한 사항
7) 주택의 리모델링에 관한 사항

(2) 계획의 구분 (제2항)

주택종합계획은 연도별 계획(단기)과 10년 단위의 계획(장기)으로 구분하며, 연도별 계획은 10년 단위의 계획을 토대로 해당 연도 2월 말까지 수립하여야 한다.

(3) 국토종합계획에의 적합의무 등(제3항)

주택종합계획은 「국토기본법」에 따른 국토종합계획에 적합하여야 하며, 국가·지방자치단체·대한주택공사·한국토지공사 및 지방공기업법에 따라 주택건설사업을 목적으로 설립된 지방공사인 사업주체는 주택종합계획으로 정하는 바에 따라 주택건설사업 또는 대지조성사업을 시행하여야 한다.

(4) 소관별 계획서의 제출(제4항)

국토해양부장관은 미리 관계 중앙행정기관의 장 및 시·도지사에게 소관별 계획서의 제출을 요청할 수 있으며, 다. 이 경우 매년 12월말까지 소관별 계획서를 작성하여 국토해양부장관에게 제출하여야 한다(令 제8조 제1항).

또한, 국토해양부장관은 필요한 경우 기금수탁자에 대하여 다음 연도의 주택자금조달계획서를 제출하게 할 수 있다(令 동조 제3항).

중앙행정기관의 장 및 공공기관의 장은 주택을 건설하거나 그 소속직원을 위하여 주택을 건설·공급하려는 경우에는 주택건설사업계획을 작성하여 매년 12월 말일까지 국토해양부장관에게 제출하여야 한다(令 동조 제4항).

(5) 주택종합계획의 확정(제5항)

국토해양부장관은 위 소관별 계획서를 기초로 관계 중앙행정기관의 장과 협의한 후 주택정책심의위원회의 심의를 거쳐 확정하고, 확정된 주택종합계획을 지체 없이 관계 중앙행정기관의 장 및 시·도지사에게 통보하여야 한다.

2. 시·도 주택종합계획의 수립(제8조)

시·도지사 또한 위 주택종합계획에 적합하게 연도별 시·도 주택종합계획과 10

년 단위의 시 · 도 주택종합계획을 수립하여야 하며, 주택종합계획을 수립하였을 때에는 지체 없이 이를 국토해양부장관에게 제출하여야 한다. 시 · 도 주택종합계획의 수립기준에 대하여는 국토해양부장관이 정할 수 있다.

Ⅲ. 주택의 건설 등

1. 주택건설의 주체 (제9조 ~ 제15조)

- 사업주체
  - 단독사업주체
    - 공공사업주체: 국가 · 지자체 · 주공 · 토공 · 지방공사 · 공익법인
    - 등록업자
  - 공동사업주체
    - 토지소유자 + 등록업자
    - 주택조합 + 등록업자, 주공, 지방공사
    - 고용자 + 등록업자

(1) 주택건설사업 등의 등록

1) 등록업자(제9조)

연간 대통령령(令 제10조 제1항)으로 정하는 호수(戶數) 이상의 주택건설사업을 시행하려는 자 또는 면적 이상의 대지조성사업을 시행하려는 아래에 해당하는 자는 국토해양부장관에게 등록하여야 한다.

구분		
주택건설사업	단독주택	연간 20호 이상
	공동주택	연간 20세대 이상
대지조성사업	대지	연간 10,000m^2 이상

2) 등록업자의 결격사유(제11조)

주택건설사업 등의 등록을 할 수 없는 자는 다음과 같다.

① 미성년자 · 금치산자 또는 한정치산자

② 파산선고를 받은 자로서 복권되지 아니한 자

③ 「부정수표단속법」 또는 이 법을 위반하여 금고 이상의 실형을 선고받고 그 집행이 끝나거나(집행이 끝난 것으로 보는 경우를 포함한다) 집행이 면제된 날부터 2년이 지나지 아니한 자

④ 「부정수표단속법」 또는 이 법을 위반하여 금고 이상의 형의 집행유예를 선고받고 그 유예기간 중에 있는 자

⑤ 등록이 말소된 후 2년이 지나지 아니한 자

⑥ 임원 중 ①부터 ⑤까지에 해당하는 자가 있는 법인

3) 등록업자의 시공(제12조)

가. 등록사업자가 제16조에 따른 사업계획승인(「건축법」에 따른 공동주택건축허가를 포함한다)을 받아 분양 또는 임대를 목적으로 주택을 건설하는 경우로서 그 기술능력, 주택건설 실적 및 주택규모 등이 시행령이 정하는 기준에 해당하는 경우에는 그 등록사업자를 「건설산업기본법」 제9조에 따른 건설업자로 보며 주택건설공사를 시공할 수 있다.

나. 위 등록사업자가 주택을 건설하는 경우에는 「건설산업기본법」상 관련 규정을 준용한다. 이 경우 "건설업자"는 "등록사업자"로 본다. [전문개정 2009.2.3]

4) 등록업자의 등록말소 등 (제13조)

국토해양부장관은 등록사업자가 다음에 해당하면 그 등록을 말소하거나 1년 이내의 기간을 정하여 영업의 정지를 명할 수 있다. 다만, ① 또는 ⑤ 의 경우에 해당하는 경우에는 그 등록을 말소하여야 한다.

① 거짓이나 그 밖의 부정한 방법으로 등록한 경우

② 등록기준에 미달하게 된 경우

③ 고의 또는 과실로 공사를 잘못 시공하여 공중에게 위해를 끼치거나 입주자에게 재산상 손해를 입힌 경우

④ 등록업자가 결격사유에 해당하게 된 경우. 다만, 법인의 임원 중 결격사유에 해당하는 사람이 있는 경우 6개월 이내에 그 임원을 다른 사람으로 임명한 경우에

는 그러하지 아니하다.

⑤ 등록증의 대여 등을 한 경우

⑥ 다음 각 목의 어느 하나에 해당하는 경우

㉠ 건설기술관리법에 따른 시정명령을 이행하지 아니한 경우

㉡ 건설기술관리법에 따른 시공상세도면의 작성 의무를 위반하거나 감리원 또는 공사감독자의 검토・확인을 받지 아니하고 시공한 경우

㉢ 건설기술관리법에 따른 품질시험 및 검사를 하지 아니한 경우

㉣ 건설기술관리법에 따른 안전점검을 하지 아니한 경우

⑦ 택지개발촉진법을 위반하여 택지를 전매(轉買)한 경우

⑧ 그 밖에 이 법 또는 이 법에 따른 명령이나 처분을 위반한 경우

⑨ 등록말소 및 영업정지 처분에 관한 기준은 대통령령(令 제14조 [별표 1])으로 정한다.

5) 등록말소 처분 등을 받은 자의 사업의 계속수행(제14조)

등록말소 또는 영업정지 처분을 받은 등록사업자는 그 처분 전에 사업계획승인을 받은 사업은 계속 수행할 수 있다. 다만, 등록말소 처분을 받은 등록사업자가 그 사업을 계속 수행할 수 없는 중대하고 명백한 사유가 있을 경우에는 그러하지 아니하다.

6) 영업실적 등의 제출(제15조)

가. 영업실적 등의 제출(제1항)

등록사업자는 국토해양부령(시행규칙 제8조)으로 정하는 바에 따라 매년 영업실적과 영업계획 및 기술인력 보유 현황을 국토해양부장관에게 제출하여야 한다.

나. 주택분양계획 및 분양 실적의 제출(제2항)

등록사업자는 국토해양부령으로 정하는 바에 따라 월별 주택분양계획 및 분양실적을 매월 5일까지 실적접수업무수탁기관에 제출(전자문서에 의한 제출을 포함한다)하여야 한다.

(2) 비등록사업자

1) 비등록사업자의 유형

다음의 사업주체는 등록의 요건을 갖추지 않아도 주택건설사업이나 대지조성사업을 할 수 있다(제9조 제1항 단서).

㉠ 국가·지방자치단체 ㉡ 한국토지주택공사 ㉢ 지방공사 ㉣ 공익법인(공익법인의 설립·운영에 관한 법률 제4조에 따라 주택건설사업을 목적으로 설립된 법인) ㉤ 주택법상 주택조합(등록사업자와 공동으로 주택건설사업을 하는 주택조합에 한함) ㉥ 고용자로서 등록사업자와 공동으로 주택건설사업을 시행하는 자 ㉦ 아래의 공동사업주체 : 토지소유자, 주택법상 주택조합(등록사업자와 공동으로 주택건설사업을 하는 주택조합에 한함), 고용자로서 등록사업자와 공동으로 주택건설사업을 시행하는 자.

2) 공동사업주체(제10조)

가. 토지소유자와 등록사업자

토지소유자가 주택을 건설하는 경우에는 대통령령(슈 제12조)으로 정하는 바에 따라 등록사업자와 공동으로 사업을 시행할 수 있다.

나. 주택조합과 등록사업자

주택조합(리모델링주택조합은 제외한다)이 그 구성원의 주택을 건설하는 경우에는 등록사업자(지방자치단체, 대한주택공사 및 지방공사를 포함)와 공동으로 사업을 시행할 수 있다.

다. 고용자와 등록사업자

고용자가 그 근로자의 주택을 건설하는 경우에는 등록사업자와 공동으로 사업을 시행하여야 한다.

라. 공동사업주체 간의 구체적인 업무·비용 및 책임의 분담 등에 관하여는 토지소유자등이 주택건설대지의 소유권(지역주택조합 또는 직장주택조합이 등록사업자와 공동으로 사업을 시행하는 경우에는 95% 이상의 소유권을 말한다)을 확보하고 있을 것 등 대통령령(슈 제12조)으로 정하는 범위에서 당사자 간의 협약에 따른다.

(3) 주택조합 (제32조~제34조)

1) 설립요건 및 절차

가. 원칙 : 시장 · 군수 · 구청장의 설립인가 (제32조 제1항)

원칙적으로 모든 주택조합은 설립 시 관할 시장 · 군수 · 구청장의 인가를 받아야 한다. 인가받은 내용을 변경하거나 주택조합을 해산하려는 경우에도 또한 같다. 이 경우 주택조합의 설립 · 변경 또는 해산의 인가를 받으려는 자는 인가신청서에 창립총회의 회의록 등 일정 서류와 해당 주택건설대지의 80% 이상의 토지에 대한 토지사용승낙서(지역 · 직장주택조합의 경우만 해당한다)를 첨부하여 주택조합의 주택건설대지(리모델링주택조합의 경우에는 해당 주택의 소재지를 말함)를 관할하는 특별자치도지사, 시장 · 군수 또는 구청장에게 제출하여야 한다(令 제37조 제1항). 또한, 주택조합은 주택건설예정세대수의 1/2 이상의 조합원으로 구성하되, 조합원은 20명 이상이어야 한다.

다만, 리모델링주택조합의 경우에는 그러하지 아니하며, 리모델링주택조합의 설립에 동의한 자로부터 건축물을 취득한 자는 조합의 설립에 동의한 것으로 본다(令 제37조 제3항, 제4항). 한편 리모델링주택조합의 경우 주택단지 전체를 리모델링하고자 하는 경우에는 주택단지 전체 및 각 동의 구분소유자와 의결권의 각 2/3 이상의 결의와 동을 리모델링하고자 하는 경우에는 그 동의 구분소유자 및 의결권의 각 2/3 이상의 결의 및 「건축법」규정에 의하여 건축기준의 완화적용이 결정된 경우에는 이를 증명할 수 있는 서류 및 당해 주택이 사용검사를 받은 후 10년[증축에 해당하는 경우에는 15년(15년 이상 20년 미만의 연수중 시 · 도 조례가 정하는 경우 그 연수)] 이상의 기간이 경과하였음을 증명하는 서류를 첨부하여야 한다.

나. 예외 : 시장 · 군수 · 구청장에게의 설립신고 (제32조 제3항)

예외적으로 국민주택을 공급받기 위하여 직장주택조합을 설립하려는 자는 관할 시장 · 군수 · 구청장에게 신고하여야 한다. 신고한 내용을 변경하거나 직장주택조합을 해산하려는 경우에도 또한 같다.

2) 조합설립의 효과

가. 등록사업자의 책임 (제32조 제2항)

주택조합과 등록사업자가 공동으로 사업을 시행하면서 시공할 경우 등록사업자는 시공자로서의 책임뿐만 아니라 자신의 귀책사유로 사업 추진이 불가능하게 되거나 지연됨으로 인하여 조합원에게 입힌 손해를 배상할 책임이 있다.

나. 조합원에게의 우선 공급 (제32조 제4항)

주택조합(리모델링주택조합은 제외한다)은 그 구성원을 위하여 건설하는 주택을 그 조합원에게 우선 공급할 수 있으며, 직장주택조합에 대하여는 사업주체가 국민주택을 그 직장주택조합원에게 우선 공급할 수 있다.

다. 주택조합의 설립방법 등 규정과 구성원선정의 특례 (제32조 제5항)

인가를 받는 주택조합의 설립방법 등에 필요한 사항과 직장주택조합의 설립요건 및 신고절차 등에 필요한 사항은 대통령령으로 정한다. 다만, 투기과열지구에서 설립인가를 받은 지역주택조합이 구성원을 선정하는 경우에는 후술하는 별도의 우선공급 순위에 따라 공급하여야 하므로 신청서의 접수 순서에 따라 조합원의 지위를 인정하여서는 아니 된다.

라. 주택조합의 업무의 대행

주택조합은 공동으로 사업을 시행하는 등록사업자에게 주택조합의 업무(주택조합에의 가입을 알선하는 업무를 제외한다)를 대행하게 할 수 있다(令 제37조 제6항).

마. 주택조합의 사업계획승인신청 의무 등(令 제40조)

3) 조합원의 자격 (令 제38조)

가. 주택조합의 조합원이 될 수 있는 자의 자격은 다음과 같다.

지역조합	가. 주택조합설립인가신청일(해당 주택건설대지가 투기과열지구 안에 있는 경우에는 주택조합설립인가신청일 1년 전의 날을 말한다)부터 해당 조합주택의 입주가능일까지 주택을 소유하지 아니하거나 주거전용면적 60제곱미터 이하의 주택 1채를 소유한 세대주인 자 전원이 주택을 소유하고 있지 아니하거나 세대원 중 1인에 한하여 주거전용면적 60제곱미터 이하의 주택 1채를 소유한 세대의 세대주일 것 나. 조합설립인가신청일 현재 당해 지역에 6개월 이상 거주하여 온 자일 것

직장조합	가. 지역조합의 가.에 해당하는 자일 것. 다만, 직장주택조합 설립신고의 경우에는 무주택자에 한한다. 나. 조합설립인가신청일 현재 동일한 특별시·광역시·시 또는 군(광역시의 군을 제외한다)안에 소재하는 동일한 국가기관·지방자치단체·법인에 근무하는 자일 것
리모델링 주택조합	가. 사업계획승인을 얻어 건설한 공동주택의 소유자 나. 복리시설을 함께 리모델링하는 경우에는 당해 복리시설의 소유자 다. 「건축법」상 건축허가를 받아 분양을 목적으로 건설한 공동주택의 소유자와 그 건축물중 공동주택 외의 시설의 소유자

나. 주택조합의 조합원이 근무·질병치료·유학·결혼 등 부득이한 사유로 인하여 세대주자격을 일시적으로 상실한 경우로서 시장·군수 또는 구청장이 인정하는 경우에는 조합원자격이 있는 것으로 본다.

다. 지역·직장주택조합 조합원의 교체 등(令 제39조)

4) 주택조합에 대한 감독 등 (제34조)

가. 자격의 확인

국토해양부장관 또는 시장·군수·구청장은 주택공급에 관한 질서를 유지하기 위하여 특히 필요하다고 인정되는 경우에는 국가가 관리하고 있는 행정전산망 등을 이용하여 주택조합 구성원의 자격 등에 관하여 필요한 사항을 확인할 수 있다(동조 제1항).

나. 조합설립인가의 취소

시장·군수·구청장은 주택조합 또는 그 조합의 구성원이 이 법 또는 이 법에 따른 명령이나 처분을 위반한 경우에는 주택조합의 설립인가를 취소할 수 있다(동조 제2항).

다. 회계감사

주택조합은 대통령령(令 제42조)으로 정하는 바에 따라 회계감사를 받아야 하며, 그 감사결과를 관할 시장·군수·구청장에게 보고하고, 인터넷에 게재하는 등 해당 조합원이 열람할 수 있도록 하여야 한다(제3항).

2. 주택건설사업의 시행 준비절차 (제16조 ~ 제31조, 제40조)

(1) 사업계획의 승인

1) 승인대상 (제16조 제1항)

원 칙	단독주택 20호·공동주택 20세대 이상의 주택건설사업을 시행하려는 자 또는 10,000㎡ 이상 일단의 대지조성사업을 시행하려는 자는 사업계획승인신청서에 주택과 그 부대시설 및 복리시설의 배치도, 대지조성공사설계도서 등 대통령령으로 정하는 서류를 첨부하여 사업계획승인권자에게 제출하고 사업계획승인을 받아야 한다(제1항 본문). 승인받은 사업계획을 변경하려면 변경승인을 받아야 한다. 다만, 총사업비의 20%의 범위 안에서의 사업비의 증감 등 국토해양부령(시행규칙 제11조 4항) 으로 정하는 경미한 사항을 변경하는 경우에는 그러하지 아니하다(제3항).
예 외	(1) 상업지역(유통상업지역 제외), 준주거지역 안에서 복합건축물(주택 외의 시설과 300세대 미만의 주택)로 건축하는 경우로서 ① 1세대당 주택규모가 전용면적 297㎡ 이하에 적합할 것과 ② 해당 건축물의 연면적에 대한 주택연면적 비율이 90% 미만인 경우와 (2)「농어촌주택개량 촉진법」에 의한 농어촌주거환경개선사업 중 농협중앙회가 조달하는 자금으로 시행하는 사업인 경우에는 사업계획인을 받지 않아도 된다(제1항 단서, 令 제15조 제2항).

2) 승인권자 (제16조 제1항)

원 칙	지방자치단체의 장(구청장 제외) : 주택건설사업 또는 대지조성사업으로서, (1) 대지면적이 10만㎡ 이상인 경우에는 시·도지사 또는 서울특별시와 광역시를 제외한 인구 50만이상의 대도시시장에게 (2) 대지면적이 10만㎡ 미만인 경우에는 특별시장·광역시장 ·특별자치도지사 또는 시장·군수에게 승인을 받아야 한다.
예 외	국토해양부 장관 : 주택건설사업 또는 대지조성사업으로서, (1) 국가·대한주택공사 및 한국토지공사가 시행하는 경우, (2) 330만㎡ 이상의 규모로「택지개발촉진법」에 의한 택지개발사업 또는「도시개발법」에 의한 도시개발사업을 추진하는 지역 중 국토해양부장관이 지정·고시하는 지역 안에서 주택건설사업 시행하는 경우와 (3) 수도권·광역시 지역의 긴급한 주택난 해소가 필요하거나 지역균형개발 또는 광역적 차원의 조정이 필요하여 국토해양부장관이 지정·고시하는 지역 안에서 주택건설사업을 시행하는 경우에는 국토해양부 장관에게 승인을 받아야 한다(제1항 후단, 令 제15조 제4항).

3) 事業計劃의 승인요건으로서 소유권 확보 (제16조 제2항)

승인 요건	원 칙	주택건설사업계획의 승인을 얻으려는 자는 해당 주택건설대지의 소유권을 확보하여야 한다.
	예 외	(1) 지구단위계획의 결정(의제되는 경우 포함)이 필요한 주택건설사업의 해당 대지면적의 80% 이상을 사용할 수 있는 권원을 확보하고, 확보하지 못한 대지가 매도청구 대상이 되는 대지에 해당하는 경우. 단, 주택조합의 사업계획승인 신청요건 완화(영 제12조제2호) : 지역주택조합 또는 직장주택조합이 등록사업자 등과 공동으로 주택건설사업을 시행하는 경우에는 해당 주택건설대지의 95% 이상의 소유권을 확보하면 사업계획승인을 신청할 수 있다. (2) 사업주체가 주택건설대지의 소유권을 확보하지 못하였으나 그 대지를 사용할 수 있는 권원을 확보한 경우 (3) 국가・지자체・대한주택공사 또는 지방공사가 주택건설사업을 하는 경우에는 그러하지 아니하다. 즉, 소유권을 확보하지 않아도 사업계획승인을 받을 수 있다(제16조 제2항).

4) 사업계획의 승인절차 등 (令 제17조)

① 국토해양부장관 또는 시・도지사는 법 제16조의 규정에 의한 사업계획승인의 신청을 받은 때에는 정당한 사유가 없는 한 그 신청을 받은 날부터 60일 이내에 사업주체에게 승인여부를 통보하여야 한다.

② 국토해양부장관은 주택건설사업계획의 승인을 한 때에는 지체없이 관할 시・도지사에게 그 내용을 통보하여야 한다.

③ 국토해양부장관 또는 시・도지사는 국민주택기금을 지원받은 사업주체에 대하여 사업계획의 변경승인을 한 때에는 그 내용을 당해 사업에 대한 융자를 취급한 기금수탁자에게 통지하여야 한다.

④ 국민주택기금을 지원받은 사업주체가 사업주체를 변경하기 위하여 사업계획의 변경승인을 신청하는 경우에는 기금수탁자의 사업주체 변경에 관한 동의서를 첨부하여야 한다.

⑤ 사업계획 승인의 고시에는 다음 각 호의 사항이 포함되어야 한다.

1. 사업의 명칭
2. 사업주체의 성명・주소(법인인 경우에는 법인의 명칭・소재지와 대표자의 성

명 · 주소를 말한다)

3. 사업시행지의 위치 · 면적 및 건설주택의 규모

4. 사업시행기간

5. 법 제17조제1항의 규정에 의하여 고시가 의제되는 사항

5) 사업계획 수립기준 (제4항)

사업계획은 쾌적하고 문화적인 주거생활을 하는 데에 적합하도록 수립되어야 하며, 그 사업계획에는 부대시설 및 복리시설의 설치에 관한 계획 등이 포함되어야 한다.

6) 부당결부금지 (제5항)

사업계획승인권자는 사업계획을 승인할 때 사업주체가 제출하는 사업계획에 해당 주택건설사업 또는 대지조성사업과 직접적으로 관련이 없는 공공청사 등의 용지의 기부채납(寄附採納)이나 간선시설 등의 설치에 관한 계획을 포함하도록 요구하여서는 아니 된다.

7) 고시 · 사본송부 (제6항)

사업계획승인권자는 사업계획을 승인하였을 때에는 이에 관한 사항을 고시하고, 국토해양부장관 또는 시 · 도지사는 사업계획승인서 및 관계 서류의 사본을 지체 없이 관할 시장 · 군수 · 구청장에게 송부하여야 한다.

8) 승인의 취소 (제9항)

사업계획승인권자는 사업주체가 공사착수기한을 위반하여 공사를 시작하지 아니하는 경우에는 그 사업계획의 승인을 취소할 수 있다.

(2) 공사착수 (제7항)

1) 착수의무기한

사업계획승인을 받은 사업주체는 승인받은 사업계획대로 사업을 시행하여야 하며 승인받은 날부터 2년 이내에 공사를 시작하여야 한다. 다만, 사업계획승인권자는 문화재보호법 규정에 의하여 문화재청장의 발굴통지서 교부가 있은 경우 등 대통령령

(令 제18조)으로 정하는 정당한 사유가 있다고 인정하는 경우에는 사업주체의 신청을 받아 그 사유가 없어진 날부터 1년의 범위에서 그 공사의 착수기간을 연장할 수 있다.

2) 착수신고 (제8항)

사업계획승인을 받은 사업주체가 공사를 시작하려는 경우에는 국토해양부령(규칙 제12조 2항)으로 정하는 바에 따라 사업계획승인권자에게 신고하여야 한다.

(3) 사업계획승인의 효과 (제17조)

1) 다른 법률에 의한 인・허가 등의 의제 등 (제1항)

사업계획승인권자가 사업계획을 승인할 때 다음의 허가・인가・결정・승인 또는 신고 등("인・허가등"이라 한다)에 관하여 관계 행정기관의 장과 협의한 사항에 대하여는 해당 인・허가 등을 받은 것으로 보며, 사업계획의 승인고시가 있은 때에는 관계 법률에 따른 고시가 있은 것으로 본다.

2) 관계서류 제출 (제2항)

인・허가 등의 의제를 받으려는 자는 사업계획승인을 신청할 때에 해당 법률에서 정하는 관계 서류를 함께 제출하여야 한다.

3) 협의 (제3항)

사업계획승인권자는 제16조에 따라 사업계획을 승인하려는 경우 그 사업계획에 의제 사항이 포함되어 있는 경우에는 해당 법률에서 정하는 관계 서류를 미리 관계 행정기관의 장에게 제출한 후 협의하여야 한다. 이 경우 관계 행정기관의 장은 사업계획승인권자의 협의 요청을 받은 날부터 30일 이내에 의견을 제출하여야 하며, 해당 법률에서 규정한 인・허가등의 기준을 위반하여 협의에 응하여서는 아니 된다.

4) 수수료 등 면제 (제4항)

대통령령(令 제19조)으로 정하는 비율(50%) 이상의 국민주택을 건설하는 사업주체가 다른 법률에 따른 인・허가 등을 받은 것으로 보는 경우에는 관계 법률에 따라 부과되는 수수료 등을 면제한다.

(4) 사업시행을 위한 조치

1) 토지에의 출입 등과 손실보상 (제18조~제19조)

가. 토지에의 출입 (제18조)

가) 국가·지방자치단체·대한주택공사·한국토지공사 및 지방공사인 사업주체가 사업계획의 수립을 위한 조사 또는 측량을 하려는 경우와 국민주택사업을 시행하기 위하여 필요한 경우에는 다음의 행위를 할 수 있다.

① 타인의 토지에 출입하는 행위

② 특별한 용도로 이용되지 아니하고 있는 타인의 토지를 재료적치장 또는 임시도로로 일시 사용하는 행위

③ 특히 필요한 경우 죽목(죽목)·토석이나 그 밖의 장애물을 변경하거나 제거하는 행위

나) 국가·지방자치단체·대한주택공사·한국토지공사 및 지방공사인 사업주체가 국민주택을 건설하거나 국민주택을 건설하기 위한 대지를 조성하는 경우에는 토지나 토지에 정착한 물건 및 그 토지나 물건에 관한 소유권 외의 권리(이하 "토지등"이라 한다)를 수용하거나 사용할 수 있다.

다) 이 경우에는 「국토의 계획 및 이용에 관한 법률」에 의한 도시계획시설사업규정을 준용한다.

나. 토지에의 출입 등에 따른 손실보상 (제19조)

가) 토지에의 출입 등의 행위로 인하여 손실을 입은 자가 있는 경우에는 그 행위를 한 사업주체가 그 손실을 보상하여야 한다.

나) 위 손실보상에 관하여는 그 손실을 보상할 자와 손실을 입은 자가 협의하여야 한다.

다) 손실을 보상할 자 또는 손실을 입은 자는 협의가 성립되지 아니하거나 협의를 할 수 없는 경우에는 공익사업을 위한 토지 등의 취득 및 보상에 관한 법률에 따른 관할 토지수용위원회에 재결(裁決)을 신청할 수 있다.

라) 위 토지수용위원회의 재결에 관하여는 공익사업을 위한 토지 등의 취득 및 보상에 관한 법률의 규정을 준용한다.

2) 매도청구 등(제18조의2)

가. 주택건설대지의 소유권 확보 의무 중 지구단위계획의 결정이 필요한 주택건설 사업의 해당 대지면적의 80% 이상 등을 사용할 수 있는 권원 확보의무 내용 따라 사업계획승인을 받은 사업주체는 해당 주택건설대지 중 사용할 수 있는 권원을 확보하지 못한 대지(건축물을 포함한다.)의 소유자에게 그 대지를 시가로 매도할 것을 청구할 수 있다. 이 경우 매도청구 대상이 되는 대지의 소유자와 매도청구를 하기 전에 3개월 이상 협의를 하여야 한다.

가) 주택건설대지면적 중 95% 이상에 대하여 사용권원을 확보한 경우: 사용권원을 확보하지 못한 대지의 모든 소유자에게 매도청구 가능

나) 가)외의 경우: 사용권원을 확보하지 못한 대지의 소유자 중 지구단위계획구역 결정고시일 10년 이전에 해당 대지의 소유권을 취득하여 계속 보유하고 있는 자(대지의 소유기간을 산정할 때 대지소유자가 직계존속 · 직계비속 및 배우자로부터 상속받아 소유권을 취득한 경우에는 피상속인의 소유기간을 합산한다)를 제외한 소유자에게 매도청구 가능

나. 인가를 받아 설립된 리모델링주택조합은 그 리모델링 결의에 찬성하지 아니하는 자의 주택 및 토지에 대하여 매도청구를 할 수 있다.

다. 위 매도청구에 관하여는 「집합건물의 소유 및 관리에 관한 법률」 제48조를 준용한다. 이 경우 구분소유권 및 대지사용권은 주택건설사업 또는 리모델링사업의 매도청구의 대상이 되는 건축물 또는 토지의 소유권과 그 밖의 권리로 본다.

3) 소유자를 확인하기 곤란한 대지 등에 대한 처분 (법 제18조의3)

가. 사업계획승인을 받은 사업주체는 해당 주택건설대지 중 사용할 수 있는 권원을 확보하지 못한 대지의 소유자가 있는 곳을 확인하기가 현저히 곤란한 경우에는 전국적으로 배포되는 둘 이상의 일간신문에 두 차례 이상 공고하고, 공고한 날부터 30일 이상이 지났을 때에는 위 매도청구 대상의 대지로 본다 (동조 제1항).

나. 사업주체는 매도청구 대상 대지의 감정평가액에 해당하는 금액을 법원에 공탁하고 주택건설사업을 시행할 수 있다(동조 제2항).

다. 위 대지의 감정평가액은 사업계획승인권자가 추천하는 「부동산 가격공시 및

감정평가에 관한 법률」에 따른 감정평가업자 2명 이상이 평가한 금액을 산술평균하여 산정한다(동조 제3항).

3. 주택건설사업의 시행

(1) 착공 신고

사업계획승인을 받은 사업주체가 공사를 시작하려는 경우에는 사업계획승인권자에게 신고하여야 한다 (제16조 제8항 참조).

(2) 주택의 시공 및 건설기준 (제20조, 제21조)

1) 주택건설공사의 시공 제한 등(제20조)

가. 시공자의 자격

사업계획승인을 받은 주택의 건설공사는 건설산업기본법 규정에 따른 건설업자로서 토목건축공사업 또는 건축공사업의 등록을 한 자 또는 건설업자로 간주하는 등록사업자가 아니면 이를 시공할 수 없다(제1항, 令 제20조 제1항).

나. 방수설비공사 등 시공자의 자격제한

공동주택의 방수·위생 및 냉난방 설비공사는 건설산업기본법에 따른 건설업의 등록을 한 자로서 방수설비공사는 미장·방수·조적공사업, 위생설비공사는 기계설비공사업, 냉·난방설비공사는 기계설비공사업·난방시공업의 등록을 한 자(특정열사용기자재를 설치·시공하는 경우에는 에너지이용 합리화법에 따른 시공업자를 말한다)가 아니면 이를 시공할 수 없다(제2항, 令 동조 제2항).

다. 설계와 시공의 분리

국가 또는 지방자치단체인 사업주체는 사업계획승인을 받은 주택건설공사의 설계와 시공을 분리하여 발주하여야 한다. 다만, 주택건설공사 중 대통령령으로 정하는 대형공사[총공사비(대지구입비를 제외한다)가 500억 원 이상인 공사]로서 기술관리상 설계와 시공을 분리하여 발주할 수 없는 공사의 경우에는 국가를 당사자로 하는 계약에 관한 법률 시행령의 규정에 의한 일괄입찰방법으로 시행할 수 있다(제3항, 슈 동조 제3항).

2) 주택건설기준 등 (제21조)

가. 사업주체가 건설 · 공급하는 주택의 건설 등에 관한 다음 각 호의 주택건설기준 등은 대통령령으로 정한다.

㉠ 주택의 배치, 세대 간의 경계벽, 구조내력(구조내력) 등에 관한 주택건설기준

㉡ 부대시설의 설치기준

㉢ 복리시설의 설치기준

㉣ 주택의 규모 및 규모별 건설 비율(슈 제21조 전술 참조)

㉤ 대지조성기준

나. 주택건설기준 등에 관한 규정(슈 제22조)

주택건설기준등에 관하여는 따로 대통령령으로 정한다. 이 슈이 '주택건설기준 등에 관한 규정'이며, 이에 근거한 국토해양부령이 '주택건설기준 등에 관한 규칙'이다.

다. 지방자치단체는 그 지역의 특성, 주택의 규모 등을 고려하여 주택건설기준 등의 범위에서 조례로 구체적인 기준을 정할 수 있다.

라. 사업주체는 제1항의 주택건설기준 등 및 제2항의 기준에 따라 주택건설사업 또는 대지조성사업을 시행하여야 한다(동조 제3항).

마. 주택성능등급의 표시 등 (제21조의2)

가) 사업주체가 대통령령으로 정하는 호수 이상의 주택을 공급할 때에는 국토해양부장관이 지정하는 주택성능등급 인정기관으로부터 다음에 해당하는 주택의 성능에 대한 등급을 인정받아 이를 입주자 모집공고에 표시하여야 한다(동조 제1항).

① 경량충격음 · 중량충격음 · 화장실소음 · 경계소음 등 소음 관련 등급

② 리모델링 등을 대비한 가변성 및 수리 용이성 등 구조 관련 등급

③ 조경 · 조망권 · 일조시간 · 외부소음 · 실내공기질 등 환경 관련 등급

④ 사회복지시설 · 놀이터 · 휴게실 등 주민공동시설에 대한 생활환경 등급

⑤ 화재 · 소방 성능, 홈네트워크 성능 등 대통령령으로 정하는 성능 등급

나) 주택성능등급의 인정기준 및 평가방법, 주택성능등급 인정기관의 지정에 필요한 인력 및 절차, 그 밖에 필요한 사항은 대통령령으로 정한다제2항).

다) 국토해양부장관은 심사 · 평가한 결과 성능등급이 우수한 주택을 건설한 사업주체 등에 대하여는 포상할 수 있다(제3항).

라) 국토해양부장관은 지정된 주택성능등급 인정기관이 다음에 해당하면 그 지정을 취소할 수 있다. 다만, 거짓이나 그 밖의 부정한 방법으로 인정기관으로 지정을 받은 경우에는 그 지정을 취소하여야 한다(제4항).

① 거짓이나 그 밖의 부정한 방법으로 인정기관으로 지정을 받은 경우

② 성능등급 인정기준을 위반하여 업무를 수행한 경우

③ 인정기관의 지정기준에 맞지 아니한 경우

④ 정당한 사유 없이 2년 이상 계속하여 인정업무를 수행하지 아니한 경우

마) 국토해양부장관은 지정된 주택성능등급 인정기관에 대하여 인정 현황 등 해당 업무에 관한 사항을 제출하게 하거나 소속 공무원으로 하여금 관련 서류 등을 검사하게 할 수 있다(제5항).

바) 검사를 하는 공무원은 그 권한을 나타내는 증표를 지니고 이를 관계인에게 내보여야 한다(동조 제6항).

바. 환기시설의 설치 등 (제21조의3)

사업주체는 공동주택의 실내 공기의 원활한 환기를 위하여 대통령령으로 정하는 기준에 따라 환기시설을 설치하여야 한다.

사. 바닥충격음 성능등급 인정 등 (제21조의4)

가) 국토해양부장관은 주택건설기준 중 공동주택 바닥충격음 차단구조의 성능등급을 대통령령으로 정하는 기준에 따라 인정하는 기관을 지정할 수 있다.

나) 지정된 바닥충격음 성능등급 인정기관은 성능등급을 인정받은 제품이 다음에 해당하면 그 인정을 취소할 수 있다. 다만, 거짓이나 그 밖의 부정한 방법으로 인정받은 경우에는 그 인정을 취소하여야 한다.

① 거짓이나 그 밖의 부정한 방법으로 인정받은 경우

② 인정받은 내용과 다르게 판매・시공한 경우

③ 인정제품이 국토해양부령으로 정한 품질관리기준을 준수하지 아니한 경우

④ 인정의 유효기간을 연장하기 위한 시험결과를 제출하지 아니한 경우

다) 바닥충격음 성능등급 인정기관의 지정 요건 및 절차 등에 대하여는 대통령령으로 정한다.

3) 주택의 설계 및 시공 기준(법 제22조)

가. 사업계획승인을 받아 건설되는 주택(부대시설과 복리시설을 포함한다.)을 설계하는 자는 대통령령(令 제23조 제1항)의 설계도서 작성기준에 맞게 설계하여야 한다. 국토해양부장관은 관한 세부기준을 정하여 고시할 수 있다(令 동조 제2항).

나. 주택을 시공하는 자와 사업주체는 설계도서에 맞게 시공하여야 한다(동조 제2항).

4) 간선시설의 설치 및 비용의 상환 (제23조)

가. 간선시설의 설치의무

사업주체가 100호 이상의 주택건설사업을 시행하는 경우 또는 16,500m2 이상의 대지조성사업을 시행하는 경우 다음에 정하는 자는 그 해당 간선시설을 설치하여야 한다(동조 제1항, 令 제24조 제1항). 다만, ①에 해당하는 시설로서 사업주체가 주택건설사업계획 또는 대지조성사업계획에 포함하여 설치하려는 경우에는 그러하지 아니하다.

① 지방자치단체 : 도로 및 상하수도시설

② 해당 지역에 전기・통신・가스 또는 난방을 공급하는 자: 전기시설・통신시설・가스시설 또는 지역난방시설

③ 국가 : 우체통

나. 설치완료 시기

간선시설은 특별한 사유가 없으면 사용검사일까지 설치를 완료하여야 한다(동조 제2항). 간선시설 설치의무자는 사업계획에서 정한 사용검사예정일까지 해당 간선시설을 설치하지 못할 특별한 사유가 있는 때에는 통지를 받은 날부터 1월 이내에 그 사유와 설치가능시기를 명시하여 당해 사업주체에게 통보하여야

한다(令 동조 제3항).

다. 설치비용 부담자

간선시설의 설치비용은 설치의무자가 부담한다. 이 경우 지방자치단체의 도로 및 상하수도시설 설치비용은 그 비용의 1/2의 범위에서 국가가 보조할 수 있다(동조 제3항).

라. 지중선로 설치

전기 간선시설을 地中線路로 설치하는 경우에는 전기를 공급하는 자와 지중에 설치할 것을 요청하는 자가 각각 50%의 비율로 그 설치비용을 부담한다. 다만, 사업지구 밖의 기간시설로부터 그 사업지구 안의 가장 가까운 주택단지(사업지구 안에 1개의 주택단지가 있는 경우에는 그 주택단지를 말한다)의 경계선까지 전기 간선시설을 설치하는 경우에는 전기를 공급하는 자가 부담한다(동조 제4항).

마. 지방자치단체의 설치

지방자치단체는 사업주체가 자신의 부담으로 지방자치단제가 설치하지 아니하는 도로 또는 상하수도시설(해당 주택건설사업 또는 대지조성사업과 직접적으로 관련이 있는 경우로 한정한다)의 설치를 요청할 경우에는 이에 따를 수 있다(동조 제5항).

바. 종류별 설치 범위

간선시설의 종류별 설치 범위는 대통령령으로 정한다(동조 제6항).

사. 사업주체의 간선시설 설치

가) 사업주체의 비용부담 및 비용상환 요구 : 간선시설 설치의무자가 사용검사일까지 간선시설의 설치를 완료하지 못할 특별한 사유가 있는 경우에는 사업주체가 그 간선시설을 자기부담으로 설치하고 간선시설 설치의무자에게 그 비용의 상환을 요구할 수 있다(동조 제7항).

나) 간선시설 설치비의 상환(令 제25조)

사업주체가 법 제23조제7항에 따라 간선시설을 자기 부담으로 설치하려는 경우 간선시설 설치의무자는 사업주체와 간선시설의 설치비상환계약을 체결하여야 한다. 간선시설의 설치비상환계약에서 정하는 설치비의 상환기간은 당해 공사의 사용검사일부터 3년 이내로 하여야 하며, 간선시설 설치의무자가 간선시설의 설치비상환계약에 의하여 상환하여야 하는 금액은 설치비용과 상환 완료시까지의 설치비용에 대한 이자를 합산한 금액으로 한다. 이 경우 그 이자율은 설치비상환계약체결일 당시의 정기예금 금리(「은행법」에 의하여 설립된 금융기관중 수신고를 기준으로 한 전국 상위 6개 시중은행의 1년 만기 정기예금 금리의 산술평균을 말한다.)로 하되, 설치비상환계약에서 달리 정한 경우에는 그에 의한다.

(3) 주택의 감리 등 (제24조)

1) 감리자의 지정권자(제1항)

가. 원칙

사업계획승인권자는 주택건설사업계획을 승인하였을 때와 특별자치도지사·시장·군수·구청장이 리모델링의 허가를 하였을 때에는 건축사법 또는 건설기술관리법에 따른 감리자격이 있는 자를 해당 주택건설공사를 감리할 자로 각 호의 구분에 따라 지정하여야 한다. 이 경우 당해 주택건설공사를 시공하는 자는 독점규제 및 공정거래에 관한 법률에 따른 계열회사를 지정하여서는 아니되며, 인접한 2 이상의 주택단지에 대하여는 감리자를 공동으로 지정할 수 있다(제24조 제1항 본문, 슈 제26조 제1항).

가) 300세대 미만의 주택건설공사 : 「건축사법」에 따라 건축사업무신고를 한 자 및 「건설기술관리법」에 따른 건축감리전문회사 또는 종합감리전문회사

나) 300세대 이상의 주택건설공사 : 「건설기술관리법」에 의한 건축감리전문회사 또는 종합감리전문회사

나. 예외

사업주체가 국가·지방자치단체·대한주택공사·지방공사 또는 대통령령으로 정하는 자인 경우와 건축법에 따라 공사감리를 하는 도시형 생활주택의 경우에는 그러하지 아니하다(제24조 제1항 단서).

2) **감리원의 배치 및 업무(제2항)**

감리자는 자기에게 소속된 자를 감리원으로 배치하고, 다음 각 호의 업무를 수행하여야 한다(令 제27조 제1항).

가. 시공자가 설계도서에 맞게 시공하는지 여부의 확인

나. 시공자가 사용하는 건축자재가 관계법령에 따른 기준에 맞는 건축자재인지 여부의 확인

다. 주택건설공사에 대하여「건설기술관리법」제24조에 따른 품질시험을 하였는지 여부의 확인

라. 시공자가 사용하는 마감자재 및 제품이 제38조제3항에 따라 사업주체가 시장・군수・구청장에게 제출한 마감자재 목록표 및 영상물 등과 동일한지 여부의 확인

마. 그 밖에 주택건설공사의 시공감리에 관한 사항으로서 다음 각 호의 업무

가) 설계도서가 당해 지형 등에 적합한지 여부의 확인

나) 설계변경에 관한 적정성의 확인

다) 시공계획・예정공정표 및 시공도면 등의 검토・확인

라) 방수・방음・단열시공의 적정성 확보, 재해의 예방, 시공상의 안전관리 그 밖에 건축공사의 질적 향상을 위하여 국토해양부장관이 정하여 고시하는 사항에 대한 검토・확인

3) **감리업무의 보고의무(제3항)**

감리자는 업무의 수행 상황을 다음과 같이 사업계획승인권자 및 사업주체에게 보고하여야 한다(규칙 제13조 제3항, 제4항).

가. 감리자는 사업주체와 협의하여 감리원의 배치계획을 작성한 후 사업계획승인권자 및 사업주체에게 각각 이를 보고하여야 한다. 배치계획을 변경하는 경우에도 또한 같다.

나. 감리자는 법 제24조제3항의 규정에 의하여 사업계획승인권자 및 사업주체에게 분기별로 감리업무수행사항을 보고(전자문서에 의한 보고를 포함한다)하여야 하며, 감리업무를 완료한 때에는 최종보고서를 제출(전자문서에 의한 제출을 포함한다)하여야 한다.

4) 위반 시 조치

가. 위반사항의 시정통지 및 보고

감리자는 업무를 수행하면서 위반 사항을 발견하였을 때에는 지체 없이 시공자 및 사업주체에게 위반 사항을 시정할 것을 통지하고, 7일 이내에 사업계획승인권자에게 그 내용을 보고하여야 한다(동조 제4항).

나. 공사 중지 등 의무

시공자 및 사업주체는 시정 통지를 받은 경우에는 즉시 해당 공사를 중지하고 위반 사항을 시정한 후 감리자의 확인을 받아야 한다. 이 경우 감리자의 시정 통지에 이의가 있을 때에는 즉시 그 공사를 중지하고 사업계획승인권자에게 서면으로 이의신청을 할 수 있다(동조 제5항). 시·도지사는 이의신청이 있는 때에는 그 이의신청을 받은 날부터 10일 이내에 그 처리결과를 회신하여야 한다. 이 경우 감리자에게도 그 결과를 통보하여야 한다(슈 제28조).

5) 공사감리비 지급(제6항)

사업주체는 감리자에게 국토해양부령으로 정하는 절차 등에 따라 공사감리비를 지급하여야 한다.

6) 감리자 교체 및 감리업무의 지정 제한(제7항)

사업계획승인권자는 감리자가 감리자의 지정에 관한 서류를 부정 또는 거짓으로 제출하거나, 업무 수행 중 위반 사항이 있음을 알고도 묵인하는 등 대통령령(슈 제28조 제1항)으로 정하는 사유에 해당하는 경우에는 감리자를 교체하고, 그 감리자에 대하여는 1년의 범위에서 감리업무의 지정을 제한할 수 있다.

7) 사업주체와 감리자 간의 책임계약(제8항)

사업주체와 감리자 간의 책임 내용 및 범위는 이 법에서 규정한 것 외에는 당사자 간의 계약으로 정한다.

8) 감리용역표준계약서를 정하여 보급(제9항)

국토해양부장관은 위 계약을 체결할 때 사업주체와 감리자 간에 공정하게 계약이 체결되도록 하기 위하여 감리용역표준계약서를 정하여 보급할 수 있다.

9) 다른 법률에 따른 감리자의 업무 협조 (제24조의2)

가. 감리자는 전력기술관리법, 정보통신공사업법, 소방시설공사업법에 따라 감리업무를 수행하는 자와 서로 협력하여 감리업무를 수행하여야 한다.

나. 다른 법률에 따른 감리자는 공정별 감리계획서 등 공정별 감리계획서, 공정보고서, 공사분야별로 필요한 부분에 대한 상세시공도면 등 대통령령(令 제30조)으로 정하는 자료를 감리자에게 제출하여야 하며, 감리자는 제출된 자료를 근거로 다른 법률에 따른 감리자와 협의하여 전체 주택건설공사에 대한 감리계획서를 작성하여야 한다.

다. 감리자는 주택건설공사의 품질·안전 관리 및 원활한 공사 진행을 위하여 다른 법률에 따른 감리자에게 공정 보고 및 시정을 요구할 수 있으며, 다른 법률에 따른 감리자는 요청에 따라야 한다.

10) 부실감리자 등에 대한 조치 (제24조의3)

사업계획승인권자는 지정·배치된 감리자 또는 감리원이 그 업무를 수행할 때 고의 또는 중대한 과실로 감리를 부실하게 하거나 관계 법령을 위반하여 감리를 함으로써 해당 사업주체 또는 입주자 등에게 피해를 입히는 등 주택건설공사가 부실하게 된 경우에는 그 감리자의 등록 또는 감리원의 면허나 그 밖의 자격인정 등을 한 행정기관의 장에게 등록말소·면허취소·자격정지·영업정지나 그 밖에 필요한 조치를 하도록 요청할 수 있다.

(4) 주택건설의 촉진 (제25조~제28조)

<table>
<tr><td rowspan="2">1) 국공유지 등의 우선매각 및 임대(법25조)</td><td>국가 또는 지방자치단체는 그가 소유하는 토지를 매각하거나 임대할 때 다음의 목적으로 그 토지의 매수 또는 임차를 원하는 자가 있으면 그에게 우선적으로 그 토지를 매각하거나 임대할 수 있다(제1항).
① 국민주택규모의 주택을 대통령령(令 제31조)으로 정하는 비율(50%) 이상으로 건설하는 주택의 건설, ② 주택조합이 건설하는 주택("조합주택"이라 한다)의 건설, ③ 위 ① 또는 ②의 주택을 건설하기 위한 대지의 조성</td></tr>
<tr><td>국가 또는 지방자치단체는 위에 따라 토지를 매수하거나 임차한 자가 그 매수일 또는 임차일부터 2년 이내에 국민주택규모의 주택 또는 조합주택을 건설하지 아니하거나 그 주택을 건설하기 위한 대지조성사업을 시행하지 아니한 경우에는 환매(還買)하거나 임대계약을 취소할 수 있다(제2항).</td></tr>
<tr><td rowspan="3">2) 환지방식에 따른 도시개발사업으로 조성된 대지의 활용(체비지)(법26조)</td><td>체비지(替費地)의 매각을 요구한 경우 그 도시개발사업시행자는 체비지의 총면적의 1/2의 범위에서 이를 우선적으로 사업주체에게 매각할 수 있다. 이 경우 도시개발사업시행자가 체비지를 사업주체에게 국민주택용지로 매각하는 때에는 경쟁입찰의 방법에 의한다. 다만, 매각을 요구하는 사업주체가 하나인 때에는 수의계약에 의할 수 있다(令 제32조).</td></tr>
<tr><td>사업주체가 「도시개발법」에 따른 환지 계획의 수립 전에 체비지의 매각을 요구하면 도시개발사업시행자는 사업주체에게 매각할 체비지를 그 환지 계획에서 하나의 단지로 정하여야 한다(제2항).</td></tr>
<tr><td>(1) 원칙: 체비지의 양도가격은 감정평가업자 2인 이상의 감정평가가격을 산술평균한 가격을 기준으로 산정한다(제3항).
(2) 예외: 다만, 85제곱미터 이하의 임대주택을 건설하거나 60제곱미터 이하의 국민주택을 건설하는 경우에는「택지개발촉진법 시행규칙」별표의 규정에 의하여 산정한 조성원가를 기준으로 할 수 있다(규칙 제14조).</td></tr>
<tr><td>3) 토지 등의 수용·사용시 공익사업법의 특례(제27조)</td><td>① 토지 등을 수용하거나 사용하는 경우 이 법에 규정된 것 외에는 「공익사업을 위한 토지 등의 취득 및 보상에 관한 법률」(이하 "공익사업법"이라 한다)을 준용한다. ② 위 준용하는 경우에는 공익사업법에 따른 사업인정을 사업계획승인으로 본다. 다만, 재결신청은 공익사업법 규정에도 불구하고 사업계획승인을 받은 주택건설사업 기간 이내에 할 수 있다.</td></tr>
<tr><td>4) 업무위탁(법28조)</td><td>① 국가 · 대한주택공사 또는 한국토지공사인 사업주체는 주택건설사업 또는 대지조성사업을 위한 토지매수 업무와 손실보상 업무를 대통령령(令 제33조 제1항)으로 정하는 바에 따라 관할 지방자치단체장에게 위탁할 수 있다. ② 사업주체가 제1항에 따라 토지매수 업무와 손실보상 업무를 위탁할 때에는 그 토지매수 금액과 손실보상 금액의 2%의 범위에서 대통령령(令 제33조 제2항)으로 정하는 요율의 위탁수수료를 해당 지방자치단체에 지급하여야 한다.</td></tr>
</table>

(5) 사용검사 등(제29조)

1) 사용검사의 법적 성격 : 사용검사의 법적 성격은 행정법상 준법률행위적 행정행위로서 확인행위에 속한다.

2) 사용검사권자(제1항)

가. 원칙(시장·군수·구청장)

가) 사업주체의 사용검사 신청

사업주체는 사업계획승인을 받아 시행하는 주택건설사업 또는 대지조성사업을 완료한 경우에는 주택 또는 대지에 대하여 국토해양부령으로 정하는 바에 따라 시장·군수·구청장의 사용검사를 받아야 한다. 다만, 사업계획승인 조건의 미이행 등 특별한 사유가 있어 사업을 완료하지 못하고 있는 경우에는 완공된 주택에 대하여 동별로 사용검사를 받을 수 있다(슈 제34조 제1항). 사용검사는 그 신청일부터 15일 이내에 하여야 한다(슈 동조 제3항).

나) 시공자보증자 등의 사용검사 신청(동조 제3항, 슈 제35조)

사업주체가 파산 등으로 주택건설사업을 계속할 수 없는 경우에는 시공을 보증한 자가 잔여공사를 시공하고 사용검사를 받아야 한다. 다만, 시공보증자가 없거나 시공보증자가 파산 등으로 시공을 할 수 없는 경우에는 입주예정자 대표회의가 시공자를 정하여 잔여공사를 시공하고 사용검사를 받아야 한다. 사용검사권자는 입주예정자대표회의가 사용검사를 받아야 하는 경우에는 입주예정자로 구성된 대책회의를 소집하여 그 내용을 통보하고, 건축공사현장에 10일 이상 그 사실을 공고하여야 한다. 이 경우 입주예정자는 그 과반수의 동의를 얻어 10인 이내의 입주예정자로 구성된 입주예정자대표회의를 구성하여야 한다(규칙 제16조 제1항). 이상의 규정에 의하여 사용검사를 받은 경우에는 사용검사를 받은 자의 구분에 따라 시공보증자 또는 세대별 입주자의 명의로 건축물관리대장 등재 및 소유권보존등기를 할 수 있다(규칙 제16조 제2항).

나. 예외(국토해양부장관)

국토해양부장관으로부터 사업계획의 승인을 얻은 경우에는 국토해양부장관의 사용검사를 받아야 한다.

3) 사용검사의 의제(제2항)

사업주체가 사용검사를 받았을 때에는 사업계획승인에 따라 의제되는 인·허가등에 따른 해당 사업의 사용승인·준공검사 또는 준공인가 등을 받은 것으로 본다. 이 경우 사용검사권자는 미리 관계 행정기관의 장과 협의하여야 하며, 협의요청을 받은 관계 행정기관의 장은 정당한 사유가 없는 한 10일 이내에 그 의견을 제시하여야 한다(令 제34조 제4항).

4) 임시사용승인(제4항)

사업주체 또는 입주예정자는 사용검사를 받은 후가 아니면 주택 또는 대지를 사용하게 하거나 이를 사용할 수 없다. 다만, 주택건설사업의 경우에는 건축물의 동별로 공사가 완료된 때, 대지조성사업의 경우에는 구획별로 공사가 완료된 경우로서 사용검사권자의 임시 사용승인을 받은 경우에는 그러하지 아니하다(令 제36조 제1항). 임시사용승인을 얻고자 하는 자는 국토해양부령이 정하는 바에 의하여 사용검사권자에게 임시사용승인을 신청하여야 한다(令 동조 제2항). 사용검사권자는 임시사용승인의 신청을 받은 때에는 임시사용승인대상인 주택 또는 대지가 사업계획의 내용에 적합하고 사용에 지장이 없는 경우에 한하여 임시사용을 승인할 수 있다. 이 경우 임시사용승인의 대상이 공동주택인 경우에는 세대별로 임시사용승인을 할 수 있다(令 동조 제3항).

(6) 공공시설의 귀속 등(제30조)

1) 「국토의 계획 및 이용에 관한 법률」준용(제1항)

사업주체가 사업계획승인을 받은 사업지구의 토지에 새로 공공시설을 설치하거나 기존의 공공시설에 대체되는 공공시설을 설치하는 경우 그 공공시설의 귀속에 관하여는 「국토의 계획 및 이용에 관한 법률」을 준용한다.

2) 목적 외 사용 및 처분금지(제2항)

위 행정청인 시행자로 보는 대한주택공사·한국토지공사 및 지방공사는 해당 공사에 귀속되는 공공시설을 해당 국민주택사업을 시행하는 목적 외로는 사용하거나 처분할 수 없다.

(7) 서류의 열람(제31조)

국민주택을 건설・공급하는 사업주체는 주택건설사업 또는 대지조성사업을 시행할 때 필요한 경우에는 등기소나 그 밖의 관계 행정기관의 장에게 필요한 서류의 열람・등사나 그 등본 또는 초본의 발급을 무료로 청구할 수 있다.

(8) 저당권 설정 등의 제한(제40조)

1) 원칙 : 입주예정자의 동의 없이 저당권설정 등 금지(제1항 전단, 2항)

사업주체는 사업계획승인을 받아 시행하는 주택건설사업에 의하여 건설된 주택 및 대지에 대하여는 입주자 모집공고 승인 신청일(주택조합의 경우에는 사업계획승인 신청일) 이후부터 입주예정자가 그 주택 및 대지의 소유권이전등기를 신청할 수 있는 날(사업주체가 입주예정자에게 통보한 입주가능일) 이후 60일까지의 기간 동안 입주예정자의 동의 없이 다음 각 호의 어느 하나에 해당하는 행위를 하여서는 아니 된다. 다만, 그 주택의 건설을 촉진하기 위하여 당해 주택의 입주자에게 주택구입자금의 일부를 융자하여 줄 목적으로 국민주택기금이나 기타 금융기관으로부터 주택건설자금의 융자를 받는 경우에는 그러하지 아니하다(令 제44조 제2항).

가. 해당 주택 및 대지에 저당권 또는 가등기담보권 등 담보물권을 설정하는 행위

나. 해당 주택 및 대지에 전세권·지상권 또는 등기되는 부동산임차권을 설정하는 행위

다. 해당 주택 및 대지를 매매 또는 증여 등의 방법으로 처분하는 행위

2) 예외 : 입주자의 동의 없이 저당권 등을 설정할 수 있는 행위(제1항 단서)

가. 당해 주택의 입주자에게 주택가격의 일부 공제를 목적으로 국민주택기금이나 금융기관으로부터 주택건설자금의 융자를 받은 경우

나. 당해 주택의 입주자에게 주택가격의 일부 공제를 목적으로 금융기관으로부터 주택구입자금의 융자를 받은 경우

다. 사업주체의 파산 등으로 사업주체가 변경되는 경우. 이 경우 변경된 사업주체

는 사업계획변경승인신청서에 변경사유를 증명하는 서류를 첨부하여 사업계획승인권자에게 제출하여야 한다.

3) **소유권 등기에의 부기등기**(제3항, 제4항, 제5항)

가. 부기등기 의무(제3항)

제1항에 따른 저당권설정 등의 제한을 할 때 사업주체는 해당 주택 또는 대지가 입주예정자의 동의 없이는 양도하거나 제한물권을 설정하거나 압류·가압류·가처분 등의 목적물이 될 수 없는 재산임을 소유권등기에 부기등기(附記登記)하여야 한다.

➡ [예외] 다만, 사업주체가 국가·지방자치단체 및 한국토지주택공사 등 공공기관이거나 해당 대지의 지적정리가 되지 아니하여 소유권을 확보할 수 없는 경우 등 대통령령(시행령 제45조 제3항)으로 정하는 경우에는 그러하지 아니하다.

나. 부기등기의 기한 등(제4항)

부기등기는 주택건설대지에 대하여는 입주자 모집공고 승인 신청(주택건설대지 중 주택조합이 사업계획승인 신청일 까지 소유권을 확보하지 못한 부분이 있는 경우에는 그 부분에 대한 소유권 이전등기를 말한다)과 동시에 하여야 하고, 건설된 주택에 대하여는 소유권보존등기와 동시에 하여야 한다. 사업주체는 사업계획승인이 취소되거나 입주예정자가 소유권이전등기를 신청한 경우를 제외하고는 부기등기를 말소할 수 없다. 다만, 소유권이전등기를 신청할 수 있는 날부터 60일이 경과한 때에는 그러하지 아니하다(令 제45조 제2항).

다. 부기등기일 이후의 저당권 의 효력(제5항)

제4항에 따른 부기등기일 이후에 해당 대지 또는 주택을 양수하거나 제한물권을 설정받은 경우 또는 압류·가압류·가처분 등의 목적물로 한 경우에는 그 효력을 무효로 한다.

➡ [예외] 다만, 사업주체의 경영부실로 입주예정자가 그 대지를 양수받는 경우 등 대통령령으로 정하는 경우에는 그러하지 아니하다.

4) **대한주택보증주식회사에의 신탁**(제6항, 제7항)

가. 사업주체의 재무 상황 및 금융거래 상황이 극히 불량한 경우 등 최근 2년간 연

속된 경상손실로 인하여 자기자본이 잠식된 경우, 자산에 대한 부채의 비율이 500%를 초과하는 경우 등 사유에 해당되어 대한주택보증주식회사가 분양보증을 하면서 주택건설대지를 대한주택보증주식회사에 신탁하게 할 경우에는 사업주체는 그 주택건설대지를 신탁할 수 있다(동조 제6항, 슈 제45조 제5항).

나. 제6항에 따른 대한주택보증주식회사의 신탁의 인수에 관하여는 자본시장과 금융투자업에 관한 법률을 적용하지 아니한다(제7항).

4. 공업화주택의 인정 등(법 제35조~제37조)

(1) 공업화주택의 인정 등(법 제35조)

1) 국토해양부장관은 주요 구조부의 전부 또는 일부를 국토해양부령으로 정하는 성능기준 및 생산기준에 따라 조립식 등 공업화공법으로 건설하는 주택을 공업화주택으로 인정할 수 있다.

2) 국토해양부장관은 공업화주택, 건설기술관리법에 따라 국토해양부장관이 고시한 새로운 건설기술을 적용하여 건설하는 주택을 건설하려는 자에 대하여는 건설산업기본법 규정에도 불구하고 대통령령으로 정하는 바에 따라 이를 건설하게 할 수 있다.

3) 공업화주택의 인정에 필요한 사항은 대통령령으로 정한다. [전문개정 2009.2.3]

(2) 공업화주택의 인정취소 (제36조)

국토해양부장관은 제35조제1항에 따라 공업화주택을 인정받은 자가 다음 각 호의 어느 하나에 해당하는 행위를 한 경우에는 공업화주택의 인정을 취소할 수 있다.

1) 거짓이나 그 밖의 부정한 방법으로 인정을 받은 경우
2) 인정을 받은 날부터 1년 이내에 공업화주택의 건설에 착공하지 아니한 경우
3) 인정을 받은 기준에 맞지 아니하게 공업화주택을 건설한 경우

(3) 공업화주택의 건설촉진(제37조)

1) 국토해양부장관 또는 시·도지사는 사업주체가 건설할 주택을 공업화주택으로 건설하도록 사업주체에게 권고할 수 있다.

2) 공업화주택의 건설 및 품질 향상과 관련하여 국토해양부령으로 정하는 기술능력을 갖추고 있는 자가 공업화주택을 건설하는 경우에는 제22조·제24조 및 건축사법 제4조를 적용하지 아니한다.

Ⅳ. 주택의 供給

1. 주택공급에 관한 원칙 (제38조)

사업주체는 다음에서 정하는 바에 따라 주택을 건설·공급하여야 한다. 여기서의 사업주체에는 건축법상 건축허가를 받아 주택 외의 시설과 주택을 동일 건축물로 하여 20호 이상으로 건설·공급하는 건축주를 포함한다. 이 경우 국가유공자, 장애인, 철거주택의 소유자, 그 밖에 국토해양부령(주택공급에 관한 규칙)[2]으로 정하는 대상자에 대하여는 동 부령으로 정하는 바에 따라 입주자 모집조건 등을 달리 정하여 별도로 공급할 수 있다. 주택의 공급에 대해서는 직접 국토해양부령인 주택공급에 관한 규칙에 위임되어져 있다.

1) 사업주체 (국가·지방자치단체·한국토지주택공사 및 지방공사는 제외한다)가 입주자를 모집하려는 경우: 국토해양부령으로 정하는 바에 따라 시장·군수·구청장의 승인(복리시설의 경우에는 신고를 말한다)을 받을 것

2) 사업주체가 건설하는 주택을 공급하려는 경우: 국토해양부령으로 정하는 입주자모집의 조건·방법·절차, 입주금(입주예정자가 사업주체에게 납입하는 주택가격을 말한다.)의 납부 방법·시기·절차, 주택공급계약의 방법·절차 등에 적합할 것

2) 주택공급에 관한 규칙 제1조 (목적) : 이 규칙은 주택법 제38조(제1항 제3호는 제외한다)·제38조의3·제41조 및 제41조의2에 따라 주택 및 복리시설의 공급조건·방법 및 절차 등에 관한 사항을 규정함을 목적으로 한다.

3) 사업주체가 주택을 공급하려는 경우: 국토해양부령으로 정하는 바에 따라 벽지 · 바닥재 · 주방용구 · 조명기구 등을 제외한 부분의 가격을 따로 제시하고, 이를 입주자가 선택할 수 있도록 할 것

2. 주택의 공급방법

주택의 공급방법은 일반공급 · 특별공급 및 단체공급으로 구분한다(동 규칙 제10조 제1항)

사업주체가 일반공급에 의하여 입주자를 선정하는 때에는 제11조(민간건설 중형국민주택외의 국민주택등의 일반공급), 제11조의2 (민간건설 중형국민주택의 일반공급), 제12조 (민영주택의 일반공급), 제12조의2 (제2종국민주택채권 매입대상 주택의 공급), 제13조 (민영주택 등의 우선공급)의 규정에 따라 입주자를 선정하여야 한다. 이 경우 동 · 호수의 배정은 추첨의 방법에 따른다.

또한, 주택을 공급받으려는 자는 국토해양부령으로 정하는 입주자자격, 재당첨 제한 및 공급 순위 등에 맞게 주택을 공급받아야 한다.

3. 주택의 분양

(1) 주택의 분양가격 제한 등 (제38조의2)

1) 분양가상한제 적용주택 및 분양가격(제1항)

사업주체가 일반인에게 공급하는 공동주택(도시형 생활주택은 제외한다)은 이 조에서 정하는 기준에 따라 산정되는 분양가격 이하로 공급(이에 따라 공급되는 주택을 "분양가상한제 적용주택"이라 한다.)하여야 한다. 이 경우 분양가격은 택지비와 건축비로 구성되며, 구체적인 명세, 산정방식, 감정평가기관 선정방법 등은 국토해양부령으로 정한다.

2) 택지비(제2항)

분양가격의 구성항목 중 택지비는 다음에 따라 산정한 금액으로 한다.

가. 공공택지에서 주택을 공급하는 경우

해당 택지의 공급가격에 국토해양부령으로 정하는 택지와 관련된 비용을 가산한 금액(제1호)

나. 공공택지 외의 택지에서 주택을 공급하는 경우

부동산 가격공시 및 감정평가에 관한 법률에 따라 감정평가한 가액에 국토해양부령으로 정하는 택지와 관련된 비용을 가산한 금액. 다만, 택지 매입가격이 다음의 어느 하나에 해당하는 경우에는 해당 매입가격[대통령령(令 제42조의2 제2항)으로 정하는 감정평가한 가액의 120%에 상당하는 금액 이내에 한한다]에 국토해양부령으로 정하는 택지와 관련된 비용을 가산한 금액을 택지비로 볼 수 있다. 이 경우 택지비는 주택단지 전체에 동일하게 적용하여야 한다(제2호).

가) 「민사집행법」, 「국세징수법」 또는 「지방세법」에 따른 경・공매 낙찰가격

나) 국가・지방자치단체 등 공공기관으로부터 매입한 가격

다) 그 밖에 실제 매매가격을 확인할 수 있는 경우로서 대통령령(시행령 제42조의2 제5항)으로 정하는 경우(부동산등기법에 따른 부동산등기부에 해당 택지의 거래가액이 기재되어 있는 경우)

3) 건축비의 구성(제3항)

분양가격 구성항목 중 건축비는 국토해양부장관이 정하여 고시하는 건축비(이하 "기본형건축비"라 한다)에 국토해양부령으로 정하는 금액을 더한 금액으로 한다. 이 경우 기본형건축비는 시장・군수・구청장이 해당 지역의 특성을 고려하여 국토해양부령으로 정하는 범위에서 따로 정하여 고시할 수 있다.

4) 분양가격 공시의무(제4항)

가. 공공택지에서 공급하는 주택

사업주체는 분양가상한제 적용주택으로서 공공택지에서 공급하는 주택에 대하여 입주자모집 승인을 받았을 때에는 입주자 모집공고에 다음 각 호[국토해양부령으로 정하는 細分類를 포함한다]에 대하여 분양가격을 공시하여야 한다.

① 택지비 ② 공사비 ③ 간접비 ④ 그 밖에 국토해양부령으로 정하는 비용

나. 공공택지 외의 택지에서 공급되는 분양가상한제 적용주택

시장・군수・구청장이 공공택지 외의 택지에서 공급되는 분양가상한제 적용주택(「수도권정비계획법」에 따른 수도권 등 분양가 상승 우려가 큰 지역으로서 대통령령으로 정하는 기준에 해당되는 지역에서 공급되는 주택만 해당한다)에 대하여 입주자모집 승인을 하는 경우에는 다음 각 호의 구분에 따라 분양가격을 공시하여야 한다. 이 경우 ②부터 ⑥까지의 금액은 기본형건축비[시(특별자치도의 경우에는 특별자치도를 말한다)・군・구(자치구를 말한다. 이하 같다)별 기본형건축비가 따로 있는 경우에는 시・군・구별 기본형건축비]의 항목별 가액으로 한다.(제5항)

① 택지비	② 직접공사비	③ 간접공사비	④ 설계비
⑤ 감리비	⑥ 부대비	⑦ 그 밖에 국토해양부령으로 정하는 비용	

5) 위에 따른 공시를 할 때 국토해양부령으로 정하는 택지비 및 건축비에 가산되는 비용의 공시에는 분양가심사위원회 심사를 받은 내용과 산출근거를 포함하여야 한다(제6항).

(2) 견본주택의 건축기준 (제38조의3)

1) 사업주체가 주택의 판매촉진을 위하여 견본주택을 건설하려는 경우 견본주택의 내부에 사용하는 마감자재 및 가구는 사업계획승인의 내용과 같은 것으로 시공・설치하여야 한다(제1항).

2) 사업주체는 견본주택의 내부에 사용하는 마감자재를 사업계획승인 또는 마감자재 목록표와 다른 마감자재로 설치하는 경우로서 다음 각 호의 어느 하나에 해당하는 경우에는 일반인이 그 해당 사항을 알 수 있도록 국토해양부령으로 정하는 바에 따라 그 공급가격을 표시하여야 한다(제2항).1. 분양가격에 포함되지 아니하는 품목을 견본주택에 전시하는 경우. 2. 마감자재 생산업체의 부도 등으로 인한 제품의 품귀 등 부득이한 경우

3) 견본주택에는 마감자재 목록표와 사업계획승인을 받은 서류 중 평면도와 시방

서를 갖춰 두어야 하며, 견본주택의 배치・구조 및 유지관리 등은 국토해양부령으로 정하는 기준에 맞아야 한다(제3항).

(3) 분양가심사위원회의 운영 등 (제38조의4)

1) 시장・군수・구청장은 주택의 분양가격 제한과 분양가격 공시에 관한 사항을 심의하기 위하여 분양가심사위원회를 설치・운영하여야 한다.(제1항)

2) 시장・군수・구청장은 입주자모집 승인을 할 때에는 분양가심사위원회의 심사결과에 따라 승인 여부를 결정하여야 한다.(제2항)

3) 분양가심사위원회는 주택 관련 분야 교수, 주택건설 분야 전문직 종사자, 관계공무원 또는 변호사・회계사・감정평가사 등 관련 전문가 10명 이내로 구성하되, 구성 절차 및 운영에 관한 사항은 대통령령으로 정한다(제3항).

4) 분양가심사위원회의 위원은 제1항부터 제3항까지의 규정에 따른 업무를 수행할 때에는 신의와 성실로써 공정하게 심사를 하여야 한다(제4항).

4. 주택건설사업 등에 의한 임대주택의 건설 등(제38조의6)

1) 사업주체가 다음 각 호의 사항을 포함한 사업계획승인신청서(건축법상 허가신청서를 포함한다.)를 제출하는 경우 사업계획승인권자(건축허가권자를 포함한다)는 국토의 계획 및 이용에 관한 법률상 용도지역별 용적률 범위 안에서 특별시・광역시・특별자치도・시 또는 군의 조례로 정하는 기준에 따라 용적률을 완화하여 적용할 수 있다(동조 제1항).

가. 20 호 이상의 주택과 주택 외의 시설을 동일 건축물로 건축하는 계획

나. 임대주택의 건설・공급에 관한 사항

2) 위 용적률을 완화하여 적용하는 경우 사업주체는 완화된 용적률의 60% 이하의 범위에서 대통령령으로 정하는 비율(30% 이상 60% 이하의 범위에서 시・도의 조례로 정하는 비율) 이상에 해당하는 면적을 임대주택으로 공급하여야 한다(동

제42조의16 제1항). 이 경우 사업주체는 임대주택을 국토해양부장관, 시·도지사, 대한주택공사 또는 지방공사(이하 "인수자"라 한다)에 공급하여야 하며 시·도지사가 우선 인수할 수 있다. 다만, 시·도지사가 임대주택을 인수하지 아니하는 경우 시장·군수·구청장이 제1항의 사업계획승인(건축법상 건축허가를 포함한다) 신청 사실을 시·도지사에게 통보한 후 국토해양부장관에게 인수자 지정을 요청하여야 한다(제2항). 국토해양부장관은 시장·군수·구청장으로부터 인수자 지정의 요청을 받은 경우 30일 이내에 인수자를 지정하여 시·도지사에게 통보하여야 하며, 국토해양부장관으로부터 통보를 받은 시·도지사는 지체 없이 국토해양부장관이 지정한 인수자와 임대주택의 인수에 관하여 협의하여야 한다(令 동조 제2항).

3) 위에 따라 공급되는 임대주택의 공급가격은 임대주택법에 따라 임대주택의 매각 시 적용하는 공공건설임대주택의 분양전환가격에 산정기준에서 정하는 건축비로 하고, 그 부속토지는 인수자에게 기부채납한 것으로 본다(제3항).

4) 사업주체는 따른 사업계획승인을 신청하기 전에 미리 용적률의 완화로 건설되는 임대주택의 규모 등에 관하여 인수자와 협의하여 사업계획승인신청서에 반영하여야 한다(제4항).

5) 사업주체는 공급되는 주택의 전부(제32조의 주택조합이 설립된 경우에는 조합원에게 공급하고 남은 주택을 말한다)를 대상으로 공개추첨의 방법에 의하여 인수자에게 공급하는 임대주택을 선정하여야 하며, 그 선정 결과를 지체 없이 인수자에게 통보하여야 한다(제5항).

6) 사업주체는 임대주택의 준공인가(건축법상 사용승인을 포함한다)를 받은 후 지체 없이 인수자에게 등기를 촉탁 또는 신청하여야 한다. 이 경우 사업주체가 거부 또는 지체하는 경우에는 인수자가 등기를 촉탁 또는 신청할 수 있다(제6항).

5. 주택의 투기방지제도

(1) 공급질서 교란 금지(제39조)

1) 누구든지 이 법에 따라 건설·공급되는 주택을 공급받거나 공급받게 하기 위하여 다음 각 호의 어느 하나에 해당하는 증서 또는 지위를 양도·양수(매매·증여나 그 밖에 권리 변동을 수반하는 모든 행위를 포함하되, 상속·저당의 경우는 제외한다.)하거나 이를 알선하여서는 아니 되며, 누구든지 거짓이나 그 밖의 부정한 방법으로 이 법에 따라 건설·공급되는 증서나 지위 또는 주택을 공급받거나 공급받게 하여서는 아니 된다(동조 제1항).

① 주택을 공급받을 수 있는 지위 ② 주택상환사채 ③ 입주자저축 증서 ④ 그 밖에 주택을 공급받을 수 있는 증서 또는 지위로서 시장·군수 또는 구청장이 발행한 무허가건물확인서·건물철거예정증명서 또는 건물철거확인서, 공공사업의 시행으로 인한 이주대책에 의하여 주택을 공급받을 수 있는 지위 또는 이주대책대상자 확인서(令 제43조 제1항)

2) 국토해양부장관 또는 사업주체는 다음 각 호의 어느 하나에 해당하는 자에 대하여는 그 주택 공급을 신청할 수 있는 지위를 무효로 하거나 이미 체결된 주택의 공급계약을 취소할 수 있다. ① 제1항을 위반하여 증서 또는 지위를 양도하거나 양수한 자 ② 제1항을 위반하여 거짓이나 그 밖의 부정한 방법으로 증서나 지위 또는 주택을 공급받은 자(제2항)

3) 사업주체가 제1항을 위반한 자에게 대통령령(令 동조 제2항)으로 정하는 바에 따라 산정한 주택가격에 해당하는 금액을 지급한 경우에는 그 지급한 날에 그 주택을 취득한 것으로 본다(제3항).

4) 위의 경우 사업주체가 매수인에게 주택가격을 지급하거나, 매수인을 알 수 없어 주택가격의 수령 통지를 할 수 없는 경우 등 대통령령(令 동조 제3항)으로 정하는 사유에 해당하는 경우로서 주택가격을 그 주택이 있는 지역을 관할하는 법원에 공탁한 경우에는 그 주택에 입주한 자에 대하여 기간을 정하여 퇴거를 명할 수 있다(제4항).

(2) 투기과열지구의 지정 및 해제(제41조)

1) 국토해양부장관 또는 시·도지사는 주택가격의 안정을 위하여 필요한 경우에는 주택정책심의위원회(시·도지사의 경우에는 시·도 주택정책심의위원회를 말한다.)의 심의를 거쳐 일정한 지역을 투기과열지구로 지정하거나 이를 해제할 수 있다. 이 경우 투기과열지구의 지정은 그 지정 목적을 달성할 수 있는 최소한의 범위로 한다(제1항).

2) 투기과열지구는 해당 지역의 주택가격상승률이 물가상승률보다 현저히 높은 지역으로서 그 지역의 청약경쟁률·주택가격·주택보급률 및 주택공급계획 등과 지역 주택시장 여건 등을 고려하였을 때 주택에 대한 투기가 성행하고 있거나 성행할 우려가 있는 지역 중 국토해양부령(시행규칙 제19조의3)으로 정하는 아래의 기준을 충족하는 곳이어야 한다(제2항).

가. 주택공급이 있었던 직전 2개월간 해당 지역에서 공급되는 주택의 청약경쟁률이 5대 1을 초과하였거나 국민주택규모 이하 주택의 청약경쟁률이 10대 1을 초과한 곳

나. 다음 각 목의 어느 하나에 해당하여 주택공급이 위축될 우려가 있는 곳

가) 주택의 분양계획이 지난 달보다 30% 이상 감소한 곳

나) 주택건설사업계획의 승인이나 건축법상 건축허가 실적이 지난 해 보다 급격하게 감소한 곳

다. 신도시 개발이나 주택의 전매행위 성행 등으로 투기 및 주거불안의 우려가 있는 곳으로서 다음 각 목의 어느 하나에 해당하는 곳

가) 시·도별 주택보급률이 전국 평균 이하인 경우

나) 시·도별 자가주택비율이 전국 평균 이하인 경우

다) 해당 지역의 주택공급물량이 입주자저축 가입자 중 주택청약 제1순위자에 비하여 현저하게 적은 경우

3) 국토해양부장관 또는 시·도지사는 투기과열지구를 지정하였을 때에는 지체 없이 이를 공고하고, 그 투기과열지구를 관할하는 시장·군수·구청장에게 공고내용을 통보하여야 한다. 이 경우 시장·군수·구청장은 사업주체로 하여금 입

주자 모집공고 시 해당 주택건설 지역이 투기과열지구에 포함된 사실을 공고하게 하여야 한다. 투기과열지구 지정을 해제하는 경우에도 또한 같다(제3항).

4) 국토해양부장관 또는 시・도지사는 투기과열지구에서 지정 사유가 없어졌다고 인정하는 경우에는 지체 없이 투기과열지구 지정을 해제하여야 한다(제4항).

5) 국토해양부장관이 투기과열지구를 지정하거나 해제할 경우에는 시・도지사의 의견을 들어야 하며, 시・도지사가 투기과열지구를 지정하거나 해제할 경우에는 국토해양부장관과 협의하여야 한다(제5항).

6) 국토해양부장관은 1년마다 주택정책심의위원회의 회의를 소집하여 투기과열지구로 지정된 지역별로 해당 지역의 주택가격 안정 여건의 변화 등을 고려하여 투기과열지구 지정의 유지 여부를 재검토하여야 한다. 재검토 결과 투기과열지구 지정의 해제가 필요하다고 인정되는 경우에는 지체 없이 투기과열지구 지정을 해제하고 이를 공고하여야 한다(제6항).

7) 투기과열지구로 지정된 지역의 시・도지사 또는 시장・군수・구청장은 투기과열지구 지정 후 해당 지역의 주택가격이 안정되는 등 지정 사유가 없어졌다고 인정되는 경우에는 국토해양부장관 또는 시・도지사에게 투기과열지구 지정의 해제를 요청할 수 있다(제7항).

8) 위에 따라 투기과열지구 지정의 해제를 요청받은 국토해양부장관 또는 시・도지사는 요청받은 날부터 40일 이내에 주택정책심의위원회의 심의를 거쳐 투기과열지구 지정의 해제 여부를 결정하여 그 투기과열지구를 관할하는 지방자치단체의 장에게 심의결과를 통보하여야 한다(제8항).

9) 국토해양부장관 또는 시・도지사는 심의결과 투기과열지구에서 그 지정 사유가 없어졌다고 인정될 때에는 지체 없이 투기과열지구 지정을 해제하고 이를 공고하여야 한다(제9항).

(3) 주택의 전매행위 제한 등 (제41조의2)

1) 사업주체가 건설・공급하는 주택 또는 주택의 입주자로 선정된 지위(입주자로 선정되어 그 주택에 입주할 수 있는 권리・자격・지위 등을 말한다.)로서 다음 각 호의 어느 하나에 해당하는 경우에는 10년 이내의 범위에서 대통령령으로 정하는 기간이 지나기 전에는 그 주택 또는 지위를 전매(매매・증여나 그 밖에 권리의 변동을 수반하는 모든 행위를 포함하되, 상속의 경우는 제외한다)하거나 이의 전매를 알선할 수 없다. 이 경우 전매제한기간은 주택의 수급 상황 및 투기 우려 등을 고려하여 대통령령으로 지역별로 달리 정할 수 있다(동조 제1항, 슈 제45조의2).

가. 투기과열지구에서 건설・공급되는 주택의 입주자로 선정된 지위(분양가상한제 적용주택은 제외한다.) - 슈 제45조의2 제1항으로 정하는 아래의 기간

가) 수도권, 충청권의 경우 - 당해 주택(또는 당해 건축물)에 대한 소유권이전등기를 완료한 때(이 경우 전매제한기간은 5년을 초과하지 아니한다.)

나) 그 외의 지역의 경우 - 1년에 도달한 때

나. 분양가상한제 적용주택 및 그 주택의 입주자로 선정된 지위 - 슈 제45조의2 제2항으로 정하는 기간.

다. 주택공영개발지구에서 분양가격의 제한을 받지 아니하고 공공기관이 건설・공급하는 공동주택 및 그 주택의 입주자로 선정된 지위 - 슈 제45조의2 제3항으로 정하는 기간.

2) 사업주체가 위 1)의 나 또는 다 호에 해당하는 주택을 공급하는 경우에는 그 주택의 소유권을 제3자에게 이전할 수 없음을 소유권에 관한 등기에 부기등기 하여야 한다(제4항). 부기등기는 주택의 소유권보존등기와 동시에 하여야 한다.

3) 전매가 불가피한 경우(제2항)

입주자로 선정된 자 또는 상기 주택을 공급받은 자의 근무, 상속, 2년 이상 해외체류, 배우자에게의 증여, 생업상의 사정 등으로 전매가 불가피하다고 인정되는 경우로서 대통령령(슈 제45조의2)으로 정하는 경우에는 사업주체의 동의를 얻어 전매가 가능하다. 다만, 위 1)의 나 또는 다 호에 해당하는 주택을 공급받은 자

가 전매하는 경우에는 한국토지주택공사(사업주체가 지방공사인 경우에는 지방공사를 말한다.)가 그 주택을 우선 매입할 수 있다.

4) 전매행위 금지규정 위반의 효과

가. 법률상 환매

전매행위 금지 규정을 위반하여 주택의 입주자로 선정된 지위의 전매가 이루어진 경우, 사업주체가 이미 납부된 입주금에 대하여 매입비용(은행법에 따른 금융기관의 1년 만기 정기예금 평균이자율을 합산한 금액)을 그 매수인에게 지급한 경우에는 그 지급한 날에 사업주체가 해당 입주자로 선정된 지위를 취득한 것으로 본다. 한국토지주택공사가 분양가상한제 적용주택을 우선 매입한 주택을 공급하는 경우의 매입비용에 대하여도 이를 준용한다.

나. 벌칙 (제96조)

전매행위 금지 규정을 위반하여 입주자로 선정된 지위 또는 주택을 전매하거나 이의 전매를 알선한 자는 3년 이하의 징역 또는 3천만원 이하의 벌금에 처한다.

6. 주택공영개발지구의 지정 (제41조의 3)

(1) 지정권자

국토해양부장관은 투기과열지구에서 조성되는 공공택지 중에서 주택에 대한 투기가 성행할 우려가 있거나 공공택지의 주택공급의 공공성을 강화하기 위하여 필요한 경우에는 주택정책심의위원회에서 주택공영개발지구의 지역적 범위와 해당 주택공영개발지구에서 주택공영개발의 대상이 되는 주택의 규모 및 종류 등에 대하여 심의를 거쳐 주택공영개발지구를 지정할 수 있다. 이 경우 공공기관이 택지를 양수하여 건설・공급하여야 하는 공동주택의 규모 및 종류 등은 지역별 특성과 주택의 수급 상황 등을 고려하여 달리 정할 수 있다 (제1항) .

(2) 지정고시 및 통보

국토해양부장관이 주택공영개발지구를 지정하였을 때에는 관보에 고시하고, 관할 시 · 도지사에게 이를 통보하여야 한다 (제3항).

(3) 해제 및 해제고시 · 통보

국토해양부장관은 주택공영개발지구의 지정 후 주택가격이 안정되는 등 지정 사유가 없어졌다고 인정되는 경우에는 주택정책심의위원회의 심의를 거쳐 주택공영개발지구의 지정을 변경 또는 해제할 수 있다. 이 경우 고시 및 통보는 위 제3항을 준용한다(제4항).

(4) 지정효과(제2항)

지정된 주택공영개발지구에서 주택공영개발의 대상이 되는 주택을 건설 · 공급하기 위하여 공급되는 공공택지는 공공기관(국가 또는 지방자치단체, 한국토지주택공사, 지방공사)에 양도하여야 하며, 이를 양수한 공공기관은 그 택지에서의 주택건설사업을 직접 시행하여야 한다. 다만, 택지의 원활한 수급을 위하여 택지개발촉진법 시행령의 규정에 따라 택지개발사업 시행자가 수의계약의 방법으로 택지를 공급하는 경우에는 그러하지 아니하다 (令 제45조의3 제2항).

Ⅴ. 주택의 관리

1. 공동주택의 관리방법 등 (제42조~제52조)

(1) 공동주택의 관리 기준 등 (제42조)

1) 관리의 기준

관리주체는 공동주택(부대시설과 복리시설을 포함한다)을 이 법 또는 이 법에 따른 명령에 따라 관리하여야 한다(제1항).

2) 공동주택 입주자 등의 행위제한

공동주택의 입주자 · 사용자 또는 관리주체가 다음에 해당하는 행위를 하려는 경우에는 허가 또는 신고와 관련된 면적, 세대수 또는 입주자 등의 동의 비율에 관하여 대통령령(令 제47조)으로 정하는 기준 및 절차 등에 따라 시장 · 군수 · 구청장의 허가를 받거나 신고를 하여야 한다. 다만, 리모델링의 경우에는 도시 및 주거환경정비법 규정을 준용하여 안전진단을 하여야 하며, 안전진단 결과 건축물 구조의 안전에 위험이 있다고 평가되어 주택재건축사업의 시행이 필요하다고 결정된 공동주택의 경우에는 증축에 한하여 리모델링을 허가할 수 없다(제2항).

① 공동주택을 사업계획에 따른 용도 외의 용도에 사용하는 행위

② 공동주택을 신축 · 증축 · 개축 · 대수선 또는 리모델링하는 행위

㉠ 창틀 • 문틀의 교체 ㉡ 세대내 천장 • 벽 • 바닥의 마감재 교체 ㉢ 급배수관 등 배관설비의 교체 ㉣ 난방방식의 변경(시설물의 파손 • 철거를 제외한다)

③ 공동주택을 파손 또는 훼손하거나 해당 시설의 전부 또는 일부를 철거하는 행위 [국토해양부령으로 정하는 다음의 경미한 행위는 제외한다(규칙 제20조 제1항)]

㉠ 공동주택의 용도폐지 ㉡ 공동주택의 재축 및 비내력벽의 철거(令 동조 제2항)

④ 그 밖에 공동주택의 효율적 관리에 지장을 주는 행위로서 대통령령으로 정하는 행위

3) 리모델링

가. 리모델링을 시행할 수 있는 자

리모델링주택조합이나 소유자 전원의 동의를 받은 입주자대표회의가 시장 · 군수 · 구청장의 허가를 받아 리모델링을 할 수 있다(제3항).

나. 리모델링의 시행요건

다음의 시행자는 시 · 군 · 구청장의 허가를 받아 리모델링을 할 수 있다.

가) 동별 또는 주택단지별로 설립된 리모델링주택조합.

주택단지 전체를 리모델링하고자 하는 경우에는 주택단지 전체 구분소유자

및 의결권의 각 4/5 이상의 동의와 각 동별 구분소유자 및 의결권의 각 2/3 이상의 동의를 얻어야 하며, 동을 리모델링하고자 하는 경우에는 그 동의 구분소유자 및 의결권의 각 4/5 이상의 동의를 얻어야 한다.

나) 주택단지의 주택소유자 전원의 동의를 얻은 입주자대표회의(슈 제47조 제4항)

4) 공동주택 리모델링에 따른 집합건물법의 특례 (제48조)

가. 공동주택의 소유자가 리모델링에 의하여 專有部分(「집합건물의 소유 및 관리에 관한 법률」(이하 '집합건물법'이라 함) 에 따른 전유부분을 말한다)의 면적이 늘거나 줄어드는 경우에는 집합건물법 규정에도 불구하고 대지사용권은 변하지 아니하는 것으로 본다.

나. 공동주택의 소유자가 리모델링에 의하여 일부 공용부분의 면적을 전유부분의 면적으로 변경한 경우에는 집합건물법 규정에도 불구하고 그 소유자의 나머지 공용부분의 면적은 변하지 아니하는 것으로 본다.

다. 대지사용권 및 공용부분의 면적에 관하여는 ①과 ②의 규정에도 불구하고 소유자가 집합건물법에 따른 규약으로 달리 정한 경우에는 그 규약에 따른다.

5) 공동주택의 지하층 활용

공동주택의 지하층은 주택건설기준 등에 관한 규정 제11조의 규정에 의한 주민공동시설로 활용할 수 있다. 이 경우 관리주체는 대피시설로 사용하는데 지장이 없도록 이를 유지 · 관리하여야 한다(슈 제47조 제5항).

(2) 관리주체 등 (제43조)

1) 의무관리대상 공동주택

시행령(슈 제48조)으로 정하는 공동주택(건축법상 건축허가를 받아 주택 외의 시설과 주택을 동일 건축물로 건축하는 경우와 부대시설 및 복리시설을 포함하되, 복리시설 중 일반인에게 분양되는 시설은 제외한다)을 건설한 사업주체는 입주예정자의 과반수가 입주할 때까지 그 공동주택을 직접 관리하여야 한다. 이 경우에는 입주예정자와 관리계약을 체결하여야 하며, 그 관리계약에 의하여 당해 공동주택의 공용부분의 관리 및 운영 등에 필요한 비용인 관리비예치금을 징수할 수 있다(令 제49조 제1항). 입주예정자의 과반수가 입주하였을 때에는 입주자에게 그 사실을 알리고 그 공동주택을 자치관리 또는 위탁관리할 것을 요구하여야 한다(제1항).

의무관리대상(자치관리 · 위탁관리)공동주택(令 제48조)

> ① 300세대 이상의 공동주택
> ② 세대수가 150세대 이상으로서 승강기가 설치된 공동주택
> ③ 세대수가 150세대 이상으로서 중앙집중식 난방방식의 공동주택
> ④ 「건축법」 제8조에 따른 건축허가를 받아 주택 외의 시설과 주택을 동일건축물로 건축한 건축물로서 주택이 150세대 이상인 건축물 <개정 2007.11.30>

2) 관리의무

입주자는 위 의무관리 대상 공동주택을 자치관리하거나 주택관리업자에게 위탁하여 관리하여야 한다(제2항).

3) 관리방법의 결정절차

가. 관리방법의 결정 및 통지 · 신고 기한

입주자는 요구를 받은 날부터 3개월 이내에 입주자대표회의를 구성하고, 그 공동주택의 관리방법을 결정(위탁관리 방법을 선택한 경우에는 그 주택관리업자의 선정을 포함한다)하여 입주자대표회의는 그 결정한 날부터 30일 이내에 입주자대표회의의 구성내용 등의 사항을 시장 · 군수 또는 구청장에게 신고하고 사업주체에게 통지하여야 한다. 이 경우 신고사항에 변경이 있는 때에는 그 날부터 30일 이내에 시장 · 군수 또는 구청장에게 변경신고를 하여야 한다(제3항, 令 동조 제3항)). 이 경우 공동주택 관리방법의 결정과 위탁관리 하는 경우의 주택관리업자의 선정은 입주자대표회의 또는 입주자등의 1/10 이상이 제안하고, 입주자등의 과반수가 서면동의 하는 방법에 의한다(令 제52조 제1항).

나. 관리방법의 변경(令 동조 제4항)

가) 원칙 : 관리방법 또는 주택관리업자를 변경하는 경우에도 관리방법의 결정 규

정을 준용한다.

나) 예외 : 다만, 계약기간이 만료된 주택관리업자를 다시 당해 공동주택의 관리주체로 선정하는 경우에는 관리규약에서 정하는 절차에 따라 입주자등으로부터 의견을 청취하고 입주자대표회의 구성원 2/3 이상의 찬성을 얻어 결정할 수 있다.

다. 공동관리 및 구분관리(令 동조 제2항)

입주자대표회의는 당해 공동주택의 관리여건상 필요하다고 인정하는 경우에는 국토해양부령(규칙 제23조 제1항)이 정하는 바에 의하여 인접한 공동주택단지(임대주택단지를 포함한다)와 공동으로 관리하거나 500세대 이상의 단위로 구분하여 관리하게 할 수 있다. 이 경우 공동관리는 단지별로 입주자등의 과반수의 서면동의를 받은 경우로서 국토해양부령(규칙 동조 제2항)이 정하는 기준에 적합한 경우에 한한다. 입주자대표회의는 공동주택을 공동관리하거나 구분관리할 것을 결정한 때에는 지체없이 그 내용을 시장・군수 또는 구청장에게 통보하여야 한다(규칙 동조 제3항).

4) 자치관리 방법

입주자대표회의가 공동주택을 자치관리하려는 경우에는 관리방법의 결정요구가 있었던 날부터 6개월 이내에 공동주택의 관리사무소장을 자치관리기구의 대표자로 선임하고, 대통령령(令 제53조)으로 정하는 기술인력 및 장비를 갖춘 자치관리기구를 구성하여야 한다. 다만, 주택관리업자에게 위탁관리하다가 자치관리로 관리방법을 변경할 경우에는 그 위탁관리의 종료일까지 자치관리기구를 구성하여야 한다(제4항).

5) 사업주체의 임시조치

사업주체는 입주자대표회의로부터 위 관리방법 결정요구일로부터 3월과 30일이 지나도 그 결정 통지가 없거나 자치관리 결정통지만 하고 자치관리기구를 구성하지 아니한 경우에는 주택관리업자를 선정하여야 한다. 이 경우 사업주체는 입주자에게 그 사실을 알려야 한다(제5항).

6) 관리업무 인계 및 임시관리기간(제6항)

사업주체는 자치관리기구가 구성되거나 주택관리업자가 선정된 경우에는 해당 관리주체에게 공동주택의 관리업무를 인계하여야 하며, 관리주체가 변경된 경우에도 또한 같다. 다만, 임시조치시의 관리주체의 관리기간은 자치관리기구가 구성되거나 입주자등에 의하여 주택관리업자가 선정될 때까지로 한다(令 제54조 제2항).

7) 관리방법의 통지 등

다음에 해당하는 사항 등에 필요한 사항은 대통령령(令 제55조)으로 정한다(제7항).

가. 제1항에 따른 통지・요구의 방법 및 절차

나. 제3항에 따른 입주자대표회의의 구성・운영 및 의결사항

다. 관리주체의 업무

라. 관리방법의 변경

마. 공동주택관리기구(자치관리기구를 포함한다)의 구성・기능・운영

8) 지방자치단체의 장의 지원

지방자치단체의 장은 그 지방자치단체의 조례로 정하는 바에 따라 관리주체가 공동주택의 관리업무를 수행하기 위하여 필요한 비용의 일부를 지원할 수 있다(제8항).

9) 사업주체의 임시조치 시 재물 취득 등 위반 금지

공동주택의 관리와 관련하여 공동주택의 입주자・사용자・관리주체・입주자대표회의 또는 리모델링주택조합은 부정하게 재물 또는 재산상의 이익을 취득하거나 제공하여서는 아니 된다(제9항).

(3) 입주자대표회의 (제43조제3항, 제43조의2, 令 제50조~제51조)

1) 입주자대표회의의 구성 등 (제43조제3항, 令 제50조)

가. 입주자는 이상의 공동주택의 관리방법을 결정하기 위하여 동별 세대수에 비례하여 선출된 동별 대표자로 구성되는 입주자대표회의를 구성하여야 한다.

나. 하나의 공동주택단지를 수개의 공구로 구분하여 순차적으로 건설하는 경우에

는 먼저 입주한 공구의 입주자 또는 사용자(이하 "입주자등"이라 한다)는 입주자대표회의를 구성할 수 있다. 다만, 다음 공구의 입주예정자의 과반수가 입주한 때에는 다시 입주자대표회의를 구성하여야 한다.

다. 동별 대표자는 동별 대표자 선출공고일 현재 당해 공동주택단지 안에서 주민등록을 마친 후 6월 이상(최초의 입주자대표회의의 구성이나 순차적인구성인 경우를 제외한다) 거주하고 있는 입주자 중에서 선출하여야 한다.

라. 입주자대표회의에 두는 임원은 동별 대표자 중에서 선출하되, 회장 1인을 포함한 3인 이상의 이사 및 1인 이상의 감사로 구성한다.

마. 입주자대표회의의 임원의 업무범위 등은 국토해양부령(규칙 제21조)으로 정한다.

2) 입주자대표회의의 운영교육(제43조의2, 令 제50조의2)

가. 교육 실시권자

시장 · 군수 · 구청장은 입주자대표회의의 구성원에게 입주자대표회의의 운영과 관련하여 필요한 교육을 실시할 수 있다(제1항).

나. 교육 내용

제1항에 따른 교육 내용에는 다음사항이 포함되어야 한다(제2항). ① 공동주택관리규약 및 관리에 필요한 모든 규정의 내용 ② 관리비 · 사용료 및 장기수선충당금 등의 산정방법 ③ 관리 현황의 공개방법 및 관리업무의 전산화 ④ 그 밖에 입주자대표회의의 운영에 필요한 사항

다. 교육의 시기 · 방법 등

교육의 시기 · 방법, 비용 부담, 그 밖에 필요한 사항은 대통령령(令 제50조의2)으로 정한다(제3항).

(4) 공동주택관리규약 (제44조)

1) 관리규약의 준칙 제정

시 · 도지사는 공동주택의 입주자 및 사용자를 보호하고 주거생활의 질서를 유지하기 위하여 대통령령(令 제57조 제1항)으로 정하는 바에 따라 공동주택의 관리 또는

사용에 관하여 준거가 되는 공동주택관리규약의 준칙을 정하여야 한다(제1항).

2) 관리규약의 준칙 준수 의무

입주자와 사용자는 관리규약의 준칙을 참조하여 관리규약을 정한다(제2항).

3) 관리규약의 효력 승계

관리규약은 입주자의 지위를 승계한 자에 대하여도 그 효력이 있다(제3항).

(5) 관리비 (제45조)

1) 공동주택의 입주자 및 사용자는 그 공동주택의 유지관리를 위하여 필요한 관리비를 관리주체에게 내야 한다(제1항).

2) 관리비의 내용 등에 필요한 사항은 대통령령으로 정하는 바, 관리비는 다음 각 비목의 월별금액의 합계액으로 하며, 비목별 세부내역은 별표 5와 같다(제2항, 令 제58조 제1항).

1. 일반관리비 2. 청소비 3. 경비비 4. 소독비 5. 승강기유지비 5의2. 지능형 홈네트워크 설비유지비(지능형 홈네트워크 설비가 설치된 경우만 해당한다) 6. 난방비(「주택건설기준 등에 관한 규정」 제37조의 규정에 의하여 난방열량계 등이 설치된 공동주택의 경우에는 난방열량계 등의 계량에 의하여 산정한 난방비를 말한다) 7. 급탕비 8. 수선유지비(냉·난방시설의 청소비를 포함한다)

3) 관리주체는 다음의 비용에 대하여는 이를 위 관리비와 구분하여 징수하여야 한다(令 동조 제2항).

1. 장기수선충당금 2. 시설물의 안전관리에 관한 특별법의 규정에 의한 안전점검의 대가 3. 제62조의 규정에 의한 안전진단 실시비용 및 제65조의 규정에 의한 안전점검비용

4) 관리주체는 입주자등이 납부하는 다음의 사용료 등을 입주자등을 대행하여 그 사용료 등을 받을 자에게 납부할 수 있다(令 동조 제3항).

1. 전기료(공동으로 사용되는 시설의 전기료를 포함한다) 2. 수도료(공동으로 사용하는 수도료를 포함한다) 3. 가스사용료 4. 지역난방 방식인 공동주택의 난방비와 급탕비 5. 정화조오물수수료 6. 생활폐기물수수료 7. 공동주택단지안의 건물 전체를 대상으로 하는 보험료 8. 입주자대표회의의 운영비

5) 관리주체는 인양기 등 공용시설물의 사용료를 당해 시설의 사용자에게 따로 부과할 수 있으며, 보수를 요하는 시설이 2세대 이상의 공동사용에 제공되는 것인 경우에는 이를 직접 보수하고, 당해 입주자등에게 그 비용을 따로 부과할 수 있다(令 동조 제4항, 제5항).

6) 관리주체는 관리비등을 통합하여 부과하는 때에는 그 수입 및 집행내역을 쉽게 알 수 있도록 정리하여 입주자등에게 알려주어야 한다(令 동조 제4항, 제5항).

7) 관리주체는 관리비등을 입주자대표회의의 회장과 관리사무소장의 공동명의로 입주자대표회의가 지정하는 금융기관(令 제44조 제2항 제1호 각 목의 기관을 말함)에 예치하여 관리할 수 있다(令 동조 제7항).

8) 관리현황의 공개 및 관리비 공개

가. 공동주택의 관리주체는 관리비 내용 등을 대통령령으로 정하는 바에 따라 공개하여야 하는 바(제3항), 관리주체는 다음 각 호의 사항을 그 공동주택의 인터넷 홈페이지 또는 게시판에 게시하거나 입주자등에게 개별 통지하여야 한다. 다만, 입주자등의 세대별 사용내역 등 사생활 침해의 우려가 있는 것은 공개하지 아니한다(令 제56조).

가) 입주자대표회의의 소집 및 그 회의에서 의결한 사항

나) 관리비등의 부과내역(관리비와 사용료 등에 대한 항목별 산출내역을 말한)

다) 관리규약 · 장기수선계획 및 안전관리계획의 현황

라) 입주자등의 건의사항에 대한 조치결과 등 주요업무의 추진상황

마) 동별 대표자의 선출 및 입주자대표회의의 구성원에 관한 사항

바) 관리주체 및 관리기구의 조직에 관한 사항

나. 관리주체는 다음의 관리비 비목을 매월 말일을 기준으로 국토해양부장관이 지정하는 인터넷 홈페이지에 다음 달 말일까지 공개하여야 한다(令 제58조 제3항). <신설 2009.7.31>

1. 일반관리비　2. 청소비　3. 경비비　4. 소독비　5. 승강기유지비　6. 수선유지비

위 공개의무를 이행하지 아니한 자는 100만원의 과태료에 처한다(令 별표 13 7의2)

(6) 담보책임 및 하자보수 등 (제46조)

1) 하자보수 책임자 및 하자보수요구권자(제1항)

가. 하자보수책임자 : 사업주체, 분양 건축주, 시공자

나. 하자보수요구권자 : 입주자 · 입주자대표회의 · 관리주체 · 관리단

사업주체(건축법상 건축허가를 받아 공동주택을 분양하는 건축주 및 공동주택을 신축 · 증축 · 개축 · 대수선 또는 리모델링한 시공자를 포함함)는 건축물 분양에 따른 담보책임에 관하여 민법규정을 준용하도록 한 집합건물법 제9조에도 불구하고, 공동주택의 사용검사일이나 주택단지 안의 공동주택의 전부 임시사용승인일 또는 건축법에 따른 공동주택의 사용승인일부터 공동주택의 내력구조부별 및 시설공사별로 10년 이내의 범위에서 대통령령(令 제59조 제1항)으로 정하는 담보책임기간에 공사상 잘못으로 인한 하자가 발생한 경우에는 공동주택의 입주자대표회의등(입주자 · 입주자대표회의 · 관리주체 또는 집합건물법상 관리단)의 청구에 따라 그 하자를 보수하여야 한다(令 동조 제2항).

다. 사업주체의 하자보수 통보 의무

사업주체는 입주자대표회의 등으로부터 하자보수요구를 받은 날부터 3일 이내에 그 하자를 보수하거나 보수일정을 명시한 하자보수계획을 입주자대표회의 등에 통보하여야 한다(令 동조 제3항).

라. 사업주체의 이의 및 하자판정

사업주체는 위 규정에 의한 하자보수요구에 대하여 이의가 있는 경우에는 입주자대표회의등과 협의하여 보수책임이 있는 하자범위에 해당하는지 여부에 대한 판정을 다음 각 호의 어느 하나에 해당하는 자에게 의뢰할 수 있다(令 동조 제4항).

① 엔지니어링기술 진흥법에 의한 해당 분야의 엔지니어링활동주체
② 기술사법에 의한 해당 분야의 기술사 또는 건축사법에 의한 건축사
③ 과학기술분야 정부출연연구기관 등의 설립 · 운영 및 육성에 관한 법률의 규정에 의한 한국건설기술연구원
④ 시설물의 안전관리에 관한 특별법의 규정에 의한 한국시설안전공단

마. 하자판정 소요비용 부담

하자판정에 소요되는 비용은 다음구분에 따라 부담한다(令 동조 제5항).

① 하자판정결과 사업주체에게 하자보수책임이 있는 경우에는 사업주체 ② 하자판정결과 사업주체에게 하자보수책임이 없는 경우에는 입주자대표회의등. 이 경우 입주자대표회의 등은 하자보수책임이 있는 자가 따로 있는 경우에는 그 자에게 비용을 청구할 수 있다.

2) 하자보수보증금(제2항)

가. 원칙(예치의무자) : 사업주체, 분양 건축주, 시공자

나. 예외(예치면제자) : 국가・지방자치단체・대한주택공사 및 지방공사

사업주체 또는 건설산업기본법상 하자담보책임이 있는 자는 대통령령(令 제60조 제3항)으로 정하는 바에 따라 하자보수보증금을 예치하여야 한다. 다만, 국가・지방자치단체・대한주택공사 및 지방공사인 사업주체의 경우에는 하자담보책임은 부담하나 예치의무는 면제된다.

3) 내력구조부의 하자담보책임(제3항)

사업주체는 담보책임기간에 공동주택의 내력구조부에 중대한 하자가 발생한 경우에는 하자 발생으로 인한 손해를 배상할 책임이 있다.

4) 안전진단 의뢰(제4항)

시장・군수・구청장은 하자담보책임기간에 공동주택의 구조안전에 중대한 하자가 있다고 인정하는 경우에는 안전진단기관에 의뢰하여 안전진단을 할 수 있다. 이 경우 안전진단의 대상・절차 및 비용 부담에 관한 사항과 안전진단 실시기관의 범위 등에 필요한 사항은 대통령령(令 제62조)으로 정한다.

가. 안전진단 기관 : 시장・군수 또는 구청장은 공동주택의 내력구조부에 중대한 하자가 있다고 인정하는 경우에는 다음에 해당하는 기관에 해당 공동주택의 안전진단을 의뢰할 수 있다(令 제62조 제3항).

1. 한국건설기술연구원 2. 한국시설안전공단 3.건축사법의 규정에 의한 건축사협회 4. 고등교육법상 대학 및 산업대학의 부설연구기관(상설기관에 한한다) 5. 시설물의 안전관리에 관한 특별법의 규정에 의한 안전진단전문기관

나. 안전진단 소요비용의 부담 : 위의 규정에 의한 안전진단에 소요되는 비용은 사업주체가 이를 부담한다. 다만, 하자의 원인이 사업주체외의 자에게 있는 경우에는 그 자가 부담한다(令 동조 제4항).

5) 조정 신청(제5항)

사업주체 · 설계자 또는 감리자는 담보책임기간에 발생한 하자의 책임 범위에 대하여 분쟁이 발생한 경우에는 건축법에 따른 건축위원회에 조정을 신청할 수 있다.

6) 입주자 등(입주자 · 입주자대표회의 · 관리주체 또는 관리단)과 사업주체(하자보수보증금의 보증서 발급기관을 포함한다)는 담보책임기간 안에 발생한 하자의 책임범위에 대하여 분쟁이 발생한 때에는 하자심사 · 분쟁조정위원회에 조정을 신청할 수 있다(제6항).

(7) 하자심사 · 분쟁조정위원회 (제46조의 2~제46조의4)

1) 하자심사 · 분쟁조정위원회 설치 (제46조의 2)

가. 필수기관

국토해양부에 하자심사 · 분쟁조정위원회를 둔다(제1항).

나. 심사 · 조정 사항

위원회는 다음 사항을 심사 · 조정한다(제2항).

① 하자 여부 판정 ② 하자담보책임 및 하자보수 등에 대한 공동주택의 입주자등과 사업주체 간의 분쟁 ③ 그 밖에 대통령령(令 제42조의5)으로 정하는 사항

2) 위원회의 구성 등 (제46조의3)

가. 구성

위원회는 위원장 1인을 포함한 15인 이내의 위원으로 구성한다(제1항).

나. 위원

가) 자격 : 위원회의 위원은 공동주택 하자에 관한 학식과 경험이 풍부한 자로서

다음에 해당하는 자 중에서 국토해양부장관이 임명 또는 위촉한다. 이 경우 ㉢에 해당하는 자가 2인 이상 포함되어야 한다(제2항).

㉠ 1급부터 3급까지 상당의 공무원 또는 고위공무원단에 속하는 공무원

㉡ 공인된 대학이나 연구기관에서 부교수 이상 또는 이에 상당하는 직에 재직한 자

㉢ 판사・검사 또는 변호사

㉣ 건설공사・건설업 또는 건설용역업 또는 감정평가에 대한 전문적 지식을 갖춘 자

㉤ 주택관리사로서 공동주택의 관리사무소장으로 10년 이상 근무한 자

나) 제척・기피・회피 사유 등은 대통령령(令 제62조의3)에 규정 되어 있다.

다. 위원장

위원회의 위원장은 국토해양부장관이 국토해양부의 고위공무원단에 속하는 일반직공무원 중에서 지명하는 자가 된다(제3항).

라. 위원의 임기

공무원이 아닌 위원의 임기는 2년으로 하되 연임할 수 있으며, 보궐위원의 임기는 전임자의 남은 임기로 한다(제4항).

미. 위원회의 운영・조정 등

위원회의 운영・조정 등의 거부 및 중지 등 그 밖에 필요한 사항은 대통령령(시행령 제62조의4)으로 정하는 바(제5항), 위원회의 회의는 재적위원 과반수의 출석으로 개의하고 출석위원 과반수의 찬성으로 의결한다(令 제62조의4 제2항).

3) 조정 등 (제46조의4)

가. 조정의 절차 개시 및 완료

위원회는 조정 등의 신청을 받은 때에는 지체 없이 조정 등의 절차를 개시하여야 한다. 이 경우 위원회는 그 신청을 받은 날부터 그 절차를 완료하여야 한다(제1항).

나. 조정의 기간 연장

위원회는 60일 이내에 조정 등을 완료할 수 없는 경우에는 위원회의 의결로 그 기간을 1회에 한하여 연장할 수 있되, 그 기간은 30일 이내로 한다. 이 경우 그 사유와 기한을 명시하여 당사자에게 서면으로 통지하여야 한다(제2항).

다. 조정 등의 거부 및 중지, 이해관계인 등의 의견청취, 심사결과의 권고 등이 令 제62조의5에 규정되어 있으며 중요한 내용은 아래와 같다.

가) 조정안의 제시

위원회는 조정절차를 완료한 때에는 조정안을 작성하여 지체 없이 이를 각 당사자에게 제시하여야 한다(令 동조 제5항).

나) 수락 여부를 위원회에 통보

위에 따른 조정안을 제시받은 당사자는 그 제시를 받은 날부터 15일 이내에 그 수락 여부를 위원회에 통보하여야 한다(令 동조 제6항).

다) 조정안의 수락

당사자가 조정안을 수락한 때에는 위원회는 즉시 조정서를 작성하여야 하며, 위원장 및 각 당사자는 이에 서명·날인하여야 한다(令 동조 제7항).

당사자가 조정안을 수락한 때에는 당사자 간에 조정서와 동일한 내용의 합의가 성립된 것으로 본다(令 동조 제8항).

라) 조정의 신청절차 등

조정 등의 신청절차 및 방법, 비용의 부담 등 그 밖에 필요한 사항은 국토해양부령(규칙 제25조의2)으로 정한다(令 동조 제9항).

(8) 장기수선계획 (제47조)

1) 수립 및 수립기준

가. 수립대상 및 수립의무자 : 사업주체 또는 리모델링을 하는 자

다음에 해당하는 공동주택을 건설·공급하는 사업주체 또는 리모델링을 하는 자는 대통령령으로 정하는 바에 따라 그 공동주택의 공용부분에 대한 장기수선계획을 수립하여 사용검사를 신청할 때에 사용검사권자에게 제출하고, 사용검

사권자는 이를 그 공동주택의 관리주체에게 인계하여야 한다(제1항).

① 300세대 이상의 공동주택 ② 승강기가 설치된 공동주택 ③ 중앙집중식 난방방식의 공동주택

나. 수립기준 : 국토해양부령 (장기수선계획수립기준 [별표5])

장기수선계획을 수립하는 자는 국토해양부령(규칙 제26조 제1항 및 제30조 관련 [별표5])이 정하는 기준에 따라 장기수선계획을 수립하되, 당해 공동주택의 건설에 소요된 비용을 감안하여야 한다(令 제63조 제2항).

2) 장기수선계획의 조정

입주자대표회의와 관리주체는 장기수선계획을 국토해양부령(장기수선계획수립기준)으로 정하는 바에 따라 조정할 수 있으며, 수립 또는 조정된 장기수선계획에 따라 주요시설을 교체하거나 보수하여야 한다(제2항). 관리주체는 장기수선계획을 3년마다 조정하되, 관리여건상 필요하여 입주자 과반수의 서면동의를 얻은 경우에는 3년이 경과하기 전에 조정할 수 있다(규칙 제26조 제2항).

3) 교육

관리주체는 장기수선계획을 조정하기 전에 해당 공동주택의 관리사무소장으로 하여금 국토해양부령으로 정하는 바에 따라 시・도지사가 실시하는 장기수선계획의 비용산출 및 공사방법 등에 관한 교육을 받게 할 수 있다(제3항). 조정교육수탁기관은 교육실시 10일전에 교육에 관하여 필요한 사항을 공고하거나 관리주체에게 통보하여야 한다. 이 경우 관리주체는 장기수선계획을 조정하기 전에 당해 공동주택의 관리사무소장에 대하여 그 교육을 받게 할 수 있다(규칙 동조 제3항).

2. 주택의 전문관리

(1) 주택관리업 (제53조)

의무관리 대상(제43조 1항) 공동주택의 관리를 업으로 하려는 자는 시장・군수・구청장에게 등록하여야 하며, 등록사항이 변경된 경우에는 시행규칙이 정하는 바에

따라 변경신고를 해야 한다(동조 제1항). 제1항에 따라 등록을 한 자(이하 "주택관리업자"라 함)가 제54에 따라 등록이 말소된 후 2년이 경과하지 아니한 때에는 다시 등록할 수 없다(제2항). 주택관리업을 등록하려는 자가 갖추어야 할 자본금 · 인력 · 시설 및 장비, 등록의 절차 등에 필요한 사항은 시행령으로 정하고 주택업자의 지위에 관해 이 법에 규정이 있는 것 이외에는 민법 중 위임에 관한 규정을 준용한다(동조 제3항, 제4항).

시장 · 군수 · 구청장은 주택관리업자가 법 제54조 제1항 각호에서 정하는 사유에 해당하면 등록을 말소하거나 1년 이내의 기간 영업의 전부 또는 일부를 명할 수 있다(제54조 제1항 내지 제4항 참조)

(2) 관리사무소장의 업무 등 (제55조)

1) 주택관리업자 · 입주자대표회의(자치관리의 경우에 한한다) 또는 임대주택법의 규정에 의한 임대사업자는 500세대 미만의 공동주택은 주택관리사 또는 주택관리사보를, 500세대 이상의 공동주택은 주택관리사를 공동주택의 관리사무소장 등으로 배치하여야 한다(令 제72조).

2) 관리사무소장은 공동주택을 안전하고 효율적으로 관리하여 공동주택의 입주자 및 사용자의 권익을 보호하기 위하여 다음 각 호의 업무를 집행한다.

가. 입주자대표회의에서 의결하는 다음 각 목의 업무

가) 공동주택의 운영 · 관리 · 유지 · 보수 · 교체 · 개량 및 리모델링에 관한 업무

나) 가목의 업무를 집행하기 위한 관리비 · 장기수선충당금이나 그 밖의 경비의 청구 · 수령 · 지출 업무

나. 장기수선계획의 조정, 시설물 안전관리계획의 수립 및 건축물의 안전점검에 관한 업무. 다만, 비용지출을 수반하는 사항에 대하여는 입주자대표회의의 의결을 거쳐야 한다.

다. 그 밖에 공동주택관리에 관하여 국토해양부령(규칙 제32조 제1항)으로 정하는 관리주체의 업무를 지휘 · 총괄하는 업무, 안전관리계획의 조정. 이 경우 3년마다 조정하되, 관리여건상 필요하여 당해 공동주택의 관리사무소장이 입주자대표회의 구성원 과반수의 서면동의를 얻은 경우에는 3년이 경과하기 전

에 조정할 수 있다.

3) 관리사무소장의 의무(제3항)

관리사무소장은 선량한 관리자의 주의로 그 직무를 수행하여야 한다.

4) 관리사무소장은 그 배치 내용과 업무의 집행에 사용할 직인을 국토해양부령(규칙 제32조 제2항)으로 정하는 바에 따라 아래와 같이 시장・군수・구청장에게 신고하여야 한다. 신고한 배치 내용과 직인을 변경할 때에도 또한 같다.

가. 공동주택의 관리사무소장으로 배치된 자는 배치된 날부터 15일 이내에 다음 각 호의 서류를 첨부하여 시장・군수・구청장에게 신고하여야 한다.

1. 관리사무소장 교육이수현황 1부 2. 배치를 증명하는 임명장 등 사본 1부 3. 주택관리사보 합격증 또는 주택관리사 자격증 사본 1부 4. 배치내용 또는 직인의 변경을 증명하는 서류(배치내용 또는 직인을 변경신고하는 경우에 한한다)

나. 신고한 배치내용과 직인을 변경신고하고자 하는 자는 변경사유가 발생한 날부터 15일 이내에 시장・군수・구청장에게 신고하여야 한다.

다. 신고를 받은 시장・군수・구청장은 7일 이내에 신고내용을 교육수탁기관에 통보하여야 한다.

(3) 관리사무소장의 손해배상책임 (제55조의2)

1) 손해배상책임

주택관리사 등은 관리사무소장의 업무를 집행하면서 고의 또는 과실로 입주자에게 재산상의 손해를 입힌 경우에는 그 손해를 배상할 책임이 있다(제1항).

2) 배상책임의 보장

손해배상책임을 보장하기 위하여 주택관리사 등은 대통령령(令 제72조의2)으로 정하는 바에 따라 보증보험 또는 주택관리사 협회의 공제에 가입하거나 공탁을 하여야 한다(제2항).

관리사무소장으로 배치된 주택관리사 등은 손해배상책임을 보장하기 위하여 다음의 구분에 따른 금액을 보장하는 보증보험 또는 공제에 가입하거나 공탁을 하여야 한다(令 제72조의2 제1항).

가. 500세대 미만의 공동주택 : 3천만 원

나. 500세대 이상의 공동주택 : 5천만 원

3) 공탁금의 회수제한

공탁한 공탁금은 주택관리사 등이 해당 공동주택의 관리사무소장의 직책을 사임하거나 그 직에서 해임된 날 또는 사망한 날부터 3년 이내에는 회수할 수 없다(제3항).

Ⅵ. 주택자금

1. 국민주택기금 (제60조~제66조)

(1) 국민주택기금의 설치 등 (제60조)

1) 설치

정부는 주택종합계획을 효율적으로 실시하기 위하여 필요한 자금을 확보하고, 이를 원활히 공급하기 위하여 국민주택기금을 설치한다.

2) 재원(財源)

국민주택기금은 다음 각 호의 재원으로 조성한다.

① 정부의 출연금 또는 예탁금 ② 공공자금관리기금법에 따른 공공자금관리기금으로부터의 예수금 ③ 재건축초과이익 환수에 관한 법률에 따른 재건축부담금 중 국가 귀속분 ④ 제61조에 따른 예탁금(국민연금법에 따라 조성된 기금 등) ⑤ 제67조에 따른 국민주택채권 발행으로 조성된 자금 ⑥ 복권 및 복권기금법 제23조제1항에 따라 배분된 복권수익금 ⑦ 국민주택을 공급받으려는 자의 저축자금 ⑧ 출자기관의 배당수익 및 대출자산의 매각자금 ⑨ 주택건설사업 또는 대지조성사업을 위하여 외국으로부터 차입하는 자금 ⑩ 국민주택기금의 회수금·이자수입금과 국민주택기금의 운용으로 생기는 수익 ⑪ 국민주택사업의 시행에 따른 부대수익

3) 자금의 차입

국토해양부장관은 국민주택기금을 운용상 필요한 경우에는 국민주택기금의 부담으로 한국은행 또는 금융기관 등으로부터 자금을 차입할 수 있다.

4) 대출자산의 매각 방법·절차 등에 필요한 사항은 대통령령으로 정하는 바, 매각 당시의 금융기관의 이자율을 고려하여 할인 또는 할증매각할 수 있으며 7일 이상의 공고를 거쳐 경쟁입찰의 방법에 의한다(令 제84조).

(2) 국민주택기금에의 자금의 예탁 (제61조)

1) 국민주택기금에의 예탁재원

다음 각 호의 기금 또는 자금의 관리자나 저축자는 그 자금의 전부 또는 일부를 국민주택기금에 예탁할 수 있다(제1항).

가. 「국민연금법」에 따라 조성된 기금

나 그 밖에 대통령령(시행령 제85조)으로 정하는 기금 또는 자금

가) 「공무원연금법」에 의하여 조성된 공무원연금기금

나) 「군인연금 특별회계법」에 의하여 조성된 군인연금기금

다) 「사립학교교직원 연금법」에 의하여 사립학교교직원연금관리공단에 납부된 자금

라) 국토해양부장관이 당해 기금 또는 자금의 주무부장관 및 기획재정부장관과 협의하여 정하는 기금 또는 자금

2) 한국토지주택공사의 예탁

가. 한국토지주택공사는 국민주택사업의 시행을 촉진하기 위하여 필요하다고 인정할 때에는 국민주택기금에 자금을 예탁할 수 있다(제2항).

나. 한국토지주택공사가 국민주택기금에 예탁하는 자금의 이자율은 국토해양부장관이 기획재정부장관과 협의하여 정한다(令 제85조 제5항).

3) 국민주택기금에의 자금의 예탁 범위 등

국민주택기금에의 자금의 예탁 범위·방법·조건 등에 필요한 사항은 대통령령으

로 정한다(제3항).

(3) 국민주택기금의 운용 · 관리 등 (제62조)

1) 국민주택기금은 국토해양부장관이 운용 · 관리한다.

2) 국토해양부장관은 국민주택기금의 운용 · 관리에 관한 사무의 전부 또는 일부를 금융기관 등 국토해양부장관이 지정하는 자(이하 "기금수탁자"라 한다)에게 위탁할 수 있다.

3) 국민주택기금의 운용 · 관리에 관한 사무를 위탁받은 기금수탁자는 대통령령으로 정하는 바에 따라 국민주택기금의 조성 및 운용 상황을 국토해양부장관에게 보고하여야 한다.

4) 기금수탁자는 선량한 관리자의 주의로 위탁받은 사무를 처리하여야 한다.

5) 기금수탁자가 주의를 위반하여 국민주택기금에 손해를 입힌 경우에는 이를 배상하여야 한다.

6) 국토해양부장관은 국민주택기금의 운용에 관한 계획을 수립하려는 경우에는 미리 기획재정부장관과 협의하여야 한다.

7) 국민주택기금의 회계연도 · 운용계획 및 결산 등에 관하여 이 법에 특별한 규정이 있는 경우 외에는 「국가재정법」을 적용한다.

(4) 국민주택기금의 운용제한 (제63조)

1) 국민주택기금은 다음의 용도가 아닌 용도로는 운용할 수 없다.

1. 국민주택의 건설 2. 국민주택을 건설하기 위한 대지조성사업 3. 1과 2의 사업을 위한 기자재의 구입 및 비축 4. 공업화주택(대통령령으로 정하는 규모 이하의 주택으로 한정한다)의 건설 5. 기금의 재원인 예탁금 및 차입금의 원리금 상환 6. 국민주택채권의 원리금 상환 7. 「공공자금관리기금법」에 따른 공공자금관리기금으로부터의 예수금의 원리금 상환

8. 국민주택규모 이하의 주택을 개량하거나 구입 또는 임차하는 자에 대한 융자
9. 정부시책으로 추진하는 주택사업
10. 도시 및 주거환경정비법상 도시·주거환경정비기금, 도시재정비 촉진을 위한 특별법상 재정비촉진특별회계 또는 이 법에 따른 국민주택사업특별회계의 지원
11. 국민주택기금의 조성·운용 및 관리를 위한 경비
12. 대한주택보증주식회사에의 출자 및 융자
13. 한국주택금융공사법상 주택금융신용보증기금에의 출연
14. 주택저당채권유동화회사법상 주택저당채권유동화회사 및 한국주택금융공사법상 한국주택금융공사에의 출자
15. 대한주택공사 또는 한국토지공사에의 출자
16. 국민주택을 건설하기 위한 자재 및 기술의 연구·개발
17. 국민주택의 리모델링
18. 도시 및 주거환경정비법상 주거환경 정비사업
19. 한국토지주택공사가 분양가상한제 적용주택을 우선 매입한 비용
20. 도시재정비 촉진을 위한 특별법상 기반시설 중 동법 제29조제2항에서 정하는 기반시설의 설치에 드는 비용
21. 경제자유구역의 지정 및 운영에 관한 특별법상 지정된 경제자유구역의 활성화를 위한 임대주택의 건설 및 이와 관련된 기반시설 등의 설치에 필요한 자금의 융자
22. 그 밖에 국민주택의 건설을 촉진하기 위하여 대통령령(令 제88조)으로 정하는 사업

2) 국토해양부장관은 국민주택기금에 여유자금이 있을 때에는 대통령령(令 제89조)으로 정하는 방법으로 이를 운용할 수 있다.

(5) 국민주택기금의 회계기관 (제64조)

국토해양부장관은 국민주택기금의 수입과 지출에 관한 사무를 수행하게 하기 위하여 소속 공무원 중에서 국민주택기금수입징수관, 국민주택기금재무관, 국민주택기금지출관 및 국민주택기금출납공무원을 임명하여야 한다(제1항).

(6) 국민주택기금 대출채권의 상각 (제65조)

기금수탁자는 채무자의 無資力 등으로 인하여 국민주택기금의 대출금을 회수할 수 없는 경우에는 국토해양부령으로 정하는 바에 따라 대출채권을 상각할 수 있다(제1항).

(7) 국민주택기금 이익금과 손실금의 처리 (第66條)

1) 국토해양부장관은 매 사업연도에 국민주택기금의 결산에서 이익이 생긴 경우에는 이익금 전액을 국민주택기금에 적립하여야 한다.

2) 국토해양부장관은 매 사업연도에 국민주택기금의 결산에서 손실금이 생긴 경우에는 제1항의 적립금으로 보전하되, 보전한 후에도 남는 손실액이 있는 경우에는 정부가 일반회계에서 이를 보전할 수 있다.

2. 국민주택채권 (第67條~第68條)

(1) 국민주택채권의 발행 (第67條)

1) 발행권자

정부는 국민주택사업에 필요한 자금을 조달하기 위하여 국민주택기금의 부담으로 국민주택채권을 발행할 수 있다(제1항).

2) 발행 요청권자 및 발행절차

가. 발행요청권자 : 제1항의 국민주택채권은 국토해양부장관의 요청에 따라 기획재정부장관이 발행한다(제2항).

나. 국민주택채권의 발행절차(시행령 제90조)

가) 국토해양부장관은 국민주택채권의 발행이 필요하다고 인정하는 경우에는 법 제67조의 규정에 의하여 채권의 종류와 그 발행금액·발행방법·발행조건·상환방법 및 절차 등 필요한 사항을 정하여 기획재정부장관에게 그 발행을 요청하여야 한다.

나) 기획재정부장관은 제1항의 요청에 따라 국민주택채권을 발행하고자 하는 때에는 다음 각호의 사항을 공고하여야 한다. <개정 2008.2.29, 2008.11.5>

① 채권의 종류　　② 채권의 만기
③ 삭제 <2004.3.29>　　④ 채권의 이자율
⑤ 원금상환의 방법과 시기　　⑥ 이자지급의 방법과 시기

3) 적용법률(제3항)

국민주택채권에 관하여 이 법에 특별한 규정이 있는 경우 외에는 「국채법」을 적용한다.

4) 국민주택채권의 종류 · 이율 등(제4항)

국민주택채권의 종류 · 이율, 발행의 방법 · 절차 및 상환과 발행사무 취급에 필요한 사항은 대통령령(令 제91조)으로 정한다.

(2) 국민주택채권의 매입 (제68조)

1) 국민주택채권의 매입의무

다음 각 호의 어느 하나에 해당하는 자 중 대통령령(令 제95조)으로 정하는 자는 국민주택채권을 매입하여야 한다(제1항).

1. 국가 또는 지방자치단체로부터 면허·허가·인가를 받는 자
2. 국가 또는 지방자치단체에 등기·등록을 신청하는 자
3. 국가·지방자치단체 또는 「공공기관의 운영에 관한 법률」에 따른 공공기관 중 대통령령으로 정하는 공공기관과 건설공사의 도급계약을 체결하는 자
4. 이 법에 따라 건설·공급하는 주택을 공급받는 자

2) 매입 금액 및 절차 등

제1항에 따라 국민주택채권을 매입하는 자의 매입 금액 및 절차 등에 필요한 사항은 대통령령(令 제95조 제96조)으로 정한다(제2항).

3. 주택상환사채 (제69조~제72조)

(1) 주택상환사채의 발행 (제96조)

1) 발행권자 등

한국토지주택공사와 등록사업자는 대통령령(令 제98조) 으로 정하는 바에 따라 주택으로 상환하는 사채(이하 "주택상환사채"라 한다)를 발행할 수 있다. 이 경우 등록

사업자는 자본금 · 자산평가액 및 기술인력 등이 대통령령(令 제99조)으로 정하는 기준에 맞고 금융기관 또는 대한주택보증주식회사의 보증을 받은 경우에만 주택상환사채를 발행할 수 있다(제1항). 주택상환사채는 액면 또는 할인의 방법으로 발행한다(令 제98조 제1항).

2) **주택상환사채발행계획의 수립 및 국토해양부장관의 승인**

주택상환사채를 발행하려는 자는 대통령령(令 제100조)으로 정하는 바에 따라 주택상환사채발행계획을 수립하여 국토해양부장관의 승인을 받아야 한다(제2항).

3) **주택상환사채의 발행요건 등**

주택상환사채의 발행요건 및 상환기간 등은 대통령령으로 정한다(제3항).

(2) 주택상환사채의 발행책임과 조건 등 (제70조)

1) 제69조에 따라 주택상환사채를 발행한 자는 발행조건에 따라 주택을 건설하여 사채권자에게 상환하여야 한다(제1항).

2) 주택상환사채는 기명증권(記名證券)으로 하고, 사채권자의 명의변경은 취득자의 성명과 주소를 사채원부에 기록하는 방법으로 하며, 취득자의 성명을 채권에 기록하지 아니하면 사채발행자 및 제3자에게 대항할 수 없다(제2항).

3) 국토해양부장관은 사채의 납입금이 택지의 구입 등 사채발행 목적에 맞게 사용될 수 있도록 그 사용 방법 · 절차 등에 관하여 대통령령(令 제102조)으로 정하는 바에 따라 필요한 조치를 하여야 한다.

(3) 주택상환사채의 효력 (제71조)

등록사업자의 등록이 말소된 경우에도 등록사업자가 발행한 주택상환사채의 효력에는 영향을 미치지 아니한다.

(4) 상법규정의 적용 (제72조)

주택상환사채의 발행에 관하여 이 법에서 규정한 것 외에는 「상법」 중 사채발행에 관한 규정을 적용한다. 다만, 대한주택공사가 발행하는 경우와 금융기관 등이 상환을 보증하여 등록사업자가 발행하는 경우에는 「상법」 제470조(총액의 제한) ·제471조(사채모집의 제한) 및 제478조제1항을 적용하지 아니한다.

4. 국민주택사업특별회계 (제73조~제75조)

(1) 국민주택사업특별회계의 설치 등(제73조)

1) 특별회계의 설치의무

가. 설치의무자 : 지방자치단체는 국민주택사업을 시행하기 위하여 국민주택사업특별회계를 설치·운용하여야 한다(제1항).

나. 특별회계의 편성·운용 등

지방자치단체에 설치하는 국민주택사업특별회계의 편성 및 운용에 관하여 필요한 사항은 당해 지방자치단체의 조례로 정할 수 있다(令 제103조 제1항).

2) 국민주택사업특별회계의 재원

국민주택사업특별회계의 자금은 다음 각 호의 재원으로 조성한다(제2항).

가. 자체 부담금

나. 제60조에 따른 국민주택기금으로부터의 차입금

다. 정부로부터의 보조금

라. 농업협동조합중앙회로부터의 차입금

마. 외국으로부터의 차입금

바. 국민주택사업특별회계에 속하는 재산의 매각 대금

사. 국민주택사업특별회계자금의 회수금·이자수입금 및 그 밖의 수익

아. 「재건축초과이익 환수에 관한 법률」에 따른 재건축부담금 중 지방자치단체 귀속분

3) 운용 상황의 보고

가. 보고의무(제3항) : 지방자치단체는 대통령령으로 정하는 바에 따라 국민주택사

업특별회계의 운용 상황을 국토해양부장관에게 보고하여야 한다.

나. 보고기한 : 국민주택을 건설·공급하는 지방자치단체의 장은 국민주택사업특별회계의 분기별 운용상황을 그 분기가 끝나는 달의 다음 달 20일까지 국토해양부장관에게 보고하여야 한다. 이 경우 시장·군수 또는 구청장의 경우에는 시·도지사를 거쳐(특별자치도지사가 보고하는 경우는 제외한다) 보고하여야 한다(令 제103조 제2항).

(2) 입주자저축 (제75조)

1) 입주금의 저축(제1항)

이 법에 따라 주택을 공급받으려는 자에게는 미리 입주금의 전부 또는 일부를 저축(이하 "입주자저축"이라 한다)하게 할 수 있다.

종류	가입목적	가입자격
청약저축	국민주택등을 공급받기 위하여 가입하는 저축	무주택세대주
청약예금	민영주택과 민간건설 중형국민주택을 공급받기 위하여 가입하는 예금	20세 이상
청약부금	85m2이하의 민영주택과 민간건설 중형국민주택을 공급받기 위하여 가입하는 부금	
주택청약종합저축	국민주택등과 민영주택을 공급받기 위하여 가입하는 저축	모든 국민

2) 입주자저축의 종류 등(제2항)

입주자저축의 종류·방법·금액 및 조건 등에 필요한 사항은 국토해양부령(주택공급에 관한 규칙 제5조)으로 정한다.

5. 대한주택보증주식회사 (제76조~제80조)

(1) 대한주택보증주식회사의 설립 (제76조)

1) 설립목적

주택건설에 대한 각종 보증을 함으로써 주택분양계약자를 보호하고 주택건설을 촉진하며 국민의 주거복지 향상 등에 기여하기 위하여 대한주택보증주식회사를 둔다.

2) 성립시기

대한주택보증주식회사는 정관으로 정하는 바에 따라 본점의 소재지에서 등기함으로써 성립한다.

3) 인가

대한주택보증주식회사는 정관을 제정하거나 변경하려는 경우에는 국토해양부장관의 인가를 받아야 한다.

(2) 대한주택보증주식회사의 업무

대한주택보증주식회사는 그 목적을 달성하기 위하여 다음의 업무를 수행한다(제77조 제1항).

① 사업주체가 건설·공급하는 주택에 대한 분양보증, 하자보수보증, 그 밖에 대통령령(令 제107조)으로 정하는 보증업무 ② 위 보증을 이행하기 위한 주택의 건설 및 하자보수 등의 업무 ③ 국가·지방자치단체·공공단체 등이 위탁하는 업무 ④ 주택건설대지 신탁의 인수업무 ⑤ 그 밖에 대통령령(令 제107조)으로 정하는 업무

(3) 대한주택보증주식회사의 자본금 및 출자 (제78조)

1) 대한주택보증주식회사의 자본금은 3천억 원 이상으로 한다.
2) 대한주택보증주식회사에 대하여 국가가 출자한 주식의 주주권은 국토해양부장관이 행사한다.
3) 대한주택보증주식회사가 발행할 주식의 종류, 1주의 금액, 그 밖에 필요한 사항은 정관으로 정한다.

(4) 다른 법률과의 관계 (제80조)

대한주택보증주식회사의 외국인의 주식소유제한 등에 관하여는 공기업의 경영구조개선 및 민영화에 관한 법률 제19조를 적용하며, 이 법에 규정되지 아니한 사항에 대하여는 공공기관의 운영에 관한 법률과 상법 중 주식회사에 관한 규정을 준용한다.

Ⅶ 주택의 거래

1. 주택거래의 신고 (제80조의 2)

(1) 주택거래신고지역의 지정 및 신고 (제1항, 슈 제107조의2)

소득세법 제104조의2제1항에 따른 지역 중 주택에 대한 투기가 성행하거나 성행할 우려가 있다고 판단되는 지역으로서 주택정책심의위원회의 심의를 거쳐 국토해양부장관이 지정하는 주택거래신고지역에 있는 주택(아파트로 한정한다.)에 관한 소유권을 이전하는 주택거래계약(대가가 있는 경우만 해당하며, 신규로 건설·공급하는 주택을 신규로 취득하는 경우는 제외한다.)을 체결한 당사자는 공동으로, 주택거래가액 등 대통령령(슈 제107조의3)으로 정하는 사항을 주택거래계약의 체결일부터 15일 이내에 해당 주택 소재지의 관할 시장·군수·구청장에게 신고하여야 한다. 신고한 사항을 변경하는 경우에도 또한 같다(제1항).

(2) 지정의 해제의무 (제6항)

국토해양부장관은 주택거래신고지역의 지정 후 관할 지방자치단체의 장이 해제를 요청하거나 주택가격이 안정되는 등 지정 사유가 없어졌다고 인정되는 경우에는 주택정책심의위원회의 심의를 거쳐 주택거래신고지역의 지정을 해제하여야 한다.

2. 신고절차 등

(1) 일반적인 신고절차 (제1항 후반)

1) 신고기한 : 주택거래계약의 체결일(신고한 사항을 변경하는 경우 포함)부터

15일 이내에 해당 주택 소재지의 관할 시장 · 군수 · 구청장에게 신고하여야 한다.

2) 신고사항(令 제107조의3)

주택거래 신고 시 신고하여야 하는 사항은 다음과 같다. 다만, 주택거래가액이 6억 원 이하인 주택거래의 경우에는 제5호의2 및 제5호의3를 신고하지 아니한다. 1. 매수인 및 매도인의 인적사항 2. 계약일, 중도금 지급일 및 잔금 지급일 3. 거래대상 주택의 소재지, 지목 및 면적 4. 거래대상 주택의 종류와 규모 5. 주택거래가액 5의2. 거래대상 주택의 취득에 필요한 자금의 조달계획 5의3. 거래대상 주택에의 입주여부에 관한 계획 6. 계약의 조건 또는 기한이 있는 때에는 그 조건 또는 기한

(2) 신고지역 지정 전 계약에 대한 신고의무(제2항)

주택거래신고지역으로 지정되기 전에 체결한 계약 중 부동산등기 특별조치법에 따른 검인을 받지 아니한 계약에 대하여는 주택거래신고 규정을 적용한다. 이 경우 주택거래신고지역으로 지정된 날부터 15일 이내에 신고하여야 한다.

(3) 신고증명서 발급(제3항)

신고를 받은 시장 · 군수 · 구청장은 그 신고 내용을 확인한 후 신고증명서를 신고인에게 즉시 발급하여야 한다.

(4) 검인 의제(제4항)

신고인이 제3항에 따른 신고증명서를 발급받은 경우에는 「부동산등기 특별조치법」 제3조제1항에 따른 검인을 받은 것으로 본다.

(5) 신고의 절차 등 세부사항(제5항)

제1항에 따른 신고의 절차와 그 밖에 필요한 사항은 국토해양부령으로 정한다.

3. 신고 내용의 조사 등 (제80조의 3)

(1) 시장 · 군수 · 구청장은 제80조의2제1항에 따른 신고 사항이 빠져 있거나 정확하지 아니하다고 판단되는 경우에는 신고인에게 신고 내용을 보완하도록 하거나, 신고한 사항의 사실 여부를 확인하기 위하여 소속 공무원으로 하여금 신고인에게 계약서 등 관련 자료의 제출을 요구하게 하는 등 필요한 조치를 할 수 있다.

(2) 시장 · 군수 · 구청장은 신고증명서를 발급한 날부터 15일 이내에 해당 주택 소재지 관할 세무관서의 장에게 제1항에 따른 신고 사항을 통보하여야 하며, 통보를 받은 세무관서의 장은 그 신고 사항을 국세 또는 지방세를 부과하기 위한 자료로 활용할 수 있다. [전문개정 2009.2.3]

Ⅷ. 협회

1. 협회의 설립 등 (제81조)

협회는 주택사업자단체와 주택관리사단체를 말한다.

1) 주택사업자단체

등록사업자는 주택건설사업 및 대지조성사업의 전문화와 주택산업의 건전한 발전을 도모하기 위하여 주택사업자단체를 설립할 수 있다.

2) 주택관리사단체

주택관리사 등은 주택관리에 관한 기술 · 행정 및 법률문제에 관한 연구와 그 업무를 효율적으로 수행하기 위하여 주택관리사단체를 설립할 수 있다.

3) 협회(주택사업자단체와 주택관리사단체)의 법적 성격

각각 법인으로 하며(제81조 제3항), 협회에 관하여 이 법에서 규정한 것 외에는 민

법 중 사단법인에 관한 규정을 준용한다(제83조).

4) 협회의 성립시기

그 주된 사무소의 소재지에서 설립등기를 함으로써 성립한다.

5) 협회의 회원자격

이 법에 따라 국토해양부장관 또는 시・도지사로부터 영업 및 자격의 정지처분을 받은 협회 회원의 권리・의무는 그 영업 및 자격의 정지기간 중에는 정지되며, 등록사업자의 등록 및 주택관리사등의 자격이 말소되거나 취소된 때에는 협회의 회원자격을 상실한다.

2. 공제사업 (제81조의2)

(1) 공제사업(제1항)

1) 관리사무소장의 손해배상책임 보장(제1항)

협회는 관리사무소장의 손해배상책임을 보장하기 위하여 공제사업을 할 수 있다.

2) 공제사업의 범위

협회가 할 수 있는 공제사업의 범위는 다음 각 호와 같다(令 제107조의4).

가. 주택관리사 등의 손해배상책임을 보장하기 위한 공제기금의 조성 및 공제금의 지급에 관한 사업

나. 공제사업의 부대사업으로서 국토해양부장관의 승인을 받은 사업

(2) 국토해양부장관의 승인(제2항)

협회는 제1항에 따른 공제사업을 하려면 공제규정을 제정하여 국토해양부장관의 승인을 받아야 한다. 공제규정을 변경하려는 경우에도 또한 같다.

(3) 공제규정의 내용(제3항)

공제규정에는 대통령령으로 정하는 바에 따라 공제사업의 범위, 공제계약의 내용,

공제금, 공제료, 회계기준 및 책임준비금의 적립 비율 등 공제사업의 운용에 필요한 사항이 포함되어야 한다.

(4) 구분회계(제4항)

협회는 공제사업을 다른 회계와 구분하여 별도의 회계로 관리하여야 하며, 책임준비금을 다른 용도로 사용하려는 경우에는 국토해양부장관의 승인을 받아야 한다.

(5) 운용 실적의 공시(제5항)

협회는 대통령령으로 정하는 바에 따라 매년도의 공제사업 운용 실적을 매 회계연도 종료 후 2개월 이내에 국토해양부장관에게 보고하고, 일간신문 또는 협회보에 공시하여야 한다(시행령 제107조의6).

(6) 시정명령(제6항)

국토해양부장관은 협회의 건전성을 위하여 시정을 명할 수 있다.

(7) 공제사업의 검사(제7항)

「금융위원회의 설치 등에 관한 법률」에 따른 금융감독원 원장은 국토해양부장관이 요청한 경우에는 협회의 공제사업에 관하여 검사를 할 수 있다.

3. 협회의 설립인가 등 (제82조)

단체가 협회를 설립하려면 주택사업자단체는 회원자격을 가진 자 50명 이상, 주택관리사단체는 공동주택의 관리사무소장으로 배치된 자의 1/5 이상을 발기인으로 하여 정관을 마련한 후 창립총회의 의결을 거쳐 국토해양부장관의 인가를 받아야 한다. 주택사업자단체가 정관을 변경하려는 경우에도 또한 같다(제1항). 인가를 하였을 때에는 국토해양부장관은 이를 지체 없이 공고하여야 한다(제2항).

Ⅸ. 주택정책심의위원회

1. 주택정책심의위원회의 설치 등 (제84조)

(1) 설치의무

주택정책에 관한 다음 사항을 심의하기 위하여 국토해양부에 주택정책심의위원회를 둔다(제1항).

① 최저주거기준의 설정 및 변경

② 주택종합계획의 수립 및 변경

③ 「택지개발촉진법」에 따른 택지개발예정지구의 지정 · 변경 또는 해제. 다만, 택지개발예정지구의 면적이 20만 제곱미터 미만인 경우로서 둘 이상의 특별시 · 광역시 또는 도에 걸치지 아니하는 경우는 제외한다.

④ 투기과열지구 또는 주택거래신고지역의 지정 및 해제

⑤ 그 밖에 주택의 건설 · 공급 · 거래에 관한 중요한 정책으로서 국토해양부장관이 심의에 부치는 사항

(2) 주택정책심의위원회의 구성 · 운영 등

1) 구성 · 운영 등

주택정책심의위원회의 구성 · 운영과 그 밖에 필요한 사항은 대통령령(令 제108조)으로 정한다(제2항).

2) 주택정책심의위원회의 구성

가. 주택정책심의위원회는 위원장 1인을 포함하여 20인 이내의 위원으로 구성한다.

나. 위원장은 국토해양부장관이 된다.

2. 시 · 도 주택정책심의위원회 (제85조)

(1) 설치의무

시 · 도 주택종합계획 등에 관한 사항을 심의하기 위하여 시 · 도에 시 · 도 주택정책심의위원회를 둔다(제1항).

(2) 구성 · 운영 등

1) 구성 · 운영 등 규정

시 · 도 주택정책심의위원회의 구성 · 운영과 그 밖에 필요한 사항은 대통령령(令 제115조) 으로 정하는 바에 따라 시 · 도의 조례로 정한다(제2항).

2) 구성

시 · 도 주택정책심의위원회는 위원장을 포함하여 15인 이내의 위원으로 구성한다(令 제115조 제1항).

3) 위원장

위원장은 시 · 도지사가 된다(令 동조 제2항).

X. 보칙 <개정 2009.2.3>

1. 주택정책관련 자료 등의 종합관리 (제86조)

1) 국토해양부장관 또는 시 · 도지사는 적절한 주택정책의 수립 및 시행을 위하여 주택의 건설 · 공급 · 관리 및 이와 관련된 자금의 조달, 주택가격 동향 등 이 법에 규정된 주택과 관련된 사항에 관한 정보를 종합적으로 관리하고 이를 관련 기관 · 단체 등에 제공할 수 있다.

2) 국토해양부장관 또는 시 · 도지사는 주택 관련 정보를 종합관리하기 위하여 필

요한 사항에 대하여 관련 기관 · 단체 등에 자료를 요청할 수 있다. 이 경우 관계 행정기관 등은 특별한 사유가 없으면 요청에 따라야 한다.

3) 사업주체 또는 관리주체는 주택을 건설 · 공급 · 관리할 때 주택의 소유 여부 확인, 입주자의 자격 확인 등 대통령령으로 정하는 사항에 대하여 관계 기관 · 단체 등에 자료 제공 또는 확인을 요청할 수 있다.

2. 권한의 위임 · 위탁 (제87조)

1) 이 법에 따른 국토해양부장관의 권한은 대통령령(슈 제117조)으로 정하는 바에 따라 그 일부를 시 · 도지사 또는 국토해양부 소속 기관의 장에게 위임할 수 있다.

2) 국토해양부장관 또는 지방자치단체의 장은 이 법에 따른 권한 중 다음 각 호의 권한을 대통령령(슈 제118조)으로 정하는 바에 따라 주택산업 육성과 주택관리의 전문화 및 자격검정 등을 목적으로 설립된 법인 또는 기금수탁자 중 국토해양부장관 또는 지방자치단체의 장이 인정하는 자에게 위탁할 수 있다.

1. 주거실태조사 2. 주택건설사업 등의 등록 3. 영업실적 등의 접수 4. 장기수선계획의 조정교육 5. 시설물 안전교육 6. 주택관리사보 자격시험의 시행 7. 주택관리업자 및 관리사무소장에 대한 교육 8. 주택정책 관련 자료의 종합관리

3. 등록증 등의 대여 등 금지 (제88조)

등록사업자 · 주택관리업자 및 주택관리사 등은 다른 사람에게 자기의 성명 또는 상호를 사용하여 이 법에서 정한 사업이나 업무를 수행 또는 시공하게 하거나 그 등록증 또는 자격증을 대여하여서는 아니 된다. 이를 위반하면 등록말소 · 자격취소 되며, 1년 이하의 징역 또는 1천만원 이하의 벌금에 처한다(제98조).

4. 체납된 분양대금 등의 강제징수 (제89조)

1) 국가 또는 지방자치단체인 사업주체가 건설한 국민주택의 분양대금·임대보증금 및 임대료가 체납된 경우에는 국가 또는 지방자치단체가 국세 또는 지방세 체납처분의 예에 따라 강제징수할 수 있다. 다만, 입주자가 장기간의 질병이나 그 밖의 부득이한 사유로 분양대금·임대보증금 및 임대료를 체납한 경우에는 강제징수하지 아니할 수 있다. 국가 또는 지방자치단체가 관리주체인 경우 장기수선충당금 및 관리비의 징수에 관하여도 준용한다.

2) 한국토지주택공사 또는 지방공사는 그가 건설한 국민주택의 분양대금·임대보증금 및 임대료가 체납된 경우에는 주택의 소재지를 관할하는 시장·군수·구청장에게 그 징수를 위탁할 수 있다.

3) 징수를 위탁받은 시장·군수·구청장은 지방세 체납처분의 예에 따라 이를 징수하여야 한다. 이 경우 한국토지주택공사 또는 지방공사는 시장·군수·구청장이 징수한 금액의 2%에 해당하는 금액을 해당 시·군·구에 위탁수수료로 지급하여야 한다.

5. 분양권 전매 등에 대한 신고포상금 (제89조의2)

국토해양부장관은 법률을 위반하여 분양권 등을 전매하거나 알선하는 자를 주무관청에 신고한 자에게 대통령령(시행령 제118조의2)으로 정하는 바에 따라 포상금을 지급할 수 있다.

6. 보고·검사 등 (제90조)

1) 국토해양부장관 또는 지방자치단체의 장은 필요하다고 인정할 때에는 이 법에 따른 인가·승인 또는 등록을 한 자에게 필요한 보고를 하게 하거나, 관계 공무원으로 하여금 사업장에 출입하여 필요한 검사를 하게 할 수 있다.

2) 위 검사를 할 때에는 검사 7일 전까지 검사 일시, 검사 이유 및 검사 내용 등 검사

계획을 검사를 받을 자에게 알려야 한다. 다만, 긴급한 경우나 사전에 통지하면 증거인멸 등으로 검사 목적을 달성할 수 없다고 인정하는 경우에는 그러하지 아니하다.

3) 위 검사를 하는 공무원은 그 권한을 나타내는 증표를 지니고 이를 관계인에게 내보여야 한다.

7. 사업주체 등에 대한 지도 · 감독 (제91조)

국토해양부장관 또는 지방자치단체의 장은 사업주체 및 공동주택의 입주자 · 사용자 · 관리주체 · 입주자대표회의 또는 리모델링주택조합이 이 법 또는 이 법에 따른 명령이나 처분을 위반한 경우에는 공사의 중지, 원상복구 또는 그 밖에 필요한 조치를 명할 수 있다.

8. 협회 등에 대한 지도 · 감독 (제92조)

(1) 지도 · 감독권자

국토해양부장관은 협회를 지도 · 감독한다(제1항).

(2) 지도 · 감독 사항(제2항)

국토해양부장관은 대한주택보증주식회사의 업무 중 중장기 경영목표의 수립 · 조정에 관한 사항 등을 지도 · 감독하고, 필요한 경우 소속 공무원으로 하여금 대한주택보증주식회사의 재산 상황 등을 검사하게 할 수 있다.

(3) 금융위원회의 검사(제3항)

대한주택보증주식회사의 경영건전성을 유지하기 위하여 필요한 검사는 대통령령(令 제121조)으로 정하는 바에 따라 금융위원회가 할 수 있다. 이 경우 금융위원회는 검사 결과를 지체 없이 국토해양부장관에게 통보하여야 한다.

(4) 시정요구(제4항)

금융위원회는 검사 결과 대한주택보증주식회사의 위법 또는 부당한 행위가 있을 때에는 국토해양부장관에게 그 시정을 요구할 수 있다.

(5) 조사 및 지시(제5항)

국토해양부장관은 필요하면 국민주택기금의 수탁자에 대하여 소속 공무원으로 하여금 실지조사를 하게 하거나 대출채권 등에 관한 자료의 제출과 그 밖의 감독상 필요한 지시를 할 수 있다.

9. 청문 (제93조)

국토해양부장관 또는 지방자치단체의 장은 다음 각 호의 어느 하나에 해당하는 처분을 하려면 청문을 하여야 한다.

1) 주택건설사업 등의 등록말소
2) 사업계획승인의 취소
3) 주택조합의 설립인가취소
4) 행위허가의 취소
5) 주택관리업의 등록말소
6) 주택관리사등의 자격취소

XI 벌칙

1. 벌칙 I (제94조) : 10년 이하의 징역, 무기 또는 3년 이상의 징역

1) 규정을 위반하여 설계 · 시공 또는 감리를 함으로써 하자보수책임기간에 제46조 제3항에 따른 공동주택의 내력구조부에 중대한 하자를 발생시켜 일반인을 위험에 처하게 한 설계자 · 시공자 · 감리자 또는 사업주체는 10년 이하의 징역에 처

한다.

2) 제1항의 죄를 범하여 사람을 죽음에 이르게 하거나 다치게 한 자는 무기징역 또는 3년 이상의 징역에 처한다.

2. 벌칙II (제95조)

1) 업무상 과실로 제94조제1항의 죄를 범한 자는 5년 이하의 징역이나 금고 또는 5천만원 이하의 벌금에 처한다.

2) 업무상 과실로 제94조제2항의 죄를 범한 자는 10년 이하의 징역이나 금고 또는 1억원 이하의 벌금에 처한다.

3. 벌칙III (제96조) : 3년 이하의 징역 또는 3천만원이하의 벌금

1. 제39조제1항 (공급질서 교란 금지)을 위반한 자
2. 제41조의2제1항을 위반하여 입주자로 선정된 지위 또는 주택을 전매하거나 이의 전매를 알선한 자

4. 벌칙IV(제97조) : 2년 이하의 징역 또는 2천만원 이하의 벌금 등

등록을 하지 아니하거나, 거짓이나 그 밖의 부정한 방법으로 등록을 하고 제9조의 사업을 한 자 등. 다만, 사업계획의 승인 또는 변경승인을 받지 아니하고 사업을 시행하는 자 또는 설립된 주택조합(리모델링주택조합은 제외한다)의 조합원이 아닌 자로서 주택조합의 가입을 알선하면서 주택가격 외의 수수료를 받거나 그 밖의 명목으로 금품을 받은 자로서 그 위반행위로 얻은 이익의 50%에 해당하는 금액이 2천만원을 초과하는 자는 2년 이하의 징역 또는 그 이익의 2배에 해당하는 금액 이하의 벌금에 처한다.

5. 벌칙 Ⅴ (제97조의 2) : 2년 이하의 징역 또는 1천만원 이하의 벌금 등

분양가심사위원회의 위원은 업무를 수행할 때에는 신의와 성실로써 공정하게 심사를 하여야 함에도 불구하고 이를 위반하여 고의로 잘못된 심사를 한 자는 2년 이하의 징역 또는 1천만원 이하의 벌금에 처한다.

6. 벌칙Ⅵ (제98조) : 1년 이하의 징역 또는 1천만원 이하의 벌금

행위제한 사항을 허가받지 아니하고 행한 자 등은 1년 이하의 징역 또는 1천만원 이하의 벌금에 처한다.

7. 벌칙Ⅶ (제99조) : 1천만원 이하의 벌금

1. 제43조제4항에 따른 기술인력 또는 장비를 갖추지 아니하고 관리행위를 한 자
2. 제55조제1항을 위반하여 주택관리사 등을 배치하지 아니한 자

8. 양벌규정 (제100조)

행정형별에 해당하는 위반행위를 한 행위자를 벌하는 외에 그 행위자 소속법인 또는 개인에게도 일정금액 이하의 벌금에 처한다. 다만, 법인 또는 개인이 그 위반행위를 방지하기 위하여 해당 업무에 관하여 상당한 주의와 감독을 게을리 하지 아니한 경우에는 그러하지 아니하다(단서 신설).

9. 과태료 (제101조~제102조)

(1) 1천만 원 이하의 과태료 (제101조 제1항)

수립되거나 조정된 장기수선계획에 따라 주요 시설을 교체하거나 보수하지 아니한 입주자대표회의의 대표자

(2) 5백만 원 이하의 과태료(제2항)

착공신고 등을 하지 아니한 자나 하자보수나 장기수선계획 수립을 하지 아니한 자 등 경미한 사항을 위반한 자

(3) 과태료 부과권자(제3항)

과태료는 대통령령(令 제122조)으로 정하는 바에 따라 국토해양부장관 또는 지방자치단체의 장이 부과한다.

(4) 과태료의 부과기준

법 제101조 및 제101조의2에 따른 과태료의 부과기준은 별표 13과 같다(令 제122조제1항 관련).

10. 벌칙적용에 있어서의 공무원 의제 (제102조)

다음 각 호의 어느 하나에 해당하는 자는 「형법」 제129조부터 제132조까지의 규정을 적용할 때에는 공무원으로 본다.

(1) 제24조에 따라 감리업무를 수행하는 자

(2) 제38조의4에 따른 분양가심사위원회의 위원 중 공무원이 아닌 자

제7장 농지법

Ⅰ. 개설

1. 관련법제

농지관련법제는 크게 다음 두 가지 유형으로 나누어 볼 수 있는 바[1], 먼저 농지개혁관련법제로서 농지개혁법, 귀속농지특별조치법(1951. 4. 5, 법률 제185호), 문교재단소유농지특별보상법(1951. 7. 18, 법률 제214호), 귀속농지관리특별회계법(1950. 2. 13, 법률 제93호), 농지개혁사업특별회계법(1952. 4. 12 법률 제241호), 농지개혁사업정비에 관한 특별조치법(1968. 3. 13, 법률 제1993호) 등을 들 수 있다.

1948년 7월 17일 공포된 헌법 제86조는 이른바 耕者有田의 원칙을 명시함으로써 농지개혁의 실시를 예고하고 있었다.

농지개혁관련법제 중에서도 가장 핵심 입법인 농지개혁법의 주요내용은 다음과 같다. ① 농지를 전・답・과수원, 실제 경작에 사용되는 토지 등과 농도・수로 등 당해 蒙利농지에의 부속시설로 하고, ② 동법의 원활한 운영을 위하여 중앙과 지방에 각각 농지위원회를 두고 매수농지의 평가에 관한 사항 등을 담당하도록 하며, ③ 농가의 정의를 확실히 하여 법 해석상 이론이 없도록 하였고, ④ 정부에서 매수하는 농지가격을, 평년작 주산물 생산량의 150%를 당해 토지임대차가격과 대비하여 공통배율을 정하는 방법으로 산정하도록 하였으며. ⑤ 지주가 소유농지를 산업에 전환시킬 때에는 특혜를 주도록 하고, ⑥ 분배받지 않은 농지와 상환이 완료된 농지는 자유로 매매할 수 있도록 하며, ⑦ 농민에게 균등한 경작권을 주기 위하여 1가구당 3정보를 초과하지 못하도록 하였고, ⑧ 분배받은 농지에 대한 상환은 5년간 납입하도록 하였다. 또한 ⑨ 농민의 소작, 임대차, 위탁경영 등은 경자유전의 원칙에 의하여 일체 인정

1) 법제처 지식창고 대한민국법제50년사 참조

하지 아니하도록 하였다.

농지개혁법은 1950년 3월 10일(법률 제108호)과 1960년 10월 13일(법률 제561호) 두 차례 개정되었으며, 1994년 12월 22일 농지법 (법률 제4817호)의 제정으로 폐지되었다.

두 번째 농지의 확대 · 보존 및 이용 관련 법제를 들 수 있는 바, 당시 농정의 제1목표는 식량증산이었고, 이러한 식량증산을 뒷받침하기 위하여 농지의 확대가 매우 중요하였다. 먼저 농지확대를 위하여 이 시기에 마련된 법률로서 개간촉진법, 농경지조성법, 농지확대개발촉진법을 들 수 있다. 한편, 식량증산을 위해서는 농지의 확대도 중요하지만 농지가 농업 외의 타용도로 전용되는 것을 방지하기 위하여, 1972. 12. 18, 법률 2373호로 농지의 보전 및 이용에 관한 법률을 제정하게 되었다. 그리고 UR 협상이 타결되고, WTO 체제가 출범하면서, 농지의 보전보다 생산성을 중시하는 농지의 이용 쪽으로 사회적 관심이 모아지면서, 농지임대차관리법, 농어촌발전특별조치법과 농어촌진흥공사 및 농지관리기금법 등이 제정되었다.

2. 농지법의 제정 및 개정경과

(1) 농지법의 제정 (1996. 12. 22 법률 제4817호)

1990년대에 이르러 농업의 국내외적인 여건은 급격하게 변화하였다. 국가경세의 글로벌화와 이에 따른 농산물 수입자유화의 압력이 심해지면서, 농업의 국제경쟁력 확보가 무엇보다 시급하게 요청되었다. 따라서 과거 어느 때보다도, 경영규모 확대를 통한 농업구조개선으로 농가의 소득증대와 농업생산성의 제고 필요성이 시급하게 요청되면서, 농업법제와 관련하여 그동안 문란해진 농지제도를 정비하고, 나아가 기능별로 흩어져 있는 농업관계법을 정비하여 농지문제를 총괄적으로 규율할 수 있도록, 농지에 관한 기본법으로서 농지법을 제정하게 된 것이다.

즉, 농지개혁법 · 농지의 보전 및 이용에 관한 법률 · 농지임대차관리법 · 농어촌발전특별조치법 등 여러 법률에 복잡하게 분산 규정되어 있는 농지 관련법률과 제도를 통합 · 정비함으로써, 농지에 관한 종합적이고 기본적인 법률을 제정하려는 것이며 그 주요내용은 다음과 같다.

1) 농지는 국민의 식량공급과 국토환경보전의 기반이 되는 한정된 자원이므로 보전되어야 하고, 농업의 생산성을 높이는 방향으로 소유·이용되어야 하며 투기의 대상이 되어서는 아니 된다는 농지에 관한 기본이념을 정함으로써 향후 농지정책의 지표가 되도록 함.

2) 농지는 농업경영에 이용하거나 이용할 자가 소유하는 것을 원칙으로 하되, 농업기술개발을 위한 시험·연구를 하는 자, 종묘 기타 농업기자재를 생산하는 자 및 농지의 전용허가를 받은 자등에 대하여도 소유자격을 인정함으로써 건전한 경영과 자본의 농업참여를 유도하고, 농업 및 농업관련산업의 발전을 지원하는 한편, 농촌활력의 증진에 이바지하도록 함.

3) 농업진흥지역 안의 농지 소유상한은 영농규모의 확대를 위하여 이를 폐지하고, 농업진흥지역 밖의 농지 소유상한은 3만 제곱미터를 유지하여 투기적 목적의 농지소유를 방지하되, 재배작목, 경영능력, 농지의 집단화, 농업기계의 효율적 이용 등을 고려하여 5만 제곱미터 이내의 농지소유를 인정할 수 있도록 함.

4) 농지를 취득하고자 하는 자는 농지의 소재지를 관할하는 농지관리위원회 위원 2인 이상의 확인을 받아 시·구·읍·면장으로부터 농시취득자격증명을 발급받도록 함.

5) 농지소유자는 징집·질병·취학 등 부득이한 사유가 있는 경우에는 농작업의 전부를 위탁할 수 있도록 하고, 자기 노동력이 부족한 경우에는 농작업의 일부를 위탁할 수 있도록 함.

6) 농지의 소유자가 소유농지를 자기의 농업경영에 이용하지 아니한 경우, 소유상한을 초과하여 농지를 소유한 경우 및 취득목적외의 용도로 사용하는 경우 등에는 1년 이내에 그 농지를 처분하도록 처분의무를 부과하며, 처분대상농지를 처분하지 아니하는 경우에는 이행강제금을 부과하도록 하되, 처분명령을 받은 자는 농어촌진흥공사에 당해 농지의 매수를 청구할 수 있도록 함.

7) 농지의 효율적인 이용을 위하여 시장·군수·구청장은 관할구역안의 농지를 대상으로 농지의 종합적인 이용에 관한 농지이용계획을 수립하도록 하고, 이 계획에는 농지의 지대별·용도별 이용과 농업외 용도로의 활용 및 경영규모확대등에 관한 사항이 포함되도록 하며, 농지의 효율적인 이용과 농업경영의 개선을 도

모하기 위하여 농지의 소유권이전 · 임차권설정 및 위탁경영촉진사업등 농지이용증진사업을 시행할 수 있도록 함.

8) 질병 · 징집 · 취학 등 일정한 경우에만 소유농지를 임대할 수 있도록 하고, 임대차계약의 방법 · 임대차의 기간, 임차료 등에 관한 사항에 관하여 규정함.

9) 시 · 도지사는 농지를 효율적으로 이용 · 보전하기 위하여 농업진흥지역을 지정하며, 지정대상 · 절차 · 지정변경 및 농업진흥지역안의 행위제한 등에 관하여는 농어촌발전특별조치법의 농업진흥지역관련조항을 흡수하여 규정함.

10) 농지의 전용허가 · 협의 및 신고에 관해서는 농지의보전 및 이용에관한법률 및 농어촌발전특별조치법의 관련조항을 흡수하여 규정함.

11) 농어촌에 다양한 산업을 유치하여 농어촌경제의 활성화를 도모하고 농지를 효율적으로 활용할 수 있도록 하기 위하여 대통령령이 정하는 일정한 지역에서는 신고만으로 농지를 전용할 수 있도록 함.

12) 농지개혁법, 농지개혁사업정리에 관한 특별조치법, 농지의 보전 및 이용에 관한 법률, 농지임대차관리법 및 지력증진법은 이를 폐지함.

(2) 개정 경과

1) [1999. 3.31, 법률 제5948호, 일부개정]

농업진흥지역 밖의 농지소유상한의 범위를 세대 당 3만 ㎡에서 5만 ㎡로 상향조성하고, 농지의 임대차기간 및 임차료 상한제도를 폐지하려는 것이다.

2) [2000. 1.21, 법률 제6188호, 일부개정]

시장 또는 군수는 농지의 소유자가 취득농지에 대하여 경작을 하지 아니하는 경우 농지처분명령을 행하고, 농지의 소유자가 정당한 사유 없이 이에 불응한 경우에는 이행강제금을 부과할 수 있는 바, 현행 규정에는 이행강제금의 부과징수 및 이의절차가 미비하여 이를 보완하려는 것임.

3) [2002. 1.14, 법률 제6597호, 일부개정]

농지를 취득하고자 하는 자에게 필요한 농지취득자격증명의 발급절차를 개선하여 국민의 편의를 도모하고, 농업보호구역 안에는 위락시설 등의 설치를 제한하여 농지 관리를 강화하는 한편, 농지의 타용도일시사용허가권 등 농림부장관의 일부 권한을 지방자치단체의 장에게 이양하는 등 현행 제도의 운영상 나타난 일부 미비점을 개선・보완하려는 것임.

4) [2002.12.18, 법률 제6793호, 일부개정]

농업분야의 대내외적 여건변화에 대응하여 농업의 경쟁력을 강화하고 농촌사회의 활력을 증진시키기 위하여 농업인이 아닌 개인이 취미 또는 여가활동으로 농작물의 경작을 하고자 하는 경우에는 세대별로 1천제곱미터 미만의 농지에 한하여 이를 소유할 수 있도록 하고, 농업진흥지역 밖에서도 농지소유상한제를 폐지하여 농지의 소유 및 거래제한을 완화하는 등 현행 제도의 운영상 나타난 일부 미비점을 개선・보완하려는 것임.

5) [2005. 7.21, 법률 제7604호, 일부개정]

농촌인구의 감소 및 고령화, 농산물 소비 형태의 다양화 등 농업여건의 변화에 대응하여 농지의 이용을 최대한 효율화하고 농업구조조정을 원활히 뒷받침할 수 있도록 농지의 소유 및 임대차에 관한 제도를 보완하며, 적정규모의 우량농지를 보전하고 농업인의 소득과 편익이 증진될 수 있도록 농지이용에 관한 규제를 합리적으로 조정하는 한편, 그 밖에 현행 제도의 운영상 나타난 일부 미비점을 개선・보완하려는 것이며, 그 주요내용은 다음과 같다.

가. 농업회사법인의 농지소유요건 완화(법 제2조제3호)
   농업회사법인이 농지를 소유할 수 있는 요건을, 대표이사 및 업무집행권을 가지는 자 1/2 이상이 농업인이고 농업인 출자액이 총출자액의 1/4 이상으로 완화함.

나. 농업경영목적으로 취득한 농지의 임대 허용범위 확대(법 제6조제3항, 법 22조제6호 신설) - 농지법이 1996년에 시행된 이후 농업경영목적으로 취득한 농지는 질병・징집 등 정당한 사유가 있는 경우를 제외하고는 임대를 금지하여 왔으나, 앞으로는 농업기반공사 등에 위탁하여 전업농(專業農) 등에게 장기간 임대할 수 있도록 함.

다. 농업경영에 이용하지 아니하는 농지에 대한 처분명령제도의 완화(법 제11조의

2 신설) - 농업경영에 이용하지 아니하여 처분의무가 발생한 농지의 소유자가 그 농지를 다시 농업경영에 이용하거나 농업기반공사 등과 매도위탁계약을 체결한 경우에는 3년간 처분명령을 유예할 수 있도록 하고, 농지소유자가 그 유예기간동안 유예사유를 위반하지 아니한 때에는 농지처분의무가 소멸된 것으로 보도록 함.

라. 농지조성비제도의 개편(법 제40조)

현행 농지조성비를 농지보전부담금으로 개편하여 전용하는 농지의 공시지가를 기준으로 부과하도록 하고, 영농규모확대 등 농업구조개선 재원으로도 활용하도록 함.

6) [2007. 1. 3, 법률 제8179호, 일부개정]

농산물 시장개방의 확대와 국민의 식품 소비패턴의 변화로 쌀 재고는 늘어나는 반면, 친환경 축산물의 수요는 지속적으로 증가함에 따라 농지의 범위에 축산물 생산시설의 부지를 포함시켜 농지전용절차를 거치지 않고도 농지에 축사를 설치ㆍ운영할 수 있도록 하려는 것임.

7) [2007. 4.11, 법률 제8352호, 전부개정]

법치국가에서의 법 문장은 일반 국민이 쉽게 읽고 이해해서 잘 지킬 수 있도록 해야 함은 물론이고 국민의 올바른 언어생활을 위한 본보기가 되어야 하는데, 우리의 법 문장에는 용어 등이 어려워 이해하기 힘든 경우가 많고 문장 구조도 어문(語文) 규범에 맞지 않아 국민의 일상적인 언어생활과 거리가 있다는 지적이 많음에 따라 법적 간결성ㆍ함축성과 조화를 이루는 범위에서, 법 문장의 표기를 한글화하고 어려운 용어를 쉬운 우리말로 풀어쓰며 복잡한 문장은 체계를 정리하여 쉽고 간결하게 다듬기 위해 이루어졌다.

8) [2009.5.27, 법률 제9721호, 일부개정]

농지의 효율적 이용을 증대하기 위하여 평균경사율이 15퍼센트 이상인 한계농지에 대해서는 소유 제한을 완화하고, 계획관리지역과 자연녹지지역 안의 농지에 대해서는 한국토지공사의 소유를 인정하여 공익사업에 사용할 수 있도록 하며, 공익사업에 공급하기 전까지는 한국농어촌공사에 위탁하여 임대하거나 사용대(使用貸)하도록 하여 경자유전의 원칙의 범위 내에서 국가경제와 농촌경제 활성화에 기여하도록 하는 등 현행 제도의 운영상 나타난 일부 미비점을 개선・보완하려는 것이며, 그 주요내용은 다음과 같다.

가. 농업회사법인의 농지소유 요건 중 대표자의 농업인 제한을 폐지하고, 업무집행권을 가진 자의 농업인 비율을 2분의 1에서 3분의 1로 완화함(법 제2조제3호).

나. 한계농지 중 최상단부에서 최하단부까지의 평균경사율이 15퍼센트 이상인 농지로서 대통령령으로 정하는 농지에 대한 소유 제한을 완화하고, 장래 공익사업에 필요한 용지를 공급하기 위하여 계획관리지역과 자연녹지지역 안의 농지를 한국토지공사가 취득할 수 있도록 하되, 그 농지를 전용하기 전까지는 한국농어촌공사에 위탁하여 임대하거나 사용대하도록 함(법 제6조제2항 제9호의2 신설, 법 제6조제2항 제10호 바목).

다. 비농업인이 상속농지 소유한도를 초과하여 농지은행에 위탁하여 임대할 수 있는 농지의 규모가 2만 제곱미터로 제한되어 있으나, 그 제한을 폐지함(법 제23조제7호가목).

라. 농지관리위원회를 폐지함(현행 제44조부터 제48조까지 삭제)

Ⅱ. 총칙

1. 입법목적

이 법은 농지의 소유・이용 및 보전 등에 필요한 사항을 정함으로써 농지를 효율적으로 이용하고 관리하여 농업인의 경영 안정과 농업 생산성 향상을 바탕으로 농업 경쟁력 강화와 국민경제의 균형 있는 발전 및 국토 환경 보전에 이바지하는 것을 목적으로 한다(제1조).

2. 구성과 내용

(1) 구성

농지법은 全 6장 62조 및 부칙으로 이루어져 있다.

제1장 총칙

제2장 농지의 소유

제3장 농지의 이용

제4장 농지의 보전 등

제5장 보칙

제6장 벌칙

부칙

(2) 내용

농지법의 주된 내용은 ① 농지의 소유 ② 농지의 이용 ③ 농지의 보전에 필요한 사항을 정하고 있으며, 농지법의 이념은 투기 방지에 있고, 다른 법률에 비하여 특히 소유를 제한하고 있는 점이 두드러진 특색이라 할 수 있다.

3. 용어의 정의 (제2조)

(1) 농지

1) 농지에 포함되는 토지 (제1호 본문)

"농지"란 원칙적으로 다음의 어느 하나에 해당하는 토지를 말한다.

가. 전 · 답, 과수원, 기타 법적 地目을 불문하고 실제로 농작물 경작지로 이용되는 토지.

전 · 답, 과수원, 기타 법적 地目을 불문하고 실제로 다음의 다년생식물 재배지로 이용되는 토지.

가) 목초 · 종묘 · 인삼 · 약초 · 잔디 및 조림용 묘목

나) 과수・뽕나무・유실수 그 밖의 생육기간이 2년 이상인 식물

다) 조경 또는 관상용 수목과 그 묘목(조경목적으로 식재한 것 제외)(令 제2조 제1항)

나. 다음시설의 부지

가) 가. 토지의 개량시설로서 다음에 해당하는 시설

ⅰ. 유지(溜池), 양・배수시설, 수로, 농로, 제방

ⅱ. 기타 농지의 보전이나 이용에 필요한 시설로서 토양의 침식이나 재해로 인한 농작물의 피해를 방지하기 위하여 설치한 계단・흙막기・방풍림과 그 밖에 이에 준하는 시설(규칙 제2조).

나) 가. 토지에 설치하는 농축산물 생산시설로서 농작물 경작지 또는 다년생식물의 재배지에 설치한 다음에 해당하는 시설

ⅰ. 고정식온실・버섯재배사 및 비닐하우스와 그 부속시설

ⅱ. 축사와 축사와 연접하여 설치된 시설로서 가축의 사육・관리・출하 등 일련의 생산과정에 직접 이용되는 농림수산식품부령(규칙 제3조)으로 정하는시설

ⅲ. 농막・간이저온저장고・간이퇴비장 또는 간이액비저장조(令동조 제3항)

2) 농지에서 제외되는 토지(제1호 단서)

초지법상 조성된 초지 등 다음의 토지는 제외한다.

가. 측량・수로조사 및 지적에 관한 법률에 따른 지목이 전・답, 과수원이 아닌 토지로서 농작물 경작지 또는 제1항 각 호에 따른 다년생식물 재배지로 계속하여 이용되는 기간이 3년 미만인 토지

나. 측량・수로조사 및 지적에 관한 법률에 따른 지목이 임야인 토지로서 그 형질을 변경하지 아니하고 다년생식물의 재배에 이용되는 토지

다. 초지법에 따라 조성된 초지(令 제2조 제2항)

(2) 농업인(제2호)

"농업인"이란 농업에 종사하는 개인으로서 다음에 해당하는 자를 말한다.

1) 1천 ㎡ 이상의 농지에서 농작물 또는 다년생식물을 경작 또는 재배하거나 1년 중 90일 이상 농업에 종사하는 자

2) 농지에 330제곱미터 이상의 고정식온실·버섯재배사·비닐하우스, 그 밖의 농림수산식품부령으로 정하는 농업생산에 필요한 시설을 설치하여 농작물 또는 다년생식물을 경작 또는 재배하는 자

3) 대가축 2두, 중가축 10두, 소가축 100두, 가금 1천수 또는 꿀벌 10군 이상을 사육하거나 1년 중 120일 이상 축산업에 종사하는 자

4) 농업경영을 통한 농산물의 연간 판매액이 120만원 이상인 자(令 제3조)

(3) 농업법인(제3호)

"농업법인"이란 농어업경영체 육성 및 지원에 관한 법률 제16조에 따라 설립된 영농조합법인과 같은 법 제19조에 따라 설립되고 업무집행권을 가진 자 중 1/3 이상이 농업인인 농업회사법인을 말한다.

가. 삭제 <2009.5.27>[2)]

나. 삭제 <2009.5.27>[3)]

(4) 농업경영(제4호)

"농업경영"이란 농업인이나 농업법인이 자기의 계산과 책임으로 농업을 영위하는 것을 말한다.

(5) 자경(自耕)(제5호)

"자경"이란 농업인이 그 소유 농지에서 농작물 경작 또는 다년생식물 재배에 상시 종사하거나 農作業의 1/2 이상을 자기의 노동력으로 경작 또는 재배하는 것과 농업법인이 그 소유 농지에서 농작물을 경작하거나 다년생식물을 재배하는 것을 말한다.

(6) 위탁경영(제6호)

"위탁경영"이란 농지 소유자가 타인에게 일정한 보수를 지급하기로 약정하고 농작

---

2) 개정 전 규정 내용 : 농업회사 법인을 대표하는 자가 농업인일 것
3) 개정 전 규정 내용 : 농업회사법인의 업무집행권을 가진 자 중 2분의 1 이상이 농업인일 것

업의 전부 또는 일부를 위탁하여 행하는 농업경영을 말한다.

(7) 주말·체험영농(제6조 제2항 제3호)

주말·체험영농이란 농업인이 아닌 개인이 주말 등을 이용하여 취미생활이나 여가활동으로 농작물을 경작하거나 다년생식물을 재배하는 것을 말한다.

(8) "농지의 전용"이란 농지를 농작물의 경작이나 다년생식물의 재배 등 농업생산 또는 농지개량 외의 용도로 사용하는 것을 말한다. 다만, 농작물 경작지 또는 다년생식물 재배지로 이용되는 토지의 개량시설과 농축산물 생산시설 용도로 사용하는 경우에는 轉用으로 보지 아니한다.

[참고] 농지개량의 범위 (令 제3조의2 본조신설 2009.11.26]

> 농지의 생산성을 높이기 위하여 농지의 형질을 변경하는 다음의 어느 하나에 해당하는 행위로서 인근 농지의 관개·배수·통풍 및 농작업에 영향을 미치지 아니하는 것으로 한다.

1. 농지의 이용가치를 높이기 위하여 농지의 구획을 정리하거나 개량시설을 설치하는 행위
2. 해당 농지의 토양개량이나 관개·배수·농업기계이용의 개선을 위하여 농지에서 농림수산식품부령(규칙 제4조의2 별표1)으로 정하는 기준에 따라 객토·성토·절토하거나 암석을 채굴하는 행위

[참고] 객토·성토·절토의 구체적 기준 : 규칙 [별표1](제4조의2 관련) 2009.11.27신설

(9) 영농여건 불리농지 (제6조 제2항 제10호)

"영농여건불리농지"란 농어촌정비법에 따른 한계농지 중 최상단부부터 최하단부까지의 평균경사율이 15% 이상인 농지로서 다음 각 호의 요건을 모두 갖춘 농지로서 시장·군수가 조사하여 고시한 농지

1) 지방자치법에 따른 시·군의 읍·면 지역의 농지일 것
2) 집단화된 농지의 규모가 2만㎡ 미만인 농지일 것
3) 시장·군수가 농업용수·농로 등 농업생산기반의 정비 정도, 농기계의 이용 및 접근 가능성, 통상적인 영농 관행을 고려하여 영농 여건이 불리하고 생산성이 낮

다고 인정하는 농지일 것(令 제5조의2 제1항).

4. 농지에 관한 기본 이념 (제3조)

(1) 농지의 보전 · 관리

농지는 국민에게 식량을 공급하고 국토 환경을 保全하는 데에 필요한 기반이며 농업과 국민경제의 조화로운 발전에 영향을 미치는 한정된 귀중한 자원이므로 소중히 보전되어야 하고 공공복리에 적합하게 관리되어야 하며, 농지에 관한 권리의 행사에는 필요한 제한과 의무가 따른다(제1항).

(2) 투기금지

농지는 농업 생산성을 높이는 방향으로 소유 · 이용되어야 하며, 투기의 대상이 되어서는 아니 된다(제2항).

5. 국가와 국민의 의무

(1) 국가 등의 의무 (제4조)

1) 국가와 지방자치단체는 농지에 관한 기본 이념이 구현되도록 농지에 관한 시책을 수립하고 시행하여야 한다.
2) 국가와 지방자치단체는 농지에 관한 시책을 수립할 때 필요한 규제와 조정을 통하여 농지를 보전하고 합리적으로 이용할 수 있도록 함으로써 농업을 육성하고 국민경제를 균형 있게 발전시키는 데에 이바지하도록 하여야 한다.

(2) 국민의 의무 (제5조)

모든 국민은 농지에 관한 기본 이념을 존중하여야 하며, 국가와 지방자치단체가 시행하는 농지에 관한 시책에 협력하여야 한다.

Ⅲ. 농지의 소유

1. 농지 소유 제한 (제6조)

(1) 농지경영자소유의 원칙 (耕者有田의 원칙)

농지는 자기의 농업경영에 이용하거나 이용할 자가 아니면 소유하지 못한다(제1항).

(2) 예외

다음에 해당하는 경우에는 자기의 농업경영에 이용하지 아니할지라도 농지를 소유할 수 있다(제2항).

1) 국가나 지방자치단체가 농지를 소유하는 경우
2) 초·중등교육법 및 고등교육법에 따른 학교, 농림수산식품부령(규칙 제5조[별표 2])으로 정하는 공공단체·농업연구기관·농업생산자단체 또는 종묘나 그 밖의 농업 기자재 생산자가 그 목적사업을 수행하기 위하여 필요한 시험지·연구지·실습지 또는 종묘생산지로 쓰기 위하여 농지를 취득하여 소유하는 경우
3) 주말·체험영농을 하려고 농지를 소유하는 경우
4) 상속[상속인에게 한 유증(遺贈)을 포함한다.]으로 농지를 취득하여 소유하는 경우
5) 8년 이상 농업경영을 하던 자가 이농(離農)한 후에도 이농 당시 소유하고 있던 농지를 계속 소유하는 경우(令 제4조)
6) 제13조제1항에 따라 담보농지를 취득하여 소유하는 경우(유동화전문회사 등이 저당권자로부터 농지를 취득하는 경우를 포함한다)
7) 농지전용허가[다른 법률에 따라 의제(擬制)되는 경우를 포함한다]를 받거나 농지전용신고를 한 자가 그 농지를 소유하는 경우
8) 농지전용협의를 마친 농지를 소유하는 경우
9) 한국농어촌공사 및 농지관리기금법에 따른 농지의 개발사업지구에 있는 농지로서 한국농어촌공사가 개발하여 매도하는 다음에 해당하는 농지(개인이 소유하는 경우 그 면적계산은 세대원 전부가 소유하는 총면적으로 한다)나 농어촌정비법에 따른 농지를 취득하여 소유하는 경우.

가. 도・농간의 교류촉진을 위한 1천500㎡ 미만의 농원부지

나. 농어촌관광휴양지에 포함된 1천500㎡ 미만의 농지(令 제5조)

10) 영농여건불리농지를 소유하는 경우

11) 다음의 어느 하나에 해당하는 경우

가. 한국농어촌공사가 농지를 취득하여 소유하는 경우

나. 농어촌정비법에 따라 농지를 취득하여 소유하는 경우

다. 공유수면매립법에 따라 매립농지를 취득하여 소유하는 경우

라. 토지수용으로 농지를 취득하여 소유하는 경우

마. 농림수산식품부장관과 협의를 마치고 공익사업법에 따라 농지를 취득하여 소유하는 경우

바. 공공토지의 비축에 관한 법률 제2조제1호 가목에 해당하는 토지 중 공공토지비축심의위원회가 비축이 필요하다고 인정하는 토지로서 계획관리지역과 자연녹지지역 안의 농지를 한국토지주택공사가 취득하여 소유하는 경우. 이 경우 그 취득한 농지를 전용하기 전까지는 한국농어촌공사에 지체 없이 위탁하여 임대하거나 사용대(使用貸) 하여야 한다.

(3) 농지를 임대하거나 使用貸하는 경우에도 자기의 농업경영에 이용하지 아니할 지라도 그 기간 중에는 농지를 계속 소유할 수 있다(동조 제4항).

(4) 농지법의 특례규정 금지

이 법 외에는 농지 소유에 관한 특례를 정할 수 없다(동조 제4항).

2. 농지의 소유상한 (제7조)

(1) 원칙

농지거래 활성화를 위해 농지 소유상한 규정 삭제 (2002. 12. 18)

(2) 예외

1) 상속자로서 농업경영을 하지 아니하는 자 : 그 상속 농지 중에서 총 1만㎡까지만 소유할 수 있다.

2) 8년 이상 농업경영을 한 후 이농한 자 : 이농 당시 소유 농지 중에서 총 1만 ㎡까지만 소유할 수 있다(令 제4조).

3) 주말・체험영농인 : 주말・체험영농을 하려는 자는 총 1천㎡ 미만의 농지를 소유할 수 있다. 이 경우 면적 계산은 그 세대원 전부가 소유하는 총 면적으로 한다.

4) 농지를 임대하거나 使用貸하는 경우 : 소유상한(上限)을 초과할지라도 상속자나 이농한 자는 그 기간에는 그 농지를 계속 소유할 수 있다.

3. 농지취득자격증명의 발급 (제8조)

(1) 발급권자 (제1항)

1) 발급의무(원칙) : 농지를 취득하려는 자는 농지 소재지를 관할하는 "시・구・읍・면의 장"[4]에게서 농지취득자격증명을 발급받아야 한다.

2) 발급면제(예외) : 다만, 다음의 어느 하나에 해당하면 농지취득자격증명을 발급받지 아니하고 농지를 취득할 수 있다.

가. 상술한 소유제한의 예외 중 국가나 지방자치단체가 농지를 소유하는 경우, 상속으로 농지를 취득하여 소유하는 경우, 담보농지를 취득하여 소유하는 경우, 농지전용협의를 마친 농지를 소유하는 경우, 한국농어촌공사가 농지를 취득하여 소유하는 경우 등

나. 농업법인의 합병으로 농지를 취득하는 경우

다. 공유 농지의 분할이나 그 밖에 다음에 해당하는 원인으로 농지를 취득하는 경우(令 제6조)

4) 발급권자는「시장(구를 두지 아니한 시의 시장을 말하며, 도농 복합 형태의 시는 농지 소재지가 동지역인 경우만을 말한다), 구청장(도농 복합 형태의 시의 구에서는 농지 소재지가 동지역인 경우만을 말한다), 읍장 또는 면장」을 말한다.

1. 시효의 완성으로 농지를 취득하는 경우
2. 징발재산정리에 관한 특별조치법 제20조, 공익사업법 제91조에 따른 환매권자가 환매권에 따라 농지를 취득하는 경우
3. 「국가보위 관련 수용・사용된 토지의 정리에 관한 특별조치법」[5]제2조 및 제3조에 따른 환매권자 등이 환매권 등에 따라 농지를 취득하는 경우
4. 법 제17조에 따른 농지이용증진사업 시행계획에 따라 농지를 취득하는 경우

(2) 발급신청 (제2항)

1) 원칙 : 농업경영계획서를 작성

농지의 면적, 농업경영을 하는 데에 필요한 노동력 및 농업 기계 등의 확보 방안, 소유 농지의 이용 실태(농지 소유자에게만 해당)가 모두 포함된 하여 농지 소재지를 관할하는 시・구・읍・면의 장에게 대통령령(令 제7조 제1항)이 정하는 바에 따라 발급신청을 하여야 한다.

2) 예외 : 농업경영계획서의 작성 면제

학교 등, 주말체험영농, 농지전용허가나 신고, 농지개발사업지구 안의 1500㎡ 미만의 농지, 농지비축이 인정된 한국토지주택공사가 취득하는 농지 등은 농업경영계획서를 작성하지 아니하고 발급신청을 할 수 있다.

(3) 시・구・읍・면의 장은 농지취득자격증명의 발급신청을 받은 때에는 그 신청을 받은 날부터 4일(농업경영계획서 작성 면제의 경우에는 2일) 이내에 대통령령(令 제7조)에 정하는 요건에 적합한지의 여부를 확인하여 적합한 경우 신청인에게 농지취득자격증명을 발급하여야 한다.

(4) 농지취득자격증명을 발급받아 농지를 취득하는 자가 그 소유권에 관한 등기를 신청할 때에는 농지취득자격증명을 첨부하여야 한다(제4항).

---

5) 여기서는「국가보위에 관한 특별조치법 제5조제4항에 따른 동원대상지역 내의 토지의 수용・사용에 관한 특별조치령에 따라 수용・사용된 토지의 정리에 관한 특별조치법」을 약칭한다.

4. 농지의 위탁경영 (제9조)

(1) 원칙 : 위탁경영 금지

(2) 예외 : 농지위탁경영 가능

농지 소유자는 농지 경영자소유의 원칙의 예외로서 다음에 해당하는 경우 외에는 소유 농지를 위탁경영할 수 없다.

> 1. 「병역법」에 따라 징집 또는 소집된 경우
> 2. 3개월 이상 국외 여행 중인 경우
> 3. 농업법인이 청산 중인 경우
> 4. 질병, 취학, 선거에 따른 공직 취임, 부상으로 3월 이상의 치료가 필요한 경우, 교도소・구치소 또는 보호감호시설에 수용 중인 경우에 해당하는 사유로 자경할 수 없는 경우(令 제8조 제1항)
> 5. 농지이용증진사업 시행계획에 따라 위탁경영하는 경우
> 6. 농업인이 자기 노동력이 부족하여 작목별 주요 농작업의 1/3분 이상을 자기 또는 세대원의 노동력에 의하는 경우, 자기의 농업경영에 관련된 농작업에 1년 중 30일 이상 직접 종사하는 경우 등 농지의 위탁경영 사유(令 제8조 제2항) 에 해당하는 경우로서 농작업의 일부를 위탁하는 경우

5. 농지의 처분 의무 등 (제10조)

(1) 농업경영에 이용하지 아니하는 농지 등의 처분의무 (동조 제1항)

1) 처분사유 (10 가지)

농지 소유자는 다음에 해당하게 되면 그 사유가 발생한 날부터 1년 이내에 해당 농지(농지소유상한 초과의 경우 그 초과하는 면적의 농지)를 처분하여야 한다(제1항).

> 1. 소유 농지를 자연재해 등 농지처분의무가 면제되는 정당한 사유(令 제9조) 없이 자기의 농업경영에 이용하지 아니하거나 이용하지 아니하게 되었다고 시장(구를 두지 아니한 시의 시장을 말한다)・군수 또는 구청장[6]이 인정한 경우
> 2. 농지를 소유하고 있는 농업회사법인이 그 요건에 맞지 아니하게 된 후 3개월이 지난 경우
> 3. 농지를 취득한 학교 등이 그 농지를 해당 목적사업에 이용하지 아니하게 되었다고 시장・군수 또는 구청장이 인정한 경우
> 4. 농지를 취득한 주말・체험 영농인이 자연재해・농지개량・질병 등 대통령령으로 정하는 정당한 사유 없이 주말・체험영농에 이용하지 아니하게 되었다고 시장・군수 또는 구청장이 인정한 경우

6) 농지처분의무(제10조 내지 제12조, 제62조)에서는 편의상「시장・군수・구청장」이라고 약칭한다.

5. 농지전용 허가・신고・협의에 따라 농지를 취득한 자가 취득한 날부터 2년 이내에 그 목적사업에 착수하지 아니한 경우
   5의2. 농림수산식품부장관과의 협의를 마치지 아니하고 공익사업법에 따라 농지를 소유한 경우
   5의3. 비축이 필요한 농지로서 소유한 농지를 한국농어촌공사에 지체 없이 위탁하지 아니한 경우
6. 농지 소유 상한을 초과하여 농지를 소유한 것이 판명된 경우
7. 거짓이나 그 밖의 부정한 방법으로 농지취득자격증명을 발급받아 농지를 소유한 것이 판명된 경우
8. 자연재해・농지개량・질병 등 대통령령으로 정하는 정당한 사유 없이 농업경영계획서 내용을 이행하지 아니하였다고 시장・군수 또는 구청장이 인정한 경우

2) 처분의무의 통지

시장・군수 또는 구청장은 위에 따라 농지의 처분의무가 생긴 농지의 소유자에게 농림수산식품부령(규칙 제8조)으로 정하는 바에 따라 처분 대상 농지, 처분의무 기간 등을 구체적으로 밝혀 그 농지를 처분하여야 함을 알려야 한다(제2항).

(2) 농지의 처분명령과 매수청구 (제11조)

1) 처분명령

시장・군수 또는 구청장은 처분의무 기간에 처분 대상 농지를 처분하지 아니한 농지 소유자에게 6개월 이내에 그 농지를 처분할 것을 명할 수 있다(제1항).

2) 매수청구

농지 소유자는 처분명령을 받으면 한국농어촌공사에 그 농지의 매수를 청구할 수 있다(제2항). 이 경우 농지의 매수를 청구하려는 자는 농지매수청구서에 농림수산식품부령(규칙 제9조)으로 정하는 서류를 첨부하여 한국농어촌공사에 제출하여야 한다.

3) 매수자 및 매수가격 등

가. 한국농어촌공사는 위에 따른 매수 청구를 받으면 부동산가격공시 및 감정평가에 관한 법률에 따른 공시지가(해당 토지의 공시지가가 없으면 개별토지가격)를 기준으로 해당 농지를 매수할 수 있다. 이 경우 인근 지역의 실제 거래 가격이 공시지가보다 낮으면 실제 거래 가격을 기준으로 매수할 수 있다(제3항).

나. 자금 융자

한국농어촌공사가 농지를 매수하는 데에 필요한 자금은 농지관리기금에서 융자한다(제4항).

(3) 처분명령의 유예 (제12조)

1) 유예사유

시장・군수 또는 구청장은 처분의무 기간에 처분 대상 농지를 처분하지 아니한 농지 소유자가 다음에 해당하면 처분의무 기간이 지난 날 부터 3년간 처분명령을 직권으로 유예할 수 있다(제1항).

가. 해당 농지를 자기의 농업경영에 이용하는 경우

나. 한국농어촌공사나 그 밖에 대통령령으로 정하는 자와 해당 농지의 매도위탁계약을 체결한 경우

2) 처분명령

시장・군수 또는 구청장은 위에 따라 처분명령을 유예 받은 농지 소유자가 처분명령 유예 기간에 처분유예 사유의 어느 하나에도 해당하지 아니하게 되면 지체 없이 그 유예한 처분명령을 하여야 한다(제2항).

3) 처분유예 농지의 처분의무 소멸의제

농지 소유자가 처분명령을 유예 받은 후 처분명령을 받지 아니하고 그 유예 기간이 지난 경우에는 당초 처분의무에 대하여 처분명령이 유예된 농지의 그 처분의무만 없어진 것으로 본다(제3항).

6. 담보 농지의 취득 (제13조)

(1) 농지의 저당권자로서 다음 각 호의 어느 하나에 해당하는 자는 농지 저당권 실행을 위한 경매기일을 2회 이상 진행하여도 경락인(競落人)이 없으면 그 후의 경매에 참가하여 그 담보 농지를 취득할 수 있다(제1항).

1) 농업협동조합법에 따른 지역농업협동조합, 지역축산업협동조합, 품목별・업종별협동조합 및 그 중앙회, 수산업협동조합법에 따른 지구별수산업협동조합, 업종별수산업협동조합, 수산물가공수산업협동조합 및 그 중앙회, 산림조합법에 따른 지역산림조합, 품목별・업종별산림조합 및 그 중앙회
2) 한국농어촌공사
3) 은행법에 따라 설립된 금융기관이나 그 밖의 금융기관(상호저축은행법에 따른 상호저축은행, 신용협동조합법에 따른 신용협동조합, 새마을금고법에 따른 새마을금고, 농수산물유통공사법에 따른 농수산물유통공사)(令 제11조)
4) 한국자산관리공사
5) 자산유동화에 관한 법률에 따른 유동화전문회사 등
6) 농업협동조합의 구조개선에 관한 법률상 농업협동조합자산관리회사

(2) 처분의 위임

농지 저당권자는 취득한 농지의 처분을 한국농어촌공사에 위임할 수 있는바(제2항), 농지의 처분을 위임하려는 경우에는 농지처분위임증서에 농림수산식품부령으로 정하는 서류를 첨부하여 한국농어촌공사에 제출하여야 한다(令 제12조 제1항 규칙 제10조 제1항). 한국농어촌공사는 이에 따라 농지의 처분을 위임받은 경우에는 해당 농지를 공매의 방법으로 처분하여야 한다(令 동조 제2항).

Ⅳ. 농지의 이용

1. 농지의 이용 증진 등

(1) 농지이용계획의 수립 (제14조)

1) 수립권자 : 시・ 군・ 구청장

시장・군수 또는 자치구구청장(관할구역의 농지면적이 3천만㎡ 이하인 시 또는 자

치구의 구청장은 제외하되, 다만 당해 시장 또는 자치구구청장이 해당 지역의 여건을 감안하여 농지이용계획을 수립할 필요가 있다고 인정하는 경우를 제외한다)(令 제13조)은 농지를 효율적으로 이용하기 위하여 대통령령(令 제14조)으로 정하는 바에 따라 지역 주민의 의견을 들은 후, 농어업 · 농어촌 및 식품산업 기본법에 따른 시 · 군 · 구 농어업 · 농어촌및식품산업정책심의회의 심의를 거쳐 관할 구역의 농지를 종합적으로 이용하기 위한 농지이용계획을 수립하여야 한다. 수립한 계획을 변경하려고 할 때에도 또한 같다(제1항). 위의 경우 시장 · 군수 또는 자치구구청장은 농지이용계획의 수립에 관한 지역주민의 의견을 듣기 위하여 공청회를 개최하여야 하며, 공청회 개최예정일 14일전까지 공청회의 개최목적, 일시, 장소 등 대통령령으로 정하는 사항(令 제14조 제1항)을 공고하고 일반인이 이를 열람할 수 있도록 하여야 한다.

수 립 권 자	시 · 군 · 구청장(관할구역 안의 농지가 3천만m2 이하인 「시 · 구」는 제외)
↓	
의 견 청 취	공청회 개최: 지역주민의 의견 청취
↓	
심 의	시 · 군 · 구 농어촌및식품산업정책심의회
↓	
승 인	시 · 도지사
↓	
확정·고시·열람	시 · 군 · 구청장 → 일반인

2) 농지이용계획에 포함되어야 할 내용(제2항)

가. 농지의 地帶별 · 용도별 이용계획

나. 경영규모 확대계획

다. 농지를 농업 외의 용도로 활용하는 계획

[참고] 농지이용계획에 포함되어야 할 세부사항 : 규칙 제12조 참조

3) 승인절차 : 승인 - 확정 · 고시-보고(제3항)

시장 · 군수 또는 자치구구청장은 농지이용계획을 수립(변경한 경우 포함)하면 관할 특별시장 · 광역시장 또는 도지사("시 · 도지사"라 한다)의 승인을 받아 그 내용을 확정하고 고시하여야 하며, 일반인이 열람할 수 있도록 하여야 한다. 이 경우 농지이용계획의 고시에 포함되어야 할 사항은 농지이용계획의 목적 등(令 제15조 제1항)이다. 또 시장・군수 또는 자치구구청장은 동 계획을 고시한 때에는 지체 없이 그 결과를 관할 시・도지사에게 보고하여야 하며, 고시된 농지이용계획과 이에 관련되는 농림수산식품부장관이 정하는 서식에 따른 도표 등을 관계 행정기관에 송부하고 일반인이 이를 열람할 수 있도록 하여야 한다(令 동조 제2항).

4) 투자 및 지원 의무(제4항)

시・도지사, 시장・군수 또는 자치구구청장은 농지이용계획이 확정되면 농지이용계획대로 농지가 적정하게 이용되고 개발되도록 노력하여야 하고, 필요한 투자와 지원을 하여야 한다.

5) 농지이용계획 수립에 필요한 사항은 농림수산식품부령으로 정한다(제5항).

(2) 농지이용증진사업의 시행

1) 사업시행자 (제15조)

시장・군수・자치구구청장, 한국농어촌공사, 농업협동조합법에 따른 조합, 엽연초생산협동조합법에 따른 엽연초생산협동조합, 농지의 공동이용 또는 집단이용을 목적으로 구성된 단체로서 그 구성원인 농업인 또는 농업법인의 수가 10 이상인 단체(令 제16조)(이하 "사업시행자"라 한다)는 농지이용계획에 따라 농지 이용을 증진하기 위하여 아래의 농지이용증진사업을 시행할 수 있다.

2) 농지이용증진 대상사업 (제15조) : 4 가지

가. 농지의 매매・교환・분합 등에 의한 농지 소유권 이전을 촉진하는 사업

나. 농지의 장기 임대차, 장기 사용대차에 따른 농지 임차권(사용대차에 따른 권리를 포함한다.) 설정을 촉진하는 사업

다. 위탁경영을 촉진하는 사업

라. 농업인이나 농업법인이 농지를 공동으로 이용하거나 집단으로 이용하여 농업경영을 개선하는 농업 경영체 육성사업

3) 농지이용증진사업의 요건 (제16조)

농지이용증진사업은 다음 각 호의 모든 요건을 갖추어야 한다.

가. 농업경영을 목적으로 농지를 이용할 것

나. 농지 임차권 설정, 농지 소유권 이전, 농업경영의 수탁 · 위탁이 농업인 또는 농업법인의 경영규모를 확대하거나 농지이용을 집단화하는 데에 기여할 것

다. 기계화 · 시설자동화 등으로 농산물 생산 비용과 유통 비용을 포함한 농업경영 비용을 절감하는 등 농업경영 효율화에 기여할 것

4) 농지이용증진사업 시행계획의 수립 (제17조)

가. 시장 · 군수 또는 자치구구청장이 농지이용증진사업을 시행하려고 할 때에는 해당 농지이용계획을 기본으로 하여 농지이용증진사업 시행계획을 수립하여 시 · 군 · 구 농어업 · 농어촌및식품산업정책심의회의 심의를 거쳐 확정하여야 한다. 수립한 계획을 변경하려고 할 때에도 또한 같다(제1항, 규칙 제14조 제1항).

나. 계획의 제출 : 시장 · 군수 또는 자치구구청장 외의 사업시행자가 증진사업을 시행하려고 할 때에는 부령으로 정하는 바에 따라 시행계획을 수립하여 시장 · 군수 또는 자치구구청장에게 제출하여야 한다(제2항).

다. 보완요구 : 시장 · 군수 또는 자치구구청장은 위 제출받은 농지이용증진사업 시행계획이 보완될 필요가 있다고 인정하면 그 사유와 기간을 구체적으로 밝혀 사업시행자에게 그 계획을 보완하도록 요구할 수 있다(제3항).

라. 계획의 내용 : 농지이용증진사업 시행계획에는 다음 각 호의 사항이 포함되어야 한다(제4항).

가) 농지이용증진사업의 시행 구역

나) 농지 소유권이나 임차권을 가진 자, 임차권을 설정받을 자, 소유권을 이전받을 자 또는 농업경영을 위탁하거나 수탁할 자에 관한 사항

다) 임차권이 설정되는 농지, 소유권이 이전되는 농지 또는 농업경영을 위탁하거나 수탁하는 농지에 관한 사항

라) 설정하는 임차권의 내용, 농업경영 수탁 · 위탁의 내용 등에 관한 사항

마) 소유권 이전 시기, 이전 대가, 이전 대가 지불 방법, 그 밖에 규칙 제14조 제2항

으로 정하는 사항

5) 농지이용증진사업 시행계획의 고시 및 효력 (제18조)

가. 고시 및 열람

시장·군수 또는 자치구구청장이 농지이용증진사업 시행계획을 확정하거나 그 계획을 제출받은 경우(보완을 요구한 경우에는 그 보완이 끝난 때)에는 농림수산식품부령규칙 동조 제2항)으로 정하는 바에 따라 지체 없이 이를 고시하고 관계인에게 열람하게 하여야 한다(제1항).

나. 등기촉탁

사업시행자는 농지이용증진사업 시행계획이 고시되면 대통령령(令 제17조)으로 정하는 바에 따라 농지이용증진사업 시행계획에 포함된 농지 소유권이나 임차권을 가진 자, 임차권을 설정받을 자, 소유권을 이전받을 자 또는 농업경영을 위탁하거나 수탁할 자의 동의를 얻어 해당 농지에 관한 등기를 촉탁하여야 한다(제2항).

다. 등기원인을 증명하는 서면

사업시행자가 등기를 촉탁하는 경우에는 농지이용증진사업 시행계획을 확정한 문서 또는 농지이용증진사업 시행계획이 고시된 문서와 동의서를 부동산등기법상 등기원인을 증명하는 서면으로 본다(제3항).

라. 적용배제 법률

농지이용증진사업 시행계획에 따른 등기의 촉탁에 대하여는 부동산등기 특별조치법 제3조(계약서등의 검인에 대한 특례)를 적용하지 아니한다(제4항).

6) 농지이용증진사업에 대한 지원 (제19조)

국가와 지방자치단체는 농지이용증진사업을 원활히 실시하기 위하여 필요한 지도와 주선을 하며, 예산의 범위에서 사업에 드는 자금의 일부를 지원할 수 있다.

(3) 토양의 개량·보전(제21조)

1) 시행의무 (제1항)

국가와 지방자치단체는 농업인이나 농업법인이 환경보전적인 농업경영을 지속적으로 할 수 있도록 토양의 개량·보전에 관한 사업을 시행하여야 하고 토양의 개량·보전에 관한 시험·연구·조사 등에 관한 시책을 마련하여야 하는 바(제1항), 토양을 개량·보전하는 사업은 대통령령(令 제22조 제1항)에 정하고 있다.

2) 자금지원 (제2항)

국가는 위의 목적을 달성하기 위하여 토양을 개량·보전하는 사업 등을 시행하는 지방자치단체, 농림수산식품부령(규칙 제20조)으로 정하는 농업생산자단체(농업협동조합법에 따른 조합, 엽연초생산협동조합법에 따른 엽연초생산협동조합), 농업인 또는 농업법인에 대하여 예산의 범위에서 필요한 자금의 일부를 지원할 수 있다

2. 대리경작제도 (제20조)

(1) 의의

농지법상 「대리경작제도」라 함은 유휴농지에 대하여 당해 농지의 소유권 또는 임차권을 가진 자에 갈음하여 대리경작자를 지정하고, 그로 하여금 대신하여 농작물을 경작하게 하는 것을 말한다.

(2) 대리경작자의 지정권자: 시장·군수·구청장

시장·군수 또는 구청장은 아래의 유휴농지에 대하여 대통령령으로 정하는 바에 따라 그 농지의 소유권자나 임차권자를 대신하여 농작물을 경작할 자를 지정할 수 있다. 이 경우 유휴농지란 농작물 경작이나 다년생식물 재배에 이용되지 아니하는 농지로서 대통령령(令 제18조)이 정하는 다음에 해당하지 아니하는 농지를 말한다(제20조 제1항).

1) 지력의 증진 등을 위하여 필요한 기간 동안 휴경하는 농지
2) 연작 전후에 지력의 증진 또는 회복을 위하여 휴경하는 농지
3) 농지전용허가나 농지전용협의를 거친 농지와 농지전용신고를 한 농지
4) 농의 타용도 일시사용허가를 받거나 협의를 거친 농지
5) 그 밖에 농림수산식품부장관이 정하는 위 농지에 준하는 농지

(3) 대리경작자의 지정요건(令 제19조)

1) 원칙

시장・군수 또는 구청장은 대리경작자를 지정하려는 경우에는 해당 농지의 인근 지역에서 농업경영을 하는 농업인 또는 농업법인으로서 대리경작을 하려는 자 중 해당 농지를 효율적으로 경작할 능력이 있다고 인정되는 자를 대리경작자로 지정하여야 한다.

2) 예외

시장・군수 또는 구청장은 위에 따라 대리경작자를 지정하기가 곤란한 경우에는 인근지역의 농업・농촌 및 식품산업 기본법상 농업생산자단체・학교나 그 밖의 해당 농지를 경작하려는 자를 대리경작자로 지정할 수 있다.

(4) 지정예고 및 통지서 송부 (제20조 제2항)

시장・군수 또는 구청장은 위에 따라 대리경작자를 지정하려면 농림수산식품부령(규칙 제17조)으로 정하는 바에 따라 그 농지의 소유권자 또는 임차권자에게 예고하여야 하며, 대리경작자를 지정하면 그 농지의 대리경작자와 소유권자 또는 임차권자에게 지정통지서를 보내야 한다.

(5) 지정예고에 대한 이의 (令 제20조)

위에 따른 대리경작자의 지정예고에 대하여 이의가 있는 농지의 소유권자나 임차권자는 지정예고를 받은 날부터 10일 이내에 시장・군수 또는 구청장에게 이의를 신청할 수 있으며, 시장・군수 또는 구청장은 이의신청을 받은 날부터 7일 이내에 이를 심사하여 그 결과를 신청인에게 알려야 한다.

(6) 대리경작기간과 대리경작자지정의 해지・갱신

1) 대리경작자 지정기간

대리경작 기간은 따로 정하지 아니하면 1년으로 한다 (제20조 제3항).

2) 지정중지 요청 (제20조 제5항)

대리경작 농지의 소유권자 또는 임차권자가 그 농지를 스스로 경작하려면 대리경작 기간이 끝나기 3개월 전까지, 그 대리경작 기간이 끝난 후에는 대리경작자 지정을 중지할 것을 농림수산식품부령으로 정하는 바에 따라 시장・군수 또는 구청장에게 신청하여야 하며, 신청을 받은 시장・군수 또는 구청장은 신청을 받은 날부터 1개월 이내에 대리경작자 지정 중지를 그 대리경작자와 그 농지의 소유권자 또는 임차권자에게 알려야 한다.

3) 지정 해지 (제20조 제6항)

가. 해지권자

시장・군수 또는 구청장은 다음 각 호의 어느 하나에 해당하면 대리경작 기간이 끝나기 전이라도 대리경작자 지정을 해지할 수 있다.

나. 해지사유

가) 대리경작 농지의 소유권자나 임차권자가 정당한 사유를 밝히고 지정 해지신청을 하는 경우

나) 대리경작자가 경작을 게을리하는 경우

다) 대리경작자로 지정된 자가 토지사용료를 지급 또는 공탁하지 아니하는 경우, 대리경작자로 지정된 자가 대리경작자의 지정해지를 신청하는 경우(슈 제21조)

(7) 토지사용료 지급 (제20조 제4항)

대리경작자는 수확량의 10%를 농림수산식품부령(규칙 제18조 제1항)으로 정하는 바에 따라 농작물의 수확일부터 2월 이내에 그 농지의 소유권자나 임차권자에게 토지사용료로 지급하여야 한다. 이 경우 수령을 거부하거나 지급이 곤란한 경우에는 토지사용료를 공탁할 수 있다.

3. 농지소유의 세분화 방지 (제22조)

(1) 지원

국가와 지방자치단체는 농업인이나 농업법인의 농지 소유가 세분화되는 것을 막기 위하여 농지를 어느 한 농업인 또는 하나의 농업법인이 일괄적으로 상속・증여 또는 양도받도록 필요한 지원을 할 수 있다(제1항).

(2) 사업시행완료 농지의 분할 금지

농어촌정비법에 따른 농업생산기반정비사업이 시행된 농지는 다음의 어느 하나에 해당하는 경우 외에는 분할할 수 없다(제2항).

1) 도시지역의 주거지역・상업지역・공업지역 또는 도시계획시설부지에 포함되어 있는 농지를 분할하는 경우
2) 농지전용허가를 받거나 농지전용신고를 하고 전용한 농지를 분할하는 경우
3) 분할 후의 각 필지의 면적이 2천㎡를 넘도록 분할하는 경우
4) 농지의 개량, 농지의 교환・분합 등 대통령령(슈 제23조)이 정하는 사유로 분할하는 경우

4. 농지의 임대차 등

(1) 농지의 임대차 또는 사용대차 (제23조)

1) 원칙 : 임대차 또는 사용대차 금지
2) 예외 : 다음의 어느 하나에 해당하는 경우에는 농지를 임대하거나 사용대(使用貸)할 수 있다.
   가. 전술한 농지소유제한의 예외에 해당하는 농지(단, 학교 등의 경우는 제외되며, 주말체험영농의 경우는 아래 ⑤의 요건이 별도로 있음)를 임대하거나 사용대하는 경우
   나. 농지이용증진사업 시행계획에 따라 농지를 임대하거나 사용대하는 경우

다. 질병, 징집, 취학, 선거에 따른 공직취임, 그 밖에 다음 각 호의 어느 하나에 해당하는 부득이한 사유로 인하여 일시적으로 농업경영에 종사하지 아니하게 된 자가 소유하고 있는 농지를 임대하거나 사용대하는 경우

가) 부상으로 3월 이상의 치료가 필요한 경우

나) 교도소 · 구치소 또는 보호감호시설에 수용 중인 경우

다) 3월 이상 국외여행을 하는 경우 4. 농업법인이 청산 중인 경우(슈 제24조 제1항)

라. 60세 이상이 되어 더 이상 농업경영에 종사하지 아니하게 된 자로서 농지소유자가 거주하는 시(특별시 및 광역시를 포함한다.) · 군 또는 이에 연접한 시 · 군에 있는 소유농지 중에서 자기의 농업경영에 이용한 기간이 5년이 넘은 농지를 임대하거나 사용대하는 경우(슈 동조 제2항)

마. 소유하고 있는 농지를 주말 · 체험영농을 하려는 자에게 임대하거나 사용대하는 경우, 또는 주말 · 체험영농을 하려는 자에게 임대하는 것을 業으로 하는 자에게 임대하거나 사용대하는 경우

바. 개인이 소유하고 있는 농지를 한국농어촌공사나 그 밖에 대통령령으로 정하는 자에게 위탁하여 임대하거나 사용대하는 경우

사. 다음의 소유 상한을 초과하여 소유하고 있는 농지를 한국농어촌공사나 그 밖에 대통령령으로 정하는 자에게 위탁하여 임대하거나 사용대하는 경우

가) 상속으로 농지를 취득한 자로서 농업경영을 하지 아니하는 자가 소유 상한을 초과하여 소유하고 있는 농지

나) 8년 이상 농업경영을 한 후 이농한 자가 소유 상한을 초과하여 소유하고 있는 농지(슈 제4조)

(2) 임대차 계약 방법과 사용대차 계약 방법 (제24조)

농업경영을 하려는 자에게의 임대차 계약과 사용대차 계약은 서면 계약을 원칙으로 한다.

(3) 묵시적 갱신 (제25조)

임대인이 임대차 기간이 끝나기 3개월 전까지 임차인에게 임대차를 갱신하지 아니

한다는 뜻이나 임대차 조건을 변경한다는 뜻을 통지하지 아니하면 그 임대차 기간이 끝난 때에 이전의 임대차와 같은 조건으로 다시 임대차한 것으로 본다.

(4) 임대인의 지위 승계 (제26조)

임대 농지의 讓受人은 이 법에 따른 임대인의 지위를 승계한 것으로 본다.

(5) 국유농지와 공유농지의 임대차 특례 (제27조)

국유재산법과 공유재산 및 물품 관리법에 따른 국유재산과 공유재산인 농지에 대하여는 위 제24조부터 제26조까지의 규정을 적용하지 아니한다.

Ⅴ. 농지의 보전 등

1. 농업진흥지역의 지정과 운용

(1) 농업진흥지역의 지정 (제28조)

1) 지정권자

시·도시사는 농지를 효율적으로 이용하고 보전하기 위하여 농업진흥지역을 지정한다(제1항).

2) 농업진흥지역의 용도구역 구분 (제2항)

용도구역	내 용
농업진흥구역	농업의 진흥을 도모하여야 하는 다음 각 목의 어느 하나에 해당하는 지역으로서 농림수산식품부장관이 정하는 규모로 농지가 집단화되어 농업 목적으로 이용할 필요가 있는 지역 가. 농지조성사업 또는 농업기반정비사업이 시행되었거나 시행 중인 지역으로서 농업용으로 이용하고 있거나 이용할 토지가 집단화되어 있는 지역 나. 가목에 해당하는 지역 외의 지역으로서 농업용으로 이용하고 있는 토지가 집단화되어 있는 지역
농업보호구역	농업진흥구역의 용수원 확보, 수질 보전 등 농업 환경을 보호하기 위하여 필요한 지역

3) 농업진흥지역의 지정대상 용도지역 (제29조)

농업진흥지역 지정은 국토의 계획 및 이용에 관한 법률에 따른 녹지지역・관리지역・농림지역 및 자연환경보전지역을 대상으로 한다. 다만, 특별시의 녹지지역은 제외한다.

4) 지정절차 (제30조)

가. 시・도지사는 시・도 농어업・농어촌및식품산업정책심의회의 심의를 거쳐 농림수산식품부장관의 승인을 받아 농업진흥지역을 지정한다.
나. 시・도지사는 농업진흥지역을 지정하면 지체 없이 이 사실을 고시하고 관계 기관에 통보하여야 하며, 시장・군수 또는 자치구구청장으로 하여금 일반인에게 열람하게 하여야 한다.
다. 농림수산식품부장관은 녹지지역이나 계획관리지역이 농업진흥지역에 포함되면 농업진흥지역 지정을 승인하기 전에 국토해양부장관과 협의하여야 한다.
라. 농업진흥지역의 지정 절차나 그 밖에 지정에 필요한 사항은 대통령령으로 정한다.

심 의	시・도 농어업・농어촌및식품산업정책심의회
승 인	농림수산식품부장관(녹지지역 또는 계획관리지역이 농업진흥지역에 포함되는 경우에는 국토해양부장관과 협의)
지 정	시・도지사
통 보→	관계기관
고시·열람	시장・군수 ・ 구청장

5) 농업진흥지역 등의 변경과 해제 (제31조)

시・도지사는 대통령령(令 제28조)으로 정하는 사유가 있으면 지정절차를 준용하여 농업진흥지역 또는 용도구역을 변경하거나 해제할 수 있다. 다만, 농업보호구역을 농업진흥구역으로 변경하는 경우 등 대통령령으로 정하는 사항의 변경은 대통령령으로 정하는 바에 따라 시・도 농어업・농어촌 및 식품산업정책 심의회의 심의나 농림수산식품부장관의 승인 없이 할 수 있다(제1항, 제2항).

(2) 용도구역에서의 행위제한 (제32조)

1) 농업진흥구역에서의 행위제한 (제32조 제1항)

가. 원칙적 허용행위

농업진흥구역에서는 다음의 농업 생산 또는 농지 개량과 직접적으로 관련있는 행위가 아닌 토지이용행위를 할 수 없다(제1항 본문).

> 1. 농작물의 경작 2. 다년생식물의 재배 3. 고정식온실・버섯재배사 및 비닐하우스와 그 부속시설의 설치 4. 축사와 농림수산식품부령으로 정하는 그 부속시설의 설치 5. 농막 및 간이저온저장고・간이퇴비장 또는 간이액비저장조의 설치 6. 농지개량사업 또는 농업용수개발사업의 시행(令 제29조 제1항).

나. 예외적 허용행위

다음의 토지이용행위는 상기 원칙적 허용행위에 해당하지 아니한 토지이용행위이지만 예외적으로 허용된다(제1항 단서).

> 1. 농・림・축・수산물의 가공・처리 시설의 설치 및 그 농수산업 관련 시험・연구 시설(令 제29조 제2항)의 설치
> 2. 어린이놀이터, 마을회관, 그 밖에 농업인의 공동생활에 필요한 편의 시설 및 이용 시설의 설치(令 제29조 제3항)
> 3. 농업인 주택이나 그 밖에 대통령령(令 제29조 제4항, 제5항)으로 정하는 농업용 시설 또는 축산업용 시설의 설치
> 4. 국방・군사 시설의 설치
> 5. 하천, 제방, 그 밖에 이에 준하는 국토 보존 시설의 설치
> 6. 문화재의 보수・복원・이전, 매장 문화재의 발굴, 비석이나 기념탑, 그 밖에 이와 비슷한 공작물의 설치
> 7. 도로, 철도, 그 밖에 대통령령(令 제29조 제6항)으로 정하는 공공시설의 설치
> 8. 지하자원 개발을 위한 탐사 또는 지하광물 채광(採鑛)과 광석의 선별 및 적치(積置)를 위한 장소로 사용하는 행위
> 9. 농어촌 소득원 개발 등 농어촌 발전에 필요한 시설로서 대통령령(令 제29조 제7항)으로 정하는 시설의 설치

2) 농업보호구역에서의 행위제한 (제32조 제2항)

농업보호구역에서는 다음 외의 토지이용행위를 할 수 없다(제2항 본문).

가. 농업진흥구역에서 가능한 각각의 토지이용행위

나. 농업인 소득 증대에 필요한 시설로서 대통령령(令 제30조 제1항)으로 정하는 다음의 건축물·공작물, 그 밖의 시설의 설치

가) 농어촌정비법에 따른 관광농원사업으로 설치하는 시설로서 그 부지가 2만㎡ 미만인 것 나) 농어촌정비법에 따른 주말농원사업으로 설치하는 시설로서 그 부지가 3천㎡ 미만인 것 다) 신에너지 및 재생에너지 개발·이용·보급 촉진법에 따른 태양에너지를 이용하는 발전설비

다. 농업인의 생활 여건을 개선하기 위하여 필요한 시설로서 대통령령(令 제30조 제2항)으로 정하는 건축물·공작물, 그 밖의 시설의 설치

가) 다음에 해당하는 시설로서 그 부지가 1천㎡ 미만인 것 a. 단독주택 b. 제1종근린생활시설 가목, 라목부터 사목까지 및 자목에 해당하는 시설 c. 제2종근린생활시설(일반음식점을 제외한다), 다목, 라목(골프연습장을 제외한다)부터 바목까지, 아목 및 자목에 해당하는 시설 나) 제1종근린생활시설(변전소는 제외한다)로서 그 부지가 3천㎡ 미만인 것

3) 기득권 보호 (기존 토지이용행위에 대한 특례)

가. 농업진흥지역 지정 당시 인가·허가 또는 승인 등을 받거나 신고하고 설치한 기존의 건축물·공작물과 그 밖의 시설에 대하여는 농업진흥구역과 농업보호구역의 행위 제한 규정을 적용하지 아니한다(제3항).

나. 농업진흥지역 지정 당시 관계 법령에 따라 건축물의 건축, 공작물이나 그 밖의 시설의 설치, 토지의 형질변경, 그 밖에 이들 행위에 준하는 행위에 대하여 인가·허가·승인 등을 받거나 신고하고 공사 또는 사업을 시행 중인 자(인가·허가·승인 등이나 신고의 필요가 없는 경우에는 시행 중인 공사 또는 사업에 착수한 자)는 그 공사 또는 사업에 대하여만 농업진흥구역과 농업보호구역의 행위 제한 규정을 적용하지 아니한다. (제4항)

4) 농업진흥구역과 농업보호구역에 걸치는 한 필지의 토지 등에 대한 행위 제한의 특례 (제53조)

구 분	적용내용
① 한 필지의 토지가 농업진흥구역과 농업보호구역에 걸쳐 있으면서 농업진흥구역에 속하는 경우	농업진흥구역에 속하는 토지부분이 330m2 이하이면 그 토지부분에 대하여는 농업진흥구역과 농업보호구역의 행위 제한을 적용할 때 농업보호구역에 관한 규정을 적용한다(제1항, 令 제73조).
② 한 필지의 토지 일부가 농업진흥지역에 걸쳐 있으면서 농업진흥지역에 속하는 경우	토지 부분의 면적이 330m2 이하이면 그 토지 부분에 대하여는 농업진흥구역과 농업보호구역의 행위 제한을 적용하지 아니한다(제2항, 令 제73조).

[참고] 농지의 1필지가 2 이상의 지역 · 구역에 걸치는 경우의 예시

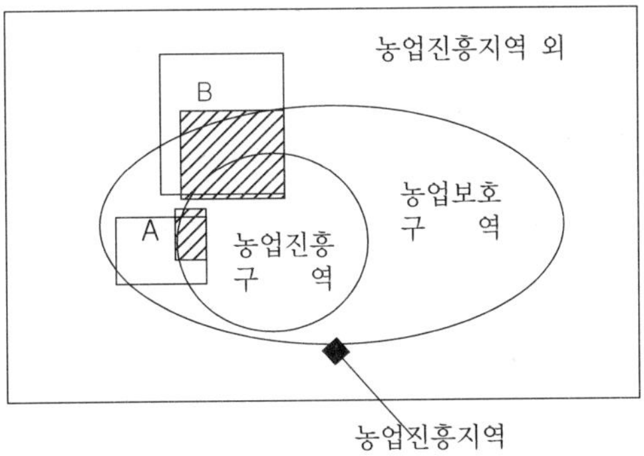

• A(▨ 이 330m2 이하인 경우) : 모두 「농업보호구역」의 행위제한을 받음
• B(▨ 이 330m2 이하인 경우) : ▨ 부분에 대하여는 「농업진흥구역」이나 「농업보호구역」의 행위제한을 받지 않음.

(3) 농업진흥지역에 대한 개발투자의 확대 및 우선지원 (제33조)

1) 국가와 지방자치단체는 농업진흥지역에 대하여 대통령령(令 제31조)으로 정하는 바에 따라 농지 및 농업시설의 개량 · 정비, 농어촌도로 · 농산물유통시설의 확충, 농업기계화를 촉진하는 사업, 농업인 또는 농업법인의 경영규모 확대를 지원하는 사업, 후계농업경영인과 전업농업인을 육성하는 사업, 농산물의 집하장 · 선과장(選果場), 그 밖의 농산물유통시설을 확충하기 위한 사업, 농업인의 생활환경을 개선하기 위한 사업 등 농업 발전을 위한 사업에 우선적으로 투자하여야 한다(제1항).

2) 국가와 지방자치단체는 농업진흥지역의 농지에 농작물을 경작하거나 다년생식물을 재배하는 농업인 또는 농업법인에게 자금 지원이나 「조세특례제한법」에 따른 조세 경감 등 필요한 지원을 우선 실시하여야 한다(제2항).

2. 농지의 전용

(1) 농지의 전용허가・협의 (제34조)

1) 농지전용의 의의

농지를 농작물의 경작 또는 다년성 식물의 재배 등 농업생산 또는 농업개량 외의 목적에 사용하는 것(제2조 용어의 정의 참조)

2) 농지전용의 원칙 : 허가주의

농지를 전용하려는 자는 원칙적으로 농림수산식품부장관의 허가를 받아야 한다. 허가받은 농지의 면적 또는 경계 등 다음에 정하는 중요 사항을 변경하려는 경우에도 또한 같다(제1항).

가. 원칙적인 허가권자 : 농림수산식품부장관

나. 예외적인 허가권자 : 권한 위임 참조

[참고] 면적에 따른 농지전용에 대한 허가(변경허가를 포함) 및 협의 권한의 위임 (제51조제1항, 令 제71조 제1항, 제2항)

구 분	농림수산식품부장관	시· 도지사	시·군·구청장
가. 농업진흥지역 안의 전용	3만m² 이상	3천m² 이상 3만m² 미만	3천m² 미만
나. 농업진흥지역 밖의 전용	20만m² 이상	3만m² 이상 20만m² 미만	1만m² 미만
다. 농림수산식품부장관(그 권한을 위임받은 자를 포함)과의 협의를 거쳐 지정되거나 결정된 [별표3]에 따른 지역・지구・구역・단지 등의 안의 전용	-	10만m2 이상	10만m²미만

3) 농지의 전용허가절차 (농지관리위원회는 2009. 5 개정으로 삭제)

신청서 제출	→	시·군구청장	10일 이내 →	시·도지사	10일 이내 →	농림수산 식품부장관

가. 허가의 신청

농지전용의 허가 또는 변경허가를 받으려는 자는 농지전용허가신청서에 부령(규칙 제26조)으로 정하는 서류를 첨부하여 해당 농지의 소재지를 관할하는 시장·군수 또는 자치구구청장에게 제출하여야 한다(令 제32조 제1항).

나. 허가의 심사

시장·군수 또는 자치구구청장은 농지전용허가신청서 등을 제출받은 때에는 농지전용허가의 심사기준에 따라 심사한 후 부령(규칙 제28조)으로 정하는 서류를 첨부하여 그 제출받은 날부터 10일 이내에 시·도지사에게 보내야 하며, 시·도지사는 10일 이내에 이에 대한 종합적인 심사의견서를 첨부하여 농림수산식품부장관에게 제출하여야 한다(令 제33조 제1항).

다. 심사기준 준수의무

농림수산식품부장관은 심사기준에 적합하지 아니한 경우에는 농지의 전용허가를 하여서는 아니 된다 (令 제33조 제2항).

라. 신청서의 보완 또는 보정

시·도지사 및 시장·군수 또는 자치구구청장이 심사하는 경우 신청인이 제출한 서류에 흠이 있으면 지체 없이 보완 또는 보정에 필요한 상당한 기간을 정하여 신청인에게 보완 또는 보정을 요구하여야 한다. 이 경우 보완 또는 보정의 요구는 문서·구술·전화 또는 모사전송으로 하되, 신청인이 특별히 요청하는 때에는 문서로 하여야 한다(令 제33조 제3항).

마. 신청서류의 반려

시·도지사 및 시장·군수 또는 자치구구청장은 신청인이 보완 또는 보정을 요구한 기간에 이를 보완 또는 보정하지 아니하는 때에는 신청서류를 반려할 수 있다(令

제33조 제4항).

바. 관할청의 농지전용허가증 교부

농림수산식품부장관이나 권한을 위임받은 특별시장・광역시장・도지사 및 시장・군수・자치구구청장은 농지전용허가를 하는 경우에는 농지전용허가대장에 이를 기재하고 농지전용허가증을 신청인에게 내주어야 한다.(규칙 제29조 제2항)

4) 농지전용허가 없이 전용할 수 있는 농지 (제34조 제1항 각호)

가. 다른 법률에 따라 농지전용허가가 의제되는 협의를 거친 농지

나. 도시지역 또는 계획관리지역에 있는 농지로서 협의를 거친 농지나 협의 대상에서 제외되는 농지

다. 농지전용신고를 한 농지

라. 산지관리법에 따른 산지전용허가를 받지 아니하거나 산지전용신고를 하지 아니하고 불법으로 개간한 농지를 산림으로 복구하는 경우의 농지

마. 하천법에 따라 하천관리청의 허가를 받고 농지의 형질을 변경하거나 공작물을 설치하기 위하여 농지를 전용하는 경우의 농지

5) 농지전용의 협의

주무부장관이나 지방자치단체의 장은 다음에 해당하면 대통령령(令 제34조)으로 정하는 바에 따라 농림수산식품부장관과 미리 농지전용에 관한 협의를 하여야 한다(제34조 제2항).

가. 도시지역에 주거지역・상업지역 또는 공업지역을 지정하거나 도시계획시설을 결정할 때에 해당 지역 예정지 또는 시설 예정지에 농지가 포함되어 있는 경우. 다만, 이미 지정된 주거지역・상업지역・공업지역을 다른 지역으로 변경하거나 이미 지정된 주거지역・상업지역・공업지역에 도시계획시설을 결정하는 경우는 제외한다.

나. 계획관리지역에 제2종 지구단위계획구역을 지정할 때에 해당 구역 예정지에 농지가 포함되어 있는 경우(동조 제2항 제1의2호)

다. 도시지역의 녹지지역 및 개발제한구역의 농지에 대하여 개발행위를 허가하거나 개발제한구역 토지의 형질변경허가를 하는 경우

(2) 농지전용신고 (제35조)

1) 신고대상

농지를 다음에 해당하는 시설의 부지로 전용하려는 자는 농지전용신고서에 농림수산식품부령(규칙 제31조 제2항)으로 정하는 서류를 첨부하여 해당 농지의 소재지를 관할하는 시장・군수 또는 자치구구청장에게 제출하여 시장・군수 또는 자치구구청장에게 신고하여야 한다. 신고한 사항을 변경하려는 경우에도 또한 같다(제35조 제1항, 슈 제35조 제1항).

가. 농업인 주택, 농축산업용 시설(농지개량시설과 농축산물 생산시설은 제외한다), 농수산물 유통・가공 시설

나. 어린이놀이터・마을회관 등 농업인의 공동생활 편의 시설

다. 농수산 관련 연구 시설과 양어장・양식장 등 어업용 시설

2) 신고 서류의 보완 또는 보정, 반려

시장・군수 또는 자치구구청장이 신고내용을 검토하는 경우 신고인이 제출한 서류의 흠의 보완 또는 보정이나 반려에 관하여는 허가신청 시 절차를 준용한다(슈 동조 제3항).

3) 신고에 따른 농지전용의 범위 등

신고 대상 시설의 범위와 규모, 농업진흥지역에서의 설치 제한, 설치자의 범위 등에 관한 사항은 대통령령으로 정한다(제35조 제2항, 슈 제36조).

(3) 농지의 타용도 일시사용허가 등 (제36조)

1) 일시사용 허가권자 : 시장・군수 또는 자치구구청장

농지를 다음에 해당하는 용도로 일시 사용하려는 자는 농지의 타용도 일시사용허가신청서에 농림수산식품부령(규칙 제32조 제2항)으로 정하는 서류를 첨부하여 해당 농지의 소재지를 관할하는 시장・군수 또는 자치구구청장에게 제출하여 일정 기간 사용한 후 농지로 복구한다는 조건으로 시장・군수 또는 자치구구청장의 허가를 받아야 한다. 허가받은 사항을 변경하려는 경우에도 또한 같다. 다만, 국가나 지방자치

단체의 경우에는 시장 · 군수 또는 자치구구청장과 협의하여야 한다(제36조 제1항, 令 제37조 제1항).

가. 「건축법」에 따른 건축허가 또는 건축신고 대상시설이 아닌 간이 농수축산업용 시설(농지개량시설과 농축산물 생산시설은 제외한다)과 농수산물의 간이 처리 시설을 설치하는 경우

나. 해당 농지에서 허용되는 主목적사업을 위하여 현장 사무소나 부대시설, 그 밖에 이에 준하는 시설을 설치하거나 물건을 적치(積置)하거나 매설(埋設)하는 경우

다. 골재채취법상 골재, 광업법상 광물, 적조방제 · 농지개량 또는 토목공사용으로 사용하거나 공업용 원료로 사용하기 위한 토석을 채굴하는 경우(令 제38조 제3항)

2) 심사결과 문서 통지

시장 · 군수 또는 자치구구청장은 신청 서류를 제출받은 때에는 심사기준에 따라 심사한 후 신청 받은 날부터 10일 이내에 그 결과를 신청인에게 문서로 알려야 한다(令 제37조 제2항).

3) 협의

가. 조건부 협의

시장 · 군수 또는 자치구구청장은 주무부장관이나 지방자치단체의 장이 다른 법률에 따른 농지의 타용도 일시사용 협의를 요청하면, 해당 사업을 시행하려는 자에게 일정 기간 그 농지를 사용한 후 농지로 복구한다는 조건을 붙일 것을 전제로 협의할 수 있다(제36조 제2항).

나. 복구비용의 예치

시장 · 군수 또는 자치구구청장이 일시사용 허가를 하거나 협의를 할 때에는 대통령령으로 정하는 바에 따라 사업을 시행하려는 자에게 농지로의 복구계획을 제출하게 하고 복구비용을 예치하게 할 수 있는바(제36조 제3항), 복구계획 및 복구비용명세서의 제출 등의 절차는 시행령으로 정한다(令 제40조 제1항).

4) 복구비용의 산출 기준 등

복구비용의 산출 기준, 납부 시기, 납부 절차, 그 밖에 필요한 사항은 대통령령으로 정한다(제36조 제4항).

(4) 농지전용허가 등의 제한 (제37조)

1) 농지전용허가 금지사항

농림수산식품부장관은 농지전용허가를 결정할 경우 다음에 해당하는 시설의 부지로 사용하려는 농지는 전용을 허가할 수 없다. 다만, 도시지역·계획관리지역 및 개발진흥지구에 있는 농지는 다음에 해당하는 시설의 부지로 사용하더라도 전용을 허가할 수 있다(제1항).

가. 대기환경보전법에 따른 대기오염배출시설로서 대통령령(令 제44조 제1항)으로 정하는 시설

나. 수질 및 수생태계 보전에 관한 법률에 따른 폐수배출시설로서 대통령령(令 제44조 제2항)으로 정하는 시설

다. 농업의 진흥이나 농지의 보전을 해칠 우려가 있는 시설로서 대통령령(令 제44조 제3항)으로 정하는 시설

2) 농지의 전용·타용도일시사용의 제한

농림수산식품부장관, 시장·군수 또는 자치구구청장은 농지전용허가 및 협의를 하거나 농지의 타용도 일시사용허가 및 협의를 할 때 그 농지가 다음에 해당하면 전용을 제한하거나 타용도 일시사용을 제한할 수 있다(제2항).

가. 전용하려는 농지가 농업생산기반이 정비되어 있거나 농업생산기반 정비사업 시행예정 지역으로 편입되어 우량농지로 보전할 필요가 있는 경우

나. 해당 농지를 전용하거나 다른 용도로 일시사용하면 일조·통풍·통작에 매우 크게 지장을 주거나 농지개량시설의 폐지를 수반하여 인근 농지의 농업경영에 매우 큰 영향을 미치는 경우

다. 해당 농지를 전용하거나 타용도로 일시 사용하면 토사가 유출되는 등 인근 농지 또는 농지개량시설을 훼손할 우려가 있는 경우

라. 전용 목적을 실현하기 위한 사업계획 및 자금 조달계획이 불확실한 경우

마. 전용하려는 농지의 면적이 전용 목적 실현에 필요한 면적보다 지나치게 넓은 경우

(5) 농지보전부담금 (제38조)

1) 농지보전부담금의 납입의무자

가. 다음에 해당하는 자는 농지의 보전・관리 및 조성을 위한 농지보전부담금을 농지관리기금을 운용・관리하는 자에게 내야 한다(제1항).

가) 농지전용허가를 받는 자

나) 도시지역에 주거지역・상업지역 또는 공업지역을 지정하거나 도시계획시설을 결정할 때에 해당 지역 예정지 또는 시설 예정지에 농지가 포함되어 있는 경우 농지전용협의를 거친 지역 예정지 또는 시설 예정지에 있는 농지(같은 호 단서에 따라 협의 대상에서 제외되는 농지를 포함한다)를 전용하려는 자

2의2. 계획관리지역에 제2종 지구단위계획구역을 지정할 때에 해당 구역 예정지에 농지가 포함되어 있는 경우 농지전용에 관한 협의를 거친 구역 예정지에 있는 농지를 전용하려는 자

다) 농지전용협의를 거친 농지를 전용하려는 자

라) 농지전용허가가 의제되는 협의를 거친 농지를 전용하려는 자

마) 농지전용신고를 하고 농지를 전용하려는 자

나. 전용허가 등과 농지보전부담금의 납입

가) 사전 납입

농림수산식품부장관이나 시장・군수 또는 자치구구청장은 농지전용의 허가・협의 또는 농지전용의 신고수리를 하려는 때에는 농지보전부담금을 미리 납입하게 하거나 그 납입을 해당 허가 등의 조건으로 하여야 한다(令 제45조 제1항).

나) 농지보전부담금의 납입대상이 되는 농지의 전용이 수반되는 인가・허가・승인・신고 수리 등을 하려는 관계 행정기관의 장은 농지보전부담금의 납입을 인가 등의 조건으로 하여야 한다(令 동조 제항).

2) 농지보전부담금의 분할납입

가. 분할납입자

농림수산식품부장관은 정부투자기관·지방공사 및 지방공단이 산업단지의 시설용지로 농지를 전용하는 경우 등 다음에 해당하는 농지의 전용으로서 농지보전부담금을 한꺼번에 내기 어려운 부득이한 사유가 있다고 인정하면 대통령령(令 제50조)으로 정하는 바에 따라 부과기준일부터 3년의 범위에서 농지보전부담금을 나누어 내게 할 수 있다(제38조 제2항).

나. 납입보증보험증서 등의 예치

농림수산식품부장관은 농지보전부담금을 나누어 내게 하려면 대통령령으로 정하는 바에 따라 농지보전부담금을 나누어 내려는 자에게 나누어 낼 농지보전부담금에 대한 납입보증보험증서 등을 미리 예치하게 하여야 한다. 다만, 농지보전부담금을 나누어 내려는 자가 국가나 지방자치단체, 공공기관의 운영에 관한 법률 부칙 제5조에 따른 정부투자기관으로 확정된 기관인 경우에는 그러하지 아니하다(제38조 제3항, 令 제50조 제5항).

3) 농지보전부담금의 환급

농지관리기금을 운용·관리하는 자는 농지보전부담금을 낸 자의 허가가 취소된 경우, 농지보전부담금을 낸 자의 사업계획이 변경된 경우, 그 밖에 이에 준하는 사유로 전용하려는 농지의 면적이 당초보다 줄어든 경우 대통령령(令 제51조)으로 정하는 바에 따라 그에 해당하는 농지보전부담금을 환급하여야 한다(제38조 제4항).

4) 농지보전부담금의 감면

농림수산식품부장관은 다음 각 호의 어느 하나에 해당하면 대통령령으로 정하는 바에 따라 농지보전부담금을 감면할 수 있다(제38조 제5항).

가. 국가나 지방자치단체가 공용 목적이나 공공용 목적으로 농지를 전용하는 경우

나. 대통령령으로 정하는 중요 산업 시설을 설치하기 위하여 농지를 전용하는 경우

다. 농지전용신고 대상 시설이나 그 밖에 대통령령으로 정하는 시설을 설치하기 위하여 농지를 전용하는 경우

5) 부담금액의 산출 기준

농지보전부담금은 해당 농지의 개별공시지가의 범위에서 대통령령으로 정하는 부과기준을 적용하여 산정한 금액으로 한다(제38조 제6항).

6) 농지보전부담금의 독촉

농림수산식품부장관은 농지보전부담금을 내야 하는 자가 납부기한까지 내지 아니하면 납부기한이 지난 후 10일 이내에 10일 이내의 기간을 정한 독촉장을 발급하여야 한다(제38조 제7항).

7) 가산금 부과

농림수산식품부장관은 농지보전부담금을 내야 하는 자가 제7항에 따른 납부기한까지 부담금을 내지 아니하면 체납된 부담금의 5%에 해당하는 가산금을 부과하여야 한다(제38조 제8항).

8) 강제징수

농림수산식품부장관은 농지보전부담금을 내야 하는 자가 독촉장을 받고 지정된 기한까지 부담금과 가산금을 내지 아니하면 국세 또는 지방세 체납처분의 예에 따라 징수할 수 있다(제38조 제9항).

9) 결손처분

농림수산식품부장관은 다음에 해당하는 사유가 있으면 해당 농지보전부담금에 관하여 결손처분을 할 수 있다. 다만, 제1호・제3호 및 제4호의 경우 결손처분을 한 후에 압류할 수 있는 재산을 발견하면 지체 없이 결손처분을 취소하고 체납처분을 하여야 한다(제38조 제10항).

가. 체납처분이 종결되고 체납액에 충당된 배분금액이 그 체납액에 미치지 못한 경우
나. 농지보전부담금을 받을 권리에 대한 소멸시효가 완성된 경우
다. 체납처분의 목적물인 총재산의 추산가액(推算價額)이 체납처분비에 충당하고 남을 여지가 없는 경우
라. 체납자가 사망한 경우, 체납자가 민법에 따른 실종선고를 받은 경우, 농림수산

식품부장관이 체납자와 관계가 있다고 인정되는 행정기관 및 금융기관 등에 조회하여 확인한 결과 체납자의 행방이 불명하거나 재산이 없다는 것이 판명된 경우(令 제54조 제1항)

10) 부과·수납업무수수료 등 지급

농림수산식품부장관은 권한을 위임받은 자 또는 한국농어촌공사에게 농지보전부담금 부과·수납에 관한 업무를 취급하게 하는 경우 대통령령으로 정하는 바에 따라 수수료를 지급할 수 있다(제38조 제11항).

11) 농지관리기금에의 납입

농지관리기금을 운용·관리하는 자는 수납하는 농지보전부담금 중 이상의 수수료를 뺀 금액을 농지관리기금에 납입하여야 한다(제38조 제12항).

12) 농지보전부담금의 납부기한 등

농지보전부담금의 납부기한, 납부 절차, 그 밖에 필요한 사항은 대통령령으로 정한다(제38조 제13항).

(6) 전용허가의 취소 등 (제39조)

1) 취소권자 및 취소사유

농림수산식품부장관, 시장·군수 또는 자치구구청장은 농지전용허가 또는 농지의 타용도 일시사용허가를 받았거나 농지전용신고를 한 자가 다음에 해당하면 농림수산식품부령으로 정하는 바에 따라 허가를 취소하거나 관계 공사의 중지, 조업의 정지, 사업규모의 축소 또는 사업계획의 변경, 그 밖에 필요한 조치를 명할 수 있다. 다만, 제7호에 해당하면 그 허가를 취소하여야 한다(제39조).

가. 거짓이나 그 밖의 부정한 방법으로 허가를 받거나 신고한 것이 판명된 경우

나. 허가 목적이나 허가 조건을 위반하는 경우

다. 허가를 받지 아니하거나 신고하지 아니하고 사업계획 또는 사업 규모를 변경하는 경우

라. 허가를 받거나 신고를 한 후 농지전용 목적사업과 관련된 사업계획의 변경 등

대통령령(令 제57조)이 정하는 정당한 사유 없이 2년 이상 대지의 조성, 시설물의 설치 등 농지전용 목적사업에 착수하지 아니하거나 농지전용 목적사업에 착수한 후 1년 이상 공사를 중단한 경우

마. 농지보전부담금을 내지 아니한 경우

바. 허가를 받은 자나 신고를 한 자가 허가취소를 신청하거나 신고를 철회하는 경우

사. 허가를 받은 자가 관계 공사의 중지 등 이 조 본문에 따른 조치명령을 위반한 경우

2) 불법전용농지 등의 조사

가. 농림수산식품부장관이나 시장·군수 또는 자치구구청장은 관계 공무원으로 하여금 관할구역 안의 농지가 불법으로 전용되었는지의 여부와 농지전용허가 또는 농지의 타용도 일시사용허가를 받았거나 농지전용신고를 한 자가 허가취소 등의 사유에 해당하는지의 여부를 조사하게 하여야 한다(令 제58조 제1항).

나. 시장·군수 또는 자치구구청장은 허가의 취소 또는 필요한 조치명령을 하거나 원상회복을 명한 때에는 지체 없이 이를 농림수산식품부장관에게 보고하여야 한다(令 제58조 제2항).

(7) 용도변경의 승인 (제40조)

1) 승인 대상

농지전용허가 또는 농지전용협의를 받거나 농지전용신고 절차를 거쳐 농지전용 목적사업에 사용되고 있거나 사용된 토지를 5년 이내에 다른 목적으로 사용하려는 경우에는 시장·군수 또는 자치구구청장의 승인을 받아야 한다(제40조 제1항, 令 제59조 제1항).

2) **용도변경승인을 받아야 하는 자 중 농지보전부담금이 감면되는 시설의 부지로 전용된 토지를 농지보전부담금 감면 비율이 다른 시설의 부지로 사용하려는 자는 대통령령으로 정하는 바에 따라 그에 해당하는 농지보전부담금을 내야 한다**(제40조 제2항).

(8) 농지전용허가의 특례 (제43조)

농지전용허가를 받아야 하는 자가 농어촌정비법에 따른 한계농지 중 최상단부부터 최하단부까지의 평균경사율이 15% 이상인 농지로서 대통령령으로 정하는 농지를 소유하는 경우에 해당하는 농지를 전용하려면 허가규정에도 불구하고 대통령령으로 정하는 바에 따라 시장・군수 또는 자치구구청장에게 신고하고 농지를 전용할 수 있다(제43조).

3. 농지의 지목변경 제한 (제41조)

(1) 원칙(금지) : 아래에 해당하는 경우 외에는 농지를 전・답・과수원 외의 지목으로 변경하지 못한다.

(2) 예외 : 지목변경 가능 사유

1) 농지전용허가(다른 법률에 따라 의제되는 협의를 포함)를 받거나 협의에 의하여 농지를 전용한 경우
2) 산지관리법에 따른 산지전용허가를 받지 아니하거나 같은 법에 따른 산지전용신고를 하지 아니하고 불법으로 개간한 농지를 산림으로 복구하는 목적 또는 하천법에 따라 하천관리청의 허가를 받고 농지의 형질을 변경하거나 공작물을 설치하기 위하여 농지를 전용하는 목적으로 농지를 전용한 경우
3) 농지전용신고를 하고 농지를 전용한 경우
4) 농어촌정비법에 따른 농어촌용수의 개발사업이나 농업생산기반 개량사업의 시행으로 이 법에 따른 토지의 개량 시설의 부지로 변경되는 경우
5) 시장・군수 또는 자치구구청장이 천재지변이나 그 밖의 불가항력의 사유로 그 농지의 형질이 현저히 달라져 원상회복이 거의 불가능하다고 인정하는 경우

4. 원상회복 등 (제42조)

(1) 처분권자 및 원상회복을 명할 수 있는 경우 (제1항)

농림수산식품부장관, 시장・군수 또는 자치구구청장은 다음에 해당하면 그 행위

를 한 자에게 기간을 정하여 원상회복을 명할 수 있다.

1) 농지전용허가 또는 농지의 타용도 일시사용허가를 받지 아니하고 농지를 전용하거나 다른 용도로 사용한 경우
2) 농지전용신고를 하지 아니하고 농지를 전용한 경우
3) 농지전용허가가 취소된 경우
4) 농지전용신고를 한 자가 조치명령을 위반한 경우

(2) 원상회복명령 불이행의 경우의 조치 (제2항)

농림수산식품부장관, 시장・군수 또는 자치구구청장은 원상회복명령을 위반하여 원상회복을 하지 아니하면 代執行으로 원상회복을 할 수 있다.

(3) 적용법규 (제42조 제3항)

대집행의 절차에 관하여는 「행정대집행법」을 적용한다.

5. 농지원부

(1) 농지관리위원회 : 폐지(제44조부터 제48조까지 삭제〈2009.5.27〉).

(2) 농지원부의 작성과 비치 (제49조)

1) 시・구・읍・면의 장은 농지 소유 실태와 농지 이용 실태를 파악하여 이를 효율적으로 이용하고 관리하기 위하여 대통령령으로 정하는 바에 따라 농지원부(農地原簿)를 작성하여 갖추어 두어야 하는바(제1항), 농지원부는 다음에 해당하는 농업인(1세대에 2인 이상의 농업인이 있는 경우에는 그 세대를 말한다)・농업법인 또는 준농업법인별로 작성한다.

가. 1천㎡ 이상의 농지에서 농작물을 경작하거나 다년생식물을 재배하는 자
나. 농지에 330㎡ 이상의 고정식온실 등 농업용 시설을 설치하여 농작물을 경작하거나 다년생식물을 재배하는 자(令 제70조 제1항).

이 경우 준농업법인은 직접 농지에 농작물을 경작하거나 다년생식물을 재배하는

국가기관・지방자치단체・학교・공공단체・농업생산자단체・농업연구기관 또는 농업기자재를 생산하는 자 등으로 한다(令 동조 제2항).

위에 따른 농업인・농업법인 또는 준농업법인에 대한 농지원부는 농업인의 주소지(법인의 경우에는 주사무소의 소재지)를 기준으로 하여 작성하되, 해당 시(구를 두지 아니한 시를 말하며 도농복합형태의 시에 있어서는 동지역에 한정한다)・구(도농복합형태의 시의 구에 있어서는 동지역에 한정한다)・읍 또는 면(이하 "시・구・읍・면"이라 한다)의 관할구역 밖에 있는 농지를 포함하여 작성・비치하여야 한다(규칙 제55조).

2) 시・구・읍・면의 장은 농지원부를 작성・정리하거나 농지 이용 실태를 파악하기 위하여 필요하면 해당 농지 소유자에게 필요한 사항을 보고하게 하거나 관계 공무원에게 그 상황을 조사하게 할 수 있다(제2항).

3) 시・구・읍・면의 장은 농지원부의 내용에 변동사항이 생기면 그 변동사항을 지체 없이 정리하여야 한다(제3항).

4) 농지원부에 적을 사항을 전산정보처리조직으로 처리하는 경우 그 농지원부 파일(자기디스크나 자기테이프, 그 밖에 이와 비슷한 방법으로 기록하여 보관하는 농지원부를 말한다)을 농지원부로 본다(제4항).

5) 농지원부의 서식・작성・관리와 전산정보처리조직 등에 필요한 사항은 농림수산식품부령으로 정하는바(제49조 제5항), 시・구・읍・면장은 농지원부에 기재할 사항을 전산정보처리조직에 따라 처리할 수 있다(규칙 제56조 제1항).농지원부(농지원부 파일을 포함한다.)의 관리자는 법에 따른 비치 또는 이용 외의 목적으로 농지원부를 사용하거나 이를 이용한 전산처리를 하여서는 아니 되며(규칙 동조 제2항), 농지원부의 작성・관리에 종사하거나 종사하였던 자 또는 그 밖의 자로서 직무상 농지원부 기재사항을 알게 된 자는 다른 사람에게 이를 누설하여서는 아니 된다(규칙 동조 제3항). 또 시・구・읍・면장은 관할구역 안에 거주하던 농업인의 거주지 이동으로 주민등록법에 따라 신거주지의 시・구・읍・면장에게 주민등록표를 이송하는 경우에는 농지원부를 첨부하여 이송하여야 하는 등(규칙 동조 제4항)이 규정되어 있다.

(3) 농지원부의 열람 또는 등본 등의 교부 (제50조)

1) 시·구·읍·면의 장은 농지원부의 열람신청 또는 등본 교부신청을 받으면 농림수산식품부령(규칙 제58조)으로 정하는 바에 따라 농지원부를 열람하게 하거나 그 등본을 내주어야 한다(제50조 제1항).

2) 시·구·읍·면의 장은 自耕하고 있는 농업인 또는 농업법인이 신청하면 농림수산식품부령으로 정하는 바에 따라 자경증명을 발급하여야 하는바(제50조 제2항), 시·구·읍·면장은 신청이 있는 때에는 신청인의 농업경영상황을 조사한 후 자경하는 사실이 명백한 경우에는 신청일부터 4일 이내에 자경증명을 발급하고 이를 자경증명발급대장에 기재하여야 한다(규칙 제59조).

Ⅵ. 보칙

1. 권한의 위임과 위탁 등

(1) 권한의 위임 (제51조 제1항)

1) 시·도지사에게의 위임

농림수산식품부장관은 다음 각 호의 권한을 시·도지사에게 위임한다.

가. 농지전용에 대한 허가(변경허가를 포함한다) 및 협의에 관한 권한의 위임 에 대하여는 이미 앞에서 설명한 바와 같다(令 제71조 제1항 제1호 내지 제3호).

나. 원상회복명령 및 대집행에 관한 권한. 다만, 시·도지사에게 권한이 위임된 경우에 한한다(令 동조 동항 제4호).

다. 시·도지사에게 농지전용허가 등의 권한이 위임된 경우의 농지보전부담금의 부과·징수 등에 관한 권한(令 동조 동항 제5호)

라. 농지의 소유·거래·이용 또는 전용 등에 관한 사실을 확인하기 위한 소속 공무원에게의 그 실태 검사 또는 조사에 관한 권한(令 동조 동항 제6호)

2) 시장 · 군수 또는 구청장에게의 위임

농림수산식품부장관은 다음 각 호의 권한을 시장 · 군수 또는 자치구구청장에게 위임한다. 다만, 대상농지가 동일 특별시 · 광역시 또는 도의 관할구역 안의 2 이상의 시 · 군 또는 자치구에 걸치는 경우에는 제1호의 권한은 이를 시 · 도지사에게 위임한다.

가. 농지전용에 대한 허가(변경허가를 포함한다) 및 협의에 관한 권한의 위임 에 대하여는 이미 앞에서 설명한 바와 같다(令 제71조 제2항 제1호 및 제2호).

나. 원상회복명령 및 대집행에 관한 권한. 다만, 시장 · 군수 또는 자치구구청장에게 권한이 위임된 경우에 한한다(令 동조 동항 제3호).

다. 시장 · 군수 또는 자치구구청장에게 농지전용허가 등의 권한이 위임된 경우와 농지전용협의를 거친 지역 예정지 또는 시설 예정지에 있는 농지를 전용하려는 자, 농지전용신고를 하고 농지를 전용하려는 자 및

라. 다른 법률에 따라 농지전용허가가 의제되는 협의를 거친 농지를 전용하려는 자 중 시장 · 군수 또는 자치구구청장에게 농지전용허가 등의 권한이 위임된 경우의 농지보전부담금의 부과 · 징수 등에 관한 권한(令 동조 동항 제4호)

(2) 권한의 위탁 (제51조 제2항)

농림수산식품부장관은 이 법에 따른 업무의 일부를 대통령령으로 정하는 바에 따라 그 일부를 한국농어촌공사, 농업 관련 기관 또는 농업 관련 단체에 위탁할 수 있다.

(3) 수납업무의 대행 (제51조 제3항)

농림수산식품부장관은 대통령령으로 정하는 바에 따라 한국농어촌공사 및 농지관리기금법 제35조에 따라 농지관리기금의 운용 · 관리업무를 위탁받은 자에게 농지보전부담금 수납 업무를 대행하게 할 수 있다.

2. 포상금 (제52조)

농림수산식품부장관은 다음 각 호의 어느 하나에 해당하는 자를 주무관청이나 수사기관에 신고하거나 고발한 자에게 별표 4의 포상금 지급기준에 따라 예산의 범위

안에서 포상금을 지급하여야 한다. 이 경우 포상금의 1명당 연간(1월 1일부터 12월 31일까지를 말한다) 지급상한은 100만원으로 한다(제52조, 令 제72조 제1항).

1) 농지 소유 제한이나 농지 소유 상한을 위반하여 농지를 소유할 목적으로 거짓이나 그 밖의 부정한 방법으로 농지취득자격증명을 발급받은 자
2) 용도구역(농업진흥구역 또는 농업보호구역)에서의 행위 제한 규정을 위반한 자
3) 농지전용허가를 받지 아니하고 농지를 전용한 자 또는 거짓이나 그 밖의 부정한 방법으로 농지전용허가를 받은 자
4) 신고를 하지 아니하고 농지를 전용한 자
5) 농지의 타용도 일시사용허가를 받지 아니하고 농지를 다른 용도로 사용한 자
6) 전용된 토지를 승인 없이 다른 목적으로 사용한 자

3. 농지의 소유 등에 관한 조사 (제54조)

1) 농림수산식품부장관, 시장·군수 또는 자치구구청장은 다음에 해당하는 자의 농지의 소유·거래·이용 또는 전용 등에 관한 사실을 확인하기 위하여 소속 공무원에게 그 실태를 검사하거나 조사하게 할 수 있다(제1항).

1. 농업법인 2. 농지의 위탁경영자 3. 농지의 임대인 4. 농지의 사용대주(使用貸主) 5. 농지전용허가를 받은 자 6. 농지이용증진사업의 사업시행자

2) 증표제시

검사 또는 조사를 하는 공무원은 그 권한을 표시하는 증표를 지니고 이를 관계인에게 내보여야 한다.

3) 검사·조사 및 증표에 관하여 필요한 사항은 농림수산식품부령으로 정한다.

4. 청문 (제55조)

농림수산식품부장관, 시장·군수 또는 자치구구청장은 다음 각 호의 어느 하나에 해당하는 행위를 하려면 청문을 하여야 한다.

1. 농업경영에 이용하지 아니하는 농지 등의 처분의무 발생의 통지

2. 농지전용허가의 취소

5. 수수료 (제56조)

다음 각 호의 어느 하나에 해당하는 자는 수수료 구분에 따라 수수료를 내야 한다.

1. 제8조에 따라 농지취득자격증명 발급을 신청하는 자
2. 제34조나 제36조에 따른 농지의 전용허가나 농지의 타용도 일시허가를 신청하는 자
3. 제35조나 제43조에 따라 농지전용을 신고하거나 농지전용허가의 특례 신고를 하는 자
4. 제40조에 따라 용도변경의 승인을 신청하는 자
5. 제50조에 따라 농지원부 등본 교부를 신청하거나 자경증명 발급을 신청하는 자 (제56조, 슈 제74조 제1항)

Ⅶ. 벌 칙

1. 벌직 I (제57조)

(1) 농지전용허가 위반

1) 농업진흥지역의 농지를 농지전용허가를 받지 아니하고 전용하거나 거짓이나 그 밖의 부정한 방법으로 농지전용허가를 받은 자는 5년 이하의 징역 또는 해당 토지의 개별공시지가에 따른 土地價額에 해당하는 금액 이하의 벌금에 처한다.
2) 농업진흥지역 밖의 농지를 농지전용허가를 받지 아니하고 전용하거나 거짓이나 그 밖의 부정한 방법으로 농지전용허가를 받은 자는 3년 이하의 징역 또는 해당 토지가액의 50%에 해당하는 금액 이하의 벌금에 처한다.

(2) 위 징역형과 벌금형은 병과(倂科)할 수 있다.

2. 벌칙II (제58조) : 5년 이하의 징역 또는 2천만 원 이하의 벌금

1) 농업진흥구역안에서의 행위제한 또는 농업보호구역안에서의 행위제한을 위반한 자
2) 농지의 타용도 일시사용허가를 받지 아니하고 농지를 다른 용도로 사용한 자
3) 전용된 토지를 승인 없이 다른 목적으로 사용한 자

3. 벌칙III (제59조) : 3년 이하의 징역 또는 1천만 원 이하의 벌금

1) 농지 소유 제한이나 농지 소유 상한을 위반하여 농지를 소유할 목적으로 거짓이나 그 밖의 부정한 방법으로 농지취득자격증명을 발급받은 자
2) 신고를 하지 아니하고 농지를 전용(轉用)한 자

4. 벌칙IV (제60조) : 1천만 원 이하의 벌금

1) 위탁경영 규정을 위반하여 소유 농지를 위탁경영한 자
2) 농지의 임대·사용대 규정을 위반하여 소유 농지를 임대하거나 사용대(使用貸)한 자

5. 양벌규정 (제61조)

법인의 대표자나 법인 또는 개인의 대리인, 사용인, 그 밖의 종업원이 그 법인 또는 개인의 업무에 관하여 제57조부터 제60조까지의 어느 하나에 해당하는 위반행위를 하면 그 행위자를 벌하는 외에 그 법인 또는 개인에게도 해당 조문의 벌금형을 과(科)한다. 다만, 법인 또는 개인이 그 위반행위를 방지하기 위하여 해당 업무에 관하여 상당한 주의와 감독을 게을리 하지 아니한 경우에는 그러하지 아니하다.

6. 이행강제금 (제62조)

1) 부과사유 및 금액

시장 · 군수 또는 구청장은 처분명령을 받은 후 매수를 청구하여 한국농어촌공사에 매수를 청구하여 협의 중인 경우, 법률 또는 법원의 판결 등에 따라 처분이 제한되는 경우(令 제75조 제3항) 등 정당한 사유 없이 지정기간까지 그 처분명령을 이행하지 아니한 자에게 해당 농지의 토지가액의 20%에 해당하는 이행강제금을 부과한다(제1항).

2) 사전 계고(요식행위)

시장 · 군수 또는 구청장은 위 이행강제금을 부과하기 전에 이행강제금을 부과 · 징수한다는 뜻을 미리 문서로 알려야 한다(제2항).

이 경우 시장 · 군수 또는 구청장은 이행강제금을 부과하는 때에는 10일 이상의 기간을 정하여 이행강제금 처분대상자에게 의견제출의 기회를 주어야 한다(令 제75조 제1항).

3) 이유附記

시장 · 군수 또는 구청장은 이행강제금을 부과하는 경우 이행강제금의 금액, 부과사유, 납부기한, 수납기관, 이의제기 방법, 이의제기 기관 등을 명시한 문서로 하여야 한다(제3항).

4) 부과방법 및 징수절차

시장 · 군수 또는 구청장은 최초로 처분명령을 한 날을 기준으로 하여 그 처분명령이 이행될 때까지 이행강제금을 매년 1회 부과 · 징수할 수 있다(제4항). 이행강제금의 징수절차는 농림수산식품부령으로 정하는바에 따라,「국고금관리법 시행규칙」을 준용한다((令 제75조 제2항, 규칙 제64조).

5) 부과의 중지

시장 · 군수 또는 구청장은 처분명령을 받은 자가 처분명령을 이행하면 새로운 이행강제금의 부과는 즉시 중지하되, 이미 부과된 이행강제금은 징수하여야 한다(제5항).

6) 이의신청(이하 과태료 불복절차와 동일)

이행강제금 부과처분에 불복하는 자는 그 처분을 고지 받은 날부터 30일 이내에 시장 · 군수 또는 구청장에게 이의를 제기할 수 있다(제6항).

7) 과태료 재판

이행강제금 부과처분을 받은 자가 이의를 제기하면 시장 · 군수 또는 구청장은 지체 없이 관할 법원에 그 사실을 통보하여야 하며, 그 통보를 받은 관할 법원은 「비송사건절차법」에 따른 과태료 재판에 준하여 재판을 한다(제7항).

8) 강제징수

이의신청 기간에 이의를 제기하지 아니하고 제1항에 따른 이행강제금을 납부기한까지 내지 아니하면 지방세 체납처분의 예에 따라 징수한다(제8항).

찾 아 보 기

(ㄷ)

(ㄹ)

(ㅁ)

(ㅇ)

(ㅈ)

(ㅊ)

(ㅌ)

(ㅍ)

(ㅎ)

【저자 약력】

서울대학교 법과대학 졸업
법 학 박 사
사법시험 · 행정 및 기술고등고시, 공인중개사 등 시험위원
(국무총리) 행정쇄신위원회 연구위원
한국비교공법학회 회장 (현 고문)
부산 · 울산광역시 행정심판위원
부산광역시 법률자문위원
현, 부경대학교 법학과 교수

【저서 및 관련 논문】

"도시법" 형성서설-그 체계화를 위한 시도(I)-, 1995
헌법상 재산권의 보장과 그 한계, 1996
도시재개발법제의 문제점과 그 대책 -합동재개발방식을 중심으로-, 1997
토지공법(제1판), 1998
하천 및 연안역의 관리법제-수법론의 체계화 모색-, 1999
토지공법(제2판), 1999
어업보상에 대한 법률적 검토, 2001
수산관련법령의 입법체계 및 개선에 관한 연구, 2002
현행 손실보상법제에 관한 법리적 재검토, 2002
토지공법(제3판), 2003
공법의 규범체계, 2008

不動産 公法

2010년 2월 20일 초판1쇄 인쇄
2010년 2월 25일 초판1쇄 발행

저 자 | 裵 英 吉
발행인 | 박 맹 언
발행처 | 부경대학교 출판부
주 소 | 부산광역시 남구 대연3동 599-1
전 화 | (051) 629-6913
F A X | (051) 629-6917
E-Mail | upress@pknu.ac.kr

* 이 책의 무단전재 및 복제행위는
저작권법에 의거, 처벌의 대상이 됩니다.

값 37,000원

ISBN 978-89-91131-49-1 93360